新时代经济增长内生动力研究

供给侧结构性改革与异质性消费者行为

臧旭恒 等著

商务印书馆
创于1897
The Commercial Press

图书在版编目（CIP）数据

新时代经济增长内生动力研究：供给侧结构性改革与异质性消费者行为/臧旭恒等著. —北京：商务印书馆，2024
ISBN 978-7-100-23509-9

Ⅰ．①新… Ⅱ．①臧… Ⅲ．①中国经济—经济改革—研究②消费者行为论—中国 Ⅳ．①F12②F723.5

中国国家版本馆 CIP 数据核字（2024）第 055672 号

新时代经济增长内生动力研究
——供给侧结构性改革与异质性消费者行为
臧旭恒 等著

商 务 印 书 馆 出 版
（北京王府井大街 36 号邮政编码 100710）
商 务 印 书 馆 发 行
三河市春园印刷有限公司印刷
ISBN 978 - 7 - 100 - 23509 - 9

2024 年 7 月第 1 版　　　开本 787×1092　1/16
2024 年 7 月第 1 次印刷　　印张 46¾
定价：248.00 元

前　言

改革开放以来，中国经济保持了长期的高速增长，创造了经济增长领域的"中国奇迹"。然而，伴随着经济的崛起，我国传统发展模式的弊端也在不断显现，长久积累的体制性、结构性矛盾日益突出，尤其是以投资和出口为主导的增长方式越来越难以为继，消费对经济增长的作用愈发明显与重要。党的十九届五中全会提出："形成强大国内市场，构建新发展格局。坚持扩大内需这个战略基点，加快培育完整内需体系，把实施扩大内需战略同深化供给侧结构性改革有机结合起来，以创新驱动、高质量供给引领和创造新需求。要畅通国内大循环，促进国内国际双循环，全面促进消费，拓展投资空间。"从扩大内需这个战略基点出发，探寻一条可持续增长道路已成为学术界和决策者共同关注的问题。

目前我国经济增速放缓的主要根源在于重大结构性失衡：多年的投资高速增长带来了各行业产能过剩，生产能力大于消费需求导致经济循环不畅；同时，供给体系满足多样化、个性化消费需求的能力较差，消费市场上不同收入层次的消费者在寻求与其需求相对应的商品时存在困难，甚至不能很好地找到自己消费的平衡点，供需出现错位，居民消费潜力难以彻底释放。无论与发达国家还是与发展中国家相比，中国居民消费率均处于较低水平，且从 2000 年的 46.7% 波动下降至 2019 年的 39.2%。居民消费的水平仍难以适应经济增长格局的演变，消费总量不足、消费倾向偏低、消费行为愈加谨慎等现象日益显著，这严重制约了国民经济的可持续发展。深入探究影响居民消费的原因及应对机制，对于加快构建以国内大循环为主体、国内国际双循环相互促进的新发展格局，提升我国经济增长的内需动力，促进经济增长方式的转型，让广大居民更为广泛地分享经济增长红利，均具有重要的现实意义。

与此同时，研究者们已经注意到，部分消费者由于时间偏好、风险偏好上的异质性，呈现出较为显著的短视、非理性消费决策行为，并未遵循跨期最优决策原则。同时，消费者还受到财富及收入、流动性约束、不完全信息，以及资产交易成本等因素的影响，部分消费者无法实现跨期最优决策。此外，由于消费品供给质量和供给效率不能完全适应当前消费者的偏好，相当一部分消费者无法有效满足自身需求，进而无法实现效用最大化。我们将上述因自身存在偏好异质性和禀赋异质性，进而并未遵循最优跨期决策或无法实现效用最大化的消费者统称为异质性消费者，将该类消费者的消费决策行为称为异质性消费者行为。异质性消费者的存在一方面会影响长期内居民消费潜力的释放，进而影响到我国经济增长内生动力的构建；另一方面也为供给质量和供给效率的提升提供了演进标的，进而为优化供给侧结构性改革和需求调控政策的演进路径和政策效果提供了有力抓手。

有鉴于此，本书的研究打破了同质性或代表性消费者的传统假定，从异质性消费者这一视角出发，在借鉴流动性约束、预防性储蓄、双资产消费决策模型等理论的基础上，构建起一个供给侧结构性改革背景下的、充分考虑中国宏微观经济特征的异质性消费者行为理论分析框架。具体而言，本书基于"不确定性等价"分析范式，探究了异质性消费者的界定、产生机制、演变特征及其与供给侧结构性改革的相互作用机制。我们从异质性消费者禀赋、异质性消费者偏好两个角度切入，主要着眼于供给侧结构性改革的制度端、产业端、消费环境三个方面，分析了供给侧结构性改革制度端与异质性消费者行为的作用机制，探讨了供给侧结构性改革产业端适应异质性消费者的作用路径，并依此提出了完善公共制度、社会保障制度、消费金融制度以及改善消费环境、增加有效供给、完善产业结构等措施，以期一方面提升消费能力与信心，促进我国居民消费潜力的释放，实现消费升级，另一方面提升供给侧结构性改革的效率，从而在更高层面上实现供求关系新的均衡，最终形成新的经济增长动能，提升经济增长内生动力。本书有助于完善主流消费经济理论，使其更好地反映以中国为代表的转型经济体所呈现出的经济变动特征以及经济发展经验。

依据上述逻辑，本书具体篇章结构安排如下：开篇为前三章。第一章为总论，概括叙述了研究的背景、方法、思路以及创新之处等；第二章回顾了供给侧结构性改革、异质性消费者行为与经济增长内生动力的前期理论研究；第三章对我国经济发展现状以及居民的消费与财富进行了概括分析。第一篇为第四章至第八章，分别基于异质性消费者禀赋与异质性消费者偏好，从家庭收入冲击、家庭资产、习惯形成、人口结构与代际交互、信息获取与不确定性视角下对异质性消费者行为特征进行分析。第二篇为第九章和第十章，从供给侧产业端变革着眼，探讨了异质性消费者导向下的企业行为及产业优化路径。第三篇为第十一章至第十五章，研究了供给侧制度端变革与异质性消费者行为的作用效应。第四篇为第十六章至第二十章，分析了供给侧消费金融环境优化与异质性消费者行为的作用机理。尾篇为第二十一章，从异质性消费者视角提出了增强我国经济增长内生动力的建议。

本书得到的结论可从以下五个方面进行概述：

第一，关于我国居民消费现状的剖析。 首先，我国居民消费率总体仍处于较低水平，居民消费总量有待扩大，消费倾向有待提高，消费结构也不尽合理。其次，虽然我国居民的家庭资产呈现规模增长和结构多元化趋势，但住房仍是我国家庭资产最重要的组成部分，住房价格提高、贷款增加也依旧是影响我国居民消费的重要因素。再次，随着居民收入预期不断下降，加之养老、教育、医疗等花费日益昂贵，居民消费欲望受到压抑，消费潜力难以有效释放。虽然近些年社会保障政策不断完善，但是来自教育与医疗体制改革的不确定性仍然是居民进行预防性储蓄的重要动机。

第二，关于我国居民异质性消费者行为特征的分析。 我们从家庭收入、家庭资产、习惯形成、人口结构与代际交互、信息获取与不确定性、社会网络等视角考察了家庭具有异质性禀赋、异质性偏好时的消费者行为特征。首先，来自不同方向的收入冲击，会使家庭消费反应呈现异质性、非对称的特征，且非对称程度会因家庭资产流动性不同而存在差异。资产流动性会引致家庭的消费平滑能力及其面临的流动性约束存在显著差异，而住房资产会扩大不同家庭间的流动性约束程度差异，从而可通过家庭资产的流动性程度来识别异质性消费者。其次，相比于无房家庭而言，有房家庭消费者的财富效应显著增加，有助于消费水平的提高。房价上涨通过增加可支配收入和降低储蓄率对有房家庭的消费产生促进作用。再次，习惯形成方面，我国城镇居民消费具有显著的习惯形成特征，且习惯形成参数具有明显的动态性和地域异质性。又次，人口结构方面，养老负担和扶幼负担越重、对子女质量期望越高的家庭，消费抑制越多。最后，社会网络整体上对农村居民消费存在正向影响，依托邮电通信形成的关系网络呈现出更高的消费效应。

第三，关于异质性消费者导向下的企业行为及产业优化路径。 首先，异质性消费者会给企业行为带来不同的导向性影响。我们在混合双头垄断模型下对内生的水平产品差异化进行研究，结果表明，只要产品差异化方面的投资足够有效，产品差异化就会出现。在古诺竞争模型和伯川德竞争模型下，以最大化社会福利为目标的公有企业始终具有更大的产品差异化动机。其次，产业结构优化升级整体上能显著促进家庭消费结构升级，但对处在低层次消费水平上的家庭而言，这一作用并不明显，只有处在中高层次消费水平上的家庭，其消费结构才会因产业结构的升级而显著优化升级。随着分位数水平提高，产业结构升级对家庭消费结构升级的影响逐渐增加，即产业结构升级对拥有更高层次消费结构的家庭影响更强。

第四，关于公共制度供给优化与异质性消费者行为的研究。 一是在税制改革方面，有效的税制结构改革能够降低居民整体实际税收负担，优化居民税负结构，增加其可支配收入，从而对家庭消费的提高产生显著影响。同时，与税制结构的合理调整对消费带来的促进效应相比，居民整体税负增加对消费产生的负向影响要更为显著。二是以贷款市场报价利率为基础的贷款定价方式转换不仅有助于优化消费者跨期消费决策，缓解其偿债压力，从而强化直接利率效应，还可以通过提升企业经营效率来增加居民收入，加强间接收入效应。这不仅刺激了居民的消费需求，还兼顾了金融稳定的货币政策目标。三是基于代际扶持及医疗保险的研究表明，父辈参加医疗保险的子代家庭消费比父辈没有参加医疗保险的子代家庭消费高约 18%，但这种影响存在显著的城乡和区域差异，在经济更发达的城镇和东部地区该效应更为明显。医疗保险可以在一定程度上替代"家庭养老"，减轻子代家庭的养老负担，从而促进消费。我们同时还发现，老人健康状况越差，家庭对老人的赡养负担越重，家庭的预防性储蓄动机越强，消费被挤出得越多。四是在养老保险发展、多轨制和制度并轨改革对居民消费的影响方面，我们主要得到以下结论：提高城镇职工基本养老保险制度的养老金替代率和覆盖率可显著促进城镇居民消费，提高城乡居民基本养老保险制度的覆盖率可以显著促进农村居民消费，但由于养老保障水平的差距，前者的消费效应强于后者。此外，我国养老保险"多轨制"显著引起了不同参保家庭间的消费差距。与新型农村社会养老保险相比，城镇居民基本养老保险、城镇职工基本养老保险及机关事业单位养老保险三种模式分别显著增加了家庭人均消费支出的 6.2%、13.3% 和 17.5%。这一影响通过收入效应和预期效应综合实现。进一步的异质性分析结果表明，在消费支出水平较低、食品及发展类消费、低收入阶层、收入不确定性大、农村和中西部地区等分样本中，"多轨制"引起的不同参保家庭消费差距更大。五是在经济政策不确定性方面，其对消费支出的冲击呈现出明显时变特征，但总体上产生的是正向冲击效应。在期初，经济政策不确定性会诱致消费者信心持续减低，但随着经济主体对经济政策冲击的充分感知和适应，对消费者信心的不利冲击会有所缓解。此外，不同事件时点上经济政策不确定性对城镇居民消费的冲击呈现分异趋势。

第五，关于消费金融环境优化与异质性消费者行为的研究。首先，消费金融环境的优化有助于消费者金融素养的提升，从而一方面培育消费者的履约意识，提高其信用水平，进而提升消费贷款成功率，另一方面提高个体制定理性投资计划的能力，加快家庭财富积累过程，进一步增强其消费能力。异质性分析显示，低收入家庭金融素养的消费效应整体上要高于高收入家庭。此外，相较于其他消费支出，金融素养对通信支出、医疗保健支出影响更大。其二，消费信贷能够缓解居民的流动性约束，使其能更好地进行跨期消费决策。相较于城镇居民，农村居民对消费信贷呈现更强的过度敏感性，农户信贷环境改善能够有效释放更大消费潜力。相较于高金融知识家庭，消费信贷对金融知识较少的家庭消费支出有着更强的促进作用。其三，商业保险的发展能够降低居民面临的不确定性，缓解预防性储蓄，从而刺激居民增加即期消费支出。其中财产保险的消费效应要明显高于人身保险的消费效应。其四，家庭资产对居民消费支出有着明显的资产效应和财富效应，其中，家庭净资产的财富效应要相对高于资产效应。此外，资产增值对发展享受型消费支出影响更大，户主年龄介于 36—50 岁的居民家庭财富变动诱致的消费升级效应更加明显。其五，数字金融的蓬勃发展对城镇居民尤其是中西部地区城镇居民的消费支出起到显著促进作用。其中，数字金融支付、信贷与货币基金业务形态对居民消费有着更高的影响效应。

根据研究结论，本书主要从五方面提出政策建议。

第一，在宏观政策的制定方面，需充分考虑异质性消费者的影响。一是由于家庭收入正负向冲击对消费支出的影响是非对称的，财政货币政策的制定应考虑其对家庭收入变化方向与程度的影响。二是应注重加强金融机构转型，促进金融供给结构的优化。三是控制房价上涨速度，制定和修订完善住房资产抵押政策法规，构建以住房资产为载体的消费金融创新机制，发挥住房财富效应对居民消费升级的刺激作用。四是结合市场利率定价自律机制和宏观审慎评估体系考核，对贷款报价质量、应用情况以及贷款利率竞争行为等进行监督管理，同时合理引导市场预期，增强货币政策的传导效果，促进金融与实体经济的良性循环。

第二，从微观企业及中观产业入手，提升供给对需求的适应性和灵活性。一是加大产业结构调整力度，积极发展第三产业，促进信息服务业、现代金融业等新兴产业和中高端产业发展，完善产业结构升级路径，推动产业结构升级。二是提升现代服务业自身的专业化程度与服务品质化水平，加强基础设施和配套设施的建设，提升服务产品供给的效率。三是规范现代服务业市场的准入制度，保证市场持续健康的良性竞争秩序。四是加强各类专业性公共服务平台建设，促进制造业与生产性服务业精准对接，推进生活性服务业的便利化与优质化。五是发挥"一带一路"引擎作用，实现我国产业向全球价值链中高端迈进。

第三，从社会保障政策方面完善促进消费的体制机制。一是政府应该进一步完善包括医疗保险、养老保险在内的社会保障体系建设，发挥医疗保险、养老保险等社会保障对"家庭养老"的替代作用，减轻子代家庭赡养老人的负担，释放居民消费潜力。二是推动我国养老保险制度并轨，降低不同制度参保家庭间的养老保障差距。如设立预防和消除老年贫困的普惠制公共养老金，加大城镇职工基本养老保险制度并轨改革力度，降低城镇职工基本养老保险及机关事业单位养老保险间的保障差异等。

第四，从消费金融环境方面完善促进消费的体制机制。一是构筑常态化的消费金融知识普及体系，切实提升全民金融素养水平。二是健全消费者信用信息共享机制，有效完善消费金融征信体系。三是提升消费者保险意识，创新保险体系，构筑商业保险对家庭的有效保障网络,提振消费信心。四是减少房价上升预期对无房者消费挤出的同时,构建起以住房资产为载体的新金融机制,促进住房市场平稳发展,优化家庭资产结构,充分发挥房产财富效应的消费刺激作用。五是创新数字金融产品服务体系,发挥数字金融的普惠效应,推动经济的包容性增长。

第五,努力实现供求关系新的动态均衡,提升经济增长内生动力。一是应建立多层面的消费需求偏好衡量指标体系,把微观个体消费需求偏好的异质性考虑进去,从有限理性消费者的视角出发,根据其消费结构、消费层次、对新型消费方式的需求等因素,确定产业领域的行业产品容量、创新方向等,使供给侧产业端的调整能及时适应需求结构的变化。二是加强居民对我国当前消费品供给结构及未来演变趋势的了解,使消费者对供给质量的提升形成良好预期,助推中高端消费国内化进程。

目　录

开　篇

第一篇　异质性消费者行为特征分析

第二篇　供给侧结构性改革与异质性消费者行为：
企业行为及产业优化路径研究

尾 篇

开 篇

第一章　总论

第一节　问题的提出

改革开放以来，中国经济保持了长期的高速增长，创造了经济增长领域的"中国奇迹"。然而，伴随着经济的崛起，我国以投资和出口为导向的传统发展模式的弊端也逐渐显露，长久积累的体制性、结构性矛盾日益突出，尤其是供给结构无法有效适应需求结构的变化，阻碍了消费对经济拉动作用的充分发挥，在一定程度上制约了经济的高质量发展。为此，党中央适时提出了新发展理念，积极推进供给侧结构性改革，旨在矫正要素配置扭曲，扩大有效供给，提升供给体系质量，提高供给结构对需求变化的适应性和灵活性，为经济社会可持续发展提供内生动力。

在扭住供给侧结构性改革主线的同时，需求侧管理的重要性也日益明显。党的十九届五中全会提出："形成强大国内市场，构建新发展格局。坚持扩大内需这个战略基点，加快培育完整内需体系，把实施扩大内需战略同深化供给侧结构性改革有机结合起来，以创新驱动、高质量供给引领和创造新需求。要畅通国内大循环，促进国内国际双循环，全面促进消费，拓展投资空间。"2021年的政府工作报告再次强调要"坚持扩大内需这个战略基点，充分挖掘国内市场潜力。紧紧围绕改善民生拓展需求，促进消费与投资有效结合，实现供需更高水平动态平衡"，并将其作为重点工作之一。加快培育完善内需体系，将需求侧管理与供给侧结构性改革有机结合，实现需求牵引供给，供给创造需求的更高水平动态平衡已成为社会各界共同关注的问题，具有重大的现实意义。

近年来，随着收入的稳步提高和生活水平的日益改善，中国居民的消费观念和消费结构发生了巨大变化，多样化、个性化趋势愈发明显，但从总量层面看，我国的消费需求仍显不足。无论与发达国家还是发展中国家相比，中国居民消费率均处于较低水平，且呈现下降趋势，从2000年的46.7%波动下降至2019年的39.2%。打通需求侧的堵点，充分释放居民消费潜力，提升经济整体效能，已成为一个亟需解决的问题。从消费者的角度出发，深入探究影响居民消费的原因和应对机制或许可以成为破解这一难题的关键所在。

既有的研究表明，传统代表性消费者框架下的生命周期持久收入理论无法准确刻画现实中的消费者行为。一部分消费者会因自身的异质性特征表现出与经典消费理论假定迥异的消费行为，无法遵循最优跨期决策或实现效用最大化。一方面，消费者因收入、资产等方面的差异而具有禀赋上的异质性，这会导致一部分消费者因流动性约束、不完全信息及资产交易成本等因素而无法实现跨期最优决策。另一方面，消费者在时间偏好和风险偏好等方面同样呈现出异质性特征，部分消费者存在短视、非理性消费决策行为，并未遵循跨期最优决策原则。同时，由于消费品供给质量和供给效率不能完全适应当前消费者的偏好，相当一部分消费者的需求无法得到有效满足，从而无法实现效用最大化。可以看出，根据异质性禀赋和异质性偏好界定异质性消费者，并考察异质性消费者行为，有助于建立起更具现实意义的消费者行为分析框架，为探究居民消费潜力的释放、分析供需高质量动态匹配问题提供了重要切入点。

本书的理论意义在于打破了传统经济研究中代表性消费者的假定，从多个维度界定了更符合现实的异质性消费者，探讨了其产生、演进及行为特征，分析了其与供给侧改革的相互作用机制，拓展丰富了主流消费经济理论。同时，本书立足中国新发展阶段，从消费者的角度出发，寻找制约消费潜力释放的因素，并从供给侧结构性改革的制度端、产业端、消费金融环境端等方面出发，探究了供给侧结构性改革与扩大内需动态匹配问题，以期为挖掘消费潜力，提升供给侧改革效率，从而形成经济增长新动能，提升经济增长内生动力提供政策参考。

第二节　本书思路和篇章结构安排

本书从异质性禀赋、异质性偏好两个角度切入，探究异质性消费者的界定、识别、行为特征及其与供给侧结构性改革的相互作用机制。全书具体篇章结构安排如下：开篇为前三章。第一章为总论，概括叙述了研究的背景、方法、思路以及创新之处等；第二章回顾了供给侧结构性改革、异质性消费者行为与经济增长内生动力的前期理论研究；第三章对我国经济发展现状以及居民的消费与财富进行了概括剖析。第一篇为第四章至第八章，分别为家庭收入冲击、家庭资产、习惯形成、人口结构与代际交互、信息获取与不确定性视角下的异质性消费者行为特征的分析。第二篇为第九章和第十章，从供给侧产业端变革着眼，探讨了异质性消费者导向下的企业行为及产业优化路径。第三篇为

第十一章至第十五章，研究了供给侧制度端变革与异质性消费者行为的作用效应。第四篇为第十六章至第二十章，分析了供给侧消费金融环境优化与异质性消费者行为的作用机理。尾篇为第二十一章，从异质性消费者这一视角提出了增强我国经济增长内生动力的政策建议。主要内容详见图 1–1。

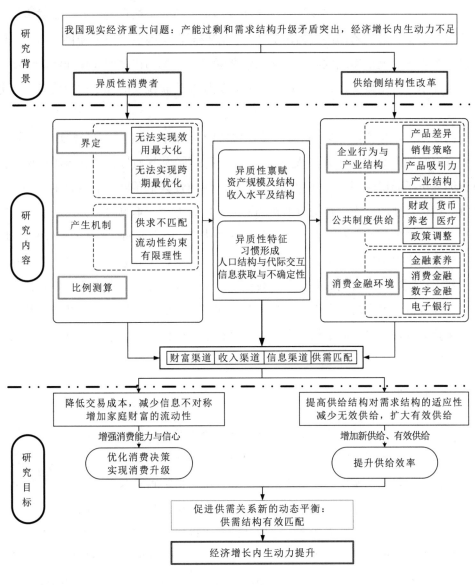

图 1–1 研究思路框图

一、异质性消费者的界定与行为特征分析

本书基于我国居民消费行为典型事实,将由于自身存在偏好异质性和禀赋异质性,进而并未遵循最优跨期决策原则或无法实现效用最大化的消费者统称为异质性消费者。这一概念既包含了因受到财富及收入、流动性约束、不完全信息及资产交易成本等因素的影响而无法实现最优跨期决策的消费者群体,也涵盖了因供给效率和供给结构无法有效满足消费需求而无法实现效用最大化的消费者群体。本书在时间和空间两个维度上拓展了异质性消费者的概念,并加以统一界定,试图构建起统一的异质性消费者行为分析框架。

在此基础上,本书进一步分析异质性消费者的行为特征,主要借助微观调查数据(如中国家庭追踪调查 CFPS、中国家庭金融调查 CHFS 等)从异质性禀赋和异质性偏好两个维度详细分析了异质性消费者行为特征。其中,异质性禀赋角度下的探究重点为家庭收入与资产、信息获取、人口结构对消费的影响。收入方面,本书检验并解释了不同方向收入冲击下消费反应的非对称性及影响其程度的因素。资产方面,本书考察资产流动性、财富效应等因素对消费的作用。人口结构方面,本书探讨了养老负担、扶幼负担对居民消费的作用机制。异质性偏好角度下,我们重点从习惯形成、信息不确定性、代际交互等方面展开分析。习惯形成方面,本书检验了居民消费的习惯形成特征及其参数的动态性、地域异质性。信息不确定性方面,本书分析了预防性储蓄、黏性信息、社会网络等的消费效应。

(一)总体界定

本书主要从异质性禀赋和异质性偏好特征两个角度界定区分异质性消费者。具体而言,禀赋的异质性表现为家庭收入、资产等方面的差异,部分消费者会因流动性约束、预防性储蓄等因素无法实现跨期最优决策。而异质性特征则来源于习惯偏好、代际交互偏好、信息获取偏好等方面,它会导致部分消费者呈现出短视、非理性消费决策、代际扶持等行为,进而限制了其消费需求,使其同样难以实现跨期最优决策。基于此,本书借助宏观、微观数据,在第一篇分别从异质性禀赋和异质性偏好两个角度分析了异质性消费者的内在特征。在第二篇、第三篇和第四篇,本书基于异质性消费者的框架,根据异质性消费者的外在行为表象,结合供给侧结构性改革的背景,分别进行了供给侧产业端变革与异质性消费者行为的作用渠道分析,即企业行为及产业优化路径研究;供给侧

制度端变革与异质性消费者行为的作用效应分析，即公共制度供给优化研究；供给侧消费金融环境优化与异质性消费者行为的作用机理分析，以及如何实现供需匹配提升经济增长内生动力的分析研究。

（二）具体思路与方法

1. 基于正负向收入变化和边际消费倾向异质性的分析

如若要评估财政政策和货币政策对消费的影响，就需要可靠地估计消费对暂时性收入变化的反应，即暂时性收入的边际消费倾向。当然，识别消费是否对正负向收入变化有不同的反应同样重要。从政策层面来看，宏观经济政策使得财富在不同消费者之间发生转移，部分消费者从中受益，部分消费者从中受损。当所有消费者的边际消费倾向相同时，这种利益的再分配只会影响消费的分布，并不会影响总消费。然而，当边际消费倾向具有异质性时，利益的再分配就会影响总消费。

生命周期持久收入假说认为，消费与终身财富（或持久收入）成比例，所有消费者都以相同的方式对收入变化作出反应，即边际消费倾向没有异质性。然而，包含流动性约束、预防性储蓄和损失规避的模型表明，消费对收入变化的反应是异质的。例如，部分消费者持有较少的资产，部分消费者持有规模较大但流动性不足的资产，这些不同的消费者受到不同程度的流动性约束。相比那些可以自由进入信贷市场的消费者，由于高流动性资产不足而受到流动性约束的消费者在受到暂时性收入冲击时，会表现出较高的边际消费倾向。

本书在研究收入因素时，除在各项实证研究中控制了家庭间收入的横向差异外，还考虑了家庭内部纵向的收入变化，即正向和负向的收入冲击，并基于流动性约束理论证明了不同方向收入冲击下家庭消费的反应是非对称的。进一步地，本书分别从消费结构、资产流动性的视角进行了拓展分析，结果均支持了边际消费倾向非对称的存在性，且非对称程度会因资产流动性不同而存在差异。

2. 基于资产流动性的分析

在资产方面，本书首先在双资产模型分析框架下，根据金融资产与住房资产配置结构的差异识别异质性消费者。消费者对高流动性资产进行配置时，会在用于当期消费与平滑未来消费路径之间进行权衡，而消费者持有的用于短期内消费的高流动性资产能够反映其受到流动性约束的水平。换言之，主动积累财富的行为在短期内抑制了消费需求，提高了消费者面临流动性约束的可能性，且消费者主动积累财富的动机越强，其消费在短期内受到抑制的程度越大，暂时性收入冲击对其效用的影响越明显。

考虑到资产的性质与结构差异对消费的影响，本书根据资产结构区分了异质性消费者，如下图 1-2 上侧虚线框所示。首先，根据是否存在流动性不足，将消费者分为 HtM（Hand-to-Mouth，可理解为月光族）型和非 HtM 型。具体来讲，上述两类家庭的划分以家庭是否持有高流动性资产为标准：非 HtM 型家庭持有一定数量的高流动性资产；而 HtM 型家庭仅持有少量或者不持有高流动性资产。前者为传统生命周期持久收入理论框架下，持有充足高流动性资产的消费者，能够实现跨期最优决策，不受暂时性收入冲击的影响；而后者由于高流动性资产不足，面临流动性约束，有动机将暂时性收入全部用于消费，以缓解流动性约束，满足消费需求，表现为暂时性收入对应的边际消费倾向为正。而依据家庭是否持有非流动性资产，可进一步将 HtM 型家庭分为"富裕型"和"贫穷型"两种类型。"富裕型" HtM 家庭基本上不持有高流动性资产，但却拥有数目可观的非流动性资产，由此会对意料之外的暂时性收入表现出较大的边际消费倾向，而已预见的未来收入的增长不会对他们的消费行为造成影响。

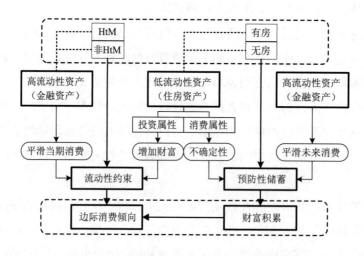

图 1-2　资产的性质差异对消费者行为决策的影响

3. 基于资产财富效应的分析

家庭资产特别是住房资产对居民消费有明显的"资产效应"和"财富效应"，住房资产的"直接财富效应"是影响居民消费升级的主要作用渠道，而"抵押担保效应"渠道作用有限。现实中居民的资产差异很大，而是否拥有房产、拥有房产的数量直接决定了财富总量。如上图 1-2 上侧虚线框所示，我们根据住房资产情况，区分有房消费者和无房消费者，并对比二者行为。考虑到住房资产明显的消费属性和租房市场的不确定性，有房和无房消费者在面临的不确定性和由此产生的预防性储蓄动机方面可能存在着差异。作为一种主动积累财富的行为，这种预防性储蓄动机的差异导致了消费者面临流动性约束的程度不同。相比于无房消费者而言，有房消费者的财富效应显著增加，提高了其消费水平，其中多套房消费者的财富效应显著高于一套房消费者。

4. 基于习惯形成的分析

习惯形成被认为是我国居民消费行为的基本特征之一，它改变了居民的风险偏好，影响了外部因素的作用机制，体现了居民提升消费水平的动机，并且该特征在不同居民之间具有异质性的表现。因此，本书基于客观的消费环境，从习惯形成的角度入手，结合居民的异质性，更为全面、准确地分析我国城镇居民消费现状的成因，进而探寻释放消费潜力的方法。

本书首先从消费总量和消费层次两个角度探究了习惯形成的阶层异质性表现及其影响。城镇居民消费存在显著的习惯形成特征和阶层异质性，总体表现为低收入居民的习惯强度较弱，消费倾向较高；中等收入居民的习惯强度较强，消费较谨慎；高收入居民消费较活跃，但主要是地位性消费。因不同收入阶层之间居民消费层次的差异，习惯形成特征也有明显的阶层异质性。处于基本生理和安全需要层次的低收入居民，消费的习惯形成参数较小，边际消费倾向较高，消费谨慎程度不高；处于获得他人关注和承认需要层次的中等收入居民，消费习惯形成参数较大，边际消费倾向较低，消费行为较为谨慎；地位性消费对其具有重要影响的高收入居民，消费的习惯形成参数较大，且边际消费倾向也较高，呈现两者同高的特殊性，消费较为活跃。消费的习惯形成特征总体上阻碍了居民生存型消费占比的下降，抑制了发展型和享受型消费占比的提升，减缓了居民消费结构的升级速度。与此同时，习惯形成对居民消费结构的影响具有显著的阶层异质性，具体表现为通过减缓低收入居民消费结构升级的速度，阻碍中等收入和高收入居民消费结构升级的结构化影响，整体上抑制了居民消费结构进一步升级的趋势。

5. 基于人口结构及家庭生命周期阶段的分析

过去70多年，我国人口结构发生了较大转变，人口年龄结构从年轻型经成年型转变为老年型。随着生育高峰期出生的人口开始步入老年阶段，人口老龄化持续加速已经成为当前人口年龄结构变动的主要趋势，并且人口老龄化超前于经济发展，出现了"未富先老"的现象。与此同时，子女教育成本日益高涨，对于"上有老下有小"的成年已婚家庭来说，较大的养老负担和扶幼负担增加了家庭的预防性储蓄动机，使其消费潜力受到抑制，无法充分释放。本书结合户主年龄分布特征，将家庭划分为不同年龄组，从生命周期视角考察不同居民家庭消费行为的异质性特征。微观上看，户主年龄决定了家庭所处的生命周期阶段；宏观上看，人口年龄结构也决定了经济体的消费支出总量，因为养老负担和扶幼负担越重，对子女质量期望越高，家庭消费受到限制的因素就越多，消费支出就会越少。同时，养老与扶幼行为还存在交互作用，扶幼消费可能会挤出养老消费，从而既会影响消费支出的总量，又会影响消费支出的结构。

6. 基于信息获取和社会关系的分析

在完全信息下，居民可以无成本地获取影响其消费与储蓄行为等经济活动的所有信息，且基于这些信息，居民可以对未来做出无偏估计。这是众多传统消费理论的隐含假定之一。但现实中很多信息的获取是有成本的，或信息的更新是缓慢的，消费者很大程度上也受到自身消费习惯的影响，无法对未来进行理性无偏的判断，这一系列黏性的因素会导致相关政策刺激、资产价值变化等带来的财富效应出现延续和滞后。

社会网络可以衡量居民的社会关系。居民家庭的社会网络越深，越容易通过非正规金融融资、劳动力流动等渠道提升家庭消费。同时，亲戚交往联络和邻里关系以及依托邮电通信形成的关系网络，呈现出的消费效应也是异质的。

二、供给侧结构性改革与异质性消费者行为：企业行为及产业优化路径研究

本部分基于异质性消费者的理论框架，在供给侧结构性改革的背景下，研究了企业行为及产业优化路径。本部分一方面，在微观层面上研究企业在市场竞争中，如何有效改善产品的供给，优化资源配置和库存配置，减少供需失衡的风险，提高产品的质量从而增强国际竞争力；另一方面，基于两个产业端的微观分析，探究应该如何优化产业结构，从而更好地提高有效供给，减少生产成本，提升产业竞争力和可持续发展能力，并分析了供给侧产业端适应异质性消费需求偏好的作用渠道。

本部分解决的主要问题如下：在微观层面，一是分析企业的进入行为、内生水平产品差异化投资行为及市场竞争程度对消费者福利的影响；二是从产品吸引力和生产率两个维度考察企业的异质性，并分析其对企业出口市场份额的影响和相对重要性；三是从需求端着眼，在考虑消费者异质性的情形下，研究微观企业关于新产品预售的策略，推导出不同情景下的内生缺货概率，并检验消费者的最优购买决策，从而预测潜在需求，探究如何加强库存和优化产能从而控制成本；四是在异质性消费者视角下研究企业产品吸引力优化与竞争力提升，进而促进供需匹配。在产业层面上，本部分分析了如何优化产业结构，提高产业整体技术水平，促进产业融合和产业聚集，增强产业国际竞争力，从而更好地促进经济增长。

三、供给侧结构性改革与异质性消费者行为：公共制度供给优化研究

本部分基于异质性消费者的理论框架，在供给侧结构性改革的背景下，探究公共制度供给优化问题。这一部分主要从财政政策、货币政策、社保政策及政策调整等四个角

度，研究供给侧结构性改革与异质性消费者行为之间的关系。研究内容主要包括财政政策方面的财税变动对居民消费的影响，货币政策方面的利率市场化改革对居民消费信贷的影响，社保政策方面的医疗保险和养老保险对居民消费的影响，以及政策调整方面的经济政策不确定性和消费者信心对城镇居民消费的影响。通过对以上问题的研究，本部分主要从税制结构、利率市场化改革、社保政策及政策不确定性等四个角度提出了对策建议。

四、供给侧结构性改革与异质性消费者行为：消费金融环境优化研究

本部分基于异质性消费者的理论框架，在供给侧结构性改革的背景下，探究消费金融环境优化问题。本部分从消费者金融素养、消费金融、数字金融、电子银行等维度，就消费金融环境对居民消费行为的影响展开系统性分析。研究内容主要包括探究消费者金融素养对消费理性决策的影响，检验消费金融与居民消费行为跨期平滑机制、风险保障机制以及财富效应机制，以数字金融为例考察消费金融发展对居民消费的总体效应及其拓展性，以及考察电子银行通过金融便捷对居民消费的影响。

五、异质性消费者视角下促进经济增长内生动力的政策建议

本书基于我国经济重大结构性失衡的事实，以扩大内需为战略基点，以对异质性消费者行为的分析为切入点，以深化产业政策、公共制度、消费金融环境等方面的供给侧结构性改革为主攻方向，寻找经济增长新的内生动力，探究扩大内需战略同深化供给侧结构性改革有机结合的实现路径。在总结全文的基础上，本部分充分考虑异质性消费者行为，针对宏观政策、中观产业、微观企业三个层面，从产业政策、社会保障、消费金融环境优化等方面为完善促进消费的体制机制、进而促进供需匹配、提升经济增长内生动力建言献策。

第三节　研究方法、创新与待拓展之处

本书采用的研究方法主要体现在以下三个方面：

第一，理论模型分析与计量经济学实证检验相结合的研究方法。本书主要以新古典综合理论、后凯恩斯主义理论、不确定性下的消费经济理论、异质性消费者行为理论等

为基础研究消费者行为特征及当前中国消费者异质性产生的根源，抽象建立起适合中国国情的模型，运用宏观省级面板数据、家庭微观调查数据进行计量经济学分析，具体方法包括双重差分法、门限回归法、倾向得分匹配方法、分位数回归法、二值选择模型等。

第二，定性与定量相结合的研究方法。本书基于异质性禀赋和异质性偏好界定异质性消费者，并采取定性与定量分析相结合的方法，一方面定性分析传统消费者和异质性消费者在消费倾向和消费水平上的区别，另一方面测量两类消费者所占比重，为促进长期持续性需求扩张提供基础研究。

第三，静态分析与动态分析相结合的研究方法。本书不仅注重研究当前供需间的交互关系，同时还更加注重研究供需互动的历史发展脉络和动态演化路径，包括从萨伊定律和凡登定律开始的供需关系讨论，以及未来供需同时发力促进新常态经济增长的作用机制分析，采用了静态分析与动态分析相结合的研究方法。

本书为相关问题的研究提供了参考和借鉴，具有一定的创新性。具体如下：

第一，选题立足于我国社会重大现实问题。目前已有许多研究试图解释我国经济重大结构性失衡的成因，但学界尚未形成统一意见。造成这种现象的可能原因在于，这些研究各自基于不同的理论基础、模型设定和样本区间，未能综合考虑我国经济转型时期影响居民消费的各个因素。本书选题紧扣当前我国经济转型实践，研究内容致力于将国际上消费经济领域最新的研究成果与我国经济发展中的重大现实问题相结合。在当前我国宏观经济存在一定下行压力的形势下，完善优化居民消费环境可以大大释放居民的潜在需求，配合我国当前供给侧结构性改革政策，实现需求侧与供给侧的动态平衡，促进经济持续稳定增长。本书立足于我国经济与社会现实，研究的重点问题即如何通过供给侧结构性改革满足消费需求，如何实现供需结构有效匹配，如何最终形成经济增长内生动力。

第二，研究框架突破传统代表性消费者假定。本书在当前我国消费者呈现异质性消费行为特征的情形下，摈弃传统代表性消费者的假定，从异质性禀赋和异质性偏好特征两方面界定异质性消费者，从而使研究更具现实意义。本书以对异质性消费者行为的分析为切入点，以满足其异质性需求为主要目标，以深化公共制度改革、产业政策改革等供给侧结构性改革为主攻方向，为实现供求关系新的动态均衡，探寻经济增长新动能，提升经济增长内生动力提供了建议。

第三，研究关注多个层面，更适用于探究结构性问题。本书从微观视角探索了供给侧改革与家庭跨期消费决策效率提升，以期促进供需有效匹配。通过对异质性消费者的界定及对其行为特征及作用机制的分析，本书验证了如何通过缓解不确定性和疏通预期、信息、财富等渠道，优化消费者预期，降低交易成本，减少流动性约束，提升家庭跨期消费决策效率，改善其消费行为，在家庭层面提高供给对需求变化的适应性和灵活性。在企业层面上，本书研究了在国内外愈发激烈的竞争环境中，企业应如何预测潜在需求，加强库存优化，从而控制成本，并改善供需匹配，提高供给质量，从而更好地提升竞争力和满足市场需求。在产业层面上，本书探究了如何优化产业结构，提高产业整体技术水平，促进产业融合和产业聚集，增强产业国际竞争力，提高供给结构对需求结构的灵活性和适应性，从而更好地促进供需匹配，提升经济增长内生动力。

未来，本书可以在以下几个方面进行拓展：

第一，综合联动生产、消费各环节，探索构建一般均衡模型。本研究在异质性消费者的框架下，分析了消费升级与产业结构调整的互动机制、居民资产与消费之间的选择行为、经济增长内生动力的路径，尝试建立符合现实，涵盖宏观政策和环境、微观个体行为和决策的理论模型。但现实中居民消费与企业行为、产业结构、公共制度供给、消费环境等环节之间的联系是紧密且复杂的，需要将异质性消费者行为纳入到一般均衡分析框架里来进行研究，才能得出更为客观、全面的结论。

第二，发挥大数据优势，丰富数据来源，实时、全面考察消费者行为及其动态演进趋势。目前，国内许多机构开展了微观调查，为实证研究提供了丰富的数据基础，有助于研究者对微观个体行为进行全面细致的刻画。但是由于国内微观调查起步较晚，样本期较短，无法全面揭示消费者行为的演进规律。不仅如此，微观数据公布也存在一定的时滞性，无法实时追踪消费者行为变化。随着人工智能技术和大数据技术的成熟，数据的可及性不断增强，数据来源不断丰富，数据维度呈现多元化趋势。因此，本研究有望在未来进行更加全面、及时的数据分析。

第二章 供给侧结构性改革、异质性消费者行为与经济增长内生动力的相关研究

本章侧重厘清三个基本问题的学术史，结合课题研究成果，从供给侧结构性改革、异质性消费者行为、经济增长内生动力三个方面入手，对相关研究进行综述。

第一节 供给侧结构性改革相关研究

供给侧结构性改革是中央在综合分析世界经济长周期和我国发展阶段性特征及其相互作用的基础上，从理论到实践不断探索的结晶。推进供给侧结构性改革，是正确认识经济形势后选择的经济治理药方。围绕这一重大问题和热门话题，学界也展开了一些讨论与研究，这些讨论主要涉及两大类问题，一类是供给侧改革的理论依据，另一类是搞好中国经济供给侧结构性改革的具体措施。前一类问题是基本理论问题，后一类问题主要是改革的政策方案设计或实际操作问题。我们主要从这两个方面展开综述。

一、供给侧结构性改革的理论依据

关于什么是供给侧结构性改革理论，方福前（2017）曾做过精辟的论述。他认为供给侧结构性改革理论是在供给理论的基础上，研究如何通过经济体制改革、经济结构调整和优化，促进总供给能力增长、总供给质量提高，以及总供给在规模和结构上与总需求相适应、相匹配的问题。中国今天的供给侧结构性改革，既需要借鉴包括西方经济学在内的思想资源，更需要马克思主义经济学的理论支持，从而结合中国的实际来创新具有中国特色的社会主义经济理论，在此基础上设计一套针对中国经济问题症结的结构性改革方案和政策组合。众多学者们对供给侧结构性改革理论依据的研究焦点均集中在对马

克思主义经济学与西方经济学可借鉴之处的挖掘上。

(一)以马克思主义经济学为依据

国内一些学者(洪银兴，2016；丁任重、李标，2017；贾康、苏京春，2016 等)通过分析马克思社会资本再生产理论及其所蕴含的宏观经济均衡思想，认为马克思社会资本再生产理论对于分析当前经济形势仍具有很强的适用性，肯定了马克思宏观经济均衡思想的当代价值，进一步分析了马克思宏观经济均衡思想对供给侧结构性改革的指导意义。这部分学者认为，供给侧结构性改革研究需要以马克思主义经济学为指导，新常态下供给侧结构性改革是对马克思主义中国化时代化新的飞跃。在马克思主义视角下，供给和需求具有同一性，需求决定供给，供给创造需求。基于此辩证关系，中共中央提出了供给侧结构性改革。深入来看，马克思主义理论中的物质生产论为供给侧结构性改革奠定了理论基础，社会资本再生产理论为改革提供了理论依据，创新驱动理论为深入推进改革拓展了理论空间，生态文明观为发展方式提供了理论指导，劳动价值理论为供给侧结构性改革运行保障提供了理论支撑。从逻辑关系来看，物质资料生产理论是统领，社会资本再生产的总量和结构平衡理论是目标，创新发展与生态文明理论是发展方式，劳动价值论是保障，它们相互作用、动态优化，为供给侧结构性改革提供了理论指导。同时，上述研究还指出了马克思宏观经济均衡思想的历史局限性，并认识到运用马克思宏观经济均衡思想指导供给侧结构性改革不能完全照搬，而是要与时俱进地发展马克思宏观经济均衡思想，建立和形成中国化时代化的马克思宏观经济学理论，为建设中国特色社会主义市场经济提供理论指导。

(二)以西方宏观经济学为依据

西方宏观经济学中的结构性改革通常指针对经济衰退或负面冲击等危机局面，以提高潜在经济增长率为目标，以放松主要领域管制为方式的重大政策调整，具有典型的危机引致型特征。(周密、刘秉镰，2017)20 世纪 70 年代末，资本主义世界遭遇了严重的"滞胀"危机，凯恩斯主义需求理论在实践中遇到了严重的挑战，政策有效性和现实解释力均大幅下降。供给学派正是在这样的经济条件与历史背景下产生并兴起的。供给学派崇尚古典经济学的"萨伊定律"，认为供给导致需求，主要代表人物有 A.拉弗(Laffer, A.)、R. A.蒙代尔(Mundell, R. A.)、P. C.罗伯茨(Roberts, P. C.)等。这一学派核心政策主张是降低税率，以增加生产要素的税后报酬，从而增加劳动及投资活动的积极性和主动性。供给学派还主张进行结构性调整，消除劳动市场及产品市场的刚性，促进资源流动，减少对特定行业的过度保护，鼓励自由主义和企业创新。然而随着里根政府的下台，供给学派也退出了历史舞台，逐渐销声匿迹。

在应对经济衰退或重大危机时，西方国家往往采取以贸易和劳动力市场改革、制度改革、金融和财税改革等方式为主的结构性改革政策，强调特定危机下问题导向的解决方案。如经济增长率或收入下降时，通常进行贸易和劳动力市场的改革和制度改革；当出现通货膨胀和经济周期波动时，则进行金融、财政和税收改革等。针对不同的改革类型，国际货币基金组织构建了结构性改革指数作为基本测度方法，这个指数从金融、贸易、外汇账户、劳动力市场等方面的自由化程度进行评估，后期进一步增加了法律和秩序、腐败和官僚制度等软性制度质量的测评。（周密、刘秉镰，2017）

在供给侧结构性改革提出的初期，我国部分学者对其关注点更多集中在供给学派以减税为主的结构性改革方案及其他政策主张的参考价值上（郭承先，2016），忽略了供给学派自由主义经济思想的性质。随着供给侧结构性改革内涵的不断明确，目前我国学者几乎持有一致的观点，即在推进供给侧结构性改革过程中，对于国有企业、产能过剩、税制结构、宏观调控手段、政府与市场关系等方面的问题，应该立足于中国经济社会所面临的实际情况，采取相应的措施，不能将供给侧结构性改革视为供给学派的翻版，以供给学派的政策主张解决上述问题（蔡昉，2016；刘谦、裴小革，2017），并认为供给侧结构性改革与供给学派在时代背景、学理基础、利益代表及政策主张等方面均有重大的不同，供给侧结构性改革理论与供给理论有联系，有交叉，但是供给理论不等于就是供给侧结构性改革理论。供给理论的核心是总供给能力由哪些因素决定，供给侧结构性改革的核心是改革——如何通过改革来改善总供给结构，提高总供给能力和质量。所以，不能简单地把供给侧结构性改革理论等同于供给理论，供给侧结构性改革理论应该是对西方供给理论的超越和丰富。（丁任重、李标，2017；方福前，2017）

二、供给侧结构性改革内涵与路径的相关研究

供给侧结构性改革的内涵与路径，即"改什么"和"怎么改"的问题。学者们在剖析内涵的同时，往往会提出相应改革路径。刘伟（2016），刘伟、蔡志洲（2017）从新常态下的经济失衡的特点、新常态下经济失衡的动因、新常态下宏观调控方式的转变、国民收入分配结构的完善等角度分析了如何认识供给侧结构性改革命题提出的背景，供给侧结构性改革要处理怎样的问题，供给侧结构性改革的政策工具和体系有怎样的特点，供给侧结构性改革需要怎样的制度创新等问题。周密等（2018）认为供给侧结构性改革不应简单仿效西方的特征事实，陷入市场与政府之争，而应以经济增长为导向，系统认识"在

不同结构的实施条件下，后发赶超国家供给侧的主导性动力机制发生结构性演变"的内在机理。其中技术结构和需求结构是推动供给侧阶段演变的两个基本实施条件，劳动则是中国供给侧实现增长的根本动力。此外，学界还主要围绕以下几点展开讨论：

（一）生产要素的流动重组和优化配置

持有这部分观点的学者主要以新古典模型为基础，提出供给侧改革的重点在于开放要素市场，打通要素流动通道，优化资源配置，全面提高要素生产率，主张现实可行的最优选择是从生产要素的流动重组和优化配置来解决供给问题，提高供给质量，发挥市场的资源配置作用，以提升全要素生产率为重点、关键和核心推进供给侧结构性改革，在提质增效的基础上增强经济增长的潜力和动力。如金晓彤、黄蕊(2017)认为我国应该采取以市场需求为导向的技术改造，坚持市场化的要素配置行为，科学规划技术资源的产业转移次序，进一步提升生产企业的劳动生产效率。

（二）以制度供给为重点

有学者认为，当前我国经济运行中的主要矛盾表现在供求两侧，但根源和实质在供给侧。供给侧主要矛盾是体制机制改革滞后，推进供给侧结构性改革既必要也是必然选择。供给侧结构性改革需要从三个方面解决供给问题，即要素的集约节约化供给、产品的有效优质供给和制度的有效供给，其中制度供给是重中之重。要处理好供给与需求、长期与短期、政府与市场、国际与国内等四对重要关系。供给侧结构性改革是一项系统工程，涉及经济社会发展的方方面面，要使其扎实落地，重点要抓好两个关键点：一是在传统增长动力衰退之时，尽快培育形成新的增长动力，实现新旧增长动能有效接续；二是通过体制机制改革形成有效制度供给，为新的增长动力打造新引擎。(马晓河等，2017)经济发展进入新常态的一个重要内容和表现，就是政府要为市场运行和社会发展设立、修改和创新行为规则，以此推动经济转型升级。为此，政府要从具体干预企业的现状转向为企业和市场提供高质量的制度供给，以制度创新为核心进行职能改革，调整管理方式和提高调控能力。要更好而不是更多地发挥政府作用，把"放手"当作最大的"抓手"，但也要注意"放手"不是"甩手"。具体而言，政府层面的制度创新和制度供给能力就是要把新理念、新思想、新方法、新机构、新法规、新政策和新工作载体等，引入政府原有的制度体系、政策体系和工作体系，实现新的发展组合的能力。(刘志彪，2017)

具体政策措施上，有的学者提出政府部门可以通过加强知识产权保护执法力度，来提升企业创新能力和财务绩效,同时以科技创新驱动供给侧结构性改革,实现经济发展方式的转型。(吴超鹏、唐菂,2016)有的学者强调了社会保障政策的重要性,认为政府在社会保障制度中应起兜底性作用,并应在此基础上,完善我国失业保险制度,注重新就业人群的社会保障问题,推动社会保障的一体化进程,提升社会保障基金保值增值能力。(汪连杰,2017)同时,要按照人口年龄结构变动的需求和约束条件加快推进养老保障供给侧结构性改革,完善养老保障制度顶层设计,改革不适应人口形势转变的关键环节和重点领域,防范制度运行风险,健全可持续发展机制,注重改革风险化解,为应对老龄化筑牢织密社会托底安全网,解决人口年龄结构变动使养老保障制度保障需求与制度供给失衡的问题。(杨宜勇、关博,2017)

(三)以中微观领域为重点

有学者认为,供给侧结构性改革是一个渐进的过程,应以产业、企业、消费者等中微观层面作为切入点研究供给侧结构性改革的作用路径。如厉以宁(2017)主张要转变观念,如企业和企业家的经营理念、创新理念等;关注消费变化,以准确把握结构性调整的方向;改变宏观调控的方式,重在预调、微调、结构性调,有重点地因地精准"滴灌"。同时,供给侧结构性改革的首要目标是激发企业的活力和动力,让企业成为独立经营的产业主体并不断成长,要特别鼓励创新、创业,始终保持旺盛的创新和创业精神。对于低效中小型国有企业导致的产能过剩,白让让(2016)结合已有治理模式的经验,使用机制设计的逻辑分析了国有中小企业退出的制度和体制障碍对化解过剩产能的影响,并提出了加快低效国有企业退出的政策建议。黄群慧(2016)指出,供给侧结构性改革问题的本质和根源是结构性矛盾,解决的对策是改革,改革的对象可从经济结构视角具体划分为企业、产业和区域三个层面。同时,他认为分析供给侧结构性改革问题的重点任务,可集中在处置"僵尸企业"问题,降低制造企业成本问题,深化国有企业改革问题,化解产能过剩问题,推进《中国制造2025》和"互联网+"战略,推动"一带一路"对外开放战略和京津冀协同发展、长江经济带、振兴东北老工业基地等区域战略。同时,企业创新能力与绩效,包括高端服务业创新能力与绩效是实现供给侧结构性改革目标的一个关键问题。(湛军、王照杰,2017)应重视企业创新的非技术要素,超越技术创新活动来探讨创新能力的新视域,将创新能力多维性置于企业组织平台并对创新全过程进行整合。周开国等(2018)分析了供给侧结构性改革背景下企业的退出与进入,以深入理解政府和市场的作用。

第二节　异质性消费者行为相关研究

现代经济理论中有关消费的争论一直存在着。从 15 世纪重商主义对节俭的倡导，到古典经济学家们关于生产和消费的争论，再到边际学派使用边际效用价值论解决了"钻石与水的悖论"，消费在现代经济学界的地位逐渐受到重视。后来以马歇尔为代表的新古典主义提出了需求弹性、消费者剩余等一系列重要概念，奠定了消费者行为研究的重要基础。到了 20 世纪 30 年代，以凯恩斯为代表的现代消费理论兴起，出现了绝对收入假说、相对收入假说以及生命周期假说、持久收入假说。然而这一些理论均限于确定性的假设，没有真正考虑到不确定性预期。1975 年以后，消费函数理论将收入风险等不确定性因素纳入进来，结合理性预期学派的研究成果，逐渐形成了不确定性条件下的消费函数理论。代表性的有随机游走假说、预防性储蓄假说、流动性约束假说等。由此确立的前瞻性(forward-looking)、完全理性、同质性消费者假定也逐步成为现代消费理论的基本假设之一。

一、异质性消费者的理论渊源

(一)同质性消费者假定逐渐受到质疑

自 20 世纪 80 年代末开始，关于同质性消费者的假定便不断受到经验数据的质疑。大量研究表明，在生命周期持久收入假说(Life Cycle Permanent Income Hypothesis，LC-PIH)基础上所推导出的"确定性等价"与经验数据并不相符，尤其是居民消费对于预测到的收入变动呈现出显著的过度敏感性(Flavin，1981)。此外，相当一部分居民的家庭金融净资产接近于零，财产遗赠所导致的财富不均衡对消费的影响也日益显著。(Mankiw，2000)而在不确定性等价逻辑下所产生的诸如预防性储蓄理论、流动性约束理论、缓冲存货模型等虽然可以在一定程度上解释居民的消费率变动以及消费的过度敏感性问题，但解释力度远远低于理论模型设定的要求。(Kaplan & Violante，2014)同时，家庭财富对消费影响的解释仍在原有分析框架内展开，导致所构建的理论模型日趋复杂化与数学化，偏离了现实经济。为解决上述难题，研究者开始关注异质性消费者理论，并以此为基础力求理论突破。

(二)异质性消费者的提出

异质性消费者的概念最早由坎贝尔和曼昆(Campbell & Mankiw,1989)提出,他们将消费者外生设定为两类,第一类遵循生命周期最优决策原则,其消费主要由持久收入决定;第二类遵循"拇指法则"(Rule of Thumb),其消费等于当期全部收入。异质性消费者的存在严重削弱了持久收入假说的解释力,也直接打破了"李嘉图等价",因而学界通常把第一类消费者称为"李嘉图式"消费者,把第二类消费者称为"非李嘉图式"消费者。异质性消费者的提出,有效地解释了消费过度敏感性问题。同时,相比于传统消费行为理论的同质消费者假定,异质性消费者的假定与经验数据也更为相符。(Mankiw,2000)一系列的实证研究进一步支持了"非李嘉图式"消费者的存在。依据传统的同质性消费模型的估计,居民对暂时收入的边际消费倾向应接近于0。而大量基于微观数据的实证检验发现,美国居民对政府2001年退税政策临时所得的边际消费倾向大约为0.2—0.4。(Misra & Surico,2014)可以看出,必须考虑引入异质性消费者,才能缩小理论预测与实证结果之间的差距。(Morita,2015)

行为经济学领域也有一些有关异质性消费者的相关研究。行为理论将金融市场中类似"羊群效应"这种"基于理性动机却带来非理性结果"的非理性行为,即"加总悖论",归因于人的异质信念、认知能力及舆论、信息等因素。(Shiller & Akerlof,2009等)相比西蒙(Simon,1972)的"有限理性"而言,行为理论对经济主体的超社会属性的自然属性有更强的偏好:依据个人不同的心智信念、心理规律甚至神经反应机制等因素,解释经济主体在噪音干扰下所进行的有限理性行为及其后果。

我国学者中,臧旭恒(1994)较早探讨了中国消费者异质性的问题,将1978年以前的中国消费者视为束缚的、近视的、原始的消费者,即被动的短视消费者,将1978年以后中国消费者假定为攀附的、过渡性的前瞻消费者。整体上看,我国学者对异质性消费者的关注较少,建立在异质性视角上有关中国经济的相关研究大都是在不同分类的基础上应用 LC-PIH 理论或预防性储蓄理论进行的实证检验,实际上仍然是在跨期最优的框架下使用同质性消费者的思路展开分析,其中提到的"异质性"的概念与国外研究中提到的"非李嘉图式"消费者仍存在较大区别,有关更深层次的异质性消费者行为理论研究及产生机制相关分析也有待填补。

国内异质性消费者行为的相关研究更多是在前瞻性理性消费者假定下,或基于宏观数据探讨居民的消费行为特征,如是否受到流动性约束,以及在流动性约束下家庭的消费行为(臧旭恒、裴春霞,2007;李力行、周广肃,2015)、城乡及地区间差异(王小鲁、樊纲,2004;韩立岩、杜春越,2012)、消费者的短视性等(徐润、陈斌开,2015);或借助微观数据定量探讨家庭资产与居民消费(柴国俊、尹志超，2013；李涛、陈斌开，2014；臧旭恒、姚健，2020)、社会保障与居民消费之间的关系(邹红等，2013)，以及有关已退休群体的消费(Li et al.，2015)。这些学者发现产业结构升级在近年对城乡消费差距的减缩作用显著，而东中西部的表现存在着异质性；农业税及个人所得税改革分别对农村居民及工薪收入阶层、个体经营户收入阶层具有显著的刺激效应，而流动性约束、预防性储蓄及短视行为等因素的存在，使得税收改革对不同类型家庭消费的刺激效果也存在明显的异质性。然而这些研究基本都是围绕着消费者的异质性禀赋的问题，基于理性消费者跨期最优选择的假定开展的。

二、异质性消费者的产生机制及识别

(一)异质性消费者的产生机制

至于"非李嘉图式"消费者的产生机制，学界主要是从异质性禀赋的角度阐述的，沿着两个方向展开。其一如扎德斯(Zeldes，1989)认为是受流动性约束的消费者仅拥有少量的资产或者没有资产，同时缺乏信贷渠道，进而无法实现消费的跨期动态最优；其二如布兰查德(Blanchard，1985)认为是现实中消费者在进行最优决策获取最大化效用时，会受到信息不完全的约束，或者需要支付信息搜集成本，从而出现黏性消费等有限理性和短视行为，收益与成本的权衡会导致消费者的最优消费路径偏离理论上的最优消费路径。

谈到异质性禀赋，不得不提到禀赋效应。在过去半个世纪中，禀赋效应也许是行为经济学中最富争议性的话题之一。根据传统经济学的理性人假设，人们具有同质性偏好且该偏好不受初始状态影响。但在存在禀赋效应的情境下，即便严格排除了收入效应，一个人处于 A 状态(拥有某种禀赋)时，他的偏好会显示为 A 优于 B；而当他处于 B 状态(不拥有某种禀赋)时，他的偏好却显示为 B 优于 A。郭文敏等(2017)基于神经经济学的方法，揭示了禀赋效应与人类大脑神经活动之间的相关关系和因果关系，认为异质性偏好是禀赋效应的存在结果。

异质性偏好多指消费者在选择或判断的过程中所体现出来的个人差异，主要产生于消费者的主观判断。(Ye et al.，2012)消费者在购买商品的过程中会受到多种因素的影响，主要包括产品相关的变量和消费者人口统计相关的因素，决策者自身经验、文化、教育背景等的差异，消费者对产品属性审美的差异(Chen & Zhang，2015；Bujosa，2014)等。石晓军等(2012)在联合分析实验框架下构建线性混合模型来追踪消费者风险偏好的异质性，发现消费者的风险偏好很大程度上受个人主观判断的影响。他们将研究对象划分为乐观主义者和悲观主义者两大类，证实消费者个人主观判断的不同类别决定其拥有风险偏好的差异性。

有关禀赋与偏好的相关研究，为我们提供了诸多宝贵思路。然而此处的禀赋与我们所研究的异质性消费者禀赋还是有一些区别的。我们所强调的异质性消费者禀赋是指消费者做出决策时的参考条件和约束条件，主要是对应最优化行为而言。由于异质性的存在，简单地加总可能会忽视整体分布对于经济的影响，使得分析存在偏差。将异质性消费者引入分析是消费经济理论研究的新发展和新动向，这有助于拓展与深化消费经济理论。

广义上讲，个体的异质性一方面表现为最初的内在特征和自身属性的差异，如受教育水平、年龄、婚姻状况等，另一方面来源于外部因素变动，外生的差异引起内生性决策(如劳动力供给、人力资本积累、工作选择等)不同，进而导致异质性的产生。在生命周期内受到的异质性冲击，使得幸运与不幸运的消费者财富积累存在差异。冲击引起的异质性也改变了经济中不平等的程度，这种不平等由内在特征、未保险的冲击(uninsurable shocks)以及内生选择共同引起。(Heathcote et al.，2009)

在完全市场的假设下，消费者可以进行充分的保险，收入冲击不会对其消费行为产生影响，因而不会有异质性的存在。也就是说，异质性消费者问题主要在不完全市场(Standard Incomplete-Markets Model，SIM)的框架下展开。经典的不完全市场模型下最基本的形式中，行为人被假定是事前同质(ex ante identical)的，在受到外生的未保险的特质收入冲击(exogenous uninsurable idiosyncratic earning shocks)后，表现为事后异质(ex post heterogeneity)。无风险债券是唯一的保险手段，且总体冲击不存在，或被假定为易于处理的形式。在此假定下，事前同质性的个体在受到事后异质性收入冲击后，在消费行为与财富积累方面表现不同。(Aiyagari，1994；Huggett，1996；Krusell & Smith，1998；Castaneda et al.，2003；Krueger et al.，2016；Amromin et al.，2017)随着研究的深入，异质性问题研究主要从异质性来源、保险方式以及对总体经济的影响等几个方面进行拓展。

关于异质性的来源问题众说纷纭。首先，引起异质性的因素不仅仅局限于事后的冲击，一些研究表明个体自身的初始特征也可能导致异质性的产生。基恩和沃尔平(Keane & Wolpin，1997)认为引起收入差异的因素中 90%的部分在进入劳动力市场前就已经被决定，这意味着初始条件的差异被认为是异质性来源的因素之一。这种异质性更多地被看做是内生的，与家庭环境、教育选择等方面相关。斯特勒厅(Storesletten，2004)在收入过程中持久性部分和暂时性部分的基础上，加入个体固定效应，来估计面板数据的固定效应变化，却发现这种固定效应对收入波动的影响不足一半，远低于基恩和沃尔平

(1997)的结果。而古韦宁(Guvenen，2009)在收入过程中引入以刻画工作经验的斜率项反映个体之间事前特征异质性，其估计的初始特征异质性对不平等的解释程度与基恩和沃尔平(1997)的结果相近。

克鲁塞尔和史密斯(Krusell & Smith，1998)不仅考察了宏观经济中财富和收入异质性问题，还考察了耐心程度差异的影响，发现即使折现率差异很小，也会引起较高程度的财富不平等。希思科特等(Heathcote *et al.*，2014)在异质性中加入了闲暇的偏好，这种偏好的异质性不影响生产率与工作时间之间的负相关性，但使消费与工作时间的相关关系由负转为正。

其次，在收入冲击衡量方面，由于研究者与消费者之间存在着信息不对称，消费者在进行决策时可能已经预见某种信息，而研究者却将其当作未预期到的冲击进行处理，这将会引起估计的偏差。对此，布伦德尔等(Blundell *et al.*，2008)利用消费者支出调查(Consumer Expenditure Survey，CEX)和收入动态追踪调查(Panel Study of Income Dynamics，PSID)构建长面板数据，建立不同时期收入与消费之间的协方差关系，估计了不同持久性收入冲击对消费不平等的影响。也有一些研究选择一系列与经济决策相关的变量，例如劳动力供给、消费、受教育水平等，来识别劳动收入中可预期的变化。(Guvenen & Smith，2014)普里米切里和范伦斯(Primiceri & van Rens，2009)利用 CEX 重复截面数据，将特质性变化(idiosyncratic changes)区分为可预期的变化、不可预期的暂时性和持久性收入冲击，发现 20 世纪 80—90 年代美国大部分收入不平等的增长来源于持久性的变化，而这种变化已经被消费者预期到，因此没有引起消费不平等相应的增加，但是研究者在分析中却将其视为未预期到的冲击，故而得到了持久性收入冲击引起的收入不平等增加没有引起消费不平等增加这种看似矛盾的现象。此外，还有一些研究展开专门的调查，直接获取消费者可预期到的和未预期到的信息，及其引起消费等决策的变化相关的数据。(Jappelli & Pistaferri，2010)

再次，早期关于外生的劳动收入假定逐渐被打破，一些研究认为劳动力供给(Heathcote *et al.*，2010)、工作搜寻行为(Low *et al.*，2010；Lise，2011)、人力资本积累(Huggett *et al.*，2011)等决策导致收入被内生决定，这使得收入的部分差异是由不同的选择决策而非冲击引起。在收入外生的分析框架下，再分配的税收政策有助于福利的改进。当考虑收入内生时，需要权衡财政政策引起的福利和成本：再分配政策会提高福利，但是同时可能会对劳动者的就业时间、寻找工作时的努力程度、参加培训的意愿等产生负面影响。

此外，冲击不仅仅局限于收入冲击，还包括健康冲击(French & Jones，2004)、资本冲击(Davis & Heathcote，2007)等。这些冲击之间也存在着关联性，构成一个复杂的多元系统，共同对收入和消费产生影响。

异质性问题第二个扩展方面主要集中于消费者对冲击的保险渠道。不同于早期局限在无风险资产一个方面，扩展后的研究逐渐引入了金融市场、家庭、劳动力供给、政府公共等多种保险方式。其中，金融市场方面的研究考虑了信贷约束与违约（Athreya，2002；Livshits *et al.*，2007；Chatterjee *et al.*，2007）、住房与耐用品的担保（Fernandez-Villaverde & Krueger，2011）、多种资产对冲（Chien *et al.*，2011）、私人保险（Hosseini，2015）等；家庭方面包括了夫妻之间（Attanasio *et al.*，2005；Heathcote *et al.*，2010）、代际之间（Kaplan，2012）的风险传递与共担；劳动力供给方面则论述了消费者会根据收入的波动情况，通过调整工作时间（Heathcote *et al.*，2014）、更换工作（Kambourov & Manovskii，2009）等来应对不确定性。

最后一个扩展方面涉及个体的异质性对总体经济产生的影响。个体异质性的存在将引起简单加总得到的总体经济分析产生偏差，无法准确考察总体分布的情况。如不完全市场下的异质性将会加强总体的冲击及其对不平等的影响。(Krueger *et al.*，2016)也有研究发现，20 世纪 80 年代美国特质风险稳定增加，但是总体波动却较小，这种"大稳健时期"(the great moderation)的形成原因需要从个体异质性的角度进行解释。此外，个体异质性的引入也有助于有针对性地制定总体稳定政策以及社会保险政策。

（二）异质性消费者的识别

上述分析说明，必须引入有足够数量的"非李嘉图式"消费者才能缩小理论预测与实证结果之间的差距。但遗憾的是，即使包含异质性消费者的预防性储蓄模型和流动性约束模型仍无法产生足够的"非李嘉图式"消费者。卡普兰和维奥朗特(Kaplan & Violante，2014)、亨特利和米开朗基利(Huntley & Michelangeli，2014)从家庭资产角度在此方面做出了开创性研究。他们将经典的鲍莫尔-托宾(Baumol-Tobin)货币需求模型与不完全市场生命周期模型相结合，构建了一个结构模型，以此解释美国家庭消费对于临时退税所呈现的过度敏感性。在这一分析框架中，他们将家庭所持资产分为两种类型：一类是低回报率的"流动性资产"（如现金、支票账户等），变现时不需要支付交易成本；另一类是高回报率的"非流动性资产"（如房产、退休金账户等），变现时需要支付交易成本。如果家庭按照跨期最优的原则安排生命周期内的财富积累与消费，则可依据家庭财富组成结构的差异将家庭分为 HtM（Hand-to-Mouth，其含义近似于"月光族"）型家庭和非 HtM 型家庭两种类型。具体来讲，上述两类家庭的划分以家庭是否持有流动性资产为标准：HtM 型家庭仅持有少量或者不持有流动性资产；而非 HtM 型家庭则持有一定数量的流动性资产。而依据家庭是否持有非流动性资产，可进一步将 HtM 型家庭分为"富裕型"和"贫穷型"两种类型。"富裕型 HtM"家庭基本上不持有流动性资产，但却拥有数目可观的非流动性资产，由此呈现出对新增暂时性收入较大的边际消费倾向，而已预见的未来收入的增长不会对他们的消费行为造成影响。

亨特利和米开朗基利(2014)为评估类似于政府临时性退税的可预期的暂时性收入变动对居民消费的影响，构建了一个包含收入风险、流动性约束和二元资产组合的生命周期模型。这里的二元资产指的是税项递延的资产(Tax-Deferred Assets，如个人退休账户储蓄、国营教育储蓄账户等)和应税资产(Taxable Assets，如债券、股票等)，前者在变现时需要支付成本，而后者不需要。在此设定下，遵循最优化决策的家庭会持有大量的税项递延的资产，减少一部分应税资产以求获取更高的税后资产回报率。该模型模拟出的家庭对暂时性收入的边际消费倾向要高出标准生命周期模型数个百分点。而造成这一差异的关键就是资产变现成本的引入。模型中只有金融资产很少的家庭以及那些大部分资产为税项递延的资产的家庭才会表现出与标准生命周期模型中受到流动性约束的家庭相一致的消费行为特征，即对暂时性收入的边际消费倾向要远高于普通家庭。

简而言之，他们将传统生命周期模型中家庭所持有的资产分为"高流动性、低收益"的流动性较高的资产和"低流动性、高收益"的流动性较低的资产，两类资产在家庭变现用以消费时均需支付交易成本，流动性较高的资产的变现成本要远低于后者。如此一来，家庭在跨期决策时还需要权衡变现资产用以平滑消费的收益和成本，导致一部分家庭资产整体流动性较低的家庭在短期内也可被视为受到流动性约束。通过这种方式，传统单资产模型中的相当一部分"李嘉图式"消费者转变为"非李嘉图式"消费者，学界称之为"富裕型非李嘉图式"消费者，而传统模型中受到流动性约束的消费者则被称为"贫困型非李嘉图式"消费者。这表明，资产结构和资产变现成本会对居民的消费行为产生显著影响，且这一现象已引起学界关注(Carroll *et al.*, 2014; Jappelli & Pistaferri, 2014)。

与之类似，斯蒂格利茨(Stiglitz, 2015)在新古典经济增长理论的基础上构建了一个将居民分为资本家和工人的分析框架，更为全面地考察了财产的积累对家庭决策的影响。模型中资本家和工人分别遵循不同的消费函数和资本积累函数，在消费者异质性的基础上进一步衍生出资本积累的异质性。除流动性约束理论、预防性储蓄理论等关于异质性消费者的研究之外，资产交易成本的存在对家庭消费的影响也引起了研究者关注。卡普兰和维奥朗特(2014)、亨特利和米开朗基利(2014)从家庭资产角度所做的开创性研究表明，资产结构和变现成本会对居民消费行为产生显著影响，这种较容易甄别异质性消费者的方法也逐渐引起学界的更多关注(Carroll *et al.*, 2014; Jappelli & Pistaferri, 2014; Bitler & Hilary, 2015)。不难预料，关于异质性消费者的分析将在未来改写经济学的分析框架。

三、使用异质性消费者分析框架展开的研究

近几年，有学者使用异质性消费者分析框架尝试分析中国现实经济问题，并发现诸如个税改革、房地产市场调控、家庭金融等政策措施，对异质性消费者会产生不同的效果。(徐润、陈斌开，2015；石明明，2013；赵昕东、王勇，2016；贺洋、臧旭恒，2016；宋明月、臧旭恒，2016、2020)他们是从流动性约束、短视行为、消费黏性、家庭持有资产的流动性等角度识别异质性消费者的。

(一)异质性禀赋：消费对收入变化的非对称反应

雅佩利和皮斯特福瑞(Jappelli & Pistaferri，2010)较为全面地回顾了消费对收入变化反应的相关文献。这些文献大致包括以下三类：第一类是利用政策变化来识别消费对收入变化的反应。米斯拉和苏里科(Misra & Surico，2014)研究发现，美国家庭在收到政府的退税后，消费倾向较大的往往是持有高额抵押贷款债务的家庭。鲍等(Baugh et al., 2018)使用美国退税数据研究发现，消费者在获得退税时会增加消费支出，但当消费者预期缴纳税款时，他们并不会减少消费支出。布拉查和库珀(Bracha & Cooper，2014)使用波士顿税收数据分析了中低收入者对增税和退税的反应。他们的研究发现，每增加1美元税收，消费减少90美分；每增加1美元退税，消费增加60美分。阿加瓦尔和钱(Agarwal & Qian, 2014)使用新加坡消费者金融交易数据采用双重差分方法分析表明，在财政政策公布后的十个月，总消费量显著上升，且流动资产较低或信用卡限额较低的消费者对收入变化的反应更强。

第二类是基于收入过程的统计分析将收入和消费相联系，使用方差协方差限制确定联合收入和消费参数来估计收入冲击的边际消费倾向。霍尔和米什金(Hall & Mishkin，1982)使用收入动态面板调查(PSID)数据，分析收入冲击估计边际消费倾向，发现消费对暂时收入冲击反应的估计系数是29%。布伦德尔等(Blundell et al., 2008)匹配收入动态面板调查和消费者支出调查数据研究发现，消费对暂时收入冲击反应的估计系数约为5%，且在低财富家庭这一估计值更高。

第三类是基于微观调查数据研究消费对收入变化的反应。福斯特等(Fuster et al., 2018)使用支出调查数据(调查问卷假设消费者获得或者损失收入)研究发现，消费者对未预期收益的反应表现出异质性，对损失的反应比对收益的反应更大。雅佩利和皮斯特福瑞(2014)使用意大利家庭收入和财富调查数据研究发现，消费对暂时收入变化的边际消费

倾向为48%。且现金持有(Cash-on-Hand)较少的家庭的边际消费倾向要比富裕家庭高得多。

克里斯特利斯等(Christelis *et al.*, 2019)基于荷兰人口调查数据研究消费对非预期暂时收入冲击的反应发现应对正负向收入冲击的边际消费倾向之间存在显著的不对称性。在存在流动性约束的情况下，边际消费倾向对负向收入冲击的反应大于对正向收入冲击的反应。布恩等(Bunn *et al.*, 2018)利用英格兰银行的调查数据研究发现，相比正向收入冲击而言，负向收入冲击的边际消费倾向更大，且无缓存储备的家庭、受到流动性约束、对预期收入悲观的消费者尤其如是。阿尔伯克基(Albuquerque，2019)使用 PSID 数据研究了消费对预期收入变化的反应是否因借贷和流动性约束而不同，并发现受到强约束的家庭，其消费对收入的反应比其他家庭更加强烈。范登赫维尔等(van den Heuvel *et al.*, 2019)使用比利时交易平台数据，分析了既无负债也无非流动资产的消费者(career starters)对不同方向预期收入变化的非对称反应。研究表明，这种非对称反应可能是由于流动性财富缓减信贷约束的不对称能力而引起的。

张欣、臧旭恒(2018)基于对数效用函数，建立两期跨期选择模型，采用 CFPS 数据实证检验了正负向收入变化对应的边际消费倾向。研究表明，流动性约束导致不同方向收入变化对消费的影响具有非对称性。臧旭恒、姚健(2020)在此基础上，引入家庭资产对不同方向收入变化和异质性消费的研究进行了实证方面的拓展，从家庭资产流动性的角度，识别了家庭高/低流动性资产在消费对暂时收入变化的反应中发挥的作用。

(二)异质性禀赋：家庭资产与消费

通常而言，居民家庭资产涵盖了固定资产和金融资产。其中，固定资产包括生产性固定资产和非生产性住房资产，而金融资产则可以划分为现金、存款、股票和债券等流动性资产。(李涛、陈斌开，2014)现有研究关于金融资产消费效应的研究结论相对一致，而学界尚未就固定资产的消费效应形成一致结论，特别地，鉴于住房资产作为家庭总财富的最主要组成部分，探讨住房资产影响居民消费的作用渠道构成了我们理解家庭整体资产与居民消费升级关系的基础和重点，故接下来的文献回顾主要集中在住房资产消费效应方面。住房财富与居民消费的关系是近年来家庭金融研究的核心问题之一。现有研究主要沿着以下方向开展：一是基于跨国性、全国性或者区域性宏观总量数据，采用差分和缩减形式模型考察地产财富的边际消费效应。二是借助微观家庭层面调研数据，利用面板或横截面模型和对数形式，测算房产财富的消费弹性。(万晓莉等，2017)鉴于理论模型和实际生活中的居民家庭是基本的消费决策主体，不同居民家庭最优化的消费条件不具备可加性，直接采用省份或城市层面宏观数据可能无法有效检验理论模型，即存在宏观数据"可加性"难题。(Deaton，1992)同时，宏观数据可能会遗漏诸多不可观测变量对居民消费的影响,遗漏变量可能会使模型存在潜在"内生性"问题(李涛、陈斌开,2014),使得近年来相关研究大多从微观家庭层面考察住房财富与居民消费的关系。总体来看,国内外学者就房产财富对居民消费的传导机制、真实效应进行了广泛分析,但未能就这些问题达成一致性意见。这些研究成果可以归纳为以下几点。

1. 直接财富效应

直接财富效应基于"生命周期-持久收入假说"(LC-PIH),认为住房价格上涨将会增加消费者持有的住房财富,进而增加其持久收入和消费支出(Ludwig & Sløk,2002);特别地,家庭会对未预期到的资产变化做出反应,进而提升其消费支出,而不会对可预期到的资产变化做出反应,继而对自身消费水平进行调整。姜等(Jiang et al.,2013)采用美国健康与退休调查和消费活动邮件调查数据,考察了住房价格波动对即将退休家庭或已退休家庭非耐用品消费影响,发现房价上涨将促使老年人增加非耐用品消费,而在房价下跌时这一群体却不愿降低消费,这种非对称行为很难被标准理性经济理论所解释。有关财富效应非对称的研究还包括达斯等(Das et al.,2011)、马尔克斯等(Márquez et al.,2013)、董等(Dong et al.,2017)和贾瓦迪等(Jawadi et al.,2017)。就财富效应的不对称现象,学界一般认为这与流动性约束特征(Mankiw,1986;Mankiw & Zeldes,1991)、和失望厌恶偏好一致的行为(Kahneman & Tversky,1979;Gul,1991;Barberis et al.,2001)或财富偏好(Bakshi & Chen,1996)等具有密切关系。也有研究认为,住房财富效应可能存在"非线性"特征。夏隆(Ciarlone,2011)估计了亚洲、中欧和东欧的 17 个新兴经济体中住房和金融财富对私人消费的影响。从长期来看,住房与金融财富对家庭消费产生正向影响,相对于亚洲经济体,中欧和东欧经济体住房价格增加或下降带来的长期影响相对更高。相关研究还包括哈利法等(Khalifa et al.,2013)等。

近年来,随着中国房价的持续上涨,学界开始关注中国住房价格上升诱致的消费效应。黄静、屠梅曾(2009)基于"中国健康与营养调查"(CHNS)考察了住房财富效应,有效弥补了国内该领域使用宏观数据的研究不足,引领了后续利用各类微观调查数据开展住房财富和居民消费的研究浪潮。主要遗憾是,其研究对象主要集中在家庭耐用品消费方面,而忽视了对非耐用品消费的研究。同时考虑到不同消费者在实际住房拥有、购房动机、消费习惯、信贷约束、支付能力及选择偏好等方面的差异,近年来越来越多的研究从不同角度分析了直接财富效应的异质性。进一步地,上述均值回归主要分析的是解释变量对因变量的条件期望,而难以刻画条件分布的整体特征,而且,传统分位数回归不能考虑个体间无法观测到的异质性。许等(Hui et al.,2018)据此采用非可加固定效应的面板分位数回归(Powell,2016),基于中国家庭追踪调查面板数据,考察了中国住房价格和住房市场情绪对房屋所有者和承租人在一生生命周期中非住房消费的影响分布变化特征，分位数估计结果显示，在居民消费低分位点和高分位点上，住房价格对业主和租户消费支出影响更加显著，这是由于中等消费家庭有着更强的购房动机。研究住房财富消费效应的另一个视角是量化住房财富不同组成部分的影响。

2. 抵押担保效应

住房抵押担保效应主要源自存在摩擦的金融市场。随着住房价值的上升，住房作为重要的抵押物有助于提升家庭获得外部融资的能力，放松居民信贷约束，提升居民消费水平。尤其在发展滞后的金融市场上，商业金融机构在发放贷款时通常要求借款人提供相应的抵押品，而在所有抵押品中住房资产最为普遍。（张传勇等，2014）早期研究没有从总体层面区分财富效应和抵押效应，勒斯蒂格和范尼沃堡（Lustig & Van Nieuwerburgh，2010）发现了住房价格的抵押消费效应，当住房抵押品稀缺时消费对收入表现得更加敏感。类似于对直接财富效应的异质性分析，由于消费者在消费习惯、支付能力及选择偏好等方面的差异，学者们也考察了抵押担保效应的异质性特征。李涛、陈斌开（2014）首次在区分家庭生产性固定资产和非生产性固定资产基础上，考察了不同类型家庭资产对居民消费的"资产效应"和"财富效应"，发现住房资产主要呈现出消费品属性，即房产仅具有微弱的"资产效应"，且不存在"财富效应"，可以说房产价格上涨无法有效提升居民消费水平。相应地，家庭生产性固定资产则表现出明显的"资产效应"和"财富效应"，其财富效应发挥作用的主要机制是通过缓解家庭面临的预防性储蓄动机和流动性约束。此外，阿伦等（Aron *et al.*，2012）研究发现，自 20 世纪 80 年代以来，随着抵押贷款首付限制的缓解，以及住房财富的抵押品作用因房屋净值贷款等金融创新而增强，持有住房家庭可以通过房产抵押而获得资金，这使得英国和美国两国平均消费收入比有所上升，但这种住房价格缓解消费约束现象在日本并不够明显。认为住房价格存在抵押效应的研究还包括勒斯蒂格和范尼沃堡（2010）。需要指出的是，尽管住房价格上升能够提高以住房作为抵押物的抵押资产价值，由此使得商业金融机构愿意向家庭发放更多的信贷额度，但这也不可避免地使居民家庭面临更重的债务负担（张传勇等，2014），进而在一定程度上降低部分家庭特别是年轻家庭的消费支出（Campbell & Cocco，2007）。

3. 挤出效应研究

不同于上述住房财富促进居民消费的直接财富效应和抵押担保效应，也有研究发现了截然不同的结论。挤出效应是指对于那些准备购买新房或者升级房屋的居民来讲，不断攀升的住房价格会增加购买住房成本或租赁房屋成本，这将大幅降低家庭在其他商品消费支出（Chamon & Prasad，2010）。彭（Phang，2004）利用新加坡 1981—2000 年时间序列数据分析得出，住房价格上升不会对居民消费产生财富效应或者抵押担保效应，特别是在考虑消费对居民收入增加或下降的非对称效应时，预期住房价格上升不会对总消费呈现正向影响，即存在某种统计上不显著的抑制作用，而预期价格增长放缓对居民消费具有较大的负向冲击。布特(Buiter, 2008)还指出，如果拥有住房和没有住房家庭的边际消费倾向不同或者房主受到资金约束，住房财富可以抵押以帮助放松借贷限制，那么房价变化可能会产生总体影响。不过也有研究指出住房价格上涨也有可能会提高租房者消费水平，其前提条件是租房者会因房价过高而放弃买房，这也称为"绝望消费效应"。(Engelhardt, 1996)部分研究将购房负担对居民消费产生的不利影响也称为"房奴效应"(颜色、朱国钟, 2013)，通过分析购房负担与消费关系间接地验证住房价格与居民消费关系，其基本逻辑在于若购房负担抑制了居民消费，那么住房价格将会和居民消费呈现负向关系(李江一, 2018)。购房负担不仅是指居民为了购买住房进行储蓄，从而对其消费产生的挤出，而且指购买住房后为了偿还贷款对其消费支出造成的长期挤出。特别地，相关研究从非线性结构视角考察了住房价格上涨诱致的挤出效应。有鉴于此，陈健等(2012)、段忠东(2014)等考察了房地产财富的非线性特征。同时，中国发展滞后的信贷市场将致使房产财富效应无法有效地通过信贷渠道实现对居民消费的促进作用，因而房价上涨总体上仍将抑制消费扩张。南永清等(2020)基于中国家庭追踪调查的微观面板数据，考察了家庭资产对居民消费升级的影响。研究结果表明：家庭资产对居民消费的影响存在明显的资产效应和财富效应，且财富效应大于资产效应；户主年龄为36—50岁的家庭财富变动的消费升级效应更为明显，家庭资产增值主要促进了城镇的医疗保健类消费，且住房资产所引致的消费效应相对更大。进一步的研究显示，相较于住房资产的"抵押担保效应"，"直接财富效应"是影响消费升级的主要渠道。

贺洋、臧旭恒(2016)将异质性消费理论引入经典 RCK 模型，探讨了在我国家庭财富快速增长的背景以及现阶段特定的金融环境下，消费者异质性产生的机理，并估计出我国消费者异质性的程度，发现居民所面临的二元资产供给结构导致了家庭消费支出及消费率双降局面的出现。基于微观数据的估计发现，我国约有33.57%的居民为不同于传统消费理论中的同质性异质性消费者，该类消费者的存在也会显著影响政府内需调控政策的效果。臧旭恒、张欣(2018)根据资产结构识别异质性消费者，综合了流动性约束和预防性储蓄理论，通过估计暂时性收入冲击下的边际消费倾向，以及不确定性引致的财富积累，探讨了不同资产结构下异质性消费者行为的差异。他们不仅验证了资产变现难易程度对消费路径平滑和流动性约束的作用，同时发现了住房资产通过影响预防性储蓄行为，导致了流动性约束程度的差异。

(三)异质性偏好：习惯形成

消费异质性是准确理解居民消费行为的重要因素，从偏好、禀赋异质性的角度分析居民消费问题，对于探寻释放居民消费潜力的针对性政策措施具有重要的意义。同时，习惯形成是居民消费行为的基本特征之一，拟合了居民消费效用跨期影响的客观现实规律，为更准确地分析居民的消费行为，经济理论的发展和扩大消费的现实都要求结合习惯形成和消费异质性理论，探究居民消费的行为与现状。崔海燕、杭斌(2014)通过改进缓冲存货模型，采用我国 26 个省、自治区、直辖市 2000—2009 年的动态面板数据，运用系统矩估计方法从不同收入阶层的角度研究了收入差距、习惯形成与城镇居民消费的关系，分析认为低收入和中等收入居民的消费均存在习惯形成特征，且前者强度相对较大，后者相对较小，但高收入居民的消费呈现耐久性，但是其研究主要考虑了收入差距，并没有考虑居民支出方面的不确定性和其他变量的影响，也没有考虑不同收入阶层居民消费之间的相互影响。此外，宋建(2017)分析了消费习惯对不同收入阶层居民消费的影响，认为中等收入居民的消费受到消费习惯影响较大。此后，臧旭恒、陈浩(2018)以我国城镇居民为研究对象，从外部环境特征和内在心理特征两个维度系统总结了居民消费习惯形成特征的产生机理，以此构建了居民消费函数，并采用 1991—2016 年城镇多元时间序列数据进行了 ARIMAX 实证检验，研究发现，多元不确定性的增长经济环境和儒家文化传统造就并强化了我国居民消费的习惯形成特征；居民消费的习惯形成特征类似于一种谨慎的消费行为，多元不确定性引致的预防性动机将增强习惯形成的强度，其又会降低不确定性的影响；1992 年社会主义市场化经济改革的开展，就业、医疗、教育、住房等制度的改革使得城镇居民面临的不确定性骤然增加，其消费行为的习惯形成特征格外明显，消费行为愈加谨慎。

陈浩、臧旭恒(2019)基于马斯洛需求层次理论界定居民消费结构，以 LA/AIDS 模型为基础构建消费结构函数，采用城镇 1987—2012 年 7 个收入阶层的结构数据，运用状态空间模型测算习惯形成时变参数，进而运用面板似不相关回归的系统估计发现，居民消费结构升级呈现阶层异质性，习惯形成特征通过结构化的异质性影响阻碍了居民生存型消费占比下降、发展型和享受型消费占比上升的演变趋势。陈浩、宋明月(2019)基于马斯洛需求层次理论界定消费结构，将习惯形成嵌入 LA/AIDS 模型，采用我国 29 个省、自治区、直辖市城镇 1992—2012 年消费和价格结构数据，运用省际面板三阶段最小二乘法的系统估计，进一步证实了上述结论。臧旭恒、陈浩(2019)基于阶层消费函数理论，运用收入阶层面板 SUR 的结果显示，居民消费具有显著的习惯形成特征，消费行为呈现异质性，表现为低收入居民的消费习惯较弱、消费倾向较高，中等收入居民的习惯较强、消费较谨慎，高收入居民的习惯较强、地位性消费较活跃等特征。

臧旭恒等(2020)以改进的戴南(Dynan)模型为基础，充分考虑居民消费习惯形成的产生机制，嵌入状态空间模型构建动态消费函数，采用 29 个省、自治区、直辖市 1978—

2016 年的城镇面板数据，在测算习惯形成、边际消费倾向的时变参数的基础上，运用面板 VAR 和脉冲响应函数的动态分析发现：面对不确定冲击，居民消费的习惯形成强度随之增大，促使居民降低消费倾向，并在不确定影响弱化后，抑制消费倾向的回升，在两者的相互制约中，消费倾向最终缓慢回升至某一较低的水平，因此习惯形成减慢了居民消费的变化速度，抑制了消费倾向的提高。

（四）异质性禀赋与偏好：人口结构与代际交互

不少学者从生命周期框架下的人口结构角度展开，将人口特征因素纳入实证分析，解释消费和储蓄率的变动趋势。如莫迪利亚尼和曹（Modigliani & Cao，2004），董丽霞、赵文哲（2011），刘生龙（2012）等认为经济高速增长时期劳动力人口比例的上升、预期寿命的延长推高了居民储蓄率；李春琦、张杰平（2009）认为老龄化带来的家庭老年抚养比提高导致了居民消费不足。也有完全相反的观点，如陈彦斌、郭豫媚（2014）认为人口老龄化将是造成中国储蓄率下降的重要原因。李文星等（2008）的研究表明人口年龄结构的变动并不是造成我国居民低消费率的原因，少儿抚养比的下降在提高居民消费率方面影响较小，老年抚养比的影响不显著。还有学者认为中国老龄人口与年轻人的储蓄率表现出与英美等国完全相反的特点，其储蓄率比工作人口的储蓄率高，如周绍杰（2009）、夏蒙和普拉萨德（Chamon & Prasad，2010）的研究表明，无法准确用人口结构解释中国微观家庭的消费储蓄行为。汪伟（2010）的经验研究表明，人口结构变动可以很好地解释我国人均 GDP 与储蓄率的大部分变动趋势，而宏观数据的解释力度，大打折扣。臧旭恒、李晓飞（2020）基于世代交叠模型构建简化的人口老龄化对居民消费倾向非线性影响的理论模型，结合 2002—2017 年中国省际面板数据，利用动态面板门槛模型，以养老保险发展为门槛变量对理论模型进行验证。研究显示，人口老龄化对居民消费倾向的影响具有显著的双门槛特征，随着养老保险发展水平的提高，人口老龄化的消费效应由负转正，并且正向效应逐渐加强；在异质性门槛效应分析方面，东部地区的门槛值大于中、西部地区，享受型消费的门槛值大于发展型消费。提高养老保险支出水平与覆盖率，能够使人口老龄化对居民消费倾向的影响由负转正或增强人口老龄化的正向消费效应。

与此同时，代际扶持一直是经济学、社会学的经典命题。代际扶持包括自上而下的扶幼代际扶持与自下而上的养老扶持两个层面。（Tian，2016）从未成年被抚养成人，到成年后获得经济独立能力，继而抚养子女并赡养老人，上下代之间存在着的经济互惠和生活互助是联结家庭情感的强烈纽带。成年人对未成年人的扶幼扶持与对老年人的赡养扶持表现出较强的互助交换关系。（王跃生，2008）这种在子代和父代之间进行的双向扶持涉及范围广泛，不仅包括赡养老人和扶幼子女所提供的经济支持，还包括代际之间所

进行的日常照料和情感支持。(薄赢，2016)

这方面的一类研究方向是双向代际扶持与居民消费。李文星等(2008)使用矩估计动态面板估计方法，利用我国 1989—2004 年省际面板数据，研究我国人口年龄结构变化对居民消费的影响，结果表明少儿抚养比与居民消费负相关，但这种影响较小；老年抚养比对居民消费的影响不显著。部分学者则得出了相反的结论，如孙涛、黄少安(2010)使用宏观时间序列数据，从代际扶持角度切入，认为少儿抚养比对居民消费有显著的促进作用，而老年抚养比则表现出对居民消费较强的挤占作用。郝云飞、臧旭恒(2017)从家庭层面分析"尊老"与"爱幼"消费的差异性，并从"需求异质性"和"选择偏差"两个角度解释该差异的来源。他们使用 CFPS 数据，检验得出子女对家庭消费的作用显著大于老人；通过进一步对比不同收入水平、不同区域和城乡家庭的情况，发现家庭和社会的"选择偏差"是目前"尊老"与"爱幼"消费差异的重要来源。

另一类研究方向是向上代际扶持与居民消费。从向上代际扶持的视角进行的研究主要围绕人口老龄化展开。在影响消费和储蓄的众多因素中，老龄化一直是学术界讨论的重点。这是由于老龄化作为全球性问题，在一定程度上来说并不可逆，而且经济理论和实证研究均表明老龄化是影响消费率与储蓄率的重要因素。文献认为人口过度增加会对居民消费产生负面影响，如莫迪利亚尼和曹(2004)认为在老龄化少子化的背景下，人们倾向用储蓄养老来代替子女养老，从而降低了消费率推高储蓄率。刘铠豪、刘渝琳(2014)认为老年抚养比的提高会导致居民消费不足。毛中根等(2013)将学者们对中国老龄化与消费的研究结论进行归纳，指出老龄化有利于消费增长，提高平均消费倾向。但也有研究表明老龄化不利于消费增长(李春琦、张杰平，2009)，或认为老龄化对消费的影响不显著(李文星等，2008)。这表明我国居民储蓄行为与生命周期理论并不一致。一些学者就中国居民消费总体上呈现出的年龄特征进行验证，认为青年与中年时期的人均总消费支出较高，少儿和老年时期支出较低。(朱勤、魏涛远，2016)

第三类研究方向是向下代际扶持与居民消费。部分学者围绕家庭子女数量对扶幼成本与家庭消费的关系展开了广泛研究，且不少学者都得出了子女数量与家庭消费负相关的结论(李晓嘉，2014；郑妍妍等，2013)。臧旭恒、张倩(2019)在扩展的世代交叠模型下，利用中国家庭追踪调查数据，使用 PSM 实证分析方法研究了代际扶持视角下父辈是否参加医疗保险与子代家庭消费行为的关系。结果显示，父辈参加医疗保险的子代家庭比父辈未参加医疗保险的子代家庭消费高 18%；父辈参与医疗保险状况对子代家庭消费的影响存在城乡和区域差异，并与子女的性别及年龄有关。

(五)异质性禀赋与偏好：信息获取与不确定性

宋明月、臧旭恒(2018)分析了收入不确定性、黏性信息的叠加效应对农村居民季度消费储蓄行为的影响。研究采用省级季度面板数据进行估计，得出农村信息黏性参数为0.85，体现出农村居民短期消费行为呈现高度惯性。采用该估计值修正衡量短期收入不确定性的指标，并构建衡量叠加效应的变量后发现，其他条件不变时，收入不确定性指标降低标准差的幅度后，季度消费支出增加3.79%—4.90%，此时若黏性参数降为0.80，季度消费支出将增加6.87%—7.43%。南永清等(2019)利用2014年中国家庭追踪调查数据，考察了社会网络对农村居民消费行为的影响。研究发现，各类社会网络对农村居民消费具有显著的正向影响，相较于传统的血缘和地缘关系，依托邮电通信形成的关系网络对农户消费具有更大的作用，反映了当前农村社会网络结构演变的趋势特征。社会网络的消费效应传导路径显示，社会网络通过非正规金融融资和劳动力流动对农户消费发挥了正向促进作用，但其通过收入分配产生的消费效应相对有限。

(六)公共制度供给优化下异质性消费的研究：以养老保险为例

养老保险是社会保障的重要组成部分。我国目前的养老保险主要包括城镇职工基本养老保险和城乡居民基本养老保险。从微观角度来看，养老保险可以缓解消费者对未来的不确定性，使居民减少预防性储蓄及流动性约束等，还能够提升居民的消费信心，使居民敢消费、愿消费、能消费。从宏观角度来看，养老保险制度对于整个社会具有安全网和稳定器的作用，能够减缓人口老龄化对社会产生的不利影响，并增强人口老龄化的消费效应。

国内外学者基于已有消费经济理论，利用宏观统计数据或微观家庭调查数据大量研究了养老保险对居民消费的影响。第一，大多文献认为养老金财富对家庭储蓄具有一定的替代作用，促进了居民消费。(Jappelli & Padula，2016；Lachowska & Myck，2018)第二，被养老保险覆盖能够促进居民消费。岳爱等(2013)和朱诗娥等(2019)的研究均表明，新农保的参保农户相对未参保农户的家庭日常费用支出更高。第三，一些学者研究了养老保险制度参数(如缴费率、替代率和覆盖率等)对居民消费的影响，但影响程度和方向尚未定论。(白重恩等，2012；杨继军、张二震，2013)第四，一些学者研究了养老保险制度改革对居民消费或储蓄的影响。国际上，阿塔纳西奥和阿加(Attanasio & Agar，2003)以1992年意大利养老保险改革作为自然实验，研究了养老金财富对不同出生年份和不同职业群体家庭储蓄的替代效应，并发现储蓄率上升是养老金财富减少的结果，户主年龄为35—45岁的工人家庭的二者替代率更高。2000年意大利养老金制度进行了改革，使未来几代公职人员的养老金降低了2万至3万美元。雅佩利和帕杜拉(Jappelli & Padula, 2016)使用双重差分法估计了这种意料之外的生命周期资源变化对受改革影响的员工当前消费和财富积累的影响，发现每减少1欧元的养老金，平均消费倾向减少3欧分，财富收入比增加0.32。拉乔斯卡和迈克(Lachowska & Myck, 2018)以波兰1999年养老金改革为研究对象，考察了公共养老金财富与私人储蓄之间的替代程度。研究发现，养老金财富减少1单位，家庭储蓄增加0.3单位，改革降低了家庭消费。在国内制度改革的研究方面，何立新等(2008)利用城镇住户调查数据，分析了1995—1997年企业职工养老保险制度改革对居民储蓄率的影响，发现改革改变了参保居民的养老金财富，对家庭储蓄具有一定的替代效应，估值为-0.4至-0.3。杨继军、张二震(2013)利用系统广义矩估计模型研究发现，1997年和2005年养老保险制度改革对居民储蓄的影响显著为正，由此认为养老保险制度改革并未缓解居民对养老收入的担忧，后而提高了家庭储蓄率。2008年国家选取广东等五省市进行事业单位养老保险制度试点改革，白重恩等(2014)对试点改革效果进行分析发现，改革显著提高了企业职工的参保积极性以及制度并轨预期。宁光杰、范义航(2020)利用微观调查数据研究了2008年实施的事业单位养老保险试点改革对居民收入和消费的影响，发现改革降低了试点省份居民的消费水平。王小龙、唐龙(2013)利用2002年中国家庭收入调查微观调研数据的研究发现，与企业职工养老保险相比，机关事业单位养老保险对居民消费的促进作用更大，去除养老保险"双轨制"有利于释放城镇居民的消费潜力。胡宏兵、高娜娜(2017)利用2013年中国健康与养老追踪调查微观调研数据的研究发现，城乡二元结构下的养老保险制度显著抑制了农村居民消费。

一些学者关注不同养老保险制度的差异。王亚柯等(2013)对不同养老保险制度(包括机关事业单位养老保险、企业职工养老保险、企业年金和新农保等)的替代率进行了对比分析，发现不同制度间的替代率差距较大，机关事业单位的替代率最高，新农保的替代率最低。朱玲等(2013)研究了我国多轨制社会养老保障体系的转型路径，认为只有整合多轨制社会养老体系才能够缩小不同群体间的养老收入差距，并分别从合并城乡居民养老保险、改进企职保管理方式、改革机关事业单位养老保险等方面提出转型路径建议。目前，我国养老保险制度间的差异主要体现在职工与居民间。薛惠元、仙蜜花(2015)对灵活就业人员参加职保和城乡居保哪个更划算进行了比较分析。研究发现，在相同的缴费水平下，职保的养老金水平、替代率和投入产出比等都更高，并因此建议灵活就业人员参加职保。徐舒、赵绍阳(2013)利用生命周期模型与似然矩方法研究了养老金"双轨制"对企业和机关事业单位参保职工消费差距的影响，发现将企职保的替代率提升至公务员水平，企业职工的消费可提高4.84%。

臧旭恒、李晓飞(2020)基于中国省级面板数据检验城镇职工和城乡居民养老保险发展以及制度并轨改革对城乡居民消费的差异性影响。研究发现，第一，提高城职保的养老金替代率和覆盖率可促进城镇居民消费，提高城乡居保的覆盖率也促进了农村居民消费，但城职保的消费效应显著强于城乡居保，加剧了城乡居民消费差距。第二，机关事业单位养老保险制度改革对城镇居民消费的影响不显著，而城乡居保制度并轨加强了覆盖率，对农村居民消费起到促进作用。臧旭恒、李晓飞(2021)利用中国家庭金融调查微观家庭三期面板数据，实证研究中国养老保险"多轨制"对家庭人均消费的影响及其演变趋势。研究发现，养老保险"多轨制"显著引起了不同参保家庭间的消费差距。

(七)消费环境优化下的异质性消费者行为研究

1. 消费金融

消费金融相关研究涉及家庭资产负债与消费(臧旭恒、张欣、2018；Fan & Yavas，2018；Nakajima，2018)，储蓄、保险与消费(徐舒、赵绍阳，2013；易行健等，2018)，信贷和消费(廖理等，2013；李江一、李涵，2017)等。臧旭恒、张欣(2018)使用中国家庭追踪调查面板数据探讨了家庭不同资产结构下异质性消费者行为的差异。范和亚瓦斯(Fan & Yavas，2018)使用中国国家统计库城镇家庭调查数据研究了抵押贷款债务对家庭消费行为的影响。两项研究的结果均表明，在有抵押贷款的家庭中，那些将其大部分收入用于抵押贷款支付的人消费支出较少，这反映了抵押贷款支付对家庭消费的挤出效应。此外，政府降低最高贷款价值比(loan-to-value ratio)的政策对家庭的消费行为有显著影响。中岛(Nakajima，2018)使用日本数据估计了家庭债务对消费行为的影响，发现高负债家庭的家庭边际消费倾向显著高于低债务家庭。徐舒、赵绍阳(2013)构建了一个异质性经济人的生命周期模型以刻画经济个体的动态消费决策。廖理等(2013)采用某商业银行信用卡中心的微观数据考察了居民的住房特征对信用卡消费信贷的影响。李江一、李涵(2017)基于中国家庭金融调查面板数据，采用倾向匹配方法考察了信用卡消费信贷对家庭消费的影响。南永清、孙煜(2020)采用中国家庭金融调查微观数据考察了消费信贷影响城乡居民消费的异质性效应及其作用机制。上述表明，消费信贷对非经常性和经常性消费都有提升作用，不过更有利于非经常性消费潜力释放。进一步地，消费信贷刺激效应主要表现在农村家庭和金融知识较低家庭。基于收入水平差异和信贷依赖强度的检验发现，流动性约束缓解是消费信贷影响居民消费重要渠道。

就消费信贷的消费效应而言，李燕桥、刘明伟(2014)利用中国省级城镇居民面板数据，通过动态面板矩估计检验了居民储蓄率的影响因素，结果显示，消费信贷增长率 1 个百分点的提升，将会导致城镇居民储蓄率下降 0.039 个百分点。阮小莉等(2017)基于中国家庭金融调查 2013 年调查数据发现，消费信贷对城镇家庭消费支出呈现出显著影响，特别地，持有信用卡或拥有消费贷款的家庭有着更高的消费支出，同时消费信贷对城镇居民家庭不同类型消费支出也呈现不同影响。樊向前、戴国海（2010）将借贷利差和消费信贷额作为信贷条件代理变量，认为消费信贷资金没有流向受到严重流动性约束的群体，从而无法有效促进消费。

部分研究考察了不同消费信贷来源对居民消费效应的影响，以及消费信贷对不同消费支出项目的异质性效应。易行健等（2017）采用中国家庭金融调查数据发现，正规消费信贷能够有效促进中国居民消费，特别是耐用品消费，并且正规消费贷款有利于提升农村地区、中低收入群体以及教育水平较低家庭的消费支出。此外，林（Hayashi，1985）研究发现，受到较强信贷约束的家庭，其家庭消费水平也往往更低，这种现象在年轻家庭中表现得更加明显。就消费信贷影响消费行为和消费量的渠道而言，臧旭恒、李燕桥（2012）基于拓展的 C-M 消费模型框架发现，消费信贷主要刺激了耐用品消费，特别是对中高收入组居民的消费效应更加显著。进一步地，李燕桥、臧旭恒（2013）认为消费信贷主要通过缓解城镇居民面临的当前流动性约束，对其耐用品消费产生影响，然而消费信贷未能充分发挥"消费保险"功能，也就无法有效降低居民面临的储蓄压力，造成消费信贷作用有限的可能原因在于居民未来面临较大的收支不确定性或者存在过高的大额刚性支出。有关信用卡对消费影响的研究，还包括李江一、李涵（2017）等。

2. 普惠金融

作为金融发展的一部分，近年来，普惠金融对家庭消费的影响也受到学者们的关注。如易行健和周利（2018）理论分析了数字普惠金融发展对居民消费的影响，并采用中国家庭追踪调查数据进行了实证检验。研究表明，数字普惠金融通过缓解流动性约束、便利居民支付促进了家庭消费。南永清等（2020）研究表明，数字普惠金融对居民消费支出有正向影响，尤其是对中西部地区城镇居民消费有着明显的促进作用。张栋浩等（2020）分析了金融普惠对不同收入群体消费的影响，研究发现，金融普惠通过降低收入不确定性促进了低收入和高收入家庭消费，而通过缓解流动性约束促进了中等收入家庭消费。姚健、臧旭恒（2021）研究表明，普惠金融在一定程度上缓减了家庭面临的流动性约束进而促进家庭消费。

第三节　经济增长内生动力相关研究

当前，我国经济运行中仍存在不少突出矛盾和问题，包括"产能过剩和需求结构升级矛盾突出，经济增长内生动力不足"。由此可以看出，经济增长内生动力是有其独特含义的，与新古典经济理论中的内生经济增长有所不同。我们可以把学术视野追溯到萨伊定律和凯恩斯定律的争论中。萨伊定律认为在一个完全自由的市场经济中，供给会创造自己的需求，生产越发展，需求越增长；而凯恩斯反驳了上述观点，认为仅靠市场机制是无法保证经济稳定增长的，政府应采取措施刺激需求，从而通过需求创造出自己的供给。两个理论分别产生于资本主义发展的不同时期，也刻画出近现代经济发展的脉络特征。这一争论最终证明，仅从供给视角研究经济增长过于片面，忽略了需求因素的生产函数不可能解释经济增长速度的波动，经济增长不仅体现在产出总量的增加，更体现为需求扩张及结构转换的过程，因此应将两者结合起来共同研究。

一、内生经济增长理论

自亚当·斯密以来，整个经济学界围绕着驱动经济增长的因素争论了长达200多年，最终形成的比较一致的观点是：一个相当长的时期里，一国的经济增长主要取决于下列三个要素：生产性资源的积累、资源存量的使用效率，以及技术进步。(Tanzi & Zee, 1997) 但是，20世纪60年代以来最流行的新古典经济增长理论，依据以劳动投入量和物质资本投入量为自变量的柯布-道格拉斯生产函数建立的增长模型，把技术进步等作为外生因素来解释经济增长，因此就得到了当要素收益出现递减时长期经济增长停止的结论。

20世纪80年代末、20世纪90年代初形成的"新经济学"即内生增长理论则认为，长期增长率是由内生因素解释的，也就是说，在劳动投入过程中包含着因正规教育、培训、在职学习等等而形成的人力资本，在物质资本积累过程中包含着因研究与开发、发明、创新等活动而形成的技术进步。这一理论把技术进步等要素内生化，得到因技术进步的存在要素收益会递增而长期增长率是正的结论。当然，许多经济学家早已看到了人力资本和技术进步对经济增长的作用，但是，他们均把这些因此看作外生。

这样，这两种理论的政策含义出现了分歧：尽管财政经济学家认为财政政策能够影响经济增长（因为财政政策与经济增长间的内在联系表现在许多方面，诸如扭曲性税收的负效应、累进税对储蓄倾向的不利影响，以及增加税收动用额外资源以提高公共投资水平），但是新古典增长论却认为，长期经济增长完全是由外生因素决定的，因此无论采取什么政策，长期增长都不变，或者说，财政政策对经济增长充其量只有短期效应，而不能影响长期增长；而内生增长论则认为，一国的长期增长是由一系列内生变量决定的，这些内生变量对政策（特别是财政政策）是敏感的，并受政策的影响。如果增长率是由内生因素决定的，那么，问题就是经济行为主体特别是政府如何影响增长率的大小，因而财政政策对经济增长的影响再次成为关注的焦点。

罗默模型、卢卡斯模型和格鲁斯曼-赫普曼模型是最著名的内生增长模型，此外还有很多其他模型侧重不同的增长方面，诸如金和罗伯森（King & Robson，1993）的知识传播内生增长模型、阿格赫恩和豪威特（Aghion & Howitt，1992）的模仿与创造性消化内生增长模型，以及杨（Young，1991）国际贸易内生增长模型。所有这些模型表达出来的一个重要思想是：企业是经济增长的最终推动力。特别地，这些模型试图说明企业如何积累知识，这种知识广义地包括人力资本和技术变化。

内生经济增长理论为我们分析经济增长问题提供了不可或缺的分析视角和理论基础，然而经济增长内生动力与内生经济增长之间虽然有着千丝万缕的联系，但还是有着明显区别。从中央经济工作会议所提到的我国经济运行中"产能过剩和需求结构升级矛盾突出，经济增长内生动力不足"的表述可以看出，经济增长内生动力更多指的是供求关系的平衡，涉及的是供给效率提升、需求结构升级带来的供求更高层次的均衡。

二、我国经济增长动力的相关研究

（一）1978—2012 年

有关改革开放以来中国经济增长的主要动力，学者们主要从消费、投资、出口三驾马车入手分析。

改革开放初期到 20 世纪 90 年代，消费需求是经济增长的主要动力。1979—1992 年，消费、投资、出口三大支出占 GDP 的比重平均分别为 64.7%、35.9%、10.2%，对 GDP 的贡献率分别 65.6%、32.2%、16.1%。这一阶段消费对经济增长的主导作用最为明显。赵昌文等（2015）基于经济增长动力分解模型的测算也表明，前工业化时期（1978—1989 年）和工业化初期（1990—1999 年），消费是经济增长的主动力，其对经济增长的贡献率都在 42% 以上；工业化中期（2000—2011 年），消费贡献率大幅降低，为 33% 左右；进入工业化后期（2012 年以来），消费对经济增长的贡献又显著提升，超过资本积累成为最主要的拉动力量。

1978 年以来，投资对经济增长的贡献是呈波动中上升的。在我国第二次动力转型期间（1998—2012 年），投资始终占据主要地位，这一时期的经济增长是以投资为主导的需求拉动型经济增长。

改革开放后，出口需求对经济增长的贡献总体呈现出先升后降的趋势特征。1981—1989 年我国出口对经济增长的贡献率为 13%—14.5%，1990—1994 年迅速提高到 32%，在加入 WTO 后于 2005 年达到 38.4% 的峰值，此后下降趋势明显，2012—2013 年仅为

6.2%。1987—2007 年，出口在三驾马车中发挥着最为重要的作用，由出口需求增加带来的中国经济增长为 256%，而消费和投资需求的增长分别驱动经济增长 243% 和 231% 为。（刘瑞翔、安同良，2011）

（二）2013 年以后

针对中国经济进入新常态后显现的经济增长问题，学者们也展开了类似上述的争论。自索洛的经济增长理论问世以来，主流的经济增长研究都习惯从资本、劳动、技术等要素角度来研究经济增长的动力源泉。具体到中国，学者们认为经济增长的要素动力或优势主要体现为低要素成本和要素升级。在中国经济逐步从二元经济发展阶段向新古典增长阶段的转变过程中，资本报酬递减现象开始出现，靠大规模的政府主导型投资以保持经济增长速度的方式不再具有可持续性。从经济增长理论、国际经验和中国现实等角度进行的研究发现，中国亟须通过政策调整，形成国内版的"雁阵"模型和"创造性毁灭"的政策环境，获得资源重新配置效率，并且从技术进步和体制改善中获得更高效率，以实现中国经济增长向全要素生产率支撑型模式的转变。此类观点认为应该重视提高资本效率或全要素生产率，针对供给侧的政策才是长期正增长效应的政策，要走出一条效率资本投入型的增长路径。（蔡昉，2013；黄志钢、刘霞辉，2015）

经济增长中的作用愈发突出的是要素升级，如人力资本积累、技术进步等，其重点不再是要素投入数量增加的粗放型增长模式，而是通过提升生产效率来促进经济增长。（刘长庚、张磊，2017）高人力资本具有边际资本报酬递增的属性特征，是中国经济稳定增长的动力之源，是经济中长期稳定增长的重要因素，人力资本具有足够动力实现经济增长的长期稳定。（李静等，2015）也有不同观点认为在中国即将进入的中高收入阶段，人力资本将不再是经济增长的动力因素，而更可能是发展的结果。

原创性技术进步不仅能引致经济增长，还具有足够动力维持经济稳定增长。高人力资本环境下，若不能实现自主创新，创新驱动发展将无从谈起。而全要素生产率体现了广义的技术进步，通常要通过创新来提高这一比率。1978 年以来，中国全要素生产率对经济增长的贡献水平偏低，总体呈下降趋势，一些年份甚至为负值，全要素生产率停滞所导致的粗放经济增长态势令人担忧。我国仍面临着"缺核少芯"，"少创新、缺设计"等问题。（余泳泽，2015）若创新能力无法显著提升，即使中国成为世界最大经济体，生产力将仍只能排在中游水平。因此，技术进步和自主创新能力提升是我国未来经济增长必须解决和重点解决的问题。

除上述要素动力的因素之外，信息化、基础设施改善、新的资源来源等都是要素升级的重要表现，同样构成我国未来经济增长的要素动力，我国经济增长将由要素数量驱

动向要素质量(升级)驱动特别是创新驱动转变。(刘长庚、张磊，2017)

在供给侧结构性改革的热点下，斯蒂格利茨(Stiglitz，2015)指出如果中国经济增长过程中需求不足，片面强调供给侧改革只会导致更多的资源利用不足，建议继续采用积极的财政政策和货币政策，从总需求角度对症下药，缩小收入差距带来的消费需求增长对经济持续增长至关重要。(刘瑞翔、安同良，2011；李建伟，2015)

国内需求是我国经济增长的重要贡献力量，受科技创新和制度变革的长期性和困难性制约，短期内很难将其作为完全依赖的动力源。因此，发挥国内需求特别是消费需求的拉动作用，是增强我国经济增长动力的首要之举。(刘长庚、张磊，2017)

第四节　供需匹配与经济增长相关研究

2019年中国GDP增速降至6%，消费贡献率呈现上升趋势。一方面经济产能过剩，增长动力和支撑力不足；另一方面1.5万亿元的消费外流。两方面综合作用折射出有效供给不足、结构失衡、供需错配是中国经济减速下行的重要根源。因此，经济增长新动力的源泉在于要素供给优化配置，产业创新驱动增长，同时也在于扩大居民的消费需求，强调人口、消费、要素投入、收入分配等全面多元化调整。(贾康、苏京春，2016；汪伟，2017)此外，在供给侧结构性改革的契机下，产业结构升级、基础设施建设、税收制度、金融制度的完善等，对于培育新的消费增长点是十分重要的(汪伟等，2013；易行健、杨碧云，2015；徐敏、姜勇，2015；徐润、陈斌开，2015；何志雄、曲如晓，2015；周密、刘秉镰，2017)，供需匹配共同发力才能带来经济增长内生动力的提升。强力推动供给侧结构性改革，更好挖掘需求侧蕴藏的消费潜力，双管齐下、不可偏倚地推进供需双侧结构性改革，既是内外形势、政策初衷、内在动力、实施契机的内在逻辑，也是新常态下实现中高速增长亟待解决的现实问题，更是中国经济平稳、健康、可持续发展的必然选择。目前，需求结构的矛盾已经成为制约中国经济持续稳定增长的深层矛盾，只有将扩大消费规模与供给侧改革结合起来，使规模庞大的居民消费主要通过国内市场来满足，才能使大国优势得到充分发挥。(欧阳峣等，2016)因此，中国要实现经济增长方式由投入驱动向需求拉动转变，关键是要扩大居民消费相对规模，并通过供给侧改革使国内市场能够有效地满足居民消费需求达到供需匹配。

有学者认为中国在转向市场经济体制时，长期存在的结构、技术、效率三大供给侧问题，不会因转向市场经济就能自动解决，也不可能靠需求侧的调节来解决。对供给侧进行改革要处理好两个关系，其中之一是供给侧改革目标和当前所要推进的去产能、去库存、去杠杆、降成本和补短板的任务之间的关系。这些任务要在改革和发展中实现，而不能归结为供给侧结构性改革的目标。供给侧的"补短板、去杠杆和降成本"需要需求侧的市场导向和市场机制的完善，通过需求侧改革释放需求潜力，不仅不会与供给侧改革相矛盾，而且能相互促进、相辅相成。(洪银兴，2016)供给侧结构性改革的关键与核心是优化经济结构。(丁任重、李标，2017)要加快推进供给侧结构性改革，应树立正确的宏观调控思路，需求与供给两侧同时发力；做好加减乘除法，优化经济结构；正视投资与转型的关系，增投资与调结构并举；多角度推进科技创新，全力培育供给新优势。孙早、许薛璐(2018)认为随着中国经济进入新时代，若无进一步产业创新支撑，要素配置效率改善带来的净收益增长空间将快速收窄，只有坚定推行以诱导产业自主创新为核心的供给侧结构性改革，促使消费升级，才能真正实现高质量发展。谢富胜等(2019)研究表明，在适应和引领新常态的过程中，供给侧结构性改革可以把过剩的产能转移到中部农村地区的地下管网建设，修复资本的同时推进乡村振兴战略。与此同时，企业要努力建设关键部件开发平台，获得全球制造的标准制定权。通过构建集成创新的核心企业和不同层次的模块化生产企业之间的国内生产网络，满足我国标准化需求和个性化需求并存的动态需求结构。张建华、程文(2019)通过构建包含消费性服务业、生产性服务业和人力资本供给的匹配模型，揭示了服务业结构升级视角下中等收入陷阱的形成机理和跨越条件。大力发展生产性服务业，提升公共服务业对培育积累人力资本数量与质量的供给，实现高层次人力资本与知识密集型服务业的匹配效应，将推动中国经济结构转型升级，迈向高质量发展。

第三章　居民异质性消费与经济增长的现状分析

党的十九大指出，中国特色社会主义进入了新时代，我国社会主要矛盾已经转化为人民日益增长的美好生活需要和不平衡不充分的发展之间的矛盾，经济进入高质量发展阶段。新时代新矛盾新形式，以供给侧结构性改革为主线、增强经济增长的内生动力是关键所在，为此完善促进消费的制度供给，发挥消费对经济发展的基础性作用，对于转变经济发展方式、优化经济结构、转换经济增长动力，进而满足人民的美好生活需要具有不可替代的作用。

消费与投资、出口同为需求侧拉动经济增长的三驾马车，但长期以来，我国消费的潜力，尤其是居民消费的潜力并未被充分释放，难以适应经济发展的变化。随着我国经济增长格局的演变，这种不协调的矛盾愈加突出。近年来，我国经济已步入新常态，加之国际经济复苏的缓慢、贸易形式的日益严峻、新冠疫情的暴发，投资驱动和出口拉动已难以为继，此消彼长之下，消费的作用前所未有的凸显；同时，由消费潜力释放不足所导致的结构性矛盾愈加突出。宏观来讲，消费总量相对不足、消费结构升级缓慢，制约了供给侧的产业结构、要素投入结构、经济增长动力结构等优化的速度和深度。微观来讲，消费的规模、层次尚难以满足居民多样化、个性化的需求，居民在"能消费"基础上"敢消费""愿消费"的水平有待提高，制约了人民的美好生活需要。因此，释放居民消费拉动经济增长的潜力，比以往任何时候都显得更加紧迫，成为关系我国经济社会发展全局的战略要求之一。

本章将以我国经济新常态为背景，首先依据经济增长格局的演变、社会主要矛盾的变化，判断居民消费对经济发展的作用前所未有地凸显的现实；其次通过多方面、多角度的比较和梳理，从消费总量、消费倾向、消费结构的角度判断居民消费的现状落后于经济发展趋势的矛盾；进而通过梳理改革开放以来我国居民面临的经济、制度和文化环境的现实和变化，梳理并总结消费环境中影响居民异质性消费的各类因素等；最后对我国居民的资产及财富现状进行描述与分析。

第一节 新常态下我国经济增长的格局分析

党的十九大报告指出,"经过长期努力,中国特色社会主义进入了新时代,这是我国发展新的历史方位",明确提出"我国社会主要矛盾已经转化为人民日益增长的美好生活需要和不平衡不充分的发展之间的矛盾"。从中不难看出,首先,随着新时代我国社会主要矛盾的变化,我国经济已由高速增长阶段转向高质量发展阶段,以习近平经济思想为指导,坚持以人民为中心的发展思想,贯彻新发展理念,适应把握引领经济发展新常态,构建现代化经济体系,是我国经济未来的工作重点和研究方向;再次,人民对于美好生活的追求,核心在于扩大居民消费,提高居民消费层次,进而提高居民福利水平,但其受到不平衡、不充分发展的矛盾的约束,一方面限制了居民的消费能力,另一方面也制约了居民异质性的消费意愿和消费质量。转变经济发展方式、优化经济结构、转换经济增长动力,是新时代我国经济工作和研究新的指导和方向。

增强消费对经济发展的基础性作用,与近年来我国经济发展格局的演变息息相关。2008 年国际金融危机以来,我国国内生产总值(GDP)逐渐由年均 9%—10%的高速增长回落至 6%—7%的中高速增长,经济发展的基本面开始发生质化,呈现出典型的新常态特征:供给侧于 2008 年已越过刘易斯拐点,需求侧于 2014 年越过房地产长周期的峰值,经济潜在增长率已步入长期的下降趋势,以供给侧结构性改革为主线,坚定扩大总需求,转变经济发展方式、增强经济增长内生动力,促进经济结构"提质换挡"已成为新时代经济发展的内在要求。随着经济发展基本面的质变,我国经济增长的需求侧动力格局呈现此消彼长的变化,一方面国内供需结构的失衡、房地产长周期峰值后的转向、资源环境约束的趋紧,自 2008 年以来固定资产投资完成额和房地产开发投资额累计增速亦持续下降(如图 3–1 所示),投资驱动型发展遭遇瓶颈,其拉动经济增长的能力面临结构老化、后劲不足的困境;另一方面国际经济复苏的缓慢、贸易形式的日益严峻、新冠疫情的暴发,使得自 2009 年以来进出口增速呈现持续下降趋势,进出口总额一度出现萎缩,基本在零增速上下徘徊(如图 3–2 所示),外向型经济遇到前所未有的挑战,严重制约了我国对外出口的回暖,摆脱对外依赖、释放国内需求的潜力迫在眉睫。因此,出口和投资已超越周期的波动而呈现出逐渐放缓的趋势,两者已难以承担进一步拉动经济增长的主引擎作用,此消彼长之下,消费的作用前所未有的凸显,释放消费拉动经济增长的潜力比以往任何时候都显得更为紧迫。因此,新时代我国经济增长基本面的变化和动力格局的演变，都决定了释放国内消费红利、发挥消费对经济发展的基础性和主引擎作用是现阶段我国经济发展最为重要的改革方向之一。

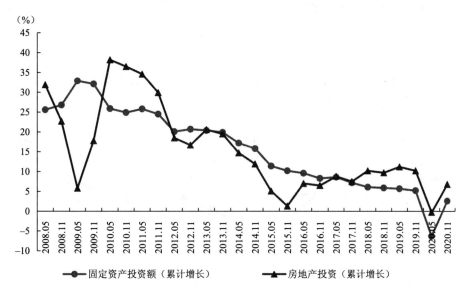

图 3-1　2008 年以来我国投资的季度增速

数据来源：国家统计局

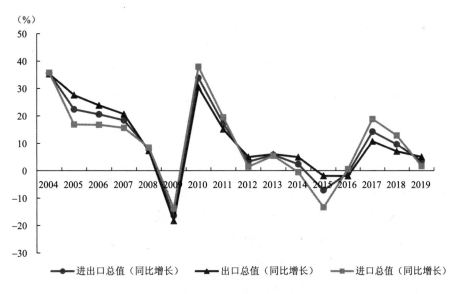

图 3-2　2004 年以来我国进出口总额

数据来源：国家统计局

　　一般来说，国内最终消费由居民和政府两个部门的消费组成。发挥消费在经济发展中的基础性作用，关键在于居民消费的扩大和升级。无论是从总量占比、增量占比还是增长趋势来看，居民消费都是最终消费最重要的决定因素(如图3–3所示)：自1978年改革开放以来，居民消费占最终消费的比重一直稳定在70%—80%，居民消费增量占最终消费增量的比重平均在80%以上，说明最终消费的总量、变化和趋势主要受到居民消费的影响，居民消费直接决定了最终消费的现状和变化。因此，消费对于经济发展基础性作用的发挥，关键在于释放居民消费的潜力。

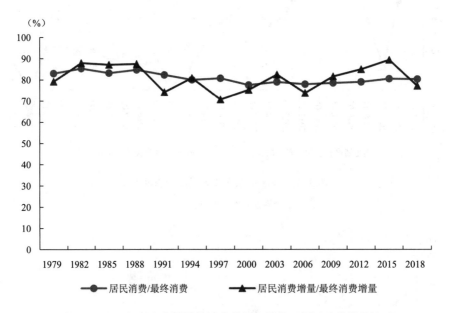

图 3–3　1978 年以来我国最终消费的部门结构及居民消费增量比重

数据来源：国家统计局

　　因此，2008 年国际金融危机以来，随着供给、需求两侧越过刘易斯拐点和房地产长周期峰值，以及国际经济疲软、贸易摩擦加剧、新冠疫情暴发和供需矛盾突出、资源环境约束趋紧等一系列新形势新现象新问题，我国经济发展的基本面和动力格局发生本质的变化，呈现典型的新常态特征，努力促进经济结构供需匹配、增强经济增长内生动力成为新时代经济发展的内在要求，发挥居民消费在经济发展中的基础性作用，对于优化需求侧结构，进而促进供给侧结构性改革具有战略性意义。

第二节 我国居民消费的整体现状

我国居民消费是否能够适应新常态下经济发展的趋势？如何进一步释放居民的消费潜力？回答以上问题的前提在于对居民消费现状的准确判断和分析。居民消费不足、储蓄偏高曾经是国内外学术界对我国居民消费状况的共识，为此诸多学者从经济发展、人口结构、制度因素以及儒家文化、城镇化等多个角度多个方面对其进行了广泛的探讨，虽百家争鸣但莫衷一是，至今难有定论。近年来我国居民消费也出现了多个新现象：首先，最终消费支出对经济增长贡献率逐年提高，并维持在较高水平，但我国最终消费率与居民最终消费率仍持续下降，并维持在较低水平；其次，居民储蓄率逐渐下降，但杠杆率急速提升，居民最终消费率持续偏低。如图 3-4 所示，我国最终消费对 GDP 增长的贡献率目前已处于高位，是三大需求中对 GDP 增长贡献最大的部分，其中居民消费贡献了主要的部分，但我国居民的消费率却呈现持续下降的趋势，于 2007 年达到 35.82% 的历史最低点后基本处于低位震荡状态，至今仍低于 40%，不仅远低于欧美发达国家，也远低于世界平均水平，甚至低于日韩等儒家文化圈内的东亚国家和印度等新兴经济体，这与我国最终消费对 GDP 增长贡献率的不断提升形成了鲜明对比。[①]该种悖论何以出现？这是否意味着我国居民消费长期以来形成的基本面已发生了变化？

对此，臧旭恒（2017）和陈斌开（2017）率先进行了分析。臧旭恒（2017）指出，该种矛盾现象的出现是由两者的决定机制不同：最终消费的 GDP 贡献率的变化，除消费本身之外，还取决于经济的增长率和投资、出口的变化，而消费率仅取决于消费数量和 GDP 当期量，应全面看待我国消费贡献率的大幅提升。陈斌开（2017）指出，消费的经济增长贡献率是随着我国经济增长率的下降和投资、出口的疲软产生的被动虚增的。2008 年国际金融危机以来，我国经济已转为中高速增长，且投资和出口已遭遇瓶颈，加之居民消费相对稳定，故总量增速的减少和投资出口的疲软导致了消费贡献率的"被动"提升。

---

①欧阳峣等（2016）曾对我国居民消费的规模效应进行过研究，认为当我国居民消费率低于 53.9% 时，居民消费规模扩大对经济增长的拉动作用有限。这也进一步说明了我国居民消费对经济增长的拉动作用尚处于"量变"的阶段，进一步扩大居民消费对于促进该种作用发生"质变"，进而增强经济增长内生动力至关重要。

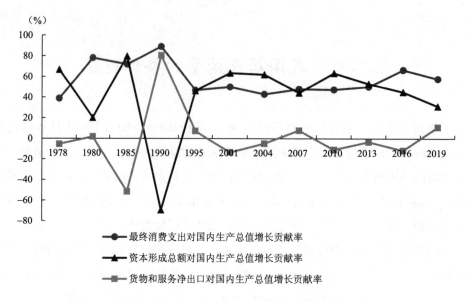

图 3-4   1978 年以来三大需求对我国 GDP 增长的贡献率

数据来源：国家统计局支出法 GDP

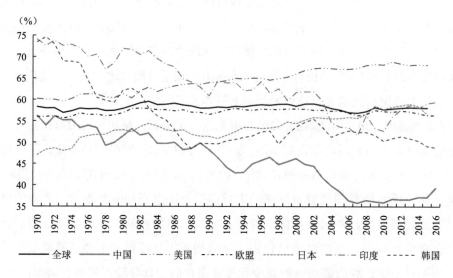

图 3-5   1970 年以来世界主要经济体的居民消费率

数据来源：世界银行数据库

　　此外，如图 3-7 所示，我国居民高储蓄率的现象已经开始发生改变。自 2010 年以来，居民储蓄率虽然仍高于世界平均水平和其他主要经济体，但已经呈明显的下降趋势，居民储蓄存款的增速也已降至近 20 年以来的最低值。但由于居民急速上升的杠杆率，消费的潜力并没有得到有效释放。因此，综合以上分析可知，虽然我国经济增长的基本面已呈现新常态，但居民消费长期以来形成的基本面并没有发生本质的变化，居民消费现状仍落后于经济发展的趋势，充分发挥居民消费对经济发展的基础性作用仍然任重而道远。

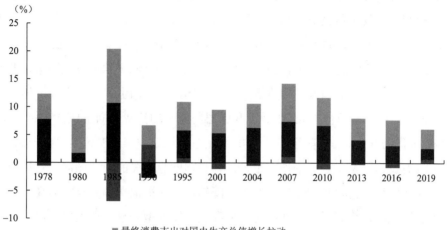

图 3-6　1978 年以来三大需求对我国 GDP 增长拉动的百分点

数据来源：国家统计局支出法 GDP

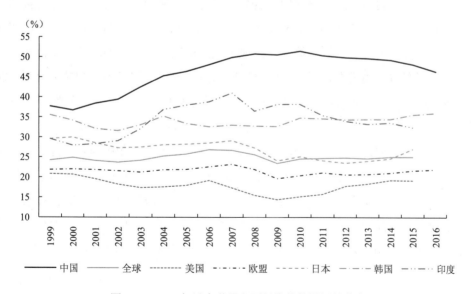

图 3-7　1999 年以来世界主要经济体的国民储蓄率

数据来源：世界银行数据库

　　既然我国居民消费的基本面并无本质变化，那么其现状如何？居民消费现状的表现是多方面的，需要从数量、趋势、结构等方面，通过历史数据的纵向对比和不同国别的横向比较，进行全面的系统判断。具体而言，从居民消费总量、消费倾向和消费结构三个维度进行判断，我国居民消费总量有待扩大、消费倾向有待提高、消费结构有待升级的状况较为明显。首先，如图 3-5 所示，我国居民的消费率总体处于较低水平，自 1970 年以来持续减小，降幅超过 35%，当前仍低于 40%，显著低于欧美发达国家、世界平均水平，也低于日韩等东亚国家、印度等新兴经济体，与我国世界第二大经济体的地位极不相称，居民消费总量亟待扩大。其次，我国居民的平均消费倾向呈现持续的下降趋势，已由 1980 年代的 0.9 左右下降至当前的 0.68 左右，以 2010 年不变价美元纵向比较可知，其远低于欧美发达国家、全球平均水平、日韩和印度等居民的消费倾向，且持续的下降趋势没有改变，边际消费倾向也呈大幅的下降趋势，居民消费倾向有待提高。再次，以马斯洛需求层次理论界定居民消费结构为生存型、发展型和享受型消费的占比，可发现我国城镇居民的消费结构不尽合理。从总占比来看，生存型消费的占比最大，超过 40%，发展型消费的占比最小，生存型消费仍是决定居民生活水平的关键支出。从消费具体分项来看，根据国家统计局数据，2019 年，在我国城镇居民人均消费中，食品、居住、交通通信、文教娱乐位居前四位，分别占到城镇居民消费的 27.55%、24.16%、13.08%、11.86%；在我国农村居民人均消费中，食品、居住、交通通信、文教娱乐也居前四名，分别占到农村居民人均消费的 30.00%、21.54%、13.78%、11.12%。其中，居住在我国城镇和农村居民的消费中都位居第二，体现了我国居民重视居住的现象。相比之下，城镇居民衣着消费占比高于农村居民，农村居民的医疗保健占据了消费的较大份额。2019 年我国城镇居民人均消费支出 28063.4 元，是农村居民的 2.11 倍，但在文教娱乐、衣着、交通通信、家庭设备及用品、食品等方面的消费结构开始出现趋同迹象。

　　以上分析明显的体现出了我国居民消费总量有待扩大、消费倾向有待提高、消费结构有待升级的现实状况，这与我国经济基本面的质变和动力格局的演变所赋予的居民消费的基础性和主引擎作用产生明显的矛盾，为此努力扩大居民消费、提高消费倾向、促进消费结构升级，都应成为释放居民消费潜力的应有之义，直接决定着消费作用的力度和深度，成为当前我国经济学研究中举足轻重的方向，具有十分重要的理论和现实意义。

第三节　我国居民异质性消费的宏观保障现状剖析

　　我国居民消费现状落后于我国经济发展的趋势，如何解决该矛盾？居民消费行为是居民适应消费环境的过程，消费环境是居民消费形成和变化的条件，构成居民消费行为和消费现状的客观背景，臧旭恒（1994）也认为"居民消费行为所反应的主要是外部环境的特征"。考虑到新常态下我国居民消费呈现异质性特征，但基本面并无本质改变，因此全面、准确地对改革开放以来我国居民面临的消费环境的特点做出判断和分析至关重要。本小节将对我国居民面临的消费环境进行总结和梳理，包括养老、医疗、教育、婚姻等因素。同时梳理了我国的公共保障政策改革的成果，虽然近些年社会保障政策不断完善，但是来自教育与医疗体制改革的不确定仍然是我国居民提高预防性储蓄的重要原因。

一、老龄化与养老社会保障现状

人口老龄化带来的人口结构调整对我国居民消费率产生了重大影响。2001 年我国65 周岁以上人口占总人口的比例达到 7.1%，标志着我国开始步入老龄化社会。至 2019 年我国 65 周岁以上人口已超过 1.7 亿人，老龄化程度接近 12.6%，远远超过同等发展阶段国家的平均水平，而且仍继续快速上升。

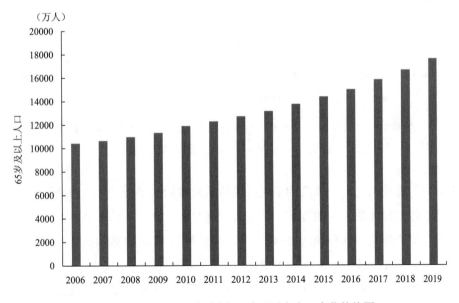

图 3-8　2005—2019 年中国 65 岁及以上人口变化趋势图

由于 20 世纪 80 年代计划生育政策的全面实施，我国人口生育率持续被限制在较低水平。虽然 2016 年我国放开计划生育政策时，出生率出现了短暂攀升，但政策效果仍然有限。自 2017 年起，出生率重新开始下降，由 2016 年的 12.95%下降至 2019 年的 10.48%。

也就是说,计划生育政策限制的放松并未能从根本上阻止我国老龄化问题的进一步加剧。同时,随着医疗条件的改善和物质精神文化生活的丰富,人民生活水平不断提高,人口平均寿命也大幅度增加。目前,我国新生儿人口绝对数量仍在减少,老龄人口比例不断上升,预计到 2030 年我国劳动年龄人口占比将下滑超过 5 个百分点。鉴于就目前情况来看,我国人口老龄化的基本趋势短期内难以发生实质性变化,老龄化问题必然会影响到我国社会经济生活的发展,因此亟需加强完善各项公共养老保障政策,让老龄人口能够"老有所依"。

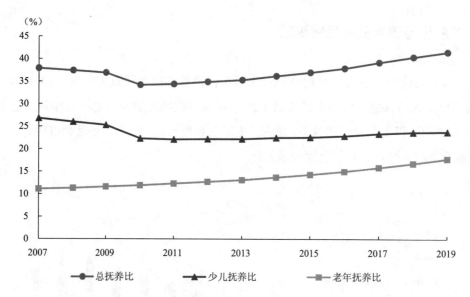

图 3-9　2007—2019 年中国总抚养比、少儿抚养比、老年抚养比情况

数据来源:中国统计年鉴

　　生命周期理论认为,个体会为了保持退休后的生活水平而进行提前储蓄,这一储蓄量取决于个体对退休后收入的预期。伴随着经济社会发展水平的提高,不断完善的社会保障体系会使个体减少这种预防性储蓄。目前我国尚处在经济体制改革和制度健全的发展深化阶段,医疗保险和养老保险主要由政府主导,工作单位(或企业)辅助,个人购买补充三种形式构成。在过去的几十年中,党和政府在推进社会保障体系建设上作出了一系列举世瞩目的重大决策部署,先后建立了城镇居民基本医疗保险、新型农村社会养老保险和城镇居民社会养老保险等重要制度,社会医疗保险、养老保险、社会救助等基本的养老医疗和生活保障制度成为保障居民的基本生存与生活需求的"安全网"。

　　作为社会保障体系的重要组成部分,养老保险和医疗保险体系的建立分城乡两域独立推进。在各类养老保险中,具有普遍性和强制性的基本养老保险由政府主导,包括企业职工基本养老保险、城镇居民社会养老保险、新型农村社会养老保险；企业年金（企业补充养老保险）由企业补充承担；各种商业性养老保险由个人购买。在各类医疗保险中，城镇职工基本医疗保险、城镇居民基本医疗保险、新型农村合作保险由政府主导；公费医疗、单位补充医疗保险、公务员医疗补助由企业承担；各种商业医疗保险由个人购买。

　　但是随着老龄化问题的凸显与人口红利的逐渐消失，社会基本养老金压力增大，长期存在的养老金缺口与医保缺口都将对我国经济发展产生影响。据统计，在剔除掉财政补贴后，2015 年全国城镇职工养老保险收支缺口 1188 亿元，全国多个省市养老金入不敷出。[1]在减税降费，为企业减负的政策要求下，这种压力还在加剧。[2]基金征缴收入与基金支出的“缺口”持续扩大。至 2019 年，城镇职工基本养老保险基金总收入 52919 亿元，基金总支出 49228 亿元。[3]养老金缺口的增大，削弱了退休后的老龄人口生活来源的保障程度。

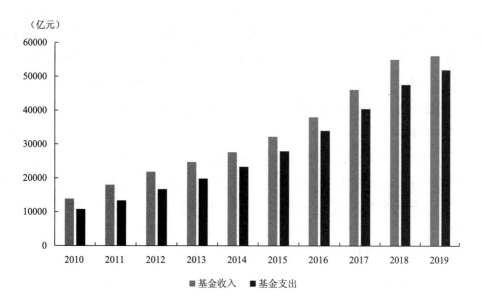

图 3-10　2010—2019 年中国基本养老保险基金收入与支出走势

数据来源：人社部统计数据

---

　　①数据来源：《2015 年人力资源和社会保障事业发展统计公报》，http://www.mohrss.gov.cn/SYrlzyhshbzb/zwgk/szrs/tjgb/201805/t20180521_294285.html。

　　②数据来源：中国社科院历年《中国养老金发展报告》数据，www.cisscass.org/fazhanbg.asph。

　　③数据来源：人社部《2019 年度人力资源和社会保障事业发展统计公报》，http://www.mohrss.gov.cn/SYrlzyhshbzb/zwgk/szrs/tjgb/202006/t20200608_375774.html。

医疗保险基金近年来也开始出现吃紧的迹象。以 2019 年为例，该年全年基本医疗保险基金(含生育保险)总收入和总支出分别为 24421 亿元及 20854 亿元，年末累计结余 27697 亿元。全年职工基本医疗保险基金收入 15845 亿元，同比增长 10.7%，其中统筹基金收入 10005 亿元；基金支出 12663 亿元，同比增长 10.4%，其中统筹基金支出 7939 亿元。[①]医疗保险基金支出增长幅度与收入增长幅度基本一致，但医疗保险不像养老保险一样可通过多种手段进行平衡，其扩面的空间较为有限。

二、家庭教育负担与公共教育保障现状

从传统文化来看，中国家庭自古以来就重视对子女的人力资本投资。近年来，在经济社会快速发展的过程中，对子女的质量期望越来越高。但是质量期望越高，培养成本往往越大。根据汇丰集团发布的《2017 全球教育报告》，将平均教育支出由高到低排序，位居第一和第四的分别是中国香港和中国台湾，中国大陆位居第五，平均教育支出为 42892 美元。此外，家庭提高教育消费的同时，也会通过挤出非教育消费的方式，增加教育预防性储蓄。报告显示，55%的中国家庭通过储蓄、投资等方式为子女教育未雨绸缪，远高于英国和澳大利亚 10%的比例。这从遍地开花的培训机构及炙手可热的学区房现象中可见一斑。

对于子女处于义务教育阶段的家庭，教育支出以自愿、非强制性为主。北京师范大学教育学院教育调查与数据中心对 18 个省、自治区、直辖市的两万多个家庭展开调查，调研报告《全国义务教育阶段家庭教育支出调查》[②]数据显示，2006 年上半年城市、县乡村家庭的教育支出分别为 3633.9 元和 1270 元，城市家庭的教育支出比县乡村家庭的教育支出高 2363.9 元。家庭教育总支出占家庭年收入的比例在城市、县乡村依次是 24%和 20%；占家庭总支出的比例依次是 28%和 23%。校内教育支出为 615.6 元，校外教育支出为 2027.6 元。

相较于子女处于义务教育阶段的家庭，子女处于高等教育阶段的家庭负担更重。(高梦滔，2011)自 1997 年高等教育全面由免费制转变为收费制，家庭需要缴纳子女上大学的费用，这无疑加重了家庭经济负担。此外，大学各项费用在 1996—2008 年上涨 4.75

---

① 数据来源：中国社会保障学会《2019 年全国医疗保障事业发展统计公报》，http://www.nhsa.gov.cn/art/2020/6/24/art_7_3268.html。

② 课题组在 2006—2007 年共发出问卷 20338 份，经淘汰无效、不佳问卷，有效问卷共计 18645 份。所有样本中，城市样本共 9380 个，县镇和乡村样本合并为县乡村样本共计 9265 个。(所有数据额均为 2006 年 7—12 月的半年支出，研究中，对城市和县乡村两个独立样本作 1：4 的加权处理。)

倍，远远高于居民可支配收入的增长速度（吴斌珍，2011），大学学费负担远超人均可支配收入（陈晓宇和阂维方，1999；李文利，2006；Li，2007），"因教致贫"现象屡现。高等教育体制改革带来的支出不确定性是家庭预防性储蓄的动机，高等教育支出对居民消费有显著的挤出效应，子女处于高等教育阶段的家庭消费边际倾向下降12%。（杨汝岱，2009）

自费上大学导致贫困生上学困难，贫困家庭陷入"因教致贫"的境遇。1999年6月国务院办公厅转发了中国人民银行、教育部、财政部《关于国家助学贷款的暂行规定》，开始健全和完善奖/助学金、特困生补助、学费减免、助学贷款制度，设立了包括高等教育助学金/奖学金政策在内的大学生资金援助项目（吴斌珍，2011），对来自低收入家庭的学生发放助学金，对成绩优异的学生发放奖学金，以帮助贫困家庭缓解教育负担过重问题。改革初期，虽然国家的资助规模和资助额度在不断扩张，但资助力度小、资助渠道隐蔽、针对性不足、各类奖助学金发放不稳定等诸多弊端和问题，使减贫效果仍不尽如人意。2010年清华大学中国经济社会数据中心和高等教育研究院展开第一轮中国大学生调查，[①]调查数据显示，助学金在贫困学生中的覆盖率仅达到47%，助学金泄漏率高达50%以上。[②]此外，相关部门尚缺乏统一的资金援助分配方案，对贫困学生援助的力度和标准没有统一规定。

2001年教育部、国家计委、财政部下发《关于高校招生收费工作有关问题》的通知，要求各地区、各有关部门和各高等学校要制定因地制宜的可行措施，坚决落实帮助经济困难学生解决入学和学习期间的经济负担问题，确保学生不因经济困难而辍学。2015年7月，教育部、财政部、中国人民银行、原银监会又联合下发了《关于完善国家助学贷款政策的若干意见》，建立了国家助学贷款还款救助机制，财政全额补贴学生在读期间的贷款利息，延长还本期限，将贷款最长期限延长至20年，进一步减轻了助学贷款学生的经济负担。经过一系列的政策扶持，我国高校教育受资助学生由2007年的1530.27万人次增长至2016年的4281.82万人次，增长1.8倍；资助金额由2006年的162.98亿元增长至2016年的955.84亿元，增长4.9倍。

---

①样本采取分层抽样的方式，以地区北京、上海、天津、东北、东部、中部和西部和大学类型（1—7个层级）作为分层标准。中国大学生调查从中国2305所学校中随机选取了100所学校作为抽样样本，然后在每所大学内随机抽取学生。第一轮大学生调查从100所大学中选取了19所作为预调查的样本学校，其中大约一半所是"211工程"大学（其中4所是"985高校"）。抽样的学校分布在中国的11个省级行政单位，覆盖中国北部、东北、中部、东部、西南和西北。

②泄漏率为非贫困生得到补助的人数占学生总数的比例。

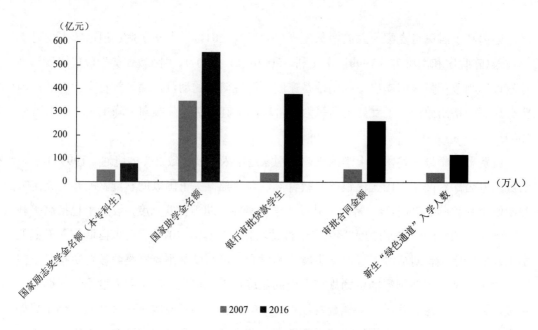

图3–11　2007年与2016年高等教育受资助人数与资助金额情况

数据来源：中国教育科学研究院《全国高等教育满意度调查报告》

　　2017年党的十九大报告明确就提高保障和改善民生水平上做出重要规划，优先发展教育事业，健全学生资助制度，尽力确保让每个学生不因贫困而失去享受公平教育的机会。2017年是高校学生新资助体系政策实施十周年，中国教育科学研究院发布了《全国高等教育满意度调查报告》，[①]报告显示，受助学生规模、资助水平都得到大幅提高，并已经实现了家庭经济困难学生资助全覆盖。国家奖学金、助学金资助金额分别提高1倍和33%；每年获国家励志奖学金学生人数占全国在校生比例由0.3%增加至3%；获国家助学金的比例由3%增加至20%[②]。以北京大学、清华大学、中央财经大学等为代表的全国各类高等学府，均设置了种类众多的学生经济资助措施，包括奖/助学金、助学贷款、学校借款、困难补助、减免学费、勤工俭学、经济困难学生入学"绿色通道"等，保证经济困难学生不会因为无法承担学费、生活费而辍学或影响学业。可以说完善的学生资助政策体系已逐步成熟起来，可以从制度上保障贫困学生"学有所依"。

────────────

　　①中国教育科学研究院于2016年5月至6月开展此次高等教育满意度调查。调查先在各省份抽取普通高校，再在学校层面抽取毕业年级学生。全国共有350所高校4.89万名学生参加，学生有效样本量为44164份，其中本科为22319份，高职21845份。

　　②数据来源：https://www.myzaker.com/article/597ae3791bc8e01a17000023/。

三、婚姻市场现状

在我国的婚姻市场中，由于长久以来计划生育政策的实施，特定区域内的男女比例严重失调。根据我国第六次人口普查报告，31 个省、自治区、直辖市和现役军人人口中，男性人口、女性人口分别占比 51.27%、48.73%。相较第五次人口普查，全国范围内总人口性别比下降了 1.54%。男性在同年龄段择偶时面临近 614 万的缺口。[①]计划生育政策导致的男女比例失调造成了我国婚姻市场上独特的"男性挤压婚姻"现象。婚姻市场的扭曲为家庭带来巨大压力，众多父母为了提高子女在婚姻市场上的竞争力，将为子女准备婚姻大事视为责任和义务，为子女结婚而储蓄，以此来换取年老时子代对自己的赡养保障(吴书雅，2018)，呈现出父辈自愿自发被剥削，以提高其子代在婚姻市场上竞争力的特点。特别是近些年在我国农村广大地区，出现了"天价彩礼""娶媳妇难""携女要价""相互攀比彩礼"现象，加重了父母"为儿子娶媳妇"的沉重负担。除为儿子结婚准备现金彩礼外，还需要准备大量实物彩礼，包括"三金"、新衣服、新房、新车等，彩礼费用居高不下，娶妻成本水涨船高，婚姻消费额增速远高于家庭收入增速。此外，追求婚礼高消费的原因来自从众心理和相互攀比心理，婚礼被作为社交的一部分，新人需通过豪华奢侈的婚礼排场来彰显经济实力。这导致家庭为子女结婚承受过大的经济压力和负担，父辈尽一切所能为子女结婚而储蓄，子女结婚对父辈家庭的影响甚至会持续到结婚后的若干年，严重抑制了父辈家庭的消费能力。

综上分析可以看出，随着我国老龄化问题愈发凸显和子女教育成本日益高涨，对于"上有老下有小"的成年已婚家庭来说，较大的养老负担和扶幼负担增加了家庭的预防性储蓄动机，消费欲望难以有效释放。特别是中国人的观念里普遍存在着极强的家庭伦理观念和血缘亲情观念，受到浓厚的"孝"文化浸染，尊老爱幼传统使得代际扶持行为贯穿于一个经济主体的整个生命周期之中。向上的代际扶持主要体现在老人依靠子女赡养晚年生活，子女为老人提供医疗就医保障。向下的代际扶持主要体现在，受"出人头地""光宗耀祖"等传统儒家思想的影响，中国父母尤其重视子女的教育，对子女的教育投入从幼儿延续到成人，直到子女成年经济独立后，父母仍要为其提供婚姻嫁娶的各种扶持，来自竞争型社会的"攀比"风进一步强化了父母为子女结婚而进行储蓄的行为，这都严重抑制了家庭的消费能力。

---

①数据来源：《第六次全国人口普查报告》。

四、影响我国居民消费的其他因素分析

我国居民面临的消费环境，除上述养老、教育、婚姻等因素外，还由经济、制度和文化因素所决定。首先，从经济因素来看，一方面，改革开放以来，我国取得了举世瞩目的经济建设成就，近 40 年间 GDP 增速平均达到 9.4%，居民收入和消费水平显著提升，去除价格因素的影响（1978 年为基期），居民人均可支配收入增长约 14.5 倍，人均消费性支出增长约 11 倍，居民习惯于消费水平的逐年改善，逐渐视消费水平的提升为常态，而不再仅仅满足于生命周期-持久收入假说所描述的生命周期内的消费水平的平稳，并且考虑到边际效用的递减规律，同样的消费增量带给居民的效用增加将会逐步减少；另一方面，为构建成熟的社会主义市场经济体制，改革开放以来，我国经济一直处于持续的转型过程之中，从改革之初的投资驱动，到 2001 年加入世界贸易组织之后的出口拉动，再到新常态下消费作用的凸显，转变经济发展方式、增强经济增长动力是一个长期以来的连续性过程，进而造成经济因素"动态性"特征明显，居民难以形成对未来的稳定预期。因此，我国居民家庭面临的消费环境具有"增长性"和"动态性"特征。

其次，从制度因素来看，政府的宏观调控是我国社会主义市场经济的本质特征之一，因此经济制度的建设对城镇消费环境的形成具有显著的影响，其与社会主义市场经济的完善过程是密切相关的。"摸着石头过河"[①]是对我国改革开放以来制度探索和建设的生动描述，这种"试错"的方式导致制度建设具有"马尔科夫性"，即难以按照改革的目标和规划作出具体的安排，只能"具体情况具体分析"。制度变量呈现独立增量过程的特点，一方面增大了经济因素的"动态性"，加剧了居民消费预期的难度，另一方面则会导致制度具有明显的不完善性，进而造成了居民面临来自供给侧的多种"不确定性"的影响：信息的滞后、知识的匮乏，使得居民难以对当下和未来做出准确的预期和最优的安排；金融、资本市场的不完善，使得居民面临较强的信贷约束，以及较大的资产变现成本和难度，外生流动性约束明显，难以通过跨期资源的配置实现效用的最大化；收入分配制度的不合理，导致收入差距明显，不同收入阶层居民之间的消费具有明显差距；就业、教育、医疗、养老、住房等市场化改革，改变了城镇居民面临的社会保障状况，但相应的配套措施并未健全，社会保障制度有待完善，导致居民的支出预期偏差较大，增大了

[①]1980 年 12 月 16 日，陈云在中共中央工作会议开幕会上说："我们要改革，但是步子要稳。因为我们的改革，问题复杂，不能要求过急。改革固然要靠一定的理论研究、经济统计和经济预测，更重要的还是要从试点着手，随时总结经验，也就是要'摸着石头过河'。"

居民的支出不确定性；户籍制度的制约，导致城镇内部形成以户籍为标准的"新二元结构"，极大地抑制了农民工等移民群体的消费；土地供给管控和土地财政政策导致住房价格持续攀升，居民为购房而储蓄动机明显。总结而言，改革开放以来，我国城镇"摸着石头过河"、马尔科夫性的制度建设，一方面加剧了经济因素的"动态性"，另一方面则导致居民面临来自多方面、多层次的不确定性的影响。因此，改革开放以来，我国居民一方面经历并习惯于消费水平的逐年提升，另一方面则面临来自供给侧的具有动态性的、多种不确定性因素的影响，故消费环境具有明显的"增长性""动态性"和"不确定性"的特点，该种消费环境进而在需求侧对居民消费产生显著的影响。

另外，儒家文化构成我国社会最基本的文化信仰和价值，其理念和规范潜移默化、历久弥新，在很大程度上引导居民的消费心理和消费行为，并改变消费环境因素的影响方式和程度，成为影响居民消费的不可忽略的因素。"人无远虑必有近忧"（《论语·卫灵公》）、"奢则不孙，俭则固，与其不孙也，宁固"（《论语·述而》）、"礼不下庶人，刑不上大夫"（《礼记·曲礼》）、"孝悌也者，其为人之本也"（《论语·学而》）等经典语句集中体现了儒家文化对居民消费理念的影响，引导居民形成了"未雨绸缪""禁奢崇俭""科层等级""代际扶持""三思而后行"的消费理念，进而从不同角度影响了居民的消费行为。其中"未雨绸缪"内含的前瞻性和预防性意识，导致居民厌恶风险，并提前应对不确定性的影响；"禁奢崇俭"内含的厌恶奢侈、崇尚节俭的理念，引导居民适度消费，甚至克制消费，形成内生的流动性约束；"科层等级"内含的尊卑有序、地位有别，引导居民追求社会地位，相互攀比；"代际扶持"则内含的养老扶幼的理念，引导居民不仅将其视为一种社会和道德的要求，更将其作为一种利己行为，促使居民将父母、子女的消费纳入自身的消费效用。故而风险厌恶、克制消费、寻求地位以及养老扶幼等理念，集中体现了儒家文化传统对居民消费的偏好、心理、行为的影响，并会影响消费环境因素对居民消费影响的程度。具体而言，在具有增长性、动态性和不确定性的消费环境中，居民因难以做到有效预期，风险厌恶倾向将增强；外生流动性约束叠加内生流动性约束，居民跨期资源配置的能力将减弱；收入差距的扩大，将增加居民对于社会地位的危机感和追求的压力；社会保障的不完善，将导致居民对于消费预期的偏差和赡养老人、抚养子女的压力增大，最终居民消费的谨慎性将大为增加，"三思而后行"将成为居民做出消费行为时的理性选择。在上述情况下，为实现消费效用的跨期最优，居民消费将不再是短期化的独立行为，而是会考虑到过去消费对当期消费的影响，以及当期消费对未来消费的影响。

第四节　我国居民异质性消费的财富保障现状剖析

我国居民消费率偏低、储蓄率偏高的原因是复杂多样的，上一小节已从影响我国居民消费的养老、教育、婚姻及其他因素等方面进行了总结梳理。本节将对我国居民的资产及财富状况进行分析和描述性统计。从中我们将会看出，我国家庭资产呈现规模增长与结构多元化趋势，住房仍是我国家庭资产最重要的组成部分，住房价格提高、贷款增加亦是影响我国居民消费的重要因素，也是产生异质性消费的重要原因。

一、家庭资产规模与结构多元化趋势分析

在经济增长放缓的背景下，中国居民财富依然保持高速增长。根据《中国家庭财富调查报告》，2017 年和 2018 年，中国家庭人均财富分别为 194332 元和 208883 元，增长率达 7.49%。城乡家庭人均财产差距较大，2018 年城镇家庭人均财产为 292920 元，农村家庭人均财产为 87744 元，城镇家庭人均财产是农村家庭人均财产的 3.34 倍，且城镇家庭人均财产增长速度快于农村家庭。

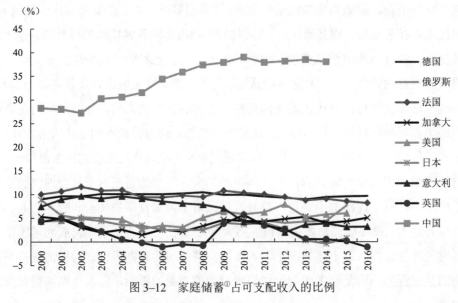

图 3-12　家庭储蓄①占可支配收入的比例

数据来源：OECD 数据库，https://data.oecd.org/hha/household-savings.htm#indicator-chart

---

①家庭净储蓄=家庭可支配收入-家庭消费支出+家庭养老基金净权益变化。

在统计中，用可支配收入与消费支出的差值衡量储蓄水平，这种"广义储蓄"可以用于平滑消费，实现跨期最优。根据生命周期-持久收入假说，在收入水平增长潜力大、经济增长快速的情况下，理性消费者应倾向于降低当期储蓄，甚至通过借贷，提高当期消费水平，但这与中国的实际情况发生了偏离。实际上，不同资产在流动性、收益性、风险性等方面存在着显著差异。具体而言，首先，消费者对资产收益的预期将直接影响资产选择行为。出于追求收益最大化的目标，资产收益率一方面决定了消费者财富在消费与储蓄资产之间的分配情况，影响着资产的持有水平；另一方面也决定了资产内部结构的构成，消费者更希望将有限的财富投入到收益率最高的资产中。其次，资产的流动性反映了变现的难易程度，二者呈负相关关系。消费者对消费的时间偏好，影响着资产流动性的选择。消费者如果偏好于当期消费，那么将注重资产的变现能力，选择持有高流动性资产；而如果偏好于未来消费，那么将注重资产的回报率，降低对资产流动性的要求。最后，风险与不确定性方面，多数消费者被假定为风险厌恶型(risk aversion)消费者，在相同收益的情况下更倾向于持有低风险资产。面临不确定性风险较高时，将会要求一定的风险溢价来抵消不确定性风险所带来的负效用。

流动性、收益性、风险性三个特性之间也存在一定的相关性，流动性越低的资产收益率越高，风险性越高的资产收益率越高。消费者选择资产时，面临着三个特性的权衡取舍，不同的资产配置也会对消费者的行为决策产生异质性影响，因此家庭资产的内部构成和分配状况需要进行进一步分析。

表 3–1 反映了由中国家庭金融调查(CHFS)数据分析所得的家庭金融资产配置结构及其演变趋势。尽管无风险资产拥有率较高，且在家庭金融资产中占比较高，但增长速度较慢。而风险资产则增速较快，理财产品、股票、基金等风险资产拥有率、所占比重均有所提高，同样支持了家庭金融资产规模增长较快，且配置结构呈现多元化趋势的事实。

表 3–1　金融资产结构及其变化趋势

	均值(千元)			占金融资产比重(%)		拥有率(%)	
	2013	2015	增长率	2013	2015	2013	2015
金融资产	73	122.2	67.4%	100.0	100.0	97.7	96.7
无风险资产	52.3	79.8	52.6%	71.7	65.3	97.6	96.5
现金	5.4	5.8	7.4%	7.4	4.8	94.1	91.5
活期存款	17.7	33.2	87.6%	24.3	27.2	48.7	56.6
定期存款	14.6	19.8	35.6%	20.0	16.2	17.2	18.1

续表

	均值(千元)			占金融资产比重(%)		拥有率(%)	
	2013	2015	增长率	2013	2015	2013	2015
账户余额①	14.6	20.9	43.2%	20.0	17.1	66.3	62.0
风险资产	20.7	42.4	104.8%	28.3	34.7	18.5	27.8
理财产品	3.2	10.0	212.5%	4.4	8.2	1.7	8.5
银行理财	3.0	8.3	176.7%	4.1	6.8	1.7	4.5
其他理财	0.2	0.6	200.0%	0.2	0.5	0.0	0.4
互联网理财	-	1.0	-	-	0.8	-	4.6
股票	6.0	13.0	116.7%	8.3	10.6	5.3	6.5
基金	1.7	3.2	88.2%	2.4	2.7	3.1	3.4
其他风险资产②	2.3	1.7	−26.1%	3.2	1.4	2.4	1.3
借出款	7.4	8.6	16.2%	10.2	7.1	11.1	14.4
生产经营应收款	-	5.8	-	-	4.8	-	5.0

①账户余额主要包括社保账户、年金账户、医保账户和公积金账户等。

②其他风险资产主要包括债券、金融衍生品、贵金属、非人民币资产等。

数据来源：中国家庭金融调查、李凤等(2016)《中国家庭资产状况、变动趋势及其影响因素》

二、居民住房资产的规模与特征分析

表 3-2 汇报了中国家庭追踪调查(CFPS)项目组调查的 2012 年中国家庭财产的构成情况。从全国平均水平来看，住房资产占绝对主导地位，占比达 74.29%，城镇家庭的住房资产占比高于农村家庭，分别为 79.47%和 62.54%。而金融资产占比 10%左右，相对较低，城乡差别不大。另外，生产性固定资产占比、耐用消费品占比分别约为 7.84%、5.69%，且城乡差别不大。而土地占比在城乡之间差别较大，对于农村家庭而言，土地是一项非常重要的资产，占比达 20.04%，远高于城镇家庭(2.74%)。

表 3–2   2012 年全国及分城乡的家庭财产构成(%)

财产结构	全国	城镇	农村
住房资产	74.29	79.47	62.54
金融资产	10.11	10.52	9.31
生产性固定资产	7.84	6.97	9.85
耐用消费品	5.69	5.58	5.83
土地	8.19	2.74	20.04

数据来源：中国家庭追踪调查(CFPS)《2012 年和 2010 年财产数据技术报告》

　　表 3–3 反映了中国家庭金融调查 2013—2015 年的数据,住房资产和金融资产拥有率均达到 90%以上,住房资产占总资产的比重达 70%左右,金融资产占总资产的比重不足 15%,低于美国(36%)。尽管不同微观调查数据结果在样本选择、统计口径、具体数值等方面存在着差异,但家庭资产中住房资产占比最高、金融资产占比例低的现象普遍存在。尤其是对北京、上海等城市而言,住房资产占比更高,达 85%。[①]但从变化趋势来看,总资产与净资产增长率分别为 18.2%和 18.9%,金融资产增长率达 67.4%,高于住房资产(21.4%)。

表 3–3　家庭资产结构及其变化趋势

	均值(万元)			占总资产比重(%)		拥有率(%)	
	2013	2015	增长率	2013	2015	2013	2015
住房资产	48.3	58.6	21.4%	68.3	70.1	90.8	91.4
金融资产	7.3	12.2	67.4%	10.3	14.6	97.7	96.7
工商业资产	7.0	5.8	−17.7%	9.9	6.9	14.0	14.5
其他资产[①]	8.1	7.0	−14.1%	11.5	8.3	99.5	96.5
总资产	70.8	83.6	18.2%	100.0	100.0	100.0	100.0
负债	3.9	4.2	5.3%	5.6	5.0	32.7	31.4
净资产	66.8	79.5	18.9%	94.4	95.0	100.0	100.0

①其他资产主要包括农业资产、土地资产、汽车资产和耐用品资产等。

数据来源:中国家庭金融调查(CHFS)、李凤等(2016)《中国家庭资产状况、变动趋势及其影响因素》

　　作为家庭资产的重要组成部分,住房资产具有消费、投资、抵押等多重属性,且因持有数量的不同而表现不同。一般认为一套房家庭的住房资产消费属性较强,而多套房家庭购置住房资产多出于获取投资收益或改善当前住房条件为目的。鉴于此,我们分别对一套房家庭与多套房家庭的住房资产情况及其变化趋势进行分析。

　　由表 3–4 可以看出,2013 年至 2015 年住房资产均值增长了 21.4%,拥有率由 90.8%上升至 91.4%,高于美国(70%左右[②])。其中,一套房家庭住房资产均值增长最快,增长率达 25.2%,但占比由 68.6%下降至 66.6%。相比之下,多套房家庭占比有所上升,由 15.4%增长至 18.2%。尽管如此,一套房家庭仍然占主导地位,比例高于 60%,且住房资产均值增长明显高于多套房家庭。

---

　　①数据来源:甘犁:很多中国老百姓资产就只剩下房子了,http://finance.sina.com.cn/zl/china/2017-05-26/zl-ifyfqvmh9076234.shtml。

　　②数据来源:基于美国消费者金融调查(SCF)测算(Gorea & Midrigan,2017)。

表3–4 住房资产拥有情况及其变化趋势

样本区间	住房资产均值(万元)			拥有率(%)	
	2013	2015	增长率	2013	2015
总样本	48.3	58.6	21.4%	90.8	91.4
一套房家庭	58.1	72.7	25.2%	68.6	66.6
二套房家庭	137.1	151.5	10.5%	15.4	18.2
多套房家庭[①]	306.7	254.2	−17.1%	3.0	3.4

李凤等(2016)统计时单独将住房资产数量等于2的家庭界定为二套房家庭,而将多套房家庭定义为拥有住房资产数量大于等于3的家庭。如无特殊说明,本章所指的多套房家庭为除一套房家庭以外的家庭,即其所拥有的住房资产数量大于等于2。

数据来源:中国家庭金融调查、李凤等(2016)《中国家庭资产状况、变动趋势及其影响因素》

三、居民住房贷款的特征与趋势分析

从宏观数据来看,住房资产价格的增加一定程度上提高了居民家庭财富存量水平。2008年以来商品住宅销售额与销售面积均有所上升,自2015年开始,以商品住宅销售额与销售面积之比衡量的商品住宅价格上升幅度较大。

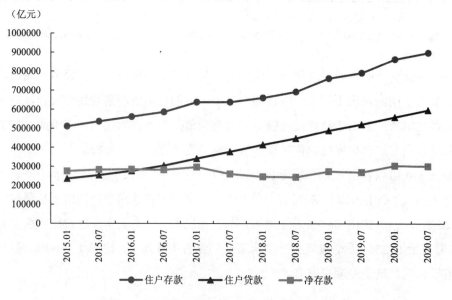

图3–13 住户存款、贷款及净存款(亿元人民币)

数据来源:《中国统计年鉴》

居民存款和贷款方面，2008 年国际金融危机后，经济衰退引发了居民对经济形势不确定性增加的预期，出于预防性储蓄动机，住户储蓄水平随之提高；再者，房地产泡沫的破裂，引致信贷政策趋紧，住户贷款额增长缓慢。在存款增加迅速和贷款增长缓慢的共同的作用下，2008 年之后的几年中，住户净存款呈现上升趋势。而在 2013 年之后，随着房地产市场的快速发展和贷款需求的增加，净存款上升的趋势逐渐趋于平稳，2016 年前后达到峰值 29.87 万亿元，而后随着贷款需求的增速加快而略有下降。如图 3–13 所示，2008 年以来，住户存款和贷款均有较大幅度上升，分别由 2008 年 1 月的 17.74 万亿元和 5.19 万亿元增长至 2017 年 12 月的 64.38 万亿元和 40.50 万亿元。但是在 2016 年之后，住户贷款增速加快，导致住户净存款水平由 2016 年 2 月的 29.87 万亿元的峰值下降至 2017 年 12 月的 23.87 万亿元。

住户贷款中中长期贷款占比较高，2008 年 1 月以来住房贷款中中长期贷款占比达 65% 以上，2016 年 9 月开始这一比例超过了 70%，并维持在 72% 左右。作为中长期贷款的重要组成部分，住房贷款显然已经成为中国居民家庭最主要的负债。由此可以看出，近年来伴随着住房价格的增长，居民的财富水平相应提高。但与此同时，居民家庭住房贷款也迅速增长，且幅度高于居民存款的增长，进而导致了住户净存款增长较为缓慢，甚至出现下降的趋势。因此，相比于财富水平值，财富净值能够更加真实反映出居民家庭财富变化情况。

本章小结

本章以我国经济新常态为背景，梳理总结我国的经济增长格局、居民消费及消费环境、资产及财富现状。第一节分析了新常态下我国经济的增长格局。面对新时代新矛盾新形式，应加强消费对经济发展的基础性作用，释放消费拉动经济增长的潜力对于优化需求侧结构、促进供给侧结构性改革具有重要意义。第二节总结分析了我国居民的消费现状。我国居民消费率总体仍处于较低水平，消费总量有待扩大、消费倾向有待提高、消费结构也不尽合理。第三节分析梳理了我国居民异质性消费的宏观保障及消费环境。随着居民收入预期不断下降，养老、教育、医疗等花费日益昂贵，使居民消费欲望受到压抑，难以有效释放。该节同时梳理了我国的公共保障政策改革的成果，虽然近些年社会保障政策不断完善，但是来自教育与医疗体制改革的不确定仍然是居民进行预防性储蓄的重要动机。第四节对我国居民异质性消费的资产及财富状况进行了分析。家庭资产呈现规模和结构呈现多元化趋势，住房仍是我国家庭资产最重要的组成部分，住房价格提高、贷款增加也是影响我国居民消费的重要因素和产生异质性消费的重要原因。

第一篇

异质性消费者行为特征分析

第四章　家庭收入视角下的异质性消费者行为特征

本章将区分正向和负向收入冲击，首先基于流动性约束理论分析家庭在不同方向收入冲击下消费的非对称反应，然后结合中国家庭追踪调查(CFPS)数据，实证检验家庭消费变化程度对收入波动的非对称反应的存在性、内在原因及其影响因素。在此基础上，通过引入家庭资产对不同方向收入变化和异质性消费的研究进行拓展。一方面，从消费结构的视角，分析异质性消费者对正负向暂时收入变化的反应；另一方面，从家庭资产流动性的角度，识别家庭高/低流动性资产在消费对暂时收入变化的反应中发挥的作用。

考察微观家庭受到收入冲击时的边际消费倾向，不仅有助于分析不同经济环境与经济波动下居民家庭消费决策的差异，丰富异质性消费者相关理论的研究，同时也为调节收入、刺激消费等方面财政政策的制定提供了参考依据。

第一节　不同方向收入冲击下消费非对称反应的理论分析

现有研究表明，不同方向的波动引起"非对称反应"的现象是普遍存在的。它不仅存在于经济波动周期、财政货币政策作用效果等宏观层面，也体现在股票市场、居民家庭等微观层面上。随着经济理论与实证的不断发展，关于"非对称反应"现象存在性与产生机制的研究引起了学术界广泛关注，对其的认识也不断加深。收入作为消费支出和财富积累的主要来源，其波动对消费决策是否同样具有非对称影响？

为此，本部分将从流动性约束角度，解释不同程度与方向的收入冲击下消费者非对称反应的产生机制。我们将建立两期跨期决策模型，并假定收入冲击发生在第一期，根据流动性约束发生的时间，区分收入冲击前的流动性约束和收入冲击后的流动性约束。

前者来源于两期收入与用于平滑消费的资产水平的相对差异，而后者来源于大幅度负向收入冲击引起的可用于消费的财富不足。两种流动性约束对收入冲击对应的边际消费倾向均具有潜在影响。

　　进一步，我们也考察了非对称反应程度差异的影响因素。通过对现有研究进行梳理，我们发现损失规避特征和习惯形成效应对于非对称反应程度的差异均具有潜在影响。而习惯形成理论与前景理论具有一定相似性，即个体的效用水平都受到一个参照点的影响。不同之处在于，习惯形成理论是在期望效用框架下进行分析的，即假设消费具有刚性，只有消费增长才能引起效应水平的增加。为了保证消费的增长，消费者会适当降低当期收入对应的边际消费倾向。而前景理论认为，消费者具有损失规避的特征，对于收入增加与减少的风险偏好是不一致的，因而导致对好坏消息的反应存在着非对称性。与前景理论相比，期望效用中的效用函数更易求解出边际消费倾向的表达式，也可以考察流动性约束、习惯形成等因素对边际消费倾向的影响，因而我们的理论分析部分在传统的期望效用函数下进行。

　　假设效用函数满足对数效用函数，即 $U(c_t) = \ln c_t$。消费者不能借贷，只生存两期，各期收入[①]和消费分别为 y_t 和 c_t，不考虑遗赠动机。同时我们考虑了主观贴现率 β（$0 < \beta < 1$）、财富收益率 r（$r \geqslant 1$）、习惯存量[②]（habit stock）h_t 以及习惯形成强度系数 λ。习惯存量由以前各期消费水平决定，即 $h_t \equiv (1-\zeta)\sum_{j=0}^{\infty} \zeta^j c_{t-1-j}$，其中，$1-\zeta$ 为消费习惯存量折现因子，满足 $0 \leqslant \zeta \leqslant 1$。为了简化分析，我们令 $\zeta = 0$，即仅有 c_{t-1} 影响消费习惯存量，在两期模型中，$h_2 = c_1$。而 λ 反映了习惯存量对效用函数的影响强度，满足 $0 \leqslant \lambda \leqslant 1$。显然，给定当期消费水平，$\lambda$ 越大，前一期消费水平对当期效用降低影响程度越大，当期消费产生的效用越小。基于以上假设与分析，消费者受到变化前的跨期决策问题及预算约束满足：

$$\max_{c_1,c_2} U(c_1) + \beta U(c_2 h_2^{-\lambda}) \tag{4-1}$$

$$\text{s.t.} \quad \begin{aligned} &c_1 + m = y_1 \\ &c_2 = rm + y_2 \end{aligned} \tag{4-1}$$

　　其中，m 为第一期的财富积累，由于消费者不能进行借贷，所以 $m \geqslant 0$。由跨期预算约束可以看出，m 的大小反映了消费者是否受到流动性约束以及负向收入冲击使其陷入

---

　　① 收入 y_t 广义上可以包括所有可以用来消费的资产和收入。

　　② 广义的消费习惯形成理论包括外部习惯形成和内部习惯形成，前者指消费受到社会其他人群消费水平的影响，即"示范效应"；后者指当期消费受到自身过去消费水平的影响，表现为消费具有刚性，即"棘轮效应"。研究中不考虑不同消费者之间的相互影响，仅考虑内部习惯形成效应。

流动性约束的可能性。一方面，当 $m>0$ 时，消费者不仅实现了第一期最优消费水平，还能够进行储蓄，可见未受到流动性约束；而当 $m=0$ 时，消费者在收入冲击前面临流动性约束，即当期收入不足，难以满足消费者第一期最优消费水平，而又无法进行借贷，因而消费受到了抑制。另一方面，m 可以看作是抵御负向收入冲击的能力：相同程度的负向收入冲击下，m 越大，消费者越难在收入下降后面临流动性约束。

由效用函数最优化问题可得，当 $\dfrac{y_1}{y_2}>\dfrac{1-\lambda\beta}{\beta r}$ 时，$m=\dfrac{\beta r y_1-(1-\lambda\beta)y_2}{(1+\beta-\lambda\beta)r}$；当 $\dfrac{y_1}{y_2}\leqslant\dfrac{1-\lambda\beta}{\beta r}$ 时，$m=0$。可见，两期收入相对水平 $\dfrac{y_1}{y_2}$ 与 $\dfrac{1-\lambda\beta}{\beta r}$ 的大小关系直接影响 m，进而决定了消费者是否受到了流动性约束，并反映了负向收入冲击引起流动性约束的可能性。

进一步，假设第一期收入冲击为 αy_1，对应的第一期收入变化至 $(1+\alpha)y_1$。由收入非负的性质可得 $\alpha\geqslant-1$。α 的大小和正负分别反映了收入冲击程度和方向。α 的绝对值越大，冲击程度越大。当 $-1\leqslant\alpha<0$ 时，表现为负向收入冲击；当 $\alpha=0$ 时，收入保持不变；当 $\alpha>0$ 时，表现为正向收入冲击。

基于上述假定，我们将根据收入冲击前是否受到流动性约束分为两种情况，将收入冲击引起的消费变化与收入变化的比值定义为边际消费倾向，考察不同收入冲击 α 与流动性约束程度 m 下消费者边际消费倾向的情况。计算结果如表 4–1 所示。

表 4–1　不同方向收入冲击下的边际消费倾向

	负向收入冲击 （$-1\leqslant\alpha<0$）		正向收入冲击 （$\alpha>0$）	
未受流动性约束 $m>0$， $\dfrac{y_1}{y_2}>\dfrac{1-\lambda\beta}{\beta r}$	$-1\leqslant\alpha\leqslant\alpha^*$	$\alpha^*<\alpha<0$	$\alpha>0$	
	$1-\dfrac{(1-\lambda\beta)y_2-\beta r y_1}{(1+\beta-\lambda\beta)r\alpha y_1}$	$\dfrac{1-\lambda\beta}{1+\beta-\lambda\beta}$	$\dfrac{1-\lambda\beta}{1+\beta-\lambda\beta}$	
受到流动性约束 $m=0$，$\dfrac{y_1}{y_2}\leqslant\dfrac{1-\lambda\beta}{\beta r}$	$-1\leqslant\alpha\leqslant0$		$0<\alpha<\alpha^*$	$\alpha\geqslant\alpha^*$
	1		1	

注：临界值 $\alpha^*=\dfrac{(1-\lambda\beta)y_2}{\beta r y_1}-1$。当 $\dfrac{y_1}{y_2}\leqslant\dfrac{1-\lambda\beta}{\beta r}$ 时，$-1<\alpha^*<0$；当 $\dfrac{y_1}{y_2}\leqslant\dfrac{1-\lambda\beta}{\beta r}$ 时，$\alpha^*\geqslant0$。

由此，我们得到如下结论：

(1)流动性约束提高了收入冲击对应的边际消费倾向。换言之，在相同程度和方向的收入冲击下，相对于冲击前未受到流动性约束的消费者而言，冲击前受到流动性约束的消费者表现出较高的边际消费倾向。由表 4-1，负向收入冲击下，受到流动性约束消费者的边际消费倾向为 1，均高于未受流动性约束消费者的两种情况(收入冲击较小时的边际消费倾向为 $\frac{1-\lambda\beta}{1+\beta-\lambda\beta}$，收入冲击较大时的边际消费倾向为 $1-\frac{(1-\lambda\beta)y_2-\beta ry_1}{(1+\beta-\lambda\beta)r\alpha y_1}$)。而正向收入冲击下，未受到流动性约束的消费者的边际消费倾向为 $\frac{1-\lambda\beta}{1+\beta-\lambda\beta}$，均低于受到流动性约束消费者对应的两种情况(收入冲击较小时的边际消费倾向为 $\frac{1-\lambda\beta}{1+\beta-\lambda\beta}+\frac{(1-\lambda\beta)y_2-\beta ry_1}{(1+\beta-\lambda\beta)r\alpha y_1}$，收入冲击较大时的边际消费倾向为 1)。

(2)不同方向的收入冲击对消费变化的影响具有非对称性。当收入冲击前消费者未受到流动性约束，即 $m>0$ 时，$-1\leqslant\alpha^*<0$。由于储蓄的存在，消费者面临正向收入冲击或较小幅度的负向冲击时，将通过增加或减少储蓄将变化的收入进行跨期分配，以实现消费平滑，即收入冲击满足 $\alpha\geqslant\alpha^*$ 时，对应的边际消费倾向为 $\frac{1-\lambda\beta}{1+\beta-\lambda\beta}$；而较大程度的负向收入冲击将使消费者储蓄降为 0，而在收入冲击后面临流动性约束，此时超出储蓄的收入降低将引起相同程度的消费减少，即收入冲击满足 $-1\leqslant\alpha<\alpha^*$ 时，对应的边际消费倾向为 $1-\frac{(1-\lambda\beta)y_2-\beta ry_1}{(1+\beta-\lambda\beta)r\alpha y_1}$。而由 $1-\frac{(1-\lambda\beta)y_2-\beta ry_1}{(1+\beta-\lambda\beta)r\alpha y_1}>\frac{1-\lambda\beta}{1+\beta-\lambda\beta}$ 可以得出，相比于正向收入冲击，负向收入冲击对应的边际消费倾向较高。换言之，对于冲击前未受流动性约束的消费者而言，不同方向收入冲击对消费决策影响具有非对称性。

当收入冲击前消费者面临流动性约束，即 $m=0$ 时，负向收入冲击将会引起消费水平以相同幅度下降，边际消费倾向为 1；而小幅度正向收入冲击引起的收入增长将会全部被用于消费，以满足变化前因流动性约束而受到抑制的消费需求，进而边际消费倾向也为 1。综合以上两种情况可得，当收入冲击满足 $-1\leqslant\alpha<\alpha^*$ 时，对应的边际消费倾向为 1。而当正向收入冲击程度较大时，收入的增长不仅能够满足消费者冲击前受到抑制的消费需求，实现最优消费水平，剩余部分还能以当期消费和储蓄的形式在两期之间进行分配，即当收入冲击满足 $\alpha\geqslant\alpha^*$ 时，边际消费倾向为 $\frac{1-\lambda\beta}{1+\beta-\lambda\beta}+\frac{(1-\lambda\beta)y_2-\beta ry_1}{(1+\beta-\lambda\beta)r\alpha y_1}$。易证 $\frac{1-\lambda\beta}{1+\beta-\lambda\beta}+\frac{(1-\lambda\beta)y_2-\beta ry_1}{(1+\beta-\lambda\beta)r\alpha y_1}\leqslant 1$，即对于收入冲击前受到流动性约束的消费者而言，不同方向的收入冲击对其消费决策的影响依然具有非对称性，且同样满足负向收入冲击的影响高于正向收入冲击。

基于以上分析，我们可以看出无论收入冲击前是否受到流动性约束，消费者对不同方向收入冲击的反应均具有非对称性，且相比于正向收入冲击而言，负向收入冲击下消费变化的幅度更大。

（3）这种非对称反应的存在性与消费者主观贴现率、财富收益率以及消费习惯无关，但是差异程度的大小随着习惯形成强度的增加而提高。具体而言，对于收入冲击前未受流动性约束的消费者而言，习惯形成强度提高了大幅度负向收入冲击（$-1 \leqslant \alpha < \alpha^*$）的边际消费倾向，而降低了小幅度负向收入冲击（$\alpha^* \leqslant \alpha \leqslant 0$）和正向收入冲击（$\alpha > 0$）的边际消费倾向。而对于冲击前受到流动性约束的消费者而言，习惯形成强度不改变负向收入冲击（$1 \leqslant \alpha \leqslant 0$）和小幅正向收入冲击（$0 < \alpha < \alpha^*$）的边际消费倾向，而降低了大幅度正向收入冲击（$\alpha \geqslant \alpha^*$）的边际消费倾向。

为了直观分析收入冲击下边际消费倾向非对称反应的现象，我们令 $r = \beta = 1$，$\lambda = 0$，则对应的边际消费倾向如表 4–2 所示。

表 4–2　不同方向收入冲击下的边际消费倾向（$r=\beta=1$，$\lambda=0$）

	$-1 \leqslant \alpha < \dfrac{y_2}{y_1} - 1$	$\alpha \geqslant \dfrac{y_2}{y_1} - 1$
未受到流动性约束 $m > 0$，$\dfrac{y_2}{y_1} > 1$	$1 - \dfrac{y_2 - y_1}{2\alpha y_1}$	$\dfrac{1}{2}$
受到流动性约束 $m = 0$，$\dfrac{y_2}{y_1} \leqslant 1$	1	$\dfrac{1}{2} + \dfrac{y_2 - y_1}{2\alpha y_1}$

在这种情况下，两期相对收入水平 $\dfrac{y_1}{y_2}$ 反映了收入冲击前是否受到流动性约束[①]。假定两期收入差别不大，且均非负，即 $0 \leqslant \dfrac{y_1}{y_2} \leqslant 2$、$y_1 \geqslant 0$、$y_2 \geqslant 0$，收入冲击 α 与相对收入 $\dfrac{y_1}{y_2}$ 对边际消费倾向的影响如图 4–1 所示。

---

① 即当 $0 \leqslant \dfrac{y_1}{y_2} \leqslant 1$ 时，第二期收入高于第一期，由于借贷约束的存在，消费者无法通过借贷提高当期消费，因而受到流动性约束；而当 $1 < \dfrac{y_1}{y_2} \leqslant 2$ 时，消费者可以将部分收入留存至下一期，实现消费平滑，因而未受到流动性约束，且此时 $\dfrac{y_1}{y_2}$ 越大，负向收入冲击越难使消费者陷入流动性约束。

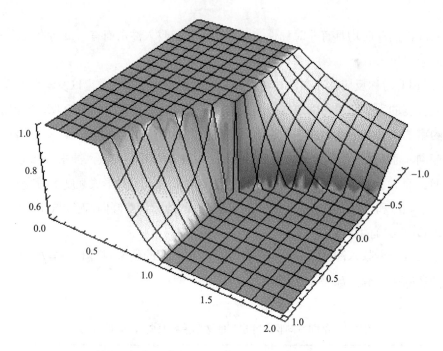

图4–1　收入冲击、相对收入水平与边际消费倾向

由图 4–1，我们可以看出是否受到流动性约束与收入冲击的大小对消费者边际消费倾向均具有一定影响。首先，流动性约束的存在导致了不同程度和方向的收入冲击对应的边际消费倾向不同。对于收入冲击前受到流动性约束的消费者而言，流动性约束抑制了平滑消费的能力，负向冲击和小幅度的正向冲击并不能使消费者摆脱流动性约束，前者只能引起相同幅度消费的减少，进一步加剧流动性约束，降低效用水平；而后者只会缓解部分流动性约束，增加的收入将全部用于释放消费需求，以接近最优消费水平；只有幅度较大的正向冲击才能使消费者摆脱流动性约束，实现最优消费水平，并将部分进行储蓄用于下期消费。而对于变化前未受到流动性约束的消费者而言，由于储蓄的存在，正向收入冲击或小幅度的负向收入冲击下，消费者将会通过提高或降低储蓄，将变化的收入进行跨期分配；而负向收入冲击幅度较大时，超过了变化前的储蓄水平，消费者将面临流动性约束，因而无法实现最优消费水平。

图 4–2 反映了控制两期相对收入水平和流动性约束程度的条件下，收入冲击与边际消费倾向之间的关系，其中横轴反映了收入冲击程度 α，纵轴为边际消费倾向 MPC。当两期相对收入水平一定时，负向收入冲击对应的边际消费倾向均值高于正向收入冲击，消费者对不同方向收入冲击表现出非对称反应。

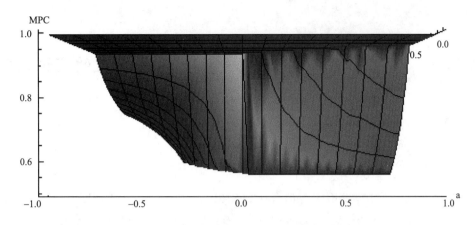

图 4–2　相同流动性约束程度下收入冲击与边际消费倾向

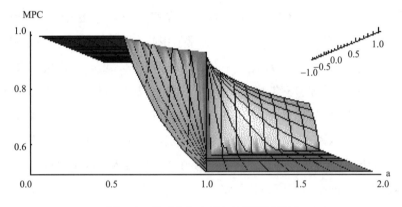

图 4–3　相对收入水平与边际消费倾向

图 4–3 反映了控制收入冲击程度条件下，两期相对收入水平与边际消费倾向之间的关系，其中横轴为相对收入水平 $\frac{y_1}{y_2}$，即是否受到流动性约束，纵轴为边际消费倾向 MPC。直观上可以看出，收入冲击下，受到流动性约束（$0 \leqslant \frac{y_1}{y_2} \leqslant 1$）的消费者边际消费倾向高于未受流动性约束（$1 < \frac{y_1}{y_2} \leqslant 2$）的消费者。同时，相对收入水平越高，即负向收入冲击引起流动性约束的可能性越小，边际消费倾向越接近1/2，越有能力实现跨期配置和消费平滑。

上述分析证明了由于流动性约束的存在，消费者面临收入冲击时，平滑消费的能力将会受到影响，进而对正向和负向收入冲击做出非对称反应。两期跨期选择模型显示，消费者对负向收入冲击的反应强于正向冲击，且这种非对称反应的存在性与消费者主观贴现率、财富收益率和习惯形成无关，但差异程度随着习惯形成强度提高而扩大。我们将利用 CFPS 微观调查数据对这种非对称反应进行实证检验，为上述结论提供实证支持。

第二节　不同方向收入冲击下消费非对称反应的实证检验

一、数据描述与变量选择

（一）数据来源与筛选说明

本节数据来自于中国家庭追踪调查(CFPS)2010、2012 和 2014 年度数据,将家庭主要财务决策人指定为户主,并选择三个年度内均参与调查且户主年龄均在 16—65 岁的数据。为了排除考察期内家庭人员构成发生重大变化的样本,我们剔除了家户号(*fid*)发生改变的样本。考虑到数据完整性,我们剔除了存在相关缺失值的样本,由此获得覆盖三年 6164 户家庭 18492 条样本数据。为避免异常值影响,我们进一步将最高和最低 5%消费和收入水平的样本删除。在上述样本中,仍然有 27.83%家庭当年消费与收入变化方向不一致。这一方面可能是因考察期内某一期消费支出(或收入)过高而引起对应的消费(或收入)变化出现异常值;另一方面可能是由于家庭持有流动性较低的资产或未报告的隐性收入,当面临负向收入冲击时用以平滑消费,仍然能够满足消费需求的增加;还可能是家庭由于遗赠动机、自身节俭等,储蓄动机较强,即使收入提高也难以有动机相应提高消费。为了避免上述问题对家庭决策的影响,我们仅保留消费与收入变化方向相同的样本。根据上述要求,最终筛选得到的样本涵盖三个调查年度的 1287 户家庭,总样本数为3861。最终分析边际消费倾向时,对消费支出、收入等变量进行一阶差分后,选用的样本涵盖两个调查年度 1287 户家庭 2574 条数据。此外,地区人均 GDP、食品消费价格指数以及城乡居民消费价格指数来源于国家统计局年度数据,分别用于反映地区发展水平和平减物价水平。

数据筛选的具体方法见表 4–3。

表 4–3　样本筛选步骤及结果

筛选条件	样本量	家户数	年份
3 个年份都参与调查且家户号保持不变	32467	10844	2010、2012、2014
在考察期内满足户主年龄 16—65 岁,城乡分类、婚姻状况、家庭人口数、受教育程度、家庭收入、消费支出数据存在且有效的家庭	24351	9492	2010、2012、2014
平衡面板,包含完整 3 个年份的家户	18492	6164	2010、2012、2014
剔除最高和最低 5%消费和收入水平的家户	15281	5993	2010、2012、2014
消费与收入变化方向相同	11029	5816	2010、2012、2014
平衡面板,包含完整 3 个年份的家户	3861	1287	2010、2012、2014
家庭收入、消费支出一阶差分	2574	1287	2012、2014

（二）关键变量的选取与处理

家庭消费支出（*pce*）：以家庭消费性支出衡量，主要包括食品、衣着、居住、家庭设备及日用品、医疗保健、交通通信、文教娱乐和其他等支出之和。

家庭纯收入（*income*）：主要包括工资性收入、经营性收入、财产性收入、转移性收入和其他收入。本章主要考察样本期间内家庭收入与消费行为的变化情况，而不同年份调查涵盖的收入项目存在差异，故选取经调整后的 2010 年可比家庭纯收入用于分析。

为剔除通货膨胀对收入和消费水平的影响，我们选择国家统计局中城市和农村的居民消费价格指数年度数据，区分城市和农村，以 2010 年物价水平为基础对 2012、2014 年家庭纯收入与家庭消费性支出数据进行了物价平减，获得实际收入（*y*）与实际消费（*c*）。

家庭人口统计学变量：主要包括家庭规模（*familysize*）、城乡分类（*urban*）以及成员情况。考察家庭成员具体情况时，本章以家庭主要财务决策人即户主作为家庭代理人，并选择其年龄（*age*）、受教育程度（*edu*）、婚姻状况（*marriage*）等对收入与消费支出水平具有潜在影响的特征变量。该组变量主要用于拟合收入函数估计收入冲击，同时也作为控制变量分析收入冲击对应的边际消费倾向。

地区发展水平：以所在省份人均 GDP（*gdp_per*）和食品消费价格指数（*pi*，以上年为 100）衡量，用于控制不同省份经济发展差异对家庭收入水平的影响。

研究分析所涉及的主要变量的统计特征如表 4-4 所示，

表 4-4　主要变量的描述及统计特征

变量名	变量含义	平均值	标准差	最小值	最大值
pce	家庭消费性支出（元）	29833.55	18614.47	6101	101070
ln*c*	剔除物价水平后家庭消费性支出对数	10.05	0.60	8.72	11.40
income	家庭纯收入（元）	34318.31	23013.61	2400	111820
ln*y*	剔除物价水平后家庭纯收入对数	10.12	0.76	7.78	11.50
age	户主年龄	46.63	9.20	17	65
edu[①]	户主最高学历	2.72	1.14	1	7
gender	户主性别[②]	0.77	0.42	0	1
marriage	户主婚姻状况[③]	0.93	0.25	0	1

---

① 1=文盲/半文盲；2=小学；3=初中；4=高中/中专/技校/职高；5=大专；6=大学本科；7=硕士；8=博士。

② 1=男；0=女。

③ 1=已婚；0=其他。

续表

变量名	变量含义	平均值	标准差	最小值	最大值
familysize	家庭规模	4.05	1.60	1	14
urban[①]	城乡分类	0.46	0.50	0	1
gdp_per	所在省份人均生产总值(元)	39158.29	18123.59	13119	105231.3
pi	所在省份食品消费价格指数(上年 100)	105.14	2.18	101.98	109.35

(三)收入冲击的估计

持久收入假说下，未预期到的收入变化将会引起消费波动，我们在分析消费变化的非对称反应时，选择未预期到的收入变化来衡量收入冲击。弗里德曼(Friedman，1957)将收入区分为持久性收入和暂时性收入，认为前者具有可预期性，采用当期与滞后期收入的加权平均值予以估计，所得结果与收入的差值即为未预期到的部分，但这种方法要求数据具有较长的时间维度。受到微观数据时间维度的限制，我们借鉴戴南(Dynan *et al.*，2004)等学者的方法，采用拟合收入函数残差法进行估计，即利用影响收入的可观测因素(如户主及家庭特征等)构建收入方程，估计其残差值。残差值中主要包括不可观测的对收入具有影响的异质性特征和收入随机冲击部分。鉴于样本考察期仅包括 2010、2012 和 2014 三个年度，时间跨度较小，我们假定不可观测的异质性特征不随时间的变化而变化，那么残差收入的一阶差分主要反映随机冲击的变化，我们以此来衡量未预期到的收入冲击部分。

实际估计时，拟合收入函数中使用的自变量包括户主年龄(*age*)、年龄的平方项(*age*²)、性别(*gender*)、婚姻状况(*marriage*)、受教育程度(*edu*)以及家庭规模(*familysize*)、城乡分类(*urban*)、时间虚拟变量(*year*[②])、所在省份人均地区生产总值(*gdp_per*)、食品消费价格指数(*pi*，以上年为 100)等。考虑到不同受教育水平对收入变化的影响程度可能存在差异，我们对不同受教育水平 *edu* 设立一个虚拟变量，记为 edu_1，edu_2，…，edu_7。为了减弱异方差的影响，我们对剔除物价因素后的家庭纯收入进行对数变换(ln*y*)，作为回归方程的因变量，对涵盖 2010、2012 和 2014 年三期 1287 个家庭共 3861 条样本数据进行混合 OLS 回归，并汇报以家户号"*fid10*"为聚类变量的聚类稳健标准差。回归方程如下：

---

① 1=城镇；0=农村。

② 2010、2012 和 2014 年分别对应 year=0、1、2。

$$\ln y_{it} = \beta_0 + \beta_1 age_{it} + \beta_2 age_{it}^2 + \beta_3 gender_{it} + \beta_4 marriage_{it} + \sum_{m=2}^{7} \beta_{5m} edu_{itm}$$
$$+ \beta_6 familysize_{it} + \beta_7 urban_{it} + \beta_8 year_{it} + \beta_9 gdp\_per_{it} + \beta_{10} pi_{it} + u_{it}$$

$$(4\text{-}2)$$

回归结果如表 4–5 所示，

表 4–5　拟合收入方程估计结果

$\ln y$	age	age^2	$gender$	$marriage$	$familysize$	$urban$	$year$	gdp_per
	0.024*	–0.0002*	–0.04	0.04	0.11***	0.16***	0.04	5.94e-06***
	(0.013)	(0.0001)	(0.034)	(0.059)	(0.009)	(0.030)	(0.031)	(8.21e-07)
	edu_2	edu_3	edu_4	edu_5	edu_6	edu_7	pi	$Constant$
	0.085**	0.22***	0.32***	0.63***	0.63***	0.56***	–0.042***	12.96***
	(0.042)	(0.041)	(0.048)	(0.074)	(0.090)	(0.084)	(0.012)	(1.27)
样本量		3861			R^2		0.145	

注：表格括号内报告的为以家户号"fid10"为聚类变量的聚类标准差，上标*、**、***分别表示在 10%、5% 和 1% 水平下显著。

由回归结果可以看出，收入与年龄呈倒 U 型关系，且在 49.80 岁左右收入水平达到极值，符合生命周期理论。户主受教育程度越高，家庭收入越高，且对收入影响的边际效应随着教育水平提高而提高。此外，相比于农村家庭而言，城镇家庭收入较高。家庭收入与家庭人口数、当地人均 GDP 水平呈现显著的正相关，均符合预期。

由此，根据拟合收入方程，我们得到了方程的预测值和残差值，并将后者进行一阶差分，得到各个时期收入冲击。

（四）收入冲击与消费变化的关系

为直观反映收入冲击与消费变化之间的关系，我们分别将上文拟合收入方程得到的残差（$\ln t$）和家庭消费性支出对数值（$\ln c$）进行一阶差分，得到收入冲击 $\Delta \ln t$ 和消费变化 $\Delta \ln c$，以前者为横坐标、后者为纵坐标，区分正向收入冲击（$\Delta \ln t \geqslant 0$）和负向收入冲击（$\Delta \ln t < 0$），绘制散点图，并画出拟合回归直线，如图 4–4 所示。其中图 4–4(1)(2) 分别反映了正向收入冲击和负向收入冲击下收入变化与消费变化之间的关系。

对比图 4–4(1)(2) 不难发现，负向收入冲击对应的拟合回归线的斜率高于正向收入冲击，直观上反映出相比于正向收入冲击而言，负向收入冲击的边际消费倾向较高，支持了前文模型的结果。

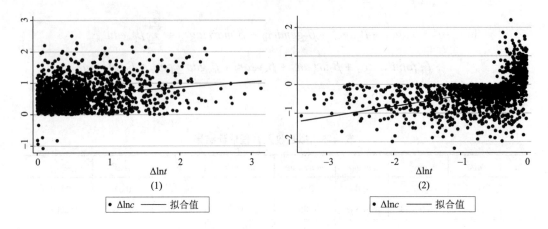

图 4–4   未预期到的收入冲击与消费变化散点图

二、模型设定

为进一步分析不同方向收入冲击对消费变化的影响是否具有显著的非对称性及其程度大小，我们利用 2010、2012、2014 三年样本构成短面板数据，以未预期到的收入变化 $\Delta \ln t$ 对当期消费支出变化 $\Delta \ln c$ 进行回归，估计并对比不同方向收入冲击对应的边际消费倾向是否存在显著差异。

相比于横截面数据，面板数据的优点在于同时包含了时间和截面两个维度，既可以考察个体动态行为的信息，提高估计精确度，同时也可以解决不可观测的且不随时间变化的个体异质性带来的遗漏变量偏差问题。据此，我们选择面板数据的分析方法予以考察。由于样本数据时间维度较低，因此可以忽略扰动项自相关性，认为其满足独立同分布。

在实证分析不同方向的收入冲击对消费变化的影响是否具有显著差异时，我们借鉴谢（Shea，1995）的方法，构建回归模型如下：

$$\Delta \ln c_{it} = \beta_0 + \beta_1 p \Delta \ln t_{it} + \beta_2 n \Delta \ln t_{it} + \beta_3 X_{it} + \mu_i + \varepsilon_{it} \tag{4–3}$$

其中，下标 i 表示家庭，t 表示调查年度。被解释变量 $\Delta \ln c_{it}$ 为消费变化量，解释变量 $\Delta \ln t_{it}$ 为未预期到的收入变化，即收入冲击。同时，引入正向与负向收入冲击的虚拟变量 p、n，当收入冲击为正向时，$p=1$，$n=0$，则 $p \Delta \ln t_{it} = \Delta \ln t_{it}$，$n \Delta \ln t_{it} = 0$；当收入冲击为负向时，$p=0$，$n=1$，则 $p \Delta \ln t_{it} = 0$，$n \Delta \ln t_{it} = \Delta \ln t_{it}$。$X_{it}$ 为反映家庭特征的控制变量，主要包括户主年龄、受教育程度以及家庭人口规模、城乡分类。μ_i 表示不可观测的个体异质性差异的截距项，ε_{it} 为随机误差项。由此，具体回归模型为：

$$\Delta \ln c_{it} = \beta_0 + \beta_1 p \Delta \ln t_{it} + \beta_2 n \Delta \ln t_{it} + \beta_3 age_{it} + \beta_4 edu_{it} \\ + \beta_5 familysize_{it} + \beta_6 urban_{it} + \mu_i + \varepsilon_{it} \tag{4–4}$$

$p\Delta\ln t_{it}$ 和 $n\Delta\ln t_{it}$ 对应的系数 β_1 和 β_2 之间的关系反映了不同方向的收入冲击对消费变化是否具有非对称影响。根据前面理论证明，我们需要检验：

命题 1：β_1 和 β_2 具有显著性差异，且 $\beta_1 < \beta_2$，即正向收入冲击的边际消费倾向低于负向冲击，即证明了不同方向的收入冲击对消费的影响具有非对称性。

三、实证结果

（一）实证结果分析

为了与面板数据分析进行对比，我们首先进行 OLS 回归，将此作为参照系。考虑到同一家庭不同时期之间的扰动项一般存在着自相关，而非独立同分布，因此计算时使用以家户号 "fid10" 为聚类变量的聚类稳健标准差。在面板数据分析时，我们分别进行了固定效应（FE）和随机效应（RE）回归。表 4–6 分别给出了含有控制变量和不包含控制变量的模型回归结果。

表 4–6　不同方向收入冲击下边际消费倾向的估计结果

	OLS		FE		RE	
	(1)	(2)	(3)	(4)	(5)	(6)
	$\Delta\ln c$	$\Delta\ln c$	$\Delta\ln c$	$\Delta\ln c$	$\Delta\ln c$	$\Delta\ln c$
$p\Delta\ln t$	0.421***	0.422***	0.463***	0.441***	0.421***	0.422***
	(0.024)	(0.024)	(0.040)	(0.039)	(0.023)	(0.023)
$n\Delta\ln t$	0.587***	0.579***	0.692***	0.658***	0.587***	0.579***
	(0.024)	(0.024)	(0.035)	(0.035)	(0.020)	(0.021)
age		−0.004***		−0.092***		−0.004***
		(0.001)		(0.013)		(0.001)
edu		0.019**		0.059		0.019*
		(0.008)		(0.058)		(0.010)
$familysize$		0.026***		0.103***		0.026***
		(0.006)		(0.025)		(0.007)
$marriage$		−0.002		−0.028		−0.002
		(0.017)		(0.0662)		(0.018)
$urban$		0.043**		0.243		0.043*
		(0.018)		(0.258)		(0.023)
$Constant$	0.262***	0.258***	0.282***	4.007***	0.262***	0.258***
	(0.015)	(0.077)	(0.026)	(0.728)	(0.016)	(0.084)

续表

	OLS		FE		RE	
	(1)	(2)	(3)	(4)	(5)	(6)
	$\Delta \ln c$	$\Delta \ln c$	$\Delta \ln c$	$\Delta \ln c$	$\Delta \ln c$	$\Delta \ln c$
样本量	2,574	2,574	2,574	2,574	2,574	2,574
R^2	0.419	0.426	0.524	0.555		
家户数			1,287	1,287	1,287	1,287

注：表格括号内报告的为稳健标准差，上标*、**、***分别表示在10%、5%和1%水平下显著。

由表4–6对比三种估计方法我们发现，混合OLS和随机效应RE模型估计中，各项系数差别不大，正向收入冲击对消费变化的影响弹性 β_1 小于负向收入冲击对应的弹性 β_2，差别大约在0.157—0.166。而固定效应FE模型估计所得结果虽与混合OLS和随机效应在数值上有差异，系数 β_1、β_2 差别在0.217—0.229，但是系数之间的相对大小、影响方向以及显著性方面相同。而引入户主及家庭特征的控制变量后，系数差异略有下降。尽管如此，三种估计方法均证实了正向与负向冲击对消费变化均具有显著的正向作用，且后者高于前者。

在此基础上，我们进一步检验并对比了上述回归所得的系数 β_1、β_2 是否具有显著性差异，原假设 H_0 为 $\beta_1 = \beta_2$，检验结果如表4–7所示。

表 4–7　不同方向收入冲击系数显著性差异检验结果

回归方法		统计值	P 值
OLS	(1)	$F(1,1286)=20.62$	0.0000
	(2)	$F(1,1286)=17.33$	0.0000
FE	(3)	$F(1,1285)=11.11$	0.0009
	(4)	$F(1,1280)=10.66$	0.0011
RE	(5)	$chi2(1)=20.70$	0.0000
	(6)	$chi2(1)=17.99$	0.0000

结果显示，三种估计方法下，P 值均接近于0，强烈拒绝原假设，证明了正向与负向收入冲击对消费的影响具有显著性差异，并且相比于正向收入冲击而言，负向收入冲击引起的消费调整幅度较高，为理论分析提供了实证支持。

此外，由表4–6我们还发现，年龄对消费变化的影响显著为负，即随着年龄的增长，消费者更倾向于维持稳定的消费水平。而受教育水平越高，消费调整幅度越大，对于受教育水平高的群体而言，收入增长较快，引起消费相应的提高。人口规模较大的家庭消费调整幅度具有显著的正向影响。相比于农村样本，城镇样本消费调整幅度更高。

（二）固定效应还是随机效应：豪斯曼检验

处理面板数据时，需要进行豪斯曼（Hausman）检验，确定使用固定效应还是随机效应效率更高。在检验中比较系数估计值时，我们选择了 Stata 默认设置，即不包括常数项，并统一使用更有效率的随机效应估计量的方差进行估计。检验结果如表 4–8 所示。

表 4–8 豪斯曼检验结果

	系数		系数差异	sqrt(diag(V_b-V_B)) S.E.
	b_FE	B_RE	b-B	
$p\Delta\ln t$	0.463	0.421	0.043	0.032
$n\Delta\ln t$	0.692	0.587	0.105	0.029
$p\Delta\ln t$	0.441	0.422	0.019	0.031
$n\Delta\ln t$	0.658	0.579	0.079	0.028
age	−0.092	−0.004	−0.088	0.013
edu	0.059	0.019	0.040	0.057
familysize	0.103	0.026	0.077	0.024
marriage	−0.028	−0.002	−0.026	0.064
urban	0.243	0.043	0.200	0.257

一般而言，不可观测的异质性因素通常会对方程的解释变量有一定影响，进而导致相比于随机效应而言，固定效应更为常见。

豪斯曼检验也证实了这一点。结果显示，未引入控制变量组对应的 $chi2(2)=57.89$，而引入控制变量组对应的 $chi2(6)=142.92$，P 值均为 0.0000，均强烈拒绝"H_0：μ_i 与所有解释变量 x_{it},z_i 均不相关"的原假设，因此固定效应模型更为合理。

（三）稳健性检验

前面回归数据筛选中，我们剔除了最高和最低 5% 消费和收入水平的家户。在考察实证结果的稳健性中，我们选择剔除最高和最低 10% 消费和收入水平家户的样本，而保持其他数据筛选与回归方法不变，进行分析。最后样本涵盖 762 户家庭，总样本数为 1524。

表4-9 稳健性检验——剔除最高和最低 **10%**消费和收入水平的样本

	OLS		FE		RE	
	(1)	(2)	(3)	(4)	(5)	(6)
	$\Delta \ln c$	$\Delta \ln c$	$\Delta \ln c$	$\Delta \ln c$	$\Delta \ln c$	$\Delta \ln c$
$p\Delta \ln t$	0.375***	0.374***	0.414***	0.373***	0.375***	0.374***
	(0.033)	(0.033)	(0.051)	(0.050)	(0.031)	(0.031)
$n\Delta \ln t$	0.711***	0.701***	0.853***	0.839***	0.711***	0.701***
	(0.035)	(0.035)	(0.048)	(0.047)	(0.029)	(0.029)
age		−0.002*		−0.058***		−0.002
		(0.001)		(0.015)		(0.001)
edu		0.017*		0.115*		0.017
		(0.009)		(0.067)		(0.012)
familysize		0.028***		0.114***		0.028***
		(0.008)		(0.029)		(0.009)
marriage		−0.035**		−0.001		−0.035*
		(0.017)		(0.071)		(0.021)
urban		0.036		0.398		0.036
		(0.022)		(0.278)		(0.029)
Constant	0.282***	0.276***	0.312***	2.086**	0.282***	0.276***
	(0.018)	(0.081)	(0.029)	(0.826)	(0.019)	(0.010)
样本量	1,524	1,524	1,524	1,524	1,524	1,524
R^2	0.441	0.449	0.556	0.583		
家户数			762	762	762	762

注：表格括号内报告的为稳健标准差，上标*、**、***分别表示在10%、5%和1%水平下显著。

表4-10 稳健性检验——不同方向收入冲击系数显著性差异检验结果

回归方法		统计值	P 值
OLS	(1)	$F(1,761)=37.00$	0.0000
	(2)	$F(1,761)=33.64$	0.0000
FE	(3)	$F(1,760)=24.11$	0.0000
	(4)	$F(1,755)=28.33$	0.0000
RE	(5)	$chi2(1)=43.89$	0.0000
	(6)	$chi2(1)=40.91$	0.0000

回归结果如表 4-9 所示。与表 4-6 相比，正向与负向收入冲击对消费变化的影响显著为正的结论依然成立，且正向与负向收入冲击对消费变化的影响之间在 1%水平下具有显著性差异。正向收入冲击引起的消费变化程度有所下降，在 0.374—0.414，而负向收入冲击引起的消费变化程度有所上升，在 0.711—0.853。因而，正向收入冲击和负向收入冲击对消费变化的影响差异有所扩大。表 4-10 中的检验结果显示，回归所得的系数 β_1、β_2 具有显著性差异，即负向收入冲击引起的消费调整幅度显著高于正向收入冲击的结果具有一定的稳健性。此外，豪斯曼检验的结果显示，固定效应估计效率更高，不包括控制变量与包括控制变量的相应统计值分别为 $chi2(2)=48.94$ 和 $chi2(6)=94.52$，对应 P 值均为 0.0000。

四、习惯形成强度、损失规避特征与非对称反应

前面证实了不同方向收入冲击对消费的影响具有非对称性，且负向收入冲击对应的边际消费倾向显著高于正向收入冲击。进一步，我们建立消费调整幅度的条件分位数与习惯形成强度、损失规避特征之间的联系，借助分位数回归的方法，对非对称反应程度的影响因素进行分析。

表 4-11 分别汇报了 1/10、1/4、1/2、3/4、9/10 分位数回归结果，其中标准差采用 Stata 默认的协方差矩阵计算方法，同时计算了各组准 R^2。可以看出，随着分位数的增加，正向收入冲击的条件分位数回归系数呈现上升趋势，9/10 分位数与 3/4 分位数相比略有下降；而负向收入冲击的条件分位数回归系数呈现下降趋势。与正向收入冲击回归系数之间的差异逐渐缩小，9/10 分位数与 3/4 分位数相比略有上升。这表明，正向收入冲击对消费变化的条件分布在较高分位数处的影响高于较低分位数处，而负向收入冲击对消费变化条件分布的影响在较高分位数处的影响低于较低分位数处。换言之，正向收入冲击、对消费调整幅度相对较大的家庭影响较大，而负向收入冲击对消费调整幅度相对较小的家庭影响较大。

分位数回归结果支持了习惯形成强度、损失规避特征对非对称反应差异程度的影响。首先，传统生命周期-持久收入理论认为消费者在其一生中平滑其消费水平，而习惯形成理论则认为消费者更希望维持其消费增长率的平滑。习惯形成强度系数越大，过去消费对当期效用的影响越大，消费者平滑消费增长率的意愿越强，越不希望当期消费增长幅度过高。由此，消费变化的相对幅度与习惯形成强度系数呈现负相关关系，即消费变化幅度较高分位数的家庭习惯形成强度较低。由表 4-11 分位数回归结果可以看出，随着分位数的降低(9/10—1/10 分位数)，负向收入冲击与正向收入冲击相比对应的边际消

费倾向差异由 0.101 上升至 0.693，支持了前面习惯形成强度的增加扩大了不同方向收入冲击对应的边际消费倾向差异程度的结论。

其次，回归结果也反映出消费者损失规避的特征。根据鲍曼等（Bowman *et al.*, 1999），由于损失规避特征的存在，若存在收入不确定性，消费者获取到证明未来收入增长的消息时，将立即提高当期消费；而获取到证明未来收入下降的信息时，将不会对当前消费进行调整。由此，当收入冲击实际发生时，仅有面临负向收入冲击的消费者将会减少消费支出水平。对于面临正向收入冲击的消费者而言，他们在收入冲击前已经根据其获取的相关信息对消费进行了调整，因而冲击实际发生时，几乎不再对消费进行调整。因此，具有损失规避特征的消费者消费变化的平均水平为负，对应消费调整幅度位于相对较低分位数，即消费变化相对较低分位数的家庭表现出更强的损失规避特征。进而消费调整幅度位于低分位数的消费者正向收入冲击对应的边际消费倾向较低，负向收入冲击对应的边际消费倾向较高，反映出损失规避特征扩大了非对称反应的程度。

此外，包括 OLS 和面板数据等方法在内的传统回归模型，主要进行均值回归，仅仅刻画了解释变量对被解释变量条件期望的影响，忽视了对整个条件分布的影响。同时，传统 OLS 回归中最小化残差平方和的处理方法容易受到极端异常值的影响。分位数回归解决了上述问题，一方面较为全面提供了条件分布的相关信息，另一方面以残差绝对值的加权平均为目标函数进行最小化，减弱了极端异常值的影响。因而，分位数回归也被用于稳健性检验。本小节分位数回归结果显示，尽管不同条件分位数下正向收入冲击和负向收入冲击对消费变化的影响绝对数值存在着差异，但是负向收入冲击引起消费的变化高于正向收入冲击的结论在不同分位数回归中均成立，这说明前面理论与实证所得的结论具有一定的稳健性。

表 4–11　不同方向收入冲击下边际消费倾向估计的分位数回归结果

$\Delta \ln c$	q10	q25	q50	q75	q90
$p\Delta \ln t$	0.289***	0.282***	0.380***	0.480***	0.419***
	(0.034)	(0.032)	(0.026)	(0.037)	(0.040)
$n\Delta \ln t$	0.982***	0.759***	0.593***	0.538***	0.520***
	(0.075)	(0.043)	(0.029)	(0.028)	(0.023)
Constant	−0.185***	0.042**	0.261***	0.547***	0.931***
	(0.046)	(0.019)	(0.017)	(0.019)	(0.031)
准 R^2	0.2723	0.2894	0.2664	0.2225	0.1895

注：表格括号内报告的为稳健标准差，上标*、**、***分别表示在 10%、5% 和 1% 水平下显著。其中，q10、q25、q50、q75、q90 分别对应 1/10、1/4、1/2、3/4、9/10 分位数回归结果。

第三节　不同方向收入变化、家庭资产与异质性消费者行为

本节从家庭资产流动性角度识别家庭高/低流动性资产在消费对暂时收入变化的反应中所发挥的作用。研究表明，家庭总消费对正负向暂时收入变化的反应是非对称的，且对负向暂时收入变化的反应大于对正向暂时收入变化的反应。然而，不同类别消费对正负向暂时收入变化反应的大小存在差异。高流动性资产在消费对正负向暂时收入变化的反应中发挥了显著的作用，而消费对正负向暂时收入变化的反应并没有因家庭拥有的低流动性资产而受到影响。这对于评估财政和货币政策效果具有重要的参考意义。

一、计量模型设定与变量选取

（一）计量模型构建

本部分将从以下几个层面来实证分析收入变化、家庭资产和异质性消费之间的关系。首先，构建如下基准模型实证检验消费对正负向暂时收入变化的反应：

$$\Delta \ln pce_{it} = \beta_0 + \beta_1 \eta \Delta \ln tincome_{it} + \beta_2 \lambda \Delta \ln tincome_{it} + \beta_3 Z_{it} + \varepsilon_{it} \tag{4-5}$$

其中，$\Delta \ln pce_{it}$ 表示家庭 i 在第 t 年的消费变化；$\Delta \ln tincome_{it}$ 表示家庭 i 在第 t 年的暂时收入变化，而 η 和 λ 是引入的虚拟变量以识别暂时收入变化的正负方向；Z_{it} 为一组控制变量，包括户主年龄、婚姻状况、健康状况、受教育年限、家庭规模、城乡类别等；ε_{it} 为随机误差项。其中，系数 β_1 和 β_2 反映了不同方向的暂时收入变化对消费变化是否具有非对称的影响。

其次，基于消费结构的视角，本部分考虑不同类别的消费对暂时收入变化的反应，设定如下模型：

$$\Delta \ln construc_{it} = \beta_0 + \beta_1 \eta \Delta \ln tincome_{it} + \beta_2 \lambda \Delta \ln tincome_{it} + \beta_3 Z_{it} + \varepsilon_{it} \tag{4-6}$$

其中，$\Delta \ln construc_{it}$ 表示家庭 i 在第 t 年对不同类别消费的变化。其他变量的含义与前面一致。

最后，考虑到消费对收入变化的反应可能与家庭拥有的资产有关，本部分分别引入暂时收入变化与低流动性资产、暂时收入变化与高流动性资产的交互项构建以下模型：

$$
\begin{aligned}
\Delta \ln pce_{it} = &\beta_0 + \beta_1 \eta \Delta \ln tincome_{it} + \beta_2 \lambda \Delta \ln tincome_{it} \\
&+ \beta_3 \ln liquid + \beta_4 \eta \Delta \ln tincome_{it} * \ln liquid \\
&+ \beta_5 \lambda \Delta \ln tincome_{it} * \ln liquid + \beta_6 Z_{it} + \varepsilon_{it}
\end{aligned} \tag{4-7}
$$

$$
\begin{aligned}
\Delta \ln pce_{it} = {} & \beta_0 + \beta_1 \eta \Delta \ln tincome_{it} + \beta_2 \lambda \Delta \ln tincome_{it} \\
& + \beta_3 \ln illiquid + \beta_4 \eta \Delta \ln tincome_{it} * \ln illiquid \\
& + \beta_5 \lambda \Delta \ln tincome_{it} * \ln illiquid + \beta_6 Z_{it} + \varepsilon_{it}
\end{aligned} \tag{4-8}
$$

其中，$\eta \Delta \ln tincome_{it} * \ln liquid$、$\lambda \Delta \ln tincome_{it} * \ln liquid$ 表示正向暂时收入变化与高流动性资产的交互项、负向暂时收入变化与高流动性资产的交互项。$\eta \Delta \ln tincome_{it} * \ln illiquid$、$\lambda \Delta \ln tincome_{it} * \ln illiquid$ 表示正向暂时收入变化与低流动性资产的交互项、负向暂时收入变化与低流动性资产的交互项。其他变量的含义与前面一致。

（二）数据来源与变量选取

本部分采用的数据来自"中国家庭追踪调查（China Family Panel Studies，CFPS）"。关于被解释变量消费变化（$\Delta \ln pce$），CFPS 调查了家庭消费性支出，共包含了食品支出、衣着支出、居住支出、家庭设备及日用品支出、医疗保健支出、交通通信支出、文教娱乐支出及其他消费支出等八大类消费支出。本部分参考刘子兰和姚健（2018）的做法，将医疗保健、交通通信、文教娱乐消费支出归为发展和享受型消费。在此基础上，将家庭消费性支出的对数值进行一阶差分得到被解释变量家庭消费变化。

关于核心解释变量暂时收入变化（$\Delta \ln tincome$），CFPS 调查了家庭年收入。本部分借鉴张欣和臧旭恒（2018）的做法，利用影响家庭收入的因素构建以下方程，使用混合 OLS 回归估计得到预测值和残差值，分别将其视为持久性收入和暂时性收入。

$$
\ln income_{it} = \alpha_1 X_{it} + y_t + \varepsilon_{it} \tag{4-9}
$$

其中，$\ln income_{it}$ 表示家庭收入取对数；X_{it} 表示可观测到的影响家庭收入的因素，包括户主年龄、性别、婚姻状况、健康状况、受教育年限、家庭规模、城乡类别、家庭资产等；考虑到本部分使用四期调查数据，故加入时间哑变量 y_t 以控制时间固定效应；ε_{it} 表示随机误差项。在估计方程（4-9）后，得到暂时性收入并取其一阶差分得到暂时收入变化。

本部分还分别从个体、家庭层面选取控制变量。个体层面控制了家庭户主（CFPS 没有明确的户主变量，本部分将家庭主事者/家庭财务熟悉人定义为家庭户主）的年龄、婚姻状况、健康状况以及受教育程度等特征。家庭层面控制了家庭规模、家庭资产等反映家庭状况的特征变量。其中，家庭资产分为高流动性资产和低流动性资产。本部分使用家庭金融资产净值（包括储蓄存款、基金、股票和政府债券等）度量高流动性资产，即家庭拥有的金融资产与非住房金融负债之差，使用家庭拥有的住房资产净值度量低流动性资产，即家庭总住房资产与家庭总住房贷款之差。

（三）样本筛选

本部分使用 CFPS 四期调查数据，将各年家庭样本和成人样本进行匹配后共得到 52264 个样本量；鉴于数据完整性，剔除了存在缺失值的样本，得到 44906 个样本量；考虑到异常值的存在，剔除了家庭收入、消费支出、家庭资产的最低和最高 1%的样本，得到 41503 个样本量；然后，取四期平衡面板得到 18216 个样本量；考虑到家庭当年消费和支出反方向变化的多种因素影响，剔除了家庭当年收入和消费变化不同方向的样本，得到 12324 个样本量；然后，取四期平衡面板得到 3660 个样本量；再利用影响家庭收入的因素估计收入方程得到暂时性收入，剔除了暂时收入最高和最低 1%的样本后取四期平衡面板得到 3392 个样本量；最后，取得家庭收入和消费支出的一阶差分，最终得到 2544 个样本量，共计 848 户家庭。

二、实证结果与分析

（一）消费对暂时收入变化的反应

依据前文的分析，本节首先估计消费对暂时收入变化的反应。表 4–12 报告了估计结果。其中，第(1)(2)列报告了混合 OLS 的回归结果。第(1)列仅估计了暂时收入变化

表 4–12 消费对暂时收入变化反应的估计结果

	(1)	(2)	(3)	(4)	(5)	(6)
	$\Delta\ln pce$	$\Delta\ln pce$	$\Delta\ln pce$	$\Delta\ln pce$	$\Delta\ln pce$	$\Delta\ln pce$
正向暂时收入变化	0.371***	0.368***	0.362***	0.348***	0.376***	0.368***
	(0.027)	(0.027)	(0.037)	(0.037)	(0.036)	(0.036)
负向暂时收入变化	0.541***	0.537***	0.586***	0.565***	0.568***	0.551***
	(0.025)	(0.026)	(0.035)	(0.036)	(0.035)	(0.035)
控制变量	否	是	否	是	否	是
年份固定效应	否	否	否	否	是	是
家户固定效应	否	否	是	是	是	是
样本量	2544	2544	2544	2544	2544	2544
R^2	0.332	0.347	0.358	0.397	0.410	0.440

注：括号内为聚类稳健标准差，*、**、***分别代表估计结果在 10%、5% 和 1% 的水平下显著。控制变量包括户主年龄、婚姻状况、健康状况、受教育程度、家庭规模和城乡类别，下表同。

对消费变化的影响，第(2)列加入了反映人口统计特征和家庭特征的控制变量。回归结果显示，正负向暂时收入变化的估计系数均在 1%的水平下显著为正，且正向暂时收入变化的估计系数小于负向暂时收入变化的估计系数。第(3)—(6)列报告了固定效应回归结果。可以发现，估计结果与混合 OLS 的结果基本一致，即家庭消费对正负向暂时收入变化的反应是非对称的，且对负向暂时收入变化的反应更大。从表 4–12 的第(5)(6)列双向固定效应的估计结果来看，正向暂时收入变化的估计系数与负向暂时收入变化的估计系数相差大约为 0.183—0.192。

(二)不同类别消费对暂时收入变化的反应

上一节分析了家庭总消费对暂时收入变化的反应。结果表明，家庭消费对正负向暂时收入变化的反应是非对称的。本节进一步分析家庭不同类别消费对暂时收入变化的反应。表 4–13 给出了暂时收入变化对不同类别消费变化影响的固定效应模型估计结果。第(1)—(5)列分别为暂时收入变化对食品、衣着、住房、家庭设备日用品以及发展和享受型消费变化影响的估计结果。由表 4–13 可知，不同类别消费对暂时收入变化的反应均表现出非对称性。其中，衣着、居住、发展和享受型消费对负向暂时收入变化的反应大于对正向暂时收入变化的反应，而食品和家庭设备日用品表现相反。

表 4–13　暂时收入变化对不同类别消费变化的影响

	(1)	(2)	(3)	(4)	(5)
	Δlnfood	Δlndress	Δlnhouse	Δlndaily	Δlnenjoy
正向暂时收入变化	0.446***	0.353***	0.319***	0.597***	0.328***
	(0.083)	(0.117)	(0.115)	(0.107)	(0.068)
负向暂时收入变化	0.347***	0.364***	0.443***	0.405***	0.425***
	(0.088)	(0.115)	(0.110)	(0.099)	(0.065)
控制变量	是	是	是	是	是
年份固定效应	是	是	是	是	是
家户固定效应	是	是	是	是	是
样本量	2544	2544	2544	2544	2544
R^2	0.153	0.099	0.317	0.073	0.136

(三)异质性分析

前文的分析证实了家庭消费对正负向暂时收入变化的反应表现出非对称性，且不同类别消费对正负向暂时收入变化反应的大小存在差异。现有研究表明，资产流动性和信贷约束是引起 MPC 异质性的重要原因。卡普兰和维奥朗特（Kaplan & Violante，2014）将传统生命周期模型中家庭所持有的资产划分为"高流动性、低收益"的高流动性资产（如现金、支票账户等）和"低流动性、高收益"的低流动性资产（如房产等）。以上两类资产在家庭变现用以消费时均需支付交易成本，而高流动性资产的变现成本要远低于低流动性资产的变现成本。当家庭进行跨期决策时，还需要权衡变现资产用以平滑消费的收益和成本，导致部分家庭资产整体流动性较低的消费者在短期内也可被视为受到流动性约束。卡普兰等（Kaplan et al.，2014）和阿尔伯克基（Albuquerque，2019）研究发现，当发生暂时收入变化时，受到高流动性约束的消费者表现出更高的边际消费倾向。基于此，本部分引入暂时收入变化与家庭资产的交互项，以识别家庭资产在消费对暂时收入变化的反应中是否会产生作用。

首先，本部分引入暂时收入变化与高流动性资产的交互项，来识别消费对暂时收入变化的反应中高流动性资产所发挥的作用。表 4–14 报告了高流动资产效应回归结果。其中，第（1）（2）列为仅引入交互项的回归结果，第（3）（4）列为引入交互项后，加入控制变量的回归结果。引入交互项后，我们重点关注交互项的估计结果。可以发现，正向暂时收入变化与高流动性资产的交互项显著为负。这表明随着正向暂时收入变化幅度的提高，拥有高流动性资产越多的家庭，其消费变化的幅度越小。换言之，拥有高流动性资产越少的家庭，其消费变化的幅度越大。卡普兰等（Kaplan et al.，2014）将由于高流动性资产不足而受到流动性约束的消费者界定为 HtM（hand-to-mouth）型消费者，对于这部分消费者而言，当受到暂时收入冲击获得的收入时，其表现出较高的边际消费倾向。本部分的结果也证实了这一结论，即拥有高流动性资产越少的家庭，更容易受到流动性约束，当发生正向暂时收入冲击时，他们的消费会发生变化，且随着正向暂时收入变化幅度的提高，它们消费变化的幅度也越大。

同时，我们也发现，在控制了年份固定效应和家户固定效应后，负向暂时收入变化与高流动性资产的交互项显著为正。这表明负向暂时收入变化幅度越大，拥有高流动性资产越多的家庭，其消费变化的幅度也越大。张欣和臧旭恒（2018）通过构建两期跨期模型证明，对于不受流动性约束的消费者（拥有高流动性资产越多的家庭越不容易受到流动性约束）而言，当收入下降幅度过大，超过收入变化前的储蓄水平时，超出部分将引起消费相等幅度的下降。

表4-14 收入变化、高流动资产与家庭消费

	(1)	(2)	(3)	(4)
	$\Delta \ln pce$	$\Delta \ln pce$	$\Delta \ln pce$	$\Delta \ln pce$
正向暂时收入变化	0.478***	0.484***	0.447***	0.459***
	(0.061)	(0.059)	(0.059)	(0.057)
负向暂时收入变化	0.518***	0.499***	0.499***	0.482***
	(0.056)	(0.057)	(0.056)	(0.056)
高流动性资产	0.053***	0.044***	0.048***	0.041***
	(0.007)	(0.007)	(0.007)	(0.007)
正向暂时收入变化*高流动性资产	-0.018**	-0.017**	-0.015*	-0.014*
	(0.008)	(0.008)	(0.008)	(0.008)
负向暂时收入变化*高流动性资产	0.012	0.012*	0.012	0.013*
	(0.007)	(0.007)	(0.007)	(0.007)
控制变量	否	否	是	是
年份固定效应	否	是	否	是
家户固定效应	是	是	是	是
样本量	2544	2544	2544	2544
R^2	0.393	0.431	0.426	0.459

其次，引入暂时收入变化与低流动性资产的交互项，来识别消费对暂时收入变化的反应中低流动性资产所发挥的作用。表4-15报告了低流动资产效应回归结果。同样，第(1)(2)列为仅引入交互项的回归结果，第(3)(4)列为引入交互项后，加入控制变量的回归结果。可以发现，无论是否加入控制变量，是否控制年份固定效应，正负向暂时收入变化与低流动性资产的交互项系数均不显著且系数估计值均非常小。也就是说，消费对正负向暂时收入变化的反应并没有因家庭持有的低流动性资产而受到影响。当家庭受到暂时收入冲击时，由于低流动性资产固有的特点使得其在短期内不易变现，因而暂时收入变化与低流动性资产的交互项系数并不显著。[1]

---

[1] 我们分别剔除暂时收入变化的极值、剔除家庭收入和消费支出最高和最低5%的样本进行了稳健性检验，均得到了一致的研究结论。

表4–15 收入变化、低流动资产与家庭消费

	(1)	(2)	(3)	(4)
	$\Delta\ln pce$	$\Delta\ln pce$	$\Delta\ln pce$	$\Delta\ln pce$
正向暂时收入变化	0.457***	0.458***	0.459***	0.444***
	(0.124)	(0.118)	(0.122)	(0.118)
负向暂时收入变化	0.698***	0.707***	0.636***	0.664***
	(0.136)	(0.133)	(0.139)	(0.136)
低流动性资产	0.038***	0.037***	0.033***	0.032***
	(0.010)	(0.009)	(0.010)	(0.009)
正向暂时收入变化*低流动性资产	-0.009	-0.007	-0.010	-0.007
	(0.011)	(0.010)	(0.011)	(0.010)
负向暂时收入变化*低流动性资产	-0.010	-0.013	-0.007	-0.010
	(0.012)	(0.012)	(0.012)	(0.012)
控制变量	否	否	是	是
年份固定效应	否	是	否	是
家户固定效应	是	是	是	是
样本量	2544	2544	2544	2544
R^2	0.369	0.421	0.405	0.448

本章小结

本章分别根据异质性禀赋和异质性特征界定异质性消费者，从异质性禀赋方面重点探讨家庭收入与资产的影响。收入方面，通过区分正向和负向收入冲击，基于流动性约束理论及微观数据证明了家庭不同方向收入冲击下消费非对称反应的存在性，并从习惯形成、损失规避等角度进行解释。进一步分别从消费结构、资产流动性的视角进行拓展分析，均支持了非对称反应的存在性，且其程度会因资产流动性不同而存在差异。

本章研究为调节收入、刺激消费等方面财政政策的制定提供参考依据。财政货币政策的制定应考虑其对家庭收入变化方向与程度的影响，同时对居民家庭的补贴刺激消费政策能否真正弥补其前期收入下降引起的消费下降问题也值得关注。

第五章 家庭资产视角下的异质性消费者行为特征

资产规模与结构差异是异质性禀赋的重要来源之一。资产规模与结构的不同会导致消费者面临不同程度的资产流动性和收益性。基于此，本章重点从家庭资产规模与结构差异角度，结合宏观与微观数据，考察异质性消费者行为，并从资产流动性、变现成本、多重属性、财富效应、资产效应、抵押担保效应等多角度探索异质性消费者产生的深层次原因。

第一节 宏观视角下的居民财富与异质性消费者行为

居民收入、存款、贷款以及住房资产通过一系列复杂的机制来影响居民消费需求。在消费对经济增长贡献率提升的趋势下，考察中国居民财富与消费水平之间的长期均衡关系，以及不同财富对消费的影响差异，这是本章研究的中心问题。具体而言，本章在区分作为财富流量的收入和作为财富存量的资产的基础上，根据家庭资产流动性差异，进一步将资产区分为低流动性的住房资产与高流动性的存款，同时考虑现有负债的影响，以居民存款与贷款差额衡量净存款水平，反映高流动性资产的真实水平，进而借助向量误差修正模型(Vector Error Correction Model, VECM)，综合考察居民收入、净存款以及住房资产与异质性消费者行为之间的长期动态均衡关系与短期调整效应。

一、居民财富与消费决策行为的理论分析

考虑一个存在不确定性的模型，理性消费者在整个生命周期 T 内，最大化问题的目标函数与预算约束为：

$$\max E_t \sum_{k=0}^{T-k} \beta^k \left[U\left(C_{t+k}\right) \right] \tag{5-1}$$

$$\text{s.t.} \quad \sum_{k=0}^{T-k} \frac{C_{t+k}}{\left(1+r\right)^k} = A_t + \sum_{k=0}^{T-k} \frac{Y_{t+k}}{\left(1+r\right)^k} \tag{5-2}$$

其中，C_{t+k}、Y_{t+k} 为 $t+k$ 期消费和收入水平，A_t 为 t 期资产水平，r 为实际利率，β 为消费者主观贴现因子。

对应的欧拉方程为：

$$U'\left(C_{t+k}\right) = \beta\left(1+r\right) E_t \left[U'\left(C_{t+k+1}\right) \right] \tag{5-3}$$

假设消费者效用函数为对数形式，即 $U\left(C_t\right) = \ln\left(C_t\right)$，可得最优条件下，当期消费与财富之间的关系满足：

$$C_t = \frac{1-\beta\left(1+r\right)}{1-\left[\beta\left(1+r\right)\right]^T} \left(A_t + \sum_{k=0}^{T-k} E_t Y_{t+k} \right) \tag{5-4}$$

这反映了当期资产、当期收入以及未来收入贴现值对当期消费的影响。当消费服从 $AR(1)$ 过程时，与当期财富之间的关系简化为，

$$C_t = \alpha A_t + \beta Y_t + \mu_t \tag{5-5}$$

进一步，我们将居民资产区分为高流动性和低流动性资产，分别以净存款（$networth_t$）和住房资产（$house_t$）衡量。为了减弱异方差，对居民资产与收入分别取自然对数，建立居民财富与消费之间关系的基准模型：

$$\ln C_t = \alpha_0 + \alpha_1 \ln Y_t + \alpha_2 \ln networth_t + \alpha_3 \ln house_t + \varepsilon_t \tag{5-6}$$

二、居民财富与消费长短期关系的实证分析

（一）变量选择与数据来源

考虑到统计口径与样本数量的问题[①]，我们选择 2013 年 1 月—2017 年 6 月作为样本考察期，数据频度为月度，总样本数为 54。样本数据具体处理方法及数据来源如下：

1. 消费（C）和收入（Y）：数据来源于国家统计局季度数据中的居民人均消费支出和人均可支配收入。为了减弱数据受到季节波动的影响，我们在 Eviews7 软件中，对消费、收入指标进行季节性调整，并采用二次匹配加总（quadratic-match sum）的方法，将所得季

[①] 2013 年起，国家统计局开展了城乡一体化住户收支与生活状况调查，2013 年及以后数据来源于此项调查。与 2013 年前的分城镇和农村住户调查的调查范围、调查方法、指标口径有所不同。

度数据转化为月度数据。

2. 住房资产（*house*）：根据住房资产=商品住宅销售面积/销售额×人均住房建筑面积计算所得。其中，商品住宅销售面积（销售额）数据来源于国家统计局月度数据。由于春节原因，每年1月和2月的房地产相关数据仅有其累计值被公布，造成数据缺失。对此，我们根据当年3—12月的几何平均增长率，区分1月和2月商品住宅销售面积（销售额），而后分别进行季节性调整。人均住房建筑面积，根据国家统计局报告中2016年中国城镇和农村居民人均住房建筑面积分别为36.6平方米和45.8平方米，对应的年均增长分别为2.7%和5.4%，[①]推算样本期内各年度城乡人均住房建筑面积，再根据对应年份城乡人口数份额加权平均，得到当年人均住房建筑面积。

3. 净存款（*networth*）：以住户人均净存款衡量，即住户净存款除以总人口数。考虑到贷款偿还主要以家庭高流动性资产为主，以住户存款与贷款差额衡量的净存款，能够反映家庭真实的可支配财富水平。存款与贷款的数据来源于中国人民银行金融机构信贷收支统计数据中金融机构人民币信贷收支表住户存款和贷款的月度数据。总人口数的数据来源于国家统计局年度数据，计算时，1—6月选择上年年末人口数，7—12月选择当年年末人口数。

确定了样本数据来源及处理方法后，我们对上述所得消费、收入、住房资产和净存款进行对数化处理，主要变量的统计性描述如表5–1所示。可以看出，消费水平总体低于收入水平，反映出居民进行消费决策时会将部分收入留存用于储蓄，同时消费波动与收入波动程度相近。其次，从平均水平来看，住房资产价值明显高于净存款水平。再次，与消费、收入以及净存款相比，住房资产的标准差最大，一定程度上反映出近年来住房价格以及交易量的波动较大的特征事实。

表 5–1 主要变量的统计性描述（总样本数：54）

变量名	平均值	标准差	最小值	最大值
ln*c*	7.155	0.111	6.945	7.332
ln*y*	7.488	0.114	7.274	7.678
ln*house*	12.403	0.139	12.213	12.647
ln*networth*	9.898	0.032	9.816	9.946

① 资料来源：国家统计局《居民收入持续较快增长人民生活质量不断提高——党的十八大以来经济社会发展成就系列之七》，http://www.stats.gov.cn/tjsj/sjjd/201707/t20170706_1510401.html#。

（二）VECM 模型的构建

设 $y_t = (y_{1t}, y_{2t}, \ldots, y_{kt})'$ 为 k 维随机时间序列，$t = 1, 2, \cdots, T$，$y_t \sim I(1)$，即 y_t 中的每一个元素都服从一阶单整。考虑以下 p 阶向量自回归模型：

$$y_t = A_1 y_{t-1} + A_2 y_{t-2} + \ldots + A_p y_{t-p} + \mu_t \tag{5-7}$$

经过协整变换，可得：

$$\Delta y_t = \Gamma y_{t-1} + \sum_{j=1}^{p-1} \theta_j \Delta y_{t-j} + \mu_t \tag{5-8}$$

其中，$\Gamma = \sum_{j=1}^{p} A_j - I$，$\theta_j = -\sum_{j=i+1}^{p} A_j$。设 $\mathrm{rank}(\Gamma) = r$，将矩阵 Γ 分解成两个 $k \times r$ 阶矩阵 α、β 的乘积，即 $\Gamma = \alpha\beta'$，$\mathrm{rank}(\alpha) = r$，$\mathrm{rank}(\beta) = r$，且满足 $\beta' y_{t-1} \sim I(0)$。代入协整变换后的方程(5-8)式，可得：

$$\Delta y_t = \alpha\beta' y_{t-1} + \sum_{j=1}^{p-1} \theta_j \Delta y_{t-j} + \mu_t \tag{5-9}$$

$\beta' y_{t-1}$ 为误差修正项，反映了变量之间长期的均衡关系，α 为短期参数，反映了长期均衡状态被打破后从非均衡状态向均衡状态调整的速度。θ_j 反映了各变量滞后期短期波动 Δy_{t-j} 对当期波动 Δy_t 的影响。可以看出，VECM 同时考虑了长期均衡和短期波动，有助于解释变量之间的长期关系和短期调整过程。

（三）平稳性检验与协整检验

如果时间序列存在单位根，则可能导致相互独立的变量出现伪回归(spurious regression)的问题，一种解决方法是对其进行一阶差分，但是所得序列与原序列在经济含义上存在差异。相比而言，协整(cointegration)分析不仅解决了单位根问题，还可以继续对原序列进行分析，也有助于考察在某种经济力量作用下变量之间的长期均衡关系。而协整分析要求之一是序列为一阶单整 $I(1)$ 过程，所以我们首先对原数据及其一阶差分序列数据进行平稳性检验，验证协整分析的适用性。

表 5-2　平稳性检验 1——PP 检验和 DF-GLS 检验统计量

序列	原序列		一阶差分序列	
	PP	DF-GLS	PP	DF-GLS
ln*pce*	−14.639	−1.389	−28.958***	−4.408***

续表

序列	原序列		一阶差分序列	
ln$y$	−10.850	−1.396	−28.193***	−0.615
ln$house$	−19.257*	−1.112	−61.152***	−4.156***
ln$networth$	−9.185	−0.089	−67.267***	−8.197***

表5–3 平稳性检验2——KPSS检验统计量

滞后阶数	lnpce	ln$y$	ln$networth$	ln$house$	dlnpce	dln$y$	dln$networth$	dln$house$
0	0.348	0.8	0.982	0.495	0.0574	0.124	0.0102	0.039
1	0.199	0.446	0.588	0.309	0.0415	0.0917	0.0212	0.0525
2	0.156	0.329	0.429	0.242	0.038	0.0861	0.0332	0.0647
3	0.141	0.273	0.344	0.206	0.0447	0.108	0.0407	0.0679
4	0.138	0.239	0.292	0.185	0.0556	0.14	0.0559	0.0814
5	0.141	0.215	0.258	0.171	0.0707	0.172	0.0631	0.0993
6	0.148	0.196	0.232	0.159	0.0831	0.169	0.0641	0.118
7	0.154	0.181	0.212	0.148	0.0935	0.158	0.0768	0.123
8	0.16	0.17	0.197	0.139	0.102	0.148	0.0945	0.126
9	0.163	0.163	0.185	0.132	0.111	0.148	0.0941	0.127
10	0.164	0.157	0.176	0.126	0.121	0.152	0.104	0.13

临界值：10%：0.119；5%：0.146；2.5%：0.176；1%：0.216

　　为了保证结果的稳健性，平稳性检验中，我们选用三种方法：Phillips-Perron 检验（PP 检验）、DF-GLS 检验和 KPSS 检验。首先，PP 检验通过使用异方差自相关稳健的标准差（Newey-West standard errors）对 Dickey-Fuller 检验（DF 检验）进行修正，在一定程度上解决了扰动项自相关的问题，可以看作是异方差稳健的 ADF 检验。在 Newey-West 滞后阶数的指定上，我们选择了 Stata 默认值[1]。其次，鉴于 PP 检验的缺陷在于犯第Ⅱ类错误的概率较高，为了提高检验功效，我们采用 DF-GLS 检验（埃利奥特等，1996），并根据 MAIC（Modified AIC）信息准则确定最优滞后阶数。PP 检验和 DF-GLS 检验的原假设均为"有单位根"，如果无法拒绝原假设，则认为存在单位根。最后，我们将原假设变为"时间序列为平稳过程"，进行 KPSS 检验（亚特科夫斯基等，1992）。[2]此外，考虑到消费、

---

[1] Stata 默认的滞后阶数为 $\left[4(T/100)^{2/9}\right]$。其中，$T$ 为样本容量，[•] 为取整函数。

[2] 最大滞后阶数：$p_{\max}=\left[12(T/100)^{1/4}\right]$（Schwert, 1989）。其中，$T$ 为样本容量，[•] 为取整函数。

收入、住房资产以及净存款具有一定的时间趋势，在检验时，我们引入时间趋势。

PP 检验和 DF-GLS 检验结果显示，原序列的检验统计量均小于 5% 的临界值，无法拒绝"有单位根"的原假设，而一阶差分序列中，除收入对应的 DF-GLS 检验结果外，其他变量检验统计量均大于 5% 临界值，可以认为是平稳序列。KPSS 检验检验结果同样证实，原序列在 5% 水平上拒绝"平稳序列"的原假设，一阶差分序列无法拒绝原假设。

尽管不同方法之间的检验结果存在一定的差异，但是综合看来，可以认为所有变量满足原序列为非平稳过程，而一阶差分序列为平稳过程，即平稳性检验结果证明了消费、收入、住房资产以及净存款变量均为一阶单整 $I(1)$ 过程，满足协整分析的基本条件，可以采用 Johansen 协整检验的方法进行协整分析。

在确定协整秩之前，我们首先确定该系统所对应的向量自回归模型的滞后阶数。表 5–4 汇报了不同信息准则判别下滞后阶数的情况。其中大多数准则表明，变量滞后阶数应确定为四阶。

表 5–4　滞后阶数的确定

滞后阶数	LL	LR	P	FPE	AIC	HQIC	SBIC
0	417.54			7.7e-13	−16.54	−16.48	−16.39
1	663.42	491.75	0.000	7.8e-17	−25.74	−25.45	−24.97*
2	692.13	57.41	0.000	4.8e-17	−26.25	−25.72	−24.87
3	706.06	27.86	0.033	5.4e-17	−26.16	−25.41	−24.17
4	738.09	64.08*	0.000	3.0e-17*	−26.80*	−25.81*	−24.20

在确定滞后阶数之后，我们通过 Johansen 协整秩检验，确定协整秩，即线性无关的协整向量的个数。协整秩的迹（trace statistic）检验表明，只有一个协整秩。最大特征值（max statistic）检验表明，可以在 5% 的水平上拒绝"协整秩为 0"的原假设，但无法拒绝"协整秩为 1"的原假设。由此，各变量之间存在协整关系，且协整秩为 1。

表 5–5　协整秩检验

Maximum rank	Trace statistic	5%临界值	Max statistic	5%临界值
0	53.793	47.21	26.389	27.07
1	27.404*	29.68	15.008	20.97
2	12.396	15.41	10.131	14.07
3	2.2649	3.76	2.265	3.76

（四）VECM 长期均衡与短期效应分析

本小节使用 Johansen 的最大似然估计（Maximum Likelihood Estimate，MLE）法对 VECM 进行估计。协整方程反映了长期均衡关系，消费、收入、住房资产和净存款之间协整关系，估计结果如下：

表 5–6　变量之间长期协整关系

变量名	系数	标准差	z 统计值	P>|z|
ln$c$	1	.	.	.
ln$y$	−0.855***	0.094	−9.07	0.000
ln$house$	−0.061	0.065	−0.94	0.346
ln$networth$	0.316**	0.119	2.66	0.008
Constant	−3.093	.	.	.

注：上标**、***分别表示在 5%和 1%水平下显著。

由表 5–6 可得协整方程：

$$\ln c = 0.855 \ln y + 0.061 \ln house - 0.316 \ln networth + 3.093 \qquad (5\text{–}10)$$

长期来看，收入与消费呈现显著的正相关关系，住房资产与消费虽然呈现正相关关系，但是不显著，而净存款与消费呈现显著的负相关关系。在其他条件保持不变的情况下，消费的收入弹性为 0.855；住房资产价值每提高 1%，消费将相应提高 6.1%；净存款价值每增加 1%，将会引起消费降低 31.6%。相比而言，收入对消费的影响程度最大，其次为净存款。

表 5–7　VECM 参数估计

	D_ln$c$	D_ln$y$	D_ln$house$	D_ln$networth$
_ce1 L1.	0.101*(0.060)	−0.070***(0.027)	0.510(0.522)	−0.458(0.283)
ln$c$				
LD.	0.426***(0.138)	0.057(0.062)	−0.038(1.200)	0.610(0.651)
L2D.	0.213(0.161)	0.039(0.073)	−0.157(1.407)	−0.605(0.763)
L3D.	−0.637***(0.138)	0.216***(0.062)	−0.652(1.204)	1.238(0.653)
ln$y$				
LD.	0.242(0.282)	0.170(0.127)	−0.827(2.463)	0.248(1.336)
L2D.	0.092(0.296)	0.049(0.133)	0.574(2.579)	−1.179(1.400)

续表

	D_lnc	D_lny	D_lnhouse	D_lnnetworth
L3D.	−0.099 (0.265)	−0.587 (0.119)	−0.942 (2.313)	1.238 (1.255)
lnhouse				
LD.	0.000 (0.196)	0.012 (0.009)	−0.295* (0.171)	−0.048 (0.093)
L2D.	0.011 (0.020)	0.005 (0.009)	−0.084 (0.175)	−0.020 (0.095)
L3D.	−0.001 (0.019)	0.003 (0.009)	0.003 (0.170)	−0.057 (0.092)
lnnetworth				
LD.	0.077** (0.036)	0.018 (0.016)	−0.013 (0.310)	−0.585*** (0.168)
L2D.	0.086 (0.041)	0.007 (0.018)	0.516 (0.358)	−0.374* (0.194)
L3D.	−0.005** (0.036)	0.015 (0.016)	−0.051 (0.318)	−0.061 (0.173)
Cons	0.009** (0.004)	0.010*** (0.002)	0.008 (0.039)	0.006 (0.173)

注：表中数值为误差修正项系数，上标*、**、***分别表示在 10%、5% 和 1% 水平下显著，括号内为对应的 t 统计值。

表 5–7 系数_ce1 L1.反映了变量间短期调整部分，居民消费的误差修正系数为 0.101，表明均衡被打破时居民消费的调整将偏离均衡的方向；收入的误差修正项系数为–0.070，表明居民收入向均衡收敛；住房资产和净存款的误差修正系数分别为 0.510 和–0.458，在统计上不显著，对非均衡状态的恢复的影响不大。

为了检验前面 VECM 系统是否稳定，我们对特征值进行检验，并绘制特征值几何分布图，即图 5–1。从分布图可以看出，除模型本身包含的单位根之外，伴随矩阵的其他所有特征值均落在单位圆的内部，证明了该 VECM 系统为平稳过程。

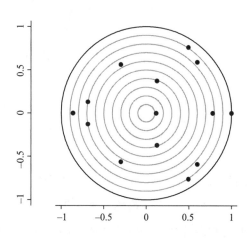

图 5–1　VECM 系统稳定性判别图

（五）脉冲响应分析

对前面分析的协整系统而言，消费变化可能同时受到其自身和其他变量的持久影响。本部分采用乔利斯基分解（Cholesky decomposition），假设各变量受到一个标准差大小的冲击，进而得到该 VECM 系统中消费支出正交化脉冲响应函数，考察不同时期中冲击对消费影响效果。图 5-2 分别描绘了消费、收入、住房资产和净存款对消费的动态效应。

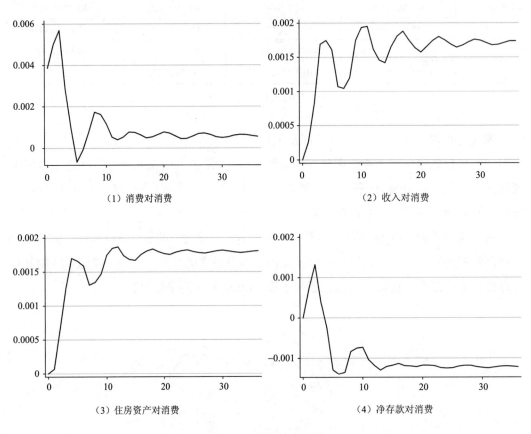

（1）消费对消费　　　　　　　　　　（2）收入对消费

（3）住房资产对消费　　　　　　　　（4）净存款对消费

图 5-2　脉冲响应分析

首先，由图（1）可以看出，消费受到自身正向冲击时将会上升，这一效应在前期较强，经过暂时性的减弱后逐渐趋于稳定，最终消费水平较原先有所改善。由图（2）（3）可知，收入和住房资产的正向冲击有利于居民消费的提高，冲击的影响会随时间推移逐渐平稳，最终作用力维持在 0.175%，高于居民消费自身冲击以及净存款冲击的影响。图（4）反映出净存款正向冲击在前期对居民消费有一个暂时的正向影响，刺激了消费，但是随后作用力下降，会一直对消费产生负向影响，但这一影响逐渐趋于平缓。

三、实证结果分析

协整分析反映了消费、收入、净存款以及住房资产长期的均衡关系。长期来看，收入对消费具有显著的正向影响，弹性系数约为 0.855。净存款对消费具有显著的抑制作用，弹性系数约为 -0.316。住房资产的增加有助于消费的提高，但是作用并不显著。相比而言，收入对消费的影响程度最大。可以看出，不同性质的财富对消费的影响存在着显著的异质性。

（一）关于收入影响程度最大的解释

收入可以看作是财富的流量，而包括存款、股票、债券、住房等在内的资产可以看作是财富的存量。作为对传统的生命周期假说的修正，行为生命周期理论（behavior lifecycle hypothesis）引入了心理账户（mental account）的概念（舍夫林和塞勒，1988），将不同来源和形式的财富分为现金收入、现期资产、未来收入三类账户，这三类账户对于消费者的影响存在着差异。比如相比于现金资产，消费者更倾向于通过现金收入账户进行消费。协整检验结果即长期中收入对消费的刺激作用最为明显，影响的弹性系数为 0.855，同样反映出可支配收入是大多数居民财富的重要来源，也是影响居民消费的决定性因素，这与行为生命周期理论的观点保持一致，支持了心理账户的观点。

（二）关于净存款影响为负的解释

净存款由住户存款与贷款的差额构成。住户存款和贷款对家庭消费的影响具有一定的复杂性。住户存款可以看作家庭资产的一部分，其与住房资产相比，具有变现成本较小、流动性较高的特点，有助于实现消费平滑。但是，双资产理论（two-asset）框架下，消费者在进行资产配置决策时面临着流动性与收益性的权衡（卡普兰等，2014），存款具有较高流动性的同时，收益性也较低，尽管在短期内可以降低当期受到流动性约束的可能性，但是从长期角度来看，其收益性较低的特点抑制了生命周期内的总体财富和消费水平的提高。此外，储蓄积累动机本身也会对消费产生一定的挤出作用，抑制了当期消费水平的提高。

住户贷款方面，贷款与净存款呈现负相关关系。信贷市场的发展为居民贷款提供了可能性，一方面，这有助于消费平滑和跨期优化。如，当消费者对未来具有乐观预期时，可以通过贷款将未来收入提前消费，进而提高当期效用；当消费者面临负向收入冲击时，贷款有助于缓解其面临的流动性约束，降低冲击引起的效用损失。此时尽管贷款增加引起净存款水平下降，但是对消费水平的提高具有一定的刺激作用，表现为净存款下降，而当期消费水平上升。另一方面，还款压力也会对当前消费产生挤出作用，这将引起净存款与消费同时下降。

实证结果显示，净存款对消费的影响为负，说明了净存款对消费的抑制效应超过了其对消费的刺激作用，贷款增加以及存款的低收益对消费的影响作用较强。

（三）关于住房资产影响为正但不显著的解释

住房资产价值在长期中对居民消费的弹性系数为 0.061，但是影响不显著。尽管住房资产价格提高有助于财富水平增加，对消费支出具有正向影响，但是现实中，是否拥有住房资产、拥有住房资产的数量等方面的差异会通过住房资产的消费、投资、抵押等多重属性以及需求差异对消费者行为决策产生复杂的影响，进而导致了住房资产对消费的影响虽然为正，但是不显著的现象。

具体而言，与有房家庭相比，无房家庭难以保障自身的住房条件，在户籍、教育、医疗等方面的权益也受到限制，因而面临较高的不确定性，具有较高的预防性储蓄动机。随着房地产价格的上涨，住房资产的价值增加，无房家庭消费水平进一步受到了抑制。这种抑制主要表现为两方面：一方面，无房家庭预计购房的首付款以及购房后需要偿还的抵押贷款额增加，购房压力随之增加，加之住房资产的价格波动也使其产生对未来不确定性较高的预期，这种"房奴效应"提高了储蓄动机，降低了当期消费水平；另一方面，租房市场的租金水平也随着住房价格的上涨而上涨，进而提高了无房家庭租房成本，对其非住房消费水平产生了挤出效应。

对于有房家庭而言，住房资产价格变化对其消费决策行为的影响也具有一定的复杂性。一些研究发现，住房资产的多重属性导致消费者对于首套房与多套房资产的需求具有一定的差异。对于仅有一套房的家庭而言，首先，住房资产多被看作是生活必需品，具有一定的需求刚性，变现的可能性低，尽管资产价格上升，这部分家庭也不愿将其出售以获取增值收益，表现为未兑现的财富效应。其次，抵押属性下，住房资产增值提高了消费者潜在的贷款能力，降低了其面临流动性约束的可能性，对于消费支出具有一定的刺激作用。再次，一部分家庭对其现有住房资产的条件并不满意，具有一定的改善性住房需求，住房资产价格增加同样提高了他们未来继续购入住房资产的首付款和购房后需要偿还的贷款，引起当期消费的降低。而对于多套房资产家庭而言，除了抵押效应对消费的促进作用外，由于其所拥有的其中一套住房能够满足对住房资产的刚性需求，此外的其他住房资产有可能变现以获取增值收益，或者通过出租以获取租金收入，此时，住房资产价格上涨所带来的投资增值以及租金收入的增加，提高了家庭资产收益，刺激了消费水平的提高。

由此，住房资产的多重属性以及消费者对住房资产需求的差异的存在，导致了住房资产对消费的影响具有一定的复杂性，总体效应为正，但是不显著。

第二节　家庭资产结构、流动性约束与边际消费倾向的异质性

随着经济的快速崛起和金融市场的逐步完善，中国居民家庭资产的规模不断增长，配置结构也呈现了多元化的趋势，尤其是住房资产比重的增加和房产的增值，提高了家庭财富水平。但是，消费支出相对水平并没有随着财富的增长相应提高，形成了"富裕但不宽裕"的现象。本节在双资产模型分析框架下，根据金融资产与住房资产配置结构差异识别异质性消费者，并通过对暂时性收入冲击下边际消费倾向的估测，实证分析异质性消费者行为差异问题，进而探究资产结构对流动性约束的影响。

一、资产流动性与异质性消费者行为的理论分析

（一）流动性约束下财富变化对消费决策的影响机理

消费行为与家庭财富水平相关，财富表现为家庭资产与未来收入贴现值之和。而实际消费并不仅仅由财富水平决定，更重要的是财富的流动性。消费者如果无法借入资产或变现现有资产，那么消费平滑能力将受到抑制，当期消费支出可能受到严重制约。

当消费者预期未来收入增长或者面临收入冲击时，倾向于借贷以满足当期消费。此时，如果借贷需求无法满足，那么消费水平将低于考虑无借贷约束情况下的生命周期最佳消费水平。此时，消费平滑无法实现引起了效用损失，重新进行跨期预算安排也增加了净福利成本，这无法完全由未来较高水平的消费来补偿。

对于存在流动性约束的消费者而言，增加的财富将会被用于消费，以补偿因流动性约束而受到抑制的消费部分。我们可以通过图5-3中的一个两期模型进行解释，其中横轴和纵轴分别对应着第一期和第二期消费水平 C_1、C_2。假定第一期结束时的资产水平 $A_1 \geqslant \overline{A}_1$，其中 $\overline{A}_1$ 给定，保证第二期有充足的财富进行消费，但第一期存在流动性约束。跨期财富积累

满足函数：$A_1 \equiv (1+r_1)A_0 + y_1 - C_1$，流动性约束意味着 $C_1 \leqslant y_1 + (1+r_1)A_0 - \overline{A_1}$，即当期消费支出不超过当期收入与当期可用于消费的资产上限之和。[①]图 5–3 中折线 ABC 反映了收入变化时消费决策的变化路径。A 点对应着受到借贷约束的消费者的消费决策，即消费水平在预算约束线的拐点处，当第一期收入 y_1 增长时，消费者将增长部分全部用于增加当期消费，即随着收入增长幅度的扩大，消费决策点从 A 向 B 移动，第一期消费水平从 D_1 向 D_2 移动逐渐增加，第一期收入增长部分全部用于满足第一期受到抑制的消费需求，直至收入增长幅度大到能够克服当期的流动性约束，到达 D_2 点。超过 D_2 点后，收入增长不仅能够使得因流动性约束而受到抑制的当期消费需求全部得以释放，达到最优水平，剩余部分还能够通过储蓄转移至第二期，即在两期内进行跨期分配，这提高了整个生命周期内的消费水平。

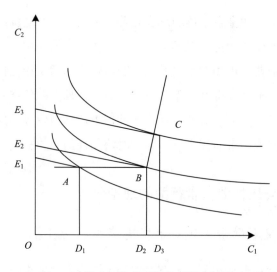

图 5–3　流动性约束下收入对消费的影响

(二)资产配置与消费决策：一个理论模型

本部分我们构建两期跨期消费决策模型，考虑消费者在平滑消费路径时，对当期消费与未来消费之间的权衡，并将高流动性资产区分为用于当期消费的部分和用于平滑未

---

① 这里我们假定借贷绝对无法实现，那么图 5–3 中预算约束右侧对应着一条垂直的线段。如果我们假设借贷在一定程度上是可能的，但是借入利率高于正常贷款利率，即具有相对的借贷约束，那么图 5-3 垂直部分应被比预算约束左边更陡的线段代替。无论借贷约束是绝对的还是相对的，预算约束都存在着拐点。

来消费路径的部分，以探讨主动积累财富[①]的行为对流动性约束以及消费行为的影响

假设消费者只生存两期，无法进行借贷，不存在效用的主观贴现率，[②]最优消费路径下消费者希望期末的消费水平稳定。消费者期初($t=0$)将初始高流动性资产 π 分为两部分，一部分 m_1 用于第 1 期($t=1$)消费，另一部分 a 为主动积累的财富，用于维持第 2 期($t=2$)消费水平。第 1 期消费者获得收入 y_1，进行消费 c_1，期末持有高流动性资产数量为 m_2（$m_2 \geqslant 0$）；第 2 期消费者将收入 y_2 和资产 m_2+a 全部用于消费 c_2。消费者在生命周期内总效用为 $U=u(c_1)+u(c_2)+v(a)$。其中，$u(c_t)$ 为 t 期消费的效用水平，$v(a)$ 为主动积累财富维持 $t=2$ 期消费水平所引致的效用。

在 $t=0$ 时，消费者面临的资产 $(m_1,\ a)$ 配置问题为：

$$v_0 = \max_{m_1,a} u(c_1)+u(c_2)+v(a) \tag{5-11}$$

$$\text{s.t.} \quad \begin{aligned} &a+m_1=\pi \\ &c_1+m_2=y_1+m_1 \\ &c_2=y_2+m_2+a \\ &m_1 \geqslant 0, a \geqslant 0 \end{aligned}$$

为了简化分析，我们将 $v(a)$ 以资产收益率 R 的形式反映在跨期约束中，[③]换言之，令主动积累财富行为引致的效用与 $t=2$ 期消费变化至 $m_2=0$ 引起的效用变化相等，即 $v(a)=u(c_2')-u(c_2)$。基于上述假设，在 $t=0$ 时，消费者面临的资产 $(m_1,\ a)$ 配置问题转化为：

$$v_0 = \max_{m_1,a} u(c_1)+u(c_2') \tag{5-12}$$

$$\text{s.t.} \quad \begin{aligned} &a+m_1=\pi \\ &c_1+m_2=y_1+m_1 \\ &c_2{}'=y_2+m_2+Ra \\ &m_1 \geqslant 0, a \geqslant 0 \end{aligned}$$

由跨期预算约束和效用函数可得：

$$u'(c_1)\left[1+\frac{\partial m_2}{\partial a}\right] \geqslant u'(c_2')\left[R+\frac{\partial m_2}{\partial a}\right] \tag{5-13}$$

[①] 我们将"主动积累财富行为"界定为，为了平滑未来消费路径而积累高流动性资产的行为，并以预防性储蓄为例在后面进行分析。

[②] 借贷限额仅放松了预算约束，可以看作是对高流动性资产的一种补充，降低了消费者面临流动性约束的资产临界值。贴现率主要影响两期消费相对价格和水平。二者均不改变消费者在 m_2 达到最低值时面临流动性约束的状况，不会对我们的结论产生影响。因此，为了简化分析，我们假设消费者不能进行借贷，且不考虑其主观贴现率。

[③] 这样分析还将资产流动性与收益性权衡的情形包括在内，即将 a 看作是低流动性资产，短期内不能变现，而长期内有助于财富水平的提高。

其中，$\dfrac{\partial m_2}{\partial a}$ 反映了主动积累财富对 $t=1$ 期高流动性资产 m_2 的影响。用于 $t=1$ 期消费的高流动性资产 m_1 在这一期被决定，满足 $m_1 = \pi - a$。那么，当 $t=1$ 时：

$$v_1 = \max_{c_1, m_2} u(c_1) + u(c_2') \tag{5-14}$$

$$\text{s.t.} \quad \begin{aligned} c_1 + m_2 &= y_1 + \pi - a \\ c_2' &= y_2 + m_2 + Ra \\ m_1 &\geqslant 0 \end{aligned}$$

由跨期预算约束和效用函数可得：

$$u'(c_1) \geqslant u'(c_2') \tag{5-15}$$

(5-15)式可以看作是在 $t=1$ 期决策的短期欧拉方程，即由于短期内主动积累的财富不能变现，消费者只能通过高流动性资产平滑消费，最大化效用水平。而从长期来看，主动积累的财富可以变现，由(5-13)式和(5-15)式可得长期欧拉方程[①]：

$$u'(c_1) \geqslant Ru'(c_2') \tag{5-16}$$

至此，我们可以得到如下结论：

首先，高流动性资产 m_2 的水平反映了消费者能否实现跨期最优。当 $m_2 > 0$ 时，$u'(c_1) = u'(c_2')$，消费者可以实现跨期最优；而当 $m_2 = 0$ 时，$u'(c_1) > u'(c_2')$，当期收入 y_1 和高流动性资产 m_1 无法满足跨期最优消费水平，消费者有动机通过提高 $t=1$ 期消费，进而提高总效用水平。

其次，消费者面临着短期消费与长期消费路径平滑的权衡，主动积累财富的动机提高了短期内受到流动性约束的程度。由短期欧拉方程(5-15)式可得，高流动性资产水平 $m_2 = \max\left\{0, \dfrac{y_1 + \pi - y_2 - (1+R)a}{2}\right\}$，当 $y_1 + \pi - y_2 - (1+R)a \leqslant 0$ 时，$m_2 = 0$，则消费者面临流动性约束，而消费者实际持有的高流动性资产水平为 π，主动积累财富动机的存在 $(a \geqslant 0)$ 导致消费者面临流动性约束的程度提高。换言之，用于平滑未来消费路径而进行主动积累财富的行为对短期内高流动性资产水平产生挤出作用。由长期欧拉方程(5-16)式，在效用函数满足 $u(c_t) = \ln(c_t)$ 的情形下，主动积累的财富水平 $a = \max\left\{0, \dfrac{R(y_1 + \pi) - y_2}{2R}\right\}$，即当 $R > \dfrac{y_2}{y_1 + \pi}$ 时，相比于当期消费，消费者更偏好于未来

[①] 当 $m_2 = 0$ 时，主动积累的资产不会引起 m_2 的变化，即 $\dfrac{\partial m_2}{\partial a} = 0$；而当 $m_2 > 0$ 时，$u'(c_1) = u'(c_2)$。

消费路径的平滑，将会选择主动积累财富，即 $a>0$。

再次，对于受到流动性约束的消费者而言，暂时性收入冲击下的边际消费倾向为正。当高流动性资产不足时，消费者面临流动性约束，无法实现跨期最优决策。如果获得暂时性收入，由于 $t=1$ 期消费 c_1 的边际效用高于 $t=2$ 期消费 c_1 的边际效用，消费者会将其用于增加 $t=1$ 期消费，释放消费需求，提高效用水平，对应的边际消费倾向为正；如果面临负向暂时性收入冲击，消费需求受到抑制的程度加剧，消费水平下降，边际消费倾向依然为正。

最后，跨期选择模型也反映出资产流动性与收益性的权衡。即将 a 看作是高收益低流动性资产，在短期内由于无法变现，提高了消费者所面临的流动性约束程度，而长期内财富水平较高。

(三)异质性消费者的界定依据与划分方法

由跨期选择模型可以得出，消费者对高流动性资产进行配置时，会在当期消费与未来消费路径平滑之间进行权衡，这将对消费者持有的用于短期内消费的高流动性资产具有重要的影响，能够反映其受到流动性约束的水平。换言之，主动积累财富的行为在短期内抑制了消费需求，提高了面临流动性约束的可能性，且主动积累财富动机越强，消费在短期内受到抑制的程度越大，暂时性收入冲击对消费者效用的影响越明显，表现出的边际消费倾向越高。

鉴于不同资产结构下消费者行为的差异，我们首先通过图 5-4 综合分析资产的性质差异对消费者行为决策的影响，以此为异质性消费者的界定提供依据。这里我们以预防性储蓄为例，来反映主动积累财富的行为。具体而言，高流动性资产变现成本低，对消费路径具有平滑的作用，这主要表现在两个方面：一是在跨期决策时，用于调整当期消费，以缓解流动性约束，实现跨期最优；二是作为预防性储蓄，在未来不确定性发生时，平滑消费路径。低流动性资产主要由住房资产构成，同时具有消费和投资属性。住房的消费属性表现为，住房资产作为生活必需品和生活基本保障条件，而房地产市场的不确定性会在预防性储蓄的作用下对高流动性资产的积累产生影响，进而导致有房和无房消费者面临的流动性约束程度存在差异；而投资属性下，住房资产被视为高收益低流动性资产，在长期内有助于增加财富水平，但是对高流动性资产产生挤出作用，增加了消费者面临流动性约束的可能性。

考虑到资产的性质与结构差异对消费的影响，我们根据资产结构区分了异质性消费者，如图 5-4 上侧虚线框所示。首先，根据高流动性资产情况，区分非 HtM 消费者和HtM 消费者。前者为传统生命周期持久收入理论框架下，持有充足高流动性资产的消费者，能够实现跨期最优决策，不受暂时性收入冲击的影响。而 HtM 消费者由于高流动性资产不足，面临流动性约束，有动机将暂时性收入冲击获得的收入用于消费，以缓解流动性约束，释放消费需求，表现为对应的边际消费倾向为正。其次，根据住房资产情况，区分有房消费者和无房消费者。考虑到住房资产明显的消费属性和租房市场不确定性的影响，有房和无房消费者在面临的不确定性和预防性储蓄动机方面可能存在着差异。作为一种主动积累财富的行为，这种预防性储蓄动机的差异导致了消费者面临的流动性约束程度不同。

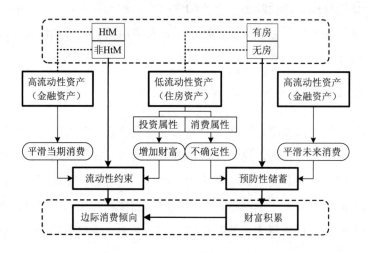

图 5-4 资产的性质差异对消费者行为决策的影响

在具体划分方法方面，借鉴卡普兰等（2014），根据高流动性资产与收入的比例关系，对 HtM 消费者进行界定。具体而言，在不考虑借贷的情况下，假设消费者每期期初资产持有量为 0，收到的收入 y_t 全部为高流动性资产，并在考察期内将收入以均匀速度全部用于消费，那么整个考察期内高流动性资产的平均值应为 $\frac{y_t}{2}$。如果高流动性资产水平满足 $m_t \leqslant \frac{y_t}{2}$，则消费者会在考察期内面临流动性约束，即为 HtM 消费者；如果高流动性资产充足，满足 $m_t > \frac{y_t}{2}$，则消费者可以实现消费平滑，即为非 HtM 消费者。因此，HtM 消费者的判断临界值 $m_t = \frac{y_t}{2}$。同时，通过低流动性资产 h_t 区分有房（$h_t > 0$）和无房消费者（$h_t \leqslant 0$），分别定义其为富裕型和贫穷型消费者。

在具体数据选择方面，我们假设样本家庭以年度为决策周期，[①]选择年收入的 1/2 作为 HtM 消费者的识别标准，同时选择 1/3、1/4 以及 3/4 等不同识别标准，进行稳健性检验。资产方面，以扣除负债后的资产净值反映消费者的资产真实水平，即以扣除非住房贷款后的金融资产净值衡量高流动性资产 m_t，以扣除住房贷款后的住房资产净值衡量低流动性资产 h_t。

二、暂时性收入冲击下边际消费倾向估计方法

为了检验资产的性质与结构对异质性消费者行为的影响，我们借助暂时性收入冲击下的边际消费倾向，来估计异质性消费者面临的流动性约束程度，以验证高流动性资产对消费平滑的作用。在估计暂时性收入冲击下的边际消费倾向时，主要借鉴布伦德尔等（2008）的方法。[②]

假设消费者 i 在时期 t 的收入主要由持久性部分 P 和服从均值回复（mean-reverting）的暂时性部分 v 组成，即收入过程（income process）表示为：

$$\ln Y_{i,t} = Z'_{i,t}\varphi_t + P_{i,t} + v_{i,t} \tag{5-17}$$

其中，$Z'_{i,t}$ 表示在时期 t 可以观测到的影响消费者收入的个体特征，如年龄、性别、婚姻状况、受教育程度等。那么，不可观测到的收入表示为 $y_{i,t} = \ln Y_{i,t} - Z'_{i,t}\varphi_t$，即实际收入的对数值扣除受到个人可预期特征影响的部分。

收入的持久性部分 $P_{i,t}$ 服从鞅过程（martingale process），即满足 $P_{i,t} = P_{i,t-1} + \zeta_{i,t}$，其中

---

① 卡普兰等（2014）在区分 HtM 消费者时，分别以两个星期和一个月作为决策周期。而我们使用的 CFPS 数据以年为调查周期，考虑到收入季节性波动的影响，以年收入的 1/12 作为月收入进行分析，可能会产生一定的偏差，这是由于无论是农村还是城镇居民，都难以保证每个每个月的收入水平以及获得的时间保持不变：对于农村居民而言，收入往往受到季节影响而波动，且收入实际获得时间可能存在差异；对于城镇居民而言，尽管收入多以月为支付周期，但是如年终奖等形式的收入可能导致某一期收入大幅提高。不仅如此，我们也无法获得收入支付时点对应的资产水平。因此我们以年为决策周期。

② 现有研究中，暂时性收入冲击对应的边际消费倾向主要有三种测度方法（派利和皮斯特福瑞，2010）：其一，建立准实验环境，例如考察美国临时退税政策。（卡普兰和维奥朗特，2014）其二，在假设收入过程的基础上，根据不可预测收入变化与消费变化之间的协方差关系计算。（布伦德尔等，2008）其三，获取消费者的主观预期（考夫曼和皮斯特福瑞，2009），或通过调查问卷的方式，直接记录被调查者面临收入冲击时的消费情况（派利和皮斯特福瑞，2014）。对于方法一，我们无法获得恰当的暂时性收入及其有多大的比例用于消费的相关代理变量。同时，考虑到与被调查者存在着信息不对称的问题，我们无法判断被调查者在决策前是否预测到冲击的相关信息，如果存在调查者预测到而被我们指定为未预期到的暂时性收入冲击的代理变量，那么将影响分析结果的准确性。而方法三所需要的数据在中国可得性较弱。由此，我们采用方法二估计边际消费倾向。

$\zeta_{i,t}$ 序列不相关；暂时性部分 $v_{i,t}$ 服从 MA(q) 过程，即满足 $v_{i,t} = \sum_{j=0}^{q} \theta_j \varepsilon_{i,t-j}$，$\theta_0 = 1$。

由以上假设，不可观测收入变化 $\Delta y_{i,t}$ 由持久性收入冲击 $\zeta_{i,t}$ 和暂时性收入冲击 $\Delta v_{i,t}$ 组成，即：

$$\Delta y_{i,t} = \zeta_{i,t} + \Delta v_{i,t} \tag{5-18}$$

与 $y_{i,t}$ 类似，定义不可观测的消费为 $c_{i,t} = \ln C_{i,t} - Z'_{i,t} \varphi_t$，即实际消费的对数值扣除受到个人可观测特征影响的部分。那么，持久性收入冲击 $\zeta_{i,t}$ 和暂时性收入冲击 $\varepsilon_{i,t}$ 对不可观测的消费增长 $\Delta c_{i,t}$ 的影响为，

$$\Delta c_{i,t} = \phi_{i,t} \zeta_{i,t} + \psi_{i,t} \varepsilon_{i,t} + \xi_{i,t} \tag{5-19}$$

其中，$\phi_{i,t}$ 和 $\psi_{i,t}$ 分别反映了持久性冲击和暂时性收入冲击对消费变化的影响程度，反映了消费者对收入冲击的保险程度（布伦德尔等，2008），例如 $\psi_{i,t}$ 越大，说明消费者对暂时性收入冲击的反应越敏感，保险程度越低。$\xi_{i,t}$ 为随机扰动项，反映了消费增长不受到收入影响的部分，如个人偏好改变等。

为了简化分析，我们再次假设 $\zeta_{i,t}$、$\varepsilon_{i,t}$、$\xi_{i,t}$ 互不相关（mutually uncorrelated），则可得收入变化之间、消费变化之间以及消费变化与收入变化之间协方差的关系：

$$\text{cov}\left(\Delta y_t, \Delta y_{t+s}\right) = \begin{cases} \text{var}\left(\zeta_t\right) + \text{var}\left(\Delta v_t\right), s = 0 \\ \text{cov}\left(\Delta v_t, \Delta v_{t+s}\right), s \neq 0 \end{cases} \tag{5-20}$$

$$\text{cov}\left(\Delta c_t, \Delta c_{t+s}\right) = \begin{cases} \phi_t^2 \text{var}\left(\zeta_t\right) + \psi_t^2 \text{var}\left(\Delta v_t\right) + \text{var}\left(\xi_t\right), s = 0 \\ 0, s \neq 0 \end{cases} \tag{5-20}$$

$$\text{cov}\left(\Delta c_t, \Delta y_{t+s}\right) = \begin{cases} \phi_t \text{var}\left(\zeta_t\right) + \psi_t \text{var}\left(\Delta v_t\right), s = 0 \\ \psi_t \text{cov}\left(\varepsilon_t, \Delta v_{t+s}\right), s \neq 0 \end{cases}$$

当 s=1 且 v_t 序列不相关（$v_t = \varepsilon_t$）时，

$$\text{cov}\left(\Delta y_t, \Delta y_{t+1}\right) = -\text{var}\left(v_t\right) \tag{5-21}$$

$$\text{cov}\left(\Delta c_t, \Delta y_{t+1}\right) = -\psi_t \text{var}\left(v_t\right)$$

由此，暂时性收入冲击的边际消费倾向可表示为，

$$MPC_t = \psi_t = \frac{\text{cov}\left(\Delta c_t, \Delta y_{t+1}\right)}{\text{cov}\left(\Delta y_t, \Delta y_{t+1}\right)} \tag{5-22}$$

当消费者对未来收入冲击没有预见性，即 $\text{cov}\left(\Delta c_t, v_{t+1}\right) = \text{cov}\left(\Delta c_t, \zeta_{t+1}\right) = 0$ 时，式 (5-22) 为暂时性收入冲击对应的边际消费倾向 $MPC_t = \frac{\text{cov}\left(\Delta c_t, v_t\right)}{\text{var}\left(v_t\right)}$ 的一致估计量，即暂时性收入的边际消费倾向可以表示为以 t+1 期收入变化量 Δy_{t+1} 为工具变量，t 期消费变

化 Δc_t 对同期收入变化 Δy_t 的回归系数。由(5–18)式中 t 期不可观测收入变化的表示方法，$t+1$ 期不可观测收入变化 Δy_{t+1} 可表示为：

$$\Delta y_{t+1} = \zeta_{t+1} + \Delta v_{t+1} = \zeta_{t+1} + v_{t+1} - v_t \tag{5–23}$$

可以看出，Δy_{t+1} 与 t 期的暂时性收入冲击相关，而与 t 期的持久性收入冲击无关。由此，我们采用工具变量法，以回归所得系数来估计暂时性收入冲击下的边际消费倾向。

三、异质性消费者边际消费倾向的估计

在确定边际消费倾向估计方法和关键变量选择的基础上，我们借助 CFPS 数据，以家庭为单位考察消费者行为。首先以消费对数值和收入对数值分别对家庭人口统计学变量[①]进行回归，对所得的残差值进行一阶差分，然后通过工具变量法估计异质性消费者暂时性收入冲击对应的边际消费倾向，衡量家庭流动性约束程度，验证资产结构差异引起的家庭消费决策的异质性。

（一）数据来源与筛选说明

本部分使用的微观数据同样来自于中国家庭追踪调查(CFPS)，选取 2010、2012 和 2014 三个年度均参与调查且满足三个年度内户主年龄均在 19—65 岁的家庭数据作为样本。为了排除考察期内家庭人员构成发生重大变化的样本，我们剔除了家户号(fid)发生改变以及户主年龄变化异常[②]的样本，获得覆盖 3 年 7626 户家庭 22878 条初始样本数据。考虑数据完整性和连续性，我们分别剔除了存在缺失值和无效值的样本。为避免异常值影响，我们进一步将最高和最低 5%消费和收入水平以及最高 5%平均消费倾向[③]的样本删除，获得 3 个调查年度 1993 户家庭 5979 条的平衡面板数据。数据筛选的具体方法见表 5–8。

[①] 本部分选择的家庭人口统计学变量主要包括家庭规模(familysize)、子女数量(nchd)、城乡分类(urban)、户主性别(gender)、受教育水平虚拟变量(edu2—edu7)、年龄(age)及其平方项(age2)、婚姻状况(marriage)、是否工作(work)与工作类型(jobtype2—jobtype4)、家庭所在省份的地区生产总值指数(index_gdp)、居民消费水平指数(index_pce)以及居民消费价格指数(index_p)等变量。

[②] 前后两个年度户主年龄变化超过 2 的样本。

[③] 平均消费倾向由消费与收入的比值衡量。

表 5–8　样本筛选步骤及结果

筛选条件	样本量	家户数
3 个年份都参与调查且家户号保持不变，户主年龄正常	22878	7626
剔除收入、消费存在缺失值的样本	19762	7572
剔除最高和最低 5% 消费和收入水平以及最高 5% 平均消费倾向的样本	16073	7175
在考察期内满足户主年龄 19—65 岁、城乡分类、家庭人口数、子女数、住房资产、负债、户主婚姻状况、受教育程度、性别、工作情况存在且有效的家庭	12668	6198
平衡面板，包含完整 3 个年份的家户	5979	1993

此外，地区生产总值指数、居民消费水平指数以及居民消费价格指数来源于国家统计局年度数据，分别用于反映地区发展水平和物价水平。

(二)关键变量的选取与处理

家庭消费支出(c)：以家庭消费性支出衡量，由食品、衣着、居住、家庭设备及日用品、医疗保健、交通通信、文教娱乐和其他等支出构成。

家庭收入(y)：以家庭纯收入[①]衡量，包括工资性收入、经营性收入、财产性收入、转移性收入和其他收入。这里选择经调整后的上期可比家庭纯收入变量。

家庭资产[②]：以高流动性资产(m_t)以金融资产净值(*netfinance*)衡量，即金融资产(*finance_asset*)与非住房负债(*nonhousing_debts*)之差，其中金融资产主要包括现金和存款、政府债券、股票、基金、金融衍生品、其他金融产品以及别人欠自己家的钱。低流动性资产(h_t)主要以住房资产净值(*nethouse*)衡量，即家庭总住房资产与住房负债(*house_debts*)之差，家庭总住房资产包括现住房资产(reisvalue)和其他住房资产(*otherhousevalue*)。家庭总资产即为金融资产与住房资产二者之和。

家庭人口统计学变量：主要包括家庭规模(*familysize*)、子女数量(*nchd*)、城乡分类(urban)以及成员情况。考察家庭成员具体情况时，本部分同样以户主为家庭代理人，考察其特征变量对家庭收入与消费决策行为的潜在影响，选择了性别(*gender*)、受教育水

---

① 为了降低数据缺失引起的家庭总收入低估的影响，CFPS 项目组对工资性收入数据进行了缺失值插补的调整，同时考虑到不同年份调查涵盖的收入项目存在差异，项目组也同时发布了上年可比数据。我们主要考察样本期间内家庭收入与消费行为的变化情况，故选取经调整后的上期可比家庭纯收入变量。

② CFPS 项目组根据调查问卷的情况，对家庭资产负债数据进行统计汇总，直接提供储蓄、股票、基金等金融资产、住房资产、住房负债以及非住房负债等数据，但是每个调查年度的统计项目存在一些差别，如 2010 年数据中未提供金融资产(*financeasset*)。根据其他年度的处理方法，我们以储蓄存款(*savings*)、股票(*stock*)、基金(*funds*)和别人欠自己家的钱(*debit_other*)之和来衡量。

平(*edu*)、年龄(*age*)、婚姻状况(*marriage*)、是否工作(*work*)与工作类型(*jobtype*)等变量。

经济发展水平：主要包括家庭所在省份的地区生产总值指数(*index_gdp*)、居民消费水平指数(*index_pce*)以及居民消费价格指数(*index_p*)，用于控制家庭外部经济环境对于家庭收入与消费的影响。

表5–9汇报了主要变量的统计特征。

表5–9　主要变量的描述及统计特征

变量名	变量含义	平均值	标准差	最小值	最大值
c	消费性支出	25578.46	16520.73	1200	93900
y	家庭纯收入	31652.15	22270.75	1874	106000
urban	城乡分类①	0.369	0.483	0	1
familysize	家庭成员数	4.010	1.549	1	14
nchd	家庭子女数	1.886	0.872	0	9
age	年龄	46.832	8.640	19	65
gender	性别②	0.653	0.476	0	1
marriage	婚姻状况③	0.941	0.235	0	1
edu	受教育水平④	2.586	1.196	1	7
work	是否工作⑤	0.772	0.419	0	1
jobtype	工作类型⑥	2.267	0.981	0	3
index_gdp	地区生产总值指数	140.062	22.473	110.3	192.841
index_pce	居民消费水平指数	139.012	23.960	103.9	189.228
index_p	居民消费价格指数	110.820	5.750	102.4	119.295
savings	储蓄	15662.85	37917.21	0	700000
finance_asset	金融资产	19413	47424.58	0	1025000
resivalue	现住房资产	142350.7	244898.5	0	5000000
otherhousevalue	其他住房资产	23163.33	144497	0	5000000
house_debts	住房负债	6784.598	31182.13	0	600000
nonhousing_debts	非住房负债	7088.488	58490	0	4000000
netfinance	金融资产净值	12324.51	75651.28	−3930000	1025000
nethouse	总住房资产净值	158729.5	301268.2	−290000	7270000

① 1=城镇；0=农村。

② 1=男；0=女。

③ 1=已婚；0=其他。

④ 1=文盲/半文盲；2=小学；3=初中；4=高中；5=大专；6=大学本科；7=研究生。

⑤ 1=是；2=否。

⑥ 0=无业；1=自雇；2=受雇；3=务农。

从家庭资产统计特征来看，家庭住房资产的均值高于金融资产样本数据中的均值，反映出中国家庭住房资产占总资产比例过高的特征事实。

（三）HtM 与非 HtM 消费者行为特征分析

在确定异质性消费者划分方法与行为检验方法的基础上，我们以消费对数值和收入对数值分别对家庭人口统计学变量进行回归，对所得的残差值进行一阶差分，分别得到残差消费变化 $\Delta \ln c_t$ 和残差收入变化 $\Delta \ln y_t$，用于估计暂时性收入冲击下的边际消费倾向。由此，我们分别对比了 HtM 与非 HtM、富裕型与贫穷型 HtM、富裕型与贫穷型非 HtM 消费者的行为差异。

首先，我们分别估计了不同识别标准下的 HtM 和非 HtM 消费者在暂时性收入冲击下的边际消费倾向，结果如表 5–10 所示。由估计结果可以看出，暂时性收入冲击对非 HtM 消费者消费具有正向影响，但不显著；而对于 HtM 消费者，暂时性收入冲击对消费具有显著的正向影响，边际消费倾向约为 0.08。同时在不同识别标准下，估计结果具有一定稳健性。上述估计结果显示出由于高流动性资产不足，HtM 消费者消费受到抑制，即其因面临流动性约束而无法实现跨期最优，支持了高流动性资产具有消费平滑作用的判断。

表 5–10　HtM 和非 HtM 消费者暂时性收入冲击下的边际消费倾向估计结果

被解释变量	(1)	(2)	(3)	(4)	(5)	(6)	(7)	(8)
$\Delta \ln c_t$	NHtM1	HtM1	NHtM2	HtM2	NHtM3	HtM3	NHtM4	HtM4
$\Delta \ln y_t$	0.071	0.080**	0.053	0.085**	0.065	0.083**	0.070	0.083**
（$\Delta \ln y_{t+1}$）	(1.34)	(2.14)	(1.09)	(2.22)	(1.43)	(2.09)	(1.30)	(2.24)
Constant	0.119***	0.053***	0.095***	0.058***	0.109***	0.046**	0.129***	0.055***
	(4.19)	(2.79)	(3.82)	(2.89)	(4.77)	(2.17)	(4.01)	(3.05)
样本量	680	1,313	828	1,165	918	1,075	543	1,450

注：表格括号内报告的为稳健的 z 统计值，上标*、**、***分别表示在 10%、5%和 1%水平下显著。其中，NHtM 和 HtM 分别对应非 HtM 消费者和 HtM 消费者，1、2、3、4 分别对应 y/2、y/3、y/4、3y/4 的识别方法。

（四）富裕型与贫穷型 HtM 消费者行为分析

在根据低流动性资产净值区分富裕型和贫穷型 HtM 消费者的基础上，我们对二者在暂时性收入冲击下的边际消费倾向进行估计，回归结果如表 5–11 所示。

实证结果反映出，富裕型和贫穷型 HtM 消费者暂时性收入冲击下的边际消费倾向显著大于 0，再次证明了高流动性资产不足将会引起流动性约束的结论。不仅如此，我们还发现，贫穷型 HtM 消费者在暂时性收入冲击下的边际消费倾向显著高于富裕型，即二者所面临的流动性约束程度不同。这反映出住房资产对流动性约束也会产生一定的影响。考虑到中国家庭住房的强消费属性以及租房市场尚不完善的现状，我们将这种差异归因于住房资产对不确定性与财富积累的影响。相比于有房消费者，无房消费者面临的不确定性高，主动积累财富的动机强，引致其流动性约束程度的提高，表现为暂时性收入冲击下的边际消费倾向较高。

表 5–11　富裕型和贫穷型 HtM 消费者暂时性收入冲击下的边际消费倾向估计结果

被解释变量	(1)	(2)	(3)	(4)	(5)	(6)	(7)	(8)
$\Delta \ln c_t$	WHtM1	PHtM1	WHtM2	PHtM2	WHtM3	PHtM3	WHtM4	PHtM4
$\Delta \ln y_t$	0.066*	0.368**	0.073*	0.328*	0.072*	0.302	0.068*	0.406**
($\Delta \ln y_{t+1}$)	(1.71)	(2.00)	(1.85)	(1.80)	(1.75)	(1.57)	(1.78)	(2.23)
Constant	0.057***	−0.030	0.061***	0.015	0.050**	−0.022	0.058***	−0.006
	(2.94)	(−0.38)	(2.93)	(0.19)	(2.31)	(−0.26)	(3.12)	(−0.08)
样本量	1,241	72	1,102	63	1,017	58	1,369	81

注：表格括号内报告的为稳健的 z 统计值，上标*、**、***分别表示在 10%、5% 和 1% 水平下显著。其中，WHtM 和 PHtM 分别对应富裕型和贫穷型 HtM 消费者，1、2、3、4 分别对应 y/2、y/3、y/4、3y/4 的识别方法。

（五）富裕型与贫穷型非 HtM 消费者行为分析

此外，我们根据住房资产净值，将不受流动性约束的非 HtM 消费者区分为富裕型和贫穷型，其在暂时性收入冲击下的边际消费倾向估计结果如表 5–12 所示。

表 5–12　富裕型和贫穷型非 HtM 消费者暂时性收入冲击下的边际消费倾向估计结果

被解释变量	(1)	(2)	(3)	(4)	(5)	(6)	(7)	(8)
$\Delta \ln c_t$	WNHtM1	PNHtM1	WNHtM2	PNHtM2	WNHtM3	PNHtM3	WNHtM4	PNHtM4
$\Delta \ln y_t$	0.057	0.274**	0.038	0.311**	0.049	0.344**	0.058	0.260*
($\Delta \ln y_{t+1}$)	(1.04)	(2.12)	(0.74)	(2.06)	(1.03)	(2.35)	(1.03)	(1.94)
Constant	0.110***	0.245***	0.090***	0.149**	0.103***	0.179**	0.121***	0.249***
	(3.65)	(3.26)	(3.42)	(2.00)	(4.27)	(2.47)	(3.55)	(2.59)
样本量	639	41	778	50	863	55	511	32

注：表格括号内报告的为稳健的 z 统计值，上标*、**、***分别表示在 10%、5% 和 1% 水平下显著。其中，WNHtM 和 PNHtM 分别对应富裕型和贫穷型非 HtM 消费者，1、2、3、4 分别对应 y/2、y/3、y/4、3y/4 的识别方法。

可以看出，富裕型非 HtM 消费者在暂时性收入冲击下的边际消费倾向为正，但是不显著，符合非 HtM 消费者的行为特征，即其能够实现跨期最优决策。而贫穷型非 HtM 消费者在暂时性收入冲击下的边际消费倾向显著为正，与非 HtM 消费者的整体行为特征并不一致。但是这恰恰验证了主动积累财富的动机对流动性约束的提升作用。具体而言，无房消费者主动积累财富的动机强，提高了流动性约束临界点处的高流动性资产水平，增加了自身面临流动性约束的可能性。换言之，对于贫穷型非 HtM 消费者而言，尽管其高流动性资产水平较高，但是其中有较高比例的部分用于未来消费，而用于当期消费的部分较少。因此，其行为特征与 HtM 消费者相近，这也从不确定性与主动积累财富动机的角度，解释了流动性 HtM 消费者（奥拉夫松和帕戈尔，2016）的产生原因。

第三节　家庭住房资产多重属性下财富效应的差异性

住房资产已经成为家庭财富的重要组成部分，中国家庭自有住房拥有率达90%以上，其中超过 10%的家庭拥有多套住房资产。一些研究已经证明，住房资产价值的增加在财富效应的作用下有助于家庭消费的提高。我们也应该注意到，住房资产具有消费、投资、抵押等多重属性，并且这些属性因家庭的住房资产拥有数量不同而表现不同。中国城市家庭住房调查(2016)显示，首套房用于自住的比例最高，而随着家庭购买住房数量的增加，拥有住房中用于居住的比例逐渐下降，而用于投资或经营的比例不断增加。是否拥有住房资产以及拥有数量将会使得居民家庭对住房资产表现出不同的需求特征，进而对其价值变化做出不同的反应。

鉴于此，本节将有房消费者进一步细分为一套房和多套房消费者，以住房资产变化对消费变化的影响衡量其财富效应，并从住房资产的收益性与投资属性出发，实证检验住房资产价值变动对异质性消费者消费的影响，重点考察是否拥有住房以及拥有数量差异对住房资产财富效应的影响差异。在此基础上，从住房资产数量与需求差异引起的财富效应异质性角度，解释中国住房资产价值增长对异质性消费者行为影响有限的现象。

一、模型构建与数据处理

（一）模型构建

住房资产财富效应反映了住房资产价值对消费的影响。对此，构建如下基准模型：

$$\ln c_t = \alpha_0 + \alpha_1 \ln house_t + \alpha_2' Z_t + \varepsilon_t \tag{5-24}$$

我们分别对消费水平和住房资产进行对数处理，[①]以减弱异方差的影响。此外，住房资产价值高的消费者更加富裕，消费水平相应较高，为了减弱住房资产与消费水平这种相关性引起的样本自选择（self-selection）问题对估计结果的影响，我们对（5-24）式进行一阶差分，考察住房资产价值变化对消费变化的影响：

$$\Delta \ln c_t = \alpha_0 + \alpha_1 \Delta \ln house_t + \alpha_2' Z_t + v_t \tag{5-25}$$

为了比较异质性消费者住房资产财富效应的差异，我们引入反映住房资产拥有情况的虚拟变量 housen 与住房资产价值变化的交互项，构建如下回归方程进行实证分析：

$$\Delta \ln c_t = \beta_0 + \beta_1 \Delta \ln house_t + \beta_2 housen * \Delta \ln house_t + \beta_3' Z_t + v_t \tag{5-26}$$

（5-26）式以 $housen = 0$ 的样本为参照组。其中，β_1 反映了住房资产对参照组（$housen = 0$）消费的影响；$\beta_1 + \beta_2$ 反映了住房资产对实验组（$housen = 1$）消费的影响；β_2 的正负性与显著性分别反映了两组样本的住房资产财富效应的大小对比情况和是否具有显著差异，即当 β_2 显著大于 0 时，实验组住房资产财富效应显著高于参照组，而当 β_2 显著小于 0 时，实验组住房资产财富效应显著低于参照组。

实证中，我们首先以无房消费者为参照组，分析有房与无房消费者之间财富效应的差异程度。其次，以多套房消费者为参照组，对有房消费者中一套房和多套房消费者财富效应差异进行分析，进一步考察住房资产需求差异对财富效应的影响。再次，以无房消费者为参照组，同时将虚拟变量 housen1 和 housen2 与住房资产价值变化的交互项引入，构建如下模型，考察一套房、多套房与无房消费者住房资产财富效应之间的差异。

$$\Delta \ln c_t = \gamma_0 + \gamma_1 \Delta \ln house_t + \gamma_2 housen1 * \Delta \ln house_t \\ + \gamma_3 housen2 * \Delta \ln house_t + \gamma_4' Z_t + \mu_t \tag{5-27}$$

（5-27）式中 γ_1 反映了住房资产对无房消费者消费的影响，一套房与多套房消费者住

---

① 在样本选取中，我们将消费性支出为 0 的样本看作是异常样本，予以删除，对数化处理后不会产生缺失值，且满足对数值全部为正。而对于住房资产价值为 0、对数化处理后将会产生缺失值的家庭，我们令 lnhouse=0，除此之外所有家庭住房资产对数值为正。

房资产的财富效应分别由 $\gamma_1 + \gamma_2$ 和 $\gamma_1 + \gamma_3$ 反映，由此 γ_2 和 γ_3 分别反映了与无房消费者相比，一套房和多套房消费者住房资产财富效应的差异程度。

（二）数据来源与筛选说明

本部分使用的数据来自于 CFPS 2010、2012 和 2014 年三个年度的数据。实证分析中，选择三个年度均参与调查、家户号保持不变、户主年龄无异常变化且在 16—65 岁的，覆盖 3 年 7626 户家庭的 22878 条家庭样本数据作为初始样本。在此基础上，剔除存在缺失值、无效值和异常值的样本后，最终获得 3 个调查年度 2517 户家庭 7551 条的平衡面板数据。数据筛选的具体方法见表 5–13。

表 5–13　样本筛选步骤及结果

筛选条件	样本量	家户数
3 个年份都参与调查且家户号保持不变，户主年龄正常的平衡面板数据	22878	7626
删除收入、消费存在缺失值的样本	19762	7572
删除最高和最低 5% 消费和收入水平，以及最高 5% 平均消费倾向的样本	16073	7175
在考察期内满足户主年龄 16—65 岁、城乡分类、家庭人口数、资产、负债、户主婚姻状况、受教育程度、性别存在且有效的家庭①	13734	6331
平衡面板，包含完整 3 个年份的家户	7551	2517

此外，地区生产总值指数、居民消费水平指数以及居民消费价格指数来源于国家统计局年度数据，分别用于反映地区发展水平和物价水平。

（三）关键变量的选取与处理

1. 家庭消费支出：以家庭消费性支出（c）衡量，主要包括食品、衣着、居住、家庭设备及日用品、医疗保健、交通通信、文教娱乐和其他等支出。为了避免住房资产与住房消费之间的相关性引起的内生性问题，我们同样对不包含住房支出的非住房支出（c_nh）进行分析。

2. 家庭住房资产：分别定义总住房资产水平（$totalhouse$）和住房资产净值（$nethouse$）来反映家庭住房资产情况。其中，家庭总住房资产包括现住房资产（$resivalue$）和其他住房资产（$otherhousevalue$），住房资产净值为家庭总住房资产与住房负债

---

①这里我们所选用的数据不涉及家庭金融资产、户主工作情况等方面的数据。

(*house_debt*)之差。

3. 住房资产拥有情况的虚拟变量：是否拥有住房(*housen*)、是否为一套房家庭(*housen*1)、是否为多套房家庭(*housen*2)，取值如表 5–14 所示。

表 5–14　住房资产拥有情况的虚拟变量取值(以住房资产净值区分)

拥有住房情况		*housen*	*housen*1	*housen*2
无房 *nethouse*≤0		0	0	0
有房 nethouse>0	一套 *resivalue**otherhousevalue=0	1	1	0
	多套 *resivalue**otherhousevalue>0	1	0	1

　　为了反映资产的真实水平，考虑负债的影响，我们根据家庭资产净值水平，将样本分为无房消费者和有房消费者。对于无房消费者而言，住房资产净值满足 *resivalue*+*otherhousevalue-house_debts*≤0，此时 *housen*=0；而对有房消费者而言，住房资产净值满足 *resivalue*+*otherhousevalue-house_debts*>0，此时 *housen*=1。

　　进一步，根据拥有住房数量，我们将样本划分为无房消费者、一套房消费者和多套房消费者。对无房消费者而言，满足 *housen*1=0，*housen*2=0；一套房和多套房消费者在满足 *resivalue*+*otherhousevalue-house_debts*>0 的前提下，分别满足 *resivalue**otherhousevalue=0 和 *resivalue**otherhousevalue>0，其中一套房家庭对应 *housen*1=1，*housen*2=0，多套房家庭对应 *housen*1=0，*housen*2=1。

　　同时，我们也根据总住房资产水平区分有房和无房消费者，与住房资产净值判别标准下的结果进行对比，为结论提供稳健性支持。

　　4. 家庭人口统计学变量：主要包括家庭规模(*familysize*)、子女数量(*nchd*)、城乡分类(*urban*)以及成员情况。考察家庭成员具体情况时，我们以户主为家庭代理人，考察其特征变量对家庭消费行为的影响，选择了年龄(*age*)、性别(*gender*)、婚姻状况(*marriage*)、受教育水平(*edu*)等对消费支出具有潜在影响的变量。

　　5. 经济发展水平：主要包括家庭所在省份的地区生产总值指数(*index_gdp*)、居民消费水平指数(*index_pce*)以及居民消费价格指数(*index_p*)用于控制家庭外部经济环境对于家庭收入与消费的影响。

　　表 5–15 汇报了主要变量的统计特征。

表 5-15   主要变量的描述及统计特征

变量名	变量含义	平均值	标准差	最小值	最大值
c	消费性支出	28331.11	18001.75	5197	95000
house	住房支出	2551.137	4686.54	0	62060
c_nh	非住房支出	25779.97	16543.33	1200	93900
resivalue	现住住房价值	155129.7	281737.5	0	6000000
otherhousevalue	其他住房价值	28060.74	177692.8	0	6000000
totalhouse	总住房资产	183190.5	366261.2	0	9000000
house_debts	住房负债	6913.814	33561.88	0	600000
nethouse	住房资产净值	176276.7	361754.3	−290000	8500000
housen	是否拥有住房	0.914	0.281	0	1
*housen*1	是否为一套房	0.809	0.393	0	1
*housen*2	是否为多套房	0.104	0.306	0	1
age	年龄	47.212	9.141	16	65
gender	性别	0.620	0.486	0	1
marriage	婚姻状况	0.917	0.276	0	1
edu	受教育水平	2.603	1.186	1	7
familysize	家庭人口数	3.880	1.561	1	14
urban	城乡分类	0.430	0.495	0	1
index_pce	消费水平指数	138.685	23.782	103.9	189.228
index_p	消费价格指数	110.809	5.742	102.4	120.795

住房情况虚拟变量的平均值显示出，样本数据中有房消费者占比达 91.4%，其中拥有一套房的消费者占比 80.9%，多套房消费者占比 10.4%，反映出中国居民家庭自有住房拥有率高且大多数为一套房家庭的特征事实。

二、有房与无房消费者财富效应的对比

根据(5-26)式，我们分别选择消费性支出和非住房消费支出的对数值作为被解释变量。考虑到中国城乡经济环境具有显著差异，呈现明显的二元结构特征，城乡居民消费行为可能存在差异，我们分别对总样本、城镇样本和农村样本住房资产财富效应进行分析。回归结果如表 5-16 所示。

表 5–16　有房与无房家庭财富效应估计结果

	(1)	(2)	(3)	(4)	(5)	(6)
样本选择	总样本	城镇	农村	总样本	城镇	农村
被解释变量	Δlnc	Δlnc	Δlnc	Δlnc_nh	Δlnc_nh	Δlnc_nh
Δlnhouse	−0.009**	−0.010**	−0.007	−0.008*	−0.009*	−0.005
	(−2.26)	(−2.24)	(−0.80)	(−1.80)	(−1.76)	(−0.63)
housen*Δlnhouse	0.017***	0.016**	0.016*	0.016***	0.016**	0.015
	(3.13)	(2.57)	(1.72)	(2.84)	(2.34)	(1.57)
age	−0.002**	0.001	−0.004***	−0.003***	−0.000	−0.005***
	(−2.43)	(0.61)	(−3.35)	(−3.23)	(−0.00)	(−3.84)
marriage	0.030	0.027	0.049	0.024	0.036	0.023
	(1.01)	(0.74)	(1.02)	(0.80)	(0.93)	(0.46)
gender	−0.031*	−0.038*	−0.017	−0.035*	−0.047**	−0.019
	(−1.93)	(−1.79)	(−0.71)	(−2.09)	(−2.08)	(−0.76)
familysize	0.039***	0.038***	0.039***	0.038***	0.040***	0.037***
	(7.26)	(4.59)	(5.70)	(6.79)	(4.58)	(5.13)
edu	0.011*	0.011	0.010	0.019***	0.023***	0.016
	(1.76)	(1.41)	(1.02)	(3.00)	(2.70)	(1.59)
urban	0.058***			0.067***		
	(3.81)			(4.22)		
index_pce	−0.003***	−0.002*	−0.004***	−0.004***	−0.003**	−0.005***
	(−4.10)	(−1.81)	(−3.01)	(−4.78)	(−2.51)	(−3.37)
index_p	0.004	0.032***	−0.005	0.005	0.032**	−0.002
	(0.46)	(2.61)	(−0.39)	(0.63)	(2.44)	(−0.18)
t	−0.184***	−0.278***	−0.186***	−0.225***	−0.282***	−0.255***
	(−3.99)	(−3.90)	(−2.98)	(−4.73)	(−3.75)	(−4.00)
Constant	0.266	−3.263**	1.434	0.188	−3.133**	1.272
	(0.30)	(−2.39)	(1.17)	(0.21)	(−2.18)	(1.03)
样本量	5,034	2,215	2,819	5,034	2,215	2,819
F	24.11	7.586	19.95	29.67	8.749	24.11

注：表格括号内报告的为以家户号(fid)为聚类变量的稳健 t 统计值，上标*、**、***分别表示在 10%、5%和 1%水平下显著。

由总体样本回归结果可以看出，在控制了消费者特征之后，对于参照组无房消费者而言，住房资产的财富效应 β_1 约为−0.010，显著为负，如表 5–16 回归结果(1)(4)所示。在住房资产价值增长时，无房消费者不仅无法享受到住房资产财富效应，反而增加了对未来购房的预期支出和储蓄动机，即缩减消费支出以积累购房所需要的资金，表现出对消费产生挤出作用的"房奴效应"。与此同时，住房资产价值的增加还引起了无房消费者租金等住房支出的增加，这对其他非住房消费支出也产生了挤出作用，且引起的非住房消费支出下降的幅度超过了住房支出的增加，因而总消费支出也下降。

其次，虚拟变量与住房资产价值变化的交互项系数 β_2 显著大于 0，且大于 β_1 的绝对值，这说明住房资产对有房和无房消费者的财富效应具有显著的差别，且对有房消费者具有正向的财富效应。住房资产作为财富的重要组成部分，其价值的增加有助于有房消费者消费的提高，对应的财富效应约为 0.017。

此外，年龄与消费变化负相关，说明随着年龄的增长，消费者的消费调整幅度减小，更加趋于谨慎。家庭人口数量的增加将会提高消费增长的幅度。城镇家庭居民消费调整的幅度高于农村家庭。

表 5–16 中(2)(3)(5)(6)分城乡回归结果显示，无房消费者住房资产的财富效应显著为负，有房消费者住房财富效应为正且显著高于无房消费者的现象在城镇样本中依然存在。但是住房资产价值的增长对提高农村居民的消费的作用不明显，我们认为其原因在于中国现阶段农村住房市场化仍处于改革探索阶段，住房市场化程度弱于城镇，包括住房、宅基地以及土地在内的农村产权市场化受到了一定的约束。虽然宅基地已经进行市场化流转，但是仅限于集体内部成员间，加上住房与土地不可分性的不动产属性，农民住房资产转让受到了宅基地转让的限制。不仅如此，中国城市资本对农村房地产的投资也受到了制约。由此，农村住房资产市场化程度低导致了农村样本中住房资产变化的财富效应不明显，这在一定程度上也反映出资产变现可能性对财富效应显著性的影响。

三、自有住房资产数量与财富效应差异的分析

我们已经证明住房资产的财富效应在有房和无房消费者之间存在着显著差异，且有房消费者住房资产的财富效应是显著存在的。同时我们在本节开篇提及消费者会因所拥有住房数量的不同，而对不同的住房资产在需求和持有动机方面有所差异，这将导致住房资产的财富效应在一套房和多套房消费者之间存在着差异。

为了检验上述判断，我们首先根据(5–25)式，分别估计了一套房与多套房消费者住房资产的财富效应，并比较了多套房消费者现住住房(lnresi)与其他住房(lnother)的财富效应，结果如表 5–17 所示。然后，引入虚拟变量与住房资产价值变化的交叉项，分别以(5–26)式和(5–27)式对一套房家庭与多套房消费者住房资产财富效应之间的差异以及与无房资产的差异进行对比分析，估计结果如表 5–18 所示。

首先，由回归结果表 5–17 可以看出，有房消费者中一套房消费者住房资产财富效应为正，但是统计上不显著，而多套房消费者住房资产财富效应显著为正，约为 0.032，其中现住住房资产价值对消费的影响显著为正，而其他住房资产的财富效应不显著。其次，表 5–18 反映了异质性消费者之间财富效应的差异，以多套房家庭为参照组的回归结果(1)(3)显示，虚拟变量与住房资产变化交互项系数约为−0.028，反映出一套房消费者住房资产财富效应显著低于多套房消费者。再次，以无房消费者为参照组，从总样本回归结果可以看出，无房消费者财富效应显著为负的结果依然成立。相比而言，一套房和多套房消费者住房资产财富效应均显著提高，且大于0。对比虚拟变量与住房资产价值变化的交互项系数，多套房消费者财富效应超出无房消费者的幅度更大，同样支持了多套房消费者财富效应高于一套房消费者的结论。

对于上述结果，我们认为，一套房消费者大多将住房资产看作是生活必需品，具有需求刚性，即使住房资产价值上涨，也难以将其变现获得增值收益，加上中国居民家庭住房资产再融资(refinance)的渠道受限，住房资产增值的财富效应兑现可能性较低。但是这些消费者会因为住房资产价值增加而感觉到更加富裕，消费受到的刺激作用表现为未兑现的财富效应，此时消费增加的幅度小于可兑现的财富效应。

对于多套房消费者而言，其中一套住房资产已满足了其基本的消费需求，而其他住房资产的投资属性更加明显，可以通过变现获取增值收益，或通过出租获取随着住房价值上涨的租金收入。这导致相比于一套房消费者，多套房消费者住房资产的财富效应更加明显，与无房消费者的显著差异更大。而表 5–17 回归结果(3)(6)显示，现住住房的财富效应显著，而其他住房资产价值变化对消费的刺激作用有限。我们认为其原因在于，一方面现住住房价值的变化更容易被其所有者察觉到，进而对消费的刺激作用明显；另一方面其他住房资产的购置动机部分源于改善性动机，这导致现住住房用于出售以获取增值收益或出租以获取租金收入的可能性较高。

表 5–17　一套房与多套房家庭住房资产财富效应的估计结果

	(1)	(2)	(3)	(4)	(5)	(6)
样本选择	一套房	多套房	多套房	一套房	多套房	多套房
被解释变量	$\Delta \ln c$	$\Delta \ln c$	$\Delta \ln c$	$\Delta \ln c\_nh$	$\Delta \ln c\_nh$	$\Delta \ln c\_nh$
$\Delta \ln house$	0.005 (1.19)	0.031** (2.23)		0.005 (1.27)	0.033** (2.20)	
$\Delta \ln resi$			0.023* (1.88)			0.023* (1.74)

续表

样本选择	(1)	(2)	(3)	(4)	(5)	(6)
	一套房	多套房	多套房	一套房	多套房	多套房
被解释变量	Δlnc	Δlnc	Δlnc	Δlnc_nh	Δlnc_nh	Δlnc_nh
Δlnother			0.003			0.002
			(0.48)			(0.38)
age	−0.002**	−0.006*	−0.005	−0.003***	−0.005	−0.005
	(−2.41)	(−1.80)	(−1.53)	(−2.98)	(−1.46)	(−1.43)
marriage	0.015	0.204	0.160	0.009	0.127	0.122
	(0.44)	(1.45)	(1.19)	(0.26)	(0.89)	(0.85)
gender	−0.036**	−0.020	−0.031	−0.041**	−0.023	−0.023
	(−1.99)	(−0.34)	(−0.53)	(−2.16)	(−0.38)	(−0.38)
edu	0.010	−0.025	−0.020	0.019***	−0.011	−0.012
	(1.41)	(−1.04)	(−0.83)	(2.69)	(−0.42)	(−0.49)
familysize	0.038***		0.050***	0.037***	0.049***	0.050***
	(6.08)		(2.91)	(5.63)	(2.80)	(2.81)
urban	0.049***	0.069	0.100*	0.057***	0.099	0.097
	(2.81)	(1.19)	(1.70)	(3.10)	(1.65)	(1.61)
index_pce	−0.003***	0.002	0.001	−0.004***	−0.000	0.000
	(−3.46)	(0.57)	(0.25)	(−4.06)	(−0.03)	(0.01)
index_p	−0.002	0.020	0.010	−0.001	0.016	0.019
	(−0.19)	(0.62)	(0.29)	(−0.09)	(0.47)	(0.54)
t	−0.186***	−0.224	−0.131	−0.219***	−0.206	−0.222
	(−3.57)	(−1.29)	(−0.73)	(−4.06)	(−1.09)	(−1.15)
Constant	0.934	−2.063	−0.997	0.923	−1.669	−1.964
	(0.92)	(−0.60)	(−0.28)	(0.88)	(−0.45)	(−0.52)
样本量	4,081	525	525	4,081	525	525
F	21.98	1.908	1.999	26.71	2.716	2.095

注：表格括号内报告的为以家户号 fid 为聚类变量的稳健 t 统计值，上标*、**、***分别表示在 10%、5%和 1%水平下显著。

表 5–18　无房、一套房与多套房家庭住房资产财富效应差异的对比

	(1)	(2)	(3)	(4)
样本选择	有房	全体	有房	全体
参照组	多套房	无房	多套房	无房
被解释变量	$\Delta\ln c$	$\Delta\ln c$	$\Delta\ln c\_nh$	$\Delta\ln c\_nh$
$\Delta\ln house$	0.033**	−0.010**	0.032**	−0.008*
	(2.51)	(−2.28)	(2.28)	(−1.82)
$housen1*\Delta\ln house$	−0.028**	0.014***	−0.026*	0.014**
	(−2.09)	(2.71)	(−1.82)	(2.45)
$housen2*\Delta\ln house$		0.043***		0.040***
		(3.08)		(2.74)
age	−0.002***	−0.002**	−0.003***	−0.003***
	(−2.77)	(−2.53)	(−3.32)	(−3.32)
$marriage$	0.026	0.028	0.018	0.023
	(0.81)	(0.96)	(0.52)	(0.75)
$gender$	−0.036**	−0.031*	−0.039**	−0.035**
	(−2.12)	(−1.95)	(−2.20)	(−2.11)
edu	0.007	0.010*	0.016**	0.019***
	(1.12)	(1.69)	(2.48)	(2.94)
$familysize$	0.039***	0.038***	0.038***	0.037***
	(7.16)	(7.19)	(6.66)	(6.73)
$urban$	0.056***	0.059***	0.062***	0.067***
	(3.52)	(3.85)	(3.74)	(4.25)
$index\_pce$	−0.003***	−0.003***	−0.004***	−0.004***
	(−3.25)	(−4.09)	(−3.92)	(−4.77)
$index\_p$	−0.002	0.004	0.000	0.006
	(−0.23)	(0.50)	(0.00)	(0.66)
t	−0.169***	−0.186***	−0.210***	−0.227***
	(−3.48)	(−4.02)	(−4.15)	(−4.76)
$Constant$	0.894	0.236	0.754	0.160
	(0.95)	(0.27)	(0.77)	(0.17)
样本量	4,606	5,034	4,606	5,034
F	21.60	22.35	26.06	27.47

注：表格括号内报告的为以家户号 fid 为聚类变量的稳健 t 统计值，上标*、**、***分别表示在 10%、5% 和 1% 水平下显著。

四、稳健性检验

在前面的分析中，以消费性支出(lnc)和非住房支出(lnc_nh)为被解释变量的回归结果相近，证明结果具有一定的稳健性。

此外，我们以住房资产价值代替住房资产净值，重新区分有房和无房消费者，两种方法下样本数量存在着一定差异，如表 5–19 所示，

表 5–19　住房资产价值与净值划分标准和样本数对比

识别标准		住房资产净值	住房资产价值
		totalhouse	*nethouse*
样本量	无房	428	361
	有房	4606	4673
	一套房	4081	4146
	多套房	525	527

我们对资产价值划分的样本进行相同的分析，进一步验证前面结果的稳健性，估计结果如表 5–20、表 5–21、表 5–22 所示。

表 5–20　稳健性检验 1——有房与无房家庭住房资产财富效应

	(1)	(2)	(3)	(4)	(5)	(6)
样本选择	总样本	城镇	农村	总样本	城镇	农村
被解释变量	Δlnc	Δlnc	Δlnc	Δlnc_nh	Δlnc_nh	Δlnc_nh
Δln*house*	−0.010**	−0.011**	−0.007	−0.008*	−0.009*	−0.006
	(−2.31)	(−2.27)	(−0.82)	(−1.86)	(−1.77)	(−0.69)
housen*Δln*house*	0.017***	0.016***	0.017*	0.016***	0.016**	0.015
	(3.19)	(2.61)	(1.74)	(2.91)	(2.35)	(1.63)
控制变量[①]	是	是	是	是	是	是
样本量	5,034	2,215	2,819	5,034	2,215	2,819
F	24.09	7.600	19.92	29.68	8.751	24.11

注：表格括号内报告的为以家户号 *fid* 为聚类变量的稳健 *t* 统计值，上标*、**、***分别表示在 10%、5%和 1%水平下显著。

---

① 控制变量与前文相同，包括年龄(*age*)、性别(*gender*)、婚姻状况(*marriage*)、受教育水平(*edu*)、家庭人口数(*familysize*)、城乡分类(*urban*)、居民消费指数(*index_pce*)、居民消费价格指数(*index_p*)、时间虚拟变量(*t*)。

表 5-21　稳健性检验 2——一套房与多套房家庭住房资产财富效应

	(1)	(2)	(3)	(4)	(5)	(6)
样本选择	一套房	多套房	多套房	一套房	多套房	多套房
被解释变量	Δlnc	Δlnc	Δlnc	Δlnc_nh	Δlnc_nh	Δlnc_nh
Δln*house*	0.005	0.031**		0.006	0.033**	
	(1.26)	(2.23)		(1.36)	(2.21)	
Δln*resi*			0.023*			0.023*
			(1.91)			(1.77)
Δln*other*			0.002			0.002
			(0.40)			(0.31)
控制变量	是	是	是	是	是	是
样本量	4,146	527	527	4,146	527	527
F	22.91	1.799	1.871	28.31	2.601	2.001

注：表格括号内报告的为以家户号 *fid* 为聚类变量的稳健 *t* 统计值，上标*、**、***分别表示在 10%、5%和 1%水平下显著。

表 5-22　稳健性检验 3——无房、一套房与多套房家庭住房资产财富效应

	(1)	(2)	(3)	(4)
样本选择	有房	总样本	有房	总样本
参照组	多套房	无房	多套房	无房
被解释变量	Δlnc	Δlnc	Δlnc_nh	Δlnc_nh
Δln*house*	0.033**	−0.010**	0.032**	−0.008*
	(2.51)	(−2.33)	(2.30)	(−1.88)
*housen*1*Δln*house*	−0.028**	0.015***	−0.026*	0.014**
	(−2.07)	(2.78)	(−1.81)	(2.53)
*housen*2*Δln*house*		0.042***		0.040***
		(3.07)		(2.73)
控制变量	是	是	是	是
样本量	4,673	5,034	4,673	5,034
F	22.45	22.32	27.58	27.46

注：表格括号内报告的为以家户号 *fid* 为聚类变量的稳健 *t* 统计值，上标*、**、***分别表示在 10%、5%和 1%水平下显著。

　　两种样本划分标准下，估计结果在系数大小、正负性以及显著性方面均无显著差异，支持了有房与无房消费者、一套房及多套房消费者与无房消费者之间住房资产财富效应

存在着显著差异的结论，验证了住房资产消费、投资等多重属性在首套房与其他房产之间表现不同的判断，证明了之前结果具有一定的稳健性。

第四节　家庭住房价格变动对居民消费中介效应的异质性

房价高速增长与消费增速放缓是近些年中国经济社会发展的两个重要特征，房产作为中国居民资产配置中的重要组成部分，其价格变动必将对居民消费产生重要影响。

现有文献对房价影响消费机制的研究虽然较丰富，但存在几点不足：第一，多集中于对某一传导机制的研究，相对缺乏房价影响消费作用渠道的综合分析；第二，仅仅涉及房价水平对居民消费的影响，忽视了两个重要的特征因子——房价收入比和房价上涨速度。基于此，本节的贡献在于：第一，对房价影响消费的作用渠道进行归纳梳理，从家庭资产配置的角度分析房价上涨影响异质性消费者行为的最终途径，为房价影响居民消费综合效应的分析奠定基础；第二，基于 CFPS 2012、2014 和 2016 三年的数据，选取城市有房家庭为研究对象，选用中介效应模型，实证分析房价上涨对城市有房家庭消费的挤出效应和财富效应；第三，基于房价影响居民消费的作用机制分析房价收入比和房价上涨速度对房价影响消费的调节效应，更加全面地分析了房价对消费的影响。

一、理论分析

（一）房价通过可支配收入和储蓄率影响居民消费的中介效应分析

《2018 中国城市家庭财富健康报告》中指出房产占中国家庭财富近八成，是中国家庭财富的重要组成部分。当房产价格发生变动时会对家庭财富值产生较大的影响，进而会影响到家庭的资产配置。在房价上涨的过程中，家庭会增加用于保值增值的资产，还是增加随时用于消费的流动性资产？房价上涨可能会增加有房家庭的可支配收入，进而增加其用于消费的流动性资产，对消费产生财富效应；也有可能使家庭增加投资，提高储蓄率，扩大自身保值增值资产的占比，对消费产生挤出效应。厘清房价上涨对有房家庭消费影响的主要机制，合理减少房价上涨对消费的挤出效应，更好发挥房价上涨对消费的财富效应，是进一步释放消费潜力的重要前提。

1. 房价上涨对消费产生财富效应的机制分析

已有文献表明，房价波动影响消费的机制主要有实现的财富效应、未实现的财富效应、抵押贷款效应、替代效应、信心效应、预防性储蓄效应、预算约束效应、共同因素等。不同影响机制对消费影响的方向和大小是不同的。为了更准确地分析房价波动对居民消费的综合影响，本部分从直接影响家庭消费的资产配置视角对不同影响机制进行归纳梳理，厘清房价上涨对家庭消费的财富效应和挤出效应的影响机制。

李涛和陈斌开(2014)指出房价上涨的财富效应指的是家庭住房价值发生变化时对居民消费的促进作用。这一效应的主要作用机制有包括兑现的财富效应、未兑现的财富效应、信心效应和抵押贷款效应。路德维格和史洛克(2002)将房价上涨带来的财富效应分为兑现的财富效应和未兑现的财富效应。兑现的财富效应指的是房价上涨带来的房屋租售收入增多，以及住房抵押消费贷款的上涨带来的可支配收入增多，这些收入的增多会引起消费的增多。未兑现的财富效应指的是房价上涨时虽然带来了住房财富的增值，但是资产的增值并没有通过某些途径转换成可以直接用于消费的资金。比如，对于仅拥有一套住房的家庭而言，房屋的主要用途只有居住，房价上涨并没有带来出租和转售收入的增加。然而尽管房价上涨带来的资产增值并没有转换成相应的收入，但是这一增值带来的家庭财富增加会让消费者感觉到自己更加富有。房产在一定程度上可以用于抵御未来的风险或者是不确定性，增加了消费者的信心，促使其降低储蓄并增加消费。抵押贷款效应指的是房价上涨使作为抵押物的住房价值增加，进而使得消费者可以获得更多的贷款用于消费，也就是用于消费的可支配收入增多。综上可知，房价上涨对消费的财富效应主要体现在房价上涨通过增加可支配收入或者是降低储蓄率来增加消费，即对家庭资产配置的影响是增加用于消费的流动性资产，减少用于投资的储蓄，进而来增加消费。当变量 X 对变量 Y 的影响通过另一变量 M 起作用时，M 叫做中介变量，中介效应衡量的是 X 通过中介变量 M 作用于 Y 的影响程度。因此，可支配收入和储蓄率是房价上涨促进消费增加的中介变量，可用于衡量房价上涨的财富效应。

2. 房价上涨对消费产生挤出效应的机制分析

房价上涨对城市有房家庭消费挤出效应的作用机制主要有预防性储蓄效应和替代效应。替代效应可以从住房的双重属性进行分析。一方面，住房作为消费品，是居民的一种刚性需求，房价上涨会增加住房购买的成本，首先会导致有购房意愿的居民增加用于住房购买的储蓄，并且当购买发生时，也会导致住房贷款负债的增加。另一方面，住房具有投资品的属性，高速增长的房价会通过增加投资需求增加储蓄(陈彦斌和邱哲圣，2011；李雪松和黄彦彦，2015)。对于城市有房家庭，替代效应主要体现为第二方面。预防性储蓄效应指的是房价波动加大了居民面临的不确定性，因此预防性储蓄会增多。综上分析，房价上涨通过家庭资产配置对消费的挤出效应主要表现为通过提高储蓄率(降低消费率)来降低消费。因此，储蓄率是房价上涨挤出消费的中介变量，可用于衡量房价上涨对消费的挤出效应。

综上分析，房价通过可支配收入和储蓄率这两个中介因子对消费产生影响。房价上涨通过增加可支配收入或者降低储蓄率对消费产生促进作用，即房价上涨对消费具有财富效应；同时，房价上涨通过增加储蓄率或者减少可支配收入对居民消费产生抑制作用，即房价上涨对消费具有挤出效应。房价影响消费的传导机制可以由图5–5表示。

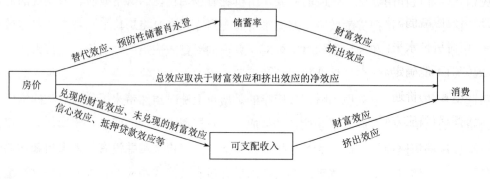

图 5–5　房价影响消费的传导机制

（二）房价上涨速度和相对房价水平对房价影响消费的调节效应

上一部分分析得出房价上涨对消费既有财富效应也有挤出效应，房价上涨对消费的财富效应主要体现在房价上涨通过增多可支配收入或者降低储蓄率对消费的促进作用，房价上涨的挤出效应主要体现在房价上涨通过储蓄率的增加对消费的削减作用。已有文献对房价影响消费的分析大多局限于房价水平，而房价增幅和相对房价水平对居民消费决策同样有重要影响。因此这一部分将分析房价上涨速度和相对房价水平对住房财富效应和挤出效应的影响，进而为下一部分房价政策建议的提出奠定基础。

表面看，当房价上涨速度越快，住房价值的增速越快，消费者可能会感觉越富有，故而会降低储蓄率增加消费；同时更高的房价上涨速度也带来了更大的住房相关收入，进一步放大了住房的财富效应。但是同时不可忽略的是，房价上涨速度越快，住房投资的收益也越大，消费者的住房投资动机会也会越强，进而提高自身储蓄率，降低消费，即更高的房价上涨速度也会带来更大的挤出效应。综上，房价上涨速度提高会改变房价对可支配收入和储蓄率的影响，但是二者合力对消费的影响方向是不确定的，即房价上涨速度对房价影响居民消费的调节效应方向是不确定的。

相对房价水平的提高代表房价的涨速高于收入的涨速，这意味着房产的相对投资收益会增加，消费者可能会增加住房投资，储蓄率上升，消费被挤出。然而，消费者对房产的投资决策会受到自身购买力的限制。考虑到不同地区的房价和居民收入水平不同，并且对于绝大多数消费者来说，工资性收入是家庭主要的资金来源，因此房价和收入的相对比值能在一定程度上反映居民对房价的真实感受水平。此外，房价和收入的比值作为相对房价水平的衡量指标也体现了消费者对住房的购买能力，这一比值高则意味着房价的水平相对工资水平较高，消费者的住房购买能力相对较弱，此时其对住房的购买意愿会减弱，会将更多的收入用于其他消费而非投入房地产市场，储蓄率减小，房价对消费的挤出效应减弱。同时相对房价水平的提高还会通过增加住房相关收入来增加消费。综上，相对房价水平同样会改变房价对可支配收入和储蓄率的影响，但最终对消费的影响方向依旧不能确定，即相对房价水平影响居民消费的调节效应方向同样不定。综合以上分析可知，房价通过影响可支配收入和储蓄率影响消费，房价上涨速度和相对房价水平对此的调节效应方向不确定。房价增幅和相对房价水平对房价通过可支配收入和储蓄率影响消费的调节效应如图 5-6 所示。

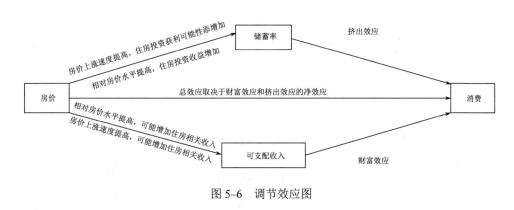

图 5-6　调节效应图

二、计量模型的构建与数据描述

(一)模型设定

当变量 X 对变量 Y 的影响通过另一变量 M 起作用时，M 叫做中介变量，中介效应衡量的是 X 通过中介变量 M 作用于 Y 的影响程度，对这一效应的分析常被应用于分析变量之间影响的过程和机制。中介效应检验分析最早起源于心理学领域，后来随着检验方法的日趋成熟被应用于更加广泛的领域，近年来，中介效应分析在经济学领域中被广泛应用于政策分析、影响机制分析等方面。检验中介效应的方法较多，麦金农等(2002)对多种检验方法进行了总结和比较，但是这些检验方法的第一类错误率都较大。温忠麟、张雷等(2004)提出了一种包含了依次检验和索贝尔(Sobel)检验两种检验方法的中介效应检验流程,既有效地控制了第一类错误率,同时又有较高的检验功效。但近年来依次检验的检验力受到了较大的质疑,温忠麟和叶宝娟(2014)综合新近的研究成果,总结出了一个综合性的中介效应检验程序。

本部分参照了温忠麟和叶宝娟(2014)提出的综合性的中介效应检验程序构建了相应的检验方程,其中方程(5–28)—(5–30)检验房价通过可支配收入对消费影响的中介效应,方程(5–31)—(5–33)检验房价通过储蓄率对消费影响的中介效应。

$$\ln C_{it} = \alpha + \beta \ln P_{it} + \sum_{j=1}^{9} \gamma_j X_{it}^j + \varepsilon_{it} \tag{5–28}$$

$$\ln Y_{it} = \alpha + \rho \ln P_{it} + \sum_{j=1}^{9} \gamma_j X_{it}^j + \varepsilon_{it} \tag{5–29}$$

$$\ln C_{it} = \alpha + \omega \ln P_{it} + \phi \ln Y_{it} + \sum_{j=1}^{9} \gamma_j X_{it}^j + \varepsilon_{it} \tag{5–30}$$

$$\ln C_{it} = \alpha + \beta \ln P_{it} + \lambda \ln Y_{it} + \sum_{j=1}^{9} \gamma_j X_{it}^j + \varepsilon_{it} \tag{5–31}$$

$$\ln SR_{it} = \alpha + \rho \ln P_{it} + \lambda \ln Y_{it} + \sum_{j=1}^{9} \gamma_j X_{it}^j + \varepsilon_{it} \tag{5–32}$$

$$\ln C_{it} = \alpha + \omega \ln P_{it} + \lambda \ln Y_{it} + \phi \ln SR_{it} + \sum_{j=1}^{9} \gamma_j X_{it}^j + \varepsilon_{it} \tag{5–33}$$

其中,被解释变量 C_{it} 表示家庭 i 在第 t 年的消费,核心解释变量 P_{it} 为家庭 i 在第 t 年所面临的房价,中介变量为家庭可支配收入 Y_{it} 和家庭储蓄率 SR_{it}。根据生命周期理论与永久性收入假说(莫迪利安尼和布伦贝格,1954;弗里德曼,1957),家庭消费不仅取决于家庭收入水平,还取决于家庭财富水平。本部分在回归分析中控制了金融资产价值($finance_{it}$)和家庭其他资产价值($otherasset_{it}$)。为了减弱经济变量可能存在的异方差,我们对消费、收入、储蓄率、金融资产价值和家庭其他资产价值分别取对数得到 $\ln C_{it}$、$\ln Y_{it}$、$\ln SR_{it}$、$\ln finance_{it}$ 和 $\ln otherasset_{it}$。此外,参考已有相关文献(李涛和陈斌开,2014;贺洋和臧旭恒 2016;汪伟和刘玉飞,2017 等),我们还选取了户主性别(sex_{it})、户主年龄(age_{it})、户主婚姻状况($marriage_{it}$)、户主最高学历水平($education_{it}$)、家庭规模($familysize_{it}$)、老年抚养比($olratio_{it}$)和少儿人口抚养比($yratio_{it}$)等家庭人口学特征变量作为控制变量 X。我们参照温忠麟和叶宝娟(2014)提出的综合性的中介效应检验程序,通过估计系数 β、ρ、ω 和 φ 的显著性来决定是否存在中介效应。

（二）变量选取和数据说明

本部分选取 CFPS 2012、2014 和 2016 三年的数据组成面板数据，并筛除农村家庭和城市无房家庭，剔除储蓄率小于-2、户主年龄小于 18 岁、存在缺失值和极端值的样本，最终获得样本 8992 条。

在具体的指标选择上，被解释变量消费（C_{it}）指的是家庭全部消费性支出，包括食品、衣着、居住、家庭设备及日用品、医疗保健、交通通信、文教娱乐和其他等支出。核心解释变量房价（P_{it}）采用的是中国统计局公布的不同省份的商品房平均销售价格。中介变量可支配收入（Y_{it}）以家庭纯收入衡量，家庭储蓄率（SR_{it}）的定义为可支配收入和消费性支出的差值与可支配收入之比。控制变量中，家庭金融资产（$finance_{it}$）主要包括现金和存款、政府债券、股票、基金、金融衍生品、其他金融产品以及别人欠自己家的钱。其他资产（$otherasset_{it}$）指的是家庭资产中除了金融资产以外的其他资产，包括土地价值、住房资产、生产性固定资产以及耐用品价值。家庭人口学特征控制变量中，户主性别虚拟变量（sex）方面，男性为 1，女性为 0；婚姻状况（$marriage$）方面，已婚为 1，其他为 0；户主受教育年限（$education$）方面，按实际的受教育程度进行年限折算，文盲和上过扫盲班为 0，小学毕业为 6，初中为 9，高中和中专为 12，大专为 15，本科为 16，硕士研究生为 19，博士研究生为 22；户主年龄（age）取实际值；家庭规模（$familysize$）为家庭的成员数。样本主要变量的统计性描述见表 5–23。

表 5–23 变量描述性统计

变量名	变量含义	均值	标准差	最小值	最大值
C_{it}	消费（元）	46822.15	48938.17	42	1286982
P_{it}	房价（元）	6693.86	4027.62	3570.15	27497
SR_{it}	储蓄率	0.20	0.44	−0.10	0.97
Y_{it}	可支配收入（元）	72777.38	105304.10	42	2807200
$finance_{it}$	金融资产（元）	69477.96	223293.90	0	8350000
$otherasset_{it}$	其他家庭资产（元）	623458.60	1760711.00	0	1.10e+08
age_{it}	户主年龄	47.34	12.52	18	92
sex_{it}	户主性别	0.47	0.50	0	1
$marriage_{it}$	户主的婚姻状况	0.88	0.32	0	1
$education_{it}$	户主教育年限	9.15	4.34	0	22
$familysize_{it}$	家庭规模	3.77	1.56	1	16
$yratio_{it}$	少儿抚养比	0.23	0.30	0	2.50
$olratio_{it}$	老年抚养比	0.15	0.37	0	4

表 5–23 给出了样本主要变量的统计性描述，其中样本家庭的年消费性支出、家庭的可支配收入、金融资产价值、家庭其他资产价值，以及储蓄率五个变量的标准差均大于其平均值，说明这些变量在不同家庭之间的差距相对较大。相比之下，房价的标准差显著小于均值，可见不同家庭面临的房价间差距较小。此外，反映家庭特征的控制变量中，户主的平均年龄为 47.34 岁，处在工资性收入相对较高且稳定的阶段；户主男女性别各占约二分之一，基本均衡；已婚的户主占绝大多数；户主平均受教育年限为 9.15，相当于中学文化程度；家庭规模平均约为 4 人，少儿抚养比和老年抚养比分别平均约为 0.23 和 0.15，养育负担相对养老负担略重，且不同家庭之间的少儿抚养比、老年抚养比相差较大。

三、实证分析

（一）房价通过可支配收入和储蓄率影响消费的中介效应检验

本部分在回归分析中采用含聚类稳健标准差的 OLS 回归。考虑到房价和消费可能存在相互影响关系，由此产生的内生性会导致 OLS 估计结果有偏。因此，我们还采取工具变量—两阶段最小二乘法回归对中介效应进行分析。我们选用房价的一阶滞后变量(Lp)和二阶滞后变量(L2p)作为其工具变量。IV-2SLS 回归的第一阶段的 F 值均大于 10，说明选取的工具变量较有效，不存在弱工具变量问题。具体回归结果见表 5–24 和表 5–25。

表 5–24　房价通过可支配收入影响消费的中介效应检验结果

变量	$\ln C_{it}$	$\ln C_{it}$	$\ln Y_{it}$	$\ln Y_{it}$	$\ln C_{it}$	$\ln C_{it}$
	OLS	2SLS	OLS	2SLS	OLS	2SLS
	(1)	(2)	(3)	(4)	(5)	(6)
$\ln Y_{it}$					0.5088***	0.5069***
					(0.0177)	(0.0122)
$\ln P_{it}$	0.4029***	0.4178***	0.4111***	0.4200***	0.1938***	0.2049***
	(0.0244)	(0.0164)	(0.0251)	(0.0172)	(0.0228)	(0.0148)
$\ln finance_{it}$	0.0280***	0.0277***	0.0380***	0.0378***	0.0086***	0.0085***
	(0.0039)	(0.0026)	(0.0036)	(0.0024)	(0.0033)	(0.0021)
$\ln otherasset_{it}$	0.0672***	0.0665***	0.0677***	0.0673***	0.0327***	0.0323***
	(0.0072)	(0.0058)	(0.0071)	(0.0060)	(0.0051)	(0.0040)
$marriage_{it}$	0.0956**	0.0965***	0.0617	0.0622**	0.0642*	0.0649***
	(0.0389)	(0.0242)	(0.0395)	(0.0242)	(0.0328)	(0.0206)

续表

变量	$\ln C_{it}$	$\ln C_{it}$	$\ln Y_{it}$	$\ln Y_{it}$	$\ln C_{it}$	$\ln C_{it}$
	OLS	2SLS	OLS	2SLS	OLS	2SLS
	(1)	(2)	(3)	(4)	(5)	(6)
$education_{it}$	0.0477***	0.0477***	0.0437***	0.0437***	0.0254***	0.0255***
	(0.0030)	(0.0019)	(0.0031)	(0.0020)	(0.0028)	(0.0018)
sex_{it}	−0.0762***	−0.0765***	−0.0033	−0.0035	−0.0745***	−0.0747***
	(0.0227)	(0.0142)	(0.0226)	(0.0143)	(0.0198)	(0.0121)
$familysize_{it}$	0.1060***	0.1062***	0.1401***	0.1402***	0.0348***	0.0352***
	(0.0084)	(0.0052)	(0.0090)	(0.0055)	(0.0076)	(0.0046)
age_{it}	−0.0056***	−0.0056***	−0.0011	−0.0011	−0.0050***	−0.0050***
	(0.0011)	(0.0007)	(0.0011)	(0.0007)	(0.0009)	(0.0006)
$yratio_{it}$	−0.0825**	−0.0808***	−0.2267***	−0.2256***	0.0328	0.0336
	(0.0402)	(0.0250)	(0.0400)	(0.0250)	(0.0341)	(0.0210)
$olratio_{it}$	0.032	0.031	−0.0308	−0.0314	0.0477*	0.0470***
	(0.0337)	(0.0217)	(0.0300)	(0.0198)	(0.0282)	(0.0177)
$Constant$	5.2644***	5.1450***	5.2341***	5.1629***	2.6015***	2.5281***
	(0.2201)	(0.1421)	(0.2304)	(0.1504)	(0.2034)	(0.1314)
样本量	8,992	8,992	8,992	8,992	8,992	8,992
R^2	0.2818	0.2817	0.2896	0.2896	0.4729	0.4728

注：括号内为稳健型的伴随概率 P 值；***，**，*分别表示在 1%，5%，10%水平下显著。

表 5–25　房价通过储蓄率影响消费的中介效应检验结果

变量	$\ln C_{it}$	$\ln C_{it}$	$\ln SR_{it}$	$\ln SR_{it}$	$\ln C_{it}$	$\ln C_{it}$
	OLS	2SLS	OLS	2SLS	OLS	2SLS
	(1)	(2)	(3)	(4)	(5)	(6)
$\ln Y_{it}$	0.5088***	0.5069***	0.3527***	0.3540***	0.7213***	0.7201***
	(0.0177)	(0.0122)	(0.0204)	(0.0130)	(0.0175)	(0.0117)
$\ln SR_{it}$					−0.6026***	−0.6022***
					(0.0350)	(0.0208)
$\ln P_{it}$	0.1938***	0.2049***	−0.1176***	−0.1250***	0.1229***	0.1296***
	(0.0228)	(0.0148)	(0.0229)	(0.0148)	(0.0176)	(0.0113)
$\ln finance_{it}$	0.0086***	0.0085***	−0.001	−0.0009	0.0081***	0.0080***
	(0.0033)	(0.0021)	(0.0040)	(0.0025)	(0.0026)	(0.0016)

续表

变量	$\ln C_{it}$	$\ln C_{it}$	$\ln SR_{it}$	$\ln SR_{it}$	$\ln C_{it}$	$\ln C_{it}$
	OLS	2SLS	OLS	2SLS	OLS	2SLS
	(1)	(2)	(3)	(4)	(5)	(6)
$\ln otherasset_{it}$	0.0327***	0.0323***	−0.0208***	−0.0206***	0.0202***	0.0200***
	(0.0051)	(0.0040)	(0.0052)	(0.0042)	(0.0038)	(0.0030)
$marriage_{it}$	0.0642*	0.0649***	−0.0214	−0.0218	0.0513**	0.0518***
	(0.0328)	(0.0206)	(0.0328)	(0.0211)	(0.0242)	(0.0153)
$education_{it}$	0.0254***	0.0255***	−0.0139***	−0.0140***	0.0170***	0.0171***
	(0.0028)	(0.0018)	(0.0033)	(0.0019)	(0.0022)	(0.0014)
sex_{it}	−0.0745***	−0.0747***	0.0446**	0.0447***	−0.0477***	−0.0478***
	(0.0198)	(0.0121)	(0.0215)	(0.0128)	(0.0149)	(0.0091)
$familysize_{it}$	0.0348***	0.0352***	−0.0312***	−0.0315***	0.0160***	0.0162***
	(0.0076)	(0.0046)	(0.0078)	(0.0047)	(0.0060)	(0.0037)
age_{it}	−0.0050***	−0.0050***	0.0027**	0.0027***	−0.0034***	−0.0034***
	(0.0009)	(0.0006)	(0.0011)	(0.0006)	(0.0007)	(0.0005)
$yratio_{it}$	0.0328	0.0336	0.0288	0.0283	0.0501**	0.0506***
	(0.0341)	(0.0210)	(0.0357)	(0.0223)	(0.0254)	(0.0157)
$olratio_{it}$	0.0477*	0.0470***	0.0039	0.0043	0.0500**	0.0496***
	(0.0282)	(0.0177)	(0.0261)	(0.0170)	(0.0212)	(0.0131)
$Constant$	2.6015***	2.5281***	−2.3794***	−2.3305***	1.1676***	1.1245***
	(0.2034)	(0.1314)	(0.2451)	(0.1478)	(0.1628)	(0.1055)
样本量	8,992	8,992	8,992	8,992	8,992	8,992
R^2	0.4729	0.4728	0.1406	0.1405	0.6936	0.6936

注:括号内为稳健型的伴随概率 P 值;***, **, *分别表示在 1%, 5%, 10%水平下显著。

房价通过可支配收入影响消费的中介效应可以通过方程(5–28)—(5–30)进行检验,回归分析结果见表 5–24。列(2)(4)和(6)为采用 IV-2SLS 回归的估计结果,结果显示第一阶段的 F 值均大于 10 的经验值,表明不存在弱工具变量问题,DWH 检验的 P 值均小于 0.005,说明存在内生性问题。列(1)(2)检验了房价上涨对消费的总效应,列(2)为 IV-2SLS 回归结果。房价对数 $\ln P_{it}$ 的系数为 0.2049,且在 1%水平下显著。这说明房价上涨对有房家庭消费总影响为正,含聚类稳健标准差 OLS 回归也得到一致结论,具体如列(1)所示。由于房价对消费具有显著正向影响,因此中介效应检验可继续进行。列(4)中房价对数 $\ln P_{it}$ 的回归系数在 1%水平下显著为正,说明房价的上涨会增加有房家庭的可支配收入,OLS 和工具变量回归分析均得到一致结论,如列(3)所示。列(5)(6)中,

房价对数 $\ln P_{it}$ 和可支配收入对数 $\ln Y_{it}$ 的回归系数均显著，根据温忠麟和叶宝娟(2014)提出的综合性的中介效应检验程序可知存在部分中介效应。此外，可支配收入对数 $\ln Y_{it}$ 的回归系数为正，结合列(3)(4)中房价对数 $\ln P_{it}$ 的回归系数也为正，说明房价上涨会通过增加可支配收入对消费产生促进作用。

房价通过储蓄率影响消费的中介效应可以通过方程(5–29)—(5–31)进行检验，回归分析结果见表 5–25。列(2)(4)和(6)为采用 IV-2SLS 回归的估计结果，结果显示第一阶段的 F 值均大于 10 的经验值，表明不存在弱工具变量问题，DWH 检验的 P 值均小于 0.001，说明存在内生性。表 5–24 的列(3)(4)为房价对储蓄率的影响，房价对数 $\ln P_{it}$ 回归系数在 1%水平下显著为负，说明房价上涨会降低家庭储蓄率。并且列(5)(6)中，房价对数 $\ln P_{it}$ 和储蓄率对数 $\ln SR_{it}$ 的回归系数均显著，说明存在部分中介效应。此外，储蓄率对数 $\ln SR_{it}$ 的回归系数为负，结合列(3)(4)中房价对数 $\ln P_{it}$ 的回归系数为负可知房价上涨会通过降低储蓄率对消费产生正向影响。综上可知，房价通过可支配收入(Y_{it})和储蓄率(SR_{it})影响消费的中介效应显著，并且对于城市有房家庭，房价上涨会通过增加可支配收入和降低储蓄率对消费产生财富效应。

从控制变量的回归结果看，对于消费相关的方程，金融资产($\ln finance_{it}$)和其他家庭资产($\ln otherasset_{it}$)的回归系数都在 1%水平下显著为正，这说明家庭资产价值对家庭消费有显著正向影响。户主性别(sex_{it})的系数显著为负，这与女性相比于男性更易于消费的现实较相符，男性作为户主负责家庭消费决策时或许会比女性户主家庭消费得相对少一些。户主教育年限($education_{it}$)的系数显著为正，这说明文化程度越高则消费水平越高。这可能来源于已被研究证实的文化程度与收入间的正相关关系，收入水平越高则消费越高。家庭规模($familysize_{it}$)的系数显著为正，这说明家庭规模越大则消费往往越高。这主要是由于家庭规模越大，消费人口越多，则消费量一般越大。

(二)稳健性检验

本部分剔除主要解释变量房价最高和最低 1%的样本后进行回归分析，根据温忠麟和叶宝娟(2014)提出的综合性的中介效应检验程序得到了与前面分析一致的结论，即房价通过可支配收入和储蓄率对消费产生的中介效应显著，并且房价上涨通过降低储蓄率，增加可支配收入对消费产生促进作用。这验证了中介效应检验结果的稳健性，具体结果见表 5–26、表 5–27。

表 5–26　房价通过可支配收入影响消费的中介效应稳健性检验结果

变量	$\ln C_{it}$	$\ln C_{it}$	$\ln Y_{it}$	$\ln Y_{it}$	$\ln C_{it}$	$\ln C_{it}$
	OLS	2SLS	OLS	2SLS	OLS	2SLS
	(1)	(2)	(3)	(4)	(5)	(6)
$\ln Y_{it}$					0.5096***	0.5079***
					(0.0178)	(0.0122)
$\ln P_{it}$	0.4009***	0.4143***	0.4109***	0.4176***	0.1915***	0.2022***
	(0.0254)	(0.0170)	(0.0258)	(0.0176)	(0.0237)	(0.0153)
$\ln finance_{it}$	0.0279***	0.0277***	0.0376***	0.0375***	0.0088***	0.0086***
	(0.0040)	(0.0026)	(0.0036)	(0.0024)	(0.0033)	(0.0021)
$\ln otherasset_{it}$	0.0690***	0.0684***	0.0696***	0.0692***	0.0336***	0.0332***
	(0.0075)	(0.0060)	(0.0074)	(0.0062)	(0.0053)	(0.0041)
$marriage_{it}$	0.0942**	0.0950***	0.0613	0.0617**	0.0630*	0.0636***
	(0.0391)	(0.0244)	(0.0396)	(0.0242)	(0.0330)	(0.0206)
$education_{it}$	0.0476***	0.0476***	0.0434***	0.0434***	0.0254***	0.0255***
	(0.0030)	(0.0020)	(0.0031)	(0.0020)	(0.0028)	(0.0018)
sex_{it}	−0.0754***	−0.0757***	−0.0022	−0.0024	−0.0743***	−0.0745***
	(0.0227)	(0.0142)	(0.0227)	(0.0143)	(0.0198)	(0.0121)
$familysize_{it}$	0.1057***	0.1058***	0.1397***	0.1398***	0.0345***	0.0348***
	(0.0084)	(0.0052)	(0.0090)	(0.0055)	(0.0076)	(0.0047)
age_{it}	−0.0056***	−0.0056***	−0.0013	−0.0013*	−0.0050***	−0.0050***
	(0.0011)	(0.0007)	(0.0011)	(0.0007)	(0.0010)	(0.0006)
$yratio_{it}$	−0.0829**	−0.0812***	−0.2306***	−0.2298***	0.0346	0.0355*
	(0.0404)	(0.0250)	(0.0400)	(0.0249)	(0.0343)	(0.0211)
$olratio_{it}$	0.0329	0.0321	−0.0308	−0.0312	0.0486*	0.0479***
	(0.0338)	(0.0217)	(0.0300)	(0.0198)	(0.0283)	(0.0178)
$Constant$	5.2651***	5.1576***	5.2281***	5.1746***	2.6007***	2.5296***
	(0.2265)	(0.1452)	(0.2342)	(0.1517)	(0.2086)	(0.1338)
样本量	8,952	8,952	8,952	8,952	8,952	8,952
R^2	0.2801	0.2801	0.2886	0.2886	0.4717	0.4717

注：括号内为稳健型的伴随概率 P 值；***、**、*分别表示在 1%、5%、10%水平下显著。

表 5–27　房价通过储蓄率影响消费的中介效应稳健性检验结果

变量	$\ln C_{it}$	$\ln C_{it}$	$\ln SR_{it}$	$\ln SR_{it}$	$\ln C_{it}$	$\ln C_{it}$
	OLS	2SLS	OLS	2SLS	OLS	2SLS
	(1)	(2)	(3)	(4)	(5)	(6)
$\ln Y_{it}$	0.5096***	0.5079***	0.3533***	0.3545***	0.7223***	0.7212***
	(0.0178)	(0.0122)	(0.0206)	(0.0130)	(0.0175)	(0.0117)
$\ln SR_{it}$					−0.6021***	−0.6018***
					(0.0350)	(0.0208)
$\ln P_{it}$	0.1915***	0.2022***	−0.1158***	−0.1234***	0.1217***	0.1279***
	(0.0237)	(0.0153)	(0.0239)	(0.0154)	(0.0182)	(0.0116)
$\ln finance_{it}$	0.0088***	0.0086***	−0.0011	−0.0011	0.0081***	0.0080***
	(0.0033)	(0.0021)	(0.0041)	(0.0025)	(0.0026)	(0.0016)
$\ln otherasset_{it}$	0.0336***	0.0332***	−0.0211***	−0.0209***	0.0209***	0.0207***
	(0.0053)	(0.0041)	(0.0054)	(0.0044)	(0.0039)	(0.0031)
$marriage_{it}$	0.0630*	0.0636***	−0.0202	−0.0207	0.0508**	0.0512***
	(0.0330)	(0.0206)	(0.0330)	(0.0212)	(0.0243)	(0.0153)
$education_{it}$	0.0254***	0.0255***	−0.0139***	−0.0139***	0.0171***	0.0171***
	(0.0028)	(0.0018)	(0.0033)	(0.0019)	(0.0023)	(0.0014)
sex_{it}	−0.0743***	−0.0745***	0.0439**	0.0440***	−0.0478***	−0.0480***
	(0.0198)	(0.0121)	(0.0215)	(0.0129)	(0.0150)	(0.0091)
$familysize_{it}$	0.0345***	0.0348***	−0.0313***	−0.0316***	0.0156***	0.0158***
	(0.0076)	(0.0047)	(0.0078)	(0.0047)	(0.0060)	(0.0037)
age_{it}	−0.0050***	−0.0050***	0.0027**	0.0027***	−0.0033***	−0.0033***
	(0.0010)	(0.0006)	(0.0011)	(0.0006)	(0.0007)	(0.0005)
$yratio_{it}$	0.0346	0.0355*	0.0285	0.0279	0.0518**	0.0523***
	(0.0343)	(0.0211)	(0.0359)	(0.0224)	(0.0255)	(0.0157)
$olratio_{it}$	0.0486*	0.0479***	0.0026	0.0031	0.0502**	0.0498***
	(0.0283)	(0.0178)	(0.0262)	(0.0170)	(0.0213)	(0.0131)
$Constant$	2.6007***	2.5296***	−2.3960***	−2.3460***	1.1581***	1.1179***
	(0.2086)	(0.1338)	(0.2506)	(0.1504)	(0.1667)	(0.1071)
样本量	8,952	8,952	8,952	8,952	8,952	8,952
R^2	0.4717	0.4717	0.1402	0.1402	0.6929	0.6929

注：括号内为稳健型的伴随概率 P 值；***、**、*分别表示在 1%、5%、10%水平下显著。

(三)房价上涨速度度和相对房价水平：有调节的中介效应实证检验

前面中介效应分析已实证检验了房价上涨会通过降低储蓄率和增加可支配收入对家庭消费产生财富效应。进一步分析房价上涨对消费财富效应的主要影响因素，对更好地释放住房财富效应具有重要现实意义。

房价的特征因素(房价上涨速度和相对房价水平)会影响房价上涨对消费的财富效应和挤出效应，进而影响房价上涨对消费的影响大小和方向。首先，房价上涨实现的财富效应主要体现在房价上涨带来的租房收入的增加和住房融资以及转售收入的增加，而这两者很大程度上取决于房价的水平和房价的上涨速度。根据现实分析，房价上涨速度越快，相对房价越高，则房价上涨带来的财富效应越大，进而对消费的促进作用越大。另一方面，房价的上涨速度与高相对水平往往又代表住房的高投资价值，这会引起住房的投资需求增加，带来储蓄率的上升，对消费产生更大的挤出效应。那房价的上涨速度和相对房价水平对消费最终会产生怎样的影响呢？房价又是怎样通过可支配收入和储蓄率影响消费的呢？这部分将分析房价上涨幅度和房价水平对房价影响消费的中介效应的调节效应，对上述问题进行解答。

本部分中房价上涨速度用 2012—2016 年房价的平均上涨速度来衡量。考虑到不同地区的房价和居民收入水平不同，并且对于绝大多数消费者来说，收入是家庭主要的资金来源，因此房价和收入的相对比值能在一定程度上反应房价对居民的真实感受水平，本部分也以其作为相对房价水平的衡量指标。

我们用自举法(bootstrap)检验调节效应的显著性，统计结果表明房价上涨速度($ratio$)和相对房价水平(py)对房价通过储蓄率影响消费的中介效应有调节效应。房价上涨速度提高会显著增加家庭储蓄率，增强房价上涨通过增加储蓄率对居民消费的挤出效应；相对房价水平提高会显著降低家庭储蓄率，增强房价上涨通过减少储蓄率对居民消费的财富效应($coeff$ = 0.0195，P=0.0000；$coeff$ =—0.1562424，P= 0.0530)。同时，房价上涨速度($ratio$)和相对房价水平(py)对房价通过可支配收入影响消费的中介效应也有一定调节效应，并且房价上涨速度提高会削弱房价上涨通过提高可支配收入对消费的促进作用，相对房价水平的提高会增强房价上涨通过提高可支配收入对消费的促进作用($coeff$ =—0.0143，P=0.0000；$coeff$=1.3330，P=0.0000)。综上可知，对于城市有房家庭而言，房价上涨速度提高主要增强房价上涨通过增加储蓄率对家庭消费的挤出效应，相对房价水平提高主要增强了房价上涨通过可支配收入增加对家庭消费的财富效应。

第五节　家庭资产、财富效应与居民消费升级

本节从家庭资产视角出发，考察其对异质性消费者行为影响及其微观作用机制。本节的边际贡献在于：第一，在区分家庭住房与金融资产对居民消费的"资产效应"和"财富效应"的基础上，进一步分离出家庭资产的"直接财富效应"和"抵押担保效应"；第二，分别从"抵押担保效应"、流动性约束强度以及家庭资产结构视角，综合考察了家庭资产影响居民消费升级的作用机制；第三，不同于以往文献大多局限于考察家庭资产与居民家庭一般消费支出间的关系，本节着重考察了家庭资产与家庭发展享受型消费支出间的关系，特别是家庭资产与交通通信、文化娱乐教育培训以及医疗保健等消费支出间的关系；第四，采用较新的微观家庭面板数据进行分析，为理解我国居民消费长期低迷的成因提供了更为微观的视角，同时结合固定效应的分析在一定程度上控制了不随时间变化的不可观察因素影响，避免因遗漏变量等因素产生的内生性问题。

研究表明，家庭资产对居民消费有着明显的"资产效应"和"财富效应"，"财富效应"相对高于"资产效应"。户主年龄介于36—50岁间家庭财富变动的消费升级效应更加明显，家庭资产增值主要提升了城镇医疗保健类消费，且住房资产诱致的消费效应相对较高。进一步地，相较于住房资产"抵押担保效应"而言，"直接财富效应"是影响消费升级的主要作用渠道。

一、模型构建与变量选取

（一）数据来源

本部分数据来源于 CFPS 2014 和 2016 年两期数据，保留两期都参加调查的样本信息，并根据家户号进行匹配。将家庭成员中最熟悉财务问题的个体，即"财务回答人"作为户主，并在成人调查数据中提取户主性别、年龄等信息并与家庭调查数据进行匹配。通过剔除"不适用"、家庭纯收入为负、资产水平为 0 以及选取变量数据缺失的样本后，经过复核整理，最终得到 3430 个两期家庭调查样本，其中城镇和农村样本数分别为 1901 个和 1529 个。

(二)模型构建

通常认为,家庭会根据其生命周期内的总资产水平对一生不同阶段的消费支出进行平滑,以实现消费支出跨期最优配置。家庭持有的资产规模越高,能够平滑到各时期的消费支出也就越多,这种效应一般被称为资产效应。不同于从家庭资产水平角度考察家庭资产对居民消费影响的资产效应,家庭资产的财富效应主要强调的是资产价值变化对居民消费的影响。为了检验资产效应和财富效应的存在性,我们构建了如下计量模型来考察家庭资产水平与居民消费关系。

$$Consu\_Eme_{ijt} = \beta_0 + \beta_1 Asset_{ijt} + \beta_2 X_{ijt} + \mu_{ijt} \qquad (5\text{--}34)$$

式(5--34)中,下标 t 表示时间;$Consu\_Eme_{ijt}$ 为地区 j 居民家庭 i 的消费水平;$Asset_{ijt}$ 代表家庭资产规模;X_{ijt} 表征家庭层面、个体层面和城市区域层面的控制变量,包括家庭收入、家庭规模、家庭文化程度、户主性别、户主婚姻状况、户主年龄、户主是否退休、户主是否上网以及户主健康状况等。

对于家庭资产对居民消费的资产效应,可以利用混合回归对模型(5--34)进行估计得到。而对于家庭资产"财富效应",我们借鉴坎贝尔和科科(2007)和甘(2010)的做法,构建了如下差分模型来进行识别:

$$\Delta Consu\_Eme_{ijt} = \beta_1 \Delta Asset_{ijt} + \beta_2 \Delta X_{ijt} + \Delta\mu_{ijt} \qquad (5\text{--}35)$$

式(5--35)中,$\Delta Consu\_Eme_{ijt}$ 为 t 期和 $t\text{-}1$ 期间地区 j 居民家庭 i 的消费升级变动情况;$\Delta Asset_{ij}$ 代表家庭资产变动。对该差分模型进行 OLS 估计可以得到一阶差分估计量,由于一阶差分模型中不存在代表个体异质性的截距项,只要扰动项差分项 $\Delta\mu_{ijt}$ 和解释变量差分项 $\Delta Asset_{ijt}$ 不相关,则一阶差分估计量便是一致估计。特别地,当考察两期数据时,一阶差分估计量与基于固定效应模型的组内估计量等价。鉴于主要采用 CFPS 的 2014 和 2016 两期数据进行分析,故我们将通过固定效应模型估计模型(5--34)来识别资产价值波动的财富效应,相关估计结果与基于差分模型的估计结果等价。

(三)变量选取与处理

1. 被解释变量。一般而言,随着经济社会发展和居民收入水平提升,消费结构呈现出从"低级"向"高级"的演变过程(文启湘、冉净斐,2005),表现为用于基本衣食住行的生存类消费支出比重逐渐下降,而用于交通通信、医疗保健以及文教娱乐等发展型或享受型消费支出占比会逐步提升。目前常见的消费升级衡量指标主要有三种:一是恩格尔系数,指食品支出总额在居民总消费支出中的比重,在居民收入较低时居民家庭会将大部分收入用于基本消费支出，特别是食品支出，恩格尔系数下降意味着消费结构升级(程莉、滕祥河，2016；邢天才、张夕，2019)；二是居民消费升级率，主要做法是为各类消费项目赋予不同权重，食品类等初级消费的权重系数较小，而教育娱乐等高层次消费权重系数较大，然后加权得到各地区居民消费升级率，该指标越大意味着消费升级程度越高(王平、王琴梅，2018)；三是居民家庭工业品、服务品与农业品消费相对支出比例，其中农业品消费支出为食品消费支出，工业品消费支出为居住与家庭设备用品及服务支出，服务品消费支出为医疗保健、交通通信、教育文化娱乐等其他消费支出(俞剑、方福前，2015)；四是发展型或享受型支出在总消费支出中的占比，近年来也有学者结合马斯洛需求层次理论，将各类消费支出按照居民的消费目的是为了满足生存还是更好地发展和享受，分别归纳为生存型、发展型和享受型消费，大多数研究认为生存型消费主要包括食品消费、衣着消费和居住消费，发展型消费包括交通通信、医疗保健和文化教育，享受型消费则涵盖了家庭设备用品及服务消费、其他商品与服务支出等(胡日东等，2014；张慧芳、朱雅玲，2017；汪伟、刘玉飞，2017)。考虑到采用恩格尔系数衡量居民消费升级的做法相对粗糙，消费升级率权重赋值过于主观，工业和服务品消费与农业品支出比例从本质上与恩格尔系数具有内在逻辑的一致性等潜在不足，我们借鉴大多数研究的做法，采用交通通信、医疗保健、文化教育、家庭设备用品及服务等发展享受型消费的绝对规模，以及这些发展享受型消费支出在总体消费中的相对比重这两种方式来衡量居民消费升级程度。

根据 CFPS 2014 和 2016 的样本变量设置情况，我们通过对食品支出、邮电通信费、水电燃料费、本地交通费、日用品费、房租支出、衣着消费、文化娱乐支出、旅游支出、取暖物业费、住房维修费、汽车购置费、交通通信工具费、家具耐用品支出、教育培训支出、医疗保健美容支出、商业性医疗保险支出以及其他支出进行加总，得到家庭总消费($Consu\_Total$)。考虑到耐用品购买具有频次低、单次支出高以及使用周期长等特点，耐用品支出不等同于耐用品消费，加之难以计算单个家庭各类耐用消费品在不同年份的实际消费流量,我们从总消费支出中扣除了汽车购置费、交通通信工具费(如购买电动车、手机等)与家具耐用品支出得到非耐用品消费支出($Consu\_Nd$)。就包含耐用品的发展型和享受型消费支出($Consu\_Eme$)而言，其主要涵盖了邮电通信费、本地交通费、文化娱乐支出、旅游支出、汽车购置费、交通通信工具费、家具耐用品支出、教育培训支出、医疗保健美容支出以及商业性医疗保险支出等新兴消费，而不包含耐用品的发展型和享受型消费支出可以表示为 $Consu\_EmeNd$。相应地，为了考察家庭资产对不同消费升级影响的差异，我们还考察了家庭资产对交通通信类支出($Consu\_Tra$)、文化娱乐旅游与教育培训类支出($Consu\_Cul$)，以及医疗保健美容类支出($Consu\_Med$)的影响。上述五类发展享受型消费支出是衡量居民消费升级程度的主要指标。此外，我们还计算出包含耐用品的发展享受型消费支出在总消费支出中的占比(*Consu_EmeR*)，不包含耐用品的发展享受型消费在非耐用品总消费中的占比(*Consu_EmeNdR*)，以及通信类支出、文化娱乐旅游教育培训类支出、医疗保健美容类支出分别在家庭非耐用品总消费支出中的占比(*Consu_TraR*，*Consu_CulR* 和 *Consu_MedR*)，用以考察家庭资产变动对不同类型发展享受型消费升级影响的排他性。

2. 解释变量。我们将家庭资产主要限定为住房资产和金融资产两大部分，CFPS 提供了家庭对自有住房当前的估计价值，通过从家庭自有住房估价剔除家庭住房负债可以得到住房资产净值(*Estate*)。尽管部分研究采用受访者居住地区平均房产价格来表征房产价值(恩格尔哈特，1996)，但许多研究都认为采用住房自评价值可能更具代表性(解垩，2012；南永清等，2019)。根据 CFPS 样本，我们对手持现金、存款以及其他各类金融产品(股票、基金、国债、信托产品、外汇产品、期货、期权等)进行加总得到金融资产总值，从家庭金融总资产中扣除金融负债得到家庭金融资产净值(*Finan*)，并进一步通过加总家庭房产净值和金融资产净值得到家庭总净资产(*Asset_Net*)。除了从家庭资产总量层面反映家庭财富水平外，考虑到房产和金融资产在家庭资产中占比及其流动性特点等方面存在明显差异，我们认为家庭资产配置多元化水平也对居民消费行为存在影响，据此，我们还计算了家庭住房资产净值在家庭总资产净值中的占比(*Estate_Ratio*)来表征家庭资产结构状况。

3. 控制变量。控制变量主要从家庭特征、户主特征两方面选取。家庭特征变量主要包括家庭纯收入(*Income*)、家庭规模(*Size*)、家庭文化程度(*Cult*)等。鉴于 CFPS 2014 与 2016 没有直接给出这些指标，我们对其进行了计算或用其他变量间接表征，具体如下：家庭纯收入通过家庭年收入减去年支出得到；家庭规模用"同灶吃饭人数"近似表示；考虑到数据可得性和文化知识的渐进累积特征，我们采用"家庭藏书量"表征家庭文化程度，藏书量为 0 本时赋值 *Cult* 为 0，藏书量为 1—10 本时赋值为 1，11—20 本赋值为 2，21—50 本赋值为 3，51—100 赋值为 4，101—500 赋值为 5，501—1000 赋值为 6，1001本以上赋值为 7。户主特征变量主要包括户主性别(*Gender*)、婚姻状况(*Marri*)、年龄及其平方项(*Age* 和 *Age_Squ*)、是否退休(*Retire*)、是否上网(*Internet*)和健康状况(*Health*)等，具体如下：户主性别为男赋值为 1，性别为女赋值为 0；户主处于在婚状态赋值为 1，其他婚姻状态(未婚、同居、离婚与丧偶)赋值为 0；纳入平方项的原因在于年龄水平可能与消费水平存在非线性关系(万晓莉等，2017)；户主退休赋值为 1，反之赋值为 0；户主有上网行为(通过电脑或手机)赋值为 1，否则赋值为 0；户主健康状况用 1 至 7 的数值表示，健康状况很差为 1，健康很好为 7，健康程度与该数值呈现明显正向关系。

　　表5–28给出了2014年和2016年居民家庭消费状况和资产持有等主要经济社会变量的描述性统计结果。考虑到部分社会经济变量可能存在异方差等因素，我们对各类居民消费支出、资产水平以及收入等变量进行了对数处理。

表5–28　主要变量描述性统计分析

变量	观测值	2014		2016	
		均值	标准差	均值	标准差
ln$Consu\_Total$	1690	10.5274	0.8622	10.6829	0.9189
ln$Consu\_Nd$	1690	10.4407	0.8357	10.5693	0.8555
ln$Consu\_Eme$	1690	9.3793	1.1566	9.5750	1.2147
ln$Consu\_EmeNd$	1690	9.1425	1.1079	9.3056	1.1124
ln$Consu\_Tra$	1676	7.9368	1.0737	8.0670	1.0902
ln$Consu\_Cul$	1182	7.9943	1.6044	8.1531	1.5460
ln$Consu\_Med$	1668	7.8490	1.4317	8.0476	1.4221
$Consu\_EmeR$	1690	0.3711	0.1831	0.3867	0.1927
$Consu\_EmeNdR$	1690	0.3242	0.1703	0.3337	0.1698
$Consu\_TraR$	1690	0.1072	0.0826	0.1093	0.0843
$Consu\_CulR$	1690	0.0920	0.1264	0.0933	0.1217
$Consu\_MedR$	1690	0.1250	0.1281	0.1310	0.1324
ln$Estate$	1690	3.0099	1.4562	3.1436	1.5706
ln$Finan$	1690	1.2436	1.7049	1.4306	1.6406
ln$Asset\_Net$	1690	3.3390	1.2394	3.4949	1.3458
$Estate\_Ratio$	1690	0.7705	0.2131	0.7620	0.2226
ln$Income$	1690	0.6472	1.0669	0.7631	1.1161
$Size$	1690	3.3408	1.4959	3.2870	1.545
$Gender$	1690	0.5639	0.4960	0.5544	0.4972
$Marri$	1690	0.9041	0.2945	0.9000	0.3001
Age	1690	50.1633	13.1500	51.8396	13.3721
$Retire$	1690	0.1083	0.7231	0.2639	0.4868
$Internet$	1690	0.3012	0.4589	0.4089	0.4918
$Health$	1690	5.8527	0.9986	5.8929	1.0510

　　可以发现，无论是家庭总消费、非耐用品消费总量支出，还是以交通通信支出、文化娱乐旅游与教育培训支出、医疗保健美容类支出为代表的发展享受型消费支出总量在

非耐用品消费支出中的占比，均呈现不同程度的增加态势。此外，家庭住房净资产和金融净资产也呈现较快增长趋势，尽管近年来住房净资产在家庭总净资产中占比稍微有所下降，但这一占比仍然接近 76%—77%，这一结果和现有大多数研究结论非常比较接近，表明我国居民家庭持有资产过于单一，缺乏资产多元化配置渠道或手段。此外，从 2014年到 2016 年，家庭户主上网比例有所上升，这主要得益于农村网络普及程度提升和农村居民家庭上网人数增加，这有助于降低家庭信息搜寻成本，促进居民信息消费，加快消费升级步伐；户主健康程度也呈现出小幅上升态势，这得益于近年来我国覆盖城乡居民的多层次医疗保障体系的日趋健全完善。

二、资产效应和财富效应存在性分析

(一)资产效应存在性检验

表 5-29 汇报了基于混合回归估计的家庭资产水平对居民各类发展享受型消费支出的影响，第(1)和(2)列分别汇报了以包括耐用品的发展享受型消费支出(Consu_Eme)和不包含耐用品的发展享受型消费支出(Consu_EmeNd)为被解释变量的估计结果，第(3)至(5)列则分别以交通通信类支出(Consu_Tra)、文化娱乐旅游与教育培训类支出(Consu_Cul)以及医疗保健美容类支出(Consu_Med)为被解释变量，来考察家庭资产对不同类型消费支出"资产效应"的差异。

可以发现，家庭净资产对不同类型的发展享受型消费均呈现显著正向影响，家庭资产对居民消费支出有着明显的资产效应，意味着家庭资产规模的上升有助于促进消费转型升级。具体而言，家庭资产对文化娱乐旅游与教育培训类消费支出的影响最大，而对医疗保健类消费支出的影响次之。可能的解释在于，资产水平较高的家庭更看重对家庭成员的长期人力资本投资。此外，就控制变量而言，家庭纯收入、家庭规模、户主文化程度、户主利用互联网状况以及户主健康状况均不同程度地呈现对消费的正向显著影响。一般而言，家庭收入可以分解为持久收入和暂时性收入，持久性收入占比越高，则家庭收入对居民消费的影响愈明显，即在家庭满足了基本生活消费支出后，将会有更多预算可以分配到发展享受型等更高层次消费支出项目上；户主文化程度会在一定程度上影响家庭消费"层次"，对文化娱乐和教育培训类支出影响格外显著；利用互联网有助于家庭降低相关消费品搜寻成本，扩大消费品市场搜寻半径和选择范围，从而在某种程度上消除了阻碍消费升级的空间约束；除了对医疗保健消费的影响外，年龄的一次及二次项分别对其他消费项呈现正向和负向影响，意味着年龄和这些消费间具有倒 U 型关系，表明中年群体是助推消费升级的中坚力量，这可能是因为中年户主的家庭收入与支出比较稳定，面临的不确定性相对较低，而年龄更高户主家庭则面临退休、未来预期收入降低等不确定性问题（周绍杰等，2009）。此外，良好的健康状况意味着家庭面临的不确定性支出较低，有望获得更多持久性收入，从而有利于家庭的消费升级。

表5-29　家庭资产与居民消费：基准回归

因变量	模型(1) Consu_Eme	模型(2) Consu_EmeNd	模型(3) Consu_Tra	模型(4) Consu_Cul	模型(5) Consu_Med
ln$Asset\_Net$	0.2740*** (0.0158)	0.2575*** (0.0150)	0.1875*** (0.0150)	0.2869*** (0.0282)	0.2518*** (0.0226)
ln$Income$	0.1568*** (0.0188)	0.1275*** (0.0175)	0.1828*** (0.0174)	0.0480*** (0.0127)	0.1316*** (0.0257)
$Size$	0.1584*** (0.0120)	0.1520*** (0.0108)	0.1664*** (0.0114)	0.0872*** (0.0196)	0.1287*** (0.0151)
$Cult$	0.0509*** (0.0073)	0.0436*** (0.0070)	0.0226*** (0.0067)	0.0716*** (0.0149)	0.0292*** (0.0103)
$Gender$	−0.1153*** (0.0332)	−0.1397*** (0.0312)	−0.0379 (0.0302)	−0.1261** (0.0604)	−0.1853*** (0.0457)
$Marri$	0.2866*** (0.0671)	0.3156*** (0.0641)	0.0221 (0.0577)	0.2287* (0.1279)	0.4762*** (0.0965)
Age	0.0135 (0.0090)	0.0113 (0.0085)	0.0513*** (0.0083)	0.1016*** (0.0170)	−0.0197 (0.0127)
$Age\text{-}Squ$	−0.0002** (0.0001)	−0.0002* (0.0001)	−0.0006*** (0.0001)	−0.0011*** (0.0002)	0.0003** (0.0001)
$Retire$	−0.0270 (0.0247)	−0.0114 (0.0266)	−0.0254 (0.0212)	−0.0390 (0.0570)	−0.0387 (0.0386)
$Internet$	0.3648*** (0.0417)	0.3942*** (0.0384)	0.3396*** (0.0365)	0.2706*** (0.0755)	0.4449*** (0.0593)
$Health$	0.0529*** (0.0168)	0.0456*** (0.0162)	0.0744*** (0.0154)	0.0579* (0.0315)	−0.0137 (0.0230)
$Constant$	6.9256*** (0.2465)	6.8061*** (0.2282)	5.1054*** (0.2208)	3.6629*** (0.4602)	6.2994*** (0.3495)
样本量	3380	3380	3356	2412	3338
R^2	0.3730	0.3684	0.3753	0.1536	0.1862

注：***、**、*分别表示在1%、5%、10%的水平下显著，括号内为稳健标准差。

(二)财富效应存在性检验

前面验证了家庭资产水平对居民发展享受型消费的资产效应,但没有检验家庭资产价值变化对居民消费的影响,即没有反映家庭资产财富效应的存在性及其大小。现实生活中,在既定时期内家庭的资产特别是以住房为代表的固定资产存量往往是固定不变的,而资产价值(比如住房价格和股票价格)波动则相对频繁一些,由此考察资产价值波动诱致的财富效应可能具有更大的现实意义(李涛、陈斌开,2014)。另外需要注意的是,前面考察的家庭资产对居民消费的资产效应可能存在内生性问题:一方面,家庭资产和居民消费可能会同时受到家庭成员资产配置偏好、消费习惯等因素的影响;另一方面,家庭资产和消费之间的关系还会受到一些预期因素影响,造成回归系数不稳定,即两者的关系符合"卢卡斯批判"(卢卡斯,1976)。我们通过将 CFPS 2014 和 2016 年的调查数据合并为两期面板数据和采用固定效应方法,不仅可以考察资产价值变动对居民消费影响的财富效应,还可以通过纳入家庭层面固定效应来控制偏好、预期等家庭层面不可观测因素的影响,从而极大地缓解潜在的内生性问题。基于固定效应方法对家庭财富效应的存在性及其大小进行检验,相关结果如表 5–30 所示。

表 5–30 资产价值变动与居民消费:财富效应检验

因变量	模型(1)	模型(2)	模型(3)	模型(4)	模型(5)
	Consu_Eme	*Consu_EmeNd*	*Consu_Tra*	*Consu_Cul*	*Consu_Med*
ln*Asset_Net*	0.1718***	0.1265***	0.0971***	0.0831**	0.1024**
	(0.0318)	(0.0275)	(0.0264)	(0.0360)	(0.0427)
Constant	8.7632***	8.9176***	7.3425***	7.9517***	7.4190***
	(0.4683)	(0.4048)	(0.3858)	(0.8190)	(0.6348)
控制变量	是	是	是	是	是
样本量	3380	3380	3356	2412	3338
R^2	0.0716	0.0633	0.0521	0.0281	0.0357

注:***、**、*分别表示在 1%、5%、10%的水平下显著,括号内为稳健标准差。

可以发现,家庭净资产增加对各类发展享受型消费支出均有着明显促进作用,意味着家庭净资产波动存在财富效应,且家庭总净资产对各类消费支出的影响效果要大于家庭收入的影响效果。需要注意的是,表 5–29 中家庭净资产的资产效应要相对高于表 5–30 中的财富效应,可能的解释是相对于资产增幅,家庭更在乎所持有资产的绝对水平。同时,家庭净资产增值对含有耐用品的发展享受型消费的影响要高于对不含耐用品的发展享受型消费的影响，且资产增值对两种发展享受型消费支出的影响，要远远高于对交通通信类支出、文化娱乐旅游与教育培训类支出以及医疗保健美容类支出的影响。可能的解释在于，一方面，尽管家庭资产财富的增加有助于增加发展享受型消费支出，促进居民消费升级，但当前我国整体上的居民家庭资产持有水平还相对较低，特别是在目前不平衡、不充分的发展阶段，家庭财富增值状况尚不能有效满足居民在文化娱乐、教育培训以及医疗保健等方面的较高需求；另一方面，受传统文化和消费习惯等因素影响，相较于家庭非耐用品消费支出，中国家庭对物质财富的积累有着强烈渴求，使得其对耐用品消费支出具有更强偏好，同时在强烈"地位寻求动机"的驱动下，作为一种重要的身份标识，耐用品消费的"持久可见性"特征有助于彰显居民家庭财富地位，强化了前述效果。其他控制变量的回归结果整体上和前面检验结果一致，故不再重复报告。

三、家庭资产财富效应的异质性分析

（一）生命周期的异质性检验

根据生命周期理论，资产变动对不同年龄段消费者的影响可能存在差异。我们借鉴张大永和曹红(2012)的做法，结合户主的年龄分布特征，将家庭划分为户主年龄在36岁以下、36—50岁、51—65岁，以及65岁以上四组，从生命周期视角考察不同居民家庭消费行为异质性特征，结果如表5-31所示。整体而言，户主年龄介于36—50岁的家庭财富变动诱致的消费升级效应更加明显，该类家庭往往具有较高的支付能力和强烈的消费意愿。户主年龄在36岁以下和36—50岁的家庭，其资产增值对文化娱乐和教育培训类消费支出的影响较高，且随着户主年龄的上升，该类消费支出呈现出逐步递减态势，说明该类支出的变化趋势不仅仅与户主及其配偶的文化娱乐、继续教育培训相关，而且更多地和未成年子女教育培训存在密切关系。此外，就户主年龄大于65岁的家庭而言，家庭财富变动对交通通信、文化娱乐和教育培训类消费影响系数变得不够显著，且财富效应系数明显变小，但财富增加对医疗保健类消费支出产生明显促进作用。由于该年龄段户主基本已经处于退休状态，我们有理由相信户主的退休可能会改变家庭消费偏好和习惯，使其更多地注重个人和家庭成员的身体健康状况。

表 5–31　资产价值变动与居民消费：生命周期异质性检验

年龄段	因变量	模型(1) Consu_Eme	模型(2) Consu_EmeNd	模型(3) Consu_Tra	模型(4) Consu_Cul	模型(5) Consu_Med
36 岁以下	lnAsset_Net	0.2907*** (0.0407)	0.2720*** (0.0199)	0.2113*** (0.0369)	0.4167*** (0.0402)	0.2068** (0.0856)
	Constant	7.5205*** (0.5436)	7.0913*** (0.3786)	6.2706*** (0.1426)	4.8406*** (0.3780)	5.7466*** (0.1780)
	控制变量	是	是	是	是	是
	R^2	0.3419	0.3547	0.2846	0.2245	0.2011
	样本量	450	450	450	390	443
36—50 岁	lnAsset_Net	0.3105*** (0.0428)	0.2841*** (0.0452)	0.2488*** (0.0191)	0.2988*** (0.0365)	0.3275*** (0.1062)
	Constant	6.7012*** (0.3249)	6.6756*** (0.2854)	5.9078*** (0.4290)	5.3143*** (0.0115)	6.1393*** (0.2401)
	控制变量	是	是	是	是	是
	R^2	0.3641	0.3782	0.3314	0.1637	0.2452
	样本量	1256	1256	1253	1013	1236
51—65 岁	lnAsset_Net	0.2076*** (0.0124)	0.1906*** (0.0115)	0.1378*** (0.0206)	0.2673*** (0.0667)	0.1808*** (0.0092)
	Constant	6.9160*** (0.1124)	6.9039*** (0.1395)	6.0468*** (0.0372)	5.9595*** (0.5257)	6.2762*** (0.2803)
	控制变量	是	是	是	是	是
	R^2	0.3419	0.3366	0.3500	0.1069	0.1327
	样本量	1168	1168	1161	716	1155
65 岁以上	lnAsset_Net	0.2601*** (0.0177)	0.2628*** (0.0237)	0.1130 (0.0832)	0.0333 (0.0824)	0.2970*** (0.0374)
	Constant	6.8181*** (0.0604)	6.7676*** (0.0594)	5.4225*** (0.2804)	4.4687*** (0.2682)	5.9864*** (0.2257)
	控制变量	是	是	是	是	是
	R^2	0.3529	0.3500	0.2714	0.1516	0.2091
	样本量	506	506	492	293	504

　　注：***、**、*分别表示在 1%、5%、10%的水平下显著，括号内为稳健标准差。控制变量中没有纳入年龄及其平方项，其他控制变量同上。

　　需要说明的是，本部分研究与陈彦斌和邱哲圣(2011)的发现都支持了家庭资产财富效应在不同年龄段可能存在差异这一结论，但陈彦斌和邱哲圣(2011)认为，随着个体年龄的增大，其预期的生命周期期限会缩短，财富效应将会更大。考虑到居民个人消费习惯、预期收入以及给子女的"遗赠动机"等因素后，我们认为随着户主年龄的增加，其一部分消费财富效应可能有所加强,而另外一部分消费财富效应会呈现明显的衰减趋势，甚至消失。

（二）区域差异的异质性检验

中国城乡居民在资源禀赋、支付能力以及消费习惯等方面存在明显差异，特别地。受政策法规限制，农村居民对其宅基地仅仅具有使用权，这种产权不完整性极大地限制了农村住房交易，住房无法有效通过市场交易实现其市场价值，也很难作为抵押物进行抵押贷款(杭斌、闫新华，2011)。为了更深入地理解城乡居民家庭财富与消费升级的差异，我们将样本区分为城镇家庭和农村家庭，分别考察家庭资产与城镇居民和农村居民消费升级的关系，相关结果如表 5–32 所示。

表 5–32　资产价值变动与居民消费：区域异质性检验

因变量	模型(1) Consu_Eme	模型(2) Consu_EmeNd	模型(3) Consu_Tra	模型(4) Consu_Cul	模型(5) Consu_Med
Panel A：城镇样本					
ln*Asset_Net*	0.1662*** (0.0486)	0.1078** (0.0430)	0.0845* (0.0486)	0.0785** (0.0315)	0.1753*** (0.0617)
Constant	9.0207*** (0.6566)	9.2693*** (0.5287)	7.3562*** (0.5217)	7.8837*** (1.0556)	7.6936*** (0.8860)
控制变量	是	是	是	是	是
R^2	0.0852	0.0756	0.0636	0.0290	0.0568
样本量	1876	1876	1871	1453	1853
Panel B：农村样本					
ln*Asset_Net*	0.1752*** (0.0496)	0.1512*** (0.0465)	0.1233*** (0.0451)	0.1520** (0.0760)	0.0265 (0.0873)
Constant	8.6993*** (0.7458)	8.8105*** (0.6515)	7.7338*** (0.7087)	8.7288*** (1.1154)	6.8650*** (0.9956)
控制变量	是	是	是	是	是
R^2	0.0655	0.0572	0.0441	0.0491	0.0282
样本量	1504	1504	1485	959	1485

注：***、**、*分别表示在1%、5%、10%的水平下显著，括号内为稳健标准差。

不难发现，居民家庭资产增值对城市和农村居民的各类发展享受型消费支出均具有显著影响，不过除医疗保健类消费支出外，家庭资产增值对农村居民各类消费支出的影响要高于对城镇居民的影响。这主要是由于农村居民的收入和消费层次相对偏低，每单位资产增值幅度所带来的消费边际倾向较高，这使得资产的增值不仅有助于提升农村居民总体消费水平，还会促进发展享受型消费的提升和消费结构的优化升级。而资产价值变动对农村居民家庭医疗保健类消费支出的影响要明显低于对城镇居民家庭的影响，这种现象不仅来源于农村居民的收入水平和消费偏好特征，而且与当前农村社会医疗资源薄弱、商业医疗保险参保人数很低以及保健美容类消费甚少存在等现状密切相关。因此，在培育城乡居民新兴消费、促进消费升级过程中，我国需要针对城乡现实情况制定有差别的政策。

（三）资产类型的异质性检验

上述研究考察了家庭房产与金融总净值的消费效应，但鉴于不同类型的家庭资产对居民消费的影响可能存在差异，其作用机制也可能不完全一样（卡罗尔等，2011），故接下来我们在统一模型框架内检验了住房资产和金融资产与居民消费升级的关系，其结果如表5–33所示。可以发现，整体上家庭住房净资产和金融净资产对各类发展享受型消费支出的影响相对显著，但是相较于表5–30中家庭总资产的消费效应，家庭住房净资产和金融净资产的影响系数要相对小一些，且家庭金融净资产的影响系数要明显小于住房净

表 5–33　资产价值变动与居民消费：资产异质性检验

因变量	模型（1）Consu_Eme	模型（2）Consu_EmeNd	模型（3）Consu_Tra	模型（4）Consu_Cul	模型（5）Consu_Med
ln$Estate$	0.1268***	0.0957***	0.0505**	0.0424**	0.0906**
	(0.0268)	(0.0238)	(0.0244)	(0.0208)	(0.0400)
ln$Finan$	0.0397**	0.0287**	0.0345**	0.0412**	0.0188
	(0.0167)	(0.0133)	(0.0144)	(0.0205)	(0.0197)
$Constant$	8.8817***	9.0010***	7.4370***	8.0380***	7.4679***
	(0.4732)	(0.3974)	(0.3986)	(0.7858)	(0.6481)
控制变量	是	是	是	是	是
R^2	0.0726	0.0644	0.0519	0.0311	0.0368
样本量	3380	3380	3356	2412	3338

注：***、**、*分别表示在1%、5%、10%的水平下显著，括号内为稳健标准差。

资产的系数，这可能与近年来中国住房价格快速上涨存在密切关系。尽管居民家庭金融财富也呈现较快增长趋势，但中国居民家庭在资产配置上表现出以房产为主的过度单一结构，加上金融市场呈现出较大的波动性、周期性特征，这些都在某种程度上限制了金融资产财富效应的有效发挥。此外，就各类消费支出项目对住房资产和金融资产的反应而言，住房资产对发展享受型总消费支出影响要明显大于对交通通信类、文化娱乐与教育培训类以及医疗保健类消费支出的影响，且其对包含耐用品的发展享受型消费影响最高，而金融资产对各类消费支出的影响大小相对接近，也就是说住房资产中的财富增值部分更有可能被配置在耐用品上面，而金融资产的增值部分将会被更多地花费到非耐用品支出项目上，这与居民家庭维持家庭"可见性"财富不变甚至持续增长的偏好密切相关。

四、家庭资产财富效应的稳健性检验

（一）平滑样本奇异值结果

我们采用的是微观家庭调查数据，其中以住房资产为主要组成部分的家庭资产是基于受访者自评价值测算得出的，故而资产价值可能会被低估或者高估，进而导致样本数据出现首尾奇异值，正如卡罗尔（1998）所指出的，处于财富分配最高端个体的行为方式与大多数消费者行为不太相同。尽管采用差分模型可以在一定程度上缓解奇异值带来的影响，但是考虑到不同年份耐用品消费支出间的差异等因素，居民消费可能存在较大波动，故而我们进一步采用缩尾处理（winsorize）方法，对家庭总消费支出上下5%的特异值进行了平滑处理。

表5–34　资产价值变动与居民消费关系稳健性检验：平滑样本奇异值

因变量	模型（1） Consu_Eme	模型（2） Consu_EmeNd	模型（3） Consu_Tra	模型（4） Consu_Cul	模型（5） Consu_Med
ln*Asset_Net*	0.2014*** (0.0002)	0.1994*** (0.0094)	0.1537*** (0.0109)	0.2255*** (0.0128)	0.2046*** (0.0402)
Constant	7.3125*** (0.0281)	7.1820*** (0.0329)	5.3675*** (0.0316)	4.0303*** (0.6591)	6.8354*** (0.0846)
控制变量	是	是	是	是	是
R^2	0.2871	0.2814	0.3079	0.1192	0.1203
样本量	3042	3042	3026	2227	3011

注：***、**、*分别表示在1%、5%、10%的水平下显著，括号内为稳健标准差。

从表 5-34 可以发现，对样本奇异值经过平滑处理，剔除消费支出可能存在的极端值影响后，尽管家庭资产对不同消费支出的影响存在一些差异，但家庭资产财富效应差距明显变小，且财富效应依旧显著为正，这意味着家庭总净资产的增加有助于促进居民消费升级。

(二)模型内生性检验结果

上述基于固定效应的检验结果可能仍然存在内生性问题：一方面，居民的消费习惯和偏好以及对未来预期等一系列不可观测因素可能会同时对家庭资产持有状况和居民消费行为产生影响；另一方面，居民的消费行为也可能影响家庭的资产持有状况，例如对家庭流动性资产或风险资产的占比造成影响，即可能存在反向因果关系。这些因素将致使家庭资产估计系数产生偏误。为了缓解潜在的估计偏差，我们有必要寻找新的工具变量来处理这一问题。已有家庭资产工具变量的相关研究为我们提供了良好的启示。目前常用的家庭住房资产工具变量一般包括家庭所在省份的商品房平均销售价格水平和家庭住房面积的乘积(高玲玲等，2018)、房产增值水平(周洋等，2018)等。地区房价和家庭住房资产密切相关，尽管地区平均房价与家庭住房面积乘积和家庭自评房产价值作为住房资产的两种测度指标，都会存在不同程度的测量偏差，但在两种偏差不相关情形下，这两种指标可以作为对方的工具变量。同时，住房价值与家庭资产财富存在很强相关性，且住房价格的快速上涨往往具有不确定性，而个人消费行为并不会影响地区平均房价，即两者的相关性相对较弱。

上述采用地区平均房价作为家庭资产工具变量的做法，即以上层集聚数作为较低层次解释变量的工具变量，起源于社会学和经济学中有关"同侪效应"(peer effect)的研究(康书隆等，2017)，研究者选取将省份(州)、城市等区域层面的集聚数据作为学校、邻里和个体等层面解释变量的工具变量(陈云松，2012)。基于上述逻辑，我们根据 CFPS 调查样本中的区县代码(County ID)选取了区县层面家庭平均资产水平作为工具变量进行 2SLS 回归。从表 5-35 给出的工具变量回归结果来看，第一阶段的回归结果显著异于 0，最小 F 统计量为 735.84，远远高于经验值 10，且 F 统计量在 1%水平高度显著，故不必担心存在弱工具变量问题；同时，尽管 2SLS 是一致估计，但仍然可能带来"显著性水平扭曲"，且这种扭曲程度会随着弱工具变量的变化而增大，故我们进一步在结构方程中就内生解释变量显著性在 5%水平进行了"名义显著性水平"沃尔德检验。由于检验结果中最小特征根为 718.79，远高于"真实显著性水平"15%对应的临界值 16.38，因此我们有理由拒绝"弱工具变量"的原假设。此外，第二阶段的回归系数尽管在大小上有所差异，但显著性和符号方向与前述研究保持一致，因此，在考虑内生性问题后家庭资产与居民消费行为关系基本稳健可靠。

表 5–35 资产价值变动与居民消费：工具变量回归

因变量	模型(1)	模型(2)	模型(3)	模型(4)	模型(5)
	Consu_Eme	Consu_EmeNd	Consu_Tra	Consu_Cul	Consu_Med
Panel A：第二阶段回归结果					
ln$Asset\_Net$	0.2721***	0.2855***	0.2251***	0.3324***	0.2496***
	(0.0326)	(0.0303)	(0.0289)	(0.0569)	(0.0459)
Constant	6.9270***	6.7854***	5.0760***	3.5983***	6.3011***
	(0.2461)	(0.2282)	(0.2218)	(0.4645)	(0.3511)
控制变量	是	是	是	是	是
R^2	0.3730	0.3677	0.3739	0.1526	0.1862
样本量	3380	3380	3356	2412	3338
Panel B：第一阶段回归结果					
IV	0.7473***	0.7473***	0.7484***	0.7249***	0.7453***
	(0.0238)	(0.0238)	(0.0238)	(0.0267)	(0.0240)
Constant	−1.3923***	−1.3923***	−1.3521***	−0.5679**	−1.3491***
	(0.2429)	(0.2429)	(0.2434)	(0.2706)	(0.2463)
控制变量	是	是	是	是	是
R^2	0.4649	0.4649	0.4639	0.4648	0.4641
样本量	3380	3380	3356	2412	3338
F	988.451***	988.451***	992.541***	735.844***	961.162***
Eigenvalue	954.802	954.802	957.141	718.788	934.383

注：***、**、*分别表示在 1%、5%、10%的水平下显著，括号内为稳健标准差。

五、家庭资产影响居民消费的作用机制检验

(一)抵押担保效应视角下的机制分析

鉴于住房资产是家庭总财富的最主要组成部分，探讨住房资产影响居民消费的作用渠道就成了理解家庭整体资产与居民消费升级关系的基础和重点，故接下来我们着重考察住房财富对居民消费的作用机制，借鉴赵西亮等(2013)通过交互项考察住房财富效应异质性的做法，将家庭住房资产对数和流动性约束指标之积(ln$Estate*liquidity$)纳入模型(1)进行检验，即采用家庭金融财富与家庭纯收入的比值作为流动性约束的衡量指标

(*liquidity*)(高玲玲等，2018)。在固定效应的估计方法下，ln*Estate* 的系数表征了住房资产的"直接财富效应"，交互项(ln*Estate**liquidity*)系数则表征了"抵押担保效应"。检验结果如表 5–36 所示。可以发现，整体上住房资产对各类消费的直接财富效应相对显著，但交互项的系数非常小且不显著，这意味着住房财富主要通过直接财富效应渠道发挥作用。

表 5–36　家庭资产价值与居民消费作用机制：考虑抵押担保效应

因变量	模型（1）	模型（2）	模型（3）	模型（4）	模型（5）
	Consu_Eme	*Consu_EmeNd*	*Consu_Tra*	*Consu_Cul*	*Consu_Med*
ln*Estate*	0.1963***	0.1858***	0.1444***	0.1901***	0.1780***
	(0.0048)	(0.0007)	(0.0124)	(0.0334)	(0.0131)
ln*Estate**liquidity	0.00003	0.00002	0.00002	0.0016	0.0001
	(0.0001)	(0.0001)	(0.0001)	(0.0010)	(0.0001)
Constant	6.9356**	6.7826***	5.2044***	3.6121***	6.4262***
	(0.1364)	(0.0682)	(0.0337)	(0.5995)	(0.0762)
控制变量	是	是	是	是	是
R^2	0.3622	0.3605	0.3699	0.1514	0.1751
样本量	3380	3380	3356	2412	3338

注：***、**、*分别表示在 1%、5%、10% 的水平下显著，括号内为稳健标准差。

（二）流动性约束强度视角下的机制分析

上述纳入住房资产与家庭流动性约束交互项的检验结果表明，住房资产总体上不存在抵押担保效应，但鉴于不同居民家庭面临的流动性约束强度有着较大差异，家庭间住房财富的直接财富效应和抵押担保效应可能因此有所不同，故进一步根据流动性约束(*liquidity*)的中位数，将 *liquidity* 高于和低于中位数的居民家庭分别划分为"弱流动性约束"和"强流动性约束"样本进行分析，相关结果如表 5–37 所示。

可以发现，面临高流动性约束和低流动性约束家庭的资产变动均具有明显财富效应，但相较于流动性约束较弱的家庭而言，受到较强流动性约束的居民家庭住房资产的直接财富效应要相对较小。同时，家庭住房资产与流动性约束的交互项(ln*Estate**liquidity)系数在流动性较低的家庭，即受到较强流动性约束的家庭中相对显著，但在高流动性家庭，即受到较弱流动性约束的家庭样本中不够显著，且交互项系数很低。简言之，住房资产在不同收入群体中都存在明显的直接财富效应，但抵押担保效应主要存在于受到较强流动性约束的居民家庭，即弱流动性约束家庭不存在抵押担保效应。因此随着家庭资产的增值，资产持有者权益会有所上升增加，从而缓解居民家庭特别是流动性约束较强家庭的信贷约束，增强这部分群体的信贷能力，促进居民消费水平提升(张大永、曹红，2012)。但必须注意的是，住房资产的财富效应的主要实现机制是通过直接财富效应而非抵押担保效应发挥作用，这表明我国信贷市场发展尚不够充分，今后需要进一步发展消费信贷市场，培育住房资产抵押担保效应发挥作用的基础。此外，借鉴李涛、陈斌开(2014)的做法，我们将家庭总负债与家庭收入的比值作为家庭流动性约束的另一衡量指标。检验结果表明，采用不同流动性约束指标进行检验所得结果相对一致。

表 5-37　家庭资产价值与居民消费作用机制：考虑流动性约束强度

因变量	模型(1)	模型(2)	模型(3)	模型(4)	模型(5)
	Consu_Eme	*Consu_EmeNd*	*Consu_Tra*	*Consu_Cul*	*Consu_Med*
Panel A：弱流动性约束样本					
ln*Estate*	0.1816***	0.1694***	0.1378***	0.1604***	0.1516***
	(0.0057)	(0.0094)	(0.0083)	(0.0577)	(0.0259)
ln*Estate*∗ liquidity	0.0001	0.0002**	0.0001	0.0013	0.0001
	(0.0001)	(0.0001)	(0.0001)	(0.0013)	(0.0001)
Constant	6.9848***	6.6315***	4.9384***	3.4553***	6.2064***
	(0.3468)	(0.0776)	(0.3114)	(0.1519)	(0.0722)
控制变量	是	是	是	是	是
R^2	0.3732	0.3690	0.3882	0.1656	0.1733
样本量	1690	1690	1678	1223	1671
Panel B：强流动性约束样本					
ln*Estate*	0.1547***	0.1351***	0.1015***	0.1179***	0.1604***
	(0.0195)	(0.0228)	(0.0249)	(0.0007)	(0.0003)
ln*Estate*∗ liquidity	0.0291***	0.0406***	0.0396***	0.0753***	0.0161***
	(0.0011)	(0.0067)	(0.0046)	(0.0223)	(0.0047)
Constant	7.2275***	7.2732***	5.5447***	4.4570***	6.9779***
	(0.0687)	(0.0932)	(0.2704)	(1.3784)	(0.2200)
控制变量	是	是	是	是	是
R^2	0.3661	0.3693	0.3579	0.1540	0.1856
样本量	1690	1690	1678	1189	1667

注：***、**、*分别表示在 1%、5%、10%的水平下显著，括号内为稳健标准差。

（三）家庭资产结构视角下的机制分析

前面我们主要考察了房产财富对居民发展享受型消费支出的影响机制。鉴于住房财富和金融资产在变现成本、预期收益和"心理账户"等方面有明显不同，故接下来从家庭资产结构的视角考察了不同类型资产的比值对消费升级的影响，家庭资产结构（$Estate\_ratio$）以住房资产在家庭总资产中的比重来度量，相关回归结果见表5–38。

表5–38　家庭资产价值与居民消费作用机制：考虑家庭资产结构

因变量	模型(1)	模型(2)	模型(3)	模型(4)	模型(5)
	$Consu\_Eme$	$Consu\_EmeNd$	$Consu\_Tra$	$Consu\_Cul$	$Consu\_Med$
$Estate\_ratio$	0.3546***	0.3456***	0.3411***	0.1941	0.2920**
	(0.0961)	(0.0677)	(0.0954)	(0.1677)	(0.1212)
$Constant$	6.9980***	6.8494***	5.2862***	3.7391***	6.4731***
	(0.2102)	(0.0038)	(0.0861)	(0.6099)	(0.1571)
控制变量	是	是	是	是	是
R^2	0.3187	0.3169	0.3442	0.1232	0.1494
样本量	3380	3380	3356	2412	3338

注：***、**、*分别表示在1%、5%、10%的水平下显著，括号内为稳健标准差。

从回归结果可以发现，以住房资产在家庭总资产中占比作为解释变量后，其对家庭的各类发展享受型消费支出均呈现正向影响，也就是说，随着住房资产在家庭总资产中占比的提升，其对家庭消费升级的促进作用更加明显；与之相反，家庭金融资产占比的增加则会对家庭消费升级产生阻碍作用。这一结论与前述有关家庭金融资产规模的增加有助于居民消费升级的结论并不冲突。这里考虑家庭资产结构的分析结果只是进一步确认了住房资产在家庭财富效应中的主导支配地位，也即住房资产的直接财富效应将在今后较长一段时期内始终是影响中国居民消费升级的主要作用渠道。

六、拓展性分析：家庭资产财富效应的排他性检验

前面我们主要从消费支出总量层面进行了分析，结果表明家庭净资产对各类消费支出的影响具有相对一致性，家庭净财富的增加会促进居民消费升级。作为消费升级的另外一种表现方式，在家庭禀赋的预算约束下，家庭消费支出总量可能不变或者保持相对稳定，只是消费结构发生了相应调整，具体表现为发展享受型消费支出占比提升，而其

他消费支出占比相应有所下降。基于此，我们还采用了包含耐用品的发展享受型消费支出在总消费支出中的占比（*Consu_EmeR*），以及不含耐用品的发展享受型消费在非耐用品总消费中的占比（*Consu_EmeNdR*），以及交通通信类支出、文化娱乐旅游与教育培训类支出、医疗保健美容类支出各自在家庭非耐用品总消费支出中的占比，作为居民家庭消费升级的相对衡量指标，来考察家庭资产增值对不同类型发展享受型消费支出的影响是否具有排他性。相关检验结果如表 5–39 所示。

表 5–39　资产价值变动与居民消费关系稳健性检验：替换消费升级变量

因变量	模型（1） *Consu_Eme*	模型（2） *Consu_EmeNd*	模型（3） *Consu_Tra*	模型（4） *Consu_Cul*	模型（5） *Consu_Med*
Panel A：核心解释变量：家庭总净资产					
ln*Asset_Net*	0.0093 (0.0066)	0.0001 (0.0060)	−0.0015 (0.0031)	0.0024 (0.0034)	−0.0009 (0.0048)
Constant	0.4220*** (0.0988)	0.4541*** (0.0888)	0.1244*** (0.0388)	0.1547*** (0.0524)	0.1750** (0.0722)
控制变量	是	是	是	是	是
R^2	0.0164	0.0092	0.0037	0.0075	0.0094
样本量	3380	3380	3380	3380	3380
Panel B：核心解释变量：住房和金融净资产					
ln*Estate*	0.0003 (0.0013)	−0.0016 (0.0021)	−0.0043*** (0.0007)	0.0040*** (0.0015)	−0.0013 (0.0013)
ln*Finan*	0.0061*** (0.0013)	0.0050*** (0.0014)	−0.0021** (0.0001)	0.0047*** (0.0008)	0.0024*** (0.0005)
Constant	0.3031*** (0.0420)	0.2826*** (0.0036)	0.0945*** (0.0104)	0.0756*** (0.0254)	0.2638*** (0.0394)
控制变量	是	是	是	是	是
R^2	0.0673	0.0471	0.0647	0.0846	0.0182
样本量	3380	3380	3380	3380	3380

注：***、**、*分别表示在 1%、5%、10%的水平下显著，括号内为稳健标准差。

从检验结果可以发现，家庭总净资产和分类净资产的变动对不同类型消费支出比重的影响具有明显的不一致性。具体而言，家庭总净资产对不同类型的发展享受型消费影响不够显著，但将家庭总净资产分解为住房净资产和金融净资产后，随着家庭住房资产和金融资产的增加，家庭在交通通信类消费的支出比例会降低，意味着家庭的金融资产变动对交通通信类支出具有明显排他性，这一发现与张传勇和王丰龙（2017）的研究结论基本一致。同时，金融资产增值有助于提升文化娱乐和教育培训类支出、医疗保健类消费支出，以及包含与不含耐用品的发展享受型消费在家庭消费中的占比。此外，除住房资产增值有利于提高文化娱乐和教育培训类支出占比，和对交通通信类消费支出产生挤出效应外，其对医疗保健类支出、包含与不包含耐用品的发展享受型消费支出的影响并不显著。

本章小结

本章从异质性禀赋中的家庭资产角度界定异质性消费者，并借助宏观、微观数据分析了异质性消费者的行为特征。宏观 VECM 模型结果显示，在长期中资产对异质性消费者行为的影响存在着显著差异，资产中住房资产与净存款的影响也不同。在微观层面，我们分别从资产流动性、财富效应、中介效应、多重属性等方面展开分析。具体结论可归纳如下：首先，从资产流动性角度来看，高流动性资产对消费平滑以及流动性约束具有显著影响，且住房资产引起了流动性约束程度差异，这一现象来源于有房与无房的消费者面临的不确定性差异及其引致的预防性储蓄比例差异。其次，从住房资产财富效应角度来看，相比于无房消费者而言，有房消费者的财富效应显著增加，这种效应的增加有助于其消费水平的提高，且多套房消费者的财富效应显著高于一套房消费者。再次，在中介效应方面，房价上涨通过增加可支配收入和降低储蓄率对有房家庭消费产生促进作用，并且房价上涨速度的加快会通过提高储蓄率、降低可支配收入等方式抑制住房财富效应。最后，在多种效应方面，家庭资产对居民消费有明显的"资产效应"和"财富效应"，住房资产的"直接财富效应"是影响居民消费升级的主要作用渠道，而"抵押担保效应"作用有限。

本章研究为调节资产结构、刺激消费等方面财政政策的制定提供了一定参考依据，试归纳如下：一是应加强金融机构转型，促进资产供给结构的优化，在鼓励家庭提高高收益资产份额、扩大财产性收入的同时，引导其兼顾资产流动性与收益性。为此，一方面要满足家庭的多元化资产需求，拓宽居民财产性收入渠道，另一方面则要完善金融市场，降低资产变现成本，且保证家庭高流动性资产的配置比例合理。二是应控制房价过快上涨。一方面，应该进一步落实"限购""房产税"等相关政策进而控制住房投资；另一方面，可考虑综合采用提升二套房首付比例及贷款利率，扩大限购范围等一系列措施，切实保障住房价格平稳运行，保证住房财富效应能在较长时期内发挥。此外，还应建立健全住房资产抵押政策法规，通过培育成熟的住房抵押市场，构建以住房资产为载体的消费金融创新机制，从而有效发挥住房财富效应对居民消费升级的刺激作用。

第六章　习惯形成视角下的家庭异质性消费者行为特征

习惯形成被认为是我国居民消费行为的基本特征之一，其改变了居民的风险偏好，影响了外部因素的作用机制，体现了居民提升消费水平的动机，并且该特征在不同居民之间具有异质性的表现。因此，本章基于客观的消费环境，从习惯形成的角度入手，结合居民的异质性，更为全面、准确地分析我国城镇居民消费现状的成因，进而探寻释放消费潜力的方法。

第一节　城镇居民消费的习惯形成特征与产生机制

作为居民消费变化的内在依据之一，习惯形成被认为是居民消费形成和变化的一个基本的规律，我国城镇居民消费是否存在显著的习惯形成特征？为何存在？习惯强度如何？其对居民消费具有怎样的影响？这直接关系到对消费习惯形成特征的性质的准确认识，以及政策建议的方向。为此，本节基于居民面临的具有增长性、动态性和不确定性特点的消费环境，结合供给侧和需求侧两方面因素，从居民为追求消费水平的逐年提升，在收入禀赋的约束和不确定性的影响下，在做出消费决策时不得不"三思而后行"的现实出发，判断城镇居民消费之所以存在显著的习惯形成特征，主要是受到居民提升消费的愿望和因不确定性而产生的谨慎性的影响，该特征可能会对居民消费产生抑制作用。为验证该判断，本节以缓冲存货(Buffer Stock)模型为基础构建理论模型，采用我国城镇 1991—2016 年的多元时间序列数据，运用时间序列 ARIMAX 模型进行了理论和实证检验。

一、习惯形成的性质与来源

改革开放以来，我国城镇居民所面临的客观消费环境，主要表现出"增长性、动态性和不确定性"的特点：随着经济的快速增长，居民的可支配收入和消费水平快速提升，居民逐渐习惯于消费水平的逐年提升，不再满足于在生命周期内的消费平稳，而视消费水平的提升为常态。但与此同时，经济因素的动态性、各项制度的不完善使居民面临来自供给侧的信息缺乏、信贷约束、收入差距、保障滞后等多种不确定性因素的制约，并且以上因素的作用会受到儒家文化所蕴含的风险厌恶、克制消费、寻求地位、养老扶幼等消费理念的影响，居民需在考虑收入禀赋约束和应对不确定性影响的基础上追求消费水平的逐期提升。此时，理性的居民在做出决策时将"三思而后行"，即考虑自己过去的消费行为对当期消费的影响，以及当期消费行为对未来消费的影响，消费效用将具有跨期影响性，即居民消费的效用除受到当期消费的影响，还将受过去消费量的影响。经济理论中将消费效用的跨期相关性称为习惯形成。

习惯形成理论是一种特殊的效用理论，是对生命周期-持久收入假说的继承与发展，将后者关于居民消费效用可分可加的假设修正为具有跨期影响，认为居民消费效用取决于当期的消费量和习惯存量决定的净消费，在收入禀赋的约束下，居民通过平滑消费的增长(而非消费本身)来保证消费效用的逐期提升，其本质在于拟合了居民消费效用的跨期影响和动态调整的客观规律。其中习惯存量为一逐步调整的状态变量，改变了居民的风险偏好和环境因素的作用方式，其存量结果即为居民的消费习惯，形成消费习惯的过程即为习惯形成，消费习惯存量对当期消费的影响参数即为习惯形成的强度，体现了居民提升消费水平的愿望强度和降低消费水平的谨慎程度。既有理论分析认为，习惯形成特征是一种谨慎的消费行为，这为众多学者所依据来判断其是我国居民消费现状的重要影响因素。

在具有增长性、动态性和不确定性的消费环境中，习惯形成理论很好地拟合了在收入禀赋的约束和不确定性的影响下，居民为维持消费效用的逐期提升而不得不"三思而后行"的现实，故收入禀赋约束下的消费水平的增长性、消费环境的不确定性应是导致居民消费呈现显著的习惯形成特征的两个基本因素：一方面，消费水平的提升是保证居民消费效用不会下降的必要条件，居民会根据自己的收入禀赋规划各期的消费支出，并且各期消费必定相互影响；但另一方面，广泛存在的不确定性，是居民在进行消费规划时不得不考虑的重要因素，信息的缺乏、经济因素的动态变化等都会加大居民消费规划的难度，消费水平的逐期提升将面临更多的变数，进而促使居民从以前各期的消费行为中总结经验和教训，以往消费对居民当期消费行为的影响将更加明显。由以上理论分析可知，居民消费水平的增长性是产生习惯形成特征的基础因素，消费环境的不确定性亦会影响其强度，习惯形成特征既体现了居民对消费水平提升的期待，也体现了其对消费水平下降的担忧，两者的相对大小对不同的居民而言将呈现异质性。

基于以上分析，我国城镇居民的消费函数可以设定为如下形式：

$$C_t = f(H_t, Y_t, X_{1t}, X_{2t}, \cdots, X_{nt}, \varepsilon_t) \tag{6-1}$$

其中，下标 t 表示时间，C_t 为第 t 期消费水平，H_t 为习惯存量水平，Y_t 为收入水平，$X_{1t}, \cdots, X_{nt}$ 表示多元存在的不确定因素，具体包括地位寻求、收入差距水平、支出预期偏差、代际扶持等，ε_t 表示其他不可观测因素。

二、消费函数的构建

缓冲存货模型是将不确定性引入居民消费问题研究的重要理论之一，但居民完全理性、效用时间可分等假设并不符合经济现实。我们从两个方向对其进行改进：借鉴安杰利托斯等(2001)提出的双曲线贴现(Hyperbolic Discounting)模型，将时间偏好因子拓展为时间结构性变量，体现居民的有限理性；借鉴卡罗尔等(2000)的比值形式的习惯形成模型，建立居民消费效用的时间相关性，体现居民消费行为的习惯形成特征。

具体而言，居民消费效用规划如下：

$$\text{Max} \quad E_t \left\{ \sum_{k=0}^{T} D(k) U(C_{t+k}^*) \right\}, \tag{6-2}$$

$$\text{s.t.} \quad D(k) = \begin{cases} 1, k=0 \\ \beta \delta^k, k>0 \end{cases}$$

$$C_t^* = C_t / (H_t^{\lambda})$$

$$W_{t+1} = (1+r_t)(W_t + Y_t - C_t)$$

其中 C_t、Y_t、W_t 分别代表居民在 t 期的消费水平、收入水平和期初资产，H_t 代表消费习惯存量，r_t 代表实际利率；E_t 为期望算子，表示居民根据 t 期的信息对未来的预期。约束条件中，第一个方程为双曲线贴现模型，体现时间偏好因子的时间结构性，即其可表现为 $\{1, \beta\delta, \beta\delta^2, \cdots, \beta\delta^k\}$，$0 < \delta < 1$，短期因子为 $\beta\delta$，长期因子为 δ，我国居民"轻现在、重未来"的消费理念决定了前者大于后者，即 $\beta > 1$ (叶德珠等，2012)；第二个方程表示居民消费的习惯形成特征，C_t^* 代表净消费，参照奈克和穆尔(1996)的做法和"峰尾定律"，选择滞后一期消费即 C_{t-1} 作为习惯存量的代理变量，λ 为习惯形成参数，表示习惯形成的强度；最后一个方程表示跨期约束条件，假设 $W_t \geqslant 0$ 表明居民面临较强的信贷约束，其消费主要来自于自身的收入。

借鉴安杰利托斯等(2001)的方法，结合我国城镇居民边际消费倾向较低的现实，我们得出这一规划问题的欧拉方程如下：

$$U'(C_t^*) = E_t R_t \beta \delta U'(C_{t+1}^*) \tag{6-3}$$

该方程表示居民消费效用最大化的条件是，各时期净消费的预期边际效用的贴现值，均与当期净消费的边际效用相等。但未来时期被赋予了相对更大的权重，反映出有限理性放大了居民的风险厌恶倾向。

方程(6-3)中，期望算子 E_t 表示居民根据 t 期的信息对未来的预期。因各外部因素也是居民做出预期的主要依据，故对方程(6-3)做如下处理：

$$U'(C_t^*) = E_t(X_t) R_t \beta \delta U'(C_{t+1}^*) \tag{6-4}$$

根据前面的分析，变量 X_t 的涵盖了 t 期的收入水平 Y_t、地位寻求动机 K_t、收入差距水平 M_t、支出预期偏差 V_t、代际扶持动机 D_t，故为简化分析，此处借鉴并改进汪伟和郭新强(2008)的做法，将 X_t 表示为 $X_t = Y_t^\sigma K_t^\gamma e^{V_t \omega} e^{M_t \nu} e^{D_t \eta} e^{\varepsilon_t}$，其中 $-1 < \gamma, \sigma, \nu, \omega, \eta < 1$，$\varepsilon_t$ 服从白噪声过程。并且为获得均衡解，假设方程(6-4)表示为 $U'(C_t^*) = X_t R_t \beta \delta U'(C_{t+1}^*)$，预期误差归于扰动项 ε_t。

为引入不确定性，此处的效用函数采用常相对风险效用函数(CRRA)形式，即 $U(C_t^*) = \dfrac{C_t^{*1-\rho}}{1-\rho}$，其中 ρ 为相对风险规避系数。这一效用函数满足 $U' > 0, U'' < 0, U''' > 0$，即三阶导数大于零，这意味着居民具有较强的预防性动机(莱兰德，1968)。根据卡罗尔等(2000)的研究结果，在此效用函数下，居民消费的跨期替代弹性为 $1/[\gamma + (1-\gamma)\rho]$，且时间偏好因子亦表示消费的跨期替代，故近似可得：

$$\ln C_t = \lambda \ln C_{t-1} + \beta \delta \sigma \ln Y_t + \beta \delta \gamma \ln K_t + \beta \delta \nu M_t + \beta \delta \omega V_t + \beta \delta \eta D_t + \varepsilon_t \tag{6-5}$$

方程(6-5)可以看出，时间偏好因子的时间不一致性引致的短期低、长期高的贴现率结构，放大了外部因素等对居民消费水平的影响，这与黄娅娜和宗庆庆(2014)的观点一致。

三、数据说明、变量选择、模型设定与研究设计

(一)数据说明

习惯形成的本质在于刻画了居民消费效用的跨期影响，因此其计量经济学的实质在于居民消费时间序列的自相关，故本部分采用城镇多元时间序列数据，时间范围为 1991—

2016 年[①]，所有数据均来自历年《中国统计年鉴》和 Wind 数据库。我们主要选取了居民消费水平、可支配收入、社会平均消费水平、基尼系数、社会信贷规模、劳动者报酬等经济数据，以及人口抚养比、人口性别比等人口统计学数据。以上含有价格因素的数据，均以 1990 年消费价格指数为基期进行了平减，从而去除了通货膨胀因素的影响。为控制极端值并减轻异方差的影响，我们对上述数值变量做了对数化处理。

（二）变量选取

借鉴之前研究的相关做法，选取变量如下：

1. 被解释变量

居民消费支出 C_t。借鉴翟天昶和胡冰川（2017）、陈斌开等（2010）的做法，采用城镇居民实际消费水平 csz_t 作为代理变量。

2. 关键解释变量

居民收入水平 Y_t。借鉴弗里德曼（1957）的思想，以持久收入 pi_t 作为代理变量，且为控制可能的内生性，采用可支配收入 inc_t 的平滑值计算持久收入[②]。另外，为检验估计结果的稳健性，采用居民可支配收入增量的平滑值 ris_t 作为替代变量进行检验。

地位寻求动机 K_t。借鉴并改进杭斌和闫新华（2013）的做法，利用社会平均消费水平加以表示，为控制可能的共线性，利用滞后两期的平滑值 ac_t 作为代理变量。

收入差距水平 M_t。考虑其主要源于收入分配的不平等，故借鉴孙慧钧（2004）的做法，采用基尼系数 gi_t 作为代理变量。另采用收入增长率的平方 vis_t 作为替代变量进行稳健性检验。

支出预期偏差 V_t。借鉴王健宇和徐会奇（2010）的做法，利用居民消费的调整离差率 adr_t[③]为代理变量。另借鉴李勇辉和温娇秀（2005）的做法，采用消费增长率的平方 vcs_t 作

---

① 我国城镇居民面临的经济和制度环境在 1991 年前后发生较大的改变（《发展和改革蓝皮书——中国改革开放 30 年（1978—2008）》，社会科学文献出版社 2008 年版），且运用邹检验、邝特似然比（QLR）检验的结果显示我国居民消费函数在 1991 年发生结构突变，故选择 1991—2016 年的数据进行研究，对此时间段的数据进行了相同的检验，检验结果显示该段时期不存在时间结构变动。

② 除了本部分选取的解释变量和控制变量，经济中尚有如市场化进程、发展战略等宏观经济因素和居民性别、学历等微观人口特征同时影响居民消费水平和收入水平，故持久收入可能存在内生性。另，此处及下面所说的平滑值，均采用 Holt-Winters 无季节因素指数平滑法计算。

③ 调整离差率即居民根据过去年度的消费增长率来预期 t 期支出的预期误差率，其计算步骤如下：
$v_t\% = \frac{\sum_{i=1}^{T} v_{t-i}}{T}$，$C_t' = C_{t-1}(1 + v_t\%)$，$ADR = \frac{C_t - C_t'}{C_t'}$。其中 v_{t-i} 表示 t 期之前的消费增长率，此处选择 $T=3$。v_t 表示 t 期预期消费增长率，C_{t-1} 表示前一期实际消费支出，C_t' 表示 t 期预期消费支出。下面的调整离差率皆采用此做法。

为稳健性检验的替代变量。

代际扶持动机 D_t。借鉴孙涛和黄少安(2010)的研究，利用人口抚养比 dr_t，即老年和少儿总人口与劳动年龄人口的比重作为代理变量。为检验结果的稳健性，以非经济活动人口和经济活动人口的比值，定义人口负担比 rs_t 作为替代变量进行检验。

3. 控制变量

借鉴臧旭恒和李燕桥(2012)、杜和韦(2013)等学者的做法，选取金融发展程度 fi_t、人口性别比 rs_t 和初次分配中劳动力份额 rl_t 作为控制变量[①]。其中金融发展程度 fi_t，借鉴叶德珠等(2012)的做法，采用信贷总量规模占 GDP 的比重表示。

此外，有学者将中国加入世界贸易组织的 2001 年和金融危机席卷全球的 2008 年作为划分我国经济阶段的时间节点(张慧芳和朱雅玲，2017)。虽然邹检验显示城镇居民消费函数在这两个时间点并不存在结构突变，但为进一步控制其可能影响，分别引入 2001 年和 2008 年时间虚拟变量 m_1 和 m_2。

各变量的描述性统计结果如表 6–1 所示。从表中不难看出该段时期城镇居民的消费水平提高了约 6.3 倍，同时收入水平提高了约 7.3 倍，即消费倾向总体上降低了；基尼系数最大值接近 0.5，收入不平等情况较为严重；同时消费支出的调整离差率的极差达到约 18，居民的支出预期偏差较为显著；人口抚养比达到 42%，抚养负担较重，人口性别比最大值达到 1.07，人口性别失衡现象已愈发严重，初次分配中劳动力份额的比重也处于相对较低的水平，平均低于 50%，最小值甚至低于 45%。

表 6–1　变量统计性描述结果

变量	含义	平均值	标准差	最小值	最大值
csz	消费水平(元)	4085.76	0.54	1540.44	9614.16
pi	可支配收入平滑值(元)	4181.47	0.61	1513.95	11035
ris	可支配收入增量的平滑值(元)	296.03	0.65	76.8	685.57
ac	滞后两期社会平均消费水平平滑值(元)	2114.41	0.64	701.27	6323.62
gi	基尼系数	0.45	0.05	0.324	0.49
vis	收入增长率的平方(%)	210.43	267.97	26.33	1270.8
adr	消费的调整离差率(%)	0.45	4.25	−7.3	10.88
vcs	消费增长率的平方(%)	69.45	53.59	3	203.42

[①] 除以上控制变量，本部分同时选取了 GDP 增长率、城镇化率、房价作为控制变量。但是后面的实证检验表明，这三个变量的影响并不显著，且对检验结果没有明显影响，故最终选取的控制变量没有对其保留。

续表

变量	含义	平均值	标准差	最小值	最大值
dr	老年抚养比与少儿抚养比之和(%)	42	5.87	34.2	51
dre	非经济活动与经济活动人口之比(%)	72.97	1.64	71.06	75.91
fi	社会信贷规模占 GDP 比重(%)	1.06	0.15	0.82	1.43
rs	男女人口数量之比(%)	1.05	0.01	1.03	1.07
rl	劳动力报酬份额(%)	47.84	3.08	42.86	52.16

(三)模型设定

为合理设定计量模型，需先定性分析估计方法的类型(汪伟和郭新强，2011)。为此采用半参数估计方法，即部分线性模型分析被解释变量与解释变量的关系，如图 6–1 所示[①]。从半参数检验结果可知，被解释变量和各解释变量之间均存在非严格的线性关系[②]。

本部分采用多元时间序列数据，目的为探究居民的消费行为特征，故需检验居民消费水平与各解释变量的长期均衡关系，因此采用含有外生变量的自回归移动平均协整计量模型 ARIMAX(p,d,q)[③]，设定结构计量模型如下：

$$C_t = \mu + \lambda C_{t-1} + \xi_1 Y_t + \xi_2 K_t + \xi_3 M_t + \xi_4 V_t + \xi_5 D_t + \sum_{j=1}^{N} \tau_j Z_t + \varepsilon_t \tag{6–6}$$

其中，C_t 和 C_{t-1} 分别表示居民在 t 期和 t-1 期的消费水平；Y_t、K_t、M_t、V_t、D_t 为关键解释变量；Z_t 为控制变量，表示影响居民消费水平的其他因素，ε_t 为不可观测的随机扰动因素。

(四)研究设计

实证分析具体检验遵循以下步骤。首先，保证研究具有价值的前提是作为被解释变量的时间序列非白噪声，并且解释变量之间不存在严重多重共线性。我们通过 Ljung-Box Q 检验和 Bartlett 检验验证了被解释变量在 1%水平上为非白噪声，具有序列相关性；通

---

① 为节省篇幅，在控制变量的半参数检验结果中，这里只列式了人口性别比的检验结果。

② 运用主成分分析的 SMC 工具，结果也显示存在线性关系。

③ 时间序列数据处理模型主要包括 ARMA 模型、ECM 模型(误差修正)和 VAR 模型(向量自回归)。其中 ARMA 模型研究的是经济变量之间的长期均衡关系，ECM 模型研究的是经济变量之间的短期波动关系，VAR 模型研究的则是多个时间序列变量之间的相互影响。结合研究目的，我们最终选择 ARMA 模型。ARIMAX(p,d,q)模型是引入外部变量后对 ARMA 模型的拓展。

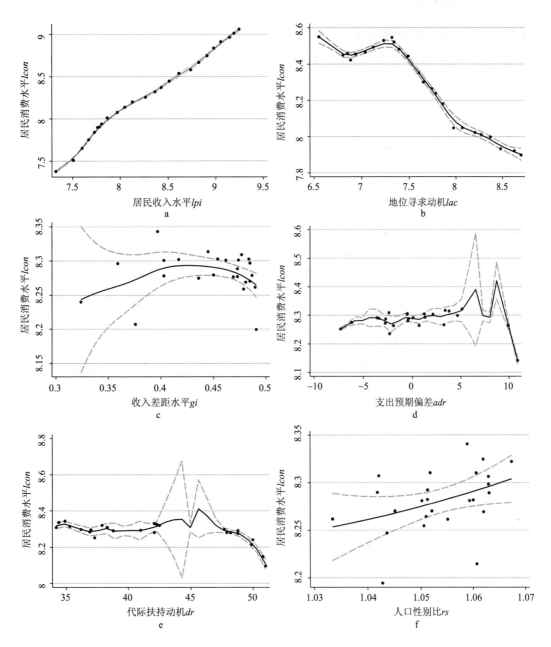

图 6-1　半参数检验图

过方差膨胀因子(VIF)检验验证了解释变量之间不存在严重多重共线性[①]。

其次,为避免伪回归,检验各变量的平稳性。我们通过其 ADF 值判断变量的平稳性,并用麦金农近似 P 值(MacKinnon approximate P-value)、PP 检验、DF-GLS 检验、KPSS

----

① 方差膨胀因子值均小于 10。限于篇幅,这里并未列示 Q 检验和方差膨胀因子检验的结果。

检验等判断 ADF 结果的稳健性，其滞后阶数采用从大到小的序贯 t 规则确定。如表 6–2 所示，检验发现所有变量均为 5% 显著性水平及以下的一阶差分平稳序列[①]；

表 6–2　时间序列变量平稳性检验

变量	ADF	(c,t,p)	1%临界值	5%临界值	平稳性	麦氏 P 值	PP	DF-GLS	KPSS
lncsz	−2.99	(c,t,2)	−4.38	−3.6	否	0.14	否	否	否
lnpi	−3.07	(c,t,2)	−4.38	−3.6	否	0.11	否	否	否
lnris	−2.74	(c,t,2)	−4.38	−3.6	否	0.22	否	否	否
lnac	−3.25	(c,t,1)	−4.38	−3.6	否	0.08	否	否	否
gi	−3.21	(c,0,0)	−3.75	−3.0	是**	0.02	否	否	否
vis	−2.18	(c,0,1)	−3.75	−3	否	0.21	否	否	否
adr	−3.31	(c,0,1)	−3.75	−3	是**	0.01	否	否	是
vcs	−2.81	(c,0,1)	−3.75	−3	否	0.04	否	否	是
dr	−0.44	(c,0,0)	−4.38	−3.6	否	0.99	否	否	否
dre	−1.85	(c,0,0)	−3.75	−3	否	0.68	否	否	否
fi	−2.57	(c,0,2)	−4.38	−3.6	否	0.30	否	否	否
rs	−1.49	(c,0,0)	−3.75	−3	否	0.59	否	否	否
rl	−1.60	(c,t,0)	−3.75	−3	否	0.48	否	否	否
Δlncsz	−3.32	(c,0,0)	−3.75	−3	是**	0.01	是	否	是
Δlnpi	−4.08	(c,0,0)	−3.75	−3	是***	0.00	是	否	是
Δlnris	−3.55	(c,0,0)	−3.75	−3	是**	0.01	是	是	是
Δlnac	−10.4	(c,0,0)	−3.75	−3	是***	0.00	是	否	是
Δgi	−4.41	(c,0,2)	−3.75	−3	是***	0.00	是	否	是
Δvis	−4.20	(c,0,0)	−3.75	−3	是***	0.00	是	是	是
Δadr	−5.03	(c,0,0)	−3.75	−3	是***	0.00	是	否	是
Δvcs	−7.24	(c,0,0)	−3.75	−3	是***	0.00	是	是	是
Δdr	−4.33	(c,0,0)	−3.75	−3	是***	0.00	是	是	是
Δdre	−5.35	(c,0,0)	−3.75	−3	是***	0.00	是	是	是
Δfi	−3.59	(c,0,0)	−3.75	−3	是**	0.01	是	是	是
Δrs	−4.69	(c,0,0)	−3.75	−3	是***	0.00	是	是	是
Δrl	−3.88	(c,0,0)	−3.75	−3	是***	0.00	是	否	是

注：*、**、***分别表示在 1%、5%、10%水平下显著。

[①] 其中变量 GI 和 ADR 的 ADF 检验值表明其在 5%水平上平稳，但 PP 检验和 DF-GLS 检验均不支持其平稳，其一阶差分值各种检验均非常显著，故判断其为一阶差分平稳变量。

再次，通过自相关系数和偏自相关系数判断被解释变量的滞后阶数 p 和随机扰动项的滞后阶数 q 的取值范围，并通过赤池信息准则（AIC）和贝叶斯信息准则（BIC）确定滞后阶数 p 和 q 的最优值，结果显示模型形式为 ARIMAX（1,1,0）。

然后进行回归分析，最后对模型进行检验。为验证最大似然估计（MLE）的有效性，通过雅克-贝拉检验（JB）检验、D'Agostino 检验以及非参数 Shapiro-Wilk 检验和非参数 Shapiro-Francia 检验扰动项的正态分布性；为检验模型拟合的优度，通过 Q 统计量、Ljung-Box Q 检验和 Bartlett 检验验证了残差的序列相关性和方差齐性；为验证模型不存在遗漏变量和内生性，通过 Wald 检验验证变量的联合显著性。结果均表明模型设定是合理的。

四、实证结果与分析

（一）基本分析

实证回归结果如表 6-3 所示。其中列（1）仅考虑习惯因素对居民消费的影响；列（2）—（6）分别考虑了收入水平、地位寻求动机、收入差距、支出预期偏差、代际扶持动机等外部不确定性因素的影响；列（7）综合考虑以上因素；列（8）加入了 m_1 和 m_2 两个时间虚拟变量。下面将从习惯形成参数、各变量系数的统计和经济显著性的角度，对城镇居民消费的习惯形成特征进行分析。

表 6-3　ARIMAX 检验结果

解释变量	(1)	(2)	(3)	(4)	(5)	(6)	(7)	(8)
csz_{t-1}	0.49** (2.40)	0.32 (1.21)	0.49** (2.37)	0.50** (2.05)	0.74*** (3.83)	0.52*** (2.66)	0.81*** (5.93)	0.76*** (4.11)
pi_t		0.30** (2.11)					0.30** (2.21)	0.32** (2.13)
ac_t			0.003 (0.06)				−0.19*** (−2.84)	−0.17** (−2.25)
gi_t				−0.03 (−0.18)			0.15 (1.01)	0.06 (0.27)
adr_t					0.003*** (3.13)		0.006*** (5.50)	0.005*** (4.04)

续表

解释 变量	(1)	(2)	(3)	(4)	(5)	(6)	(7)	(8)
dr_t						−0.006 (−1.36)	−0.003 (−1.00)	−0.003 (−1.03)
fi_t							−0.08 (−1.57)	−0.16* (−1.66)
rs_t							−1.64* (−1.94)	−1.86* (−1.79)
rl_t							0.005** (2.19)	0.005** (1.98)
JB	是	是	是	是	是	是	是	是
W-Q	是	是	是	是	是	是	是	是
V-Q	是	是	是	是	是	是	是	是
Wald	5.78 (0.02)	4.84 (0.09)	5.73 (0.06)	5.73 (0.06)	15.74 (0.001)	8.75 (0.013)	86.62 (0.000)	76.43 (0.000)

注：上标***、**、*分别表示在 1%、5%和 10%水平下显著；各变量的括号中报告的是 z 统计量，所有方程形式均为 ARIMAX(1,1,0)。W-Q 指扰动项白噪声检验，V-Q 指扰动项方差齐性检验。

总体来看，不论是否考虑收入水平和各种不确定性因素，习惯存量的系数均在 1% 水平下显著，反映出城镇居民消费存在显著的习惯形成特征。列(1)的结果显示，如不考虑外部因素，习惯形成参数约为 0.49，该结果与杭斌等的估计结果(约 0.32—0.43)基本一致；列(2)结果显示，如仅考虑收入水平的影响，居民消费将不再表现出习惯形成特征，因该段时期居民收入水平的稳步提高保证了其消费效用的逐年提升，居民消费时无需三思而后行；列(3)—(6)的结果显示，分别考虑地位寻求动机、收入差距水平、支出预期偏差、代际扶持动机等不确定性因素的影响，居民的消费行为均表现出更加强烈的习惯形成特征，尤其是在考虑支出预期偏差时，其参数值的增大尤为明显，即不确定性的影响会增大习惯形成的强度，然而当考虑习惯形成特征后，不确定性对居民消费的影响或者不再显著，或者数值很小，故习惯形成特征又会减小不确定性的影响；列(7)的结果显示，综合考虑外部因素的影响，习惯形成参数将增大至约 0.81，说明在我国城镇的消费环境中，多方面存在的不确定性使得居民消费的习惯形成强度大为增加，且综合考虑各种不确定性的影响将使该种增大作用更为明显；列(8)的结果显示，2001 年加入世界贸易组织和 2008 年国际金融危机两大事件并未对我国居民消费产生较大影响。

居民消费之所以呈现这样的特征，与我国改革开放发展历程是密切相关的。自 1992

年以来，我国开始社会主义市场经济体制改革，城镇居民早先享受的计划经济下"从摇篮到坟墓"的福利制度发生了根本性变化，赡养老人、抚养子女等各种压力骤然增加，支出预期开始不断出现偏差，财富分布的阶层差异化日渐明显，多元不确定性成为居民做出消费决策时不得不考虑的重要环境因素。外部环境的变化显著影响到居民形成消费习惯的过程，其担忧未来生活水平下降的预防性储蓄动机愈加强烈。因此，该段时期居民消费的习惯形成特征格外明显。

综上所述，城镇居民的消费行为呈现显著的习惯形成特征，在当前城镇具有增长性、动态性和不确定性的消费环境中，期待消费水平不断提升的愿望、多元不确定性的影响是影响居民消费习惯形成特征与强度形成和变化的重要因素。1992年我国城镇社会主义市场经济体制改革的开展使得居民面临的来自支出方面的不确定性骤然增加，其消费的习惯形成强度骤然增大，在收入禀赋的约束下，居民为保证消费效用的持续增加而不得不减小当期消费，这成为导致我国居民消费总量相对不足的重要因素之一。

(二)稳健性检验

本部分通过寻找关键解释变量的替代变量对上述结果进行稳健性检验，结果如表 6-4 所示。其中列(1)用可支配收入增量的平滑值 ris_t 作为持久收入 pi_t 的替代变量，列(2)用居民收入增长率的平方 vis_t 替代收入差距水平 gi_t，列(3)用居民消费增长率的平方 vcs_t 替代消费支出的调整离差率 adr_t，列(4)用非经济活动与经济活动人口之比 dre_t 作为人口抚养比 dr_t 的替代变量，列(5)用以上替代变量同时替代原变量，分别检验 ARIMAX 回归结果的稳健性。可以看到，前面得出的结论基本不变，城镇居民消费行为仍然存在显著的习惯形成特征，且其参数值因考虑不确定因素而增大，收入水平显著促进居民消费，地位寻求动机、人口性别比均显著抑制居民消费，证实了结论的稳健性。

表6-4 ARIMAX 稳健性检验结果

替代变量	(1)	(2)	(3)	(4)	(5)
csz_{t-1}	0.69***	0.76***	0.75***	0.77***	0.54*
	(2.67)	(3.37)	(3.86)	(4.81)	(1.75)
Y_t	0.01***	0.38**	0.13	0.37**	0.06
	(2.71)	(2.15)	(0.74)	(2.32)	(1.53)
K_t	−0.13***	−0.19***	−0.17***	−0.21***	−0.12***
	(−2.620)	(−3.30)	(−3.22)	(−2.84)	(−2.64)

续表

替代变量	(1)	(2)	(3)	(4)	(5)
M_t	0.001	0.001	0.29*	0.13	0.001
	(0.69)	(0.83)	(1.73)	(0.60)	(0.88)
V_t	0.006***	0.006	0.0004***	0.005***	0.0003***
	(4.39)	(4.39)	(6.03)	(5.14)	(4.80)
D_t	−0.004	−0.004	−0.001	−0.003	−0.002
	(−1.14)	(−1.35)	(−0.45)	(−0.46)	(−0.44)
fi_t	−0.08	−0.06	−0.085*	−0.1**	−0.103*
	(−1.48)	(−1.10)	(−1.68)	(−2.10)	(−1.95)
rs_t	−2.74***	−2.59***	−0.72	−1.74	−1.88***
	(−3.18)	(−3.02)	(−0.88)	(−1.32)	(2.90)
rl_t	0.005	0.007	0.003	0.004**	0.004
	(1.44)	(2.15)	(1.07)	(1.97)	(1.09)
JB	是	是	是	是	是
W-Q	是	是	是	是	是
V-Q	是	是	是	是	是
Wald	51.79	55.02	122.36	70.19	51.94
	(0.000)	(0.000)	(0.000)	(0.000)	(0.000)

注：上标***、**、*分别表示在 1%、5%和 10%水平下显著；各变量的括号中报告的是 z 统计量；所有方程形式均为 ARIMAX(1,1,0)。W-Q 指扰动项白噪声检验，V-Q 指扰动项方差齐性检验。

综上所述，我们可以得到以下三个结论：(1)我国城镇居民消费存在显著的习惯形成特征，其显著性不因变量的控制发生改变；(2)在收入禀赋的约束下，居民逐期提高消费效用的动机和多元存在的不确定性影响，尤其是支出预期偏差的影响，是城镇居民消费的习惯形成特征显著的重要因素；(3)居民消费的习惯强度整体处于较高的水平，较大的习惯形成强度抑制了我国城镇居民的消费。因此，降低居民消费的习惯形成的强度，减轻其影响，对于扩大居民消费总量具有重要的意义。

第二节　习惯形成动态影响城镇居民消费异质性分化

我国城镇居民消费显著存在的习惯形成特征，对居民消费的具体影响机制是怎样的？习惯形成被认为是一种谨慎的消费行为，众多学者据此判断其是导致我国居民消费相对不足的重要因素之一，但何以如此？现有的研究，仅仅基于理论和逻辑上的分析，即做出以上判断，显然是缺乏严谨的论证与可靠的实证依据的。

为此，本节以城镇居民为研究对象，在戴南(2000)构建的居民消费函数的基础上，嵌入状态空间(State Space)模型构建动态消费函数，采用我国 1978—2016 年 29 个省、自治区、直辖市的居民消费数据，运用卡尔曼滤波法(Kalman Filtering)测算各省的习惯形成、持久收入边际消费倾向的时变参数，构建省际面板数据，进而运用面板 VAR 模型分析了习惯形成参数与居民持久收入边际消费倾向的动态关系，分析了习惯形成对我国居民消费的动态影响机制，并从该角度解释了改革开放以来我国居民消费倾向持续降低的现实，提出了提高居民消费倾向的针对性的政策建议。省际数据的优点是能够生成较长的时序，能够更好地契合习惯形成理论关于消费效用跨期影响的本质，并能捕捉居民的地域异质性，大量的随机样本也保证了个体之和近似服从正态分布，通过引入变量的滞后项，也可在一定程度缓解内生性问题(杨继军和张二震，2013)，面板 VAR 模型则能综合面板分析和时序分析的优点，既能缓解小样本和内生性问题，又能从时序的角度进行动态分析。

一、动态消费函数的构建

戴南(2000)基于居民消费效用具有跨期影响的假设，在效用最大化的框架下，结合哈亚希(1985)的做法，构建了包含习惯存量的居民消费函数，其设计理念为后来很多关于习惯形成的研究所采用，如黄娅娜和宗庆庆(2014)。本部分将在借鉴杭斌(2010)、李春风等(2012)、黄娅娜和宗庆庆(2014)具体做法的基础上，改进戴南模型，嵌入状态空间模型，构建居民动态消费函数。

(一)对戴南模型的改进

我们在戴南(2000)构建的具有习惯形成特征的居民消费函数的基础上，通过改进习惯存量的表示形式，并加入居民消费与收入的生成过程，对其做以下改进：

$$\text{Max} \quad E_t \sum_{k=0}^{T} \beta^k U(C_t^*) \tag{6-7}$$

$$C_t^* = C_t / H_t^{\lambda}$$

$$\text{s.t.} \quad W_{t+1} = (1 + r_t)(W_t - C_t + Y_t)$$

$$Y_t = Y_t^p \varepsilon_{yt}$$

$$C_t = K_t Y_t^p \varepsilon_{ct}$$

其中，E_t 为期望算子，即居民根据 t 期的信息对未来作出的期望；δ 为折现率，β 为时间偏好因子，$\beta = 1/(1+\delta)$，C_t、Y_t、Y_t^p、W_t、H_t 分别为居民在 t 期的消费水平、收入水平、持久收入水平、期初资产和消费习惯存量，r_t 为实际利率；ε_{yt}、ε_{ct} 分别表示对可支配收入和消费的暂时性冲击，简化起见，假设两者均服从均值为 1 的对数正态分布；K_t 为持久收入的边际消费倾向。

目标函数及第一个约束方程表示居民消费的习惯形成，此处借鉴弗里德曼(1957)的思想，考虑到持久收入是影响居民消费的最为基础的因素，假定效用函数形式为 $U(C_t^*) = C_t^* Y_t^{p\theta}$ ①；借鉴卡罗尔等(2000)的做法，采用比值形式 C_t / H_t^{λ} 表示净消费 C_t^* 的生成过程，其中 $\Delta \ln Y_t^p$ 为习惯形成参数，表示习惯动机的强度，符合行为经济学中的峰尾定律(威尔金森，2012)，并基于奈克和穆尔(1996)的研究，采用滞后一期消费表示习惯存量，即 $H_t = C_{t-1}$。第二个约束条件表示消费约束，假定 $W_t \geqslant 0$，居民消费禀赋主要来自自身的收入；第三个约束条件代表可支配收入的生成过程；最后一个约束条件代表居民当期消费的生成过程。

结合哈亚希(1985)的做法，可得该问题的均衡欧拉方程如下：

$$U'(C_t^*, Y_t^p) = R_t \beta E_t [\tau_{t+1}^{1-\delta} U'(C_{t+1}^*, Y_{t+1}^p)] \qquad (6\text{--}8)$$

τ 指持久收入的增长因子，式(6–8)表示当居民未来期净消费效用的期望贴现值与当期净消费效用相同时，居民生命周期的消费效用将实现最大化，但该贴现过程会受到持久收入增长的影响。

为将不确定性引入效用函数，采用常相对风险效用函数(CRRA) $U(C_t^*, Y_t^p) = \dfrac{(C_t^*, Y_t^p)^{1-\delta}}{1-\delta}$，其中 $\Delta \ln Y_t^p$ 为相对风险规避系数。这一效用函数满足 $U' > 0$，$U'' < 0$，$U''' > 0$，即居民消费对不确定性的影响具有显著的反应。假定 $\kappa = \dfrac{1}{\delta}$，$\beta^0 = \kappa \ln \beta$，$\alpha = \theta \dfrac{1-\delta}{\delta}$，可得如下居民消费函数：

$$\Delta \ln C_t = \beta^0 + \lambda \Delta \ln C_{t-1} + \alpha \Delta \ln Y_t^p + \gamma \psi_t + u_t \qquad (6\text{--}9) ②$$

式(6–9)表示，居民当期消费增长率由滞后一期的消费增长率、持久收入的增长率和不确定性因素决定。

---

① 其中，θ 指居民消费效用对持久收入的弹性，$0 < \theta < 1$。

② 此处的因子 α 不同于下面分析中的边际消费倾向，因其是持久收入差分值 $\Delta \ln Y_t^p$ 的影响参数，并不能表示边际消费倾向，下面所采用的边际消费倾向是通过状态空间模型 II 测算而来。

(二)消费函数动态化

为分析习惯形成对居民消费的动态影响，接下来构建居民的动态消费函数，运用状态空间模型对式(6-9)做如下动态化修正：

$$\Delta \ln C_t = \beta_t^0 + \lambda_t \Delta \ln C_{t-1} + \alpha_t \Delta \ln Y_t^p + \gamma_t \psi_t + u_t \tag{6-10}$$

以式(6-10)为量测方程建立状态方程：

$$\beta_t^0 = \pi_{11} + \beta_{t-1}^0 + \omega_{1t}; \quad \lambda_t = \pi_{12} + \lambda_{t-1} + \omega_{2t}$$

$$\alpha_t = \pi_{13} + \alpha_{t-1} + \omega_{3t}; \quad \gamma_t = \pi_{14} + \gamma_{t-1} + \omega_{4t} \tag{6-11}$$

式(6-10)和(6-11)构成状态空间模型 I，运用卡尔曼滤波(Kalman Filter)法可得习惯形成时变参数 λ_t。

但是，式(6-10)中的居民持久收入并不可观测，为测算其实际值，借鉴范超、王雪琪(2016)的做法，设定 $c_t = \ln C_t$，$y_t = \ln Y_t$，$y_t^p = \ln Y_t^p$，$b_t = \ln K_t$，$u_{1t} = \ln \varepsilon_{ct}$，$u_{2t} = \ln \varepsilon_{yt}$，对式(6-7)中后两个约束条件两边取自然对数得：

$$c_t = b_t + y_t^p + u_{1t} \tag{6-12}$$

$$y_t = y_t^p + u_{2t} \tag{6-13}$$

以式(6-12)和(6-13)为量测方程建立状态方程：

$$b_t = \pi_{21} + b_{t-1} + v_{1t}; \tag{6-14}$$

$$y_t^p = \pi_{22} + y_{t-1}^p + v_{2t}$$

式(6-12)—(6-14)构成状态空间模型 II，运用卡尔曼滤波(Kalman Filter)法可测得居民持久收入的对数值 y_t^p，和持久收入边际消费倾向的对数值 b_t，将其带入式(6-10)，进而可求得习惯形成时变参数 λ_t。

另外，借鉴杭斌(2010)的做法，为缓解因抽样导致的消费统计数据的误差，并缓解因居民在耐用品消费和非耐用品消费行为的不一致导致的误差，此处建立状态空间模型 III 如下[①]：

$$\ln C_t = \ln C_t^a + \vartheta_t \tag{6-15}$$

$$\ln C_t^a = \pi_3 + \ln C_{t-1}^a + \zeta_t \tag{6-16}$$

其中 C_t 为消费的统计数据，C_t^a 代表处理后的数据，ϑ_t、ζ_t 为扰动项。

---

① 在下面的稳健性检验中运用了不经此方法处理的居民消费原始统计数据进行分析，结果显示结论是一致的，两者的差异仅仅体现在统计上。

二、面板 VAR 实证分析

本部分将采用我国 29 个省、自治区、直辖市 1978—2016 年城镇居民消费数据,利用卡尔曼滤波法测算各省级行政单位居民的习惯形成时变参数 λ_t、持久收入边际消费倾向的时变参数 mpc_t(即 $\ln b_t$),构建省际面板数据,运用面板 VAR 模型检验不确定性下习惯形成与居民边际消费倾向的动态关系,进而分析习惯形成对居民消费的动态影响机制。

(一)数据说明与变量选取

1. 数据说明

习惯形成的本质在于刻画了居民消费效用的跨期影响,且该影响主要是滞后一期消费对当期消费的影响,因此具有较长时间连续性数据、或跨期间断但时间维度足够长的数据,是准确地分析居民消费习惯形成特征的必要条件。综合考虑我国现有数据的可得性、连续性和观测量,我们采用城镇住户调查 1978—2016 年 29 个省、自治区、直辖市的面板数据,时间跨度为 39 年,数据来自历年《中国统计年鉴》《中国城市(镇)生活与价格年鉴》和前瞻数据库。[①]

数据具体包括:各省级行政单位城镇居民消费性支出、可支配收入、消费价格指数、基尼系数等。为消除通货膨胀的影响,以上含有价格因素的数据均以各省级行政单位 1978 年消费价格指数为基期进行了平减。为控制极端值并减轻异方差的影响,数值变量均进行了对数化处理。

2. 变量选取

在借鉴先前研究方法的基础上,结合理论模型的设定,选择变量如下:

消费支出 C_t:借鉴杭斌(2010)等的做法,采用各省级行政单位城镇居民的实际消费性支出 csz_t 作为代理变量。

[①] 因重庆和西藏数据缺失较为严重,故没有包含两地的数据。

具有较长时间连续性的微观数据是研究居民消费习惯形成的最佳选择,但是我国现有的微观数据集如 CHFS、CFPS 等均不具有时间连续性,且时序较短。若将习惯形成定义为当期消费支出和滞后两期甚至滞后多期的消费之间的自回归系数,将大大降低习惯形成参数的精度。(奈克和摩尔,1996)

另为保证模型设定不存在结构误差,考虑到我国改革开放发展历程、国家统计局统计口径变化等因素的影响,我们运用时间虚拟变量法、QLR 检验等方法对各省时间序列数据进行了结构变动检验。结果显示该段时期中只有 1992 年前后居民消费函数发生了结构改变。不过本部分运用时变参数而非均值进行回归分析,1992 年前后的结构变动不会对结论造成影响。

持久收入水平 Y_t^p：借鉴范超和王雪琪(2016)的做法，采用各省城镇居民的实际可支配收入水平 inc_t 作为 Y_t 的代理变量，进而采用状态空间模型测算持久收入的实际值 Y_t^p。

不确定性 ψ_t：对不确定性的衡量，一般从收入和支出两个角度展开，鉴于现有多项研究显示，我国居民面对的不确定性更多来自支出方面(袁冬梅等，2014)，并考虑到其主要影响居民的预期，故此处借鉴王健宇和徐会奇(2010)等人的做法，采用各省级行政单位居民消费的调整离差率 adr_t 作为不确定性的代理变量。

统计性结果显示，各省级行政单位城镇居民的消费支出、可支配收入均呈逐年上升趋势，平均消费倾向均呈不断下降趋势，居民面临的不确定性程度和趋势具有相似性。如图 6–2 所示，居民消费支出的预期偏差主要集中在 20 世纪 80 年代和 20 世纪 90 年代，在此期间预期偏差显示出剧烈的波动，尤其是在 1988 年、1990 年、1993 年和 1997 年前后，2000 年以后这种波动逐渐减弱并趋于平稳，这与我国改革开放的历程中的制度变革、外部经济环境变化等因素紧密相关，不确定性的变化对我国居民消费产生了长期的影响。

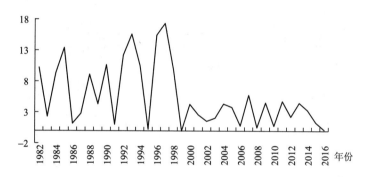

图 6–2 城镇居民消费支出的预期偏差程度

数据来源：国家统计局

(二)不同省际的习惯形成强度、边际消费倾向的测算

本部分我们基于状态空间模型Ⅰ—Ⅲ，采用各省级行政单位城镇 1978—2016 年居民消费数据，利用卡尔曼滤波算法测算各省居民习惯形成、持久收入边际消费倾向的时变参数 λ_t 和 mpc_t。结果如图 6–3 所示，各省级行政单位居民消费均具有显著的习惯形成特征，习惯形成参数 λ 具有明显的时变性，持久收入的边际消费倾向 mpc_t 总体而言均呈下降趋势，且两者都具有明显的地域异质性。

各省级行政单位城镇居民消费均呈现显著的习惯形成特征，参数值呈现明显的时变性，整体上呈现先增大后减小的趋势，其时间趋势大体可分为五个阶段：1984—1986 年不断增大, 1987—1988 年减小且趋于稳定, 1989—1993 年不断增大, 1994—2001 年逐渐下降并高位震荡, 2002 年以来稳中微降。以终值(Final State)计, 参数较大的省份主要为甘肃、吉林等中西部和东北内陆地区, 参数较小的省份主要在广东、浙江等东部发达地区和四川、宁夏等中西部经济发展相对周边较好的地区。习惯形成参数的差别体现了各地区居民消费谨慎程度的不同, 如甘肃等中西部地区, 因为居民收入水平较低, 其消费谨慎程度较高; 而广东等经济较发达地区, 或宁夏等相对较富裕地区, 居民收入水平较高, 竞争压力相对不大, 消费谨慎程度较低。[①]

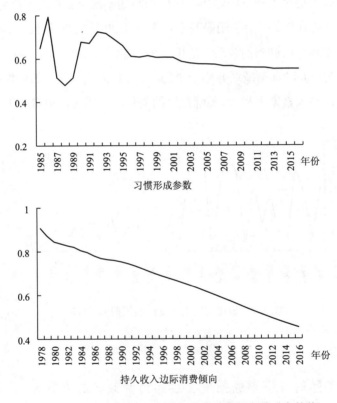

图 6-3　各省的习惯形成参数和边际消费倾向的时变趋势

注: 依据 SSM 模型 I 和 II 测算结果绘制。

① 与杭斌(2010)测算的习惯形成时变参数相比, 这里测算的参数值与其在 20 世纪 80 年代的趋势不同, 且数值整体偏大, 除了采用的时间维度更长的影响外, 更为重要的是, 考虑到消费环境和习惯形成特征的相互依存、相互影响, 在现实的消费环境中, 收入禀赋约束、支出不确定性的影响均会显著制约居民消费逐期提升的能力, 即会影响到习惯形成的强度, 故我们在建立量测方程时, 除了习惯存量, 还考虑了居民的持久收入水平、支出不确定性, 前者会在一定程度上制约居民消费的逐期提升幅度, 后者的显著存在则增强了居民担忧未来效用下降的谨慎程度, 两者均使得所测算的习惯形成参数值相对较大。

各省级行政单位居民持久收入的边际消费倾向 mpc_t 总体上均呈下降趋势[1]。以终值计，边际消费倾向较高的省份主要为青海等中西部、黑龙江等东北内陆地区，较低的省份主要为浙江、山东等东部沿海地区。边际消费倾向的差异体现了各地区之间收入和观念的差异，如西北的青海，其居民较高的消费倾向主要因为较低的收入水平，但作为经济大省的山东，虽收入水平较高，但居民消费观念较保守，消费倾向较低。

综上所述，我国各省居民消费均呈现习惯形成特征，参数值具有时变性，边际消费倾向均呈不断下降趋势。与此同时两者的地域异质性明显，相对而言，既有习惯形成参数较高、边际消费倾向较高的省，如甘肃、贵州等中西部欠发达省份；也有参数较低、消费倾向较低的省，如广东、浙江等沿海经济较发达省份；还有参数较低、消费倾向较高的省，如四川、辽宁等中西部和东北地区经济发展较好的省份；也有参数较高、消费倾向较低的省市，如北京、上海等经济较发达的直辖市。因此，地域异质性有可能会影响到习惯形成与居民消费的关系，构建省际面板数据进行分析，对于准确的理解习惯形成的影响方式是必不可少的。

（三）不确定性下习惯形成与边际消费倾向的动态关系分析

本部分我们将构建我国 29 个省、自治区、直辖市 1978—2016 年的面板数据，利用面板 VAR 模型和脉冲响应函数，对不确定性下习惯形成参数和持久收入边际消费倾向之间的动态关系进行分析，以探究习惯形成对居民消费的动态影响方式。

该面板数据为典型的平衡长面板，变量包括不确定性 adr_t、习惯形成参数 λ_t、持久收入的边际消费倾向 mpc_t。各变量的平稳性检验结果如表 6–5 所示，综合 LLC、Breitung、IPS、Fisher、Hadri LM 的结果，判断可知各变量均为平稳过程。另外，面板协整检验结果显示，不论假设面板是同质的还是异质的，组统计量 Gt、Ga 和面板统计量 Pt、Pa 结果均显示变量之间协整关系的存在。基于此，我们建立面板 VAR 模型进行回归分析。

面板 VAR 分析遵循以下步骤：首先，为避免伪回归，在选取不同的工具变量的基础上，依据 J 统计量、赤池信息准则（MAIC）、施瓦茨信息准则（MBIC）和汉南昆信息准则（MQIC）等结果判断模型的滞后阶数为 2 阶。[2]其次，估计面板 VAR 模型，为避免因内生性导致的估计偏差，采用各变量的 1 到 4 阶滞后作为工具变量，同时为保证工具变量

---

[1] 其与可支配收入衡量的边际消费倾向趋势基本一致。但不同于持久收入的边际消费倾向，可支配收入的边际消费倾向存在大起大落的现象，但去除极端值之后，下降趋势基本一致。

[2] 在判断面板 VAR 模型的滞后阶数时，考虑到 VAR 模型中有 3 个变量，故分别选取了变量 1 到 5 阶、2 到 6 阶、3 到 7 阶、4 到 8 阶滞后项以及 VAR 模型最大滞后阶数的后 4 项滞后项等方法选取工具变量，综合判断面板 VAR 模型的滞后阶数为 2 阶。

的有效性，应用"向前均值差分"（Helmert 过程）消除面板固定效应，并考虑到可能存在的扰动项异方差和自相关的影响，采用广称矩估计（GMM）的方法进行估计，估计结果如表 6–7 所示。*Hansen J* 统计量显示工具变量是有效的。

表 6–5　面板数据变量平稳性检验

	LLC	Breitung	IPS	Fisher	Hadri LM
λ_{it}	−8.34***	−7.51***	−9.22***	23.55***	5.94
	(0.00)	(0.00)	(0.00)	(0.00)	(0.00)
mpc_{it}	7.34	8.07	−6.18***	27.72***	17.99
	(1.00)	(1.00)	(0.00)	(0.00)	(0.00)
adr_{it}	−27.28***	−23.65***	−27.76***	61.37***	−2.56*
	(0.00)	(0.00)	(0.00)	(0.00)	(0.99)

注：LLC 检验使用赤池信息准则，最大滞后阶数选择 3 阶，报告偏差校正 *t* 统计量；Breitung 检验报告λ统计量；IPS 检验使用赤池信息准则，最大滞后阶数选择 3 阶，报告 *w-t-bar* 统计量；Fisher 检验报告 *inverse chi-squared* 统计量，另 *inverse normal*、*inverse logit* 和 *modified inverse chi-squared* 统计量均高度显著；Hadri LM 检验报告 *z* 统计量，结果对不同的核函数一致。各检验方法均已控制截面相关。

　　再次，为保证结果的可信性，检验 VAR 模型的稳定性，特征值分布显示系统是稳定的；为考察变量之间的相互关系，进行格兰杰因果关系检验，结果如表 6–6 所示，除在以 λ_{it} 被解释变量的方程中，变量 adr_{it} 的系数在接近 10% 水平下显著外，其余方程中各变量的系数均在 1% 水平显著，因此可判断 adr_{it}、λ_{it}、mpc_{it} 之间互为格兰杰原因，彼此之间具有系统性影响。

表 6–6　格兰杰因果检验结果

Equation	Excluded	*chi2*	df	*Prob > chi2*
λ_{it}	mpc_{it}	38.31	2	0.000
λ_{it}	mpc_{it}	6.83	2	0.033
λ_{it}	*all*	45.52	4	0.000
mpc_{it}	λ_{it}	40.72	2	0.000
mpc_{it}	adr_{it}	35.05	2	0.000
mpc_{it}	*all*	74.82	4	0.000
adr_{it}	λ_{it}	25.01	2	0.000
adr_{it}	mpc_{it}	76.60	2	0.000
adr_{it}	*all*	79.57	4	0.000

最后运用脉冲响应函数进行动态分析。根据各变量的性质和彼此之间的交叉相关关系，综合判断变量的顺序为 $adr_{it} \rightarrow \lambda_{it} \rightarrow mpc_{it}$，即外生不确定冲击，首先会影响居民消费的习惯形成强度，进而对居民边际消费倾向产生影响。正交化的脉冲响应图如图 6–4 所示。结合表 6–7 的面板 VAR 估计结果，可知各变量之间的动态关系如下：

表 6–7　面板 VAR 估计结果

	λ_{it}	mpc_{it}	adr_{it}
L. λ_{it}	0.94***	−0.001	−0.002
	(13.04)	(−1.21)	(−0.17)
L2. λ_{it}	−0.07	0.01***	−0.04***
	(−1.04)	(6.91)	(−3.09)
L. mpc_{it}	5.93***	1.52***	1.34***
	(4.65)	(53.88)	(4.17)
L2. mpc_{it}	−5.82***	−0.52***	−1.34***
	(−4.60)	(−18.57)	(−4.26)
L. adr_{it}	0.10	−0.01***	−0.03
	(1.16)	(−6.89)	(−0.80)
L2. adr_{it}	0.11*	−0.01***	−0.10***
	(1.78)	(−3.75)	(−2.97)
观测数	1044	1044	1044
Hansen J 统计量　$chi2(18) = 170.4905$　$(P = 0.000)$			

注：括号内报告 t 统计量，*、**、***分别表示在 10%、5%、1%水平下显著。

首先，从各变量对自身的影响来看，不确定性对自身的影响主要表现为负向冲击，在经历当期微弱的正向影响后，从第 1 期开始表现为显著的负向影响，并于第 3 期开始趋近于 0，说明其具有自身不断减弱的趋势，这与不确定性的外生性相关；边际消费倾向总体来看对自身具有显著的正向冲击，随着时期的推移该正向影响趋势有所减弱，但始终呈增加状态，体现出居民追求生活水平不断提高的强烈愿望；习惯形成参数对自身的影响主要为正向冲击，但这一影响表现出短期内较大，随着时期的推移逐渐减小的趋势，说明其自身具有短期自我加强的趋势。

其次，从变量间的交互影响来看，不确定性对习惯形成参数具有显著的正向冲击，这一冲击在第 1—3 期为正向，从第 4 期开始趋于零，说明不确定性的增加会使得习惯形成参数增大，而习惯形成参数对不确定性的影响总体表现为显著的负向冲击，这一影响在第 1 期短暂为正向，从第 2 期开始则显著为负向，说明习惯动机的增强会减弱不确定

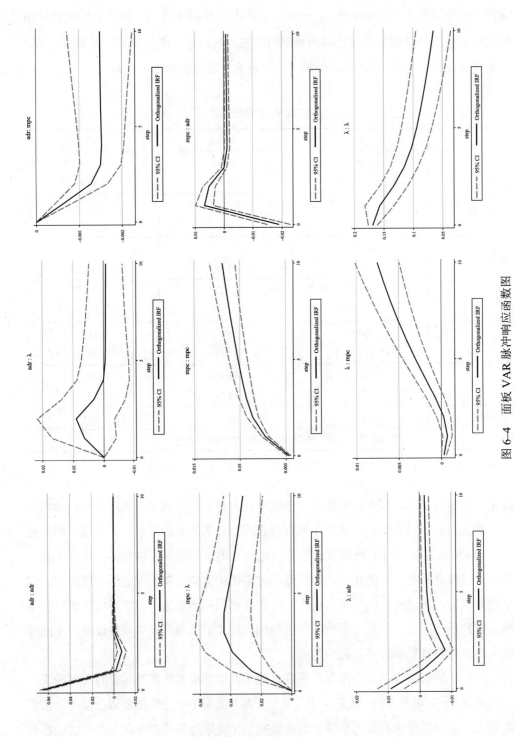

图 6-4　面板 VAR 脉冲响应函数图

注：图中的横虚线为 0 轴，其中第二行第二列 *mpc* 与 *mpc* 的脉冲响应图和第三行第三列 λ 与 λ 的脉冲响应图因所有值均大于 0，故没有画出 0 轴。

性的影响；不确定性对边际消费倾向的影响整体表现为显著的负向冲击，且随着时期的推移其趋势逐渐平缓，在约第 4 期开始逐渐趋于稳定，说明不确定性的增加会使得居民的消费倾向减小，这种下降在短期内尤为明显，而边际消费倾向对不确定性的影响表现为先负向后正向的冲击，这一影响在当期为负，在第 1—2 期为正向，在约第 3 期开始趋于零，说明随着边际消费倾向的增大，居民在短暂调整后风险意识将逐渐增强，消费不确定性减弱；边际消费倾向对习惯形成参数的影响表现为显著的正向冲击，随着边际消费倾向的增大，习惯形成参数在经历第 1 期的增大后，于约第 3 期开始增长趋势逐渐回落，但边际消费倾向对其的影响始终显著为正，说明边际消费倾向的增大会显著增大习惯形成参数，而习惯形成参数对边际消费倾向的影响则表现为先负向后正向的冲击，这一影响在第 1—2 期为负向，从第 2 期开始减弱，并于约第 3 期开始变为正向，说明习惯性动机首先会抑制居民的边际消费倾向，而后则会使其增大。

综合以上分析可知，居民消费的习惯形成特征会减弱不确定性对其的影响，不确定性下习惯形成与居民消费倾向的动态关系表现为：面对不确定性冲击，首先习惯形成参数随之增大，边际消费倾向随之减小；而后随着不确定性影响的减弱，习惯形成参数开始减小，边际消费倾向开始回升，但前者会制约后者的回升，后者会制约前者的减小，两者的相互制约使得居民的边际消费倾向最终低于不确定冲击前的初始水平，并使其变化趋于缓慢。

（四）稳健性检验

为检验以上面板 VAR 的分析结论，我们采用两种方法进行稳健性检验：第一，为检验采用数据的合理性，采用居民消费支出原始统计数据进行面板 VAR 分析；第二，为验证面板 VAR 模型的适用性，采用全国 1978—2016 年城镇时间序列数据，运用时间序列 VAR 模型进行分析。

首先，采用居民消费的原始统计数据进行面板 VAR 检验，分析步骤与上述研究保持一致。卡尔曼滤波法测算的习惯形成参数、边际消费倾向时变趋势与上文结论基本一致，不过习惯形成参数整体偏小，边际消费倾向降幅也较小，且二者依然呈现显著的地域异质性。面板单位根检验显示各变量均平稳，协整检验显示变量之间存在协整关系，依据信息准则判断模型滞后 3 阶，特征值分布显示系统是平稳的。面板 VAR 回归结果和正交化脉冲响应函数图显示，结论总体支持了前面内容中面板 VAR 分析的动态关系，虽然变量之间彼此影响的时期和程度与之前稍有不同，但趋势和方向是一致的。说明面板 VAR 的分析结果是稳健的，其并不受所用数据性质的影响。

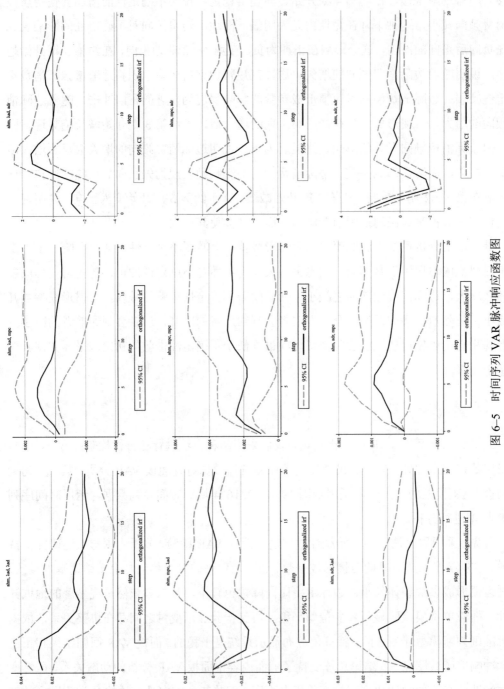

图 6-5　时间序列 VAR 脉冲响应函数图

注: 图中的横虚线为 0 轴。

其次，采用全国 1978—2016 年城镇时间序列数据，运用时间序列 VAR 模型进行动态分析，选取的变量与上面一致。运用卡尔曼滤波法测算习惯形成、边际消费倾向的时变参数，ADF、PP 检验等方法显示习惯形成参数为一阶差分平稳过程，边际消费倾向、调整离差率为平稳过程，但 Johansen 检验显示变量之间存在协整关系，因此建立 VAR 模型分析三者之间的动态关系是可行的。依据信息准则判断 VAR 模型的滞后阶数为 4 阶，特征值分布、拉格朗日乘子(LM)、JB、Wald 等检验结果显示模型设定是合理的，且格兰杰检验显示各变量之间均互为格兰杰因果关系。回归结果和正交化脉冲响应函数图显示，结果与前面面板 VAR 分析的变量之间的动态关系是一致的。并且替换不确定性的代理变量进行检验的结果，仍然支持面板 VAR 的分析结论，证明了其结果的稳健性。

三、习惯形成对城镇居民消费的动态影响机制分析

基于以上分析，可以如图 6-5 所示描述习惯形成影响居民消费的动态机制：面对外生不确定性的冲击，居民消费的习惯形成强度因其自我加强趋势和外部的正向影响随之增大，导致居民边际消费倾向降低，而减小的边际消费倾向会抑制习惯强度的进一步增强；随着时期的推移，不确定性的影响开始减小，习惯强度随之减弱，边际消费倾向开始回升，但此时一方面两者的变化均会提高居民的风险意识，另一方面前者的减弱会制

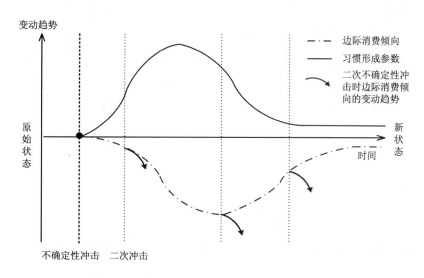

图 6-6　习惯形成对居民消费倾向的动态影响机制

注：习惯形成参数正向变化，边际消费倾向负向变化，左侧为原始状态，右侧为新状态。数量的比较仅在同一曲线内成立，不同曲线之间位置的相对高低不具有数量比较的意义。

约后者的回升，后者的回升制约前者的减弱，在两者的相互制约中，居民的边际消费倾向缓慢地震荡回升至某一水平。最终，当次不确定冲击的影响将趋于消失，但这段经历将使居民消费更加谨慎，故较之原始状态，习惯形成参数将恢复于一个较高的水平，边际消费倾向则恢复于一个较低的水平，从而达到一个新的稳态。如不存在其他的不确定冲击，随着时间的推移和收入水平的平稳增长，居民消费的谨慎程度将逐渐减弱，消费将再次稳步增加；但如存在二次甚至多次不确定冲击，居民的边际消费倾向将再次下行，最终远低于初始水平。

这为改革开放以来我国居民消费倾向的持续降低提供了一种解释，即来自供给侧的多次不确定冲击导致居民消费形成了较强的习惯动机。在医疗（1988年）、养老（1991年）、教育（1994年）、住房（1998年）等各项制度改革依次交叉推进的同时，各项配套措施却没有及时完善，居民预期支出的不确定性骤然增加，担忧未来生活水平下降的谨慎程度不断增强，消费的习惯形成强度迅速增大并于高位震荡，其对居民边际消费倾向的抑制作用愈发明显，使后者持续降低。2002年以来，随着前期各项改革进程的稳定和完善，居民消费的习惯形成强度趋于稳定并逐渐减小，但是降幅有限，居民的消费倾向尚难以提高。为此，减少不确定性冲击的广度和深度应是释放居民消费潜力的重要措施。

综上所述，我们可以得到如下结论：（1）我国城镇居民消费具有显著的习惯形成特征，其参数具有明显的动态性和地域异质性，体现为经历1980和1990年代的上升后，趋于稳定并微弱下降，且不同省份、地域之间表现差异较大；（2）习惯形成对城镇居民消费的影响机制具体表现为面对外生不确定冲击时，习惯形成参数随之增大，促使居民减小边际消费倾向，而在不确定影响弱化后，习惯形成强度与边际消费倾向间的相互制约关系抑制了边际消费倾向的回升，使其最终降低；（3）转型时期来自供给侧的多次不确定性冲击，导致城镇居民消费的习惯强度较大，是使我国城镇居民消费倾向持续降低的一个重要因素。

第三节　习惯形成与城镇居民消费潜力释放

一、习惯形成与城镇居民消费潜力释放——基于收入阶层异质性的分析

通过前面的分析，我们检验了城镇居民消费的习惯形成特征和其产生机制，在考虑居民地域差异的基础上探究了习惯形成对居民消费的具体影响机制，可知在具有增长性、动态性和不确定性的消费环境中，居民消费显著存在的习惯形成特征体现了居民的谨慎

性，抑制了消费倾向，限制了消费扩大，制约了城镇居民消费潜力的释放。为探寻一般性的规律，以上分析仍然主要以居民的同质性为前提假设，虽然地域的差异可体现居民某一方面的差异，但并不能从更本质的角度体现居民的异质性，所得结论和建议难以从结构化的角度进行细化。随着我国经济发展不平衡矛盾的凸显，居民在各方面呈现的异质性对其消费行为的影响也日益突出，成为研究居民消费问题时不可忽略的一个重要因素，居民的异质性主要体现在什么方面？不同类型居民消费的习惯形成特征是否具有差异？在具有增长性、动态性和不确定性的消费环境内，居民消费的习惯形成特征具有怎样的收入阶层异质性表现？其对不同收入阶层居民的消费具有怎样的影响？为回答以上问题，本节以城镇居民为研究对象，拓展郭庆旺(2013)提出的收入阶层消费函数假说，构建阶层消费函数，采用中国城镇住户调查的 1987—2012 年 7 个收入阶层的数据构建阶层面板数据，运用面板广义最小二乘法(FGLS)、似不相关回归(PSUR)等方法对不同收入阶层居民消费的习惯形成特征进行了系统化分析，进一步验证了异质性消费者行为的习惯形成特征，并通过估计变系数模型，从消费总量和消费层次的角度分析了该特征的阶层异质性表现和影响，解释了当前阶段我国居民消费有待扩大的现实，并提出了针对性的政策建议。研究发现，城镇居民消费存在显著的习惯形成特征和阶层异质性，总体表现为低收入居民的习惯强度较弱，消费倾向较高；中等收入居民的习惯强度较强，消费较谨慎；高收入居民消费较活跃，但以地位性消费为主。结合马斯洛需求层次理论，本节得出的结论是当前我国"金字塔"形的收入分布、不断扩大但"焦虑"的中等收入居民群体、地位性消费的外流共同抑制了居民消费，故我国城镇居民消费偏低的现实状况主要是一种结构性问题，有关部门应根据各阶层居民消费的特点，从供给侧出发构建扩大居民消费的长效机制。

（一）收入阶层消费函数的构建

本部分将拓展郭庆旺(2013)提出的收入阶层消费函数假说，构建具有习惯形成特征的不同收入阶层居民的消费函数。郭庆旺(2013)以经典消费理论为基础，将消费者的概念从个体拓展为群体，假设消费者在同一收入阶层内是同质的，不同收入阶层间是异质的，提出了收入阶层消费函数假说。但是，其设计仅考虑了收入因素对居民消费的影响，并没有考虑不确定性等其他环境因素的影响，也并未考虑不同收入阶层之间的相互影响，这并不符合我国消费环境的现实，单一方程的回归估计也可能存在效率不高的问题。

在具有增长性、动态性和不确定性的消费环境内，居民消费具有习惯形成特征，不确定性等环境因素对居民消费也有着重要影响，并且收入水平差别导致的社会地位差异，也会促使处于不同收入阶层的居民与相邻阶层，乃至其他全部阶层的居民进行比较，因此本部分将引入习惯形成因素、不确定性等消费环境因素，以及跨阶层的约束对收入阶层消费函数进行拓展，具体如下：

$$C_{i\in\Omega_j}^t = f(H_{i\in\Omega_j}^t, Y_{i\in\Omega_j}^t, \psi_{i\in\Omega_j}^t, X_{i\in\Omega_j}^t, \varepsilon_{i\in\Omega_j}^t) \tag{6-17}$$

其中 $\Omega_j (j=1,2,\cdots,n)$ 表示居民收入阶层集合，j 从 1 到 n 分别代表从最低到最高的 n 个收入阶层。变量 C_i^t、H_i^t、Y_i^t、ψ_i^t、X_i^t 分别表示每个收入阶层居民的当期消费支出、习惯存量、收入水平、不确定性和其他变量，ε_i^t 代表不可观测的其他因素。

对消费习惯存量 H_i^t 的选择，学术界主要存在两种观点：一种是以滞后一期的居民消费 C_i^{t-1} 作为代理变量，如奈克和穆尔（1996），另一种是以滞后两期或者多期的居民消费 $C_i^{t-l}(i=2,3,\cdots)$ 加以表示，如贾男等（2012）。习惯形成特征的本质在于消费效用的跨期影响，若所采用的数据并不具备足够的时序维度，由计量经济学的实践可知，以滞后两期或者多期的居民消费 $C_i^{t-l}(i=2,3,\cdots)$ 表示习惯存量，将在很大程度上影响对习惯形成影响强度的估计的准确性。故我们借鉴奈克和穆尔（1996）的做法，并参照行为经济学中的峰尾定律（威尔金森，2012），选择滞后一期的居民消费 C_i^{t-1} 对习惯存量加以表示[1]：

$$H_{i\in\Omega_j}^t = C_{i\in\Omega_j}^{t-1} \tag{6-18}$$

此外，考虑到不同收入阶层居民之间的相互攀比，以及对各阶层具有共同影响的其他不可观测因素，居民消费之间可能存在跨阶层约束，故通过建立联立方程组进行系统估计可能会提高分析的准确性（陈强，2013）。为此，假设阶层消费函数之间存在跨方程的参数约束，即扰动项之间存在组间同期相关：

$$Cov(\varepsilon_i^t, \varepsilon_k^t) \neq 0 \ (i,k \in \Omega_j, i \neq k, \forall t) \tag{6-19}$$

基于以上分析，建立具有习惯形成特征的不同收入阶层居民的消费函数如下：

$$C_{it} = \alpha_i + \lambda_i C_{i,t-1} + \beta_{1i} Y_{it} + \beta_{2i} \psi_{it} + \beta_{3i} X_{it} + \varepsilon_{it} \tag{6-20}$$

其中 λ_t 为习惯形成参数，表示习惯形成影响的强度。β_{1i}、β_{2i}、β_{3i} 分别表示收入水平、不确定性以及其他变量的影响参数。式（6-17）—（6-19）共同表示了一个具有习惯形成特征和跨阶层约束的阶层消费函数组。下面将基于式（6-20）建立计量方程，实证分析居民消费习惯形成特征的阶层差异，以及由其导致的居民消费行为的异质性。

---

① 按照习惯形成理论，习惯存量的形式为 $H_t = (1-\theta)H_{t-1} + C_{t-1}, 0 < \theta < 1$，即以前各期消费的加权平均数，故其为一缓慢调整的状态变量，使得消费表现出过度平滑的特性。对于以前各期消费的相对影响，奈克和穆尔的分析显示，滞后一期消费的权数最大，是决定习惯性存量的主要因素，故为简化分析，一般采用滞后一期消费作为习惯存量的代理变量，国内外学者如戴南、杭斌、贾男、黄娅娜等均采用此做法。

（二）实证分析

本部分将基于收入阶层消费函数建立计量方程，采用 1987—2012 年城镇住户调查中 7 个收入阶层的数据构造阶层面板数据，运用面板 FGLS（CSTS-FGLS）、偏差校正 OLS（PCSE-OLS）、偏差校正 LSDV（LSDVC）等方法检验城镇居民消费的习惯形成特征，进而运用面板 SUR 估计变系数方程，从消费总量和消费层次两个角度探究习惯形成的阶层异质性表现及其影响，进而解释当前阶段我国居民消费有待扩大、消费倾向有待提高的现实。

1. 数据说明、变量选取和计量方程的构建

（1）数据说明

消费效用跨期影响是习惯形成理论的关键假设和本质所在，因此要求所用数据具有较长的时间连续性，同时收入阶层异质性则要求能够对居民收入水平做出区分。综合考虑以上因素，我们采用中国城镇住户调查中最低、低等、中等偏下、中等、中等偏上、高等、最高收入阶层等 7 个收入阶层的数据，时间范围为 1987—2012 年。所有的数据均来自历年《中国统计年鉴》。[①]

中国城镇住户调查每年选取大量的城镇居民样本进行调查统计，调查户数从 1987 年的 32855 个样本增加至 2012 年的 65981 个样本，数据具有很好的代表性。每年均按照 10%、10%、20%、20%、20%、10%、10%的比例将样本住户划分为最低、低等、中等偏下、中等、中等偏上、高等以及最高共 7 个收入阶层。一般认为，最低和低等收入阶层为低收入居民，中下、中等和中上收入阶层为中等收入居民，高等和最高收入阶层为高收入居民。我们选取的具体数据包括居民消费支出和消费结构支出、可支配收入、人口负担比以及城镇化率、人口性别比、GDP、财政支出等。为消除通货膨胀因素的影响，以上含有价格因素的数据均以 1985 年消费价格指数为基期进行了平减。为控制极端值减轻异方差的影响，我们对上述数值变量做了对数化处理。

（2）变量选取

根据数据的可得性并借鉴先前研究的相关做法，选取变量如下：

居民消费支出 C_{it}。借鉴杭斌（2010）等的做法，选取居民实际消费性支出 csz_{it} 作为代

---

① 我国现有的微观消费数据集均不具有时间连续性，且时间维度较短。如中国家庭金融调查（CHFS）具有 2011、2013 和 2015 年数据；中国家庭收入调查（CHIPS）具有 1988、1995、2002、2007 年数据；中国健康与营养调查（CHNS）具有 1989、1991、1993、1997、2000、2004、2006 年数据；中国家庭追踪调查（CFPS）具有 2010、2011、2012、2014 年的数据。如采用间断且短期的数据，可能会使估计的结果具有较大的偏差。

理变量。另选取居民食品消费实际支出 csp_{it}、衣着实际消费支出 csy_{it} 分别代表居民的非耐用品消费、地位性消费。

居民收入水平 Y_{it}。借鉴黄娅娜和宗庆庆(2014)的做法，以居民实际可支配收入 inc_{it} 为代理变量。

不确定性水平 ψ_{it}。不确定性一般从收入和支出两个角度衡量，多项研究显示，我国居民面临的不确定性主要来自于支出方面，尤其是居民的支出预期偏差。借鉴王健宇和徐会奇(2010)的做法，采用消费的调整离差率 adr_{it} 作为代理变量，并采用消费增长率的平方 vcs_{it} 检验其稳健性。

控制变量 X_{it}。借鉴臧旭恒和李燕桥(2012)、杭斌和修磊(2016)对居民流动性约束的研究，选取居民当期可支配收入的对数差 cds_{it}，衡量居民消费是否收到信贷约束的影响[①]；借鉴并改进孙涛和黄少安(2010)的做法，选取人口负担比 roe_{it}，以城镇家庭中每个就业人口负担的非就业人口数为代理变量；借鉴杜和韦(2013)分析竞争性储蓄的做法，选取人口性别比 gor_{it}，以城镇总人口中男女数量的比例为代理变量；借鉴易行健等(2016)的做法，选取城镇化率 cor_{it}，即城镇人口占总人口数的比例为代理变量；考虑政府转移支付的影响，借鉴汪伟和郭新强(2011)的做法，选取财政支出比 cgr_{it}，以政府财政支出占 GDP 的比重为代理变量。另考虑到 1997 年亚洲金融危机，2001 年中国加入世界贸易组织和 2008 年金融危机波及全球等外部突发性事件的冲击，引入 yj_{it}、sm_{it}、qj_{it} 三个时间虚拟变量[②]。

基于以上选取的数据和变量，构建阶层面板数据，统计性特征如表 6-8 和图 6-7 所示。该数据为一平衡长面板，其中 $n=7$，$T=26$，$N=182$。去除价格因素的影响，该段时期城镇居民的平消费倾向约为 0.75，食品消费占比近 40%，且总消费、食品消费、衣着消费、文化娱乐消费和可支配收入的组间标准差均处于较高水平，说明不同收入阶层之间居民消费的差距较大，且由图 6-7 所示的当期消费和习惯存量的统计性时间趋势可知，两者的关系在不同收入阶层之间存在着较为明显的不同，因此习惯形成可能存在显著的收入阶层差异，对其从收入阶层异质性的角度入手分析具有现实的意义。另外，城镇居民收入变动 cds_{it} 组间差别较大，居民人口抚养比为 1.86，人口负担相对较重，人口

[①] 关于居民面临的、以信贷约束为主的流动性约束的表示，本部分囿于数据的局限性，难以做到直接表示，因此借鉴臧旭恒和李燕桥(2012)、杭斌和修磊(2016)所采用的间接表示法，引入居民收入变动的控制变量，通过衡量居民消费对收入的变动是否存在"过度敏感性"来表现其受到的信贷约束程度。另外，方差膨胀因子(VIF)检验结果显示，引入 cds 后，其与居民收入 inc 不存在共线性。

[②] 在该段时期内，邹检验显示我国居民消费函数只在 1991 年前后发生结构突变，其他时点不存在变化。此处并未引入 1991 年时间虚拟变量，而是在后面研究中单独考察了 1991—2012 年这一时段的回归分析。

性别比为 1.06，也处于较高的水平[①]。囿于数据的可得性，城镇化率 cor_{it}、人口性别比 gor_{it} 和财政支出比 cgr_{it} 难以在阶层之间做出区分，故其组间标准差均为 0。

表 6-8　变量统计性特征描述

变量	平均值	标准差	组间标准差	组内标准差	样本量
csz	1805.27	1475.30	957.51	1177.41	182
csp	706.10	392.72	313.72	263.43	182
csy	197.89	146.90	105.27	109.67	182
inc	2406.30	2436.43	1574.48	1949.26	182
adr	−0.32	7.36	0.24	7.36	168
cds	0.01	0.69	0.72	0.17	175
fyb	1.86	0.28	0.27	0.11	182
cor	36.61	8.87	0.00	8.87	182
gor	1.06	0.01	0.00	0.01	182
cgr	16.66	3.46	0.00	3.46	182

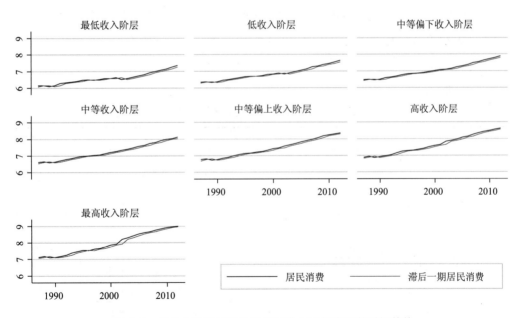

图 6-7　各收入阶层居民的当期消费与习惯存量的时间趋势

---

① 国家卫健委数据显示，我国是世界上出生人口性别比失衡最严重的国家之一，2007 年我国人口性别比曾一度达到 120.22，后经过连续 10 年的下降，2017 年依然在 111.90 的高位。

(3)计量方程构建

依据式(6-20)以及采用的数据类型和变量,构建收入阶层消费函数组如下:

$$\ln C_{it} = \alpha_i + \lambda_i \ln C_{i,t-1} + \beta_i \ln Y_{it} + \gamma_i \psi_{it} + \sum_{k=1}^{5} \zeta_{ki} X_{it} + \varepsilon_{it} \tag{6-21}$$

其中,λ_i为习惯形成参数,β_i为边际消费倾向,γ_i为不确定性的影响,ζ_{ki}表示各控制变量的影响。式(6-21)亦受到式(6-19)的约束。

2. 城镇居民消费的习惯形成特征的再检验

由前面研究可知,我国城镇居民消费呈现显著的习惯形成特征,若考虑居民收入水平的差异,该特征是否仍然存在?为此,我们将运用收入阶层面板数据进行系统回归分析。为保证结果的准确性,首先对长面板数据进行组间异方差、组内自相关和组间同期相关的检验。Greene Wald、Wooldridge Wald 和 BP-LM 检验结果显示该面板在 1%水平下显著存在组间异方差、组内自相关和组间同期相关,因此运用面板 CSTS-FGLS 对居民消费进行总体检验,并运用 PCSE-OLS、LSDVC 法检验结果的稳健性[①]。

检验结果如表 6-9 所示。考虑到邹检验显示居民消费函数在 1991 年前后存在结构突变,故以 1991—2012 年的时段数据进行单独回归,结果与表 6-9 不存在明显差别。其中列(1)(4)未考虑消费的习惯形成特征,列(2)(3)和(5)(6)引入了消费习惯变量,其中列(2)未考虑不确定性。CSTS-FGLS、PCSE-OLS 回归估计中控制了阶层个体效应和时间趋势项,方程拟合优度均超过 0.9,WALD 检验结果显示各列的方程均高度显著,不存在遗漏变量。以 vcs_{it} 替代 adr_{it} 的估计显示各列的结果是稳健的。

表 6-9　城镇居民消费的总体检验结果

	FGLS			PCSE		LSDVC
	(1)	(2)	(3)	(4)	(5)	(6)
$csz_{i,t-1}$		0.20***	0.44***		0.366***	0.40***
		(5.46)	(10.44)		(5.72)	(11.71)
inc_{it}	0.88***	0.74***	0.53***	0.90***	0.585***	0.56***
	(45.30)	(20.66)	(13.73)	(53.07)	(10.34)	(18.03)
unc_{it}	−0.13***	−0.05***	−0.08***	−0.13***	−0.0898***	−0.09***
	(−6.68)	(−5.10)	(−4.82)	(−5.46)	(−4.40)	(−3.00)
cds_{it}	0.002***		0.003***	0.001*	0.002***	0.002***
	(6.05)		(10.08)	(1.76)	(4.23)	(7.85)

---

① 这也验证了式(6-19)关于消费函数跨方程参数约束的假设是合理的。

续表

	FGLS			PCSE		LSDVC
	(1)	(2)	(3)	(4)	(5)	(6)
fyb_{it}	−0.02	−0.05**	−0.01	−0.03	−0.01	−0.004
	(−0.74)	(−2.05)	(−0.65)	(−0.79)	(−0.24)	(−0.12)
cor_{it}	−0.01	0.01	−0.02**	0.01	−0.01	−0.004***
	(−0.53)	(0.81)	(−2.30)	(0.55)	(−0.95)	(−2.99)
gor_{it}	−1.50*	−2.09***	−0.05	−1.30	−0.52	−0.54
	(−1.94)	(−3.22)	(−0.09)	(−1.28)	(−0.66)	(−1.47)
cgr_{it}	0.01	0.003	0.01*	−0.001	0.006	0.002
	(1.06)	(0.51)	(1.72)	(−0.12)	(0.86)	(1.13)
2.id	0.06***	0.03*	0.03**	0.05***	0.04***	
	(3.92)	(1.85)	(2.06)	(3.12)	(2.78)	
3.id	0.03*	−0.01	0.01	0.01	0.01	
	(1.90)	(−0.05)	(0.46)	(0.86)	(0.93)	
4.id	0.01	−0.02	−0.01	−0.01	−0.001	
	(0.76)	(−1.07)	(−0.42)	(−0.34)	(−0.01)	
5.id	−0.004	−0.05*	−0.02	−0.03	−0.02	
	(−0.19)	(−1.90)	(−1.14)	(−1.30)	(−0.74)	
6.id	−0.01	−0.06**	−0.03	−0.04*	−0.03	
	(−0.57)	(−2.35)	(−1.49)	(−1.69)	(−1.06)	
7.id	−0.04	−0.10***	−0.06**	−0.08**	−0.05*	
	(−1.31)	(−3.02)	(−2.09)	(−2.49)	(−1.67)	
t	0.002	−0.01*	0.02*	−0.02	0.01	
	(0.15)	(−1.88)	(1.87)	(−0.95)	(0.63)	
sm_{it}	0.003	0.02	0.005	0.04	0.01	0.02*
	(0.18)	(1.59)	(0.37)	(1.53)	(0.80)	(1.73)
yj_{it}	−0.02	0.02	−0.03*	−0.01	−0.03	−0.02
	(−0.81)	(1.19)	(−1.94)	(−0.18)	(−1.10)	(−1.61)
qj_{it}	−0.01	−0.01	−0.01	0.004	−0.01	−0.003
	(−0.26)	(−0.29)	(−0.39)	(0.13)	(−0.40)	(−0.22)
Constant	2.36***	2.57***	0.60	1.95*	1.03	
	(2.94)	(3.91)	(0.97)	(1.89)	(1.27)	
样本量	168	175	168	168	168	168
Wald	是	是	是	是	是	是
R^2				0.999	0.999	

注：上标***、**、*分别表示在1%、5%和10%水平下显著；各解释变量的括号中报告的是 t 统计量。

总体而言，消费习惯均在 1%水平下显著，居民消费呈现习惯形成特征。列(1)(2)和(3)进行比较可知：如不考虑消费习惯，居民的边际消费倾向约为 0.88；若考虑消费习惯，但不考虑不确定性，习惯形成参数约为 0.2，边际消费倾向将减小至约 0.74；若在不确定性的下考虑消费习惯，习惯形成参数约为 0.44，边际消费倾向约为 0.53。列(4)(5)和(6)分别运用偏差校正 OLS 和动态面板的方法，验证了以上结果的稳健性。因此，我国城镇居民消费呈现显著的习惯形成特征，不确定性的存在会增大习惯形成的强度，进而抑制居民的边际消费倾向。因此，诚如理论分析所言，消费的习惯形成特征类似一种谨慎的行为，对居民的边际消费倾向具有抑制作用。

控制变量中，收入变动 cds_{it} 对居民消费具有显著的负向影响，说明城镇居民面临信贷约束的影响，但考虑习惯形成后其影响程度有限；除财政支出比 cgr_{it} 外，人口负担比 roe_{it}、城镇化率 cor_{it}、人口性别比 gor_{it} 均对居民消费具有一定的抑制作用，说明人口的抚养压力、子女在婚姻市场的竞争压力以及城镇化引发的城市资源紧张，均会促使居民减少消费。此外，时间虚拟变量 yj_{it}、sm_{it} 具有轻微的显著影响，显示 1997 年亚洲金融危机、2001 年加入世界贸易组织两大事件对我国居民消费产生了一定的影响，但程度有限。另将 PCSE-OLS 和 LSDVC 两者的结果比较，显示 FGLS 的估计结果是稳健的。

综上所述，我国城镇居民消费存在显著的习惯形成特征，其强度会因不确定性的存在而增大，且会抑制居民的边际消费倾向，在考虑信贷约束、人口抚养等因素后以上结论依然成立，这与杭斌(2010)、吕朝凤和黄梅波(2014)等的结论是一致的。但实证结果亦显示，阶层的个体效应对消费具有不同程度的影响，居民的消费行为可能存在阶层异质性。

3. 习惯形成的阶层差异与居民异质性消费行为分析

习惯形成是否存在阶层差异化的表现？其又使得不同收入阶层居民的消费呈现怎样的异质性？为解答上述问题我们运用面板 SUR 进行变系数方程分析，回归结果如表 6–10 所示。以 vcs_{it} 替代 adr_{it} 为代理变量的结果与表 6–10 基本一致，各方程的拟合优度均在 0.99 以上。BP-LM 检验结果显示相比 OLS，SUR 能够提高估计效率。采用 1991—2012 年时段数据的回归结果与表 6–10 不存在本质差别，但阶层之间的异质性更加明显。图 6–8 显示了随着收入阶层的提高，习惯形成参数、边际消费倾向的变化趋势。

表 6–10 城镇不同收入阶层居民消费的 SUR 估计结果

	最低	低等	中下	中等	中上	高等	最高
$csz_{i,t-1}$	0.23[***]	0.32[***]	0.36[***]	0.37[***]	0.43[***]	0.32[***]	0.35[***]
	(3.62)	(3.80)	(4.15)	(4.72)	(6.63)	(4.74)	(4.70)

续表

	最低	低等	中下	中等	中上	高等	最高
inc_{it}	0.79***	0.69***	0.57***	0.52***	0.62***	0.60***	0.55***
	(12.49)	(8.21)	(6.68)	(5.95)	(7.72)	(6.38)	(4.73)
unc_{it}	0.002***	0.003***	0.003***	0.002***	0.002***	0.002***	0.002***
	(6.65)	(7.16)	(6.43)	(6.51)	(4.36)	(4.75)	(4.45)
cds_{it}	−0.05	−0.005	−0.12	0.05	0.28*	0.34*	0.48***
	(−1.30)	(−0.03)	(−0.68)	(0.29)	(1.82)	(1.74)	(2.74)
fyb_{it}	0.06***	0.03	0.10	0.07	0.11	0.01	−0.10
	(2.67)	(0.88)	(1.43)	(1.04)	(1.47)	(0.16)	(−0.94)
cor_{it}	−0.01*	−0.01	−0.001	−0.001	−0.01**	−0.01	−0.004
	(−1.65)	(−1.13)	(−0.30)	(−0.14)	(−2.19)	(−0.83)	(−0.43)
gor_{it}	−1.90***	0.01	−0.90	−1.35**	−1.40***	−1.64***	−0.80
	(−3.86)	(0.02)	(−1.36)	(−2.24)	(−2.63)	(−2.95)	(−1.28)
cgr_{it}	0.001	−0.001	−0.001	0.002	0.01***	0.01***	0.004
	(0.55)	(−0.40)	(−0.12)	(0.88)	(3.06)	(2.65)	(0.81)
Constant	1.96***	0.07	1.24	1.99**	1.14	2.16**	1.57*
	(2.59)	(0.07)	(1.20)	(1.98)	(1.32)	(2.48)	(1.81)
$N=182$，$R^2=0.999$							

注：上标***、**、*分别表示在1%、5%和10%水平下显著；各解释变量的括号中报告的是 t 统计量。

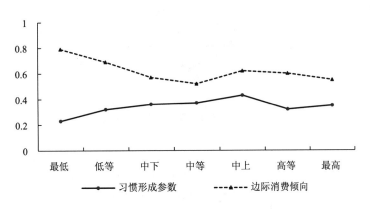

图6-8 习惯形成参数、边际消费倾向的阶层异质性表现

由表6-10和图6-8可知，各阶层居民消费的习惯形成特征均在1%水平下显著，且阶层之间的习惯形成参数存在明显的差异，其中最低阶层的参数最小，约0.23，中上阶层的参数最大，约0.43，随着阶层的提高，习惯形成参数总体呈现先增大后减小的倒U型。与之相对应，收入水平对消费倾向的影响同样显著，中等阶层的消费倾向最低，约

0.52，最低阶层的消费倾向最高，约 0.79，随着阶层的提高，居民的边际消费倾向总体呈现先减小后增大的 U 型。与中低收入群体形成对照，高收入群体居民的习惯形成参数和边际消费倾向均相对较大。支出预期偏差对各阶层的影响均在 1%水平下显著，但其数值较小，且随着阶层的提高其影响总体呈现逐渐减小趋势。

此外，控制变量中，收入变动 cds_{it} 对最低、低等和中下阶层居民消费呈现负向影响，但并不显著，说明信贷约束的影响是有限的[①]；人口抚养比 roe_{it} 对最低阶层消费影响显著，说明其人口抚养负担较重；人口性别比 gor_{it} 对最低、中等、中上和高等阶层具有显著的负向影响，说明竞争性动机广泛存在于各阶层；城镇化率 cor_{it} 对各阶层居民消费均具有负向影响，说明随着城市人口的增多，城市资源趋于紧张；财政支出比 cgr_{it} 对中等阶层以上居民的消费均具有显著的正向影响，说明当今我国的财政支出主要利于中等以上阶层，努力惠及低收入居民应成为改革的方向。

综上，城镇居民消费的习惯形成特征存在明显的阶层差异，进而导致不同收入水平居民消费行为呈现显著的异质性，其中低收入居民参数较小，边际消费倾向较高，消费谨慎程度不高；中等收入居民的参数较大，边际消费倾向较低，消费行为较谨慎；高收入居民的参数较大，但是其边际消费倾向也较高，呈现两者同高的特殊性。

图 6-9　马斯洛需求层次模型

资料来源：王曦和陆荣(2011)

4. 对居民消费行为阶层异质性的进一步分析

城镇居民消费的习惯形成特征何以呈现如此的阶层异质性？马斯洛提出的需求层

[①] 表 6-10 结果显示，cds 对高收入群体居民消费具有显著的正向影响，这可能是因为高收入群体消费以地位性消费为主，且地位性消费的收入弹性较大。

次理论(Hierarchy of Needs)为此提供了一种可行的解释。马斯洛认为人的需求是从下往上逐次递进的，第一层次为基本生理和安全需要，第二层次为获得他人关注和承认的需要，第三层次为独立自主和自我实现的需要。(王曦和陆荣，2011)

低收入居民的消费主要对应第一层次，即基本生理和安全的需求，在全面建成小康社会的今天，居民基本的衣食住行等需求已经满足，故这一收入阶层居民的消费谨慎程度并不高，且因其收入水平相对较低，会将收入的大部分用于消费支出，故而边际消费倾向较高；中等收入居民的消费需求主要对应第二层次，即获得他人关注和承认的需要，因此这一群体一方面为进入更高的社会阶层，会减少消费，积累财富，另一方面为体现自身相对于低收入居民的"地位"，会增加如衣着、文化娱乐等地位性消费支出，多种影响使得中等收入居民的习惯形成参数较大，边际消费倾向较低，消费行为较为谨慎，"焦虑"的状态明显[1]；高收入居民的消费主要对应第三层次，即独立自主和自我实现的需要，地位性消费成为重要组成部分，一方面，所谓"由奢入俭难"，这一群体的消费习惯较为强烈，另一方面，所谓"高处不胜寒"，高收入居民为维持自己的生活水平和社会地位，在习惯形成参数较大的情况下，边际消费倾向仍然较高。[2]

为验证以上分析的合理性，并进一步解释习惯形成特征的阶层异质性，本部分从居民消费结构的角度出发，区分消费是否为耐用性、地位性消费进行面板 SUR 估计，结果如表 6–11 和图 6–10 所示。

表 6–11　非耐用品消费的 SUR 估计结果

	(1)	(2)	(3)	(4)	(5)	(6)	(7)
	最低	低等	中下	中等	中上	高等	最高
$csz_{i,t-1}$	0.34**	0.50**	0.67***	0.73***	0.63***	0.53***	0.32**
	(2.30)	(2.32)	(3.44)	(4.20)	(4.05)	(3.61)	(2.23)

---

[1] 以上两个方面类似于索尔斯坦·凡勃仑(Thorstein Veblen)所说的"歧视性对比"(Invidious Comparison)和"金钱竞赛"(Pecuniary Emulation)的概念。中等收入居民的"焦虑"已引起广泛的社会关注，如
http://finance.chinanews.com/cj/2017/05-30/8237441.shtml。

[2] 我们认为，居民消费的规模及层次能够很好地体现马斯洛需求层次理论界定的需求的三个层次。首先，所谓物质决定意识，居民三个层次的需求，本质都是对效用的追求，其基础仍然是消费规模和层次；其次，根据金烨等(2011)的研究，改革开放以来，经济地位成为决定我国居民社会地位的最重要因素，并且消费的数量大小、层次的高低成为社会地位最直观的体现；再次，居民消费效用是消费数量和层次的增函数，随消费数量的扩大、层次的提高而提升，因此需求层次越高，对消费数量和消费层次的要求就会越高。因此消费数量和层次，与不同收入阶层居民的需求，包括心理的需求均是正相关的，比如对高收入居民而言，其为满足自身独立自主和自我实现的需要，会要求一定数量的地位性消费。

续表

	(1)	(2)	(3)	(4)	(5)	(6)	(7)
	最低	低等	中下	中等	中上	高等	最高
inc_{it}	0.94***	0.65***	0.50**	0.47**	0.37	0.25	0.39
	(6.50)	(2.97)	(2.52)	(2.29)	(1.60)	(0.96)	(1.41)
unc_{it}	0.001***	0.001***	0.001***	0.001***	0.001***	0.001***	0.001**
	(3.49)	(3.15)	(3.79)	(3.49)	(3.53)	(3.20)	(2.44)
cds_{it}	−0.17*	−0.13	−0.43	−0.43	0.03	0.92**	0.68*
	(−1.79)	(−0.36)	(−1.08)	(−1.21)	(0.07)	(1.98)	(1.70)
fyb_{it}	0.03	0.02	−0.03	−0.04	−0.03	−0.14***	−0.16**
	(1.31)	(0.57)	(−0.43)	(−0.62)	(−0.42)	(−2.70)	(−2.03)
cor_{it}	−0.02***	−0.01*	−0.01*	−0.01**	−0.01	−0.01	−0.01
	(−3.61)	(−1.80)	(−1.87)	(−1.96)	(−1.38)	(−0.79)	(−0.86)
gor_{it}	−1.82***	−1.49**	−1.21*	−1.63***	−2.39***	−2.70***	−2.64***
	(−3.51)	(−2.11)	(−1.89)	(−2.72)	(−3.83)	(−4.63)	(−4.33)
cgr_{it}	0.006***	0.004*	0.006**	0.009***	0.011***	0.013***	0.014***
	(2.63)	(1.89)	(2.48)	(3.33)	(3.38)	(3.52)	(3.16)
Constant	1.19	1.12	0.84	1.20	2.41**	3.37***	3.51***
	(1.50)	(0.96)	(0.84)	(1.20)	(2.38)	(3.61)	(3.93)
	N=168, R^2=0.984						

注：上标***、**、*分别表示在 1%、5%和 10%水平下显著；括号中报告的是 t 统计量。变系数方程组观测值为 168 个，拟合优度在 0.98 以上，BP-LM 检验显示 SUR 比单一方程估计更优效率。

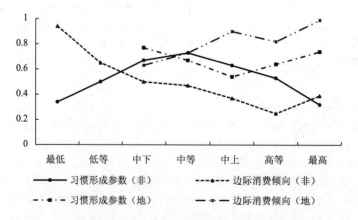

图 6-10　非耐用品、地位性消费的习惯形成参数和边际消费倾向

注：括号中"非""地"分别表示采用非耐用品消费、地位性消费。

我们借鉴黄娅娜和宗庆庆(2014)等人的做法,为剔除耐用品消费的影响,以食品作为非耐用品消费的代理变量,结果显示各阶层居民消费依然呈现显著的习惯形成特征,但因剔除了耐用品消费的影响,习惯形成参数整体偏大。此时,最高阶层的参数最小,约为0.32,中等阶层的参数最大,约为0.73,如图6–10所示,随着收入阶层的提高,习惯形成参数呈现典型的倒U型。与此对应,中上及以上阶层的收入的影响不再显著,从最低到中等阶层,边际消费倾向逐渐降低,随着阶层的提高,居民消费倾向整体呈现U型,习惯形成参数与边际消费倾向的负相关关系更加明显。因此,对非耐用消费品的估计结果,验证了上述关于习惯形成阶层差异和各阶层居民异质性消费行为分析结论的稳健性,即低收入居民消费的谨慎程度不高,中等收入居民消费行为较谨慎这一论断

表 6–12 地位性消费的 SUR 估计结果

	(1)	(2)	(3)	(4)	(5)	(6)	(7)
	最低	低等	中下	中等	中上	高等	最高
$csz_{i,t-1}$	−0.03	0.22	0.77***	0.67***	0.54***	0.64***	0.74***
	(−0.09)	(0.73)	(2.80)	(2.99)	(3.75)	(4.84)	(6.31)
inc_{it}	1.61***	1.04***	0.63*	0.73**	0.90***	0.82***	0.99***
	(4.82)	(3.19)	(1.93)	(2.53)	(3.99)	(3.67)	(4.68)
unc_{it}	0.001	0.001**	0.002***	0.001***	0.001***	0.001***	0.001***
	(0.86)	(2.41)	(2.65)	(2.86)	(3.34)	(3.96)	(3.33)
cds_{it}	−0.39*	0.65	0.88	0.03	−0.06	−1.06**	−1.44***
	(−1.82)	(1.27)	(1.55)	(0.07)	(−0.17)	(−2.48)	(−4.54)
fyb_{it}	0.07	−0.03	−0.22**	−0.06	−0.13**	−0.17***	−0.16**
	(1.29)	(−0.46)	(−2.42)	(−0.80)	(−2.30)	(−3.53)	(−2.48)
cor_{it}	−0.03***	−0.02**	−0.02**	−0.02**	−0.02***	−0.02***	−0.03***
	(−3.18)	(−2.22)	(−2.06)	(−2.05)	(−3.09)	(−2.81)	(−3.94)
gor_{it}	−6.22***	−4.79***	−3.84***	−3.67***	−3.70***	−3.32***	−3.85***
	(−5.59)	(−4.51)	(−3.70)	(−4.29)	(−5.86)	(−6.16)	(−7.96)
cgr_{it}	0.03***	0.02***	0.02***	0.01***	0.01***	0.01***	0.01***
	(5.76)	(6.59)	(4.97)	(3.41)	(4.29)	(2.72)	(3.38)
Constant	4.18**	3.61**	2.62	2.27	2.31**	1.97**	1.87***
	(2.45)	(2.08)	(1.62)	(1.63)	(2.32)	(2.33)	(2.67)
N=168,R^2=0.962							

注:上标***、**、*分别表示在1%、5%和10%水平下显著;括号中报告的是 t 统计量。变系数方程组观测值为168个,拟合优度在0.96以上,BP-LM检验显示SUR比单一方程估计效率更优。

具有可靠性。但是高收入居民的消费并未呈现出习惯形成参数、边际消费倾向相对同高的特殊性,这与我们以食品消费代表非耐用品消费这一方法有关,因为对于最高收入阶层居民而言,地位性消费是其消费的主要组成部分,以食品进行代表的非耐用品消费对其消费的影响有限。

为此,考虑到地位性消费可观测性的特点(维布伦,2012),我们借鉴杭斌和修磊(2016)的研究结论,选取文化娱乐消费、衣着消费分别作为最高收入和其他收入阶层的地位性消费的代理变量进行面板 SUR 分析,结果如表 6-12 所示。从中可以看出最低收入阶层和低收入阶层居民的地位性消费的习惯形成特征不显著,且呈现一定的耐用性,说明低收入居民并不热衷于地位性消费。相比之下,中等收入和高收入居民的地位性消费则呈现显著的习惯形成特征。如图 6-10 所示,地位性消费的习惯形成参数和边际消费倾向在各阶层的总体处于较高水平,尤其对于最高收入阶层来说,其地位性消费的习惯形成参数超过 0.75,边际消费倾向接近 1。

综合以上分析可知,因不同收入阶层之间居民消费层次的差异,习惯形成特征具有明显的阶层异质性,处于基本生理和安全需要层次的低收入居民,消费的习惯形成参数较小,边际消费倾向较高,消费谨慎程度不高;处于获得他人关注和承认需要层次的中等收入居民,消费习惯形成参数较大,边际消费倾向较低,消费行为较为谨慎;地位性消费对其具有重要影响的高收入居民,消费的习惯形成参数较大,且边际消费倾向也较高,呈现两者同高的特殊性,消费较为活跃。

5. 对城镇居民消费潜力释放不足的解释

根据分析可以对我国城镇居民消费总量有待扩大、消费倾向有待提高的现实做出解释。我国城镇居民的收入分布呈现典型的"金字塔"形状,低收入居民占据绝对多数,中等收入居民次之,高收入居民相对较少[①]。低收入居民虽然人数较多,消费谨慎性不高,边际消费倾向较大,但是其收入较低,消费支出占居民总消费的比重较小,推动居民消费扩大的作用有限;中等收入居民虽然规模不断增大,其收入也相对来说较高,但是其消费行为较为谨慎,边际消费倾向较低,对居民消费扩大的贡献亦有限;高收入居民虽然消费习惯较强,边际消费倾向较高,但是其人数较少,且其消费更多的是地位性

---

① 对收入分布的衡量并没有统一的标注。但按照不同标准得出分析结论是一致的,比如国家统计局依据世界银行标准认为,2015 年我国居民低收入居民占比超过 6 成,中等收入居民占比约为 3 成,高收入居民占比低于 1 成;瑞信研究院发布的《2015 年度财富报告》根据美国的标准,通过国际货币基金组织的购买力平价体系加以换算,认为我国居民低收入居民占比超过 8 成,中等收入居民占比约 1 成,高收入居民占比低于 1 成。因此我国居民的收入分布整体呈现低收入、中等收入和高收入居民逐步减少的金字塔型。

消费，在当前地位性消费品多数流向海外的情况下[①]，这一群体对扩大国内居民消费的作用亦不大。因此，"金字塔"形的收入分布、"焦虑"的中等收入居民和地位性消费的外流，共同造成了我国当前城镇居民消费的乏力状况，可以说这一现实更多是由供给侧因素所导致的结构性问题。

同时，我国居民的跨阶层流动为边际消费倾向的持续降低提供了进一步解释。随着我国经济的快速发展，城镇居民的收入水平快速增加，部分低收入居民逐步踏入中等收入居民行列，但是由于户籍制约、住房价格、收入分配等多种因素的限制（陈斌开等，2010），中等收入居民却很难成为高收入居民，这使得我国中等收入居民规模不断增大。但面对当前的消费环境，这一群体的消费行为较为谨慎，边际消费倾向较低，加之当低收入居民成为中等收入居民后，其消费倾向将减小，故随着中等收入居民规模的不断扩大，居民总体的消费倾向将不断降低。因此，在扩大中等收入居民规模的同时，必须从供给侧出发，通过减小收入差距，控制房价过快上涨，消除户籍制约等措施，降低中等收入居民的"焦虑"感，才能够发挥其对居民消费的促进作用，否则经济的发展和收入的上升反而会抑制居民消费，进一步加剧供需的不平衡。

我们在本部分得出以下结论：(1)城镇居民消费存在显著的习惯形成特征，其强度因不确定性的存在而增大，并且这一特征会抑制居民的边际消费倾向。(2)不同收入居民的消费行为具有明显的异质性，其中低收入居民的消费习惯较弱，边际消费倾向较高，消费谨慎程度不高；中等收入居民的习惯较强，边际消费倾向较低，消费行为较谨慎；高收入居民的习惯较强，边际消费倾向也较高，地位性消费较活跃。(3)我国城镇居民消费有待扩大的现实，更多是一种由供给侧的因素所导致的结构性问题，"金字塔"形的收入分布、不断扩大但谨慎的中等收入群体居民、地位性消费的外流共同抑制了居民消费的扩大。

二、习惯形成、消费结构升级与城镇居民消费潜力释放——基于省际与收入阶层异质性的分析

前面我们从消费总量、消费倾向、消费异质性的视角对我国城镇居民消费的习惯形

---

① 地位性消费中，奢侈品的消费是主要组成部分。据世界奢侈品协会（World Luxury Association）的报告显示，中国已成为世界第一的奢侈品消费国，2015 年中国消费者全球奢侈品消费达到 1168 亿美元，全年买走全球 46%的奢侈品。并且，这其中 910 亿美元在国外发生，占到总额的 78%，也就是说中国人近 8 成的奢侈品消费是"海外淘货"的。

成特征进行分析，在探究习惯形成的产生机制、作用方式和异质性影响的基础上，可知该特征显著抑制了我国城镇居民消费总量的扩大和消费倾向的提升，是造成城镇居民消费潜力难以释放的重要因素之一。但以上研究均是对居民消费数量的分析，并未涉及居民消费的质量。随着我国社会主要矛盾的变化，提高居民消费的质量，即优化居民消费结构，既关系到居民消费潜力的释放，也关系到满足人民对美好生活的需要，其重要性尤为突出。那么，立足于质的维度，对于我国城镇居民消费结构有待升级的现实，习惯形成又发挥了什么样的作用？该种作用具有怎样的结构化特点？为释放居民消费潜力带来了怎样的政策启示？

本部分在总结之前研究工作的基础上，以我国城镇居民消费为研究对象，充分考虑居民消费类型的层次性，基于马斯洛需求层次理论的基本标准，将消费结构界定为生存型、发展型和享受型消费的占比，以 LA/AIDS 模型框架为基础，嵌入习惯形成理论构建消费结构函数，采用我国 29 个省、自治区、直辖市 1992—2012 年的消费和价格结构数据，运用状态空间(State Space)模型测算居民消费习惯形成的时变参数，构建省际面板数据，运用三阶段最小二乘法(3SLS)系统分析了习惯形成特征对城镇居民消费结构的影响，进而采用城镇 7 个收入阶层 1987—2012 年的消费和价格结构数据，同样运用状态空间模型测算习惯形成的时变参数，构建阶层面板数据，运用面板似不相关回归(SUR)对习惯形成的影响进行了结构化分析。采用省际面板和阶层面板数据能够形成较长的时序，更好地拟合习惯形成理论动态分析和跨期影响的本质；引入滞后项能在一定程度上控制内生性问题，并能控制个体的地域异质性和收入阶层异质性；系统估计和结构化分析能够充分探究习惯形成影响的结构性和异质性，提高估计的效率。

(一)城镇居民消费结构的界定与现状

如前所述，关于居民消费结构的现有研究主要基于国家统计局对消费类型的八分法，即食品、衣着、居住、家庭设备及用品、医疗保健、交通通信、文化教育娱乐、其他等八类消费。该种界定方法考虑了消费品的不同性质，但也存在着一个问题，即没有考虑不同类型消费的层次性，比如食品、衣着等消费均主要体现了居民的基本生存的消费需求，而家庭设备及用品、文化娱乐等消费则能体现出居民的享受性消费。不以系统的视角考虑不同类型消费之间的层次性，就难以很好地体现居民消费的质量，进而会削弱相关分析结论的价值。

马斯洛需求层次理论是分析居民消费结构的常用理论之一，这一理论基于人的需求的性质将其分为生理需求、安全需求、社交需求、尊重需求和自我实现需求等五种，因能充分体现需求的层次而在经济学、社会学的研究中得到广泛的应用。具体到居民消费领域，王曦和陆荣(2009)借鉴此理论，将居民消费其归纳为满足基本生理和安全需要的生存型消费、满足获得他人关注和承认需要的发展型消费、满足独立自主和自我实现需要的享受型消费等三类，居民消费结构即为三者的相对占比。该种界定体现了居民消费需求从低到高的层次性，能够帮助我们更好地理解居民消费的结构问题。[①]

一般而言，食品、衣着和居住消费会被归为生存型消费，交通通信、医疗保健消费会被归为发展型消费，家庭设备及服务、文化娱乐教育和其他消费则会被归为享受型消费。以此界定，我国城镇居民消费结构如图 6–11。但从更加微观的角度对居民消费细项进行分析，我们认为以上归类方法尚需进一步细化。具体来讲，食品消费中的烟酒及饮料类消费和在外用餐消费，实际上体现的是一种享受型的消费，是居民随着消费水平的提高而对食品消费的一种升级，同时，文化娱乐教育消费中的教育消费，实际上是一种居民为增加未来的可支配收入而进行的发展型消费。因此，在一般分类的基础上，从食品消费中细分出烟酒及饮料类消费和在外用餐消费，将其归入享受型消费，从文化娱乐教育消费中细分出教育消费，将其归入发展型消费，能够更加合理地体现居民消费的结构，此时城镇居民消费结构如图 6–11 和图 6–12 所示。

虽然图 6–11 和图 6–12 的统计口径略有差别，但其中所体现的城镇居民消费结构是基本一致的：首先，从三类消费的占比来看，生存型消费的占比最大，超过 40%，发展型消费和享受型消费的占比较小，均低于 30%，且三者占比具有日渐稳定的趋势，生存型消费是且仍将是决定居民消费水平的关键因素；其次，如图 6–12 所示，从三类消费占比的演变速度来看，生存型消费占比的下降速度基本维持在 5%以下，个别年度甚至出现上升，2003 年以来发展型消费和享受型消费占比的上升速度也基本低于 5%，居民消费结构的优化速度处于较低水平，且有日益减慢的趋势。因此综合来看，相比于欧美成熟的经济体，我国居民消费结构仍处于较低的发展阶段。[②]

---

①居民消费的水平和消费的能够很好地体现马斯洛需求层次理论所界定的居民需求的三个层次。首先，所谓存在决定意识，经济基础决定上层建筑，不论基本生理和安全需要、获得他人关注和承认需要还是独立自主和自我实现需要，本质都是居民对于效用的追求，其基础仍然是居民的消费水平和消费层次；其次，居民消费效用是消费数量和消费层次的增函数，随消费数量的扩大、消费层次的提高而提升，因此需求层次越高，居民对消费数量和层次的要求就越高，比如高收入阶层为满足自身独立自主和自我实现的需要，会要求一定数量的地位性消费；再次，根据金烨等(2011)的研究，改革开放以来，经济地位成为我国居民社会地位的最重要因素，并且消费数量的大小、消费层次的高低成为最直观的体现自己的社会地位的方式，因此消费数量和层次与不同收入阶层居民的需求是正相关的。综上，马斯洛需求层次理论可以很好地应用在对居民消费的研究中。

② 根据国别比较数据库(Maddison Project Database)数据，美国居民消费中享受型消费占比最大，超过 60%，而生存型消费占比很小，在 30%以下。

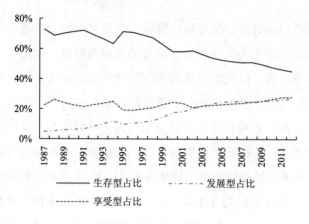

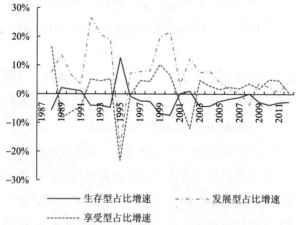

图 6-11　我国城镇居民的消费结构及演变速度 I

数据来源：国家统计局

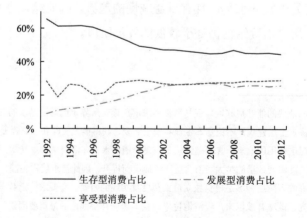

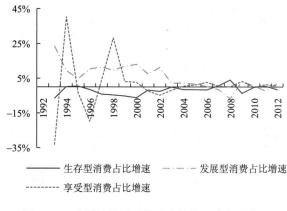

图 6–12　我国城镇居民的消费结构及演变速度 Ⅱ

数据来源：国家统计局

（二）消费结构函数的构建

下面我们将习惯形成理论嵌入 AIDS 模型，构建居民消费结构函数。AIDS 模型即近乎完美的需求系统（Almost Ideal Demand System）模型，由迪顿和缪尔鲍尔（1980）提出，是拓展恩格尔定律（Engel's law）中的价格部分而得到的居民消费结构分析模型，主要通过价格变量将消费支出和消费结构结合起来，分析在给定效用水平下如何使支出最小化，是研究居民消费结构较为成熟的模型，其基本结构为：

$$w_i = \alpha_i + \sum_j r_{ij} \ln p_j + \beta_i \ln \frac{x}{p} \qquad (6-22)$$

式中，w_i 表示第 i 类消费在总消费中所占的比重；p_j 表示第 j 种消费的价格；x 为人均总消费，p 为价格指数。各系数满足以下条件：收支平衡，$\sum_i \alpha_i = 1$，$\sum_i \beta_i = 0$，$\sum_i r_{ij} = 1$；齐次性，$\sum_j r_{ij} = 0$；对称性，$r_{ij} = r_{ji}$；负性，$r_{ij} < 0$。

其中价格指数 p 满足：$\ln p = \alpha_0 + \sum_i a_i \ln p_i + \frac{1}{2} \sum_i \sum_j b_{ij} \ln p_i p_j$，但因其计算难度较大，故一般采用其近似值来估算，常见的近似价格指数有 Stone 价格指数、Lasopevres 价格指数、Tornqvist 价格指数等，其中 Stone 价格指数因采用线性近似方式进行处理，计算较为简单，故而得到广泛的应用，其计算公式为通过 $\ln p = \Sigma_i w_i \ln p_i$ 近似估算。安德森和布伦德尔（1983）利用极大似然值验证其替代效果，结果显示这一替代对分析结果造成的影响非常小，此时 AIDS 模型被称为 LA/AIDS（Linear Approximated/AIDS）模型，即线性近似 AIDS 模型。

为控制因 p 与 w_i、p_i 的相关性而导致的内生性问题，进行一阶差分处理：

$$\Delta w_i = \sum_j r_{ij} \Delta \ln p_j + \beta_i \Delta \ln \frac{x}{p} \tag{6-23}$$

其中，$\Delta \ln p_j = \ln p_{j,t} - \ln p_{j,t-1} = \ln \frac{p_{j,t}}{p_{j,t-1}} = \ln k_{j,t}$，即 $\Delta \ln p_j$ 为 j 类消费品在时间 t 的消费价格指数。另外，

$$\Delta \ln \frac{x}{p} = \ln \frac{x_t}{p_t} - \ln \frac{x_{t-1}}{p_{t-1}} = \ln \frac{x_t}{x_{t-1}} - \ln \frac{p_t}{p_{t-1}} \tag{6-24}$$

$$\ln \frac{p_t}{p_{t-1}} = \ln p_t - \ln p_{t-1} = \sum_i w_{i,t} \ln p_{i,t} - \sum_i w_{i,t-1} \ln p_{i,t-1}$$

$$= \sum_i w_{i,t} (\ln p_{i,t} - \ln p_{i,t-1}) + \sum_i (w_{i,t} - w_{i,t-1}) \ln p_{i,t-1} \tag{6-25}$$

考虑到我国居民消费升级的缓慢性，式(6-25)可简化为：

$$\ln \frac{p_t}{p_{t-1}} = \sum_i w_{i,t} (\ln p_{i,t} - \ln p_{i,t-1}) = \sum_i w_{i,t} \frac{\ln p_{i,t}}{\ln p_{i,t-1}} = \sum_i w_{i,t} \ln k_{i,t} \tag{6-26}$$

将式(6-24)—(6-26)代入式(6-23)，则 LA/AIDS 模型：

$$\Delta w_{i,t} = \sum_j r_{ij} \ln k_{i,t} + \beta_i (\Delta \ln x_t - \sum_t w_{i,t} \ln k_{i,t}) \tag{6-27}$$

为简化计算，借鉴张慧芳和朱雅玲(2017)的做法，将 $\Delta \ln x_t - \sum_t w_{i,t} \ln k_{i,t}$ 处理为居民实际总消费支出的一阶对数差分值，记为 $\Delta \ln c_t$，则 LA/AIDS 模型为：

$$\Delta w_{i,t} = \sum_j r_{ij} \ln k_{i,t} + \beta_i \Delta \ln c_t \tag{6-28}$$

习惯形成理论即居民消费效用取决于当期消费量 C_t 和消费习惯存量 H_t，其中 $H_t = (1-\theta) H_{t-1} + C_{t-1}$，$0 < \theta < 1$，一般采用滞后一期消费 C_{t-1} 作为其代理变量(奈克和摩尔，1996)。为将习惯形成因素纳入 AIDS 模型，运用状态空间模型测算居民消费的习惯形成特征的时变参数，我们借鉴并改进杭斌(2010)的做法，基于常相对风险效用函数(CRRA)构建居民动态消费函数：

$$\Delta \ln C_t = \beta_t + \lambda_t \Delta \ln C_{t-1} + \alpha_t \Delta \ln Y_t + \gamma_t \psi_t + u_t \tag{6-29}$$

其中 Y_t 为居民实际可支配收入，ψ_t 为支出不确定性 adr(调整离差率)。以式(6-29)为量测方程，运用状态空间模型测算习惯形成参数 λ_t 的时变参数，进而借鉴张慧芳和朱雅玲(2017)的做法，将其纳入 LA/AIDS 模型：

$$\Delta w_{i,t} = \sum_j r_{ij} \ln k_{i,t} + \beta_i \Delta \ln c_t + \gamma_i \lambda_t + \varepsilon_{i,t} \tag{6-30}$$

另外，考虑到居民不同类型消费之间的相互影响，对式(6-30)施加如下约束：

$$Cov(\varepsilon_i^t, \varepsilon_m^t) \neq 0 \ (i, m \in \Omega_j, i \neq m, \forall t) \tag{6-31}$$

式(6-30)和式(6-31)共同构成城镇居民的消费结构函数。

（三）基于省际面板数据的分析

下面我们将以消费结构函数为基础，建立计量分析方程，采用我国 29 个省、自治区、直辖市 1992—2012 年城镇居民的消费和价格结构数据，运用状态空间模型测算各省居民消费的习惯形成时变参数，进而构建省际面板数据，运用三阶段最小二乘法（3SLS）进行系统估计，探究习惯形成特征对城镇居民消费结构的总体影响，进而从该角度解释当前城镇居民消费结构有待优化的现实。

1. 数据说明、变量选取与计量方程构建

（1）数据说明

我们将采用我国 29 个省、自治区、直辖市[①]城镇居民的 1992—2012 年消费和价格结构数据。其中，消费数据选取食品、衣着、居住、家庭设备及用品、医疗保健、交通通信、文化娱乐教育和其他商品和服务等八类消费支出，以及食品消费中的烟酒及饮料类消费和在外用餐消费，文化娱乐教育消费中的教育消费，所有数据均来自历年《中国统计年鉴》；

价格数据选取以上八类消费支出，外加烟酒及饮料类、在外用餐和教育消费的共十二类消费的价格数据，其中 1992—1995 年数据来自《中国物价统计年鉴》，1996—2005年数据来自《中国价格及城镇居民家庭收支调查统计年鉴》，2006—2012 年数据来自《中国城市（镇）生活与价格年鉴》；

居民总消费选取城镇居民消费性支出数据，选取 1992 年消费价格指数为基期进行平减以消除物价因素的影响，缺失数据均以插值法补齐。

基于马斯洛需求层次理论对居民消费结构的界定，我们计算了生存型、发展型、享受型三类消费在居民总消费中的比重 $w_{i,t}$，并以各项消费为权重重新计算了三类消费的价格指数 $k_{i,t}$。

（2）变量选取

借鉴前人的相关做法，选择变量如下：

① 被解释变量。以生存型消费、发展型消费、享受型消费在城镇居民总消费中所占比重 $w_{i,t}$ 的差分值分别作为被解释变量。

② 解释变量。解释变量主要包括各类型消费的价格指数 $k_{i,t}$ 的对数值、居民实际消费 csz_{it} 的对数值和习惯形成参数 λ_t。

对于习惯形成参数 λ_t，我们根据 29 个省级行政区城镇居民 1992—2012 年的实际消

---

① 因重庆市和西藏自治区价格结构数据缺失较为严重，故没有采用其数据。

费支出和消费结构数据，运用状态空间模型进行测算。具体来讲，以式(6-29)为量测方程，建立状态方程如下：

$$\beta_t^0 = \pi_1 + \beta_{t-1}^0 + \omega_{1t} \ , \quad \lambda p_t = \pi_2 + \lambda p_{t-1} + \omega_{2t}$$

$$\alpha_t = \pi_3 + \alpha_{t-1} + \omega_{3t}, \quad \gamma_t = \pi_4 + \gamma_{t-1} + \omega_{4t} \tag{6-32}$$

进而利用卡尔曼滤波法，测算 λp_t 的时变参数，即为习惯形成参数。测算结果显示，总体而言，我国城镇居民总消费和生存、发展、享受型消费均呈现显著的习惯形成特征，如图 6-13 所示，以终值(Final State)计，各省居民消费的习惯形成参数平均在 0.6 左右，居民消费行为较为谨慎，其中生存型消费的参数最大，且与总消费的参数高度吻合，发展型消费次之，而享受型消费表现出一定的耐用性，因此比较而言，生存型消费对居民来说更为重要，居民更担心其支出水平的下降。

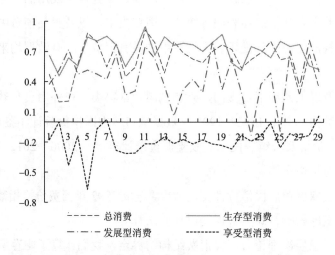

图 6-13　各省级行政区城镇居民消费的习惯形成时变参数(终值)

注：1,2,…29 表示北京、天津到新疆等 29 个省级行政区。

闫新华和杭斌(2010)、王雪琪等(2010)在对居民消费结构的研究中，曾单独以滞后一期的居民消费 $c_{i,t-1}$、滞后一期消费结构占比 $w_{i,t-1}$ 表示消费的习惯形成特征，虽两者的做法有待商榷，但为验证结果的稳健性，我们依旧以此两者为替代变量进行了稳健性检验。此外，蔡兴和刘淑兰(2017)等的研究表明收入差距、人口结构等外部变量显著影响居民消费结构，为进一步验证习惯形成对居民消费结构的影响，我们借鉴郝云飞和臧旭恒(2017)的做法，采用基尼系数 gi_{it} 和少儿抚养比 cdr_{it}、老年抚养比 odr_{it} 分别作为收入差距和人口结构的代理变量。基于以上采用的数据和选取的变量，构建省际面板数据。统计特征显示该面板数据为一平衡面板，其中 T=21，n=29，N=783。

（3）计量方程构建

依据消费结构函数和选取的变量，构建计量方程组如下：

$$\Delta w_{1,t} = r_{11}\ln k_{1,t} + r_{12}\ln k_{2,t} + r_{13}\ln k_{3,t} + \beta_1\Delta\ln csz_t + \gamma_1\lambda p_{it} + \sum\zeta_{k1}X_{1t} + \varepsilon_{1,t}$$

$$\Delta w_{2,t} = r_{21}\ln k_{1,t} + r_{22}\ln k_{2,t} + r_{23}\ln k_{3,t} + \beta_2\Delta\ln csz_t + \gamma_2\lambda p_{it} + \sum\zeta_{k2}X_{2t} + \varepsilon_{2,t}$$

$$\Delta w_{3,t} = r_{31}\ln k_{1,t} + r_{32}\ln k_{2,t} + r_{33}\ln k_{3,t} + \beta_3\Delta\ln csz_t + \gamma_3\lambda p_{it} + \sum\zeta_{k3}X_{3t} + \varepsilon_{3,t}$$

$$Cov(\varepsilon_i^t, \varepsilon_m^t) \neq 0 \ (i, m=1,2,3; i \neq m, \forall t) \tag{6-33}$$

其中下标 1、2、3 分别表示生存型、发展型和享受型消费对应的各变量，λ_{it} 为控制变量。对方程组进行系统估计的方法主要为三阶段最小二乘法（3SLS），其既能解决可能存在的内生性问题，又能提高估计的效率，下面将运用 3SLS 对方程组（6–33）进行系统估计[①]。

2. 3SLS 系统估计

本部分运用面板数据的三阶段最小二乘法（3SLS），对方程组（6–33）进行系统估计，结果如表 6–13 所示。其中列（1）表示不考虑习惯因素时的估计结果，列（2）引入习惯因素，列（3）则在控制收入差距、人口结构变量情况下考虑习惯形成的影响。列（2）和（3）的结果比较可体现结果的稳健性。F 统计量显示各方程均高度显著。

表 6–13　城镇居民消费结构的 3SLS 系统估计结果

	生存型消费占比			发展型消费占比			享受型消费占比		
	(1)	(2)	(3)	(1)	(2)	(3)	(1)	(2)	(3)
$k1_{it}$	0.25***	0.25***	0.26***	−0.15***	−0.16***	−0.16***	−0.10***	−0.10***	−0.11***
	(11.47)	(11.84)	(11.54)	(−8.85)	(−9.12)	(−8.12)	(−3.56)	(−3.62)	(−4.08)
$k2_{it}$	−0.12***	−0.10***	−0.04**	0.13***	0.12***	0.08***	−0.02	−0.03	−0.04*
	(−6.93)	(−5.78)	(−1.97)	(9.64)	(8.55)	(4.24)	(−0.94)	(−1.12)	(−1.78)
$k3_{it}$	−0.1***	−0.09***	−0.16***	0.03	0.03	0.03	0.08**	0.08**	0.15***
	(−2.89)	(−2.93)	(−3.97)	(0.99)	(1.00)	(0.78)	(2.00)	(2.00)	(3.21)
csz_{it}	−0.19***	−0.19***	−0.17***	0.02	0.02	0.04***	0.16***	0.16***	0.12***
	(−11.36)	(−11.67)	(−9.81)	(1.42)	(1.61)	(2.75)	(7.87)	(7.91)	(6.08)
λ_{it}		0.01***	0.003*		−0.004**	−0.003*		−0.002	−0.0003
		(3.32)	(1.91)		(−2.70)	(−1.90)		(−0.78)	(−0.15)

---

① 系统估计的方法主要有三阶段最小二乘法（3SLS）、似不相关回归（SUR）和系统广义矩估计（System GMM）。因所用面板数据的 T=21，n=29，且涉及三种消费类型，故不适用似不相关回归，又因其非动态面板，故不适用系统广义矩估计，因此我们选用三阶段最小二乘法。

续表

	生存型消费占比			发展型消费占比			享受型消费占比		
	(1)	(2)	(3)	(1)	(2)	(3)	(1)	(2)	(3)
gi_{it}			0.01^{***}			-0.05^{***}			-0.05^{**}
			(5.12)			(−3.11)			(−2.26)
cdr_{it}			−0.0001			0.002^{**}			−0.0001
			(−0.89)			(2.24)			(−1.14)
odr_{it}			0.0003			0.00002			−0.0003
			(0.82)			(0.08)			(−0.81)
F	是	是	是	是	是	是	是	是	是
N	579	579	521	579	579	521	579	579	521

注：括号内报告的是 t 值。*、**、***分别表示在 10%、5%、1%水平下显著。F 检验第一阶段方程回归的显著性，N 为观测量。其中 $k1_{it}$、$k2_{it}$、$k3_{it}$、csz_{it} 取对数。

首先，从居民消费支出的影响看，其对生存型消费的占比具有显著的负向影响，对享受型消费的占比具有显著的正向影响，对发展型消费的占比也具有正向影响，说明当前阶段，我国城镇居民消费结构演变的趋势主要是生存型消费占比的逐渐减少、发展型和享受型消费占比的逐渐增加，这与欧美国家等成熟经济体的居民消费结构的演变趋势是一致的。改革开放以来，伴随着城镇居民收入水平的显著提升，居民在满足基本生存需求后，对覆盖医疗、通信、教育的发展型消费和文化娱乐、服务等享受型消费的需求越来越多，居民消费水平这种不断的提升推动了该趋势的形成。

其次，从消费价格指数的影响看，各类型消费价格对本类型消费的占比均呈现显著的正向影响，说明价格的提高均会导致相关支出的增加，但这种影响在不同类型的消费之间具有明显的差别，其中生存型消费占比受自身价格影响较大，享受型消费占比受自身价格影响较小。与此同时，生存型消费价格对发展型、享受型消费的占比具有显著的负向影响，发展型消费价格对生存型消费占比具有显著的负向影响，享受型消费价格也负向影响生存型消费的占比，这与 AIDS 模型的假设一致，但这些负向影响彼此之间也存在一定的异质性，其中生存型消费价格对发展型、享受型消费占比的影响明显大于后两者价格对生存型消费占比的影响，这与当前我国城镇居民的消费结构有关。如前面分析所言，生存型消费仍是决定城镇居民生活水平的关键因素，其对价格较不敏感，但发展型和享受型消费却对价格较为敏感，故若消费的价格水平同时提高，居民消费对不同类型价格的异质性反应将会抑制目前生存型消费占比下降、发展型和享受型消费占比提升的趋势。

考虑消费习惯因素的列(2)结果显示，习惯因素对居民生存型消费的占比具有显著的正向影响，其强度每提高 1%后者将提高约 0.1%，对发展型消费的占比具有显著的负向影响，其强度每提高 1%后者将下降约 0.4%，对享受型消费的占比也呈现负向影响。列(3)在控制了收入差距和人口结构等外部因素后，结果显示习惯因素对三类消费占比的影响依然呈现以上趋势。故消费的习惯形成特征阻碍了居民生存型消费占比的下降和发展型、享受型消费占比的提高，进而减缓了居民消费结构的升级趋势。这说明在当前的消费环境下，面对不确定性和资源禀赋约束，城镇居民为防止未来生活水平的下降，其消费结构行为主要表现为通过抑制发展型和享受型消费占比的上升，来保证生存型消费的稳定，进一步说明居民仍将生存型消费视为体现和保证其生活水平的主要因素，只有在满足生存型消费之后才会考虑扩大发展型消费和享受型消费。

此外，收入差距对城镇居民消费结构具有显著的影响，其对生存型消费的占比具有显著的正向影响，对发展型和享受型消费的占比具有显著的负向影响，说明收入差距扩大亦会阻碍居民消费结构的优化升级；人口结构中，少儿抚养比仅对发展型消费占比具有微弱的正向影响，这主要与发展型消费中的教育消费有关，少儿抚养比的提高将增加居民家庭的教育支出，老年抚养比则对居民消费结构没有显著的影响，这可能与老年人的消费较少且主要集中在生存型消费有关。

综上所述，在我国具有增长性、不确定性的消费环境内，居民消费存在显著的习惯形成特征，消费行为较为谨慎，且随着我国经济的发展和居民消费水平的提高，生存型消费占比的逐渐下降和发展型、享受型消费占比的逐渐提高成为居民消费结构演变的趋势，但居民消费的习惯形成特征阻碍了这一趋势，导致居民生存型消费占比下降有限，发展型消费和享受型消费占比增长缓慢，并且生存型消费的占比和习惯形成参数相对较大，仍是决定居民生活水平的关键因素。

3. 稳健性检验

为检验以上结果的稳健性，我们通过变换消费的习惯形成特征的表现形式来进行稳健性检验。具体而言，借鉴闫新华和杭斌(2010)、王雪琪等(2010)的做法，单独以居民滞后一期的实际消费支出 $csz_{i,t-1}$、滞后一期消费结构 $w_{i,t-1}$ 作为习惯形成因素的代理变量，进行 3SLS 系统回归分析，结果如表 6-14 所示。列(1)(2)分别以滞后一期的实际消费支出 $csz_{i,t-1}$、滞后一期的消费结构 $w_{i,t-1}$ 为代理变量。F 检验显示各方程均高度显著。

由列(1)结果可知，消费习惯因素对居民生存型消费和发展型消费的占比具有显著的正向影响，对享受型消费的占比具有显著的负向影响，虽与前面结果具有一定的差别，但所得结论仍主要表现为消费的习惯形成特征阻碍了居民生存型消费占比的下降和享受型消费占比的上升；列(2)结果显示，生存型消费的习惯形成特征对生存型消费自身和发展型消费、享受型消费的占比均具有显著的负向影响，发展型消费、享受型消费的习惯形成特征则对享受型消费的占比具有显著的负向影响，最终结论仍表现为习惯形成阻碍了居民享受型消费占比的上升。消费价格指数、基尼系数、老年抚养比和少儿抚养比等控制变量的估计结果也与前文结论保持一致。因此稳健性检验结果在总体上支持了前面3SLS 的结论，即习惯形成阻碍了城镇居民生存型消费占比逐渐下降和发展型、享受型消费占比逐渐提高的趋势，减缓了居民消费结构优化升级的速度。

表 6–14　稳健性检验估计结果

	生存型消费占比		发展型消费占比		享受型消费占比	
	(1)	(2)	(1)	(2)	(1)	(2)
$k1_{it}$	0.231***	0.267***	−0.165***	−0.145***	−0.072***	−0.121***
	(10.15)	(11.95)	(−8.23)	(−7.49)	(−2.76)	(−5.04)
$k2_{it}$	−0.043**	−0.036*	0.081***	0.087***	−0.045**	−0.049**
	(−2.18)	(−1.80)	(4.65)	(4.99)	(−1.98)	(−2.25)
$k3_{it}$	−0.136***	−0.166***	0.042	0.030	0.111**	0.134***
	(−3.34)	(−4.05)	(1.17)	(0.83)	(2.39)	(3.02)
csz_{it}	−0.160***	−0.153***	0.043***	0.052***	0.110***	0.103***
	(−9.41)	(−8.79)	(2.90)	(3.41)	(5.66)	(5.49)
$csz_{i,t-1}$	0.067***		0.027**		−0.093***	
	(4.27)		(1.98)		(−5.22)	
$w_{i,t-1}$		−0.162**		−0.118*		−0.207**
		(−2.09)		(−1.76)		(−2.48)
$w_{i,t-2}$		−0.107		−0.073		−0.310***
		(−1.25)		(−0.99)		(−3.38)
$w_{i,t-3}$		−0.028		−0.011		−0.461***
		(−0.42)		(−0.18)		(−6.34)
gi_{it}	0.103***	0.113***	−0.061***	−0.054***	−0.045**	−0.062***
	(5.52)	(5.93)	(−3.71)	(−3.28)	(−2.13)	(−3.01)
cdr_{it}	−0.00002	−0.0001	0.0002**	0.0002**	−0.0002*	−0.0001
	(−0.28)	(−0.63)	(2.24)	(2.11)	(−1.70)	(−1.20)
odr_{it}	0.0003	0.0004	−0.0001	−0.00004	−0.0002	−0.0003
	(1.05)	(1.26)	(−0.29)	(−0.15)	(−0.72)	(−0.95)
F	是	是	是	是	是	是
N	521	521	521	521	521	521

注：括号内报告 t 值。*、**、***分别表示在 10%、5%、1%水平下显著。F 表示第一阶段方程回归显著性的 F 检验。N 表示每个方程的数据量。其中 $k1_{it}$、$k2_{it}$、$k3_{it}$、csz_{it}、$csz_{i,t-1}$ 取对数。

（四）基于收入阶层异质性的分析

基于省际面板数据的分析可知，随着城镇居民消费水平的提高，居民消费结构总体表现出生存型消费占比逐渐下降，发展型和享受型消费占比逐渐上升的演变趋势，但居民消费的习惯形成特征整体上阻碍了该趋势的推进。以上分析虽然通过构建省际面板数据考虑了居民地域上的差异，但对居民异质性的捕捉程度较为有限，难以从更本质的角度捕捉居民的异质性。总结我国城镇居民消费异质性的表现，选择合理的标准界定异质性，是准确地理解习惯形成对居民消费结构影响的必要条件。

改革开放以来，随着党和国家将主要任务转到经济建设上，决定我国居民社会地位的主要因素也逐渐转变为经济地位，收入水平的差异成为体现居民异质性的更为本质的特征，因此从收入阶层异质性的视角对居民消费进行结构化分析，更能准确地分析习惯形成对城镇居民消费结构升级的影响。为此，本部分将基于收入阶层异质性的视角，采用我国城镇 1987—2012 年 7 个收入阶层居民的消费和价格结构数据，运用状态空间模型测算各收入阶层居民消费的习惯形成时变参数，运用面板似不相关回归(PSUR)进行系统估计，探究习惯形成对不同收入阶层的城镇居民消费结构的影响，并从该角度解释当前城镇居民消费结构有待升级的现实。

1. 数据说明、变量选取与方程构建

（1）数据说明

我们采用我国城镇住户调查中 1987—2012 年的最低收入、低等收入、中等偏下收入、中等收入、中等偏上收入、高等收入以及最高收入共 7 个收入阶层居民的消费和价格结构数据[1]。其中居民消费数据选取国家统计局界定的食品、衣着、居住、家庭设备及用品、医疗保健、交通通信、文化教育娱乐和其他等八类消费，鉴于数据的可得性，以马斯洛需求层次理论为基础，借鉴张慧芳和朱雅玲(2017)的做法，定义食品、衣着和居住消费之和为生存型消费，交通通信、医疗保健、教育消费之和为发展型消费，家庭设备及用品、文化娱乐和其他消费之和为享受型消费，进而计算生存型、发展型、享受型三类消费的比重 w，所有消费数据来自历年《中国统计年鉴》。价格数据选取食品、衣着等八类消费、外加教育消费共九类消费的价格指数，并以各项消费为权重，重新计算生存型、发展型、享受型三类消费的价格指数 k，其中 1987—1995 年价格数据来自《中国物

---

[1] 中国城镇住户调查每年选取大量的城镇居民样本进行调查统计，调查户数从 1987 年的 32855 个样本增加至 2012 年的 65981 个样本，数据具有很好的代表性。该调查每年均按照 10%、10%、20%、20%、20%、10%、10% 的比例划分最低、低、中等偏下、中等、中等偏上、高以及最高共 7 个收入阶层。

价统计年鉴》，1996—2005 年价格数据来自《中国价格及城镇居民家庭收支调查统计年鉴》，2006—2012 年价格数据来自《中国城市(镇)生活与价格年鉴》。此外，还选取了城镇居民消费性支出、基尼系数、少儿和老年抚养比等数据。消费支出数据以 1992 年消费价格指数为基期进行平减，从而消除物价因素的影响，缺失数据均以插值法补齐。一般认为，最低收入、低等收入阶层居民为低收入居民，中等偏下、中等收入、中等偏上收入阶层居民为中等收入居民，高等收入、最高收入阶层居民为高收入居民。

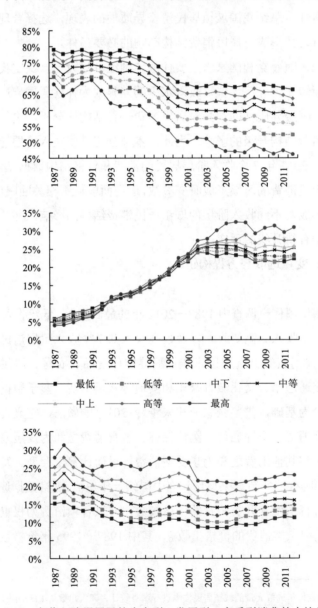

图 6-14　各收入阶层居民的生存型、发展型、享受型消费的占比结构

各收入阶层居民的消费结构如图 6–14 所示。从图中可知城镇各收入阶层居民的生存型消费的占比均呈下降趋势，发展型消费的占比均呈上升趋势，享受型消费的占比基本稳定，并呈略微下降的趋势，生存型消费依然占据各收入阶层居民消费的最大比重。虽然各收入阶层居民的消费占比变化具有相同的趋势，但同时也存在着明显的收入阶层异质性，即各收入阶层居民的消费结构差别较大，如最低收入阶层居民的生存型、发展型、享受型消费占比约为 7∶2∶1，但最高收入阶层居民的三类消费之比则要优于 5∶3∶2，前者的优化程度明显落后于后者，因此城镇不同收入阶层居民的消费结构可能处于不同的演变阶段。

(2) 变量选取

基于消费结构函数式(6–30)，借鉴现有研究的相关做法，以下标 $i=1,2,3$ 分别表示生存型消费、发展型消费和享受型消费，$m=1,2,3,\cdots,7$ 分别表示从最低到最高的七个收入阶层，选择变量如下：

① 被解释变量。以生存型消费、发展型消费、享受型消费在居民总消费中所占比重 $w_{i,m,t}$ 的差分值作为被解释变量。

② 解释变量。包括三类消费的价格指数 $q_{i,m,t}$ 的对数值和居民总消费 $c_{i,m,t}$ 的对数值和消费的习惯形成参数 $\lambda_{i,m,t}$。同时并为进一步验证习惯形成影响的稳健性，借鉴胡日东等(2014)等的做法，采用基尼系数 $gi_{m,t}$ 和少儿、老年抚养比之和 $dr_{m,t}$ 分别作为收入差距、人口结构的代理变量。其中，居民消费采用实际消费性支出 $csz_{i,m,t}$ 表示。基于采用的数据和选取的变量构建收入阶层面板数据，统计结果显示该面板为一平衡长面板，其中 $T=26$，$n=7$，$N=182$。

对习惯形成参数 λ，与上面方法一致，同样以式(6–29)为量测方程，式(6–32)为状态方程建立状态空间模型，利用卡尔曼滤波法测算时变参数，即得到习惯形成时变参数 $\lambda s_{i,m,t}$[①]，测算结果如图 6–15 所示，各收入阶层居民消费总体而言均呈现显著的习惯形成特征，各阶层的参数值变化具有相似性，均在 1990 年代经历了大幅增加，后于 2002 年左右开始缓慢下降，期间均值约在 0.7—0.75，居民的消费行为均较为谨慎。且习惯形成参数在阶层之间的差异也较为明显，总体表现为中等偏下收入、中等收入、中等偏上收入阶层等中等收入居民的习惯形成参数值相对较大，而最低收入、低等收入阶层等低收入居民，以及高收入居民的参数值相对较小。

---

① 此处采用与上面的习惯形成参数不同的表示方式，是为了与以省际面板数据测算的参数值相区分。

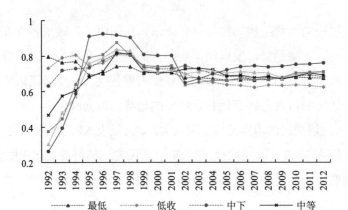

图 6–15　各收入阶层居民消费的习惯形成参数均值

（3）计量方程构建

依据式（6–30）和式（6–31）构建计量方程组如下：

$$\Delta w_{m,t} = \sum_j r_{ij} \ln q_{m,t} + \beta_m \Delta \ln csz^*_{m,t} + \gamma_m \lambda s_{m,t} + \sum_{k=1}^4 \zeta_{km} X_{mt} + \varepsilon_{mt} \qquad (6\text{–}34)$$

其中下标 m=1,2,3,…,7 分别表示了从最低到最高的七个收入阶层，X_{mt} 包括基尼系数 $gi_{m,t}$、人口抚养比 $dr_{m,t}$。式（6–34）亦受到式（6–31）的约束。依据阶层面板数据的特点，运用面板似不相关回归（SUR）对方程组（6–34）进行系统估计[①]。

2. 面板 SUR 系统估计

本部分运用面板似不相关回归（PSUR）对方程组（6–34）进行系统估计，结果如表 6–15 所示。Breusch-Pagan LM 检验结果显示，相比于单一方程 OLS 回归，面板 SUR 能够提高估计的效率。

表 6–15　城镇居民消费结构的面板 SUR 系统估计结果

		最低	低等	中下	中等	中上	高等	最高
生存型消费占比	$q1_{mt}$	0.36*** (4.26)	0.45*** (4.30)	0.41*** (4.40)	0.49*** (3.82)	0.50*** (4.03)	0.57*** (3.94)	0.44** (2.53)
	$q2_{mt}$	0.04 (0.69)	0.08 (1.23)	0.04 (0.57)	0.14 (1.56)	0.14* (1.72)	0.18* (1.77)	0.08 (0.71)
	$q3_{mt}$	−0.51*** (−2.90)	−0.77*** (−3.53)	−0.61*** (−3.11)	−0.88*** (−3.26)	−0.87*** (−3.31)	−1.08*** (−3.42)	−0.66* (−1.77)

[①] 系统估计的方法主要有似不相关回归（SUR）、三阶段最小二乘法（3SLS）和系统广义矩估计（System GMM）。因所用面板数据主要涉及阶层扰动项的相关性，且 T=26，n=7，非动态面板，故适用似不相关回归。

续表

		最低	低等	中下	中等	中上	高等	最高
生存型消费占比	csz_{mt}	-0.10^{***}	-0.16^{***}	-0.19^{***}	-0.07	0.06	0.01	0.03
		(-3.40)	(-4.21)	(-5.53)	(-0.91)	(1.37)	(0.16)	(0.83)
	λs_{mt}	0.01	0.01	0.005	0.029^{*}	0.03^{**}	0.04^{**}	0.02
		(0.86)	(0.99)	(0.44)	(1.72)	(2.14)	(2.49)	(1.13)
	gi_{mt}	-0.23	-0.18	-0.18	-0.46	-0.61^{**}	-0.70^{**}	-0.73^{**}
		(-1.17)	(-0.78)	(-0.85)	(-1.58)	(-2.26)	(-2.24)	(-2.00)
发展型消费占比	$q1_{mt}$	-0.16^{***}	-0.19^{***}	-0.16^{***}	-0.17^{***}	-0.21^{***}	-0.19^{***}	-0.25^{***}
		(-2.81)	(-2.74)	(-2.76)	(-3.11)	(-3.71)	(-3.18)	(-3.47)
	$q2_{mt}$	-0.04	-0.04	-0.03	0.001	-0.01	0.005	-0.01
		(-1.00)	(-0.82)	(-0.77)	(0.03)	(-0.34)	(0.12)	(-0.19)
	$q3_{mt}$	0.28^{**}	0.34^{**}	0.26^{**}	0.25^{**}	0.32^{***}	0.26^{**}	0.37^{**}
		(2.30)	(2.32)	(2.14)	(2.15)	(2.70)	(2.00)	(2.40)
	csz_{mt}	-0.02	0.01	-0.01	0.08^{**}	0.06^{**}	0.07^{*}	0.10^{***}
		(-0.98)	(0.30)	(-0.26)	(2.07)	(2.01)	(1.88)	(2.93)
	λs_{mt}	-0.01	-0.01	0.001	0.001	-0.001	-0.005	-0.01
		(-0.02)	(-0.05)	(0.15)	(0.06)	(-1.10)	(-0.58)	(-1.22)
	gi_{mt}	-0.01	0.02	0.05	0.04	0.17	0.19	0.13
		(-0.05)	(0.14)	(0.36)	(0.32)	(1.34)	(1.46)	(0.82)
享受型消费占比	$q1_{mt}$	-0.18^{***}	-0.26^{***}	-0.26^{***}	-0.33^{***}	-0.30^{***}	-0.39^{***}	-0.19
		(-3.84)	(-4.37)	(-5.02)	(-3.63)	(-3.48)	(-3.39)	(-1.42)
	$q2_{mt}$	-0.02	-0.05	-0.02	-0.15^{**}	-0.13^{**}	-0.19^{**}	-0.07
		(-0.50)	(-1.32)	(-0.45)	(-2.35)	(-2.18)	(-2.29)	(-0.78)
	$q3_{mt}$	0.23^{**}	0.44^{***}	0.37^{***}	0.67^{***}	0.56^{***}	0.83^{***}	0.32
		(2.35)	(3.57)	(3.42)	(3.45)	(3.09)	(3.29)	(1.07)
	csz_{mt}	0.08^{***}	0.14^{***}	0.18^{***}	-0.03	-0.09^{**}	-0.08	-0.10^{***}
		(3.30)	(4.01)	(6.75)	(-0.40)	(-2.23)	(-1.62)	(-2.97)
	λs_{mt}	-0.01^{*}	-0.02^{*}	-0.01	-0.04^{***}	-0.03^{**}	-0.04^{***}	-0.01
		(-1.91)	(-1.76)	(-1.31)	(-2.60)	(-2.25)	(-2.61)	(-0.72)
	gi_{mt}	0.26^{**}	0.18	0.16	0.470^{**}	0.45^{**}	0.52^{**}	0.57^{*}
		(2.29)	(1.35)	(1.39)	(2.23)	(2.32)	(2.08)	(1.96)
BP-LM		是	是	是	是	是	是	是

注：括号内报告的是 t 值。*、**、***分别表示在 10%、5%、1%水平下显著。BP-LM 检验即关于 SUR 的适用性的检验。人口抚养比 dr 的估计系数不显著，故没有列式。其中 $q1_{mt}$、$q2_{mt}$、$q3_{mt}$、csz_{mt} 取对数。

　　首先，从居民消费结构的演变趋势看，消费支出显著负向影响最低收入、低等收入和中等偏下收入阶层的生存型消费的占比，对中等及以上阶层的发展型消费的占比具有显著正向影响，对最低收入、低等收入和中等偏下收入阶层居民的享受型消费的占比具有显著正向影响，但负向影响中等及以上阶层居民的享受型消费占比。考虑到各阶层居民消费结构的差异，可知居民消费结构总体表现出生存型消费占比逐渐下降，发展型和享受型消费占比逐渐上升的趋势，但该趋势存在明显的阶层异质性：低收入居民的消费结构演化趋势主要表现为生存型消费占比的下降和发展型、享受型消费占比的上升，说明其消费结构正处于初始的演变阶段；中等收入居民的消费结构演化趋势主要表现为发展型消费占比的上升，这与广泛存在该群体中的"焦虑"现象有关，为维持现有的社会地位，并试图进入更高的社会地位，该收入群体将加大对发展型消费的投入；高收入居民的消费结构演化趋势主要表现为发展型消费占比的上升和享受型占比的下降，这可能与我国整体的消费层次限制以及高收入所带来的更多不确定性有关。另外，有两个现象应引起注意：一是中等收入、高等收入居民的生存型消费占比没有进一步下降的趋势，二是低收入居民的发展型消费占比没有随着消费支出增加而增加。前者可能缘于在当前的消费环境内，受整体消费层次的限制，生存型消费仍是影响居民生活水平的关键因素，后者则可能因为随着收入差距的扩大，除基本的发展型消费支出外，低收入居民难以获取其他的医疗、通信和教育服务。

　　其次，从居民消费习惯形成特征的影响来看，其对各阶层生存型消费占比均呈现正向影响，尤其对中等及以上阶层的影响效果显著，对发展型消费占比的影响基本不显著，对享受型消费占比的影响基本表现为显著的负向抑制，因此总体来看习惯形成阻碍了居民生存型消费占比的下降和享受型消费占比的上升，抑制了居民消费结构的升级。该影响也存在明显的阶层异质性，其对生存型消费占比下降的阻碍主要表现在中等收入和高收入居民身上，对低收入居民的影响不显著；其阻碍享受型消费占比上升的作用在中等收入和高收入居民中表现较为明显，对低收入居民的影响相对较弱。这似乎有悖于人们的认知，但从现实的消费环境可以得到比较合理的解释：城镇居民面临的消费环境具有较大的动态性、不确定性，信息缺乏、保障缺失、房价飙升等供给侧因素严重干扰了居民的消费预期，面对如生病住院等难以预期的大额支出以及如住宅需求等远超收入水平的大类资产支出，即便是高收入居民，也难以保证以上支出不会影响其基本的生活需求，另外面对日益激烈的社会竞争，保持一定的发展型消费的投入，是居民维持并改善现有社会地位的必要条件，因此在收入增量有限的情况下，首先保持生存型消费占比的稳定性和一定的发展型消费增量，而后考虑享受型消费，才是理性的选择。

　　此外，生存型消费价格指数对生存型消费自身的占比具有显著的正向影响，对发展型消费和享受型消费的占比具有显著的负向影响，这主要是因为生存型消费涉及居民的衣食住等基本需求，价格弹性较小，且其占比最大；发展型消费价格指数的影响基本不显著；享受型消费价格指数对生存型消费的占比具有显著的负向影响，对发展型消费和享受型消费自身占比具有显著的正向影响，说明享受型消费的价格提升会对生存型消费产生一定的挤出。消费价格指数的影响不存在阶层异质性。

另外，用表示收入差距的基尼系数，对中等偏上、高等、最高收入阶层居民的生存型消费占比具有显著的负向影响，对各阶层居民的享受型消费占比总体上具有显著的正向影响，这说明随着收入差距的扩大，更多的财富集中到中高收入群体手中，使得中等偏上及以上收入阶层居民的生存型消费占比逐步下降，享受型消费需求增加，进而导致其价格提高，并使其余阶层居民的享受型消费占比被迫提高。这在一定程度上会促进低收入阶层居民消费结构的升级，但却会削弱中产阶级通过自我提升进入高收入阶层的能力，进一步加重了中等收入居民的"焦虑"现象。

综上所述，总体而言，城镇居民的消费结构总体表现出生存型消费占比下降，发展型和享受型消费占比上升的演变趋势，虽然不同收入居民的消费结构处于不同的演变阶段，但居民消费整体上仍表现出不断升级的趋势。对此不利的是，习惯形成通过减缓低收入居民消费结构的升级速度，阻碍中等收入和高收入居民消费结构进一步升级的结构化影响，抑制了城镇居民消费结构整体上进一步升级的趋势。

通过本部分的研究，我们得出以下结论：(1)随着城镇居民消费水平的提高，其消费结构总体表现出生存型消费占比逐渐下降、发展型和享受型消费占比逐渐上升的演变趋势；(2)不同收入水平居民的消费结构具有不同的演变趋势，低收入居民处于从单一的生存型消费向包含发展型、享受型消费的多元结构演变的阶段，中等收入居民表现出扩大发展型消费的趋势，高收入居民则表现为稳定生存型消费，增加发展型消费，控制享受型消费的趋势；(3)城镇居民消费呈现显著的习惯形成特征，参数值约为0.6—0.7，消费行为较为谨慎，其中生存型消费的习惯形成参数最大，发展型消费次之，享受型消费则表现出一定的耐用性，生存型消费仍是决定居民生活水平的主要因素；(4)消费的习惯形成特征总体上阻碍了居民生存型消费占比的下降，抑制了发展型和享受型消费占比的提升，减缓了居民消费结构的升级速度，其对居民消费结构的影响具有显著的阶层异质性，具体表现为通过减缓低收入居民消费结构升级的速度和阻碍中等收入和高收入居民消费结构的进一步升级的结构化影响，整体上抑制了居民消费结构进一步升级的趋势。

本章小结

　　本章从异质性特征中的习惯形成角度研究异质性消费者行为，并借助宏观、微观数据，分析异质性消费者的行为特征。我国城镇居民消费具有显著的习惯形成特征，习惯形成参数具有明显的动态性和地域异质性，其影响机制具体表现为当外生不确定冲击发生时，习惯形成参数随之增大，促使居民减小边际消费倾向，而在不确定影响弱化后，增大的习惯形成参数又会抑制边际消费倾向的回升，在两者的相互制约下，边际消费倾向最终降低。基于研究结论，本章提出在经济转型时期，应格外关注供给侧的不确定性冲击导致城镇居民消费的习惯强度加大进而引起消费倾向持续降低的现象。

第七章　人口结构与代际交互视角下的家庭异质性消费者行为特征

近年来我国人口结构发生较大转变，人口年龄结构从年轻型经成年型转变为老年型。随着生育高峰期出生的人口开始步入老年阶段，人口老龄化持续加速已经成为当前人口结构变动的主要趋势，并且，人口老龄化超前于经济发展，出现了"未富先老"的现象。与此同时，子女教育成本日益高涨，对于"上有老下有小"的成年已婚家庭来说，较大的养老负担和扶幼负担增加了家庭的预防性储蓄动机，其消费潜力受到抑制，无法充分释放。为此，本章将具体分析人口年龄结构变动与居民消费的关系，并以"养老"和"扶幼"为切入点研究我国居民异质性消费者行为。

第一节　人口年龄结构变动与居民异质性消费行为

一、人口年龄结构与中国居民消费——动态宏观视角

人口年龄结构是居民消费率变动的重要影响因素，按照生命周期理论，少儿抚养比和老年抚养比与居民消费率都正向相关，过去几十年中国居民消费和人口年龄结构都发生了重大变动，然而以中国为研究对象的大量实证检验得出的结论与生命周期理论并非完全相符。本节将财富代际转移和遗赠行为纳入到框架中，分析人口年龄结构变动对中国居民消费率的影响，并以1995—2014年中国省际面板数据为样本，进行实证检验。

（一）人口年龄结构对居民消费的影响

1. 人口年龄结构影响居民消费的理论
莫迪利安尼和布伦贝格（Modigliani & Brumberg，1954）提出的生命周期假说是较早

从微观消费者角度分析人口年龄结构和居民消费（或居民储蓄）之间关系的理论。该理论认为，作为完全理性的消费者，其消费或储蓄应该是动态最优决策，理性消费者会将自己一生的收入在整个生命周期合理配置以达到效用最大化。消费者的整个生命周期大致分为三个阶段：少儿期、成年期和老年期，各个阶段的消费储蓄行为都具有典型特征。少儿时期没有收入，消费依赖于父母。成年期也即劳动年龄期，有自己的劳动收入，同时要在当期消费和储蓄以供未来消费之间进行决策。老年期则依靠自己的储蓄进行消费。因此，劳动年龄人口的收入和财富主要有三个用处：自身消费、抚养后代、储蓄养老。总之，在一个经济体中，少儿人口和老年人口都是纯消费者，只有劳动年龄人口是财富的创造者，并进行储蓄。所以，如果一个经济体中劳动年龄人口所占比重越大，这个经济体的消费率越低。反之，如果少儿人口或老年人口所占比重较大，人口抚养负担较大时，经济体的消费率也就较高。

生命周期理论具有微观基础，较绝对收入理论有了很大进步，但分析仍然较为简单，与现实经济的差距较远。简单地说，如果一个经济体中劳动年龄人口比重上升，储蓄率会提高，资本增加的同时会导致利率逐渐下降，利率的下降又会引起居民储蓄的减少。但利率的下降导致的消费上升能否足以抵减过度储蓄关系着经济体能否达到动态最优。市场经济能自动恢复到均衡状态，因此只有决定人口年龄结构的出生率和死亡率为经济体的最优决策，经济体才可能要达到最优状态，而现实中在生育率决策中人往往脱离了理性人假设，并且许多国家和地区还会根据资源和环境的承载能力制定生育政策进行干预。在这种情况下，生命周期理论的微观理性假设将会面临重大的挑战。尤其是当财富间的代际转移和遗赠动机存在时，该理论解释现实经济的能力进一步受到制约。

生命周期理论之后，学者们也从不同的角度考察了人口年龄结构与居民消费之间的关系，形成了一些微观理论模型。其中，由萨缪尔森（Samuelson，1958）首次提出，经内尔（Neher，1971）修改完善的家庭储蓄需求模型（Household Saving Demand Model，HSDM），是研究人口年龄结构对居民消费率影响的另一理论基础。该模型以家庭为单位研究人口年龄结构与居民消费率的关系，能够将有限生命期的个人转化为无限生命期的家庭，同时，也能将抚养教育子女、赡养老人等代际行为纳入到模型中。学者们借助该理论分析中国家庭观念强，代际间财富转移和遗赠动机强的特殊国情，形成了几种有影响力的观点，主要包括：家庭中少儿人口与储蓄养老之间的替代关系，如柯蒂斯等（Curtis et al.，2015）的研究；家庭中孩子数量与孩子质量之间的替代关系，如李（Li，2008）的研究；男女比例的失调导致的竞争性储蓄动机，如魏和张（Wei & Zhang，2011）的研究。

生命周期理论和家庭储蓄需求模型都是探究人口年龄结构对居民消费影响的经典理论。尽管二者分析的前提假设和出发点有所不同，但二者都指向一个共同的事实，即人口年龄结构的变化会对居民异质性消费行为产生影响。并且，人口年龄结构对居民消费的影响不仅存在微观的作用机制，而且人口年龄结构变动还可以通过宏观作用机制来影响居民消费。例如，经济体的人口年龄结构向中年型演变时，劳动年龄人口会增加，而资本和劳动力相互匹配进行生产，劳动力的增加会导致人均资本存量的下降，引起长期产出和经济增速的减慢，从而减少长期消费；如果要保持人均资本存量不变，社会为之配备的资本相应要增加，就必须相应减少人均居民消费；如果劳动人口增加和人均资本的深化同时发生，则社会要更大程度的减少当期消费进行资本积累。因此，人口年龄结构的变动，会导致最优储蓄率的偏移，此时不同的国民储蓄政策会带来不同的结果，既影响短期人均居民消费也会对长期居民消费产生间接影响。

2. 人口年龄结构影响居民消费的作用渠道

（1）人口年龄结构对居民消费的直接影响

A. 少儿人口对居民消费的影响

当一个经济体的人口出生率发生改变时最直接影响的是少儿人口多少，少儿人口的变化又会引起整个人口年龄结构的变化，如生育率上升时，少儿人口会增加，少儿抚养比上升，其他年龄段人口比例相对下降。并且，从长期来看，当期少儿人口是未来的劳动年龄人口，因此未来劳动年龄人口也会因当期出生率上升而增加。生育率变动首先引起少儿人口增加，其次会造成未来劳动年龄人口的增加，最终对更长远的老年人口增加产生影响。因此，生育率冲击既会影响当前的人口年龄结构，还会对未来的人口年龄结构产生滞后影响。少儿人口比例的上升首先会引起居民消费率的上升，这可以看成是一种结构效应，即少儿是纯消费人口，因此少儿人口增加会引起产出不变而消费增加，居民消费率(消费占产出的比重)也应该越大。从长期来说，人口扩张还可能导致经济发展停滞或倒退，发生这一情况的前提是该国的产出水平很低，居民的收入水平还处于维持温饱的状态，此时人口扩张导致人均资本存量下降的趋势无法通过增加储蓄来弥补，因此长期的产出将会下降，未来的消费也会受到影响，经济陷于恶性循环中。当然，如果有外部资金的大推动，人均投资不足会得到补充，经济体也能克服这一陷进。综上所述，一个国家少儿人口的变化会从短期和长期两个渠道影响居民消费。

B. 劳动年龄人口对居民消费的影响

劳动年龄人口比率的上升会通过许多不同的作用渠道对居民消费产生影响，在人口总量不变的情况下，劳动人口所占比例高意味着少儿和老年抚养系数的相应下降。在产出效率不变的情况下，劳动供给的提高会导致社会总产出上升，产出增加使经济体中用于居民消费或储蓄资源变多。此时，如果新增的产出直接用于当期消费，则高劳动人口比率会导致短期的居民消费上升，如果新增的产出用于储蓄，则投资的上升会导致未来的人均产出增加，进而引起长期的居民人均消费的增加。

C. 老年人口对居民消费的影响

老年人口对居民消费影响在中国当前突出表现为人口老龄化冲击，人口老龄化已经成为当前中国人口年龄结构变动的最主要特征。并且，由于我国人口基数大和生育政策的影响，我国老龄化冲击具有影响更大、来势更猛的特点。由生命周期理论可知，老年人口是消费以前储蓄的单纯消费者，因此对短期和长期消费会产生不同的影响。首先，与劳动年龄人口相比，老龄人口是不进行生产而只消费过去的积蓄的消费者，因此，老年人口的增加短期内只会增加居民消费而不影响生产，因此居民消费率会上升。其次，从长期来看，老年抚养系数越高，国民收入中用于医疗保健和休闲等消费的部分越大，这类消费均不具有投资性质，不会引起产出增加，并且居民消费率的上升表明资本积累会下降，因此人均资本存量在长期形成下降趋势，导致未来产出水平下降进而引起长期居民消费的减少。因此，老年人口比例上升对居民消费的影响表现为短期增加而长期减少。

以上分析的是人口年龄结构对居民消费增减变化的影响，其中假定各个年龄段的消费是同质的，但事实上，由于需求差异，不同年龄阶段的群体消费类型具有明显不同，少儿医疗保健和教育支出较多，劳动人口的个人消费主要用于购买住房和支付结婚等，老年人口的消费则更多用于休闲娱乐和医疗保健。一般来说，少儿人口消费劳动人口消费的平均值要比老年人口消费的平均值高，但少儿和劳动人口消费均值的大小关系不确定，因此，考虑各年龄段人口消费需求的差异性，人口年龄结构变动对居民消费的影响更加复杂。

(2) 人口年龄结构对居民消费的间接影响

人口年龄结构的变动不仅直接影响居民消费，还会通过影响投资、产出、劳动力工资、社会保障等，间接作用于居民消费。这种间接影响主要有劳动年龄人口冲击和人口老龄化冲击两个方面。

A. 劳动年龄人口比率上升对居民消费的间接影响

第一个方面是，劳动年龄人口比率上升对社会的投资或人均资本存量的影响。劳动年龄人口增加后，由于为新增劳动人口配置资本即资本广化的需要，人均资本存量会因此而下降。如果当前人均资本存量低于社会最优水平，人均资本存量的下降就会引起产出下降，从而引起未来的消费的减少。如果劳动年龄人口增加前社会人均资本存量高于社会最优水平，则人均资本存量的下降反而会提高资本边际产出水平，从而增加居民消费。在这种情况下，即使居民消费不会因此上升，但至少不会因此而减少。劳动年龄人口比率上升时，产出增加也会引起资本存量的上升，从而抵消其对人均资本存量降低作用，这是因为，劳动年龄人口比率上升，意味着总抚养系数会下降。社会将总抚养系数的下降会形成剩余产出，如果该剩余产出不用于即期消费而用于资本存量的积累，此时社会人均资本存量增减变动的趋势将发生变化。因此，虽然高的劳动人口比率会有引起人均资本存量下降的作用力，但也相反的动态调整机制来抵消这种作用，因此，长期来看，劳动年龄人口增加对人均资本存量的直接影响是不确定的，由此引起的居民消费的变化动态调整的结果可增可减，最终的影响要看经济体原本的人均资本存量水平和经济体的宏观储蓄率。

第二个方面是，劳动年龄人口比率上升会通过影响收入分配倾向对居民消费水平产生间接影响。这一路径主要是通过影响就业人口的实际工资水平起作用。劳动年龄人口比率高意味劳动力市场过剩，这会引发劳动市场上的激烈竞争，竞争的结果是劳动的边际收入减少，劳动力长期均衡工资水平的大幅度下降，因此收入分配会偏离居民部门。在社会保障制度不完善，尤其是缺乏最低工资保障制度安排的情况下，劳动者的工资会被压得更低。因此居民消费需求会因为可支配收入下降而受到抑制。长期均衡工资水平的下降会严重阻碍居民消费的增长，引起经济结构的失衡，这种情况目前在中国表现得非常明显，由战后鼓励生育政策形成的生育高峰在最近几十年时间表现为劳动年龄人口充足，由此导致的劳动力廉价，宏观表现为工资占 GDP 的比重逐年下降，居民消费率加速下跌。

第三个方面是，劳动年龄人口比率上升通过影响总产出对居民消费产生间接影响。劳动人口与儿童和老年人口相比，是劳动供给的主力，因此劳动年龄人口上升，会形成充足的廉价劳动力，有利于加快经济增长和人均产出的提高。这就是经济学家们讨论的"人口红利"。日本和亚洲"四小龙"经济快速发展与"人口红利"具有显著的相关性，并且经济发展的同时这些国家或地区的人均居民消费水平也快速上升。除了廉价劳动力外，学者还指出"人口红利"会引起全要素生产率的提高，从而促进经济增长、人均产出增加和居民消费上升。

基于中国特殊国情，劳动年龄人口比率上升对居民消费的影响还具有独特性。由于中国人口基数大，新增劳动力数量庞大，为了保障就业维持社会稳定，政府只能被迫保持一定的经济增长率以吸纳足够的就业人口。在内需不足的情况下，而为了促进经济增长，政府只有不断加大投资，从而对居民消费的增长形成进一步的挤压，经济结构被迫处于消费贡献不足的长期均衡。这是在中国，劳动年龄人口比率上升对居民消费产生的独特影响。

B. 人口老龄化冲击对消费的间接影响

首先，老年人口增加会间接影响下一代人的消费决策。当家庭中负担的老年人口较多时，子女抚养负担就会增加，因此便会选择减少当期消费而进行储蓄，以应对未来的养老支出。因此，人口老龄化对后代消费行为的主要间接影响为减少其消费而进行更多的养老储蓄。人口老龄化也存在增加居民消费的作用机制，如中国社会普遍存在的遗赠动机，老年人口在生命周期结束时会遗留一部分财产给下一代，如果后代对此形成预期收入，则这一动机会刺激其减少储蓄而增加消费，尤其是富裕家庭的后代。

第二，人口老龄化通过影响劳动力供给进而作用于产出和居民消费。人口老龄化会导致劳动年龄人口的减少，劳动供给不足会引起均衡产出的下降，产出的下降又会导致居民消费的减少。当然，经济运行中存在抵消或减弱这种效应的几个路径。其一，在人口老龄化加剧导致劳动供给不足时，经济体往往会被诱导进行创新，技术进步会对经济起到较大的促进作用，并且会对产业由劳动密集型向资本密集型转变起到助推作用，使产出得到较大幅度的提升，此时居民消费就不一定会下降。如 20 世纪 90 年代的日本，虽然出现了严重的人口老龄化问题，但通过转型发展资本密集型产业，有效解决了人口老龄化对经济增长造成的负面影响，成功跨入发达国家的前列。除了技术创新外，还可以通过提高妇女就业参与率和延长退休年龄等措施部分抵消劳动人口下降的影响。随着生活条件的改善和医疗卫生条件的提高，人均预期寿命有了大幅度的增加，老年人口在达到退休年龄后仍有能力和精力进行工作，因此，从 2015 年开始我国陆续推进将退休年龄延长到 65 岁的政策。同时，在一些地区妇女就业机会较少，只专注于家庭，是社会劳动力资源的极大浪费，可以通过技能培训让其参加力所能及的工作，也能有效应对人口老龄化所造成的劳动人口下降的影响。一些国家还通过吸引国外移民来解决劳动力不足的问题，该路径主要适合西方发达国家，如美国、加拿大等通过政策与福利大量吸引外来移民来解决人口老龄化造成的国内劳动力不足的问题。

对中国而言，人口老龄化对劳动力的冲击具有特殊的方面。西方发达经济体人口老龄化基本发生在城镇化完成之后，中国由于生育政策的实施加速了人口老龄化的进程，人口老龄化开始时城镇化还未完成。因此，中国可以通过劳动力转移来部分解决因人口老龄化造成的劳动人口不足的问题。中国农村剩余劳动力规模庞大，农村劳动力向城市的转移，可以部分抵消城市人口老龄化对经济的负面影响。并且，中国人口老龄化进程的区域差异非常明显，东部人口老龄化程度高而中西部相对较低，因此，中西部地区的一些省份可以向东部沿海地区人口老龄化问题突出的地区输送劳动人口。实际上，中国改革开放以来形成的农民工特殊劳动群体，有效地解决了中国人口老龄化的问题，应加大对农民工的扶持与照顾，继续发挥作用。

第三，人口老龄化会刺激"银发经济"的发展，形成新的经济增长点。老年人口增加以后，由于老龄人口特殊的生理特征，对医疗保健类和休闲娱乐等需求上升，围绕老年人的需求发展相关产业，既会增加居民消费，也会创造就业机会，形成新的经济增长点。在充分满足老年人需求的同时，促进了经济增长，提高居民整体消费水平。

第四，人口老龄化对公共财政支出产生影响，进而对居民的跨期消费决策产生作用。老年人口的增加，引起公共财政支出中养老和医疗保健开支增加，而公共财政支出的增加又会引起利率的提高。这两个因素均会对居民消费产生一定影响。社会保障支出对居民消费可能由于互补作用而相互促进，也可能通过替代性作用减少居民消费，因此公共财政支出对消费的影响方向难以确定。而利率上升对居民消费同时存在收入效应和替代效应。收入效应指的是利率上升导致居民可支配收入的现值增加引起居民消费的上升。替代效应则指的是利率上升使得储蓄比消费的效用更大，因此居民会增加储蓄。因此，居民作跨期最优化决策时，利率上升对居民消费的影响取决于两种效用的大小合成，方向同样不确定。另外值得注意的是，老年人口的储蓄和消费行为也会因社会保障政策进行调整。因为老年人会对基于社会保障措施作出跨期消费决策，当公共财政支出中养老保障支出增加，老年人会预期个人未来养老费用的下降，因此会增加当期消费而减少养老储蓄，反之也会形成反向预期。因此政策当局应当注意到社会保障政策和老年人储蓄决策的相互影响，制定合理政策调整经济达到动态最优。

(3)对老年异质性消费行为的修正与补充

以上分析的人口年龄结构对消费的影响渠道是基于生命周期理论的，许多经验证据的结论并不完全支持该理论，即该理论的一些假设与现实经济不相符合。因此，学者们基于经济事实，对生命周期理论从不同的角度予以修改或补充。其中具有重要影响的是对老年人口的储蓄或消费行为的修正，具体有三：第一，对生命周期理论中生命周期结束时资产为零的假设进行修改。老年或退休人口可能会遗赠一部分财产给子女，即存在"遗赠动机"。第二，对老年纯消费者假设的修正，在预期生命延迟的情况下，未来支出尤其是医疗支出的不确定性增加，老年人会进行储蓄以应对未来的不确定性。由于遗赠动机和预防性储蓄的存在，老年人口增加对储蓄的拉升作用表现的不再明显，甚至短期内会产生反向作用，部分学者的研究指出，人口老龄化也是当前中国居民消费率下降的原因之一。第三，流动约束也会导致老年人口储蓄的增加。老年人不仅面临更大的医疗支出不确定性，而且由于没有收入作为保障，受到流动性约束较大，预期未来借贷消费的可能性低，所以同其他年龄段人口相比，老年人会因为流动性约束额外增加储蓄，尤其是在金融市场不发达的发展中经济体，流动性约束对储蓄的影响更加显著。

(二)理论模型构建

1. 居民消费率的表达式

一个经济体由三个年龄段的人口组成，分别是少儿人口(P_y)、劳动年龄人口(P_m)和老年人口(P_o)，假设劳动人口的数量为A，少儿抚养比和老年抚养比分别为n_1和n_2，则少儿人口和老年人口分别为 $n_1 A$ 和 $n_2 A$。

居民消费率定义为居民总消费与当期国民总收入的比值：

$$CR = \frac{C_{total}}{Y_{total}} \tag{7-1}$$

由生命周期理论知，个人将一生的预期收入在整个生命周期中合理配置，以达到效用最大化。根据这个思想，如果将人的生命周期分为三个阶段，分别为少儿期、成年期和老年期，则各个阶段都有其典型的消费储蓄行为。少儿时期没有收入或收入很少。成年期也即劳动年龄期，有自己的劳动收入，同时要在当期消费和储蓄以供未来消费之间进行决策。老年期则依靠自己的储蓄进行消费。因此，少儿人口和老年人口是纯消费者，如果一个经济体此两类人口比例增大，居民消费率会上升，而如果经济体中进行储蓄的中年人口比例增大，居民消费率也会随之降低。即少儿抚养比(n_1)和老年抚养比(n_2)对居民消费率(CR)的影响都显著为正。

查克曼等(Choukhmane et al.，2013)以中国为研究对象，分析独生子女政策导致的人口年龄结构对居民消费率的影响，提出子女数量下降对居民消费率作用渠道为"替代路径"(transfer channel)和"支出路径"(expenditure channel)。中国社会家庭观念强，子女的赡养性财富转移构成退休老人的重要收入来源，该收入随着子女数量上升而增加，当子女数量下降时，中年人预期未来得到的财富转移下降，因此会增加养老储蓄，子女数量的下降导致父母用养老储蓄替代对子女的投资消费，从而使消费率降低，该路径即为替代路径；子女消费占家庭总消费的比重大，尤其是教育支出占比达 10%—20%，子女数量的下降直接导致该支出减少，节省的财富部分成为储蓄，导致消费率的下降，该路径为支出路径。

柯蒂斯等(Curtis et al.，2015)从人口年龄结构变动的角度解释中国居民储蓄率快速上升之谜，将年龄结构对储蓄率的影响归纳为三个效应。一为"抚养子女效应"(dependent children effect)，与上文的"支出路径"相似，指的是子女数量的下降直接导致消费支出的减少，从而造成居民储蓄率上升；二为"结构效应"(composition effect)，大部分的储蓄为劳动收入中未消费的部分，因此劳动人口比例的增加会引起居民储蓄率的上升；三为"养老预期效应"，与替代路径一致，当前劳动群体子女数量的下降使得其预期从子女获得的养老收入减少，从而增加养老储蓄。该文章的研究结论显示，通过以上三种效应，人口年龄结构变动能够解释过去几十年中国居民储蓄率上升的一半以上。

中国居民的家庭观念很强，家庭内财富代际转移非常显著，人口年龄结构在家庭层面对居民消费率作用机制比生命周期分析的宏观结构效应更加重要。因此，本章考虑在生命周期理论的基础上，将代际财富转移和遗赠动机加入分析框架，为此必须从家庭层面研究居民消费行为。

假设经济体由人口年龄结构相同的代表性家庭组成，并且代表性家庭中劳动人口数量为单位 1，则对应孩子数量为 n_1，老人数量为 n_2。家庭中的子女没有自己的收入，其消费 (C_y) 由父母决策（父母为劳动人口）；劳动人口将自己的可支配收入 (Y_m) 在当期子女消费 $(n_1 C_y)$、当期自己消费 (C_m)、当期向老人财富转移[①] $(n_2 T_o)$ 以及储蓄以供下期消费 (S_m) 间进行决策，其中 Y_m 包括工资收入 (YL_m) 和财富收入 (WR_m)；老人将从子女获得的财富转移 (T_o) 和自己的财富收入 (WR_o) 在消费 (C_o) 与遗赠后代 (S_o) 之间决策。

将家庭中各个年龄阶段人口的消费和收入带入居民消费率定义式 (7–1) 中，得到消费率表达式为：

$$CR = \frac{n_1 C_y + C_m + n_2 C_o}{Y_m + n_2 Y_o} = \frac{n_1 C_y + C_m + n_2 C_o}{(YL_m + WR_m - n_2 T_o) + n_2 (T_o + WR_o)} \tag{7–2}$$

2. 少儿抚养比与居民消费率

少儿抚养比在家庭层面表现为每个家庭中孩子数量多少，家庭中子女数量同时影响子女消费和劳动年龄人口消费。

(1) 少儿抚养比对家庭子女消费支出的影响

家庭中子女消费总支出 C_y^H 代数表达式为：

$$C_y^H = n_1 C_y \tag{7–3}$$

已有研究表明家庭中子女数量与子女人均消费支出呈反比关系，[②] 即家庭中子女数量的增加引起子女人均消费水平的下降，这与常识相符，因此，人均子女消费 (C_y) 是子女数量 (n_1) 的减函数。同时，尽管子女的人均消费随着子女数量的增减而下降，但子女总数量的上升也会一起家庭总子女消费的增加，子女消费总支出的代数表达式为：

$$C_y^H = n_1 C_y(n_1) \tag{7–4}$$

因此少儿抚养比 (n_1) 对家庭子女消费总支出既有正向的总量效应，又有对人均消费支出负向的替代效应。已有研究表明家庭子女数量对子女消费总支出的影响效应为正，即子女数量多的家庭虽然子女人均消费支出较低，但子女总消费支出要高于子女数量较少的家庭。[③]

---

①财富转移有两个渠道，一为养老保险社会制度，一为家庭财富代际转移。

②李等 (Li，2008) 的研究结论显示家庭中子女数量和子女质量存在替代关系。

③查克曼等 (Choukhmane et al.，2013) 对独生子女家庭和双胞胎家庭的对比分析发现，尽管独生子女家庭孩子的人均教育支出比双胞胎家庭孩子的人均教育支出高 2.6 个百分点，但双胞胎家庭的总教育支出要比独生子女家庭的高 6 个百分点。

综上，少儿抚养比对家庭子女消费总支出的效应为正，结合中国实际情况，计划生育政策导致家庭中子女数量的下降尽管能使少儿人均消费支出上升，但家庭子女消费总支出是下降的，我们将这种影响机制称为少儿抚养比对居民消费率的"支出效应"。[①]

（2）少儿抚养比对劳动年龄人口消费的影响

子女数量的多少，不仅影响家庭子女消费的多少，还会间接作用于家庭的储蓄行为。中国家庭具有较强的"养儿防老"观念，子女被看成是老年时期消费的重要来源，子女数量与养老储蓄是一种替代关系，因此子女数量多的家庭会因预期未来的养老收入较高而减少养老储蓄，增加当期消费，而子女数量少的家庭会减少当期消费，进行更多的养老储蓄，所以，$C_m = f(n_1)$ 是单调增函数。由此，子女数量对当前劳动年龄人口消费也具有正向作用，称之为"养老预期效应"。

综合以上两点提出假设：

H_1：少儿抚养比从"支出效应"和"养老预期效应"两个渠道对居民消费率产生正向作用。

（3）老年抚养比与居民消费率

由式（7-2）知，考虑财富代际转移和遗赠动机时，老年人由单纯消费自己年轻时期储蓄转变为拥有收入并且进行消费储蓄决策，一方面老年人口得到子女的财富转移收入，另一方面会将一部分资产遗留给后代。

为了方便分析，我们根据消费决策制定者的不同，将居民消费率分成两个部分：

由劳动年龄人口进行消费决策的部分：

$$CR_m = \frac{n_1 C_y + C_m}{Y_m - n_2 T_o} \tag{7-5}$$

由老年人进行消费决策的部分（以下称为老年消费率）：

$$CR_o = \frac{C_o}{T_o + WR_o} \tag{7-6}$$

老年抚养比对居民消费率的影响取决于 CR_m 和 CR_o 的大小关系。如果 $CR_o < CR_m$，则老年抚养比对居民消费率的作用为负；如果 $CR_o > CR_m$，则老年抚养比对居民消费率的影响为正。而老年消费率（CR_o）的大小主要取决于代际转移（T_o）和遗赠动机（S_o）的大小，且二者对 CR_o 的作用都为负。当财富代际转移和遗赠动机足够大时，老年人口比例的上升不仅不会引起居民消费率的上升，反而起拉低作用。

---

① 由于该效应表现为家庭子女数量的下降，直接导致家庭中子女总消费支出直接减少，因此本章简单地将其称为"支出效应"。

因此，提出假设：

H_2：由于财富代际转移和遗赠动机的存在，老年抚养比对居民消费率的作用不再是生命周期理论中分析的一定为正，如果财富代际转移和遗赠动机足够大，可以表现出负效应。

（三）计量模型与数据

1. 变量的选取

前面以代表性家庭为对象，加入财富代际转移和遗赠动机，分析了人口年龄结构对家庭消费率的影响。由于假设经济体中家庭同质，可以进行宏观加总，在宏观层面表现为少儿抚养比和老年抚养比对居民消费率的影响，因此本部分的核心变量为人口年龄结构，基础变量为收入变动和实际利率。

同时，考虑到消费习惯对居民消费率的重要影响，引入消费习惯作为控制变量。实证分析中，消费习惯通常由消费的滞后项表示，消费习惯系数的大小表示当期消费对过去消费行为的依赖程度。然而，此类研究只关注习惯存量的作用大小，忽略了一个重要的现实，即习惯存量也是不断调整的，例如：使用滞后一期的消费额作为消费习惯的代理变量时，影响当期消费的习惯存量则为 C_{t-1}，影响上一期消费的习惯存量为 C_{t-2}，由 C_{t-1} 到 C_{t-2} 变化幅度反映习惯存量的调整速度，该调整速度对消费率的作用也值得探究，我们引入习惯存量变化率 $\dot{C}_{t-1} = \dfrac{C_{t-1} - C_{t-2}}{C_{t-1}}$ 表示习惯存量调整的速度，其经济学含义为消费者对上一期新增信息的反应速度，$\dot{C}_{t-1}$ 越大，表示个体消费习惯变化的速度越快，或者说个体对新增消费信息敏感程度更高。同时选取消费额的滞后两期作为消费习惯的代理变量，[①]以反映传统消费习惯的作用大小。

2. 计量模型的设定

基于以上分析，我们的计量模型为：

$$CR_{it} = \beta_0 + \beta_1 n_{1it} + \beta_2 n_{2it} + \beta_3 \ln C_{it-2} + \beta_4 \dot{C}_{it-1} + \beta_5 r_{it} + \beta_6 \dot{y}_{it} + u_i + \xi_{it} \quad (7-7)$$

其中，各个变量的含义如下：

居民消费率（CR）：居民消费占 GDP 的比重，此处计算方式为按常住人口计算的居民平均消费支出与支出法计算的人均 GDP 的比值。

少儿抚养比（n_1）：人口年龄结构是本章关注的变量，少儿抚养比是其中一个表征变量。含义为少年人口（0—14 岁）与劳动年龄人口（15—64 岁人口）的比值。

---

①相比滞后一期的消费额（C_{t-1}），由 C_{t-2} 表示消费的习惯更加稳定。

老年抚养比(n_2)：表征人口年龄结构的另一个变量，指 65 岁及以上人口占劳动年龄人口的比值。

消费习惯($\ln C_{t-2}$)：使用消费额的滞后 2 期的自然对数表示居民消费的惯性依赖程度。

习惯存量变化率($\dot{C}_{t-1}$)：表示消费习惯变化的速度，也就是习惯存量调整速度，用滞后 1 期消费额的变化率表示。

实际利率(r)：用名义利率减去居民消费价格指数增长率计算所得。[①]

收入增长率($\dot{y}$)：收入是影响消费的重要因素，这里选取人均 GDP 增长率作为收入增长率的代理变量。

3. 数据说明

本部分的研究对象是中国大陆的 31 个省（自治区、直辖市），取样时间为 1994—2014 年。重庆因直辖市设立较晚，取样时期内数据不完整，从研究对象中剔除；西藏因统计数据不完整，也排除在外。因此，最终样本数据为 29 个省级行政单位 21 年的面板数据，样本容量为 609。由于回归中包含 2 期滞后变量，损失两年的样本，有效样本容量为 551。变量的统计性描述如表 7–1 所示。

使用面板数据具有三个主要优点。首先，遗漏变量偏差是实证分析中普遍存在的问题，该问题常常是由于不可观测的个体差异或"异质性"造成的，如果这种个体差异是不随时间而改变的，此时面板数据可以有效解决遗漏变量偏差问题。其次，由于面板数据同时有横截面与时间两个维度，回归中即能够考虑某个时点不同个体的效应还能考虑同一个体的时间效应，更重要的是能够分析不同个体随着时间变化的效应。此外，通常情况下面板数据的样本容量更大，从而能够有效提高估计的精确度。

表 7–1　变量的统计学描述

变量	含义	均值	标准差	最小值	最大值	样本量
CR	居民消费率(%)	38.91	8.31	22.88	77.69	551
n_1	少儿抚养比(%)	27.98	9.04	9.65	52.7	551
n_2	老年抚养比(%)	11.52	2.47	6.12	21.89	551
$\ln C_{t-2}$	消费习惯(对数值)	8.43	0.73	6.87	10.52	551
$\dot{C}_{t-1}$	习惯存量变化率(%)	12.54	7.49	−30.2	52.49	551
R	实际利率(%)	0.92	2.37	−6.17	8.03	551
$\dot{y}$	收入增长率(%)	13.25	6.03	0.07	37.01	551

---

①名义利率用一年期贷款利率表示，由央行公布的时点数据加权平均计算所得。

从表 7–1 可以看出，样本期间，我国居民消费率较低，平均只有 38.91%。少儿抚养比平均为 27.98%，老年抚养比相对较低，为 11.52%。同时，以消费额的滞后两期作为消费习惯的代理变量，进行对数处理得到的序列比较稳定，标准差仅为 0.73，习惯存量变化率平均为 12.54%，但样本间差异性较大，最高为 52.49%，最低为–30.2%。此外，实际利率的平均水平只有 0.92%但波动很大，收入增长率高非常高，平均达到 13.25%。

（四）实证结果与分析

1. 基准回归

（1）单位根检验

进行回归分析前，我们首先要确保我们的数据不存在单位根。因为单位根的存在会给我们的回归带来两个致命的问题，一是使自回归系数的估计值左偏向于 0，二是两个相互独立的单位根变量可能出现伪回归。单位根又可分为"共同根"和"不同根"两种类型，因此我们选用面板数据常用的两种单位根检验方法，面板数据 LLC 检验和面板数据 IPS 检验，前者用来检验"共同根"，后者用来检验"不同根"。检验结果如表 7–2 所示。

表 7–2　单位根检验结果

变量	LLC 检验（H0：面板数据存在"共同根"）			IPS 检验（H0：面板数据存在"不同根"）		
	偏差校正 t 统计量	P 值	结果	t 统计量均值	P 值	结果
CR	–4.729	0.000	1%显著下平稳	–2.501	0.027	5%显著下平稳
n_1	–7.389	0.000	1%显著下平稳	–2.820	0.000	1%显著下平稳
n_2	–8.275	0.000	1%显著下平稳	–3.082	0.000	1%显著下平稳
$\ln C_{t-2}$	–5.566	0.000	5%显著下平稳	–2.492	0.031	5%显著下平稳
$\dot{C}_{t-1}$	–9.836	0.000	1%显著下平稳	–3.538	0.000	1%显著下平稳
R	–16.314	0.000	1%显著下平稳	–4.540	0.000	1%显著下平稳
$\dot{y}$	–10.990	0.000	1%显著下平稳	–3.584	0.000	1%显著下平稳

表 7–2 显示，数据为不存在单位根的平稳序列，可以进行回归分析。

（2）回归结果及分析

以居民消费率为被解释，以少儿抚养比、老年抚养比、消费习惯、利率、收入增长率为解释变量，分别使用混合回归、固定效应模型、随机效应模型进行回归，结果如表 7–3 所示。

表 7-3　基准回归结果

被解释变量=CR	混合回归	固定效应模型	随机效应模型
		(FE)	(RE)
n_1	0.402 (2.66)**	0.182 (2.42)**	0.195 (2.99)***
n_2	0.376 (1.30)	−0.099 (−6.47)***	−0.091 (−6.16)***
$\ln C_{t-2}$	−3.893 (−2.71)**	−4.204 (−3.61)***	−4.188 (−3.79)***
$\dot{C}_{t-1}$	0.045 (1.88)*	0.071 (3.44)***	0.070 (3.45)***
R	−0.405 (−1.58)	−0.271 (−2.27)**	−0.279 (2.17)**
$\dot{y}$	−0.340 (−4.54)***	−0.303 (−5.77)***	−0.306 (5.90)***
$Constant$	60.458 (4.36)***	83.996 (6.83)***	82.642 (6.96)***

注：括号内的数据为系数的 t 值；***、**、*分别表示 1%、5%、10%的显著性水平。

经分析和检验，固定效应模型最佳[①]，同时，固定效应模型和随机效应模型的估计结果差距并不大，表明回归结果比较稳健。以下使用固定效应模型的回归结果进行分析。

少儿抚养比（n_1）对居民消费率的影响显著为正，系数为 0.182，即少儿抚养比变动 1%，会引起居民消费同向变动 0.182%，该结果验证了理论分析中的 H_1。取样期间，由于"计划生育政策"的实施，少儿抚养比下降明显，通过"支出效应"使得家庭中子女消费支出，并且间接通过"养老预期效应"增加家庭的养老储蓄而降低当前消费，二者的共同作用，在宏观经济中表现为居民消费率的下降。因此，少儿抚养比的下降是解释中国居民消费率消费的重要因素之一。

老年抚养比（n_2）对居民消费率的影响系数为−0.099，与传统的生命周期理论相悖，在财富代际转移和遗赠动机的作用下，老年抚养比表现为对居民消费率的反向作用，H_2 得到验证。结合实际，过去几十年里，中国老年人口比例的上升不仅没有对居民消费率起到正向的拉高作用，反而成为了解释居民消费率下降的因素。如前文理论分析，主要原因是中国居民家庭观念很强，财富代际转移和遗赠动机作用较大，一方面劳动人口向老年人口的财富转移使得老年人口仍具有稳定的收入，另一方面遗赠动机的存在使得老年人的消费倾向降低。另外，中国居民勤俭节约的生活观念在老年人身上体现得更加明显，目前老年产业和消费市场发展相对落后，这些均导致老年人消费倾向的低下。甚至使得老年消费者的消费倾向比年轻消费者更低，形成了老年人口比例和居民储蓄率双高的局面。

---

①由于每个省的情况不同，可能存在不随时间而变的遗漏变量，通过 LSDV 方法考察个体效应，结果多数个体虚拟变量都显著，即个体效应存在，因此，固定效应模型(FE)优于混合回归。我们使用 LM 检验结果拒绝"不存在个体随机效应"的原假设，随机效应模型也优于混合回归。进一步使用 Hausman 检验进行判定，结果显示固定效应模型要优于随机效应模型。

消费习惯($\ln C_{t-2}$)和习惯存量变化率($\dot{C}_{t-1}$)对居民消费率的影响一负一正，表明习惯存量变化率的引入具有重要意义。消费习惯对居民消费率的影响为显著负向作用，因此消费习惯的存在使得居民对当期收入的增加表现出过渡平滑性，导致居民消费率的下降。而习惯存量的变化率反映着个体对新增信息的敏感程度，习惯存量变化率较快的个体面在收入快速增长时，调整消费的速度也较快，所以习惯存量变化率对居民消费率起正向作用，习惯存量变化率每上升 1%，引起居民消费率上升 0.072%。

估计结果也显示，实际利率对居民消费率的影响显著为负，一方面表明我国居民为看重财富积累的保守型消费者，当利率上升时，居民倾向于储蓄而达到资产升值的目的。另一方面，利率与居民消费率之间的显著负相关，也反映了我国当前金融市场发展相对滞后，即居民理财方式相对单一，财富增值主要依靠储蓄，因此利率下降，居民会显著减少储蓄而增加当期消费，反之则反。

居民收入增长率对居民消费率的影响系数为 –0.303，该结果与莫迪利安尼（Modigliani）的结论基本一致，同时也符合持久收入假说，即由于快速的收入增长无法被预期，居民无法及时调整消费，被动增加储蓄从而导致居民消费率的下降。同时，由于我们使用人均 GDP 增长率代替居民收入增长率，结果具有一定偏差，因为居民的可支配收入与人均 GDP 的差距在不断扩大。方福前（2009）研究表明，国民收入分配向政府与企业倾斜，居民的可支配收入增长落后于人均 GDP 增长，制约居民消费。

2. 分区域验证

我国人口年龄结构及居民消费的区域差异较大：首先是由于劳动人口的转移和计划生育政策在各个地区的执行力度不同导致不同区域人口年龄结构有较大的差异；其次，我国区域发展差异非常明显，消费环境差距较大，所以不同区域居民受到消费环境的制约不同，在消费行为上会表现出不同；此外，因为区域的对外开放程度不同，消费习惯也存在较大差异。上述因素都会导致居民消费行为的不同，因此区域对比分析研究非常有必要。

为进一步分析人口年龄结构和消费习惯等对居民消费率的影响，本章将全国样本分为东、中、西部三个区域进行估计[①]。分区域数据为长面板，原有的估计方法不再适用，并且个体、时间维度都较小，为保证估计结果的稳健性，本章使用"OLS+面板校正标准差差法"进行估计，结果如表 7–4 所示。

[①]东部地区包括北京、天津、河北、辽宁、上海、江苏、浙江、福建、山东、广东、海南 11 个省（直辖市），中部地区包括黑龙江、吉林、山西、安徽、江西、河南、湖北、湖南 8 个省，西部地区包括内蒙古、广西、四川、贵州、云南、陕西、甘肃、青海、宁夏、新疆 10 个省（自治区）。该划分为中国卫生统计年鉴所用东中西部划分方法，此方法更看重经济发展水平，和各地经济发展水平比较一致。

表 7-4 分区域回归结果

被解释变量=CR	东部地区	中部地区	西部地区
n_1	$0.359(6.69)$ ***	$0.320(3.61)$ ***	$0.659(6.35)$ ***
n_2	$-0.0678(-5.87)$ ***	$-0.096(-3.80)$ ***	$-0.161(-7.89)$ ***
$\ln C_{t-2}$	$1.663(0.72)$	$-6.288(-7.37)$ ***	$-6.765(6.86)$ ***
$\dot{C}_{t-1}$	$0.0567(1.83)$ *	$0.062(1.89)$ *	$0.111(1.73)$ *
R	$-0.074(-0.63)$	$-0.250(-1.80)$ *	$-0.054(-0.28)$
$\dot{y}$	$-0.151(-2.71)$ ***	$-0.327(-4.95)$ ***	$-0.219(-2.32)$ **
Constant	$25.541(1.35)$	$98.822(10.21)$ ***	$60.706(5.06)$ ***

　　分区域回归结果显示，少儿抚养比对居民消费在各个地区均为显著正向作用，进一步验证了 H_1，老年抚养比对居民消费率为显著负向作用，H_2 同样成立。并且，两者对居民消费率的影响都在西部地区表现最为明显，因为西部地区居民收入水平相对最低，子女和老人消费占家庭消费比重较高，子女和老人数量对居民消费率影响较大。

　　消费习惯的显著性和系数都呈现出一致的规律，从东部到西部消费习惯对居民消费率的影响程度越来越大。居民的消费习惯主要受两个因素的影响，即经济发达程度和居民消费观念。东部地区经济发展和对外开放程度较高，居民所处的消费环境相对完善，居民的消费观念更加开放，因此消费习惯对居民消费行为的影响比其他地区要小，甚至表现为不显著。而在中、西部地区则与全样本实证分析一致，表现为显著的负向作用。消费习惯变化率对居民消费率的影响均为正，并且从东部到西部影响系数逐渐增加，是由于东部的消费环境变化较快导致已有习惯存量调整方式对当期消费的作用降低，而西部的消费环境变化最慢，习惯存量调整方式较为稳定，因此作用效果相对明显。

　　实际利率对居民消费率的影响在中部地区表现最为明显，说明中部地区居民相对保守且财富积累形式单一，主要依靠银行存款。利率的变动对居民消费与储蓄之间转换的影响较大。收入增长对居民消费率的影响在各个地区也都表现为显著的负向，进一步说明收入的快速增长也是导致居民消费率下降的重要因素。

二、人口年龄结构与中国居民消费——家庭消费视角

　　上一部分我们得到，在中国少儿消费和老年消费存在较大不均衡，少儿抚养比对居民消费率的影响显著大于老年抚养比。为了分析该结论背后的经济学逻辑，本部分我们将分析人口年龄结构对家庭异质性消费行为的影响，从家庭层面提出"尊老"与"爱幼"

消费的差异性，并从"需求异质性"和"选择偏差"两个角度寻求该差异的来源。

子女数量的下降和老年抚养负担的加重，是当前中国家庭人口结构的主要变化特征。人口年龄结构的变动对中国居民消费率产生怎样的影响？按照传统生命周期理论，少儿和老年人口比例的增加对居民消费率均为正向作用，[①]针对中国情况的实证检验发现，少儿抚养比对居民消费率的影响与之一致，少儿人口下降推动了居民消费率的降低。然而，老年抚养比的上升对居民消费率的提升作用不仅没有显现，反而呈现出负向相关。人口老龄化带来的老年消费群体比例扩大对居民消费率的拉升作用非常有限，是何原因导致中国老年群体的消费倾向较低？是老年群体自身的需求特性决定，还是社会、家庭的选择偏差造成？本部分通过对比少儿群体和老年群体在家庭中的消费差异，对此问题进行分析与解释。

(一)子女消费与老人消费的差异性

1. 家庭中子女消费和老人消费

我们将从家庭的视角出发，探究少儿数量与老年数量对家庭消费的不同影响。经济体中，每个家庭由三个年龄群体的人构成，分别为子女、劳动年龄人口和老人，家庭中各个年龄群体的消费决策由户主统一进行决策。因此，家庭中子女的消费支出和老人的消费支出在数量上具有竞争关系。

将家庭中子女和老人的消费支出按其弹性分别划分为自主消费和引致消费，具体情况如表 7–5。由划分情况可以看出，家庭中子女和老人的自主消费都是满足生存的基本支出，子女引致消费是提升其人力资本的支出，而老人的引致消费是提升其生活质量的支出，并且自主消费相对引致消费数量较小，弹性也小，无论家庭的富裕程度如何，子女和老人的自主消费都优先得到满足。

表 7–5　子女消费与老人消费对比

身份	消费					
	自主消费			引致消费		
	特点	目的	举例	特点	目的	举例
子女	弹性小 数量小	生存	衣食、初等教育支出	弹性大 数量大	提升人力资本	补习、培训、中高等教育支出
老人	弹性小 数量小	生存	衣食、医疗支出	弹性大 数量大	提升生活质量	保健、休闲、旅游等

---

① 经济体中少儿和老人均为无收入的纯消费人群，二者占总人口比例的上升会引起居民消费率的上升。

基于以上前提，分析家庭对子女和老人消费的决策。消费(C)由自主消费(C_0)和引致消费(C_1)两部分组成，其中C_0为常数，C_1是家庭收入(y)的函数，即：

$$C = C_0 + C_1 \tag{7-8}$$

同理，家庭中子女的消费(C_y)和老人消费(C_o)可以表示为：

$$C_y = C_{y0} + C_{y1} \tag{7-9}$$

$$C_o = C_{o0} + C_{o1} \tag{7-10}$$

2. 家庭消费异质性分析

由于经济的发展和各类社会保障制度的完善，目前家庭中子女和老人的刚性需求部分C_{y0}和C_{o0}基本得到满足。满足刚性支出仍有剩余时，家庭对子女消费和老人消费的满足是否差别对待是我们首先要探讨的问题。同时我们还会进一步讨论该差异的来源，是家庭中子女和老人消费的优先顺序不同，还是子女和老人二者本身的需求即存在差异。

首先，为了反映家庭中"尊老"与"爱幼"消费的差异程度，我们定义"尊老"与"爱幼"的平等系数：

$$\beta = \frac{C_o}{C_y} = \frac{C_{o0} + C_{o1}}{C_{y0} + C_{y1}} \tag{7-11}$$

$\beta = 1$，表示家庭在每个子女和老人的花费相等，"尊老"与"爱幼"消费绝对平等。

$\beta < 1$，表示家庭在每个子女上的花费更高，"爱幼"重视程度高于"尊老"。

$\beta > 1$，表示家庭在每个老人上的花费更高，"尊老"重视程度高于"爱幼"。

由以上分析可知，式(7-11)中，β的大小主要取决于C_o和C_y的大小比较，二者分别表示老人和子女的引致需求，也就是家庭消费中主要用于满足子女需求和老人需求的部分。子女和老人的需求存在差异，子女的引致消费中的很大一部分为教育支出，老人的引致消费中医疗保健支出比例较大。为了识别这一情况，接下来首先实证检验家庭中"尊老"与"爱幼"消费数量的差异性，在此基础上从消费结构角度分析子女消费和老人消费的差异。

(二) 家庭"尊老"与"爱幼"消费异质性的检验

1. 计量模型构建

下面我们通过分析子女和老人数量对家庭消费的影响，检验家庭"尊老"与"爱幼"消费的差异性。被解释变量为家庭消费，关键变量为子女数量和老人数量。家庭纯收入和净资产作为影响消费的基本变量，同时考虑户主的人口统计学变量，如年龄、性别、学历、婚姻状况。为了减少异方差和方便分析，我们对家庭消费、家庭纯收入、家庭净资产进行对数化。

基于此，我们采用的简约型计量模型为：

$$\ln c_i = \beta_0 + \beta_1 \ln y_i + \beta_2 \ln k_i + \beta_3 Y_i + \beta_4 O_i + \beta_5 A_i + \beta_6 S_i + \beta_7 E_i + \beta_8 M_i + u_i \quad (7\text{--}12)$$

其中，因变量 $\ln c_i$ 为家庭消费支出的对数值，从家庭实际消费决策出发，选取家庭纯收入对数值（$\ln y_i$）和家庭净资产对数值（$\ln k_i$）作为基准变量；家庭子女数量（Y_i）和老人数量（O_i）为关键变量；同时将"户主"的人口统计学变量年龄（A_i）、性别（S_i）、最高学历（E_i）、婚姻状况（M_i）作为控制变量。

2. 数据处理

本部分所使用的数据来自中国家庭追踪调查(CFPS)。CFPS 是由北京大学中国社会科学调查中心实施的具有全国代表性的大型微观入户调查，该调查旨在通过跟踪收集个体、家庭、社区三个层次的数据，反映中国社会、经济、人口、教育和健康的变迁，为学术研究和公共政策分析提供数据基础。

选取中国家庭追踪调查(CFPS)中 2012 年截面数据，总调查户数为 13315 户，家庭信息和家庭成员信息的数据分别来源于家庭数据库和家庭成员数据库。

数据筛选处理过程如下：根据中国家庭实际情况，将家庭中年龄小于 25 岁并且未婚的个体定义为家庭的子女，将家庭中年龄大于等于 65 岁的个体定义为家庭的老人。使用该条件，在家庭成员数据库中对每个家庭中子女和老人数量进行统计，并根据家庭代码匹配到家庭数据库中。为了保证使用数据的质量，我们根据回答的可信度、急于结束调查的程度、对调查的疑虑、配合程度对数据进行初步筛选，剔除 1332 个样本。为了保证家庭消费决策为理性行为，我们使用家庭数据库中"最熟悉家庭财务人员"和家庭成员数据库中"家庭重大事件决策人员"进行匹配，只保留二者是同一家庭成员的样本，并且将该成员的年龄、性别、婚姻状况、最高学历变量作为"户主"的人口统计学变量。为了保证关键变量家庭人口年龄结构数据的准确性，我们删去家庭数据库中"家庭规模"和家庭关系数据库中调查的家庭成员数量不一致的家庭 2082 户。之后，根据我们使用的回归变量，将统计不完整的 1421 户样本家庭剔除。最后，为了使实证分析具有普遍意义，从实际意义出发剔除家庭中资产或收入为负的样本 591 户。[①]经过处理筛选，符合实证分析的样本数为 4502 个家庭，表 7–6 为变量的统计性描述。

---

① 从家庭整个生命周期来考虑，平均收入和资产应该为正，出现为负应该属于特殊时期，此时的消费决策为非理性，不具有普遍意义。

表 7-6　变量的统计性描述[①]

变量	含义	平均值	最小值	最大值
ln$c$	消费支出对数值	10.085	6.339	13.213
ln$y$	纯收入对数值	10.268	5.298	14.926
ln$k$	净资产对数值	11.833	5.298	17.344
$young$	子女数量	1.083	0	6
old	老人数量	0.478	0	3
age	户主年龄	51.966	16	91
sex	户主性别	0.696	0	1
edu	户主最高学历	2.715	1	7
mar	户主婚姻状况	0.853	0	1

除以上变量外，我们还在回归中添加了分别控制家庭户籍所在省份和城乡分类的虚拟变量。

3. 实证检验

回归模型中，收入是消费的重要影响因素。通常情况下，富人的消费计划较有弹性，而穷人的消费多为必需品，很少变动。另一方面，富人的消费支出可能更难测量，故包含的测量误差较大，可能会存在误差项的方差随收入增加而变大的现象。为消除异方差的影响，我们使用"OLS+稳健标准差"方法进行估计，同时使用可行广义最小二乘法（FGLS）方法检验回归结果的稳健性，其结果如表 7-7。

表 7-7　基准回归结果

被解释变量=ln$c$	OLS+稳健标准差		FGLS	
	系数	t 值	系数	t 值
ln$y$	0.224[***]	20.36	0.219[***]	20.32
ln$k$	0.124[***]	13.26	0.143[***]	15.67
$young$	0.087[***]	7.6	0.083[***]	7.21
old	0.048[***]	3.15	0.049[***]	3.38
age	−0.010[***]	−10.26	−0.011[***]	−11.52
sex	−0.015	−0.73	−0.012	−0.55
mar	0.222[***]	7.21	0.215[***]	6.61

---

① CFPS 调查数据中，户主的最高学历用以下数据表示：1=文盲、半文盲，2=小学，3=初中，4=高中、中专或技校，5=大专，6=大学本科，7=研究生及以上学历。

续表

被解释变量=lnc	OLS+稳健标准差		FGLS	
	系数	t 值	系数	t 值
edu	0.081***	8.89	0.075***	8.39
urban	0.138***	6.02	0.139***	6.19
Constant	6.474***	34.04	6.243***	33.76
R^2	0.4317		0.4241	

注：***、**、*分别表示 1%、5%、10%的显著性水平

由表 7–7 知，两种方法的估计结果基本一致，表明估计结果相对稳健，考虑到"OLS+稳健标准差"方法在不确定条件方差函数形式的情形下仍然可以得到对系数和标准差的一致估计，而 FGLS 的估计效力依赖于对条件方差函数形式的准确设定，并且上文 FGLS 估计中，对条件方差估计的拟合优度并不是很高，因此使用稳健 OLS 的估计结果进行分析。

估计结果显示，对于全体样本家庭来说，尽管子女数量和老人数量都显著影响家庭消费，但系数相差较大。具体来看，家庭中子女数量每增加 1 个，家庭消费额上升 8.74%，老人数量每增加 1 个，家庭消费额上升 4.83%，子女数量对家庭消费的作用显著大于老人数量。因此，从家庭层面来讲，"尊老"与"爱幼"消费存在明显差异。

此外，家庭净资产和家庭纯收入也都显著影响家庭消费，家庭纯收入每增加 1%，家庭消费额上升 0.22 个百分点，家庭净资产每增加 1%，家庭消费额上升 0.12 个百分点。同时，城镇家庭比农村家庭平均消费额多 13.8%，城乡差距比较明显。此外，户主的部分人口统计学特征对家庭消费额也具有显著影响。具体来看，户主年龄每增加 1 岁，家庭消费额下降不到 1%，表明不同年龄户主的消费观念和消费倾向存在差异，户主年龄越大家庭消费观念越保守，户主年龄越小家庭的消费观念越开放；户主婚姻状况也显著影响家庭的消费，户主在婚的家庭比户主单身家庭的消费量平均高 22.25%；户主最高学历每上升一个等级，家庭消费额增加 8.13%。

4. 子女消费和老人消费类型差异分析

前面已经得出家庭中子女数量和老人数量对家庭消费的影响具有重大差异，子女消费和老人消费在结构上本身应该具有不同，如子女数量对家庭教育支持的影响会更加明显，而老人数量则对可能家庭医疗保健支出的影响更大。分析人口年龄结构对家庭消费结构的影响如何，有助于理解"尊老"与"爱幼"消费差异背后的原因。

为此，下面我们将家庭消费支出按用途划分为食品支出、衣着指出、居住支出、家庭设备及日常用品消费支出、医疗保健支出、交通通信支出、文教娱乐支出和其他消费性支出八

类。所使用的样本家庭，其八类消费支出及家庭总消费支出的统计性描述见表 7–8。

表 7–8 家庭消费支出构成的统计性描述

种类	均值	标准差	最小值	最大值	家庭数
食品支出	14246.10	12918.53	0	197600	4502
衣着支出	1747.80	3804.22	0	200000	4502
居住支出	2222.77	2754.31	0	68400	4502
家庭用品支出	4768.02	19426.31	0	415600	4502
医疗保健支出	3204.01	7737.68	0	150000	4502
交通通信支出	2795.11	4041.91	0	52800	4502
文教娱乐支出	3239.60	6452.47	0	112240	4502
其他	1734.13	9815.13	0	300000	4502
家庭消费支出	33957.54	35623.20	566	547500	4502

由表 7–8 知，家庭消费支出中食品消费最多，经计算样本家庭的平均恩格尔系数为 41.95%。按照联合国划分标准，一个国家平均家庭恩格尔系数大于 60% 为贫穷；50%—60% 为温饱；40%—50% 为小康；30%—40% 属于相对富裕；20%—30% 为富足；20% 以下为极其富裕。按此划分标准，样本家庭平均情况为小康水平。排第二位的是家庭设备及日常用品消费支出，这与家电更新换代速度快的现实经济情况相符。文教娱乐支出和医疗保健支出排第三阶梯，之后依次是交通通信支出、居住支出、衣着指出和其他消费支出。

从现实经济出发，可以大体推断子女数量和老人数量都会对家庭的食品支出、衣着支出和居住支出产生影响，但由于这三类支出均具有规模效应，影响不会很大。不同的是，子女数量会对家庭的文教娱乐支出产生重大影响而老人数量则对医疗保健支出产生重大影响。为检验实际情况，此处使用式(7–12)的计量模型，并将被解释变量分别替换为上述八类消费，并且将子女数量和老人数量替换为少儿抚养比和老年抚养比，实证检验家庭人口年龄结构对消费结构的影响，使用 "OLS+稳健标准差" 方法估计结果如表 7–9 所示。

表 7–9 人口年龄结构对家庭消费结构影响的估计结果

支出类型	食物		衣着		居住		家庭设备及日常	
	系数	P 值	系数	P 值	系数	P 值	系数	P 值
$\ln y$	0.173	0.00	0.248	0.00	0.136	0.00	0.289	0.00
$\ln k$	0.105	0.00	0.189	0.00	0.121	0.00	0.276	0.00

续表

支出类型	食物		衣着		居住		家庭设备及日常	
	系数	P 值	系数	P 值	系数	P 值	系数	P 值
yr	0.040	0.20	0.158	0.00	−0.111	0.00	0.002	0.98
or	0.051	0.15	−0.117	0.01	0.061	0.15	−0.002	0.98
age	−0.009	0.00	−0.020	0.00	−0.004	0.01	−0.023	0.00
sex	0.070	0.01	−0.143	0.00	−0.079	0.01	0.008	0.86
mar	−0.058	0.00	−0.021	0.33	0.012	0.59	−0.029	0.33
edu	0.006	0.63	0.090	0.00	0.116	0.00	0.096	0.00
Constant	6.977	0.00	3.055	0.00	4.686	0.00	1.862	0.00

支出类型	医疗保健		交通通信		文教娱乐		其他	
	系数	P 值	系数	P 值	系数	P 值	系数	P 值
ln*y*	0.162	0.00	0.249	0.00	0.240	0.00	0.178	0.00
ln*k*	0.041	0.05	0.184	0.00	0.101	0.00	0.167	0.00
yr	−0.056	0.30	0.032	0.36	0.544	0.00	0.152	0.16
or	0.347	0.00	−0.051	0.27	−0.087	0.33	−0.014	0.91
age	0.013	0.00	−0.018	0.00	0.001	0.73	−0.002	0.64
sex	−0.129	0.01	0.023	0.44	−0.113	0.04	−0.057	0.53
mar	−0.051	0.12	−0.016	0.44	−0.115	0.01	−0.118	0.03
edu	0.073	0.00	0.126	0.00	0.224	0.00	0.071	0.06
Constant	4.676	0.00	3.823	0.00	3.012	0.00	3.599	0.00

表 7–9 中的 *yr* 和 *or* 分别表示家庭的少儿抚养比和老年抚养比,可以看出 *yr* 和 *or* 对家庭中各类消费的作用不同。由于少儿抚养比和老年抚养比代表着少儿和老人在家庭中的比例,因此他们对家庭各类消费支出影响系数为正表示其在某类消费上的支出大于家庭平均水平,反之系数为负则表示其在某类消费上的支出小于家庭平均水平。

具体来看,少儿抚养比和老年抚养比对家庭食物支出的影响系数都非常小,并且都不显著。原因主要有以下两个:第一,食物支出为自主消费支出,无论是哪个年龄段的家庭成员都必须得到满足,且需求的差异性不大;第二,食物支出具有规模效应,子女或老人数量的增减对食物支出影响有限。

少儿抚养比和老年抚养比对家庭衣着支出都有显著作用,并且少儿抚养比的影响系数为 0.185,老年抚养比的影响系数为−0.117,表明子女的衣着支出大于家庭的平均水平而老人的衣着支出却小于家庭的平均水平。这也说明衣着消费代际间差异较大,越年轻的个体越追求时尚,衣着消费支出也越高。

　　家庭人口年龄结构对居住消费支出的情况为少儿抚养比具有显著负向影响，而老年抚养比的影响不显著。因此，子女的居住支出小于家庭的平均水平，老年的居住支出与家庭的平均水平一致。

　　少儿抚养比和老年抚养比对家庭设备及日常用品消费支出的影响系数均非常小，而且作用都不显著。因为家庭设备及日常消费支出均为以家庭为单位的支出，与家庭的人口年龄构成无关，因此无论家庭少儿抚养比和老年抚养比的大小如何，都对该类支出影响不大。于此情况类似的还有家庭的交通通信支出、其他支出。

　　如前文推断，老年抚养比对家庭医疗保健支出具有非常显著的正向作用，系数为0.347，表明老年的医疗保健支出显著大于家庭的平均水平。少儿抚养比对家庭文教娱乐支出具有非常显著的正向作用，系数大小为0.544，表明子女的文教娱乐支出显著大于家庭的平均水平。

　　综上可知，与少儿抚养比正向相关的家庭消费种类为娱乐文教支出和衣着支出，负向相关的消费种类为居住支出。与老年抚养比正向相关的家庭消费种类为医疗保健支出，负向相关的支出为衣着支出。

　　从表7-8的统计性描述中知，主要受老人数量影响的家庭的医疗保健支出和主要受子女数量影响的娱乐文教支出的平均水平差距不大，与之前家庭"尊老"与"爱幼"消费存在差异性不相吻合，原因是平均会将不同群体间的差异性抵消，难以得出准确的结论。为验证家庭人口年龄结构对消费结构的影响，本部分将样本数据按照收入多少平均分为20组，考察家庭中文教娱乐支出和医疗保健支出随收入的变动趋势。如图7-1所示，

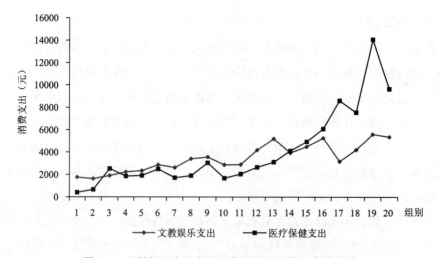

图7-1　文教娱乐支出和医疗保健支出随收入变化趋势

随着家庭收入的提高，家庭文教娱乐支出的变动相对平缓，而家庭医疗保健支出随家庭收入的增加变动幅度较大，在收入较高家庭组中出现大幅上升的趋势。如果按照需求收入弹性来分析，文教娱乐支出的收入弹性较小，因此文教娱乐消费属于家庭中较为刚性的需求，而医疗保健支出的收入弹性较大，只有家庭收入达到一定级别，医疗保健需求才能得到满足，医疗保健消费具有与奢侈品类似的性质。

为了更加准确分析不同收入组家庭的文教娱乐支出和医疗保健支出的变化趋势，将二者占家庭消费指出的比重变动趋势画图，如图7-2所示。可以看出，文教娱乐支出占家庭综费支出的比重在收入较低的家庭组变化趋势较为平缓，1—15组家庭的区别不大，但最高收入5组家庭的文教娱乐支出比重出现较大幅度的下降趋势，原因是随着家庭收入的快速提高家庭总消费支出也有较大幅度的上升，而文教娱乐支出变化趋势相对稳定。与文教娱乐支出情况不同，家庭娱乐保健支出在不同收入组别中成明显的三阶梯增长趋势，最低收入的2组家庭医疗保健支出占比很小，3—15组中间收入组家庭医疗保健支出占比有明显的提高，且变化比较稳定，最高收入的5组家庭医疗保健支出占比又有大幅度的提升。仍然可以得出，文教娱乐支出属于刚性消费，而医疗保健支出属于具有奢侈品性质的阶梯式消费这一结论。

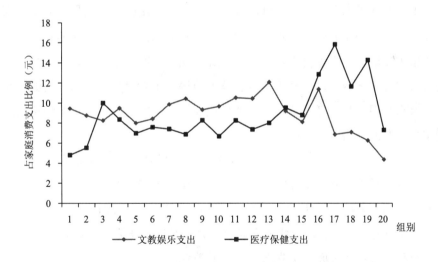

图7-2　文教娱乐支出和医疗保健支出占家庭消费比重随收入变化趋势

因此，分收入组别来看，主要受老人数量影响的家庭的医疗保健支出和主要受子女数量影响的娱乐文教支出在不同收入组家庭的呈现不同的情况，文教娱乐支出在各收入组家庭都占有较高的比重，且不同收入组家庭的差异性较小，而医疗保健支出则表现为收入愈高的家庭，消费比重越高。与前面家庭"尊老"与"爱幼"消费存在差异性相吻合。

(三)家庭"尊老"与"爱幼"消费差异性的来源

1. 理论分析

(1)收入水平对子女消费和老人消费的影响

家庭中子女消费与老人消费之间的不均等具有两层含义。其一是需求的个体差异性，老人与孩子所需消费品和服务的价格存在差异，导致满足二者需求的花费也具有差异。其二是子女与老人需求得到满足的程度，即"尊老""爱幼"的选择性差异，即使二者需求个体差异性较小，若社会和家庭对孩子与老人的重视程度不同，二者也会表现出差异性。

从前文人口年龄结构对家庭消费结构的统计性分析可知，主要受子女数量影响的文教娱乐支出和主要受老人数量影响的医疗保健支出只有在家庭收入水平较低时，文教娱乐消费支出才明显高于医疗保健支出，随着家庭收入水平的提高，医疗保健消费支出的增长要快于文教娱乐消费支出，在高收入家庭中二者没有很大差异，甚至在最高收入家庭中出现医疗保健消费支出反超文教娱乐消费支出的情况。

家庭中子女和老人的人均消费量由几个因素共同决定：自主消费 C_0、消费收入弹性和家庭收入水平。当家庭的收入水平 y 很低时，只能满足子女和老人的基本生存，此时二者消费量主要取决于个体自主消费，差异并不明显；随着家庭收入的增加，由于子女的消费收入弹性大于老人，子女消费增长速度更快，子女数量对家庭消费的影响大于老人；当收入水平很高时，老人消费收入弹性快速增大，家庭中老人消费快速增加，老人数量对家庭消费的作用才会显现。

因此可以假设，对一个家庭来说，当家庭收入(y)很低时，只能满足子女和老人的自主消费，两者都是满足基本生存的，差异并不明显；随着 y 的增大，子女和老人引致消费逐渐增加，但两者的增长速度具有差别，子女消费随收入增加增长速度很快，而只有家庭达到一定富裕程度，老人消费才会显著上升。因此可以说，当家庭受到预算约束时，在子女消费和老人消费之间，优先选择子女的消费。

(2)不同收入水平家庭的"尊老""爱幼"消费行为

以上是同一个家庭由于收入水平的变化引起"尊老"与"爱幼"消费变化规律分析，下面将其推广到整个社会的不同收入水平家庭有：

不同收入水平的家庭对子女和老人的消费决策不同。最低收入家庭只能满足自主消费，所以子女和老人的数量对家庭消费的影响差异不大；中等收入家庭除满足自主消费外还有消费余力，此时会优先选择增加子女的引致消费，因此子女数量对家庭消费支出的影响作用大，而老人数量对家庭消费支出的影响作用相对较小；高收入家庭能够同时满足子女和老人的自主消费和引致消费，子女和老人数量对家庭消费支出的作用都显著为正，并且系数接近。为验证该猜想，接下来将家庭样本数据按收入水平进行分组，考察"尊老"与"爱幼"消费的差异性。

2. 实证检验

基准回归结果证实了家庭层面"尊老"与"爱幼"消费存在差异性，子女数量对家庭消费的影响显著大于老人。为分析该差异是否为收入受限时家庭的选择偏差，本章按家庭纯收入的多少把家庭平均分为五组，使用"OLS+稳健标准差"方法进行分组回归。结果如表 7–10。

表 7–10　分组估计结果

$\ln c$	低收入组	中低收入组	中等收入组	中高收入组	高收入组
$\ln k$	0.143 (6.08)***	0.097 (4.51)***	0.113 (5.82)***	0.106 (5.43)***	0.220 (8.83)***
young	0.156 (5.30)***	0.121 (4.49)***	0.122 (5.30)***	0.067 (2.59)***	0.066 (2.44)**
old	−0.007 (−0.20)	0.038 (1.12)	0.041 (1.30)	0.091 (2.78)***	0.042 (2.05)**
age	−0.011 (−4.24)***	−0.005 (−2.35)**	−0.004 (−2.26)**	−0.012 (−5.90)***	−0.017 (−6.95)***
sex	0.041 (1.02)	−0.050 (−1.08)	−0.025 (−0.54)	−0.083 (−1.71)*	0.031 (0.55)
mar	0.244 (4.03)***	0.309 (4.87)***	0.278 (3.98)***	0.224 (2.83)***	0.114 (1.16)
edu	0.081 (3.30)***	0.121 (6.00)***	0.101 (5.28)***	0.092 (4.34)***	0.029 (1.32)
urban	0.022 (0.40)	0.056 (1.16)	0.207 (4.23)***	0.158 (3.04)***	0.267 (4.63)***
Constant	8.298 (19.40)***	8.595 (23.39)***	8.667 (27.50)***	8.963 (28.22)***	8.344 (19.87)***
样本量	902	899	903	895	903
R^2	0.3391	0.2153	0.2305	0.2202	0.3116

注：括号内的数据为系数的 t 值；***、**、*分别表示 1%、5%、10% 的显著性水平。

由表 7–10 知，无论属于哪个收入组的家庭，孩子数量对消费的影响都非常显著，而老人数量对家庭消费的影响，只有中高收入组和高收入组的家庭显著。

比较不同收入组家庭情况，收入越高的家庭，子女数量对消费的作用越弱，因为随着收入的提高子女消费占家庭总消费的比重在不断下降。而老人数量对消费的影响情况截然不同，收入低的家庭，老人数量对消费作用很小，只有收入达到一定程度时，家庭才开始重视老人的消费，低收入组到中等收入组家庭老人数量的系数均很小，中高收入组家庭老人数量影响作用最大，高收入组家庭老人数量对消费的作用又有所下降。

　　通过对变量的显著性和系数大小的分析可知，收入水平较低时，家庭对子女和老人的重视程度差异很大，家庭选择把有限的资源用在子女消费上，因为子女消费是投资性支出，子女人力资本的提升能够改善家庭未来的情况，而老人的消费如保健、休闲等更多的带有奢侈性，家庭资源有限不会得不到满足。只有当家庭的收入水平达到一定高度时，家庭才能同时关注子女与老人的消费需求，家庭"尊老"与"爱幼"才能兼顾，因此说家庭"尊老"消费是具有门槛的，受到收入水平限制。

　　富有家庭老人数量对消费的显著作用也表明，"尊老"与"爱幼"消费的差异性并非是由子女与老人的需求异质性造成，老人同样具有较大的消费需求，只是家庭收入水平较低，"尊老"与"爱幼"消费不能兼顾时，家庭选择将有限的资源用于子女消费，选择偏差具有重要作用。

3. 分区域和分城乡验证

(1) 分区域检验

　　全样本和分组回归基本证实了我国家庭层面上尊老爱幼的不公平，当收入水平达不到可以兼顾老人和孩子时，由于孩子是家庭未来的希望，家庭会选择将有限资源优先用在培养后代上。家庭对子女和老人消费决策不仅受家庭自身条件的影响，还受家庭所在地域经济发展状况、消费市场及消费观念的影响。不同地区家庭情况如何？为此我们将样本按户籍所在 25 个省级行政单位划分为东、中、西三个区域，[①]实证分析不同区域家庭尊老爱幼的平等情况。仍然使用"OLS+稳健标准差"估计方法进行回归，实证结果如表 7–11 所示。

　　表 7–11 估计结果显示，东中西部家庭对子女的重视程度都很高：东部地区家庭子女数每增加 1 个，家庭消费额平均上升 6.5%；中部地区家庭子女数量每增加 1 个，家庭消费额平均上升 6.1%；西部地区由于总体收入水平较低，子女消费在家庭消费中所占比例较大，子女数量变化对家庭消费变动的影响也较大，子女数量每增加 1 个家庭消费额平均上升 8.1%。家庭对老人的重视程度却表现出较大的区域差异：东部和西部家庭对老人的重视程度都高，家庭中老人数量变化会引起消费额的显著变动，家庭老人数量每增加 1 个分别引起家庭消费额上升 9.1% 和 6.2%；而中部地区家庭老人数量变动对消费额变动没有显著影响。结合分组回归的结果，东部地区与中高收入组、高收入组家庭的情况类

---

　　①使用中国卫生统计年鉴所用东中西部划分方法，此方法更看重经济发展水平，和各地经济发展水平比较一致。具体为东部地区包括北京、天津、河北、辽宁、上海、江苏、浙江、福建、山东、广东 10 个省(直辖市)；中部地区包括黑龙江、吉林、山西、安徽、江西、河南、湖北、湖南 8 个省；西部地区包括广西、重庆、四川、贵州、云南、陕西、甘肃 7 个省(自治区、直辖市)。

似，"尊老"与"爱幼"消费差异较小，尊老的程度甚至超过了爱幼；西部地区尊老爱幼的平等系数也接近与 1，尊老爱幼程度相近，中部地区尊老爱幼的公平系数小于 1，家庭对子女的重视程度远大于老人。

表 7–11　分区域估计结果

ln$c$	东部地区	中部地区	西部地区
ln$y$	0.290 (16.47) ***	0.206 (10.37) ***	0.211 (10.78) ***
ln$k$	0.115 (8.80) ***	0.100 (6.07) ***	0.192 (9.17) ***
young	0.065 (3.27) ***	0.061 (3.06) ***	0.081 (4.50) ***
old	0.091 (3.60) ***	0.001 (0.04)	0.062 (2.42) **
age	−0.012 (−7.59) ***	−0.008 (−4.51) ***	−0.010 (−6.01) ***
sex	−0.074 (−2.13) **	−0.021 (−0.69)	0.049 (1.13)
edu	0.047 (3.07) ***	0.108 (6.88) ***	0.062 (3.64) ***
mar	0.205 (4.33) ***	0.284 (4.90) ***	0.148 (2.49) **
urban	0.247 (6.98) ***	0.158 (3.88) ***	0.106 (2.43) **
Constant	5.941 (29.06) ***	6.507 (26.29) ***	5.667 (21.20) ***
样本量	1834	1356	1312
R^2	0.4639	0.3612	0.3691

注：括号内的数据为系数的 t 值；***、**、*分别表示 1%、5%、10%的显著性水平。

经济最发达的东部地区，家庭有观念也有能力同时重视子女和老人的消费，并且儿童和老人的消费市场发展也相对完善，没有对老人消费造成阻碍。西部地区经济基础虽然最差，对子女教育的重视程度也不高，教育又是家庭子女消费的主要部分，因此家庭对子女和老人的消费重视程度差别并不大，反而是中部地区，经济发展程度居中，对子女教育重视程度也高，"尊老"与"爱幼"的消费差异最大。

(2) 分城乡检验

考虑到中国城乡二元经济结构的特殊情形，无论是收入水平、居民的消费观念还是消费市场的发展程度，农村与城市都存在着显著的差异，这些差异必然影响家庭对子女和老人的态度，造成家庭中子女消费与老人消费的差异。因此，本节将总体样本按户籍的城乡分类进行分组，考察城乡居民在尊老爱幼上的差异。回归结果如表 7–12。

表7-12 分城乡估计结果

lnc	城乡分类			
	城市		乡村	
	系数	t 值	系数	t 值
lny	0.279***	16.27	0.187***	12.7
lnk	0.102***	9.55	0.146***	8.65
young	0.056***	2.95	0.104***	7.11
old	0.066***	2.93	0.028	1.31
age	−0.009***	−5.98	−0.012***	−8.8
sex	−0.090***	−3.05	0.073**	2.2
mar	0.247***	5.89	0.204***	4.41
edu	0.094***	7.53	0.057***	4.05
Constant	6.169***	25.2	6.863***	23.5
样本量	2075		2427	
R^2	0.4308		0.3909	

注：***、**分别表示1%、5%的显著性水平。

如表7-12，估计结果显示，城乡家庭对子女和老人的重视程度确实存在巨大差异。首先，从对子女的重视程度来看，经济发展相对落后、居民收入水平较低的农村更加重视子女消费支出，家庭中子女数量每增加1个，消费额平均增加10.4%，而城市家庭子女数量每增加1个消费额平均只增加5.6%。对老人消费的重视程度，则恰恰相反，城市家庭对老人消费的重视程度大于农村。城市家庭中老人数量每增加1个，消费额平均增长6.6%，农村家庭老人数量多少对家庭消费额变化的影响不仅系数较小(2.8%)，而且不显著。因此，从城乡分类角度来说，城市家庭"尊老"与"爱幼"消费差异较小，农村地区则表现出较大的不公平。

"尊老爱幼"是中华民族的优秀传统，但在上述研究中我们发现，在经济发展过程中，不同收入水平的家庭尊老爱幼的公平程度会有差异：家庭收入水平较低时，不能同时兼顾子女与老人的消费，由于子女是家庭的未来，家庭会优先将资源用于子女消费，牺牲老人的消费，表现出"尊老""爱幼"的不平等。整个家庭层面讲，家子女对家庭消费的影响力大约是老人的2倍，家庭对子女的重视程度远大于老人。

三、人口年龄结构与中国居民消费——家庭财富积累视角

我们已经从家庭消费决策角度分析了人口年龄结构对家庭消费的影响。下面我们将

进一步从居民跨期消费储蓄决策角度分析人口年龄结构对家庭财富积累的影响。中国市场经济体系的逐渐形成和发展，带来居民收入快速增长的同时，也给居民带来了收入和支出的双重不确定性，预防性储蓄成为解释中国家庭高储蓄的重要原因之一。应该说，居民收入、支出不确定性的大小，是与家庭人口年龄结构密切相关的。本部分将家庭人口年龄结构与预防性储蓄理论相结合，借助缓冲存货模型，从家庭"缺乏耐心"和"谨慎动机"两个角度分析人口年龄结构对家庭财富积累目标的影响。

已有的研究至少表明了以下两点结论：一是人口年龄结构对中国居民储蓄产生重要影响；二是预防性储蓄是当前中国高储蓄的重要原因之一，并且医疗、教育以及住房支出的不确定性起重要作用。结合经济现实，人口年龄结构对家庭医疗、教育及住房等需求具有重要影响，进而对家庭消费储蓄决策产生作用。基于此，本部分借助缓冲存货模型从预防性储蓄角度分析人口年龄结构对家庭财富积累的影响。

(一)人口年龄结构对家庭财富积累的影响机制

缓冲存货理论的核心理念为：消费者的缺乏耐心和谨慎动机共同作用对消费决策产生影响，在平衡这两种动机的作用下每位消费者会形成一个与其持久收入水平相匹配的财富积累目标，如果消费者的财富积累高于目标值，消费者缺乏耐心的程度会比谨慎程度更高，此时消费者选择增加消费来降低财富积累；若当前财富积累低于目标财富值，消费者谨慎动机大于缺乏耐心，此时消费者将增加储蓄来提高财富积累。

这部分我们将该理论扩展运用到分析人口年龄结构对家庭财富积累影响中，家庭在考虑人口年龄结构的基础上确立财富积累目标。人口年龄结构变动会对家庭缺乏耐心和谨慎动机产生影响，若对缺乏耐心的影响大于谨慎动机，则家庭财富积累目标会下降，家庭储蓄减少；反之，若人口年龄结构对家庭谨慎动机的影响大于缺乏耐心，家庭财富积累目标会上升，进而引起家庭储蓄的上升。家庭人口年龄结构可以用少儿抚养比和老年抚养比表示，在假设劳动年龄人口不变的情况下，也可以分别用子女数量和老人数量来表示。

家庭中子女数量的增加除了会引起衣食消费等基本消费需求的增加，更主要的是会引起家庭教育支出的增加，这两方面需求的存在都会使家庭变得更加缺乏耐心，从而降低家庭财富积累目标，增加消费。子女数量的增加也会提高家庭的谨慎动机，由于改革带来的房价波动和婚姻市场的剧烈变化，购房支出及婚姻支出都具有很大的不确定性，这些风险的存在会使家庭变得更加谨慎，从而增加储蓄来提高家庭财富积累。如竞争性储蓄理论(魏和张，2011)描述的，在性别比例失衡的背景下，为了赢得婚配市场上的优势，家庭倾向于增加储蓄以购置房产等。这种情况下，子女数量增加会提高居民预防性储蓄。以上分析的是子女数量对储蓄的直接作用，考虑代际间关系时，子女数量和养老储蓄之间还存在替代作用，子女数量的增加引起家庭预期收入增加，家庭谨慎动机降低，减少养老预防性储蓄，若考虑子女消费具有投资效应，该影响将更加明显。

家庭中老人数量的增加首先会引起衣食消费需求及医疗需求的上升，使家庭缺乏耐心提高而降低财富积累目标，减少储蓄。并且，在考虑代际间经济行为时，由于老人存在遗赠动机，若子女能够预期到未来的遗赠收入，当期财富积累目标也会下降。老人数量的增加也会引起家庭谨慎动机的加强，因为老人数量增加会引起未来医疗支出不确定性的增加，此时家庭会提高财富积累目标以应对养老风险。

由以上的分析可知，子女数量和老人数量对家庭预防性储蓄均具有双向影响，具体情况如何，是实证检验的重点。

（二）模型构建

本节借鉴卡罗尔（Carroll，2011）给出的缓冲存货模型分析人口年龄结构对家庭财富积累的影响。将家庭整体作为一个跨期决策的消费者，人口年龄结构是影响消费者决策的重要变量。

设家庭从 t 到 T 期进行跨期决策以获得效用最大化，即：

$$\max E_t \left[\sum_{n=0}^{T-t} \beta^n U\left(C_{t+n}\right) \right] \tag{7-13}$$

其中 $U(C_t) = \dfrac{C_t^{1-\rho}}{1-\rho}$ 为家庭效用函数，并假设其为 CRRA 效用函数（ρ 为风险规避系数），β 为贴现因子。

对应的动态约束条件为：

$$A_t = Y_t - C_t \tag{7-14}$$

$$B_{t+1} = A_t R \tag{7-15}$$

$$P_{t+1} = P_t \Gamma \psi_{t+1} \tag{7-16}$$

$$Y_{t+1} = B_{t+1} + P_{t+1} \xi_{t+1} \tag{7-17}$$

家庭 t 期的初始资源禀赋为"手持现金"（cash-on-hand）（Y_t）和非财富持久收入（permanent noncapital income）（P_t），A_t 为家庭 t 期末的资产，$R = 1 + r$ 为利率乘数，B_{t+1} 为家庭 $t+1$ 期的金融财富（financial wealth）。Γ 是非财富持久收入的增长因子（主要为人力资本积累导致的家庭劳动性收入增加）。ψ_{t+n} 为收入的持久冲击因子（ψ_{t+n}）服从期望为 1 的独立同分布，取值范围为 $(0, +\infty)$，当 $\psi_{t+n} = 1$ 时收入持久冲击为 0。$P_{t+1} = P_t \Gamma \psi_{t+1}$ 描

述的是非财富持久收入的增长机制。$t+1$ 期家庭手持现金 (Y_{t+1}) 为金融财富 (B_{t+1}) 与非财富持久收入 $(P_{t+1}\xi_{t+1})$ 之和。ξ_{t+n} 为收入的暂时冲击因子，且 ξ_{t+n} 也服从期望为 1 的独立同分布，取值范围为 $(0, +\infty)$。

由此，家庭的消费决策条件为：

$$U'(C_t) = R\beta E_t[\Gamma_{t+1}^{1-\rho}U'(C_{t+1})] \tag{7-18}$$

尽管该模型不存在解析解，但卡罗尔和萨姆维克（Carroll & Samwick，1998）在兼顾外生流动性约束和内生流动性约束的条件下，用倒推法得到的模拟结果表明，缓冲存货模型意味着家庭财富、持久收入、不确定性之间存在以下关系：

$$\ln\frac{W}{P} = \alpha_0 + \alpha_1\omega + \alpha_2 Z + \upsilon \tag{7-19}$$

式中，W 表示可用于消费的家庭财富，P 代表持久收入，ω 代表收入不确定性，Z 代表一系列其他影响家庭财富积累目标的变量。为分析人口年龄结构对家庭财富积累的影响，我们将少儿人口 (n_1) 和老年人口 (n_2) 作为关键变量，[1]由于家庭持久收入和收入不确定性对家庭财富积累的重要影响，将其作为基准变量，得到计量模型为：

$$\ln W = \alpha_0 + \alpha_1\omega + \alpha_2\ln P + \alpha_3 n_1 + \alpha_4 n_2 + e \tag{7-20}$$

其中，n_1、n_2 分别表示家庭中的子女数量和老人数量。

（三）实证检验

1. 数据处理与变量选取

本部分数据选自中国家庭追踪调查（CFPS）中 2012 年的数据，数据筛选处理过程如下：根据中国家庭实际情况，将家庭中年龄小于 25 岁并且未婚的个体定义为家庭的子女，将家庭中年龄大于等于 65 岁的个体定义为家庭的老人。使用该条件，在家庭成员数据库中对每个家庭中子女和老人数量进行统计，并根据家庭代码匹配到家庭数据库中。为了保证使用数据的质量，我们根据回答的可信度、急于结束调查的程度、对调查的疑虑、配合程度对数据进行初步筛选，剔除 1332 个样本。为了保证家庭消费决策为理性行为，我们使用家庭数据库中"最熟悉家庭财务人员"和家庭成员数据库中"家庭重大事件决策人员"进行匹配，只保留二者是同一家庭成员的样本，并且将该成员的年龄、性别、婚姻状况、最高学历变量作为"户主"的人口统计学变量。为了使子女数量和老人数量能够表示家庭人口年龄结构，此处假定劳动年龄人口不变，因此只选取劳动人口数量为

---

① 由于使用方程回归法计算家庭的持久收入，家庭的其他统计学变量如包括户主的性别、年龄、婚姻状况、学历，而家庭工作人口数、户籍城乡分类、所在省份等均以影响持久收入的方式进入模型，此处不再进行估计。

2 的家庭。之后，根据使用的回归变量，将统计不完整的 1421 户样本家庭剔除。最后，为了使实证分析具有普遍意义，从实际意义出发剔除家庭中资产或收入为负或 0 的样本 779 户。[①]经过处理筛选，符合实证分析的样本数为 4314 户家庭。对主要变量介绍如下：

(1) 家庭财富 (W)。家庭财富指的是家庭积累的可用于消费的资产，主要指的是财富效应明显、流动性较强的资产。家庭财富的多少显著影响着家庭的消费倾向。住房资产一般来说不包含在家庭财富的范畴中，因为房屋是必需品，即使房产价格上涨也不能为了获取更高的消费水平而出卖自己的房产，所以家庭消费水平和消费倾向不会受到显著影响。但是，也有研究表明，除自己居住的房产外，家庭拥有的其他房产具有财富效应，其价值变动能够对消费产生显著影响。因此，为了验证家庭的非居住其他房产究竟有无预防性储蓄功能，这里对家庭财富数据采取两种计算方式：一种直接用金融资产表示，记为 W_1；另一种用金融资产加上除自己居住外的其他房产净值表示，记为 W_2。

(2) 持久收入 (P)。对持久收入的估计，参考沈坤荣、谢勇 (2012) 对截面数据分析的方法，采用了研究中通常使用的戴南 (Dynan *et al.*, 2004) 的估计策略，利用家庭人口学特征变量和户主特征变量构建家庭的收入方程，用方程的估计值作为持久收入，残差值作为暂时收入。收入方程估计中使用的家庭人口统计学变量包括户主的年龄、性别、婚姻状况、学历，户籍城乡分类、所在省份等。

(3) 收入不确定性 (ω)。收入的不确定性一般来说包括收入的波动和失业风险。由于数据中对失业风险没有进行统计，此处主要考察收入的波动性。度量收入波动的一个重要指标是收入的对数方差，卡罗尔和萨姆维克 (Carroll & Samwick, 1998) 证明了收入的对数方差是衡量不确定性的良好指标，并验证了它们与目标财富的函数关系。另外，罗楚亮 (2004) 的研究中指出，家庭收入中的持久收入部分是可预期的，不存在不确定性，而家庭收入不确定性的来源是暂时性收入，因此估计收入风险只需考察暂时性收入部分。由于本节将收入预测回归方程中的残差值作为暂时性收入，故其均值为 0，并且，暂时性收入的平方是暂时性收入方差的无偏估计，因此可以用暂时性收入对数值的平方项来测度收入不确定性。由于以上两种方法都是考察收入与类似家庭组的比较，并且收入对数方差方法的分组依据与回归确定暂时性收入考虑的因素类似，因此两种方法测度的收入不确定性实质上相同。考虑方法的简便性，我们使用暂时性收入的平方项来测度收入的不确定性。同时，借鉴罗楚亮的做法，当暂时性收入大于 0 时将 ω 符号定义为正，当暂时性收入小于 0 时将符号定义为负。

---

① 从家庭整个生命周期来考虑，平均收入和资产应该为正，出现为负应该属于特殊时期，此时的消费决策为非理性，不具有普遍意义。

(4)家庭子女数量(n_1)和家庭老人数量(n_2)。假设家庭劳动年龄人口不变,因此子女数量和老人数量可以分别替代少儿抚养比和老年抚养比表示家庭人口年龄结构。样本选取为典型的双劳动人口家庭。

我们研究的是子女数量与老人数量对家庭财富积累目标的影响,与经济发达国家不同,中国家庭子女的独立时间较晚,在未婚的情况下通常经济不会独立,因此,为了贴近中国实际情况,我们没有按国家统计局的划分方式,而是将家庭中年龄小于25岁并且未婚的子女定义为家庭子女。老年人口的划分与国家统计局一致,仍将家庭中年龄等于或大于65岁的个体定义为家庭老人。

经过以上的选择与处理,实证分析中使用数据的统计性描述如表7-13所示。

表7-13　主要变量的统计性描述

变量	含义	平均值	最小值	最大值	样本量
$\ln W_1$	家庭财富	8.526221	0	15.29712	4314
$\ln W_2$	家庭财富(含其他房产)	8.860513	0	17.15412	4314
$\ln P$	持久收入	10.2683	8.231151	12.5528	4314
ω	收入不确定性	−0.1303471	−19.53031	12.96081	4314
n_1	子女数量	1.082852	0	6	4314
n_2	老人数量	0.4777876	0	3	4314

表7-13显示,加入其他房产净值后,家庭财富对数值从8.53上升至8.86,上升幅度较小,表明拥有其他房产的家庭占比不大。持久收入由于使用的是回归方程预测法,家庭人口统计学变量包括户主的性别、年龄、婚姻状况、学历,户籍城乡分类、所在省份等均已经包含在持久收入中,故不再进入回归方程。收入不确定性均值为负,表明整体来看居民收入风险中收入减少为主导。选取的样本家庭中,平均子女数量为1.083个,平均老人数量为0.478个。

2. 基准检验

以家庭财富为被解释变量,以持久收入、收入不确定性、子女数量、老人数量为解释变量进行基准回归,结果如表7-14。模型Ⅰ、Ⅱ的被解释变量为家庭财富$\ln W_1$,模型Ⅲ、Ⅳ的被解释变量为$\ln W_2$。同时,为了控制异方差引起的估计偏差,分别采用稳健OLS和FGLS(可行广义矩估计)估计方法,其中模型Ⅰ、Ⅲ使用稳健OLS估计方法,模型Ⅱ、Ⅳ使用FGLS估计方法。

由表7-14模型Ⅰ、Ⅲ对比可知,家庭财富中是否包含除自己居住外的其他房产对估计结果有一定的影响,包含除自己居住外其他房产的家庭财富受持久收入的影响更大,这说明其他房产具有一定的财富效应,并且家庭中老人的数量与除自己居住外的其他房产的关系较为密切,原因可能是老年人的资产配置中,房屋资产所占的比重更大。总之,家庭财富中是否包含其他房产主要影响估计结果中常数项的大小,对解释变量的系数大小和显著性影响都不大,两者的结果也较为相近。

表 7–14 基准回归结果

模型变量	Ⅰ ($\ln W_1$)		Ⅱ ($\ln W_1$)		Ⅲ ($\ln W_2$)		Ⅳ ($\ln W_2$)	
	系数	t 值	系数	t 值	系数	t 值	系数	t 值
$\ln P$	1.238***	18.91	1.238***	18.95	1.489***	21.43	1.486***	21.72
ω	0.255***	11.00	0.255***	11.65	0.296***	12.38	0.295***	12.88
n_1	−0.304***	−8.13	−0.302***	−7.97	−0.333***	−8.39	−0.330***	−8.33
n_2	0.134**	2.45	0.134**	2.42	0.181***	3.13	0.180***	3.11
Constant	−3.884***	−5.74	−3.894***	−5.76	−6.116***	−8.52	−6.087***	−8.61

注: ***、**分别表示 1%、5% 的显著性水平。

分别对比模型Ⅰ、Ⅱ和Ⅲ、Ⅳ可知,稳健 OLS 和 FGLS 两种方法的估计结果基本一致,证明估计结果相对稳健。考虑到"OLS+稳健标准差"方法估计结果的稳健性较高,并且上面 FGLS 估计中,对条件方差估计的拟合优度并不是很高,因而采用稳健 OLS 的结果进行分析。

实证结果显示,持久收入和收入的不确定性都显著影响家庭财富,从而验证了缓冲存货理论。家庭在平衡缺乏耐心和谨慎动机的基础上,拥有一个特定的目标财富收入比,并且该目标受到家庭收入不确定性的影响,收入不确定性越大,为了应对不确定性的财富积累目标也越高。具体来看,持久收入每增加 1%,财富积累目标上升 1.2%—1.5%;收入不确定性每增加 1%,财富积累目标上升 0.25%—0.3%。

通过实证结果得出,无论是子女数量还是老人数量对家庭财富积累都具有显著作用,证明我们的研究很有必要。以模型Ⅲ为例,子女数量对家庭财富积累的效用显著为负,家庭中子女数量每增加 1 个,财富积累平均下降 33.3%;而老人数量对家庭财富积累起正向作用,老人数量每增加 1 个,家庭财富积累平均上升 18.1%。结合理论分析,家庭中子女数量和老人数量增加都既有使家庭变得缺乏耐心的激励也有使家庭更加谨慎的激励,实证结果显示子女数量增加对家庭缺乏耐心的激励大于谨慎动机,降低了家庭的目标财富,引起预防性储蓄下降。相反,老人数量增加对家庭缺乏耐心的激励小于对家庭谨慎动机的激励,能够提高家庭的财富积累目标,增加预防性储蓄。

这一事实的原因主要是子女数量和家庭储蓄存在替代关系，并且子女的消费是具有投资性质的，因此子女数量的增加，会导致家庭财富积累下降；而老人数量增加主要引起未来支出的不确定性增加，提高家庭的财富积累目标。这两个因素从消费的反面——储蓄的角度，构成了家庭人口年龄结构影响消费影响的证据，并且与大部分中国居民消费行为宏观研究结论中少儿抚养正向影响居民消费率，而老年抚养比负向影响居民消费率的结论相一致，如李斌等(2015)的研究。结合中国近期国情，受计划生育政策影响家庭子女数量的快速下降，再加上人口老龄化趋势，不难解开中国居民储蓄率持续上升之谜。

3. 分位数回归

以上分析表明子女数量和老人数量对家庭预防性储蓄均具有显著影响，且子女数量为负向作用而老人数量为正向作用。为了分析家庭人口年龄结构对家庭财富积累不同分位数处的作用情况，下面我们进一步采用分位数回归方法进行估计，结果如表 7–15 和 7–16，其中表 7–15 的解释变量为家庭财富 $\ln W_1$，表 7–16 的被解释变量为家庭财富 $\ln W_2$。同时，分位数回归与 OLS 回归相比能够有效克服极端值的影响，得出的结果更为稳健。

表 7–15　家庭财富不含其他房产的分位数回归结果

$\ln W_1$	分位数					
	25%分位数		50%分位数		75%分位数	
	系数	t 值	系数	t 值	系数	t 值
$\ln P$	1.285***	16.12	1.286***	16.66	1.185***	18.87
ω	0.249***	7.65	0.288***	11.8	0.287***	12.46
n_1	−0.352***	−6.42	−0.339***	−6.92	−0.286***	−9.52
n_2	0.082	1.2	0.131**	2.07	0.197***	4.19
Constant	−5.457***	−6.75	−3.919***	−4.82	−1.685***	−2.57

注：***、**分别表示 1%、5% 的显著性水平。

表 7–16　家庭财富包含其他房产的分位数回归结果

$\ln W_2$	分位数					
	25%分位数		50%分位数		75%分位数	
	系数	t 值	系数	t 值	系数	t 值
$\ln P$	1.415***	16.58	1.569***	18.32	1.568***	20
ω	0.282***	7.93	0.33***	12.46	0.318***	11.39
n_1	−0.361***	−5.7	−0.321***	−8.86	−0.304***	−7.69
n_2	0.052	0.74	0.201***	2.94	0.255***	4.42
Constant	−6.559***	−7.55	−6.541***	−7.4	−5.257***	−6.48

注：***表示 1% 的显著性水平。

对比两组分位数回归结果，二者体现的结论一致。故下文均选用家庭财富包含其他房产的实证结果作为分析对象。从表 7–16 可以看出，持久收入和不确定性收入在各分位数处对家庭财富积累的影响尽管有所变化，但均非常显著且差异较小，缓冲存货储蓄核心理论再一次得到验证。

收入不确定性对家庭财富的影响随着分位数增大表现为先增加后减少，在 50%分位数处达到最大值，为收入不确定性每增加 1%，家庭财富增加 0.33%。该结果与沈坤荣等（2012）的不确定性对家庭财富影响随分位数增加而递减的结论稍有不同。原因是家庭财富与家庭的富裕程度相关，家庭财富分位数低处往往代表的是较低收入家庭，这些家庭虽然未来收入的不确定性较大，具有很强的谨慎动机，但生活的必要支出也要占收入的较大部分，导致财富积累目标被迫降低。随着收入的增加家庭有动机并且有能力提高财富积累以应对未来收入的不确定性，但当收入很高时，家庭应对未来收入不确定性的能力变得很强，对以财富积累应对收入不确定性的要求下降。

子女数量对家庭财富积累的影响在各分位数处都为显著负向效应，并且随着分位数的提高，作用大小呈下降趋势。因此，无论家庭是否富裕，子女的消费支出都占有重要地位，并且随着富裕程度的提高，家庭消费对子女数量的敏感度减弱，原因是子女消费支出弹性较小，随着富裕程度的提高子女消费支出占家庭总消费的比例逐渐下降。

老人数量并非像子女数量一样在各分位数处都显著，而是表现为在低分位数处不显著，在中、高分位数处为显著正效应，并且随着分位数的提高系数增大。其经济含义是家庭只有达到一定的富裕程度，老人数量对财富积累目标才能产生影响，并且随着家庭富裕程度的提高，老人数量对财富积累目标的正向作用加强。

对比分位数回归结果中子女数量和老人数量的情况可以得到以下两个重要结论：第一，与稳健 OLS 回归结果一致，子女数量对家庭财富积累具有负向影响，而老人数量的作用为正；第二，子女数量对家庭财富积累的作用在各分位数处都显著且随着分位数提高系数下降，老人数量对财富积累的作用随着分位数的提高系数和显著性都增大。其经济含义为，无论家庭的富裕程度高低，子女数量都会显著影响其财富积累，而只有较为富裕的家庭老人数量对财富积累才能起作用。

4. 城乡差异分析

中国城乡之间的经济发展水平和观念意识差异均较大，居民储蓄行为也会不同，因此有必要对比分析人口年龄结构对家庭财富积累的城乡差异。本部分将样本按城乡分类进行回归，结果如表 7–17 所示。其中，第一组城乡对比中被解释变量均为不含其他房产的家庭财富，第二组被解释变量为包含其他房产的家庭财富。

表 7–17　分城乡实证检验结果

变量	城乡							
	城镇		乡村		城镇		乡村	
	系数	t 值	系数	t 值	系数	t 值	系数	t 值
$\ln P$	1.298***	12.86	0.743***	7.03	1.640***	15.23	0.876***	7.87
ω	0.276***	8.75	0.222***	6.77	0.325***	9.98	0.255***	7.61
n_1	−0.364***	−5.86	−0.110**	−2.17	−0.388***	−5.81	−0.122**	−2.29
n_2	0.178**	2.25	0.002	0.03	0.238***	2.79	0.034	0.44
$Constant$	−4.214***	−3.94	0.672	0.64	−7.394***	−6.48	−0.397	−0.36

注：***、**分别表示1%、5%的显著性水平。

由回归结果知，各解释变量在城镇样本中得到了更好的验证，回归显著性和系数大小均超过农村样本。首先，城镇家庭持久收入和收入不确定性对财富积累目标的影响显著大于农村家庭，原因是城市居民收入稳定，家庭会根据预期收入制定合理的跨期消费决策。农村家庭受收入波动的影响，家庭较难制定合理的跨期消费决策，更多地表现为消费的过度敏感性。

城镇家庭中，子女数量（n_1）和老人数量（n_2）对财富积累的影响都具有显著影响，并且子女数量对财富积累为显著负效应，老人数量对财富积累存在正向影响。子女数量对家庭财富目标的负向作用，说明子女消费被看成是家庭的投资，子女数量多的家庭预期未来收入有保障，因此应对未来收入不确定性的财富积累目标较低；而家庭中老人数量的增加意味着未来的支出具有更大的不确定性，因此家庭的财富积累目标会调高，其背后的主要原因是人口政策的实施导致中国人口年龄结构转变的历程缩短，出现了"未富先老"的特殊经济现象，人口老龄化来势迅猛，而相应的应对措施如养老保险、社会保障等的发展速度则相对滞后。

农村家庭中，子女数量（n_1）对财富积累同样具有较为显著的负向影响，这可能是因为子女数量和家庭储蓄仍具有相互替代的关系，但农村地区会合理预期子女收入具有较高不确定性且水平较低，因此这一替代关系相比于城镇偏弱。与此同时，老人数量（n_2）对家庭财富积累并无显著作用，即与低收入家庭情况相似，农村家庭储蓄决策时同样缺乏对老人的考虑。

综合本部分研究我们总结出如下结论：首先，从我国整体层面上看，子女数量对家庭"缺乏耐心"的影响大于对"谨慎动机"的影响，对家庭财富积累目标表现出负向效应；而老人数量与子女数量的作用相反，对家庭财富积累目标表现出正向影响。主要原因是子女消费被看成是家庭对未来的投资，与储蓄具有替代作用；而在现有的社会保障制度下，老人数量与未来支出的不确定性正向相关，因此，当前老年消费不足与当前经济出现的"未富先老"经济特征密切相关。其次，上述效应在城镇样本中表现得较在农村样本中更为显著。我们将其归因于城镇居民因既有收入的确定性而惯于提前制定消费计划，而农村家庭由于收入不具有稳定性，难以进行跨期决策。此外，子女数量对城乡家庭财富目标都具有负向效应，并且对城镇家庭的作用效果更大；老人数量对城镇家庭财富积累目标具有正向作用，对农村家庭财富积累目标没有显著影响。

四、人口年龄结构与中国居民消费——住房财富视角

人口年龄结构变动较快与房价偏高均为我国当前经济社会的重要特征，研究人口年龄结构对住房财富效应的影响对于调控房价、释放居民消费潜力具有较大的现实意义。本部分继续基于中国家庭追踪调查(CFPS)数据，实证检验人口年龄结构对住房财富效应的影响。

（一）理论模型

为简化分析，我们进行以下假设：

1. 假设社会由同质家庭构成，代表性个体的生命周期分为少年、中青年和老年三个阶段，家庭消费决策由家庭中的中青年个体进行，并且每个家庭的中青年个体数量进行单位1化处理；

2. 在单位时间内，少年、老年阶段的个体消费是中青年阶段个体消费的固定比例；

3. 个体在老年时期消费掉所有财产，即不存在遗赠；

4. 家庭为每一个老年人医疗、养老等需求所准备的储蓄是相同的，为每一个子女教育、婚姻等需求所准备的储蓄也是相同的，且代表性中青年个体年老时从每一个子女那里得到的资金扶持也是相同的；

5. 为了剔除住房资产效应的影响[①]，假设家庭住房面积不变；

6. 家庭效用函数采用简单的对数形式，即：$u(c_{it}, h_{it}) = \ln c_{it} h_{it}$，其中 c_{it} 表示 i 家庭在 t 期的消费，h_{it} 表示 i 家庭在 t 期的住房面积；

---

① 李涛和陈斌开(2014)提出资产效应指的是家庭资产水平对居民消费的影响；财富效应指的是家庭资产价格变化或资产回报率对居民消费的影响。

7. 家庭代表性个体是利他的，子女和老人的消费支出，为子女教育、婚姻等需求而进行的储蓄，为老人医疗、养老等需求而进行的储蓄均会增加中青年代表性个体的效用。

基于上述假设，代表性个体的效用最大化问题为：

$$\max U = \alpha\mu_{it}^y \ln c_{it}^y + \beta\mu_{it}^o \ln c_{it}^o + \ln c_{it}^m h_{it} + \frac{1}{\rho}\ln c_{it+1}^o \qquad (7\text{–}21)$$

$$\text{s.t.}\quad c_{it}^m\left(1 + \mu_{it}^y f_y + \mu_{it}^o f_o\right) + s_{it} + \varphi_{it}\mu_{it}^y + \theta_{it}\mu_{it}^o = w_{it} + p_{it}h_{it} \qquad (7\text{–}22)$$

$$c_{it+1}^o = \left(1 - \tau\right)p_{it+1}h_{it} + \left(1 + r\right)s_{it} + \theta_{it+1}\mu_{it}^y \qquad (7\text{–}23)$$

目标函数中 c_{it}^m 表示中青年个体的消费量；c_{it}^o 表示老年个体的消费量，数值上等于 $f_o c_{it}^m$，f_o 是老年个体与中青年个体消费量的比例；c_{it}^y 表示幼年子女的消费量，数值上等于 $f_o c_{it}^m$，f_o 是幼年个体与中青年个体消费量的比例；c_{it+1}^o 表示中青年个体在老年阶段的消费；μ_{it}^o、μ_{it}^o 分别表示对中青年个体进行单位化处理后家庭中子女和老人的数量；α、β 分别表示中青年个体从幼年子女消费和老年群体消费的效用中取得自身效用权重；ρ 表示效用的时间贴现因子。

约束条件中，第一个约束条件为代表性个体在中青年时期面临的预算约束，第二个约束条件为其在老年时期面临的预算约束。其中 s_{it} 为储蓄，w_{it} 为家庭收入，τ 为住房的折旧率，h_{it} 为家庭住房面积。r 为储蓄的收益率，p_{it} 和 p_{it+1} 分别为 t 期和 $t+1$ 期的房价。假设个体的预算完全理性，则有 $p_{it+1} = \left(1 + r\right)p_{it}$。$\theta_{it+1}$ 为代表性中青年个体年老时从每一个子女那里得到的资金，则 $\theta_{it+1}\mu_{it}^y$ 即为其从所有子女那里得到的总资金。φ_{it} 为家庭为每一个幼年子女所准备的储蓄，则 $\varphi_{it}\mu_{it}^y$ 是家庭为所有幼年子女所准备的总储蓄。θ_{it} 表示家庭为每一个老人所准备的储蓄，则 $\theta_{it}\mu_{it}^o$ 是家庭为所有老年人所准备的总储蓄，解该最优化问题得家庭最优总消费函数为：

$$c_{it} = \left(1 + \mu_{it}^y f_y + \mu_{it}^o f_o\right)c_{it}^m = \rho\frac{\left(1 + \alpha\mu_{it}^y + \beta\mu_{it}^o\right)\left[\left(2 - \tau\right)p_{it}h_{it} + w_{it} - \varphi_{it}\mu_{it}^y - \theta_{it}\mu_{it}^o + \mu_{it}^y\dfrac{\theta_{it+1}}{1+r}\right]}{1 + \rho\left(1 + \alpha\mu_{it}^y + \beta\mu_{it}^o\right)}$$

$$(7\text{–}24)$$

分别对家庭总消费函数求幼儿抚养比和老年抚养比的偏导数，可以得出幼儿抚养比和老年抚养比对家庭消费总量的影响：

$$\frac{\partial c_{it}}{\partial\mu_{it}^y} = \rho\frac{\alpha\left[\left(2 - \tau\right)p_{it}h_{it} + w_{it} - \varphi_{it}\mu_{it}^y - \theta_{it}\mu_{it}^o + \mu_{it}^y\dfrac{\theta_{it+1}}{1+r}\right] + \left(1 + \rho + \alpha\rho\mu_{it}^y + \beta\rho\mu_{it}^o\right)\left(1 + \alpha\mu_{it}^y + \beta\mu_{it}^o\right)\left(\dfrac{\theta_{it+1}}{1+r} - \varphi_{it}\right)}{\left(1 + \rho + \alpha\rho\mu_{it}^y + \beta\rho\mu_{it}^o\right)^2}$$

$$(7\text{–}25)$$

$$\frac{\partial c_{it}}{\partial \mu_{it}^o} = \rho \frac{\beta \left[(2-\tau) p_{it} h_{it} + w_{it} - \varphi_{it} \mu_{it}^y - \theta_{it} \mu_{it}^o + \mu_{it}^o \frac{\theta_{it+1}}{1+r} \right] - \theta_{it} \left(1 + \alpha \mu_{it}^y + \beta \mu_{it}^o \right) \left(1 + \rho + \alpha \rho \mu_{it}^y + \beta \rho \mu_{it}^o \right)}{\left(1 + \rho + \alpha \rho \mu_{it}^y + \beta \rho \mu_{it}^o \right)^2}$$

$$(7\text{--}26)$$

式 (7–25)(7–26) 表明幼儿抚养比和老年抚养比对家庭总消费的影响不确定，取决于家庭为幼年子女和老人储蓄的多少。当 φ_{it}、θ_{it} 较大时，幼儿抚养比和老年抚养比对家庭总消费产生负向影响；当 φ_{it}、θ_{it} 较小时，幼儿抚养比和老年抚养比对家庭总消费产生正向影响。

对家庭总消费函数求对房价的偏导数：

$$\frac{\partial c_{it}}{\partial p_{it}} = \frac{(2-\tau) \rho h_{it} \left(1 + \alpha \mu_{it}^y + \beta \mu_{it}^o \right)}{\left(1 + \rho + \alpha \rho \mu_{it}^y + \beta \rho \mu_{it}^o \right)} > 0 \tag{7--27}$$

式 (7–27) 结果恒为正，这说明房价上涨对城镇有房家庭的消费具有促进作用，即存在住房财富效应。

为分析人口年龄结构变动对家庭住房财富效应的影响，用总消费对房价的偏导数分别对幼儿抚养比和老年抚养比求二次偏导：

$$\frac{\partial c_{it}}{\partial p_{it} \partial \mu_{it}^y} = \frac{(2-\tau) \rho h_{it} \alpha}{\left(1 + \rho + \alpha \rho \mu_{it}^y + \beta \rho \mu_{it}^o \right)^2} > 0 \tag{7--28}$$

$$\frac{\partial c_{it}}{\partial p_{it} \partial \mu_{it}^o} = \frac{(2-\tau) \rho h_{it} \beta}{\left(1 + \rho + \alpha \rho \mu_{it}^y + \beta \rho \mu_{it}^o \right)^2} > 0 \tag{7--29}$$

式 (7–28)(7–29) 的结果都恒为正，这说明老年抚养比和幼儿抚养比对住房财富效应都具有显著正向影响，并且该影响的大小取决于家庭代表性个体从幼年子女消费、老年群体消费取得的效用权重 α 和 β 的大小。由现实情况，结合上一小节对"尊老"与"爱幼"重视程度的分析，家庭往往更看重子女消费，即 α 大于 β，则幼儿抚养比对家庭财富的正向影响大于老年抚养比对家庭财富的正向影响。

基于以上分析，我们提出以下三个假设：

假设 1：老年抚养比和幼儿抚养比对家庭消费的影响取决于家庭为老人和子女进行储蓄的意愿，由于中国家庭具有较强的代际扶持意愿，老年抚养比和幼年抚养比升高会对家庭现期消费产生挤出；

假设 2：对于城镇有房家庭，房价上涨对家庭消费有显著财富效应；

假设 3：老年抚养比和幼年抚养比升高对住房财富效应有显著正向影响，并且幼儿抚养比对家庭住房财富效应的正向影响大于老年抚养比。

(二)计量模型及数据描述

1. 计量模型构建

为分析人口年龄结构变动对住房财富效应的影响,将房价、老年抚养比和幼年抚养比引入消费函数,构建如下计量模型:

$$\ln c_{it} = \alpha + \beta_1 \ln p_{it} + \beta_2 Uo_{it} + \beta_3 Uy_{it} + \beta_4 \ln p_{it} * Uo_{it} +$$
$$\beta_5 \ln p_{it} * Uy_{it} + \beta_6 X_{it} + \mu_i + \varepsilon_{it} \tag{7-30}$$

其中 X_{it} 表示家庭特征控制变量,主要包括户主年龄、性别、受教育程度、婚姻状况、家庭规模以及家庭可支配收入。p_{it} 为房价,Uo_{it} 和 Uy_{it} 分别为老年抚养比和幼年抚养比。μ_i 表示个体家庭效应,ε_{it} 表示随机扰动项。回归系数 β_1 表示房价变化对居民消费产生的财富效应,β_2 和 β_3 分别表示老年抚养比和幼年抚养比对居民消费的影响,β_4 表示老年抚养比对住房财富效应的调节效应,回归系数 β_5 表示幼年抚养比对住房财富效应的调节效应。

2. 变量的描述性统计

我们选用了中国家庭追踪调查(CFPS)2010—2018年五期的面板数据。考虑到房价上涨对农村家庭消费的影响较小,且对无房家庭具有较大的"房奴效应",为了更准确地估计住房财富效应,本部分选取的研究对象为城镇有房家庭。在具体数据处理时,还剔除了户主年龄小于18岁及存在缺失值和极端值的样本。

在具体的指标选取上,被解释变量家庭消费(c)使用家庭消费性支出,包括食品支出($food$)、衣着鞋帽支出($dress$)、家庭设备用品及维修服务支出($daily$)、医疗保健支出(med)、交通通信支出($trco$)、文娱教育及服务支出(eec)、居住支出($house$)、其他商品和服务支出($other$)八大类消费支出。为了减弱消费变量可能存在的异方差,对其进行对数化处理。

核心解释变量是人口年龄结构和房价。衡量人口年龄结构的变量是老年抚养比(Uo)和幼年抚养比(Uy)。受 CFPS 数据的限制,房价(p)采用的数据是中国统计局公布的我国不同省份商品房平均销售价格。由于相同省份不同家庭面临的房价可能不同,采取家庭所在省份的商品房平均销售价格来表示家庭住房价格可能会影响到住房财富效应估计的准确性。鉴于家庭住房资产增值主要源于房价上涨,我们在稳健性检验部分参照石永珍和王子成(2017)的做法,使用家庭住房资产价值($hasset$)的变动来间接衡量家庭所面临的房价变动。考虑到房价可能存在异方差,分别对房价(p)和家庭住房资产价值($hasset$)取对数。

和前文章节相同,对于影响居民家庭消费的其他因素,包括收入(y)、家庭规模

(*familysize*)、户主年龄(*age*)、户主婚姻状况(*marriage*)、户主受教育水平(*education*)、户主性别(*sex*)等,我们分别引入相应的控制变量。其中收入为家庭纯收入,包括经营性收入、财产性收入、转移性收入和工资性收入;家庭规模为家庭的成员数;户主性别中男性为1、女性为0;婚姻状况中有配偶(在婚)为1,其他为0;户主受教育程度用0—5的数字表示,其中小学以下学历为1,小学学历为2,初中学历为3,高中、中专、技校和职高学历为4,大专及以上学历为5。变量的描述性统计见表7–18。

表 7–18　变量描述性统计

变量	变量含义	观测量	平均值	标准差	最小值	最大值
lnc	总消费	15428	10.479	0.793	8.039	11.731
ln*daily*	家庭设备用品及维修服务支出	15364	7.692	1.495	0	14.224
ln*dress*	衣着鞋帽支出	15321	7.388	1.142	0	11.513
ln*eec*	文教娱乐支出	15359	8.233	1.501	1.609	13.353
ln*food*	食品支出	15336	9.488	0.883	2.485	13.305
ln*house*	住房支出	15386	7.960	1.228	1.609	13.311
ln*med*	医疗保健支出	15345	7.538	1.427	0	13.837
ln*other*	其他消费支出	15416	6.459	1.477	1.609	13.310
ln*trco*	交通通信支出	15243	7.956	1.128	2.485	11.835
ln*p*	房价	15428	8.690	0.456	8.020	9.579
ln*y*	收入	15428	10.614	0.977	6.908	11.918
Uy	幼儿抚养比	15428	0.1500	0.284	0	1
Uo	老年抚养比	15428	0.201	0.299	0	1
familysize	家庭规模	15428	3.611	1.375	1	17
age	户主年龄	15428	48.527	11.341	22	68
sex	户主性别	15428	0.526	0.499	0	1
marriage	户主婚姻状况	15428	0.886	0.318	0	1
education	户主教育程度	15428	3.145	1.253	1	5

从表 7–18 可以看出,家庭的年均消费中,排名前三位的分别是食品年均支出、文教娱乐年均支出和住房年均支出;房价对数均值约为 8.690 元/平方米,最小值为 8.020 元/平方米,最大值为 9.579 元/平方米,不同家庭所面临房价的差异性较大;老年抚养比约为 20%,高于幼年抚养比的 15%,这在一定程度上反映了我国人口结构的老龄化趋势;家庭成员数量均值为 3.6,说明样本家庭多是三口或四口之家,这也是目前我国典型的家庭结构;户主的平均年龄约为 49 岁;户主是男性的家庭占 53%,是女性的家庭占 47%,

平等程度较高；已婚户主约占 88.6%；样本户主教育程度中，多数为初中、高中、中专、技校和职高，其中初中学历的户主占比约为 32%，高中、中专、技校和职高学历的户主占比约为 22%。

(三)计量结果及分析

1. 人口年龄结构变动对住房财富效应的影响

考虑到房价和消费可能存在相互影响，为避免内生性问题，我们在回归分析中除了采用含聚类稳健标准差的 OLS 回归，还采取两阶段最小二乘法(2SLS)进行回归分析，选取房价的一阶滞后项和两阶滞后项作为工具变量。首先，工具变量与房价具有较强的相关性，2SLS 回归第一阶段的 F 值均大于 10，不存在弱工具变量问题。其次，工具变量具有较强的外生性。房价滞后值已经发生，取值已经固定，与当前的扰动项不相关。此外，Sargan 检验的 P 值大于 0.05，即工具变量通过了过度识别检验。因此房价的一阶滞后项和两阶滞后项是有效工具变量。具体回归结果见表 7–19。

表 7–19　人口年龄结构对住房财富效应的影响

变量	2SLS	OLS
	(1)	(2)
$\ln p$	0.366***	0.283***
	(0.014)	(0.015)
Uy	−1.306***	−1.288***
	(0.353)	(0.367)
Uo	−0.630*	−0.723*
	(0.382)	(0.384)
$\ln p*Uy$	0.156***	0.153***
	(0.041)	(0.043)
$\ln p*Uo$	0.076*	0.087*
	(0.045)	(0.045)
$\ln y$	0.331***	0.344***
	(0.008)	(0.008)
$familysize$	0.081***	0.078***
	(0.004)	(0.005)
age	−0.004***	−0.004***
	(0.001)	(0.001)
sex	−0.108***	−0.111***
	(0.010)	(0.011)

续表

变量	2SLS	OLS
	(1)	(2)
marriage	−0.041***	−0.044***
	(0.010)	(0.011)
education	0.127***	0.127***
	(0.005)	(0.005)
Constant	3.424***	4.006***
	(0.122)	(0.137)
样本量	15428	15428
R^2	0.407	0.409

注：括号内为稳健型的伴随概率 P 值，***、**、*分别表示在 1%、5%、10%水平下显著。

　　如表 7-19 所示，无论是采用含聚类稳健标准差的 OLS 还是两阶段最小二乘法（2SLS），家庭消费的房产财富弹性系数[1]都在1%统计水平下显著为正。这说明对于有房城镇家庭，房价上涨促进了家庭消费，呈现出显著的住房财富效应，验证了假设 2。老年抚养比(Uo)和幼年抚养比(Uy)的回归系数都显著为负，且 2SLS 和 OLS 得到的结论一致。这说明老年抚养比和幼年抚养比升高都对家庭消费有显著抑制作用，根据我们的分析，这是因为家庭为老人的养老、医疗等需求和为子女的教育、婚姻等需求而进行储蓄的意愿较强，对家庭现期消费产生了较大的挤出，假设 1 得到了验证。无论是 2SLS 还是 OLS 的结果，房价与幼年抚养比交乘项($\ln p*Uy$)的系数均大于房价与老年抚养比交乘项($\ln p*Uo$)的系数，且两种回归方法下二者都在 10%统计水平下显著，影响方向也均为正向。可见老年抚养比和幼年抚养比升高都增强了家庭住房财富效应，且幼年抚养比对家庭住房财富效应的影响比老年抚养比对其的影响更大，这与假设 3 一致。

　　老年抚养比对住房财富效应有正向影响或许是因为老年人更可能拥有更多的房产，房价上涨时老年人更容易通过增加住房相关收入，减持房产存量或减少储蓄而增加消费。并且，从家庭层面讲，为应对老年人面临的较大健康风险，家庭可能会减持房产等非流动性资产，增加老年人的健康支出，因此老年抚养比增大会增强住房财富效应。幼年抚养比对住房财富效应有正向影响则或许是因为幼儿抚养比高的年轻家庭更可能因支出的骤增而面临较大的流动性约束，进而更倾向通过住房抵押融资增加消费。同时"养儿防

---

[1] 房产财富弹性系数指的是房价每增长 1%引起的消费增长百分比。

老"这种代际扶持的传统能够在一定程度上替代通过持有房产抵御年老时风险的做法，因而幼儿抚养比的增大会促进房产价值的变现，实现住房财富效应。并且，由于家庭更看重幼年子女的消费，幼年子女的消费需求对住房变现意愿的促进作用更大，进而幼年抚养比对住房财富效应的影响更大。

下面我们进一步分析人口年龄结构变动对不同种类消费住房财富效应的影响，分类回归的结果见表 7-20。从表中可以看出，对多数种类的消费来说，老年抚养比和幼年抚养比的升高对其住房财富效应有显著正向影响，这表明老年抚养比和幼年抚养比增大增强了住房财富效应的结论具较强的稳健性。进一步观察可知，老年抚养比和幼年抚养比上升对食品、衣着鞋帽、住房、交通通信和文教娱乐支出的住房财富效应影响都显著为正。在老年和幼年抚养比均对其住房财富效应有较显著影响的类目中，除了衣着鞋帽类支出，幼年抚养比升高对其他种类消费住房财富效应的影响均比老年抚养比更大。老年抚养比升高对家庭设备用品及维修服务支出的住房财富效应有显著正向影响，幼年抚养比升高对其影响则并不显著。

表 7-20　人口年龄结构对不同种类消费的住房财富效应影响

变量	ln$daily$		ln$dress$		lneec		ln$food$	
	2SLS	OLS	2SLS	OLS	2SLS	OLS	2SLS	OLS
	(1)	(2)	(3)	(4)	(5)	(6)	(7)	(8)
ln$p$	0.308***	0.316***	0.083***	0.039	0.004	−0.001	0.543***	0.442***
	(0.031)	(0.032)	(0.024)	(0.028)	(0.042)	(0.046)	(0.017)	(0.018)
Uy	−1.305	−1.081	−1.318**	−1.205*	−8.353***	−7.083***	−1.368***	−1.376***
	(0.850)	(0.860)	(0.618)	(0.662)	(0.982)	(1.071)	(0.443)	(0.455)
Uo	−1.539*	−1.675*	−2.521***	−2.697***	−2.814**	−2.764**	−1.078**	−1.371***
	(0.883)	(0.888)	(0.728)	(0.780)	(1.118)	(1.198)	(0.447)	(0.447)
ln$p$*Uy	0.163	0.137	0.163**	0.149*	0.915***	0.765***	0.179***	0.179***
	(0.100)	(0.102)	(0.073)	(0.078)	(0.116)	(0.126)	(0.052)	(0.054)
ln$p$*Uo	0.179*	0.195*	0.273***	0.294***	0.317**	0.311**	0.135***	0.170***
	(0.103)	(0.104)	(0.085)	(0.092)	(0.131)	(0.140)	(0.052)	(0.052)
控制变量	是	是	是	是	是	是	是	是
样本量	15164	15164	14521	14521	11059	11059	15336	15336
R^2	0.208	0.208	0.299	0.299	0.116	0.116	0.321	0.323

续表

变量	ln*house*		ln*med*		ln*other*		ln*trco*	
	2SLS	OLS	2SLS	OLS	2SLS	OLS	2SLS	OLS
	(11)	(12)	(13)	(14)	(15)	(16)	(17)	(18)
ln*p*	0.502***	0.263***	0.225***	0.162***	−0.133***	−0.030	0.356***	0.325***
	(0.030)	(0.034)	(0.036)	(0.040)	(0.046)	(0.051)	(0.022)	(0.025)
Uy	−2.313***	−3.019***	0.427	−0.256	−0.460	−0.815	−1.958***	−1.906***
	(0.784)	(0.866)	(0.913)	(0.955)	(1.153)	(1.20)	(0.613)	(0.672)
Uo	−1.037	−2.052**	0.215	0.174	−0.851	−1.031	−1.567**	−1.470**
	(0.894)	(0.906)	(1.065)	(1.176)	(1.256)	(1.314)	(0.671)	(0.732)
ln*p*Uy*	0.270***	0.351***	−0.049	0.032	0.063	0.106	0.217***	0.210***
	(0.092)	(0.102)	(0.108)	(0.112)	(0.134)	(0.140)	(0.072)	(0.079)
ln*p*Uo*	0.121	0.242**	0.028	0.033	0.084	0.104	0.161**	0.150*
	(0.104)	(0.106)	(0.125)	(0.138)	(0.146)	(0.153)	(0.078)	(0.086)
控制变量	是	是	是	是	是	是	是	是
样本量	13986	13986	13545	13545	9085	9085	15243	15243
R^2	0.128	0.133	0.068	0.068	0.127	0.128	0.324	0.324

注：括号内为稳健型的伴随概率 P 值，***、**、*分别表示在 1%、5%、10%水平下显著。

2. 稳健性检验

考虑到家庭住房价值的变化主要是由于房价的变化引起的，此处我们选取家庭住房价值作为房价的替代变量，用固定效应回归进行稳健性检验，结果见表 7–21 第（1）列。剔除家庭消费、收入、房价、幼儿抚养比和老年抚养比的最低和最高 1%的样本，再运用两阶段最小二乘法（2SLS）回归，结果为表 7–21 第（2）列。回归结果中房价与老年抚养比的交乘项（ln*p*Uo*）和房价与幼年抚养比的交乘项（ln*p*Uy*）的系数都显著为正，表明前面的估计结果较为稳健。

表 7–21　稳健性检验

变量	ln*c*	
	(1)	(2)
ln*p*	0.068***	0.366***
	(0.024)	(0.014)
Uy	−2.095**	−1.306***
	(0.844)	(0.353)

续表

变量	lnc	
	(1)	(2)
Uo	−2.912***	−0.630*
	(0.618)	(0.382)
$\ln p*Uy$	0.154**	0.156***
	(0.069)	(0.041)
$\ln p*Uo$	0.258***	0.076*
	(0.053)	(0.045)
控制变量	是	是
样本量	3661	15428
R^2	0.17	0.407

注：括号内为稳健型的伴随概率 P 值，***、**、*分别表示在 1%、5%、10%水平下显著。

3. 异质性分析

为了进一步分析人口年龄结构变动对异质性家庭住房财富效应的影响，本部分放宽了家庭同质性假设，分别将家庭根据拥有住房的产权分为拥有大产权住房家庭和拥有小产权住房家庭；根据房价收入比分为高房价收入比家庭和低房价收入比家庭；根据家庭所在地区房价涨速不同分为高房价上涨速度地区家庭、中房价上涨速度地区家庭和低房价上涨速度地区家庭。

（1）家庭住房产权异质性分析

老年抚养比和幼年抚养比升高可能会提高家庭面临的流动性约束以及住房转售兑现意愿，使家庭试图通过住房融资和转售增加消费，从而对住房财富效应产生正向影响。而住房财富效应是否能真正实现或者在多大程度上可能实现受很多因素影响，其中比较重要的影响因素有家庭持有住房的产权以及房价收入比。大产权房和小产权房在抵押贷款、交易、升值空间等方面都有很大的不同，会直接影响住房财富效应的实现程度。因此，本部分进一步验证人口年龄结构变动对不同产权住房财富效应的异质性影响。

将样本分为拥有大产权住房和拥有小产权住房家庭，采用含聚类稳健标准差 OLS 和两阶段最小二乘法（2SLS）进行回归分析，结果如表 7–22 所示。回归结果显示对于拥有大产权住房的家庭，房价与老年抚养比的交乘项（$\ln p*Uo$）、房价与幼年抚养比的交乘项（$\ln p*Uy$）系数都显著为正；而对于拥有小产权住房的家庭，这两项回归系数并不显著。这说明老年抚养比和幼年抚养比增大对拥有大产权住房家庭的住房财富效应有显著正向影响，但对拥有小产权住房家庭的住房财富效应没有显著影响。这可能是因为大产权房更有利于房屋交易，更容易实现老年抚养比和幼年抚养比升高促使家庭进行住房资产兑现进而增加消费的可能。

表 7–22　人口年龄结构对拥有大产权和小产权住房财富效应的影响差异

变量	拥有大产权房产家庭		拥有小产权房产家庭	
	2SLS	OLS	2SLS	OLS
	(1)	(2)	(3)	(4)
ln$p$	0.362***	0.279***	0.460***	0.409***
	(0.014)	(0.016)	(0.061)	(0.063)
ln$p$*Uy	0.172***	0.166***	−0.256	−0.230
	(0.042)	(0.044)	(0.175)	(0.164)
ln$p$*Uo	0.072*	0.084*	0.321	0.315
	(0.046)	(0.046)	(0.220)	(0.197)
Uy	−1.436***	−1.397***	2.116	1.899
	(0.362)	(0.376)	(1.494)	(1.405)
Uo	−0.596	−0.700*	−2.702	−2.639
	(0.390)	(0.392)	(1.880)	(1.677)
控制变量	是	是	是	是
样本量	14849	14849	579	579
R^2	0.407	0.409	0.404	0.405

注：括号内为稳健型的伴随概率 P 值，***、**、*分别表示在 1%、5%、10%水平下显著。

(2) 家庭房价收入比异质性分析

房价收入比是衡量房地产泡沫的重要指标，房价收入比的大小在一定程度上体现了家庭购房的能力。房价收入比过高意味着住房购买成本相对较大，家庭持有大量住房资产的可能性较小；反之，房价收入比较低，则家庭持有较多住房资产的可能性较大。此外，何兴强和杨锐锋(2019)还指出房价收入比的提高会降低家庭对房价上涨持续性的预期，降低家庭对房产价值的心理感受，进而使家庭预期房产的可抵押融资能力以及预防性储蓄功能降低。因此房价收入比的高低会通过影响住房资产的融资、转售兑现，降低预防性储蓄等途径影响住房财富效应的实现。本部分进一步检验人口年龄结构变动对不同房价收入比家庭住房财富效应的异质性影响。

根据房价与家庭收入之比将家庭分成高房价收入比家庭和低房价收入比家庭，选用两阶段最小二乘法(2SLS)和含聚类稳健标准差的 OLS 进行回归分析，结果如表 7–23 所示。回归结果显示老年抚养比和幼年抚养比升高对高房价收入比家庭的住房财富效应影响不显著，但却显著增加了低房价收入比家庭的住房财富效应，且 OLS 与 2SLS 的回归结果一致。这一结果背后的政策含义是在老龄化加剧和幼儿出生率上升的背景下提高居民收入，控制房价水平能在一定程度上提高住房财富效应。

表 7–23　人口年龄结构对高、低房价收入比家庭住房财富效应的影响差异

变量	低房价收入比家庭		高房价收入比家庭	
	2SLS	OLS	2SLS	OLS
	(1)	(2)	(3)	(4)
ln$p$	0.331***	0.247***	0.523***	0.408***
	(0.025)	(0.026)	(0.022)	(0.022)
ln$p$*Uy	0.173***	0.176***	0.061	0.065
	(0.058)	(0.056)	(0.056)	(0.058)
ln$p$*Uo	0.126**	0.164***	0.062	0.054
	(0.062)	(0.058)	(0.063)	(0.061)
Uy	−1.398***	−1.431***	−0.551	−0.589
	(0.493)	(0.478)	(0.480)	(0.492)
Uo	−1.035*	−1.3516***	−0.550	−0.473
	(0.529)	(0.499)	(0.539)	(0.527)
控制变量	是	是	是	是
样本量	7714	7714	7714	7714
R^2	0.333	0.334	0.342	0.345

注：括号内为稳健型的伴随概率 P 值，***、**、*分别表示在 1%、5%、10%水平下显著。

（3）家庭所在地房价上涨速度异质性分析

考虑到房价上涨速度会影响到家庭住房的购买和变现决策，进而可能会影响到家庭住房变现意愿，影响到人口年龄结构变动对住房财富效应的影响，我们按不同省份的房价平均增速将样本分成低房价上涨速度地区、中房价上涨速度地区、高房价上涨速度地区进行分组回归，结果如表 7–24 所示。

表 7–24　人口年龄结构对不同房价上涨速度地区家庭住房财富效应的影响差异

变量	低房价上涨速度地区		中房价上涨速度地区		高房价上涨速度地区	
	2SLS	OLS	2SLS	OLS	2SLS	OLS
	(1)	(2)	(3)	(4)	(5)	(6)
ln$p$	0.462***	0.391***	0.289***	0.212***	0.475***	0.407***
	(0.031)	(0.034)	(0.019)	(0.021)	(0.038)	(0.038)

续表

变量	低房价上涨速度地区		中房价上涨速度地区		高房价上涨速度地区	
	2SLS	OLS	2SLS	OLS	2SLS	OLS
	(1)	(2)	(3)	(4)	(5)	(6)
$\ln p*Uy$	0.129	0.099	0.171***	0.186***	0.309***	0.220**
	(0.095)	(0.100)	(0.052)	(0.056)	(0.110)	(0.103)
$\ln p*Uo$	0.218*	0.124	0.085*	0.117**	0.107	0.110
	(0.125)	(0.133)	(0.051)	(0.053)	(0.144)	(0.134)
Uy	−1.095	−0.839	−1.442***	−1.584***	−2.562***	−1.814**
	(0.811)	(0.853)	(0.443)	(0.484)	(0.927)	(0.866)
Uo	−1.864*	−1.064	−0.721*	−0.994**	−0.849	−0.873
	(1.071)	(1.137)	(0.437)	(0.456)	(1.222)	(1.133)
控制变量	是	是	是	是	是	是
样本量	5152	5152	5403	5403	4873	4873
R^2	0.405	0.406	0.434	0.436	0.375	0.376

注：括号内为稳健型的伴随概率 P 值，***、**、*分别表示在 1%、5%、10%水平下显著。

如表 7-24 所示，随着地区房价上涨速度从低到高，房价与老年抚养比的交乘项（$\ln p*Uo$）在 2SLS 方法下的系数变化趋势为由显著为正到系数变小再到不显著，在 OLS 方法下的系数则基本不显著且始终呈降低趋势，说明随着房价上涨速度的加快，老年抚养比增大对家庭住房财富效应的正向影响减弱。根据前文的分析，出现这一现象的主要原因是随着房价上涨速度的加快，拥有多套住房的老年人倾向于通过住房投资获取更高收益，或者将住房赠与子女以缓解房价高速增长时子女的购房压力，这两者都会减少住房资产的兑现可能性。与此同时，从低到高房价上涨速度地区，房价与幼年抚养比的交乘项（$\ln p*Uy$）系数由不显著到显著为正然后增大，说明随着房价上涨速度的加快，幼年抚养比增大对家庭住房财富效应的正向影响增强。我们认为其主要原因是随着房价上涨速度提高，受到流动约束的年轻家庭更易放弃购房而将资金用于增加对子女的投资，因此房价上涨速度越高的地区幼年抚养比升高对住房财富效应的正向影响越大。

通过上述研究，我们得出的主要研究结论有：第一，老年抚养比和幼年抚养比升高显著增强了住房财富效应，且幼年抚养比对家庭住房财富效应的正向影响比老年抚养比对其的影响大。第二，人口年龄结构对家庭住房财富效应的影响存在异质性。老年抚养比和幼年抚养比均对拥有大产权房家庭的住房财富效应有显著正向影响，对拥有小产权房产家庭的住房财富效应影响不显著；老年抚养比和幼年抚养比对高房价收入比家庭的住房财富效应影响不显著，但却显著增强了低房价收入比家庭的住房财富效应；家庭所在地区的房价上涨速度越高，幼年抚养比对住房财富效应的正向影响越强，而老年抚养比对其的影响却越弱。

第二节　人口老龄化与居民异质性消费行为

一、人口老龄化与居民消费特征分析

（一）中国人口老龄化的特点

2000 年我国 65 岁以上人口占比达到 7%，标志着我国迈入了人口老龄化社会。自此以来，人口老龄化持续加速已成为当前我国人口年龄结构变化的主要特征。由于较大的人口基数过去的和人口政策，中国人口老龄化具有以下几个显著特点：

1. 老年人口绝对数量大

我国是世界上人口最多的国家。由于我国人口基数庞大，人口老龄化使得老年人口增加的数量也十分庞大，目前我国已是世界上老年人口最多的国家。根据联合国人口预测中心的数据报告，2015 年中国总人口数量为 13.76 亿，占世界总人口比例为 18.72%，其中 65 岁及以上的老年人口数量为 1.31 亿，占全亚洲同一年龄段老年人口比重为 39.76%，占世界同一年龄段老年人口比重为 21.61%；从老年人口的另一划分方法看，中国 60 岁及以上人口达到 2.09 亿，占亚洲同一年龄段人口比重达到 41.19%，占世界同一年龄段人口比重达到 23.23%。通过这一横向对比我们不难发现，近年我国老年人口的绝对数量非常庞大，人口形势十分严峻。

2. 人口老龄化持续加速

受生育政策的影响，我国人口年龄结构转变速度之快远超其他国家，特别是发达国家。联合国人口研究中心数据显示，从 2000 年到 2010 年，我国人口老龄化处于平缓发展的趋势，2010 年开始进入老龄化加速阶段，老年人口的比例持续快速上升，并且这一趋势将会持续到 2040 年前后。之后人口老龄化仍将继续，但增速将会放缓，直到 2060 年左右人口年龄结构才会进入稳定状态，届时 65 岁及以上人口比例将达到 32%，人口结构的趋势变化如图 7-3，具体数据见表 7-25 及 7-26。

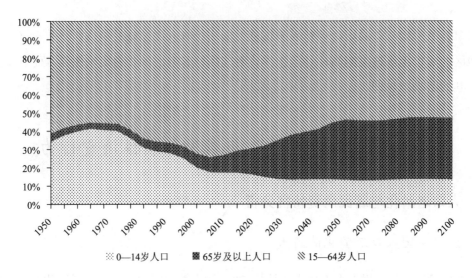

图 7–3　中国人口年龄结构发展趋势及预测

数据来源：UN（World Population Prospects: The 2015 Revision）

表 7–25　2000—2060 中国各年龄段人口数量列举　　　　　　　单位：亿人

年龄段	年份						
	2000 年	2010 年	2020 年	2030 年	2040 年	2050 年	2060 年
0—14 岁	3.18	2.34	2.40	2.10	1.86	1.82	1.69
65 岁及以上	0.84	1.11	1.70	2.43	3.43	3.71	4.20
15—64 岁	8.67	9.97	9.93	9.63	8.66	7.95	6.88

数据来源：UN（World Population Prospects: The 2015 Revision）

表 7–26　2000—2060 中国各年龄段人口比例列举

年龄段	年份						
	2000 年	2010 年	2020 年	2030 年	2040 年	2050 年	2060 年
0—14 岁	25.07%	17.41%	17.12%	14.82%	13.32%	13.51%	13.22%
65 岁及以上	6.65%	8.25%	12.09%	17.18%	24.59%	27.55%	32.90%
15—64 岁	68.28%	74.34%	70.79%	68.00%	62.09%	58.94%	53.88%

数据来源：UN（World Population Prospects: The 2015 Revision）

　　如表 7–25 和表 7–26 所示，我国从 2000 年进入人口老龄化社会到 2010 年为止，65 岁及以上的老年人口数量由 0.84 亿增加到 1.11 亿，占总人口的比例上升了 1.6 个百分点，人口老龄化程度加深，但速度相对较慢，并且这一阶段 15—65 岁的劳动年龄人口数量上升，老年人口比例上升主要源于少儿人口比例的下降。从 2010 年人口老龄化加速开始到

2020 年为止，65 岁及以上老年人口增加到 1.7 亿，占总人口比例上升 3.84 个百分点，并且这一期间少儿人口比例相对稳定，劳动年龄人口比例开始呈下降趋势。预计 2020—2030 年，65 岁及以上的老年人口将增加 0.73 亿，占总人口的比例将从 12.09% 快速上升至 17.18%，这一阶段少儿人口和劳动年龄人口的比例都有下降的趋势。而 2030—2040 年将会是人口老龄化速度最快的十年，期间 65 岁及以上人口的增加数量将达到 1 亿，占总人口的比重将会从 17.18% 上升到 24.59%，并且劳动年龄人口比例的下降速度将明显加快，到 2040 年，每四个中国人中将会有一位 65 岁及以上的老人。从 2040 年开始一直到 2060 年，人口老龄化趋势将继续，但老龄化速度减缓，此时 65 岁及以上人口将会从 3.43 亿增加到 4.2 亿，占总人口比重也会从 24.59% 上升到 32.9%，这一期间少儿人口比例基本稳定，劳动年龄人口比例相应地将从 62.09% 下降到 53.88%，届时几乎每三个中国人中就会有一位 65 岁及以上的老人。

3. 高龄人口占比不断上升

中国人口老龄化的另一个特征是人口老龄化与人口高龄化同时发生。随着改革开放以来经济社会的发展，我国居民生活水平显著提高，并且医疗卫生条件的改善使居民应对疾病的能力增强，因此我国人口的预期寿命不断延长，人口高龄化趋势明显。国家人口发展战略研究课题组 (2007) 对我国人口结构的预测显示，2020 年我国 80 岁以上的高龄老人将增长到 2200 万人，并且这一增长趋势会持续到 21 世纪中叶，到 2050 年预计 80 岁以上高龄人口将达到 8300 万人。人口高龄化对国家医疗保障构成了挑战，并且对养老扶持和养老救助也提出了新的要求。

4. 老龄化超前于经济发展

就世界其他国家人口老龄化的进程来看，人口老龄化大多发生于经济已经较为发达的时期，国家往往都已具备强大的经济基础来应对人口老龄化带来的经济社会问题。并且老龄化一般来说是一个缓慢稳定的过程，因此，政府也有充足的时间为人口老龄化的到来做好准备。然而，受生育政策的影响，我国的生育率出现过"断崖式"的急剧下降，人口年龄结构也因此在近年快速向老龄化转变。然而，当前我国经济基础仍不是足够的厚实，人口老龄化超前于经济的发展，出现了"未富先老"的局面，对经济和社会的发展提出了巨大的挑战。

5. 人口老龄化城乡差异巨大

受城乡二元经济结构的影响，我国目前仍处于城市社会化大生产和农村小农生产并存的状况，与城市相比，农村的经济基础十分薄弱，并且社会养老保障体系的发展也明显落后于城市。为了追求经济利益和生活质量，农村的年轻劳动力大量向城市转移，使得农村的人口老龄化问题更加突出。同时，年轻劳动力向城市的转移还导致农村经济发展更加缓慢,城镇化速度放缓,陷入恶性循环。

目前,我国正处于人口老龄化的前中期,随着婴儿潮一代开始步入老年阶段,人口老龄化将会持续加速。在 21 世纪 60 年代前,人口老龄化不断加深将是我国人口结构变化的主要趋势,应对人口老龄化带来的经济社会问题将会是 21 世纪中国面临的重要经济社会问题。研究人口老龄化问题,目的是既要保障社会稳定,又要促进经济社会的可持续发展,在达成这两个目标的基础上解决人口老龄化带来的挑战。

(二)中国老年人口的消费特征

人口老龄化的持续加速既为当前经济的发展带来了巨大的挑战,同时也为其提供了发展的机遇。首先,在经济基础尚不十分厚实的情况下,人口老龄化的提前到来确实会从劳动的供给、公共支出的需求等方面对经济造成压力;但同时,它也为改善当前中国经济发展中消费相对不足的问题提供了有利的时机。伴随着中国经济的发展与完善,居民收入水平不断提高,经过改革开放以来的长期积累,老年人已经成为手握财富、极具消费潜力的群体。在充分了解老年消费需求特点的情况下,通过不断丰富老年商品和服务,转变老年人消费观念,我国可以释放出极大的老年消费潜力;而老年消费状况的改善及消费潜力的释放,又能够成为新的经济增长点,改善我国目前经济发展内生动力不足的问题。因此,掌握我国老年人的消费特征、消费潜力和当前老年消费市场的状况与存在的问题,是促进老年市场供需匹配,合理规划老年产业发展,化人口老龄化之"危"为经济发展之"机"的首要条件。

1. 老年消费需求特征

由于生理和心理条件与其他年龄阶段人口不同,老年人的消费需求和消费行为具有自己的固有特征。而且,我国当前这一代老年人经历了经济体制改革和对外开放,消费观念也经历了重要转变,形成了一些新的消费特点。具体而言,中国老年人口的消费特点主要表现为以下几个方面:

(1)生理需求上的独特性

老年人具有新陈代谢减慢和消化吸收功能下降等特征,再加上老年人往往运动量较少,对食物的消耗减少,因此老年人的食品消费需求会相对较少。老年人健康状况的下降使得其医疗保健类的需求上升,而健康状况下降带来的体能下降又会引起其休闲娱乐类消费需求的增加。

(2)心理需求的独特性

退休之后老年人不再担任原有的社会角色,因此其心理需求会由满足职业要求转向满足自身需求。因此为担任原有社会角色的消费会减少,为提升自身愉悦感而进行的消费会增加，如购买衣服时会从原有的追求体面而改为追求舒适。并且，随着老年人消费观念和消费意识的不断提升，这一群体将会更加注重追求生活品质。

(3)依赖性消费需求增加

经济发展带来了生活水平的提高，再加上医疗卫生条件的逐渐改善，中国人口的预期寿命不断延长，人口高龄化也成为我国人口结构的变化趋势，高龄老年人口数量和占总人口比例不断增加。由于身体机能一般随着年龄增加逐渐退化，高龄老年人的健康水平往往偏低，并且可能逐步失去自理能力。因此，高龄老年人更加需要生活照料和护理等服务，依赖性的消费需求较大。

(4)消费的时间成本低，注重精神消费

由于大部分老年人都不再工作，退出了原有的社会角色，因此这一群体普遍拥有更多的空余时间。空余时间的增加首先降低了老年群体进行消费的时间成本，加上自身收入的下降，老年人在购物时通常会精挑细选，货比三家，不再追求快节奏消费，转而更看重性价比。更重要的是由于社会角色的退出，老年人往往会因为远离社交而感到孤独，进而选择增加精神消费来减少孤独，因此，与其他年龄人口相比，老年人的物质欲望可能更低，精神消费需求可能更高。而且随着现代交通及通信技术的不断发展，老年人拥有了更多的社交可能，会更加注重社会交往等精神层面的消费。

(5)利他主义消费需求强

在以上四点世界老年人口基本共有的消费特点之外，中国乃至整个东亚儒家文化圈的老人还具有明显的利他消费特点。具体而言，中国居民较强的家庭观念使得老年人非常看重子女后代的消费，会将自己的财富用于子女的消费，尤其在经济改革带来子女的住房、教育等支出不确定性增加的情形下，老人通常十分愿意帮助自己的子女应对该类支出，甚至会专门为子女进行储蓄。因此，老年人的利他主义心理，会使得自身的消费倾向明显下降。

2. 老年消费行为特征

老年人不仅在消费需求方面具有自己的独特性，受自身经历、生理、心理等因素的影响，其消费行为也往往表现出和其他年龄段人口明显不同的差异。具体而言，主要有以下几点：

(1)消费更具自主性

老年人由于自身阅历丰富，具有丰富的消费经验，并且经过多年的消费实践也养成了较为固定的消费习惯，因此在消费时会更加遵循自己的判断，对广告和宣传的认可度较低。同时，老年人对新产品的接受能力较弱，更加忠诚于自己惯用的产品。此外，老年人接收新信息的方式也与其他年龄阶段的人口明显不同。鉴于网络信息技术的新生性，一般来说老年人不容易接收网络广告信息，电视广告要比网络媒介情况好很多，平面媒体的促销广告以及打折信息则是老年人最为容易接收的广告宣传信息，因为这类广告不仅载体与传播形式为老年人所熟悉与认同，而且利用平面媒体进行宣传的商家多在本地实体经营，这就使得老年人能够亲身接触商品并利用自己的经验进行信息识别。

(2)消费讲求便利性

由于生理机能的变化，老年人的运动系统功能减弱，因此不愿意去路途较远的地方购物，而是喜欢在居住地附近的商场进行消费。其次，在购物方式上，由于网络购物的流程相对复杂，老年人对信息技术的掌握不足，因此网上购物很少被老年人应用，老年群体更偏好于实体店消费。在产品选择方面，老年人更喜欢使用简便、操作简单的商品，并且要求商品耐用，维修和保养较为方便。如果商品具有良好的售后服务，往往能得到老年群体的青睐。

(3)消费追求群体性

由于老年人获取商品信息的途径较少，激发老年人消费意愿的信息往往来自于周围人，尤其是同龄人正在使用的商品，因此老年消费表现出群体一致性，好的产品会在老年群体内得到推荐，同一群体的商品选择往往较为一致。同时，由于生理和心理的需要，老年人喜欢结伴购物，此时商品参数和功能对老年人消费选择的影响变小，而商品是否能够得到同伴的认可和赞扬则在很大程度上决定了其购买行为。基于以上两种因素，口碑营销是推广老年商品的重要策略。

(三)人口老龄化对居民消费的影响

1. 人口老龄化对居民消费的直接影响

老年群体对居民消费的影响会随着人口老龄化的不断加深而越来越强。由于老年群体的消费需求和消费行为都具有独特性，人口老龄化对居民消费总量和消费结构都会产生重要影响，主要表现为以下两个方面：

(1)老龄化引起消费总量的下降

进入退休阶段后，老年人口的可支配收入通常会下降，受此影响老年人的购买力一般也会下降。与此同时，老年人的消费需求也会随生理机能的退化，社会角色的退出而发生下降。因此，人口老龄化有较大可能引起居民消费总量的下降。此外，由于城乡的二元经济结构，人口老龄化对城乡居民消费的影响具有差异。城镇居民一般拥有退休金，至少具有医疗、养老等社会保障，退休之后收入下降的幅度相对较小，并且城镇地区的老年消费市场和老年消费观念都较为先进，人口老龄化引起的居民消费下降较少。与城镇居民不同，农村居民的收入完全来源于自己的劳动，因此进入老年阶段后收入降为很低甚至于无，完全依靠自己的积蓄或家庭扶持生活，购买力下降得非常明显，并且农村相对落后的老年消费市场也会制约老年人的消费意愿。因此，人口老龄化对农村居民消费的冲击更大，影响更广。

(2) 老龄化导致居民消费结构发生改变

与劳动年龄阶段相比，进入老龄阶段后消费者的消费需求会发生明显改变，因此人口老龄化必然引起居民消费结构的变化。一般来说，由于生理机能的衰退，老年人在饮食上的花费会下降；由于退休，老年人在衣着和交通通信等方面的花费会下降；由于健康状况的下降和时间的充裕，老年人在医疗保健和休闲娱乐上的花费会增加。因此人口老龄化对居民消费结构的主要影响为食物、衣着、交通通信的消费比重下降，医疗保健、休闲娱乐的消费比重上升。

2. 人口老龄化对居民消费的间接影响

人口老龄化主要通过影响总产出和居民储蓄率对居民消费产生间接影响。

(1) 人口老龄化对总产出的影响

人口老龄化会通过影响劳动供给和生产率对产出造成影响，产出的变动最终又会影响到居民的消费。首先，老龄化会使劳动力供给不足，引起总产出的下降。其次，人口老龄化对技术进步的影响是不确定的。一方面，许多微观层面的研究表明，创新成果与科研人员年龄之间存在先升后降的倒 U 型关系，人口的老龄化特别是高龄化有很大可能带来社会的创新能力下降，对技术进步形成阻碍；另一方面，劳动供给的下降会逼迫企业从劳动密集型转向资本密集型，激发企业的创新动力，对技术进步起促进作用。由于技术进步是劳动生产率的决定性因素，因此人口老龄化对劳动生产率的影响也具有不确定性，中国必须在人口老龄化的进程中激发创新潜力，通过提高劳动生产率来抵消劳动力下降对经济增长的负面影响。

(2) 人口老龄化对居民储蓄率的影响

老年人的生活习惯更加节俭，消费行为更加保守，并且在中国老年人还存在较强的遗赠动机，这些因素的存在导致老年人倾向于多储蓄而少消费，因此人口老龄化会引起居民储蓄率的上升。若考虑预期效应，人口老龄化对储蓄率的影响将更大。首先，老年人口的增加，导致家庭抚养负担的加重，如果子女预期未来的抚养负担增加，就会增加财富积累，减少当期的消费，引起储蓄率上升。其次，人口年龄的增长，意味着将来医疗支出等不确定性消费的增加，根据预防性储蓄理论，消费者将进行额外的储蓄以应对未来的不确定性，这也会引起储蓄率的上升。最后，人口预期寿命的延长也会导致居民消费行为更加谨慎，表现为减少当期消费而进行更多的储蓄。

（四）老年消费市场分析

1. 老年人消费潜力

人口老龄化的不断加深，对中国经济的发展提出了许多问题与挑战，同时也为其带来了巨大的发展机遇。人口老龄化会导致消费主体的年龄构成发生改变，老年消费群体的不断壮大，老年消费市场存在巨大的发展潜力。我们可以从经济增长、老年消费群体扩大和消费观念升级的角度来分析中国老年消费市场的潜力。

（1）老年人的消费需求不断扩大

当前中国老年人已经是具有一定财富积累的潜在消费群体，并且这一群体的购买力会随着经济的发展和养老保障制度的完善而不断提高。老年人的消费需求主要受两个因素影响：一是收入的多少，二是消费倾向的大小。首先，随着经济的发展，居民的收入不断增加，家庭中用于老年消费的可支配财富也不断增加。其次，随着养老制度的不断完善，老年人的后顾之忧逐渐消除，其消费倾向也会逐步上升。因此随着经济社会的发展，老年消费需求将不断扩大。

（2）老年消费群体不断扩大

目前中国人口老龄化处于持续加速的状况，根据联合国人口研究中心的预测，这一趋势会延续到 21 世纪 60 年代初。随着人口老龄化的不断加深，老年群体的数量也逐渐庞大，预计到 2030 年，中国 65 岁及以上老年人口将达到 2.43 亿，到 2060 年这一年龄段人口更是会增加到 4.2 亿。老年人口规模的不断扩大意味着老年群体的消费潜力也在不断扩大。因此人口老龄化带来的老年群体扩张将会成为发展完善老年消费市场的动力，老年市场的规模效应将逐渐显现。

（3）老年消费供给不断完善

老年产业的发展和社会养老方式的日益完善，将从供给侧推动老年消费市场的发展。在社会对老年群体重视程度不断加强的情况下，面向老年群体的日用品行业、休闲娱乐产业、房产行业、保健护理行业等都将日益完善和扩大，适合老年人的产品和服务不仅质量得到提高，种类也更加丰富。与此同时，社会养老服务设施和老龄公共产品也会随着社会养老方式的不断发展而逐步完善。这些专为老年人提供产品和服务的行业的兴起和壮大，将会从供给端刺激老年消费的扩张，进一步释放老年消费潜力。

（4）消费观念逐渐转变

经济基础决定上层建筑，社会观念会随着经济的发展而逐步转变，无论是中青年人口还是老年人口的消费观念都不例外。一般来说，经济的发展会使得居民的消费观念更加开放，购买欲望不断增强，消费倾向日益提高。并且，随着时间的推移，当前的年轻一代也将会逐渐进入老年阶段。出生越晚的群体所经历的成长环境一般越富裕，接受的理念越现代，具有的消费观念也越开放。因此在经济社会和人口老龄化不断同步加深的过程中，随着老年群体成员出生年代的不断更替，整个群体的消费观念也会变得更加开放，消费倾向逐渐提高。

(5)传统文化支撑

中国传统文化中，"孝"作为儒家思想的核心之一源远流长，"老吾老，以及人之老""百善孝为先"等理念深入人心。尽管当前政府大力发展社会公共养老模式，但传统的家庭养老模式并不会消失，仍会是养老保障的重要组成部分。孝道文化所推崇的赡养老人不仅是对中国公民的道德要求，而且已经成为法律规定的义务，这就保障了老年人的基本消费需求能够得到满足。传统文化观念对老年消费市场的影响还表现为子女在老龄市场上的购买力。社会节奏的加快和生活工作压力的增加，往往使得年轻人缺乏精力和时间，虽有孝心而力不足，无法亲自为老人提供充足的生活照料和精神交流。为了弥补陪伴上的缺失，子女往往会加大对老年人的经济扶持力度，包括为父母购买各种老年产品和服务。因此，传统孝文化不仅能保障老年消费市场始终保有一定的需求，还能将老年市场的消费群体扩展到老年人群的后代。

2. 老年消费市场的供需分析

中国人口老龄化的快速发展导致老年消费群体的快速扩张，老年消费市场具有巨大的潜力。目前中国正处于老年消费不足和人口老龄化加强共存的境地，这一方面是因为中国整体居民消费率较低，另一方面则是因为长期以来对老年市场的开发和建设一直为社会所忽略，目前国家和社会虽然加强了对老年消费的重视程度，但对老年消费需求的独特性关注较少，老年产业盲目发展，供给结构不尽合理，老年消费市场需求缺口较大，老年群体消费仍不活跃。经济的发展将会带来养老保障体制的不断完善和老年群体收入水平的不断提高，二者都会进一步扩大老年消费需求。因此，应当抓住时机，大力发展老年消费市场和老年产业，填补老年消费市场的缺口，改善老年群体生活状况，充分释放老年消费潜力，培育新的经济增长点，提升经济增长内生动力。当前老年消费市场上的需求缺口主要表现为以下几个方面：

(1)老年房地产业的发展滞后

在国家和社会对养老的重视程度提高后，养老地产业发展迅速，但大多是没有考虑老年需求独特性的盲目扩张，只见公寓本身而不见配套基础设施和养老服务，导致养老地产闲置，真正投入使用的养老院和老年公寓寥寥无几。事实上，退休之后，许多老年人有大部分时间都在家中度过，住宅对老年人的意义不再是单纯的休息场所，而是每天最主要的活动地点。因此，为老年人开发的房产应该包括配套的基础设施和完善的社区服务，以及优美的居住环境，同时老年人脱离了工作时的社交圈，会更加渴望良好的邻里关系，因此该类房产销售时不妨具有针对性，将需求相似的老年人安排在一起，以"社区共老"应对"银发浪潮"。此外，绝大多数老年人渴望享受天伦之乐，希望退休后和子女同住或在离子女近的地方居住，一部分积蓄较多或退休金和养老保障较高的老年人会因此选择购买亲子套房或在子女居住地附近重新购买住宅，老年地产业未来的发展可以充分考虑这部分老年人群的需求。

(2)社区养老产业存在缺口

由于家庭规模的逐渐小型化，中国家庭代际分离居住的情况越来越普遍，劳动力区际转移情况的存在也使得空巢家庭逐渐增多，以同住为基础的传统家庭赡养模式的适用性受到限制。在进入老龄化社会较早且代际分离早已普遍化的发达国家，以社区为单位建立的社会化养老服务体系能够为居住在家的老年人提供康复护理、生活照料等上门服务，这样正好可以弥补子女不在身边带来的不便。目前，中国社区养老产业尚处于起步阶段，并且主要分布在部分大型城市，相比养老需求来说缺口巨大。因此，大力发展社区居家养老服务产业，一方面可以满足日益增长的养老需求，为老年人口的生活提供便利，另一方面可以避免落入单一性的福利化老龄事业发展模式，减轻地方政府的财政负担。

(3)医疗保健产业需求缺口巨大

老年人由于生理功能的逐渐衰退，健康状况相对变得更差，生病的概率比年轻时提高很多，因此对医疗保健的需求大大增加，且这一需求带有其自身的独特性。首先，老年人看病的急迫性更高，对便捷性的要求也更高，因此不妨效仿儿童医院的方式，专门开设老年医院，方便老人购买医疗服务。其次，可以考虑根据老年人的医疗需求特点，大力发展老年药品和医疗设备相关产业。由于老年疾病多数具有普遍性，因此可以相应有针对性地发展老年药品研发和生产的相关产业，并进一步扩张老年医疗器械产业和市场。这二者的发展，一方面能够有效缓解人口老龄化对医疗保健需求的压力，为老年人治疗身体疾病提供保障，另一方面能够促进制药、医疗器械等的相关产业发展和市场繁荣，成为新的经济增长点，缓解经济下行压力。

(4)老年保险市场开发相对滞后

中国进入人口老龄化社会的时间还比较短，养老保障主要依靠社会养老和传统家庭养老，老年保险产业的发展处于刚起步阶段。根据欧美等国家相对成功的养老保险产业发展经验来看，大力发展商业养老保险和长期护理保险是应对人口老龄化的有效保险制度，能够缓解人口老龄化给社会带来的养老医护等方面的压力。商业养老保险又称为退休金保险，是保险公司提供的长期人身险，它以定期发放获得养老金为主要保障形式，属于年金保险的一种特殊形式，是社会养老保险的补充。长期护理保险是为因年老、疾病或伤残而需要长期照顾的被保险人提供护理服务费用补偿的健康保险，是一种主要负担老年人的专业护理、家庭护理及其他相关服务项目费用支出的新型健康保险产品。这两种保险的大力发展可以弥补社会养老和家庭养老之间的空隙，促进养老保障体系的完善。中国的商业保险和医疗护理保险发展较为缓慢，相关养老保险的险种较为单一，并且护理业的发展与老龄化的进程不相适应，老年保险市场有待进一步开发。

(5)老年旅游、教育、娱乐业需要进一步开发和完善

老年人口由于退休的原因，不再承担原有的社会角色，空余时间很多，精神文化需求较高。旅游业作为绿色产业既有利于老年人的身心健康，又能够排解老年人的孤独，因而不妨对老年旅游业给予政策支持。并且老年人时间充裕，可以填充旅游淡季的市场空当，促进旅游景区的经济发展。此外，为丰富老年人的生活，还可以积极发展面向老年群体的教育文化产业，如创办老年大学，设置符合老年人兴趣爱好和接受能力的课程，满足老年人的学习需求，还可以利用互联网开办远程教育，方便老年人在家学习。此外，还要发展建设老年娱乐场所，在丰富老年人的娱乐生活的同时，为老年人提供沟通交流、排遣孤独的机会。

(五)老年消费存在的问题

随着婴儿潮一代逐渐进入老年阶段，中国人口老龄化持续加速发展，老年人口规模不断扩大导致老年消费在居民总体消费中的比重不断上升，居民总体消费状况受老年消费在供求两方面问题的影响也越来越大。中国的老年消费支出既包括公共养老消费支出也包括私人养老消费支出，且这两方面支出的不足问题近年来都日益突出。从供求两个方面来寻求原因，可将其概括如下：

一是社会养老保障制度不健全。当前的养老保障制度发展取得了巨大的成就，基本达到居民全覆盖。然而，其中仍存在一些突出的问题，如城乡养老保障服务差异巨大，双轨制导致不同部门养老金收入差额明显，养老保障体系在不同区域发展完善程度不同等。此外，公共财政对老年基础设施和老年公共事业领域的投资不足，老年保障性住房、老年活动中心、公立养老院等均存在需求缺口。

二是老年人的整体购买力低下。首先，在人口红利推动经济发展的过程中，劳动力供给过剩使得劳动市场竞争激烈，导致劳动边际报酬下降，居民收入和国民收入的比例偏低，居民可支配收入的增长速度落后于经济发展的速度，对老年消费形成约束。其次，城乡之间、不同行业之间的收入差距不断扩大，收入分配的不公进一步降低了老年人的整体购买力。

　　三是商业养老服务滞后。当前我国养老模式主要以社会养老和家庭养老相结合为主，商业养老服务发展滞后。一方面中国的人口结构从人口红利促进了经济快速增长转为人口老龄化对经济社会形成挑战的过程短，速度快，导致社会对人口老龄化问题的认识不足，准备仓促，以利润为导向的商业养老服务同样对养老市场的认识不足，仍处于发展的起步阶段；另一方面，中国传统的孝文化排斥离家养老，使得市场对发展商业养老的信心不足，多数企业采取"叫好不叫座"的观望态度。

　　四是老龄市场发育不健全，供需错配严重。当前市场上的老年产品和服务对老年消费需求和消费行为独特性的考虑不足，甚至出现不符合老年人真正需求的产品与服务产能过剩，而真正解决老年人困难的产品和服务严重不足这一供需错配。因此，发展和完善老龄市场应当从供给侧改革出发，引导企业以老年需求为导向进行产品设计和开发。

　　总之，目前来看，我国应对人口老龄化的措施，包括养老服务体系、老年消费市场、老年产业的发展状况要落后于人口老龄化的速度，必须加强养老保障体系的建设和完善，促进老年消费市场的繁荣和发展，加大对老年产业的鼓励和扶持以便应对人口老龄化对经济社会发展形成的挑战。

二、人口老龄化对居民消费的非线性影响

　　中国"计划生育"政策的实施，以及医疗条件和物质生活水平的改善，使得中国人口的出生率保持在较低水平且平均预期寿命逐渐延长。这使得中国人口老龄化问题逐渐严重，对居民消费产生重要影响。

　　养老保险是应对人口老龄化问题的重要解决办法之一。中国目前的养老保险制度主要包括城镇职工基本养老保险制度和城乡居民基本养老保险制度。从微观角度来看，养老保险可以缓解消费者对未来的不确定性感受，使居民减少预防性储蓄，放松流动性约束，还能够提升居民的消费信心，使居民敢消费，愿消费，能消费。从宏观角度来看，养老保险制度对于整个社会具有"安全网"和"稳定器"的作用，能够减缓人口老龄化对社会产生的不利影响或增强人口老龄化的消费效应，保障国民经济的平稳运行和持续发展。

　　不同学者利用不同国家的宏观统计数据或微观家庭调查数据研究了人口老龄化对居民消费的影响，但相关研究未得到一致结论。因此，针对已有研究的争论与不足，基于世代交叠模型，本部分通过构建简化的人口老龄化对居民消费倾向非线性影响的理论模型，结合2002—2017年中国省际面板数据，利用动态面板门槛模型，以养老保险发展为门槛变量实证研究人口老龄化对居民消费倾向的非线性影响，对理论模型进行验证，

并从区域与消费结构的角度考虑这种非线性影响的异质性。

与已有文献相比，本部分内容有三个重要扩展：一是以养老保险发展为门槛变量，基于世代交叠模型构建简化的人口老龄化对居民消费倾向非线性影响的理论模型；二是在实证分析时，构建了以养老保险发展为门槛变量的人口老龄化消费效应的动态面板门槛计量模型，对理论模型进行验证；三是从东、中、西部地区与消费结构角度考虑人口老龄化对居民消费倾向非线性影响的异质性门槛效应，丰富了关于异质性消费者行为的研究与结论。

（一）理论模型

本部分以养老保险发展为门槛变量，基于世代交叠模型构建简化的人口老龄化对居民消费倾向非线性影响的理论模型。假设代表性消费者一生共经历两个时期，包括成年期和退休期。令 C_{1t} 和 C_{2t} 分别表示第 t 期年轻人和老年人的消费，则出生于 t 期的人们可得的效用 U_t 依赖于 C_{1t} 和 C_{2t+1}。消费者当且仅当在成年期通过工作获得总收入 W（这里的收入 W 为消费者扣除养老保险等缴费后的纯收入），用于消费 C_{1t} 和储蓄 S_{1t}；在退休期只消费 C_{2t+1}，无劳动收入，消费来源于储蓄增值与参加养老保险获得的养老金收入。

假设利率为 r_{t+1}，则储蓄增值为 $S_{1t}(1+r_{t+1})$。假设整个社会的养老保险覆盖率为 α，且每个消费者参加养老保险是随机分配的，则每个人被养老保险覆盖的概率均为 α；假设每个消费者的养老保险替代率均为 β，等于消费者在第二期退休后的养老金总收入/退休前的工资总收入，则消费者在第二期存活时间越久，领取的养老金总收入越高，β 会越大，且由低至高存在小于 1、等于 1 和大于 1 三种情况。进而，消费者退休后直至死亡，获得的养老保险总收入可利用消费者在成年期的总收入 W 与养老保险替代率 β 和养老保险覆盖率 α 的乘积表示，即消费者在第二期获得的养老保险总收入的期望值等于 $\alpha\beta W$。养老保险发展程度可通过养老保险覆盖率 α 与养老保险替代率 β（或养老保险基金支出水平，两者成正比）进行衡量，二者分别代表了养老保险发展的宽度和深度。

基于中国现实，老年人消费支出的一部分来源于子女的赡养给予，这也是中国"养儿防老"思想合理性的直观体现。因此，消费者在成年期的储蓄有一部分会用于赡养老人；而人口老龄化程度越高，整个社会以及家庭的老年抚养比（Fo）也会越高，消费者在成年期的储蓄需要分给老年人的比例就越高，同时，消费者在年老时，也就是第二期能够从子女获得的赡养给予也会减少。为简化分析，我们用消费者成年期的储蓄增值 $[S_{1t}(1+r_{t+1})]$ 与老年抚养比（Fo）的比值来表示这种关系。为满足后文理论推导的合理性，这里的老年抚养比为乘以 100 后的值，仍用 Fo 来表示。

因此，消费者第一期的预算约束可表示为：

$$C_{1t} + S_{1t} = W \tag{7-31}$$

第二期的预算约束可表示为:

$$C_{2t+1} = \alpha\beta W + \frac{S_{1t}(1+r_{t+1})}{Fo} \tag{7-32}$$

结合式(7-31)与式(7-32), 可得消费者一生消费支出的预算约束为:

$$C_{1t} + \frac{Fo}{(1+r_{t+1})} \cdot C_{2t+1} = W\left[1 + \frac{\alpha\beta \cdot Fo}{(1+r_{t+1})}\right] \tag{7-33}$$

消费者在式(7-33)的约束下最大化自己一生的效用。假设效用函数为常相对风险规避(CRRA)效用函数, 并考虑到老年抚养比的提高会降低消费者第一期的效用, 我们设定效用函数形式为:

$$U_t = \frac{C_{1t}^{1-\theta}}{(1-\theta)Fo} + \frac{1}{1+\rho}\frac{C_{2t+1}^{1-\theta}}{1-\theta}, \quad 0 < \theta < 1, \quad \rho > 0, \quad \text{且 } \rho > r_{t+1}, \quad \text{则 } 0 < \left(\frac{1+r_{t+1}}{1+\rho}\right)^{1/\theta} < 1.$$

其中, θ 为相对风险规避系数; ρ 为折现率, ρ 越大, 则家庭越看重当期消费而不是未来消费。则效用最大化问题可表示为:

$$\text{Max} \quad E\left[U(C_{1t}, C_{2t+1})\right] = U_t = \frac{C_{1t}^{1-\theta}}{(1-\theta)Fo} + \frac{1}{1+\rho}\frac{C_{2t+1}^{1-\theta}}{1-\theta}$$

$$\text{s.t.} \quad C_{1t} + \frac{Fo}{(1+r_{t+1})} \cdot C_{2t+1} \leqslant W\left[1 + \frac{\alpha\beta \cdot Fo}{(1+r_{t+1})}\right] \tag{7-34}$$

通过求解式(7-34)可得欧拉方程为:

$$\frac{C_{2t+1}}{C_{1t}} = \left(\frac{1+r_{t+1}}{1+\rho}\right)^{1/\theta} \tag{7-35}$$

将式(7-35)带入式(7-33), 可得消费者的最优消费水平 C_{1t} 为:

$$C_{1t} = \frac{W}{1+K \cdot Fo}\left[1 + \frac{\alpha\beta \cdot Fo}{(1+r_{t+1})}\right] \tag{7-36}$$

其中, $K = (1+r_{t+1})^{\frac{1}{\theta}-1} \cdot (1+\rho)^{-\frac{1}{\theta}}$。

式(7-36)两边同时除以收入 W, 可得消费者的消费倾向 cr 为:

$$cr = \frac{1}{1+K \cdot Fo} \cdot \left[1 + \frac{\alpha\beta \cdot Fo}{(1+r_{t+1})}\right] \tag{7-37}$$

通过求 cr 对 Fo 的偏导数, 我们可得老年抚养比对居民消费倾向的影响:

$$\frac{\partial cr}{\partial Fo} = \frac{K}{(1+KFo)^2} \cdot \left(\frac{\alpha\beta}{\left(\dfrac{1+r_{t+1}}{1+\rho} \right)^{1/\theta}} - 1 \right) \tag{7-38}$$

由式(7-38)可知，当 $\alpha\beta < \left(\dfrac{1+r_{t+1}}{1+\rho} \right)^{1/\theta}$ 时，老年抚养比对居民消费倾向的影响为负

（$\frac{\partial cr}{\partial Fo} < 0$），而当 $\alpha\beta > \left(\dfrac{1+r_{t+1}}{1+\rho} \right)^{1/\theta}$ 时，老年抚养比对居民消费倾向的影响为正（$\frac{\partial cr}{\partial Fo} > 0$），

$\left(\dfrac{1+r_{t+1}}{1+\rho} \right)^{1/\theta}$ 是人口老龄化对居民消费倾向影响由负转正的养老保险发展门槛值。而且，

当继续提高养老保险覆盖率（α）与养老保险替代率（β）时，老年抚养比对居民消费倾向的正向影响会增强。因此，养老保险的发展可逆转人口老龄化的负向消费效应，或增强人口老龄化的正向消费效应。接下来，我们以养老保险发展为门槛变量，对人口老龄化对居民消费倾向非线性影响的门槛特征进行实证检验，并从区域与消费结构角度进行门槛效应的异质性分析。

（二）计量模型与数据描述

1. 计量模型

（1）计量模型设定

由于计算养老保险替代率所需数据部分缺失，我们分别以养老保险支出水平（pen）和养老保险覆盖率（$coverage$）为门槛变量，结合 2002—2017 年中国省际面板数据，研究中国人口老龄化对居民消费倾向非线性影响的门槛效应和不同区间的作用系数，动态面板门槛回归模型设定如下（单门槛情况）：

$$cr_{it} = \delta_0 + \rho cr_{it-1} + \alpha_1 Fo_{it} I(pen \leqslant \gamma_1) + \alpha_2 Fo_{it} I(pen > \gamma_1) + \lambda Z_{it} + \mu_i + \varepsilon_{it} \tag{7-39}$$

$$cr_{it} = \delta_0 + \rho cr_{it-1} + \beta_1 Fo_{it} I(coverage \leqslant \gamma_2) + \beta_2 Fo_{it} I(coverage > \gamma_2) + \lambda Z_{it} + \mu_i + \varepsilon_{it} \tag{7-40}$$

式(7-39)和式(7-40)分别为以 pen 和 $coverage$ 为门槛变量的模型，γ_1 和 γ_2 为相应的待估计门槛值。式中 i 表示省份，t 表示时间；μ_i 和 ε_{it} 分别为个体扰动项和随机扰动项。被解释变量 cr_{it} 表示居民消费倾向，解释变量 cr_{it-1} 为居民消费倾向的滞后一阶项，用来检验居民消费习惯对消费倾向的影响。Fo_{it} 为老年抚养比，$I(\cdot)$ 表示指示函数，括号中条件满足时函数值为1，反之则为0。Z_{it} 为外生控制变量。

其中，居民消费倾向定义为：

居民消费倾向（cr）= $\dfrac{\sum_i 人口数_i \times 人均消费_i}{\sum_i 人口数_i \times 人均可支配收入_i}$ ，i=城镇或农村。

在消费结构分析中，居民消费倾向还包括生存型消费倾向(cr_1)、发展型消费倾向(cr_2)和享受型消费倾向(cr_3)，均按照此方法计算。

我们用各省份老年抚养比率来表示人口老龄化程度。老年抚养比率(Fo)=65 岁及以上人口数/15—64 岁人口数。

养老保险发展包括养老保险支出水平(pen)和养老保险覆盖率($coverage$)。其中，养老保险支出水平=基本养老保险基金支出额/GDP；由于缺少部分年份的新型农村或城镇居民社会养老保险参保人数的统计数据，因此，我们定义养老保险覆盖率=参加城镇职工基本养老保险人数/城镇人口(蔡兴，2015)。

由于影响居民消费的因素很多，根据已有相关研究，本部分加入以下 3 类 9 个控制变量：

第一类，借鉴蔡兴(2015)的做法，利用少儿抚养比率(fy)=0—14 岁人口数/15—64 岁人口数和人口死亡率(mr，表示预期寿命)作为人口结构的代理变量。

第二类，基于经典消费经济理论，在控制变量中加入居民人均可支配收入(y)。计算方法为：首先分别整理得到城镇居民人均可支配收入和农村居民人均纯收入，然后分别乘以城镇和农村人口占总人口的比重并相加，计算得到加权平均值。其他经济因素的代理变量借鉴赵昕东等(2017)的做法，包括人均实际储蓄存款余额(rs)、一年期存款基准利率(r)、居民消费价格指数(CPI)和人均收入增长率(g)。

第三类，由于已有研究表明居民收入不确定性(unc)和收入分配不均($ineq$)对居民消费会产生显著影响，因此，分别借鉴李文星等(2008)和陈斌开(2012)的做法，利用通货膨胀率和城乡居民收入之比(城镇居民家庭人均可支配收入/农村居民人均纯收入)作为两者的代理变量。

所有涉及价格因素的变量均采用 CPI 指数以 2002 年的不变价格进行指数平减。

(2)模型估计方法

在理论分析和计量模型设计的基础上，我们采用的计量模型为动态面板门槛模型。主要基于以下两点原因：第一，由前面分析，人口老龄化对居民消费倾向存在非线性影响，门槛模型可较好的检验这种非线性；第二，消费具有惯性，也就是说居民现在的消费倾向、消费结构等，会受到滞后期消费的影响，利用动态面板模型可较好的检验这种惯性的作用大小。

由于消费存在显著的习惯形成特征(cr_{-1})，因此本部分利用动态面板门槛模型对计量模型进行估计。我们首先采用残差项的前向正交离差法消除个体固定效应，保证误差项不存在序列相关；然后将 cr_{-1} 与 cr 的高阶滞后项进行 OLS 回归，得到 cr_{-1} 的预测值 $\widehat{cr_{-1}}$ 作为 cr_{-1} 的代理变量，带入计量模型；按照面板门槛值估计方法确定养老保险支出水平和覆盖率的门槛值和置信区间；最后利用系统 GMM 对式(7–39)和式(7–40)进行估计。

2. 数据说明与变量描述性统计

我们整理得到中国 31 个省(自治区、直辖市)2002—2017 年的平衡面板数据，共 496 个观测值。所有数据均来源于历年《中国统计年鉴》《中国金融年鉴》及各省统计年鉴等。使用的计量分析软件为 Stata 15。各变量描述性统计结果参见表 7–27。

表 7–27　变量描述性统计

变量名	符号	数量	均值	标准差	最小值	最大值
居民消费倾向	cr	496	0.723	0.155	0.315	0.894
生存型消费倾向	cr_1	496	0.349	0.041	0.245	0.519
发展型消费倾向	cr_2	496	0.118	0.020	0.076	0.245
享受型消费倾向	cr_3	496	0.123	0.025	0.065	0.201
人均收入对数值	lny	496	9.816	0.541	8.690	10.985
少儿抚养比	fy	496	0.246	0.072	0.096	0.447
老年抚养比	Fo	496	0.125	0.027	0.067	0.218
人口死亡率	mr	496	0.059	0.007	0.042	0.074
养老保险支出水平	pen	496	0.031	0.014	0.012	0.086
养老保险覆盖率	$coverage$	496	0.356	0.133	0.066	0.854
人均实际储蓄存款余额对数值	$lnrs$	496	9.460	0.719	7.589	11.558
一年期存款基准利率	r	496	0.025	0.006	0.019	0.038
居民消费价格指数	CPI	496	1.025	0.020	0.976	1.101
收入分配不均	$ineq$	496	2.926	0.598	1.845	5.525
收入不确定性	unc	496	0.024	0.018	−0.008	0.059
人均收入增长率	g	496	0.108	0.035	−0.052	0.245

(三) 计量结果及分析

1. 人口老龄化对居民消费倾向的非线性影响

本部分分别利用 LLC 检验和 Fisher-PP 检验对面板数据进行单位根检验，结果显示均在 5% 的显著性水平下拒绝了存在单位根的原假设，表明所有变量是平稳有效的。Pedroni 检验和 Kao 检验的结果显示变量间存在长期稳定关系。

表 7–28 报告了动态面板门槛检验中以养老保险支出水平(pen)和养老保险覆盖率($coverage$)为门槛变量的显著性检验、门槛估计值及其 95%置信水平的置信区间。结果显示，两类门槛变量均在 5%的显著性水平下具有显著的双门槛特征。动态面板门槛模型参数估计结果见表 7–29。

表 7–28　门槛变量的显著性检验和置信区间

门槛类	门槛数	F 值	P 值	门槛估计值	95%置信区间
养老保险支出水平 (pen)	单一	19.413	0.010	0.0287***	[0.0279, 0.0289]
	双重	15.954	0.013	0.0499**	[0.0491, 0.0511]
	三重	5.895	0.168		
养老保险覆盖率 ($coverage$)	单一	16.779	0.003	0.2770***	[0.2422, 0.2771]
	双重	9.251	0.026	0.4167**	[0.4147, 0.4179]
	三重	5.607	0.124		

注：表中的 F 值、95%置信区间等均为采用自助法(Bootstrap)得到的结果；***、**、*分别表示 $P<0.01$、$P<0.05$、$P<0.10$。

表 7–29 中的 Wald、AR(1)、AR(2)及 Sargan 检验对应的数据均为 P 值。由各模型 Wald 检验的 P 值均为 0.000 可知，各模型的解释变量是联合显著的。由各模型 AR(1) 的 P 值小于 0.01，AR(2)的 P 值大于 0.70，Sargan 检验的 P 值大于 0.70 可得，GMM 估计结果的扰动项不存在二阶或更高阶自相关，并且所有工具变量均有效。

表 7–29　动态面板门槛模型参数估计结果

模型	模型 1	模型 2	稳健性检验 1	稳健性检验 2
门槛变量	养老保险支出	养老保险覆盖率	养老保险支出	养老保险覆盖率
cr_{-1}	0.665*** (0.143)	0.563*** (0.080)	0.602*** (0.213)	0.607*** (0.123)
fy	−0.083 (0.069)	0.105* (0.057)	−0.021 (0.015)	−0.028 (0.021)
pen	0.028** (0.013)	0.027** (0.012)	0.062** (0.027)	0.031* (0.016)
$coverage$	0.178** (0.089)	0.047 (0.031)	0.172** (0.067)	0.023** (0.011)
$\ln y$	−0.143*** (0.041)	−0.051** (0.022)	−0.098*** (0.015)	−0.063** (0.025)
mr	0.377*** (0.203)	0.401** (0.184)	0.865** (0.356)	0.906* (0.525)

模型	模型 1	模型 2	稳健性检验 1	稳健性检验 2
Fo 在第一个区间的系数	−0.094*** (0.036)	−0.193** (0.083)	−0.076** (0.032)	−0.126* (0.069)
Fo 在第二个区间的系数	0.036 (0.028)	0.232*** (0.068)	0.025* (0.014)	0.314** (0.126)
Fo 在第三个区间的系数	0.187** (0.087)	0.164 (0.105)	0.139** (0.068)	0.247* (0.131)
Constant	1.889*** (0.201)	0.660** (0.246)	1.133*** (0.346)	1.295*** (0.156)
控制变量	控制	控制	控制	控制
Wald 检验	0.000	0.000	0.000	0.000
AR(1)检验	0.002	0.010	0.003	0.001
AR(2)检验	0.785	0.924	0.865	0.893
Sargan 检验	0.874	0.968	0.759	0.982

注：***、**、*分别表示 $P<0.01$、$P<0.05$、$P<0.10$；括号中数据为估计系数的标准差。

由表 7-29 动态面板门槛模型参数估计结果可知，少儿抚养比（fy）对居民消费倾向的影响不稳定。养老保险支出水平（pen）显著提升了居民消费倾向，这主要是因为增加养老保险支出增强了老年群体的养老保障，老年人可以将增加的可支配收入用于自己消费，也可遗赠给子女进行消费，进而同时增强了年轻群体的资产替代效应（减少储蓄）。养老保险覆盖率（$coverage$）对消费倾向的影响也显著为正，这是因为养老保险具有再分配收入，促进社会公平，降低居民预防性储蓄等功能，其覆盖率的提高使更多居民享受到养老保险的益处，进而促进居民消费潜力的释放。人均可支配收入（$\ln y$）对居民消费倾向的影响显著为负，这与经典的消费经济理论一致。消费倾向的滞后一阶项（cr_{-1}）对当期消费倾向的影响显著为正，说明消费存在显著的习惯形成特征（陈浩和宋明月，2019），也验证了使用动态面板模型的正确性。人口死亡率（mr）对居民消费倾向的影响显著为正，这意味着预期寿命的增加对居民消费倾向存在负向影响。

中国人口老龄化对居民消费倾向存在显著的非线性影响，具有双门槛特征。在以养老保险支出水平（pen）为门槛变量的模型（模型 1）中，两个门槛值分别为 0.0287 和 0.0499。当 $pen<0.0287$ 时，老年抚养比的系数显著为负。这主要是因为当养老保险支出较低时，老年人退休时的养老金替代率较低，不能够为老年人形成足够的养老保障，同时也会造成年轻人的资产替代效应减弱。而年轻人出于养老抚幼的压力，再加上预期寿命的延长等影响，倾向于储蓄。这些因素共同使得人口老龄化对居民消费倾向产生负面影响。当

pen 介于门槛值 0.0287 和 0.0499 之间时，老年抚养比的系数变为正数，这验证了理论模型的结论。也就是说，当 $pen>0.0287$ 时，养老保险使人口老龄化对居民消费倾向的影响由负转正。养老金收入的增加增强了老年群体的养老保障，提振了居民的消费信心，促进了居民消费倾向的提升。但这一阶段老年抚养比的系数较小且不显著，说明养老保险支出水平较低时这一效应的确定性不能被保证。当 $pen>0.0499$ 时，老年抚养比的系数显著为正，且相较第二个区间的系数值变大。这说明持续提高养老保险支出水平增强了人口老龄化的正向消费效应，居民养老金替代率有了明显的提高，加强了年轻人的资产替代效应，使居民敢消费，愿消费，能消费。

在以养老保险覆盖率($coverage$)为门槛的模型(模型 2)中，两个门槛值分别为 0.2770 和 0.4167。当 $coverage<0.2770$ 时，人口老龄化对居民消费倾向的影响显著为负。当覆盖率较低时，多数老年人缺乏养老保障，消费支出主要来源于子女的照顾。面对未来的不确定性，出于"防患于未然"的思想，未被养老保险覆盖的家庭更倾向于储蓄。因此，人口老龄化对居民消费倾向产生显著的负向影响。而当 $0.2770<coverage<0.4167$ 时，老年抚养比的系数显著为正。多数学者的研究表明，参加养老保险的居民消费支出高于未参加养老保险的居民。并且，当覆盖率水平较低时，提高覆盖率对居民消费促进作用的收益大于提高保障水平的成本。因此，在养老保险支出低水平的基础上实现广覆盖，能够显著增强居民的养老保障和消费信心，使人口老龄化的消费效应显著为正，这也是中国推广城乡居民基本养老保险广覆盖的原因之一。当 $coverage>0.4167$ 时，老年抚养比的系数为正，但系数值较小且不显著(在稳健性检验中显著)。因此，当覆盖率越过第二个门槛值后，提高覆盖率对居民消费的促进程度逐渐降低，这时养老保障水平的影响程度增强，意即应该将工作重心转移到提高养老保险基金支出水平。因此，中国基本养老保险制度应首先致力于提高养老保险覆盖率，在实现广覆盖的基础上进一步提高养老保险支出水平(保障水平)。这也是对养老保险制度发展的横向与纵向的要求。

已有研究关于人口老龄化对居民消费的影响方向尚未有定论，我们的研究或许能在一定程度上解释这种现象。造成不同学者得到不同结论的原因之一是，人口老龄化对居民消费倾向的影响存在以养老保险发展为门槛变量的门槛特征，不同学者选取的样本与计量模型不同，使其研究处于某个或多个门槛区间内。而在不同区间，人口老龄化对居民消费倾向的影响方向与程度是不同的，因此，对样本不加区分的研究就造成了结论不统一的现象。

本部分主要利用以下四种方式对模型 1 和模型 2 进行稳健性检验：

第一，替换主要解释变量。分别用老年人口占比(65 岁及以上人口数/总人口数)和少年人口占比(0—14 岁人口数/总人口数)代替老年抚养比和少年抚养比，并重新定义养老保险覆盖率=参保职工人数/第二、三产业就业人数。

第二，剔除极端值。将 *Fo*、*pen* 和 *coverage* 这三个主要解释变量小于 5% 分位和大于 95% 分位的样本值分别替换为 5% 和 95% 分位上的值。

第三，加入其他控制变量。近年来，住房、医疗和教育支出均在居民消费占比逐渐提高，因此我们借鉴苏春红(2012)的做法，在控制变量中加入商品房平均销售价格(*pch*)、人均政府医疗支出(*medi*)和人均政府教育支出(*edu*)。

第四，将第二和第三两种方法结合，即同时考虑剔除极端值和加入住房、医疗及教育三种控制变量，重新回归。篇幅所限，本部分未进行详细列示。结果显示，在全国层面，人口老龄化对居民消费倾向的影响仍然具有显著的双门槛特征，以养老保险支出水平为门槛变量的门槛值为 0.0287 和 0.0516，以覆盖率为门槛变量的门槛值为 0.2964 和 0.5030。老年抚养比在各区间的系数值变化不大，说明人口老龄化对居民消费倾向的非线性影响是稳健的。其他解释变量系数值和显著性水平变化也不大，与模型 1 和模型 2 的结果相近，这表明我们的估计结果是稳健的。利用其他方法进行稳健性检验的结果与此类似，不再赘述。

2. 区域异质性门槛效应分析

汪伟(2015)的研究表明，中国人口老龄化程度由东向西逐渐递减，与中国经济发展程度的区域分布较为一致。因此，本部分将全国样本分为东、中、西三部分区域[①]，研究中国人口老龄化对居民消费倾向非线性影响的区域异质性。表 7–30 报告了东、中、西部地区门槛变量的显著性检验和置信区间。结果表明，对于东、中、西部地区，两类门槛变量均在 5% 的显著性水平下具有单门槛特征。

表 7–30　门槛变量的显著性检验和置信区间(区域异质性分析)

门槛类	区域	门槛数	*F* 值	*P* 值	门槛估计值	95%置信区间
养老保险支出水平 (*pen*)	东部	单一	10.937	0.011	0.0470**	[0.0462, 0.0471]
		双重	2.412	0.125		
	中部	单一	9.544	0.003	0.0289***	[0.0287, 0.0291]
		双重	5.651	0.119		
	西部	单一	12.089	0.009	0.0288***	[0.0276, 0.0289]
		双重	3.420	0.110		

---

① 东部地区包括北京、天津、河北、辽宁、上海、江苏、浙江、福建、山东、广东和海南 11 个省(市)；中部地区包括山西、吉林、黑龙江、安徽、江西、河南、湖北和湖南 8 个省；西部地区包括内蒙古、重庆、四川、贵州、云南、西藏、陕西、甘肃、青海、宁夏、新疆、广西 12 个省(区、市)。

续表

门槛类	区域	门槛数	F 值	P 值	门槛估计值	95%置信区间
养老保险覆盖率(*coverage*)	东部	单一	23.587	0.004	0.4256***	[0.4175, 0.4314]
		双重	2.547	0.218		
	中部	单一	9.257	0.027	0.3357**	[0.3354, 0.3361]
		双重	6.541	0.245		
	西部	单一	7.014	0.038	0.3386**	[0.3365, 0.3426]
		双重	3.578	0.192		

注：表中的 F 值、95%置信区间等均为采用自助法(Bootstrap)得到的结果；***、**、*分别表示 $P<0.01$、$P<0.05$、$P<0.10$。

表7-31 动态面板门槛模型参数估计结果(区域异质性分析)

门槛变量	东部地区		中部地区		西部地区	
	养老保险支出	养老保险覆盖率	养老保险支出	养老保险覆盖率	养老保险支出	养老保险覆盖率
cr_{-1}	0.628***	0.551***	0.616***	0.412***	0.591***	0.706***
	(0.079)	(0.103)	(0.121)	(0.135)	(0.154)	(0.069)
fy	−0.411***	0.061	0.346**	−0.219*	0.279**	0.058
	(0.103)	(0.064)	(0.142)	(0.125)	(0.116)	(0.103)
pen	0.061***	0.021**	0.024***	0.068*	0.075**	0.025**
	(0.017)	(0.010)	(0.007)	(0.036)	(0.034)	(0.012)
$coverage$	0.144**	0.085	0.239**	0.285*	0.025	0.017*
	(0.060)	(0.062)	(0.118)	(0.163)	(0.021)	(0.009)
$\ln y$	−0.061***	−0.063***	−0.098***	−0.190***	−0.052**	−0.045*
	(0.022)	(0.011)	(0.031)	(0.042)	(0.022)	(0.025)
mr	0.339	1.263***	0.585***	1.059*	1.422**	1.316***
	(0.296)	(0.365)	(0.124)	(0.591)	(0.752)	(0.330)
Constant	1.591***	1.978***	1.394***	1.805***	1.012***	0.737***
	(0.115)	(0.105)	(0.169)	(0.154)	(0.164)	(0.163)
Fo 在第一个区间的系数	0.237**	0.119*	0.025	−0.218	−0.536**	−0.143*
	(0.103)	(0.068)	(0.292)	(0.196)	(0.269)	(0.076)
Fo 在第二个区间的系数	0.356***	0.274**	0.254***	0.796**	0.334***	0.282*
	(0.125)	(0.116)	(0.089)	(0.352)	(0.116)	(0.154)
控制变量	是	是	是	是	是	是
Wald 检验	0.000	0.000	0.000	0.000	0.000	0.000
AR(1)检验	0.003	0.010	0.020	0.003	0.010	0.000
AR(2)检验	0.587	0.874	0.745	0.692	0.492	0.851
Sargan 检验	0.957	0.934	0.862	0.969	0.993	0.949

注：***、**、*分别表示 $P<0.01$、$P<0.05$、$P<0.10$；括号中数据为估计系数的标准差。Wald、AR(1)、AR(2)及Sargan检验对应的数据均为 P 值，相关结果的解释同上。

在门槛值左右区间的系数差异方面，东部地区在门槛值左右区间 Fo 的系数均显著为正，但在第二个区间的系数较大。这说明在经济发展较好的地区，人口老龄化对居民消费倾向产生显著为正的影响，且随着养老保险支出水平的提升，提高了居民的养老金替代率，增强了人口老龄化的正向消费效应。中部地区在门槛值左右区间 Fo 的系数均为正，但 Fo 的系数在第二个区间的数值较大且显著。这说明，对于中部地区，当养老保险支出水平低于门槛值时，居民的养老保障水平较低，居民预防性储蓄仍然较高，消费信心较弱。而当养老保险支出高于门槛值时，养老保险缓解了居民对未来的不确定性感受，疏通预期、信息和财富等渠道，减小了流动性约束，使居民消费潜力得以释放。西部地区在门槛值左右区间 Fo 的系数符号相反，当养老保险支出水平小于门槛值时，老年抚养比的系数显著为负；大于门槛值时，老年抚养比的系数显著为正。由此得出，西部地区经济发展更为落后，人口老龄化对居民生活产生了显著不利影响，本就生活拮据的家庭在缺乏养老保障的情况下面临更高的老年抚养比，这些家庭会选择进行更多的预防性储蓄。而当养老保险支出高于门槛值后，居民的养老金收入增加，养老保障水平和消费信心提升，同时，由于低收入群体的边际消费倾向较高，因此养老金收入的增加可以显著缓解人口老龄化的不利影响，提高居民消费倾向。

以覆盖率为门槛变量的区域异质性分析结果，在门槛值大小与门槛值左右区间 Fo 的系数变化方面，与以养老保险支出为门槛变量的模型结果具有类似的结论。值得注意的是，中、西部省份的人口老龄化消费效应在 $coverage$ 小于门槛值时为负，但在 $coverage$ 大于门槛值时显著为正。我们认为，早期我国的养老保险制度覆盖的主要是城镇企事业单位职工，而自由职业者和灵活就业等从业人员参保率很低，居民缺乏养老保障，再加上中、西部省份本身经济发展相对落后，这些因素共同造成人口老龄化的负向消费效应；而当覆盖率逐渐提升并越过门槛值后，居民对未来的不确定性感受减弱，消费意愿增强，消费潜力得到释放。

在稳健性检验方面，我们依旧利用前述四种方法对门槛效应的区域异质性进行稳健性检验。结果显示，对于东、中、西部地区，人口老龄化对居民消费倾向的影响仍然只具有单一门槛特征，东部地区的养老保险支出水平和覆盖率门槛值仍然大于中、西部地区，门槛值左右区间的老年抚养比系数值以及各解释变量系数值和显著性水平变化也不大，这表明估计结果是稳健的。

3. 消费结构异质性门槛效应分析

本部分借鉴马斯洛需求层次理论，将消费结构划分为三个层次：生存型消费、发展型消费和享受型消费。根据统计年鉴的划分标准，我们将食品烟酒、衣着和居住划分为生存型消费；将交通通信与医疗保健划分为发展型消费；将教育文化娱乐、生活用品与服务及其他划分为享受型消费，以此研究人口老龄化对居民消费结构的非线性影响。

表 7–32　门槛变量的显著性检验和置信区间（消费结构异质性分析）

门槛类	消费结构	门槛数	F 值	P 值	门槛估计值	95%置信区间
养老保险支出水平(*pen*)	生存型	单一	4.256	0.107		
	发展型	单一	20.543	0.002	0.0294***	[0.0274, 0.0294]
		双重	3.580	0.254		
	享受型	单一	16.240	0.011	0.0458**	[0.0456, 0.0467]
		双重	5.329	0.106		
养老保险覆盖率(*coverage*)	生存型	单一	3.430	0.152		
	发展型	单一	14.325	0.008	0.4991***	[0.4989, 0.5025]
		双重	2.658	0.426		
	享受型	单一	28.641	0.000	0.6665***	[0.6608, 0.6694]
		双重	4.638	0.163		

注：表中的 F 值、95%置信区间等均为采用自助法（Bootstrap）得到的结果；***、**、*分别表示 $P<0.01$、$P<0.05$、$P<0.10$。

表 7–32 报告了消费结构分析中门槛变量的显著性检验和置信区间。结果显示，生存型消费不存在门槛特征，对于发展型和享受型消费，两类门槛变量均在5%的显著性水平下具有显著的单门槛特征。

表 7–33　动态面板门槛模型参数估计结果（消费结构分析）

门槛变量	生存型消费		发展型消费		享受型消费	
	养老保险支出	养老保险覆盖率	养老保险支出	养老保险覆盖率	养老保险支出	养老保险覆盖率
cr_{-1}	−0.063* (0.034)	−0.184** (0.086)	0.535*** (0.057)	0.287*** (0.102)	0.361** (0.137)	0.521*** (0.084)
fy	0.372* (0.196)	0.157 (0.237)	−0.079*** (0.022)	−0.061** (0.027)	0.207 (0.164)	0.048* (0.027)
pen	0.268*** (0.081)	0.181** (0.072)	0.042** (0.190)	0.152*** (0.034)	0.014*** (0.004)	0.392** (0.186)
coverage	0.345 (0.287)	0.421* (0.233)	0.035* (0.019)	0.223*** (0.020)	0.074* (0.036)	0.043*** (0.014)
ln*y*	−0.232*** (0.089)	−0.173* (0.090)	−0.341** (0.151)	0.205** (0.098)	−0.114*** (0.015)	0.018*** (0.005)
mr	0.470** (0.232)	1.672 (0.975)	0.488** (0.193)	1.085* (0.641)	1.150 (0.893)	0.851 (0.671)

续表

门槛变量	生存型消费		发展型消费		享受型消费	
	养老保险支出	养老保险覆盖率	养老保险支出	养老保险覆盖率	养老保险支出	养老保险覆盖率
Constant	0.762** (0.354)	0.559** (0.262)	0.160*** (0.025)	0.185* (0.110)	0.165*** (0.040)	0.272* (0.145)
Fo 在第一个区间的系数	0.241 (0.196)	0.389 (0.354)	0.472** (0.215)	0.142** (0.069)	−0.162* (0.089)	−0.211*** (0.046)
Fo 在第二个区间的系数	—	—	0.652* (0.341)	0.373*** (0.124)	0.305** (0.149)	0.624* (0.351)
控制变量	是	是	是	是	是	是
Wald 检验	0.000	0.000	0.000	0.000	0.000	0.000
AR(1)检验	0.000	0.002	0.010	0.003	0.001	0.000
AR(2)检验	0.475	0.365	0.458	0.369	0.862	0.756
Sargan 检验	0.857	0.829	0.844	0.994	0.997	0.964

注：***、**、*分别表示 $P<0.01$、$P<0.05$、$P<0.10$；括号中数据为估计系数的标准差。Wald、AR(1)、AR(2)及 Sargan 检验对应的数据均为 P 值，相关结果的解释同表 7–29。

　　以养老保险支出水平(pen)为门槛变量的消费结构异质性分析结果显示，人口老龄化对居民生存型消费倾向的影响不存在显著的门槛效应，并且老年抚养比(Fo)对居民生存型消费倾向的影响也不显著。原因是，老年人由于年纪增长，生理代谢功能减弱，对于食品的消费会下降；老年人通常较年轻人节约，且体型和对衣着的偏好变化较小，在衣着上消费支出减少；老年人一般具有比较固定的居所，居住消费也不会产生较大变化。

　　人口老龄化对居民发展型和享受型消费倾向的影响均只有一个门槛，但门槛值大小以及 Fo 在门槛值左右区间的系数存在差异。享受型消费的门槛值大于发展型消费，这是因为享受型消费不属于必需品消费，需要更高的养老金收入(对应更高的养老保险支出水平)才能使人口老龄化的消费效应产生非线性的变化。在门槛值左右区间的系数差异方面，发展型消费主要包括医疗保健和交通通信在门槛值左右区间 Fo 的系数均显著为正，但在第二个区间的系数较大。老年人随着年纪的增长，在医疗保健方面的支出会大幅增加。全国老龄工作委员会办公室于 2015 年发布的《国家应对人口老龄化战略研究总报告》中显示，人均医疗费用支出与年龄显著相关，60 岁及以上年龄的老年人医疗费用支出为 60 岁以下年龄组的 3—5 倍。老年人退休后有较多的闲暇时间，远距离旅游成为老年人的重要娱乐方式，促进了老年人交通费用和通信费用的增长。养老保险支出水平越过门槛值后，显著提高了老年人养老金替代率，增强了老年抚养比对居民发展型消费倾向的正向影响。与发展型消费不同的是，在享受型消费中，老年抚养比在门槛值左右区间的系数符号相反且均显著，这主要是由享受型消费品的特性决定的。收入较低的消费者群体面临老年抚养比上升时，会将消费主要集中于生存型及部分发展型消费，当养老保障水平较低时，这种表现更加显著。而对于收入较高的消费者群体或养老保障水平越过门槛值后，居民在满足生存型及发展型消费的基础上，会追求更高的生活质量，用于享受型消费的比例就会增加，使得老年抚养比在门槛值前后的系数符号发生转变。

以养老保险覆盖率为门槛变量的消费结构异质性分析结果，在门槛值大小和门槛值左右区间 Fo 的系数，与以养老保险支出水平为门槛变量的模型结果相似，这里不再赘述。

在其他解释变量方面，与上述研究不同的有两点：第一，生存型消费中 cr_{-1} 的系数均为负数。这是因为，生活必需品的需求收入弹性较小，每期的消费量变化较小，因此，上一期在食品、衣着和居住等方面的消费增加会导致本期在这方面消费支出的减少。第二，以养老保险覆盖率为门槛变量的模型中，收入对发展型和享受型消费倾向的影响显著为正。这是因为，对于普通家庭，发展型与享受型消费中的很多种类可视为奢侈品，这些消费品的需求收入弹性较大，收入的增加会导致这些消费品支出的显著增加。

在稳健性检验方面，我们同样利用前述四种方法对消费结构异质性门槛效应进行稳健性检验，结果显示消费结构分析的门槛数量和门槛值没有大的变化。人口老龄化对生存型消费倾向不存在显著的养老保险发展门槛特征，享受型消费的门槛值仍然大于发展型消费。门槛值左右区间的老年抚养比系数以及各解释变量系数和显著性水平变化也不大，这表明估计结果是稳健的。

综上所述，无论是采用全国样本数据还是东、中、西区域异质性样本，抑或是考虑消费结构的异质性，中国人口老龄化对居民消费倾向均存在显著的非线性影响，人口老龄化对居民消费倾向的影响方向与影响程度依赖于养老保险发展的门槛值，这在一定程度上解答了目前关于人口老龄化对居民消费影响的争论。同时，养老保险发展阈值并不稳定，这种门槛效应存在显著的区域与消费结构异质性。养老保险发展门槛值由东向西逐渐递减，这与经济发展程度和人口老龄化程度的区域分布是一致的，这意味着，同样的养老保险支出水平与养老保险覆盖率更能够促进经济发展落后与人口老龄化严重地区的居民消费，且更能够促进其发展型与享受型消费倾向的提升。

三、人口老龄化对储蓄率的影响研究

随着我国人口老龄化进程的加快，长期以来的高储蓄率受到了显著影响。老龄化究竟会降低储蓄率还是提高储蓄率呢？学术界对此存有分歧。生命周期假说(LCH)理论认为，消费者会统筹一生不同阶段的收支以平滑其终生消费路径，成年时期的收入高于消费，因此储蓄大于消费，进入老年期后收入减少甚至降为零，导致消费大于储蓄。所以，一国(地区)老龄人口比重上升会降低其储蓄率，进而减缓经济增长速度。但是第二次人口红利理论的观点正好相反，这一理论认为老龄化过程会产生新的储蓄动机，创造新的储蓄来源，从而推动经济继续增长。本部分拟从内生视角出发，通过考察经济社会发展进程中老龄化与储蓄率的关系，尝试回答中国能否收获第二次人口红利的问题。

(一)机制分析——内生视角下的老龄化与储蓄率的关系

老龄化与储蓄率的关系很可能与经济社会发展水平有关。为进一步验证上述观点的合理性，我们将 1960—2015 年 214 个国家的人均 GDP 升序排列，并将其划分为四个阶段。

图 7–13 至图 7–16 依次为人均GDP 在 1000 美元以下、2500—6000 美元、6000—20000 美元、30000 美元以上的老龄化水平与相应储蓄率的散点图。横轴代表老龄化水平，黑粗线为趋势线。第 2 阶段较低收入水平上的老龄化与储蓄率关系与生命周期假说理论一致(图 7–14)；但在第 4 阶段较高收入水平上却与该理论完全相反(图 7–16)；在第 1 阶段，老龄化进程缓慢，趋势线为一条垂直于横轴的直线(图 7–13)；第 3 阶段的趋势线为平行于横轴的直线，这意味着老龄化对储蓄率并无显著影响(图 7–15)。可见，经济社会发展水平不同，老龄化与储蓄率的关系也不同。

所谓内生，是指经济社会发展水平决定老龄化程度的同时，个体也会基于现实的经济社会条件调整其消费和储蓄行为。在一定的经济社会发展水平下，若老年人的储蓄倾向更高，那么老龄化就会提高经济体的储蓄率，反之则反是。老年人的消费和储蓄状态用年龄结构效应表示。生命周期理论认为老年人消费大于储蓄，年龄结构效应为负。但是，学者们的研究表明，该效应在特定国家为正。年轻人的消费和储蓄状态用行为效应表示。直观上看，老龄化会促使理性行为人在工作阶段为更长的老年期生活储蓄，所以行为效应为正。经济社会发展水平深刻影响着个体和社会的行为效应和年龄结构效应，具体阐释如下：

随着经济社会的发展，行为效应由大变小。一般而言，储蓄动机分为四种：生命周期动机、谨慎动机、目标储蓄动机和遗产动机。为老年期生活进行的储蓄称为生命周期储蓄，其大小取决于个体对退休后收入的预期。伴随着经济社会发展水平的提高和社会保障体系的完善，不断上升的社保收入会挤出生命周期储蓄。如美国国会预算办公室(CBO，1998)的报告指出，社保收入对储蓄的替代弹性介于 0—0.5。此外，体力劳动逐

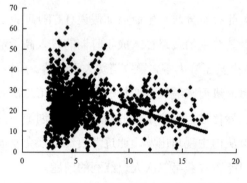

图 7-13　第 1 阶段老龄化与储蓄率的关系

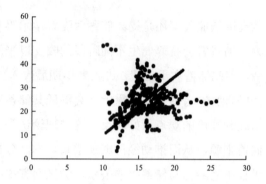

图 7-14　第 2 阶段老龄化与储蓄率的关系

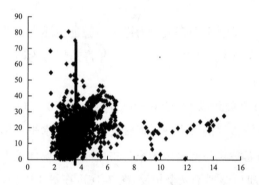

图 7-15　第 3 阶段老龄化与储蓄率的关系

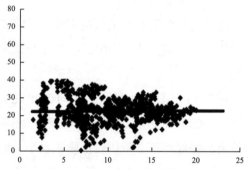

图 7-16　第 4 阶段老龄化与储蓄率的关系

步向脑力劳动的过渡会降低工作的负效用，个体会接受一个更长的工作期，这也削弱了生命周期储蓄动机。谨慎动机指家庭有通过储蓄以应对未来不确定性的动机。社保体系对伤残、死亡等意外的救助，双职工家庭模式带来的收入不确定性减小都在一定程度上削弱了谨慎动机。目标储蓄即为购买特定物品（通常为耐用品或住宅）而进行的储蓄。此类储蓄往往源于流动性约束，即单纯依靠当期可支配。随着经济社会的发展，日渐发达的金融体系和层出不穷的信用工具在很大程度上提高了个体的借贷能力，流动性约束的放松降低了目标储蓄动机。

　　然而，年龄结构效应却在这一过程中由负变正。一方面，日渐完善的社会保障体系及逐步提高的老年就业率赋予了老年人口稳定的收入来源，使其有能力继续自主安排消费和储蓄，生命周期理论赖以成立的老年人入不敷出的前提不再成立；另一方面，老年人的一些特征使其具有较强的储蓄动机。相较于工作时期，老年期收入较低且借贷相对困难，面临预算硬约束，这提高了老年人口的储蓄动机；老年期消费边际效用减少，老年人口的最优反应是减少消费（增加储蓄）以维持边际效用不变；为应对意外的疾病和寿命延长，风险规避者会相应增加储蓄以平滑消费；老年人基本消费需求减小的同时羸弱的身体也削弱了其消费能力，被动储蓄增加。

由此可见，经济社会发展初期，行为效应为正而年龄结构效应为负，老龄化会降低储蓄率；随着经济社会发展，行为效应减弱而年龄结构效应增强，老龄化对储蓄率的负作用逐渐降低，此时老龄化与储蓄率的关系处于由负转正的过渡时期；到经济社会发展高级阶段，年龄结构效应为正且大于行为效应，老龄化反而会提高储蓄率。

(二)研究设计

1. 数据与变量

面板数据来源于世界银行网站，涵盖1960—2015年214个国家和地区的经济数据。与该领域多数文献一致，本节选择的因变量为国民储蓄率。衡量老龄化程度指标时我们选择了最常用的老龄人口抚养比。控制变量的选择上，比较常见的有人均GDP、人口增长率、经济增长率以及经济增长率与老龄化的交互项。其中，经济增长会导致收入增加从而储蓄增加，这被称为增长率效应。但是人口老龄化会降低经济增长对储蓄率的正影响，这被称为可变增长率效应。也有研究将净出口作为经济开放变量，将总税率作为政策变量，将通货膨胀作为机会成本变量加以控制。综上，所用变量如表7–34所示。全部变量定义来源于世界银行网站。

表7–34　变量定义

变量名称	符号	定义
国民储蓄率	sr	(国民总收入+净转移支付−总消费)/GDP
老年人口抚养比	ode	65岁以上人口总量/15—64岁人口总量
人均GDP	$agdp$	GDP总量/年中人口总量
经济增长率	$rgdp$	以2005年价格表示的年度GDP增长率
净出口	net	(总出口−总进口)/GDP
总税率	tax	(应缴税额+强制性缴费额)/商业利润
人口增长率	$rpop$	年度年中人口增长率
通货膨胀	cpi	消费者价格指数
可变增长率	$rgdpode$	老年人口抚养比与经济增长率的交互项

此外，由于经济金融危机可能会直接影响储蓄率，也会通过改变个体消费和储蓄行为间接影响储蓄率，因此我们考虑了1973—1980年的石油危机、1997—2007年的亚洲金融危机和2008年左右的次贷危机。三次危机分别用虚拟变量dum_d(d=1、2、3)表示，相应年份取值为1，其他取值为0。dum_d及其与ode的交互项分别表示经济金融危机对

储蓄率的直接和间接影响。

2. 计量模型

世界银行按照人均 GDP(GDP_PER)将各国家(地区)依次划分为低收入国家(地区)、下中等收入国家(地区)、上中等收入国家(地区)和高收入国家(地区),其 2017 年划分门槛大体分别为 1000、4000、12000 美元。我们经过整理数据发现,老龄化对储蓄率产生显著正影响的阶段大体在人均 GDP 大于 35000 美元。所以,我们再次以 35000 美元为界将高收入国家(地区)分为下高等收入国家(地区)和上高等收入国家(地区)。[①]综合以上分析,并且考虑到经济社会发展转变窗口期对估计可能带来的不利影响,我们所建模型如下:

$$\begin{cases} Y_{i,t} = \beta X_{i,t} + u_i + \varepsilon_{i,t} & GDP\_PER < 1000 \\ Y_{i,t} = \beta X_{i,t} + u_i + \varepsilon_{i,t} & 2500 < GDP\_PER < 4000 \\ Y_{i,t} = \beta X_{i,t} + u_i + \varepsilon_{i,t} & 4000 < GDP\_PER < 12000 \\ Y_{i,t} = \beta X_{i,t} + u_i + \varepsilon_{i,t} & 14000 < GDP\_PER < 35000 \\ Y_{i,t} = \beta X_{i,t} + u_i + \varepsilon_{i,t} & GDP\_PER > 36000 \end{cases} \tag{7-41}$$

在上述 5 个阶段,老龄化对储蓄率的影响依次预期为:不显著、显著为负、不显著为负、不显著为正、显著为正。模型(7-41)可以使用固定效应(FE)或随机效应(RE)方法进行估计,我们在估计过程中剔除了国民储蓄率小于 0 或大于 100 以及石油输出国样本。

(三)实证检验及结果分析

1. 基本分析

表 7-35 中的方程 1—方程 6 以及表 7-36 中的方程 7—方程 10 依次报告了模型(7-41)在 5 个阶段上的固定效应和随机效应估计结果。总体来看,两种估计结果一致,以下不再具体区分。由于石油危机和亚洲金融危机虚拟变量系数均不显著,我们在这里不进行报告。

首先来看人口老龄化对储蓄率的影响。在方程 1 和方程 2 中,固定效应估计量和随机效应估计量符号相反且均不显著,所以在低收入阶段,老龄化对储蓄率无影响;在方程 3 和方程 4 中,两种估计量系数均显著为负,这意味着在下中等收入阶段,老龄化对储蓄率有显著的负影响;在方程 9 和方程 10 中,两种估计系数均显著为正,所以在上高等收入阶段,老龄化对储蓄率有显著的正影响;在方程 5 和方程 6、方程 7 和方程 8 中,所有估计系数均不显著,所以在上中等和下高等收入阶段,老龄化对储蓄率并无明显影

———————————

① 稳健性检验表明,不同的阶段划分方法不会改变这里的结论。

响，但老龄化与储蓄率的关系在这两个阶段表现出明显的过渡特征：从下中等收入阶段的显著负影响逐渐过渡到上中等收入阶段的不显著负影响，再过渡到下高等收入阶段的不显著正影响，最后定格在上高等收入阶段显著正影响。

表 7-35　模型 2 部分估计结果

方程编号	方程 1	方程 2	方程 3	方程 4	方程 5	方程 6
估计方法	FE	RE	FE	RE	FE	RE
划分指标	*GDP_PER*	*GDP_PER*	*GDP_PER*	*GDP_PER*	*GDP_PER*	*GDP_PER*
划分区间	0—1000	0—1000	2500—4000	2500—4000	4000—12000	4000—12000
ode	1.01	−1.63	−1.59**	−1.24***	−0.13	−0.14
ode*dum₃	0.32	1.26	−0.04	−0.17	0.04	0.03
rgdp	−1.24	−1.89	0.45***	0.42**	0.41***	0.41***
rgdp*ode	0.39*	0.51*	−0.01	−0.002	−0.01	−0.01
cpi	0.05	0.02	0.25***	0.18*	−0.01	−0.01
net	0.12	−0.06	0.48***	0.49***	0.38***	0.39***
tax	0.02	0.02	−0.10*	−0.03	0	0.01
rpop	−1.15	−6.57**	−13.45***	−7.59***	1.31***	0.89*
agdp	1.81	1.93	4.72*	3.22	2.60**	1.94*
Constant	5.86	24.69	23.03	21.78	1.97	8.58
dum₃	−2.28	−7.84	−1.87	−0.17	−1.40*	−0.99
样本量	362	362	207	207	515	515
R^2	0.08	0.06	0.55	0.53	0.35	0.4

注：*、**、***分别表示 10%、5%、1% 的水平下显著。

　　低收入阶段，经济社会发展长期徘徊不前，人口结构较为稳定，所以老龄化对储蓄率无影响。到下中等收入阶段，老龄人口开始增加。此时，由于社会养老体系并未建立或尚未完善，劳动人口面临的不确定性较多，因而会增加储蓄。但是，由于生产力水平较低，收入仅处于维持生活状态，个人在劳动年龄的较少储蓄并不足以支持老年期的消费，养老负担完全或大部分由子女承担，老龄化的年龄结构效应为负且要强于行为效应，此时老龄人口比例提高会降低储蓄率。随后的经济社会发展致使行为效应逐渐减弱而年龄结构效应趋于增强，上中等阶段的年龄结构效应比下中等阶段有所增强，年龄结构效应和行为效应的差距缩小。所以上中等阶段老龄化依然会降低储蓄率，但在统计上不再显著。到下高等收入阶段，年龄结构效应进一步加强且逐渐强于行为效应，然而并不占优势。所以这一阶段老龄化虽然会提高储蓄率，在统计上也不显著；到上高等收入阶段，伴随着社会保障体系的健全和完善,劳动人口的储蓄动机得以削弱,同时老年人口虽然获得了较为稳定的收入来源,但消费倾向降低,倾向于增加储蓄,所以该阶段的年龄结构效应为正且明显大于行为效应,此时老龄化就会提高储蓄率。

再来分析控制变量的影响。(1)人均 GDP 系数总体显著为正,说明平均消费倾向随收入递减,因而储蓄率随收入递增。(2)净出口总体显著为正,说明贸易顺差提高了国民储蓄率。(3)总税率对储蓄率的影响总体并不显著。这是由于税率的提高虽然降低了企业和家庭收入进而降低了私人部门储蓄,但是提高了政府收入进而增加了政府支出,政府支出增加会刺激经济增长进而又会提高储蓄,二者的合力方向并不能确定。(4)经济增长对国民储蓄率的影响显著为正,这意味着增长率效应成立。(5)老年人口抚养比与经济增长率交互项的系数以负为主,意味着可变增长率效应成立。(6)次贷危机对储蓄率的影响主要体现在直接或间接降低了经济社会发展第四和第五阶段的储蓄率。(7)人口增长率对国民储蓄率的影响较为复杂:在较低的经济社会发展阶段,人口增长降低了国民储蓄率;但随着经济社会发展,人口增长反而提高了储蓄率。

2. 稳健性检验

作为稳健性分析,我们同时对以上五个阶段内部的不同区间进行了估计,如 800 美元以下、40 000 美元以上,结果并无差异。老龄化-储蓄率关系的动态演变可能受经济社会发展划分依据影响。我们同时以每千名周岁以下婴儿死亡人数(IMR)为依据对不同阶段进行划分,临界点分别为 60、45 和 16。与人均 GDP 水平相反,IMR 越低,意味着经济社会发展水平越高。方程 11—方程 14 分别报告了固定效应模型估计结果。为简洁,该部分将第三和第四阶段样本进行了合并。方程 11 表明,在经济社会发展的最初阶段,老龄化对储蓄率无显著影响。伴随着经济社会进一步发展,方程 12 表明,老龄化开始降低储蓄率,这与下中等收入阶段类似。方程 13 则体现了上中等收入阶段和下高等收入阶段,老龄化对储蓄无显著影响的特征。在方程 14 中,IMR 已降到较低水平,表明在经济社会较发达阶段,老龄化与储蓄率正相关,这与上高等收入阶段相对应。

表 7-36　模型 2 及稳健性检验部分结果

方程编号	方程 7	方程 8	方程 9	方程 10	方程 11	方程 12
估计方法	FE	RE	FE	RE	FE	FE
划分指标	GDP_PER	GDP_PER	GDP_PER	GDP_PER	IMR	IMR
划分区间	14000—35000	14000—35000	36000+	36000+	60+	45—60
ode	0.30	0.04	0.36**	0.23*	1.92	−6.96***

续表

方程编号	方程 7	方程 8	方程 9	方程 10	方程 11	方程 12
$ode*dum_3$	0.09*	0.10	−0.16**	−0.12*	−0.64	−0.17
$rgdp$	0.81***	0.74***	0.90***	0.95***	0.61	1.28**
$rgdp*ode$	−0.01*	−0.01*	−0.01*	−0.02*	0.003	−1.57
cpi	0.37***	0.37***	−0.19**	−0.22***	0.01	−0.07
net	0.49***	0.53***	0.19***	0.23***	0.35***	0.34***
tax	−0.08	−0.07*	0.12***	0.09**	0.03	0.03
$rpop$	1.18***	1.07***	0.51*	0.59*	−4.43*	1.08
$agdp$	3.36*	2.3*	5.13***	5.31***	−3.11	1.63**
$Constant$	−15.48	−0.46	−44.92***	−53.36***	34.60	51.56
dum_3	−4.78***	−4.64***	1.92	1.24	5.83	1.67
样本量	236	236	257	257	284	196
R^2	0.67	0.67	0.49	0.48	0.22	0.22

注：*、**、***分别表示10%、5%、1%的水平下显著。

　　在基本分析中，我们的模型设定并没有包含滞后储蓄率，这隐含着假设储蓄率在每期均能达到长期均衡水平的假设。一个可能性是储蓄率的调整是渐进的，这时模型中就需包含其滞后项。为此，我们使用动态面板系统 GMM 方法再次进行稳健性检验。我们同样将第三和第四阶段样本进行了合并。方程15—方程18报告了回归结果。方程15表明，在低收入阶段，老龄化-储蓄率关系并不显著。在方程16中，回归系数显著为负，这意味着在下中等收入阶段，老龄化会降低储蓄率。方程17的回归系数在统计上并不显著，所以在上中等收入和下高等收入两个阶段，老龄化对储蓄率的影响不明显。在上高等收入阶段，方程18的回归结果表明，老龄化会显著提高储蓄率。

　　综上所述，老龄化与储蓄率的关系与经济社会发展水平密切相关，不同的经济社会发展水平决定着不同的老龄化与储蓄率关系。总体而言，在经济社会发展进程中，与人均收入水平的提高相对应，老龄化对一国储蓄的影响逐渐由负转正。这意味着在低收入阶段，工作人口比例的提高能够推高一国储蓄率，从而有助于收获第一次人口红利；而在高收入阶段，老龄人口比例与储蓄率正相关，即经济体自身的发展有助于其收获第二次人口红利。

表 7-37　部分稳健性检验结果

方程编号	方程 13	方程 14	方程 15	方程 16	方程 17	方程 18
估计方法	FE	FE	GMM	GMM	GMM	GMM
划分指标	IMR	IMR	GDP_PER	GDP_PER	GDP_PER	GDP_PER
划分区间	16—45	0—16	0—1000	2500——4000	4000—35000	36000+
ode	−0.26	0.20*	2.15	−1.05*	0.09	0.43**
ode*dum_3	0.25	−0.07**	0.91	0.07	−0.05	−0.53*
rgdp	0.15	0.33***	1.79	0.45*	0.75***	2.04***
rgdp*ode	0.02	0	−0.23	−0.02	−0.03**	−0.06**
cpi	0.09*	−0.02	−0.06**	0.03	0.06**	−0.18*
net	0.34***	0.45***	0.02	0.40***	0.28***	0.07
tax	0.15*	−0.03*	0	0.08	−0.03	0.05
rpop	0.59	1.11***	−1.41**	−3.85	−0.28	−0.71
agdp	3.69***	2.47***	−1.19	0.45**	−0.55	1.42
Constant	−7.43	−4.19	105.69	−5.04	13.69**	−23.98
dum_3	−4.08***	−4.79	−4.83	−3.31	0.57	13.22*
样本量	618	813	315	203	876	248
R^2	0.29	0.32	0.59*** ①	−0.06	0.58	0.82

注：*、**、***分别表示 10%、5%、1%的水平下显著。

　　通过上述内容我们得出：老龄化对储蓄率的影响取决于行为效应和年龄结构效应的强弱对比。由于个体会根据现实的经济社会条件调整其消费和储蓄行为，所以经济社会发展深刻影响着这两种效应。而且在经济社会发展进程中，行为效应趋弱而年龄结构效应逐渐变强。低收入阶段，经济发展长期徘徊不前，人口结构较为稳定，行为效应和年龄结构效应大体抵消，老龄化对储蓄率无影响；下中等收入阶段，行为效应为正而年龄结构效应为负，老龄化降低储蓄率；随后的经济社会发展致使行为效应逐渐减弱而年龄结构效应趋于增强；到上高等收入阶段，年龄结构效应为正且大于行为效应，老龄化提高储蓄率；上中等和下高等阶段，两种效应不分伯仲，老龄化对储蓄率无显著影响，但体现出较为明显的过渡性质：从下中等收入阶段的显著负影响过渡到上高等收入阶段的显著正影响。

　　从 2017 年人均 GDP（8 583 美元）来看，中国正处于经济社会发展第三阶段，老龄化对储蓄率的影响虽为负但并不显著，这与基于中国家庭微观数据的研究所得结论基本相

---

①表示储蓄率 1 期滞后系数值及显著性水平。

同。所以总体而言，中国现阶段尚未收获第二次人口红利。但是伴随着经济社会持续快速发展，老龄化的年龄结构效应逐步增强，对储蓄率的正向影响将逐步显现，中国也将因此收获第二次人口红利。

第三节　代际扶持与居民异质性消费行为

一、子女教育与家庭消费行为

在父辈对子女提供的向下代际扶持中，教育扶持是家庭消费的重要组成部分，本部分将子女受教育阶段划分为义务教育阶段和高等教育阶段，分别研究父辈的教育期望、教育扶持与家庭消费的关系。本部分首先研究了在义务教育阶段，父辈对子女的质量期望如何影响家庭消费。在现代经济社会，家庭努力提高子女的人力资本水平已成为社会发展的潮流，积极提高子女质量的家庭可能会增加更多的预防性储蓄，从而对家庭消费影响更大，这可能是中国家庭高教育投入与高储蓄率一直相伴而生的重要原因(刘永平，2008)。也就是说，父辈对子女的期望通过提高教育支出和(或)预防性储蓄从而降低了家庭消费。据有限检索，目前并未有学者研究教育支出和预防性储蓄的相对大小。然而这对于理解子女教育如何影响家庭消费具有重要意义，这也构成了本章的研究目的之一。其次，本部分还进一步研究了高等教育阶段，考察了子女上大学与否对家庭消费的影响。目前我国处于高等教育大众化时代，子女受教育年限普遍延长，高等院校入学率逐年提高，自1997年高等教育改革以来，高等教育公共保障政策不断完善，大规模的社会平等化过程对微观家庭显现出较大影响，因此有必要研究现阶段高等教育支出对父辈扶幼负担及家庭消费的影响。

(一)父辈期望对家庭消费的影响

1. 影响机制及异质性分析

家庭生育决策由生育动机和抚养成本构成。从动机来讲，家庭生育通常是为了获得物质利益或精神享受。前者包括获取劳动力和养老保障，后者主要指从抚养子女的过程中获取愉悦和欣慰，两者分别体现了生育的自利性和利他性。抚养子女的成本主要包括时间和金钱，前者可以理解为机会成本，后者可以视为产品成本。在生育动机和抚养成本的约束下，家庭对子女兼具数量和质量需求。数量需求与质量需求在一定程度上可以相互替代，且家庭在经济社会发展进程中会逐渐倾向于以质量代替数量。经济社会发初期，家庭生育动机主要是获取劳动力和养老保障，且对子女的抚养成本以较低的产品成本为主，所以家庭生育率较高；随着经济社会发展，家庭生育动机逐渐从获取物质利益向满足精神享受过渡，且机会成本逐渐占抚养成本主导并越来越大，致使家庭对子女的数量需求降低而质量需求提高。也就是说，家庭对子女具有特定的质量期望，而且家庭对子女的质量需求伴随着经济社会发展不断提高。因此我们用父辈对子女的质量期望作为子女质量的度量。

教育是提升劳动力质量的重要方面。收入一定的条件下，家庭对子女质量进行投资的主要原因与生育动机有关。在利他动机下，子女质量会进入家庭效用函数：子女质量越高，家庭效用就越高。此时家庭对子女的质量投资类似于耐用品的消费。在自利动机下，抚养子女与储蓄具有类似的养老功能。由于加强对子女的质量投资能够提升其未来的人力资本进而增加收入，因此家庭能够通过投资子女质量获得更多的养老保障。此时对子女的质量需求类似于对资本品的投资。所以不管生育动机如何，家庭均有投资于子女质量的激励。这就不难理解追求效用最大化的家庭为什么热衷于对子女的教育进行投资。然而培养特定质量的子女需要一定的资本投入。一般而言，父辈期望越高，对子女受教育投入的资本越高。所以，父辈对子女的质量期望与培养成本正相关。而且在人力资本投资边际效用递减的假设下，质量期望的提高会更大幅度的增加培养成本。所以在家庭收入一定的条件下，对子女的质量期望会影响家庭消费决策。由于望子成龙家庭的质量期望更高，因此其消费受影响的可能性更大。质量期望提高可能伴随着家庭教育支出提高和非教育支出减少。前者是直接的教育支出，后者是为子女教育未雨绸缪的预防性储蓄。教育支出按发生地点可以分为非自主性消费和自主性消费。前者指为使子女接受学校教育而发生的教育支出，后者指为购买校外教育服务而发生的消费。

对子女教育的关心程度或者对子女的质量期望程度侧重的是更想谁获得教育以及获得何种程度的教育，反映了父辈的一种美好希望，是家庭进行教育投入的内在动力。但是大量研究表明，父辈对子女的质量期望存在阶层差异。布劳和邓肯(2020)的地位获得模型以及之后的修正模型，把父母的教育期望作为家庭社会经济地位影响子女教育成就的中介变量，为质量期望的阶层差异提供了最初的解释。若按家庭收入划分这种阶层，一般认为低收入家庭对教育的重视程度不如中收入家庭，而且家庭阶层越高，父辈对子女的期望学历也越高。贫困家庭虽然具备教育投资理念，但是受成本和收益双重悲观预期的影响，缺乏教育投资的积极性。在阶层对比中，刘保中(2018)认为中产家长对子女教育格外重视，父母会竭尽所能为子女教育进行投资。从城乡差异来讲，城市家庭总体上教育期望高于农村，对子女学习更为关心，对其监督更为严格，而且城市家庭期待子女获得硕博学位的比例远远高于农村家庭。所以，家庭收入与城乡差异是影响父辈对子女质量期望的重要因素。此外，父母文化水平也影响其对子女的质量期望。而且根据上文论述，家庭生育决策体现了父辈对子女的质量权衡，也是影响父辈对子女期望的重要因素。

2. 基于 OLG 模型的理论分析

假设父代的人力资本存量为 H_1，且希望子代能达到 AH_1 的水平。对 AH_1 水平的质量期望需投入培养成本 $A^{\alpha}H_1^{\lambda}$。其中 $\alpha>1$，即人力资本投资边际效用递减；$\lambda<0$，即抚养成本与父代的人力资本水平负相关。父代生育 n 个子女，且子女之间无差异。父代的收入水平为 H_1W_1，并在消费、储蓄和培养子女之间分配。父代的效用函数为 $U=(An)^{\beta}\ln C_1+\ln C_2$，其中 C_1 为父代年轻时的消费，C_2 为年老时的消费；$(An)^{\beta}$ 为利他动机下，父代从 n 个子女质量之和中获得的效用，其值越大，所能替代的 C_1 越多，故而 $\beta<0$。在上述假定下，我们可得：

$$C_1 = H_1W_1 - A^{\alpha}H_1^{\lambda} - S \tag{7-42}$$

$$C_2 = (1+r)S + \rho n A H_1 W_2 \tag{7-43}$$

式中，r 表示利率；W_1、W_2 分别为父代和子代的工资率；自利动机下，父代对每个子女要求其收入的 ρ 部分作为养老保障。求解上述最优化过程得：

$$C_1 = \frac{1+(An)^{\beta}}{(An)^{\beta}}\left[H_1W_1 - A^{\alpha}H_1^{\lambda} + \frac{\rho n A H_1 W_2}{1+r}\right] \tag{7-44}$$

式(7-44)两端对 n 求导得：

$$\frac{\partial C_1}{\partial n} = \frac{-1}{(An)^{\beta}}\left[\frac{\beta(H_1W_1 - A^{\alpha}H_1^{\lambda})}{n} - \frac{\rho A H_1 W_2(1-\beta+(An)^{\beta})}{1+r}\right] \tag{7-45}$$

式(7-45)中，$\dfrac{-1}{(An)^{\beta}}$ 恒为负，而 $\left[\dfrac{\beta(H_1W_1 - A^{\partial}H_1^{\lambda})}{n} - \dfrac{\rho A H_1 W_2(1-\beta+(An)^{\beta})}{1+r}\right]$ 的正负

取决于相关参数。所以当考虑了父代对子代的质量期望以后，子女数量对家庭消费的影响并不确定。不妨假定父代生育的子女数量满足以下关系：

$$n = 1 + \frac{\phi}{AH_1} \tag{7-46}$$

式中，ϕ 为一固定参数。该式表明家庭抚养的子女数量与对子女的质量期望及父代的人力资本负相关，但不少于 1 个。将式(7-46)代入式(7-44)得父代年轻时的消费：

$$C_1 = \frac{1 + \left(\dfrac{AH_1 + \phi}{H_1}\right)^{\beta}}{\left(\dfrac{AH_1 + \phi}{H_1}\right)^{\beta}}\left[H_1W_1 - A^{\partial}H_1^{\lambda} + \frac{\rho AH_1W_2\left(1 + \dfrac{\phi}{AH_1}\right)}{1 + r}\right] \qquad (7\text{--}47)$$

显然，C_1 随 A 的增加递减[①]，即对子女的期望越高，家庭消费越少。

3. 实证分析

（1）数据来源及变量选取

本部分使用中国家庭追踪调查(CFPS)项目 2014 年度的数据。由于这一节研究父辈对子女的质量期望对家庭消费的影响，我们仅使用 CFPS2014 中有义务教育阶段入学子女的家庭样本，所涉及的子库包括家庭库、成人库和儿童库。我们以家庭库为基础，根据家庭编码、个人编码将三个子库数据进行匹配和汇总。表 7–38 报告了我们所用变量的标识、含义及来源。来源指该变量在 CFPS 数据库中的标识，其中 *linc* 和 *lc* 取自 CFPS2012。

结果变量分别为家庭非教育消费、教育消费及教育储蓄，分别指除子女教育支出外的家庭总支出、对所有子女教育支出总和及为所有子女教育进行的储蓄。*tv* 来源于问题"当看电视与孩子学习冲突时，您会经常放弃看您自己喜欢的电视节目以免影响其学习吗？"，答案分为"很经常""经常""偶尔""很少"和"从不"五个频率。根据频率表现出的父辈对子女学习的关系程度，本部分认为"很经常"和"经常"表示家庭关心子女教育，对子女质量期望较高；"很少"和"从不"表示不太关注子女教育。前者为父辈期望高的家庭，取值为 1，后者为对照家庭并取值 0。[②]*score* 来源于问题"如果满分 100 分，您期望孩子本学期/下学期的平均成绩是多少？"。考虑到对成绩的考评一般以 80 分以上为优良，而且当被访者的回答低于 80 分时，CFPS 也会提醒访员注意，所以我们以 80 分为临界点，其上为父辈对子女的分数期望高的家庭，并取值为 1，其下为对照家庭并取值 0。[③]若家庭有多个子女入学，则 *tv* 取较高频率值，*score* 取较高期望分数。

[①] 不难验证，式(7–47)等号右端的两项中，左侧的商关于 A 递减且大于 0；右侧大括号中的项关于 A 递减，而且由于 $H_1W_1 - A^{\partial}H_1^{\lambda}$ 大于 0，右侧项也大于 0。设左侧项为 $f(A)$，右侧项为 $g(A)$，则 $f(A)g(A)$ 关于 A 的导数为 $f'(A)g(A) + f(A)g'(A)$ 小于 0。所以 C_1 关于 A 递减。

[②]之所以选择 *tv* 作为"望子成龙"变量是因为考虑到绝大多数家庭都有电视，而且不管父辈教育程度如何、家庭收入如何，成人一般都能认识到电视噪音对子女学习的不利影响。

[③]之所以选择 *score* 是因为其能直观反映父辈对子女的教育期望。

表 7-38 变量的标识、含义及来源

标识	含义	来源	标识	含义	来源
c	家庭非教育消费	expense	*tuition*	家庭对子女教育消费	wd5total
esave	家庭为子女的教育储蓄	wd402	*tv*	家庭为子女学习而关电视的频率	wf601
score	家庭对子女的期望成绩	wf701	*sxn*	有几个子女上学	kr1
sxf	家庭有无上学子女	kr1	*old*	65 岁及以上老龄人口数量	2014_age
east	家庭是否位于东部	provcd14	*fs8*	家庭藏书量	fs8
west	家庭是否位于西部	provcd14	*job*	是否有成员就职于国有部门	qg2
inc	家庭收入对数	fincome1	*urban*	是否位于城市	urban14
lc	2012 年家庭消费对数	fincome1	*child*	家庭子女数量	2014_age
linc	2012 年家庭收入对数	expense			

含义中带"是否"字样的表示虚拟变量，以 1 代表是，以 0 代表否；*job* 为虚拟变量，若有家庭成员就职于政府部门、事业单位或国有企业，取值为 1；东部地区指北京、天津、辽宁、河北、上海、江苏、浙江、福建、山东、广东，西部地区指四川、重庆、贵州、云南、陕西、甘肃、广西，中部地区指山西、吉林、黑龙江、安徽、江西、河南、湖北、湖南；儿童数量和老龄人口数量根据家庭成员编码及年龄获得；未说明变量均在相应子库中直接给出，不再赘述。

根据上面的论述，我们以 *inc*、*linc*、*lc* 和 *job* 表示影响父辈期望的家庭社会经济地位因素；以 *urban* 表示城乡差异；以 *fs8* 表示父辈文化水平；以 *child* 表示父辈生育决策。除上述变量外，我们还控制了家庭区域、上学子女数量以及老人数量。

(2) 实证检验

考虑到对子女的质量期望可能与家庭特征相关，我们使用倾向得分匹配(Propensity Score Matching，PSM)方法估计父辈期望对家庭消费的影响，以缓解由家庭自选择问题造成的估计偏误。处理变量为 *sxf*、*tv* 和 *score*；结果变量分别为 *c*、*esave* 和 *tuition*；进行得分倾向估计的协变量为表 7-38 中所列的除上述 6 个以外的其余 11 个变量。PSM 方法的有效性依赖于两个前提假设。其一为重叠假设，要求处理组和对照组的倾向得分有较大的共同取值范围，否则会导致估计偏差。为提高匹配质量，本节仅保留倾向得分具有重叠部分的个体。同时，由于使用 CFPS2014 大样本数据，处理组和控制组数量较多，因此本节能够较好地满足重叠假设。而且在匹配后，我们还通过进一步检验所排除的样本数量占样本总量的比例，以保证 PSM 估计满足重叠假设。其二为平衡性假设，要求两组匹配以后在各变量上无显著差异。若 PSM 能够平衡两组家庭在解释变量上的分布，则与匹配前相比，匹配后的 Pseudo-R^2 将进一步降低，*LR* 统计量将不再显著。解释变量的标准化偏差(meanbias)一般要求小于 10,如果大于 20 则意味着匹配失败。此外,为了增强估计的稳健性,我们分别使用了 3 种匹配方式,依次为近邻匹配、核匹配和半径匹配。所用统计软件为 Stata14。

作为起点,我们首先估计子女入学对家庭消费的影响,结果见表 7–39。匹配之前,教育储蓄、非教育消费和教育消费的 *LR* 统计量均较大且在 1%的显著性水平下显著,标准化偏差均大于 10。匹配之后,Ps-R^2 均有明显下降,*LR* 统计量在多数匹配算法中不再显著,标准化偏差均明显小于 10,而且在匹配过程中由于匹配失败而损失的样本仅为 2 个,所以匹配是有效的。

表 7–39 子女入学如何影响家庭消费

		匹配前	近邻匹配 1 对 4	近邻匹配 1 对 6	核匹配 bw: 0.03	核匹配 bw: 0.05	半径匹配 Cal: 0.03	半径匹配 Cal: 0.05
教育储蓄	Ps-R^2	0.053	0.001	0.002	0.002	0.002	0.002	0.002
	LR	200***	10	12	13	14	13	16*
	标准化偏差	12.2	2.5	2.8	2.9	2.8	2.9	2.9
	样本量	3598	3596	3596	3596	3596	3596	3596
	ATT	1006**	1210***	1118***	1124***	1111***	1122***	1102***
非教育消费	Ps-R^2	0.053	0.001	0.002	0.002	0.002	0.002	0.002
	LR	199***	7	12	12	13	12	16*
	标准化偏差	12.2	2.2	2.6	2.9	2.8	2.8	2.9
	样本量	3595	3593	3593	3593	3593	3593	3593
	ATT	−939	−6434**	−7265**	−6993**	−6899**	−6974**	−6810**
教育消费	Ps-R^2	0.053	0.001	0.002	0.002	0.002	0.002	0.002
	LR	200***	10	12	13	14	13	16*
	标准化偏差	12.2	2.5	2.8	2.9	2.8	2.9	2.9
	样本量	3598	3596	3596	3596	3596	3596	3596
	ATT	891***	859***	836***	852***	852***	853***	851***

注: ***、**、*分别表示在 1%、5%、10% 显著性水平下显著。

从教育储蓄来看,6 种匹配结果均显著为正且在 1%的显著性水平下显著,说明有子女上学的家庭,其教育储蓄增加,平均处理效应均值约为 1131 元。但这可能会低估子女入学对家庭教育预防性储蓄的影响,因为很多时候父辈并不会刻意区分存款目的。接下来借鉴杨汝岱和陈斌开(2009)的方式,以非教育消费为结果变量进行估计。此时,6 种匹配结果均显著为负,均值为 6896 元,即子女入学挤出家庭非教育消费 6896 元,约占无子女入学家庭非教育支出总量 66788 元的 10.32%。这与杨汝岱和陈斌开(2009)所估计的 12%、高梦滔(2011)估计的 10% 非常接近。从教育消费来看,6 种匹配结果也均在 1% 的显著性水平下显著为正,所以子女入学平均增加家庭教育支出约为 851 元。对比教育消费和非教育消费可以发现,因子女入学而增加的教育支出仅占其挤出的非教育支出的 13.34%,所以子女入学主要通过挤出非教育支出而增加预防性储蓄的方式降低家庭消费。

接下来我们聚焦父辈期望对家庭消费的影响,表 7–40 分别以 *tv* 和 *score* 为处理变量,报告了全样本估计结果。由于匹配带宽(卡尺)越小,匹配后处理组和控制组家庭的差异越小,匹配质量越高,因此表 7–40 及以下表格不再报告带宽(卡尺)为 0.05 的匹配结果。匹配之前,三个结果变量的 *LR* 统计量均较大且在 1% 的显著性水平下显著,标准化偏差虽小于 20 但均大于 10。匹配之后,Ps-R^2 均有明显下降,*LR* 统计量在多数匹配算法中不再显著,标准化偏差均明显小于 10,而且在匹配过程中由于匹配失败而损失的样本很少,所以本节的匹配能够满足 PSM 估计的要求。

表 7–40 父辈期望如何影响家庭消费:全样本

		tv				*score*			
		匹配前	近邻匹配 1 对 4	核匹配 bw: .03	半径匹配 Cal: 0.03	匹配前	近邻匹配 1 对 4	核匹配 bw: 0.03	半径匹配 Cal: 0.03
教育储蓄	Ps-R^2	0.058	0.005	0.003	0.003	0.100	0.006	0.003	0.003
	LR	141***	16	10	10	229***	28**	12	12
	家庭 标准化偏差	12.5	4.7	3.3	3.2	19.5	3.7	3.0	3.1
	样本量	1888	1882	1882	1887	2086	2080	1868	1868
	ATT	869	1344**	1300**	1256**	323	1271*	724"	744"
非教育消费	Ps-R^2	0.058	0.005	0.003	0.003	0.100	0.006	0.003	0.003
	LR	140***	16	10	10	228***	27**	13	13
	标准化偏差	12.4	4.3	3.2	3.3	19.5	3.4	3.6	3.5
	样本量	1886	1880	1880	1880	2084	2078	1874	1874
	ATT	−5049	−9953**	−6128*	−6075*	−10339***	−13138***	−8534**	−9204**
教育消费	Ps-R^2	0.058	0.005	0.003	0.003	0.100	0.006	0.003	0.003
	LR	141***	16	10	10	229***	28***	12	12
	标准化偏差	12.5	4.7	3.3	3.3	19.5	3.7	3.0	3.1
	样本量	1888	1882	1882	1882	2080	2086	1868	1868
	ATT	−174	−304	−226	−216	−67	21	60	40

注: ***、**、*分别表示在 1%、5%、10% 和 20% 显著性水平下显著。

从检验结果中我们不难发现，首先，父辈期望显著提高了家庭教育储蓄：*tv* 的处理效应均显著为正，均值为 1300 元；*score* 的处理效应均为正，均值为 913 元；总体来看，处理效应平均为 1107 元。同表 7-39 类似，这同样可能低估父辈期望的影响。同理，从非教育消费来看，6 种匹配算法均显著为正，父辈期望显著降低家庭非教育消费 10562 元，约占对照组家庭 56635 元的 18.65%。但教育消费的处理效应，无论以 *tv* 还是以 *score* 为处理变量，在不同的匹配算法下均不显著。所以与子女入学相同，父辈期望也主要通过挤出非教育支出的方式，通过增加预防性储蓄降低家庭消费。而且与子女入学相比，父辈期望对非教育消费的平均处理效应均值更大，与对照组家庭相比，消费降幅更大，所以与子女入学相比，父辈期望对家庭消费的影响更大。

此外，父辈的质量期望对城乡家庭的影响可能不同。一方面，家庭对于"为子女学习，是否经常放弃看电视？"等问题的回答可能与邻居亲朋的实际表现相关，因而具有相对性。所以即使城乡家庭的回答均为"经常"，城市家庭的实际频率可能更高，这是因为城市家庭对子女教育的关心程度整体而言高于农村(刘保中，2017)。另一方面，我们主要聚焦父辈期望通过提高物质教育投入对家庭消费的影响，而相对贫困的农村家庭受成本和收益双重悲观预期的影响，缺乏投入的积极性。基于上述两个方面的考虑，我们推断，父辈的质量期望对城市家庭的影响更大。

表 7-41 是这一推断的验证结果。和上文一样，Ps-R^2 和标准化偏差在匹配之前均较小，且匹配之后都出现了明显的下降，所以表 7-41 对此不再进行报告。从 LR 统计量来看，匹配之后多不显著，而且在匹配过程中损失的样本量较少，因此估计能够保证估计结果的有效性。

表 7-41　父辈期望对城乡家庭消费的影响

		tv				*score*			
		匹配前	近邻匹配 1 对 4	核匹配 bw: 0.03	半径匹配 Cal: 0.03	匹配前	近邻匹配 1 对 4	核匹配 bw: 0.03	半径匹配 Cal: 0.03
教育储蓄	LR	59***	12	8	7	95***	19**	15	15
		89***	13	11	9	142	15	14	14
	样本量	921	912	912	912	1006	984	984	984
		967	964	964	964	1080	1076	1076	1076
	ATT	980	1535*	1508*	1515*	699	1449″	1457″	1449″
		711	1445*	1171″	1155″	–30	810	771	802

续表

		tv				score			
		匹配前	近邻匹配 1对4	核匹配 bw: 0.03	半径匹配 Cal: 0.03	匹配前	近邻匹配 1对4	核匹配 bw: 0.03	半径匹配 Cal: 0.03
非教育消费	LR	59***	10	8	7	96***	18	15	15
		89***	11	11	9	141***	14	14	13
	样本量	920	911	911	911	1005	984	984	984
		966	963	963	963	1079	1075	1075	1075
	ATT	−14510***	−12968**	−13857***	−13801***	−20237***	−18654***	−20236***	−20075***
		2269	154	2340	1969	−1416	−801	−1939	−2764
教育消费	LR	59***	16	15	7	95***	19	15	15
		89***	13	11	32	142***	15	14	13
	样本量	921	912	909	912	1006	984	984	984
		967	964	964	964	1080	1076	1076	1076
	ATT	−327	−553″	−417	−602	75	288	188	159
		−58	130	26	32	−203	−159	−119	−94

注: ***、**、*、″分别表示在 1%、5%、10%和 20%显著性水平下显著。

　　我们先来看父辈的质量期望对城市家庭教育储蓄的影响。当处理变量为 tv 时,处理效应均显著为正,在三种匹配算法下依次为 1535、1508、1515 元,均值为 1519 元。当处理变量为 score 时,处理效应均为正,在三种匹配算法下依次为 1449、1457、1449 元,均值为 1452 元。总体来看,均值为 1486 元。相比之下,父辈期望对农村家庭教育储蓄 6 个处理效应虽然均为正,但仅当处理变量为 tv 时具有一定的显著性。这意味父辈期望对城市家庭的教育储蓄影响更大,但该结果也可能是因为农村家庭的理财能力较弱,在进行储蓄时并未刻意区分教育与非教育储蓄,所以有必要继续分析父辈期望对非教育消费的影响。对城市家庭而言,无论处理变量是 tv 还是 score,在不同的匹配算法下,处理效应均显著为负,均值为 19971 元,占对照组家庭非教育支出的 28.85%。对农村家庭而言,处理效应均不显著且正负参半,所以父辈期望对农村家庭非教育消费无显著影响。但这一结果并不意味着父辈期望对农村家庭无影响,因为对子女教育的关心除物质投入外,还包括非物质投入。在农村,对子女教育要求更高的家庭,可能对子女学习督促更多。从教育消费来看,父辈期望对城乡家庭影响均不显著,这意味着在有子女入学的家庭当中,教育消费大致相同。所以,相对于农村家庭而言,父辈期望对城市家庭消费影响较大,而且主要方式也是通过挤出非教育消费来增加预防性储蓄。父辈期望对家庭消费的影响也可能与家庭收入有关。父辈期望对低收入家庭的影响可能较小,因为低收入家庭面临的流动性约束较大，衣食等基本支出占家庭总支出的很大比重，子女教育挤占消费的空间可能不大。对于收入较高的家庭而言，由于其流动性宽裕，未来收入预期较好，未雨绸缪进行教育储蓄的必要性相对较小，父辈期望对家庭非教育消费的挤出可能也不明显。相比之下，中等收入家庭既有一定的教育消费能力，又面临一定的流动性约束，因而为子女教育提前进行储蓄，未雨绸缪，就具有一定的必要性，父辈期望对家庭非教育消费的挤出也就较明显。表 7–42 和表 7–43 对上述推论进行了验证。其中的收入指家庭年人均纯收入，并以 8000 元和 14000 元为临界点将家庭分为低、中、高收入三类[①]。

表 7–42　父辈期望对不同收入等级家庭消费的影响：中等收入和高收入样本

		tv				*score*			
		匹配前	近邻匹配 1 对 4	核匹配 bw：0.03	半径匹配 Cal：0.03	匹配前	近邻匹配 1 对 4	核匹配 bw：0.03	半径匹配 Cal：0.03
教育储蓄	*LR*	61***	8	5	5	65***	11	11	11
		55***	5	8	8	73***	12	7	6
	样本量	500	497	497	497	545	540	540	540
		572	566	566	566	623	607	985	607
	ATT	773	755**	1418**	1422**	270	1033″	1078″	1052″
		677	1496*	1743**	1742**	−159	665	607	982
非教育消费	*LR*	61***	8	5	5	65***	11	11	11
		54***	6	9	10	72***	11	6	6
	样本量	500	497	497	497	545	540	540	540
		570	565	565	565	621	605	605	605
	ATT	−5460	−9430*	−9155*	−9111*	−13597***	−15777**	−16154**	−18295***
		−3913	−8646	−12198*	−11595*	−8221	−18620**	−23575***	−23072***
教育消费	*LR*	61***	8	5	5	65***	11	11	11
		55***	5	8	8	73***	12	7	6
	样本量	500	497	497	497	545	540	540	540
		572	566	566	566	623	607	607	607
	ATT	−176	−605*	−588*	−633*	268	48	87	89
		−357	−76	−194	−189	−326	−296	−198	−192

注：***、**、*、″分别表示在 1%、5%、10%和 20% 显著性水平下显著。

[①] 家庭人均纯收入指标来自 fincome2_per。不同的临界点会影响估计结果，但不会改变父辈期望对较低和较高收入家庭影响较小的结论。

　　表 7–42 的估计结果以中等收入家庭和高收入家庭为样本，对比匹配前后的 Ps-R^2、LR 统计量、标准化偏差和样本量可以发现，该匹配能够满足 PSM 估计的要求。从表中可以得知，首先，父辈期望明显提高了两类家庭的教育储蓄。对中等收入家庭而言，当以 *tv* 为处理变量时，3 个处理效应均显著，分别为 755、1418、1422 元。当以 *score* 为处理变量时，父辈期望对教育储蓄的影响也较为明显，处理效应分别为 1033、1078、1052 元。对高收入家庭而言，虽然以 *tv* 为处理变量时，3 个处理效应均显著且较大(分别为 1496、1743、1742 元)，但处理效应在 *score* 下均不显著。因此相对于高收入家庭而言，父辈期望对中等收入家庭教育储蓄的影响更大。其次，父辈期望明显降低了两类家庭的非教育消费。对中等收入家庭而言，6 个处理效应均显著，分别为−9430、−9155、−9111、−15777、−16154、−18295 元，均值为−12987 元，与对照组家庭非教育消费相比，降幅为 26.89%。对高收入家庭而言，6 个处理效应也较为显著，分别为−8646、−12198、−11595、−18620、−23575、−23072 元，均值为−16284 元，降幅为 21.57%。从降幅来看，中等收入家庭因父辈期望而挤出的家庭消费较高，因此负担更重。综上，与高收入家庭相比，父辈期望对中等收入家庭影响更大，而且由于教育消费的处理效应显著性不高，因此父辈期望同样通过预防性储蓄挤出家庭非教育消费。

　　表 7–43 的估计结果以低收入家庭为样本，由于匹配之后 LR 统计量大都不再显著，标准化偏差大都远小于 10，所以表 7–43 的匹配能够保证估计结果的有效性。然而无论处理变量是 *tv* 还是 *score*，在各种匹配方式下，教育储蓄、非教育储蓄和教育消费的处理效应均不显著。表面看来，父辈期望对低收入家庭的影响不显著，但事实可能并非如此。在我国，通过教育能够实现阶层的向上流动早已成为显性的认知文化。而且对于底层家

表 7–43　父辈期望如何影响家庭消费：低收入样本

		tv				score			
		匹配前	近邻匹配 1 对 4	核匹配 bw: 0.03	半径匹配 Cal: 0.03	匹配前	近邻匹配 1 对 4	核匹配 bw: 0.03	半径匹配 Cal: 0.03
教育储蓄	LR	51***	6	3	3	107***	58***	6	6
	标准化偏差	10.4	3.3	3.3	3.4	19	11	9	9
	样本量	816	809	808	808	918	891	514	514
	ATT	1307	614	890	887	1063	1250	258	326
非教育消费	LR	51***	6	3	3	107***	58	6	6
	标准化偏差	10	4	3	3	19	11	9	10
	样本量	816	809	808	808	918	891	514	514
	ATT	2833	137	2383	2507	1610	−1634	−168	−567

续表

			tv				score		
		匹配前	近邻匹配 1 对 4	核匹配 bw: 0.03	半径匹配 Cal: 0.03	匹配前	近邻匹配 1 对 4	核匹配 bw: 0.03	半径匹配 Cal: 0.03
教育消费	LR	51***	6	3	3	107***	58***	6	6
	标准化偏差	10	3	3	3	19	8	6	7
	样本量	816	809	808	808	918	891	514	514
	ATT	80	−7	7	27	111	−58	−233	−246

注：***、**、*分别表示在 1%、5%、和 10%显著性水平下显著。

庭而言，教育也是事实上实现向上流动的主要途径(唐俊超，2015)，以父辈的辛劳换取子代的锦绣前程这种做法长期以来一直为大众所认可，我们也常闻"砸锅卖铁"供子读书的感人故事。对低收入家庭而言，处理效应之所以不显著，并非是因为其不愿为子女教育进行投资，而是因为流动性不足，受限于信贷约束，无力进行投资。由此观之，加强对贫困学生的补助是十分必要的。

(二)子女上大学对家庭消费的影响

关于子女上大学对家庭消费的影响目前已有若干研究。然而，这些研究所用微观数据描述的大多是高度教育改革之后的五到十年间的现实情形，且这类研究都是在信贷市场不完全的前提下所进行的。如果国家的教育保障政策完善，家庭能够通过助学贷款、奖/助学金支付学费，就可以打破流动性约束，保持家庭既有消费水平。(高梦滔，2011)另外在微观数据的构建选择上，已有文献存在着若干数据不可比的缺陷。如今，距高等教育改革已过去二十余年，随着我国高等教育公共保障政策的完善，大规模的社会平等化过程开始对微观家庭显现出较大的影响，因此有必要重新研究高等教育支出对家庭消费的影响。时至今日扩招使得进入大学的青年越来越多，在高校日渐完备的奖/助学金政策保障下，"因教致贫"在有大学生的家庭是否还是一个普遍现象？家庭培养子女的负担是否已经减轻？高等教育奖/助金及助学贷款的政策效果如何？高等教育投入支出对家庭消费的影响是否在逐渐降低？教育体制改革对居民消费行为的影响在过去的 20 年间是否已经发生变化？这一影响在不同地区、不同收入阶层以及城乡之间有何差异？这是本部分想要解决的问题和创新之处。下面我们将使用微观家庭数据对这一系列问题展开实证分析，从家庭培养子女所进行的代际扶持角度切入，通过构造 CFPS2010、CFPS2012、CFPS2014、CFPS2016 四年的混合截面数据，采用倾向得分匹配(PSM)方法，研究高等教育支出与家庭消费的关系。

1. 数据及变量说明

本部分使用 CFPS2010、CFPS2012、CFPS2014、CFPS2016 四年数据构造混合截面数据。CFPS 根据三阶段不等概率整群抽样原理，三次调查抽样范围依次涵盖 14798、13315、13946、14033 个家庭，包含家庭库、成人库、儿童库和家庭关系库四个子库。我们所用数据均来源于家庭库、成人库和家庭关系库三个子库，并根据个人编码和家庭编码对其进行匹配和汇总并最终得到所用数据。

首先以家庭库为基础，根据家庭编码和个人编码将三个子库数据进行匹配和汇总，然后剔除有变量缺失或不合理的样本。数据匹配和汇总过程如下：第一步，首先定位第 t 年(t=2010、2012、2014)正在读高中的个体，然后根据其个人编码判断其在 $t+2$ 年的学习状态。若该生正在读大学或者不再上学但已获得大学学历，则认为其获得了大学入学机会；若该生不再上学且最高学历为高中，则认为其没有获得大学入学机会。第二步，根据其个人编码获得其第 t 期个人数据。第三步，根据其家庭编码获得其家庭数据，将获得大学入学机会的划入处理组，否则属于控制组。以该规则定义的处理变量以虚拟变量 gkf 表示，gkf=1 表示子女考上大学(包含本科与专科)，gkf=0 则表示子女没有考上大学。进一步设定虚拟变量 $gkfb$ 表示是否考上本科，$gkfb$=1 表示子女考上本科，反之子女没有考上本科[①]。为更加细致地考察子女上大学对家庭消费的影响，在保持控制组不变的情况下，本节对处理组进行如下划分，以生成不同的处理变量：

(1)根据统计局标准，将处理组家庭分为城镇($urban$)和农村($rural$)两类。其中，$urban$ 的处理组仅包含城市家庭；而 $rural$ 的处理组仅包含农村家庭。

(2)将处理组家庭按地域分为东($east$)、中($middle$)、西($west$)三部分。$east$ 的处理组仅包含东部地区家庭，$middle$ 和 $west$ 同理。本部分的东部地区指北京、天津、辽宁、河北、上海、江苏、浙江、福建、山东、广东；西部地区指四川、重庆、贵州、云南、陕西、甘肃、广西；中部地区指山西、吉林、黑龙江、安徽、江西、河南、湖北、湖南。

(3)将处理组家庭按家庭收入等级进行划分。为了使高收入家庭与低收入家庭的样本大体相当，我们结合样本数据情况，以家庭年收入三万元为界限将全样本分为两类。

(4)将处理组家庭按照父辈教育程度分为两类，以考察不同教育环境中子女是否上大学对家庭消费的影响。为了使高学历家庭与低学历家庭的样本大体相当，我们结合样本数据情况选择以初中为临界点进行划分。由于父亲的受教育程度与父亲的职业关系较大，而一般来说父亲的收入更能反映该家庭的财务状况，因此我们选择使用父亲的教育程度作为变量，$eduf \geq 2$ 表示家庭中父亲学历为初中及以下，$eduf \geq 3$ 表示家庭中父亲学

---

① 此时把考上专科的样本剔除。

历为高中及以上。

本部分所用结果变量为家庭消费对数和家庭消费率。我们在家庭消费中剔除了家庭教育投入。之所以采用对数而不是原值是因为根据对数形式能较为方便地计算处理组相对于控制组收入变化的百分比。家庭消费率是指除子女教育支出外的家庭总支出与纯收入的比值。本部分的自变量是子女是否考上大学，因变量是剔除了教育投入之后的家庭消费。

子女能否考入大学是一个自选择问题，受一系列因素的影响，与个人的教育成就有关。借鉴布劳和邓肯的社会分层研究范式——自致与先赋框架(刘精明，2008)，决定个人教育成就的因素包括自致因素与先赋因素。所谓自致因素是指个体努力的一种主观能动性。先赋因素则包括家庭资源和非家庭资源，前者是一种较稳定的关系模式，后者是微观家庭所从属的中观社会结构。而家庭资源又分为内生性资源和外依性资源两类，内生性资源指具有内生特点的家庭人口结构(如兄弟姐们数量的多少[①])和文化结构(如父母的人力资本水平)，它会导致个体的选择偏好差异与个体能力分化。外依性资源是指具有外生特点的能影响到个体教育成就的外部制度环境与社会环境，如本节中的高等教育奖助学金体系的变革完善和发展就直接会降低高等教育机会的不平等性。根据本节的研究思路，我们选取协变量如表 7-44 所示：

表 7-44　所用协变量的标识和含义

变量标识	变量含义	变量标识	变量含义
income	家庭收入对数	*zns*	家庭中兄弟姐妹人数
gender	子女性别	*gkf*	是否考上大学，考上=1，未考上=0
urban	城乡划分，城市=1，乡村=0	*gkfb*	是否考上本科，考上=1，未考上=0
eduf	父亲受教育水平	*east*	东部地区，东部=1，其他=0
Kr425	子女班级排名	*west*	西部地区，西部=1，其他=0
year	年份		

2. 实证分析

本部分主要使用倾向得分匹配方法(PSM)，考察子女上大学的高等教育投入对家庭消费的影响，以缓解或解决由于自选择性导致的估计偏误。该方法的有效性依赖于重叠

---

① 大量研究表明兄弟姐妹的数量与个体认知及教育获得机会存在显著的负相关关系。

假设和平衡性假设。重叠假设要求处理组和控制组的倾向得分有较大的共同取值范围，为此，本节仅保留倾向得分具有重叠部分的个体。从后表中经上述处理后的控制组和处理组样本数量可见本节的估计满足共同支撑假设。平衡性假设要求匹配以后的控制组和处理组在各协变量上无显著差异，一般通过观察匹配后两组变量的标准化偏差绝对值来判断。该值若大于 20，则意味着匹配失败。下文中的 *bias* 表示标准化偏差绝对值大于20 的协变量数量，0 表示无，1 表示有 1 个。可见，绝大多数估计满足平衡性假设。综上，本部分的估计是有效的。此外，为增强估计的稳健性，我们分别使用了五种匹配方式：1 对 4 匹配、核匹配、半径匹配、局部线性回归匹配以及马氏匹配。

首先估计全样本情形下是否有子女上大学对家庭消费的影响。表 7–45 和表 7–46 显示，在五种匹配方式下，子女是否上大学(不管子女是接受本科教育还是专科教育)对家庭消费量和消费率的影响在统计上均不显著，说明国家经历高等教育改革二十年后已经具备完善的奖学金及助学贷款政策，子女接受高等教育不再是家庭的负担，即教育扩张及其他大规模的平等化社会过程，削减了教育领域中的机会不平等。虽然家庭自身的禀赋可能成为导致子女受教育机会不平等的内生原因，但是教育不平等受家庭资源以外的社会制度环境影响更大(刘精明，2008)，即对社会制度环境的"外依性"使得来自家庭的内生性资源(如家庭收入、父母人力资本水平等)不再是造成子女无法进入大学门槛的原因，子女能否入读大学更多地依赖于外部制度环境的改变。当高等教育奖/助学金制度环境向更平等的方向发展时，如我国在 2000 年之后即开始逐步完善国家奖/助学金与国家助学贷款等各种保障制度政策，来自不同背景和家庭环境的学生的受教育权利得到了极大保障，高等教育门槛因此降低。在高等教育机会均等化的大环境下，家庭为使子女上大学而进行的教育投入不会影响到家庭的其他消费和家庭消费率。

表 7–45　子女是否考上大学对家庭消费的影响

全样本	1 对 4 匹配	核匹配	半径匹配	局部线性回归匹配	马氏匹配
处理效应(消费量)	−1594	−1043	−210	−2144	−3270
处理效应(消费率)	−15.59	−24.74	−4.21	−4.21	1.87
对照组数量	234	234	234	234	221
处理组数量	591	591	591	591	582
bias	0	0	0	0	1
t	0	0	0	0	1

表 7-46   子女是否考上大学本科对家庭消费的影响

全样本	1 对 4 匹配	核匹配	半径匹配	局部线性回归匹配	马氏匹配
处理效应(消费量)	−763	−3098	−3734	−5364	−2716
处理效应(消费率)	−33.08	−15.44	−22.94	−15.79	1.44
对照组数量	234	234	234	234	221
处理组数量	302	302	283	301	295
bias	0	0	0	0	1
t	0	0	0	0	1

进一步将处理组家庭按照城乡分为两组,分样本回归结果显示在除了马氏匹配之外的其他四种匹配下,子女是否上大学对城乡家庭消费和消费率的影响没有显著差异。只有在马氏匹配下农村分样本有子女上大学的家庭消费率比没有子女上大学的家庭高,处理效应略微显著。

表 7-47   子女是否上大学对城乡家庭消费的影响

分样本		1 对 4 匹配	核匹配	半径匹配	局部线性回归匹配	马氏匹配
农村	处理效应(消费量)	2003	486	2052	939	4119
	处理效应(消费率)	0.85	1.40	0.96	1.69	3.12*
	对照组数量	172	172	172	172	162
	处理组数量	340	340	340	340	334
	bias	0	0	0	0	0
	t	0	0	0	0	0
城市	处理效应(消费量)	−5234	−5101	−4051	−7450	−8676
	处理效应(消费率)	0.75	0.87	1.04	−26.84	−0.19
	对照组数量	62	62	62	62	59
	处理组数量	246	246	229	246	248
	bias	1	0	0	1	2
	t	1	0	0	1	3

为了进一步考察子女上大学是否会因受家庭内生性资源的影响进而对家庭消费产生影响,我们将样本按照父亲受教育程度分为初中及以下与高中及以上两类,分别检验子女上大学对家庭消费的影响。实证结果显示,不同受教育程度的父辈其子女上不上大学对家庭消费量和消费率的影响无差异,说明父辈人力资本状况此类家庭内生性资源不能通过影响子女进入大学的能力进而影响家庭消费水平。

此前的经验研究表明家庭培养子女的学费负担在不同收入的家庭中表现出异质性（钟宇平和陆根书，2003），为了进一步探讨子女上大学对不同收入等级家庭消费的异质性影响，我们进一步将家庭按照家庭年收入三万元为界限进行划分，估计结果显示在五种匹配方式下，是否有子女上大学对不同收入等级家庭的消费量和消费率的影响均不显著。

表 7–48　子女是否上大学对家庭消费的影响：按父亲受教育程度划分

分样本		1 对 4 匹配	核匹配	半径匹配	局部线性回归匹配	马氏匹配
eduf≤2	处理效应(消费量)	−2999	−5593	−5214	−7433	−2136
	处理效应(消费率)	−3.91	−3.59	−3.42	−1.39	−7.86
	对照组数量	95	95	95	95	93
	处理组数量	190	190	166	190	189
	bias	0	0	0	0	0
	t	0	0	0	0	0
eduf>3	处理效应(消费量)	4189	1420	4724	−260	8376
	处理效应(消费率)	0.35	0.15	0.44	0.30	0.37
	对照组数量	139	139	139	139	128
	处理组数量	398	397	396	398	393
	bias	0	0	0	0	3
	t	0	0	0	0	4

表 7–49　子女是否上大学对不同收入阶层家庭消费的影响

份样本		1 对 4 匹配	核匹配	半径匹配	局部线性回归匹配	马氏匹配
Income ≤30000	处理效应(消费量)	−5106	−4481	−6713	−3789	−7681
	处理效应(消费率)	−5.72	−2.64	4.71	−4.56	−7.46
	对照组数量	124	124	124	124	121
	处理组数量	262	262	254	262	257
	bias	0	0	0	0	0
	t	0	0	0	0	0
Income >30000	处理效应(消费量)	2314	−489	−2280	−2330	1732
	处理效应(消费率)	0.04	0.04	0.06	0.06	−0.01
	对照组数量	110	110	110	110	100
	处理组数量	326	326	305	326	325
	bias	0	0	0	0	4
	t	0	0	0	0	4

在本部分的研究中，为了区分家庭对子女进行向下代际扶持如何影响家庭消费，我们把研究对象先限定为仅有义务教育阶段入学子女的家庭，然后再考察有上大学子女家庭的情形。对于有受义务教育阶段子女的家庭样本，父辈对子女的高教育投入降低了家庭消费。所以父辈期望从长远来看有利于经济高质量发展，从短期来看却不利于进一步扩大内需。对于有上大学子女的家庭样本，其与无大学生子女家庭在消费上的差异不显著，说明在高等教育公平化的今天，因贫失学已极难发生，家庭对子女高等教育投入的负担极大减轻。

二、子女婚姻状况与家庭消费行为

现代经济社会快速发展，物质文明极大丰富的同时，人们的精神压力也陡然增大，子女的婚姻状况历来是父母衡量子女质量的重要因素之一，然而我国近年来出现了年轻一代婚龄渐晚的现象，"结婚难"和"婚不起"现象频发，子女的婚姻成了父母的"心头大事"，从"催婚"等词的高频出现可见一斑，本部分将子女婚姻状况纳入子女质量的范畴，利用微观家庭数据(CFPS)研究子女婚姻状况对父辈家庭消费的影响，深入探讨家庭中儿子和女儿的婚姻状况如何影响家庭消费，并进一步就该种影响在城乡之间、高低收入家庭之间的异质性展开研究。

(一)影响机制

子女依靠父辈的代际扶持步入婚姻已经是我国家庭的普遍现象。受到传统文化影响，我国子女的婚事关系到年轻一代子女及其父辈两代人的幸福。出于养儿防老思想，父母将为子女婚嫁进行出资视为责任和义务，以此来换取年老时子女对自己的赡养保障。然而，相较子代对父辈提供的代际扶持，父辈对子代进行的代际扶持力度更大，作为付出更多的一方，父辈甘愿为子女未来的婚事提前多年储蓄，呈现出自愿自发"被剥削"的代际倾斜特点，学者们形象地将这种代际倾斜现象称为"逆反哺"或"恩往下流"。我国实行计划生育政策以来，人口结构逐渐出现了男女比例失调的问题，这造成了我国婚恋市场男性过剩与女性短缺的独特现象。男性在婚恋市场压力的剧增，使家庭需要为儿子的婚事提前进行预防性储蓄。(王跃生，2008)近年来婚姻消费随着经济的发展和婚姻市场竞争的加剧而一路攀升，支出不确定性的增加进一步强化了家庭的预防性储蓄动机，"为结婚而储蓄"抑制了居民消费。魏和张(Wei & Zhang，2011)提出了竞争性储蓄理论，该理论指出众多父母为了提高子女在婚姻市场上的竞争力，使子女能够成功嫁娶而竞相增加储蓄减少消费。婚姻市场的扭曲为家庭带来了巨大压力。然而鲜有文献研究代际扶持视角下子女婚姻状况对父辈家庭消费的影响，这正是本部分的研究目的与创新点之所在。

(二)计量模型设定与变量选取

和上一部分相似，本部分所用全部变量来源于中国家庭追踪调查项目 2014 年的数据 (CFPS2014)，该数据由家庭库、个人库、儿童库和家庭关系库等子库组成。我们以家庭库为基础，剔除掉所有子女已婚家庭，选择子女未婚的家庭样本，使用个人编码和家庭编码对上述子库数据进行匹配和汇总，最终得到样本量共 7738 户家庭。

为了验证子女婚姻状况对家庭消费的影响，首先构建如下回归模型：

$$\ln expense = c + \alpha_1 weihunn \qquad\qquad (7\text{--}48)$$

其中，被解释变量为家庭总消费 (expense) 的对数，核心解释变量为未婚子女数量 (weihunn)。考虑到子女婚姻对父辈家庭消费的影响可能具有持续性，因此我们选择考察仅有未婚子女家庭的样本。进一步设置如下模型：

$$\ln expense = c + \alpha_1 weihunn + \alpha_2 weihunage \qquad\qquad (7\text{--}49)$$

模型中，weihunnage 代表家庭中未婚子女的年龄。在此基础上，我们进一步控制了未婚子女年龄，若家庭中有多个未婚子女，则未婚子女年龄取年龄较大子女之值。再次设定如下模型：

$$\ln expense = c + \alpha_1 weihunn + \alpha_2 weihunage + \beta_1 childn + \beta_2 above65 + \beta_3 familysize$$
$$+ \beta_4 \ln fincomeper + \beta_5 edu + \beta_6 agen + \beta_7 west + \beta_8 east + \beta_9 fs8 + \beta_{10} urban14 + \varepsilon$$

$$(7\text{--}50)$$

在该模型及模型 (7–49) 的基础上进一步控制了一系列家庭特征变量，包括，15 岁以下儿童数量 (childn)、65 岁以上老人数量 (above65)、家庭人口规模 (familysize)、家庭人均收入 (lnfincomeper)、家庭成员的最高学历 (edu)、户主年龄 (agen)、家庭藏书量 (fs8)、家庭户籍类型 (urban14)。其中，urban14 为虚拟变量，农村家庭取值为 0，城市家庭取值为 1。

$$\ln expense = c + \alpha_1 nan + \alpha_2 weihunn + \beta_1 childn + \beta_2 above65 + \beta_3 familysize$$
$$+ \beta_4 \ln fincomeper + \beta_5 edu + \beta_6 agen + \beta_7 west + \beta_8 east + \beta_9 fs8 + \beta_{10} urban14 + \varepsilon$$

$$(7\text{--}51)$$

为检验未婚男孩和未婚女孩对家庭消费的影响，我们设定了以上模型 (7–51)，其中 nan 表示家庭有未婚男孩，对照组为仅有未婚女孩的家庭。为检验子女婚姻对家庭净消费的影响，我们还将模型 (7–48) 至模型 (7–50) 中的家庭总消费替换成家庭净消费，再次

330 新时代经济增长内生动力研究——供给侧结构性改革与异质性消费者行为

进行估计。此外，我们还进行了稳健性检验。在稳健性检验中，首先设定如下模型：

$$\ln expense = c + \alpha_1 weihunagedum + \varepsilon \tag{7-52}$$

其中 weihunagedum 表示家庭是否有适龄年龄的未婚子女：若未婚子女年龄小于 20 岁则为对照组，weihunagedum 取值为 0，否则取值为 1。

$$\ln expense = c + \alpha_1 weihunnn + \varepsilon \tag{7-53}$$

模型(7–53)的核心解释变量为 weihunnn，表示大于 20 岁且仍未婚的子女数量。我们进一步在模型(7–54)中重点考察大于 20 岁且未婚子女的年龄(weihunagenn)对家庭消费的影响：

$$\ln expense = c + \alpha_1 weihunagenn + \varepsilon \tag{7-54}$$

在模型(7–54)中，我们同时控制了大于 20 岁且未婚的子女数量和年龄：

$$\ln expense = c + \alpha_1 weihunnn + \alpha_2 weihunagenn + \varepsilon \tag{7-55}$$

最后，在模型(7–55)的基础上，和模型(7–50)相似，我们还控制了一系列家庭特征变量：

$$\ln expense = c + \alpha_1 weihunnn + \alpha_2 weihunagenn + \beta_1 childn + \beta_2 above65 + \beta_3 familysize$$
$$+ \beta_4 \ln fincomeper + \beta_5 edu + \beta_6 agen + \beta_7 west + \beta_8 east + \beta_9 fs8 + \beta_{10} urban14 + \varepsilon$$
$$\tag{7-56}$$

(三)实证结果及分析

1. 基准回归

表 7–50 报告了子女婚姻状况对父辈家庭消费的影响。方程(1)在不控制任何变量的条件下报告了子女婚姻状况对家庭总消费的影响。由估计结果可知，子女结婚与否对家庭总消费具有显著影响。未婚子女数量每增加一个，家庭消费降低约 9.18%。方程(2)在此基础上进一步考察了未婚子女年龄对家庭消费的影响。由结果，未婚子女年龄对家庭消费具有显著影响，年龄每增加一岁，家庭消费降低约 1.19%。在同时考虑进未婚子女年龄的影响后，未婚子女数量对家庭消费的影响有所下降，但是仍然显著。从加入了控制变量的方程(3)来看，家庭中未婚子女数量每增加一个，消费降低约为 1.61%；老人数量每增加一个，消费降低约为 7.65%。家庭人口规模对家庭消费的影响较为显著，家庭成员每增加一名，家庭消费提高 11.16%。家庭人均收入每提高 1%，家庭消费大约提高 20.74%。户主的教育水平越高，家庭消费越高。户主的年龄越大，消费水平越低。城市家庭比农村家庭消费整体约高 4.16%。家庭藏书量与家庭消费正相关。

方程(4)—方程(6)考察了子女婚姻状况对家庭净消费(总消费减去对父母提供的医

疗支出和对子女的教育支出)的影响,其模型与方程(1)—方程(3)依次对应。对比两种因变量下的估计结果可以发现,子女婚姻状况对家庭净消费的影响与对总消费的影响大体相当,而且方程(6)各控制变量的估计结果也与方程(3)大体相当,进一步说明了前述估计的稳健性。由此我们可以确认,子女婚姻状况显著影响家庭总消费与家庭净消费。

对比估计结果我们还能发现,与未婚子女的数量相比,家庭中未婚子女的年龄对父辈家庭消费的影响可能更重要。一方面,方程(2)和方程(5)的结果表明,控制未婚子女年龄以后,未婚子女数量对家庭消费的影响显著降低;另一方面,方程(3)和方程(6)的结果表明,当控制一系列家庭特征以后,未婚子女数量对家庭消费的影响不再显著。伴随着经济社会发展,我国年轻一代开始出现晚婚的趋势,这可能成为抑制我国居民消费的重要因素。

表 7-50　子女婚姻状况对父辈家庭消费的影响:全样本

方程编号	(1)	(2)	(3)	(4)	(5)	(6)
因变量	lnexpense	lnexpense	lnexpense	lnexpense—d	lnexpense—d	lnexpense—d
weihunn	−0.0918***	−0.0076***	−0.0161	−0.0921***	−0.0765***	−0.0131
weihunage		−0.0119***	−0.0063***		−0.0114***	−0.0061***
childn			−0.0465***			−0.0563***
above65			−0.0765***			−0.0767***
familysize			0.1116***			0.1135***
lnfincomeper			0.2074***			0.2079***
edu			0.1213***			0.1212***
agen			−0.0012***			−0.0012***
west			−0.0207			−0.0126
east			0.1208***			0.1266***
fs8			0.0599***			0.0586***
urban14			0.0416***			0.0436***
Constant	10.7224***	10.8880***	8.0002***	10.7121***	10.8703***	7.9763***

注:***、**、*分别表示在 1%、5%、10%显著性水平下显著。

表 7-51 进一步考察了家庭中是否有未婚男孩对家庭消费的影响。结果表明,相比于仅有未婚女孩的家庭,有未婚男孩的家庭消费多降低 4.41%,这与我国家庭传统婚姻观念相符,说明父辈为子女结婚进行的储蓄会因子女性别差异而存在异质性,儿子对家庭消费的挤出效应要大于女儿对家庭消费的挤出效应。从控制变量来看,在将未婚子女性别纳入考量后,与中部家庭相比,东部家庭消费要高 11.7%,而西部家庭则低 3.6%;老人数量每增加一个,家庭总消费降低约为 7.65%;家庭人口规模对家庭消费的影响较

为显著，家庭成员每增加一名，家庭消费提高 12.02%；家庭人均收入每提高 1%，家庭消费大约提高 23.25%；户主的教育水平越高，家庭消费越高；户主的年龄越大，消费水平越低；城市家庭比农村家庭消费高 2.62%；家庭藏书量与家庭消费正相关。

表 7–51   子女婚姻状况对父辈家庭消费的影响：子女分性别

方程编号	(7)
因变量	ln*expense*
nan	−0.0441 **
weihunnn	0.0977 ***
childn	0.0050
above65	−0.0761***
familysize	0.1202***
ln*fincomeper*	0.2325***
edu	0.1232***
agen	−0.0006*
west	−0.0360
east	0.1170***
fs8	0.0590***
urban14	0.0262**
Constant	7.7389***

注：***、**、*分别表示在 1%、5%、10%显著性水平下显著。

表 7–52 分城乡报告了子女婚姻状况对父辈家庭消费的影响。其中方程(8)—方程(10)方程考察了子女婚姻状况对城市家庭消费的影响。方程(8)在不控制任何变量的条件下报告了子女婚姻状况对城市家庭总消费的影响。从结果来看，未婚子女数量对父辈家庭消费具有显著影响，未婚子女每增加一个，家庭消费降低约 10.45%。方程(9)则加入对未婚子女年龄的考量，结果显示其对城市家庭总消费具有显著影响，子女年龄每增加一岁，家庭消费降低约 0.94%，这与对城乡进行整体考察时所得结果的变化趋势基本相同。从加入了控制变量的方程(10)来看，城市家庭未婚子女数量每增加一个，消费降低约为 8.64%；老人数量每增加一个，消费降低约为 3.56%；家庭成员每增加一名，家庭消费提高 14.66%；家庭收入每提高 1%，家庭消费大约提高 27.86%；户主的教育水平越高，家庭消费越高；户主的年龄越大，消费水平越低；家庭藏书量与家庭消费正相关。

方程(11)—方程(13)考察了子女婚姻状况对农村家庭消费的影响。方程(11)在不控制任何变量的条件下报告了未婚子女对农村家庭总消费的影响。从结果来看，未婚子女对父辈家庭消费影响不显著，这可能与遗漏了未婚子女年龄有关，受限于较低的收入，农村家庭可能并不会因年幼未婚子女调整家庭消费储蓄决策。方程(12)进一步控制了未婚子女年龄对家庭消费的影响，其结果显示未婚子女年龄对父辈家庭消费有显著影响，未婚子女年龄每增加一岁，父辈家庭消费约下降 1.46%，这一效应虽不如城市家庭大，但是仍然显著。从方程(13)控制变量回归结果来看，家庭子女每增加一个，消费降低约为 9.03%；老人数量每增加一个，消费降低约为 3.18%；家庭成员每增加一名，家庭消费提高 10.9%；家庭收入每提高 1%，家庭消费大约提高 14.93%；户主的教育水平越高，家庭消费越高；户主的年龄越大，消费水平越低；家庭藏书量与家庭消费正相关。综合上述分析可知，表 7–52 的结论表明，子女婚姻对城市家庭的影响较大。当前，我国城镇化率不断提高，城乡不断融合发展，因此未婚子女的数量与年龄对家庭消费的影响将越来越明显，婚嫁年龄的推迟可能成为进一步抑制家庭消费的重要因素。

表 7–52　子女婚姻状况对父辈家庭消费的影响：分城乡

方程编号	(8)	(9)	(10)	(11)	(12)	(13)
因变量	lnexpense	lnexpense	lnexpense	lnexpense	lnexpense	lnexpense
weihunn	−0.1045***	−0.0905***	−0.0335	0.0214	0.0421**	0.0206
weihunage		−0.0094***	−0.0049***		−0.0146***	−0.0068***
childn			−0.0864***			−0.0318*
above65			−0.0356			−0.1128***
familysize			0.1466***			0.1090***
lnfincomeper			0.2786***			0.1493***
edu			0.0956***			0.0909***
agen			−0.0053***			−0.0009**
west			0.0408			−0.0382
east			0.0828***			0.0827***
fs8			0.0510***			0.0559***
urban14						
Constant	10.9680***	11.0991***	7.6429***	10.3409***	10.5389***	8.4591***

注：***、**、*分别表示在 1%、5%、10%显著性水平下显著。

表 7–53 按照家庭收入高低对样本进行划分，报告了子女婚姻状况对父辈家庭消费的影响。方程(14)—方程(18)考察子女婚姻状况对高收入家庭总消费的影响。方程(14)在不控制任何变量的条件下报告了子女婚姻状况对高收入家庭总消费的影响。从结果来

看，未婚子女数量对父辈家庭消费具有显著影响，未婚子女每增加一名，家庭消费降低约 21.25%。方程(15)进一步考察了未婚子女年龄对家庭消费的影响，未婚子女年龄每增加一岁，家庭消费降低约 0.92%。从方程(16)的控制变量回归结果来看，家庭子女数量每增加一个，总消费降低约为 5.54%；老人数量每增加一个，消费降低约为 6.52%；家庭成员每增加一名，家庭消费提高 14.33%；家庭收入每提高 1%，家庭消费大约提高 42.56%；家庭藏书量与家庭消费正相关。

　　方程(17)—方程(19)考察了子女婚姻状况对低收入家庭消费的影响。方程(17)在不控制任何变量的条件下报告了未婚子女数量对低收入家庭消费的影响结果表明，未婚子女的数量对父辈家庭消费影响不显著，这同样可能是因为低收入家庭不会为年幼子女调整消费与储蓄决策。方程(18)和方程(19)进一步控制了未婚子女的年龄特征和其他家庭特征。回归结果表明，未婚子女年龄每增加一岁，父辈家庭消费约下降 1.45%，虽不如对高收入家庭消费的影响大，但是仍然显著。需要指出的是，在方程(18)中，未婚子女数量对家庭消费的影响为正，这可能是因为方程(18)遗漏了控制变量。在方程(19)中，我们进一步控制了其他解释变量，此时未婚子女数量的影响不再显著。从控制变量来看，家庭子女每增加一个，消费降低约为 7.04%；老人数量每增加一个，消费降低约为 4.20%；家庭成员每增加一名，家庭消费提高 13.42%；家庭收入每提高 1%，家庭消费大约提高 12.39%；家庭藏书量与家庭消费正相关。因此，表 7–53 的结果说明，子女婚姻对高收

表 7–53　子女婚姻状况对父辈家庭消费的影响：高收入与低收入样本

方程编号	(14)	(15)	(16)	(17)	(18)	(19)
因变量	lnexpense	lnexpense	lnexpense	lnexpense	lnexpense	lnexpense
weihunn	−0.2125***	−0.1957***	−0.0721**	0.0185	0.0387**	−0.0134
weihunage		−0.0092***	−0.0071***		−0.0145***	−0.0043***
childn			−0.0554			−0.0704***
above65			−0.0652**			−0.0420**
familysize			0.1433***			0.1342***
lnfincomeper			0.4256***			0.1239***
edu			0.1107***			0.0793***
agen			0.0002			−0.0118***
west			−0.0554			−0.0611**
east			0.1483***			0.0594**
fs8			0.0725***			0.0455***
urban14			0.0533***			0.0333***
Constant	11.2037***	11.3322***	5.7896***	10.4004***	10.5958***	9.2129***

注：***、**、*分别表示在 1%、5%、10%显著性水平下显著。

入家庭消费的影响更大；换言之，高收入家庭具有更强烈的动机通过降低消费来提高子女婚姻质量。虽然低收入家庭同样具有这种动机，但是受制于流动性约束，其调整消费与储蓄的空间并不大。

(2)稳健性检验

在稳健性检验中，我们按照家庭中未婚子女的年龄对样本进行划分，将未婚子女年龄小于等于 20 岁的家庭作为对照组，未婚子女年龄大于等于 21 岁的家庭作为处理组。表 7–54 报告了是否有未婚子女对家庭消费的影响。方程(20)表明，与未婚子女年龄较小的家庭相比，未婚子女年龄大的父辈家庭消费低约 18.16%。即使控制了其他解释变量，方程(21)的结果表明与未婚子女年龄较小的家庭相比，未婚子女年龄大的父辈家庭消费仍低约 11.78%。因此，相对于未婚子女年龄尚小的家庭来说，儿女已至婚龄的父辈为子女结婚所做的准备更多，预防性储蓄动机更强，子女的婚事对家庭消费的挤占效应越大。

表 7–54　是否有未婚子女对父辈家庭消费的影响：对照组为子女年龄小于等于 21 岁的家庭

方程编号	(20)	(21)
因变量	lnexpense	lnexpense
weihunagedum	−0.1816***	−0.1178***
childn		−0.0465***
above65		−0.1010***
familysize		0.1169***
lnfincomeper		0.2103***
edu		0.1293***
west		−0.0195
east		0.1231***
fs8		0.0568***
urban14		0.0418***
Constant	10.6457***	7.7989***

注：***、**、*分别表示在 1%、5%、10%显著性水平下显著。

表 7–55 报告了年龄较大未婚子女数量对家庭消费的影响。方程(22)表明，与控制组家庭相比，年龄较大的未婚子女数量每增加一名，父辈家庭消费低约 8.66%。即使控制了其他解释变量，方程(23)同样表明上述结论成立。因此，随着未婚子女数量的增加，父辈为子女结婚所做的准备会越来越多，预防性储蓄动机越来越强，子女婚姻对家庭消费的挤占效应也就越来越大。方程(24)表明，与有年幼未婚子女的家庭相比，在有年长

未婚子女的家庭中，未婚子女年龄每增加一岁，家庭消费降低 0.86%。在控制一系列家庭特征的条件下，方程(25)表明，子女年龄每增加一岁，家庭消费降低 0.49%。方程(26)表明，在控制未婚子女年龄的条件下，未婚子女数量与家庭消费正相关，这可能是因为未婚子女是家庭成员的组成部分。方程(27)进一步控制了家庭成员数量等家庭特征变量，此时未婚子女数量对家庭消费的影响不再显著，但是未婚子女年龄依然具有显著，未婚子女年龄每增加一岁，家庭消费降低约 0.62%，未婚子女年龄对家庭消费的影响大于未婚子女数量对家庭消费的影响。

表 7-55　稳健性检验：21 岁及以下未婚子女数量对父辈家庭消费的影响

方程编号	(22)	(23)	(24)	(25)	(26)	(27)
因变量	lnexpense	lnexpense	lnexpense	lnexpense	lnexpense	lnexpense
weihunnn	−0.0866***	−0.0491***			0.0767***	0.0301
weihunagenn			−0.0086***	−0.0049***	−0.0121***	−0.0062***
childn		−0.0395***		−0.0488***		−0.0440***
above65		−0.1040***		−0.0921***		−0.0875***
familysize		0.1205***		0.1142***		0.1114***
lnfincomeper		0.2093***		0.2088***		0.2090***
edu		0.1292***		0.1281***		0.1285***
west		−0.0172		−0.0191		−0.0206
east		0.1229***		0.1235***		0.1239***
fs8		0.0579***		0.0559***		0.0553***
urban14		0.0414***		0.0417***		0.0419***
Constant	10.6289***	7.7703***	10.6656***	7.8344***	10.6605***	7.8377***

注：***、**、*分别表示在 1%、5%、10%显著性水平下显著。

本部分研究结果表明子女结婚与否对家庭消费具有显著影响，未婚子女数量越多，消费越少。但当控制一系列家庭特征以后，未婚子女数量对家庭消费的影响不再显著。伴随着经济社会发展，我国青年开始出现晚婚的趋势，这可能成为抑制我国居民消费的重要因素。

父辈"为子女结婚而储蓄"这一行为会因子女性别差异而存在异质性，儿子对家庭消费的挤出效应要大于女儿对家庭消费的挤出效应。在性别异质性之外，这种挤出还存在显著的区域差别。同时，未婚子女的年龄也对家庭消费有显著影响。相对于有年龄较小的未婚子女家庭来说，子女已至婚龄的父辈家庭为子女结婚所做的准备更多，预防性储蓄动机更强，子女婚姻对家庭消费的挤占效应更大。此外，城市家庭和高收入家庭中的父母受子女婚嫁约束更大。

三、养老与扶幼代际扶持的交互与替代

我国具有浓厚的尊老爱幼传统，老幼被扶，壮年扶老，代际扶持往往贯穿于个体的整个生命周期。对于"上有老下有小"的成年已婚家庭而言，"向上"和"向下"的双向代际扶持是影响家庭消费的重要因素。根据生命周期世代交叠模型，受到有限资源的约束，中国家庭的效用最大化问题不再只是当期消费与未来消费的权衡，还包括对下一代提供的扶幼扶持多寡和对上一代提供的养老赡养扶持多寡的决策与权衡。追求效用最大化的家庭在三代人之间权衡有限资源的配置，为平滑整个生命周期中的消费和储蓄而不断修正其消费与储蓄决策。现有研究主要集中在研究接受代际扶持的家庭成员数量与家庭消费之间的关系，且结论并不统一，这种争议可能源于忽略了对接受扶持的老人和子女的质量分析；此外，鲜有文献涉及老人质量与子女质量的交互作用与替代作用。因此本部分分别以老年成员的健康状况和父辈对子代的教育期望作为衡量家庭中老人质量与子女质量的指标，将人口质量纳入模型进行分析，探讨家庭"扶老"和"抚幼"双向代际扶持行为对家庭消费的影响，并在老龄化和少子化的背景下，分析"扶老"与"抚幼"行为的交互作用及相互替代性。

(一)理论模型分析

我们在世代交叠(OLG)模型基础上进行扩展，假设家庭收入为 Y，在消费、储蓄、医疗和教育四个方面分配。家庭对子女的质量期望为 A_e，扶幼支出为 A_e^{α}；家庭对老人的质量期望是 A_o，养老支出为 A_o^{β}。家庭的效用函数为：

$$U = (A_e A_o)^{\lambda} \ln C_1 + \gamma \ln C_2 \tag{7-57}$$

其中，C_1、C_2 分别表示家庭的当期消费和老年期消费。$(A_e A_o)^{\lambda}$ 为家庭从老人和子女质量中获得的效用。由于代际扶持会通过增加预防性储蓄的方式，挤出家庭消费，因此 $A_e A_o$ 越大，所挤出的当期消费越多，故而 $\lambda < 0$。在上述假定下：

$$C_1 = Y - A_e^{\alpha} - A_o^{\beta} - S \tag{7-58}$$

$$C_2 = (1+r)s \tag{7-59}$$

r 表示利率。求解上述最优化过程得：

$$C_1 = \frac{(1+r)(A_e A_o)^\lambda}{1+(1+r)(A_e A_o)^\lambda}(Y - A_e{}^\alpha - A_o{}^\beta) \qquad (7\text{--}60)$$

假设 $r=0$。于是式 (7–59) 简化为：

$$C_1 = \frac{(A_e A_o)^\lambda}{1+(A_e A_o)^\lambda}(Y - A_e{}^\alpha - A_o{}^\beta) \qquad (7\text{--}61)$$

式 (7–61) 右端由两项构成。$Y - A_e{}^\alpha - A_o{}^\beta$ 关于 A_e 和 A_o 递减。而且根据式 (7–59)，该项在数值上等于 C_1+S，大于 0。C_1 关于左侧商项中的 A_e 求导可得：

$$\frac{\partial C_1}{\partial A_e} = \frac{\lambda A_o (A_e A_o)^{\lambda-1}}{[1+(A_e A_o)^\lambda]^2} \qquad (7\text{--}62)$$

由于 $\lambda < 0$，所以 (7–62) 式小于 0。因此，假设左侧商项为 $f(A)$，右侧和项为 $g(A)$，C_1 关于 $f(A)$ 中的 A_e 递减。同理，C_1 关于 $f(A)$ 中的 A_0 递减。由于 $f(A)$ 的分子分母都大于 0，所以 $f(A)$ 也大于 0。式 (7–61) 可以改写为：

$$C_1 = f(A)g(A) \qquad (7\text{--}63)$$

式 (7–63) 两端对 A 求导可得：

$$\frac{\partial C_1}{\partial A} = f(A)'g(A) + f(A)g(A)' \qquad (7\text{--}64)$$

由于 $f(A)$ 和 $g(A)$ 均关于 A 递减，且均大于 0，所以式 (7–64) 表明 C_1 关于 A_e 和 A_0 递减，这意味着家庭对子女和老人的质量期望越高，家庭消费越少。换言之，子女与老人的实际质量与期望质量相差越大，家庭消费越少。代际扶持减少家庭消费。式 (7–61) 两端对 A_e 和 A_0 分别求导得：

$$\frac{\partial C_1}{\partial A_e} = \frac{(A_e A_o)^{\lambda-1}}{1+(A_e A_o)^\lambda}\left[\frac{\lambda A_e{}^{-1}}{1+(A_e A_o)^\lambda}(Y - A_e{}^\alpha - A_o{}^\beta) - \alpha A_e{}^{\alpha-1}\right] \qquad (7\text{--}65)$$

$$\frac{\partial C_1}{\partial A_o} = \frac{(A_e A_o)^{\lambda-1}}{1+(A_e A_o)^\lambda}\left[\frac{\lambda A_o{}^{-1}}{1+(A_e A_o)^\lambda}(Y - A_e{}^\alpha - A_o{}^\beta) - \beta A_o{}^{\beta-1}\right] \qquad (7\text{--}66)$$

根据上文类似的推理方式，式 (7–65) 和式 (7–66) 分别关于 A_0 和 A_e 递减。据此提出研究假设 1：

研究假设 1："养老"与"扶幼"存在交互作用，如"扶幼"对家庭消费的影响与"扶老"有关，面对同样的扶幼负担，养老负担更大的家庭消费更低。

令式 (7–65) 和式 (7–66) 分别等于 0，可得效用最大化状态下的扶幼和养老支出：

$$A_e{}^\alpha = \frac{\lambda + \alpha + \alpha(A_e A_o)^\lambda}{\lambda}(Y - A_o{}^\beta) \qquad (7\text{--}67)$$

$$A_o{}^\beta = \frac{\lambda + \beta + \beta(A_e A_o)^\lambda}{\lambda}(Y - A_e{}^\alpha) \qquad (7\text{--}68)$$

由式(7–67)和式(7–68)可知，当家庭做出效用最大化决策后，养老消费与扶幼消费可相互替代。据此提出研究假设 2：

研究假设 2：养老消费与扶幼消费相互替代。

(二)计量模型设定与变量选取

1. 计量模型设定

为验证子女质量和老人质量对家庭消费的影响，我们首先构建如下回归模型：

$$\ln(expensetoal) = \partial_0 + \partial_1 childquality + \partial_2 oldquality + \sum_{m=3}^{n} \partial_m controls + \varepsilon \tag{7–69}$$

其中，被解释变量为家庭总消费($expensetotal$)，核心解释变量为子女质量($childquality$)和老人质量($oldquality$)，$controls$ 为一系列控制变量。根据研究假设 1，我们预期 ∂_1 和 ∂_2 均小于 0。由于家庭对子女和老人的代际扶持主要体现为教育消费和医疗消费，进一步构建如下模型：

$$\ln(expensenet) = \partial_0 + \partial_1 childquality + \partial_2 oldquality + \sum_{m=3}^{n} \partial_m controls + \varepsilon \tag{7–70}$$

上式的因变量为剔除了教育消费和医疗消费的家庭净消费($expensenet$)。我们同样预期 ∂_1 和 ∂_2 均小于 0。

由于子女质量(老人质量)对家庭消费的影响可能与老人质量(子女质量)有关，我们通过加入两者的交互项对上述模型进行拓展：

$$\ln(expense) = \partial_0 + \partial_1 childquality + \partial_2 oldquality + \partial_3 childquality * oldquality$$
$$+ \sum_{m=4}^{n} \partial_m controls + \varepsilon \tag{7–71}$$

上式的因变量为家庭总消费或净消费，$childquality \times oldquality$ 为儿童质量与老人质量的交互项，若其系数显著为负，则意味着两者存在交互作用，从而就验证了研究假设 1。最后，为分析扶幼消费与养老消费是否存在替代作用，我们构造如下模型：

$$expense\_ = \partial_0 + \partial_1 childquality + \partial_2 oldquality + \sum_{m=3}^{n} \partial_m controls + \varepsilon \tag{7–72}$$

因变量 $expense\_$ 表示教育消费($expense\_edu$)或医疗消费($expense\_medical$)。当教育消费为因变量时，若老人质量系数为负，则说明养老消费挤出了扶幼消费；当医疗消费为因变量时，若子女质量系数为负，则说明扶幼挤出了养老消费。模型(7–68)至模型(7–70)使用普通最小二乘法(OLS)进行估计。由于因变量存在较多 0 值，为避免估计偏误，模型(7–71)使用托宾(tobit)方法进行估计。

2. 变量选取

本部分所用全部变量来源于 2014 中国家庭追踪调查项目(CFPS2014),该数据由家庭库、个人库、儿童库和家庭关系库等子库组成。本部分以家庭库为基础,使用个人编码和家庭编码对上述子库数据进行匹配和汇总。

(1)因变量。根据模型设定,因变量有四个,依次为家庭总消费、教育消费、医疗消费以及剔除教育消费和医疗消费的家庭净消费。

(2)核心解释变量。子女与老人质量分别使用人力资本中的受教育程度与健康水平进行量化:子女质量与父母对子女的质量期望直接相关,因此选择该期望作为代理变量,假定期望与教育费用成正比,这涉及家庭的教育消费;老人质量指老年成员的健康状况,涉及家庭的医疗消费。我们用要求孩子做作业的频率和为了孩子学习放弃看电视的频率表示父辈对子代的质量期望。子女质量指标采用两种方式构建:在第一种方式中,若家庭没有入学子女,则为指标赋值 0;若家庭有入学子女,则为从不、很少、偶尔、经常、频繁要求孩子做作业(为了孩子学习放弃电视)依次赋值 1、2、3、4、5,以该种方式构建的子女质量指标分别用 *ask* 和 *tv* 表示。第二种方式通过构建虚拟变量,以没有入学子女的家庭作为基组,以 *tv* 或 *ask* 取值为 1、2 和 3 的家庭作为对子女质量投入较少的一组,分别以 *dumtv1* 和 *dumask1* 表示,以 *tv* 或 *ask* 取值为 4 和 5 的家庭作为对子女质量投入较多的一组,分别以 *dumtv2* 和 *dumask2* 表示。

我们用 65 岁以上人口的健康水平作为衡量老人质量的标准,老人质量指标同样采用两种方式构建:在第一种方式下当若家庭没有老人,则为指标赋值 0;若家庭有老年成员,根据老年成员的健康状况,为"非常健康""很健康""比较健康""一般""不健康"依次赋值 1、2、3、4、5,用 *he* 表示。第二种方式同样通过构建虚拟变量,以没有老年成员的家庭作为基组,以老年人非常健康、很健康和比较健康的家庭作为老人质量较高的一组,用 *dumhe1* 表示;以老年成员不健康或健康状况一般的家庭作为老人质量较低的一组,用 *dumhe2* 表示。

(3)控制变量。根据利拉德和威利斯(Lillard & Willis,1997)、斯隆等(Sloan *et al.*,2002)、张文娟和李树茁(2004)、丁志宏(2014)等人的研究,本部分的控制变量包括了家庭人口规模(*famsize*)、家庭收入(ln*inc*)、户主的受教育水平及其平方(*edu*、*edus*)、户主年龄及其平方(*age*、*ages*)、家庭藏书量(*book*)、家庭户籍类型(*urban*)。其中,*urban* 为虚拟变量,农村家庭取值为 0,城市家庭取值为 1。此外,我们还控制了家庭所在省份。

（三）实证结果及分析

1. 养老扶幼对家庭消费的影响

表 7–56 报告了养老和扶幼对家庭消费影响的实证结果。方程(1)—(4)的因变量为家庭总消费。方程(1)和方程(2)使用第一种方式构造的子女和老人质量指标，其结果表明，为子代学习放弃看电视的频率或要求其做作业的频率每提高一个层级，家庭消费降低约 1.6%，这意味 tv 或 ask 取值为 5 即父辈对子代期望最高时，家庭消费降低约 8%；he 的系数为–0.01，说明老人的健康状况每降低一个层级，家庭消费约降低 1%。方程(3)和方程(4)使用第二种方式构造的儿童和老人质量指标。方程(3)表明，相对于无入学子

表 7–56 养老扶幼对家庭消费的影响

方程编号	(1)	(2)	(3)	(4)	(5)	(6)	(7)	(8)
因变量	总消费	总消费	总消费	总消费	净消费	净消费	净消费	净消费
tv	−0.016***				−0.013***			
$dumtv1$			−0.062***				−0.079***	
$dumtv2$			−0.081***				−0.089***	
ask		−0.016***				−0.019***		
$dumask1$				−0.056***				−0.043**
$dumask2$				−0.100***				−0.099***
he	−0.010**	−0.010**			−0.008	−0.009*		
$dumhe1$			−0.024	−0.024			−0.022	−0.005
$dumhe2$			−0.048**	−0.048**			−0.044*	−0.040`
$famsize$	0.155***	0.155***	0.156***	0.156***	0.151***	0.154***	0.155***	0.153***
$\ln finc$	0.218***	0.218***	0.218***	0.218***	0.244***	0.220***	0.220***	0.244***
edu	0.124***	0.123***	0.123***	0.123***	0.151***	0.123***	0.122***	0.149***
$edus$	−0.004*	−0.004*	−0.003*	−0.003*	−0.007***	−0.003*	−0.003*	−0.006**
age	0.090***	0.090***	0.090***	0.090***	0.120***	0.090***	0.090***	0.120***
$ages$	0.001***	0.001***	0.001***	0.001***	−0.001***	−0.001***	−0.001***	0.001***
$book$	0.070***	0.070***	0.070***	0.067***	0.076***	0.069***	0.069***	0.077***
$urban$	0.276***	0.276***	0.278***	0.277***	0.293***	0.275***	0.276***	0.294***
Pro	是	是	是	是	是	是	是	是
$Constant$	−10.98***	−11.02***	−11.07***	11.07***	−16.10***	−10.90***	−10.97***	−16.20***

注：***、**、*分别表示在1%、5%、10%和15%的水平下显著。

女的家庭,对子女质量期望较低的家庭消费降低 6.2%,对子女质量期望较高的家庭消费降低 8.1%。方程(4)也表明,相对于无入学子女的家庭,对子女质量期望较低和较高的家庭消费分别降低 5.6% 和 10%。但根据方程(3)和方程(4),即使家庭有老年成员,若老人身体较为健康,则家庭消费不会受到影响,只有当老人健康欠佳时,家庭消费才会降低,老人健康状况每降低一个层次,家庭消费的降幅大约为 4.8%。

方程(5)—(8)以净消费为因变量,结果同方程(1)—(4)大体相当。方程(5)和方程(6)表明,对子女的质量期望每提高一个层级,家庭消费降低约 1.6%[①]。方程(7)和方程(8)表明。对子女质量期望越高的家庭,消费降低越多。在方程(5)和方程(6)中,老人质量对家庭消费的影响为负。在方程(7)和方程(8)中,$dumhe1$ 均不显著,$dumhe2$ 分别在 10% 和 15% 的显著性水平下显著,所以只有当老年成员健康状况欠佳时,才会影响家庭消费。对比幼儿质量和老人质量系数不难发现,相对于扶老,抚幼对家庭消费影响更大。

关于控制变量,家庭每增加一个成员,消费上升 15% 左右。家庭消费与收入正相关,收入提高 1%,消费大约提高 0.22%。户主的教育水平越高,家庭消费越高,但其对消费的影响存在边际效用递减。家庭消费与户主年龄、家庭藏书量大体正相关。与农村家庭相比,城市家庭消费大约高 28%。

综合上述分析,我们认为家庭的养老和扶幼行为降低了家庭消费。家庭成员之间的代际扶持由于涉及有限资源的重新配置,会影响家庭消费决策。养老负担和扶幼负担越重,家庭消费降低越多。但是与养老相比,扶幼负担对家庭消费的影响更大。

2. 养老扶幼的交互作用对家庭消费的影响

表 7-57 分析了养老和扶幼的交互作用对家庭消费的影响,$tv*he$ 和 $ask*he$ 表示两者的交互项。两个交互项在方程(9)—方程(12)中均具有一定的显著性,所以养老负担和扶幼负担具有交互作用,这意味着养老(扶幼)负担对家庭消费的影响不仅与其自身有关,而且与扶幼(养老)负担相关。

方程(9)以总消费为因变量。在无老年成员的条件下,父辈对子代的质量期望每提高一个等级,家庭消费降低 1.3%,但对于有老年成员的家庭来说,老年人健康状况每下降一个等级,扶幼负担会多降低家庭消费约 0.4%。这意味着当 tv 和 he 均取 5,即老人的健康状况较差的同时家庭对子女质量的期待较高,则扶幼行为会降低家庭消费约 9%,这要高于上一部分的 8%。所以忽略两者的交互作用,会造成代际扶持对家庭消费影响的低估。在无入学子女的条件下,老年成员健康状况每降低一个等级,家庭消费降低约

---

① 即 (1.3%+1.9%)/2。

0.6%,①但扶幼负担每提高一个等级,养老负担会多降低家庭消费约 0.4 个百分点。方程 (10) 与方程(9)相对应,方程(11)和方程(12)以净消费为因变量,结果均与方程(9)大体相当,不再赘述。

所以,养老与扶幼的效应会相互加强,扶幼(养老)对家庭消费的影响随养老(扶幼)负担的提高而增强。这意味着,对子女质量期望最高,老年成员健康最差的家庭,消费降低最多。伴随着我国老龄化程度不断提高,家庭老人数量不断增加,同时在经济社会发展进程中,家庭对子女的质量期望不断提高,上述结果意味着,对于"上有老下有小"的家庭而言,代际扶持会在很大程度上降低其家庭消费,这需要引起政策制定者的关注。

表 7–57　"养老扶幼"的交互作用与家庭消费

方程编号	(9)	(10)	(11)	(12)
因变量	总消费	总消费	净消费	净消费
tv	−0.013***		−0.009*	
ask		−0.012***		−0.009**
he	−0.006	−0.004	−0.003	−0.001
$tv*he$	−0.004***		−0.004*	
$ask*he$		−0.005**		−0.005***
$famsize$	0.160***	0.161***	0.156***	0.157***
$lnfinc$	0.191***	0.190***	0.215***	0.215***
edu	0.136***	0.135***	0.167***	0.167***
$edus$	−0.006*	−0.005*	−0.009***	−0.009***
age	0.090***	0.090***	0.090***	0.090***
$ages$	0.001***	0.001***	0.001***	0.001***
$book$	0.071***	0.071***	0.077***	0.078***
$urban$	0.233***	0.232***	0.243***	0.243***
Pro	是	是	是	是
$Constant$	−11.80***	−11.87***	−16.99***	17.06***

注:***、**、*分别表示在 1%、5%、10%显著性水平下显著。

3. 扶幼消费和养老消费的替代性分析

表 7–58 分析了扶幼消费和养老消费的替代性。由于部分家庭的教育消费和医疗消

---

① 虽然 he 的显著性不太理想,但在与交互项的联合显著性检验中,却是显著的。所以我们认为 he 的系数具有一定的经济意义。

费为 0，故此处采用托宾模型进行估计。

方程(13)—方程(16)以教育消费为因变量。方程(13)和方程(14)分别表明，家庭对子女的质量投入每提高一个等级，教育消费增加 767 元和 855 元。方程(15)和方程(16)表明，与没有入学子女的家庭相比，对子女质量投入较低的家庭教育消费分别增加 4137元和 3887 元，对子女质量投入较高的家庭教育消费分别增加 4233 元和 4841 元。显然，对子女的质量投入越高，家庭教育消费越多。但在方程(13)—方程(16)中，老人质量系数均不显著，所以养老消费对扶幼消费无影响。

表 7–58　扶幼消费与养老消费的替代效应

消费类型	(13) 教育	(14) 教育	(15) 教育	(16) 教育	(17) 医疗	(18) 医疗	(19) 医疗	(20) 医疗
tv	767***				−338**			
dumtv1			4137***				−1361*	
dumtv2			4233***				−1307	
ask		855***				−268*		
dumask1			3887***					−1241*
dumask2			4841***					−1616*
he	43	36			211	209		
dumhe1			418	394			41	36
dumhe2			−132	−144			823	818
famsize	459***	464***	502***	493***	1214***	1199***	1217***	1220***
lnfinc	−90	−79	−51	−62	194	199	191	192
edu	−144	−78	−55	−53	−139	−150	−155	−159
edus	79	77	78	78	9	11	11	12
age	24	25	24	23	−628	−559	−615	−627
ages	−0.018*	−0.017*	−0.017*	−0.016*	0.156	0.139	0.154	0.156
book	115	76	38	35	−68	−74	−62	−63
urban	733	743	777	750	1609**	1599**	1596	1601**
Pro	是	是	是	是	是	是	是	是
Constant	−10	−212	−578	−564	6309	5633	1489	6299

注：***、**、*分别表示在 1%、5%、10%显著性水平下显著。

在方程(17)—方程(20)中医疗消费为因变量，老年质量对医疗消费的影响虽然为正，但在统计上并不显著（P 值大约为 0.3）。一个可能的解释是，在有老年成员的家庭当中，子女对老年父母的关注不够，虽然老年成员的存在通过增加预防性储蓄降低了家庭消费，但子女只有在老年父母明显出现健康问题后才会意识到父母的状况并送其进入医院治疗，所以老年质量对家庭医疗消费影响不显著。在方程(17)和方程(18)中，tv 和 ask 的系数为负，这表明随着对子代质量投入的提高，家庭医疗消费降低。方程(20)则表明，对子女质量投入较多的家庭被挤出的医疗消费更多，比无老年成员家庭多 1616 元，比对子女质量投入较少的家庭多 357 元。因此扶幼消费挤出了养老消费。

由本部分分析，扶幼消费挤出了养老消费，但是养老消费对扶幼消费无影响。该结论与现实较符合，即对于"上有老下有小"的家庭来说，在家庭资源的分配上抚养子女优先于赡养老人。

4. 稳健性检验

本部分使用老人的医疗保险状况作为老人质量的衡量指标，对上述结论进行稳健性研究。老年质量指标采用两种方式构建：在第一种方式下，当若家庭没有老人，则该指标赋值 0，若有老年成员，且老年成员均有医疗保险则该指标取值 1，否则取值 2。我们用 bx 表示该指标。第二种方式同样通过构建虚拟变量进行，以没有老年成员的家庭作为基组，若老年人有保险则将其划入老人质量较高的一组，用 $dumbx1$ 表示，只要老人无医疗保险就将其划入老人质量较低的一组，用 $dumbx2$ 表示。表 7–59 报告了稳健性检验结果。

方程(21)同方程(2)相对应，方程(22)同方程(6)相对应，方程(23)同方程(4)相对应，三个方程均表明，养老与扶幼降低了家庭消费，且老人质量越低，对子女的质量期望越高，家庭消费越低，这同表 7–56 的结论是一致的。方程(24)和方程(25)对表 7–57 的结论进行了稳健性检验，可见扶幼与抚幼之间依然存在交互作用，说明表 7–57 的结果是可信的。方程(26)和方程(27)估计了养老与扶幼的替代作用，方程(26)表明，对子女的质量期望降低了家庭医疗消费，所以扶幼挤出养老消费，方程(27)表明，养老对家庭教育消费无影响，这与表 7–58 的结论一致。综上所述，估计结果是稳健的。

表 7–59　稳健性检验

方程编号	(21)	(22)	(23)	(24)	(25)	(26)	(27)
消费类型	总消费	净消费	总消费	总消费	总消费	医疗	教育
tv					-0.012^{***}		
ask	-0.016^{***}	-0.013^{***}		-0.013^{***}			
$dumask1$			-0.055^{***}			-1446^{***}	3966^{***}
$dumask2$			-0.099^{***}			-926^{*}	4903^{***}

续表

方程编号	(21)	(22)	(23)	(24)	(25)	(26)	(27)
消费类型	总消费	净消费	总消费	总消费	总消费	医疗	教育
bx	-0.06^{***}	-0.108^{***}		-0.053^{***}	-0.051^{***}		
$dumbx1$			-0.049			2388^{***}	-1381
$dumbx2$			-0.096^{***}			2750^{***}	-612
$tv*bx$					-0.013^{*}		
$ask*bx$				-0.010			
$famsize$	0.162^{***}	0.160^{***}	0.163^{***}	0.163^{***}	0.163^{***}	1197	531^{***}
$lnfinc$	0.188^{***}	0.212^{***}	0.188^{***}	0.189^{***}	0.189^{***}	-29	-79
edu	0.133^{***}	0.163^{***}	0.132^{***}	0.133^{***}	0.134^{***}	-29	-54
$edus$	-0.005^{*}	-0.008^{**}	-0.005	-0.005^{*}	-0.005^{*}	-17	77
age	0.090^{***}	0.011^{***}	0.090^{***}	0.090^{***}	0.090^{***}	63^{***}	28
$ages$	0.001^{***}	0.001^{***}	0.001^{***}	0.001^{***}	0.001^{***}	-0.03^{***}	-0.019^{*}
$book$	0.071^{***}	0.078^{***}	0.071^{***}	0.071^{***}	0.071^{***}	86	38
$urban$	0.235^{***}	0.246^{***}	0.235^{***}	0.235^{***}	0.236^{***}	334	775
Pro	是	是	是	是	是	是	是
$Constant$	-10^{***}	-13^{***}	-9^{***}	-10^{***}	-10^{***}	-1934	-383

注：***、**、*分别表示在1%、5%、10%显著性水平下显著。

伴随着老年人健康状况的持续改善，老年成员数量增加可能并不会加重家庭扶养负担，从而对家庭消费的影响可能并不明显。另一方面，伴随着经济社会发展水平不断提高，家庭对子女的关注由数量逐渐转向质量，对子女的教育投入成为抚幼成本的重要组成部分。本部分研究表明，养老负担和扶幼负担越重，对子女质量期望越高的家庭，消费降低越多。与养老负担相比，扶幼负担对家庭消费的影响更大。同时，养老与扶幼行为存在交互作用，养老（扶幼）负担对家庭消费的影响不仅与其自身有关，而且与扶幼（养老）负担相关，即对子女质量投入最多且老年成员健康最差的家庭，消费降低最多。此外，扶幼消费会挤出养老消费，而后者对前者无影响。

本章小结

首先，老年抚养比和幼年抚养比升高显著增强了住房财富效应，且幼年抚养比对家庭住房财富效应的正向影响比老年抚养比对其的影响大。人口年龄结构对家庭住房财富效应的影响存在异质性。其次，老龄化对储蓄率的影响取决于行为效应和年龄结构效应的强弱对比。由于个体会根据现实的经济社会条件调整其消费和储蓄行为，因此经济社会发展深刻影响着这两种效应。而且在经济社会发展进程中，行为效应趋弱而年龄结构效应逐渐变强。伴随着老年人健康状况的持续改善，老年成员数量增加可能并不会加重家庭扶养负担，从而对家庭消费的影响可能并不明显。另一方面，伴随着经济社会发展水平不断提高，家庭对子女的关注由数量逐渐转向质量，对子女的教育投入成为抚幼成本的重要组成部分。最后，养老负担和扶幼负担越重，对子女质量期望越高的家庭，消费降低越多。与养老负担相比，扶幼负担对家庭消费的影响更大。同时养老与扶幼行为存在交互作用，养老（扶幼）负担对家庭消费的影响不仅与其自身有关，而且与扶幼（养老）负担相关。即对子女质量投入最多，老年成员健康最差的家庭，消费降低最多。此外，扶幼消费会挤出养老消费，而后者对前者无影响。

本章为政府完善公共保障政策，切实减轻家庭养老与扶幼负担提供决策参考。

在减轻养老负担方面，政府各级部门应进一步完善包括养老保险与医疗保险在内的社会保障体系建设，保障我国各项公共养老保障制度的贯彻和落实，使社会公共保障政策对代际扶持产生有益的补充，减轻家庭养老负担的局面，促进居民消费潜力的释放，进而扩大消费，促进经济健康持续增长。

在减轻扶养子女负担方面，教育帮扶政策的重点在于稳定家庭教育投入预期，着力减少家庭教育预防性储蓄。相关部门应针对"上有老下有小"家庭制定减负政策，或可加大转移支付力度，尤其在义务教育阶段，校内支出受到严格控制的背景下，要避免校内教育支出"减负"无法弥补校外支出"增负"的现象。由于流动性不足，受限于信贷约束，望子成龙对低收入家庭和农村家庭影响较小，为提高其人力资本投资能力，应适当加强对这部分家庭的转移支付。

婚姻消费作为关系缔结和情感表达的方式，不应是父辈家庭在子女结婚消费上承担过重的经济负担，相关部门应该通过宣传教育引导居民婚嫁进行理性消费，树立正确的婚姻观、彩礼观，不流于形式，不倡导攀比风，不追随奢华风，倡导健康的婚嫁消费理念。政府相关部门应该着力调整政策，引导男女性别比恢复平衡状态，并缩小收入差距，削弱婚姻推迟对家庭消费的抑制作用。鉴于我国普遍存在的"恩往下流"代际扶持倾斜现状，社会舆论应加强宣传教育，改变年轻人成年后依然依靠父辈提供代际扶持的现状，加大对老人抚养赡养的力度，切实减轻老人负担，释放老年群体的消费潜力。

第八章　信息获取与不确定性视角下的家庭异质性消费者行为特征

第一节　家庭住房资产、不确定性与预防性储蓄行为

目前关于不确定性的研究，其焦点多集中在宏观政策、市场、金融等领域。本章内容将不确定性具体到微观居民家庭消费行为的分析中，考察在面临较高不确定性的情况下，我国居民储蓄与消费的异质性行为特征，以及信息获取如何影响居民消费，从而完善和扩充了已有研究。

一、住房资产对异质性消费者预防性储蓄的影响

住房资产是家庭低流动性资产的重要组成部分。在中国，住房除了具有投资属性，能够给投资者带来较高收益外，其作为生活必需品的消费属性更加明显。是否拥有住房资产将有可能使消费者面临不同程度的不确定性，进而产生不同程度的预防性储蓄动机。作为主动积累财富的一种形式，预防性储蓄将提高消费者所面临的流动性约束的程度。

由此，我们首先比较有房和无房消费者各自面临的不确定性，然后分析不确定性对两类消费者财富积累的影响差异。在卡罗尔和萨姆威克(1998)提出的缓冲存货模型中，被解释变量可以转化为高流动性财富收入比，与 HtM 型消费者的划分方法具有内在的联系。因此我们在本书中借鉴其方法，通过分位数回归，检验不确定性对财富收入比条件分布的影响，进而考察不同流动性约束程度下异质性消费者预防性储蓄比例的差异程度。

（一）有房与无房消费者不确定性的比较

在中国，由于户籍、子女教育等制度多与住房资产相关，拥有住房资产往往被视为生活稳定的标志之一，同时，租房市场尚处于发展中，无房消费者面临着房租上涨，房

东腾退，未来购房房源减少和房价进一步上升等不确定性，住房需求难以得到充分保障。特别是近年来住房资产价格的波动提高了住房支出的不确定性，这种效应对无房消费者的作用尤为显著。由此我们推断，无房消费者所面临的不确定性程度高于有房消费者。为了检验有房与无房消费者面临的不确定性程度差异，我们首先计算并对比了二者相对等价谨慎性溢价(Relative Equivalent Precautionary Premium, REPP)，以反映消费者面临的不确定性程度，如表 8–1 所示。

表 8–1　不同类型消费者不确定性(REPP)的比较

	REPP 平均值	*REPP* 标准差	样本量
有房家庭(*nethouse*>0)	0.206	0.439	1880
无房家庭(*nethouse*≤0)	0.288	0.394	113
总样本	0.210	0.437	1993

结果显示，无房消费者 REPP 平均值为 0.288，高于有房消费者(0.206)，支持了无房消费者面临的不确定性程度高于有房消费者的判断。此外，有房消费者占总样本比例达 94.33%，远高于无房消费者，符合中国居民自有住房拥有率高的特征事实。

（二）有房与无房消费者不确定性对财富积累影响估计

前文已经证实无房家庭面临的不确定性高于有房家庭，接下来我们将进一步在缓冲存货理论的框架下，考察不确定性与消费者财富的关系，尤其是这种关系在有房与无房家庭之间的差异程度。分析中，我们分别以财富对数和财富收入比的对数作为被解释变量构建回归方程进行分析，回归模型如下：

$$\ln W = a_0 + a_1\omega + a_2 b * \omega + a_3 \ln P + a_4' Z + v \tag{8-1}$$

$$\ln \frac{W}{P} = a_0 + a_1\omega + a_2 b * \omega + a_3' Z + v \tag{8-2}$$

我们选用的回归数据来源为 CFPS2010、CFPS2012 及 CFPS2014，数据的筛筛选处理方式与第四章相同。式中，W 代表家庭财富，考虑到仅有高流动性财富能够及时被变现并平滑消费，此处我们分别选择金融资产及储蓄对其进行衡量。P 为生命周期理论(Friedman，1957)下的持久性收入，通过对当期与滞后期收入进行加权平均得到，此处我们以 2010 年为基期对 2010、2012 及 2014 年家庭纯收入进行物价平减后，以其均值衡量持久性收入。ω 为不确定性，以 REEP 为其代理变量。b 为是否拥有住房这一虚拟变量(是=1，否=0)。Z 为家庭人口统计学变量，包括户主年龄(*age*)及其平方项(*age*^{2})、户主性别(*gender*)、是否工作(*work*,是=1,否=0)、是否结婚(*marriage*,是=1,否=0)等变量,用以控制家庭特征对财富积累的影响。回归结果如表 8–2 所示。其中,列(1)—(4)对应的被解释变量分别为家庭金融资产对数值(ln$W$)、家庭储蓄对数值(ln$S$)、家庭金融资产与持久收入比值的对数值($\ln\frac{W}{P}$)和家庭储蓄与持久收入比值的对数值($\ln\frac{S}{P}$)。

表 8–2　收入不确定性对家庭财富的影响估计结果

	(1)	(2)	(3)	(4)
	ln$W$	ln$S$	$\ln=\frac{W}{P}$	$\ln\frac{S}{P}$
ln$P$	0.924***	0.862***		
	(9.13)	(8.54)		
ω	1.127*	1.204**	1.124*	1.198**
	(1.93)	(2.08)	(1.93)	(2.07)
$b*\omega$	−1.072*	−1.216**	−1.068*	−1.207**
	(−1.80)	(−2.06)	(−1.80)	(−2.05)
age	−0.094	−0.125**	−0.097*	−0.130**
	(−1.60)	(−2.13)	(−1.65)	(−2.21)
age^2	0.001	0.001*	0.001	0.001*
	(1.26)	(1.82)	(1.31)	(1.91)
gender	0.019	−0.036	0.020	−0.033
	(0.15)	(−0.29)	(0.16)	(−0.27)
work	0.404***	0.431***	0.397***	0.418***
	(3.00)	(3.18)	(2.95)	(3.09)
marriage	0.779***	0.742***	0.761***	0.709**
	(2.76)	(2.68)	(2.72)	(2.58)
Constant	0.456	1.646	−0.237	0.384
	(0.28)	(1.01)	(−0.17)	(0.28)
R^2	0.062	0.056	0.017	0.017
F 统计值	17.31	15.67	4.429	4.358

注:表格括号内报告的为根据稳健标准差计算的 t 统计值,上标*、**、***分别表示在 10%、5%和 1%水平下显著。

从表 8–2 的估计结果可以看出,不确定性 ω 对于家庭财富积累具有显著的正向影响。ω 与住房虚拟变量 b 的交互项系数显著为负,反映出不确定性对无房消费者的财富积累的影响程度较高。而由 ω 的系数与交互项 $b*\omega$ 的系数之和接近于 0 可以看出,不确定性对有房消费者财富积累的影响较小。实证结果不仅证明了不确定性对消费者财富积累具有重要影响，更重要的是证明了相比于有房消费者而言，无房消费者预防性储蓄比例更高，用于当期消费的高流动性资产更少，这就为无房消费者面临的流动性约束水平更高的现象提供了一种解释。此外，对比以金融资产和以储蓄存款衡量消费者财富的结果，可以发现不确定性对于储蓄存款的影响较高，这反映出消费者为应对未来不确定性积累财富时，更倾向于选择流动性较高的储蓄存款，以便在受到负向冲击时以更低的成本将财富变现来平滑消费。这再次支持了高流动性资产具有平滑消费路径作用的判断。

二、不同流动性水平下预防性储蓄动机差异检验

为了进一步考察流动性约束与预防性储蓄之间相互作用对异质性消费者行为的影响，我们通过高流动性资产与收入的比值建立两者之间的联系。一方面，HtM消费者的界定标准为家庭是否持有足够的高流动性资产，这一标准可等价转换为家庭高流动性资产净值与收入之比，这一比值也在一定程度上反映了消费者面临流动性约束的潜在可能性；另一方面，卡罗尔和萨姆威克（Carroll & Samwick，1998）的模型可以转化为式（8-2）的形式，即以财富收入比作为被解释变量。基于此，我们将通过对式（8-2）进行分位数回归，检验不确定性对财富收入比条件分布的影响，进而考察不同流动性约束程度下，异质性消费者预防性储蓄比例的差异程度。分位数回归的优点在于较为全面地提供了条件分布的相关信息，且通过以残差绝对值的加权平均为目标函数进行最小化，减弱了极端异常值的影响，这也有助于检验表8-2结果的稳健性。

表8-3和表8-4分别列示了以金融资产（$\ln\frac{W}{P}$）和储蓄（$\ln\frac{S}{P}$）衡量财富的分位数回归结果。在不同财富收入比条件分位数下，无论是不确定性ω，还是不确定性ω与住房资产虚拟变量b的交互项，其分位数回归系数正负性、显著性均与前文实证结果一致，证明了不确定性对财富积累的影响在有房与无房消费者之间存在着显著差异的结论具有一定的稳健性。换言之，无论是在能够实现跨期最优决策，还是在受到不同程度的流动性约束的情况下，无房消费者财富中预防性储蓄的比例均高于有房消费者。

通过对比不同条件分位数的结果，我们发现，随着分位数的增加，不确定性ω及其与住房资产虚拟变量交互项（$b*\omega$）的分位数回归系数的绝对值均呈现先下降后略有上升的趋势，其中1/8分位数对应的系数均显著高于其他分位数。也就是说，预防性储蓄的比例及其在有房与无房消费者中的差异程度随着高流动性资产相对比例的变化而变化，说明给定其他条件不变的情况下，现有的高流动性资产水平也会对预防性储蓄行为产生

一定的影响。尤其是对贫穷型 HtM 消费者而言，无房对其财富积累的影响会因高流动性不足而提高，导致其预防性储蓄比例更高，可用于当期消费平滑的资产更少，进一步加剧了其所面临流动性约束的程度。

表8-3　不确定性与财富积累（以金融资产衡量）的分位数回归结果

	(1)	(2)	(3)	(4)	(5)	(6)	(7)
	qr125	qr250	qr375	qr500	qr625	qr750	qr875
ω	2.207**	1.689**	1.585***	1.044*	0.972**	1.131**	1.714***
	(2.21)	(2.49)	(2.62)	(1.94)	(2.19)	(2.36)	(5.27)
$b*\omega$	−2.062**	−1.851***	−1.577**	−0.931*	−0.761*	−0.946*	−1.685***
	(−2.03)	(−2.68)	(−2.56)	(−1.70)	(−1.69)	(−1.94)	(−5.09)
age	−0.057	−0.113	−0.066	−0.060	−0.050	−0.032	0.014
	(−0.45)	(−1.31)	(−0.86)	(−0.87)	(−0.88)	(−0.52)	(0.35)
age^2	0.000	0.001	0.000	0.000	0.000	0.000	−0.000
	(0.25)	(1.06)	(0.50)	(0.54)	(0.52)	(0.23)	(−0.57)
$gender$	0.294	0.046	0.060	−0.023	0.020	0.022	0.030
	(1.22)	(0.28)	(0.41)	(−0.17)	(0.18)	(0.19)	(0.38)
$work$	0.531**	0.270	0.272*	0.335**	0.327***	0.250**	0.194**
	(2.06)	(1.55)	(1.75)	(2.40)	(2.86)	(2.02)	(2.31)
$marriage$	0.498	0.460	0.731**	0.745***	0.770***	0.760***	0.584***
	(0.99)	(1.35)	(2.41)	(2.75)	(3.46)	(3.15)	(3.57)
$Constant$	−3.261	−0.537	−0.837	−0.417	−0.168	0.037	−0.282
	(−1.11)	(−0.27)	(−0.47)	(−0.26)	(−0.13)	(0.03)	(−0.29)

注：表格括号内报告的为 t 统计值，上标*、**、***分别表示在 10%、5%和 1%水平下显著。

表8-4　不确定性与财富积累（以储蓄衡量）的分位数回归结果

	(1)	(2)	(3)	(4)	(5)	(6)	(7)
	qr125	qr250	qr375	qr500	qr625	qr750	qr875
ω	2.369**	1.765***	1.700***	1.209**	0.857*	1.277***	1.808***
	(2.18)	(2.95)	(2.90)	(2.20)	(1.82)	(2.90)	(4.95)
$b*\omega$	−2.200**	−2.071***	−1.768***	−1.205**	−0.720	−1.108**	−1.755***
	(−1.99)	(−3.40)	(−2.96)	(−2.16)	(−1.50)	(−2.47)	(−4.72)
age	−0.111	−0.120	−0.084	−0.058	−0.050	−0.105*	−0.023
	(−0.80)	(−1.58)	(−1.12)	(−0.83)	(−0.83)	(−1.88)	(−0.49)

续表

	(1)	(2)	(3)	(4)	(5)	(6)	(7)
	qr125	qr250	qr375	qr500	qr625	qr750	qr875
age^2	0.001	0.001	0.001	0.000	0.000	0.001	0.000
	(0.63)	(1.35)	(0.84)	(0.60)	(0.63)	(1.56)	(0.32)
gender	0.210	0.034	−0.037	−0.024	−0.067	0.023	−0.038
	(0.80)	(0.23)	(−0.26)	(−0.18)	(−0.59)	(0.22)	(−0.42)
work	0.452	0.255*	0.340**	0.326**	0.403***	0.262**	0.221**
	(1.61)	(1.65)	(2.25)	(2.30)	(3.32)	(2.31)	(2.34)
marriage	0.504	0.334	0.665**	0.718***	0.838***	0.753***	0.558***
	(0.92)	(1.11)	(2.26)	(2.60)	(3.54)	(3.41)	(3.04)
Constant	−2.106	−0.380	−0.680	−0.713	−0.555	1.628	0.467
	(−0.66)	(−0.21)	(−0.39)	(−0.44)	(−0.40)	(1.25)	(0.43)

注：表格括号内报告的为 t 统计值，上标*、**、***分别表示在 10%、5%和 1%水平下显著。

第二节　不确定性、黏性信息的叠加效应与我国农村 居民消费行为

　　我国农村政策敏感度、社会保障程度低于城镇是不争的事实，这会带来两方面的影响：一方面短期农村宏观经济信息的滞后和更高的消费决策信息搜集成本带来了更高的信息黏性程度，从而使得农村居民消费决策效用相较于完全信息的情况而言有所偏离，导致农村居民跨期消费的不充分调整或过度调整，产生效率损失；另一方面农村居民收入波动程度较高，收入来源普遍缺乏稳定性，加上社会保障程度较低，故而面临未来不确定性时的谨慎心理较强，预防性储蓄动机的强度就会更大。在同时面临较高的信息黏性程度与不确定性程度的情况下，当信息黏性程度越大时，居民的谨慎性心理是否越强，预防性储蓄是否会增加得越多？两者之间的叠加产生了怎样的效应和结果，是否加剧了储蓄的增加和消费的减少？若降低信息黏性和居民心理谨慎性，能否更进一步地释放农村消费需求潜力？对上述问题的分析与回答是本部分研究的主要内容。

一、理论分析

(一)收入不确定性与家庭消费储蓄行为的关系

基于消费者的多样心理特征,缓冲存货模型同时纳入了谨慎和缺乏耐心两种心理状态。谨慎意味着更多储蓄和更少消费,缺乏耐心则恰好相反。消费者当前心理状态为谨慎还是缺乏耐心,在行动上表现为其选择储蓄还是消费,它取决于当前财富积累水平与持久收入的比值是否高于消费者心目中的目标值,而该目标值的确立基于预防性动机,目的是增加消费者整个生命周期内的消费平滑性。由于所采用的CRRA效用函数的性质,该模型不存在解析解,但我们可以利用缓冲存货模型的数值模拟解。结果表明,消费者的目标财富–持久收入比W_t/P_t与t期所面临的收入不确定性θ_t之间存在着式(8–3)所示的关系,即不同程度的不确定性均对应一个与之相适应的财富–持久收入值。其中n_t为残差。

$$\ln \frac{W_t}{P_t} = a_0 + a_1\theta_t + n_t \tag{8–3}$$

(二)收入不确定性与家庭消费储蓄行为的关系

消费者在完全信息下的消费与储蓄行为是其对自身在生命周期内做出的跨期消费决策的无偏估计。然而现实中消费者获取信息需要成本,更新信息需要时间,这就意味着其在进行短期与长期消费行为决策时的信息量是不同的,"完全信息"可望而不可即。卡罗尔(Carroll,2005)使用美国流行病学传播的相关数学与逻辑表述模型,通过渐近分析得出,居民信息更新有一定的时间间隔,而居民预期也具有黏性特征。卡罗尔在外生黏性信息下把居民分为两组,第一组是预期更为准确的专家组和追随专家组预期的部分公众,第二组是滞后于专家预期的公众组,这部分居民发现更新信息需要成本,且获取信息后再决策所取得的边际收益小于因获取信息所带来的边际成本,因此他们理性地放弃了更新信息,继续使用已掌握的滞后信息进行决策。显然,最新信息获取程度的差异会导致上述两组居民的消费行为出现异质,且第二组居民信息的不完全导致了居民总体预期的黏性,使得总体消费与储蓄行为也受到影响,此时消费不仅仅取决于持久收入,还部分地取决于前期消费。同理,当收入受到冲击时,由于冲击信息传达的不完全性,居民对消费的调整相应也是迟滞的。

　　给定一个季度的时间[①]，第一组居民在该季度内及时更新信息，第二组居民未及时更新信息，则第一组居民所占的比例也恰是居民整体当季更新信息的概率。借鉴戴南（Dynan，2000）在 CRRA 效用函数中引入消费习惯的模型[②]，我们在 CRRA 效用函数中引入了黏性信息，经推导得出黏性信息特征下消费增长的动态模型：

$$\Delta \ln C_t = a_0 + x\Delta \ln C_{t-1} + \varepsilon_t \tag{8-4}$$

　　其中，C_t 为 t 期消费者的实际消费支出，x 为度量信息黏性大小的参数，满足 $0 < x < 1$，则居民当季更新信息的概率为 $1-x$。方程（8-4）体现了黏性信息的存在使得本期消费增长率受到滞后一期消费增长率的影响，并且两期消费间呈现正的相关关系，或者说黏性信息下本期消费决策部分地取决于滞后信息。

　　收入不确定性和其他冲击一样，也可以看作是一种经济信息，也具有信息黏性的特征。不排除部分居民因为信息获取成本等因素而没有及时对储蓄和消费做出充分调整，从而延续前期对于所面临不确定性的应对模式，也就是说，我们不可忽略这种具有黏性信息特征的收入不确定性给居民的消费和储蓄行为带来的影响。黏性信息下，消费者做出决策所采用的信息均不完全，但单个消费者在做出消费决策、储蓄决策时的信息量是相同的。假设消费者在考察期内各期信息黏性程度保持不变，那么在受到收入不确定性冲击的情况下，黏性信息因素不仅会使得消费行为出现黏性，也会使得储蓄行为表现出相同程度的黏性，且这种黏性所带来的跨期依赖性数值上均为 x。因此，下文中我们可以使用消费黏性参数的估计结果来衡量信息黏性的程度，并进一步修正收入不确定性的衡量指标，构造具有黏性信息特征的收入不确定性变量，而后者是通过对未来各期不确定性跨期黏性传导进行逐期累计实现的。假设估计出的消费黏性系数为 0.7，则这意味着每个季度有 70% 比例的消费者不更新决策信息，或者每个季度有 70% 的消费者受到黏性信息等因素的影响，相应地，只有 30% 的消费者及时使用最新信息进行决策。这个结果也可解释为，整体消费者都是同质的情形下，每期其决策只采用 30% 的最新信息，另外 70% 的决策信息为滞后信息。根据以上分析，接下来我们将逐步构建不确定性与黏性信息叠加影响居民消费储蓄行为的分析框架。

---

　　① 跨期依赖程度依据时间间隔由短到长而逐渐减弱，因此数据频率的选取比较关键，需要考虑到各类与居民收支相关的宏观经济信息公布的频率。国家统计局数据公布的频率分别为月度、季度、年度。由于月度数据中不包含国民经济核算与居民收支情况核算，因此我们选取了介于月度与年度数据之间的季度数据作为本节的考察频率。

　　② 消费习惯在有些文献中也被称为消费黏性。卡罗尔（Carroll，2011）等认为不管采用哪种称呼，其描述的均是消费行为的跨期依赖性，或者说消费习惯、黏性信息均是消费行为具有跨期依赖性的原因及表现。更进一步讲，黏性信息是更深层次的概念，信息的滞后（或不完全）导致了消费的惯性。因此，可参照习惯形成参数的处理方式，来对黏性信息所带来的跨期依赖程度进行度量。

居民预防性储蓄行为是基于未来收入的不确定性所采取的行动，居民进行决策时依据的是未来各期对当期的影响。即，居民在 t 期为了应对将来不确定性而确立的目标财富收入比是预估 $t+1$、$t+2$、$t+3$、$t+4$ 等期收入不确定性 ω_{t+1}、ω_{t+2}、ω_{t+3}、ω_{t+4} 的共同影响后的结果。而同样，居民对未来各期收入不确定性的感知也受到信息黏性的影响，具有相同程度的跨期依赖性。假设给定当期的影响系数（即本期及未来不确定性的累计值对本期财富积累的影响）为 β，则我们可以对居民在 t 期所面临的收入不确定性 θ_t 做出考虑信息黏性后的修正，即将当期财富目标确立为应对之后多期不确定性传导到当期后的叠加值，则式（8-3）转化为：

$$\ln\frac{W_t}{P_t} \approx \alpha_0 + \beta(\omega_t + x\omega_{t+1} + x^2\omega_{t+2} + x^3\omega_{t+3} + x^4\omega_{t+4} + ...) + \varepsilon_t \tag{8-5}$$

同时设定：

$$T\pi_t = \omega_t + x\omega_{t+1} + x^2\omega_{t+2} + x^3\omega_{t+3} + x^4\omega_{t+4} + ... \tag{8-6}$$

则可以得出：

$$\ln\frac{W_t}{P_t} = \alpha_0 + \beta T\pi_t + \varepsilon_t \tag{8-7}$$

其中，x 为信息黏性参数，ω_t 为不确定性。$T\pi_t$ 为不确定性在黏性信息作用下的逐期叠加累计值，用以估计多期不确定性的冲击传导到当期时的累积影响，可看作是收入不确定性指标考虑黏性信息后的修正，换言之，它是衡量不确定性、黏性信息叠加效应的变量，β 为其系数。

（三）修正后的收入不确定性指标 $T\pi_t$ 的构建

在构建收入不确定性统计量的过程中，我们发现，不管使用哪种不确定性的代理变量，未来不确定性对当期的影响都是消费者基于当期或过去情况的潜在感知，即消费者基于当期或过去已知的情况（即 ω_t）而做出的对于未来情况的主观判断。消费者在 t 期所面临的不确定性作为一种经济信息，会以 x 的黏性强度传递到 $t+1$ 期，则黏性预期下消费者预期 $t+1$ 期的不确定性强度传递到当期后将为 $x\omega_t$；也会以 x^2 的黏性强度传递到 $t+2$ 期，则黏性预期下消费者预期 $t+2$ 期的不确定性强度传递到当期后将为 $x^2\omega_t$，以此类推。因此，t 期财富与持久收入比的调整是为了应对未来各期累计不确定性的渐进结果。综上，在将未来各期无限扩展之后，我们对式（8-5）做出变化如下：

$$\ln\frac{W_t}{P_t} = a_0 + \beta(\omega_t + x\omega_t + x^2\omega_t + x^3\omega_t + x^4\omega_t + ...) + \varepsilon_t \tag{8-8}$$

则，$T\pi_t = \omega_t(1 + x + x^2 + x^3 + x^4 + \ldots) = \dfrac{\omega_t}{1-x}$，由于 $0 < x < 1$，可以看出，黏性信息的存在，使得当期面临的不确定性呈倍数放大，即黏性信息下居民面临的不确定性要数倍于不考虑黏性信息的情况。当黏性程度 x 降低，逐期累积的不确定性 $T\pi_t$ 减少，反之反是。这说明黏性信息强化了居民实际面临的不确定性程度，进而增加了其预防性储蓄。为与式（8-7）进行区分，我们用 γ_i 和 g 分别代表常数项与估计系数，则式（8-8）转化为：

$$\ln \frac{W_t}{P_t} = \gamma_i + gT\pi_t + \varepsilon_t \tag{8-9}$$

进一步，推导得出：

$$\ln W_t = \gamma_i + gT\pi_t + k\ln P_t + \varepsilon_t \tag{8-10}$$

综合起来，度量黏性信息、收入不确定性叠加效应的步骤分别为：

第一步，估计方程（8-4），得出信息黏性参数 x；

第二步，选择衡量收入不确定性的变量 ω_t，依据（8-6）式及信息黏性参数 x 的估计结果构建估计量 $T\pi_t$；

第三步，估计方程（8-10），测度黏性信息、不确定性的叠加效应。

二、实证分析

（一）季度面板数据及描述性统计

考虑到统计数据的口径变更与样本期数问题，为扩大信息量，增加估计和检验统计量的自由度，同时提高动态分析的可靠性，本部分在上述理论分析中时间序列模型的基础上，增加了横截面维度，样本区间选择了 31 个省级行政区 2013—2016 年全国、城镇、农村居民的面板样本，数据频率为季度。为与上述居民消费行为的理论分析相一致，我们用人均消费和人均支出作为各省级行政区典型消费者的数据，其中人均消费采用居民人均消费支出衡量，人均收入采用居民人均可支配收入衡量。由于无法得到与家庭财富或家庭资产相关的省际季度数据，这里借鉴杭斌（2009）的处理方法，使用消费支出 C 对家庭财富 W 进行了替换。当面临收入不确定性时，人们会增加财富积累，提高财富目标，使得消费支出被挤出，进而相应减少。因此，式（8-10）转换为：

$$\ln C_t = g_i + gT\pi_t + k\ln P_t + \varepsilon_t \tag{8-11}$$

相关数据均剔除了以 2013 年为基期的居民消费价格指数，同时我们还对有季节趋势的数据用 Eviews 做了 X12 法季度调整，以剔除季度因素及个别不规则因素的影响。数据来源为国家统计局网站。各变量的总体统计特征见表 8-5。

从表 8-5 可以看出我国城乡间、区域间收入水平与消费水平的差异。城镇居民的人均可支配收入和人均消费支出均显著高于农村居民；而在农村居民内部，东部地区[①]农村与中西部地区农村也呈明显的梯度差异，东部居民的收入和消费水平显著高于中西部居民；从四年的平均消费倾向[②]来看，农村居民的平均消费倾向比城镇居民高约 10 个百分点，且这一倾向在农村居民间由东向西依次递进，西部地区农村居民平均消费倾向比东部地区农村居民高 12 个百分点。各项最小值与最大值之间也体现了上述差异，农村东中西部区域间消费行为显著不同。

表 8-5　全国 31 省级行政区 2013—2016 年季度面板数据总体统计特征　　单位：元

	变量名	均值	标准差	最小值	最大值	观测值
人均消费支出	全国	3712.33	1518.95	1338.57	9229.47	496
	城镇	4872.69	1344.73	3022.48	9869.92	496
	农村	2231.78	787.98	619.27	4925.65	496
	东部地区农村	2815.88	819.26	1362.69	4925.65	176
	中部地区农村	2024.54	446.90	1198.41	3267.28	128
	西部地区农村	1834.53	599.67	619.27	3563.84	192
人均可支配收入	全国	5107.81	2211.49	1780.78	13855	496
	城镇	6987.36	1922.38	4224.56	14589.18	496
	农村	2761.91	1223.53	150.35	7529.66	496
	东部地区农村	3675.69	1253.89	1747.77	7529.66	176
	中部地区农村	2547.25	726.37	1071.02	3973.06	128
	西部地区农村	2067.38	896.19	150.35	6620.04	192

（二）变量说明与面板估计方程的确立

1. 收入不确定性 ω_t 衡量变量 ery_{it}、erc_{it} 的说明

学术界对于收入不确定性的度量并未达成共识。常见的指标主要有衡量收入波动程度和稳定程度的变量，如失业率、职业、收入增长率等；还有衡量消费支出波动程度的变量，如消费增长率等。依据数据的可得性，我们对比了表 8-5 中数据样本期间收入的标准差和消费支出的标准差，发现各项收入的总体标准差均高于消费支出。而 2013—

---

① 东部指北京、天津、河北、辽宁、上海、江苏、浙江、福建、山东、广东、海南 11 省市；中部指黑龙江、吉林、山西、安徽、江西、河南、湖北、湖南 8 省；西部省份指其余 12 省、区、市。

② 由各地区人均消费支出与人均可支配收入的比值计算得出。

2016 年各省、区、市收入增长率与消费增长率的总计方差[①]分别为 0.248569、0.073846，收入增长率的方差同样大于消费增长率的方差。同时相比较而言，农村居民收入增长率波动程度更大一些。由于一方面农村居民消费支出具有较大的惯性，另一方面农村居民的收入缺乏稳定性，季节性明显，因此这里优先采用预期收入波动率作为收入不确定性的替代变量。即，农村居民收入越稳定，收入不确定性就越小，反之反是。这是符合现实情况的。考虑到数据可得性及影响程度的强弱，我们使用了 t-1、t-2、t-3、t-4 期的数值来构建预期收入波动率，即 i 省 t 期收入不确定性 ω_t 的衡量变量预期收入波动率 ery_{it} 为 t-1、t-2、t-3、t-4 期收入增长率的均值。

作为对比，我们也用相同方法构建了农村居民的预期消费支出波动率 erc_{it}。经过计算，ery_{it} 的均值为 1.89%，标准差为 0.51%[②]；erc_{it} 的均值为 2.05%，标准差为 1.32%。此处预期收入增长率的统计结果包含了一个自然年度中四个季度的增长率，可以看出，农村居民收入虽季节性明显，然而各年度间收入仍然相对稳定。因此后文有必要将预期消费支出波动率 erc_{it} 作为衡量收入不确定性的另一变量予以补充。

2. 持久收入衡量变量的说明

农村居民持久收入使用过去四个季度人均可支配收入实际值的均值来表示，即 P_{it} 为 t-1、t-2、t-3、t-4 期 i 省人均可支配收入均值。

3. 面板估计方程的确立

式 (8–4)—(8–11) 均为计算时间序列数据的公式，在具体应用到我们的面板数据中时，各个省份作为个体，每个个体都适用上述时间序列的公式，各个体间组成的面板则需要添加横截面维度。

则式 (8–11) 转化为：

$$\Delta \ln C_{it} = \alpha_i + x\Delta \ln C_{i,t-1} + \varepsilon_{it} \tag{8–12}$$

式 (8–8) 转化为：

$$\ln \frac{C_{it}}{P_{it}} \approx \gamma_i + g(ery_{it} + xery_{it} + x^2 ery_{it} + x^3 ery_{it} + x^4 ery_{it} + ...) + \varepsilon_{it} \tag{8–13}$$

衡量黏性信息、不确定性叠加效应的变量 $T\pi_t$ 转化为 $Tery_{it}$：

$$Tery_{it} = ery_{it}(1 + x + x^2 + x^3 + x^4 + ...) = \frac{ery_{it}}{1-x} \tag{8–14}$$

考虑到城镇居民消费对于农村居民的示范效应，我们加入了城镇居民的平均消费倾

---

① 对 2013—2016 年各季度、各省市的收入增长率与消费增长率按方差进行分类汇总后计算得出。

② 根据上述计算方法，得出 ery_{it} 后使用 Stata 的数据统计功能计算得出。下同。

向(Eapcc)作为控制变量，具体而言，$Eapcc_{it}$为t-1、t-2、t-3、t-4期i省城镇居民平均消费倾向的平均值，故式(8–13)最终转化为：

$$\ln C_{it} = \gamma_i + gTery_{it} + k\ln P_{it} + Eapcc_{it} + \varepsilon_{it} \tag{8–15}$$

以下估计均使用了Stata12统计分析软件。样本时间维度T=16，横截面维度N=31，虽为短面板，但是考虑到数据频率较高，我们仍选择了LLC检验方法检验了面板数据的平稳性，检验结果证明本节研究中所有变量均严格平稳。

(三)信息黏性参数的估计

本节将使用式(8–12)来估计信息黏性参数x。对于式(8–12)所可能存在的模型内生性问题，我们使用了豪斯曼检验方法，对应P值为0.0000，因此需采用动态面板工具变量法进行估计。各种经验研究证明，收入是影响消费的重要因素，因此除了选用消费增长率的二阶滞后、三阶滞后作为消费增长率一阶滞后的工具变量外，我们还选用了收入增长率的二阶与三阶滞后。我们采用针对动态短面板数据的系统GMM与差分GMM分析方法，综合使用xtabond2命令，以检验估计方法的有效性和工具变量的有效性，得出结果见表8–6。

表8–6　信息黏性参数估计结果

序号	工具变量	黏性参数x	常数项	AR(2)	Hansen统计量	观测值
I	$\Delta\ln c_{i,t-2}$、$\Delta\ln c_{i,t-3}$、$\Delta\ln y_{i,t-3}$、$\Delta\ln y_{i,t-3}$	0.85058*** (0.04112)	0.00424*** (0.00155)	−0.76 (0.445)	6.44 (0.092)	372
II	$\Delta\ln c_{i,t-2}$、$\Delta\ln c_{i,t-3}$、$\Delta\ln y_{i,t-3}$	0.89232*** (0.03745)	0.00351*** (0.00151)	−0.76 (0.446)	4.64 (0.098)	372
III	$\Delta\ln y_{i,t-2}$、$\Delta\ln y_{i,t-3}$	0.79739*** (0.27691)	0.00488* (0.00483)	−0.81 (0.417)	4.49 (0.034)	372
IV	$\Delta\ln c_{i,t-2}$、$\Delta\ln c_{i,t-3}$	0.89229*** (0.03189)	0.00318** (0.00149)	−0.76 (0.446)	3.78 (0.052)	372

注：括号内为标准差，其中AR(2)、Hansen统计量两列括号内为P值，***、**、*分别表示在1%、5%、10%的水平下显著。

表8–6中四个估计方程使用了不同的工具变量，黏性参数x均显著，且相差较小，因此我们可以认为黏性参数x的估计结果是稳健的。估计方程I以消费增长率、收入增长率的二阶滞后、三阶滞后共同作为消费增长率一阶滞后的工具变量，得出的信息黏性参数x估计值为0.8506，AR(2)检验P值为0.445>0.05，表明可以在5%的显著性水平上

接收"扰动项差分的二阶自相关系数为 0"的原假设，即所选用的估计方法有效。同时异方差稳健的 Hansen 统计量较适合检验工具变量较少的情形，P 值为 0.092>0.05，表明可以在 5%的显著性水平上接受"所有工具变量都有效"的原假设，即所选用的工具变量均有效。估计方程Ⅱ以消费增长率的二阶滞后、三阶滞后，收入增长率的三阶滞后共同作为工具变量，得出的黏性参数估计值为 0.8923。估计方程Ⅲ以收入增长率的二阶滞后、三阶滞后为工具变量，得出的黏性参数估计值为 0.7974，然而 Hansen 统计量的值显示未通过工具变量有效性检验。估计方程Ⅳ以消费增长率的二阶滞后、三阶滞后为工具变量，得出的黏性参数估计值为 0.8923，然而 Hansen 统计量 P 值较低。由于同时考虑收入增长率二阶滞后的方式更为全面，因此综合考虑，在方程Ⅰ和方程Ⅱ中，我们选取估计方程Ⅰ的估计值作为不确定性指标，即 0.8506。这表明每个季度，平均只有约 15%的农村居民会及时更新信息，而剩余的 85%均使用滞后信息决策。这比卡罗尔（Carroll，2011）所估计的美国居民季度消费黏性参数 0.71 要高，且高于宋明月、臧旭恒（2016b）得出的 2000—2012 年城镇居民季度黏性参数为 0.6 的估计。相比于信息获得渠道较通畅的城镇居民而言，农村居民在短期内的信息黏性程度要高得多，消费行为的高度路径依赖致使农村居民的跨期决策效率低下，说明这一时期农村居民的消费波动呈现出非常显著的跨期相关性，任何的冲击都会对后续的消费施加持续的影响。

（四）信息黏性、不确定性对农村消费需求增长的叠加效应估计

根据以上黏性系数的估计结果，我们采用式(8-14)构建衡量信息黏性、不确定性对农村消费需求叠加效应的统计量，并对式(8-15)可能存在的内生性问题进行了豪斯曼检验[①]，其结果为接受所有变量均为外生的原假设。接下来我们使用短面板的估计策略估计未来各期不确定性的黏性累计值对于当期消费储蓄行为的影响。首先使用混合回归模型与固定效应模型分别进行估计，对比结果后认为固定效应明显优于混合回归。[②]进一步添加省、区、市为虚拟变量，使用 LSDV 法考察后发现所有个体虚拟变量均很显著，即确定存在个体效应，因此我们重新估计了使用聚类稳健标准差的固定效应模型 FE-R。这里需要关注的是，30 个虚拟变量中，19 个相关系数估计值为负，而重庆、甘肃、贵州、湖南、内蒙古、宁夏、青海、陕西、四川、新疆、云南的系数为正，且这些行政区均为中西部省、区、市，说明东中西部的差异不仅体现在表 8-5 中收入与支出的绝对数上，

---

① 此处豪斯曼检验结果 χ^2 值为 3.18，P 值为 0.5289。

② 使用固定效应模型估计时，如果不使用聚类稳健标准差，则输出结果中包含一个 F 检验，其原假设为混合回归可以接受，此处该 F 统计量的 P 值为 0.0000，即认为固定效应明显优于混合回归。

也体现在消费者的跨期消费储蓄行为上，因而有必要在后文对东中西部地区农村进行分别估计。接下来，我们对个体效应的随机效应形式进行豪斯曼检验[1]，结果表明应该使用随机效应模型。最后，使用聚类稳健标准差估计随机效应模型后，LM 检验 P 值 0.0000，强烈拒绝不存在个体随机效应的原假设。

我们同时使用式(8–14)中的相同方法构建了 $Terc_{it}$，并将两种衡量变量按式(8–14)所形成的随机效应模型进行估计，结果汇总如表 8–7。

表 8–7　不确定性、黏性信息的叠加效应估计结果

变量名	$Tery_{it}$	$Terc_{it}$	$\ln P_{it}$	$Eapcc_{it}$	$Constant$	观测值	R^2
估计结果	−1.09482***		0.85361***	0.99706***	0.41238	341	0.6309
	(0.30295)		(0.04724)	(0.28212)	(0.37595)		
		−0.54362***	0.87561***	0.83995***	0.28534***	341	0.6417
		(0.11273)	(0.04547)	(0.27517)	(0.37719)		

注：括号内为标准差差，***、**、*分别表示在 1%、5%、10%的水平下显著。下同。

由表 8–7 可知，不论使用哪种不确定性衡量变量，$\ln P_{it}$、$Eapcc_{it}$ 的估计系数相差均不太大，表明持久收入仍在农村居民消费中起着很关键的作用，且城镇居民的消费观念对于农村居民有着正向的带动作用。$Tery_{it}$、$Terc_{it}$ 的估计系数分别为−1.09482、−0.54362，意味着当农村居民认为未来各季度收入不确定性将增加时，会减少当季度支出来应对今后可能的消费波动，以达到消费平滑的目的。由于变量参照式(8–14)构建所得，因此我们不对比其数值大小，而是按以下方式予以分析：341 个样本中，如前所述，ery_{it} 的均值为 1.89%，标准差为 0.51%；erc_{it} 的均值为 2.05%，标准差为 1.32%。当其他条件不变，假设 ery_{it} 由均值 1.89%增加标准差值的幅度而变为 2.40%，经换算，季度消费支出 C_{it} 将减少 3.65%[2]。同理，当 ery_{it} 由 2.40%减少标准差值的幅度时，季度消费支出 C_{it} 将增加 3.79%；而此时若 x 由 0.85 降为 0.80，季度消费支出 C_{it} 将增加 7.43%。当 erc_{it} 由 3.37%减少标准差值的幅度至 2.05%时，季度消费支出 C_{it} 将增加 4.90%；而此时若 x 由 0.85 降为 0.80，季度消费支出 C_{it} 将增加 6.87%。从上述分析可以看出，短期内我国农村居民的预防性储蓄不仅取决于不确定性，也取决于黏性信息，且由于黏性信息与未来不确定性的叠加影响，不确定性的加剧挤出了较多的消费支出，引致了更多的预防性储蓄。黏性信息与不确定性的叠加效应对当期农村居民消费行为影响的强度不容忽视。

---

① 此处豪斯曼检验结果 χ^2 值为 2.10，P 值为 0.5516。

② 此处结合方程(8–14)(8–15)与表 8–7 的估计结果计算得出。本段下同。

（五）东、中、西部地区农村叠加效应的分别估计

根据表 8-5 的统计性描述及总体样本叠加效应估计中体现出的问题，再结合表 8-8 中东中西部地区农村 ery_{it}、erc_{it} 的样本均值与标准差来看，我国农村的区域间差异不可忽略。下面我们将使用总体样本中的估计方法，对我国东中西部地区农村不确定性、黏性信息的叠加影响分别进行估计，估计中同时使用了黏性信息与不确定性在收入侧和需求侧叠加效应的统计量 $Tery_{it}$、$Terc_{it}$，结果见表 8-9。

表 8-8　东、中、西部地区农村居民不确定性变量统计性描述

变量名	东部地区农村		中部地区农村		西部地区农村	
	均值	标准差	均值	标准差	均值	标准差
ery_{it}	1.81%	0.39%	1.75%	0.62%	2.05%	0.48%
erc_{it}	2.01%	1.16%	2.00%	1.27%	2.12%	1.47%

表 8-9　东、中、西部地区农村居民不确定性、黏性信息的叠加效应估计结果

变量名	东部地区农村		中部地区农村		西部地区农村	
	(1)	(2)	(1)	(2)	(1)	(2)
$Tery_{it}$	−1.42872***		−0.12839		−1.39656**	
	(0.40536)		(0.20504)		(0.66048)	
$Terc_{it}$		−0.28258***		−0.61002*		−0.60464***
		(0.09520)		(0.31399)		(0.16451)
$\ln P_{it}$	0.95687***	0.94993***	1.35427***	1.35356***	0.98203***	1.13215***
	(0.08080)	(0.07297)	(0.13117)	(0.12089)	(0.18125)	(0.15448)
$Eapcc_{it}$	0.83928**	0.89606**	−0.61543	−0.41302	0.78229	0.60421
	(0.38179)	(0.40277)	(0.46944)	(0.51099)	(0.68019)	(0.64135)
$Constant$	−0.29952	−0.41737	−2.56414***	−2.62844***	−0.34092	−1.46313
	(0.70028)	(0.66768)	(0.77146)	(0.71660)	(1.36037)	(1.02342)
观测值	121	121	88	88	132	132
R^2	0.8047	0.8007	0.2631	0.3142	0.2938	0.3134

综合表 8-8、表 8-9，中部地区农村 $Tery_{it}$ 的估计系数虽不显著，但我们也能大致分析出各区域间农村居民的消费增长对于不确定性的反应是不同的。当 ery_{it} 由均值水平减少标准差值的幅度时，东、西部地区农村居民季度消费支出将分别增加 3.78%、4.57%。当 erc_{it} 由均值水平减少标准差值的幅度时，东、中、西部地区农村居民季度消费支出将

分别增加 2.21%、5.30%、6.10%。西部地区农村居民普遍面临着较大的收入不确定性，且不确定性对于消费增长的影响也是三个区域中最大的，其次为中部地区农村，东部地区农村居民的消费则受不确定性的影响相对较小。就持久收入的影响看，其在中部地区农村的程度最高。由表 8–5 可知，无论是人均可支配收入还是人均消费支出，中部地区农村的样本标准差都是最小的，这说明中部地区农村收入与消费相比较东部、西部来说波动较小，相比而言，持久收入在中部地区起到了关键性的促进消费作用。就城镇居民的消费观念对于农村居民的带动作用看，该系数只在东部农村地区显著为正。计算城镇和农村居民的平均消费倾向均值后，我们发现东部地区城乡间差异最小，中部地区次之，西部地区最大。

不可否认，与城镇居民相比，我国农村居民消费需求潜力更大。我国农村居民的预防性储蓄不仅取决于不确定性，也取决于黏性信息，进一步地，通过对东中西部地区农村的分析我们发现，农村居民的消费增长对不确定性的反应是有差异的，西部敏感性程度最高，其次为中部，最弱为东部。

第三节　社会网络与农村居民消费行为

近年来，随着社会经济学的悄然兴起，长期以来受到忽视的社会关系和社会结构因素逐渐被纳入主流经济学研究框架，形成了"社会资本"概念。社会网络作为社会资本的最重要表现形式，使得学术界更多地从社会网络维度来考察经济主体间的交往对经济行为及其绩效的影响。

农村社会网络涵盖了血缘、地缘、"业缘"与"趣缘"等人际关系，作为一个多维复杂的概念，其不同维度相互交织重叠，且随着时代变迁，其作用呈现出动态演进态势。社会网络不仅对农村居民消费行为存在直接影响，实际上还可能通过非正规金融、劳动力流动与收入分配等渠道发挥间接作用，社会网络消费效应背后深层次的理论机制值得深入剖析。同时，就多维社会网络中的某一特定关系而言，其还可能在不同区域、收入组与消费类型中存在异质性效应。基于此，本部分试图从社会网络视角分析农村居民消费行为，以期为"新常态"下扩大消费需求，建立健全扩大消费的长效机制，提供必要的借鉴和参考依据。

一、理论机制与研究假说

现有研究通常将农村居民社会网络关系作为其最重要的社会资本，这种"软资本"可能与宏观环境、收入水平等因素共同对农村居民消费行为产生影响。与此同时，农村居民消费还与其面临的流动性约束、劳动就业与收入分配等因素息息相关。故我们将从非正规金融、劳动力流动与收入分配路径来剖析社会网络影响农村居民消费的作用机理（相关理论框架如图 8-1 所示），同时提出相应假说。

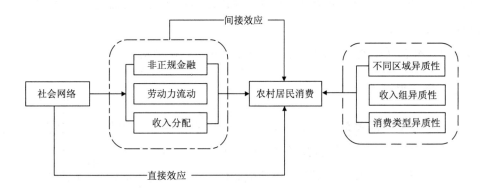

图 8-1　社会网络影响农村居民消费的作用机理

（一）非正规金融效应

由于农业生产具有典型的季节性、周期性特征，农业生产非常容易受到劳动者疾病、自然灾害和气候变化的冲击，因此农业回报率相对较低，不确定性较强，农业发展与正规金融寻求利润最大化的激励存在矛盾，正规金融机构基于收益和风险的双重考虑，往往存在对中国广大农村地区的居民尤其是主要依靠农业收入的农户"惜贷"的现象。同时，正规金融机构认为，将贷款用于生产性用途的农户通常具有较高还款能力，故正规金融机构发放的贷款主要以农户生产性目的居多，而很少向农户发放消费性贷款。（黄祖辉等，2007）当农村居民面临较大的收入波动性和不确定性，或者存在其他大额刚性消费支出需求时，客观上要求一系列正式或非正式信贷市场、转移支付手段来作为跨时消费的平滑机制。但是，中国农村地区普遍存在社会保障体系不健全、信贷市场与商业保险市场不完善等现象，正规金融机构对农户金融需求的满足程度相对较低。由于农村居民通常居住邻近或交往频繁，农户间存在一个长期博弈过程，非常了解彼此财务状况、还款能力和诚信意识，相互信息搜索和监督成本也较低，能够及时识别并排除"高风险"的借款人，有效缓解因"信息不对称"和"缺乏抵押品"导致的逆向选择与道德风险（Karlan，2007）；在农户有限的关系网络中，社会网络作为一种特殊形式的家庭资本，能够作为隐性担保机制和声誉机制，降低民间金融市场上的违约可能性（胡金焱、张博，2014）；同时，以社会网络为基础的农户民间借贷行为，具有典型的传统乡土社会特点，任何违约行为都将使自身声誉受损，被"圈子"内其他成员排斥，从而有效降低潜在的机会主义行为，有助于农户在金融市场进行融资（Karlan & Morduch，2010），因此在农户遭受收支冲击或不确定风险加大时，以血缘和地缘关系为纽带的社会网络，有助于扩大农户借贷空间和范围，增加借贷可获得性，从而缓解自身面临的流动性约束。因此，我们提出第一个假说：

假说 1：社会网络通过非正规金融效应促进农村居民消费。

（二）劳动力流动效应

中国是一个典型的关系型社会，农村居民在非农就业市场上往往处于劣势，加之缺乏专门为农民提供工作和商业信息的场所或公共平台，相当部分农民没有可以获得工作机会的正式信息渠道，有关劳动力市场的就业信息主要通过非正规社会网络来传播。相应地，农村居民主要依赖于以亲友、工友关系为基础的社会网络寻找工作，尤其是居住地以外地区的工作机会。因此，社会网络在促进信息流动方面扮演了重要角色，以亲缘和地缘关系为纽带的社会网络能够为农户外出务工提供信息和经济支持，是农户获取非农就业信息和提升经济地位的重要渠道（王春超、王聪，2016）；社会网络凭借信任机制和人情机制，可以有效促进劳动力供求信息的传播和分享，加快农村居民的工作搜寻速度，降低其工作搜寻成本，促使劳动力流动出现"同群效应"（Hiwatari，2016）；进一步地，在迁入地拥有的社会网络或者老乡关系，还能够降低劳动力的后续迁移成本，使得低收入农户也有能力外出务工（McKenzie & Rapoport，2007）。另外，社会网络作为一种非正式的资源配置手段，其具有的"信息显示"、信誉担保等功能，能够有效弥补劳动力市场中的信息不完全问题，不仅可以保证转移农户获得真实充分的就业信息，而且能够有效降低潜在雇主对转移农户的信息甄别成本，促进转移农户与就业岗位的"匹配"程度，进而降低求职过程的交易成本，提高农村居民外出打工和在城市就业的概率。（张智勇，2005）同时，农村劳动力向收入更高地区或行业部门的流动，不仅可以有效提升农村居民的即期和预期收入水平，降低农户家庭非生产性的预防储蓄，而且会重塑其消费观念和消费方式，由此对其他家庭成员产生"示范效应"，形成现实的消费驱动力。由此，我们提出第二个假说：

假说 2：社会网络通过劳动力流动效应促进农村居民消费。

（三）收入分配效应

社会网络关系在农村居民内部的分布存在较大差异，在获取及使用社会资本方面，弱势农户群体常常处于"资本欠缺"（Capital Deficit）和 "回报欠缺"（Return Deficit）的双重困境。资本欠缺是指由于投资金额和机会不同，不同群体拥有不同质量和数量的资本；回报欠缺则是指因群体间动员策略、行动努力或制度性反应不同，一定量的社会资本在不同个体间会产生不同的回报（周晔馨，2012）。农村居民在资源禀赋、社会交往方面存在明显差异，弱势农户群体不仅拥有的社会资本数量更少、质量更低，而且其维系和拓展现有关系网络的难度更大，导致其加大社会资本投资的激励不足；更重要的是，农户社会网络深深根植于狭窄的农村社会，社会网络关系种类比较单一，以高趋同性、低异质性为特征（张文宏等，1999），这种极强的"同质性"网络难以带来异质性的资源和信息流动，无法对弱势农村居民经济社会行为产生实质性影响。同时，社会资本在不同人群间的组别差异，使得农村居民在职业机会和职业内收入等方面也存在明显差距，进而导致收入不平等（Lin，2002）。在竞争程度较高的劳动力市场上，社会网络能够通过信息机制和机会机制，为转移农户提供有关工资分布的信息，有助于增加农户得到工作的可能性和收入回报（Saunders ＆ Flowerdew，1987）；特别地，在高工资就业岗位相对稀缺的情况下，这些岗位将会通过"配给机制"直接分配给拥有关系的求职者，而那些缺乏关系的农户无法或难以得到相应的就业机会（章元、陆铭，2009）。现实中，社会资本在各个群体中的分布与收入存在正相关关系，也就是说，社会资本在高收入群体中的占比更高，且高收入群体调动或运用社会资本的能力也更强。（Grootaert，2001）这两方面因素的双重叠加，可能进一步恶化农户间的收入分配格局。收入差距扩大将致使低收入或者中低收入者在国民收入中所占份额降低，社会财富向少数高收入者集中，然而，高收入群体具有相对较低的消费倾向，这将导致农村居民整体消费率降低，不利于农村居民消费需求的扩大。由此，我们提出第三个假说：

假说 3：社会网络通过收入分配效应降低农村居民消费。

接下来，我们将利用中国家庭调查数据（CFPS），就社会网络与农村居民消费行为的关系及其理论假说进行检验，以期从社会网络视角为扩大农村居民消费水平提供有益参考。

二、模型构建与变量选取

(一)模型构建

根据上述分析,我们构建如下基准计量模型来考察社会网络对农户居民消费的影响。

$$Consu_{icj} = \alpha_0 + \alpha_1 SN_{icj} + \alpha_2 X_{icj} + \alpha_3 V_{cj} + \alpha_4 Prov_j + \mu_{1icj} \qquad (8\text{--}16)$$

式(8–16)中,$Consu_{icj}$ 为省份 j 村庄 c 的农户 i 的人均消费水平,SN_{icj} 为社会网络,X_{icj} 和 V_{cj} 分别为家庭和村级层面的控制变量,$Prov_j$ 为省份虚拟变量,μ_{icj} 为随机扰动项。我们通过关注 α_1 的符号与显著性来判断社会网络对农户居民消费的影响。

为进一步考察社会网络对农村居民消费的直接影响,以及社会网络通过非正规金融、劳动力流动与收入分配渠道对农户消费的间接影响,我们采用中介效应模型进行分析。社会网络影响农村居民消费的中介效应传导路径如图8–2所示,我们通过构建如下形式的中介效应模型对该假说进行验证。

$$W_{icj} = \beta_0 + \beta_1 SN_{icj} + \beta_2 X_{icj} + \beta_3 V_{cj} + \beta_4 Prov_j + \mu_{2icj} \qquad (8\text{--}17)$$

$$Consu_{icj} = \gamma_0 + \gamma_1 SN_{icj} + \gamma_2 W_{icj} + \gamma_3 X_{icj} + \gamma_4 V_{cj} + \gamma_5 Prov_j + \mu_{3icj} \qquad (8\text{--}18)$$

将式(8–17)带入式(8–18)可得到式(8–19):

$$Consu_{icj} = (\gamma_0 + \gamma_2\beta_0) + (\gamma_1 + \gamma_2\beta_1)SN_{icj} + \gamma_3 X_{icj} + \gamma_4 V_{cj} + \gamma_5 Prov_j + \mu_{4icj} \qquad (8\text{--}19)$$

式(8–16)中,α_1 衡量了社会网络对农村居民消费的总效应;式(8–17)中的 W_{icj} 代表中介变量,即非正规金融、劳动力流动与收入分配,β_1 衡量的是社会网络对中介变量 W 的影响;式(8–18)中 γ_1 衡量的是社会网络对农村居民消费的直接影响效应;式(8–19)中的系数 $\gamma_2\beta_1$ 衡量的是社会网络通过中介变量 W 对农民居民消费的间接影响效应。当只存在一个中介变量时,各效应间的关系可表示为 $\gamma_2\beta_1 = \alpha_1 - \gamma_1$。

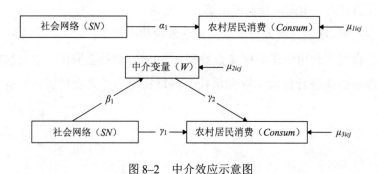

图8–2 中介效应示意图

(二)数据来源说明

本部分研究主要基于中国家庭追踪调查 2014 年数据(CFPS2014)展开,鉴于 2012 和 2014 年的数据库没有明确给出家庭户主信息,①我们首先按照家庭 ID 对 CFPS2010 和 CFPS2014 两期数据进行了合并匹配,选取保留了同时参加过这两轮调查的样本信息;考虑到个人代码(*Pid*)的唯一性,我们根据 CFPS2010 中的变量 *Tb7*,确定了 2010 和 2014 年两期调查共同户主代码,并从 CFPS2014 提取了户主性别、户主年龄以及户主教育程度等变量数据。

(三)变量界定与说明

根据上述理论假说和模型设定,我们在借鉴已有文献基础上,对相关变量界定说明如下:

1. 农村居民消费。农村居民总消费支出(*Consu*)由家庭设备及日用品支出、衣着鞋帽支出、文教娱乐支出、食品支出、居住支出、医疗保健支出、交通通信支出以及其他消费性支出加总得出。借鉴阿吉亚尔和赫斯特(Aguiar&Hurst,2013)的做法,家庭非耐用品消费(*Consu_Nd*)由家庭消费总支出减去家具耐用品支出、教育培训支出、医疗支出、住房维修费和汽车购置费得到。同时,考虑到教育支出和医疗支出的刚性特点和投资属性,为考察社会网络对不同类型消费的异质性作用,我们还选取了家庭教育培训消费(*Consu_Edu*)和医疗支出(*Consu_Med*)两类消费支出变量。

2. 社会网络变量。对于中国农村而言,家庭社会网络主要是指以亲缘为基础的亲友网络和以地缘为基础的邻里网络,可以用"亲戚交往联络"(*Rela*)和"邻里关系"(*Neig*)表示。特别地,随着现代信息技术的蓬勃发展,农村居民的交往方式发生了巨大变化,极大地突破了原有的地理和空间约束,因此我们借鉴杨汝岱等(2011)的研究,还选取了"邮电通信费"(*Phon*)来衡量社会网络。同时,因中国乡土社会典型的"差序格局"属性,祭祖扫墓的参与权是农村社会最重要和稳定的宗族社会网络之一。此外,农村社会普遍存在通过"礼尚往来"方式来维系和拓展关系的现象,当某个家庭或个人发生婚丧嫁娶、建造新房、子女考学等事宜或者遭受困难时,其"亲友圈"和"朋友圈"成员往往会给予礼物、金钱等物质支持和情感关怀。故我们还选用"参与祭祖扫墓"(*Ances*)、"人情礼支出"(*Giftse*)和"人情礼收入"(*Giftac*)三个变量进行了稳健性检验。需要说明

---

① 基于 CFPS2014 样本,部分研究将"家庭中最熟悉财务的人员"确定为家庭"户主",默认其为家庭主要事务的决策者和负责人,如刘雯(2018)等。

的是，在原始的"亲戚交往联络"(*Rela*)变量调查选项中，经常交往(每月 1 次)、偶尔交往(每半年 1—3 次)、不常交往(1 年 1—2 次)和没有交往分别使用 1 至 4 表示，我们通过"反向赋值"重新定义了交往频率，即交往越频繁对应的取值越高。我们对"邻里关系"也进行了类似处理。此外，"人情礼支出"(*Giftse*)和"邮电通信费"(*Phon*)属于家庭消费范畴，故采用 *Giftse* 和 *Phon* 作为核心解释变量时，我们将两者分别从家庭消费中进行了剔除，以消除可能存在的内生性问题。

3. 控制变量。我们选择的控制变量分为三个层次：第一层为家庭特征变量，包括家庭纯收入(*Income*)、实物资产(*Asset*)、金融财富(*Wealth*)、家庭规模(*Size*)与家庭是否从事个体私营(*Busi*)等核心变量；[1]其次为户主特征变量，包括户主性别(*Sex*)、户主婚姻状况(*Marri*)、户主年龄虚拟变量(*Age* 和 *Age2*)、户主教育水平(*Educ*)等；再次，为克服家庭所处村庄的异质性，我们控制了村庄特征，包括到最近集镇距离(*Dist*)、非农业劳动力比例(*Ratio*)、村庄老年抚养比(*Old*)、是否属于矿区(*Envir*)；最后，我们控制了省份特征。需要说明的是，在家庭特征变量当中，实物资产以当前住房市价表示，金融财富以家庭现金及存款总额表示，是否从事个体私营以虚拟变量(是=1，否=0)表示；在户主特征变量当中，户主性别、婚姻状况采用虚拟变量("男性"和"在婚"赋值为 1，"女性"和其他婚姻状态赋值为 0)表示，年龄通过调查年份减去出生年份得到，为了控制户主年龄对消费的非线性影响，我们借鉴张浩等(2017)的做法，将户主年龄划分为 35 岁以下(*Age*)、36—55 岁(*Age2*)以及 56 岁以上(参照组)三个阶段，[2]户主受教育程度的取值为 0—22，其中，没有上过学为 0 年，小学为 6 年，初中为 9 年，高中/中专/技校/职高为 12 年，大专为 15 年，大学本科为 16 年，硕士为 19 年，博士为 22 年；在村庄特征变量当中，村庄老年抚养比(*Old*)以老年(65 岁以上)与劳动年龄(15—64 岁)常住人口数的比例表示，是否属于矿区反映了村庄的自然环境状况，用虚拟变量(是=1，否=0)表示；省份特征用省份虚拟变量表示，[3]以西部(*West*)地区为参照系，如果家庭所在省(区、市)为东部(*East*)、中部(*Mid*)地区则赋值为 1。

4. 中介变量。我们选取的中介变量包括非正规金融、劳动力流动和收入分配三项。CFPS 中包含农户从亲戚朋友和民间借贷两个渠道获得的借款额，我们用从这两个渠道

---

① 本部分主要从家庭层面进行分析，未使用家庭个体均值，我们通过纳入家庭规模来控制家庭人口数量的异质性影响。

② 部分研究通过户主年龄平方项来控制非线性影响，但我们认为户主年龄和户主年龄平方项可能存在多重共线性关系。

③ 根据 CFPS 调查的省级行政单位分布，东部包括京、津、冀、辽、沪、苏、浙、闽、鲁、粤，中部包括晋、吉、黑、皖、赣、豫、鄂、湘，西部包括桂、渝、川、贵、云、陕、甘。

得到的借款总和(*InFina*)来表征非正规金融水平；分别以家庭外出打工者寄回家或带回家的金额(*Money*)以及村庄流动人口在常住人口中的占比(*Labor*)表征劳动力流动；并且借鉴周广肃等(2014)的思路，计算了农户家庭间的收入基尼系数(*Gina_in*)和消费基尼系数(*Gina_con*)来表征收入分配。

根据已有研究，农村居民消费决策往往是基于家庭做出的，其消费在家庭内部具有不可分性(靳卫东等，2017)，故本文后续分析主要从家庭层面展开。我们对主要变量进行了取对数处理，对于个别缺失值，我们采用村庄层面均值进行了插补。限于篇幅，主要变量的描述性统计此处不予汇报。

三、计量检验与结果分析

(一)基准回归分析

在基准回归分析中，我们分别考察了社会网络对家庭总消费支出(*Consu*)、家庭非耐用品消费(*Consu_Nd*)的影响，解释变量为以"亲戚交往联络"(*Rela*)、"邻里关系"(*Neig*)与"邮电通信费"(*Phon*)表征的社会网络，控制变量为可能影响农村居民消费的家庭特征、村庄特征以及省份特征等。相关结果如表 8–10 所示。其中，模型(1)至(3)的被解释变量是家庭总消费支出(*Consu*)，模型(4)至(6)的被解释变量为家庭非耐用品消费支出(*Consu_Nd*)。出于稳健性考虑，我们首先进行了共线性检验，结果显示各变量VIF 值均远小于5，模型不存在多重共线性问题。为避免可能存在的异方差，我们采用了异方差稳健标准差。此外，由于我们采用的是横截面调查数据，因此不存在序列相关问题。

无论是基于家庭总消费支出还是非耐用品消费的分析，三类社会网络系数均在1%水平显著为正，表明社会网络有效促进了农村居民消费。同时，与"亲戚交往联络"(*Rela*)和"邻里关系"(*Neig*)的消费效应相比，"邮电通信费"(*Phon*)的消费效应更高，意味着亲友邻里的交往愈发借助于邮电通信方式，邮电通信支出更能反映农户家庭对社会网络的依赖程度。这在一定程度上反映了传统邻里地缘关系的弱化，揭示了当前社会结构演变的典型特征事实。同时，社会网络对家庭非耐用品消费的影响高于对总消费的影响，这可能是因为与包含耐用品的总消费支出相比，非耐用品消费具有支出频次较高，平均支出金额较低，波动比较平缓等特点；但社会网络对总消费以及非耐用品消费影响没有实质性差异，意味着社会网络消费效应具有较好的稳健性。

表 8–10　社会网络对农村居民消费的影响：基准回归

模型	家庭总消费支出（Consu）			家庭非耐用品消费（Consu_Nd）		
	(1)	(2)	(3)	(4)	(5)	(6)
Rela	0.0674*** (0.0138)	—	—	0.0889*** (0.0224)	—	—
Neig	—	0.0617*** (0.0134)	—	—	0.1006*** (0.0227)	—
Phon	—	—	0.1596*** (0.0113)	—	—	0.2005*** (0.0151)
Income	0.0198*** (0.0059)	0.0212*** (0.0059)	0.0155** (0.0076)	0.0311*** (0.0084)	0.0321*** (0.0086)	0.0139* (0.0079)
Asset	0.2100*** (0.0130)	0.2134*** (0.0131)	0.1871*** (0.0125)	0.1784*** (0.0164)	0.1836*** (0.0162)	0.1479*** (0.0161)
Wealth	0.0056** (0.0025)	0.0059*** (0.0025)	0.0021 (0.0023)	0.0120*** (0.0028)	0.0123*** (0.0028)	0.0078*** (0.0026)
Busi	0.4375*** (0.0490)	0.4369*** (0.0497)	0.3648*** (0.0452)	0.4243*** (0.0445)	0.4213*** (0.0454)	0.3364*** (0.0395)
Size	0.5353*** (0.0289)	0.5376*** (0.0289)	0.4124*** (0.0280)	0.4727*** (0.0324)	0.4769*** (0.0324)	0.3147*** (0.0313)
Sex	−0.0772** (0.0354)	−0.0758** (0.0355)	−0.0798*** (0.0307)	−0.0512 (0.0408)	−0.0492 (0.0411)	−0.0501 (0.0362)
Marri	0.1488*** (0.0529)	0.1525*** (0.0525)	0.0298 (0.0446)	0.0796 (0.0524)	0.0836 (0.0517)	−0.0568 (0.0454)
Eduyear	0.0432*** (0.0113)	0.0446*** (0.0113)	0.0303*** (0.0099)	0.0359*** (0.0129)	0.0378*** (0.0129)	0.0179 (0.0116)
Age	0.2209*** (0.0652)	0.2274*** (0.0649)	0.1933*** (0.0621)	0.2791*** (0.0625)	0.2877*** (0.0618)	0.2489*** (0.0572)
Age2	0.2163*** (0.0265)	0.2205*** (0.0264)	0.1452*** (0.0243)	0.1798*** (0.0319)	0.1849*** (0.0313)	0.0951*** (0.0303)
Dist	−0.0090 (0.0143)	−0.0128 (0.0143)	−0.0158 (0.0129)	−0.0232* (0.0143)	−0.0291** (0.0144)	−0.0296** (0.0126)
Ratio	0.0017*** (0.0006)	0.0017*** (0.0006)	0.0013*** (0.0005)	0.0018*** (0.0006)	0.0018*** (0.0006)	0.0012** (0.0006)
Envir	0.0464 (0.0445)	0.0505 (0.0444)	0.0356 (0.0423)	−0.0139 (0.0563)	−0.0106 (0.0564)	−0.0318 (0.0545)
Old	0.0001 (0.0002)	0.00004 (0.0002)	0.0002 (0.0002)	−0.0004 (0.0003)	−0.0004 (0.0003)	−0.0002 (0.0003)

续表

模型	家庭总消费支出（Consu）			家庭非耐用品消费（Consu_Nd）		
	(1)	(2)	(3)	(4)	(5)	(6)
East	−0.0095 (0.0319)	−0.0212 (0.0319)	0.0160 (0.0297)	0.0064 (0.0340)	−0.0118 (0.0345)	0.0353 (0.0312)
Mid	−0.0633** (0.0305)	−0.0669** (0.0306)	−0.0194 (0.0288)	−0.1092*** (0.0351)	−0.1144*** (0.0352)	−0.0505 (0.0327)
Constant	8.0544*** (0.0986)	8.0740*** (0.0978)	7.8271*** (0.0969)	7.6228 (0.1625)	7.5779*** (0.1628)	7.3414*** (0.1373)
R^2	0.2995	0.2973	0.3762	0.2229	0.2237	0.3163
样本量	3837	3837	3818	3837	3837	3818

注：***、**、*分别表示在1%、5%和10%水平下显著，括号内为稳健标准差。

就控制变量的结果而言，其与现有文献相对一致，这意味着我们的结论具有一定的现实基础。具体来看，家庭特征中的家庭纯收入、实物资产、金融财富、从事私营业、家庭规模以及户主教育水平均有利于农户消费。可能的解释是，住房资产价值能够体现出较好的"财富效应"，金融财富可以有效缓解农户面临的流动性约束，从事私营业有助于农户收入水平增加，户主教育水平不仅有助于户主找到更好的工作进而提升家庭的消费支付能力，还有利于加速家庭消费由温饱型向享乐型和发展型转变。在村庄特征方面，村庄非农业劳动力比重对农户消费具有显著正向影响，可能的解释在于村庄层面非农就业的增加不仅有助于农户收入水平的提升，而且会改变甚至重塑农户消费观念和消费习惯，促进农户消费水平的提升；村庄到最近集镇距离和以是否为矿区为表征的自然环境则呈现对农户消费的负向影响，特别是到最近集镇距离对非耐用品消费表现出显著负向影响，这或许是由于农户购置非耐用品消费的频率相对较高，较远的市场距离将增加时间、交通费用等采购成本，进而对农户的消费产生抑制作用。

（二）中介效应检验

1. 非正规金融效应检验。我们首先检验的是社会网络对农村居民消费的非正规金融效应。表8−11中的模型（7）（10）与（13）为"亲戚交往联络""邻里关系"和"邮电通信费"三类社会网络对中介变量非正规金融的影响，其回归系数在1%水平显著为正，意味着三类社会网络均有助于获得非正规金融融资；模型（8）（11）与（14）为非正规金融对农户家庭总消费支出的影响，模型（9）（12）与（15）为非正规金融对农户家庭非耐用品消费的影响，可以看出，无论是在农户家庭总消费还是非耐用品消费的方面，核心变量社会网络与中介变量非正规金融均显著，意味着存在部分中介效应。尽管"亲戚交往网络"更有助于农户获得借贷，但"邮电通信"网络所表征的社会关系同样不能被忽视，特别是其涵盖的社会网络关系相对广泛，不再局限于亲戚与邻居范围，且交往频率也相对较高，这种依托邮电通信的交往方式，很少受到象征性的亲戚拜访等形式的"礼仪约束"，能够更好地体现农户的"新型"社会关系，这也是当前农村社会网络演变的新趋势特征。

表 8–11　社会网络对农户消费的非正规金融效应

模型	InFina	Consu	Consu_Nd	InFina	Consu	Consu_Nd	InFina	Consu	Consu_Nd
	(7)	(8)	(9)	(10)	(11)	(12)	(13)	(14)	(15)
Rela	0.8591*** (0.0910)	0.1143*** (0.0359)	0.1064** (0.0472)	—	—	—	—	—	—
Neig	—	—	—	0.8082*** (0.0943)	0.0914*** (0.0333)	0.1288*** (0.0453)	—	—	—
Phon	—	—	—	—	—	—	0.5985*** (0.0719)	0.1339*** (0.0243)	0.2041*** (0.0355)
InFina	—	0.0590*** (0.0195)	0.0871** (0.0389)	—	0.0417** (0.0192)	0.0846** (0.0393)	—	0.0677*** (0.0195)	0.0772** (0.0382)
Constant	3.4629*** (0.5839)	8.3504*** (0.2315)	6.9946*** (0.5464)	3.3989*** (0.6171)	8.2554*** (0.2361)	6.9314*** (0.5548)	3.4644*** (0.5758)	8.3254*** (0.2267)	6.9909*** (0.5276)
控制变量	是	是	是	是	是	是	是	是	是
R^2	0.4583	0.2746	0.2702	0.4355	0.2842	0.2741	0.4912	0.3298	0.3361
样本量	620	620	620	620	620	620	617	617	617

注：***、**、*分别表示在 1%、5% 和 10% 水平下显著，括号内为稳健标准差。回归中控制了家庭特征、村庄特征和省份特征，限于篇幅，未予汇报。

2. 劳动力流动效应检验

相应地，我们进一步检验了社会网络对农户消费的劳动力流动效应，结果如表 8–12 所示。模型(16)至(18)，模型(19)至(21)，模型(22)至(24)依次分别对应"亲戚交往联络""邻里关系"与"邮电通信费"的中介效应检验结果。表 8–12 的结果显示，"亲戚交往联络"的系数不显著，说明不存在中介效应；而"邻里关系"与"邮电通信费"两类社会网络均存在显著的中介效应，即二者通过有效促进劳动力流动继而显著提升了农户消费。可能的解释在于，在当前中国农村，劳动力外流已成为农民"农转非"的主旋律，是农民增收的主要渠道之一。在劳动力向外流转的过程中，相对于血缘关系而言，以地缘关系为纽带的社会网络，不仅更有利于缓解农民工的财富约束或初始能力限制，使得更多贫困农户或者低生产力农户能够外出务工，而且能够发挥技能传授、信息共享以及风险分担等潜在作用，为农村劳动力流动提供了保障，降低了农户外出务工的隐性成本，促进了劳动力的流动和就业。（章元、陆铭，2009）特别地，"邮电通信费"对以"打工寄回家金额"（*Money*）表征的劳动力流动有着最大的影响系数，意味着相较于"亲友邻里"关系网络而言，现阶段通信信息在劳动力流动过程中发挥了更为重要的作用，能够更有效地拓展工作搜寻范围，降低搜寻成本，提高劳动者自身素质、能力与工作需求的匹配程度。此外，本文还在此处以 "流动人口占常住人口占比"（*Labor*）作为劳动力流动的另一替代变量检验并证实了结果的稳健性，限于篇幅，未予汇报。

表 8–12 社会网络对农户消费的劳动力流动效应

模型	*Money*	*Consu*	*Consu_Nd*	*Money*	*Consu*	*Consu_Nd*	*Money*	*Consu*	*Consu_Nd*
	(16)	(17)	(18)	(19)	(20)	(21)	(22)	(23)	(24)
Rela	0.1048 (0.0979)	0.0880*** (0.0182)	0.1194*** (0.0338)	—	—	—	—	—	—
Neig	—	—	—	0.0947** (0.0455)	0.0546*** (0.0176)	0.0971*** (0.0310)	—	—	—
Phon	—	—	—	—	—	—	0.1457** (0.0743)	0.1957*** (0.0168)	0.2537*** (0.0280)
Money	—	0.0068* (0.0040)	0.0059* (0.0034)	—	0.0063** (0.0031)	0.0093** (0.0042)	—	0.0085** (0.0041)	0.0096** (0.0045)
Constant	4.5953*** (0.7539)	8.2628*** (0.1451)	7.5639*** (0.2971)	4.2738*** (0.7475)	8.3712*** (0.1447)	7.6362*** (0.2859)	3.8286*** (0.7441)	7.9478*** (0.1484)	7.1293*** (0.2749)
控制变量	是	是	是	是	是	是	是	是	是
R^2	0.0491	0.2025	0.1389	0.0485	0.1968	0.1351	0.0503	0.2918	0.2441
样本量	1999	1999	1999	1999	1999	1999	1988	1988	1988

注：***、**、*分别表示在 1%、5%和 10%水平下显著，括号内为稳健标准差。回归中控制了家庭特征、村庄特征和省份特征，限于篇幅，未予汇报。

3. 收入分配效应检验

表 8–13 给出了社会网络通过收入分配渠道对农村居民消费影响的检验结果。从中可以发现，社会网络对农户收入差距存在正向影响，特别是"邻里关系"与"邮电通信费"具有显著正向作用，意味着社会网络在不同程度上加大了收入差距。尽管在不同的社会网络中，收入分配均对农户消费呈现负向影响，但其仅在"邻里关系"与"邮电通信费"两类社会网络中显著。可能的解释在于，尽管在传统农村社会中，社会网络具有

强制信任、互惠交换和价值内化等特征，对于缓解贫困(改善收入分配状况)起到了一定作用，但相较于"亲戚交往联络"而言，"邻里关系"与"邮电通信费"两类社会网络具有更大的异质性，不同家庭在"邻里关系"与"邮电通信费"网络方面，特别是更具一般性的"邮电通信费"网络拥有量方面，存在更大的差异性，而农户家庭间社会网络禀赋的巨大差异，使得低收入群体在社会网络维系和拓展方面存在极大困难，巩固和拓展社会网络可能已成为巨大的经济负担，对农户正常的其他消费支出存在一定程度的"挤出效应"，这将进一步恶化农户间收入分配状况。此外，我们还借鉴周广肃等(2014)的思路，采用消费基尼系数($Gina\_con$)刻画了收入分配效应，估计结果基本不变，限于篇幅，未予汇报。

表 8–13　社会网络对农户消费的收入分配效应

模型	Distri	Consu	Consu_Nd	Distri	Consu	Consu_Nd	Distri	Consu	Consu_Nd
	(25)	(26)	(27)	(28)	(29)	(30)	(31)	(32)	(33)
Rela	0.0009(0.0015)	0.0672*** (0.0138)	0.0889*** (0.0224)	—	—	—	—	—	—
Neig	—	—	—	0.0020** (0.0010)	0.0614*** (0.0134)	0.1006*** (0.0227)	—	—	—
Phon	—	—	—	—	—	—	0.0021** (0.0009)	0.1594*** (0.0114)	0.2004*** (0.0151)
Distri	—	−0.1635 (0.1356)	−0.0555 (0.1367)	—	−0.1565** (0.0762)	−0.0342 (0.1374)	—	−0.1998** (0.1002)	−0.0725 (0.1199)
Constant	0.5153*** (0.0107)	8.1386*** (0.1236)	7.6514*** (0.1874)	0.5190*** (0.0109)	8.1552*** (0.1255)	7.5957*** (0.1887)	0.5189*** (0.0101)	7.9308*** (0.1168)	7.3790*** (0.1588)
控制变量	是	是	是	是	是	是	是	是	是
R^2	0.0453	0.2998	0.2229	0.0461	0.2976	0.2237	0.0473	0.3766	0.3163
样本量	3837	3837	3837	3837	3837	3837	3818	3818	3818

注：***、**、*分别表示在 1%、5%和 10%水平下显著，括号内为稳健标准差。回归中控制了家庭特征、村庄特征和省份特征，限于篇幅，未予汇报。

(三)稳健性检验

1. 平滑样本奇异值。在利用微观调查数据进行分析时，不同农村居民家庭的资源禀赋存在较大差异，特别地，邻里关系、房屋价值等部分变量是基于农户对自身社会关系与财富状况的评价得来的，这可能会产生高估或低估的问题，从而导致调查样本的首尾出现奇异值。为了消除奇异值对估计结果的不利影响，我们采用 winsorize 方法，对样本前后 5% 的奇异值进行了平滑处理，相关结果如表 8–14 所示。可以发现，与基准回归相比，对样本奇异值平滑处理后，尽管社会网络系数普遍变小，但社会网络消费效应依然在 1% 水平上高度显著为正，且"邮电通信费"的系数最高，意味着剔除异常值后的结果依然稳健。

表 8–14　稳健性检验（1）：平滑样本奇异值

模型	家庭总消费支出（*Consu*）			家庭非耐用品消费（*Consu_Nd*）		
	(34)	(35)	(36)	(37)	(38)	(39)
Rela	0.0488*** (0.0136)	—	—	0.0555*** (0.0130)	—	—
Neig	—	0.0544*** (0.0142)	—	—	0.0413*** (0.0135)	—
Phon	—	—	0.1351*** (0.0102)	—	—	0.1549*** (0.0107)
Constant	8.5095*** (0.0979)	8.4830*** (0.0990)	8.3231*** (0.0882)	8.1188*** (0.0911)	8.1709*** (0.0925)	7.8622*** (0.0857)
控制变量	是	是	是	是	是	是
R^2	0.2555	0.2535	0.3125	0.2477	0.2422	0.3340
样本量	2957	2929	2924	2975	2945	2942

注：***、**、*分别表示在 1%、5% 和 10% 水平下显著，括号内为稳健标准差。回归中控制了家庭特征、村庄特征和省份特征，限于篇幅，未予汇报。

2. 替换核心变量

鉴于社会网络的复杂性，上述从"亲戚交往联络""邻里关系"与"邮电通信费"维度刻画社会网络的做法可能存在一定程度的偏差。对此，我们拟用"祭祖扫墓"（*Ances*）、"人情礼支出"（*Giftse*）、"人情礼收入"（*Giftac*）作为社会网络的新替代变量，其他变量的含义同前。从表 8–15 可以发现，"祭祖扫墓"和"人情礼支出"系数均在 1% 水平上高度显著为正，且"人情礼支出"的系数最高，而"人情礼收入"对总消费支出的影响仅在 5% 水平显著。通常而言，家庭在发生乔迁新居、生病住院、婚丧嫁娶、生日祝寿或子女出生等事宜时，会得到一定量的礼金收入，但这些事宜发生的频率相对较低，有关"礼金收入"的实际有效样本也较少；同时，在日常生活中，为巩固、拓展家庭社会网络，农户往往需要主动进行"投资"支出，尽管每次礼金支出的金额相对较少，但频率相对较高，因此礼金支出更能反映农户家庭对社会网络的依赖程度。进一步地，作为基于血缘关系为纽带的关系网络，这里的"祭祖扫墓"与前述"亲戚交往联络"在表征社会网络方面具有较高的一致性，对应地，"人情礼支出"与前述"邻里关系"存在较高一致性。不过，相较于"邻里关系"，"人情礼支出"涵盖的交往对象更为广泛，已远远突破了"邻里关系"交往范围，这就从一般意义上验证了社会网络对农户消费效应的稳健性。此外，我们还分别将人均家庭消费支出、人均非耐用品消费支出作为被解释变量，进行了稳健性分析。

表 8–15　稳健性检验（2）：替换核心变量

模型	家庭总消费支出（*Consu*）			家庭非耐用品消费（*Consu_Nd*）		
	(40)	(41)	(42)	(43)	(44)	(45)
Ances	0.0949***	—	—	0.0855***	—	—
	(0.0249)			(0.0280)		
Giftse	—	0.1621***	—	—	0.1817***	—
		(0.0124)			(0.0147)	
Giftac	—	—	0.0132**	—	—	0.0148*
			(0.0066)			(0.0087)
Constant	8.2555***	7.4174***	8.4629***	7.9009***	6.9851***	7.6784***
	(0.0899)	(0.1255)	(0.2366)	(0.1182)	(0.1579)	(0.3403)
控制变量	是	是	是	是	是	是
R^2	0.2968	0.3392	0.2598	0.2171	0.2492	0.2235
样本量	3839	3160	713	3839	3160	713

注：***、**、*分别表示在 1%、5%和 10%水平下显著，括号内为稳健标准差。回归中控制了家庭特征、村庄特征和省份特征，限于篇幅，未予汇报。

（四）内生性检验

由于社会网络可能内生于家庭内部决策或某些隐性特征，因此社会网络变量可能存在一定程度的内生性，从而造成估计结果偏差。首先，社会网络的维系和拓展通常需要大量的金钱或时间支出，从而出现较高消费支出产生较强社会网络的现象。由传统农业生产方式决定的农村人情消费，其主要目的之一就在于通过请客吃饭、节日送礼等形式实现社会网络的"工具性"和"情感性"目的，这意味着社会网络与消费状况可能存在反向因果关系。其次，农村居民在既定的约束下遵循利润最大化原则进行关系网络投资，会追加投资直到投资于社会关系的边际收益与获得的边际收益接近或相等为止；同时，农户交往的对象并不是任意或随机选择的，而是呈现典型的"物以类聚，人以群分"的特征。最后，诸如消费习惯、家庭偏好等无法观察或测量的特征变量可能同时影响农村居民的社会网络及其消费行为，从而产生遗漏变量问题。

为了解决这一问题，我们选择"农户家庭所在地区其他家庭的平均邮电通信费"（*MPhon*）作为家庭社会网络的工具变量，其基本逻辑如下：首先在典型的"关系型"社会中，一个区域的平均邮电通信费用在很大程度上反映了该地区通信网络的普及情况，是衡量该地区居民对通信网络使用状况和依赖程度的合理指标；同时，较高的邮电通信费用也意味着农户拥有更为广泛、紧密的关系网络，工具变量与本节的家庭社会网络变量存在较强的相关性；此外，其他农户邮电通信使用状况，不会直接影响农户自身的消费行为，对于农户消费行为具有较强的外生性。因此，地区平均邮电通信费有较大可能是合理可靠的工具变量。此处我们使用 2SLS 进行估计，模型设定如下：

$$Consu_{icj} = \alpha_0 + \alpha_1 SN_{icj} + \alpha_2 X_{icj} + \alpha_3 V_{cj} + \alpha_4 prov_j + \mu_{5icj} \qquad (8\text{--}20)$$

$$SN_{icj} = \lambda_0 + \lambda_1 IV_{icj} + \lambda_2 X_{icj} + \lambda_3 V_{cj} + \lambda_4 prov_j + \mu_{6icj} \qquad (8\text{--}21)$$

式（8–21）中，IV_{icj} 为农户家庭所在社区其他家庭的平均邮电通信费（*MPhon*），如果 *IV* 的系数显著为正，说明选取工具变量的逻辑正确，即一个地区的邮电通信费支出越高，则该地区居民对网络通信的接受度更高，依赖程度更强。

表 8–16　工具变量有效性检验：第一阶段估计

模型	(46)	(47)	(48)
	Rela	*Neig*	*Phon*
Internet	0.0976*** (0.0270)	0.0629** (0.0252)	0.7498*** (0.0441)
IV *F* 值	13.0405	16.23452	289.399
Kleibergen–Paap rk *LM*	14.230 (0.0002)	17.381 (0.0002)	108.064 (0.0000)
Kleibergen-Paap rk Wald *F*	113.041	116.235	289.399
Stock-Yogo 检验 10%水平偏误值	16.38	16.38	16.38
R^2	0.3626	0.2347	0.3311
Constant	2.7872*** (0.2127)	3.0718*** (0.2016)	-1.6019*** (0.3596)
样本量	3816	3816	3818

注：***、**、*分别表示在 1%、5%和 10%水平下显著，括号内为稳健标准差。回归中控制了家庭特征、村庄特征和省份特征，限于篇幅，未予汇报。

因为此处内生变量个数与工具变量个数一致，故不需要进行工具变量过度识别检验。表 8–16 报告了工具变量一阶段的估计结果，从中可以发现，我们选用的工具变量（*MPhon*）对社会网络的三个变量的影响在 5%水平下显著为正，Kleibergen-Paap rk *LM* 统

计量强烈拒绝不可识别的原假设；同时，工具变量 *MPhon* 的 *F* 检验值均大于 10，且
Kleibergen-Paap rk Wald *F* 统计量在不同情形下，均大于 Stock-Yogo 检验在 10%水平上
的临界值，意味着不存在弱工具变量问题，故我们选择的工具变量具有可靠性。进一步
地，从表 8–17 所报告的工具变量第二阶段回归结果中可以发现，使用工具变量克服社会
网络可能存在的内生性问题后，解释变量"亲戚交往联络"、"邻里关系"的系数明显变
大，"邮电通信费"系数相对稳定，但各类社会网络系数依然在 5%水平下显著为正，也
就是说前文的研究结论仍相对稳健。

表 8–17　工具变量检验结果：第二阶段估计

模型	家庭总消费支出 (Consu)			家庭非耐用品消费 (Consu_Nd)		
	(49)	(50)	(51)	(52)	(53)	(54)
Rela	1.0734*** (0.3475)	—	—	1.5898*** (0.4898)	—	—
Neig	—	1.6589** (0.7308)	—	—	2.4606** (1.0426)	—
Phon	—	—	0.1397*** (0.0287)	—	—	0.2069*** (0.0303)
Constant	4.6701*** (1.2059)	2.5712 (2.5674)	7.8869*** (0.1226)	2.5583 (1.6942)	−0.5678 (3.6533)	7.3220*** (0.1549)
控制变量	是	是	是	是	是	是
R^2	0.2314	0.3246	0.3751	0.4471	0.3659	0.3162
样本量	3816	3816	3818	3816	3816	3818

注：***、**、*分别表示在 1%、5%和 10%水平下显著，括号内为稳健标准差。回归中控制了家庭特征、村庄特征和省份特征，限于篇幅，未予汇报。

进一步地，我们参考周广肃和马光荣 (2015) 的研究思路，以农户家庭"是否有族谱
或家谱"作为新的工具变量进行了检验，结果表明，该变量属于弱工具变量，未能通过
工具变量有效性检验。其可能的原因在于，"是否有族谱或家谱"类似于"姓氏结构"，
这类宗族关系作用在我国南方和北方的影响差异很大，不具有普遍适应性 (杨汝岱等，
2011)；同时，尽管族谱或家谱为宗族内部成员的交流与协助提供了一个基础和可能性，
但在城镇化加速，人口流动加快，信息化发展迅速等多重因素的叠加影响下，农村居民
的关系网络正发生悄然转换，传统的宗族关系强度或凝聚力面临不断弱化的趋势。此外，
我们还将"祭祖扫墓""人情礼支出""人情礼收入"这三类新的社会网络纳入到内生性
检验框架中。不同于前文采用绝对值衡量"人情礼收入"和"人情礼支出"的做法，此

处我们选取了二者分别占当年农户总收入的相对值作为衡量指标,采用工具变量法重新进行了估计。这样做的好处在于,一方面,高收入家庭往往会在礼物支出上花费更多,进而在农村传统"礼尚往来"文化背景下也会收到更多的礼金收入,采用相对值能够有效地缓解馈赠收支多是由于样本家庭本身收入高所引起的内生性问题;另一方面,采用相对值还可以缓解高收入群体和低收入群体因收入差距所导致的社会网络规模、强度等差异过大问题。采用三类新社会网络变量的估计结果依然相对稳健,限于篇幅,此处不予以汇报。

四、社会网络影响居民消费的异质性分析

在前文的分析中我们从整体层面考察了社会网络对农村居民消费的影响,以及社会网络影响居民消费的中介效应。考虑到中国不同区域、收入组以及消费类型间可能存在的差异,接下来,我们从新的维度进行深入分析,以期揭示社会网络作用于农村居民消费的异质性效应。

(一)社会网络对不同区域居民消费影响

我国地域辽阔,各地区在经济发展水平、社会网络特点以及居民消费等诸多方面存在明显差异。为检验社会网络对农村居民消费影响的区域异质性,我们将构建东中西三个区域样本来考察社会网络对居民消费的区域效应。[①]从表 8-18 所报告的估计结果中可以发现,社会网络的消费效应存在明显的区域差异,"亲戚交往联络"(Rela)与"人情礼收入"(Giftac)在中部地区具有最强的消费效应,其余四类社会网络皆在西部存在最强的消费效应,也就是说,各类社会网络在中西部地区的消费效应远超过东部地区。可能的解释在于,中西部地区市场发育程度相对不成熟,农业生产基础和环境较差,社会保障体系不够健全,农户抗风险能力较弱;同时农村居民收入普遍偏低,农户难以通过市场化手段进行风险分担,而是主要依靠以地缘、血缘关系为纽带的社会网络来弥补市场机制的不完备或不足,继而实现横截面层面的风险分担,消费平滑能力受到了很大程度的限制。

---

① 根据 CFPS 调查的省级行政单位分布,东部包括京、津、冀、辽、沪、苏、浙、闽、鲁、粤,中部包括晋、吉、黑、皖、赣、豫、鄂、湘,西部包括桂、渝、川、贵、云、陕、甘。

表 8–18　社会网络与农村居民消费：分地区回归

模型	东部地区			中部地区			西部地区		
	PANEL A								
	(55)	(56)	(57)	(58)	(59)	(60)	(61)	(62)	(63)
Rela	0.0607** (0.0271)	—	—	0.0901*** (0.0253)	—	—	0.0673*** (0.0205)	—	—
Neig	—	0.0274 (0.0246)	—	—	0.0696*** (0.0260)	—	—	0.0850*** (0.0204)	—
Phon	—	—	0.1705*** (0.0252)	—	—	0.1412*** (0.0165)	—	—	0.1777*** (0.0175)
Constant	7.9486*** (0.1868)	8.0764*** (0.1916)	7.7073*** (0.2075)	7.7402*** (0.1833)	7.8006*** (0.1826)	7.7129*** (0.1528)	8.3397*** (0.1486)	8.2853*** (0.1473)	8.0298*** (0.1458)
控制变量	是	是	是	是	是	是	是	是	是
R^2	0.3116	0.3092	0.4172	0.3407	0.3368	0.3923	0.2751	0.2749	0.3477
样本量	1230	1230	1217	1132	1132	1126	1475	1475	1475
模型	PANEL B								
	(64)	(65)	(66)	(67)	(68)	(69)	(70)	(71)	(72)
Ances	0.0578 (0.0473)	—	—	0.1103** (0.0435)	—	—	0.1271*** (0.0422)	—	—
Giftse	—	0.1517*** (0.0209)	—	—	0.1558*** (0.0236)	—	—	0.1860*** (0.0219)	—
Giftac	—	—	0.0084 (0.0117)	—	—	0.0289** (0.0121)	—	—	0.0043 (0.0105)
Constant	8.1586*** (0.1882)	7.5136*** (0.2430)	8.4559*** (0.4441)	8.0525*** (0.1499)	7.0875*** (0.2234)	8.3375*** (0.3710)	8.4985*** (0.1330)	7.4914*** (0.1957)	8.3907*** (0.3966)
控制变量	是	是	是	是	是	是	是	是	是
R^2	0.3094	0.3764	0.2889	0.3357	0.3493	0.2659	0.2729	0.3205	0.3054
样本量	1230	1018	234	1132	912	228	1477	1230	251

注：***、**、*分别表示在 1％、5％和 10％水平下显著，括号内为稳健标准差。回归中控制了家庭特征、村庄特征和省份特征，限于篇幅，未予汇报。

（二）社会网络对不同收入组居民消费影响

近年来，学术界就社会资本拥有量和回报率进行了广泛分析。一种观点认为，"社会资本是穷人的资本"，也即社会资本为低收入群体带来的回报更高(Grootaert，2001)；另外一种观点认为，"社会资本并不是穷人的资本"，也就是说无论在社会资本拥有量还是回报率方面，低收入群体均不占优势(周晔馨，2012)。考虑到社会网络与社会资本在内涵方面具有较强的一致性(Woolcock&Narayan，2000)，这引起了我们关于社会网络是否更有利于低收入群体消费这一问题的思考。为此，我们按照样本农户家庭纯收入均值，将样本划分为高收入和低收入家庭组，来考察不同收入分布上社会网络对消费水平的异质性作用，相关结果如表 8-19 所示。其中，模型(73)至(78)为高收入组家庭的实证结果，模型(79)至(84)为低收入组家庭的实证结果。

表 8-19　社会网络与农村居民消费：分收入阶层回归

模型	高收入组						低收入组					
	(73)	(74)	(75)	(76)	(77)	(78)	(79)	(80)	(81)	(82)	(83)	(84)
Rela	0.0807*** (0.0173)	—	—	—	—	—	0.0411* (0.0221)	—	—	—	—	—
Neig	—	0.0584*** (0.0156)	—	—	—	—	—	0.0689*** (0.0243)	—	—	—	—
Phon	—	—	0.1873*** (0.0171)	—	—	—	—	—	0.1254*** (0.0151)	—	—	—
Ances	—	—	—	0.0679** (0.0289)	—	—	—	—	—	0.0955** (0.0485)	—	—
Giftse	—	—	—	—	0.1230*** (0.0139)	—	—	—	—	—	0.2098*** (0.0238)	—
Giftac	—	—	—	—	—	0.0076(0 .0073)	—	—	—	—	—	0.0356** (0.0140)
Constant	6.7012*** (0.2529)	6.7601*** (0.2481)	6.4254*** (0.2331)	6.9719*** (0.2438)	6.4534*** (0.2590)	7.3226*** (0.5716)	8.3978*** (0.1620)	8.3215*** (0.1586)	8.3236*** (0.1549)	8.4951*** (0.1544)	7.4539*** (0.2334)	7.9038*** (0.4189)
控制变量	是	是	是	是	是	是	是	是	是	是	是	是
R^2	0.2121	0.2088	0.3009	0.2067	0.2621	0.2003	0.3544	0.3546	0.4142	0.3528	0.4147	0.4667
样本量	2698	2698	2683	2698	2309	558	1139	1139	1135	1141	851	155

注：***、**、*分别表示在 1%、5%和 10%水平下显著，括号内为稳健标准差。回归中控制了家庭特征、村庄特征和省份特征，限于篇幅，未予汇报。

表 8-19 的结果表明，除了以"亲戚交往联络"(*Rela*)与"人情礼收入"(*Giftac*)表征的社会网络分别在高收入组和低收入组显著为正外，其余四类社会网络在高收入和低收入组中均在 1%水平上高度显著。整体而言，社会网络对低收入组农户消费的影响要明显高于高收入组，社会网络消费效应的这种分布态势意味着社会网络更利于提升低收入群体的回报。可能的一种解释是低收入群体对根植于地缘或血缘的"邻里亲友关系"依

赖性更高。同时，以"邮电通信费"（*Phon*）表示的社会网络对高收入组农户消费的影响要明显大于低收入组，而"邮电通信"所涵盖的网络关系超越了传统的地缘和血缘范畴，更具有"业缘"的一般性特征。因此，收入和地域组的结果相对一致，这从侧面印证了结果的稳健性。

（三）社会网络对不同类型居民消费的影响

前文我们从整体、分收入以及分地区等维度，分别考察了不同社会网络在农村居民内部的消费异质性效应。考虑到教育培训支出和医疗支出具有较强的"刚性"支出特征，我们在此进一步分析各类社会网络对教育培训支出（*Edu*）、医疗支出（*Med*）影响的差异，相关结果如表 8–20 所示。整体而言，各类社会网络对医疗支出（*Med*）的影响显著为正，且对医疗支出的影响系数要明显高于教育培训支出的影响系数。可能的解释在于，教育培训支出是一项确定性的消费支出，居民可以提前通过储蓄等方式加以应对，而医疗支出往往具有较强的不确定性，尽管当前新型农村合作医疗制度在解决农村居民看病难、看病贵方面起到了重要作用，但农户缴费标准高、保障水平低等问题仍然存在，加之农村居民收入水平偏低，在缺乏"应急"储蓄的情形下，只能求助于身边亲友。也就是说，社会网络对"医疗支出"突出的"选择偏好"，集中反映了社会网络在应对不确定性方面所具有的"福利效应"。

本部分研究的结论主要可归纳为以下三点：第一，无论是基于家庭总消费支出还是非耐用品消费进行分析，社会网络整体上对农村居民消费存在正向影响，同时，与"亲戚交往联络"和"邻里关系"消费效应相比，依托"邮电通信"形成的关系网络呈现出更高的消费效应。第二，基于中介效应的传导机制表明，社会网络总体上有助于通过非正规金融融资、劳动力流动渠道，对农户消费产生正向影响，但它也会在一定程度上恶化收入分配状况，进而阻碍农户整体消费水平的提升，不过这种影响不够明显。第三，社会网络在不同区域、不同收入的农户和不同消费类型间呈现出典型的异质性特征，各类社会网络在中西部地区的消费效应远超过东部地区，消费效应具有明显的区域差异性；在不同收入群体中，鉴于低收入群体对根植于地缘、血缘的"邻里亲友关系"的依赖性更高，社会网络对这部分收入群体的消费效应更加明显；相较于教育支出而言，社会网络对医疗支出具有更强的"选择偏好"，这从侧面反映了其在应对不确定性方面可能具有的"福利效应"。

表 8-20 社会网络与农村居民不同类型消费型消费回归

模型	教育培训支出 (Edu)						医疗支出 (Med)					
	(85)	(86)	(87)	(88)	(89)	(90)	(91)	(92)	(93)	(94)	(95)	(96)
Rela	0.0817 (0.0638)	—	—	—	—	—	0.1425*** (0.0457)	—	—	—	—	—
Neig	—	−0.0068 (0.0673)	—	—	—	—	—	0.0085 (0.0449)	—	—	—	—
Phon	—	—	0.0402 (0.0359)	—	—	—	—	—	0.1072*** (0.0312)	—	—	—
Ances	—	—	—	0.2368* (0.1223)	—	—	—	—	—	0.3109*** (0.0823)	—	—
Giftse	—	—	—	—	0.0675 (0.0578)	—	—	—	—	—	0.1515*** (0.0402)	—
Giftac	—	—	—	—	—	0.0262 (0.0374)	—	—	—	—	—	0.0239 (0.0217)
Constant	−2.1978*** (0.4404)	−1.9042*** (0.4479)	−2.0170*** (0.3912)	−1.9968*** (0.3736)	−2.6679*** (0.5309)	0.2563*** (1.0538)	5.6856*** (0.3176)	6.1421*** (0.3136)	5.8671*** (0.2893)	6.0717*** (0.2716)	5.6387*** (0.3682)	6.0514*** (0.6689)
控制变量	是	是	是	是	是	是	是	是	是	是	是	是
R^2	0.2143	0.2140	0.2148	0.2151	0.1970	0.1188	0.0505	0.0476	0.0524	0.0513	0.0525	0.0567
样本量	3822	3822	3804	3824	3148	713	3821	3821	3803	3823	3151	710

注: ***、**、*分别表示在 1%、5%和 10%水平上显著，括号内为稳健标准差。回归中控制了家庭特征、村庄特征和省份特征，限于篇幅，未予汇报。

本章小结

本章内容将不确定性具体到微观居民家庭消费行为的分析中，考察在面临较高不确定性的情况下，我国居民储蓄与消费的行为特征，以及信息获取如何影响居民消费。本章主要研究结论如下：

第一，不确定性对消费者财富积累具有重要影响。相较于有房消费者而言，无房消费者面临的不确定性和预防性储蓄更高，用于当期消费的高流动性资产更少。对比以金融资产和以储蓄存款衡量消费者财富的结果，不确定性对储蓄存款的影响较高，反映出消费者为应对未来不确定性积累财富时，更倾向于选择流动性较高的储蓄存款，有助于在受到负向冲击时，以更低的成本将财富变现来平滑消费。

第二，短期内我国农村居民的预防性储蓄不仅取决于不确定性，也取决于黏性信息，且黏性信息与未来不确定性的叠加影响，使得不确定性加剧，进而挤出了较多的消费支出，引致了农村居民更多的预防性储蓄。

第三，对社会网络的研究表明社会网络整体上对农村居民消费存在正向影响，同时，与"亲戚交往联络"和"邻里关系"消费效应相比，依托"邮电通信"形成的关系网络，呈现出更高的消费效应。社会网络影响农村居民消费的中介效应的传导机制表现为社会网络会通过非正规金融融资、劳动力流动渠道，对农户消费产生正向影响；但社会网络也会在一定程度上恶化收入分配状况，进而不利于农户消费水平的提升，不过这种影响不够明显。此外，社会网络的影响在不同区域、收入组和消费类型间呈现出典型的异质性特征。

本章得出以下政策建议：

第一，应控制房价上涨速度过快。一方面，应该进一步落实"限购""房产税"等相关政策，进而控制住房投资；另一方面，可考虑综合采用提升二套房首付比例及贷款利率，扩大限购范围等一系列措施，切实保障住房价格平稳运行，保证住房财富效应能在较长时间内发挥。此外，还应建立健全住房资产抵押政策法规，通过培育成熟的住房抵押市场，构建以住房资产为载体的消费金融创新机制，从而有效发挥住房财富效应对居民消费升级的刺激作用。

第二，在经济转型时期，应格外关注供给侧的不确定性冲击导致城镇居民消费的习惯强度加大进而引起消费倾向持续降低的现象。同时，在人口老龄化的背景下，深入推进居民养老、教育、医疗层面改革，进而缓解支出的不确定性也是释放居民消费潜力的重要途径之一。此外，在充分发挥社会网络通过非正规金融融资、劳动力流动渠道对农户消费的正向提升作用的同时，还应通过发展普惠金融等方式，使农户面临的流动性约束能通过正规市场渠道缓解。

第二篇　供给侧结构性改革与异质性

消费者行为：

企业行为及产业优化路径研究

第九章 异质性消费者导向下的企业行为及产业优化路径研究

本章基于我国经济重大结构性失衡的事实,在微观层面上研究企业在市场竞争中,如何有效改善产品的供给,优化资源配置和库存配置,减少供需失衡的风险,增强国际竞争力。

如何协调投资与消费之间的比例关系一直是政府和学者关注的重要问题。从供给侧角度来看,与发达国家和新兴市场国家相比,中国的投资率仍处于较高水平,经济增长对投资的依存度较高。投资与消费失调问题的进一步加剧不仅导致部分行业产能过剩,也会造成企业资金链断裂、信贷资金短缺等较大风险隐患。因此,企业如何优化产能进而缓解供需失衡风险是至关重要的问题。此外,伴随全球经济一体化进程的加快和信息网络化程度的提高,企业面临的生存环境日趋复杂和不确定,只有通过提升自身适应环境的能力,才能够在快速变化的环境中抢占竞争先机。竞合战略被企业广泛接受和采纳,即企业竞争不再是传统意义上的"零和"竞争,更多的是竞争中有合作,合作中有竞争。基于此背景,本章将研究重点聚焦于以下微观问题:第一,企业的进入行为,即市场竞争程度对消费者福利有何影响,以及在不完全竞争市场中,为使社会福利或企业利润最大化,企业又会如何进行内生水平产品差异化投资;第二,面对国内外愈发激烈的竞争环境,企业应如何预测潜在需求,优化库存和产能,从而有效规避供需失衡风险以改善供需匹配,提高供给质量进而更好地提升竞争力和满足市场需求;第三,产品吸引力和生产力两个维度的企业异质性对企业出口市场份额有何影响,两者间的相对重要性如何。

第一节 不完全竞争市场下的企业行为与消费者福利

企业进入行为的难易,即市场的竞争程度无疑会对消费者福利产生影响。长期以来,人们一直认为更激烈的竞争能使消费者受益，并改善社会福利。这种信念往往是政府制定政策时的理论基础。尽管由成本的降低（Lahiri&Ono，1988）或者公司的进入（Klemperer，1988；Mukherjee *et al.*，2009）带来的更大竞争可能会降低社会福利，但消费者总是过得更好。丁达和慕克吉（Dinda&Mukherjee，2014）的一篇重要论文首次表明，考虑到战略单位税（strategic unit taxation），虽然高效企业数量的增加确如人们所料想的那样有利于消费者福利，但是低效企业数量的增加却损害了消费者福利。竞争对消费者不利影响的研究主要基于的是存在一定数量的同质高效企业和对称的低效企业的非对称古诺寡头垄断模型。一般认为，在不完全竞争条件下，单位（或专项）征税和从价征税可能导致不同的结果。王等（Wang *et al.*，2019）最近的一篇论文从战略从价税的角度重新检验了竞争程度提高对消费者福利的影响，并发现高效企业数量的增加也可能会意外地损害消费者福利。然而，这两篇论文的分析都是在古诺寡头垄断而非斯塔克尔伯格寡头垄断的框架下进行的，尽管斯塔克尔伯格竞争在现实世界中广泛存在。本节将以拥有高效领导者和低效追随者的斯塔克尔伯格寡头垄断模型为基础研究单位和从价税下市场竞争程度的提高对消费者福利水平的影响，并与古诺模型进行比较；进一步地，我们还将研究混合双头垄断中的企业内生水平产品差异化投资策略。

一、非对称斯塔克尔伯格寡头垄断下的间接税与消费者福利

我们首先以斯塔克尔伯格寡头垄断为背景，研究在单位税和从价税这两种常见的商品税征收方式下，企业的进入行为（企业数量增加）如何影响消费者福利。这两种税收方式的比较在德利帕拉和基恩（Delipala & Keen，1992）、德尼科洛和马特乌齐（Denicolo & Matteuzzi，2000）、王和赵（Wang & Zhao，2009）以及王等（Wang *et al.*，2018）等文章中均有涉及。在考察从价税和单位税何者更优时，文献中常用的方法是假设这两种税制带来的工业产出或税收收入相等。与之相对，我们采用的方法则是计算出每种税制下的最优税率，并将与之对应的消费者福利进行比较。

（一）模型建立

考虑一个具有 $n \geqslant 1$ 个相同的领导者和 $m \geqslant 1$ 个对称的追随者的斯塔克尔伯格寡头垄断。所有领导者和追随者都生产同质产品。假设追随者的边际成本为 c，领导者的边际成本为 λc，其中 $0 \leqslant \lambda \leqslant 1$，也就是说领导者的生产效率更高。市场的反需求函数为 $P = a - Q$，其中 P 为市场价格，a 代表市场需求的大小，$Q = \sum_{i=1}^{n} q_i + \sum_{j=1}^{m} q_j$ 是行业产

出，其中 q_i 和 q_j 分别表示每个领导者 i 和每个追随者 j 的产出。我们假定在单位税下，所有企业的单位产出税税额都为 t；而在从价税下，所有企业总收入的税率都为 τ。我们提出如下三阶段博弈：在第一阶段，政府以最大化社会福利为目标确定单位税率或从价计征税率；在第二阶段，所有领导者以政府规定的税收为前提，同时独立地决定自身产出；在最后一个阶段，所有追随者在观察到领导者的总产出后，同时独立地决定自己的产出。我们使用通行的逆向归纳法求解此博弈的均衡。

1. 单位税与消费者福利

首先考虑所有的公司都以相同的税额 t 对每单位产出征税，则在最后一个阶段，每个追随者的利润函数可以写成

$$\pi_j = (a - \sum_{i=1}^{n} q_i - \sum_{j=1}^{m} q_j - t - c)q_j, \ j = 1, 2, ..., m.$$

通过求解上述利润函数的一阶条件，我们可以得到典型追随者的均衡产出 q_f：

$$q_f = \frac{a - t - c - \sum_{i=1}^{n} q_i}{1 + m} \tag{9-1}$$

我们假设市场需求量 a 足够大，使得所有的追随者都积极参与生产。在博弈的第二阶段，每一个领导者会决定其产出，以最大化自身利润。领导者的利润函数可以写成：

$$\pi_i = (a - t - \lambda c - \sum_{i=1}^{n} q_i - m q_f)q_i, \ i = 1, 2, ..., n.$$

进一步地，将式（9-1）代入上式并求解一阶条件，我们可以得到典型领导者的均衡产出 q_l：

$$q_l = \frac{a - t + c[m - (1+m)\lambda]}{1 + n} \tag{9-2}$$

将式（9-2）代入到式（9-1）中，得到追随者的均衡产出 q_f：

$$q_f = \frac{a - t - c - n q_l}{1 + m} = \frac{a - t - c[1 + n(1+m)(1-\lambda)]}{(1+m)(1+n)} \tag{9-3}$$

我们假定条件 $a > t + c[1 + n(1+m)(1-\lambda)]$ 成立，那么所有公司的均衡产出均为正值。进而整个市场的总产出 Q 为

$$Q = \frac{a(m+n+mn) - (m+n+mn)t - c(m+n\lambda+mn\lambda)}{(1+m)(1+n)} \tag{9-4}$$

引理 1：第二阶段子博弈的均衡满足如下条件：(i) $\partial q_l / \partial t < 0$，$\partial q_f / \partial t < 0$，并且 $\partial Q / \partial t < 0$；(ii) $\partial Q / \partial m > 0$，且 $\partial Q / \partial n > 0$。

引理 1(i) 表明征收单位税会降低领导者和追随者的产出。我们称之为单位税的"减产效应"。引理 1(ii) 表明对于任何给定的税额 t，企业数量的增加（无论它们的边际成本

如何)都会提高整个行业的产出,从而使消费者的状况变好。

在博弈的第一阶段,为使整个社会的福利达到最大化,政府设置税额为 t。社会的总福利 SW 为:

$$SW = \sum_{i=1}^{n} \pi_i + \sum_{j=1}^{m} \pi_j + CS + T \tag{9-5}$$

式中, $CS = Q^2 / 2$ 代表消费者福利, $T = tQ$ 代表税收收入。我们通过简单的计算可以得到均衡税额 t^* 为:

$$t^* = \frac{c[m + (1+m)n\lambda] - a(m+n+mn)}{(m+n+mn)^2} \tag{9-6}$$

上式中的均衡税额为负值,这表明政府总是出资补贴企业以帮助其生产。根据式 (9-4) 和 (9-6),我们得到均衡状态下,领导者、追随者和市场整体的产出分别为:

$$q_l^* = \frac{(1+m)\left\{cm(m+n+mn-1) + a(m+n+mn) - c\left[m^2 + (1+m)^2 n\right]\lambda\right\}}{(m+n+mn)^2}$$

$$q_f^* = \frac{a(m+n+mn) - c\left[m + m(1+m)n + (1+m)^2 n^2 - (1+m)n(m+n+mn-1)\lambda\right]}{(m+n+mn)^2} \tag{9-7}$$

$$Q^* = \frac{a(m+n+mn) - c(m+n\lambda + mn\lambda)}{m+n+mn}$$

接下来,我们探究市场竞争的加剧如何影响消费者福利。根据式 (9-7) 可以得到以下两个命题。

命题 1: 在斯塔克尔伯格寡头垄断中,(i) 领导者数量 (n) 的增加能够提升消费者福利;(ii) 但追随者数量 (m) 的增加却降低消费者福利。

命题 1 证实了丁达和慕克吉(Dinda & Mukherjee, 2014)基于非对称古诺寡头垄断模型发现的不良竞争的后果,表明高效企业和低效企业的行动(无论是同时行动还是序贯行动)并不会改变这一后果。

我们重新计算了在古诺竞争模型中,当所有的高效企业均具有正的边际成本 λc 时的市场均衡产出,又根据丁达和慕克吉(Dinda & Mukherjee, 2014)的研究进行了进一步的计算,得到了古诺寡头垄断模型下整个市场的均衡产出 Q_C^* (下标 C 代表古诺竞争):

$$Q_c^* = \frac{a(m+n) - c(m+n\lambda)}{m+n} \tag{9-8}$$

接下来我们自然会追问:(i) 哪一种市场结构能带来更高的消费者福利?(ii) 在哪一种市场结构下,追随者数量 (m) 的增加会更严重地损害消费者的福利?我们将答案总结为命题 2。

命题 2：相较于古诺寡头垄断模型，(i)斯塔克尔伯格寡头垄断下的市场产出更高；(ii)在斯塔克尔伯格寡头垄断下，追随者数量(m)的增加对消费者福利的损害更小。

政府对每个企业征收单位税相当于每个企业提高了同等程度的边际成本，因此征收单位税不会对每个企业的生产成本和生产目标产生实质性扭曲。命题 2(i)确认了在市场产出方面，斯塔克尔伯格模型优于古诺模型。因此，斯塔克尔伯格模型下的消费者福利优于古诺模型下的消费者福利。

此外，追随者数量的增加会使政府减少补贴，进而导致整个市场的产量降低。命题 2(ii)确认了相较于古诺寡头垄断模型，斯塔克尔伯格寡头垄断模型中追随者数量的增加对消费者福利造成的损害更小。这主要是因为斯塔克尔伯格模型具有"产出扩张效应"，削弱了追随者数量增加对市场产出的负面影响。

2. 从价税与消费者福利

接下来，我们考虑从价税的情况，即政府对每个企业的总收入均按相同的税率 τ 征税。那么在博弈的第三阶段，追随者的利润函数可以写成：

$$\pi_j = (1-\tau)(a - \sum_{i=1}^{n}q_i - \sum_{j=1}^{m}q_j)q_j - cq_j, j=1,2,\ldots,m.$$

通过对利润函数进行一阶求导，可以得到典型追随者的均衡产出 q_f：

$$q_f = \frac{a - \frac{c}{1-\tau} - \sum_{i=1}^{n}q_i}{1+m} \tag{9-9}$$

我们假设在均衡状态下所有企业都是积极的产出者。因此在博弈的第二阶段，每个领导者的利润函数可以写成

$$\pi_i = (1-\tau)(a - \sum_{i=1}^{n}q_i - mq_f)q_i - \lambda cq_i, i=1,2,\ldots,n,$$

将式(9-9)代入上述利润函数，并进行一阶求导，得到典型领导者的均衡产出为：

$$q_l = \frac{a(1-\tau) + c\left[m(1-\lambda) - \lambda\right]}{(1+n)(1-\tau)} \tag{9-10}$$

同时，也进一步得到追随者的均衡产出为

$$q_f = \frac{a - \frac{c}{1-\tau} - nq_l}{1+m} = \frac{a(1-\tau) - c\left[(1+m)n(1-\lambda) + 1\right]}{(1+m)(1+n)(1-\tau)} \tag{9-11}$$

如前文所述，我们假设市场需求 a 足够大，使所有企业能在均衡状态下均积极参与生产，即 $a > c\left[1 - (1+m)(1-\lambda)n\right] / (1-\tau)$。那么整个市场的总产出值 Q 为：

$$Q = \frac{a(m+n+mn)(1-\tau) - c(m+n\lambda+mn\lambda)}{(1+m)(1+n)(1-\tau)} \tag{9-12}$$

引理 2：第二阶段子博弈的均衡满足如下条件：(i) 当 $\lambda < m/(1+m)$ 时，$\partial q_l/\partial \tau > 0$，否则 $\partial q_l/\partial \tau \leqslant 0, \partial q_f/\partial \tau < 0, \partial Q/\partial \tau < 0$；(ii) $\partial Q/\partial m > 0$，且 $\partial Q/\partial n > 0$。

与王等（Wang *et al.*，2018）的研究相似，引理 2(i) 揭示了斯塔克尔伯格竞争下政府征收从价税的两个重要影响。一方面，政府征收从价税会减少整个市场的总产出，我们称之为"减产效应"。另一方面，当满足条件 $\lambda < m/(1+m)$ 时，政府征收从价税对低效企业的影响大于对高效企业的影响，因此从价税增加时，部分产出会由低效企业转向高效企业，我们称之为"产出转移效应"。"减产效应"和"产出转移效应"在接下来的消费者福利分析中均起着关键作用。

在博弈的第一阶段，政府以实现社会福利最大化为目标设定税率 τ。社会的总福利 SW 为

$$SW = \sum_{i=1}^{n} \pi_i + \sum_{j=1}^{m} \pi_j + CS + T$$

在从价税计税方式下，政府的税收收入为 $T = \tau PQ$。通过计算得到均衡税率 τ^{**} 为：

$$\tau^{**} = \frac{a(m+n\lambda+mn\lambda) - c\left[m(1+m)^2 n(1+n)(\lambda-1)^2 + G\right]}{a\left[m+(1+m)n\lambda\right] - c(1+m)(1+n)G} \tag{9-13}$$

其中，$G = m + mn + m^2 n - 2mn\lambda - 2m^2 n\lambda + n\lambda^2 + 2mn\lambda^2 + m^2 n\lambda^2$。进一步地，我们可以得到博弈中领导者和追随者的均衡产出分别为：

$$q_l^{**} = \frac{(1+m)\left\{a\lambda\left[m+(1+m)n\lambda\right] - c\left[m(\lambda-1)+\lambda\right]X\right\}}{(m+(1+m)n\lambda)^2}$$

$$q_f^{**} = \frac{m\left[a-c(1+n+mn)^2\right] + (1+m)n\left[a+3cm(1+n+mn)\right]\lambda + Y}{\left[m+(1+m)n\lambda\right]^2}$$

其中，

$$X = m(1+n+mn) - 2m(1+m)n\lambda + (1+m)^2 n\lambda^2,$$
$$Y = c(1+m)^2 n\lambda^2 \left\{n\left[m(\lambda-3)+\lambda-1\right]-1\right\}$$

整个市场的总产出 Q^{**} 为：

$$Q^{**} = \frac{a(m+n\lambda+mn\lambda) - c\left[m^2 n(-1+\lambda)^2 + n\lambda^2 + m(1+n-2n\lambda+2n\lambda^2)\right]}{m+n\lambda+mn\lambda} \tag{9-14}$$

接下来，我们探讨市场竞争的加剧如何影响消费者福利，根据式（9-14），我们可以得到命题 3。

命题 3：在斯塔克尔伯格寡头垄断中，(i) 当满足条件 $\lambda > m/(1+m)$ 时，领导者数量 (n) 的增加会提升消费者福利，否则领导者数量 (n) 的增加会减少消费者福利；(2) 追随者数量 (m) 的增加会降低消费者福利。

王等(Wang *et al.*，2018)基于非对称古诺寡头垄断模型分析了市场竞争的加剧如何影响消费者福利，本节基于斯塔克尔伯格寡头垄断模型的研究则发现当领导者和追随者的生产效率差异较大时，高效领导者数量的增加同样可能会降低消费者福利。这也意味着无论在哪一种市场结构中，竞争对消费者福利的负面影响总是存在的。从价税的"减产效应"和"产出转移效应"可以解释这一现象。在政府征收从价税的情况下，假如领导者的生产效率足够高，其数量的增加会使政府提高税率 τ，进而导致产出由低效追随者转移到高效领导者(产出转移效应)。同时，"减产效应"会导致整个市场产出的下降，从而降低消费者福利。

基于古诺寡头垄断模型下的整个市场的总产出如(9–15)所示。

$$Q_c^{**} = \frac{a(m+n\lambda) - c\left\{m\left[1+n(-1+\lambda)^2\right]+n\lambda^2\right\}}{m+n\lambda} \tag{9–15}$$

将斯塔克尔伯格寡头垄断与古诺寡头垄断下的市场产出进行对比，可以得到命题4。

命题4：与古诺寡头垄断相比，(i)当满足条件 $\lambda > m/(1+m)$ 时，斯塔克尔伯格寡头垄断下的总产出更高，否则相反；(ii)当满足条件 $\lambda > \lambda_1(m,n)$ 时，斯塔克尔伯格寡头垄断下追随者数量(m)的增加对消费者福利的损害更小，否则相反，$\lambda_1(m,n)$ 可以由式 $2n^2\lambda^3 - m^3(1-\lambda)(1+n\lambda) - 2m^2n\lambda(1-\lambda)(2+n\lambda) + mn\lambda^2[2-n(3-4\lambda)]=0$ 得到；(iii)当满足条件 $n^2 < 1+m$ 时，斯塔克尔伯格寡头垄断下领导者数量(n)的增加对消费者福利造成的损害更大，当满足条件 $n^2 > 1+m$ 且 $\lambda > m/(n\sqrt{1+m})$ 时，斯塔克尔伯格寡头垄断下领导者数量(n)的增加对消费者福利造成的损害更小，否则相反。

命题4(i)与政府征收单位税背景下的命题2(i)呈鲜明对比。在从价税的情况下，古诺模型中的总产出可能会高于斯塔克尔伯格模型中的总产出。我们从以下两个方面对其进行解释：首先，在政府未收取从价税的情况下，相较于古诺模型，斯塔克尔伯格模型中的行业总产出更高，我们称之为斯塔克尔伯格模型的"产出扩张效应"。其次，由于"产出转移效应"的存在，当税率上升时，相较于古诺模型，斯塔克尔伯格模型中高效企业产出增加得较少，我们称之为"税收引致效应"。当领导者的生产效率足够高，即"税收引致效应"的影响大于"产出扩张效应"的影响时，与古诺模型相比，斯塔克尔伯格模型下的市场总产出更少。

命题 4(ii)和命题 4(iii)表明当领导者和追随者的生产效率差距较大时(即 λ 较小时)，在斯塔克尔伯格模型中，领导者和追随者数量的增加都会对消费者福利造成更为严重的损害。这种现象可能令人费解，因为随着企业数量的增加，市场竞争将会加剧，同时反映产业集中度的赫芬达尔-赫西曼指数(Herfindahl-Hirschman Index)则会下降，这将会带来更高的市场产出，从而使消费者受益。但是当领导者和追随者的生产效率差距较大时，战略从价税会对所有的企业均造成影响，从而削弱企业数量增加引起的积极竞争效应，并进一步降低整个市场的均衡产出。换句话说，战略从价税在斯塔克尔伯格模型中具有反竞争效应。特别是当领导者和追随者的生产效率差距足够大时，即命题 4(ii)中 $\lambda < \lambda_1(m,n)$ 和命题 4(iii) 中 $\lambda < m/(n\sqrt{1+m})$ 时，斯塔克尔伯格模型中政府征收从价税对行业总产出造成的负面影响大于古诺模型。

值得注意的是，当 $m \geqslant n$ 时，命题 4(ii) 中的 $\lambda_1(m,n)$ 近似等于 1。也就是说，当低效企业相对较多时，斯塔克尔伯格寡头垄断模型中追随者数量的增加会对消费者福利造成更加严重的损害。由命题 4(iii)，当 $m \geqslant n^2 - 1$ 时，即低效企业足够多时，我们能够得到类似的结论。命题 4(ii) 和命题 4(iii) 均说明有大量追随者的斯塔克尔伯格博弈和仅有少量追随者的斯塔克尔伯格博弈可能有完全不同的影响。这也给我们了一定的政策启示，即反垄断机构应更多地关注拥有大量追随者的市场。(Ino & Matsumura，2016)

最后，我们来比较政府征收单位税和从价税下的市场均衡产出。可以清晰地看到，政府征收单位税下的均衡产出大于征收从价税下的均衡产出，即 $Q^* > Q^{**}$，这意味着从价税下的消费者福利更差。

命题 5：与单位税相比，从价税下的消费者福利更差。

王等(Wang *et al.*，2018)基于非对称古诺寡头垄断模型进行了相应的研究，得出了与命题 5 一致的结论，即与从价税相比，单位税下的均衡产出更高。前文指出，虽然单位税具有"减产效应"，但均衡状态下政府总是出资补贴企业以帮助其生产。从价税则有"减产效应"和"产出转移效应"两种相互抵消的效应，"产出转移效应"会促使政府提高税率，进而降低了整个市场的总产出。因此，从价税下整个市场的均衡产出低于单位税下整个市场的均衡产出。

(二)主要结论

通过以上分析，我们得到如下结论：首先，政府征收单位税的情况下，无论是基于斯塔克尔伯格寡头垄断模型还是古诺寡头垄断模型，低效企业数量的增加均会损害消费者福利，但是古诺寡头垄断模型下低效企业数量的增加对消费者福利的影响更加严重。其次，政府征收从价税时，当斯塔克尔伯格寡头垄断模型中高效企业与低效企业的生产效率差异较大时，高效企业数量的增加也可能会损害消费者福利，并且比古诺寡头垄断模型下消费者福利的受损程度更加严重。最后，我们发现与单位税相比，从价税下的消费者福利更差。我们的研究对政府制定相应的政策具有非常重要的指导意义。

在现有研究的基础上，还有一些新的问题值得我们探讨。首先，为便于处理，本文和大量既有文献一样，假设反需求函数是线性的且企业的成本函数是相同的，在接下来的研究中可对这一假设进行放松和拓展。其次，可以考虑引入国外企业，并对斯塔克尔伯格寡头垄断模型进行类似的分析，比如探究国外低效企业进入市场如何影响消费者福利。最后，可以效仿王和赵（Wang & Zhao，2009）的研究，将产品差异化问题引入模型，研究同时拥有国内企业和国外企业的伯川德竞争模型。

二、混合双头垄断中的内生水平产品差异化

（一）模型建立

我们考虑一个混合双头垄断模型，其中企业 1 生产产品 x_1，企业 2 生产产品 x_2。在不失一般性的前提下，我们假设企业 1 是以社会福利最大化为目标的公有企业，而企业 2 是以利润最大化为目标的私有企业。总效用函数为这两种商品的二次函数及计价商品 m 的线性函数：

$$U = a(x_1 + x_2) - (x_1^2 + 2sx_1x_2 + x_2^2)/2 + m \qquad (9\text{--}16)$$

参数 s（$0 \leqslant s \leqslant 1$）用于度量商品 x_1 和 x_2 之间的可替代程度。我们引入 $v = 1 - s$ 来衡量产品差异化程度，则 $s = 0$ 和 $s = 1$ 分别对应于最大（$v = 1$）和最小（$v = 0$）程度的产品差异化。由效用函数可得线性反需求函数系统：

$$p_i = a - x_1 - sx_j, \quad i, j = 1, 2, i \neq j \qquad (9\text{--}17)$$

在 $s < 1$ 的情况下求其逆函数，可以获得线性需求函数系统：

$$x_i = \frac{a - p_i - s(\alpha - p_j)}{1 - s^2}, \quad i, j = 1, 2, i \neq j \qquad (9\text{--}18)$$

最初，两家企业以边际成本 c 生产同质产品，其中 $c < a$。在下面的两阶段博弈中，我们允许企业进行投资以水平差异化其商品：

阶段 1：两家企业同时选择是否进行投资以提高产品差异化程度。相应的投资用 k_1 和 k_2 表示。根据布兰德和斯潘塞（Brander and Spencer，2015a），假设差异化投资仅以下列方式影响可替代程度：

$$s = e^{-\beta K} \qquad (9\text{--}19)$$

其中 $K = k_1 + k_2$，$\beta > 0$。K 的增加（通过企业 1 或企业 2 的投资）减少 s 并因此增加 v。此外 β 体现刻画了投资在创造产品差异方面的有效性，并且我们假定两家企业的有效性相同。β 越大，意味着实现相同的产品差异化程度所需的投资水平越低，即达到任何特定产品差异化程度的差异化成本越低。

阶段 2：给定阶段 1 选择的投资水平，企业通过同时选择产量或价格来进行古诺或伯川德博弈。

值得注意的是，与被广泛使用的阿斯普勒蒙等（d'Aspremont *et al.*，1979）的方法相比，布兰德和斯潘塞（2015a）的方法具有以下优势：首先，这种方法在产品差异化方面引入了弹性需求和昂贵的投资，这更为现实，但同时也使与选址博弈（location choice）的类比可能具有误导性。其次，使用这种方法可以将伯川德竞争与古诺竞争进行直接比较，而使用阿斯普勒蒙等（1979）的方法很难分析古诺竞争，因为存在一个独特的古诺均衡。最后，通过引入外生参数 β，我们可以在每种竞争模式下针对任何给定的 β 的值来表征企业的投资/生产行为。因此，我们可以清楚地论述模型中公有企业的存在如何影响公司进行产品差异化和生产决策的动机。

（二）水平产品差异分析

在第一阶段选择投资水平时，每个企业都会考虑其在第二阶段的最优博弈结果。博弈通过逆向归纳法解决，因此我们仅考虑子博弈完美均衡。公有企业（企业 1）的目标是使社会福利（即消费者剩余与公司利润之和）最大化，而私有企业（企业 2）的目标是使自身利润最大化。

1. 古诺竞争

在第二阶段，企业 1 将 x_2，k_1，k_2 及 s 视为给定，并依此选择 x_1 以最大化由下式给出的社会福利 SW：

$$SW = CS + V_1 + V_2 \tag{9-20}$$

其中，$CS = (x_1^2 + 2sx_1x_2 + x_2^2)/2$ 是消费者剩余，$V_i = (\alpha - x_i - sx_j - c)x_i$，$i, j = 1, 2, i \neq j$ 是企业 i 第二阶段的利润。

企业 1 的一阶条件为：

$$a - x_1 - sx_2 - c = 0 \tag{9-21}$$

同样，企业 2 选择 x_2 来最大化其第二阶段的利润 V_2。最大化问题的一阶条件是：

$$a - sx_1 - 2x_2 - c = 0 \tag{9-22}$$

联立式（9-21）和（9-22）得出以下古诺均衡：

$$\begin{cases} x_1^c = (a-c)(2-s)/(2-s^2) \\ x_2^c = (a-c)(1-s)/(2-s^2) \end{cases} \tag{9-23}$$

其中上标 C 代表古诺竞争。由此我们可以得到以 s 表示的均衡价格

$$\begin{cases} p_1^{\ c} = c \\ p_2^{\ c} = \dfrac{(a-c)(1-s)}{2-s^2} + c \end{cases} \tag{9-24}$$

以及两家企业的利润：

$$\begin{cases} v_1^{\ c} = 0 \\ v_2^{\ c} = (x_2^{\ c})^2 \end{cases} \tag{9-25}$$

从上述推导中，我们观察到，由于除了自身利润，公有企业还兼顾消费者剩余，因此其在均衡状态下的产出要高于私有企业，并以边际成本定价，即 $p_1^{\ c} = c$。此外，如果 $s = 1$，则我们得到 $x_2^{\ c} = 0$ 和 $p_2^{\ c} = c$，即如果产品间不存在差异，则企业 2 选择停止生产，企业 1 是市场上唯一的供应商。第二阶段的社会福利为：

$$SW^C = \frac{(\alpha - c)^2 (7 - 6s - 2s^2 + 2s^3)}{2(2 - s^2)^2} \tag{9-26}$$

从式 (9-23) 和式 (9-24) 中可以看出，$p_1^{\ c} < p_2^{\ c}$，$x_1^{\ c} > x_2^{\ c}$，我们将其正式表述为引理 1。

引理 1：在古诺竞争下，与私有企业（企业 2）相比，公有企业（企业 1）总是定价更低，产量更高。

此外，关于社会福利和私有企业的利润，我们得到以下结果。

引理 2：在古诺竞争下，产品差异化程度 v 的上升（即 s 的降低）使社会福利和企业 2 的利润均增加。

直观地讲，产品差异化程度 v 的增加会产生两个影响：首先，它提高了私有企业收取的价格，从而使私有企业获得了更高的利润。其次，在总需求有弹性的情况下，由于 $\partial U / \partial s < 0$，消费者能够从产品多样化中受益。因此，总产量增加了。产量的增长一方面增加了私有企业的利润，另一方面使消费者受益。因此，更高的产品差异化程度可以改善社会福利，这为公有企业进行产品差异化提供了强大的动力。我们将在后文进一步讨论这一点。我们基于消费者可以购买不同数量的每种产品的二次效用函数所得的结果与克里默等（Gemer et al., 1991）在总需求无弹性的选址定价模型（location-price model）下所得的结果形成鲜明对比。

在博弈的第一阶段，企业 1 选择 k_1 以最大化第一阶段的社会福利（包括投资成本），而企业 2 选择 k_2 来最大化其第一阶段的利润（同样包括第一阶段投资成本），二者皆视另一家公司的投资为既定。参照式 (9-19)，$K = k_1 + k_2$ 确定了产品的差异化程度 $v = 1 - e^{-\beta K}$。所以我们可得：

$$\frac{\partial s}{\partial k_1} = \frac{\partial s}{\partial k_2} = \frac{\partial s}{\partial K} = -\beta s < 0 \tag{9-27}$$

该式表明，任何一家企业增加差异化投资都会降低两家公司产品间的可替代程度 s（增加了差异化程度 v）。

企业 1 选择 k_1 以最大化社会福利

$$W = SW^C - k_1 - k_2 \tag{9-28}$$

我们进一步计算社会福利 W 关于 k_1 的导数：

$$\frac{\partial W}{\partial k_1} = \beta(\alpha - c)^2 g_1(s) - 1 \tag{9-29}$$

其中 $g_1(s) = \dfrac{s\left(6 - 10s + 3s^2 + 2s^3 - s^4\right)}{\left(2 - s^2\right)^3}$

企业 2 的第一阶段利润为：

$$\pi_2 = V_2^{\,c} - k_2 \tag{9-30}$$

由是可得，

$$\frac{\partial \pi_2}{\partial k_2} = \beta(\alpha - c)^2 g_2(s) - 1 \tag{9-31}$$

其中 $g_2(s) = \dfrac{2s(1 - s)\left(2 - 2s + s^2\right)}{\left(2 - s^2\right)^3}$

为了确定企业 1 和企业 2 的差异化投资，我们需要考查和比较一阶条件下的 $g_1(s)$ 和 $g_2(s)$。

引理 3： 对于所有 $s \in (0,1)$，函数 $g_1(s)$ 和 $g_2(s)$ 满足 $g_1(s) > g_2(s) > 0$。

在古诺竞争下，引理 3 表示对于任何给定的 $s \in (0,1)$，恒有 $\partial W / \partial k_1 > \partial \pi_2 / \partial k_2$。由此可知，在产品完全差异化之前，企业 1 始终拥有更强的投资意愿。换句话说，与企业 2 相比，企业 1 倾向于更高的产品差异化程度。企业 2 也会意识到这一点，进而不再投资于产品差异化，而是选择搭便车。但是，当投资非常昂贵（β 很小）时，企业 1 不会进行任何投资来使其产品与企业 2 的产品形成差异，因为它知道企业 2 也不会投资，并且将被逐出市场。下面的命题总结了古诺竞争下的结果：

命题 1： 在古诺竞争下，如果 $\beta \leqslant 6.07 / (a - c)^2$，则企业 1 是市场上唯一的供应商；否则，均衡状态下两企业皆存在于市场，但其中仅有企业 1 进行了差异化投资。更进一步地，产品间的差异程度 v 会随着 β 的增加而增加。

需要要注意的是，β 的临界值取决于产品的需求截距和边际成本 $a\text{-}c$ 之间的差异，这一差异可以被解释为需求的强度（布兰德和斯潘塞，2015a）或产品盈利能力。命题 1 意味着在古诺竞争下 β 的临界值随着 $a\text{-}c$ 的增加而减小。也就是说，需求越强（或产品获利能力越高），古诺企业生产差异化产品的范围就越广。

布兰德和斯潘塞(2015a)分析了对称私有双头垄断中的内生产品差异。他们指出，古诺竞争下，当 $\beta \leqslant 13.5/(a-c)^2$ 时，企业生产同质产品；否则，企业将差异化产品。我们的混合双头垄断模型则着眼于公有企业在产品差异化方面所扮演的角色，因此研究结果在下述方面与之不同：

首先，在存在最大化社会福利的公有企业的情况下，我们观察到，当差异化投资非常有效即 $\beta > 6.07/(a-c)^2$ 时，差异化投资总是由公有企业进行。私有企业是搭便车者，并享受由产品差异化所带来的收益。其次，在我们的模型中，当差异化投资效果不佳即 $\beta < 6.07/(a-c)^2$ 时，私有企业永远不会进入市场。最后，与私有企业相比，混合双头垄断下能够让企业选择生产异质产品的 β 范围更大，且对于任何给定的 β，产品间的差异都更大。

命题 2：在古诺竞争下，与私有双头垄断相比，公有企业的加入使得混合双头垄断下的产品更具差异化。

在我们的模型中，公有企业充当着社会福利最大化者。由于更大的产品差异性改善了社会福利，因此，致力于社会福利最大化的公有企业与布兰德和斯潘塞(2015a)提到的私有企业相比，在区分产品方面具有更强的动机。因此，在模型中存在公有企业的情况下，产品更具差异性。

2. 伯川德竞争

现在考虑企业进行伯川德竞争的情况。在第二阶段，企业 1 将 p_2、k_1、k_2 及 s 视为给定值，并依此选择 p_1 以最大化由 $SW = CS + V_1 + V_2$ 给出的社会福利，其中 CS 是消费者剩余，而企业 i 的第二阶段利润 V_i 由下式给出：

$$V_i = (p_i - c)\frac{\alpha - p_i - (\alpha - p_i)s}{1 - s^2}, \quad i,j = 1,2, i \neq j \tag{9-32}$$

由式(9-18)给出的需求函数限定了 $s < 1$。如果 $s = 1$，则产品是同质的，两家企业在均衡时收取相同的价格 $p = c$ 并平分市场需求。企业 1 的一阶条件为：

$$(p_2 - c)s - p_1 + c = 0 \tag{9-33}$$

企业 2 选择 p_2 来最大化其第二阶段的利润 V_2，这不包括第一阶段的差异化投资 k_2。最大化问题的一阶条件是：

$$\alpha - 2p_2 - (\alpha - p_1)s + c = 0 \tag{9-34}$$

联立式(9-33)和式(9-34)得出第二阶段博弈的均衡价格：

$$\begin{cases} p_1{}^B = \dfrac{(\alpha-c)(1-s)s}{2-s^2}+c \\ p_2{}^B = \dfrac{(\alpha-c)(1-s)}{2-s^2}+c \end{cases} \tag{9-35}$$

其中上标"B"代表伯川德竞争。将价格代入到需求函数中，可得以 s 表示的均衡量：

$$\begin{cases} x_1{}^B = (\alpha-c)/(1+s) \\ x_2{}^B = (\alpha-c)/(1+s)(2-s^2) \end{cases} \tag{9-36}$$

显然，$p_1{}^B < p_2{}^B, x_1{}^B < x_2{}^B$。

引理 4： 在伯川德竞争下，与私有企业（企业 2）相比，公有企业（企业 1）总是定价更低，产量更高。

进一步地，我们可得企业的利润

$$\begin{cases} V_1{}^B = s(1-s^2)(x_1{}^B)^2 / (2-s^2) \\ V_2{}^B = (1-s^2)(x_2{}^B)^2 \end{cases} \tag{9-37}$$

以及社会福利

$$SW^B = \frac{(\alpha-c)^2(7+s-7s^2-s^3+2s^4)}{2(1+s)(2-s^2)^2} \tag{9-38}$$

引理 5： 在伯川德竞争下，产品差异化程度 v 的上升（即 s 的降低）使社会福利和企业 2 的利润均增加。

我们在引理 2 之后对古诺竞争的分析表明，随着产品差异化程度的上升，模型中的弹性需求增加了社会福利。引理 5 证实在伯川德竞争中同样的作用仍存在。

在博弈的第一阶段，企业决定其产品差异化投资。对于企业 1，第一阶段的社会福利 W 可以写成：

$$W = SW^B - k_1 - k_2 \tag{9-39}$$

将 W 相对于 k_1 进行微分得到：

$$\frac{\partial W}{\partial k_1} = \beta(\alpha-c)^2 f_1(s) - 1 \tag{9-40}$$

其中 $f_1(s) = \dfrac{s\left(6-9s^2-s^3+5s^4+s^5-s^6\right)}{(1+s)^2\left(2-s^2\right)^3}$

当式（9-40）的右边为正时，企业 1 将发现投资于产品差异性是符合社会需要的。企业 2 在第一阶段的利润可以写成：

$$\pi_2 = V_2{}^B - k_2 \tag{9-41}$$

将 π_2 相对于 k_2 进行微分得到：

$$\frac{\partial \pi_2}{\partial k_2} = \beta(\alpha - c)^2 f_2(s) - 1 \tag{9-42}$$

其中 $f_2(s) = \dfrac{2s\left(2 - 2s - s^2 + 2s^3\right)}{(1+s)^2 \left(2 - s^2\right)^3}$

当式（9-42）的右边为正时，企业 2 有动机投资于产品差异化。

引理 6： 函数 $f_1(s)$ 和 $f_2(s)$ 具有以下属性：

(1) 在 $s \in [0, 1]$ 上，$f_1(s)$ 和 $f_2(s)$ 单调增加；

(2) $s < 0.84$，$f_1(s) > f_2(s)$，当 $s \geqslant 0.84$，$f_1(s) \leqslant f_2(s)$。

引理 6-(1) 表示 $f_1(s)$ 和 $f_2(s)$ 的最大值都在 $s = 1$ 处取得。简单计算即可得出 $\partial W / \partial k_1 \leqslant [\beta(a-c)^2 / 4] - 1$ 且 $\partial \pi_2 / \partial k_2 \leqslant [\beta(a-c)^2 / 2] - 1$。从中可知，如果 $\beta \leqslant 2/(a-c)^2$，则企业 1 和企业 2 都不会投资于产品差异化（出现 $k_1 = k_2 = 0$），两家公司生产同类产品；否则，差异化投资将由企业 1 或企业 2 进行。

请注意，根据引理 6-(2)，$f_1(s)$ 和 $f_2(s)$ 在 $s \in [0, 1]$ 这个区间内取值不同。因此，两家公司拥有不同的产品差异化投资意愿。在均衡状态下，意愿较强的企业会投资于产品差异化，而另一个则不会。我们将结果总结为命题 3。

命题 3： 伯川德竞争下：

(1) 如果 $\beta \leqslant 2/(a-c)^2$（即 β 较小），则没有企业选择投资于产品差异化，二者将在第二阶段生产同质产品；

(2) 如果 $2/(a-c)^2 < \beta < 5.41/(a-c)^2$（即 β 中等），则企业 2 会进行差异化投资，而企业 1 不会；

(3) 如果 $\beta \geqslant 5.41/(a-c)^2$（即 β 较大），则企业 1 会进行差异化投资，但企业 2 不会；更进一步地，产品间的差异化程度 v 会随着 β 的增加而增加。

根据引理 5，产品多样性 v（即差异化程度）可以提高企业 2 的利润和社会福利。但是，当 $\beta \leqslant 2/(a-c)^2$ 时，投资于产品差异化对改变消费者所感知的多样性几乎没有影响。因此，两家企业都将避免进行这项成本超过收益的投资。

当 $\beta > 2/(a-c)^2$ 时，进行产品差异化对两家企业而言都是有利的。具体而言，当 $2/(a-c)^2 < \beta < 5.41/(a-c)^2$ 时，企业 2 具有更强的投资意愿，它将投资于产品差异化，直到 (9-42) 中的 $\partial \pi_2 / \partial k_2$ 达到零，即 $f_2(s^*) = 1/\beta(a-c)^2$ 时。企业 1 会意识到这一点并选择成为产品差异化的搭便车者，且由于 $\partial W / \partial k_1 < 0$ 而不会进行这项昂贵的投资。当 $\beta \geqslant 5.41/(a-c)^2$

时，情况将恰好相反。均衡状态下企业 2 将不会进行任何投资，因为它意识到公司 1 将投资于产品差异化以降低产品间的可替代性，直到(9–40)中的 $\partial W / \partial k_1$ 达到零。

对上述结果的直观解释如下：在伯川德竞争下，如果私有企业与公有企业生产同质产品，则其利润为零。因此，当投资成本不那么高(β 中等)时，私有企业总是有动力将其产品与竞争对手的产品区分开来，从而获得正利润。但是，当投资足够有效(β 很大)时，考虑到社会福利，公有企业更倾向于提高产品差异化程度，因此将进行投资以进一步区分产品。此时，私有企业选择成为搭便车者。

布兰德和斯潘塞(2015a)在对称私有双头垄断下对内生产品差异的分析中指出，伯川德竞争下，当 $\beta \leqslant 2/(a-c)^2$ 时，企业生产同质产品；否则，企业将差异化产品。引入公有企业后，关于产品差异化的结论仍然保持不变。但是，在存在公有企业的情况下，只有当差异化对公有企业的影响不那么大(即 β 相对较小)时，私有企业才会进行昂贵的投资。否则，公有企业将投资于产品差异化。此外，对于任何给定的 β，两种模型中产品差异化的程度都有所不同，如以下命题所示：

命题 4： 在伯川德竞争下，当 $2/(a-c)^2 < \beta \leqslant 5.74/(a-c)^2$ 时，混合双头垄断中的产品差异化程度低于私有双头垄断；当 $\beta > 5.74/(a-c)^2$ 时，混合双头垄断中的产品更加差异化。

直观解释如下：致力于最大化社会福利的公有企业的存在降低了私有企业的投资回报。与私有双头垄断相比，在混合双头垄断中私有企业缺乏投资于产品差异化的动力。因此，当私有企业承担这一投资时，产品在混合双头垄断中的差异性就较小。当公有企业进行投资时，这个结果将被颠倒。如上所述，公有企业对能改善社会福利的产品差异化具有更强的动机。因此，当差异化投资足够有效时，公有企业将承担这项投资并创造更高的产品差异化程度。

3. 混合双头垄断下的古诺均衡和伯川德均衡

在本节中，我们将对混合双头垄断下的古诺均衡和伯川德均衡进行比较。我们首先来看两种竞争模式下的差异化投资情况。命题 5 刻画了差异化效率范围 β 的特征，这一范围决定了在伯川德或古诺模式下产品何时被区分：

命题 5： 均衡状态下：

(1) 如果 $\beta \leqslant 2/(a-c)^2$，则这两家企业在伯川德竞争下生产同质产品；在古诺竞争下，企业 2 停止生产，企业 1 是市场上唯一的供应商。

(2) 如果 $2/(a-c)^2 < \beta < 6.07/(a-c)^2$，则这两家公司在伯川德竞争下生产差异化产品。具体来说，当 $2/(a-c)^2 < \beta < 5.41/(a-c)^2$ 时，企业 2 进行差异化投资，而当 $5.41/(a-c)^2 \leqslant \beta < 6.07/(a-c)^2$ 时，企业 1 进行投资。在古诺竞争下，企业 1 是市场上唯

一的供应商。

（3）如果 $\beta \geqslant 6.07/(a-c)^2$，则在伯川德竞争和古诺竞争下产品都具有差异，且在这种情况下，只有企业 1 进行投资。古诺竞争下的产品差异程度要高于伯川德竞争，即 $v^C > v^B > 0$。

在伯川德和古诺竞争下，企业是否进行差异化投资取决于 β 相对于 $a-c$ 的值。需求（由 $a-c$ 反映）越强，合理化差异投资所需的投资有效性（以 β 衡量）就越低。换句话说，伯川德和古诺的 β 临界值都随需求强度的增加而降低。

但是，两种竞争模式下的企业行为并不相同：当产品差异化的成本非常高即 β 很小时，伯川德企业将生产同质产品；否则，公有企业（当 β 相对较高时）或私有企业（当 β 中等时）将选择区分其产品。相反，在古诺竞争下，差异化投资的效果不佳时，公有企业会垄断市场，而预期到产品同质化的私有企业没有动力进入公有企业经营的市场；当差异化投资相对有效时，私有企业会意识到公有企业将进行产品差异化投资，因而进入市场。

值得指出的是，当 β 相对较小，即 $\beta \leqslant 2/(a-c)^2$ 时，伯川德竞争和古诺竞争下的市场结果均为 $p=c$。但是由于竞争方式的不同，我们得到了两种不同的市场结构：尽管企业 1 是古诺竞争下的唯一生产者，但两家企业在伯川德竞争下却平等地共享市场。

命题 5 给出了两个结论，即古诺竞争和伯川德竞争对企业差异化产品激励具有不同影响，且公有和私有企业进行产品差异化的动机不同。首先，在伯川德竞争下，企业进行产品差异化的动机比在古诺竞争下更强。这一结论与布兰德和斯潘塞（2015a）的发现一致，并且它缘自企业在同质产品的伯川德环境中缓解激烈的价格竞争的动机。其次，由于公有企业对消费者福利的关注，以及消费者通常会从更高的产品差异化程度中受益这一事实，因此与私有企业相比，一般而言，公有企业有更强烈的动机来区分产品。这些结论也符合我们的直觉。

（三）小结

在本小节中，我们在混合双头垄断模型下研究了内生的水平产品差异化。在模型中，致力于社会福利最大化的公有企业与致力于利润最大化的私有企业竞争。在第一阶段，企业同时选择是否进行产品差异化投资；在第二阶段，他们进行古诺或伯川德竞争。

我们发现：（1）只要产品差异化方面的投资足够有效，产品差异化就会出现；（2）在古诺竞争下，最大化社会福利的公有企业始终具有更大的产品差异化动机，并且在混合双头垄断中，产品比在私人双头垄断中的差异更大；（3）在伯川德竞争下，只要差异化投资足够有效，公有企业就会对产品进行差异化，并且在混合双头垄断中产品更具差异性。

因此，与私有双头垄断相比，该模型中公有企业的引入产生了截然不同的结果。

第二节　异质性消费者导向下的企业新产品预售策略

本节进一步从需求端着眼，在考虑消费者异质性的情形下，研究微观企业关于新产品预售的策略。当零售商发布新产品时，市场规模和消费者估值方面的信息缺失会使零售商无法确定新产品的需求，从而导致生产风险。在预售情况下，预购订单可能预示着零售商未来的需求，这有助于减少需求的不确定性。本节将研究两阶段模型中零售商的最优预售价格和生产数量，其中需求不确定性既来自于市场规模，也来自于消费者估值的分布。我们描述了零售商采用预售的条件，并对均衡进行了比较静态分析。

一、企业预售行为概述

预售是零售商采取的一种销售策略，它允许消费者在新产品发布前提交预订单。当零售商（或生产商）面临需求不确定性，以及需要在常规销售期之前决定生产多少产品时，通常会采用这种方法。由于在常规销售之前顾客不能确定对产品的估值，因此预售通常以折扣的方式来吸引消费者提前订购，从而确保预定单能在产品发布后立即得到完成。随着互联网和信息技术的显著发展，预售策略已被广泛应用于书籍、光盘、电子游戏、智能手机、软件、时尚产品和旅游服务等许多产品类别。

预售有三大好处。第一，预售有助于减少零售商面临的需求不确定性，通过预订单可以提前了解产品的市场需求。第二，预售为零售商提供了更好预测未来需求的机会，特别地，预订单信息可能成为零售商更新市场预期规模的依据。第三，预售有助于零售商利用消费者估值的不确定性，增加整体需求。在常规销售期间，估价低于销售价格的消费者不会购买此产品，然而在预售期间不清楚自身对产品真实估价的顾客会因为折扣提前订购。

本节研究了全新产品的最优销售策略[①]，本研究的动机来自两个观察结果。首先，有些零售商在预售期调整预购价格，而有些零售商则在正常销售期退款给早期购买者。[②]

---

① 对于系列产品，"全新产品"主要指其第一代。

② 例如，苹果在 2007 年对其第一代 iPhone 采用了无折扣的预售方式，但在发布后，苹果向早期用户提供了 100 美元的折扣。2009 年 9 月，亚马逊开始以 649 美元的价格预售诺基亚 N900，但后来将预售价格降至 589 美元。

零售商很可能不确定消费者对新产品的估价分布。因此，在预售模型中考虑到这一点将非常有趣。第二，有些零售商会对新产品采取预售的方式并提供折扣，但也有一些零售商不会。①为解释第二种现象，本节主要讨论以下几个问题：对于新产品，零售商什么时候应该实施预售？最优的预售价格应该是多少？零售商的最优选择在模型中的一些重要参数，如剩余价值、常规销售期的利润率、市场规模的不确定性和某些消费者特征等变动时，会发生怎样的变化？

我们考虑一个两阶段的动态模型，其中第一阶段是预售期，第二阶段是常规销售期。模型中的消费者在估值上是异质的，且假设其遵循正态分布。消费者在预售期不知道自己对产品的估值，因为他们没有机会试用新产品或在线浏览产品评论。根据现有的产品信息，消费者在第一阶段形成预期估值，并通过比较预订和其他方式的预期收益来决定是否提前购买。如果他们决定等待，估价高于正常销售价格的消费者将在常规销售期间进行购买。但是，他们将面临缺货的风险。对于零售商而言，他不确定市场规模和消费者估值分布的均值。为了减少这两个因素造成的不确定性，零售商在会考虑消费者的决策过程后决定是否采用预售。如果他决定采用，则会同时选择预售价格，并在预售期结束时作出产量决策。

我们发现零售商有三类预售策略：高折扣预售、中等折扣预售、无预售。此外，我们还证明当且仅当边际成本低于其阈值时，零售商才会实施预售，并通过数值实验，说明了模型中的参数对零售商最优预售策略的影响。

二、模型建立

大多数关于预售的研究都假设零售商知道消费者的估价分布。他们只考虑由于市场规模的随机性所带来的需求不确定。然而，在本节中我们将消费者估值分布的不确定性纳入模型中，并研究其对零售商最优预售策略的影响。此外，我们还研究了零售商对消费者估值分布或市场规模的主动学习行为，零售商据此更新对未来需求的预测，而不是建立这两个阶段的需求相关性并用已实现的第一阶段需求来预测第二阶段的需求量。

假设一个零售商在两个时期内向一组消费者销售一种新产品。第一期为预售期，第二期为常规销售期。市场上的每个消费者都希望在第一阶段或第二阶段购买最多一个单

---

① 例如，零售商没有开放第一本哈利波特系列书籍或第一代 iPhone、iPod touch 和亚马逊 Kindle 的预订。但是，对于战争齿轮和任天堂 Wii-Fit 等产品，预订者则享有不错的折扣。

位的该产品。第一阶段以预售价格提交的订单在产品发布后一定会被完成，第二阶段提交的订单则存在产品缺货的风险。零售商实施预售的成本是 k（足够小），它包括劳动力、技术、广告和其他成本。表 9–1 列出了本节中使用的符号。

1. 零售商

零售商在常规销售期生产的产品边际成本为 c，定价为 p。在常规销售期结束后，每单位未售出产品的残值为 s，我们假设 $s < c < p$，这保证零售商可以获得利润，并且避免无限库存。此外，正如前文中详细描述的，市场规模是一个随机变量，而且零售商对消费者估值的分布一无所知。以上两个因素使得零售商面临需求不确定性。

值得注意的是，和赵和斯特克（Zhao&Stecke，2010），普拉萨德等（Piasad *et al.*，2011）和洛吉诺夫等（Loginova *et al.*，2017）的研究方法一样，本节中的常规销售价格 p 是外部给定的。人们可能会认为，常规销售价格 p 也应该由零售商自行选择，特别是对于新出现的产品。我们接受这一论点，但若将零售商自己选择的价格 p 放在模型中，在分析和表示上都会十分困难。我们找到了任意给定价格 p 对应的最优预售价格 x，因此，即使我们不提供最优销售价格 p 的解，借助 MATLAB 等数值计算软件，我们也可以通过比较零售商在不同的常规销售价格（即不同的 p 值）下的利润，得到 p 的最优值。因此，出于分析和表达的需要，我们参照相关文献，将第二阶段价格 p 作为外部给定量，以便更好地关注零售商的学习行为。[①]

在预售期开始时，零售商决定预售价格 x，并向市场公布常规销售价格 p。在模型中，我们假设 $x \leqslant p$，即零售商会提供预购折扣以吸引消费者提前订购。[②]一旦订购渠道开放，所有的消费者都可以按照价格 x 提交订货单，零售商将在常规销售期履约。

在预售期结束时，零售商会得到以 D_1 表示的预购订单数量，从中他可以了解消费者估价分布。以 D_2 表示常规销售期的随机需求。在已知预定数量 D_1 后，零售商必须决定自身的产量 $Q = D_1 + q$，其中 D_1 为正式发售后需要立即完成的预订单数量，q 用以满足常规销售期的需求。

---

① 后文我们进一步进行了数值分析，以检验零售商对预售价格的决定如何随 p 变化。不同定价策略的利润如图 9–2（b）所示。

② 首先，预订折扣经常被应用于书籍、CD 和汽车等品类。因此，研究此类行业中零售商的最优预定折扣非常有趣（Weng & Parlar，1999；McCardle *et al.*，2004；Zhao & Stecke，2010）。其次，正如我们在后文中看到的，若预售价格 x 高于阈值 x_H，则所有消费者都会等到常规销售期再进行购买决策，因而，任何溢价 $x>p$ 都等价于折扣价 $x \in (x_H, p]$。此外，采用这种定价方式的零售商通常考虑到正向的预售成本而不采用预售。

表 9–1　符号对照表

与零售商有关的参数/变量	
c	边际成本
s	残值
p	常规销售期间价格
k	实施预售的成本
π	零售商在常规销售期间的预期利润
Π	零售商预期利润总额(包括预购)
与消费者和市场有关的参数/变量	
$D1,D2$	第一和第二阶段需求量
η	缺货概率
$V \sim N(\mu,\sigma^2)$	消费者估值分布(正态分布可实现价值为v)
$\mu \sim \{\mu_H,\mu_L\}$	两点分布(伯努利分布)，$P(\mu_H)=\gamma$，$P(\mu_L)=1-\gamma$
$M_i \sim LN\ (v_i,\tau_i^2)$	市场规模分布(对数正态分布)，期望 $m_i = \exp\{v_i + \tau_i^2/2\}$
决策变量	
q	常规销售期生产量
Q	总生产量(包括预定)
x	预售价格
分布和密度函数	
$F(\cdot)$	$N(\mu,\sigma^2)$ 的累积分布函数，　$F(y)=\Phi\left(\dfrac{y-\mu}{\sigma}\right)$
$f(\cdot)$	$N(\mu,\sigma^2)$ 的概率密度函数，　$f(y)=\dfrac{1}{\sqrt{2\pi\sigma^2}}exp\left\{-\dfrac{(y-\mu)^2}{2\sigma^2}\right\}$
$G(\cdot)$	$LN(v,\tau^2)$ 的累积分布函数，　$G(y)=\Phi\left(\dfrac{\ln y-v}{\tau}\right)$
$g(\cdot)$	$LN(v,\tau^2)$ 的概率密度函数，　$g(y)=\dfrac{1}{y\sqrt{2\pi^2}}exp\left\{-\dfrac{(\ln y-v)^2}{2\tau^2}\right\}$

2. 消费者

消费者是风险中性的。每个消费者都有自己的估值，即其愿意为这个产品支付的最高金额。由于该产品是市场上的新产品，在发布日期之前不可得，因此我们假设在预售期消费者不能确定自身对产品的估价。消费者的估值 v 服从均值为 μ 和方差为 σ 的正态分布。消费者从预售开始就知道自身估值分布情况，而零售商却缺乏这方面的信息。零售商面临的不确定性通过假设 μ 服从两点分布来进行刻画，其中 $P(\mu_H)=1-\gamma$，$P(\mu_L)=1-\gamma$，且 $\mu_L < \mu_H$，$\gamma \in (0,1)$。在正常的销售期，每个消费者都会确定自己的估

值是 v ，并且在 $v \geq p$ 时进行购买。

消费者市场规模 M_i 是一个随机变量。我们假设 M_i 的分布是已知的，它服从对数正态分布 $LN(v_i, \tau_i^2)$ ， m_i 该分布的期望值（平均值） $m_i = exp\{v_i + \tau_i^2 / 2\}$ 。

在预售期，消费者不确定自身的估价，因此需要通过比较预购和常规购买的预期回报来决定是否购买。如果消费者选择提前订购，则他将支付折扣价 x ，并确保自己可在产品发布后立即获得产品；如果选择等到常规销售期，则在其估值 v 不低于常规销售价格 p 时消费者会进行购买，但他可能面临缺货的风险。

三、无预售的情形

首先，考虑零售商不实施预售策略这一基准情况。在这种情况下模型中只有一个时期，即正常的销售期。在常规销售开始之前，零售商必须决定在给定的价格 p 下生产多少产品。然后他以边际成本 c 进行生产，以价格 p 进行销售，当销售期结束时他可以从每单位未售出产品中获得残值 s 。如前一小节所述，市场规模 M_i 服从对数正态分布 $LN(v_i, \tau_i^2)$ 是公开信息。此外，消费者估值 v 服从正态分布 $N(\mu, \sigma^2)$ ，其中 μ 服从两点分布，取值为 μ_H 或 μ_L 。这里的关键点是零售商不知道 μ 的确切值，但消费者知道。

因为基准情况中没有预售期，所以 $D_1 = 0$ 。常规销售期需求 D_2 可以表示为：

$$D_2 = M_i Prob(v > p) = \begin{cases} M_i \bar{F}_H(p), & P = \gamma \\ M_i \bar{F}_L(p), & P = 1-\gamma \end{cases}$$

当随机变量 D_2 如上所述时，零售商必须决定最优产量使其总预期利润最大化，即他需要解决如下问题：

$$\max_{Q>0} E_{D_2} \left[pmin\{Q, D_2\} + s(Q - D_2)^+ - cQ \right]$$

这个问题被称为报童问题，因为零售商必须在观察常规销售期的需求之前决定产量。需要指出的是，销售期的随机需求 D_2 并不像 M_i 那样遵循对数正态分布。加莱戈（Gallego，1995）给出了一个闭式解公式，该公式在给定均值和方差的情况下考虑了 D_2 最差的分布，使总预期利润最大化。这一公式为解决 D_2 下的报童问题提供了一个非常好的近似式。

设 μ_0 和 σ_0^2 表示在没有预售的情况下，正常销售期中随机需求 D_2 的均值和方差，则：

$$\begin{aligned} \mu_0 = E(D_2) &= \gamma E\left[M_i \bar{F}_H(p)\right] + (1-\gamma)E\left[M_i \bar{F}_L(p)\right] \\ &= \left[\gamma \bar{F}_H(p) + (1-\gamma)\bar{F}_L(p)\right]E(M_i) \\ &= \left[\gamma \bar{F}_H(p) + (1-\gamma)\bar{F}_L(p)\right]m_i, \end{aligned}$$

$$\sigma_0^2 = Var(D_2) = E\left[(D_2)^2\right] - \left[E(D_2)\right]^2,$$

其中，

$$
\begin{aligned}
E\left[(D_2)^2\right] &= \gamma E\left\{\left[M_i \bar{F}_H(p)\right]^2\right\} + (1-\gamma) E\left\{\left[M_i \bar{F}_L(p)\right]^2\right\} \\
&= \left[\gamma \bar{F}_H^2(p) + (1-\gamma)\bar{F}_L^2(p)\right] E\left[(M_i)^2\right] \\
&= \left[\gamma \bar{F}_H^2(p) + (1-\gamma)\bar{F}_L^2(p)\right] m_i^2 \exp\{\tau_i^2\}
\end{aligned}
$$

令 Q^0 为此报童问题中的最优产量，Π^0 为最优总预期利润。参照加莱戈(1995)，在给定 μ_0 和 σ_0 的情形下，当随机需求 D_2 服从未知分布时，该报童问题的解为：

$$Q^0 = \mu_0 + \frac{\sigma_0}{2}\left(\sqrt{\frac{p-c}{c-s}} - \sqrt{\frac{c-s}{p-c}}\right) \tag{9-43}$$

因此，

$$\Pi^0 = \gamma \Pi_H(Q_0) + (1-\gamma)\Pi_L(Q_0) \tag{9-44}$$

其中，$\Pi_H(Q)$ 和 $\Pi_L(Q)$ 分别代表在 $\mu=\mu_H$ 和 $\mu=\mu_L$ 时，在产量 Q 下的总预期利润。Π^0 的显式表达式(限于篇幅不进行推导，作者备索)为：

$$\Pi^0 = (p-c)Q^0 - (p-s)\left[\gamma A_H + (1-\gamma)A_L\right] \tag{9-45}$$

其中，

$$A_j = Q^0 \Phi(T_j) - \bar{F}_j(p)m_i \Phi(T_j - \tau_i)$$

$$T_j = \frac{\ln Q^0 - \left[v_i + \ln \bar{F}_j(p)\right]}{\tau_i}, \quad j=H,L$$

四、预售策略

接下来我们研究零售商的最优预售策略。首先，我们将推导出不同情景下的内生缺货概率，并考察消费者的最优购买决策。然后我们将研究零售商对预购的学习行为，给出零售商的总期望利润函数，并求解最优的预售价格。

1. 缺货概率

在研究消费者的最优购买决策之前，我们需要研究缺货概率 η。缺货概率是第二阶段超额需求占第二阶段总需求的比例。它表示消费者在常规销售期想要购买产品而无法获得的可能性：

$$\eta = E\left[\left(\frac{D_2 - q^*}{D_2}\right)^+\right]$$

这里，q^* 是零售商在第二期开始时为应对随机需求 D_2 而决定最优产量。正如洛吉诺夫等 (2017) 等人证明的那样，对数正态分布 $D_2 \sim LN\left(\nu_i, \tau_i^2\right)$ 的解由下式给出：

$$q^* = exp\{\nu + \tau z_\beta\} \qquad (9\text{--}46)$$

则零售商的利润为：

$$\pi(q^*) = (p-s)[1-\Phi(\tau - z_\beta)]exp\left\{\nu + \frac{\tau^2}{2}\right\} \qquad (9\text{--}47)$$

此外，随机需求 $D_2 \sim LN\left(\nu, \tau^2\right)$ 下的缺货概率为：

$$\eta = 1 - \beta - exp\left\{\tau z_\beta + \frac{\tau^2}{2}\right\}\left[1 - \Phi(z_\beta + \tau)\right] \qquad (9\text{--}48)$$

从缺货概率的表达式可以看出，零售商在第二期开始时的产量决策直接影响 η。由于零售商的学习行为对于其做出产量决策非常重要，因此关于缺货概率，我们考虑以下三种场景：

(1) 如果零售商从预订单中了解到 $\mu = \mu_L$，$D_2 = M_i \overline{F}_L(p) \sim LN\left[\nu_i + ln\overline{F}_L(p), \tau_i^2\right]$，则根据方程 (9–46) 和 (9–47)，最佳产量 q_L^* 及由此产生的预期利润 π_L 为：

$$q_L^* = exp\{\nu_i + \tau_i z_\beta\}\overline{F}_L(p)$$
$$\pi_L = (p-s)\left[1 - \Phi(\tau_i - z_\beta)\right]m_i\overline{F}_L(p)$$

其中，$\beta \equiv (p-c)/(p-s)$，并且 z_β 是标准正态分布的 β 分位数，$z_\beta \equiv \Phi^{-1}(\beta)$。根据方程 (9–48)，此时的缺货概率 η_1 为：

$$\eta_1 = 1 - \beta - exp\left\{\tau_i z_\beta + \frac{\tau_i^2}{2}\right\}\left[1 - \Phi(z_\beta + \tau_i)\right]$$

(2) 如果零售商从预订单中了解到 $\mu = \mu_H$，$D_2 = M_i \overline{F}_H(p) \sim LN\left[\nu_i + ln\overline{F}_H(p), \tau_i^2\right]$，则最佳产量 q_H^* 及由此产生的预期利润 π_H 为：

$$q_H^* = exp\{\nu_i + \tau_i z_\beta\}\overline{F}_H(p)$$
$$\pi_H = (p-s)\left[1 - \Phi(\tau_i - z_\beta)\right]m_i\overline{F}_H(p)$$

此时的缺货概率 η_2 为：

$$\eta_2 = 1 - \beta - exp\left\{\tau_i z_\beta + \frac{\tau_i^2}{2}\right\}\left[1 - \Phi(z_\beta + \tau_i)\right]$$

由于 $\eta_1 = \eta_2$，我们用 η^* 表示零售商可以从预订单中推断 μ 值时的缺货概率，$\eta^* = \eta_1 = \eta_2$。我们有：

$$\eta^* = 1 - \beta - \exp\left\{\tau_i z_\beta + \frac{\tau_i^2}{2}\right\}[1 - \Phi(z_\beta + \tau_i)] \tag{9-49}$$

(3)如果零售商未能从预订单中了解到 μ 的值，则最佳产量 Q^0 和由此产生的预期利润 Π^0 在前文中作为方程式(9-44)和(9-45)给出。当 $\mu = \mu_L$ 时：

$$\eta_L = E\left[\left(\frac{D_2 - Q^0}{D_2}\right)^+\right]$$

其中，$D_2 = M_i \overline{F}_L(p)$。$\eta_L$ 的显式表达式为：

$$\eta_L = 1 - \Phi\left(\frac{\ln Q^0 - v_L}{\tau_i}\right) - Q^0 exp\left\{\frac{\tau_i^2}{2} - v_L\right\}\left[1 - \Phi\left(\frac{\ln Q^0 - v_L + \tau_i^2}{\tau_i}\right)\right]$$

其中，$v_L = v_i + \ln \overline{F}_L(p)$。当 $\mu = \mu_H$ 时，

$$\eta_H = E\left[\left(\frac{D_2 - Q^0}{D_2}\right)^+\right]$$

其中，$D_2 = M_i \overline{F}_H(p)$。$\eta_H$ 的显式表达式为：

$$\eta_H = 1 - \Phi\left(\frac{\ln Q^0 - v_H}{\tau_i}\right) - Q^0 \exp\left\{\frac{\tau_i^2}{2} - v_H\right\}\left[1 - \Phi\left(\frac{\ln Q^0 - v_H + \tau_i^2}{\tau_i}\right)\right] \tag{9-50}$$

其中，$v_H = v_i + \ln \overline{F}_H(p)$。方程式(9-50)稍后将在方程式(9-57)中使用。

引理 1(最优产量) 当不采用预售时，零售商的最优产量 Q^0 满足 $q_L^* < Q^0 < q_H^*$，其中 q_L^* 和 q_H^* 分别为第二阶段中当 $\mu = \mu_L$ 和 $\mu = \mu_H$ 时的最优产量。

根据引理 1 的结果，下一个引理显示了 η_L、η^* 和 η_H 之间的关系。

引理 2(缺货概率) $\eta_L < \eta^* < \eta_H$

这点不难理解。首先，当 $\mu = \mu_L$ 时，若零售商不知道 η_L 的值，产出 Q^0 下的缺货概率为 η_L；然而若零售商能从预订单中了解到该值，则产出 q_L^* 下的缺货概率为 η^*。由引理 1 可知，$q_L^* < Q^0$，这意味着 η_L 对应的产出量比 η^* 更高，因此缺货概率更低，即 $\eta_L < \eta^*$。同理，当 $\mu = \mu_H$ 时，$\eta^* < \eta_H$。

2. 消费者的最优购买决策

如前文所述，每个消费者最多购买一单位产品，并通过比较预期收益来决定提前订购或等待。

当一个消费者在预售期提前订货时，很容易看出其预期收益为 $\mu - x$。

当消费者没有预先订购而是等到正常销售时购买时，产品会有 η 的概率缺货，此时其收益为零；有 $1-\eta$ 的概率有货，此时若 $v \geqslant p$，消费者会购买，其收益为 $\mu_L \geqslant (1-\eta^*)\int_p^{+\infty}(v-p)f_L(v)dv + \dfrac{\Pi^0+k}{m_i}+c$。因此消费者的预期收益为 $(1-\eta)\int_p^{+\infty}(v-p)f(v)dv$，其中 $f(.)$ 为服从 $N(\mu,\sigma^2)$ 的概率密度函数。

当 $\mu=\mu_L$ 时，消费者预订产品的充要条件为：

$$\mu_L - x \geqslant (1-\eta)\int_p^{+\infty}(v-p)f_L(v)dv$$

当 $\mu=\mu_H$ 时，消费者预订产品的充要条件为：

$$\mu_H - x \geqslant (1-\eta)\int_p^{+\infty}(v-p)f_H(v)dv$$

令：

$$x_L \equiv \mu_L - (1-\eta)\int_p^{+\infty}(v-p)f_L(v)dv \tag{9-51}$$

$$x_H \equiv \mu_H - (1-\eta)\int_p^{+\infty}(v-p)f_H(v)dv \tag{9-52}$$

分别表示 $\mu=\mu_L$ 和 $\mu=\mu_H$ 时的阈值。其中 $f_L(.)$ 为服从 $N(\mu_L,\sigma^2)$ 的概率密度函数，$f_H(.)$ 为服从 $N(\mu_H,\sigma^2)$ 的概率密度函数。因此，若 $\mu=\mu_L$，则当且仅当 $x \leqslant x_L$ 时，消费者会预订产品；若 $\mu=\mu_H$，则当且仅当 $x \leqslant x_H$ 时，消费者会预订产品。

需要指出的是，方程(9-51)和(9-52)中的 η 不必相同。[①]它们将由模型内生确定。特别地，方程式(9-51)中的 η 可以是 η_L 或 η^*，这取决于零售商是否知道 μ 的值；同样，在方程(9-52)中，η 可以是 η_H 或 η^*。

下面的引理 3 表明，无论方程(9-51)和(9-52)采用哪个 η 值，阈值 x_L 总是小于 x_H。

引理 3（x_L 和 x_H）阈值 x_L 和 x_H 总是满足 $x_L < x_H$。

根据引理 3，如果估价预期为 μ_L，则需要更大的预售折扣才能促使所有消费者提前订购。这是因为低阶层消费者愿意支付的价格低于高阶层消费者。由于 $x_L < x_H$ 总是成立，消费者的购买行为与有三个区域有关。

- A 区：$x \leqslant x_L$。此时所有的消费者都会预订。
- B 区：$x_L < x \leqslant x_H$。此时如果 $\mu=\mu_H$，所有消费者都会提前订购；如果 $\mu=\mu_L$，所有消费者都会等到第二阶段购买。
- C 区：$x > x_H$。此时所有消费者都会等到第二阶段购买。

---

① 前文给出了用 η 的精确值表示 x_L 和 x_H 的表达式。

3. 零售商从预售中的学习行为

由于零售商不确定消费者估值分布，因此他以固定成本 k 实施预售，并以折扣价 x 接受消费者的预订单。根据预售获得的预订单信息，零售商能够立即了解到第二阶段的需求 D_2，或推出 $\Pi^A(x)$，然后用它来预测未来的需求。

当预售价格 x 落在 A 区时，市场上的所有消费者都会预先订购。零售商获取此信息，并了解到第二阶段的需求是 $D_2 = 0$。因此，$Q = D_1$。令 $\Pi^A(x)$ 为区域 A 的总预期利润，则：

$$\Pi^A(x) = E\big[(x-c)D_1\big] - k = m_i(x-c) - k. \tag{9--53}$$

当预售价格 x 落在 B 区时，零售商根据预售结束时的预购数量 D_1 获得关于 的信息。如果 $D_1 = 0$，则零售商推断 $\mu = \mu_L$，因此 $Q = D_1 + q_L^*$，其中 q_L^* 是对应于第二阶段随机需求的最优产量。

$$D_2 = M_i \overline{F}_L(p) \sim LN\big[v_i + \ln \overline{F}_L(p), \tau_i^2\big]$$

根据对数正态分布下的报童问题的解，我们可得：

$$q_L^* = exp\{v_i + \tau_i z_\beta\} \overline{F}_L(p)$$

此时零售商对应的预期利润为：

$$\pi_L = (p-s)\big[1 - \Phi(\tau_i - z_\beta)\big] m_i \overline{F}_L(p)$$

如果 $D_1 \neq 0$，则零售商推断 $\mu = \mu_H$，进而得出 $D_2 = 0$，因此 $Q = D_1$。令 $\Pi^B(x)$ 为区域 B 的总预期利润，则：

$$\Pi^B(x) = \gamma m_i(x-c) + (1-\gamma)\pi_L - k \tag{9--54}$$

当预售价格 x 落在 C 区时，所有消费者都会等待，$D_1 = 0$。零售商无法通过预售了解 μ。在这种情况下，零售商面临着与不采取预售时相同的情况。他生产 $Q = Q^0$，并获得总预期利润：

$$\Pi^C(x) = \Pi^0 - k \tag{9--55}$$

其中 Q^0 和 分别在方程式(9--44)和(9--45)中给出。

很明显，零售商的学习行为是不完善的。当 x 落在区域 A 或 B 时，零售商要么能推知 $D_2 = 0$，要么能推知 μ 并依此预测未来的需求。但当 x 落在 C 区时，所有的消费者都会等到第二阶段，零售商无法了解 μ 来预测需求。当市场消费数据不可用时，零售商对新产品的学习行为就会不完善。而系列产品中的新款则既有经验丰富的消费者，也有经验不足的消费者，洛吉诺夫等(2017)表明此时零售商总是能够从预订单中推断 μ。

此外，从上面的分析来看，作为预售价格 x 的函数的零售商的总预期利润 $\Pi(x)$ 可以表示为：

$$\Pi(x)=\begin{cases} m_i(x-c)-k & x\leqslant x_L \\ \gamma m_i(x-c)+(1-\gamma)\pi_L-k & x_L<x\leqslant x_H \\ \Pi^0-k & x>x_H \end{cases}$$

如前文所述，预售成本 k 是一个小的固定值。因此在下面的分析中，我们假设 $\Pi^0 \gg k$。

4. 最优预售价格

在剩下的分析中，我们假设 $x_L<x_H\leqslant p$。[①]从前文关于缺货概率和零售商学习行为的讨论中，我们可以得出方程 (9–51) 中的 $\eta=\eta^*$ 和方程 (9–52) 中的 $\eta=\eta_H$，因此，用方程 (9–51) 和 (9–52) 表示的阈值可以写为：

$$x_L \equiv \mu_L-(1-\eta^*)\int_p^{+\infty}(v-p)f_L(v)dv \tag{9–56}$$

$$x_H \equiv \mu_H-(1-\eta_H)\int_p^{+\infty}(v-p)f_H(v)dv \tag{9–57}$$

式中 η^* 和 η_H 分别由方程 (9–49) 和 (9–50) 给出。

在求解最优预售价格 x 之前，我们要提出利润函数的两个重要特征。第一，$\Pi(x)$ 在 A 区和 B 区域关于 x 递增，见方程 (9–53) 和 (9–54)。必须指出的是，这并不意味着 $\Pi^A(x_L)<\Pi^B(x_L)$。[②]如果 $\Pi^A(x_L)>\Pi^B(x_L)$，可能发生了 x_L 处的向下跳跃。

其次，$\Pi(x)$ 在区域 C 中的值恒为 Π^0-k。当且仅当 $\Pi^B(x_H)<\Pi^0-k$，x_H 处可能会有向下的跳跃；否则会有向上的跳跃。大量的数值示例表明，利润函数可以在 x_L 和 x_H 处上下跳动。因此，我们很容易得知 x_L、x_H 和任何 $x\in(x_H,p]$ 都可能是最优的预售价格（图 9–1）。

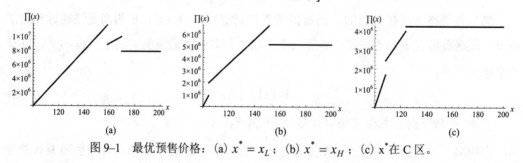

图 9–1　最优预售价格：(a) $x^*=x_L$；(b) $x^*=x_H$；(c) x^* 在 C 区。

命题 1（最佳预售价格）如果零售商实施预售，则最佳预售价格可能是 x_L、x_H，或任何 $x\in(x_H,p]$。

---

① x_L、x_H 和 p 之间有三种关系：$x_L<x_H<p$，$x_L<p<x_H$ 和 $p\leqslant x_L<x_H$。显然，$x_H\leqslant p$ 的充分条件是 $\mu_H\leqslant p$。
② 由于 $\Pi^B(.)$ 定义在 $(x_L,x_H]$ 上，$\Pi^B(x_L)$ 是其极限值。

命题1给出了最优预售价格可能取到的两个值和一个区域。沿 $x_L \to x_H \to x \in (x_H, p]$ 的方向移动，预订价格上涨，但预期销售额下降。具体来说，$\Pi^A(x_L)$ 对应于低价格高销量的利润，$\Pi^C(x)$ 对应于高价格低销量的利润，而 $\Pi^B(x_H)$ 对应于中等价格高销量的混合利润，以及高价格低销量的混合利润。这些权衡意味着 x 可以是 x_L、x_H，或任何 $x \in (x_H, p]$。然而，值得注意的是，如果最佳总预期利润是 $\Pi^0 - k$，也就是 $x^* \in (x_H, p]$，则零售商不会实施预售。

为了更好地演示定价决策，图 9–1 展示的三个数值示例分别对应上文的三种最优预售价格。在三个示例中，始终有 $p = 200$，$c = 100$，$s = 80$，$\tau_i = 0.65$，$\gamma = 0.5$，$m_i = 200000$，$k = 3,000$。

实例 1 这个示例由 $\sigma = 80$，$\mu_L = 180$，$\mu_H = 200$ 构造。内生值 $\eta^* = 0.04$，$\eta_H = 0.17$，$x_L = 158.10$，$x_H = 173.59$；最优预售价格 $x^* = x_L$。见图 9–1（a）。

实例 2 这个示例由 $\sigma = 100$，$\mu_L = 115$，$\mu_H = 180$ 构造。内生值 $\eta^* = 0.04$，$\eta_H = 0.24$，$x_L = 104.49$，$x_H = 156.53$；最优预售价格为 $x^* = x_H$。见图 9–1（b）。

实例 3 这个示例由 $\sigma = 100$，$\mu_L = 115$，$\mu_H = 130$ 构造。内生值为 $\eta^* = 0.04$，$\eta_H = 0.17$，$x_L = 104.49$，$x_H = 118.14$；最优预售价格为 $x^* \in (x_H, p]$。见图 9–1（c）。

5. 是否实施预售的比较

为了进行比较，我们令 $\Pi^* = \Pi(x^*)$ 表示最优预售价格 x^* 对应的预期利润总额。零售商实施预售的条件是 $\Pi^* \geqslant \Pi^0$。当实施预售时，由式（9–53）和（9–54），易知 $\Pi^A(x)$ 和 $\Pi^B(x)$ 随着预售价格 x 的增加而增加。因此零售商实施预售的充要条件为：

$$\Pi^* = \max\left\{m_i(x_L - c) - k; \gamma m_i(x_H - c) + (1 - \gamma)\pi_L - k; \Pi^0 - k\right\} \geqslant \Pi^0 \qquad (9\text{--}58)$$

定义零售商生产产品的边际成本边界：

$$c_1 = \mu_L - (1 - \eta^*)\int_p^{+\infty}(v - p)f_L(v)dv - \frac{\Pi^0 + k}{m_i}$$

$$c_2 = \mu_H - (1 - \eta_H)\int_p^{+\infty}(v - p)f_H(v)dv - \frac{\Pi^0 + k - (1 - \gamma)\pi_L}{\gamma m_i}$$

对于零售商来说，c_1 和 c_2 在预售决策中起着非常重要的作用。具体来说，与放弃预售相比，如果 $c < c_1$，零售商的更优解是以价格 x_L 进行预售，并诱导所有消费者提前订购；如果 $c < c_2$，零售商的更优解是以价格 x_H 进行预售。下面的命题说明了预售优于无预售的条件。

命题 2 零售商应在以下情况下实施预售：当且仅当 $c \leqslant max\{c_1, c_2\}$；$x^* = x_L$ 或者 $x = x_H$。

命题 2 意味着边际成本有一个阈值。只有当边际成本低于阈值时，零售商才能从预售中获益。此外，随着 c 值的增大，零售商实施预售的可能性会变小。命题 2 可以用不同的方式表达。我们可以将其等价表述为零售商实施预售的充要条件为：

$$\mu_L \geqslant (1-\eta^*)\int_p^{+\infty}(v-p)f_L(v)dv + \frac{\Pi^0+k}{m_i} + c \tag{9-59}$$

或者

$$\mu_H \geqslant (1-\eta_H)\int_p^{+\infty}(v-p)f_H(v)dv + \frac{\Pi^0+k-(1-\gamma)\pi_L}{\gamma m_i} + c \tag{9-60}$$

式(9-59)和(9-60)分别定义了 μ_L 和 μ_H 的阈值。

命题 2 表明：(1)预售并不总是零售商的最佳选择；(2)如果零售商选择预售，最佳定价可能是 x_L 或者 x_H，其中 $x_H \leqslant p$。因此，为了使零售商的总预期利润最大化，零售商总是有三种策略可供选择：不预售，以价格 x_L 预售，以价格 x_H 预售。

命题 3 在新产品发布之前，零售商有三种预售策略可供选择：无预售、以高折扣预售($x=x_L$)、以中等折扣预售($x=x_H$)。[①]

五、数值模拟分析

如命题 3 所述，为了获得最高的总预期利润，零售商从三种策略中进行选择：无预售、以高折扣预售($x=x_L$)，以中等折扣预售($x=x_H$)。接下来我们将通过模型中的一些重要参数，考察零售商的预售策略是如何随模型中的一些重要参数而变化的。

(一)零售商相关参数

在本小节中，我们考虑了残值 s 和边际利润 $p-c$，等零售商相关参数对其预售决策的影响。数值模拟的初始值如下：$p=200$，$c=100$，$s=80$，$m_i=200000$，$k=3000$，$\tau_i=1.0$，$\sigma=120$，$\gamma=0.5$，$\mu_L=140$，$\mu_H=170$。

首先，为了检验零售商对预售价格的决定是如何随 s 变化的，我们将 s 从 0 调高到 95，并保持其他参数不变。图 9-2(a)显示了当 s 值较高时，其他两种策略下的利润显著优于 $\Pi^A(x_L)$。一方面，较高的残值 s 有助于零售商更好地满足市场需求，并从回收的产品中获得更高的利润。另一方面，随着 s 的增加，由于缺货的可能性降低，消费者愿意

---

①当 $x_H=p$ 时，零售商不提供预售折扣。例如 1995 年发售的 PlayStation1、2009 年发售的 TnokiaN900、2010 年发售的 iPad1 和 2011 年发售的摩托罗拉 Xoom Wi-Fi，都是不打折的预售产品。

支付的预购费用减少，由此 $\Pi^A(x_L)$ 降低，因此，较高的残值 s 会使零售商要么选择具有中等折扣的预售，要么选择无预售。

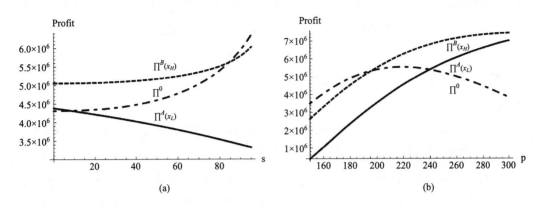

图9-2　零售商相关参数对预售决策的影响：(a)利润与 s 的函数关系；(b) 利润与 p 的函数关系。

评述 1：随着 s 的增加，零售商更有可能选择不预售或中等折扣的预售，即 $x = x_H$。

接下来，我们考虑增加边际利润 $p-c$。通过将 p 从 150 调高至 300，图 9-2(b)证实了当 p 较高时，Π^0 劣于其他两种策略下的利润。当 p 增加时，消费者愿意为预购支付更高的价格，因为选择等待的预期收益随 p 的增加而降低，因此 $\Pi^A(x_L)$ 和 $\Pi^B(x_H)$ 也随之增加。然而，在常规销售期购买产品的消费者数量随着 p 的增加而减少。随着 p 的增加，提高价格带来的收益开始小于需求降低带来的损失（Π^0 减少）。因此，零售商倾向于诱导消费者以折扣价提前订购。

评述 2：随着边际利润 $p-c$ 的增加，零售商更可能选择以价格 x_L 或 x_H 实施预售，以诱导消费者提前订购。

(二)消费者和市场相关参数

在本小节中，我们考虑了零售商的预售决策如何受到消费者和市场相关参数的影响，包括消费者估值的标准差 σ、需求不确定性 τ_i、预期消费者估值的差 $\mu_H - \mu_L$，以及 μ 的期望 $(\mu_H + \mu_L)/2$。数值模拟的初始值如下：$p = 200$，$c = 100$，$s = 80$，$m_i = 200000$，$k = 3000$，$\tau_i = 1.0$，$\sigma = 100$，$\gamma = 0.5$，$\mu_L = 140$，$\mu_H = 180$。

首先，我们将 σ 从 10 调高至 200，以检验零售商对预售价格的决定如何随 σ 而变化。图 9-3(a)表明，当 σ 较大时，没有哪种策略始终化其他两种更优。高 σ 意味着市场上有大量高估值的消费者，因此不实施预购，而是诱使所有高估值的消费者都在常规销售期内以 p 的价格购买产品时，零售商会获得更多的利润。

评述3：随着 σ 增加，零售商更可能选择放弃预售。

其次，我们将 τ_i 从 0.2 调高至 1.5，以了解三种策略下的最优利润会受到怎样的影响。如图 9–3（b）所示，τ_i 以与 s 相反的方式影响最优利润。$\Pi^A(x_L)$ 随 τ_i 的增加而增加，而 $\Pi^B(x_H)$ 和 Π^0 都随 τ_i 的增加而减小。由图 9–3（b）知，随着 τ_i 的增加，不预售的策略会逐渐劣于其他两种策略。

评述4：随着 τ_i 增加，零售商更有以价格 x_L 或 x_H 实施预售，以诱使消费者提前订购的激励。

接下来，我们研究 $\mu_H - \mu_L$ 如何影响零售商对预售价格的决定。令 $\mu_H = 160 + 20n$，$\mu_L = 160 - 20n$。通过将 n 从 1 调高到 4，图 9–3（c）显示当 $\mu_H - \mu_L$ 较高时，$\Pi^B(x_H)$ 优于其他两种策略下的利润。这是因为 x_H 增加并且随着 $\mu_H - \mu_L$ 的增加而逐渐接近 p，而 x_L 减少并且接近 c。因此，将预售价格设置为 x_H 将为零售商带来最大利润，因为它会吸引所有消费者在 γ 的概率下以接近 p 的价格预购产品。

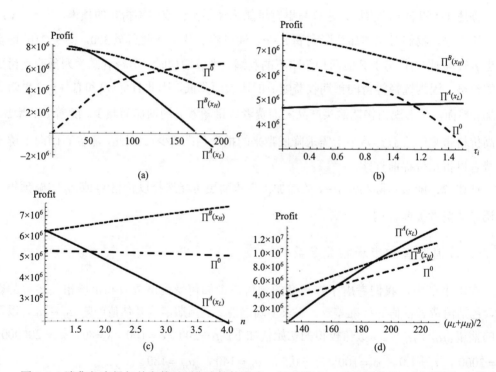

图 9–3 消费者/市场相关参数对预售决策的影响：（a）利润与 σ 的函数关系；（b）利润与 τ_i 的函数关系；（c）利润与 $\mu_H - \mu_L$ 的函数关系；（d）利润与 $(\mu_H + \mu_L)/2$ 的函数关系。

评述5：随着 $\mu_H - \mu_L$ 增加，零售商更有可能实施中等折扣的预售，即 $x = x_H$。

最后，为了考察零售商对预售价格的决定如何受到 μ 的期望的影响，我们将 $\mu_H - \mu_L$

固定为 40，其他参数固定在初始值。通过将 $(\mu_H + \mu_L)/2$ 从 130 调高到 230，图 9-3 (d) 显示，当 $(\mu_H + \mu_L)/2$ 较大时，Π^0 是三种利润中最低者。这是因为当 $(\mu_H + \mu_L)/2$ 增加时，x_L 和 x_H 都增加到接近 p，因此，零售商可以以价格 x_L（$\mu_H - \mu_L$ 较小时）或 x_H（$\mu_H - \mu_L$ 较大时）实施预售，以诱使所有消费者提前订购，由此获得利润。

评述 6：随着 $(\mu_H + \mu_L)/2$ 增加，零售商应考虑实施预售，无论是以高折扣还是中等折扣。

六、小结

本节研究了零售商在推出新产品前的预售策略。为了减少需求的不确定性，从而提高预期利润总额，零售商会在考虑消费者的决策过程后决定是否采用预售。我们的研究显示，对零售商而言，实施预售并不总是最优的。边际成本存在一个阈值，超过该阈值，零售商将不接受预订。零售商有三种类型的预售策略：不进行预售、以高折扣预售和以适中折扣预售。零售商如果实施预售，则可以从预购中了解到需求信息，但这种了解是有限的。数值模拟表明，模型的一些重要参数对零售商的预售决策有一定的影响。例如，随着 σ 的增加，零售商倾向于不进行预售；随着 $\mu_H - \mu_L$ 的增加，零售商倾向于以 x_H 的价格进行预售；随着 $(\mu_H + \mu_L)/2$ 的增加，零售商希望以 x_L 的价格进行预售。

在未来的研究中，有以下几个方面值得进一步探索。首先，可以将竞争引入到模型中，研究存在缺货风险的零售商的最优预售决策将是一个有趣的问题。当竞争存在时，我们预期零售商更有可能实施预售以赢得市场。[①]另一个方向是建立一个动态模型，其中的消费者在不同的时间参加预售，并可以根据其他顾客先前的预购来更新他们的估值。由于互联网的发展，那些注意到预定信息的消费者通常会通过网络社群来分享信息和讨论新产品。该产品的受欢迎程度可以作为一种信号（signal），使消费者更新估价。第三条途径是将产量选择（例如 Elhadj *et al.*，2012）纳入模型。通过允许公司在选择定价政策之前做出产量选择，我们可以研究在存在需求不确定性的异质性消费者的情况下，不同定价策略所带来的不同结果。

---

① 摩勒和渡边（Möller & Watanabe，2016）提出了一个具有差异化产品的双寡头模式，并得出结论，企业提供均衡的提前购买折扣。然而，在他们的论文中，等到第二个时期的消费者将保证购买她喜欢的产品（没有缺货风险）。

第三节　异质性消费者视角下企业产品吸引力优化与竞争力提升

制造业出口保持稳步增长是过去二十年来我国国际贸易中最重要的现象之一。对此的解释主要有两种。一种观点认为，中国企业之所以成功，主要是因为劳动力和中间投入成本低，企业生产率与出口规模之间存在正相关关系（张坤等，2016；Branstetter & Lardy，2006）；另一种观点认为，中国企业致力于对"能力建设"的投资，提高了其产品的吸引力从而扩大了需求（Brandt *et al.*，2008；Sutton，2007）。这一部分我们主要围绕第二种观点进行分析，即立足需求，从供给侧角度研究企业产品吸引力优化与竞争力提升。

具体而言，我们选择企业出口市场份额这一企业出口绩效的重要指标作为考查对象（通常企业出口市场份额越高，企业竞争力越强），重点探讨企业层面需求和成本两个维度的异质性（即产品吸引力和生产率）对企业出口市场份额的影响和相对重要性。这一问题的研究之所以重要，有以下两个原因：其一，随着我国劳动力工资水平不断提高，成本优势逐渐减弱，尽快形成其他方面的比较优势以应对来自劳动成本更低的周边国家的竞争，必然是继续保持制造业出口稳定增长的关键；其二，研究此问题有助于确认是降低成本还是增加产品吸引力更有利于扩大出口，只有确定了出口企业比较优势的关键来源，才能做出有利于出口企业未来发展的生产决策。

一、理论模型

本节首先建立了一个单产品企业的出口模型，其中包含了产品吸引力和生产率两个维度的企业异质性。

（一）产品吸引力对企业出口市场份额的影响

本节把出口目的地所有批发商、零售商、贸易公司和个人都看作是消费者。为了避免消费者自身的偏好和需求异质性等外生因素可能导致的偏误，本节假设所有消费者具有一致的偏好强度分布，也就是说，所有消费者对同一企业生产的同种产品有相同的偏好，对不同企业生产的同种产品由于产品吸引力的差异有不同的偏好。假设代表性消费者面临的效用函数是考虑了需求方面的企业异质性的拟线性二次函数[①]，产品种类 $v \in [0,1]$：

$$U = \int_0^1 \alpha(v)q(v)dv - \frac{\beta-\delta}{2}\int_0^1 q(v)^2 dv - \frac{\delta}{2}\left[\int_0^1 q(v)dv\right]^2 + q^0 \qquad (9\text{--}61)$$

其中，$q(v)$ 为代表性消费者对第 v 种产品的消费数量，q^0 为对基准产品的消费数量。$\beta > \delta > 0$ 表示消费者对产品多样性的偏好，$\beta - \delta$ 反映需求的替代弹性，其他条件不变的情况下，$\beta - \delta$ 越大，替代弹性越小。$\alpha(v)$ 表示需求方面的企业异质性，是反映消费者对第 v 种产品偏好程度的需求指数(以往相关研究中 α 通常作为常数出现,表示消费者对不同产品种类都具有相同的偏好)。所谓需求方面的企业异质性，是由企业本身特征所导致的使得不同企业的同种产品面临差别化需求的的企业异质性。与决定差别化市场需求的企业外部因素不同，需求方面的企业异质性是从企业本身角度出发的异质性，与成本方面的企业异质性如企业生产率异质性相对应。需求指数 $\alpha(v)$ 涵盖了由质量、性能以及品牌口碑等诸多产品差别产生的需求方面的企业异质性。第 v 种产品质量越高、性能越强或者口碑越好，生产该种产品的企业面临的需求指数 $\alpha(v)$ 就越高，消费者消费一单位该种产品所得到的效用就越大。即使代表性消费者消费的两种产品(分别由两个企业生产)数量相同，由于这两种产品在质量、功能和口碑等方面的差异，代表性消费者所得效用也不相同。与生产率类似，对于每个企业来说，需求指数是唯一的。因为需求指数的高低不仅反映产品质量的高低，还反映产品功能和口碑等其他产品特征的差异，所以本节采用产品吸引力这个更宽泛的概念。需求指数越高，所反映的产品吸引力越大；需求指数越低，所反映的产品吸引力越小。本节旨在考查代表需求方面企业异质性的产品吸引力和代表成本方面企业异质性的生产率对企业出口市场份额的影响和相对重要性。

代表性消费者的预算约束为：

$$\int_0^1 p(v)q(v)dv + q^0 \leqslant W \qquad (9\text{--}62)$$

其中，W 为工资。

在式(9--62)的预算约束下最大化(5--61)式中的效用函数，得到需求函数：

$$q(v) = (b+d)\alpha(v) - (b+d)p(v) + dP - d\bar{\alpha} \qquad (9\text{--}63)$$

其中，$b = 1/\beta$，$d = \delta / \beta(\beta-\delta)$，$b+d = 1/\beta - \delta$，$\bar{\alpha} = \int_0^1 \alpha(v)dv$，$P = \int_0^1 p(v)dv$ 为

[①]拟线性二次效用函数由奥塔维亚诺等(Ottaviano *et al.*，2002)引入异质性企业贸易理论，并由梅利兹和奥塔维亚诺(Melitz & Ottaviano，2008)以及迈耶(Mayer，2014)等进一步拓展，逐渐成为除 CES 效用函数之外另一异质性企业贸易理论的主流模型。安虎森(2009)也对拟线性二次效用函数进行了详细的介绍和分析。

价格水平。当式(9–63)中的 $p(v)$ 和 $q(v)$ 都取对数形式时，$b+d$ 就是需求的替代弹性 σ。在拟线性二次效用函数假设条件下，价格水平以累加项的形式出现在需求函数中，也就是说单个企业需要通过价格水平来确定自己的均衡价格。尽管单个企业忽略了其对市场的影响，但是市场作为一个整体对单个企业决策的影响并没有被忽视。因此，市场均衡是由价格相互作用的众多企业的纳什均衡给出。而在 CES 效用函数假设条件下，价格水平以乘积项进入需求函数，每个企业的价格决策相互独立，均衡价格由简单的加成得到。与基于 CES 效用函数的理论框架相比，引入拟线性二次效用函数分析所得结果更具说服力。

（二）生产率对企业出口市场份额的影响

假设每个企业只生产一种产品，生产产品 v 的企业的边际成本为：

$$c(v) = \omega^{-1}(v)\alpha^{\gamma}(v) \tag{9–64}$$

其中，$\omega(v)$ 表示企业的生产率，与边际成本呈负相关。$\gamma > 0$，反映需求指数 $\alpha(v)$ 的成本弹性，即如果企业所生产的产品面临的需求指数提高 1%，则企业生产该种产品的边际成本增加 γ%。本节关于边际成本的假设遵循鲍尔温和小洼（Baldwin&Okubo，2006）以及梅利兹（Melitz，2003），以较高的生产率来表示较低的边际成本，并且把生产所需投入要素组合的单价简化为 1。关于需求指数的成本弹性为正，这一点并不难理解。克罗泽等（Gozet *et al.*，2012）指出，产品质量越高，生产中投入成本越大。豪特曼等（Hottman *et al.*，2016）和罗伯茨等（Roberts *et al.*，2018）证明了企业产品对消费者的吸引力和边际成本呈正相关。[①]企业所生产的产品面临的需求指数较高，也就是消费者对该种产品的需求强度较大，意味着该企业产品吸引力更大，即产品质量更好、功能更多或者口碑更佳，而实现高质量、多功能和更好的口碑必然需要一定成本的投入，比如使用更好的原材料，投入更多研发资金，以及斥资进行品牌形象的包装等。

（三）企业出口利润

假设企业所生产的产品的出口目的地单一，则生产第 v 种产品的企业的出口利润为：

$$\Pi(v) = Lq(v)\left[\frac{p(v)}{\tau} - c(v)\right] - f_x \tag{9–65}$$

其中，L 为出口目的地的消费者规模，f_x 表示固定成本。$\tau > 1$，反映了冰山运输

---

①欧和李（Aw & Lee，2017）对边际成本的假设与本节类似，即边际成本与生产率呈倒数关系，并且加入了需求指数以及边际成本对需求指数的弹性。略有不同的是，欧和李（2017）把生产所需投入要素组合的单价设定为 W。

成本。

将式(9–63)代入式(9–65)，求解利润最大化问题，整理得：

$$p^*(v) = \frac{1}{2\sigma}\Big[\sigma\alpha(v) + \tau\sigma c(v) + dP - d\bar{\alpha}\Big] \qquad (9\text{–}66)$$

式(9–66)乘以 2σ 再减去式(9–63)，整理得：

$$q^*(v) = \sigma\Big[p^*(v) - \tau c(v)\Big] \qquad (9\text{–}67)$$

因为 $P = \int_0^1 p(v)\mathrm{d}v$，结合式(9–66)，整理得：

$$P = \frac{1}{2\sigma - d}\Big[b\bar{\alpha} + \tau\sigma\bar{c}\Big] \qquad (9\text{–}68)$$

其中，$\bar{c} = \int_0^1 c(v)\mathrm{d}v$。

综上，利润最大化的企业的出口利润为：

$$\Pi^*(v) = Lq^*(v)\left[\frac{p^*(v)}{\tau} - c(v)\right] - f_x = \frac{L}{\tau}\sigma\Big[p^*(v) - \tau c(v)\Big]^2 - f_x \qquad (9\text{–}69)$$

（四）零利润水平分析

当 $\Pi^*(v) \geqslant 0$ 时，企业选择出口。特别地，当 $\Pi^*(v) = 0$ 时，我们可以得以需求指数 $\alpha(v)$ 表示的企业生产率 $\omega(v)$ 的临界值：

$$\omega^* = \frac{\tau\alpha(v)^\gamma}{\alpha(v) + Q_0} \qquad (9\text{–}70)$$

其中，$Q_0 = \frac{d}{2\sigma - d}\int_0^1 [\omega(v)^{-1}\alpha(v)]\mathrm{d}v - 2\left(\frac{\tau f_x}{L\sigma}\right)^{\frac{1}{2}}$。此处 $\omega^*(v)$ 作为 $\alpha(v)$ 的函数，可对其求关于 α 的偏导，得到：

$$\frac{\partial\omega^*}{\partial\alpha} = \frac{\tau\alpha^{\gamma-1}}{(\alpha + Q_0)^2}\Big[(\gamma - 1)\alpha + \gamma Q_0\Big] \qquad (9\text{–}71)$$

其中，当 $\gamma \leqslant 1$ 时，只要 $\omega(v)$ 和 $\alpha(v)$ 不是太小，则有 $Q_0 < 0$，进而 $\frac{\partial\omega^*}{\partial\alpha} < 0$。此时，较高的需求指数 α 对应较低的生产率出口临界值 ω^*，较低的需求指数 α 则对应较高的生产率出口临界值 ω^*。也就是说，当需求指数的成本弹性比较小，即企业投入较少成本就可以获得一定的产品质量提升或者功能改进时，企业为了保证非负利润以进行出口，会在需求指数和生产率两种企业异质性之间进行权衡，或者选择较低的需求指数和较高的生产率的企业异质性组合 $(\alpha_{low}, \omega_{high})$，或者选择较高的需求指数和较低的生产率的企业

异质性组合 $(\alpha_{high}, \omega_{low})$。这是因为，高需求指数和高生产率都可以增加企业收益。其中，高需求指数通过增加产品的吸引力来提高收益，而高生产率通过降低边际成本来提高收益。虽然高需求指数也一定程度地增加了生产成本，但只要高需求指数带来的收益增加大于造成的成本增加，企业就有动力选择较高的需求指数。当 $\gamma > 1$ 时，$\dfrac{\partial \omega^*}{\partial \alpha}$ 可能为正，也可能为负。这意味着需求指数的成本弹性很大，提升产品吸引力所带来的收益不能够抵消所造成的成本增加，企业要么只通过提高生产率来增加收益，要么同时提高需求指数和生产率，以弥补高需求指数带来的成本损失。由于本节实证部分估计所得 γ 均小于 1，另外，欧和李(2017)对台湾制造业十个大类的数据分析也得到相似结果，所以本节只讨论当 $\gamma \leqslant 1$ 时的情况。

关于企业出口决策中在需求指数和生产率之间的权衡，其实是企业在选择投入更好的原材料或者更先进的技术以生产更具吸引力的产品，还是选择提高生产率以生产成本更低的产品之间的权衡。尽管从长期来看，企业扩大出口既需要提高生产率以降低成本也需要不断研发出更具吸引力的产品，但就短期而言，不是所有企业都有能力做到这两点，大多数企业往往需要在这两点之间进行权衡，而到底选择或偏重这两点中的哪一点，就需要确定产品吸引力和生产率在企业出口中的相对重要性。

为此，我们结合替代弹性和成本弹性进一步分析企业的需求指数和生产率在出口决策中的相对重要性。$\dfrac{\partial \omega^*}{\partial \alpha}$ 对 σ 求偏导，得到：

$$\frac{\partial^2 \omega^*}{\partial \alpha \partial \sigma} = \frac{\tau \alpha^{\gamma-1} C_0}{(\alpha + Q_0)^4} \left\{ \gamma(\alpha + Q_0)^2 - 2(\alpha + Q_0)\left[(\gamma-1)\alpha + \gamma Q_0 \right] \right\} \tag{9-72}$$

其中，$C_0 = \dfrac{\partial Q_0}{\partial \sigma} = \dfrac{1}{\sigma}\left(\dfrac{\tau f_x}{L\sigma} \right)^{\frac{1}{2}} - \dfrac{2d}{(2\sigma - d)}\displaystyle\int_0^1 \left[\omega(v)^{-1}\alpha(v) \right] dv$。结合(9-70)和(9-71)式，有 $\displaystyle\int_0^1 \left[\omega(v)^{-1}\alpha(v)^{\gamma} - \alpha(v) \right] dv < 0$，则 $C_0 > 0$，且 $(\gamma-1)\alpha + \gamma Q_0 < 0$、$\alpha + Q_0 > 0$，所以 $\dfrac{\partial^2 \omega^*}{\partial \alpha \partial \sigma} > 0$。这表明，替代弹性 σ 越小，需求指数 α 和对应的生产率出口临界值 ω^* 之间的负相关程度越强。在零利润条件下这意味着，需求指数提高相同的幅度时，替代弹性越小的市场可以支持越小的生产率出口临界值。也就是说，替代弹性越小，需求指数在企业出口决策中发挥的作用越大，满足非负利润的出口条件下，企业所生产产品的替代品越少，提升产品吸引力给企业带来的利润增加越多。

$\dfrac{\partial \omega^*}{\partial \alpha}$ 对 γ 求偏导，得到：

$$\frac{\partial^2 \omega^*}{\partial \alpha \partial \sigma} = \frac{\tau \alpha^{\gamma-1} C_0}{(\alpha + Q_0)^3} \left\{ \left[\alpha + Q_0 + \gamma C_1 + \ln \alpha \left[(\gamma-1)\alpha + \gamma Q_0 \right] \right] (\alpha + Q_0) - 2C_1 \left[(\gamma-1)\alpha + \gamma Q_0 \right] \right\}$$

$$(9\text{--}73)$$

其中 $C_1 = \frac{\partial Q_0}{\partial \gamma} = \frac{d}{2\sigma - d} \int_0^1 \omega(v)^{-1} \alpha(v)^\gamma \ln \alpha(v) \mathrm{d}v > 0$ ，结合上文的分析，可得 $\frac{\partial^2 \omega^*}{\partial \alpha \partial \gamma} > 0$ 。这表明，成本弹性 γ 越小，需求指数 α 对生产率 ω^* 的替代作用越强。在零利润条件下这意味着，如果提高需求指数的成本弹性越小，则需求指数提高相同的幅度可以支持的生产率出口临界值越小。也就是说，提升产品吸引力所引起的边际成本增加越少，相对于生产率，产品吸引力在企业出口决策中发挥的作用越大，满足非负利润的出口条件下，提升产品吸引力所引起的边际成本增加越少，通过提升产品吸引力来增加出口利润的效果越明显。

二、数据分析

我们的分析采用了两套微观数据和一套宏观数据。第一套企业层面的数据来自国家统计局 2000—2006 年的年度调查。此调查涵盖中国所有国有企业以及总产值超过 500 万元的规模以上非国有企业。这些企业的出口总额占中国制造业出口总额的 98%。该数据包括来自企业资产负债表、利润表以及现金流量表中的 80 多个变量并提供了关于企业身份（名称、地址和所有权）、出口额、就业人数以及固定资产总额等方面的详细信息。利用这套数据可以计算企业的全要素生产率。本节根据余淼杰（2010）以及阿普沃德（Upward，2013）的方法对该套数据进行了清理。

第二套产品层面的数据来自中国海关总署 2000—2006 年的月度交易数据。这套数据记录了从 2000 年 1 月到 2006 年 12 月通关企业的每一条进出口交易信息，包括企业身份、进出口产品的 8 位 HS 编码、进/出口额、进/出口数量、来源地（进口）、目的地（出口）、贸易类型和运输方式等。其中，进出口额均以离岸美元价格进行报告。利用这套数据可以估算企业出口的需求指数。为了和第一套年度数据保持一致，本节对海关数据中有多个产品或多个出口目的地的企业按照不同产品或不同目的地的出口份额进行了加权处理，并且把月度数据加总成年度数据。

为获得企业生产和贸易的完整信息，需要对上述两套数据进行匹配。由于中国工业企业数据和海关交易数据按照不同的编码系统对企业进行编码，因此企业代码不能够作为数据匹配的连结。我们的解决方法是利用企业名称、邮政编码和电话号码等这两套数据共有的企业身份变量进行匹配。我们首先按照企业名称的序贯识别法进行了匹配，并在匹配前对企业名称做了整齐化处理，删除其中的"省""市""县"和"有限公司"等附属字样以提高匹配准确性。随后我们另外按照企业邮编和电话号码的后 7 位进行匹配。因为邮编包含了企业所在地区信息，而电话号码有的包含了区号有的没有包含区号，有些地区的电话号码为 7 位，有些地区为 8 位，所以我们只取了电话号码的后 7 位与邮编相结合来确定企业身份。最后我们把按两种方法匹配的数据进行合并，得到 2000—2006 年共 263247 条观测值。

另外，为了计算企业在出口目的地的市场份额，本节还采用了联合国商品贸易统计数据库的部分数据。联合国商品贸易统计数据库由联合国统计署创建，包含超过 200 个国家和地区的官方年度商品贸易数据，涵盖全球 99% 的商品交易。所有商品值按呈报国家的货币汇率或月度市场比率和交易额度转换成美元。我们把从该数据库获得的出口目的地的市场规模和细分产品进口额与前文介绍的由工业库和海关库匹配所得的数据进一步进行匹配，计算得到每个企业在出口目的地的市场份额。

我们选择了制造业中部分行业的企业进行实证分析。所选行业除了包括服装、除服装外的纺织制品、化纤制品、鞋帽、家具、玩具、塑料橡胶制品和陶瓷玻璃等我国传统外贸行业以外，还有机电音像设备、运输设备、光学医疗等仪器以及化学产品等行业，共 12 个制造业行业 100538 条观测值。2000—2006 年，这 12 个制造业行业的出口额在我国制造业出口总额中所占的比重除在 2003 年为 78.80，2004 年为 69.52% 以外，其他年度均在 80% 以上。[①]

表 9–2 罗列了所选 12 个制造业行业分别包含的产品种类数、企业数、产品单一的企业数以及其比例、出口目的地单一的企业数以及其比例。可以看出，这 12 个行业中，除了化学产品行业只有 57.87% 的企业生产一种产品外，其他行业均有 70% 左右的企业为单一产品企业。虽然这些行业出口目的地单一的企业比例普遍为 50% 左右，但是经过前文所述对多个产品或多个出口目的地企业的加权处理，保持本节理论模型部分对企业单一产品和单一出口目的地的假设，对结论的稳健性并没有太大影响。[②]

---

① 数据来源于联合国商品贸易统计数据库和国家统计局网站，并由作者计算而得。

② 欧和李（2017）考察了台湾制造业的多产品企业，在估计得到产品层面的需求指数和生产率后，又以每种产品在其所属企业的销售份额为权重对产品层面的需求指数和生产率进行加总，得到了企业层面的需求指数和生产率。同时他们还尝试了另一种方法，即以多产品企业某种主要产品的需求指数和生产率来代表其企业层面的需求指数和生产率，发现结果相似。并且，欧和李（2017）对出口目的地不唯一的企业也进行了简化处理。因此有理由相信，对企业产品种数和出口目的地个数单一化处理是可行的。

表 9-2 所选行业出口概况

行业	产品种类数目	企业数目	单一产品企业数目	单一产品企业比例	单一出口目的地企业数目	单一出口目的地企业比例
服装	293	6442	5387	83.62%	3903	60.59%
除服装外的纺织制品	338	3866	2849	73.69%	2173	56.21%
玩具	57	1373	1032	75.16%	572	41.66%
鞋帽	42	1301	1060	81.48%	798	61.34%
化纤制品	227	2456	1883	76.67%	1370	55.78%
塑料橡胶制品	150	5675	3959	69.76%	3158	55.65%
化学产品	751	2616	1514	57.87%	1267	48.43%
陶瓷玻璃	112	1554	1234	79.41%	818	52.64%
机电音像设备	490	6706	4285	63.90%	3752	55.95%
家具	58	2353	1612	68.51%	1358	57.71%
光学医疗等仪器	241	1555	992	63.79%	846	54.41%
运输设备	305	1472	953	64.74%	802	54.48%

注：除百分比外，数值单位均为个。数据来源于中国工业企业数据库和联合国商品贸易统计数据库，并由 Stata15.0 计算而得。

三、实证检验

(一)需求指数的估计

按照欧和李(2017)，我们分行业估计了企业的需求函数，把所得到的残差作为企业的需求指数。

基于文本理论部分的假设和推导，拟线性二次效用函数假设下的需求函数为：

$$q(v) = (b+d)\alpha(v) - (b+d)p(v) + dP - d\bar{\alpha}$$

其中，$b = 1/\beta$，$d = \delta/\beta(\beta-\delta)$，$b+d = 1/\beta - \delta$，$\bar{\alpha} = \int_0^1 \alpha(v)\mathrm{d}v$，$P = \int_0^1 p(v)\mathrm{d}v$ 为价格水平。当 $p(v)$ 和 $q(v)$ 都取对数形式时，$b+d$ 就是需求的替代弹性 σ。则企业 i 在时间 t 的需求函数(取对数形式)的估计方程可以表示为：

$$\ln q_{it} = \lambda_t - \sigma \ln p_{it} + \sigma \ln \alpha_{it} = \lambda_t + \lambda_1 \ln p_{it} + \eta_i + \xi_{it} + u_{it} \quad (9\text{-}74)$$

其中，λ_t 是一个随时间改变的量，包含理论需求函数中的 $dP - d\bar{\alpha}$ 部分，代表所有企业都面临的宏观环境冲击；$\lambda_1 = -\sigma$ 反映了不同企业所生产的产品之间的需求弹性；q_{it} 和 p_{it} 是企业 i 在时间 t 的出口数量和出口价格；$\ln \alpha_{it} = \frac{1}{\sigma}(\eta_i + \xi_{it} + u_{it})$ 代表需求指数，其中 η_i 和 ξ_{it} 是企业在决定出口数量或者出口价格之前可以观测到但是研究者无法观测到的影响需求的因素，例如产品质量、产品的附加功能或者品牌口碑，可以分解成不随时间改变的 η_i 和随时间改变的 ξ_{it}；u_{it} 是企业在做出出口数量或出口价格决策后才能意识到的暂时冲击。

由于研究者无法观测到的影响需求的因素会使得企业改变价格，即 $E[p_{it}(\eta_i + \xi_{it})] \neq 0$，因此如果使用最小二乘法对(9-74)式进行估计，将会产生内生性问题。在这种情况下，使用固定效应的两阶段最小二乘法可以获得价格系数的一致估计。遵循欧和李(2014)，本节对所选 12 个行业的每个行业分别进行估计，把同行业[①]内其他企业的平均生产率(接下来会专门介绍本节的生产率估算方法)作为价格的工具变量[②]。

通过上述两阶段最小二乘法，我们最终得到需求指数为：

$$\widehat{\ln \alpha_{it}} = \frac{1}{\sigma}(\eta_i + \xi_{it} + u_{it}) \tag{9-75}$$

（二）生产率的估计

生产率的估计采用莱温松和彼得林(Levinsohn & Petrin，2003)的方法，假设生产函数为柯布-道格拉斯形式，则企业 i 在时间 t 的生产函数(取对数形式)的估计方程为：

$$\ln y_{it} = \theta_0 + \theta_l \ln l_{it} + \theta_k \ln k_{it} + \omega_{it} + \varepsilon_{it} \tag{9-76}$$

其中，y_{it} 为企业的工业增加值，l_{it} 为生产投入的劳动，k_{it} 为资本存量，ε_{it} 是满足独立同分布的供给冲击。ω_{it} 代表企业的全要素生产率，它无法被研究者观测到，且会影响企业的生产投入。因此，如果使用普通最小二乘法进行估计，会产生内生性问题。我们采用莱温松和彼得林(2003)的方法来解决这个问题，把无法观测到的生产率 ω_{it} 表示成可以观测到的资本存量 k_{it} 和中间投入 m_{it} 的函数：

$$\omega_{it} = \omega_{it}(k_{it}, m_{it}) \tag{9-77}$$

生产函数的估计方程可以改写为：

---

① 估计结果对所使用的行业分类水平并不敏感。我们还对所选 12 个行业的每一个行业进一步细分，以细分后的同行业(4 位 HS 编码产品行业)内其他企业的平均生产率作为价格的工具变量，结果无显著差别。

② 为考察工具变量的有效性，我们将工具变量分别对价格和需求函数的残差(固定效应普通最小二乘法估计所得)进行回归，结果表明工具变量和价格显著相关，和残差不具有显著相关性。

$$\ln y_{it} = \theta_0 + \theta_l \ln l_{it} + \phi_{it}(k_{it}, m_{it}) + \varepsilon_{it} \tag{9-78}$$

其中，$\phi_{it}(k_{it}, m_{it}) = \theta_k \ln k_{it} + \omega_{it}(k_{it}, m_{it})$。把 $\phi_{it}(k_{it}, m_{it})$ 看成是一个 k_{it} 和 m_{it} 的三次多项式，用普通最小二乘法估计式(9-78)，可以得到 θ_l 以及 ϕ_{it} 的估计值。至此，我们完成了第一阶段的估计。

生产率的发展方程为：

$$\omega_{it} = h(\omega_{it} - 1) + \varepsilon_{it} \tag{9-79}$$

其中，ε_{it} 为独立同分布的技术冲击。则：

$$\hat{\phi}_{it} = \theta_k \ln k_{it} + h(\omega_{it-1}) + \varepsilon_{it} = \theta_k \ln k_{it} + h(\hat{\phi}_{it-1} - \theta_k \ln k_{it-1}) + \varepsilon_{it} \tag{9-80}$$

我们使用非线性最小二乘法估计(9-80)式，进而确定系数 θ_k 和生产率的发展方程 h。

综合以上估计，我们最终得到企业 i 在时间 t 的全要素生产率为：

$$\hat{\omega}_{it} = \hat{\phi}_{it} - \hat{\theta}_k \ln k_{it} \tag{9-81}$$

(三)成本弹性的估计

基于本节理论部分对边际成本的假设以及欧和李(2017)对边际成本估计方程的设定，企业 i 在时间 t 的边际成本(取对数形式)的估计方程为：

$$\ln c_{it} = \gamma_0 + \gamma_w \ln W_{it} + \gamma_k \ln k_{it} + \gamma_\alpha \ln \alpha_{it} + \gamma_\omega \omega_{it} + \gamma_{year} D_{year} + \zeta_{it} \tag{9-82}$$

其中，W_{it} 表示工资(由当年应付工资总额除以从业人数所得)，k_{it} 表示资本存量，$\ln \alpha_{it}$ 为前文估计所得需求指数[①]，ω_{it} 为前文估计所得全要素生产率，D_{year} 是年份虚拟变量，ζ_{it} 表示满足独立同分布的成本冲击。

按照市场是垄断竞争的假设，企业 i 的产品在时间 t 的最优价格为：

$$\ln p_{it} = \ln(\frac{\sigma}{\sigma - 1}) + \ln c_{it} \tag{9-83}$$

将式(9-82)代入式(9-83)，得：

$$\ln p_{it} = \tilde{\gamma}_0 + \gamma_w \ln W_{it} + \gamma_k \ln k_{it} + \gamma_\alpha \ln \alpha_{it} + \gamma_\omega \omega_{it} + \gamma_{year} D_{year} + \zeta_{it} \tag{9-84}$$

其中 $\tilde{\gamma}_0 = \ln\left(\frac{\sigma}{\sigma - 1}\right) + \gamma_0$。估计式(9-84)所得 $\widehat{\gamma_\alpha}$ 即为需求指数的成本弹性。在估计式(9-84)前我们进行了一系列检验：方差膨胀因子(VIF)均小于5，变量间不存在多重共线性；加入中间投入变量和剔除 W_{it}、k_{it}、ω_{it} 前后所得 $\widehat{\gamma_\alpha}$ 均在1%的统计水平下显著且高度一致，误差在0.01以内，所得结果具有稳健性。

---

① 我们还尝试了非线性形式的 $\ln \alpha_{it}$，但是，$(\ln \alpha_{it})^2$ 和 $(\ln \alpha_{it})^3$ 的系数并不显著不等于零。

（四）估计结果

表 9–3 报告了所选 12 个制造业行业的需求方程的估计结果。第一行为使用固定效应普通最小二乘法（FE）得到的价格系数，第二行为使用两阶段最小二乘法 2SLS 得到的价格系数。使用普通最小二乘法估计所得的价格系数符号均为负，绝对值均小于 1。在使用两阶段最小二乘法纠正了可能的内生性问题之后，所选行业的价格系数的绝对值（替代弹性）普遍增加。

表 9–3　需求方程的估计结果

制造业行业	服装	除服装外的纺织品	玩具
$\ln p$ (FE)	−0.234***	−0.177***	−0.187***
	(0.011)	(0.012)	(0.019)
$\ln p$ (2SLS)	−1.492	−1.959***	−1.486***
	(0.571)	(0.281)	(0.259)
年份虚拟变量	Yes	Yes	Yes
样本量	15517	11447	4078
制造业行业	化学产品	陶瓷玻璃制品	机电音像设备
$\ln p$ (FE)	−0.276***	−0.157***	−0.251***
	(0.012)	(0.016)	(0.007)
$\ln p$ (2SLS)	−4.259***	−4.978***	−5.838***
	(1.058)	(1.852)	(0.161)
年份虚拟变量	Yes	Yes	Yes
样本量	7456	4512	17598
制造业行业	化纤	塑料橡胶制品	光学医疗等仪器
$\ln p$ (FE)	−0.097***	−0.114***	−0.276***
	(0.016)	(0.008)	(0.014)
$\ln p$ (2SLS)	−1.410***	−1.354***	−6.945***
	(0.247)	(0.614)	(0.511)
年份虚拟变量	Yes	Yes	Yes
样本量	7366	15329	4005
制造业行业	鞋帽	家具	运输设备
$\ln p$ (FE)	−0.107***	−0.383***	−0.159***
	(0.024)	(0.016)	(0.015)

续表

制造业行业	鞋帽	家具	运输设备
ln$p$(2SLS)	−2.624***	−5.109***	−6.177***
	(0.607)	(0.116)	(0.506)
年份虚拟变量	Yes	Yes	Yes
样本量	3611	6030	3589

注：估计结果由 Stata15.0 完成；括号内为标准差；***表示参数的估计值在 1%的统计水平下显著；Yes 表示估计过程中加入了控制变量。

表 9–4 概括了所选 12 个制造业行业的需求指数、成本弹性和生产率的分布情况。其中，需求指数和成本弹性的分布与欧和李（2017）对台湾部分制造业行业的估计类似：需求指数的均值在–0.1 到 0.1、标准差在 1 到 10；成本弹性的均值在 0.1 到 1，标准差小于 0.05。成本弹性的均值小于 1 意味着需求指数提高 1%，引起的成本增加往往不到 1%，与本节的理论假设一致。最后两列是估计所得各行业全要素生产率的平均值和标准差。这些行业中，光学医疗等仪器的平均生产率最高，达到 2.621，同时，该行业内的生产率水平分散化程度也最高，标准差为 1.286。我国的传统出口行业中，除玩具和家具行业的生产率水平超过 2，其他均小于 2。

表 9–4　需求指数、成本弹性和生产率分布汇总

行业	lnα		γ_α		Ω	
	均值	标准差	均值	标准差	均值	标准差
服装	0.001	3.839	0.144***	0.002	1.624	0.902
除服装外的纺织品	0.003	2.918	0.346***	0.002	1.722	0.966
玩具	0.009	4.663	0.198***	0.003	2.237	0.981
鞋帽	0.005	1.887	0.496***	0.005	1.583	0.890
化纤	0.004	5.541	0.152***	0.002	1.649	0.931
塑料橡胶制品	0.095	8.370	0.180***	0.001	1.898	1.118
化学产品	0.002	2.496	0.770***	0.002	1.495	1.075
陶瓷玻璃制品	−0.002	2.106	0.790***	0.002	1.692	1.007
机电音像设备	−0.012	3.042	0.845***	0.001	2.328	1.280
家具	−0.039	1.840	0.818***	0.003	2.301	1.040
光学医疗等仪器	−0.054	2.747	0.879***	0.002	2.621	1.286
运输设备	−0.010	2.847	0.846***	0.002	2.236	1.147

注：lnα 和 ω 由 Stata15.0 估计和计算而得；γ_α 由 Stata15.0 估计而得，*、**和***分别表示参数的估计值在 10%、5%和 1%的统计水平下显著。

（五）出口市场份额

在理论部分我们得出，企业的需求指数和生产率在企业出口决策中都发挥了重要作用，并且这两者的相对重要性取决于需求的替代弹性和成本弹性。接下来，我们使用所选 12 个制造业行业的合并样本，检验企业在出口目的地的市场份额（下文计算所得）与企业需求指数和全要素生产率（前文分行业估计所得）之间的关系。关于企业在出口目的地的市场份额，我们参照罗伯茨等（2018）的做法，用企业年度出口额除以出口目的地来自同行业（4 位 HS 编码相同的行业）所有供应商的年度进口总额，即出口目的地从我国该企业的进口额除以出口目的地从所有贸易伙伴国家同行业企业的进口总额进行计算，并且进行了标准化处理[①]。这一节中我们并未考虑出口目的地本土企业所生产的产品，因为出口目的地的进口产品（包括从我国企业和其他贸易伙伴国家的企业进口的产品）与其本土产品除了产品本身的差异外还存在关税和本土产品偏好等方面的差异，所以本节主要考虑我国企业在出口竞争对手中的市场份额。

对企业在出口目的地的市场份额进行回归分析：

$$\ln(s_{it}) = \mu_0 + X'_{it}\mu + k_{it} \tag{9-85}$$

其中，s_{it} 为企业 i 在时间 t 的标准化出口市场份额。X'_{it} 是企业特征向量，包括用资本存量衡量的企业规模、前文估计所得的企业需求指数和全要素生产率等。

表 9-5 汇总了四种不同组合的企业特征的估计结果。我们首先在第一列中把需求指数这一企业特征排除在外，只考虑企业规模和生产率。企业规模和生产率的系数符号均为正，表明规模越大或者生产率越高的企业，其产品在出口市场所占份额越大。紧接着，我们在第二列把需求指数和生产率同时包括进来。需求指数的正系数表明高需求指数企业更有可能在国外市场占有较大份额。平均来讲，需求指数每增加一个单位，市场份额就扩大 14.4%。此时，企业规模和生产率的系数仍然大于零，只是企业规模的系数从未考虑需求指数时的 0.245 下降到 0.178，生产率的系数从 0.291 下降到 0.266。由此可见，需求指数在企业出口中也发挥了重要作用；如果忽略了需求指数在企业出口中的重要作用，就意味着某种程度上高估了低成本在企业出口中的作用。所以，通过提高生产率来

① 对于每个出口目的地，从每个行业里选出一个或多个 4 位 HS 编码的产品种类，将其视为其所属行业的基准产品（组合）。所选基准产品（组合）包含的观测值个数一般占其所属行业总观测值的十分之一左右。对于每个出口目的地，将其基准产品所有供应商的市场份额按年度进行加总，即得到每一年每个地区每个行业的市场份额标准化单位。对市场份额进行这样的标准化处理，可以消除由于不同行业不同出口目的地或不同年份造成的企业市场份额的过分差距。

降低成本虽然可以在一定程度上扩大国外市场份额，但在更大程度上扩大市场份额则要靠降低成本和增加产品吸引力双管齐下。

为考察不同的产品差别化程度对需求指数和生产率在出口市场中作用的影响，我们进一步纳入需求指数和生产率与替代弹性的乘积项，结果如表9–5第三列所示。需求指数与替代弹性乘积项的负系数表明，虽然企业需求指数越高，其产品在出口目的地的市场份额越大，但如果其产品有更多的替代品，则通过提高需求指数能够扩大的市场份额将受限。这与本节的理论结果相一致，在产品差别化程度越高（低）也就是替代弹性越小（大）的市场，通过提高需求指数来增加出口利润的效果越明显。而生产率与替代弹性的乘积项系数符号为正，意味着市场的产品越趋同，通过降低成本来扩大份额的效果越明显。

最后，表9–5的第四列报告了包含需求指数和生产率与成本弹性的乘积项在内的估计结果。与理论结果一致，需求指数与成本弹性的乘积项系数符号为负，表明成本弹性

表 9–5　出口市场份额

	(1)	(2)	(3)	(4)
全要素生产率	0.291***	0.266***	0.194***	0.188***
	(0.011)	(0.010)	(0.021)	(0.021)
需求指数		0.144***	0.122***	0.119***
		(0.002)	(0.004)	(0.004)
企业规模	0.245***	0.178***	0.172***	0.171***
	(0.008)	(0.008)	(0.008)	(0.008)
需求指数*σ			−0.011***	
			(0.001)	
全要素生产率*σ			0.018***	
			(0.005)	
需求指数*γ				−0.088***
				(0.010)
全要素生产率*γ				0.128***
				(0.032)
年份虚拟变量	是	是	是	是
行业虚拟变量	是	是	是	是
样本量	100538	100538	100538	100538

注：被解释变量为标准化处理后的企业出口市场份额，估计结果由 Stata15.0 完成，括号内为标准差，***表示参数的估计值在 1%的统计水平下显著，Yes 表示估计过程中加入了控制变量。

越大(小),需求指数对企业在出口目的地的市场份额的正效应越小(大)。因为此时提高产品吸引力的同时也使得成本增加更多,从而通过提高需求指数来扩大市场份额的效果就会大打折扣。生产率与成本弹性的乘积项系数符号为正,即成本弹性越大,生产率对出口绩效的贡献越大。

(六)稳健性检验

接下来我们以企业出口额和产品单位价值[①]分别代替市场份额和需求指数,并使用奥莱和帕克斯(Olley & Pakes,1996)的方法重新估计全要素生产率[②],对上述结果进行稳健性检验。表9-6报告了与表9-5相同的四种情形下的检验结果。加入单位价值后生产

表9-6 稳健性检验

	(1)	(2)	(3)	(4)
全要素生产率(OP)	0.100***	0.087***	0.057***	0.052***
	(0.006)	(0.005)	(0.011)	(0.011)
单位价值		0.149***	0.170***	0.168***
		(0.003)	(0.006)	(0.007)
企业规模	0.308***	0.289***	0.289***	0.289***
	(0.005)	(0.004)	(0.004)	(0.004)
单位价值*σ			−0.005***	
			(0.001)	
全要素生产率(OP)*σ			0.008***	
			(0.003)	
单位价值*γ				−0.032***
				(0.009)
全要素生产率(OP)*γ				0.063***
				(0.018)
年份虚拟变量	是	是	是	是
行业虚拟变量	是	是	是	是
样本量	100538	100538	100538	100538

注:被解释变量为取对数形式的出口额,估计结果由Stata15.0完成,括号内为标准差,***表示参数的估计值在1%的统计水平下显著,Yes表示估计过程中加入了控制变量。

---

① 肖特(Schott,2004)以及哈拉克(Hallak,2006)使用单位价值来衡量企业层面的产品质量。罗伯茨等(Roberts et al.,2018)以及欧和李(Aw & Lee,2017)指出衡量需求方面异质性的需求指数越高,价格越高。因此,此处我们使用单位价值作为被解释变量进行稳健性检验。

② 使用该法估计的全要素生产率的样本均值为1.541,标准差为0.797。

率的系数由 0.1 减小到 0.087，单位价值与需求弹性和成本弹性的乘积项符号均为负，而生产率与需求弹性和成本弹性的乘积项符号均为正。与前文的估计结果保持一致，以往未考虑需求方面异质性的研究高估了低成本在企业出口中的作用，需求弹性和成本弹性越小，通过提高产品质量等增加产品吸引力的途径越有利于扩大出口。

四、小结

这一节我们建立了一个理论框架，在这个框架中，企业以二维异质性(产品吸引力和生产率)为基础，在产品市场中进行竞争。本节的主要贡献是通过构建需求指数把产品吸引力这一需求方面的企业异质性引入拟线性效用函数，经过一系列分析验证得出，产品吸引力和生产率在解释企业出口市场份额中都发挥了重要作用，而产品吸引力和生产率在企业出口市场份额中的相对重要性又取决于需求的替代弹性和提高需求指数的边际成本。

理论部分的分析得出，需求指数越高或者生产率越高的企业越容易出口。在出口零利润的条件下，需求指数和生产率之间存在一定权衡。在一般情况下，需求指数和生产率在企业出口决策中的相对重要性依赖于市场的产品差别化程度和提高需求指数的边际成本。市场的产品差别化程度越高或者增加产品吸引力的边际成本越小，需求指数在出口决策中的作用越大。

在实证部分，我们选择了我国具有代表性的 12 个制造业行业，使用企业层面和产品层面的混合数据，估计得到企业的需求指数和全要素生产率，验证了企业的需求指数和生产率与企业在出口目的地的市场份额之间的关系。结果表明，需求指数和生产率在企业出口中都发挥了重要作用，如果忽略产品吸引力对企业出口的影响，就一定程度地高估了低成本在企业出口中的作用。通过进一步考察需求指数和生产率与替代弹性和成本弹性对出口的交互影响，我们得出与理论部分一致的结论：替代品越少或者提高需求指数的边际成本越小，通过提高需求指数来扩大出口的效果越明显。

本章小结

本章承接于第四章至第八章关于消费者异质性偏好特征的研究，同时基于当前我国经济存在重大结构性失衡的事实，主要研究了以下几个问题：

第一，企业的进入行为，即市场竞争程度对消费者福利有何影响。研究发现在不同的博弈模型和政府征税方式下，市场竞争程度对消费者福利具有异质性影响。比如政府征收单位税时，两种博弈模型中低效企业数量的增加均会损害消费者福利，且古诺寡头垄断模型中低效企业数量的增加对消费者福利的影响更加严重。而政府征收从价税时，斯塔克尔伯格寡头垄断模型中高效企业与低效企业的生产效率差较大时，高效企业数量的增加可能也会损害消费者福利，并且比古诺寡头垄断模型下消费者福利的受损程度更加严重。

第二，在不完全竞争市场中，为使社会福利或企业利润最大化，企业会如何进行内生水平产品差异化投资。我们发现只要产品差异化方面的投资足够有效，产品差异化就会出现。在古诺竞争下，最大化社会福利的公有企业始终具有更大的产品差异化动机，并且混合双头垄断模型下的产品差异化程度比私人双头垄断模型下的产品差异化程度更大；而在伯川德竞争下，只要差异化投资足够有效，公有企业就会对产品进行差异化，并且混合双头垄断模型下的产品更具差异性。

第三，面对国内外愈发激烈的竞争环境中，企业应如何预测潜在需求，加强库存优化和产能优化从而控制成本，从而有效规避供需失衡风险以改善供需匹配，提高供给质量进而更好地提升竞争力和满足市场需求。主要研究结论为零售商实施预售并不总是最优的。边际成本存在一个阈值，超过该阈值，零售商将不接受预售。零售商如果实施预售，则可以从预购中学习，但学习是有限的。数值实验表明，模型的一些重要参数对零售商的预售决策有一定的影响。

第四，分析了产品吸引力和生产率两个维度的企业异质性对企业出口市场份额的影响和相对重要性。经过一系列分析验证得出，产品吸引力和生产率在解释企业出口市场份额中都发挥了重要作用，而产品吸引力和生产率在企业出口市场份额中的相对重要性又取决于需求的替代弹性和提高需求指数的边际成本。

第十章　异质性消费结构升级导向下的
产业结构优化研究

本章试图从需求侧角度出发，探究异质性家庭导向下的供给侧产业结构升级对消费结构升级可能产生的影响及对策。在国际经济形势日渐严峻的大背景下，通过持续性的产业结构升级来推动居民消费结构升级，对我国实现经济长期稳定和高质量发展具有重大意义。本章中我们利用中国家庭收入调查(CHIP)数据和117个城市数据，定量分析了产业结构升级对家庭消费结构升级的作用。

第一节　产业结构升级对消费结构升级的理论分析

一、产业结构升级对消费结构升级的作用机制

产业结构升级可以通过两条路径影响消费结构升级。一方面，产业结构升级为消费结构升级提供了消费对象。伴随着产业结构升级，产品和服务的供给结构也会发生改变，各种新型服务业等第三产业在国内生产总值中所占比例逐渐增加，而现代服务业的发展也将同步带动当地文娱教育、医疗卫生、交通通信等其他产业的发展，从而为居民提供更加丰富的产品和服务，助推人民群众消费愿望和消费层次不断提升。另一方面，产业结构优化升级为消费结构升级提供了收入基础。产业结构升级可以矫正要素配置扭曲，使生产率高的产业拥有相对更多的生产要素，实现要素最优配置，提高资源配置效率，从而促进经济增长和人民生活水平提高。根据马斯洛需求层次理论，在满足了基本的生活和安全需求后，生活水平越高，人们对科学文化知识和美好精神境界等自我实现的需求越强，家庭享受型消费支出占比就会越高。

二、模型设定

为了考察产业结构升级对消费结构升级的净效应，我们构建如下模型：

$$ecc_{i,j,t} = \beta_0 + \beta_1 ais_{j,t} + \gamma\sum cv1_{i,j,t} + \mu\sum cv2_{i,j,t} + \eta_t + \varepsilon_{i,j,t} \tag{10-1}$$

式（10–1）中，下标 i、j 和 t 分别表示家庭、地区（地级市行政单位）和年份；$ecc_{i,j,t}$ 表示家庭消费结构；$ais_{j,t}$ 为产业结构水平；$\sum cv1_{i,j,t}$ 为家庭特征变量集合，包括家庭人均净收入、总人口、家庭成员健康状况、非农劳动力人数、户主年龄、婚姻、受教育程度和是否有养老保险；$\sum cv2_{i,j,t}$ 为城市特征变量集合，包括经济发展程度、固定资产投资增长率、对外开放度、互联网发展程度、政府教育资助强度以及文娱基础设施条件；β_1 为核心估计参数，表示城市产业结构升级对消费结构升级的净效应；η_t 为时间固定效应；$\varepsilon_{i,j,t}$ 为随机误差项。

三、数据和变量选取

研究中使用的变量和计量方法如表 10–1 所示。

表 10–1 变量说明

变量类型	变量符号	变量名称	处理方法
被解释变量	ecc	家庭消费结构	（家庭文娱教育支出+医疗保健支出+交通通信支出）/家庭消费总支出
解释变量	ais	产业结构	三大产业劳动生产率与各产业增加值占 GDP 比重的乘积之和
家庭控制变量	income	家庭净收入	家庭年可支配收入
	pop	家庭规模	家庭总人口
	health	家庭成员健康状况	全部家庭成员健康状况均为"好"为 1，否则为 0
	nonf	非农劳动力人数	从事非农业生产劳动的人数
	age	年龄	调查年份户主的实际年龄（岁）
	mar	婚姻状态	户主已婚为 1，否则为 0
	edu	受教育程度	户主受教育年限（年）
	ins	养老保险	户主有任一种类型的养老保险为 1，否则为 0
宏观控制变量	pergdp	经济发展程度	地区 GDP/地区年末总人口
	invest	固定资产投资增长率（%）	[（地区当年固定资产投资额/上年固定资产投资额）−1]×100

续表

变量类型	变量符号	变量名称	处理方法
宏观控制变量	*open*	对外开放度(%)	(地区实际利用外商直接投资/地区 GDP)×100
	internet	互联网发展程度	主成分分析法
	govern	政府教育资助强度(%)	(地方财政教育事业费支出/财政预算内支出)×100
	infrastr	文娱基础设施条件	地区剧场、歌剧院个数

（一）家庭消费结构。本章采用家庭文娱教育支出、医疗保健支出和交通通信支出三大享受型消费支出的加总值与家庭消费总支出的比值表示家庭消费结构水平。

（二）产业结构。本章用三大产业劳动生产率与各产业增加值占 GDP 比重的乘积之和代表产业结构水平，具体计算方式如下：

$$ais_{i,t} = \sum_{m=1}^{3} y_{i,m,t} \times lp_{i,m,t}, \quad m=1,2,3 \tag{10-2}$$

式（10-2）中，m 表示第一、二、三产业，$y_{i,m,t}$ 表示 i 地区 m 产业第 t 年的增加值占 GDP 的比重，$lp_{i,m,t}$ 表示 i 地区 m 产业第 t 年的劳动生产率，计算方法为：

$$lp_{i,m,t} = Y_{i,m,t} / L_{i,m,t} \tag{10-3}$$

式（10-3）中，$Y_{i,m,t}$ 表示 i 地区 m 产业第 t 年的增加值，而 $L_{i,m,t}$ 表示 i 地区 m 产业第 t 年的从业人员数量。由于 $lp_{i,m,t}$ 具有量纲而 $y_{i,m,t}$ 没有量纲，故我们对 $lp_{i,m,t}$ 采用均值化方法进行了去量纲化处理。

（三）控制变量。为了控制其他因素对家庭消费结构升级的影响，本章从微观和宏观两个层面选择了一系列控制变量。在微观层面，本章控制了以家庭年可支配收入表示家庭净收入和以家庭总人口数表示的家庭规模。我们还用家庭成员健康状况和非农劳动力人数控制了家庭医疗卫生负担和职业收入来源对消费结构升级的影响。此外，我们还控制了户主年龄、婚姻状况、受教育程度和是否有养老保险等特征变量。

在宏观层面，本章加入了一系列城市层面的控制变量。首先，固定资产投资和经济增长是消费结构升级的重要驱动力（唐红涛等，2017），因此我们加入了以当年固定资产投资额相对上年的增长率表示的固定资产投资增长率，以及用实际国内生产总值（以2007 年为基期进行了平减）与年末总人口之比表示的经济发展水平。其次，消费结构升级必然伴随着对外开放水平提高，因此我们控制了用地区实际利用外商直接投资与国内生产总值的比值表示的对外开放度，其中实际利用外商直接投资的原始数据以美元为单位，我们依据各年中间汇率进行了换算。另外，政府教育资助强度对居民文娱教育支出影响较大，因此我们将地方财政教育事业费支出占财政预算内支出的比重作为政府教育资助强度加入方程。由于消费结构升级可能受到互联网发展程度和文娱基础设施建设水平的影响，我们借鉴黄群慧等(2019)的计算方法，将互联网普及率、互联网相关从业人员、互联网相关产出和移动互联网用户数四个维度指标进行标准化处理，进而采用主成分分析方法综合成一个指标代理互联网综合发展指数，用来表示互联网发展程度，同时将地区剧场、歌剧院个数作为文娱基础设施条件一并纳入控制变量。

本章所用的家庭层面数据来源于2007年和2013年的中国家庭收入调查(Chinese Household Income Project, CHIP)数据。为保证计量结果的有效性和可信度，本章删除了存在缺失数据的样本，最终得到包括河北、山西、辽宁、江苏、浙江、安徽、山东、河南、湖北、湖南、广东、四川、云南、甘肃14个省份117个地级市的15234个住户样本。其余变量来自历年《中国城市统计年鉴》、各省统计年鉴、CEIC中国经济数据库和国泰安数据库(CSMAR)。为了减弱异方差及提升平稳性，我们对部分变量做了取对数处理。表10–2为各个变量描述性统计结果。

表 10–2　变量描述性统计

变量类型	变量	均值	标准差	最小值	最大值
被解释变量	ecc	0.2152	0.1205	0.0000	0.6680
解释变量	ais	1.0815	0.4314	0.3275	2.7661
家庭控制变量	income	10.4102	0.8523	5.7205	14.4879
	pop	3.5597	1.3746	1.0000	10.0000
	health	0.5656	0.4957	0.0000	1.0000
	nonf	0.9294	1.0649	0.0000	6.0000
	age	4.0610	0.2028	3.0910	4.6540
	mar	0.9267	0.2607	0.0000	1.0000
	edu	2.1149	0.4561	0.0000	3.0910
	ins	0.7221	0.4480	0.0000	1.0000
宏观控制变量	pergdp	10.4754	0.8222	8.4464	12.2015
	invest	0.2359	0.1198	−0.2638	0.6117
	open	0.0274	0.0229	0.0005	0.1261
	internet	0.8642	0.7164	0.1479	3.8283
	govern	0.1968	0.0417	0.0778	0.3555
	infrastr	2.5840	0.8010	0.6931	4.8040

第二节　产业结构升级对消费结构升级的实证分析

一、普通最小二乘法回归结果与分析

我们首先通过普通最小二乘法(OLS)对模型进行估计。由于所用混合截面数据易存在多重共线性和异方差问题，我们在估计模型前首先进行了 VIF 检验，得到的最大值为4.51，小于经验值 10，说明不存在多重共线性问题。然后我们进行了 White 检验，结果表明存在异方差问题，故通过添加稳健标准差的方式消除异方差的影响，回归结果如表10-3 所示。在控制了家庭特征变量和地区特征变量之后，产业结构升级对家庭消费结构的影响系数在 0.007 和 0.016 之间且均显著，说明产业结构升级对家庭消费结构升级具有显著的正向影响。在微观层面，家庭净收入、家庭规模、户主婚姻状态和受教育年限对家庭消费结构升级均产生显著正向影响，而家庭成员健康程度、非农劳动力人数和户主年龄对家庭消费结构升级的影响显著为负，户主是否有养老保险对家庭消费结构升级的影响不显著。在宏观层面，经济发展程度和政府教育资助强度对家庭消费结构升级的影响系数显著为正。

表 10-3　OLS 回归结果

	(1)	(2)	(3)	(4)	(5)
ais	0.016***	0.007***	0.010***	0.012***	0.014***
	(6.72)	(2.79)	(4.10)	(5.31)	(4.89)
income		0.027***	0.028***	0.025***	0.022***
		(21.62)	(20.17)	(16.99)	(14.69)
pop			0.007***	0.006***	0.006***
			(9.44)	(8.23)	(8.48)
health			−0.003	−0.011***	−0.010***
			(−1.37)	(−5.38)	(−5.16)
nonf			−0.005***	−0.008***	−0.006***
			(−5.46)	(−7.79)	(−5.98)
age				−0.069***	−0.066***
				(−13.09)	(−12.54)

续表

	(1)	(2)	(3)	(4)	(5)
mar				0.022***	0.025***
				(5.56)	(6.36)
edu				0.009***	0.008***
				(3.58)	(3.23)
ins				−0.002	−0.007***
				(−0.74)	(−3.07)
pergdp					0.007***
					(2.95)
invest					−0.005
					(−0.53)
open					0.024
					(0.49)
internet					−0.013***
					(−6.58)
govern					0.065**
					(2.23)
infrastr					0.002
					(1.51)
时间效应	是	是	是	是	是
Constant	0.190***	−0.065***	−0.099***	0.187***	0.107***
	(16.50)	(−5.33)	(−7.65)	(7.02)	(3.05)
样本量	15234	15234	15234	15234	15234
R^2	0.004	0.033	0.039	0.057	0.059

注:回归使用了家庭层面聚类标准差,各变量括号上方数值表示其估计系数,括号内数值为 t 统计量;*、**和***分别表示在 10%、5%和 1%的水平下显著。下表同。

二、分位数回归结果与分析

考虑到现阶段家庭消费结构的非均衡性,使用平均效应的普通最小二乘估计可能会产生偏差,故我们进一步采用分位数回归方法研究产业结构升级对不同分位数家庭消费结构的影响,结果见表 10-4。随着家庭消费结构升级,产业结构升级的估计系数呈现稳定增加的变动趋势。具体来看,在 0.10 分位点处,产业结构升级对家庭消费结构的影响系数较小且不显著，而在 0.25、0.50、0.75 和 0.90 分位点处，产业结构升级的系数估计值显著为正，且在 0.90 分位点处系数达到最大，说明产业结构升级在低层次消费结构上对消费结构升级没有显著作用，而在中高层次消费结构上则对消费结构升级具有显著促进作用。在 0.10 分位点上的家庭群组收入水平较低，仅能满足基本生活需要，消费集中在食物等必需品上，当产业结构提升时，由于收入的约束，该群组的消费还是局限于生活必需品，因此，产业结构升级对于该群组的消费结构没有显著影响。当家庭的消费结构跨过低水平线后，产业结构升级对拥有高层次消费结构家庭的影响更强。原因可能在于，高层次消费结构的家庭拥有前沿的消费理念，更加注重生活品质，对新产品有更强的消费意愿。随着产业结构升级，产品结构改变，新型服务业等第三产业不断发展，高层次消费结构的家庭更乐意接受在此过程中出现的新产品，提高自己的生活质量。

表 10–4　分位数回归结果

	Q0.10	Q0.25	Q0.50	Q0.75	Q0.90
ais	0.002	0.010***	0.015***	0.019***	0.027***
	(0.64)	(4.37)	(7.53)	(4.34)	(4.18)
income	0.013***	0.019***	0.025***	0.026***	0.030***
	(7.42)	(13.03)	(8.70)	(5.40)	(7.44)
pop	0.005***	0.008***	0.009***	0.008***	0.004***
	(8.29)	(12.80)	(8.99)	(21.57)	(2.84)
health	−0.002	−0.005	−0.008***	−0.013***	−0.021***
	(−0.98)	(−1.28)	(−2.65)	(−8.47)	(−4.80)
nonf	−0.002**	−0.002**	−0.006***	−0.010***	−0.014***
	(−2.18)	(−2.42)	(−2.87)	(−4.73)	(−20.62)
age	−0.058***	−0.073***	−0.083***	−0.072***	−0.052***
	(−14.80)	(−23.40)	(−15.13)	(−6.38)	(−3.29)
mar	0.015***	0.019***	0.034***	0.032***	0.030***
	(3.28)	(3.12)	(19.90)	(7.33)	(2.87)
edu	0.006	0.007***	0.009***	0.014***	0.006**
	(1.63)	(3.39)	(4.07)	(4.50)	(2.07)
ins	−0.004*	−0.008***	−0.005	−0.011***	−0.014***
	(−1.85)	(−6.03)	(−1.48)	(−2.97)	(−2.64)
pergdp	0.009***	0.003	0.008**	0.008	0.008
	(4.31)	(1.25)	(2.11)	(1.17)	(0.87)

续表

	Q0.10	Q0.25	Q0.50	Q0.75	Q0.90
invest	0.007	0.018***	0.002	−0.031*	−0.030
	(0.84)	(4.08)	(0.48)	(−1.95)	(−1.32)
open	−0.093***	−0.014	−0.002	0.035	0.055
	(−2.79)	(−0.27)	(−0.04)	(1.00)	(0.70)
internet	−0.007**	−0.005**	−0.012***	−0.017***	−0.026***
	(−2.45)	(−2.55)	(−4.74)	(−9.67)	(−3.25)
govern	0.037	0.025	0.093**	0.114**	0.151**
	(1.53)	(0.70)	(2.38)	(2.25)	(2.27)
infrastr	0.002	0.005***	0.004***	0.001	0.000
	(1.48)	(7.59)	(4.03)	(0.59)	(0.09)
时间效应	是	是	是	是	是
Constant	0.036**	0.110***	0.087**	0.135	0.148***
	(2.00)	(4.39)	(2.30)	(1.58)	(3.76)
样本量	15234	15234	15234	15234	15234
R^2	0.0790	0.0824	0.0841	0.0708	0.0685

图 10–1 显示了在家庭消费结构的各分位点上，产业结构系数估计值的变化情况。在图中可以看到，随分位点逐渐提高，产业结构升级对家庭消费结构的回归系数估计值表现出上升趋势。整体上，随着分位点的增大，产业结构升级对家庭消费结构升级的促进作用在逐渐增强。

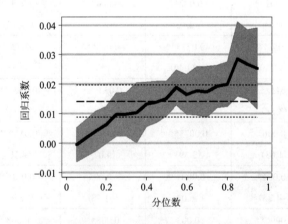

图 10–1　各分位点上产业结构系数估计值的变化

注：阴影部分为分位数回归估计值的置信区间，较粗的长虚线表示产业结构的 OLS 回归系数估计结果，较细的短虚线之间的区域表示各 OLS 回归估计值的置信区间。

第三节　稳健性检验

一、回归调整

根据表 10–2 所列示的各变量描述性统计结果，被解释变量可能存在部分极端值，为消除其对回归估计结果的影响，我们采用了被解释变量上下各 1% 的缩尾处理。处理之后，我们利用 OLS 方法对式（10–1）重新进行估计，结果表明产业结构升级对家庭消费结构升级的影响系数为 0.013，在 1% 的水平下显著。同时，我们还根据式（10–1）对 2007 和 2013 年的数据分别进行了估计，估计结果见表 10–5 的第（1）列和第（2）列。根据估计结果，在 2007 和 2013 年，产业结构升级的系数估计值为正，并且在统计上显著，说明产业结构升级促进了消费结构升级。

表 10–5　稳健性检验结果

	2007 年	2013 年	ecc				ecc2	
	(1)	(2)	(3)	(4)	(5)	(6)	(7)	(8)
ais	0.047***	0.006*					0.321***	0.016***
	(7.74)	(1.88)					(13.10)	(5.96)
TS			0.017***					
			(3.05)					
TL				-0.025***				
				(-4.62)				
ais2					0.036**	0.037***		
					(2.01)	(5.30)		
控制变量	是	是	是	是	否	是	否	是
时间效应	是	是	是	是	是	是	是	是
Constant	0.351***	0.409***	-0.067*	0.195***	0.109***	0.128***	7.409***	0.167***
	(5.16)	(14.14)	(-1.73)	(6.85)	(2.93)	(8.41)	(234.98)	(5.86)
样本量	4040	11194	15234	15234	15234	15234	15234	15234
R^2	0.045	0.047	0.063	0.058	0.058	0.003	0.107	0.059

二、变量替换

首先,我们借鉴干春晖等(2011)的测算过程,采用第三产业与第二产业增加值之比度量产业结构高级化水平(*TS*),利用产业结构泰尔指数(*TL*)度量产业结构合理化水平,这两个指标综合反映了产业结构优化升级的程度。产业结构泰尔指数的测算方法为:

$$TL_{i,t} = \sum_{m=1}^{3} y_{i,m,t} \times \ln(y_{i,m,t} / l_{i,m,t}), \ m=1,2,3 \tag{10-4}$$

式(10-4)中,$y_{i,m,t}$同式(10-2),$l_{i,m,t}$表示i地区m产业第t年的从业人员占从业人员总量的比重。该指数将不同产业增加值和从业人员综合考虑在内,且兼顾了对各产业的重视程度。若该值为0,则表明产业结构处于均衡水平,数值越大则产业结构越不合理。

其次,用产业结构层次系数(*ais2*)作为衡量产业结构的代理变量,核算方法如下:

$$ais2_{i,t} = \sum_{m=1}^{3} y_{i,m,t} \times m, \ m=1,2,3 \tag{10-5}$$

该指标介于1和3之间,数值越大则表示产业结构水平越高。

最后,将家庭消费结构指标用家庭文娱教育支出、医疗保健支出和交通通信支出的总和(*ecc2*)加以替代,对模型进行重新估计。

所用数据均来源于CHIP数据库和国泰安数据库(CSMAR),回归估计结果如表10-5第(3)列至第(8)列所示。在表10-5中,产业结构高级化与产业结构合理化的估计系数分别为正和负,且均在1%的水平下显著;而无论是否加入宏微观层面控制变量,产业结构层次系数的估计系数均显著为正,说明产业结构升级有助于家庭消费结构的改善。另外,产业结构升级对家庭享受型消费支出的估计系数均为正,估计结果均在1%的水平下显著,说明产业结构升级确实促进了家庭享受型消费水平提高,有利于消费结构升级。

三、内生性分析

尽管在估计模型时我们已经控制了影响消费结构升级的一系列特征变量,但仍可能存在由于遗漏变量而导致的内生性问题。为克服内生性造成的估计偏误,我们进一步采用工具变量法进行处理。此处我们借鉴了纳恩和钱(2014)的方法,构造了城市坡度(与个体变化有关)和上一年全国第三产业增加值占GDP的比重(与时间有关)的交互项,作为产业结构升级的工具变量,对式(1)利用工具变量法(IV)进行估计,估计结果如表10-6

所示。其中，各城市辖区内地面平均坡度数据采用 Arcgis9.2 软件对 SRTM90m 分辨率的数字高程模型(DEM)数据提取而得。首先，城市坡度大小会对经济生产活动产生影响：坡度越陡峭，建设工厂的难度越大，发展工业的成本越高，而乡村旅游业、文化服务业等产业可能更具有优势，从而地面坡度会直接影响三大产业布局和结构，因此，该工具变量满足相关性条件。另外，没有证据表明坡度大小直接决定家庭消费结构，该工具变量满足外生性条件。

表 10–6　IV 估计结果

	2007 年+2013 年		2007 年		2013 年	
	(1)	(2)	(3)	(4)	(5)	(6)
ais	0.029***	0.041***	0.047***	0.113***	0.014*	0.017**
	(5.83)	(5.04)	(7.55)	(8.28)	(1.86)	(2.04)
控制变量	否	是	否	是	否	是
时间效应	是	是	否	否	否	否
Constant	0.175***	0.351***	0.154***	0.170**	0.203***	0.404***
	(9.14)	(12.19)	(11.05)	(2.31)	(6.01)	(3.16)
样本量	15136	15136	4040	4040	11096	11096
R^2	0.002	0.034	0.006	0.016	0.010	0.047

根据表 10–6，针对全样本时，产业结构的系数估计值在没有加入控制变量的情况下为 0.029，在加入控制变量时则为 0.041，二者均在 1%的水平下显著；仅针对 2007 年时，无论是否加入控制变量，产业结构的系数估计值均为正数，并且在 1%的水平下显著；而仅针对 2013 年时，产业结构的系数估计值在加入控制变量时为 0.017，在没有控制变量时则为 0.014，在统计上都是显著的。回归结果表明，产业结构升级有助于消费结构升级。

本章小结

本章利用 2007 年和 2013 年 CHIP 数据和 117 个地级市数据，通过 OLS 回归和分位数回归方法分析了产业结构升级对家庭消费结构升级的影响。研究发现：(1)产业结构优化升级能显著促进家庭消费结构升级。(2)分位数回归估计结果表明，产业结构升级在低层次消费结构上对消费结构升级没有显著作用，而在中高层次消费结构上对消费结构升级具有显著促进作用。随着分位数水平提高,产业结构升级对家庭消费结构升级的影响逐渐增强,即与低层次消费结构的家庭相比,产业结构升级对拥有高层次消费结构家庭的影响更强。

据此我们提出相应的对策建议:首先,积极推进供给侧结构性改革,加大产业结构升级力度,积极发展第三产业,促进信息服务业、现代金融业等新兴产业和中高端产业发展,完善产业结构升级路径,同时注重相关产业之间的协同配合,加强企业之间要素流动和信息交流,提高资源配置效率。其次,我国居民的消费结构存在显著差异,政府应制定相关消费政策,兼顾各层次和各消费水平群体的消费需求,积极扩大就业,建立促进居民收入增加的长效机制,促进消费结构升级。

第三篇　供给侧结构性改革与异质性消费者行为：公共制度供给优化研究

本篇主要从财政政策、货币政策、社保政策及政策不确定性等四个角度研究供给侧结构性改革与异质性消费者行为之间的关系，并对公共制度供给优化提出了相应政策建议。在财政政策方面，本篇研究了财税变动对异质性消费的影响，对应本篇第十一章；在货币政策方面，本篇研究了 LPR 改革对居民异质性消费信贷的影响，对应本篇第十二章；在社保政策方面，本章研究了医疗保险和养老保险对异质性消费者的影响，对应本篇第十三章和第十四章；在政策不确定性方面，本篇研究了经济政策不确定性和消费者信心对异质性消费的影响，对应本篇第十五章。通过对以上问题的研究，本篇为优化公共制度供给提出了相应政策建议。

第十一章　财政政策、税率变动与异质性消费者行为

税收及税制结构在扩大内需、提高居民消费需求等方面具有非常重要的作用。在税收总量保持不变的情况下，政府也可以通过调节税制结构来进一步刺激居民消费。从异质性消费者的角度来看，由于异质性消费者无法实现跨期最优，其效用函数不同，同样一单位减税会造成不同消费者最优消费水平的不同变动。本章以2011年个人所得税改革作为政策节点，利用北京大学中国家庭追踪调查(CFPS)2010年和2012年的居民收入和消费数据计算居民相应承担的直接税和间接税数值，并以个人所得税改革对税制结构的调整为切入点，研究政策实施前后税制结构变动所带来的异质性居民者消费水平的变化。

第一节　税率变动与税制结构

在传统的财政政策体系中，税收以及税制结构作为非常重要的一个组成部分，在扩大内需特别是提高居民消费需求方面有着非常重要的作用。传统凯恩斯主义认为，政府征收直接税和间接税会造成居民的可支配收入减少，进而导致居民消费水平的下降，所以整体来看税收水平和居民消费水平应该呈负相关关系。而税收作为政府公共财政最主要的收入形式和来源是必不可少的，所以如何在保证宏观政府税收水平维持不变的前提下，通过税制结构的调整来刺激居民消费并最终实现居民消费水平的提高就成为一个非常重要的研究方向。

2018年9月6日国务院总理李克强主持召开了国务院常务会议，确定落实新修订的个人所得税法的配套措施，切实为广大群众减负。会议决定，要在确保2018年10月1日起个人所得税基本减除费用标准由3500元提高到5000元并适用新的税率表的同时，明确子女教育、继续教育、大病医疗、普通住房贷款利息、住房租金、赡养老人支出这

6 项专项附加扣除的具体范围和扣除标准,使广大群众应纳税收入在减除基本费用标准的基础上,再享有教育、医疗、住房、养老等多方面附加扣除,确保扣除后的应纳税收入的起征点明显高于 5000 元,从而进一步减轻居民税收负担,增加居民实际可支配收入,增强居民消费能力。2019 年 1 月 1 日,在经历了公开征询意见后,6 项专项附加扣除政策正式开始实施。

在我国复税制体系中,按税收负担能否转嫁,可将税收划分为直接税与间接税两大部分,其中直接税最主要的构成部分是所得税,而间接税最主要的构成部分是消费税和增值税。鉴于数据的可得性以及更新速度,本章将以 2011 年个人所得税改革作为政策节点,运用 CFPS 数据库中 2010 年和 2012 年的居民收入和消费数据计算居民相应承担的直接税和间接税数值,并以个人所得税改革对税制结构的调整为切入点,进而研究政策实施前后税制结构变动所带来的异质性消费者消费水平的变化。

本节在前人研究的基础上,贡献了以下两点边际创新:第一,不再单纯研究个人所得税变动对居民消费水平的影响,而是运用居民消费数据测算出居民实际承担的间接税,再加入个人所得税构建出一个税制结构比例,从而进一步研究了税制结构变动对居民消费水平的影响;第二,加入了异质性消费者因素,识别区分了异质性消费者,并研究了同样的税制结构变化对不同消费者的异质性影响。

第二节　间接税测算

在测算间接税转嫁的最终归宿方面,以往的文献采用的方法主要有两类,即一般均衡方法和微观模拟方法。一般均衡方法通过研究供需关系,在一般均衡理论的基础上,建立起包含营业税、增值税、消费税等重要间接税的间接税归宿一般均衡模型,如汪昊、娄峰(2017)等。微观模拟方法是在设定税收转嫁假设的基础上,以微观行业税收数据结合家庭支出数进行分析,从而模拟测算间接税归宿情况,如张楠等(2019)。

在税负转嫁假设上,本章采用间接税前转假设,即消费者(而非要素所有者)承担所有购买的商品和服务中所包含的间接税。贝斯利和罗森(Besley & Rosen, 1998)通过研究美国销售税的归宿,发现消费者承担了大多数商品的全部税负,有些商品甚至将税负超额转嫁给消费者;而在测算中国间接税归宿研究中,由于税收转嫁的方向依赖于供给盒需求的弹性,而制造业产品的供给弹性在长期内可近似视为无穷,即税负最终会全部转嫁给消费者,因此前转假设也为大多数学者采用,如聂海峰、刘怡(2010),聂海峰、岳希明(2013)等学者均采用了税负完全向前转嫁假设进行研究并得出了符合现实的结论,这也为本节采用的间接税税负全部前转假设提供了实证支持。

本节采用间接税前转假设，即政府征收的间接税最终全部转嫁给了消费者，因而可以通过家庭层面的微观数据对其进行测算。想要通过家庭支出测算居民承担的间接税税负，首先需要测算家庭各项消费支出所承担的实际间接税税率。本章采用营业税、增值税、消费税、城建税和教育费附加这些间接税主要构成部分进行测算分析(中国于 2016 年 5 月全面开放营改增试点，从此营业税退出历史舞台。但因为本节采用 2010 年和 2012 年数据进行分析，在研究时间段内营业税仍存在，故而需要计算行业营业税税负)，考虑到税务机关征收能力和税收优惠政策的影响，此处在计算时采用各项间接税的实际征收税率而非法定税率。

在计算间接税实际征收税率时，本节利用投入产出模型估计间接税归宿即增值税对产品增加值征收，消费税、营业税、城建税和教育费附加等其他间接税对总产出征收，部门总产出等于所有投入价值加上承担的全部间接税。由于我们假设间接税前转，因此将《中国税务年鉴 2013》中各行业实际宏观税收数据对应到《中国投入产出表 2012》的42 个部门，将城建税和教育费附加按照其税基比例分摊到增值税、消费税和营业税中，最终得到的各部门实际增值税税率、消费税税率和营业税税率如表 11–1。

表 11–1　各部门实际间接税税率

行业	增值税%	消费税%	营业税%	行业	增值税%	消费税%	营业税%
农林牧渔业	0.021	0.000	0.010	电气、机械及器材制造业	11.461	0.000	0.024
煤炭开采和洗选业	18.250	0.000	0.116	公共管理和社会组织	0.116	0.000	0.369
石油和天然气开采业	15.856	0.109	0.123	电力、热力的生产和供应业	16.668	0.000	0.060
金属矿采选业	9.374	0.000	0.054	燃气生产和供应业	11.218	0.000	0.248
非金属矿及其他矿采选业	5.275	0.000	0.098	水的生产和供应业	9.100	0.000	0.417
食品制造及烟草加工业	9.868	4.720	0.011	建筑业	0.105	0.000	2.909
纺织业	7.798	0.000	0.019	交通运输、仓储和邮政业	0.483	0.000	1.803
纺织服装鞋帽皮革羽绒及其制品业	12.321	0.000	0.025	信息传输、计算机服务和软件业	1.337	0.000	2.090
木材加工及家具制造业	5.287	0.009	0.016	批发和零售贸易业	12.339	0.818	0.317
造纸印刷及文教体育用品制造业	7.757	0.002	0.025	住宿和餐饮业	0.036	0.000	2.643
石油加工、炼焦及核燃料加工业	13.834	7.672	0.013	卫生、社会保障和社会福利业	0.012	0.000	0.044
化学工业	9.386	0.015	0.020	房地产业	0.013	0.000	10.222
非金属矿物制品业	7.429	0.000	0.017	租赁和商务服务业	1.705	0.000	3.349
金属冶炼及压延加工业	5.825	0.000	0.011	居民服务和其他服务业	1.133	0.000	6.054
金属制品业	10.095	0.000	0.035	教育	0.007	0.000	0.194

续表

行业	增值税%	消费税%	营业税%	行业	增值税%	消费税%	营业税%
通用、专用设备制造业	10.833	0.000	0.027	金融业	0.038	0.000	5.351
交通运输设备制造业	12.996	1.288	0.022	文化、体育和娱乐业	1.178	0.000	2.355
通信设备、计算机及其他电子设备制造业	9.110	0.000	0.050	科学研究和技术服务	1.230	0.000	1.450
仪器仪表及文化办公用机械制造业	10.775	0.001	0.037				

得到各部门实际间接税税率后，我们将 CFPS2010 和 CFPS2012 中的居民支出项与《投入产出表》的 42 个部门进行匹配，若一项居民支出对应多个部门，则通过《中国投入产出表编制方法》中对居民支出的说明进行识别与匹配，并根据对应部门的税基比例来确定所占权重。对于 CFPS 中的周度数据和月度数据，我们分别乘以 52 和 12，换算为年度数据。经过测算可得表 11–2。

表 11–2 家庭消费项目及其对应投入产出部门比例

家庭消费项目	投入产出部门	比例	家庭消费项目	投入产出部门	比例
1.农林生产投入	农林牧渔业	1.0000	15.日用品	纺织业	0.0486
2.外出就餐费	住宿和餐饮业	1.0000		化学工业	0.1970
3.香烟酒水费	食品制造及烟草加工业	0.4710		非金属矿物制品业	0.0783
	批发及零售贸易业	0.5290		金属制品业	0.0582
4.食品费	食品制造及烟草加工业	0.4710		批发和零售贸易业	0.6180
	批发及零售贸易业	0.5290	16.商业医保支出	金融业	1.0000
5.邮电通信费	交通运输、仓储及邮政业	0.6430	17.商业财保支出	金融业	1.0000
	信息传输、计算机服务和软件业	0.3570	18.教育培训费	教育	1.0000
6.本地交通费	交通运输、仓储及邮政业	1.0000	19.家电购置费	电气机械及器材制造业	0.1218
7.水电费	煤炭开采和洗选业	0.3751		批发和零售贸易业	0.8782
	石油和天然气开采业	0.2225	20.文化娱乐支出	文化、体育和娱乐业	1.0000
	电力、热力的生产和供应业	0.3881	21.彩票支出	文化、体育和娱乐业	1.0000
	水的生产和供应业	0.0143	22.旅游支出	文化、体育和娱乐业	1.0000
8.燃料费	煤炭开采和洗选业	0.3287	23.汽车购置费	交通运输设备制造业	1.0000
	石油加工、炼焦及核燃料加工业	0.6579	24.其他交通工具和通信工具购置费	交通运输设备制造业	0.7082
	燃气生产和供应业	0.0134		通信设备、计算机及其他电子设备制造业	0.2918

表 11-2 家庭消费项目及其对应投入产出部门比例（续表）

9.家具及其他耐用品消费支出	木材加工及家具制造业	0.0281	25.衣着消费	纺织服装鞋帽皮革羽绒及其制品业	0.0951
	电气机械及器材制造业	0.1183		纺织业	0.0659
	批发和零售贸易业	0.8535		批发和零售贸易业	0.8390
10.家庭雇工费	居民服务和其他服务业	1.0000	26.取暖费	煤炭开采和洗选业	0.3748
11.保健支出	造纸印刷及文教体育用品制造业	0.2215		石油和天然气开采业	0.2223
	通用、专用设备制造业	0.6911		电力、热力的生产和供应业	0.3877
	卫生、社会保障和社会福利业	0.0041		燃气生产和供应业	0.0153
	文化、体育和娱乐业	0.0832	27.居住支出	煤炭开采和洗选业	0.3695
12.美容支出	化学工业	0.2170		石油和天然气开采业	0.2191
	批发和零售贸易业	0.6809		电力、热力的生产和供应业	0.3822
	居民服务和其他服务业	0.1020		燃气生产和供应业	0.0151
13.物业费	房地产业	1.0000		水的生产和供应业	0.0141
14.医疗支出	卫生、社会保障和社会福利业	1.0000			

　　测算出以上两个表格后，居民所承担的具体间接税税负就可测算出来，具体计算方法为用居民各项消费具体数据分别乘上对应的各投入产出部门比例，再乘上每个投入产出部门的各项间接税实际税率，最后把所有的消费项目的具体间接税数额进行加总，就能得到每户居民最终所承担的间接税具体数额。

第三节 税制改革影响异质性消费者行为的实证分析

一、计量模型

$$C_{it} = \alpha_0 + \alpha_1 time_{it} + \alpha_2 treated_{it} + \alpha_3 (time * treated)_{it} + \sum_{k=7}^{n} \alpha_k X_{k,it} + \mu_i + \mu_t + \varepsilon_{it} \quad (11-1)$$

　　为分析和检验税制结构改革对居民消费的影响，我们设定如下计量模型：其中，被解释变量为家庭年消费支出 C_{it}；$time_{it}$ 为改革时间虚拟变量，如果年份为 2012 年，则 $time$ 记为 1，如果年份为 2010 年，则 $time$ 记为 0，其系数代表了改革实施前后被解释变量的差异；$treated_{it}$ 为个税改革冲击的虚拟变量，如果家庭受到个税改革冲击，则为实验组家庭样本，$treated$ 记为 1，如果家庭未受到改革冲击，则为控制组家庭样本，$treated$ 记为 0，其系数代表了受个税改革冲击家庭与未受个税改革冲击家庭间被解释变量的差异；

time*treated 为时间和个税改革冲击的交叉项，其系数代表了此次个税改革对居民消费的净影响；$X_{k,it}$ 表示影响居民消费的一系列控制变量，包括户主特征变量、家庭特征变量；μ_i 为不随时间变化的个体效应；μ_t 为不随个体变化的时间效应；ε_{it} 为随机误差项。

本节从户主个人特征和家庭特征两个方面控制了影响家庭消费的变量。户主个人特征主要包括户主年龄、性别(女性=1，男性=0)、健康程度(由低至高分别赋值1—7)、婚姻状况(已婚=1，未婚=0)等 4 个控制变量；家庭特征主要包括家庭规模(由家庭人口数计量)、是否为城镇家庭(是=1，否=0)、家庭年收入、工资性收入、金融资产、家庭负债、家庭平均教育年限等 7 个控制变量。也就是说，本节一共设定了 11 个控制变量。

二、数据来源与描述性统计

本节运用北京大学中国家庭追踪调查(CFPS)微观面板数据中2010年和2012年的数据作为实证研究的数据集。

在区分控制组和实验组方面，对于在个税改革前收入未达到个税起征标准的家庭，若个税改革后收入仍未达到个税起征标准，则视为个税改革对其无明显影响，其直接税占比为 0，并且两期保持不变，我们设置其为控制组家庭样本；对于在个税改革后表现出减税效应的家庭，即直接税占比下降的家庭，我们设置其为实验组家庭样本。

考虑到数据的完整性，本章剔除了存在缺失值的样本；同时，为避免异常值的影响，本节还剔除了家庭年消费支出、家庭年收入最高和最低 1% 的样本。以 2010 年为基准，取两期平衡面板得到 3080 户家庭，共 6160 个样本。变量描述性统计结果见表 11-3。

表 11-3　描述性统计

变量	变量含义	平均值	标准差	最小值	最大值	样本量
consumption	家庭年消费(元)	39860.69	40776.32	0	620000	6160
income	家庭年收入(元)	52329.84	59044.29	42	1548300	6160
taxratio	家庭直接税占比	0.056	0.14	0	0.9761426	6160
treated	税收冲击	0.43	0.49	0	1	6160
fsalary	工资性收入(万元)	4.16	13.23	0	1000	6160
finassets	金融资产(万元)	3.58	11.38	0	440	6160
debt	家庭负债(万元)	1.16	5.36	0	200	6160
familysize	家庭规模	3.96	1.57	1	17	6160
urban	城乡	0.64	0.65	0	1	6160
eduyear	家庭人均教育年限(年)	8.41	3.15	0	18	6160

变量	变量含义	平均值	标准差	最小值	最大值	样本量
health	户主健康程度	5.56	1.03	1	7	6160
age	户主年龄	45.26	11.81	14	90	6160
gender	户主性别	0.56	0.49	0	1	6160
marriage	户主婚姻状况	0.90	0.29	0	1	6160

三、基准回归分析

对前文的计量模型进行双重差分回归(DID)后得到表 11–4。

表 11–4　DID 回归结果

变量	模型(1)	模型(2)
time*treated	7507.504***	7510.676***
	(2092.858)	(1932.051)
treated	15255.403***	4801.652***
	(995.784)	(1175.154)
time	15212.801***	9590.929***
	(1013.212)	(1108.546)
income		0.165***
		(0.034)
familysize		3226.090***
		(429.113)
urban		2090.472**
		(961.649)
fsalary		65.073*
		(36.091)
finassets		444.331***
		(166.197)
debt		995.604***
		(346.151)
eduyear		1372.878***
		(168.596)

续表

变量	模型(1)	模型(2)
age		−135.308***
		(51.495)
gender		−1912.298**
		(920.518)
marriage		2569.932*
		(1408.383)
health		1498.281***
		(437.757)
Constant		−9447.935**
		(3972.373)
年份固定效应	是	是
家户固定效应	是	是
样本量	6160	6160
R^2	0.107	0.255

注：***、**、*分别表示在 1%、5%、10% 显著性水平下显著。括号内报告的是标准差。

从回归结果中我们可以发现，201 年的个税改革所带来的税制结构的变动对居民年消费的影响显著为正。由交叉项 time*treated 的系数可知，2011 年个税改革使得家庭年消费平均提高了 7510.7 元。个税改革通过降低居民个人所得税的税负，降低了直接税在居民所承担的所有税负中的占比，增加了居民的可支配收入，进而促进了居民消费的增长。与此同时，我国的个税改革是一种持久性的财政政策，居民可以由此进一步预期到未来的可支配收入会持续增长，这种乐观预期会进一步促进居民消费潜力的释放。

四、异质性分析

(一)改革对家庭分项消费的影响

为进一步检验个税改革的影响是否会因消费种类的不同而有所差异，这里对八种分项消费进行分组回归，结果如表 11–5 所示。

由回归结果可知，个税改革对家庭的各类消费均有不同程度的促进作用。从具体消费类型来看，个税改革主要提升了家庭的食品及在外就餐、衣着以及生活用品及服务三类消费支出，对其他消费类型的促进作用较低或不显著。可能的原因是，当个税改革发生后，居民所承担的个税税负降低，可支配收入增加，对这些增加的可支配收入，居民更多倾向于将其投入到较为基础的食品、衣着以及生活用品消费方面。

表 11-5　个税改革对家庭分项消费的影响检验结果

	食品及 在外就餐	衣着	居住	生活用品 及服务	医疗保健	交通通信	教育文化娱乐	其他
DID	1864.457*** (640.8285)	278.883* (150.097)	220.0242 (274.9175)	4421.21*** (1132.755)	396.8951 (557.0116)	394.4222 (273.7857)	786.3477 (556.4658)	731.0717 (602.5815)
样本量	6160	6160	6160	6160	6160	6160	6160	6160

注：***、**、*分别表示在 1%、5% 、10% 显著性水平下显著。括号内报告的是标准差。

（二）异质性消费者行为分析

本节从四个角度对异质性消费者进行了区分，首先按照户主年龄是否大于 60 岁进行划分，户主年龄差异会从个人收入和个人消费习惯两个方面对居民消费产生异质性影响；其次按照户主身体健康程度进行划分，CFPS 问卷调查中有关于户主身体健康状况由不健康到健康依次打分为 1 到 7，本章选取评分大于等于 4 的居民作为身体状态健康居民，评分小于 4 的居民为身体状况非健康居民；其三按照家庭平均教育年限进行划分，即按照家庭是否平均接受 9 年义务教育进行区分；其四按照家庭城乡分布进行区分。分组进行回归的结果如下表 11-6。

表 11-6　异质性消费者行为分析

	年龄≥60	年龄＜60	身体状况 健康	身体状况 非健康	家庭平均 教育年限≥9	家庭平均 教育年限＜9	城市	农村
DID	3182.406 (4655.259)	7845.475*** (2083.777)	11148.95*** (4205.45)	7203.558*** (2123.773)	8798.488*** (2795.962)	4296.927* (2576.722)	8682.277*** (2449.098)	4097.615 (2919.644)
样本量	726	5434	3820	2340	3258	2902	4126	2034

注：***、**、*分别表示在 1%、5%、10% 显著性水平下显著。括号内报告的是标准差。

从户主年龄看，个税改革对户主年龄小于 60 岁的家庭消费的提高作用更明显。我们认为这一效应是因为户主年龄小于 60 岁的家庭工资性收入较高，居民会进一步预期其未来的可支配收入持续增长，进而更大幅度地增加其家庭消费，并且因为较年轻的居民消费习惯也比较超前，消费敏感性更强，故而当个税改革使得其可支配收入上升时，他们会选择将可支配收入更多地投入到家庭消费中；而户主年龄大于 60 岁的家庭，其收入大多源于养老金,当个税改革发生后,其个税税负变动不明显,因而消费的变动也不明显,并且由于其年龄较大,未来不确定性支出较多,需要进行预防性储蓄,所以即使个税改革使其可支配收入上升,老年人也不会把增加的可支配收入部分大量用于消费。

从户主身体健康情况看,个税改革对户主健康状况良好的家庭消费的提高作用更明显。这或许是因为身体状况不健康的居民会预期到自己未来将会有大额的医疗保健支出,所以需要进行预防性储蓄,进而对个税改革带来的消费增长形成挤出效应。

从家庭平均受教育程度看,个税改革对成员平均受教育年限大于等于 9 年的家庭消费的提高作用更明显。因为成员平均教育年限较高的家庭,其个体所能获得的工作机会更好,工资性收入更多,因此个税改革作为一个信号,会使他们预期到自身的未来收入会增加更多,进而会对其当期的家庭消费产生更明显的促进作用。

从家庭的城乡分类看,个税改革对城镇家庭消费的提高作用更明显。这或可归因于城乡居民间存在较明显的收入差距和消费差距,城镇居民平均收入较高,平均消费水平和消费意愿也较高,所以个税改革的效应更明显,即其可支配收入的增加幅度较大,相对应的居民消费增长幅度也较大。

本章小结

本章主要从财政政策这一角度,研究供给侧结构性改革与异质性消费者行为之间的关系,并提出相应的政策建议。

通过实证研究发现,2011 年的个人所得税改革确实会导致居民实际税收负担整体降低,税负结构发生变动,可支配收入增加,从而对家庭消费的提高产生显著的影响。以往的大量研究表明,以直接税为主体,即直接税占比较高的税制结构是比较良好的税制结构,因为直接税是通过工资性收入或者财产性收入直接向个人征收,在调节收入分配以及缩小收入差距等方面有着非常重要的作用。但是直接税作为居民比较容易直观感受到的税种,如果通过贸然提高个税税负来增加直接税占比,反而会对居民消费产生挤出效应。并且跟税制结构调整对消费带来的促进效应相比,居民整体税负增加而对消费产生的负向影响要更为显著。

从而,政府在调节税制结构的过程中,首先要保证居民整体税负水平保持稳定或者逐步下降,其次要充分发挥直接税的调节收入分配作用,通过改革使中低收入特别是低收入人群的直接税税负水平下降,这样既能调节我国的税制结构向更良性发展,也能同时兼顾居民消费的增长,达到居民消费潜力进一步释放的目的。

第十二章 货币政策、LPR改革与异质性消费者信贷

为了深化利率市场化改革，提高市场利率向实体经济传导效率，2019年8月17日，人民银行公告决定改革完善贷款市场报价利率(Loan Prime Rate，LPR)形成机制。在LPR形成机制明确后，人民银行还积极推动了LPR在实际贷款定价中的应用，按照"先增量后存量"的基本路径，分别于8月25日和12月28日公布了参考LPR的新增贷款定价基准原则和存量贷款定价基准转换原则，以提高市场利率向贷款利率传导效率，打破部分银行协同设定的贷款利率隐性下限，促进实体经济融资成本的降低。

LPR形成机制以及贷款利率定价基准的改革会显著影响居民住房贷款和消费贷款利率，进而影响其消费决策。特别是在居民杠杆率增长较快、流动性约束程度较高的背景下，疏通市场利率向实体经济的传导，引导实体经济融资成本的降低能够有效缓解居民偿债负担，提高居民可支配收入，促进其跨期消费决策的优化，从而释放消费需求潜力。有鉴于此，本章在梳理货币政策对居民部门的主要影响渠道的基础上，结合当前中国居民部门资产负债基本情况，分析货币政策对居民部门的实际作用以及LPR改革所引起的潜在影响。

第一节 货币政策对居民部门的影响渠道与实际效果

一、影响渠道

货币政策主要通过利率渠道和信贷渠道对居民部门产生影响(孙国峰、张砚春，2011)。利率渠道主要包括两个方面：一是利率的变动会直接影响异质性消费者跨期决策，使其通过借贷与储蓄来调整各期消费，即直接利率效应；二是从一般均衡角度看，利率

变化后企业会相应调整生产与投资行为，进而引起劳动力需求以及劳动者收入的变化，影响消费需求，即间接收入效应(卡普兰，2018)。信贷渠道则表现为货币政策会影响信贷可得性，进而影响消费需求。

二、实际效果

图 12-1 和表 12-1 分别展示了居民人均消费支出同比增速、可支配收入同比增速、中长期消费贷款同比增速、个人住房贷款加权平均利率、银行间市场存款类机构以利率债为质押的 7 天期回购利率(DR007)的变化趋势和相关系数。首先，作为货币市场基准性的利率中枢，DR007 是利率走廊调控机制中比较重要的短期利率，其与居民人均消费增速未呈现显著的负向关系，反映出短期利率的直接利率效应对消费的作用较弱。其次，DR007 与中长期利率(个人住房贷款加权平均利率)间、中长期利率与消费间的相关性相对较弱，显示出短期利率向实体经济传导的各阶段效率均较低，而且中长期利率的直接利率效应也相对较弱。再次，居民人均消费增速与可支配收入增速的相关性较强，且显著高于短期利率和中长期利率，不仅如此，收入增速与利率的相关系数较高。由此，利率渠道中间接收入效应的作用相对较强。

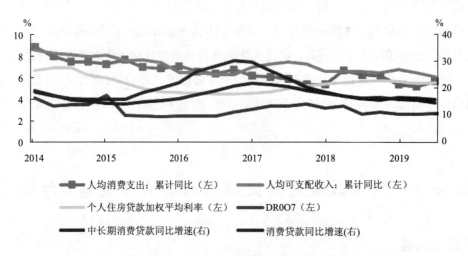

图 12-1　居民人均消费支出增速、可支配收入增速、消费贷款增速与利率

数据来源：国家统计局、中国人民银行、全国银行间同业拆借中心

表 12-1　居民人均消费支出、可支配收入、消费贷款与利率之间的相关关系

	消费支出增速	可支配收入增速	个人住房贷款加权平均利率	DR007	中长期消费贷款增速
消费支出增速	1				
可支配收入增速	0.693***	1			
个人住房贷款加权平均利率	0.466**	0.626***	1		
DR007	0.330	0.646***	0.572***	1	
中长期消费贷款增速	−0.133	−0.303	−0.740***	−0.194	1

注：样本期为 2014 年第一季度至 2019 年第三季度。表格括号内为标准差，上标*、**、***分别表示在 10%、5%和 1%水平下显著。

最后，2017 年后人民银行对住房贷款过度增长的调控力度加强，住户部门中长期消费贷款增速经历了先明显下降后平稳的过程，反映出信贷渠道的作用有所弱化，这在一定程度上也抑制了消费需求的扩张。

可以看出，不同货币政策对居民消费的影响渠道与实际效果有所不同。这一方面取决于货币政策调控方式及其实际传导效率，另一方面还受到居民部门实际需求与资产负债状况的影响。

第二节　当前居民部门资产负债基本情况

一、负债总体情况

（一）规模方面：居民部门负债规模增长较快，杠杆率不断攀升且增速较快

首先，从负债/GDP 指标图 12-2 看，2019 年第二季度，中国居民杠杆率为 54.6%。与美国、日本等国家相比，这一指标尽管数值较低，但是增速较快。其次，从存贷比情况图 12-3 看，自 2008 年以来，中国住户贷款规模不断增长，且增长率超过存款，存贷比上升趋势明显（由 2008 年 1 月的 28.7%增长至 2018 年 12 月的 67.8%）。值得注意的是，住户净存款规模出现了下降趋势，自 2017 年以来居民的"储蓄者"身份正在发生转变。最后，从负债/可支配收入指标看，《中国国家资产负债表（2018）》显示我国居民杠杆率为 85%；《中国金融稳定报告 2019》显示，2018 年个人住房贷款余额与住户部门的可支配收入之比为 47.4%，较上年上升 3.7 个百分点。

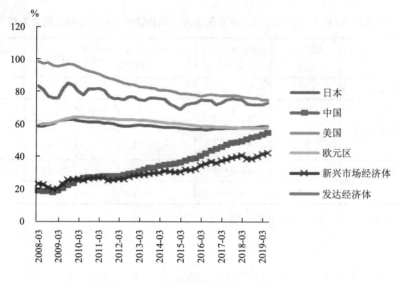

图 12–2　世界主要经济体居民杠杆率

数据来源：BIS

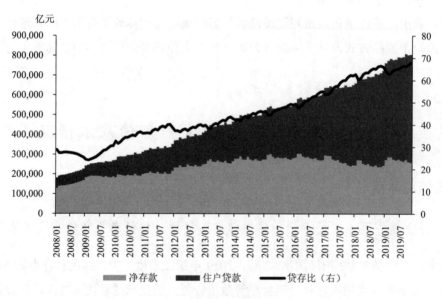

图 12–3　金融机构人民币信贷收支情况：住户部门

数据来源：中国人民银行，存贷比为贷款与存款的比值

（二）结构方面：消费贷款在贷款中的占比高、期限较长，且主要由住房贷款构成

首先，从贷款结构看，居民部门贷款主要由消费贷款和经营贷款组成，其中消费贷

款占比高且增长快，2019 年 11 月占比为 79.4%。其次，从贷款期限看，消费贷款主要由中长期贷款组成，但其增长却主要由短期贷款拉动(图 12-4)。最后，从消费贷款种类看，住房贷款为消费贷款的重要组成部分，2018 年末规模为 25.8 万亿元，高于信用卡和汽车贷款(图 12-5)。

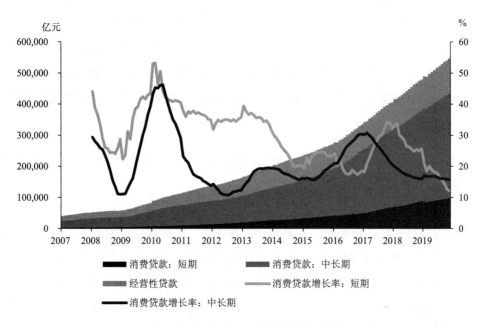

图 12-4　住户部门消费贷款规模与结构

数据来源：中国人民银行

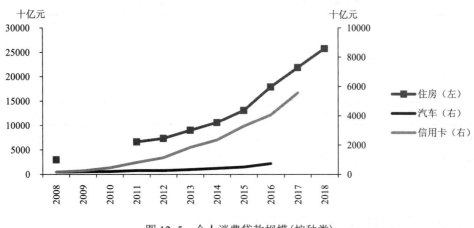

图 12-5　个人消费贷款规模(按种类)

数据来源：中国人民银行

二、资产及流动性状况

（一）规模与结构方面：居民部门资产规模增长迅速，且主要由住房资产构成

根据《中国家庭财富调查报告 2019》，2018 年中国居民家庭人均资产平均规模为 20.89 万元，较 2017 年的 19.43 万元增长 7.5%。从结构看，居民家庭资产主要由住房资产和金融资产组成，其中住房资产是居民家庭资产中最重要的组成部分，占比约 70%。不仅如此，住房资产价格上涨也是家庭财富增加的主要来源，2018 年住房资产净值增长额占家庭人均财富增长额的比例超过 90%，增速接近 10.3%，且高于人均家庭资产增速（7.5%）。

（二）流动性状况：居民部门资产流动性不足，这一现象在有房家庭中更为明显

与住房资产相比，金融资产具有变现成本较低、流动性较高的特点，但其在居民家庭资产中占比较低（不足 30%），这会使居民部门面临流动性不足的压力。中国家庭追踪调查（CFPS）数据显示，无论是总体样本还是有房家庭样本，从金融资产与收入间的比例关系看，均有超过 60% 的家庭因高流动性资产不足而受到了流动性约束，且 2014 年及 2016 年的数据显示，有房家庭样本中受到流动性约束的比例明显高于总体样本（表 12–2）。

表 12–2　居民家庭资产规模、结构与流动性状况

年份	总资产（万元）	住房资产（万元）	住房资产占比（%）	受到流动性约束的家庭占比（%）	
				总体样本	有房家庭样本
2016	52.2	45.7	74.3	62.8	72.6
2014	39.2	34.8	78.9	68.1	84.1
2012	30.2	26.6	78.0	66.3	66.1

数据来源：中国家庭追踪调查（CFPS），是否受到流动性约束的识别标准为家庭高流动性资产与收入之间的比例关系（Kaplan *et al.*，2014；贺洋、臧旭恒，2016；臧旭恒、张欣，2018）

三、居民部门杠杆率较高，流动性不足的原因分析

在我国，受文化等多方面因素的影响，住房资产通常被视为稳定与财富的象征，具

有较强的需求刚性。住房价格的上涨会从负债端和资产端提高居民家庭面临的流动性约束水平。一方面，房价上涨会刺激居民部门住房贷款的需求，导致住房贷款规模的快速增加及存贷比的持续上升(图 12–6)，并对短期贷款产生拉动作用，造成短期贷款增速的大幅提高(图 12–4)，进一步加大居民的还款压力及其面临的流动性约束；另一方面，住房资产对高流动性资产产生了挤出作用，降低了居民家庭资产的流动性水平，是有房家庭受流动性约束的比例高于总体样本平均水平(表 12–2)的重要原因。

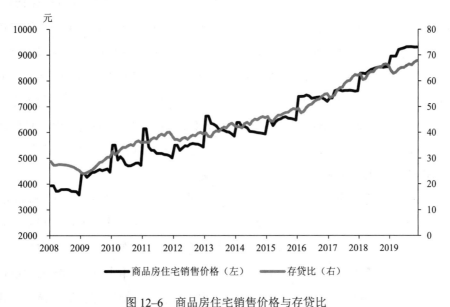

图 12–6　商品房住宅销售价格与存贷比

数据来源：中国人民银行、国家统计局，商品房住宅销售价格为商品房住宅销售额与销售面积之比

第三节　LPR 改革前货币政策传导效率不足的原因分析

一、在货币调控框架转型，金融稳定在货币政策目标中重要性提升的背景下，信贷渠道发挥的作用相对有限

为缓解货币政策偏紧时需求不足或偏松时需求过度的问题，中央银行会适时对商业银行的信贷投向及结构进行调控。因此，信贷渠道的影响主要是通过中央银行对商业银行信贷投放行为的调控，进而间接影响居民部门信贷的可得性来实现的。需要关注的是，货币调控是否适度会对资源配置效率和金融稳定产生直接影响。一方面，信贷可得性的

调控主要作用于贷款供给，而不改变贷款需求和总需求，因而增加信贷投放的刺激作用效果取决于是否存在潜在需求，若实际需求不足，即使增加信贷投放也无法有效刺激总需求；另一方面，当实际需求受到抑制时，增加信贷投放需要兼顾金融稳定和需求潜力释放，过度投放贷款很可能为金融市场带来不稳定因素，而限贷政策则会加剧消费需求受抑制的程度和经济下行压力。因此，信贷渠道的作用效果取决于货币政策环境以及潜在需求情况，并需兼顾金融稳定。

近年来，住房资产价格持续上涨，不仅刺激了贷款需求的增长，而且也在一定程度上抑制了消费。鉴于此，人民银行适时采取措施，加强对住房贷款过度增长的防控，严格限制信贷流向投资投机性购房，并综合运用抵借比(Loan to Value Ratio，LTV)、债务收入比(Debt to Income Ratio，DTI)等工具对房地产信贷市场进行逆周期调节；同时，各派出机构还在国家统一政策的基础上，强调因城施策原则，将各省级市场利率定价自律机制与所在城市实际情况结合，确定商业性个人住房贷款的最低首付比例。这些政策有助于促进房地产市场平稳健康有序发展，防范金融风险，维护金融稳定，但同时也会抑制住房消费信贷需求，影响信贷渠道的作用效果。

随着限贷政策的实施，短期消费贷款增速出现了快速上升(2017年初上升至40%)，替代了一部分受抑制的中长期住房贷款需求。短期贷款具有还款期限短、利率相对高的特点，会提高消费者偿债压力以及面临的流动性约束水平，在一定程度上增加了不稳定因素。《2019年第三季度支付体系运行总体情况》显示，信用卡逾期半年未偿信贷总额919.16亿元，较2010年年末(76.86亿元)增长了十余倍。短期消费贷款的异常快速增长必然会引起有关监管政策、信贷政策的相应趋紧，信贷渠道的刺激作用也会进一步受到限制。

此外，在货币政策调控方式由数量型向价格型转变的过程中，货币当局将更倾向于运用市场化的货币政策工具开展操作，尽量减少对信贷可得性的数量型调控，故信贷渠道作用的发挥会进一步受限。

二、以基准利率为重要参考的贷款利率定价模式限制了利率渠道

（一）贷款利率未及时反映出市场利率的变化，降低了直接利率效应的效果

利率是居民进行跨期消费与储蓄决策时的主要影响因素。如果货币政策传导不畅，进而引起贷款利率无法及时反映市场利率变化，就会影响居民跨期消费决策的优化。特别是在当前居民家庭部门资产流动性不足、住房贷款占比高的情况下，利率传导不畅会

进一步抑制消费潜力。

从负债端来看，随着利率市场化改革不断深化，市场化利率形成和调控机制不断健全，人民银行已基本放开利率管制，并且对基准利率的调整频率明显下降。但是在 LPR 改革前，贷款基准利率仍然一直是金融机构利率定价的重要参考和指引，这在一定程度上限制了贷款市场化定价，阻碍了货币政策的传导，导致了贷款利率对公开市场操作利率和市场利率不敏感。

由于中国居民存量贷款主要由住房贷款构成，以浮动利率贷款合同为主，且多采用等额本息的还款方式，因而基准利率不变会使其每月还款额在贷款期初确定后几乎保持不变。不仅如此，新增贷款成本也大体稳定（见图），贷款加权平均利率在 5.5%—6%。由此，以基准利率为重要参考的贷款利率定价模式使得存量贷款和新增贷款成本难以反映市场利率的变化，在一定程度上制约了货币政策的直接利率效应。除此之外，个别银行在定价时也存在协同设定隐性下限的行为。这进一步阻碍了市场利率向实体经济传导，降低了贷款利率对市场利率的敏感性，同样是制约货币政策直接利率效应的重要因素之一。

从资产端来看，住房资产是居民家庭最重要的资产。一方面，住房资产对消费需求的刺激作用总体有限，尽管住房资产价格上涨已经成为家庭财富增加的主要来源，但是由于住房资产变现成本较高且具有生活必需品的属性，其财富效应难以快速兑现，特别是"房住不炒"的定位会进一步抑制住房资产的财富效应；另一方面，住房资产对高流动性资产的挤出效应是现实中存在的流动性约束产生的重要原因，这在一定程度上抑制了居民借贷能力和跨期消费决策行为，使得其对贷款利率变化的敏感性较弱，进一步降低了直接利率效应的实际效果。

（二）间接收入效应对货币政策影响具有一定主导意义，且具体影响效果取决于货币政策向实体经济的传导效率

相比于利率渠道中的直接利率效应和信贷渠道，货币政策对消费的影响主要受利率渠道中的间接收入效应影响，即货币政策通过利率调整来影响实体经济的运行，改变劳动力需求与劳动者收入，进而引起消费需求的调整。鉴于当前中国约有超过 60%的家庭因高流动性资产不足而面临流动性约束，因此居民消费需求对利率变化并不敏感，对收入变化则较为敏感，进而提高了间接收入效应的影响效果。因此，货币政策向实体经济传导效率对间接收入效应有着重要作用，传导是否畅通会影响收入效应的实际效果。

第四节　LPR 改革的利率效应和间接收入效应

一、LPR 改革疏通了货币政策传导渠道，是利率市场化的关键一步

在完美的金融市场中，理想的利率传导渠道是"政策利率—短期利率—中长期利率"。此时，货币政策对居民部门的影响情况主要取决于短期利率向中长期利率、中长期利率向实体经济的传导效率。这对利率形成机制和调控方式提出了较高的要求，不仅需要短期政策目标利率有效向中长期存贷款利率传导，还需要金融机构对贷款利率进行合理定价。

当前，中国金融市场依然存在着摩擦和障碍，尚不满足完美性假定，而且银行内部存在着相互分割的两部门决策机制，这些都不利于短期利率向中长期利率的传导（孙国峰、段志明，2017）。而且贷款定价时，一些银行协同以贷款基准利率为基础设定贷款利率隐性下限，也对市场利率向实体经济传导也形成了一定阻碍。在此背景下，2019 年 8 月，人民银行公告决定改革完善 LPR 形成机制，迈出了利率市场化的关键一步。

新机制下，LPR 报价采用了公开市场操作利率加点的方式。其中，公开市场操作利率主要是中期借贷便利（Medium-term Lending Facility，MLF）利率，反映了银行平均边际资金成本；"加点"则可以反映银行自身资金成本、市场供求、风险溢价等因素。改革后的 LPR 报价机制市场化和灵活性明显提高。不仅如此，以 MLF 利率为基础的报价方式有助于充分发挥中期利率对贷款定价的引导作用，尤其是在当前中国金融市场尚不满足完美性假定、银行内部存在相互分割的两部门决策机制的背景下，中期政策利率对银行贷款数量和利率的引导效果明显优于短期利率。（孙国峰、段志明，2017）

LPR 形成机制明确后，人民银行积极推动 LPR 在实际贷款定价中的应用，按照"先增量后存量"的基本路径，于 2019 年 8 月 25 日和 12 月 28 日分别公布参考 LPR 的新增贷款定价基准和存量贷款定价基准转换原则，引导金融机构合理定价。贷款利率传导渠道由改革前的"贷款基准利率—贷款利率"转变为"中期政策利率（MLF 利率）—LPR—贷款利率"。这不仅可以提高市场利率向新增贷款利率和存量贷款利率传导效率，使得贷款利率可以及时反映市场利率变化，而且还有助于打破过去部分银行协同设定的贷款利率隐性下限，引导企业融资成本的降低。

二、LPR 改革后货币政策对居民部门的影响变化

LPR 形成机制完善后，市场化程度提高，有助于 LPR 对市场利率变化的作出及时、充分的反映。在贷款利率定价的实际应用中，一方面，相比于贷款基准利率，以 LPR 为基础的贷款利率定价方式能够在一定程度上反映市场利率的变化，实现贷款利率与政策利率的协同；另一方面，市场化程度的提高也使银行难以再协同设定贷款利率隐性下限，从而推动实体经济融资成本降低。自 2019 年 8 月新的 LPR 形成机制推出后，一年期 LPR 分别于 9 月和 11 月比前月各下降 5BP，以市场化改革办法推动实体经济融资成本降低的效果有所显现。

未来，随着利率市场化改革的不断深化和存量浮动利率贷款定价基准的平稳转换，货币政策对居民部门影响的直接利率渠道和间接收入渠道也会相应发生变化。

从直接利率效应来看，以 LPR 为定价基准加点形成的浮动利率贷款合同，其贷款利率会根据市场利率进行调整，并引起居民跨期消费决策的调整。具体来看，随着负债端的成本降低，居民贷款偿还金额也会有所减少，可支配收入相应提高，消费潜力得以释放。不仅如此，还款金额的降低也缓解了居民面临的流动性约束，从而强化了直接利率效应，提高了消费储蓄决策对利率变化的敏感性。

从间接收入效应来看，实体经济融资成本的降低，激发了微观主体活力，推动了实体经济发展，提高了企业经营效率与居民收入，从而强化了货币政策对居民消费的间接收入效应。

综合来看，LPR 改革通过利率渠道，强化了直接利率效应和间接收入效应，缓解了居民偿债压力，提高了居民可支配收入，从而使居民消费潜力得以释放。这在信贷渠道发挥的作用相对有限的背景下显得尤为重要，不仅刺激了消费需求，还兼顾了金融稳定。

本章小结

本章主要从货币政策这一角度，研究供给侧结构性改革与异质性消费者行为之间的关系，并提出相应的政策建议。

作为利率市场化关键一步，贷款市场报价利率(LPR)形成机制的改革充分发挥了中期利率在银行贷款定价中的引导作用，有助于提高利率传导效率，并以市场化手段推动降低实体经济融资成本。在居民杠杆率增长快、资产流动性不足、信贷渠道发挥的作用

相对有限的背景下，以 LPR 为基础的贷款定价方式的转换不仅有助于优化跨期消费决策，缓解偿债压力，从而强化直接利率效应，还可以通过提升企业经营效率以及居民收入，加强间接收入效应。这不仅刺激了居民的消费需求，还兼顾了金融稳定的货币政策目标。

LPR 形成机制的改革和贷款利率定价基准的转换有助于贷款利率与政策利率紧密联系，从而实现与政策利率的协同，并以市场化改革的方式降低实体经济融资成本。实践中，还需结合市场利率定价自律机制和宏观审慎评估考核，对报价质量、应用情况以及贷款利率竞争行为等进行监督管理，同时合理引导市场预期，增强货币政策的传导效果，促进金融与实体经济的良性循环。此外，应关注企业、居民、政府各部门之间的联系，疏通货币政策向实体经济的传导，增强微观市场主体活力，实现居民收入的持续稳定增长，并适当引导居民主动去杠杆，保持合理的杠杆水平与结构。

第十三章　代际扶持视角下父辈健康状况、医疗保险对异质性消费者的影响

中年夫妇的父母普遍都已进入老年期，老人的健康状况、医疗费用、社会养老医疗保障等将影响中年家庭有限财富在代际间的重新分配，进而影响家庭消费决策。现有研究多集中在从老龄化视角探讨老人数量对家庭消费的影响，忽略了老人健康状况对家庭消费的影响，并且就老人数量与居民消费之间的关系并没有形成统一结论。同时，人口在其再生产类型转变过程中所产生的经济活动有利性，不仅包括人口年龄结构所带来的人口数量红利，还包括人口素质提高带来的人口质量红利。随着我国教育体系和配套保障的不断完善，人口质量红利渐显，人口质量已成为研究我国居民消费不可忽视的因素。虽然我国早已步入老龄化社会，且老龄化程度还在加深，老龄人口数量不断增加，但是伴随着公共保障制度的完善，医疗卫生和营养条件的持续改善，老年人一改往日的赢弱形象，退而不休，继续为社会发挥余热。因此，老龄成员的增加是否会加重家庭养老负担尚待商榷。本章将以老年成员的健康状况作为衡量老人质量的指标，探讨老人健康状况对家庭异质性消费的影响，并进一步对公共社会保障制度的家庭外部效应进行分析，深入研究老人医疗保险状况对子代家庭消费的影响。

第一节　父辈健康状况对异质性消费者的影响

一、数理模型

由萨缪尔森(Samuelson)、戴蒙德(Diamond)等人发展起来的世代交叠模型(Overlapping Generation Model，OLG 模型)建立在生命周期假说的基础上，实现了宏微观的融合，是研究不同年龄段人群经济行为差异最经典的模型之一。该模型隐含着两个

重要假设：将家庭的代际扶持看作是一项消费(赫德等，2007)，并假设代表性消费者在家庭成员互惠的角度下是利他(altruism)的(贝克尔，1974；巴罗，1974)。本节在 OLG 模型的基础上进行扩展，具体如下：假设家庭收入为 Y，在消费、储蓄、医疗三个方面分配。家庭对老人的质量期望是 A_o，扶老支出为 A_o^β。家庭的效用函数为 $U = A_o^\lambda \ln C_1 + \gamma \ln C_2$，其中，$C_1$、$C_2$ 分别表示家庭的当期消费和老年期消费，$\gamma = (1+\rho)^{-1}$ 为时间偏好率，$A_o^\gamma C_{1t} + S_{1t} =$ 为家庭从老年成员质量即老人健康中获得的效用。根据杨汝岱、陈斌开(2009)的研究，代际扶持会通过增加预防性储蓄的方式挤出家庭消费，因此假设 A_o 越大，所挤出的当期消费越多，即 λ<0。在上述假定下：

$$C_1 = Y - A_o^\beta - S \tag{13-1}$$

$$C_2 = (1+r)S \tag{13-2}$$

式中，r 表示利率。求解上述最优化过程得：

$$C_1 = \frac{(1+r)A_o^\lambda}{1+(1+r)A_o^\lambda}(Y - A_o^\beta) \tag{13-3}$$

假设 $r=0$，于是式(13-3)简化为：

$$C_1 = \frac{A_o^\lambda}{1+A_o^\lambda}(Y - A_o^\beta) \tag{13-4}$$

式(13-4)右端由两项构成。右侧项 $Y - A_o^\beta$ 关于 A_o 递减，而且根据式(13-1)，该项在数值上等于 C_1+S，大于 0。C_1 关于左侧商项中的 A_o 求导可得：

$$\frac{\partial C_1}{\partial A_o} = \frac{\lambda A_o^\lambda}{[1+(A_o)^\lambda]^2} \tag{13-5}$$

由于 λ<0，因此(13-5)式小于 0，即 C_1 关于 $\frac{A_o^\lambda}{1+A_o^\lambda}$ 中的 $C_{1t} + S_{1t} = W$ 递减。由于 $\frac{A_o^\lambda}{1+A_o^\lambda}$ 分子分母都大于 0，因此 $\frac{A_o^\lambda}{1+A_o^\lambda}$ 也大于 0。

记 $\frac{A_o^\lambda}{1+A_o^\lambda}=f(A_0)$，$Y - A_o^\beta=g(A_0)$，则式(13-4)可以改写为：

$$C_1=f(A)g(A) \tag{13-6}$$

式(13-6)两端对 A_0 求导可得：

$$\frac{\partial C_1}{\partial A} = f'(A)g(A) + f(A)g'(A) \tag{13-7}$$

由于 $f(A_0)$ 和 $g(A_0)$ 均关于 A_0 递减，且均大于 0，因此式(13-7)表明 C_1 关于 A_0 递减，这意味着家庭对老人的质量期望越高，家庭消费越少。换言之，老人的实际质量与期望质量相差越大，家庭消费越少。

二、实证分析

(一)变量选取与模型设定

本节所用全部变量来源于北京大学中国社会科学调查中心在2014年负责开展的中国家庭动态跟踪调查(CFPS2014)。CFPS自2010年正式展开，每两年追踪调查一次。该数据由家庭库、个人库、儿童库和家庭关系库等子库组成，本节以家庭库为基础，使用个人编码和家庭编码对上述子库数据进行匹配和汇总。所用统计软件为Stata14。

1. 因变量。根据模型设定，本节的因变量有两个，依次为家庭总消费、剔除了医疗消费的家庭净消费。

2. 核心解释变量。在本节中，我们定义年龄在65岁及以上的人口为老人。老人质量使用人力资本中的健康水平进行量化，我们使用两种方式构建：在第一种方式下，如果家庭中没有老人，则为质量指标赋值0，若有老年成员，则根据老年成员在CFPS调查中对于健康状况问题的回答"非常健康、很健康、比较健康、一般、不健康"，依次为质量指标赋值1、2、3、4、5，我们用 *he* 表示这种指标。第二种方式通过构建虚拟变量进行，以没有老年成员的家庭作为基组，以老年人非常健康、很健康和比较健康的家庭作为老人质量较高的一组，用 *dumhe1* 表示，以老年成员不健康或健康状况一般的家庭作为老人质量较低的一组，用 *dumhe2* 表示。

3. 控制变量。参考利拉德和威力斯(Lillard&Willis，1997)，斯隆等(Solan *et al.*，2002)，张文娟、李树茁(2004)，丁志宏(2014)等人的研究，本节选取的控制变量包括家庭子女数(*childn*)、家庭老人数(*above65*)、家庭人口规模(*famsize*)、家庭收入(*lnfinc*)、户主的受教育水平及其平方(*edu* 及 *edus*)、户主年龄及其平方(*age* 及 *ages*)、家庭藏书量(*book*)、家庭户籍类型(*urban*)。其中，*urban* 为虚拟变量，农村家庭取值为0，城市家庭取值为1。

首先构建如下回归模型：

$$\ln(expensetotal) = \partial_0 + \partial_1 oldquality + \beta_1 childn + \beta_2 above65 + \beta_3 familysize \\ + \beta_4 \ln fincomeper + \beta_5 edu + \beta_6 agen + \beta_7 west \\ + \beta_8 east + \beta_9 book + \beta_{10} urban + \varepsilon \tag{13-8}$$

其中，被解释变量为家庭总消费(*expensetotal*)，核心解释变量为老人健康水平(*oldquality*)，*controls* 为一系列控制变量。根据前文的分析，家庭对老人的代际扶持主要体现在医疗消费支出方面，而医疗消费支出对老人的健康状况有较大影响。为排除这种影响，避免内生性问题，我们进一步构建如下模型：

$$\ln(expensenet) = \partial_0 + \partial_1 oldquality + \beta_1 childn + \beta_2 above65 + \beta_3 familysize$$
$$+ \beta_4 \ln fincomeper + \beta_5 edu + \beta_6 agen + \beta_7 west$$
$$+ \beta_8 east + \beta_9 book + \beta_{10} urban + \varepsilon \tag{13-9}$$

上式的因变量为剔除了为老人支付医疗消费的家庭净消费（$expensenet$）。在下文的分析中，为探讨老人质量对城乡、不同收入阶层和不同老人数量家庭的异质性影响，本节还按照上述特征对模型(13-8)和模型(13-9)进行了分组。

（二）实证结果及分析

表13-1报告了老人健康对家庭消费影响的实证结果。方程(1)在不控制任何变量的条件下报告了老人健康对家庭总消费的影响，从中可见，老人健康对家庭消费具有显著影响，老人健康状况每变差一个单位，家庭消费约降低4.11%。方程(2)进一步控制了其他家庭特征，结果显示老人健康对家庭消费的影响力有所下降，但是仍然显著，老人健康状况每变差一个单位，家庭消费约降低2.6%。从控制变量来看，子女数量每增加一个，家庭消费约降低8.67%；老人数量每增加一个，消费约降低3.31%；人口规模对家庭消费的影响较为显著，家庭成员每增加一名，家庭消费约提高17.587%；家庭收入每提高1%，家庭消费大约提高21.86%；户主受教育水平对家庭消费的影响大体呈倒U型；户主年龄对家庭消费的影响也呈倒U型；城市家庭比农村家庭消费约高28.08%；家庭藏书量与家庭消费正相关。

方程(3)将老人的健康水平分为两类。对照组为无老人的家庭，$dumhe1$表示有老人且老人健康状况较好的家庭，$dumhe2$表示有老人且老人健康状况较差的家庭。与无老人的家庭相比，老人健康状况较好的家庭消费约低13.44%，老人健康状况较差的家庭消费约低18.55%。方程(4)进一步控制了一系列家庭特征变量，此时老人健康状况对家庭消费的影响有所降低，与无老人的家庭相比，老人健康状况较好的家庭消费约低9.29%，老人健康状况较差的家庭消费约低11.77%。从控制变量来看，方程(4)的估计结果与方程(2)大体相同，这表明本节的估计具有稳健性。

方程(5)—方程(6)考察了老人健康对家庭净消费（总消费减去医疗消费）的影响，其变量控制方式与方程(1)—方程(4)依次对应。可见，老人健康对家庭净消费的影响与对总消费的影响大体相当。而且方程(6)和方程(8)控制变量的估计结果与方程(2)和方程(4)大体相当，这进一步说明了本节估计的稳健性。

综合以上分析，老人健康状况显著影响家庭总消费与家庭净消费。我们认为这可能与赡养负担有关，老人健康状况越差，家庭对老人的赡养负担越重，预防性储蓄动机越强，消费被挤出得越多。

表 13–1 老人健康对家庭消费的影响：全样本

方程编号	(1)	(2)	(3)	(4)	(5)	(6)	(7)
因变量	总消费	总消费	总消费	总消费	净消费	净消费	净消费
he	−0.0411***	−0.0260***			−0.0416***	−0.0236***	
dumhe1			−0.1344***	−0.0929***			−0.1321***
dumhe2			−0.1855***	−0.1177***			−0.1870***
childn		−0.0867***		−0.0867***		−0.0773***	
above65		−0.0331***		−0.0333***		−0.0781***	
famsize		0.1757***		0.1761***		0.1718***	
lnfinc		0.2186***		0.2183***		0.2442***	
edu		0.1176***		0.1171***		0.1424***	
edus		−0.0024		−0.0023***		−0.0050	
age		0.0091***		0.0091***		0.0103***	
ages		4.54e-06***		4.53e-06***		5.17e-06***	
book		0.0663***		0.0664***		0.0733***	
urban		0.2808***		0.2816***		0.2984***	
Constant	10.5147***	−10.5502***	10.5161***	−10.5239***	10.3958***	−13.4722***	10.3969***

注：***、**、* 分别表示在 1%、5%、10% 显著性水平下显著。

表 13–2 分城乡报告了老人健康对消费的影响。方程(9)在不控制任何变量的条件下报告了老人健康对城市家庭总消费的影响，从中可见，老人健康对城市家庭消费具有显著影响，老人健康状况每变差一个单位，家庭消费降低约 2.7%。方程(10)进一步控制了其他家庭特征，老人健康对家庭消费的影响有所下降，但是仍然显著，老人健康状况每变差一个单位，家庭消费约降低 2.65%。这与表 13–1 的变化趋势基本相同。从控制变量来看，家庭子女每增加一个，消费约降低 9.09%；老人数量每增加一个，消费约降低 4.53%；家庭成员每增加一名，家庭消费约提高 19.17%；家庭收入每提高 1%，家庭消费约提高 28.41%；户主受教育水平和年龄对家庭消费的影响大体呈倒 U 型；家庭藏书量与家庭消费正相关。方程(13)在不控制任何变量的条件下报告了老人健康对农村家庭总消费的影响，从中可见，老人健康对农村家庭消费也具有显著影响，老人健康状况每变差一个单位，家庭消费约降低 2.56%，与对城市家庭的影响大体相当。方程(14)进一步控制了其他家庭特征，老人健康对家庭消费的影响有所下降，但是仍然显著，老人健康状况每变

差一个单位，家庭消费约降低 2.50%，这与对城市家庭的影响大体相当。从控制变量来看，家庭子女每增加一个，消费约降低 9.03%；老人数量每增加一个，消费约降低 3.69%；家庭成员每增加一名，家庭消费约提高 17.13%；家庭收入每提高 1%，家庭消费约提高 16.53%；户主受教育水平和年龄对家庭消费的影响大体呈倒 U 型；家庭藏书量与家庭消费正相关，这些结论都与城市家庭大体相近。

表 13–2　老人健康对家庭消费的影响：分城乡

方程编号	(9)	(10)	(11)	(12)	(13)	(14)	(15)	(16)
因变量	城市	城市	城市	城市	农村	农村	农村	农村
he	−0.0270***	−0.0265***			−0.0256***	−0.0250***		
$dumhe1$			−0.1262**	−0.0857**			−0.0711**	−0.0962**
$dumhe2$			−0.1096***	−0.1238***			−0.1184***	−0.1101**
$childn$		−0.0909***		−0.0911***		−0.0903***		−0.0901***
$above65$		−0.0453***		−0.0453***		−0.0369**		−0.0374**
$famsize$		0.1917***		0.1921***		0.1713***		0.1717***
$lnfinc$		0.2841***		0.2840***		0.1653***		0.1649***
edu		0.1375***		0.1363***		0.1474***		0.1504***
$edus$		−0.0037		−0.0036		−0.0115		−0.0122*
age		0.0035***		0.0036***		0.0152***		0.0152***
$ages$		1.78e-06***		1.79e-06***		7.59e-06***		7.57e-06***
$book$		0.0651***		0.0652***		0.0574***		0.0574***
$urban$		0		0		0		0
$Constant$	10.7540***	−0.0776	10.7562***	−0.1108	10.2762***	−22.1388***	10.2765***	−22.0650***

注：***、**、*分别表示在 1%、5%、10%显著性水平下显著。

与我们在全样本回归中的做法类似，方程(11)与方程(15)同样将老人的健康水平分为了两类，$dumhe1$ 和 $dumhe2$ 的含义与表 13–1 相同。在城市家庭中，与无老人的家庭相比，老人健康状况较好的家庭消费降低 12.62%，老人健康状况较差的家庭消费降低 10.96%；在农村家庭中，与无老人的家庭相比，老人健康状况较好的家庭消费降低 7.11%，老人健康状况较差的家庭消费降低 11.84%。方程(12)进一步控制了一系列城市家庭特征变量，此时老人健康状况对家庭消费的影响有所降低，相比于无老人的家庭，老人健康状况较好的家庭消费降低 8.57%，老人健康状况较差的家庭消费降低 12.38%。从控制变量来看，方程(12)的估计结果与方程(10)大体相同，方程(16)的估计结果与方程(14)大体相同，这表明本节的估计具有稳健性。综合以上分析，农村家庭中老人健康状况对家庭消费的影响与城市大体相当，说明养老负担在城乡间差别不大，不管在城市还是农村，"家庭养老"都是普遍存在的社会现象，老人的生活大多依靠子女反哺这种传统模式，并未表现出明显的城乡差异。

接下来我们按照家庭拥有的老人数量将样本分为拥有一个老人的家庭与拥有多个老人的家庭，按照老人数量对家庭进行分类后的结果如表 13–3 所示。方程(17)在不控制任何变量的条件下报告了老人健康对仅有一个老人家庭总消费的影响，从中可见，老人健康对家庭消费具有显著影响，老人健康状况每变差一个单位，家庭消费降低约 3.13%。方程(18)进一步控制了其他家庭特征，老人健康对单老人家庭消费的影响有所下降，但是仍然显著，老人健康状况每变差一个单位，家庭消费约降低 2.07%，这与表 13–1 的变化趋势基本相同。从控制变量来看，子女每增加一个，单老人家庭消费降低约为 9.14%；家庭成员每增加一名，家庭消费约提高 18.66%；家庭收入每提高 1%，家庭消费约提高 22.64%；户主受教育水平和年龄对家庭消费的影响大体呈倒 U 型；家庭藏书量与家庭消费正相关。方程(21)在不控制任何变量的条件下报告了老人健康对拥有多个老人的家庭总消费的影响，从中可见，老人健康对家庭消费仍具有显著影响，老人健康状况平均每

表 13–3 老人健康对家庭消费的影响：按照老人数量分组

方程编号	(17)	(18)	(19)	(20)	(21)	(22)	(23)	(24)
家庭中老人数量	1 个	1 个	1 个	1 个	>1 个	>1 个	>1 个	>1 个
he	−0.0313**	−0.0207**			−0.0506***	−0.0462***		
dumhe1			−0.0200	−0.0578			−0.2997***	−0.2404***
dumhe2			−0.1599***	−0.0990**			−0.1998**	−0.1957***
childn		−0.0914***		−0.0910***		−0.1195***		−0.1215***
above65		0		0		0.1560		0.1533
famsize		0.1866***		0.1866***		0.1359***		0.1366***
lnfinc		0.2264***		0.2263***		0.3037***		0.3020***
edu		0.1436**		0.1444***		0.1017*		0.1027*
edus		−0.0042		−0.0043		−0.0058		−0.0061
age		−0.9101***		−0.9097***		−0.6521*		−0.6633*
ages		−0.0002***		−0.0002***		−0.0002*		−0.0002*
book		0.0536***		0.0535***		0.0725***		0.0727***
urban		0.3336***		0.3339***		0.2815***		0.2837***
Constant	10.2550***	938.2189***	10.2525***	937.8147***	10.3603***	674.6593*	10.3668***	686.184*

注：***、**、*分别表示在 1%、5%、10%显著性水平下显著。

变差一个单位，家庭消费约降低 5.06%，高于单老人家庭。方程(22)进一步控制了其他家庭特征，老人健康对多老人家庭消费的影响有所下降，但是仍然显著，老人健康状况平均每变差一个单位，家庭消费约降低 4.62%，同样高于城市家庭。从控制变量来看，子女每增加一个，家庭消费约降低 11.95%；家庭成员每增加一名，家庭消费约提高 13.59%；家庭收入每提高 1%，家庭消费约提高 30.37%；户主受教育水平和年龄对家庭消费的影响大体呈倒 U 型；家庭藏书量与家庭消费正相关。

与前文相似，方程(19)同样将老人的健康水平分为了两类，*dumhe1* 和 *dumhe2* 含义与表 13–1 相同。与无老人的家庭相比，只有一老人且老人健康状况较好的家庭消费约降低 2.00%，老人健康状况较差的家庭消费约降低 15.99%。方程(20)进一步控制了一系列家庭特征变量，此时老人健康状况对单老人家庭消费的影响有所变化，但依然显著，老人健康状况较好的家庭消费约降低 5.78%，老人健康状况较差的家庭消费约降低 9.90%。从控制变量来看，方程(20)的估计结果与方程(18)大体相同，这表明本节的估计具有稳健性。方程(23)和方程(24)分别为不控制和控制家庭特征后对拥有多名老人家庭的消费受老人健康状况影响的估计。结果表明，与只拥有一个老人的家庭相比，老人健康状况对有多个老人的家庭消费的影响更大。这符合我们的直观感受，即老人数量越多且老人健康水平越差，家庭的养老负担越重，家庭消费降低得越多。

表 13–4 按照家庭收入高低对家庭进行了分类。方程(25)在不控制任何变量的条件下报告了老人健康对低收入家庭总消费的影响，从中可见，老人健康对低收入家庭消费具有显著影响，老人健康状况每变差一个单位，家庭消费约降低 1.54%。方程(26)进一步控制了其他家庭特征，老人健康对低收入家庭消费的影响有所下降但仍然显著，老人健康状况每变差一个单位，家庭消费约降低 1.81%。这与表 13–1 的变化趋势基本相同。从控制变量来看，子女每增加一个，家庭消费约降低 9.13%；家庭成员每增加一名，家庭消费约提高 4.45%；家庭收入每提高 1%，家庭消费约提高 13.15%；户主受教育水平和年龄对家庭消费的影响大体呈倒 U 型；家庭藏书量与家庭消费正相关。方程(29)在不控制任何变量的条件下报告了老人健康对高收入家庭总消费的影响，从中可见，老人健康对高收入家庭消费具有显著影响，老人健康状况每变差一个单位，家庭消费约降低 5.50%，高于低收入家庭。方程(30)进一步控制了其他家庭特征，老人健康对家庭消费的影响有所下降，但是仍然显著，老人健康状况每变差一个单位，家庭消费约降低 4.23%，同样高于低收入家庭。从控制变量来看，子女每增加一个，高收入家庭消费约降低 7.15%；家庭成员每增加一名，家庭消费约提高 22.03%；家庭收入每提高 1%，家庭消费约提高 40.73%；户主受教育水平和年龄对家庭消费的影响大体呈倒 U 型；家庭藏书量与家庭消费正相关。

方程(27)将低收入家庭中老人的健康水平分为了两类，*dumhe1* 和 *dumhe2* 含义与表 13–1 相同。与无老人的家庭相比，收入低且老人健康状况较好的家庭消费低 2.09%，老人健康状况较差的家庭消费低 7.93%。方程(28)进一步控制了一系列家庭特征变量，此时老人健康状况对低收入家庭消费的影响有所变化，老人健康状况较好的家庭消费低 5.52%，老人健康状况较差的家庭消费低 8.51%。从控制变量来看，方程(28)的估计结果与方程(26)大体相同，这表明本节的估计具有稳健性。方程(31)和方程(32)分别为不控制和控制家庭特征后对高收入家庭消费受老人健康状况影响的估计，结果表明，与低收入家庭相比，老人健康状况对高收入家庭消费的影响更大。可能的解释是对于低收入家庭来说，因为受到家庭收入的约束，家庭需要在养老开支和其他开支之间进行权衡分配，为提升老人健康状况提供代际扶持而调整家庭消费的空间不如高收入家庭大。

表 13–4　老人健康对家庭消费的影响：按收入分组

方程编号	(25)	(26)	(27)	(28)	(29)	(30)	(31)	(32)
收入状况	低收入	低收入	低收入	低收入	高收入	高收入	高收入	高收入
he	−0.0154***	−0.0181***			−0.0550***	−0.0423***		
dumhe1			−0.0209	−0.0552**			−0.1653**	−0.1892***
dumhe2			−0.0793***	−0.0851***			−0.2444***	−0.1815***
childn		−0.0913***		−0.0912***		−0.0715***		−0.0720***
above65		−0.0445***		−0.0444***		−0.0195		−0.0212
famsize		0.1806***		0.1806***		0.2203***		0.2221***
lnfinc		0.1315***		0.1315***		0.4073***		0.4070***
edu		0.1565***		0.1547***		0.1139***		0.1123***
edus		−0.0132***		−0.0128**		−0.0037		−0.0036
age		0.0124***		0.0124***		0.0038***		0.0037***
ages		6.28e-06***		6.29e-06***		1.76e-06***		1.72e-06***
book		0.0545***		0.0545***		0.0746***		0.0747***
urban		0.2443***		0.2444***		0.3005***		0.3039***
Constant	10.3147***	−16.7510***	10.3143***	−16.7778***	10.8527***	−1.5154	10.8529***	−1.3855

注：***、**、*分别表示在 1%、5%、10%显著性水平下显著。

综合以上实证结果，我们可以发现老人健康状况显著影响家庭总消费与家庭净消费。老人健康状况越差且数量越多，家庭的赡养负担越重，预防性储蓄动机越强，家庭消费被挤出得越多。同时，养老负担在城乡间差别不大，老人的生活依靠子女反哺这种传统模式不管在城市还是农村都普遍存在，并未表现出明显的城乡差异。老人健康状况对家庭消费的影响在不同收入等级的家庭间存在异质性，与低收入家庭相比，老人健康状况对高收入家庭的影响更大。

第二节　父辈医疗保险对异质性消费者的影响

根据上一节的分析，我们得知老人健康状况与家庭消费之间显著负相关，且这种相关性很大程度上源于赡养负担对消费的挤出。那么老人如果拥有公共社会保障，就能够降低对子代的依赖程度，进而减轻成年子女的经济赡养负担（克里等，2005；伦德，2002），提高家庭的消费水平。纵观国内外研究公共保障政策与家庭消费的文章，大多数文献都是从家庭内部这一角度研究社会保障与居民消费或储蓄的关系，考察父辈的社会保障状况与子女为父辈提供的赡养支出之间的替代关系，以及社会保障状况对老人福利水平的改善效果。这些研究支出，健全社会保障可以增加老年人的经济来源，即社会保障制度的实质是资源在代际或代内间的转移，这可以在一定程度上替代"家庭养老"，为老人提供生活保障。这些文献在一定层面上阐明了社保对消费的作用，但其中的绝大多数均为就社会保障的家庭外部效应进行研究，未能全面揭示社保影响消费的作用机制。有鉴于此，本节将从社会保障的家庭外部效应角度切入，进一步地研究社会公共保障制度在养老方面的家庭外部效应，即父辈拥有的社会保障状况对子代家庭消费的影响。特别地，由于不同的社会保障类型对居民消费或储蓄影响的作用机制不同，医疗保险资源不像养老保险那样具备资源的代际传递特点，分析起来更为简便，因此本节将单独考察父辈医疗保险对异质性家庭消费的影响。

一、父辈医疗保险影响子代家庭消费的机制分析

尽管在大多数发展中国家已婚成年子女与他们的父母各自独立居住，但已婚子女对老人的代际扶持和赡养仍然是主要的养老模式（特罗尔，1986；斯通等，1987；奇奇雷利，1988；布洛迪，1985）。预期寿命的延长使老人需要被照顾的时间也大大延长，子女日益加重的养老负担成为老龄化社会的普遍问题（奇奇雷利，1988）。在我国传统的儒家"孝"文化和伦理观念下，已婚子代家庭与父辈家庭的关系更加紧密，特别在我国广大农村和中西部地区，"家庭养老"仍是最主要的养老模式，老人在需要支持或因为健康等原因陷入经济困境时主要依赖成年子女的帮助（布利斯纳、曼奇尼，1987；奇奇雷利，1988；斯坦等，1998；李、肖，1998；伯尔、穆契勒，1999）。近年来，我国65岁以上老龄人

口数量持续增加，家庭老年抚养比逐年推升，为应对因父辈可能的寿命延长或意外疾病所带来的支出，风险厌恶的家庭会相应增加储蓄以平滑消费。也就是说，子代家庭承担的养老负担将直接影响其消费决策与消费模式。而完善的社会保障体系可以赋予老年人口稳定的收入来源，这是老人消费和储蓄的基础，同时也是减轻成年已婚子女养老负担的重要因素。特别地，完善的医疗保险可以降低居民的医疗开支，进而降低预防性储蓄，增加居民消费。在"家庭养老"为主和老龄化问题加深的双重背景下，父辈的医疗保险情况与子代家庭的养老负担的大小、消费水平的高低密切相关。直观上看，拥有医疗保险的父辈，其子女的养老医疗负担降低，这将会增加子代家庭的消费，对子代家庭消费产生溢出效应。

二、数理模型

本节中在前一节模型的基础上进行扩展，将父辈的医疗保险情况纳入子代的效用函数。在模型中，我们假设子代的消费分为成年期消费和老年消费两期，因未成年期无法进行消费决策，故不考虑未成年时的儿童期与青春期。在模型中，我们重点分析父辈的医疗保险参与状况与子代家庭消费行为之间的关系。同样假设子代的收入为 Y，并在青年期消费、父辈医疗支出、父辈医疗保险购买以及老年消费（来自当期储蓄）之间分配。假设父辈生病的概率为 α，若生病，所产生的医疗费用中 β 部分由子女承担，剩余的 $(1-\beta)$ 部分由医疗保险报销，若父辈无医疗保险则 $\beta=1$。子女的效用函数为：

$$u = \ln(c_1) + \gamma \ln(c_2) \tag{13-10}$$

其中，c_1、c_2 分别表示子代的当期消费和老年期消费。$\gamma = (1+\rho)^{-1}$ 是时间偏好因子，$\rho > -1$。当期消费由式（13–11）表示：

$$c_1 = Y - S - \alpha\beta\,pay - bf \tag{13-11}$$

其中，S 为当期储蓄，pay 为子代为父辈生病所承担的医疗费用[①]。父辈生病的概率（α）越大，医疗保险报销的比例（$1-\beta$）越低，子代的医疗负担越重。bf 为子女为父母购买医疗保险所需的费用，若该费用由国家或由父辈自行承担，则其值为 0。老年期消费由式（13–12）表示：

$$c_2 = (1+r)s \tag{13-12}$$

其中，r 为利率，s 为年轻时的储蓄，模型中假设老年期没有收入。求解上述最优化

---

① 为了分析简便，该模型中不考虑父辈动用养老金进行的医疗支出，认为所有应付医疗费用均由子代承担。

过程可得：

$$c_1 = \frac{1+\rho}{2+\rho}(Y - \alpha\beta pay - bf) = \frac{1+\rho}{2+\rho}[Y + (1-\beta)\alpha pay - \alpha pay - bf] \quad (13\text{--}13)$$

式 (13–13) 对 (1–β) 求导得：

$$\frac{\partial c_1}{\partial(1-\beta)} = \alpha pay > 0 \quad (13\text{--}14)$$

显然，子代家庭当期消费随父代医疗保险报销比率提高而提高，即父辈有无医疗保险会影响子代家庭消费，且父辈生病的概率越大，产生的医疗费用越高，父辈的医疗保险报销比率对于子代消费的影响越大。

三、实证分析

(一) 数据来源及数据处理

本节使用 CFPS2010、CFPS2012、CFPS2014 三期数据构造混合截面数据。CFPS 根据三阶段不等概率整群抽样原理，三次调查抽样范围依次涵盖 14798、13315、13946 个家庭，包含家庭库、成人库、儿童库和家庭关系库四个子库。本节所用数据均来源于家庭库、成人库和家庭关系库三个子库，并根据个人编码和家庭编码对其进行匹配和汇总。

数据匹配和汇总过程如下：第一步，在家庭关系库中定位在婚、离婚、同居和丧偶个体，并获得其个人编码；第二步，定位上述个体的母亲并获得其个人编码，原因在于女性较男性寿命长，定位父亲得到的样本量有限；第三步，根据母亲的个人编码，从成人库中获取母亲的医疗保险状况，并提取其健康、年龄等信息，整合到相关变量；第四步，定位个体所在家庭，并在家庭库中提取该家庭相关信息，同时，若母亲有医疗保险，则将其子代家庭数据划入处理组，否则划入控制组，以该规则定义的处理变量用 bx 表示。为更加细致地考察父辈医疗保险情况对子代家庭消费的影响，在保持控制组不变的情况下，本节对处理组进行如下划分，以生成不同的处理变量。[①] 所用统计软件为 Stata14。

1. 根据统计局标准，将处理组家庭分为城镇和农村两类。其中，bxrural 的处理组仅包含农村家庭；而 bxurban 的处理组仅包含城市家庭。

2. 将处理组家庭按地域分为东中西三部分。bxeast 的处理组仅包含西部地区家庭，bxmiddle 组仅包含中部地区家庭，bxwest 组仅包含西部地区家庭。本节的东部地区指北

---

① 三种医疗保险筹资比例不同，具体待遇各地也不尽相同。城镇职工的缴费比例最高，报销比例也高；居民和新农合的缴费比例低，待遇稍低。因受限于数据，本节将三种医疗保险做合并处理。

京、天津、辽宁、河北、上海、江苏、浙江、福建、山东、广东、海南，中部地区指山西、吉林、黑龙江、安徽、江西、河南、湖北、湖南，西部地区指其余省级行政区。

3. 将处理组个体按个体性别和城乡分为四类，以考察城乡男方和女方父母的医疗保险状况对个体家庭的不同影响。其中，*bxmale* 的处理组包含男方母亲有医疗保险的家庭；而 *bxfemale* 的处理组包含女方母亲有医疗保险的家庭。

4. 将处理组个体按年龄分为两类，以考察父母的医疗保险状况对已婚子女年龄不同的家庭的异质性影响。根据样本的可得性，我们将处理组按照年龄分为三组，分别是 *age* ≤45、45<*age*≤55、*age*>55，其中 *age*≤45 表示已婚子女年龄小于等于 45 岁的家庭，其余类推。

本节所用结果变量为子代家庭的消费对数。之所以采用对数形式，而不是原值，是因为根据对数形式能较为方便地计算处理组相对于控制组收入变化的百分比。

本节处理组、控制组所用协变量的描述性统计分别如表 13–5、表 13–6 所示。

表 13–5　协变量描述性统计：处理组

标识	含义	均值	标准差	最小值	最大值	观测数
ln*income1*	家庭收入对数	10.35	1.17	2.20	13.56	1200
bcn	健康变差成员数量	0.66	0.80	0	4	1389
guojia	就职于国家部门的家庭成员数	1.04	1.27	0	9	1389
jobn	有工作的家庭成员数量	1.59	1.19	0	9	1389
bjkn	不健康家庭成员数量	0.71	0.86	0	5	1389
age	符合年龄的家庭成员数量	49.99	2.61	46	55	603
shdw	家庭社会地位	3.23	0.97	1	5	1243
sxn	上学的家庭内成员数量	0.06	0.26	0	2	1389

表 13–6　协变量描述性统计：控制组

标识	含义	均值	标准差	最小值	最大值	观测数
ln*income1*	家庭收入对数	1.20	1.16	6.69	12.83	137
bcn	健康变差成员数量	0.77	0.89	0	4	155
guojia	就职于国家部门的家庭成员数	0.70	1.20	0	5	155
jobn	有工作的家庭成员数量	1.17	1.13	0	5	155
bjkn	不健康家庭成员数量	0.93	0.90	0	4	155
age	符合年龄的家庭成员数量	50.49	2.80	46	55	57
shdw	家庭社会地位	3.09	1.02	1	5	138
sxn	上学的家庭内成员数量	0.07	0.34	0	3	155

　　guojia 指就职于国企、事业单位和政府部门的家庭成员数量；*shdw* 来源于问题"您在本地的社会地位？"的回答，以家庭成员中最高者为准；*bcn* 和 *bjkn* 来源于家庭成员对问题"家庭有几个人身体变差了（自评健康）？"和"家庭有几个不健康的人（自评健康）？"的回答；描述性统计中给出的 *age* 指年龄为 45 岁至 55 岁子代的数量；若子女与父母不同灶，则将不同灶母亲的健康、年龄与社会地位状况合并至子代家庭。

（二）基准匹配及稳健性检验

　　本节主要使用倾向得分匹配方法（Propensity Score Matching，PSM）考察父辈医疗保险状况对子代家庭消费的影响，以缓解或解决由于自选择性导致的估计偏误。该方法分为三步。第一步，我们需要计算个体倾向得分值，即给定协变量的情况下，样本是否接受处理的概率。个体倾向得分越高，接受处理的概率越大。本节利用 logit 模型估计样本倾向得分，计算公式为（Becker，2002）：

$$p(X_i) = \Pr(D_i = 1 | X_i) = \exp(\beta X_i) / [1 + \exp(\beta X_i)] = E(D_i = 1 | X_i) \tag{13-15}$$

　　其中 X 为本节的协变量，即一系列可能影响个体是否接受处理的因素；D 为处理变量，取值范围为[0, 1]。第二步，我们对处理组和控制组进行匹配。常用的匹配方法包括近邻匹配、半径匹配、核匹配和马氏匹配等。近邻匹配就是寻找与处理组倾向得分值最为接近的控制组；半径匹配指在特定半径内对处理组和控制组进行匹配；核匹配是构造一个虚拟对象对两组进行匹配，构造的原则是对控制变量做权重平均，权重的取值与两组倾向得分差异负相关；马氏匹配则首先根据协变量计算马氏距离，然后进行近邻匹配。最后一步，我们计算处理组平均处理效应（ATT），以衡量处理组的毛收益。计算公式为：

$$\begin{aligned} ATT &= E(Y_{1i} - Y_{0i} | D_i = 1) = E\left\{ E[Y_{1i} - Y_{0i} | D_i = 1, p(X_i)] \right\} \\ &= E\left\{ E[Y_{i1} | D_i = 1, p(X_i)] - \{E[Y_{1i} | D_i = 0, p(X_i)] | D_i = 1\} \right\} \end{aligned} \tag{13-16}$$

　　该方法的有效性依赖于共同支撑假设和平衡性假设。假设要求处理组和控制组的倾向得分有较大的共同取值范围。为此，本节仅保留倾向得分具有重叠部分的个体。各回归结果表中的 *control* 和 *treat* 分别表示经上述处理后的控制组和处理组样本数量，从中可见本节的估计满足共同支撑假设。平衡性假设要求匹配以后的控制组和处理组在各协变量上无显著差异，一般通过观察匹配后两组变量的标准化偏差绝对值来判断，该值通常被认为要小于 20。表 13-7 中的 *bias* 表示标准化偏差绝对值大于 20 的协变量数量，0 表示无，1 表示有 1 个[①]。可见，本节的绝大多数估计满足平衡性假设。综合以上两条分

---

　　① 即使如此，匹配后的标准偏差明显减小，较大程度上平衡了协变量在两组的分布。

析，本节的估计是有效的。此外，为增强估计的稳健性，我们分别使用五种匹配方式：各回归结果表中从左至右依次为 1 对 4 匹配、马氏匹配、半径匹配、基于 uniform 的核匹配以及基于 biweight 的核匹配。

首先估计全样本情形下父辈是否参加医疗保险对已婚子女家庭消费的影响，结果如表 13-7 所示。从 ATT 来看，五种匹配结果均显著为正，父辈有医疗保险的子代家庭消费显著高于父辈没有医疗保险的子代家庭，其平均处理效应约为 0.17，比控制组家庭消费提高 18% 左右。可见，子代家庭所承担的养老负担与社会公共保障制度的完善程度密切相关，父辈的社会保障状况直接影响到子代家庭养老负担的大小与消费水平的高低，若父辈有社会保障，则社会养老可在一定程度上替代"家庭养老"，减轻子代对父辈的代际扶持负担和医疗负担，进而释放子代家庭的消费潜力，对子代家庭消费产生溢出效应。

表 13-7 父辈医疗保险如何影响子女家庭消费：全样本与城乡分样本

	1 对 4 匹配			马氏匹配			半径匹配			核匹配(uniform)			核匹配(biweight)		
	全样本	城市	农村	全样本	城市	农村	全样本	城市	农村	全样本	城市	农村	全样本	城市	农村
bias	0	0	0	2	0	0	1	0	0	1	0	0	1	0	0
control	125	125	125	125	25	125	125	125	125	125	125	125	125	125	125
treat	1145	528	602	1156	531	617	1147	528	611	1147	528	611	1147	528	611
ATT	0.17*	0.25**	0.08	0.18*	0.33***	0.10	0.16*	0.22**	0.03	0.17*	0.26	0.03	0.16*	0.25**	0.03
%	19.36*	28**	8	19.72*	39***	11	17.35*	24**	3	18.17*	30	3	17.32*	28**	3

注：***、**、*分别表示在 1%、5%、10%显著性水平下显著。

在我国城乡特殊的"二元结构"下，居民收入水平和社会保障程度都存在较大的城乡差异，因此我们进一步将处理组家庭按照城乡分为两组进行回归，结果显示五种匹配方式下城市家庭父辈有医疗保险的子代家庭消费均显著高于父辈没有医疗保险的子代家庭，其平均处理效应约为 0.26，比控制组家庭消费平均提高近 30%；而农村家庭在五种匹配方式下皆不显著，父辈医疗保险对子代家庭消费的影响存在显著的城乡差异。可能的解释是城乡二元差异下居民收入差距较大，城镇居民医疗保险和职工医疗保险的缴费额比新农合高，"社会养老"对"家庭养老"的补充甚至替代作用较大，因而医疗保险对城市子代家庭消费的提振作用较大；同时较之于城市，农村家庭的观念落后，消费理念更新缓慢，对医疗保险的接受和信任需要一个相对漫长的时间，农村居民对未来仍然有较大的收入和支出不确定性，医疗保险只能在一定程度上削减农村居民的储蓄意愿，居民的预防性储蓄动机仍然强劲，因此农村子代家庭的消费状况并未因父辈是否参加医疗保险而表现出显著区别。简言之，若父辈未参加医疗保险，则由此带来的医疗负担的提高显著抑制了城镇子代家庭的消费支出，而这一影响在农村不显著。

进一步将处理组家庭按照区域分为东中西三组，回归结果见表 13-8。结果显示在五种匹配方式下，东部地区父辈有医疗保险的子代家庭消费显著均高于父辈没有医疗保险的子代家庭消费，其平均处理效应为 0.24，处理组比控制组家庭消费平均提高近 27%；中西部子代家庭的消费在五种匹配方式下受父辈是否参加医保的影响皆不显著，即父辈是否有医疗保险对子代家庭消费的影响存在显著的区域差异。可能的解释是东部地区经济发达程度和开放程度较高，家庭收入较高，为父辈提供代际扶持的能力也相对更高，父辈的医疗保险可以在其需要医疗服务时替代子代提供给父辈的代际扶持，从而减轻子代家庭对父辈的赡养负担，对子女家庭的消费产生溢出作用。有学者使用宏观数据得到老人负担率的增加同该区域居民的消费性支出呈反方向变动关系(毛中根等，2013)，我们的研究进一步验证了这一点。同时和城乡间的差别类似，东部地区较中西部地区更容易接受新鲜事物，父辈有医疗保险能够使子代家庭的预防性储蓄降低得更多，使得其对消费的提振作用更为显著。还有研究发现不同地区老龄化程度的差异是造成东部消费高于西部的重要原因(李晓嘉、蒋承，2014)，但限于样本数据，本研究暂时无法进一步证实这一点。

表 13-8　父辈医疗保险如何影响子女家庭消费：按区域分组

区域	1 对 4 匹配			马氏匹配			半径匹配			核匹配(uniform)			核匹配(biweight)		
	东	中	西	东	中	西	东	中	西	东	中	西	东	中	西
bias	0	0	0	0	0	1	0	0	0	0	0	0	0	0	0
control	125	125	125	125	125	125	125	125	125	125	125	125	125	125	125
treat	432	319	247	433	324	258	432	320	254	433	320	254	433	320	254
ATT	0.28**	0.12	0.12	0.29*	0.18	0.24	0.23**	0.07	0.19	0.25**	0.08	0.16	0.15**	0.07	0.16
%	32**	13	13	34*	20	27	26**	7	21	28**	8	17	16**	7	17

注：***、**、*分别表示在 1%、5%、10%显著性水平下显著。

在传统的"家庭养老"模式中，儿子和女儿被要求承担的赡养责任往往并不相同。为实证检验子代性别差异在本节研究问题中所扮演的角色，接下来我们按照城乡和性别细分样本进行更加深入的考察，回归结果如表 13-9 所示。"男"表示子代家庭中的男方父辈有医疗保险，"女"表示子代家庭中的女方父辈有医疗保险。结果发现各性别下消费的城乡差异同全样本下的城乡差异一致，父辈拥有医疗保险的状况对城市子女家庭消费的影响较大，父辈有医疗保险的家庭消费显著提高，而这一效应在农村子女家庭并不显著。进一步比较城市中儿子和女儿的养老负担对其家庭消费的影响，发现除了马氏匹配之外，在 1 对 4 匹配、半径匹配、基于 uniform 的核匹配以及基于 biweight 的核匹配下，城市中父辈有医疗保险的女儿，其家庭消费比父辈没有医疗保险的女儿的家庭消费平均提高 53%，儿子的家庭消费则平均提高 40%，可见，城市样本中父辈有无医疗保险对女儿家庭消费的影响大于对儿子的影响。

该结果表明在"家庭养老"的角色分工里，儿子和女儿间存在着很大差异，特别是在城市家庭当中，女儿要比儿子更孝顺，这可能是由于女性普遍更加细心，更容易及时觉察到父母健康状况的转变，同时城市女性大多经济独立，有能力及时为父母购买医疗服务，这直观上符合"女儿是小棉袄"的现实。这同有些国外研究结论一致，即成年子女对赡养老人的孝道理念在性别间存在显著差异，女儿对孝道责任的履行比儿子更加积极，给予老人的照顾更多(罗西等，1992)，提供的代际扶持也更多(梅里尔等，2006)，老人的医疗负担被更多地转移到女儿身上。而在农村，父辈有无医疗保险对子女消费的影响不显著，可能的解释是在农村的计生政策中，投胎为女儿的家庭可申请再次生育，故而农村家庭的子女数量多于城市家庭，父母的医疗费用等养老负担可能由一个家庭的多个子女共同承担，父辈的医疗保险状况对农村子代家庭消费的影响不大。

表 13-9 父辈医疗保险如何影响子女家庭消费：城乡分样本按性别分组

性别	1 对 4 匹配				马氏匹配				半径匹配				核匹配 (uniform)				核匹配 (biweight)			
	男		女		男		女		男		女		男		女		男		女	
城乡	城	乡	城	乡	城	乡	城	乡	城	乡	城	乡	城	乡	城	乡	城	乡	城	乡
bias	1	0	1	0	1	0	1	0	1	0	0	0	0	0	0	0	0	0	0	0
control	125	125	125	125	125	125	125	125	125	125	125	125	125	125	125	125	125	125	125	125
treat	203	165	208	175	205	167	210	179	203	165	207	174	203	165	207	174	203	165	207	174
ATT	0.33*	0.15	0.48***	0.01	0.44*	0.21	0.34**	0.16	0.29*	0.02	0.43**	0.01	0.37**	0.01	0.40**	0.02	0.36*	0.01	0.38**	0.03
%	39*	16	62***	1	55*	23	41**	17	34*	2	54**	1	45**	1	49**	2	43*	1	46**	3

注：***、**、*分别表示在 1%、5%、10%显著性水平下显著。

为进一步考察不同年龄的已婚子女其父母的医疗保险状况对个体家庭消费的不同影响，我们将样本按照年龄以 45 岁和 55 岁为界分为三组，回归结果如表 13-10 所示。实证结果显示，父辈有无医疗保险对 45—55 岁及以下的子代影响较大，除了 1 对 4 匹配之外，在其他四种匹配方式下，父辈有医疗保险的子代家庭消费均显著高于父辈没有医疗保险的子代家庭，而子代年龄在 45 岁以下或 55 岁以上的家庭消费受父辈医保状况的影响不大。可能的解释是年龄小于 45 岁的子代家庭，其父辈身体情况通常较乐观，医疗需求不大,因此父辈医保状况对子代家庭消费的影响较小;而对于 45—55 岁的子代来说,其父母年龄一般在 70 岁到 80 岁,健康水平开始下降,医疗需求增大,子代所承担的医疗养老负担加重,因而父母医保状况对家庭消费的影响开始显现。父辈有无医疗保险对 55 岁以上的子代家庭消费的影响不大,可能的解释是该年龄段的子代个体本身也开始步入老年阶段,在收入和消费水平都因退休而开始下降的同时自身防老养老的预防性储蓄动机也随之增强;同时,遗赠动机可能也会强化其储蓄需求,制约其消费以及财富的向上转移。

表 13–10 父辈医疗保险如何影响子女家庭消费:按年龄分组

年龄	1 对 4 匹配			马氏匹配			半径匹配			核匹配(uniform)			核匹配(biweight)		
	45	45–55	55	45	45–55	55	45	45–55	55	45	45–55	55	45	45–55	55
bias	0	0	0	1	1	1	0	0	1	0	0	1	0	0	0
control	125	125	125	125	125	125	125	125	125	125	125	125	125	125	125
treat	63	488	599	63	491	602	63	488	599	63	490	599	63	490	599
ATT	−0.05	0.22	0.11	−0.15	0.24**	0.17*	−0.04	0.23**	0.10	−0.08	0.19*	0.12	−0.10	0.19*	0.09
%	4.88	24	11.64	13.94	27.14**	18.54*	3.92	25.88**	10.52	7.69	20.94*	12.76	10.52	20.94*	9.42

注:******、**、*分别表示在 1%、5% 、10%显著性水平下显著。

本章小结

本章主要从父辈健康状况及父辈医疗保险角度,研究供给侧结构性改革与异质性消费者行为之间的关系,并提出相应的政策建议。

在父辈健康状况方面,研究发现老人健康状况显著影响异质性消费者的行为。老人健康状况越差,老人数量越多,家庭对老人提供的赡养代际扶持负担越重,预防性储蓄动机越强,对家庭消费的挤出越多。养老负担在城乡间未表现出存在异质性,并未表现出明显的城乡差异。老人健康对家庭消费的影响在不同收入等级的家庭存在异质性,与低收入家庭相比,对高收入家庭的影响更大。

在父辈医疗保险方面,研究表明父辈参加医疗保险的子代家庭消费显著高于父辈没有参加医疗保险的子代家庭消费,处理组比控制组家庭消费显著提高 18%左右;父辈参与医疗保险状况对子代家庭消费的影响存在城乡和区域的异质性,并与子女的性别及年龄有关。医疗保险可以在一定程度上替代"家庭养老",减轻子代家庭的养老负担,对子代家庭消费具有溢出效应。

政府应该进一步完善包括医疗保险在内的社会保障体系建设，发挥医疗保险等社会保障对"家庭养老"的替代作用，减轻子代家庭赡养老人的医疗和养老负担，释放居民消费潜力；实现社会保障服务供给的均等化，城镇居民医疗保险和职工医疗保险的缴费额比"新农合"高，城市居民的医疗保障比农村居民高，要进一步提高农村居民医疗保障水平，降低农村居民和中西部地区广大居民支出的不确定性；加大对社会医疗保险的宣传力度，特别是在农村及中西部地区的医疗保障宣传工作，改变落后地区的落后观念，提高人们对社会保险的接受度与信任度，更新观念，促进居民消费的长期增长，进而扩大内需，促进经济健康持续增长。

第十四章 养老保险发展及其改革与异质性消费者行为

第一节 人口老龄化、养老保险发展与异质性消费者行为

一、人口老龄化对居民消费影响的争论

不同学者利用不同国家的宏观统计数据或微观家庭调查数据研究了人口老龄化对居民消费的影响,但相关研究未得到一致结论,正向影响、负向影响及影响不显著等三方面结论同时存在。我们认为,造成这种结论不一致的原因之一是人口老龄化对居民平均消费倾向(简称为居民消费倾向)的影响存在养老保险发展程度(本节以养老保险基金支出水平和养老保险覆盖率衡量)的门槛效应。当养老保险发展处于低水平时,老年人的养老保障水平较低,消费信心较弱;同时,处于工作期的劳动力的资产替代效应较弱,出于养老抚幼的压力,再加上预期寿命的延长等影响,这一群体会更加倾向于储蓄。这些因素共同使得人口老龄化对居民消费倾向产生负向影响。随着养老保险发展水平的提高,当养老保险支出水平与覆盖率越过门槛值时,养老保险就会通过微观和宏观两方面的作用,对居民消费倾向产生显著为正的促进作用。也就是说,不同学者利用的数据与计量模型不同,使其研究处于养老保险发展的不同阶段,进而导致不同的结论。

其次,养老保险发展会影响人口老龄化带来的种种经济效应,单独考虑人口老龄化对消费的影响会产生遗漏变量问题,也会使相关研究分析过于狭隘和片面化。最后,消费者同质性的经典理论假设并不完全适用于现实研究分析。在实证研究中,可以从人口老龄化程度和消费结构等角度将消费者分为不同的类型,进而分析人口老龄化对居民消费倾向非线性影响的异质性。

因此,针对已有研究的争论与不足,基于世代交叠模型,本节构建了简化的人口老龄化对居民消费倾向非线性影响的理论模型;然后结合 2002—2017 年中国省际面板数

据，利用动态面板门槛模型，以养老保险发展为门槛变量实证研究了人口老龄化对居民消费倾向的非线性影响，对理论模型进行验证，并从区域与消费结构的角度考虑这种非线性影响的异质性；最后根据研究结论提出差异化的政策建议，以期释放异质性消费者的消费潜力，增强经济增长的内生动力。

二、养老保险门槛效应的理论分析

本节以养老保险发展为门槛变量，基于世代交叠模型构建简化的人口老龄化对居民消费倾向非线性影响的理论模型（查克拉伯蒂，2004；蔡兴，2015）。假设代表性消费者一生共经历两个时期，成年期和退休期。令 C_{1t} 和 C_{2t} 分别表示第 t 期年轻人和老年人的消费，则出生于 t 期的人们可得的效用 U_t 依赖于 C_{1t} 和 C_{2t+1}。每一代消费者都在且在成年期通过工作获得总收入 W（这里的收入 W 为消费者扣除养老保险等缴费后的纯收入），用于消费 C_{1t} 和储蓄 S_{1t}；在退休期只消费 C_{2t+1}，无劳动收入，消费来源于增值后的储蓄与参加养老保险获得的养老金收入。

假设利率为 r_{t+1}，则增值后的储蓄为 $S_{1t}(1+r_{t+1})$。假设整个社会的养老保险覆盖率为 α，且每个消费者是否参加养老保险是随机分配的，则每个人被养老保险覆盖的概率均为 α；并假设每个消费者的养老保险替代率均为 β，等于消费者在第二期即退休期的养老金总收入/成年期的工资总收入。显然，消费者在第二期存活时间越久，领取的养老金总收入越高，β 会越大。随着消费者存活时间的延长，β 依次存在小于 1、等于 1 和大于 1 三种情况。不难看出，消费者退休后直至死亡，获得的养老保险总收入可利用其在成年期的总收入 W 与养老保险替代率 β 和养老保险覆盖率 α 的乘积构成，即消费者在第二期获得的养老保险总收入的期望值等于 $\alpha\beta W$。本节中，衡量养老保险发展程度的指标包括养老保险覆盖率 α 与养老保险替代率 β（或养老保险基金支出水平，两者成正比），二者分别代表了养老保险发展的宽度和深度。

基于中国现实，老年人消费支出的一部分来源于子女的赡养给予。为简化分析，此处我们假定消费者在成年期的储蓄全部用于赡养老人，而自身在老年期也会相应获得子女的储蓄。人口老龄化程度越高，整个社会以及家庭的老年抚养比（Fo）也会越高，消费者在成年期的储蓄就需要分给更多的老年人；同时，消费者在年老时，也就是第二期能够从子女获得的赡养给予也会小于自己在年轻时（工作期）的储蓄。为简化分析，我们用消费者成年期的储蓄终值（$S_{1t}(1+r_{t+1})$）与老年抚养比（Fo）的比值来表示这种关系。为满足后文理论推导的合理性，这里的老年抚养比为乘以 100 后的值，仍用 Fo 来表示。

因此，消费者第一期的预算约束可表示为：

$$C_{1t} + S_{1t} = W \tag{14-1}$$

第二期的预算约束可表示为：

$$C_{2t+1} = \alpha\beta W + \frac{S_{1t}(1+r_{t+1})}{Fo} \tag{14-2}$$

结合式（14-1）与式（14-2），可得消费者一生消费支出的预算约束为：

$$C_{1t} + \frac{Fo}{(1+r_{t+1})} \cdot C_{2t+1} = W\left[1 + \frac{\alpha\beta \cdot Fo}{(1+r_{t+1})}\right] \tag{14-3}$$

消费者在式（14-3）的约束下最大化自己一生的效用，假设效用函数为常相对风险规避（CRRA）效用函数，并考虑到老年抚养比的提高会降低消费者第一期的效用，我们设定效用函数形式为：$U_t = \frac{C_{1t}^{1-\theta}}{(1-\theta)F_0} + \frac{1}{1+\rho}\frac{C_{2t+1}^{1-\theta}}{1-\theta}$，$0<\theta<1$，$\rho>0$ 且 $\rho>r_{t+1}$，则

$0 < \left(\frac{1+r_{t+1}}{1+\rho}\right)^{\frac{1}{\theta}} < 1$。其中，$\theta$ 为相对风险规避系数；ρ 为折现率，ρ 越大，家庭越看重当

期消费而不是未来消费。则效用最大化问题可表示为：

$$Max\, E\left[U(C_{1t}, C_{2t+1})\right] = U_t = \frac{C_{1t}^{1-\theta}}{(1-\theta)Fo} + \frac{1}{1+\rho}\frac{C_{2t+1}^{1-\theta}}{1-\theta}$$

$$s.t. \quad C_{1t} + \frac{Fo}{(1+r_{t+1})} \cdot C_{2t+1} \leqslant W\left[1 + \frac{\alpha\beta \cdot Fo}{(1+r_{t+1})}\right] \tag{14-4}$$

通过求解式（14-4）可得欧拉方程为：

$$\frac{C_{2t+1}}{C_{1t}} = \left(\frac{1+r_{t+1}}{1+\rho}\right)^{\frac{1}{\theta}} \tag{14-5}$$

将式（14-5）带入式（14-3）可得消费者的最优消费水平 C_{1t} 为：

$$\frac{W}{1 + Fo \cdot (1+r_{t+1})^{\frac{1}{\theta}-1} \cdot (1+\rho)^{-\frac{1}{\theta}}} \cdot \left[1 + \frac{\alpha\beta \cdot Fo}{(1+r_{t+1})}\right]$$

令 $K = (1+r_{t+1})^{\frac{1}{\theta}-1} \cdot (1+\rho)^{-\frac{1}{\theta}}$，则 $C_{1t} = \frac{W}{1 + K \cdot Fo} \cdot \left[1 + \frac{\alpha\beta \cdot Fo}{(1+r_{t+1})}\right] \tag{14-6}$

将式（14-6）两边同时除以收入 W，可得消费者的消费倾向 cr 为：

$$cr = \frac{1}{1 + K \cdot Fo} \cdot \left[1 + \frac{\alpha\beta \cdot Fo}{(1+r_{t+1})}\right] \tag{14-7}$$

通过求 cr 对 Fo 的偏导数，我们可得老年抚养比对居民消费倾向的影响可表示为：

$$\frac{\partial cr}{\partial Fo} = \frac{K}{\left(1 + K \cdot Fo\right)^2} \cdot \left(\frac{\alpha\beta}{\left(\dfrac{1 + r_{t+1}}{1 + \rho}\right)^{\frac{1}{\theta}}} - 1 \right) \tag{14-8}$$

由式 (14-8) 可知，当 $\alpha\beta < \left(\dfrac{1 + r_{t+1}}{1 + \rho}\right)^{\frac{1}{\theta}}$ 时，老年抚养比对居民消费倾向的影响为负

（ $\dfrac{\partial cr}{\partial Fo} < 0$ ），而当 $\alpha\beta > \left(\dfrac{1 + r_{t+1}}{1 + \rho}\right)^{\frac{1}{\theta}}$ 时，老年抚养比对居民消费倾向的影响为正（ $\dfrac{\partial cr}{\partial Fo} > 0$ ），

即 $\left(\dfrac{1 + r_{t+1}}{1 + \rho}\right)^{\frac{1}{\theta}}$ 是人口老龄化对居民消费倾向影响由负转正的养老保险发展门槛值。而且，

当继续提高养老保险覆盖率（α）与养老保险替代率（β，或养老保险基金支出水平）时，老年抚养比对居民消费倾向的正向影响会增强。因此，养老保险发展可逆转人口老龄化的负向消费效应，或增强人口老龄化的正向消费效应。接下来，本节以养老保险发展为门槛变量，对人口老龄化对居民消费倾向非线性影响的门槛特征进行实证检验，并从区域与消费结构角度进行门槛效应的异质性分析。

三、养老保险发展门槛效应的实证检验

（一）计量模型设计及估计方法

1. 计量模型设定

由于计算养老保险替代率所需数据部分缺失，本节分别以养老保险支出水平（pen）和养老保险覆盖率（$coverage$）为门槛变量，结合 2002-2017 年中国省际面板数据，研究中国人口老龄化对居民消费倾向非线性影响的门槛效应和不同区间的作用系数，动态面板门槛回归模型设定如下（单门槛情况）：

$$cr_{it} = \delta_0 + \rho cr_{it-1} + \alpha_1 Fo_{it} I\left(pen \leqslant \gamma_1\right) + \alpha_2 Fo_{it} I\left(pen > \gamma_1\right) + \lambda Z_{it} + \mu_i + \varepsilon_{it} \tag{14-9}$$

$$cr_{it} = \delta_0 + \rho cr_{it-1} + \beta_1 Fo_{it} I\left(coverage \leqslant \gamma_2\right) + \beta_2 Fo_{it} I\left(coverage > \gamma_2\right) + \lambda Z_{it} + \mu_i + \varepsilon_{it}$$

$$\tag{14-10}$$

式 (14-9) 和式 (14-10) 分别为以 pen 和 $coverage$ 为门槛变量的模型，γ_1 和 γ_2 为相应的待估计门槛值。式中，下标 i 表示省份，t 表示时间；μ_i 和 ε_{it} 分别为个体扰动项和随机扰动项；被解释变量 cr_{it} 表示居民消费倾向；解释变量 cr_{it-1} 为居民消费倾向的滞后一

阶项，用来检验居民消费习惯对消费倾向的影响；Fo_{it} 为老年抚养比；I($\cdot$)表示指示函数，括号中条件满足时函数值为 1，反之则为 0；Z_{it} 为外生控制变量。

其中，居民消费倾向$(cr)=\dfrac{\sum_i 人口数_i\times 人均消费_i}{\sum_i 人口数_i\times 人均可支配收入_i}$，$i$=城镇，农村。在消费结构分析中，居民消费倾向还包括生存型消费倾向(cr_1)、发展型消费倾向(cr_2)和享受型消费倾向(cr_3)，均按照此方法计算。

本节用各省份老年抚养比率来表示人口老龄化程度。老年抚养比率(Fo)=65 岁及以上人口数/15—64 岁人口数。

养老保险发展程度的衡量指标包括养老保险支出水平(pen)和养老保险覆盖率$(coverage)$。其中，养老保险支出水平=基本养老保险基金支出额/GDP；由于缺少部分年份的新型农村或城镇居民社会养老保险参保人数的统计数据，因此，定义养老保险覆盖率=参加城镇职工基本养老保险人数/城镇人口（蔡兴，2015）。

影响居民消费的因素很多，根据已有相关研究，本节加入以下三类 9 个控制变量：

第一类为人口结构类控制变量，共 2 个。我们借鉴蔡兴（2015）的做法，利用少儿抚养比率(fy)=0—14 岁人口数/15—64 岁人口数和人口死亡率$(mr$，表示预期寿命)作为人口结构的代理变量。

第二类为经济因素类控制变量，共 5 个。我们首先基于经典消费经济理论，在控制变量中加入居民人均可支配收入(y)，计算方法为：首先分别整理得到城镇居民人均可支配收入和农村居民人均纯收入，然后分别乘以城镇和农村人口占总人口的比重并相加，计算得到加权平均值。此外，我们还借鉴赵昕东等（2017）的做法引入了其他经济因素的代理变量，包括人均实际储蓄存款余额(rs)、一年期存款基准利率(r)、居民消费价格指数(CPI)和人均收入增长率(g)。

第三类为不确定性的控制变量，共 2 个。已有研究表明居民收入不确定性(unc)和收入分配不均$(ineq)$对居民消费会产生显著影响。因此，我们分别借鉴李文星等（2008）和陈斌开（2012）的做法，利用通货膨胀率和城乡居民收入之比（城镇居民家庭人均可支配收入/农村居民人均纯收入）作为两者的代理变量。

所有涉及价格因素的变量均采用 CPI 并以 2002 年的不变价格进行指数平减。

2. 模型估计方法

在前文理论分析和计量模型设计的基础上，本节采用的计量模型为动态面板门槛模型，原因主要有以下两点：第一，由前文分析，人口老龄化对居民消费倾向存在非线性影响，门槛模型可较好的检验这种非线性；第二，消费具有惯性（陈浩、宋明月，2019），也就是说居民现在的消费倾向、消费结构等，会受到滞后期消费的影响，利用动态面板模型可较好的检验这种惯性的作用大小。

具体而言,本节首先采用残差项的前向正交离差法消除个体固定效应(克雷默,2013),保证误差项不存在序列相关;然后将消费倾向的一阶滞后项(cr_{-1})与高阶滞后项进行 OLS 回归,得到 cr_{-1} 的预测值 $\widehat{cr_{-1}}$ 作为 cr_{-1} 的代理变量,带入计量模型,按照面板门槛值估计方法确定养老保险支出水平和覆盖率的门槛值和置信区间;最后利用系统 GMM 对式(6-41)和式(6-42)进行估计(卡内、汉森,2004;陈杰、农汇福,2016)。

(二)数据说明与变量描述性统计

本节整理得到中国 31 个省(自治区、直辖市)2002—2017 年的平衡面板数据,共 496 个观测值。所有数据均来源于历年《中国统计年鉴》、《中国金融年鉴》及各省统计年鉴等。使用的计量分析软件为 Stata 15。各变量描述性统计结果参见表 14-1。

表 14-1　变量描述性统计

变量名	符号	数量	均值	标准差	最小值	最大值
居民消费倾向	cr	496	0.723	0.155	0.315	0.894
生存型消费倾向	cr_1	496	0.349	0.041	0.245	0.519
发展型消费倾向	cr_2	496	0.118	0.020	0.076	0.245
享受型消费倾向	cr_3	496	0.123	0.025	0.065	0.201
人均收入对数值	lny	496	9.816	0.541	8.690	10.985
少儿抚养比	fy	496	0.246	0.072	0.096	0.447
老年抚养比	Fo	496	0.125	0.027	0.067	0.218
人口死亡率	mr	496	0.059	0.007	0.042	0.074
养老保险支出水平	pen	496	0.031	0.014	0.012	0.086
养老保险覆盖率	$coverage$	496	0.356	0.133	0.066	0.854
人均实际储蓄存款余额对数值	$lnrs$	496	9.460	0.719	7.589	11.558
一年期存款基准利率	r	496	0.025	0.006	0.019	0.038
居民消费价格指数	CPI	496	1.025	0.020	0.976	1.101
收入分配不均	$ineq$	496	2.926	0.598	1.845	5.525
收入不确定性	unc	496	0.024	0.018	-0.008	0.059
人均收入增长率	g	496	0.108	0.035	-0.052	0.245

（三）人口老龄化对居民消费倾向的非线性影响

本节分别利用 LLC 检验和 Fisher-PP 检验对面板数据进行单位根检验，结果显示均在 5%的显著性水平下拒绝了存在单位根的原假设，表明所有变量是平稳有效的。Pedroni 检验和 Kao 检验的结果显示变量间存在长期稳定关系。

表 14–2 报告了动态面板门槛检验中以养老保险支出水平（pen）和养老保险覆盖率（$coverage$）为门槛变量的显著性检验、门槛估计值及其 95%置信水平的置信区间。结果显示，两类门槛变量均在 5%的显著性水平下具有显著的双门槛特征。动态面板门槛模型参数估计结果见表 14–2。

表 14–2　门槛变量的显著性检验和置信区间

门槛类	门槛数	F 值	P 值	门槛估计值	95%置信区间
养老保险支出水平 （pen）	单一	19.413	0.010	0.0287***	[0.0279, 0.0289]
	双重	15.954	0.013	0.0499**	[0.0491, 0.0511]
	三重	5.895	0.168		
养老保险覆盖率 （$coverage$）	单一	16.779	0.003	0.2770***	[0.2422, 0.2771]
	双重	9.251	0.026	0.4167**	[0.4147, 0.4179]
	三重	5.607	0.124		

注：表中的 F 值、95%置信区间等均为采用自助法（Bootstrap）得到的结果；***、**、*分别表示 $P<0.01$、$P<0.05$、$P<0.10$。

表 14–3 中的 Ward、AR(1)、AR(2) 及 Sargan 检验对应的数据均为 P 值。由各模型 Ward 检验的 P 值均为 0.000 可知，各模型的解释变量是联合显著的。由各模型 AR(1) 的 P 值小于 0.01，AR(2) 的 P 值大于 0.70，Sargan 检验的 P 值大于 0.70 可得，GMM 估计结果的扰动项不存在二阶或更高阶自相关，并且所有工具变量均有效。

表 14–3　动态面板门槛模型参数估计结果

模型	模型 1	模型 2	稳健性检验 1	稳健性检验 2
门槛变量	养老保险支出	养老保险覆盖率	养老保险支出	养老保险覆盖率
cr_{-1}	0.665*** (0.143)	0.563*** (0.080)	0.602*** (0.213)	0.607*** (0.123)
fy	−0.083 (0.069)	0.105* (0.057)	−0.021 (0.015)	−0.028 (0.021)
pen	0.028** (0.013)	0.027** (0.012)	0.062** (0.027)	0.031* (0.016)

续表

模型	模型 1	模型 2	稳健性检验 1	稳健性检验 2
门槛变量	养老保险支出	养老保险覆盖率	养老保险支出	养老保险覆盖率
coverage	0.178** (0.089)	0.047 (0.031)	0.172** (0.067)	0.023** (0.011)
ln*y*	−0.143*** (0.041)	−0.051** (0.022)	−0.098*** (0.015)	−0.063** (0.025)
mr	0.377*** (0.203)	0.401** (0.184)	0.865** (0.356)	0.906* (0.525)
Fo 在第一个区间的系数	−0.094*** (0.036)	−0.193** (0.083)	−0.076** (0.032)	−0.126* (0.069)
Fo 在第二个区间的系数	0.036 (0.028)	0.232*** (0.068)	0.025* (0.014)	0.314** (0.126)
Fo 在第三个区间的系数	0.187** (0.087)	0.164 (0.105)	0.139** (0.068)	0.247* (0.131)
Constant	1.889*** (0.201)	0.660** (0.246)	1.133*** (0.346)	1.295*** (0.156)
控制变量	控制	控制	控制	控制
Wald 检验	0.000	0.000	0.000	0.000
AR（1）检验	0.002	0.010	0.003	0.001
AR（2）检验	0.785	0.924	0.865	0.893
Sargan 检验	0.874	0.968	0.759	0.982

注：***、**、*分别表示 $P<0.01$、$P<0.05$、$P<0.10$；括号中数据为估计系数的标准差。

由表 14–3 动态面板门槛模型参数估计结果可知，少儿抚养比（*fy*）对居民消费倾向的影响不稳定。养老保险支出水平（*pen*）显著提升了居民消费倾向，这主要是因为增加养老保险支出提升了老年人收到的养老金水平，增强了老年群体的养老保障，老年人可以将额外获得的养老金用于自己消费，也可赠给子女进行消费，也就是说老年群体养老保障的增加同时增强了年轻群体的资产替代效应（使其减少储蓄）。养老保险覆盖率（*coverage*）对消费倾向的影响也显著为正，这是因为养老保险具有改善收入再分配、促进社会公平、降低居民预防性储蓄等功能，覆盖率的提高能够使更多居民享受到养老保险的益处，进而促进居民消费潜力的释放。人均可支配收入（ln*y*）对居民消费倾向的影响显著为负，这与经典的消费经济理论一致。消费倾向的滞后一阶项（*cr*₋₁）对当期消费倾向的影响显著为正，说明消费存在显著的习惯形成特征（陈浩、宋明月，2019），也验证了本节使用动态面板模型的正确性。人口死亡率（*mr*）对居民消费倾向的影响显著为正，这意味着预期寿命的增加对居民消费倾向存在负向影响。

中国人口老龄化对居民消费倾向存在显著的非线性影响，具有双门槛特征。在以养老保险支出水平(pen)为门槛变量的模型(模型1)中，两个门槛值分别为0.0287和0.0499。当pen<0.0287时，老年抚养比的系数显著为负。这主要是因为当养老保险支出较低时，老年人退休时的养老金替代率较低，不能够对老年人形成足够的养老保障，同时也会使得年轻人的资产替代效应减弱。年轻人出于养老抚幼的压力，再加上预期寿命延长等不确定性的影响，会更加倾向于储蓄。这些因素共同使得人口老龄化对居民消费倾向产生负面影响。当pen介于门槛值0.0287和0.0499之间时，老年抚养比的系数变为正数，这验证了理论模型的结论，即提高养老保险支出水平，使pen值跨过0.0287，能够使人口老龄化对居民消费倾向的影响由负转正。在此阶段，养老金收入的增加增强了老年群体的养老保障与居民的消费信心，促进了居民消费倾向的提升，但系数较小且不显著，说明养老保险支出水平较低时其对消费的提振作用相对有限。当pen>0.0499时，老年抚养比的系数显著为正，且相较第二个区间的系数值变大，这说明持续提高养老保险支出水平增强了人口老龄化的正向消费效应，且居民养老金替代率有了明显的提高，加强了年轻人的资产替代效应，使居民敢消费，愿消费，能消费。

在以养老保险覆盖率(coverage)为门槛的模型(模型2)中，两个门槛值分别为0.2770和0.4167。当coverage<0.2770时，人口老龄化对居民消费倾向的影响显著为负。这可能是因为当养老保险覆盖率较低时，多数老年人缺乏养老保障，消费支出主要来源于子女的财富转移。面对未来支出的不确定性，出于"防患于未然"的思想，未被养老保险覆盖的家庭更倾向于储蓄。因此，人口老龄化对居民消费倾向产生显著的负向影响。而当0.2770≤coverage≤0.4167时，老年抚养比的系数显著为正。多数学者的研究表明，参加养老保险的居民消费支出高于未参加养老保险的居民。并且，当覆盖率水平较低时，提高覆盖率对居民消费的促进作用大于提高保障水平的促进作用。因此，在养老保险支出低水平的基础上实现广覆盖，能够显著增强居民的养老保障和消费信心，使人口老龄化的消费效应显著为正，这也是中国致力于实现城乡居民基本养老保险广覆盖的原因之一。当coverage>0.4167时，老年抚养比的系数为正，但系数值较小且不显著(在稳健性检验中显著)。本节认为，当覆盖率越过第二个门槛值后，其促进居民消费的程度逐渐降低，这时养老保障水平的影响程度相对增强，提高养老保险基金支出水平收效更佳。因此，中国基本养老保险制度应首先致力于提高养老保险覆盖率，在实现"广覆盖"的基础上进一步提高养老保险支出水平(保障水平)。这也是对养老保险制度发展的横向与纵向的要求。

综上所述，人口老龄化对居民消费倾向的影响存在以养老保险发展程度为门槛变量的门槛特征，这或许能在一定程度上本章开端所提及的，既有研究在人口老龄化如何影响消费者以问题上出现纷争的原因。不同学者选取的样本与计量模型不同，使其研究处于某个或多个门槛区间内；而在不同区间，人口老龄化对居民消费倾向的影响方向与程度是不同的，对样本不加区分的研究必然造成结论不统一的现象。

本节主要利用以下四种方式对模型 1 和模型 2 进行稳健性检验：

第一，替换主要解释变量。我们分别用老年人口占比（65 岁及以上人口数/总人口数）和少年人口占比（0—14 岁人口数/总人口数）代替老年抚养比和少年抚养比，并重新定义养老保险覆盖率=参保职工人数/第二、三产业就业人数。

第二，剔除极端值。将 *Fo*、*pen* 和 *coverage* 这三个主要解释变量小于 5%分位和大于 95%分位的样本值分别替换为 5%和 95%分位上的值。

第三，加入其他控制变量。近年来，住房、医疗和教育在居民消费占比逐渐提高，因此，借鉴苏春红和李晓颖（2012）的做法，我们在控制变量中加入商品房平均销售价格（*pch*）、人均政府医疗支出（*medi*）和人均政府教育支出（*edu*）。

第四，将第二和第三两种方法结合，即在剔除极端值的同时加入住房、医疗及教育三种控制变量，重新回归。篇幅所限，本节仅展示第四种稳健性检验的结果。稳健性检验 1 对应模型 1，稳健性检验 2 对应模型 2。结果显示，在全国层面，人口老龄化对居民消费倾向的影响仍然具有显著的双门槛特征，以养老保险支出水平为门槛变量的门槛值为 0.0287 和 0.0516，以覆盖率为门槛变量的门槛值为 0.2964 和 0.5030。老年抚养比在各区间的系数值变化不大，说明人口老龄化对居民消费倾向的非线性影响是稳健的。其他解释变量系数值和显著性水平变化也不大，与模型 1 和模型 2 的结果相近，这表明我们的估计结果是稳健的。利用其他方法进行稳健性检验的结果与此类似，不再赘述。

（四）区域异质性门槛效应分析

汪伟（2015）的研究表明，中国人口老龄化程度由东向西逐渐递减，与中国经济发展程度的区域分布较为一致。因此，本节也将全国样本分为东、中、西三部分区域[①]，研究中国人口老龄化对居民消费倾向非线性影响的区域异质性。

---

① 东部地区包括北京、天津、河北、辽宁、上海、江苏、浙江、福建、山东、广东和海南 11 个省（市）；中部地区包括山西、吉林、黑龙江、安徽、江西、河南、湖北和湖南 8 个省；西部地区包括内蒙古、重庆、四川、贵州、云南、西藏、陕西、甘肃、青海、宁夏、新疆、广西 12 个省（区、市）。

表14-4　门槛变量的显著性检验和置信区间（区域异质性分析）

门槛类	区域	门槛数	F 值	P 值	门槛估计值	95%置信区间
养老保险支出水平（pen）	东部	单一	10.937	0.011	0.0470**	[0.0462, 0.0471]
		双重	2.412	0.125		
养老保险支出水平（pen）	中部	单一	9.544	0.003	0.0289***	[0.0287, 0.0291]
		双重	5.651	0.119		
	西部	单一	12.089	0.009	0.0288***	[0.0276, 0.0289]
		双重	3.420	0.110		
养老保险	东部	单一	23.587	0.004	0.4256***	[0.4175, 0.4314]
		双重	2.547	0.218		
	中部	单一	9.257	0.027	0.3357**	[0.3354, 0.3361]
		双重	6.541	0.245		
	西部	单一	7.014	0.038	0.3386**	[0.3365, 0.3426]
		双重	3.578	0.192		

注：表中的 F 值、95%置信区间等均为采用自助法（Bootstrap）得到的结果；***、**、*分别表示 $P<0.01$、$P<0.05$、$P<0.10$。

表 14-4 报告了东、中、西部地区门槛变量的显著性检验和置信区间。结果表明，对于东、中、西部地区，两类门槛变量均在 5%的显著性水平下具有单门槛特征。

表14-5　动态面板门槛模型参数估计结果（区域异质性分析）

门槛变量	东部地区		中部地区		西部地区	
	养老保险支出	养老保险覆盖率	养老保险支出	养老保险覆盖率	养老保险支出	养老保险覆盖率
cr_{-1}	0.628*** (0.079)	0.551*** (0.103)	0.616*** (0.121)	0.412*** (0.135)	0.591*** (0.154)	0.706*** (0.069)
fy	−0.411*** (0.103)	0.061 (0.064)	0.346** (0.142)	−0.219* (0.125)	0.279** (0.116)	0.058 (0.103)
pen	0.061*** (0.017)	0.021** (0.010)	0.024*** (0.007)	0.068* (0.036)	0.075** (0.034)	0.025** (0.012)
$coverage$	0.144** (0.060)	0.085 (0.062)	0.239** (0.118)	0.285* (0.163)	0.025 (0.021)	0.017* (0.009)
$\ln y$	−0.061*** (0.022)	−0.063*** (0.011)	−0.098*** (0.031)	−0.190*** (0.042)	−0.052** (0.022)	−0.045* (0.025)
mr	0.339 (0.296)	1.263*** (0.365)	0.585*** (0.124)	1.059* (0.591)	1.422** (0.752)	1.316*** (0.330)

续表

门槛变量	东部地区		中部地区		西部地区	
	养老保险支出	养老保险覆盖率	养老保险支出	养老保险覆盖率	养老保险支出	养老保险覆盖率
Constant	1.591*** (0.115)	1.978*** (0.105)	1.394*** (0.169)	1.805*** (0.154)	1.012*** (0.164)	0.737*** (0.163)
Fo 在第一个区间的系数	0.237** (0.103)	0.119* (0.068)	0.025 (0.292)	−0.218 (0.196)	−0.536** (0.269)	−0.143* (0.076)
Fo 在第二个区间的系数	0.356*** (0.125)	0.274** (0.116)	0.254*** (0.089)	0.796** (0.352)	0.334*** (0.116)	0.282* (0.154)
控制变量	控制	控制	控制	控制	控制	控制
Wald 检验	0.000	0.000	0.000	0.000	0.000	0.000
AR（1）检验	0.003	0.010	0.020	0.003	0.010	0.000
AR（2）检验	0.587	0.874	0.745	0.692	0.492	0.851
Sargan 检验	0.957	0.934	0.862	0.969	0.993	0.949

注：***、**、*分别表示 $P<0.01$、$P<0.05$、$P<0.10$；括号中数据为估计系数的标准差。Wald、AR（1）、AR（2）及 Sargan 检验对应的数据均为 P 值，相关结果的解释同表 14‐4。

由表 14–4，以养老保险支出水平为门槛变量的区域异质性分析结果显示，人口老龄化对居民消费倾向的影响在东、中、西部地区均只有一个门槛，但在门槛值大小以及门槛值左右区间 Fo 的系数存在差异。东部地区的养老保险支出的门槛值最大（为 0.0470），中、西部地区的门槛值相近，小于东部地区。这主要是由经济发展程度差距引起的：东部地区省份整体人均收入较高，需要更高的养老金收入（对应更高的养老保险基金支出水平）才能使人口老龄化的消费效应产生非线性的变化，而中、西部地区的人均收入相对较低，较小的门槛值即可引起人口老龄化对居民消费倾向的非线性影响。

在门槛值左右区间的系数差异方面，东部地区在门槛值左右区间 Fo 的系数均显著为正，但在第二个区间的系数较大。这说明在经济发展较好的地区，人口老龄化对居民消费倾向产生显著为正的影响，且随着养老保险支出水平的提升，居民的养老金替代率提高，进一步增强了人口老龄化的正向消费效应。中部地区在门槛值左右区间 Fo 的系数均为正，但 Fo 的系数在第二个区间的数值较大且显著。这说明对于中部地区，当养老保险支出水平低于门槛值时，居民的养老保障水平较低，居民预防性储蓄仍然较高，消费信心较弱；而当养老保险支出高于门槛值时，养老保险缓解了居民对未来的不确定性感受，疏通了预期、信息和财富等渠道，减小了流动性约束，使居民消费潜力得以释放。西部地区在门槛值左右区间 Fo 的系数符号相反，当养老保险支出水平小于门槛值时，老年抚养比的系数显著为负；大于门槛值时，老年抚养比的系数显著为正。本节认为，西部地区经济发展更为落后，人口老龄化对居民生活产生了显著不利影响，本就生活拮据的家庭在缺乏养老保障的情况下面临更高的老年抚养比，这些家庭会选择进行更多的预防性储蓄。而当养老保险支出高于门槛值后，居民的养老金收入增加，提升了居民养老保障水平和消费信心，降低了居民的预防性储蓄。同时，低收入群体的边际消费倾向较高，因此，养老金收入的增加可以显著缓解西部地区人口老龄化的不利影响，提高当地居民消费倾向。

以覆盖率为门槛变量的区域异质性分析结果，在门槛值大小与门槛值左右区间 Fo 的系数变化方面，与以养老保险支出为门槛变量的模型结果具有类似的结论。值得注意的是，中、西部省份的人口老龄化消费效应在 $coverage$ 小于门槛值时为负，但在 $coverage$ 大于门槛值时显著为正。本节认为，在早期中国的养老保险制度覆盖的主要是城镇企事业单位职工，这些职工多位于东部，而占中西部居民大多数的农业人口参保率却很低，缺乏养老保障，再加上中、西部省份本身经济发展相对落后，使得人口老龄化产生了负向消费效应。而当覆盖率逐渐提升并越过门槛值后，居民对未来的不确定性感受减弱，消费意愿增强，消费潜力得到了释放。

在稳健性检验方面，我们同样利用前述四种方法对门槛效应的区域异质性进行稳健性检验。结果显示，对于东、中、西部地区，人口老龄化对居民消费倾向的影响仍然只具有单一门槛特征，东部地区的养老保险支出水平和覆盖率门槛值仍然大于中、西部地区，门槛值左右区间的老年抚养比系数值以及各解释变量系数值和显著性水平变化也不大，这表明估计结果是稳健的。

(五)消费结构异质性门槛效应分析

我们借鉴马斯洛需求层次理论，将消费结构划分为三个层次：生存型消费、发展型消费和享受型消费。根据《统计年鉴》的划分标准，我们将食品烟酒、衣着和居住划分为生存型消费；将交通通信与医疗保健划分为发展型消费；将教育文化娱乐、生活用品与服务及其他划分为享受型消费。接下来我们将在此划分的基础上，研究人口老龄化对居民消费结构的非线性影响。

表 14-6 报告了消费结构分析中门槛变量的显著性检验和置信区间。结果显示，生存型消费不存在门槛特征，对于发展型和享受型消费，两类门槛变量均在5%的显著性水平下具有显著的单门槛特征。

表 14-6　门槛变量的显著性检验和置信区间（消费结构异质性分析）

门槛类	消费结构	门槛数	F 值	P 值	门槛估计值	95%置信区间
养老保险支出水平（pen）	生存型	单一	4.256	0.107		
	发展型	单一	20.543	0.002	0.0294***	[0.0274, 0.0294]
		双重	3.580	0.254		
	享受型	单一	16.240	0.011	0.0458**	[0.0456, 0.0467]
		双重	5.329	0.106		
养老保险覆盖率（coverage）	生存型	单一	3.430	0.152		
	发展型	单一	14.325	0.008	0.4991***	[0.4989, 0.5025]
		双重	2.658	0.426		
	享受型	单一	28.641	0.000	0.6665***	[0.6608, 0.6694]
		双重	4.638	0.163		

注：表中的 F 值、95%置信区间等均为采用自助法（Bootstrap）得到的结果；***、**、*分别表示 P<0.01、P<0.05、P<0.10。

表 14-7　动态面板门槛模型参数估计结果（消费结构分析）

门槛变量	生存型消费		发展型消费		享受型消费	
	养老保险支出	养老保险覆盖率	养老保险支出	养老保险覆盖率	养老保险支出	养老保险覆盖率
cr_{-1}	−0.063* (0.034)	−0.184** (0.086)	0.535*** (0.057)	0.287*** (0.102)	0.361** (0.137)	0.521*** (0.084)
fy	0.372* (0.196)	0.157 (0.237)	−0.079*** (0.022)	−0.061** (0.027)	0.207 (0.164)	0.048* (0.027)
pen	0.268*** (0.081)	0.181** (0.072)	0.042** (0.190)	0.152*** (0.034)	0.014*** (0.004)	0.392** (0.186)
$coverage$	0.345 (0.287)	0.421* (0.233)	0.035* (0.019)	0.223*** (0.020)	0.074* (0.036)	0.043*** (0.014)
$\ln y$	−0.232*** (0.089)	−0.173* (0.090)	−0.341** (0.151)	0.205** (0.098)	−0.114*** (0.015)	0.018*** (0.005)
mr	0.470** (0.232)	1.672 (0.975)	0.488** (0.193)	1.085* (0.641)	1.150 (0.893)	0.851 (0.671)
Constant	0.762** (0.354)	0.559** (0.262)	0.160*** (0.025)	0.185* (0.110)	0.165*** (0.040)	0.272* (0.145)
Fo 在第一个区间的系数	0.241 (0.196)	0.389 (0.354)	0.472** (0.215)	0.142** (0.069)	−0.162* (0.089)	−0.211*** (0.046)
Fo 在第二个区间的系数	—	—	0.652* (0.341)	0.373*** (0.124)	0.305** (0.149)	0.624* (0.351)
控制变量	控制	控制	控制	控制	控制	控制

续表

门槛变量	生存型消费		发展型消费		享受型消费	
	养老保险支出	养老保险覆盖率	养老保险支出	养老保险覆盖率	养老保险支出	养老保险覆盖率
Wald 检验	0.000	0.000	0.000	0.000	0.000	0.000
AR(1)检验	0.000	0.002	0.010	0.003	0.001	0.000
AR(2)检验	0.475	0.365	0.458	0.369	0.862	0.756
Sargan 检验	0.857	0.829	0.844	0.994	0.997	0.964

注：***、**、*分别表示 $P<0.01$、$P<0.05$、$P<0.10$；括号中数据为估计系数的标准差。Wald、AR(1)、AR(2)及 Sargan 检验对应的数据均为 P 值，相关结果的解释同表 14—4。

以养老保险支出水平为门槛变量的消费结构异质性分析结果显示，人口老龄化对居民生存型消费倾向的影响不存在显著的门槛效应，并且老年抚养比对居民生存型消费倾向的影响也不显著。可能的原因是，老年人由于年纪增长，生理代谢功能减弱，对于食品的消费会下降；老年人通常较年轻人节约，且体型和对衣着的偏好变化较小，在衣着上消费支出减少；老年人一般具有比较固定的居所，居住消费也不会产生较大变化。

人口老龄化对居民发展型和享受型消费倾向的影响均只有一个门槛，但门槛值大小以及门槛值左右区间 Fo 的系数存在差异。享受型消费的门槛值大于发展型消费，这是因为享受型消费不属于必需品消费，需要更高的养老金收入(对应更高的养老保险支出水平)才能使人口老龄化的消费效应产生非线性的变化。在门槛值左右区间的系数差异方面，发展型消费在门槛值左右区间 Fo 的系数均显著为正，但在第二个区间的系数较大。本节中发展型消费主要包括医疗保健和交通通信。老年人随着年纪的增长，对于医疗保健的支出会大幅增加。全国老龄工作委员会办公室于 2015 年发布的《国家应对人口老龄化战略研究总报告》显示，人均医疗费用支出与年龄显著相关，60 岁及以上年龄的老年人医疗费用支出为 60 岁以下年龄组的 3—5 倍(李志宏，2015)。与此同时，老年人退休后有较多的闲暇时间，远距离旅游成为老年人的重要娱乐方式，促进了老年人交通费用和通信费用的增长。养老保险支出水平越过门槛值后，显著提高了老年人养老金替代率，增强了老年抚养比对居民发展型消费倾向的正向影响。与发展型消费不同的是，在享受型消费中，老年抚养比在门槛值左右区间的系数符号相反且均显著，这主要是由享受型消费品的特性决定的。收入较低的消费者群体面临老年抚养比上升时，会将消费主要集中于生存型及部分发展型消费，当养老保障水平较低时，这种表现更加显著；而对于收入较高的消费者群体或当养老保障水平越过门槛值后，居民在满足生存型及发展型消费的基础上，会追求更高的生活质量，用于享受型消费的比例就会增加，使得老年抚养比在门槛值前后的系数符号发生转变。

以养老保险覆盖率为门槛变量的消费结构异质性分析结果，在门槛值大小和门槛值左右区间 Fo 的系数，与以养老保险支出水平为门槛变量的模型结果相似，这里不再赘述。

在其他解释变量方面，与上述研究不同的有如下两个：第一，生存型消费中 cr_{-1} 的系数均为负数。这是因为，生活必需品的需求收入弹性较小，每期的消费量变化较小，因此，上一期在食品、衣着和居住等方面的消费增加会导致本期在这方面消费支出的减少。第二，以养老保险覆盖率为门槛变量的模型中，收入对发展型和享受型消费倾向的影响显著为正。这是因为，对于普通家庭，发展型与享受型消费中的很多种类可视为奢侈品，这些消费品的需求收入弹性较大，收入的增加会导致对这些消费品的需求显著增加。

在稳健性检验方面，我们同样利用前述四种方法对消费结构异质性门槛效应进行了稳健性检验。结果显示，对于消费结构分析的门槛数量和门槛值没有大的变化。人口老龄化对生存型消费倾向不存在显著的养老保险发展门槛特征，享受型消费的门槛值仍然大于发展型消费，门槛值左右区间的老年抚养比系数以及各解释变量系数和显著性水平变化也不大，这表明估计结果是稳健的。

第二节　养老保险"多轨制"与居民消费差距

一、养老保险"多轨制"与居民消费差距现状分析

我国针对不同群体先后建立了多种养老保险制度，制度"碎片化"严重，城乡之间、职工与居民之间、不同就业人群之间的养老金待遇具有较大差距，逐渐形成了养老保险"多轨制"格局(朱玲等，2013)。具体而言，1997 年我国建立了社会统筹和个人账户相结合的企业职工基本养老保险制度，而机关事业单位养老保险则一直保持着退休金完全由财政支付的制度模式。这种"双轨制"持续了 18 年，直至 2015 年机关事业单位养老保险改革后，机关事业单位才开始与企业实行相同的养老保险基本制度模式和政策[①]。而在 2014 年，2009 年推行的新型农村社会养老保险与 2011 年实施的城镇居民社会养老

[①] 2015 年 1 月，国务院出台《关于机关事业单位工作人员养老保险制度改革的决定》(国发〔2015〕2 号)。

保险也得以合并，称为城乡居民基本养老保险制度[①]。

　　城镇职工和城乡居民基本养老保险制度在筹资模式、缴费标准、财政补贴、计发办法和待遇调整等方面存在较大差异，并最终导致依赖不同养老保险制度的参保家庭的养老保障存在较大差异（王亚柯等，2013；薛惠元、曾飘，2019）。职工和居民养老保险人均养老金的绝对差距逐年扩大，由 2012 年的 20041 元增大到 2018 年的 36014 元[②]，扩大了 79.7%，幅度之大，令人瞠目。同时，两种养老保险制度的制度替代率之差[③]也呈扩大趋势，2018 年达到 47.60%（图 14-1）。

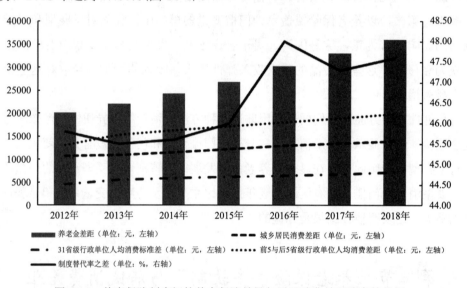

图 14-1　养老保险制度间的养老保障差异与居民消费差距演变趋势图

　　与此同时，我国居民消费在群体、城乡和区域等维度均存在显著的消费支出差距，既不利于增强消费对经济发展的基础性作用，也不利于居民幸福感和经济福利的提升（阿塔纳西奥、皮斯塔费里，2016），是我国经济社会发展中必须妥善解决的重大经济问题之一，受到决策层和学者们的深切关注。从具体指标来看，中国人均可支配收入排名前 5 名与后 5 名省份的人均年消费支出差距由 2012 年的 13098 元扩大到 2018 年的 19924 元，扩大了 52%。中国城乡居民间的年人均消费支出差距也逐渐扩大，由 2012 年的 10766

---

　　① 2014 年 2 月，国务院出台《关于建立统一的城乡居民基本养老保险制度的意见》（国发〔2014〕8 号）。

　　② 职工人均年度养老金收入=城镇职工养老金年度支出总额 / 年度离退休人数。居民人均年度养老金收入=城乡居保养老金年度支出总额 / 领取养老金人数。文中数据若无特别说明，均来源于 2013—2019 年《中国统计年鉴》，或由相关数据整理计算获得。

　　③ 养老金制度替代率=人均养老金收入/当年在岗职工平均工资（或农村居民纯收入），用于衡量养老金对居民收入的替代程度。

元扩大到 2018 年的 13988 元，扩大了 29.9%。同时，中国 31 个省份年人均消费支出的标准差由 2012 年的 4542 元增至 2018 年的 7232 元，增长了 59.2%（图 14–1）。这些指标均显示中国居民消费差距逐渐扩大。

养老保险"多轨制"，可能导致不同参保家庭间存在较大的养老金财富差异、养老保障预期差异和不确定性差异，进而引起不同参保家庭间的消费支出差距。我们主要关注和分析探讨以下问题：第一，在微观家庭层面，养老保险"多轨制"是否引起了不同参保家庭间的消费支出差距？作用机制是什么？第二，"多轨制"引起的不同参保家庭间的消费差距，在异质性分样本中的表现如何？第三，"多轨制"引起的不同参保家庭消费差距在样本期内的演变趋势是怎样的？

为解答上述问题，首先，我们利用中国家庭金融调查(China Household Finance Survey, CHFS) 2013—2017 年微观家庭三期面板数据，实证研究我国养老保险"多轨制"（包括机关事业单位养老保险、企职保、城居保与新农保）引起的不同参保家庭间的消费差距，并探讨其影响机制及进行稳健性检验。其次，我们分别从消费支出分位数、分项消费、高低收入阶层、不确定性大小、城镇农村及东中西部地区等角度划分样本，进行家庭消费差距的异质性分析。最后，我们采用 2013、2015 及 2017 年的截面数据，从养老保险制度并轨改革的角度，分析"多轨制"引起的不同参保家庭消费差距的演变趋势。在本章的末尾，我们根据研究结论提出相应政策建议，以期减小养老保险制度间的养老保障差异和不同参保家庭的消费差距，充分释放居民消费潜力。

二、"多轨制"引起的不同参保家庭消费差距分析

（一）计量模型设计

本节利用 CHFS 微观家庭数据及式(14–11)，实证研究我国养老保险"多轨制"引起的不同参保家庭消费差距及其演变趋势。

$$\ln c_{it} = \alpha_0 + \alpha_1 modedum_{it} + \alpha_2 X_{it} + \mu_i + \varepsilon_{it} \qquad (14\text{–}11)$$

其中，$\ln c_{it}$ 为本节的被解释变量，表示家庭 i 在第 t 年的家庭人均消费对数。$modedum_{it}$ 表示家庭 i 在第 t 年参加社会养老保险类型的虚拟变量，包括三个 0–1 虚拟变量，用于衡量由养老保险"多轨制"引起的不同参保家庭间的人均消费差距。X_{it} 表示一组控制变量，包括户主个体层面及家庭层面的变量。u_i 为个体扰动项，ε_{it} 为随机误差项。截面数据的估计方程与上式相似，只是去掉了时间 t。

在家庭消费支出方面，CHFS 关于家庭消费的数据分类较细，本节按照国家统计局

分类标准，将相关家庭消费支出归为食品及在外就餐、衣着、居住、生活用品及服务、交通通信、教育文化娱乐、医疗保健和其他类支出等八大类别。家庭人均消费支出为这八大类别消费支出的总和除以家庭成员数量。在经验分析时，利用人均消费支出的对数形式($\ln c$)进行实证研究。

本节的核心解释变量为家庭参保类型的虚拟变量($modedum$)。根据 CHFS 调研问卷，家庭参加的基本养老保险制度主要包括四种：新型农村社会养老保险($mode1$，以下简称为新农保)、城镇居民社会养老保险($mode2$，以下简称为城居保)、城镇职工基本养老保险($mode3$，以下简称为企职保)以及机关事业单位退休金($mode4$，以下简称为退休金)。本节以新农保为基准构建三个 0–1 虚拟变量，分别为：

$$modedum1 = \begin{cases} 1, & 城居保, \\ 0, & 新农保; \end{cases} modedum2 = \begin{cases} 1, & 企职保, \\ 0, & 新农保; \end{cases} modedum3 = \begin{cases} 1, & 退休金, \\ 0, & 新农保; \end{cases}$$

因此，在控制其他变量的情况下，$modedum1$、$modedum2$ 和 $modedum3$ 前的系数分别衡量了由养老保险制度差异引起的城居保、企职保和机关事业单位养老保险的参保家庭相对新农保参保家庭的消费差距。

由于家庭中不同成员的参保类型可能不一致，为确定家庭的参保类型，本节的解决办法如下：第一步，识别出家庭成员参加同一种养老保险人数最多的养老保险类型，以其代表家庭的参保类型；第二步，若家庭成员参保类型均不同，则以养老待遇最高的家庭成员参加的养老保险类型作为该家庭的参保类型。另外，本节还以户主的参保类型作为家庭参保类型进行了稳健性检验。

本节从户主个人和家庭两个层面控制了影响家庭消费的变量。户主个人层面主要包括性别(男性为 1，女性为 0)、年龄、教育程度(学历为大专及以上赋值为 1，其余为 0)、健康状况(健康与一般赋值为 1，其余为 0)和婚姻状况(在婚赋值为 1，其余为 0)等 5 个控制变量；家庭层面主要包括家庭人均收入、家庭人均净财富(家庭住房价值、现金、存款、股票、债券、基金和其他理财产品与相应家庭负债之差)、老年抚养比(65 岁以上人口数与 16—64 岁劳动人口数之比)、少儿抚养比(0—15 岁人口数与 16—64 岁劳动人口数之比)、是否为农村家庭(农村家庭为 1，城镇家庭为 0)、家庭规模(利用家庭成员个数衡量)等 6 个控制变量。也就是说，我们共计引入了 11 个控制变量。

(二)数据来源与描述性统计分析

由于城居保于 2011 年才启动试点工作，因此，本节利 CHFS 2013、2015 和 2017 年的数据作为实证研究的数据集。根据本节的研究目的，并考虑到数据的完整性，本节剔除了未参加任何养老保险的样本、存在缺失值的样本等；为避免异常值的影响，本节剔除家庭消费支出、家庭收入、家庭净财富等最高和最低 1%的样本。经过上述处理，本章最终得到了 2013 年的 16604 个样本，2015 年的 23828 个样本，以及 2017 年的 25250 个样本。我们以 2013 年为基准，取三期平衡面板得到 20409 个样本，共 6803 户家庭。变量描述性统计结果见表 14–8。

表 14–8　变量描述性统计

变量	符号	观测值个数	平均值	标准差	最小值	最大值
家庭人均消费(元)	c	20409	16707	17082	60	290856
家庭人均收入(元)	I	20409	21775	23806	8	535712
家庭人均消费对数	$\ln c$	20409	9.302	0.964	4.094	12.580
家庭人均收入对数	$\ln I$	20409	9.415	1.241	2.185	13.191
家庭人均净财富对数	$\ln M$	20409	10.960	2.031	0	16.402
家庭参保类型	$mode$	20409	1.953	1.012	1	4
户主性别	$gender$	20409	0.796	0.403	0	1
年龄	age	20409	56.776	12.841	3	101
受教育程度	edu	20409	0.147	0.354	0	1
健康状况	$health$	20409	0.808	0.394	0	1
婚姻状况	$married$	20409	0.888	0.315	0	1
老年抚养比	fo	20409	0.194	0.403	0	4
少儿抚养比	fy	20409	0.201	0.326	0	7
城乡类别	$rural$	20409	0.385	0.487	0	1
家庭规模(人)	$holdsize$	20409	3.398	1.637	1	19

主要变量平均值列示于表 14–9，本节依据该表对四种养老保险制度的参保家庭在各变量上的差距进行比较分析。

表 14–9　不同参保家庭各变量的比较分析

变量	新农保(N=9801)	城居保(N=1161)	企职保(N=6516)	退休金(N=2931)
CHFS 2013 年家庭人均消费(元)	6990	13740	16663	17149
CHFS 2015 年家庭人均消费(元)	8847	17550	21632	22004
CHFS 2017 年家庭人均消费(元)	12661	25371	32538	34427
家庭人均消费(元/年)	9488	18813	23613	24667
家庭人均收入(元/年)	10588	23130	31907	36128
人均养老金支付(元/年)	1526	7729	30689	38558
人均养老保险缴费(元/年)	558	2766	5081	——

由表 14-9 可计算得知，新农保、城居保、企职保和退休金的参保家庭占总样本的比例分别为 48%、6%、32% 和 14%。从 2013－2017 年四种参保家庭消费差距的演变趋势来看，机关事业单位与新农保参保家庭的人均消费之比由 2013 年的 2.45 上升至 2017 年的 2.72，四种参保家庭间的人均消费标准差也由 2013 年的 4679 元上升至 2017 年的 9862 元。因此，不同参保家庭间的消费差距呈上升趋势。

从变量平均值大小来看，四种养老保险制度参保家庭的人均消费存在较大差异，从大到小排序为：退休金参保家庭>企职保参保家庭>城居保参保家庭>新农保参保家庭。而四种参保家庭的人均养老金支付排序与家庭人均消费相同。因此，家庭消费支出水平与其养老保障程度呈正相关关系，家庭养老保障程度越高，家庭消费支出越多，这也从一个侧面说明养老保险"多轨制"可能引起了不同参保家庭间的消费差距。在人均养老保险缴费额方面，城居保与企职保的参保家庭都远大于新农保的参保家庭。

（三）基准回归分析

基于 Hausman 检验结果，本节采用面板数据固定效应模型研究养老保险"多轨制"引起的不同参保家庭间的消费差距。表 14-10 的模型（1）只加入了家庭参保类型的三个虚拟变量，但家庭消费还受到户主个体和家庭层面等因素的影响，因此，在模型（2）我们增加了户主个体的 5 个控制变量，在模型（3），我们又增加了家庭层面的 6 个控制变量。模型（4）和（5）分别为已领取养老金家庭和未领取养老金家庭的分样本回归结果，用于探讨"多轨制"引起不同参保家庭消费差距的影响机制。

从模型（3）结果来看，在控制其他变量的情况下，$modedum1$、$modedum2$ 和 $modedum3$ 的系数逐渐增大，意即如果家庭参保类型从新农保转变为城居保、企职保和机关事业单位养老保险，其家庭人均消费支出将分别增长 6.2%、13.3% 和 17.5%。同时，还可以看出，如果家庭参保类型从城居保转变为企职保和机关事业单位养老保险，其家庭人均消费支出将分别增长 7.1% 和 11.3%；如果家庭参保类型从企职保转变为机关事业单位养老保险，其家庭人均消费支出将增长 4.2%[①]。因此，机关事业单位养老保险对参保家庭消费的促进作用最强，企职保次之，城居保又次之，新农保对参保家庭消费的促进作用最弱。也就是说，养老保险"多轨制"引起了不同参保家庭间的消费差距。

在此基础上，我们进一步检验并对比了 $modedum1$、$modedum2$ 和 $modedum3$ 的系数是否具有显著性差异。原假设 H_0 为"两两相等"，三次检验结果显示，P 值均接近于 0，强烈拒绝原假设，表明"多轨制"引起的城居保、企职保和机关事业单位养老保险参保家庭相对新农保参保家庭间的消费差距具有显著性差异，为上文分析提供了实证支持。

---

① 这里测得的百分比差距都是以新农保参保家庭人均消费为基准测得的差距。

表 14-10　基准回归：面板数据固定效应回归结果

变量	模型(1) 全样本	模型(2) 全样本	模型(3) 全样本	模型(4) 已领取养老金家庭	模型(5) 未领取养老金家庭
modedum1	0.168*** (0.0509)	0.107*** (0.0368)	0.0620** (0.0258)	0.0741*** (0.0268)	0.0526* (0.0287)
modedum2	0.297*** (0.0512)	0.209*** (0.0387)	0.133*** (0.0276)	0.149*** (0.0251)	0.118*** (0.0224)
modedum3	0.381*** (0.0552)	0.276*** (0.0438)	0.175*** (0.0296)	0.197*** (0.0263)	0.150*** (0.0214)
gender		−0.0670*** (0.0152)	−0.0239** (0.0096)	−0.0338* (0.0202)	−0.0635*** (0.0207)
age		−0.00563*** (0.000519)	−0.00451*** (0.000523)	−0.00788*** (0.000862)	−0.00392*** (0.000811)
edu		0.318*** (0.0196)	0.129*** (0.0170)	0.107*** (0.0219)	0.130*** (0.0203)
health		0.0897*** (0.0137)	0.00774 (0.0131)	−0.0477* (0.0244)	−0.0514** (0.0217)
married		−0.130*** (0.0193)	−0.0375** (0.0188)	−0.0247 (0.0326)	−0.0712** (0.0299)
$\ln I$			0.176*** (0.00482)	0.156*** (0.00823)	0.161*** (0.00794)
$\ln M$			0.125*** (0.00319)	0.124*** (0.00642)	0.118*** (0.00504)
fo			0.0128** (0.0053)	0.0103 (0.0116)	0.0301** (0.0127)
fy			0.0326 (0.0215)	−0.0254 (0.0287)	−0.0105 (0.0251)
rural			−0.207*** (0.0155)	−0.174*** (0.0254)	−0.194*** (0.0226)
holdsize			−0.121*** (0.00374)	−0.170*** (0.00649)	−0.174*** (0.00647)
Constant	8.745*** (0.00907)	8.803*** (0.0401)	6.974*** (0.0635)	7.155*** (0.121)	7.423*** (0.111)
年份固定效应	是	是	是	是	是
家户固定效应	是	是	是	是	是
样本量	20409	20409	20409	2304	4695
R^2	0.2438	0.3025	0.5237	0.4918	0.4178

注：***、**、*分别表示 $P<0.01$、$P<0.05$、$P<0.10$；括号中数据为估计系数的稳健标准差。本章余同。

在控制变量方面，户主个体与家庭层面的变量大多显著影响家庭人均消费。在户主个体特征变量方面，户主性别为女、年龄更低、教育水平更高和婚姻状况为未婚等的家庭，其人均消费支出水平更高。在家庭特征变量方面，家庭人均收入越高、家庭人均净财富越高、家庭老年抚养比越高、家庭为城镇户口以及家庭人口规模越小，则家庭的人均消费水平越高。这些结论与已有研究的结果相近，此处不再赘述。

（四）影响机制探讨

我们基于本节数据集进一步筛选出两类样本家庭：已领取养老金家庭（所有参加养老保险的家庭成员均开始领取养老金）和未领取养老金家庭（没有家庭成员开始领取养老金），以进一步探讨养老保险"多轨制"影响家庭消费的作用机制。

1. 收入效应。表 14–10 模型（4）的结果显示，已开始领取养老金家庭分样本的 $modedum1$、$modedum2$ 和 $modedum3$ 系数显著为正，并且系数逐渐增大。对于已开始领取养老金的家庭，在控制其他变量的情况下，"多轨制"对不同参保家庭的影响主要体现为不同参保家庭间的养老待遇差异，进而通过收入效应引起不同参保家庭间的消费差距。

具体而言，职工和居民参保群体在养老金绝对和相对水平方面存在较大差距。在养老金绝对水平方面，城镇职工月人均养老金由 2012 年的 1817 元增长至 2017 年的 3001 元，而城乡居民月人均养老金仅由 2012 年的 88 元增长至 2017 年的 128 元。在养老金相对水平方面，职工养老金平均替代率和消费替代率[①]分别由 2012 年的 45.8%和 130.8%增长至 2017 年的 47.3%和 147.3%，而居民养老金平均替代率和消费替代率却由 2012 年的 13.3%和 17.8%波动下降至 2017 年的 11.4%和 14.0%。因此，与新农保及城居保参保家庭相比，机关事业单位及企职保参保家庭拥有更加稳定、丰厚的养老保障，居民的养老收入不确定性及流动性约束等更弱，消费的意愿和能力都更强，这就加大了不同参保家庭间的消费差距。

表 14–9 对比了不同参保居民的人均养老金支付，统计结果显示机关事业单位职工的养老金高于企业职工。王亚珂（2013）对我国基本养老保险制度间的养老保障差异进行对比分析，发现机关事业单位职工的养老金替代率约为 90.0%，而企业职工的替代率约为 62.2%，差距较大。因此，机关事业单位养老金的绝对和相对水平均高于企职保，可通过收入效应引起两类参保家庭间的消费差距。

城居保及新农保目前采用基础养老金及个人账户养老金相结合的待遇支付模式，但基础养老金部分由政府补贴的数额较小，养老保障水平主要依赖居民选择的缴费档次。

---

① 养老金消费替代率=人均年养老金收入/人均年消费支出，衡量养老对居民消费的保障程度。

由表 14–9 可知，城居保的年人均缴费额和年人均养老金均远大于新农保。表明城居保参保居民一般选择的缴费档次高于新农保参保居民，使得城居保参保家庭的养老保障一般也高于新农保参保家庭，进而消费支出水平也高于后者。

2. 预期效应。若影响机制仅为收入效应，则对于未开始领取养老金的不同参保家庭，"多轨制"不能引起家庭消费差距。但模型(5)的结果显示，未开始领取养老金的家庭分样本中，"多轨制"仍然引起了不同参保家庭间的消费差距，这正是缘于预期效应。不同养老保险制度的参保家庭预期获得的养老保障不同，进而导致了不同参保家庭间的消费差距。我们还发现，在未开始领取养老金的家庭分样本中，"多轨制"引起的不同参保家庭消费差距小于已开始领取养老金的家庭。这主要是因为，未开始领取养老金的家庭尚未享受到养老金待遇，对养老保障差距的敏感度较低。

（五）稳健性检验

我们通过四种方法进行了稳健性检验，其结果均表明本章的回归具有稳健性，具体如下：第一，利用户主参保类型作为家庭参保类型。户主作为一家之主，其参保类型对家庭的养老保障及消费支出的影响都很大。因此，本节还利用户主的参保类型作为家庭参保类型的代理变量进行回归，回归结果对应表 14–11 模型(1)，与表 3 基准回归结果相近。

第二，剔除极端值。由表 14–8 描述性统计结果可知，尽管去除了家庭人均消费、家庭人均收入和家庭人均总财富上下 1%的样本，但三个变量的最大值和最小值仍然偏离均值较大。为避免异常值造成估计结果产生偏差，本节继续剔除这三个变量的样本值落于(5%，95%)之外的观察值。剔除极端值后的样本量变为 17511。由表 14–11 模型(2)回归结果可知，"多轨制"引起的不同参保家庭消费差距依然显著。

第三，替换被解释变量和控制变量。本节将被解释变量家庭人均消费换为家庭总消费，并将控制变量家庭人均收入和家庭人均财富换为家庭总收入和家庭总财富进行回归。表 14–11 模型(3)的稳健性检验结果显示，解释变量的回归系数与基准回归非常相近。

第四，加入省级控制变量。家庭消费还可能受到省级层面经济因素的影响。因此，在原有控制变量的基础上，本节继续加入人均 GDP 和居民消费价格指数等省级控制变量。表 14–11 模型(4)的结果显示，加入省级层面的控制变量后，"多轨制"引起的不同参保家庭消费差距仅有略微下降。

表 14-11　稳健性检验

变量	模型(1)	模型(2)	模型(3)	模型(4)
	户主参保类型	剔除极端值	替换变量	加入省级控制变量
*modedum*1	0.0712**	0.0603***	0.0638**	0.0612**
	(0.0326)	(0.0212)	(0.0277)	(0.0285)
*modedum*2	0.142***	0.128***	0.137***	0.131***
	(0.0335)	(0.0251)	(0.0327)	(0.0315)
*modedum*3	0.179***	0.172***	0.181***	0.174***
	(0.0318)	(0.0256)	(0.0296)	(0.0302)
Constant	6.945***	5.876***	6.518***	5.029***
	(0.0737)	(0.0843)	(0.0624)	(0.0818)
控制变量	是	是	是	是
年份固定效应	是	是	是	是
家户固定效应	是	是	是	是
样本量	20409	17511	20409	20409
R^2	0.5208	0.4971	0.5067	0.5324

(六)内生性讨论

1. 自选择偏差

本节研究可能存在"自选择偏差"导致的内生性问题，使 OLS 回归结果出现有偏估计。倾向得分匹配(PSM)法可以控制选择偏误，减少数据偏差和混杂变量的影响，有效处理此内生性问题。本节以 2017 年样本数据为例，以新农保参保家庭为控制组，分别以城居保参保家庭、企职保参保家庭和机关事业单位参保家庭为处理组进行 PSM 回归。本节处理变量为家庭参保类型，协变量包括户主个体特征及家庭特征共 11 个变量。表 14-12 模型(1)、(2)、(3)和(4)分别对应邻近匹配、半径匹配、核匹配和马氏匹配法的结果，均为处理组的平均处理效应(ATT)。平衡性检验结果表明本节所选择的协变量在匹配后的两组样本之间具有相近的分布，是合理与有效的。

结果显示，城居保、企职保和机关事业单位养老保险参保家庭相对新农保参保家庭的消费差距显著为正并逐渐增大，这与表 14-10 中的基准回归结果一致，表明养老保险"多轨制"确实能够引起不同参保家庭间的消费差距。本节还分别利用 2013 年和 2015 年的数据进行了 PSM 回归，得到的结果与表 14-10 相近，故此处不再赘述。

2. 遗漏变量

家庭消费还可能受到家庭成员的能力、偏好等不可观测因素的影响，所以基准回归可能存在遗漏变量导致的内生性问题。本节参考宗庆庆等(2015)的研究，利用工具变量法(IV)解决此内生性问题。本节将新农保参保家庭分别与城居保、企职保和机关事业单位养老保险参保家庭合并得到三个样本集，以新农保和城居保参保家庭样本集为例，介绍具体回归流程。首先，依据外生性条件，选取年龄(45岁以下、45—60岁、60岁以上)和地区(东部、中部、西部)作为分组变量，划分群组和控制群组内样本，共计9个群组(3个年龄组×3个地区组)。然后，利用群组内参加城居保的比例作为家庭参保类型虚拟变量($modedum$1)的工具变量，并进行两阶段最小二乘(2SLS)回归。新农保与企职保、新农保与机关事业单位养老保险参保家庭间的消费差距按照同样的方法得到。

三个2SLS回归的第一阶段的F值均大于10，工具变量的系数显著异于0，表明本节选取的工具变量较为有效，不存在弱工具变量问题。篇幅所限，这里仅展示家庭参保类型虚拟变量的回归结果(表14–12模型5)。结果显示，在考虑了内生性问题后，相对新农保参保家庭，城居保、企职保和机关事业单位养老保险模式分别增加了家庭人均消费的7.3%、14.6%和19.1%，表明基准回归的结果基本稳健和可靠。

表 14–12　内生性检验

变量	模型(1)	模型(2)	模型(3)	模型(4)	模型(5)
	邻近匹配	半径匹配	核匹配	马氏匹配	工具变量法
$modedum$1	0.0527**	0.0563***	0.0498**	0.0576***	0.0732**
	(0.0229)	(0.0201)	(0.0249)	(0.0192)	(0.0348)
$modedum$2	0.120***	0.125***	0.117***	0.128***	0.146***
	(0.0307)	(0.0313)	(0.0285)	(0.0327)	(0.0442)
$modedum$3	0.158***	0.162***	0.155***	0.164***	0.191***
	(0.0256)	(0.0242)	(0.0269)	(0.0231)	(0.0454)

(七)异质性分析

考虑到我国养老保险制度和消费者的异质性特征，本节主要从消费支出分位数、消费类型、收入阶层、不确定性大小、城镇与农村以及东中西部地区等角度，探究养老保险"多轨制"引起的不同参保家庭消费差距的异质性表现。

1. 分位数回归

基准回归揭示了"多轨制"引起的不同参保家庭在均值意义上的消费差距。进一步地，我们利用分位数回归探究"多轨制"对具有不同消费支出意愿家庭消费的异质性影响。

表 14–13　分位数回归结果

变量	Q10	Q25	Q50	Q75	Q90
modedum1	0.106***	0.0834***	0.0612**	0.0457**	0.0273
	(0.0272)	(0.0261)	(0.0303)	(0.0208)	(0.0188)
modedum2	0.199***	0.160***	0.126***	0.108***	0.0752**
	(0.0355)	(0.0333)	(0.0307)	(0.0360)	(0.0316)
modedum3	0.272***	0.223***	0.174***	0.136***	0.0961***
	(0.0349)	(0.0372)	(0.0299)	(0.0302)	(0.0228)
Constant	5.415***	5.829***	6.705***	7.426***	8.201***
	(0.162)	(0.143)	(0.282)	(0.146)	(0.259)
控制变量	是	是	是	是	是
样本量	20409	20409	20409	20409	20409
准 R^2	0.3641	0.3429	0.3108	0.2826	0.2312

五种分位数回归的结果显示，随着消费支出分位数的提高，"多轨制"引起的不同参保家庭消费差距逐渐减小，意味着消费差距主要来源于消费较少的家庭。我们认为，收入是家庭消费最重要的影响因素，而消费支出较低家庭的收入水平一般也较低，家庭对养老保险的依赖程度更高，家庭消费受养老保障差异的影响较大，使得"多轨制"在低消费家庭中引起的不同参保家庭消费差距更大。因此，提高低消费水平家庭的养老保障，更有利于缩小不同参保家庭间的消费差距。

2. 分项消费异质性分析

本节对 7 类分项消费支出进行分组回归，这有助于我们分析"多轨制"引起的不同参保家庭消费差距主要来源于哪些消费类型。

表 14–14　分项消费回归结果

变量	食品	衣着	居住	生活用品	交通通信	文教娱乐	医疗保健
modedum1	0.0932***	0.0493*	0.0542**	0.0691***	0.0674***	0.0716***	0.0381*
	(0.0241)	(0.0268)	(0.0236)	(0.0250)	(0.0225)	(0.0211)	(0.0224)

续表

变量	食品	衣着	居住	生活用品	交通通信	文教娱乐	医疗保健
modedum2	0.184***	0.121***	0.119**	0.149***	0.152***	0.168***	0.186***
	(0.0347)	(0.0288)	(0.0476)	(0.0324)	(0.0310)	(0.0317)	(0.0372)
modedum3	0.245***	0.158***	0.153***	0.205***	0.189***	0.214***	0.191***
	(0.0383)	(0.0298)	(0.0319)	(0.0387)	(0.0310)	(0.0282)	(0.0318)
Constant	6.549***	4.287***	4.846***	2.578***	4.727***	5.724***	4.883***
	(0.0923)	(0.149)	(0.153)	(0.157)	(0.214)	(0.236)	(0.189)
控制变量	是	是	是	是	是	是	是
年份固定效应	是	是	是	是	是	是	是
家户固定效应	是	是	是	是	是	是	是
样本量	20409	20316	20282	20227	20184	20318	20271
R^2	0.5157	0.3628	0.3265	0.2784	0.3192	0.2329	0.2253

"多轨制"引起的不同参保家庭消费差距在不同消费类型中存在差异，消费差距主要来源于食品及发展型消费。整体来看，不同参保家庭在衣着、居住等生存型消费方面的消费差距小于文教娱乐、医疗保健等发展型消费。原因主要为生存型消费属于必须消费，收入弹性较小，受养老保障差异的影响较小；而发展型消费的收入弹性较大，养老保障较高的家庭愿意并且能够将消费支出更多用于发展型消费。但最大的消费差距来源于食品及在外就餐方面，原因主要有两点：一方面，机关事业单位及企职保参保家庭的养老保障更充分，对食物品质有更高的要求，食品消费支出相对较高；另一方面，新农保参保家庭大多居住在农村，食品价格相对较低，加上自给自足的农村社会特征，因而食品消费支出较低。其他消费类型的消费差距与基准回归结果相近，相关解释不再赘述。

3. 区域异质性分析

表 14-15 中模型 (1)(2) 为城乡分样本的异质性回归结果。结果显示，与农村家庭相比，"多轨制"引起的不同参保家庭消费差距在城镇家庭分样本中更小。主要原因是，城镇家庭大多被机关事业单位养老保险、企职保及城居保覆盖，养老保障差距相对较小；并且，城镇家庭收入相对农村较高，受参保类型及养老保障差异的影响相对较小。

表 14-15 中模型 (3)(4)(5) 分别为东、中、西部地区分样本的异质性回归结果。结果显示，与中、西部地区家庭相比，"多轨制"引起的不同参保家庭消费差距在东部地区的家庭中更小。这是因为东部地区经济发展形势好，活力大，居民的收入形式及养老保障支柱更加多样化，家庭消费受参保类型的影响较小，不同养老保险制度间的差异导致的不同参保家庭消费差距较小。

表 14–15   区域异质性回归结果

变量	模型(1)	模型(2)	模型(3)	模型(4)	模型(5)
	城镇	农村	东部地区	中部地区	西部地区
$modedum1$	0.0475*	0.0814***	0.0518**	0.0732**	0.0794***
	(0.0264)	(0.0271)	(0.0247)	(0.0305)	(0.0284)
$modedum2$	0.104**	0.178***	0.107***	0.149***	0.156***
	(0.0415)	(0.0387)	(0.0345)	(0.0426)	(0.0339)
$modedum3$	0.128***	0.236***	0.136***	0.189***	0.195***
	(0.0376)	(0.0334)	(0.0342)	(0.0453)	(0.0342)
$Constant$	5.316***	6.348***	6.734***	5.613***	6.065***
	(0.184)	(0.274)	(0.272)	(0.116)	(0.196)
控制变量	是	是	是	是	是
年份固定效应	是	是	是	是	是
家户固定效应	是	是	是	是	是
样本量	8005	12404	8364	6693	5352
R^2	0.4836	0.4758	0.5294	0.4513	0.4796

4. 收入阶层及不确定性异质性分析

表 14–16 中模型(1)和模型(2)为收入阶层分样本的异质性回归结果。结果显示"多轨制"引起的不同参保家庭消费差距在低收入家庭中更大。主要原因是，与高收入家庭相比，低收入家庭储蓄水平相对较低，面临流动性约束的可能性更大，平滑消费的能力较弱。因此，低收入家庭受参保类型及养老保障差异的影响较大，导致不同参保家庭间的消费差距较大。

表 14–16 中模型(3)和模型(4)为家庭不确定性的异质性回归结果。结果显示，在不确定性大的家庭分样本中，"多轨制"引起的不同参保家庭消费差距更大。关于不确定性大小的划分，我们借鉴沈坤荣、谢勇(2012)的做法，以不确定性收入测度家庭所面临的不确定性，进而根据不确定性收入的平均值，将小于平均值的家庭作为不确定性小的家庭分样本，大于平均值的家庭作为不确定性大的家庭分样本。不确定性收入由以居民家庭的实际收入为因变量，选取户主个人特征和家庭特征的相关变量作为自变量进行 OLS 回归得到的收入残差计算。我们认为这一现象的产生是由于不同养老保险降低不确定性的能力存在差异，使不同参保家庭产生显著不同的消费信心并进行不同的预防性储蓄，进而产生消费支出差异，那么显然这种差异在不确定性大的家庭中应更明显。

表 14–16　收入阶层及不确定性异质性回归结果

变量	模型（1）	模型（2）	模型（3）	模型（4）
	低收入阶层	高收入阶层	不确定性小	不确定性大
modedum1	0.0902***	0.0336*	0.0453**	0.0714***
	(0.0334)	(0.0195)	(0.0215)	(0.0204)
modedum2	0.186***	0.0982**	0.102***	0.152***
	(0.0443)	(0.0409)	(0.0255)	(0.0338)
modedum3	0.240***	0.124***	0.133***	0.204***
	(0.0429)	(0.0312)	(0.0226)	(0.0313)
Constant	6.382***	6.674***	5.238***	5.693***
	(0.141)	(0.172)	(0.105)	(0.237)
控制变量	是	是	是	是
年份固定效应	是	是	是	是
家户固定效应	是	是	是	是
样本量	7972	12437	6560	13849
R^2	0.3415	0.4527	0.4697	0.4684

三、演变趋势：基于养老保险制度并轨改革的分析

本节采用样本集中 2013、2015 及 2017 年的截面数据，从养老保险制度并轨改革角度，分析我国多轨制养老保险引起的不同参保家庭消费差距的演变趋势（表 14–17）。

表 14–17　演变趋势回归分析

变量	模型（1）	模型（2）	模型（3）
	2013 年	2015 年	2017 年
modedum1	0.0602**	0.0656***	0.0570**
	(0.0242)	(0.0241)	(0.0249)
modedum2	0.122***	0.131***	0.137***
	(0.0262)	(0.0275)	(0.0228)
modedum3	0.161***	0.177***	0.182***
	(0.0187)	(0.0205)	(0.0239)

续表

变量	模型(1) 2013 年	模型(2) 2015 年	模型(3) 2017 年
Constant	7.322*** (0.109)	7.155*** (0.121)	7.423*** (0.111)
控制变量	是	是	是
样本量	6803	6803	6803
R^2	0.504	0.486	0.538

城居保与新农保制度差异引起的两类参保家庭消费差距(*modedum*1 系数)先增大后减小,在 2017 年降至 5.7%。2014 年 2 月,国务院印发《关于建立统一的城乡居民基本养老保险制度的意见》。由于制度合并遵从"就高不就低"原则,并且新农保参保人数远大于城居保,因此,新农保与城居保制度并轨主要对农村居民产生影响。首先,《意见》对筹资模式、缴费标准和政府补助等内容进行了更加统一细致的规定,农村居民可选择的缴费档次增多,缴费标准提高,有利于提高农村居民的养老保障。并且,城乡居民参加同一种养老保险制度,提高了社会养老保障的公平性,有利于打破城乡二元结构,提高农村居民的参保积极性(睢党臣等,2014)。其次,卢洪友等(2019)研究表明,城乡居保对农村居民收入的促进作用更大,有利于缩小城乡居民间的收入差距进而缩小消费差距。因此,两类参保家庭间的消费差距在制度并轨后呈减小趋势。

机关事业单位养老保险与企职保制度差异引起的两类参保家庭消费差距(*modedum*3 与 *modedum*2 系数之差)由 2013 年的 3.9%上升至 2015 年的 4.6%,并稳定在 2017 年的 4.5%。机关事业单位养老保险制度改革之前,养老金"双轨制"造成两类参保家庭消费差距逐渐上升。但自 2015 年起,机关事业单位养老保险制度在全国范围内进行改革,也实行基本养老金为基础养老金和个人账户养老金两部分之和的新制度。一方面,改革实行"老人老办法,新人新制度、中人逐步过渡"的办法。改革主要对"中人"和"新人"的可支配收入和养老保障不确定性存在一定影响,可能使其增加预防性储蓄,减少消费;另一方面,改革一定程度上提高了职工养老保险制度在起点、过程及结果上的公平性,提高了企业职工的参保积极性及制度并轨预期(白重恩等,2014),但并轨后的两种制度在年金制度保障力度、养老金计发与待遇调整等方面仍具有显著的不公平现象(张彦、李春根,2016),因此,机关事业单位与企职保的养老保障差距仍然存在,使得引起两类参保家庭消费差距仍然维持在 2017 年的 4.5%。年金制度和养老待遇等方面的"双轨制"应被彻底去除,让并轨后的制度运行更为高效与统一,从而释放企职保参保家庭的消费潜力。

　　职工与居民养老保险制度差异引起的家庭消费差距随时间呈扩大趋势($modedum2$与 $modedum3$ 系数均逐年增大)。在 2012-2017 年期间，职工养老保险的财政补贴年均涨幅为 14.7%，大于居民养老保险的 11.9%；在养老金待遇调整方面，职工基本养老金的年均上调幅度为 7.9%，而居民基本养老金仅为 4.8%。职工和居民的月养老金差距逐年扩大，由 2012 年的 1730 元上涨至 2017 年的 2873 元。同时，养老金平均替代率差距和消费替代率差距分别由 2012 年的 32.5%和 113.0%上涨至 2017 年 35.9%和 133.3%。因此，与新农保和城居保相比，企职保和机关事业单位养老保险的养老金增长趋势更加明显。职工和居民间的养老保障差距扩大，是造成两类参保家庭消费差距随时间逐渐增大的重要原因。

　　在演变趋势的稳健性检验方面，本节仍然采用上述四种方法进行稳健性检验。回归结果与表 14-17 相近，表明本节中消费差距演变趋势的结果是稳健的。另外，本节还借鉴连玉君、廖俊平(2017)的方法，利用基于似无相关模型(SUR)的组间系数差异检验来验证不同年份关于家庭参保类型虚拟变量的系数差异，结果显示不同年份的系数存在显著差异，支持了上述关于消费差距演变趋势的分析。限于篇幅，此处不作详述。

第三节　养老保险发展、制度并轨改革与城乡居民消费异质性

一、城职保、城乡居保与城乡居民消费差距现状分析

　　十九大报告作出我国社会主要矛盾已经转化为"人民日益增长的美好生活需要和不平衡不充分的发展之间的矛盾"的重大政治论断。我国养老保险制度发展及城乡居民消费均存在较大的不平衡特征。现阶段，我国基本养老保险制度间的差异主要体现为适用于城镇职工和城乡居民的养老保险制度不同。具体而言，1997 年我国建立了社会统筹和个人账户相结合的企业职工基本养老保险制度，而机关事业单位养老保险则一直保持着退休金完全由财政和单位支付的制度模式。这种"双轨制"持续了 18 年，直至 2015 年机关事业单位养老保险改革后，机关事业单位才开始与企业实行相同的养老保险基本制

度模式和政策①。这里将两种养老保险制度统称为城镇职工基本养老保险制度(以下简称为城职保)。而在 2014 年,2009 年推行的新型农村社会养老保险与 2011 年实施的城镇居民社会养老保险也得以合并,称为城乡居民基本养老保险制度(以下简称为城乡居保)②。然而,城职保和城乡居在筹资模式、缴费标准、财政补贴、计发办法和待遇调整等方面存在较大差异,导致依赖不同养老保险制度的参保家庭的养老保障存在较大差异(王亚柯等,2013;薛惠元、曾飘,2019)。截至 2018 年,两种养老保险的人均养老金绝对差距已由 2012 年的 20041 元增大到 36014 元③,扩大了 79.7%,幅度之大令人瞠目。与此同时,我国城乡居民间的年人均消费支出差距也由 2012 年的 10766 元增大到 2018 年的 13988 元,扩大了 29.9%。养老金的不均衡与消费差距的扩大既不利于增强消费对经济发展的基础性作用,也不利于居民幸福感和经济福利的提升(阿塔纳西奥、皮斯塔费里,2016),是我国经济社会发展中必须妥善解决的重大经济问题之一,受到决策层和学者们的深切关注。

关于养老保险对居民消费影响的研究已经较为丰富,但仍存未尽之处:第一,2015年机关事业单位养老保险制度改革,2014 年城居保和新农保合并为城乡居保两次改革对居民消费的影响,尚无研究从宏观层面对其进行评估;第二,我国基本养老保险制度间的差异主要体现为适用于城镇职工和城乡居民的养老保险制度不同,城职保的参保群体大多是城镇居民,农村居民则占城乡居保参保总人数的 95%以上④。但已有研究较少关注城乡居保对农村居民消费的影响,以及城职保和城乡居保对城乡居民消费的差异性影响分析。有鉴于此,本节以养老保险替代率和覆盖率分别代表养老保险发展的深度和宽度,将其作为养老保险发展的代理变量,首先理论分析了养老保险发展和制度并轨改革对居民消费的影响,然后基于中国省级面板数据,利用 SYS–GMM 模型实证研究了城镇职工和城乡居民养老保险发展以及制度并轨改革对城乡居民消费的差异性影响。

---

① 2015 年 1 月,国务院出台《关于机关事业单位工作人员养老保险制度改革的决定》(国发〔2015〕2 号)。自 2014 年 10 月 1 日起实施。

② 2014 年 2 月,国务院出台《关于建立统一的城乡居民基本养老保险制度的意见》(国发〔2014〕8 号)。

③ 职工人均年度养老金收入=城镇职工养老金年度支出总额/年度离退休人数。居民人均年度养老金收入=城乡居保养老金年度支出总额/领取养老金人数。本节数据若无特别说明,均来源于 2013—2019 年《中国统计年鉴》,或由相关数据整理计算获得。

④ 中华人民共和国民政部:2018 年民政事业发展统计公报。http://www.mca.gov.cn/article/sj/tjgb/201908/20190800018807.shtml。

二、养老保险影响居民消费的理论分析

养老金事关居民老年生活，健全和完善养老保险制度是应对人口老龄化问题和促进居民消费的重要办法。在微观层面，养老保险通过缓解消费者对未来的不确定性感受，能够放松居民流动性约束，减少其预防性储蓄，进而促进消费。在宏观层面，养老保险在长期中能够分散通货膨胀风险，降低个人市场投资风险，增强老年群体养老保障的稳定性，还能够缓解贫困，促进收入分配的公平与效率，进一步释放居民消费潜力。

本节构建了一个简化的两时期世代交叠模型，用以分析养老保险发展和制度并轨对居民消费的影响。假设消费者一生经历两个时期，第一个时期是成年期，第二个时期是退休期。令 C_{1t} 和 C_{2t} 分别表示第 t 期年轻人和老年人的消费，则出生于 t 期的人们的效用 U_t 依赖于 C_{1t} 和 C_{2t+1}。消费者在成年期通过工作获得总收入 W（这里的收入 W 为消费者扣除养老保险等缴费后的纯收入），用于消费 C_{1t} 和储蓄 S_{1t}；在退休期只消费 C_{2t+1}，消费来源于储蓄增值与养老保险收入。

假设利率为 r_{t+1}，则退休期储蓄为 $S_{1t}(1+r_{t+1})$。在养老保险收入方面，假设整个社会的养老保险覆盖率为 α，且每个人参加养老保险是随机的，则每个人被养老保险覆盖的概率均为 α；养老保险替代率 β 等于消费者退休后的养老金总收入/退休前的工资总收入 W。那么，养老保险收入可利用养老保险覆盖率 α、养老保险替代率 β 与消费者在成年期的总收入 W 的乘积构成，即消费者年老时的养老保险期望收入等于 $\alpha\beta W$。其中，养老保险覆盖率与替代率分别代表了养老保险发展的宽度和深度。

因此，消费者第一期的预算约束为：

$$C_{1t}+S_{1t}=W\ ; \tag{14-12}$$

第二期的预算约束为：

$$C_{2t+1}=\alpha\beta W+S_{1t}\left(1+r_{t+1}\right)\ ; \tag{14-13}$$

结合式（14-12）与式（14-13），可得消费者一生的预算约束为：

$$C_{1t}+\frac{C_{2t+1}}{1+r_{t+1}}=W\left(1+\frac{\alpha\beta}{1+r_{t+1}}\right) \tag{14-14}$$

消费者在式（14-14）的约束下最大化自己一生的效用。假设效用函数为常相对风险规避（CRRA）效用函数：$U_t=\dfrac{C_{1t}^{1-\theta}}{1-\theta}+\dfrac{1}{1+\rho}\dfrac{C_{2t+1}^{1-\theta}}{1-\theta}$，$0<\theta<1,\rho>0$，且 $\rho<r_{t+1}$，则

$\left(\dfrac{1+r_{t+1}}{1+\rho}\right)^{\frac{1}{\theta}}>1$。其中，$\theta$ 为相对风险规避系数；ρ 为折现率，$\rho>0$ 代表家庭更看重当期消费。则单个消费者的效用最大化问题可表示为：

$$\text{Max}\quad E\big[U(C_{1t},C_{2t+1})\big]=U_t=\frac{C_{1t}^{1-\theta}}{1-\theta}+\frac{1}{1+\rho}\cdot\frac{C_{2t+1}^{1-\theta}}{1-\theta}$$

$$\text{s.t.}\quad C_{1t}+\frac{C_{2t+1}}{1+r_{t+1}}\leqslant W\left(1+\frac{\alpha\beta}{1+r_{t+1}}\right)\tag{14-15}$$

进而可得欧拉方程为：

$$\frac{C_{2t+1}}{C_{1t}}=\left(\frac{1+r_{t+1}}{1+\rho}\right)^{\frac{1}{\theta}}\tag{14-16}$$

将式 (14-16) 带入式 (14-14) 可得消费者在第一期成年时的最优消费水平为：

$$C_{1t}=\frac{W}{1+K}\cdot\left(1+\frac{\alpha\beta}{1+r_{t+1}}\right)\tag{14-17}$$

进而可得在第二期年老时的最优消费水平为：

$$C_{2t+1}=\frac{K(1+r_{t+1})W}{1+K}\cdot\left(1+\frac{\alpha\beta}{1+r_{t+1}}\right)\tag{14-18}$$

其中，$K=(1+r_{t+1})^{\frac{1}{\theta}-1}\cdot(1+\rho)^{-\frac{1}{\theta}}$。且由我们的假设，可推知 $C_{2t}=C_{2t+1}$。

假设整个社会的老年抚养比为 σ，处在第一期的年轻人数量为 N，则处在第二期的老年人数量为 σN。进而，我们可以得到由 t 时期年轻人的消费总量与老年人的消费总量组成的 t 时期社会消费总量：

$$C_t=NC_{1t}+\sigma NC_{2t}=\frac{NW}{1+K}\left(1+\frac{\alpha\beta}{1+r_{t+1}}\right)+\frac{\sigma NK(1+r)W}{1+K}\left(1+\frac{\alpha\beta}{1+r_{t+1}}\right)\tag{14-19}$$

进而，我们可得 t 时期整个社会的人均消费为：

$$\begin{aligned}c_t&=\frac{W}{(1+\sigma)(1+K)}\left(1+\frac{\alpha\beta}{1+r_{t+1}}\right)+\frac{\sigma K(1+r)W}{(1+\sigma)(1+K)}\left(1+\frac{\alpha\beta}{1+r_{t+1}}\right)\\&=\frac{\big[1+\sigma K(1+r_{t+1})\big]W}{(1+\sigma)(1+K)}\left(1+\frac{\alpha\beta}{1+r_{t+1}}\right)\end{aligned}\tag{14-20}$$

接下来，为了检验养老保险发展对人均居民消费的影响，我们分别求人均消费 c_t 对养老保险覆盖率 α、养老保险替代率 β 和养老保险发展 $\alpha\beta$ 的偏导得：

$$\frac{\partial c_t}{\partial\alpha}=\frac{\big[1+\sigma K(1+r_{t+1})\big]W}{(1+\sigma)(1+K)}\cdot\frac{\beta}{1+r_{t+1}}>0\tag{14-21}$$

$$\frac{\partial c_t}{\partial \beta} = \frac{\left[1+\sigma K(1+r_{t+1})\right]W}{(1+\sigma)(1+K)}\frac{\alpha}{1+r_{t+1}} > 0 \tag{14-22}$$

$$\frac{\partial c_t}{\partial \alpha \beta} = \frac{\left[1+\sigma K(1+r_{t+1})\right]W}{(1+\sigma)(1+K)}\frac{1}{1+r_{t+1}} > 0 \tag{14-23}$$

由式(14–21)(14–22)(14–23)可提出假设1。

假设 1：提高养老保险覆盖率和替代率对居民消费水平的影响为正。

现在分析养老保险制度并轨对居民消费的影响。养老保险制度并轨可能通过各种渠道影响居民的可支配收入(W)及养老金替代率(β)，进而影响居民消费。由于养老保险制度改革属于外生影响，因此，这里直接假设养老保险制度并轨后的可支配收入和养老金替代率为并轨前的γ倍和λ倍。则根据式(14–20)，养老保险制度并轨后的人均居民消费为：

$$c_t = \frac{\left[1+\sigma K(1+r_{t+1})\right]\gamma W}{(1+\sigma)(1+K)}\left(1+\frac{\alpha \lambda \beta}{1+r_{t+1}}\right) \tag{14-24}$$

制度并轨前后，人均居民消费的变化为：

$$\Delta c = \left[\gamma-1+(\gamma\lambda-1)\frac{\alpha\beta}{1+r_{t+1}}\right]\cdot\frac{\left[1+\sigma K(1+r_{t+1})\right]W}{(1+\sigma)(1+K)} \tag{14-25}$$

由此提出假设2。

假设 2：养老保险制度并轨会影响居民消费，且影响方向和大小取决于居民可支配收入和养老金替代率的变化。

三、养老保险发展和制度并轨改革对城乡居民消费的差异性影响分析

(一)计量模型设计

由前一节的理论分析，养老保险发展和制度并轨改革会影响居民消费。由于城职保的覆盖对象主要为城镇居民而城乡居保的参保者主要为农村居民，因此，本节设定如下计量模型，研究城职保发展和机关事业单位养老保险制度改革对城镇居民消费的影响，以及城乡居保发展和制度并轨对农村居民消费的影响：

$$\begin{aligned}\ln c_{it} = {}& \beta_0 + \beta_1 replace_{it} + \beta_2 \mathrm{cov}erage_{it} + \beta_3 reform2015_{it} + \beta_4 replace_{it} * reform2015_{it} \\ & + \beta_5 coverage_{it} * reform2015_{it} + \sum_{k=6}^{n}\beta_k X_{k,it} + \mu_i + \varepsilon_{it}\end{aligned}$$

$$\tag{14-26}$$

其中，i 表示省份，t 表示时间；$\ln c_{it}$ 为被解释变量人均居民消费的对数值；$replace_{it}$

表示养老金替代率；$coverage_{it}$ 表示养老保险覆盖率；$reform2015_{it}$ 表示机关事业单位养老保险制度改革的虚拟变量。$replace_{it}*reform2015_{it}$ 和 $coverage_{it}*reform2015_{it}$ 为养老保险发展与制度改革的交互项,用于分析制度改革是否改变了养老保险发展对居民消费的影响。若研究的是城乡居保对农村居民消费的影响,则虚拟变量改为 $reform2014_{it}$,用以表示城乡居民保险制度并轨。$X_{k,it}$ 表示其他控制变量,μ_i 为个体扰动项,ε_{it} 为随机误差项。

由于我们研究的是城职保对城镇居民消费的影响与城乡居保对农村居民消费的影响,因此定义城职保养老金替代率($replace1$)＝城职保人均养老金支付水平/城镇社会平均工资,城职保人均养老金支付水平＝城镇职工养老保险基金年度支出总额/城镇参保职工年度离退休人数;定义城乡居保养老金替代率($replace2$)＝城乡居保人均养老金支付/农村居民人均纯收入,城乡居保人均养老金支付＝城乡居民养老保险基金年度支出总额/实际领取待遇人数;定义城职保覆盖率($coverage1$)＝参加城镇职工养老保险人数/城镇人口,城乡居保覆盖率($coverage2$)＝城乡居保参保人数/(省年末总人数－城职保参保总人数)。

由前文,机关事业单位养老保险制度改革虚拟变量 $reform2015=\begin{cases}0, t<2015\\1, t\geqslant 2015\end{cases}$;城乡居保制度并轨改革虚拟变量 $reform2014=\begin{cases}0, t<2014\\1, t\geqslant 2014\end{cases}$。

为了保证计量结果的稳健性,根据已有相关研究,本节加入如下 5 类控制变量。

1. 经济因素:人均可支配收入(Y)、利率(r)和人均收入增长率(g)。

2. 人口因素:老年抚养比(ODR)＝65 岁及以上人口数/15—64 岁人口数;少儿抚养比率(CDR)＝0—14 岁人口数/15—64 岁人口数;预期寿命($life$)＝ $80.52283-9.905654×$(人口死亡率/65 岁以上人口比重)。

3. 收入分配不均:借鉴陈斌开(2012)的做法,利用城乡居民收入之比(城镇居民家庭人均可支配收入/农村居民人均纯收入)来表示收入分配不均($ineq$)对居民消费的影响。

4. 不确定性:利用通货膨胀率来表示宏观经济的不确定性(unc)对居民消费的影响。

5. 企职保改革:2005 年 12 月 3 日,国务院提出做小做实"个人账户",并将个人账户的缴费率(缴费额/工资)由 11%调整为 8%,同时建议有条件的企业为职工建立"企业年金"[①]。因此,本节在城镇居民消费中加入了企业职工养老保险制度改革虚拟变量:$reform2005=\begin{cases}0, t<2005\\1, t\geqslant 2005\end{cases}$。

其中,消费、收入等涉及价格因素的变量均采用 CPI,并以 2002 年的不变价格进行

---

① 2005 年 12 月 3 日,国务院出台《国务院关于完善企业职工基本养老保险制度的决定》(国发[2005]38 号)。

指数平减。

(二)数据说明与变量描述性统计

本节收集了中国 31 个省(自治区、直辖市)城镇地区 2002—2018 年的平衡面板数据,共 527 个观测值,以及农村地区 2012—2018 年的平衡面板数据,共 217 个观测值。所有数据均来源于历年《中国统计年鉴》《中国人口和就业统计年鉴》及各省统计年鉴等,部分数据经过整理计算得到。使用的计量分析软件为 Stata 15。各变量的描述性统计结果参见表 14–18。

表 14–18 变量描述性统计

变量名	符号	数量	均值	标准差	最小值	最大值
城镇居民人均消费水平对数值	lnc1	527	9.422	0.519	8.403	10.737
城镇居民人均收入对数值	lny1	527	9.753	0.561	8.690	11.128
城镇少儿抚养比	CDR1	527	0.183	0.043	0.090	0.373
城镇老年抚养比	ODR1	527	0.118	0.028	0.044	0.230
城职保养老金替代率	replace1	527	0.515	0.0965	0.299	0.865
城职保覆盖率	coverage1	527	0.364	0.137	0.066	0.905
城镇居民人均收入增长率	g1	527	0.108	0.035	− 0.052	0.245
城镇通货膨胀率	unc1	527	0.028	0.023	− 0.023	0.101
农村居民人均消费水平对数值	lnc2	217	9.101	0.349	7.995	9.913
农村居民人均收入对数值	lny2	217	9.316	0.361	8.413	10.321
农村少儿抚养比	CDR2	217	0.267	0.079	0.087	0.439
农村老年抚养比	ODR2	217	0.166	0.053	0.075	0.353
城乡居保养老金替代率	replace2	217	0.134	0.0713	0.0145	0.454
城乡居保覆盖率	coverage2	217	0.451	0.132	0.081	0.673
农村居民人均收入增长率	g2	217	0.106	0.042	0.038	0.297
农村通货膨胀率	unc2	217	0.029	0.027	− 0.028	0.123
预期寿命(岁)	life	527	76.382	1.136	72.843	78.849
收入分配不均	ineq	527	2.926	0.598	1.845	5.525

我们首先分别利用 LLC 检验和 Fisher-PP 检验进行面板数据的单位根检验,结果均在 5% 的显著性水平下拒绝了存在单位根的原假设,表明所有变量是平稳有效的。检验结果见表 14–19。

表 14–19　变量的平稳性检验结果

变量	LLC 检验	Fisher-PP 检验	变量	LLC 检验	Fisher-PP 检验
$lnc1$	−8.0432 (0.0000)	111.912 (0.0001)	$lnc2$	−8.8516 (0.0000)	95.532 (0.0040)
$lny1$	−5.1287 (0.0000)	89.915 (0.0118)	$lny2$	−5.6139 (0.0000)	113.240 (0.0001)
$CDR1$	−7.2168 (0.0000)	94.960 (0.0045)	$CDR2$	−8.1632 (0.0000)	96.457 (0.0032)
$ODR1$	−6.1362 (0.0000)	86.105 (0.0231)	$ODR2$	−6.5187 (0.0000)	88.692 (0.0147)
$replace1$	−11.5718 (0.0000)	105.712 (0.0005)	$replace2$	−10.8547 (0.0000)	130.303 (0.0000)
$coverage1$	−8.1576 (0.0000)	114.261 (0.0001)	$coverage2$	−8.3209 (0.0000)	126.849 (0.0000)
$g1$	−7.2511 (0.0000)	204.407 (0.0000)	$g2$	−7.6816 (0.0000)	201.620 (0.0000)
$unc1$	−5.0368 (0.0000)	377.319 (0.0000)	$unc2$	−5.2157 (0.0000)	384.979 (0.0000)
$life$	−7.2591 (0.0000)	425.316 (0.0000)	$ineq$	−8.6519 (0.0000)	125.621 (0.0000)
r	−20.8516 (0.0000)	303.807 (0.0000)			

　　本节采用系统广义矩估计法(SYS-GMM)对模型进行估计，主要基于以下三点原因：第一，消费具有习惯特征，也就是说居民现在的消费水平会受到滞后期消费的影响。第二，养老保险发展与居民消费之间可能存在双向因果关系，这会使模型产生内生性问题，而 SYS-GMM 可选择适当的工具变量解决这个问题。第三，SYS-GMM 将差分 GMM 与水平 GMM 结合到一起，在小样本条件下，SYS-GMM 可提高估计效率。

　　为避免多期滞后增加工具变量个数而损失样本信息，本节参考李珍、赵青(2015)的做法，模型默认选取被解释变量(人均消费对数)的一阶滞后值作为解释变量，并选取三阶被解释变量的滞后值作为人均消费对数一阶滞后值的工具变量。另外，参考赵昕东等(2017)的做法，本节还将养老保险替代率、养老保险覆盖率和收入增长率作为内生变量，最多使用其两个更高阶滞后值(即二阶与三阶)为工具变量。

　　(三)城职保发展和制度并轨改革对城镇居民消费的影响

　　表 14–20 的模型(1)检验了城职保发展对城镇居民消费的直接影响。结果表明，对于城镇居民，城职保的养老金替代率($replace1$)显著促进了城镇居民消费水平的提升，这主要是因为提高养老金替代率增强了老年群体的养老保障，使老年群体获得了稳定的收入来源，提升了老年人口的消费意愿和能力。同时，养老金的发放减少了子代的向上代际扶持，有些父辈甚至会将自身的养老金赠给子女进行消费，这些都会促进子代提高自身的消费水平。城职保覆盖率($coverage1$)对居民消费水平的影响也显著为正，这是由于覆盖率的提高使更多居民能够享受到养老保险的益处并提升自身家庭消费水平，进而提升了城镇居民整体及平均消费水平。以上结果说明假设 1 在城镇居民中成立。

模型(2)—(4)检验了机关事业单位养老保险改革的消费效应。结果表明,制度改革(*reform*2015)本身及其分别与养老金替代率和覆盖率的交互项的系数均不显著,说明机关事业单位养老保险制度改革后,城职保发展对城镇居民消费的影响并无显著变化。这可能是因为改革实行"老人老办法,新人新制度,中人逐步过渡"的办法,即对改革前已退休的"老人",保持现有待遇并参加今后的待遇调整;对改革后参加工作的"新人",实行基本养老金为基础养老金和个人账户养老金两部分之和的新制度;对改革前参加工作、改革后退休的"中人",由于在改革前,这些人员没有实行个人缴费,其退休时的个人账户储存额无法体现改革前工作时间的劳动贡献,按照合理衔接、平稳过渡的原则,这段时间被确定为"视同缴费年限",会依据视同缴费年限长短等因素发给"中人"过渡性养老金。也就是说,机关事业单位养老保险制度改革会对机关事业单位的"中人"和"新人"的可支配收入和养老保障不确定性产生一定影响,可能使其增加预防性储蓄,减少消费。此外,尽管机关事业单位养老保险制度改革使得机关事业单位养老保险与企业职工基本养老保险实行相同的政策,一定程度上改善了制度公平性,提高了企业职工的参保积极性以及制度并轨预期(白重恩等,2014),但改革后的不同参保群体在年金制度保障力度、覆盖率、缴费负担和养老金待遇调整等方面依旧存在显著的不公平(张彦、李春根,2016),企业和机关事业单位参保居民间的养老待遇仍有显著差距,企业职工的消费潜力难以得到充分释放。综上所述,机关事业单位养老保险制度改革对城镇居民消费的影响不显著,制度并轨改革任重道远。

表 14–20 城镇居民回归结果

	城镇居民人均消费			
	模型(1)	模型(2)	模型(3)	模型(4)
L.ln$c$1	0.596***	0.599***	0.604***	0.603***
	(0.0492)	(0.0509)	(0.0496)	(0.0511)
*replace*1	0.0520*	0.111***	0.0672**	0.0732**
	(0.0274)	(0.0230)	(0.0349)	(0.0306)
*coverage*1	0.0789**	0.0500	0.0824**	0.106***
	(0.0375)	(0.0403)	(0.0376)	(0.0376)
*ODR*1	0.0751**	0.0801*	0.109**	0.0980**
	(0.0368)	(0.0446)	(0.0490)	(0.0413)
*CDR*1	0.137*	–0.0127	0.119	0.112
	(0.0820)	(0.0108)	(0.0827)	(0.0842)

续表

	城镇居民人均消费			
	模型（1）	模型（2）	模型（3）	模型（4）
life	−0.0502**	−0.0498*	−0.0346	−0.0347*
	(0.0216)	(0.0271)	(0.0215)	(0.0182)
ln*y*1	0.403***	0.391***	0.394***	0.389***
	(0.0482)	(0.0564)	(0.0485)	(0.0565)
r	−0.225	−0.270*	−0.330	−0.350**
	(0.201)	(0.154)	(0.287)	(0.166)
*g*1	0.427	0.437**	0.436**	0.440
	(0.351)	(0.201)	(0.185)	(0.283)
ineq	0.0126	0.0125	0.0164*	0.0160*
	(0.00816)	(0.00816)	(0.00839)	(0.00838)
*unc*1	0.0788	0.0865	−0.104	−0.106
	(0.0981)	(0.0999)	(0.0992)	(0.101)
reform2005	−0.0263***	−0.0260***	−0.0264***	−0.0263***
	(0.00841)	(0.00523)	(0.00554)	(0.00642)
reform2015		0.0707	0.0145	0.0591
		(0.0684)	(0.0136)	(0.0463)
*replace*1 **reform2015*		0.137		0.126
		(0.159)		(0.167)
*coverage*1 **reform2015*			−0.230	−0.213
			(0.202)	(0.198)
Constant	0.0521**	0.0543	0.0911**	0.0880*
	(0.0214)	(0.0425)	(0.0426)	(0.0519)
AR（1）	0.001	0.003	0.010	0.009
AR（2）	0.359	0.243	0.316	0.414
Sargan 检验	0.859	0.887	0.964	0.842
Wald 检验	0.000	0.000	0.000	0.000
样本量	496	496	496	496

注：***、**、*分别表示 $P<0.01$、$P<0.05$、$P<0.10$；括号中数据为估计系数的标准差。

AR（1）、AR（2）、Sargan test 和 Wald test 所在行的数值，分别为一阶、二阶自相关检验、萨甘检验和沃尔德检验对应的 P 值。SYS-GMM 的回归结果显示，Wald 检验的 P 值为 0.000，表明各模型的解释变量是联合显著的。AR（1）的 P 值小于 0.01，AR（2）的 P 值大于 0.20，Sargan 检验的 P 值大于 0.80，这说明，SYS-GMM 估计结果的扰动项不存在二阶或更高阶自相关，并且所有工具变量均有效。后文同。

在控制变量方面，消费的滞后一阶项显著正向影响城镇居民消费，说明城镇居民具有显著的消费习惯特征，也证明了本节使用 SYS-GMM 模型的准确性。老年抚养比对城镇居民消费的影响显著为正，符合生命周期理论。少儿抚养比对城镇居民消费的影响为正，但不稳定。预期寿命的提高降低了城镇居民消费，居民在退休后要面临更长的非工作期，高龄化带来的疾病治疗和护理费用会增加，因此，居民会增加储蓄减少消费。收入对城镇居民消费水平的影响显著为正，符合基本消费经济理论。利率对城镇居民消费的影响为负，说明城镇居民对于利率的反应更敏感，具有一定的前瞻性。收入增长率对城镇居民消费的影响为正，但不稳定，表明中国居民消费具有过度平滑特征。城乡收入不平等促进了城镇居民消费。2005 年企业职工养老保险制度改革对城镇居民消费的影响显著为负，说明改革加剧了城镇居民养老保障的不确定性，抑制了居民消费，这与杨继军等（2013）的结果一致。

（四）城乡居保发展和制度并轨对农村居民消费的影响

模型（5）检验了城乡居保发展对农村居民消费的影响。结果表明，城乡居保养老金替代率（*replace*2）对农村居民消费的影响不显著，而城乡居保覆盖率（*coverage*2）对农村居民消费的影响显著为正，即假设 1 对于农村居民部分成立。替代率不显著的原因可能在于城乡居保的参保居民大多选择较低缴费档次进行缴费，人均养老金支付和替代率偏低。2018 年全国城乡居保月人均养老金收入约为 152.3 元，远低于同期全国农村低保月平均标准 402.8 元，养老保障偏低导致农村居民的消费潜力难以释放。但养老保险仍然具有一定的降低不确定性的作用，表现为覆盖率的系数显著为正，即居民被城乡居保覆盖本身能够促进消费。

表 14-21　农村居民回归结果

	农村居民人均消费			
	模型（5）	模型（6）	模型（7）	模型（8）
L.lnc2	0.418***	0.395***	0.429***	0.359**
	(0.0405)	(0.0319)	(0.0474)	(0.0322)
*replace*2	0.0683	0.0551	0.0546	0.0508
	(0.0472)	(0.0373)	(0.0440)	(0.0515)
*coverage*2	0.0464*	0.0511**	0.0401*	0.0528**
	(0.0272)	(0.0216)	(0.0225)	(0.0237)

续表

	农村居民人均消费			
	模型(5)	模型(6)	模型(7)	模型(8)
ODR2	−0.0731	−0.0743**	−0.0844**	−0.0805**
	(0.0695)	(0.0328)	(0.0356)	(0.0372)
CDR2	0.0420*	0.0451*	0.0504**	0.0502**
	(0.0230)	(0.0232)	(0.0237)	(0.0237)
life	−0.0206**	−0.0283**	−0.0153***	−0.0194*
	(0.0087)	(0.0115)	(0.0049)	(0.0103)
lny2	0.538***	0.545***	0.478***	0.492***
	(0.0621)	(0.0540)	(0.0521)	(0.0645)
r	−0.441*	−0.216	−0.308	−0.693*
	(0.249)	(0.229)	(0.304)	(0.368)
g2	0.529	0.489***	0.481	0.475***
	(0.474)	(0.141)	(0.442)	(0.143)
ineq	−0.106**	−0.118**	−0.104**	−0.113**
	(0.0433)	(0.0493)	(0.0449)	(0.0497)
unc2	0.332	−0.359	0.309	−0.325
	(0.279)	(0.281)	(0.281)	(0.283)
reform2014		0.0560	0.0349	0.0463
		(0.0371)	(0.0285)	(0.0356)
replace2*reform2014		0.212		0.256
		(0.151)		(0.197)
coverage2*reform2014			0.324**	0.376**
			(0.154)	(0.171)
Constant	−0.995*	−0.772	−0.972*	−0.883**
	(0.537)	(0.566)	(0.540)	(0.410)
AR(1)	0.012	0.008	0.006	0.011
AR(2)	0.284	0.316	0.342	0.414
Sargan 检验	0.847	0.896	0.915	0.966
Wald 检验	0.000	0.000	0.000	0.000
样本量	186	186	186	186

　　模型(6)—(8)检验了城乡居保制度并轨改革的消费效应。结果显示，制度并轨（*reform2014*）及其与养老金替代率的交互项的系数均不显著，但制度并轨与覆盖率交互项的系数显著为正。本节认为其原因在于：城乡居保制度并轨只是统一了城镇居民和农

村居民养老保险的制度名称、缴费标准以及管理服务，并轨后的城乡居保人均缴费水平及养老金替代率仍然偏低，制度可持续性较差，因此城乡居保制度并轨后，养老金替代率对农村居民消费的影响并无显著变化；但制度并轨后，城乡居民参加同一种养老保险制度，提高了社会养老保障的公平性，有利于打破城乡二元结构，提高农村居民的参保积极性，并且已有研究表明城乡居保对农村居民收入的促进作用更大，有利于缩小城乡居民间的收入差距(卢洪友等，2019)，因此制度并轨改善了城乡居保覆盖率对农村居民消费的促进作用。

在控制变量方面，与城镇居民不同的是，老年抚养比对农村居民消费的影响显著为负，这一结果主要源于农村地区的社会特征。城乡收入不平等抑制了农村居民消费，收入差距的扩大不利于整体居民消费潜力的释放。

(五)对比分析

本节借鉴连玉君、廖俊平(2017)的方法，采用基于似无相关模型(Seemingly Unrelated Regression，SUR)的组间系数差异检验城职保和城乡居保发展对城乡居民消费的差异性影响。检验结果见表14-22。

表14-22　基于SUR的组间系数差异检验

解释变量	城职保 (城镇居民消费)	城乡居保 (农村居民消费)	组间系数差异检验卡方和显著水平值
替代率	0.0732**	0.0508	$chi2 = 11.97$
	(0.0306)	(0.0515)	$P=0.001$
覆盖率	0.106***	0.0528**	$chi2 = 10.22$
	(0.0376)	(0.0237)	$P=0.001$

注：***、**、*分别表示$P<0.01$、$P<0.05$、$P<0.10$；括号中数据为估计系数的标准差。

由表6-23可知，城职保发展和城乡居保发展对城乡居民消费的影响存在显著性差异。由于城职保的养老保障远高于城乡居保，城职保发展对城镇居民消费的促进作用显著强于城乡居保发展对农村居民消费的促进作用。我国城职保与城乡居保的非均衡发展加剧了城乡居民消费差距，应降低我国养老保险的非均衡发展程度。

(六)稳健性检验

本节主要利用以下三种方法进行稳健性检验。

第一，替换回归方法。经Hausman检验，利用面板数据的固定效应回归方法进行回归，回归结果对应表 14–23 中模型(1)和模型(4)。

第二，替换主要解释变量。首先，人均养老金支付与养老金替代率成正比，因此我们利用养老保险基金人均支付水平对数作为养老金替代率的替代变量。其次，分别利用城职保参保人数/就业人数和城乡居保参保人数/(总人数–就业人数)计算城职保和城乡居保的覆盖率。回归结果对应表 14–23 中模型(2)和模型(5)。另外，由于农村居民占城乡居保参保总人数的 95% 以上，因此，本节还用城乡居保参保总人数/农村居民总人数作为城乡居保覆盖率的替代变量，回归结果与表 6–24 相近。

第三，剔除极端值。将老年抚养比、养老保险替代率和覆盖率这三个主要解释变量的样本值中落于(5%，95%)之外的样本值替换为 5% 和 95% 分位上的值，重新回归。回归结果对应表 14–23 中模型(3)和模型(6)。

表 14–23　稳健性检验结果

	城镇居民人均消费				农村居民人均消费		
	模型(1)	模型(2)	模型(3)		模型(4)	模型(5)	模型(6)
L.lnc1		0.556^{***}	0.579^{***}	L.lnc2		0.451^{***}	0.374^{***}
		(0.0421)	(0.0491)			(0.0594)	(0.0422)
replace1	0.0417^{**}	0.104^{*}	0.0376^{**}	replace2	0.0507	0.125	0.0255
	(0.0186)	(0.0553)	(0.0159)		(0.0476)	(0.110)	(0.0160)
coverage1	0.0837^{**}	0.116^{***}	0.105^{***}	coverage2	0.0105^{*}	0.0931^{**}	0.0356^{*}
	(0.0381)	(0.0384)	(0.0367)		(0.00615)	(0.0365)	(0.0184)
reform2015	−0.0132	0.0535	0.0274	reform2014	0.0272	0.0166	0.0561
	(0.0116)	(0.0377)	(0.0230)		(0.0189)	(0.0123)	(0.0369)
replace1*reform2015	0.167	0.150	0.101	replace2*reform2014	0.288	−0.216	0.127
	(0.123)	(0.146)	(0.114)		(0.256)	(0.0241)	(0.178)
coverage1*reform2015	0.268	0.250	0.214	coverage2*reform2014	0.474^{***}	0.525^{*}	0.278^{**}
	(0.245)	(0.227)	(0.182)		(0.138)	(0.308)	(0.114)
Constant	0.625^{***}	0.158^{*}	0.632^{***}	Constant	-1.069^{*}	-0.997^{*}	-0.839^{**}
	(0.187)	(0.0940)	(0.212)		(0.557)	(0.539)	(0.602)
控制变量	是	是	是	控制变量	是	是	是
R^2	0.981			R^2	0.964		
AR(1)		0.005	0.008	AR(1)		0.009	0.011
AR(2)		0.322	0.301	AR(2)		0.415	0.479
Sargan 检验		0.874	0.969	Sargan 检验		0.869	0.981
Wald 检验		0.000	0.000	Wald 检验		0.000	0.000
样本量	527	496	496	样本量	217	186	186

利用上述三种方法进行稳健性检验的结果显示，提高城职保的替代率（或养老保险基金人均支付水平）和覆盖率依然能够促进城镇居民消费，而提高城乡居保的覆盖率也依然能够促进农村居民消费。职工养老保险制度并轨改革对城镇居民消费的影响仍然不显著，而城乡居保制度并轨改革与覆盖率的交互项系数依然显著为正。这意味着本节的回归结果是稳健的。

本章小结

本章主要从养老保险这一角度，研究供给侧结构性改革与异质性消费者行为之间的关系，并提出相应的政策建议。

通过实证研究，本章主要有以下三点结论：

第一，养老保险发展在人口老龄化对居民消费的影响中起到了调节作用。人口老龄化对居民消费倾向的影响具有显著的双门槛特征，随着养老保险发展水平的提高，人口老龄化的消费效应由负转正，并且正向效应逐渐加强；在异质性门槛效应分析方面，东部地区的门槛值大于中、西部地区，享受型消费的门槛值大于发展型消费。提高养老保险支出水平与覆盖率，能够使人口老龄化对居民消费倾向的影响由负转正（针对西部地区和享受型消费）或增强人口老龄化的正向消费效应（针对东、中部地区和发展型消费）。

第二，不同养老保险制度所覆盖的居民，其消费水平具有明显差异，养老保险"多轨制"显著引起了不同参保家庭间的消费差距。与新农保相比，城居保、企职保及机关事业单位养老保险模式分别显著增加了家庭人均消费支出的 6.2%、13.3% 和 17.5%，影响机制为收入效应和预期效应。异质性分析结果显示，在消费水平较低、食品消费、低收入阶层、不确定性大、农村和中西部地区等分样本中，"多轨制"引起的不同参保家庭消费差距更大。演变趋势分析表明，受养老保险制度并轨改革影响，"多轨制"引起的不同参保家庭消费差距在新农保与城居保间呈减小趋势，在企职保和机关事业单位养老保险间趋于稳定，但在城镇职工和城乡居民间呈扩大趋势。

第三，提高城职保的养老金替代率和覆盖率可显著促进城镇居民消费，提高城乡居保的覆盖率可显著促进农村居民消费。由于养老保障水平的差距，城职保的消费效应强于城乡居保，养老保险非均衡发展扩大了城乡居民消费差距。并且，机关事业单位养老保险制度改革对城镇居民消费的影响不显著，而城乡居保制度并轨加强了提高养老保险覆盖率对农村居民消费的促进作用。我国社会养老保险制度并轨改革的政策效应尚未充分显现，改革任重道远。

为形成双循环新发展格局，应缩小职工与居民养老保障的差距，减小养老保险发展非均衡性对城乡居民消费的不利影响。与企事业和机关单位职工相比，居民尤其是农村居民的消费意愿更高，对养老保险的需求也更高，提高农村居民的养老保障水平，是扩大内需、畅通国内大循环的重要举措。因此，本节建议建立预防和消除老年贫困的普惠制公共养老金。目前的城乡居民养老保险分为居民个人缴纳和国家补贴两部分，政府可将目前由财政支持的基础养老金分离出来，转化为覆盖全体非职工居民的普惠制公共养老金。全国统一的公共养老金给付水平，可以参照最低生活保障（低保）标准确定，并由地方政府根据当地的物价水平加以调整。普惠制的公共养老金不仅能够缩小城乡居民养老保障差别、减少不公平，进而缩小城乡居民消费差距，而且满足了参保居民的基本生存需求，尤其会显著提高农村居民的养老保障水平和老年生活质量，具有凝聚和稳定社会的功能。同时，在个人缴纳部分，应增强城乡居保缴费补贴与缴费档次的关联度，促使居民多缴、长缴。此外，还应完善养老基金投资制度，实现个人账户养老金保值增值。最终提高城乡居民的养老保障水平。

与此同时，加大城职保制度并轨改革力度，降低企职保与机关事业单位养老保险间的养老保障差异，完善不同养老保险制度的衔接转换机制。一方面，无论从保险规模还是养老金待遇合理性来看，都应使机关事业单位养老保险与企业职工养老保险实行统一的管理办法与政策。这不仅能够缩小公共部门与非公共部门的社会保障水平差距，而且有利于劳动力在不同部门间流动；另一方面，应通过"减税降费"、提高财政补贴等措施鼓励企业实施"企业年金"制度，建立企业职工多层次养老保险体系，提高企业职工养老保障水平。

第十五章 经济政策不确定性、消费者信心与异质性消费者行为

第一节 理论分析

当今世界正处于百年未有之大变局，各类风险挑战相互叠加、层出不穷。后疫情时代经济全球化遭遇逆流，大国博弈日趋激烈，世界进入新的动荡变革期。受外部环境的不确定性影响，我国发展面临多年未见的需求收缩、供给冲击、预期转弱三重压力。据统计，2020 年第一季度我国 GDP 同比下降高达 6.8%，经济面临较大下行压力。为落实做好"六保""六稳"工作，政府相继推行包括定向降准、减税降费和启动新基建等在内的一系列调控政策，致使我国宏观经济政策不确定性显著增加。居民消费是经济增长的根本动力，充分提升居民消费需求对于经济平稳运行和增长动力重塑有着重要意义。然而由于微观经济主体有限理性和信息不对称等因素的制约，作为经济政策变动的接受者，消费者往往无法确切预知政府是否、何时以及如何改变现行经济政策，以致其在进行消费决策时通常处于不确定的经济政策环境中（王红建等，2014；葛兰、扬，2016），因此，深入剖析经济政策不确定性影响居民消费的潜在作用渠道及其效应，不仅有助于深入理解居民消费受经济政策影响的成因特征，而且能够为发挥消费基础性作用的制度创新提供必要微观基础。

作为具有转型和新兴双重特征的全球最大经济体，中国实行的经济政治体制为考察经济政策不确定与居民消费之间的关系提供了理想的研究环境。一方面，不同于欧美国家普遍实行的多党制政体，我国出台经济政策时无需承担较高的谈判成本，政府对资源配置与经济运行有着很强的干预意愿和调控能力，重大政策出台、调整的频率相对较高，经济政策不确定性也显著高于全球总体水平（李凤羽、史永东，2016；宫汝凯等，2019；王东明、鲁春义，2019）。另一方面，我国城镇居民的消费以教育、医疗与住房等为重要内容，因而对经济政策不确定的敏感程度要明显高于西方发达经济体居民。特别地，中

国宏观经济政策呈现较强的阶段性特征,近年来政策调控由以往的"刺激型"向"调节型"过渡转变,这不仅对于政策制定当局来说是一个未知的探索过程,而且对于微观经济主体而言也是一个全新的政策体验,由此还引致了中国经济政策不确定性显著上升。(何富美等,2019)

在本章,我们将重点考察经济政策不确定性对城镇居民消费行为的影响。相较于以往研究,我们的主要贡献在于,基于依托文本挖掘技术编制的全新中国经济政策不确定性指数,采用时变参数向量自回归方法考虑了经济政策不确定性对城镇居民消费行为冲击的"时变特征"和不确定性"滞后效应",揭示了经济政策不确定性经由消费者信心变动进而诱致异质性消费行为变化的可能传导路径。

第二节 时变脉冲响应分析

一、模型构建

在我国经济渐进性改革过程中,宏观经济有着明显的累积渐变特征(黄威、陆懋祖,2011),经济政策不确定性、消费者信心及居民消费支出同样处于不断变化中,因此采用非线性 VAR 模型是表征我国经济系统动态时变特征的良好选择。目前非线性 VAR 模型主要包括阈值转移(TVAR),马尔可夫区制转移(MS–VAR)以及时变参数机制(TVP–VAR)三类,其中,TVAR 和 MS–VAR 仅刻画了变量间有限数量的结构性突变,未能考虑其连续性和累积渐变特征,而 TVP–VAR 则可以有效捕捉模型变量由经济环境波动引起的渐进性和结构性突变(内罗尔、普里米切里,2015),因此本节接下来选取了 TVP–VAR 模型进行研究。根据中岛(Nakajima, 2011)和杰巴比利等(Jebabli et al., 2014),TVP–VAR 模型可从结构向量自回归模型(SVAR)推导而来。典型的 SVAR 模型可以表示如下:

$$Ay_t = B_1 y_{t-1} + B_2 y_{t-2} + ... + B_s y_{t-s} + \mu_t, \quad t = s+1, ..., n \qquad (15\text{--}1)$$

式(15–1)中,y_t 为 $k \times 1$ 阶观测向量,t 表示时间,s 为滞后期数,A 和 $B_1, ..., B_s$ 均为 $k \times k$ 阶系数矩阵,μ_t 是结构扰动矩阵,且 $\mu_t \sim N(0, \sum\sum)$。假定结构冲击服从递归识别,即矩阵 A 为下三角矩阵形式,则矩阵 A 和 Ψ 可以表示为:

$$\Psi = \begin{pmatrix} \sigma_1 & 0 & ... & 0 \\ 0 & \sigma_1 & ... & 0 \\ \vdots & \vdots & & \vdots \\ 0 & 0 & ... & \sigma_1 \end{pmatrix}, \quad A = \begin{pmatrix} 1 & 0 & ... & 0 \\ a_{21} & 1 & ... & 0 \\ \vdots & \vdots & & \vdots \\ a_{k1} & a_{k2} & ... & 1 \end{pmatrix} \qquad (15\text{--}2)$$

将结构式(15–2)进一步转换为如下形式 VAR 模型：

$$y_t = \varphi_1 y_{t-1} + \varphi_2 y_{t-2} + ... + \varphi_s y_{t-s} + A^{-1}\Sigma\varepsilon_t \quad, \quad \varepsilon_t \sim N(0, I_k) \tag{15–3}$$

其中，ε_t 是残差项，I_k 为单位矩阵，$\varphi_i = A^{-1}B$，$i=1,2,...s$。令 β 为矩阵 φ_i 每一行中元素堆积成的 $k^2 s \times 1$ 维列向量，定义 $X_t = I_k \otimes (y'_{t-1},...,y'_{t-s})$，$\otimes$ 表示克罗内克积，则上述 VAR 模型可以表示为如下形式：

$$y_t = X_t\beta + A^{-1}\Sigma\varepsilon_t \tag{15–4}$$

式(15–4)中参数 β，A 以及 Σ 均为非时变。考虑到这些参数是随时间可变的，相应的含有随机波动的时变参数向量自回归模型(TVP-VAR)可以进一步表述为：

$$y_t = X_t\beta_t + A_t^{-1}\Sigma_t\varepsilon_t \tag{15–5}$$

在式(15–5)中，参数 β_t，A_t 和 Σ_t 均已转化为时变参数。令 $\alpha_1 = (\alpha_{21}, \alpha_{31}, \alpha_{41},...,\alpha_{k,k-1})'$ 表示下三角矩阵 A_t 中元素按行堆叠向量，同时 $h_t = (h_{1t}, h_{2t},...,h_{kt})'$，且 $h_{jt} = \ln\sigma_{jt}^2$，$j=1,2,...,k$，$t=s+1,...,n$。同时假定式(15–5)中参数 β_t，a_t 和 h_t 服从如下形式的随机游走过程：

$$\beta_{t+1} = \beta_t + \mu_{\beta t}, \quad \alpha_{t+1} = \alpha_t + \mu_{\alpha t}, \quad h_{t+1} = h_t + h_{ht} \tag{15–6}$$

$$\begin{pmatrix} \varepsilon_t \\ \mu_{\beta t} \\ \mu_{\alpha t} \\ \mu_{ht} \end{pmatrix} : (0,) \begin{pmatrix} I & 0 & 0 & 0 \\ 0 & \Sigma_\beta & 0 & 0 \\ 0 & 0 & \Sigma_\alpha & \vdots \\ 0 & 0 & 0 & \Sigma_h \end{pmatrix} \tag{15–7}$$

在式(15–6)中，$\beta_{s+1} : N(\mu_{\beta t}, \Sigma\beta_0)$，$\alpha_{s+1} : N(\mu_{\alpha t}, \Sigma\alpha_0)$，$h_{s+1} : N(\mu_{ht}, \Sigma h_0)$。在上述模型估计过程中，鉴于结构性冲击方差的随机波动假定可能会由于参数过多而增加最大似然估计难度，故我们在贝叶斯理论框架下借助蒙特卡洛模拟方法进行模拟抽样，在得到相关参数后验分布的基础上对其进行估计。

二、变量选取与描述

本节选取经济政策不确定性、消费者信心与城镇居民消费季度数据展开建模分析，样本研究范围为 2002 年第一季度到 2019 年第四季度，各指标选取和说明如下：

（一）经济政策不确定性

鉴于经济政策不确定性是伴随经济政策调整而产生的不可预知风险，为经济主体对政策制定过程、发布时间及其潜在效果难以做出预判的未知状态，这使得就经济政策不确定性进行有效测度十分困难。近年来随着经济政策量化技术的重大突破,贝克等(Baker *et al.*, 2016)利用文本过滤技术,以香港《南华晨报》为文本信息源,通过测算该报纸同时包含"中国""经济""不确定性"以及"政策"四个关键词的相关报道数量占当月文章总数的比重,来构建中国经济政策不确定性(Economic Policy Uncertainty, EPU)。鉴于该指数能够有效反映经济政策不确定性水平,且有着较好回溯性、连续性与时变性特点,学界涌现出大量基于 EPU 指数的研究(奥斯库伊、奈叶利,2020;梁等,2020)。但是,贝克等构建的指数是基于《南华晨报》英文版编制而成,其在反映中国经济政策不确定方面的代表性相对不足,有鉴于此,香港浸会大学的学者(Huang & Luk,2020)对内地 114 份报纸进行了文本挖掘,编制了全新的中国经济政策不确定性总体及分类月度指数。考虑到这一最新构造指数的信息采集范围更为广泛,克服了报道偏误问题(media bias),能够更加全面客观地反映我国经济政策不确定性,因此我们采用该指数进行分析。

(二)消费者信心

消费者信心指数(Consumer Confidence,回归中以 *Confi* 表示)是基于消费者对国家(或地区)经济形势、就业状况、预期收入、消费政策等情况的主观心理感受和判断所编制的指数,反映了消费者对宏观经济环境的信心强弱程度。消费者信心指数由消费者满意指数和消费者预期指数通过一定权重综合得到(李成,2016),前者指消费者对当前经济生活的评价,后者指消费者对未来经济生活发生变化的预期。鉴于消费者信心指数与主要宏观经济指标变动有着高度关联性和预见性,特别是预期指标通常领先于经济基本面变化而变化,这一指数已逐渐成为监测宏观经济景气程度的重要预警指标。美中不足的是,目前中国消费者信心指数调查主要针对城市居民进行,广大农村居民消费信心未能得到有效体现。本节中使用的消费者信心指数取自万得(Wind)经济金融数据库。

(三)城镇居民消费

我国广大城镇居民的消费支出往往包含以教育、医疗和住房为主要代表的大额消费支出,其对经济政策不确定性的敏感程度要明显高于农村居民,加之现有的消费者信心指数无法涵盖广大农村居民,因此为了增强研究的针对性和有效性,我们选取了城镇居民人均消费支出(*Consu*)作为主要研究对象,城镇居民消费支出同样从万得(Wind)经济金融数据库得到。

为了使所选取的不同变量时间频率能够相互匹配,我们参考古伦和伊安(Gulen & Ion, 2016)的做法,将月度 EPU 指数加权转换为季度 EPU 数据(EPU_wa),$EPU\_wa=(EPU_{m-2}+$

$2EPU_{m-1}+3EPU_m)/6$，其中，EPU_m 表示月份 m 的 EPU 指数。为了消除物价因素影响，我们以 1978 为基期，利用该年的城市 CPI 对城镇居民消费支出序列进行了平减。此外，为了消除季节性因素影响，我们借鉴石自忠等（2016）的做法，采用 CensusX-12 方法对经济政策不确定性、消费者信心和城镇居民消费序列进行了季节调整，还对相关变量进行了取对数处理以缓解潜在的异方差影响。

三、数据检验与模型设定

为了避免序列异方差和保证序列平稳性，在将相关序列代入 TVP-VAR 模型之前，有必要对所有变量取对数处理。ADF 和 PP 检验结果表明，取对数后变量均为平稳序列，后续分析不存在伪回归情况。进一步地，在构建 TVP-VAR 模型时需要确定模型中变量的最优滞后期数，其确定方法通常与一般 VAR 模型最优滞后期数的确定方法相同。表 15-1 给出了 1—4 期滞后期数的 FPE、AIC、HQIC 以及 SBIC 值，依据信息准则最小值原则，模型中各变量最优滞后期数确定为 4。接下来，我们将基于 OxMetrics 6.0 平台来实现经济政策不确定性消费效应的相关模拟。

表 15-1　滞后期数诊断表

滞后期数	LL	LR	FPE	AIC	HQIC	SBIC
0	94.57		0.00001	−2.6932	−2.6544	−2.5953
1	360.451	531.76	7.1e-09	−10.2485	−10.0934	−9.8569[*]
2	373.457	26.012	6.3e-09	−10.3664	−10.0948	−9.6809
3	384.158	21.403	6.0e-09	−10.4164	−10.0284	−9.4372
4	402.164	36.011[*]	4.7e-09[*]	−10.6813[*]	−10.1769[*]	−9.4083

注：*表示在各自准则下模型最优的滞后阶数。

四、参数估计与模型诊断

依据前文的理论模型分析，我们以变量进入顺序为 EPU、Confi、Consu 建立一个三变量 TVP-VAR 模型，利用蒙特卡洛模拟算法进行参数估计，模拟抽样采用 OxMetrics 6.0 软件实现。我们参考中岛（Nakajima，2011）研究为相关参数赋予初始值，$\mu_{\alpha0}=\mu_{\beta0}=\mu_{h0}$，$\Sigma_{\alpha0}=\Sigma_{\beta0}=\Sigma_{h0}=10\times I_k$。假定矩阵 $\Sigma_{\alpha0}$、$\Sigma_{\beta0}$、Σ_{h0} 为对角矩阵，其对角线上元素服从如下

分布：$(\Sigma_{\alpha0})^{-2}:Gamma(2,0.01)$，$(\Sigma_{\beta0})^{-2}:Gamma(2,0.01)$ 以及 $(\Sigma_{h0})^{-2}:Gamma(2,0.01)$。为了保证基于条件边缘分布抽取的样本值分布能有效逼近参数的无条件后验分布，我们采用 MCMC 抽样技术对所得样本进行收敛性检验。同时设定蒙特卡洛模拟迭代抽样 20000 次，为了避免迭代初期不平稳情况，我们将前 2000 次作为预模拟样本(burn-in)予以舍弃。

表 15-2　参数估计及诊断结果

参数	后验均值	后验标准差	95%置信区间	Geweke 收敛诊断值	无效因子
sb1	0.0229	0.0027	[0.0184, 0.0288]	0.014	4.02
sb2	0.0228	0.0026	[0.0184, 0.0286]	0.826	4.80
sa1	0.0639	0.1014	[0.0334, 0.1768]	0.981	18.04
sa2	0.0731	0.1162	[0.0365, 0.1577]	0.150	110.97
sh1	0.1720	0.0990	[0.0608, 0.4257]	0.023	76.32
sh2	0.2194	0.1443	[0.0625, 0.6042]	0.315	126.35

注：sb1、sb2、sa1、sa2、sh1、sh2 分别表示后验分布前两个对角线元素的估计结果。

表 15-2 汇报了模型参数后验分布均值、标准差、95%置信区间、Geweke 收敛诊断值以及无效影响因子。其中，收敛概率 Geweke 用以检验原假设估计参数服从收敛后验分布如果 MCMC 抽样序列为平稳序列，意味着 Geweke 统计量会收敛于标准正态分布；相应地，无效率影响因子数值则用来判断 MCMC 随机抽取样本的有效性。结果表明，各参数后验分布均值都处在 95%置信区间内，Geweke 收敛诊断值均未超过 5%的临界点值 1.96，意味着估计参数无法拒绝收敛于后验分布的原假设，表明迭代周期中预模拟抽样能使马尔科夫链趋于集中。此外，反映为得到不相关样本所需要抽样次数的无效影响因子普遍较低，最高无效因子为 126.35，在这总抽样次数为 20000 次的 MCMC 抽样中，可以至少获得 20000/126.35≈158.29 个不相关样本观测值，表明后验均值能够趋近真实参数值。综合 Geweke 收敛诊断与无效影响因子检验结果，可判断马尔科夫链模拟效果较好。

进一步地，图 15-1 汇报了基于贝叶斯原理的 MCMC 抽样技术计算的样本自相关系数、样本路径和后验分布函数。可以发现，第一行经过迭代抽样后的自相关系数迅速衰减，表明本节所设定的迭代次数能够消除抽样导致的自相关性；第二行样本路径图显示参数序列基本围绕后验均值呈现"白噪音"波动轨迹，参数样本路径整体上相对平稳，意味着抽样所得到参数间是相互独立的。因此，相关检验能够支持基于 TVP-VAR 模型的后续推断。

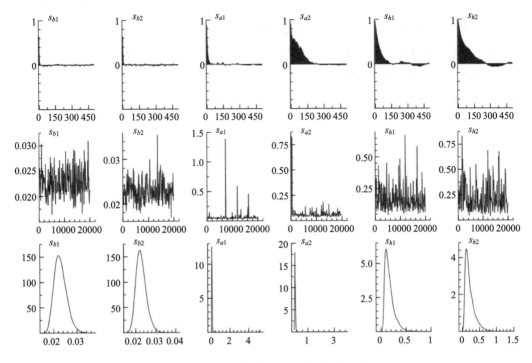

图 15-1　样本自相关系数、样本路径和后验分布

五、时变脉冲响应分析

在经济政策不确定性、消费者信心与城镇居民消费支出三者之间的动态脉冲响应分析方面，TVP-VAR 模型能够有效刻画不同时期动态反应情况，其包含了等间隔冲击反应函数和特定时点上的冲击函数两种形式。

（一）等间隔脉冲响应分析

等间隔冲击反应函数是指在样本每一期参数当期值分别对固定滞后若干期的其他参数产生的影响，它可以很好地表示不同期经济政策不确定性对消费者信心、城镇居民消费支出的时滞影响。我们在这里设置了提前 1 期（3 个月）、2 期（6 个月）、4 期（1 年）经济政策不确定性对消费者信心、城镇居民消费支出的短期、中期和长期时变效应。图 15-2 中 $\varepsilon_{epu}\uparrow \to confi$ 表示给经济政策不确定性（EPU）一个标准差冲击后对自身（Confi）做出的反应，其他变量含义以此类推。图中实线为滞后 1 期响应函数，长虚线和短虚线分别表示滞后 2 期和 4 期响应函数。总体而言，不同滞后期情形下各类变量等间隔脉冲响应函数走势相对一致，意味着模型相对稳健，经济政策不确定性和消费者信心脉冲结果有着显著时变特征。滞后 1 期脉冲响应函数曲线相对平稳，而滞后 2 期和 4 期响应函数曲线呈现较大波动特征，意味着受信息黏性、调整成本和理性预期等因素影响，消费者信心、城镇居民消费支出等变量对经济政策不确定性冲击的充分反应，有赖于经济主体拥有足够时间去感知、理解外部冲击，进而做出相应反应。

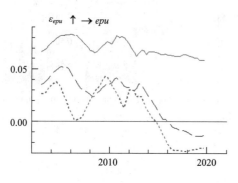

图 15-2　经济政策不确定性对自身
等间隔脉冲响应

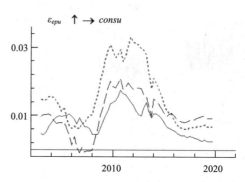

图 15-3　经济政策不确定性对消费支出
等间隔脉冲响应

具体而言，图 15-2 表明经济政策不确定性对自身脉冲效应呈现波动衰减趋势，符合经济规律。图 15-3 显示经济政策不确定性对消费支出冲击呈现明显时变性特征，样本期内给定一个单位的正向 EPU 新息冲击，在 2009 年前居民消费短期反应呈倒 U 型特征，而中长期反应分别在 2007 年前整体呈现波动下降特征，随后各期 EPU 均对居民消费表现出更加明显的倒 U 型特征。此外，各时点期脉冲响应函数值基本分布在 0 值以上，意味着 EPU 总体上对居民消费产生明显正向冲击效应。可能解释是，样本期内给定 EPU 一个单位正向新息冲击，受消费习惯等因素影响，经过一段时期缓冲消费者会对自身消费行为决策进行调整；当经济政策对居民消费支撑疲软时，政策当局可能会相继出台系列新的经济刺激政策，居民消费又会开始缓慢增长。随着时间推移消费刺激政策的消费效应会缓慢衰减，经济政策不确定性诱致的居民消费需求阶段性透支逐步显现，城镇居民消费开始大幅回落。为增强研究结果的信服度，接下来我们进一步考察经济政策不确定性对消费者信心的冲击效应，以揭示经济政策不确定性对居民消费支出时变影响的传导机制。

图 15-4 给出了经济政策不确定性对消费者信心冲击函数，样本期内短期、中期以及长期的经济政策不确定性单位正向标准差冲击，引起的消费者信心响应函数值总体上分布在 0 值以下，意味着经济政策不确定性在某种程度上会抑制消费者信心；样本前半期中经济政策不确定性呈现平缓波动下降态势，随后脉冲响应曲线表现出快速上升趋势，其中，中长期脉冲响应函数值较快地向 0 值收敛逼近，进而脉冲响应值呈现为微弱正值，

意味着在期初经济政策不确定性会诱致消费者信心减低，不利于良好消费者信心形成，而在中后期随着消费者对经济政策冲击的充分感知和适应，经济政策不确定性变动对消费者信心负向冲击会有所缓解，甚至对消费者信心发挥了有效培育作用。相应地，图 15–5 绘制了不同滞后期情形下消费者信心的消费脉冲响应，各时点消费者信心诱致的消费脉冲效应均为负值，除短期脉冲曲线非常平稳外，中长期脉冲响应曲线均有着较大波动特征；此外，期初消费者信心对消费支出的中长期负向冲击有所弱化，之后呈现较强的持续负向冲击，继而脉冲响应轨迹不断向着 0 值收敛逼近。不难理解，在图 15–4 与图 15–5 中经济政策不确定性、消费者信心脉冲效应的共同叠加影响下，经济政策不确定性对城镇居民消费支出的影响呈现动态时变特征。

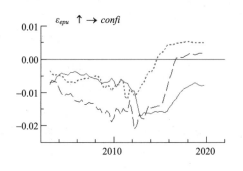

图 15–4　经济政策不确定性对消费者信心
等间隔脉冲响应

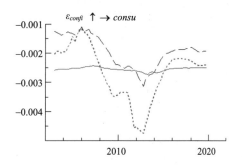

图 15–5　消费者信心对居民消费支出
等间隔脉冲响应

（二）不同时点脉冲响应分析

进一步地，我们根据主要标志性事件和变量变动特征设置了不同特定时点冲击，来刻画经济政策不确定性诱致的消费者信心、城镇居民消费支出异质性时变特征和影响路径，从而针对性地得到不同经济波动情形下城镇居民消费行为受到的影响。本节综合选取三个代表性脉冲时点进行研究。首先，发生于 2002 年底的 SARS 事件，直到 2003 年中期才逐渐结束，这一事件造成 2003 年第二季度 GDP 增速明显低于同年第一和第三季度两位数增速，故我们选取 2003 年第二季度作为第一个特定冲击时点。其次，受 2008 年国际金融危机持续蔓延影响，中国 2009 年第一季度 GDP 一度跌至 6.4%，宏观经济形势非常严峻，故我们选取 2009 年第一季度作为第二个特定的冲击时点。最后，2014 年 12 月 5 日，中央政治局会议首次提出"经济新常态"的概念，中国经济发展进入由传统资源要素驱动向创新驱动转变的新阶段，经济结构和宏观政策面临重大转型和调整，因此我们选取 2014 年第四季度作为第三个冲击时点。图 15–4 至图 15–7 给出了这三个特定时点经济政策不确定性、消费者信心与城镇居民消费支出在 0—17 期的脉冲响应路径，其中，短虚线、长虚线以及实线分别代表了 2003 年第二季度、2009 年第一季度和 2014 年第四季度的时点冲击反应函数，脉冲反应长度为 18 期（1 期为 1 季度）。

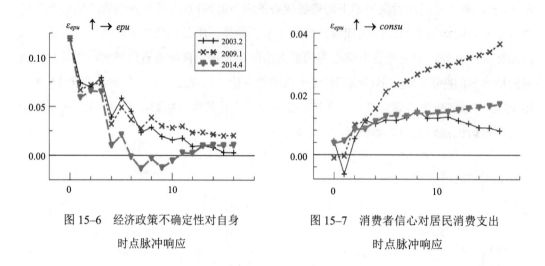

图 15–6　经济政策不确定性对自身　　　　图 15–7　消费者信心对居民消费支出
　　　　　时点脉冲响应　　　　　　　　　　　　　时点脉冲响应

　　图 15–6 给出了各时点 EPU 对自身冲击反应，相关响应从第一季度开始迅速衰减，说明在重大经济波动时点上，不确定性能够相对灵活地进行调整，其自身维系的惯性机制相对较低。也就是说，EPU 波动不会对后期 EPU 数值产生较大额外影响，从而有助于消除自身波动造成的影响。图 15–7 为不同时点上经济政策不确定性诱致的消费冲击效应，总体上，各类事件时点滞后期中 EPU 变动会引致城镇居民消费支出正向变化，不过金融危机和经济新常态事件时点 EPU 诱致的居民消费呈现持续性上升趋势，其中金融危机时点上 EPU 的居民消费冲击响应强度最大，这与金融危机发生后我国外部需求受到严重冲击，国家出台一系列罕见的高强度政策来促进国内消费需求密切相关。

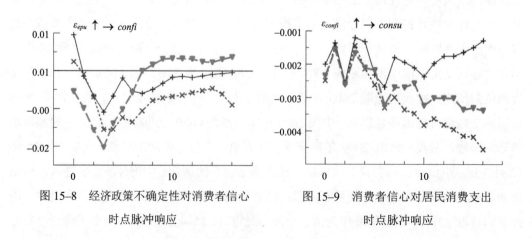

图 15–8　经济政策不确定性对消费者信心　　图 15–9　消费者信心对居民消费支出
　　　　　时点脉冲响应　　　　　　　　　　　　　时点脉冲响应

进一步地，图 15-8 给出了 EPU 对消费者信心的脉冲响应曲线，尽管三个特定时点的冲击程度有着一定程度差异，但消费者信心变动的总体趋势呈现出 V 型特征。其中，SARS 事件与金融危机时点有着相似脉冲响应轨迹，均在第一季度呈现正向冲击，随后脉冲值不断向 0 值收敛，进而表现为负向冲击且在第三期达到最大负向影响。此外，在初期经济新常态时点中 EPU 对消费者信心产生负向冲击，在第三期达到最大负向影响，在此之后冲击效应随时间逐渐快速向 0 值靠拢，在第七期后经历了"由负到正"的逆向波动过程。这是由于中国经济处在增速从高速转向中高速的新常态阶段时，政府通过供给侧结构性改革等系列措施，有效巩固了消费者的经济发展和收入增长预期。此外，金融危机时点中第 14 期滞后 EPU 负向冲击又有所加大，这可能与十八大后中央反腐败政策出台，经济进入新常态等多重因素的叠加相关。进一步地，图 15-9 绘制了消费者信心对城镇居民消费支出时点冲击，各类重大事件中消费者信心对城镇居民消费支出不同滞后期冲击一直为负，即消费者信心波动不利于城镇居民消费稳步增长。特别地，在第七期之前各类事件中消费者信心时点冲击有着一致性趋势，在此之后 SARS 事件时点冲击与金融危机、经济新常态时点冲击呈现明显分异趋势。

综合上述分析，中国经济政策不确定性、消费者信心对城镇居民消费脉冲效应呈现明显动态时变特征，这种时变冲击效应和我国宏观经济环境变化密切相关，但是具体冲击影响与 EPU 事件发生时间有着某种程度的错位，EPU 冲击主要体现为中长期效应，同时 SARS 事件、金融危机以及经济新常态主要时点上 EPU 诱致的消费效应呈现明显分化趋势。特别地，不同滞后期和主要事件时点情形下 EPU 对城镇居民消费均呈现正向冲击。传统预防性储蓄理论认为，不确定性会引致家庭延迟或者减少当前消费，以建立流动政策缓冲储备，显而易见，经济政策不确定性的消费效应无法单纯依托预防性储蓄理论加以解释。我们认为这是由于 EPU 事件本身有着多维复杂性特点。EPU 涵盖了"好"与"坏"两个维度(Segal *et al.*, 2015)，其中，前者对宏观经济变量有着正向促进作用，尽管当前中国 EPU 的频繁变动可能会在短期内对部分居民收入增长、未来预期等产生不同程度的不利冲击，但根植于现实经济社会背景和依托强大制度优势，中国经济政策的出台、调整始终遵循着切实解决经济社会面临的重大现实问题，秉持人民利益至上和满足广大人民群众美好生活需要的理念脉络。从具体政策层面来看，近年来《中共中央 国务院关于完善促进消费体制机制进一步激发居民消费潜力的若干意见》《关于促进消费扩容提质加快形成强大国内市场的实施意见》等顶层设计，充分体现了政策调控对居民消费行为的有效支撑作用。

本章小结

　　本章主要从经济政策不确定性这一角度，研究供给侧结构性改革与异质性消费者行为之间的关系，并提出相应的政策建议。

　　经济政策不确定性对消费支出冲击呈现出明显时变特征，总体上，经济政策不确定性对异质性消费行为有着正向冲击效应。在期初经济政策不确定性会诱致消费者信心持续减低，随着经济主体对经济政策冲击的充分感知和适应，经济政策不确定性变动对消费者信心的不利冲击会有所缓解。此外，不同事件时点上经济政策不确定性对城镇居民消费冲击呈现分异趋势。

　　在消费者信息方面，制定宏观经济调控政策或消费经济政策时，须充分考虑消费者有限理性、调整成本等因素，同时要尽可能地保持经济政策的稳定性和连贯性，通过有效增强经济政策的可预期性来发挥其对塑造良好消费者信心和促进异质性消费的作用。

第四篇　供给侧结构性改革与异质性消费者行为：消费金融环境优化研究

第十六章　消费金融影响消费者行为的
理论分析

本章重点关注消费金融影响消费者行为的相关理论机制。我们根据前文对消费金融核心概念和范畴的清晰界定来构建本章的理论分析框架。本章基于消费者主体金融素养角度，先从消费者理性消费借贷、理性风险规避机制和理性资产配置三个维度探讨了金融素养影响消费者行为的内在作用机制，进而分别依次分析了作为消费金融重要范畴的消费信贷、商业保险和家庭资产对居民消费的跨期平滑机制、风险保障机制和财富效应机制。进一步地，本章从数字金融的边际成本递减机制和普惠网络效应机制两个方面，考察了数字金融背景下消费金融影响消费者行为的理论机制，系统性分析了消费金融对消费者行为的影响。

第一节　消费金融与消费者行为的分析框架

一、消费金融与居民消费逻辑关系

利用现有经典理论可能无法对中国居民消费率持续下滑事实做出有效解释，特别地，中国消费（储蓄）水平与国际经验的严重"偏离"，意味着仅采用标准消费理论无法系统有效地阐释居民消费储蓄行为，据此所得出的政策启示也难以有效地启动居民消费需求。本节认为，不同于西方发达国家，中国目前正处在经济社会转型过程中，居民消费需求特征可能是由相关"特殊"因素导致的。因此，需要在中国经济社会转型背景下系统性考察影响居民消费的主要因素及其应对举措。

(一)转型期消费者金融素养分析

接受良好金融教育的消费者是金融市场健康发展的重要基石。金融素养不仅可以被视为对基本经济和货币概念的理解,还可以是利用这种理解高效地处理金融资源的技能和意识(Rodrigues *et al.*,2019),可以说,金融素养作为一个综合性概念,金融知识为金融素养的一个重要子集。在计划经济时期,国民经济生活中对市场"看不见的手"力量的否定,使得消费者金融素养的培育无从谈起。进入改革开放之后,尤其是1992年中国开始确立社会主义市场经济体制改革之后,市场在国民经济中开始扮演越来越重要的角色。这方面作为市场经济体系重要组成部分的金融市场发展尤为突出,而作为金融市场重要基石和支撑的消费者金融素养也实现了较快提升。不过必须承认的是,在这期间中国消费者金融素养水平仍然普遍偏低。中国人民银行发布的《消费者金融素养调查分析报告(2017)》表明,中国消费者金融素养指数平均得分只有63.71,消费者金融素养水平亟待进一步提升,且金融素养在不同人群和不同区域间存在较大的不均衡现象。尽管央行最新发布的《消费者金融素养调查分析报告(2019)》表明,全国消费者金融素养指数平均分为64.77,相较于2017年消费者金融素养而言有所上升,但是金融素养标准差水平从2017年的15.03进一步上升到了2019年的17.01,意味着不同群体金融素养水平差距有所扩大。值得注意的是,初等与中等教育阶段是个体金融素养水平提升最快时期,对塑造个体良好的金融态度和培育正确金融行为技能意义重大。然而,金融知识在中国初等和中等教育阶段的教育体系中长期得不利重视。特别地,金融素养薄弱现象在中国中西部地区以及劳务流动人口、边远地区贫困人群、妇女以及残疾人士等弱势群体中尤为突出。转型时期消费者金融素养普遍薄弱和不均衡现象,不仅严重制约了中国金融市场特别是消费金融市场的健康持续发展,而且可能会导致消费者在金融市场做出不理性的错误决策,从而在某种程度上制约了居民消费水平的有效提升。

(二)转型期消费者信贷约束分析

中国金融市场发育带有明显的"时代"烙印,优先发展重点行业、部分地区和城市是计划经济时期明显的经济发展战略特征。一方面,在国防和重工业优先发展战略方针指引下,政府通过实施工农产品价格"剪刀差"政策,将农产品价格严格限制在市场价格以下,同时以较高价格出售化肥、种子和机械等生产资料,并且严格限制、压低工人劳动力成本,以最大限度地获取工业利润用于生产再投资。(何德旭、苗文龙,2015)另一方面,该时期农村金融体系更多地扮演着对农村剩余资源攫取以及为工业化建设服务的角色。值得注意的是，1998 年之后国有商业银行加速了商业化转型步伐，大量商业银行分支机构开始大规模地从农村地区撤出，直接导致生活在农村或者劣势地区的居民家庭面临获取金融服务的困难。(孙武军、林惠敏，2018)尽管 2007 年国家成立了邮政储蓄银行，其三分之二的网点分布在农村地区，但因其存款增长快速而贷款增长缓慢，实质充当了农村金融的"抽水机"，进一步加剧了农村资金紧张状况。(Nan *et al.*，2019)此外，在社会总资源有限情况下，为了在较短时期内推动部分地区的快速发展，中国政府在一定时期内在部分重点地区实行了有差别的利率政策和融资政策，这种有差别的利率政策或金融资源配置，在一定程度上反映了地区性"金融排斥"状况。(何德旭、苗文龙，2015)最终导致的结果是未被界定为"重点行业""优先地区"的群体通常被排斥在金融体系之外，使得这些群体不能以合理恰当的方式获得金融服务。(Panigyrakis，2002)现阶段中国不仅面临着经济发展战略、金融制度安排导致的金融排斥，而且面临着因金融市场结构、风险评估约束与社交关系支配等诱致的金融排斥。(何德旭、苗文龙，2015)可以说，"金融排斥"的普遍存在不仅使得企业等组织和居民生产性贷款需求难以得到有效满足，而且鉴于商业银行等金融机构对生产性贷款的更多偏好，这一现象还致使普通消费者更难以获得消费性贷款，从而制约了居民消费需求的进一步扩大。

(三)转型期消费者不确定性分析

消费者面临的不确定性是转型时期的常态现象，自从 1992 年以来，中国开始逐步确立了社会主义市场经济体制，尤其自 1997 年十五大提出"要加快国民经济市场化进程"之后，中国在医疗、教育、住房等诸多领域开始推进深层次市场化改革。(张安全，2014)伴随着改革进程的不断深入，居民面临的不确定性特别是支出不确定性风险明显上升，居民消费心理和消费行为也相应发生了显著变化，个体行为呈现出典型的制度转型的不确定性特征。(汪浩瀚，2006)具体而言，在计划经济时期的公费医疗体制下，居民个人几乎不需要承担医疗费用支出，而随着医疗保障体制改革的不断深入，医疗服务市场化致使药品价格、医疗费用高企，需要居民个人承担的医疗支出总额和比例明显增加。同时，始自 20 世纪 80 年代的教育体制改革，使得义务教育和高等教育时期的学费等费用不断攀升。尽管近年来国家取消了义务教育阶段部分收费项目，但课外辅导、兴趣班等消费支出迅速增加，使得居民面临较大的教育支出压力。此外，住房作为居民的刚性消费需求，但随着住房分配货币化改革，近年来居民住房价格一路攀升，住房价格增幅远远超过收入增长速度，居民购房面临的压力越来越大。(田青、高铁梅，2009；刘建平、张翠，2015)特别地，随着传统福利制度的深入改革，而市场化的社会保障体制尚未完全建立，经济中的微观个体由于难以预料未来的改革走向，从而很难对自身未来可能的收支变化做出准确判断或预测。在这种背景下，居民为了防范未来医疗风险和教育支出，以及储备未来购房或还贷资金等，将不得不增加储蓄，由此对消费支出产生挤出效应。

（四）转型期家庭财富结构分析

整体而言，计划经济时期居民资产持有和收入水平都相对较低，城乡居民住房资产主要表现为生活属性，几乎不存在投资属性特征；同时在严格的计划体制条件下，金融市场由于长期受到严格管制而未能得到充分发展。进入改革开放以来，中国城乡金融市场呈现出快速发展态势，在一定程度上有效地促进了居民消费需求。特别地，自 1998 年中国开始全面实行住房市场化改革以来，全国各地房价便步入持续性上涨通道，住房资产不仅仅表现出消费属性，在部分地区甚至呈现出非常明显的投资属性。在住房资产价格迅速上涨和住房兼具投资和消费属性的多重因素叠加影响下，住房成为城镇居民家庭最大的消费支出项目之一。《中国家庭财富调查报告 (2018)》显示，房产净值是家庭财富的最重要组成部分，2017 年房产净值占到家庭总财富的 66.35%，其中，城镇地区高达 69.70%，农村地区也有 51.34%。同时，房产净值增长也是家庭财富增长的主要因素，2017 年房产净值增长额对全国居民家庭人均财富增长的贡献达到了 68.74%。进一步地，金融资产在居民家庭总资产中占比居于第二位，但是其内部构成非常单一，手持现金、活期存款和定期存款之和占家庭全部金融资产的比重超过了 80%①。当前中国以住房资产为主导的家庭资产结构，尽管在部分已经购房家庭中发挥了促进居民消费的"财富效应"，但未拥有住房家庭以及拥有住房但需要还贷家庭由于需要积累更多购房资金或偿还更多贷款，消费支出受到了"挤出效应"。此外，考虑到中国住房资产不易变现和不能分割的特征，一方面，家庭金融资产在家庭总资产中占比较低的事实，使得消费者平滑其消费支出的能力受到极大限制，另一方面，金融资产结构单一，致使消费者难以从金融资产配置结构中获得较高收益，这进一步降低了资产收益对居民消费支出的支撑能力。

二、消费金融影响居民消费的理论路径

如前述，居民消费稳步提升和人民生活水平持续改善，不仅直接关系到中国未来经济增长动力重塑，而且涉及改革发展成果对人民生活的惠及程度和当前中国人民日益增长的美好生活需要和不平衡不充分的发展之间的矛盾的稳步解决。考虑到转轨时期居民

---

① 数据来源于由中国经济趋势研究院和经济日报社编制的《中国家庭财富调查报告 (2018)》。

金融素养薄弱、信贷约束现象突出、资产结构单一以及不确定性风险较大等现象极大地影响了居民消费需求扩大，基于消费金融的内涵范畴、理论实质与政策指向，结合消费理论基础以及居民消费需求影响因素，本节认为消费金融发展能否有效地与居民消费产生关联，关键在于消费金融能否对影响居民消费的这些重要因素产生作用。鉴于消费金融存在多重影响居民消费的路径，本节认为消费者金融素养的提升会影响消费者主体在消费借贷、风险规避和资产配置方面的决策能力。同时以消费信贷、商业保险和家庭资产为重要范畴的家庭消费金融，能够分别通过"跨期平滑"效应、"风险保障"效应以及"财富效应"的充分发挥，使居民面临的信贷约束得到缓解，不确定性降低，实现其家庭财富保值增值，进而促进居民家庭消费水平提升和消费结构优化升级。消费金融影响居民消费的主要理论框架如图 16–1 所示，有关各类消费金融范畴影响居民消费的具体理论机制，将在后续部分进行详细说明。

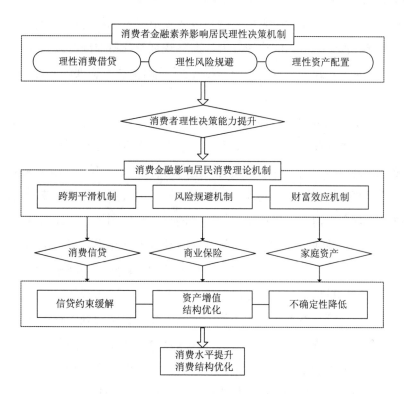

图 16–1　消费金融影响居民消费理论框架

第二节　消费者金融素养影响居民理性决策机制

传统家庭金融理论假定消费者具有完全理性且决策信息完全充分，其能够前瞻性地为未来制订详细计划，通过跨期选择投资或消费来实现终生效用最大化，这就要求在实际经济行为决策过程中，消费者不仅能够正确理解相关经济金融概念，而且具备基本的计算能力，从而做出最优理性消费决策(秦芳等，2016)。然而，现实生活中消费者往往很难做出理性明智的经济决策(Campbell，2006)。一方面，家庭消费决策特别是大额消费支出决策是一项复杂过程，需要消费者花费大量时间和精力去搜寻决策所需信息，在信息筛选和分析环节，消费者需要综合多重知识去解析搜集到的信息，在这方面金融知识发挥着重要作用。另一方面，消费者面临着越来越复杂的决策环境，不仅需要对眼前现实选择进行取舍，还需要对未来自身潜在收入支出、宏观经济环境变化做出不同期限预测。尤其随着零售金融市场的快速发展，财务规划责任日益向个人转移，金融概念日趋复杂的趋势已经进入到生活各个领域,普通的家庭财务决策需要的金融知识越来越多。(Anderson *et al.*，2017)

特别地，根据中国人民银行发布的《消费者金融素养调查分析报告(2017)》，中国居民金融素养指数平均分约为64，消费者金融素养水平有待提升且发展存在着一定的不均衡，居民家庭金融素养欠缺现象还具有一定普遍性(尹志超等，2014)，这种现实情况明显与消费者理性假说相悖。特别地，鉴于现阶段中国金融市场的快速发展，金融自由化和信息技术的融合为消费者提供了更加多元的选择和便利性；与此同时，金融产品或服务呈现多样性、复杂性特征，相关金融产品复杂程度远超出一般人认知水平，消费者需要具备良好的金融知识和技能，花费更多精力才能有效收集处理相关信息，做出合理资产配置决策。(吴卫星等，2018)通过对比分析家庭对金融了解状况和家庭进行财务决策时的实际行动，尽管许多家庭找到了他们所面临复杂投资问题的解决办法，但有些家庭仍然犯下了严重的投资错误，这些投资错误通常发生在比较贫困和受教育程度较低家庭(Campbell，2006)而且这种金融决策错误情形绝非简单个案，而是具有一定的普遍性。(Calvet *et al.*，2009)金融素养作为人力资本的重要组成部分(Lusardi *et al.*，2013)，大量研究表明金融素养缺失会导致资产组合多元化程度低、金融市场参与深度不足等一系列不良经济后果，进而对居民消费行为产生阻碍作用(Delavande *et al.*，2008)。这种背景下，金融素养对家庭决策行为的重要性不言而喻，合理的家庭消费决策离不开良好金融素养的有效支撑，金融素养水平提升将有助于消费者基于个体理性进行经济决策，从而更好地运用各类金融产品或服务来平滑消费。接下来，本节将分别基于消费者理性消费借贷机制、理性资产配置机制和理性风险规避机制，就金融素养影响居民消费的作用渠道进行具体分析，图 16–2 给出了基本的金融素养影响居民消费机制框架。

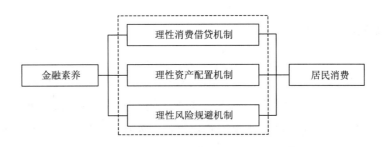

图 16–2　金融素养影响居民消费理论机制

一、理性消费借贷机制

当前我国城乡居民普遍面临严重的信贷约束问题，金融知识水平不仅会增加家庭正规信贷需求，促进家庭主动去申请贷款，而且会提升家庭正规信贷可得性，尤其从正规金融机构获得更多信贷，从而有效缓解家庭信贷约束（Klapper *et al.*，2013）。一方面，金融知识能够帮助家庭更好地运用金融工具参与金融市场（Cole *et al.*，2011）、从事创业活动。（Oseifuah，2010）对金融产品、信贷政策和贷款流程的更好理解，不仅有助于消费者有效释放潜在信贷需求，特别是增加向正规金融机构申请贷款（宋全云等，2017），而且对贷款信息认知偏差的降低有助于其做出更有利于自身的信贷决策，从而更好地利用信贷市场来平滑一生消费水平。此外，尽管部分由金融素养水平提升所释放的贷款可能直接会用于生产性用途，但居民生产性收入增加也会对居民消费支出产生间接溢出效应。另一方面，具有较高金融知识的家庭通常有着较高的教育背景，保持着良好信用消费记录（Kidwell & Turrisi，2004），同时金融知识也会促进家庭积累更多财富。较高的履约意识和以家庭财富表征的履约能力，使得这部分家庭更有可能通过金融机构申请贷款资质审查，更易获得正规金融机构青睐，提升家庭成功申请到贷款的概率。（Lusradi & Mitchell，2007；Akudugu *et al.*，2009；尹志超等，2015）相较于消费者从非正规金融机构进行融资，正规金融机构贷款成本、潜在风险都相对较低，且消费者金融素养的改善会使其更有可能选择低成本的可调利率抵押贷款。（Gathergood&Weber，2017）进一步地，尽管金融素养会促进消费者从金融市场获得贷款，但消费者也会理性选择贷款的实际额度，避免或减少不必要的过度负债(吴卫星等，2018)，如金融素养水平提升能够有效抑制信用卡滥用或过度使用行为(Limbu，2017)。因此，本节认为消费者的理性消费借贷行为可能是金融素养影响居民消费的重要机制之一。

二、理性风险规避机制

现阶段中国处于经济社会快速转型期，各方面不确定性风险伴随着改革进程日趋显现，居民需要对其消费行为不断进行调整，以适应持续改革的体制和政策环境。(李晓嘉，2014)在这种情形下，居民为防范未来不确定事件，普遍有着强烈"自我保障"和"风险规避"动机。(凌晨、张安全，2012)特别地，在社会保障体系建设相对滞后背景下，商业保险作为消费者可以自主选择的风险规避渠道，其作用显得越来越重要。然而，家庭商业保险购买是一个非常复杂的决策过程，这是由于中国商业保险种类繁多，保险产品在定价、保费和赔付计算模型等条款方面非常复杂，需要消费者充分权衡潜在风险与预期收益，在这个过程中消费者需要投入大量精力和时间去收集、分析相关参保信息(秦芳等，2016)。同时，消费者对保险合同条款的理解认知需要一定财务分析能力为基础，这使得金融素养发挥着重要作用。(秦芳等，2016)一方面，当前我国居民家庭购买商业保险的比例还相对较低，一个重要原因就在于居民家庭对商业保险缺乏充分了解和信任，而居民金融素养提升有助于增强其对商业保险运行模式的认知，增强其对商业保险保障内容条款"真实性""可靠性"的信任，从而减少由于认知偏差和不足而放弃购买商业保险的可能性，增强消费者购买商业保险的意愿。(吴雨等，2017)另一方面，对于尚未参与商业保险的消费者，金融素养水平不仅有助于其增加对商业保险体系的认知和信任，提升其参加商业保险可能性，选择制定符合自身条件的最佳保险种类组合(常芳等，2014)，而且可以极大地提升消费者参与商业保险程度，即增加居民保险支出(秦芳等，2016)。消费者参与商业保险广度和深度的上升，不仅会减轻居民对未来的不确定预期，提振消费者消费信心与需求，而且有助于提升居民消费水平，助推中国顺利完成向消费驱动型经济转型。(杜嘉祺，2014)因此，本节认为消费者采取的理性风险规避行为可能是金融素养影响居民消费的重要机制之一。

三、理性资产配置机制

家庭资产配置是一个非常复杂的决策过程，需要消费者耗费大量时间和精力去搜集、筛选和分析相关信息，在这方面金融素养扮演着重要作用。理论上来讲，一方面，在进行金融资产组合决策时，金融素养不同个体的行为决策过程有所差异，金融素养水平较低的消费者更相信自己的判断能力，不会意识到自身的认知缺陷，也不会主动去寻求更多的决策信息，而金融素养水平较高家庭一般会更依赖于专业投资建议（Von Gaudecker，2015）；同时，即便金融素养较低消费者寻求理财顾问帮助，理财顾问可能也不会向其提供太多有价值信息，而主要向金融素养较高消费者提供他们掌握的优势信息（Calcagno&Monticone，2015），这种情形下金融素养较低消费者将可能做出错误的资产配置决策（Kruger&Dunning，1999）。另一方面，金融素养水平越高，消费者对金融市场的潜在风险认知就越充分，更能基于多元化投资组合来规避市场风险，做出合理的金融资产配置决策。（吴锟、吴卫星，2017）同时，金融素养较低的家庭很少参与股票市场交易，且家庭投资组合缺乏多样性（Klapper *et al.*，2013；吴卫星等，2016）；而伴随着金融素养增加，消费者会提升参加金融市场交易的概率，增加家庭在风险资产特别是在股票资产上的配置，且投资经验的积累还有助于家庭在股票市场上盈利（尹志超等，2014）。也就是说，相较于金融素养水平较低的消费者，金融素养较高的个体更可能持有风险性资产，且潜在影响主要来自于高层次金融素养（Liao *et al.*，2017）。特别地，相较于世界主要发达国家而言，基于中国居民家庭资产配置的房产份额很高而股票和基金等份额相对较低（吴卫星、吕学梁，2013），以及较低金融素养水平导致金融投资多样化偏低的现实（曾志耕等，2015），家庭金融素养提升必将有利于家庭增加风险资产持有份额，实现资产配置种类多样性和组合分散化（Mouna & Jarboui，2015）。因此，本节认为消费者的理性资产配置行为可能是金融素养影响居民消费的重要机制之一。

第三节 消费金融影响居民消费行为的理论机制

一、消费金融的跨期平滑机制

借鉴霍尔（1978），德拉科斯和麦奥匹亚（2002），孔东民（2005），张邦科和邓胜梁（2012）等学者的研究，我们假定存在一个理性和前瞻性"代表性消费者"，其旨在追求终生效用最大化。

$$\text{Max} \quad E_t \sum_{s=0}^{T-t} (1+\lambda)^{-s} U(C_{t+s}) \tag{16-1}$$

$$\text{s.t.} \quad A_{t+s} = (1+r_{t+s-1})A_{t+s-1} + Y_{t+s} - C_{t+s} \tag{16-2}$$

$$C_{t+s} \geqslant 0 \ ; \quad A_T \geqslant 0 \ ; \quad s = 0,1,2,...,T-t \tag{16-3}$$

其中，$U(\cdot)$ 为拟凹且满足稻田条件的代表性消费者单期效用函数，$U'(\cdot) > 0$，$U''(\cdot) < 0$；$E(\cdot)$ 为基于 t 期可得信息的条件期望算子，C_t, Y_t, A_t, r_t 依次表示消费者在 t 期的消费、可支配收入、资产(非人力财富)和利率。$\lambda > 0$ 为时间偏好率，消费者的一生寿命为 T。同时，$\lim\limits_{t \to T}(1 + r_{t+s-1})^{-t} A_{t+s-1} = 0$ 为横截性条件，意味着按照最优消费路径行事的消费者个体在寿命终点将消费掉全部资产，也就是说不留下任何遗产。式(16–2)为预算约束，即 $t+s$ 期资产存量为 $t+s-1$ 到 $t+s$ 期的资产收益与同期可支配收入扣除消费剩余部分之和。式(16–3)表示每期的流动性约束，这是因为面临流动性约束的消费者不能在每期通过自由借贷来平滑其消费支出，故每期的资产存量必须为正。

当消费者的可支配收入 Y_t 为随机变化时，则难以求得上述问题的规划解。(Zeldes，1989)然而，扰动参数可以用来得出实现最优化所需的一组一阶条件(欧拉方程)。特别地，欧拉方程应该保证个体不能通过在各时期调整消费来增加其预期效用，相应地，由欧拉方程可以得到：

$$U'(C_t) = E_t\left[\frac{U'(C_{t+1})(1 + r_t)}{1 + \lambda}\right] \tag{16–4}$$

$$t = 1, 2, \ldots\ldots, T - 1 \tag{16–5}$$

其中，U' 为 U 关于 C 的偏导数，如果个体预期是理性的，这将导致：

$$\frac{U'(C_{t+1})(1 + r_t)}{U'(C_t)(1 + \lambda)} = \phi_{t+1} + 1 \tag{16–6}$$

式(16–6)中，ϕ_{t+1} 为正交于时期 t 的信息集中元素的预期误差，该欧拉方程对可获得的包括无风险资产在内的任何资产都是成立的。在偏离基准模型的情况下，正如奥坦基和西奥(1987)所指出的，流动性约束意味着消费行为的"非对称性"。特别地，当消费者由于信贷约束而无法平滑其消费时，消费者消费支出将会与预期收入的提升存在更强的关系。(Shea，1995)

出于分析简便的考虑，我们假定代表性消费者具有完全理性，不存在流动性约束，且个体消费偏好存在确定性，消费者的"常相对风险规避型"(CRRA)效用函数具有如下形式：

$$U(C_t) = C_t^{1-\theta}(1 - \theta)^{-1} \tag{16–7}$$

其中，θ 为大于零的常相对风险规避系数，由于不存在流动性约束的完全理性消费者的相对风险厌恶不变效用函数要求，最优消费路径下边际消费变化对终生效用影响为零，也即每一期的边际效用皆相等。由式(16–7)得到 $t–1$ 期的边际效用为 $C_{t-1}^{-\theta}(1+\lambda)^{-(t-1)}$，$t$ 期的边际效用为 $C_t^{-\theta}(1+\lambda)^{-t}$，其中，$C_t^{-\theta}(1 + r_t) = C_{t-1}^{-\theta}$，因此可得到包络条件：

$$C_t^{-\theta}(1+\lambda)^{-t}(1+r_t)=C_{t-1}^{-\theta}(1+\lambda)^{-(t-1)} \tag{16-8}$$

通过对上述式(16-8)进行逐步化简，可以进一步得到：

$$\frac{C_t^{-\theta}}{C_{t-1}^{-\theta}}=\frac{(1+\lambda)^{-(t-1)}}{(1+\lambda)^{-t}(1+r_t)} \tag{16-9}$$

$$\left(C_t/C_{t-1}\right)^{-\theta}=(1+\lambda)/(1+r_t) \tag{16-10}$$

$$C_t/C_{t-1}=\left[(1+\lambda)/(1+r_t)\right]^{-1/\theta} \tag{16-11}$$

$$C_t=C_{t-1}(1+\lambda)^{-1/\theta}(1+r_t)^{1/\theta} \tag{16-12}$$

我们令 $\ln C_t-\ln C_{t-1}=C_t^*$，$\alpha_1=-\dfrac{1}{\theta}\ln(1+\lambda)$，$\alpha_2=\dfrac{1}{\theta}$，当 r_t 的值很小的情况下，假定消费者面临的严格流动性约束条件为 $L_t=A_t+Y_t-C_t\geqslant 0$，$I_t$ 为消费者面临的信贷冲击，$\boldsymbol{Z}_t$ 为影响居民消费支出的因素矩阵，则消费者函数可以进一步表示为：

$$C_t^*=\alpha_1+\alpha_1 r_t+f(L_t\times I_t)+\boldsymbol{Z}_t+\mu_t \tag{16-13}$$

$$C_t^*=\alpha_1+\alpha_1 r_t+f(L_t\times I_t)+\boldsymbol{Z}_t+\mu_t\geqslant\alpha_1+\alpha_1 r_t+f(L_t)+\boldsymbol{Z}_t+\mu_t \tag{16-14}$$

其中，μ_t 为均值为零和方差恒定的预测误差。根据上述分析可以发现，在消费者面临信贷环境放松或者信贷冲击(如宏观信贷政策放宽，消费获得信用卡或信用额度提升等)时，消费者面临的严格流动性约束条件将变为弱约束条件 $L_t\times I_t=(A_t+Y_t-C_t)\times I_t$，从而有助于缓解消费者面临的流动性约束，通过跨期平滑机制提升居民消费支出。

二、消费金融的风险保障机制

借鉴古林查斯和帕克(2002)，易行健等(2008)，张安全和凌晨(2015)等学者的研究，考虑一个具有常相对风险厌恶(Constant Relative Risk Aversion，CRRA)效用方程的消费者(Zeldes，1989)，假定其可以生活 T 期，未来劳动收入具有不确定性，且不存在可通过交易分散不确定性的市场。消费者在每一期 $t(T=1，...，T，T<\infty)$ 消费 C_t 来最大化其一生在时间上可分割的如下目标效用函数：

$$E_t\sum_{j=0}^{T-t}\left(\frac{1}{1+\delta}\right)^j U(C_{t+j}) \tag{16-15}$$

约束条件为：

$$W_{t+1}=(W_t-C_t)*(1+r_t)+Y_{t+1} \tag{16-16}$$

$$C_t\geqslant 0，\quad W_t-C_t\geqslant 0 \tag{16-17}$$

其中，W_t 表示消费者在 t 期得到的但尚未进行消费的财富值，Y_t 为 t 期的劳动收入，

C_t 为 t 期的消费水平，r_t 表示 t 期的利率，δ 代表贴现因子，T 为消费者的寿命期限，E_t 为基于 t 期所有信息条件下的期望，$U(C_t)$ 为效用函数，此处方程 (16–15) 为 CRRA 型函数。进一步地，戴南 (1993) 得出了用来测度预防性储蓄动机的理论模型，这极大地拓宽了研究预防性储蓄的渠道。假定消费者的效用函数满足一阶与三阶导数大于零，同时效用函数的二阶导数小于零。

经典的消费者跨期最优化可以表示为如下形式：

$$\underset{C_{i,t+j}}{\text{Max}} \, E_t \left[\sum_{j=0}^{T-t} (1+\delta)^{-j} U(C_{i,t+j}) \right] \tag{16–18}$$

$$\text{s.t.} \quad A_{i,t+j+1} = (1+r_i) A_{i,t+j} + Y_{i,t+j} - C_{i,t+j} \tag{16–19}$$

$$A_{i,t+1} = 0 \tag{16–20}$$

其中，i 和 t 分别代表家庭和时期，A_{it} 为既定的家庭财富，r_i 是实际利息率，通过求解上式，可以得到上述最优化问题的一阶条件：

$$\left(\frac{1+r_i}{1+\delta} \right) E_t \left[U'(C_{i,t+1}) \right] = U'(C_{it}) \tag{16–21}$$

式 (16–21) 表明，在消费者理性和确定性前提假定下，消费者在生命周期不同阶段的消费具有相同的边际效用，如果消费者面临不确定性的消费环境，则这一结论将很难成立。对此，利兰 (1968) 最早从理论上证明了不确定性对居民消费行为存在影响，不确定性的增加将提升预期消费的波动，这也意味着当边际效用函数为凸函数时存在较高的预期边际效用，即预期收入不确定的上升将提高未来边际效用预期值，具体可以刻画为式 (16–22)：

$$E_t U'(C_{i,t+1}) > U' \left[E_t(C_{i,t+1}) \right] \tag{16–22}$$

特别地，当效用函数的三阶导数为正时，较高的不确定性与较大的储蓄存在联系。为了保证式 (16–21) 能够继续保持成立，消费者需要根据预期不确定性大小进行更多储蓄，降低现期消费支出，以便于平滑一生消费，这部分多余储蓄通常被称为预防性储蓄。

进一步地，我们将 $U'(C_{i,t+1})$ 进行二阶泰勒展开，并带入上述式 (16–21) 可得到：

$$E_t \left[\frac{C_{i,t+1} - C_{it}}{C_{it}} \right] = \frac{1}{\xi} \left(\frac{r_i - \delta}{1+r_i} \right) + \frac{\rho}{2} E_t \left[\left(\frac{C_{i,t+1} - C_{it}}{C_{it}} \right)^2 \right] \tag{16–23}$$

其中，$\xi = -C_{it}(U''/U')$ 表示相对风险厌恶系数，风险厌恶系数衡量了消费者想要规避不确定性或者不喜欢不确定性的倾向，$\rho = -C_{it}(U'''/U'')$ 是金博尔 (1990) 所定义的相对谨慎系数，反映了预防性储蓄动机强度大小。当 ρ 为正时 (理论条件下是成立的，因为一阶和三阶导数大于零,而二阶导数小于零),较高的预期消费增长(反映较大储蓄)与预期平方消费增长(反映较大不确定性)相联系。这种条件在常相对风险规避(CRRA)效用函数 $U(C) = (1-\gamma)^{-1} C^{1-\gamma}$,常绝对风险规避(CARA)函数 $U(C) = -\theta^{-1} exp(-\theta C)$ 下是成立的,但在二次效用函数下是不成立的。在这种情形下,消费者效用受到不确定性影响,但消费者行为不会据此发生改变。特别地,在最常用的 CRRA 效用函数下,相对谨慎系数为 $\gamma+1$。通常而言,γ 在 1 到 4 的范围内变化,故 ρ 的预期值介于 2 到 5 之间(龙志和、周浩明,2000)。

如果我们以 GC_{it} 表示消费者 i 在 t 时期的消费增长 $(C_{i,t+1} - C_{it})/C_{it}$,则式(16–23)可以进一步转换为:

$$E_t(GC_{it}) = \frac{1}{\xi}\left(\frac{r_i - \delta}{1 + r_i}\right) + \frac{\rho}{2}E_t\left[(GC_{it})^2\right] \tag{16–24}$$

关于预期消费增长率 GC_{it} 表示,通常的做法是,采用样本均值作为预期消费增长的近似替代,则由式(16–24)可以得到:

$$\frac{1}{N}\sum_{t=1}^{N}GC_{it} + v_i = \frac{1}{\xi}\left(\frac{r_i - \delta}{1 + r_i}\right) + \frac{\rho}{2}\left(\frac{1}{N}\sum_{t=1}^{N}GC_{it}^2\right) + \phi_i + \theta_i \tag{16–25}$$

$$ave(GC_{it}) = \frac{1}{\xi}\left(\frac{r_i - \delta}{1 + r_i}\right) + \frac{\rho}{2}ave(GC_{it}^2) + \varepsilon_i \tag{16–26}$$

其中,v_i 和 φ_i 分别是由于利用样本均值替代预期消费者产生的误差项,θ_i 是由消费增长变化导致的边际效用的波动,而未来消费增长率平方均值 $\frac{1}{N}\sum_{t=1}^{N}GC_{it}^2$ 则刻画了预期风险的大小。式(16–26)揭示了不确定性传导路径和预防性储蓄的作用机制,是理解居民消费行为的核心,因为不确定性越严重,消费增量就越大,即消费者在不确定性状态下推迟了消费,相应地提高了消费增长率。

进一步地,设定商业保险($Insu$)为不确定性和其他影响因素的函数 $Insu = f\left[ave(GC_{it}^2), X\right]$,我们将商业保险函数纳入式(16–26)可以得到:

$$C = f\left[\left(\frac{r_i - \delta}{1 + r_i}\right), \ Insu, \ X\right] \tag{16–27}$$

通过对式(16–27)两步取微分可以得到:

$$dC = \frac{\partial f}{\partial\left(\dfrac{r_i - \delta}{1 + r_i}\right)}d\left(\frac{r_i - \delta}{1 + r_i}\right) + \frac{\partial f}{\partial Insu}dInsu + \frac{\partial f}{\partial X}dX \tag{16–28}$$

假定实际利息率 r_i 为不变常数，$\dfrac{r_i - \delta}{1 + r_i}$ 设定为 Z，$\partial f \big/ \partial \left(\dfrac{r_i - \delta}{1 + r_i} \right)$ 为 β_1，$\partial f / \partial Insu$ 为 β_2，$\partial f / \partial X$ 为 β_3，那么我们可以得到有关商业保险与居民消费的如下理论模型：

$$dC = \beta_0 + \beta_1 dZ + \beta_2 dInsu + \beta_3 dInX + \varepsilon \tag{16-29}$$

其中，β_0 为常数项，ε 是服从正态分布的随机误差项。

根据上述推导，我们认为居民参与商业保险活动，将有助于提升其消费水平。具体来说，作为一种特殊的金融服务产品和风险共担机制，商业保险能够以家庭个人安全服务需求形式进入消费领域，继而改变居民风险感知，使其边际消费倾向发生变化。一方面，商业保险能够在参保者之间分散风险，参加商业保险可以有效地提高居民风险意识，强化居民对家庭生产经营、生活中的潜在风险的识别和化解能力，最大程度地降低不必要的损失。同时，参加商业保险可以有效缓解居民预防性心理，有利于改善居民消费预期和消费信心，这可能会提高居民消费倾向，增加现期消费支出。（蒲成毅、潘小军，2012；徐阳、屈广玉，2017）另一方面，根据生命周期假说，消费者为了应对不确定环境，会对其近期和远期消费进行相应调整，通过平滑一生总收入来实现终生效用最大化（Modigliani & Tarantelli，1975）。就参加商业养老保险而言，其会使得个体认识到进行储蓄对老年生活的重要性，从而改变个体的储蓄意愿和消费函数，对居民边际消费倾向产生影响，增加现期储蓄水平（Cagan，1965；杨波等，2017）。同时，商业保险作为居民家庭资产组合篮子中的一类，与家庭其他金融资产和实物资产存在某种程度的"替代关系"，特别是以"寿险"为代表的保险有助于促进居民将储蓄或者实物资产转换为更高收益的资产（Azman-Saini & Smith，2011），增加消费者未来的预期或实际收入，从而直接促进居民消费水平提升。

三、消费金融的财富效应机制

根据生命周期持久收入假说，假设代表性消费者的即期效用函数为 $U(H_t, C_t)$，H_t 为住房服务消费，C_t 为非住房消费，代表性消费者的有限生命周期为 T 期，主观贴现率为 ρ，消费者力求最大化以下效用函数：

$$U = E_t \left(\sum_{t=0}^{T} \rho^{-t} U(H_t, C_t) \right) \tag{16-30}$$

消费者面临的约束条件是，家庭初始财富、一生永久性劳动收入以及从其他地方借到的资金现值，需要高于一生在住房消费、其他商品消费以及借款利息支出现值总和，具体如式（16-31）所示。

$$F_0 + P_0 H_0 + \sum_{t=0}^{T} \frac{1}{(1+r)^t} D_t + \sum_{t=0}^{T} \frac{1}{(1+r)^t} Y_t \geqslant \sum_{t=0}^{T} \frac{1}{(1+r)^t} C_t + \sum_{t=0}^{T} \frac{1}{(1+r)^t} P_t H_t (r+\delta)$$

$$+ \sum_{t=0}^{T} r_t \frac{1}{(1+r)^{t-1}} D_{t-1}$$

$$(16\text{--}31)$$

其中，F_0 和 H_0 分别为期初消费者拥有的金融财富量和住房资产量，P_t 为住房资产的相对价格，P_0 则为期初的住房资产价格，假定金融借贷市场完备，不存在借贷约束，D_t 为消费者在 t 期的借到的资金，Y_t 为消费者 t 期的劳动收入，r 为市场利率，δ 是住房资产折旧率。同时，假定 t 期从金融市场发生的借款，一般用于 $t+1$ 的消费支出（严金海、丰雷，2012）。

根据缪尔鲍尔（2008）的做法，我们假定预期住房价格相对保持稳定，上述多阶跨期最优化问题可以进一步转换为"两商品问题"，其满足如下预算约束条件：

$$r(F_0 + P_0 H_0) + \theta D + Y_p = C + PH(r+\delta) + rD \qquad (16\text{--}32)$$

其中，$r(F_0 + P_0 H_0)$ 测度了持久性金融资产和住房资产收入，Y_p 为持久性收入，$(r+\delta)H$ 是住房服务，而 $(r+\delta)P$ 为住房服务价格（Poterba，1984；严金海、丰雷，2012），θD 为借款资金如果用于投资等项目得到的回报，rD 借款资金的利息等综合成本，由于假定市场是完全竞争完备市场，同时出于简化考虑我们假定 $\theta = r$。

我们进一步通过对式（16–32）进行求导数，则住房相对价格的持久性上升对非住房消费的影响可以表示为如下形式：

$$\frac{\partial C}{\partial P} = rH_0 - (r+\delta)H - (r+\delta)P\frac{\partial H}{\partial P} = rH_0 - (r+\delta)(1+\varepsilon)H \qquad (16\text{--}33)$$

在式（16–33）中，ε 表示住房需求价格弹性，该式意味着住房价格变化对非住房消费影响效应可以分解为财富效应与收入效应、替代效应之差（严金海、丰雷，2012）。

当然与住房价格变化对非住房价格影响相比较，我们更感兴趣的是住房价格变化对总消费的影响，于是可以进一步得到：

$$\frac{\partial TC}{\partial P} = \frac{\partial C}{\partial P} + (r+\delta)P\frac{\partial H}{\partial P} = rH_0 - (r+\delta)H \qquad (16\text{--}34)$$

我们不难发现，住房价格对总消费影响主要是由实际利息率 r，住房资产折旧 δ 与住房消费率 $H_0(H)$ 引起，因为住房消费量通常相对稳定，这种情况下如果假定住房资产折旧率为零，rH_0 与 $(r+\delta)H$ 取值非常趋近，则住房价格变化并不会对居民总消费支出产生影响。同时，一方面，对于有房居民家庭而言，如果其将住房用于投资则住房价格变化会导致居民资产财富增加，提升消费预算约束和消费意愿，进而促进真实消费水平的增加，这种住房价格变动引致的消费提升往往被称为"直接财富效应"；另一方面，对于有房居民家庭来说，因为住房具有作为借贷抵押物的良好性质，住房资产增值有助于居民通过住房抵押获得更多的抵押借款，从而更好地缓解家庭受到的借贷约束，这种放松预算约束的间接财富效应往往被称为"抵押担保效应"。

需要说明的是，与家庭资产财富效应相应的一个概念是家庭"资产效应"，"资产效应"主要从家庭资产水平角度考察家庭资产对居民消费影响，而家庭资产"财富效应"则主要强调的是资产价值变化对消费影响。为了更直观地揭示家庭住房资产影响居民消费的财富效应，通过求解式(16–30)的最优化问题，我们得到其对应的一阶条件如下：

$$U'(C_t) = \rho E_t \left[r_{t+1} U'(C_{t+1}) \right] \tag{16–35}$$

如果居民家庭面临资产市场价格等方面的不确定性，假定家庭非住房消费函数形式为常相对风险厌恶(CRRA)类型，我们将该函数形式纳入式(16–30)可以得到如下形式线性欧拉方程(Browning & Lusardi，1996；李剑，2015)。

$$\Delta \ln C_{t+1} = \alpha_0 + \alpha_1 \eta_{t+1}^2 + \alpha_2 \ln r_{t+1} + \upsilon_{t+1} \tag{16–36}$$

式(16–36)中，消费增长主要受到以消费冲击方差 η_{t+1}^2 表征的不确定性和利息率影响，在持久收入假说条件下，居民消费不会对任何可以被预期到的资产变化做出调整，而只会对未预期到的家庭资产价格上升或资产回报率提升做出反应，从而引致消费者消费水平提高，其主要通过直接财富效应等渠道发挥作用(Campbell & Cocco，2007；李涛、陈斌开，2014)。

第四节 数字化背景下消费金融影响居民消费理论机制的再考量

一、数字金融的边际成本递减机制

随着以云计算、大数据和物联网等为代表的新型信息技术的蓬勃发展，信息技术与传统金融产品和服务活动呈现加速融合态势，数字金融潜在的边际成本递减机制为居民消费潜力的进一步释放提供了有力支撑。

数字金融机构拥有的强大信息获取能力和加工能力，使其不仅可以获得传统金融机构通常据以做出决策的静态信息，而且能够依托大数据技术获得消费者的全方位动态足迹信息，从而有效缓解金融机构和消费者间的信息不对称现象。一般而言，数字金融机构在建立获取消费者足迹信息的前端设施时，会面临较大的投资成本，但在此之后数字金融机构搜集、加工消费者信息的边际成本会大幅降低，甚至趋近于 0。获取消费者信息边际成本的大幅下降，使得数字金融机构能够向特定消费者制定个性化的投融资方案，实现数字金融产品和服务的精准营销和投放；同时可以有效防范潜在的因信息不对称导致的"逆向选择"或"道德风险"问题，促进数字金融业务的健康持续发展。值得注意的是，相较于生产性数字金融业务而言，消费性数字金融业务往往不具有"事后增值可见性"，因此，消费性数字金融活动对信息完备性的要求更高，在这种意义上，数字金融能够通过边际成本递减机制为促进居民消费潜力释放提供了更大的可能性。

与之相对的是，传统金融机构通常难以获得普通消费者的有效信息，加之这部分消费者往往缺乏信用抵押物，单次的交易金额也较低，这使得针对这部分群体的边际交易成本很高。鉴于微薄收益和高额成本的严重不匹配，传统金融机构在金融资源分配等方面对这部分消费者的重视程度明显不足。(丁杰，2015)而数字金融依托信息技术的开放和共享特征，不仅能够整合普通消费者的海量碎片化金融需求，将碎片化需求集聚形成规模优势，而且数字金融可以借助于标准化的操作流程，直接促进资金供需双方利用网络平台(如 P2P 平台)实现资金的匹配、定价和交易(丁杰，2015)，这种去"中介化"的资金撮合交易模式，可以极大地节省开设实体分支机构的运营成本。特别地，随着数字金融规模优势凸显，数字金融机构运营边际成本也将大幅下降。在这方面，数字金融的集聚优势以国内最大数字金融机构的第三方支付平台"支付宝"为典型代表。支付宝业务有着"单笔金额小微化，交易笔数海量化，边际成本超低化"的典型特征，不仅能够在较短时期内吸纳海量闲散资金，并且可以为投资者提供近乎零投资额度门槛的余额增值服务。(韩亚欣等，2016)因此，数字金融边际成本递减优势使其对居民消费活动有着更强的穿透力，从而有效促进居民消费潜力的释放。

二、数字金融的普惠网络效应机制

随着移动信息技术和金融活动的加速深度融合，作为一种信息技术与金融产品和服务相结合的新型金融业态和传统消费金融体系的有力补充，数字金融不仅极大地改变了传统的金融服务模式，而且在服务市场和服务边界上表现出普惠金融的基本理念。

一方面，传统金融机构通常依托于营业网点、ATM 等设备，在商业和人口密集的城市(城镇)地区开展业务活动，其业务覆盖面和规模往往与其分支机构开设数量存在密切关系，但是鉴于高额的机构开设成本，传统金融机构往往难以渗透到人口密度较低或经济发展薄弱地区。数字金融作为重要的金融创新活动，其典型优势在于将传统金融领域下的层级模式演化为数字金融情境下的聚合模式，在这种聚合模式下，任何金融参与主体都可以依托互联网在任何时间和地点参与金融活动。(韩克勇，2018)随着互联网技术的进一步发展和电脑、智能手机等终端工具的大力普及，数字金融覆盖面将会进一步渗透到传统金融机构没有覆盖的地区或人群。数字金融覆盖面的拓展既为融资方提供了潜在的投资渠道，又为融资方提供了成本更低的资金来源，进而有效地提升了消费金融发展水平，较大程度上缓解了消费者面临的"金融排斥"程度。

另一方面，在传统金融服务模式下，金融机构往往难以搜寻到全面有效的消费者信息，或者搜寻成本非常高，致使金融机构与消费者之间存在明显的信息不对称现象，进而由信息不对称导致的道德风险和逆向选择问题使得潜在消费者的投融资需要很难得到有效满足。作为新兴的金融服务模式，数字金融能够依托大数据技术获得消费者全方位动态信息，缓解金融机构与消费者的信息不对称，有效实现资金支付、融通、投资和信息中介等服务。同时，数字金融机构较低的风险管理成本和交易成本，使得数字金融产品客户服务门槛不断下移，这直接将以往被传统金融市场排斥的大量"长尾"客户纳入了其服务对象，数字金融贵族属性的下降和平民趋势的凸显，使得长尾市场上任一客户都能在数字金融服务平台上有效地实现其投融资需求，使得数字金融充分体现出其普惠特征(韩克勇，2018)，从而有助于为"长尾"端群体提供有力的消费支撑。

本章小结

本章主要研究了消费金融影响居民消费的理论机制。根据消费金融概念界定和本章研究框架，首先，从消费者理性决策机制层面，考察了作为消费金融研究逻辑起点的消费者金融素养对居民消费影响路径，具体从消费者理性消费借贷、理性风险规避和理性资产配置三个维度，分析了消费者金融素养与居民消费行为的内在作用机制，以此作为本章理论分析框架的逻辑起点。其次，通过分别对存在流动性约束下和不存在流动性约束下的居民消费进行理论分析，揭示了消费信贷通过缓解居民流动性约束，从而促进居民消费的跨期平滑机制。同时考察了作为居民消费金融重要范畴的商业保险通过风险保障影响居民消费路径，以及家庭资产通过财富效应影响居民消费机制。最后，作为新型数字金融模式和传统消费金融体系的重要补充，分别从数字金融的边际成本递减机制和普惠网络效应机制两个方面，考察了数字金融背景下消费金融影响居民消费的理论机制。通过对消费金融影响居民消费理论机制的系统阐释，为后文实证检验分析奠定了理论基础。

第十七章　消费者的金融素养与异质性消费者行为分析

在对消费金融影响消费者行为相关理论进行分析的基础上，本章拟从消费者主体角度出发，重点分析消费者金融素养水平与居民消费关系。现有主流消费经济分析范式均假定消费者完全理性且信息完备，然而中国居民消费金融素养水平普遍偏低。同时现有研究主要基于发达国家的经验调查数据分析金融素养与居民储蓄间关系，但不同于发达国家"高消费、低储蓄"的情形，我国经济发展阶段以及居民储蓄消费特征与发达国家存在明显差异，这使得金融素养对居民消费（储蓄）的影响可能具有一定异质性。鉴于中国居民消费金融素养普遍偏低事实，以及当前"低消费、高储蓄"的现实国情，在当前消费决策环境越来越复杂的背景下，消费者金融素养对居民消费影响效应和作用程度究竟如何？本章将对此重点进行研究。深入剖析居民金融素养与消费行为的深层次关系，对于新常态下拓展家庭普惠金融边界，延伸金融服务半径，最终构建多点支撑的消费增长格局，具有重大理论价值和现实意义。

第一节　金融素养的测度

一、金融素养数据来源

本章采用的数据来源于清华大学中国金融研究中心于 2010 年和 2011 年在全国开展的"中国消费金融现状及投资者教育调查"，涵盖了安庆、白银、包头、北京、广州、桂林、海口、吉林、济南、昆明、洛阳、南昌、攀枝花、泉州、上海、沈阳、朔州、乌鲁木齐、武汉、西安、徐州、伊春、重庆、株洲 24 个城市。其中，2010 年调查收回 5273 份有效问卷，2011 年收回 5990 份有效问卷。调查内容详细涵盖了户主及家庭基本信息、家庭理财、家庭资产负债状况、家庭收入、家庭储蓄、家庭消费、家庭投资、家庭融资、信用卡、住房、退休与保险、遗产规划等内容。[①]调查地区覆盖了全国不同经济发展水平、不同地理位置的城市，不同城市所发放的问卷数与调查城市家庭总户数的比值是基本相等的，可以说调查结果具有较强的典型性和代表性。为了充分有效地利用样本信息，参考吴卫星等（2018）的做法，本节将 2010 和 2011 年的调查数据进行了合并处理。鉴于本节所关注的核心变量和部分控制变量存在一些异常值和缺失值，剔除这些样本信息后最终得到了 9997 个观测值。

二、金融素养水平测度

迄今没有一套金融素养测度的公认标准。金融素养一般分为主观金融素养和客观金融素养，主观金融素养主要是指受访者自我评价的对股票、保险、基金等金融产品的熟悉程度，而客观金融素养指的是根据受访者对相关金融问题的回答而计算得到的实际金融素养水平。（尹志超等，2015）借鉴夏等（2014）、吴卫星等（2018）的做法，本章采用家庭投资模块里，受访者对股票、基金和债券类金融产品等问题的回答，即"您对下列投资产品了解吗？"等 3 个问题的回答；以及利用家庭融资模块中，受访者对购房贷款、购车贷款、装修贷款、教育贷款、商业经营贷款和大件消费贷款的回答，即"您家了解商业银行以下贷款产品吗？"等 6 个问题的回答，共计 9 个问题的回答情况来构建金融素养指标。受访者对这些问题的回答依次分为不了解、不太了解、有所了解、比较了解和非常了解五个程度，我位为其分别赋值为 1 至 5。尽管也有研究采用受访者正确回答金融问题的个数（Agnew & Szykman，2005；Abreu & Mendes，2010），或者正确回答金融问题个数比例（Chen & Volpe，1998）来反映其金融素养的高低，但是上述方法假定所有金融问题在表征金融素养方面具有同等重要性，忽略了不同金融问题重要性存在差异的典型事实。而因子分析方法能够克服相同权重的弊端，故采用因子分析方法来构建金融素养指标。（Van Rooij *et al.*，2011，尹志超等，2014；吴锟、吴卫星，2017）

表 17-1 给出了受访者对 9 个问题了解程度的描述性分析。可以发现，受访居民对相关金融常识的了解非常有限，对相关常识不了解与不太了解的受访者占比普遍超过了 60%，尤其是对商业投资、装修贷款和大件消费贷款不了解以及不太了解的居民占比超过了 80%。同时，相对于其他金融产品，对股票、购房贷款不了解和不太了解的个体占比要相对较低，这主要是由于与基金和债券相比，股票投资门槛要相对低一些，居民股票市场参与程度相对较高，根据中国证券投资者保护基金有限公司发布的《全国股票市

---

① 来源于"中国消费金融现状及投资者教育调查"问卷介绍。

场投资者状况调查报告》显示，2018 年全国股票投资者数量达到了 1.42 亿，其中自然人投资者占比高达 99.77%。同时，考虑到住房的刚性需求特点，在住房价格持续上涨的背景下，相当多家庭需要通过按揭方式购买住房，这使得居民家庭对住房贷款信息的了解更多。总之，与国内外大多数研究结论相一致，我国居民家庭金融素养非常薄弱，存在典型的结构性差异，亟待进一步提升。

表 17–1　受访者相关金融产品了解情况分布

变量	不了解	不太了解	有所了解	比较了解	非常了解
股票投资	0.4087	0.2378	0.2402	0.0867	0.0266
基金投资	0.4443	0.2605	0.2144	0.0630	0.0178
债券投资	0.5319	0.2646	0.1540	0.0397	0.0098
购房贷款	0.2708	0.2874	0.3259	0.0922	0.0237
购车贷款	0.3515	0.3344	0.2472	0.0559	0.0110
装修贷款	0.4696	0.3630	0.1326	0.0278	0.0069
教育贷款	0.4276	0.3333	0.1860	0.0454	0.0077
商业经营贷款	0.4548	0.3289	0.1636	0.0407	0.0119
大件消费贷款	0.4875	0.3422	0.1388	0.0244	0.0070

表 17–2 汇报了因子分析结果。根据该表结果，按照特征值(eigenvalue)大于等于 1 的原则，本章选取了因子 1 和因子 2 来衡量金融素养(吴雨等，2017)，此时所有变量的共同度比较高，因子提取的总体效果比较理想，且提取的这 2 个因子能够解释原变量信息的 72.44%。

表 17–2　因子分析结果

因子	特征根	方差贡献率	累计方差贡献率
Comp 1	5.1260	0.5696	0.5696
Comp 2	1.3941	0.1549	0.7244
Comp 3	0.6421	0.0713	0.7958
Comp 4	0.4035	0.0448	0.8406
Comp 5	0.3711	0.0412	0.8819
Comp 6	0.3494	0.0388	0.9207
Comp 7	0.2652	0.0295	0.9502
Comp 8	0.2317	0.0257	0.9759
Comp 9	0.2169	0.0241	1.0000

表 17-3 汇报了 KMO 和 SMC 检验结果。结果表明，KMO 值均在 0.81 以上，全样本整体的 KMO 值也在 0.89 以上；就 SMC 值而言，所有变量 SMC 值在 0.54 以上，部分 SMC 值达到 0.67。因此，本章选择的样本适合采用因子分析法。同时，因子 1 在购房贷款、装修贷款以及商业经营贷款变量上的系数较高，相应地，因子 2 在基金投资、股票投资等变量上系数较高，这 2 个不同载荷的主因子反映了金融素养的不同维度，因子 1 主要刻画了居民在贷款(融资)类信息方面的素养，而因子 2 则代表居民在投资类信息方面的素养。

表 17-3 因子分析 KMO 和 KMC 检验结果及因子载荷

变量	KMO 检验结果	SMC 检验结果	因子载荷 1	因子载荷 2
股票投资	0.8491	0.6117	0.2997	0.4954
基金投资	0.8131	0.6712	0.3087	0.5098
债券投资	0.8908	0.5505	0.2991	0.4546
购房贷款	0.8865	0.5651	0.3327	−0.0991
购车贷款	0.8859	0.6688	0.3641	−0.1767
装修贷款	0.9027	0.6425	0.3577	−0.2475
教育贷款	0.9383	0.5364	0.3364	−0.2462
商业经营贷款	0.9185	0.6036	0.3525	−0.2342
大件消费贷款	0.8923	0.6098	0.3418	−0.2651
全样本	0.8869			

进一步地，本章依据表 17-3 中的因子载荷，按照巴特利特(1937)做法测算出这两个金融素养指标，此外，根据方差贡献率将投资金融素养因子 1(Liter_invest)和融资金融素养因子 2(Liter_loan)合并得到综合金融素养因子(Liter_total)。

三、主要变量选取

(一)居民消费。家庭居民消费通过加总过去一年各类消费支出得到，包括饮食支出、衣着支出、家庭设备用品及服务支出、通信费、交通费、自付医疗保健费用、文化娱乐及应酬费用、居住支出(房租、水电燃气、物业费用、住房维修等，不含房贷月供)、赡养支出、子女教育、非储蓄性保险产品支出、交往用礼金支出，公益捐赠、买彩票、罚款等支出。考虑到大件消费品具有消费周期长、支出额度大、购买频次低等特点，本章没有将其加总到消费支出里面。

　　(二)控制变量。本节选择的控制变量分为三个层次，首先，家庭特征变量，包括家庭纯收入(*Income*)、实物资产(*Asset*)、金融财富(*Wealth*)、未来收入预期(*Expect*)、家庭规模(*Size*)与赡养老人数(*Old*)等变量；其次，个体特征变量，包括受访者性别(*gender*)、受访者婚姻状况(*Marri*)、受访者年龄虚拟变量(*Age* 和 *Age2*)[①]、受访者教育水平(*Educ*)等；再次，鉴于中国巨大的区域差异，本章还控制了城市特征。需要说明的是，在家庭特征方面，实物资产用家庭自有住房市值表示，金融财富以家庭现金、活期存款、基金市值、债券市值及借给亲友款项的总额表示，未来收入预期用受访者对未来一年家庭收入预期变化表示，其中降幅较大、小幅降低、保持不变、小幅增长以及较大涨幅，分别用 1 至 5 表示。在户主特征方面，户主性别、婚姻状况采用虚拟变量，"男性"和"在婚"赋值为 1，"女性"和其他婚姻状态赋值为 0；为了控制户主年龄对于消费的非线性影响，本节借鉴张浩等(2017)的做法，将户主年龄划分为三个年龄阶段，35 岁以下(*Age*)、35—55 岁(*Age2*)以及 56 岁以上(参照组)，尽管有研究通过纳入户主年龄平方项来控制年龄的非线性影响，但我们认为户主年龄和户主年龄平方项可能存在多重共线性关系，故没有包含年龄平方项；受访者受教育程度的取值为 1–5，其中，初中及以下为 1，高中及中专为 2，本科和大专为 3，硕士为 4，博士为 5。城市特征用地区虚拟变量表示，以东部(*East*)地区为参照系，如果受访者家庭所在城市为中部(*Mid*)或西部(*West*)地区则赋值为 1[②]。

　　进一步地，表 17–4 汇报了不同变量的描述性统计结果。考虑到家庭收入、消费、实物资产以及金融资产等变量可能受到异方差影响，本章按照李涛和陈斌开(2014)的做法，对这些变量进行取对数处理。从各类金融素养指标来看，投资金融素养均值为 5.74，融资金融素养均值约为 0.45，综合金融素养指标平均值为 3.34，同时这三类金融素养指标标准差分别为 2.15，1.18 和 1.26，可以说各类金融素养指标在不同个体间存在明显差异。从家庭特征来看，户均年收入和消费支出分别为 83631 元和 54638 元，关于未来预期收入，整体上居民认为今后收入会呈现小幅增长，对未来收入持相对乐观态度，家庭平均规模 3.41 人，户均赡养老人数为 1.7 人，可以说家庭抚养负担相对较高。从个体特征来看，女性受访者占比约 57.44%，受访者年龄主要集中在 35—55 岁，以中青年群体为主，且大部分受访者处于已婚状态。同时，受访者平均教育水平在高中、中专以上，文化素质相对较高。各个变量的简明含义和详细描述性统计详见表 17–4，有关居民金融

---

　　① 我们剔除了受访者年龄在 18 岁以下的样本。

　　② 东部城市包括北京、广州、海口、济南、泉州、上海、沈阳、徐州；中部城市包括安庆、吉林、洛阳、南昌、朔州、武汉、株洲；西部城市包括白银、包头、桂林、昆明、攀枝花、乌鲁木齐、西安、伊春、重庆。

素养与消费行为关系，将在后续采用严格的计量方法进行检验。

表 17–4 变量描述性统计分析

变量	变量说明	样本量	均值	标准差
Consu	居民消费(元)	9997	10.5411	0.7922
Liter_invest	投资类金融素养	9997	5.7400	2.1494
Liter_loan	贷款类金融素养	9997	0.4487	1.1760
Liter_total	综合金融素养	9997	3.3390	1.2615
Income	家庭纯收入(万元)	9997	1.7738	0.8985
Asset	实物资产(万元)	9997	0.9512	5.3913
Wealth	金融财富(元)	9997	8.812	4.2214
Expect	预期收入(1—5 表示)	9997	3.4543	0.7675
Size	家庭规模(人)	9997	3.4118	1.376
Old	赡养老人数(人)	9997	1.7060	1.4507
Gender	受访者性别(0—1 变量)	9997	0.4256	0.4945
Marri	婚姻状况(0—1 变量)	9997	0.7656	0.4236
Age	受访者年龄(35 岁以下)	9997	0.4398	0.4964
Age2	受访者年龄(35—55 岁)	9997	0.4802	0.4996
Educ	教育水平(1—5 表示)	9997	2.2538	0.7842
East	东部虚拟变量(0—1 变量)	9997	0.3986	0.4896
Mid	中部虚拟变量(0—1 变量)	9997	0.2212	0.4151

四、分位数模型设定

本章构建如下计量模型来考察居民金融素养对消费支出的影响，具体模型如下所示：

$$Consu_{ij} = \alpha_0 + \alpha_1 Financial\_Literacy_{ij} + \alpha_2 X_{ij} + \mu_{ij} \qquad (17\text{--}1)$$

式(17–1)中，$Consu_{ij}$ 为城市 j 居民家庭 i 的消费水平；$Financial\_Literacy_{ij}$ 代表个体金融素养；X_{ij} 表征家庭层面、个体层面和城市层面的控制变量，μ_{ij} 为随机扰动项。本章通过关注 α_1 的符号与显著性来判断金融素养对居民消费的影响程度。

然而，传统回归模型主要考察的是解释变量对被解释变量的条件期望，也就是均值回归 $\mathrm{E}(y|x)$，这种条件均值回归刻画了分布 $y|x$ 的集中趋势，难以反映条件分布的整体特征。对此，本章拟采用科恩克、巴塞特(1978)提出的分位数回归方法，来分析不同消

费水平上金融素养对居民消费的影响。与传统的 OLS 相比，分位数回归不易受极端值影响，回归结果更加稳健可靠，尤其是当误差呈现非正态分布时，分位数回归将会更加有效(吴永求、赵静，2016)。本章构造的分位数回归模型如下所示：

$$Q_\theta(Consu \mid X) = X'\beta(\theta) + \mu_\theta \qquad (17\text{--}2)$$

在式(17–2)中，在给定 $\theta \in (0, 1)$ 和解释变量 X 向量情况下，$Q_\theta(Consu|X)$ 为居民消费 $Consu$ 的 θ 分位数，$\beta(\theta)$ 为分位数回归系数向量，μ_θ 为随机误差项。分位数回归系数 β 可以通过最小化方程(17–3)得到。

$$\frac{min}{\beta_\theta} \sum_{i:y_i > x_i'\beta_\theta}^{n} \theta \mid y_i - x_i'\beta_\theta \mid + \sum_{i:y_i < x_i\beta_\theta}^{n} (1-\theta)\left| y_i < x_i'\beta_\theta \right| \qquad (17\text{--}3)$$

有关分位数回归结果的解释，可以进一步参考安格里斯特等(2008)的研究。接下来，本章将在居民消费的 10%、25%、50%、75% 与 90%分位数上，就金融素养对消费者行为的影响进行回归分析。

第二节　金融素养与消费者行为的基准回归

鉴于本章涉及的自变量个数较多，在回归分析之前有必要检验自变量间是否存在多重共线性。常用的方法是使用方差膨胀因子(VIF)，VIF 检验的各项系数都远远低于 10，均小于存在较严重多重共线性的经验值。表 17–5 中第(1)列汇报了基于OLS 的估计结果，第(2)至(6)列汇报了不同分位数水平上的估计结果。从回归结果可以发现，金融素养的 OLS 回归系数显著为正，说明整体上金融素养有助于促进居民消费水平提升。一方面，金融素养越高的家庭越熟悉各类金融产品和经济金融信息，从而具有更强的正规借贷意愿和需求，同时作为一种重要的人力资本，金融素养有助于彰显个体履约能力和信用水平，因而更有可能从金融机构申请到贷款(尹志超等，2015)；另一方面，金融素养越高的家庭越能更好地运用各类金融工具，通过制定理性的投资计划和金融市场运作，获得较高的投资收益，加速家庭财富积累过程(吴卫星等，2018)。因此，开展家庭金融普惠教育提升居民金融素养水平，有助于提高居民金融福祉和消费水平。此外，基于分位数方法的估计表明，金融素养对居民消费依旧呈现显著正向影响，不过金融素养对居民消费促进作用在消费支出的 10%和 25%低分位点上呈现增加趋势，而在随后的中高分位点呈现出逐步递减趋势。可能的解释在于，在居民消费水平较低时，居民金融素养呈现出典型的利益导向特征，此时居民提升金融素养主要是为了实现更多的经济利益，获得更高水平消费效用；随着居民消费水平的提升，居民金融素养诱致的消费影响在 50%和 75%

分位点上呈现逐渐下降趋势,尤其在90%分位点上金融素养对消费的促进作用明显降低,此时金融素养促进居民消费的潜力基本得到释放,本章研究结论与宋全云等(2019)的发现相对一致。

表 17–5　金融素养对消费者行为影响：基准回归

变量	(1) OLS	(2) 分位数回归结果	(3)	(4)	(5)	(6)
		10%	25%	50%	75%	90%
Liter_total	0.0451***	0.0133**	0.0224***	0.0187***	0.0106***	0.0081
	(0.0078)	(0.0065)	(0.0040)	(0.0037)	(0.0040)	(0.0074)
Income	0.3138***	0.4550***	0.4983***	0.5640***	0.6214***	0.5548***
	(0.0306)	(0.0094)	(0.0058)	(0.0054)	(0.0058)	(0.0107)
Asset	0.0063***	0.0010	0.0018**	0.0004	0.0023**	0.0068***
	(0.0016)	(0.0015)	(0.0009)	(0.0009)	(0.0009)	(0.0017)
Wealth	0.0064**	0.0078***	0.0037***	0.0045**	0.0034***	0.0047**
	(0.0025)	(0.0019)	(0.0012)	(0.0021)	(0.0011)	(0.0021)
Expect	0.0274*	0.0058	0.0091	0.0035	0.0075	0.0075
	(0.0166)	(0.0102)	(0.0063)	(0.0059)	(0.0063)	(0.0117)
Size	0.0629***	0.0457***	0.0445***	0.0457***	0.0481***	0.0714***
	(0.0085)	(0.0058)	(0.0036)	(0.0034)	(0.0036)	(0.0067)
Old	0.0257***	−0.0066	0.0025	0.0128***	0.0185***	0.0330***
	(0.0057)	(0.0058)	(0.0036)	(0.0034)	(0.0036)	(0.0067)
Gender	−0.0033	−0.0005	0.0027	0.0039	0.0117	0.0286
	(0.0155)	(0.0157)	(0.0097)	(0.0090)	(0.0097)	(0.0179)
Marri	0.0217*	0.1054***	0.0796***	0.0396***	0.0263**	0.0810***
	(0.0116)	(0.0211)	(0.0131)	(0.0121)	(0.0131)	(0.0241)
Age	0.0576**	0.0662**	0.0523**	0.0406**	0.0544***	0.0755**
	(0.0256)	(0.0335)	(0.0208)	(0.0193)	(0.0208)	(0.0383)
Age2	0.0512***	0.0982***	0.0755***	0.0471***	0.0375**	0.0068
	(0.0191)	(0.0302)	(0.0188)	(0.0174)	(0.0187)	(0.0346)
Educ	0.0984***	0.0447***	0.0342***	0.0363***	0.0409***	0.0784***
	(0.0127)	(0.0115)	(0.0072)	(0.0066)	(0.0072)	(0.0132)
East	0.0836***	−0.0024	−0.0309***	−0.0243**	0.0173	0.0909***
	(0.0184)	(0.0175)	(0.0109)	(0.0101)	(0.0109)	(0.0201)
Mid	−0.1271***	−0.0499**	−0.0939***	−0.1099***	−0.1016***	−0.0813***
	(0.0156)	(0.0206)	(0.0128)	(0.0119)	(0.0128)	(0.0236)

变量	(1)	(2)	(3)	(4)	(5)	(6)
	OLS	分位数回归结果				
		10%	25%	50%	75%	90%
Constant	9.1266***	8.7218***	8.9646***	9.1512***	9.2714***	9.4445***
	(0.0631)	(0.0545)	(0.0339)	(0.0314)	(0.0338)	(0.0624)
样本量	9997	9997	9997	9997	9997	9997
R^2	0.2537	0.2351	0.2787	0.3060	0.3260	0.2854

注：***、**、*分别表示在1%、5%、10%的水平下显著，括号内为标准差。

就控制变量而言，居民收入水平、家庭规模、年龄和教育水平等变量对不同分位点上的消费支出影响均显著为正；而预期收入影响不显著为正，这是由于尽管居民整体上认为未来收入会有所增长，但认为家庭未来收入会小幅和大幅增长的样本分别为45.28%和4.98%，差距明显，而高达47.89%的样本受访者认为未来收入保持不变或小幅下降，总体上居民对未来收入增长持谨慎乐观态度。同时，实物财富、金融财富和赡养老人数的均值回归显著为正，但金融财富主要有利于低分位点上居民消费支出，而实物财富和赡养老人数则在高分位点上有利于居民消费支出，说明消费低分位点居民面临较为严重的流动性约束，金融素养提升恰恰有助于缓解这部分群体的消费约束。此外，我国居民持有的实物财富以房产为主，住房资产在家庭全部资产中占比高达70%左右（李凤，2016），在消费低分位点上以住房为代表的实物财富对居民消费的"挤出效应"要高于"财富效应"，从而不利于这部分群体住房消费效应的发挥。

第三节 金融素养与异质性消费者行为分析

一、金融素养异质性检验

上节主要利用主成分方法计算的综合金融素养指标考察了其对消费者行为的影响，前述分析表明综合金融素养主要由投资和融资类金融素养指标构成，为了进一步分析金融素养不同维度对居民消费的影响，这里使用投资金融素养（Liter_invest）和融资金融素养（Liter_loan）两个指标重新进行回归。表17-6汇报了具体的检验结果。从均值回归和分位数回归结果来看，投资金融素养和融资金融素养均有利于提升居民消费，同时相较于融资素养效应而言，投资金融素养平均消费效应要相对较高一些。可能的解释在于，一方面，金融素养有助于投资者在金融市场上有效进行资产配置、规避投资风险，继而获得较高的投资收益或财富回报(Behrman *et al.*，2012)；当金融资产价格上升时，消费者持有的金融资产价值也会随之增加，消费者资产负债状况得以改善，资产价值诱致的"财富效应"将会进一步促进居民消费(胡永刚、郭长林，2012)；另一方面，金融素养水平不仅有利于增加居民获得贷款的可能性，而且会降低居民使用高成本融资方式的概率(Chatterjee，2013)，从而缓解居民面临的流动性约束，释放居民潜在消费需求。

表 17-6　不同金融素养对居民消费影响

变量	(1)	(2)	(3)	(4)	(5)	(6)
	OLS	分位数回归结果				
		10%	25%	50%	75%	90%
Panal A: 投资金融素养						
Liter_invest	0.0268***	0.0081**	0.0134***	0.0105***	0.0064***	0.0056
	(0.0047)	(0.0038)	(0.0023)	(0.0022)	(0.0024)	(0.0043)
Constant	9.1235***	8.7231***	8.9602***	9.1493***	9.2716***	9.4386***
	(0.0627)	(0.0548)	(0.0338)	(0.0315)	(0.0343)	(0.0623)
控制变量	是	是	是	是	是	是
R^2	0.2539	0.2351	0.2786	0.3059	0.3260	0.2854
Panal B: 融资金融素养						
Liter_loan	0.0145**	0.0093*	0.0154***	0.0147***	0.0110***	0.0125*
	(0.0059)	(0.0053)	(0.0042)	(0.0038)	(0.0040)	(0.0074)
Constant	9.1858***	8.7419***	8.9917***	9.1690***	9.2905***	9.4760***
	(0.0679)	(0.0520)	(0.0348)	(0.0310)	(0.0329)	(0.0608)
控制变量	是	是	是	是	是	是
R^2	0.2493	0.2346	0.2773	0.3049	0.3257	0.2856

注：***、**、*分别表示在1%、5%、10%的水平下显著，括号内为标准差。

二、收入水平异质性检验

一般而言，如果居民家庭存在物质资本不足现象，其在金融市场上可能会面临金融排斥，无法有效地参与金融市场活动。(Grinblatt *et al.*，2011)高收入家庭则拥有充足的参与金融市场所需资金，资本约束不会成为这部分家庭参与金融市场的阻力，且高收入居民的金融素养水平要普遍优于低收入群体。本节将收入高于样本均值家庭定义为高收入家庭，收入低于样本均值家庭定义为低收入家庭。据统计，样本高收入群体综合金融素养、投资金融素养和融资金融素养分别为 3.64、6.26 和 0.53，相应地，低收入群体综合金融素养、投资金融素养和融资金融素养分别为 3.02、5.20 和 0.37。接下来，本节考察了不同收入群体金融素养的消费效应，结果如表 17–7 所示。可以发现，整体上低收入家庭金融素养对居民消费的平均影响要高于高收入家庭，这意味着提升低收入群体金融素养水平，可以释放更大消费潜力。此外，在消费水平低分位点上，高收入群体金融素养的消费效应较高，而在消费水平高分位点上，低收入群体金融素养的消费效应则相对较高。

表 17–7 不同收入水平下金融素养对居民消费影响

变量	(1)	(2)	(3)	(4)	(5)	(6)
	OLS	分位数回归结果				
		10%	25%	50%	75%	90%
Panal A: 高收入组						
Liter_total	0.0260**	0.0207**	0.0229***	0.0130**	0.0073**	0.0029
	(0.0121)	(0.0087)	(0.0063)	(0.0064)	(0.0036)	(0.0090)
Constant	9.0824***	8.8483***	9.0163***	9.1296***	9.2619***	9.1706***
	(0.1316)	(0.0933)	(0.0674)	(0.0681)	(0.0699)	(0.0962)
控制变量	是	是	是	是	是	是
样本量	5065	5065	5065	5065	5065	5065
R^2	0.1804	0.0835	0.1229	0.1890	0.2665	0.3183
Panal B: 低收入组						
Liter_total	0.0347***	0.0033	0.0171***	0.0224***	0.0194**	0.0186**
	(0.0072)	(0.0080)	(0.0053)	(0.0044)	(0.0088)	(0.0079)
Constant	9.4400***	8.7363***	8.9153***	9.1390***	9.6951***	10.0890***
	(0.0558)	(0.0631)	(0.0417)	(0.0347)	(0.0691)	(0.0623)
控制变量	是	是	是	是	是	是
样本量	4932	4932	4932	4932	4932	4932
R^2	0.0929	0.1861	0.1814	0.1487	0.0702	0.0565

注：***、**、*分别表示在 1%、5%、10%的水平下显著，括号内为标准差。

三、消费类型异质性检验

通常认为，具备更高金融素养的消费者，在获取复杂信息和做出复杂决策方面的能力更强。因此可以预期越是基本的消费项目，其对金融素养的要求越低；相应地，越是更高层次的消费项目，对金融素养的依赖会更强。有鉴于此，根据调查样本数据的可得性和对居民消费细分项目划分，本节将家庭消费分为饮食支出、衣着支出、家庭设备用品及服务支出、通信费、交通费、自付医疗保健费用、文化娱乐及应酬费用、居住支出（不含房贷月供）、赡养支出、子女教育、非储蓄性保险产品支出及交往用礼金支出等12项支出。具体而言，金融素养对不同消费细分项目在各分位点上的估计结果如表17–8所示，可以发现，居民金融素养对各类消费支出的均值回归和不同分位点上的影响均显著为正，但相较于其他消费支出，金融素养对通信支出、医疗保健支出的影响更大；特别是在消费支出高分位点上，金融素养对通信支出、医疗保健支出、文化娱乐及应酬支出的影响更为明显，检验结果证实了金融素养对不同消费项目影响的异质性特征。

表 17–8　金融素养对消费结构在不同分位点上的影响

消费支出类型	(1)	(2)	(3)	(4)	(5)	(6)
	OLS	分位数回归结果				
		10%	25%	50%	75%	90%
饮食支出	0.0001***	0.0001***	0.0002***	0.0002***	0.0002***	0.0003***
	(0.0000)	(0.0000)	(0.0000)	(0.0000)	(0.0000)	(0.0000)
衣着支出	0.0001***	0.0001***	0.0002***	0.0003***	0.0004***	0.0005***
	(0.0000)	(0.0000)	(0.0000)	(0.0000)	(0.0000)	(0.0000)
家庭设备及服务支出	0.0001***	0.0001***	0.0001***	0.0002***	0.0003***	0.0005***
	(0.0000)	(0.0000)	(0.0000)	(0.0000)	(0.0000)	(0.0000)
通信支出	0.0005***	0.0004***	0.0006***	0.0009***	0.0011***	0.0014***
	(0.0001)	(0.0000)	(0.0000)	(0.0000)	(0.0000)	(0.0000)
交通支出	0.0003***	0.0002***	0.0003***	0.0004***	0.0005***	0.0008***
	(0.0000)	(0.0000)	(0.0000)	(0.0000)	(0.0000)	(0.0000)
医疗保健支出	0.0004***	0.0004***	0.0003***	0.0004***	0.0005***	0.0007***
	(0.0000)	(0.0000)	(0.0000)	(0.0000)	(0.0000)	(0.0000)
文化娱乐及应酬支出	0.0001***	0.0001***	0.0002***	0.0003***	0.0004***	0.0006***
	(0.0000)	(0.0000)	(0.0000)	(0.0000)	(0.0000)	(0.0000)
居住支出	0.0002***	0.0002***	0.0003***	0.0003***	0.0003***	0.0005***
	(0.0000)	(0.0000)	(0.0000)	(0.0000)	(0.0000)	(0.0000)
赡养支出	0.0000**	0.0000***	0.0001***	0.0002***	0.0002***	0.0003***
	(0.0000)	(0.0000)	(0.0000)	(0.0000)	(0.0000)	(0.0000)

续表

消费支出类型	(1)	(2)	(3)	(4)	(5)	(6)
	OLS	分位数回归结果				
		10%	25%	50%	75%	90%
子女教育	0.0001***	0.0001***	0.0001***	0.0002***	0.0002***	0.0003***
	(0.0000)	(0.0000)	(0.0000)	(0.0000)	(0.0000)	(0.0000)
保险支出	0.0001***	0.0001***	0.0001***	0.0002***	0.0003***	0.0004***
	(0.0000)	(0.0000)	(0.0000)	(0.0000)	(0.0000)	(0.0000)
交往礼金支出	0.0001***	0.0001***	0.0002***	0.0003***	0.0004***	0.0005***
	(0.0000)	(0.0000)	(0.0000)	(0.0000)	(0.0000)	(0.0000)

注：***、**、*分别表示在1%、5%、10%的水平下显著，括号内为标准差。

第四节　内生性分析及稳健性检验

一、两阶段最小二乘估计结果

需要注意的是，在考察金融素养对居民消费行为影响时，金融素养可能存在某种程度的内生性，从而造成估计偏差。一方面，在日常经济活动过程中，居民消费行为可能会提升其金融素养水平，也即居民消费行为与金融素养可能存在反向因果关系，这会高估金融素养对居民消费的影响。另一方面，在金融素养影响消费者行为的模型设定中，模型可能忽视了个人能力、消费习惯与地方文化等不可测因素影响，这会使模型存在遗漏变量问题。同时，由于消费者往往对自身金融素养水平存在过度自信，个体可能还会高估自身真实金融素养水平(尹志超等，2015)。因此，本节将采用工具变量来处理潜在的内生性问题，在以往类似研究中，作为居民金融素养的工具变量主要包括"受访者兄长和父母金融经历"(Van Rooij et al.，2011)，"受调查者在学校期间学习经济知识的多少"(Van Rooij et al.，2011)，"户主早年的计数能力"(Jappelli & Padula，2013)，"受访者求学期间是否接受过经济或金融类课程"(Gathergood & Disney，2011；秦芳等，2016；吴雨等，2017)，"父母中最高的教育水平"(尹志超等，2014)，"父母中最高的教育水平"以及"是否有家庭成员从事金融行业"(曾志耕等，2015)，"与受访家庭收入相当的居住在同一小区内的其他家庭平均金融知识水平"(宋全云等，2019)等。不难看出，尽管相关研究选择了诸多不同工具变量，但这些金融素养(金融知识)工具变量选择具有内在逻辑的一致性，即这些工具变量通常反映了个体自身成长经历，或者当前家庭所处社会环境。

根据数据可得性，借鉴吴卫星等(2018)的研究，本节选择了"您家有亲友或同事从事投资行业吗(股票、债券、基金和保险等)"作为金融素养的工具变量。选择该工具变量的基本理由在于，在中国典型的"关系型"社会中，亲友或同事从事投资行业会使个人有可能接触到更多金融知识，该工具变量与本节关注的金融素养存在较强相关性；此外，亲友同事是否从事投资行业不会直接影响家庭自身消费行为，对于家庭消费行为具有较强的外生性。因此，本节选取该工具变量并使用2SLS进行估计，两阶段模型设定如下：

$$Consu_{ij} = \alpha_0 + \alpha_1 Financial\_Literacy_{ij} + \alpha_2 X_{ij} + \mu_{ij} \tag{17-4}$$

$$Financial\_Literacy_{ij} = \lambda_0 + \lambda_1 IV_{ij} + \lambda_2 X_{ij} + \varepsilon_{ij} \tag{17-5}$$

式(17-5)中，IV_{ij}表示家庭是否有亲友或同事从事投资行业($Invest$)，如果IV显著为正，说明本节选取工具变量的逻辑正确，即如果家庭亲友或同事从事投资行业，则家庭的金融素养水平也会相对较高。

鉴于本节选取的工具变量个数与内生变量个数一致，这里不需要进行工具变量过度识别检验。表17-9报告了工具变量一阶段的估计结果。可以发现，本节选用的工具变量($Invest$)对金融素养的三个变量在5%水平下显著为正，Kleibergen-Paaprk LM统计量强烈拒绝不可识别的原假设。此外，工具变量$Invest$的F检验值均大于10且高度显著，Kleibergen-Paaprk Wald F统计量在不同情形下，均大于Stock-Yogo检验在10%水平上的临界值，意味着不存在弱工具变量问题，故本节选择的工具变量具有可靠性。

表17-9　工具变量有效性检验：第一阶段估计

指标	Liter_total	Liter_invest	Liter_loan
$Invest$(IV)	0.5618***	0.8653***	0.4449***
	(0.0268)	(0.0456)	(0.0281)
$Invest$(IV)F值	438.22***	360.37***	250.49***
Kleibergen-Paaprk LM	411.517***	341.326***	244.864***
Kleibergen-Paaprk Wald F	438.222***	360.375	250.493
Stock-Yogo检验10%水平偏误值	16.38	16.38	16.38
控制变量	是	是	是
R^2	0.2446	0.1636	0.0533
Constant	2.5484***	4.2292***	0.9002***
	(0.1007)	(0.1724)	(0.1058)
样本量	9997	9997	9777

注：***、**、*分别表示在1%、5%、10%的水平下显著，括号内为标准差。

同时，表 17–10 汇报了工具变量第二阶段识别结果，结果表明通过纳入工具变量克服金融素养可能存在的内生性问题后，各类金融素养指标对居民消费影响系数变大，但依然高度显著为正，这进一步表明金融素养有助于提升居民消费水平，研究结论相对稳健可靠。

表 17–10　工具变量检验结果：第二阶段估计

变量	Consu	Consu	Consu
Liter_total	0.1096*** (0.0316)	——	——
Liter_invest	——	0.0712*** (0.0205)	——
Liter_loan	——	——	0.1384*** (0.0408)
控制变量	是	是	是
R^2	0.2446	0.2412	0.2107
Constant	9.0424*** (0.0690)	9.0208*** (0.0713)	9.1971*** (0.0701)
样本量	9997	9997	9997

注：***、**、*分别表示在 1%、5%、10%的水平下显著，括号内为标准差。

二、工具变量分位数回归结果

需要说明的是，上述 2SLS 方法主要纠正了均值回归潜在的内生性问题，但是传统标准分位数回归同样可能受到内生性问题的困扰，针对因变量为连续变量的分位数回归，目前主要有两种方法来处理其存在的内生性，一是利用控制函数方法，相关研究包括因宾斯和纽维(2009)、布伦德尔和鲍威尔(2007)以及马和科恩克(2006)等；二是使用工具变量技术，比如奥诺雷和胡(2004)、切尔诺茹科夫和汉森(2005、2008)。特别地，切尔诺茹科夫和汉森(2008)在标准分位数回归模型基础上提出并发展的工具变量分位数回归模型(IVQR)，能够有效缓解分位数回归中的内生性问题。接下来，本节主要采用 IVQR 方法进一步重新检验了金融素养与居民消费行为的关系，检验结果如表 17–11 所示，结果表明在消费不同分位数上，金融素养的回归系数依旧为正，结果与基础回归基本一致。

表 17–11　金融素养对居民消费影响：基于工具变量分位数回归

变量	(2)	(3)	(4)	(5)	(6)
	10%	25%	50%	75%	90%
Liter_total	0.0129	0.0392[*]	0.0675[***]	0.0681[***]	0.0524[*]
	(0.0263)	(0.0210)	(0.0196)	(0.0217)	(0.0268)
Constant	8.7277[***]	8.9597[***]	9.0798[***]	9.1886[***]	9.2849[***]
	(0.1029)	(0.0824)	(0.0766)	(0.0849)	(0.1050)
控制变量	是	是	是	是	是
样本量	9997	9997	9997	9997	9997
Panel A：投资素养					
Liter_invest	0.0144	0.0363[*]	0.0484[**]	0.0391[*]	0.0268[**]
	(0.0262)	(0.0210)	(0.0195)	(0.0217)	(0.0108)
Constant	8.7062[***]	8.9412[***]	9.0439[***]	9.1858[***]	9.2496[***]
	(0.1028)	(0.0823)	(0.0765)	(0.0849)	(0.1049)
控制变量	是	是	是	是	是
样本量	9997	9997	9997	9997	9997
Panel B：融资素养					
Liter_loan	0.0362[*]	0.0499[**]	0.0764[***]	0.0653[***]	0.0475
	(0.0203)	(0.0211)	(0.0198)	(0.0219)	(0.0419)
Constant	8.7529[***]	8.9910[***]	9.1884[***]	9.3342[***]	9.8229[***]
	(0.1031)	(0.0827)	(0.0775)	(0.0860)	(0.1643)
控制变量	是	是	是	是	是
样本量	9997	9997	9997	9997	9997

注：***、**、*分别表示在 1%、5%、10%的水平下显著，括号内为标准差。

三、稳健性检验

为了验证上述结论的稳健性，接下来本节主要采用替换金融素养衡量指标，剔除家庭成员从事投资行业的样本，仅采用 2011 年单期调查样本三种方式，就金融素养与居民消费行为关系进行稳健性检验。

（一）替换金融素养测量指标的分析结果

首先借鉴卢萨迪和米切尔（2011）、吴卫星等（2018）做法，利用受访者对相关问题回答的评分加总（*Liter_add*）来构造金融素养指标，相关回归结果如表 17–12 所示。可以发现，通过加总方式构造的金融素养的消费效应系数相对较小，但其对居民消费的均值回归以及大多数分位点上的分位数回归系数均显著为正，表明金融素养的衡量方法相对稳健可靠，其对居民消费呈现出一致的正向促进作用。

表 17–12 金融素养对居民消费影响：替换金融素养指标

变量	(1)	(2)	(3)	(4)	(5)	(6)
	OLS	分位数回归结果				
		10%	25%	50%	75%	90%
Liter_add	0.0089***	0.0027**	0.0044***	0.0036***	0.0021***	0.0018
	(0.0015)	(0.0013)	(0.0008)	(0.0007)	(0.0008)	(0.0014)
Constant	9.1240***	8.7210***	8.9595***	9.1502***	9.2716***	9.4407***
	(0.0628)	(0.0546)	(0.0337)	(0.0316)	(0.0341)	(0.0621)
控制变量	是	是	是	是	是	是
样本量	9997	9997	9997	9997	9997	9997
R^2	0.2538	0.2351	0.2787	0.3059	0.3260	0.2854

注：***、**、*分别表示在 1%、5%、10% 的水平下显著，括号内为标准差。

(二)剔除家庭从事投资样本的分析结果

通常而言，鉴于从事投资行业的个体通常拥有更加丰富的金融知识，其日常生活消费行为也更为理性。如果前述回归结果是由于在模型中包含了家庭成员从事金融投资行业的样本导致的，这将使得结果估计存在偏差。因此，本节进一步剔除了家庭成员从事投资行业的样本，重新进行识别估计。表 17–13 为剔除这部分样本的回归结果。可以发现，相较于全样本回归结果(表 17–5)，不包含家庭成员从事投资行业的样本回归系数要相对较小，意味着包含家庭成员从事投资行业的样本将会高估金融素养对居民消费的贡献。本节结论与尹志超等(2014)研究具有内在逻辑的一致性。

表 17–13 金融素养对居民消费影响：剔除家庭成员从事投资行业样本

变量	(1)	(2)	(3)	(4)	(5)	(6)
	OLS	分位数回归结果				
		10%	25%	50%	75%	90%
Liter_total	0.0413***	0.0129*	0.0218***	0.0165***	0.0082*	0.0066
	(0.0092)	(0.0071)	(0.0045)	(0.0042)	(0.0045)	(0.0079)

续表

变量	(1)	(2)	(3)	(4)	(5)	(6)
	OLS	分位数回归结果				
		10%	25%	50%	75%	90%
Constant	9.1823***	8.7602***	8.9770***	9.1612***	9.2992***	9.4577***
	(0.0715)	(0.0563)	(0.0362)	(0.0336)	(0.0355)	(0.0627)
控制变量	是	是	是	是	是	是
样本量	8503	8503	8503	8503	8503	8503
R^2	0.2344	0.2299	0.2765	0.3077	0.3274	0.2959

注：***、**、*分别表示在1%、5%、10%的水平下显著，括号内为标准差。

(三)基于单期调查样本的分析结果

上述分析主要利用了2010和2011年两年合并的调查数据，考虑到年份差异可能对回归结果造成的影响，接下来本节只采用2011年单期调查数据重复上述分析。表17-14给出了相关估计结果，相较于使用2010和2011年合并样本的基准回归结果(表17-5)，仅采用2011年调查数据的综合金融素养消费效应系数较高，意味着随着时间推移居民金融素养在不断改善，金融素养对居民消费影响具有明显的时间效应，但金融素养系数方向和显著性水平依然与前文一致。

表17-14　金融素养对居民消费影响：基于2011年单期调查数据

变量	(1)	(2)	(3)	(4)	(5)	(6)
	OLS	分位数回归结果				
		10%	25%	50%	75%	90%
Liter_total	0.0616***	0.0233***	0.0273***	0.0252***	0.0163***	0.0252
	(0.0132)	(0.0087)	(0.0061)	(0.0056)	(0.0061)	(0.0170)
Constant	9.2845***	8.8821***	9.0539***	9.2276***	9.3573***	9.6852***
	(0.0996)	(0.0725)	(0.0508)	(0.0463)	(0.0508)	(0.1416)
控制变量	是	是	是	是	是	是
样本量	5262	5262	5262	5262	5262	5262
R^2	0.1954	0.2191	0.2577	0.2780	0.2787	0.2189

注：***、**、*分别表示在1%、5%、10%的水平下显著，括号内为标准差。

综合上述表 17–12 至 17–14 中依次替换核心解释变量、剔除家庭成员从事投资行业样本以及只采用 2011 年单期调查数据三种情况的回归结果，可以发现金融素养对居民消费的影响结果相对稳健可靠。

本章小结

在现阶段中国金融市场快速发展背景下，金融产品或服务呈现出愈发复杂的特征，这使得消费者在进行消费决策时不得不面临更加复杂的决策环境。这种情形下，消费者不仅需要花费大量的时间精力去搜寻、筛选和分析所需信息，而且与消费支出相关的财务决策也有赖于越来越高的金融素养作为支撑。本章主要研究结论和启示如下：

（1）就金融素养对居民消费影响而言，整体上消费者金融素养提升有助于促进居民消费支出，可能的原因在于金融素养有利于彰显消费者履约能力和信用水平，金融素养高的个体更有可能从金融机构申请到贷款并制定理性投资计划，加快家庭财富积累过程。此外，为了刻画金融素养在不同消费分位点上对居民消费影响，标准分位数回归结果表明，在较低分位点上金融素养对居民消费的影响呈现增加趋势，而在中高分位点表现出逐步递减趋势。

（2）就金融素养消费效应对金融素养类型、收入水平以及消费类型方面的异质性消费者行为的影响而言，投资金融素养和融资金融素养均有利于提升居民消费，但融资素养平均消费效应要低于投资金融素养平均消费效应。低收入家庭金融素养的消费效应整体上要高于高收入家庭，这是由于提升低收入群体金融素养水平，能够释放更大消费潜力。此外，相较于其他消费支出，金融素养对通信支出、医疗保健支出影响更大，特别是在消费高分位点上，金融素养对通信、医疗保健、文化娱乐等消费支出的影响更为明显。

第十八章 消费金融与异质性消费者行为的机制检验

第一节 消费金融与异质性消费者行为的跨期平滑机制检验

消费信贷是中国消费金融体系的重要组成部分。自从 20 世纪 90 年代以来，特别是面对亚洲金融危机导致的国内消费需求下滑现象，作为启动国内消费需求的重要举措，以中国人民银行发布的《关于开展个人消费信贷的指导意见》为主要标志，国内消费信贷业务得到了快速发展。从中国消费信贷市场发展情况来看（如图 18–1 所示），2004 年

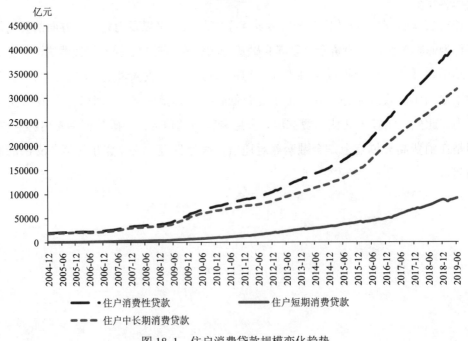

图 18–1 住户消费贷款规模变化趋势

数据来源：作者根据 Wind 数据库整理绘制

12月以本外币计算的境内住户消费性贷款仅仅为19881亿元，其中，住户短期消费贷款为1254亿元，住户中长期消费贷款为18628亿元；相应地，住户消费贷款占全国金融机构各类贷款规模的10.54%，短期与中长期消费贷款占比分别为0.66%和9.88%。截至2019年6月以本外币计算的住户消费贷款规模达到了408137亿元，占同期全国金融机构本外币总贷款额的26.92%，相应地，短期和中长期住户消费贷款达到91381亿元和316756亿元，两者占同期金融机构贷款的比重分别为6.03%和20.89%。不难发现，随着中国国民经济的持续快速发展和人民收入水平的大幅提升，消费贷款在经济社会活动中将扮演着愈发重要的角色。

　　值得注意的是，在中国消费信贷总量呈现井喷式发展背景下，不同期限消费贷款出现严重结构失衡现象。据统计，2019年6月我国中长期消费贷款在总消费贷款中的比重高达77.61%，这是由于中国居民主要依托消费信贷来购买住房和汽车等大额耐用消费品，特别是近年来住房价格的飞速上涨，致使中长期消费信贷规模急速上升。通常认为，相较于中长期消费信贷，短期消费信贷更能反映消费金融发展状况，遗憾的是，从2017年8月以来，短期消费信贷在全国金融机构各类贷款的比重才超过5%。直观感觉是，近年来短期消费信贷曲线趋向于陡峭，意味着短期消费信贷市场将迎来快速增长期，同时中长期消费信贷曲线依然相对陡峭，中长期消费信贷对短期消费信贷可能造成一定的"挤出效应"颜色和朱国钟（2013）曾指出我国住房抵押贷款的实施有效地促进了居民住房消费，但是也抑制了家庭非住房消费。当然，不可否认的是，从不同期限消费贷款动态演变趋势来看，近年来住户消费贷款中无抵押、无担保的短期消费贷款占比呈现出较快上升趋势，相应地，需要抵押物的中长期消费贷款所占比重出现逐渐下降态势（见图18-2），表明消费信贷产品结构也从原来以住房抵押贷款、汽车贷款为主导的单一模式向着以教育培训信贷、医疗信贷、旅游信贷、住房装修信贷等为主要内容的多元方向发展。

　　值得注意的是，伴随着中国消费信贷的快速发展，居民边际消费倾向呈现出持续性下降趋势，这种现象好像与开展居民消费信贷的政策初衷有所背离。（李燕桥，2012）在中国当前消费领域金融支持手段尚不够多的情况下，中国居民跨期消费行为普遍遭受到严重的流动性约束。（甘犁，2012；Li *et al.*，2013）理论上来讲，消费信贷发展有助于熨平当前收入和持久收入间的差异，缓解居民面临的收入约束，使得消费者能够根据自身需求和偏好通过借贷行为实现资源在当期和未来之间分配，进而实现跨期消费效用最大化。尽管部分研究考察了消费信贷对居民消费影响，但现有研究大多采用宏观数据进行分析，宏观数据存在的数据加总偏差和遗漏变量，可能会造成有偏估计。同时，现有研究主要考察了城镇居民消费信贷对其消费支出的影响，鲜有考虑城镇居民和农村居民消费信贷消费效应的差异性，且没有考察不同金融知识水平下居民消费信贷诱致的消费差异，忽视消费信贷异质性的估计结果可能无法全面准确地揭示消费信贷的实际效应。在这种情形下，中国当前消费信贷发展到底有没有提升居民消费支出？如果消费信贷促进了居民消费支出，那么消费信贷是在多大程度上影响了居民消费？而这又是通过什么渠道实现的呢？对这些问题的回答，不仅有助于检验以往消费信贷政策成效，还可以通过完善消费信贷政策为中国消费金融持续健康发展注入新的活力，推动中国从生产型向消费型社会顺利转型。

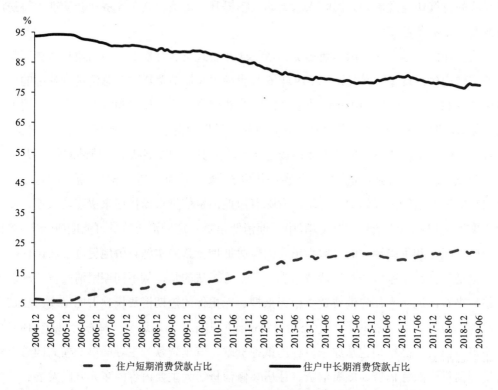

图 18–2　不同期限住户消费贷款比例

数据来源：作者根据 Wind 数据库整理绘制

一、模型设定与变量选取

（一）数据来源

中国家庭金融调查 (China Household Finance Survey，CHFS) 是中国家庭金融调查与研究中心在全国范围内开展的抽样调查项目，旨在收集有关家庭金融微观层次的相关信息，主要内容涵盖了家庭资产与负债、金融财富与信贷约束、收入与消费支出、社会保障状况与保险购买、代际转移支付、人口特征与就业以及支付习惯等微观信息，以便为政府决策和学术研究提供高质量的微观家庭金融数据。[①]该数据库采用了三阶段分层和与人口规模成比例的抽样技术，调查数据具有良好代表性(张栋浩等，2018)。CHFS 自2009 年开始启动调查，目前已经于 2011 年、2013 年、2015 年和 2017 年在全国开展了四次抽样调查，鉴于 2017 年调查数据尚未公开对外开放，本节主要采用了 2015 年微观调查数据进行分析。据统计，2015 年调查样本覆盖了全国 29 个省(自治区、直辖市)[②]，351 个县(区、县级市)，1396 个村(居)委会，样本规模为 37289 户[③]。2015 年调查数据集涵盖了家庭部分、个人部分和地区部分，根据相关编码将这三部分数据进行合并匹配。由于以家庭为决策单位，因此本节仅保留了户主所在行的样本信息。通过剔除选取变量存在的数据缺失样本、删除无效信息样本(如收入、财富为负的样本)以及部分极端值后，最后共得到 12413 个调查样本。

(二)模型设定

本节构建如下计量模型来考察信用卡持有状况对居民消费影响，回归模型设定如下：

$$Consu_{ij} = \alpha_0 + \alpha_1 Card_{ij} + \alpha_2 X_{ij} + \mu_{ij} \qquad (18\text{--}1)$$

$$Consu_{ij} = \beta_0 + \beta_1 Credit_{ij} + \beta_2 X_{ij} + \varepsilon_{ij} \qquad (18\text{--}2)$$

式(18–1)和(18–2)中，$Consu_{ij}$ 为城市 j 居民家庭 i 的消费水平，$Card_{ij}$ 代表家庭是否持有信用卡虚拟变量，$Credit_{ij}$ 代表家庭持有信用卡的信用额度或实际的信用消费金额。为尽可能避免遗漏变量估计偏差，控制变量 X_{ij} 纳入了家庭层面、个体层面和区域层面的消费影响因素，μ_{ij} 与 ε_{ij} 为随机扰动项。本节通过关注 α_1 与 α_2 的符号与显著性来判断信用卡持有状况对居民消费影响。

(三)变量选取

1. 居民消费水平。CHFS2015 调查按月计算的家庭经常性消费($Consu\_Cur$)项目，主要包括食品支出[④](含自家生产农产品市值)、水/电/燃料费/物业管理支出、日常用品支出、

---

① 具体信息详见 CHFS 官方网址 https://chfs.swufe.edu.cn/。

② 不包括西藏、新疆和港澳台地区。

③ 同注释 14。

④ CHFS2015 调查将自家生产农产品市值划分为年度消费项目，考虑到消费类别的划分，我们将其折算加总到伙食费支出里面。

家政服务支出、本地交通支出、通信费支出、文化娱乐支出；而按年度计算的非经常性消费项目（*Consu_Ncur*）主要包括衣着支出、住房装修、维修或扩建支出、暖气费支出、家庭耐用品支出、购买奢侈品支出、教育培训支出、购买交通工具及零部件支出、旅游支出、医疗保健支出等。家庭总消费支出（*Consu*）由上述经常性和非经常性消费项目加总得到，为了避免在特定年份发生大额消费支出对估计结果造成的干扰，本节不仅考察了居民家庭总消费还重点关注了经常性消费支出，两者对应的人均值分别以 *Consu_Per* 和 *Consu_CP* 表示。此外，除了采用家庭消费的绝对水平作为解释变量外，本节还参照孙和王（2013）、李江一和李涵（2016）做法，以家庭消费率（家庭总消费支出与家庭纯收入比值）作为被解释变量进行分析，家庭总消费率和经常性消费率分别以 *Consu_PR* 和 *Consu_CR* 表示。

2. 消费信贷。本节将信用卡持有和使用状况作为核心解释变量。鉴于信用卡消费程序简便、无需抵押以及享有免息期等优点，故本节主要选取了家庭是否持有信用卡虚拟变量（*Card*）进行分析，如果受访家庭持有信用卡则赋值为 1，否则取值为 0；同时，2015 年 CHFS 调查样本还提供了受访持有信用卡家庭的透支额度，信贷额度限定了居民家庭利用信用卡消费的范围和空间，故我们进一步采用信用卡信贷额度（*Credit*）来表征消费信贷状况，需要说明的是，当受访家庭拥有多张信用卡时，上述信用卡消费额为多张信用卡消费额的总和。

3. 控制变量选取。为了更严格地考察消费信贷与居民消费的关系，需要控制影响居民消费的其他因素，根据中国家庭金融调查样本中的变量设置，在借鉴已有研究基础上，选取的控制变量主要分为家庭特征变量、户主特征变量以及地区特征变量三类。具体而言，家庭特征变量涵盖了家庭可支配收入（*Income*）、家庭净资产（*Asset*）、家庭规模（*Size*）、是否从事工商业（*Busi*）以及家庭抚养比（*Depen*）。其中，家庭可支配收入包括家庭工资性收入、经营性收入、财产性收入与转移性收入等；家庭总资产涵盖了金融资产与住房等非金融资产，净资产通过总资产扣除家庭债务得到；家庭规模为家庭人口数；若家庭从事工商业则赋值为 1，否则取值为 0；家庭抚养比以受访家庭中 0—14 岁、65 岁以上人口数与 15—64 岁人口数之比表示。户主特征变量包括户主性别（*Gender*）、婚姻状况（*Marri*）、户主年龄虚拟变量（*Age* 和 *Age2*）、受教育程度（*Educ*）与健康状况（*Health*）。其中，户主性别和婚姻状况以虚拟变量设置[①]，户主为男性赋值为 1，女性则为 0；年龄通

---

① 2015 年 CHFS 调查样本中，受访者性别为女性时，性别变量 A2003 取值为 2；受访者已婚时，婚姻状态变量 A2024 取值为 2，未婚为 1，同居为 3，分居为 4，离婚为 5，丧偶为 6。根据虚拟变量设置特征，我们对相关变量对应的含义重新进行赋值。

过受访年份减去受访者出生年份得到，为了控制户主年龄对于消费的非线性影响，借鉴张浩等(2017)的做法，本节将户主年龄划分为三个年龄阶段，35 岁以下(*Age*)、35—55 岁(*Age2*)以及 56 岁以上(参照组)，尽管有研究通过纳入户主年龄平方项来控制年龄的非线性影响(万晓莉等，2017)，本节认为户主年龄和户主年龄平方项可能存在多重共线性关系，故没有包含年龄平方项；户主处于在婚状态赋值为 1，其他婚姻状态(未婚、同居、分居、离婚和丧偶)赋值为 0；户主教育水平取值为 1 至 9，分别对应没上过学、小学、初中、高中、中专/职高、大专/高职、大学本科、硕士和博士；户主健康状况用 1—5 数值表示，身体状态非常不好为 1，非常好为 5，身体状况不好、一般与好则分别用 2—4 表示[1][2]，健康状况与数值大小呈正相关关系。地区特征以中部(*Mid*)地区为参照系，如果受访者家庭所在城市为东部(*East*)或西部(*West*)地区则赋值为 1[3]。考虑到可能存在异方差等影响，本节对除虚拟变量和抚养比外的变量进行取对数处理，表 18–1 汇报了各变量的描述性统计结果。特别地，就主要关注的居民消费支出，信用卡持有状况及其消费信贷额度而言，样本人均消费支出为 21176 元，大约有 20.08%家庭持有信用卡，对应的平均消费信贷额度为 8294.62 元。同时从事工商业家庭占比约 17.94%，家庭抚养比为 36.65%，户主平均教育水平为初中及以上，且身体健康状况良好。这些微观调查指标与国家统计局所发布数据相对吻合，从侧面印证了 CHFS2015 调查数据的相对可靠性。

表 18–1　变量描述性统计分析

变量	变量说明	样本量	均值	标准差
Consu_Per	家庭人均消费对数(元)	12413	9.4345	1.1021
Consu_CP	家庭人均经常性消费支出对数(元)	12413	8.9743	1.1377
Consu_PR	家庭总消费率对数(%)	12413	−0.0013	1.4189
Consu_CR	家庭经常性支出消费率对数(%)	12413	−0.4458	1.4293
Card	是否持有信用卡(0—1 变量)	12413	0.2008	0.4006
Credit	信用卡消费额度对数(元)	12413	1.9799	3.9983
Income	家庭纯收入对数(万元)	12413	10.5948	1.5136
Asset	家庭净资产对数(万元)	12413	12.7408	1.6433

---

① 2015 年 CHFS 调查数据中，身体状况非常好为 1，非常不好为 5，考虑到与前述教育水平和数值大小正相关的一致性，我们采用"反向赋值"重新生成健康变量。

② 东部地区包括北京、天津、河北、辽宁、上海、江苏、浙江、福建、山东、广东、海南 11 个省(直辖市)，中部地区包括黑龙江、吉林、山西、安徽、江西、河南、湖北、湖南 8 个省，西部地区包括内蒙古、广西、重庆、四川、贵州、云南、陕西、甘肃、青海、宁夏 10 个省(自治区、直辖市)。

③ 该信贷额度是本章筛选的全样本结果，后文将仅基于持卡家庭信贷额度开展进一步分析。

续表

变量	变量说明	样本量	均值	标准差
Size	家庭规模对数(人)	12413	1.1372	0.4653
Busi	从事工商业(0—1变量)	12413	0.1794	0.3837
Depen	家庭抚养比(%)	12413	0.3666	0.5073
Gender	户主性别(0—1变量)	12413	0.7402	0.4385
Marri	户主婚姻状况(0—1变量)	12413	0.8628	0.3441
Age	受访者年龄(35岁以下)	12413	0.1597	0.3663
Age2	受访者年龄(35—55岁)	12413	0.4933	0.4999
Educ	教育水平对数(1—9表示)	12413	1.1777	0.4967
Health	健康状况对数(1—5表示)	12413	1.2039	0.3161
East	东部虚拟变量(0—1变量)	12413	0.6081	0.4882
West	西部虚拟变量(0—1变量)	12413	0.2082	0.4061

　　同时,为了进一步更加直观地展示消费信贷与居民消费支出关系,还绘制了消费信贷额度与居民消费支出的散点图及拟合曲线[①](图18-3)。从图18-3可以发现,城乡居民消费水平与消费信贷额度呈现明显的正向关系,也就是说随着消费信贷额度增加,居民消费支出也会相应地表现出上升态势,至于两者之间严格的关系,接下来将采用更严格的计量工具进行检验。

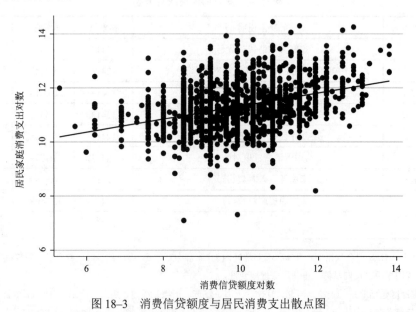

图18-3　消费信贷额度与居民消费支出散点图

---

② 该散点图基于持有信用卡家庭信贷额度大于0,且删除了极个别极端值的样本。

二、消费金融的居民消费平滑效应：基准回归

本部分将考察持有信用卡对居民家庭消费的影响。表 18-2 第(1)和(2)列分别汇报了持有信用卡对家庭人均消费支出(含经常性和非经常性项目)、家庭人均经常性消费支出影响，第(3)和(4)列为持有信用卡对家庭总消费率和经常性项目消费率的影响估计结果。具体而言，持有信用卡对家庭人均居民消费支出和只包含经常性消费项目支出的绝对值，以及两者的消费率均呈现显著正向影响。相较于信用卡对经常性消费支出项目绝对值和消费率影响而言，持有信用卡对包括经常性和非经常性项目的消费支出绝对值和消费率影响更大，不难理解这是由于非经常性消费项目涵盖了住房装修、维修或扩建支出、暖气费支出、家庭耐用品支出、购买奢侈品支出、教育培训支出、购买交通工具及零部件支出、旅游支出以及医疗保健支出等消费项目，这些消费项目基本属于大额支出项目，这类消费支出往往更有可能遭受流动性约束(Cox & Jappelli，1993)，因此，消费信贷对包括非经常性消费项目的消费支出影响更大。

表 18-2　持有信用卡与居民消费：基准回归

因变量	模型(1)	模型(2)	模型(3)	模型(4)
	Consu_Per	*Consu_CP*	*Consu_PR*	*Consu_CR*
Card	0.3418***	0.3084***	0.3258***	0.2754***
	(0.0198)	(0.0211)	(0.0175)	(0.0167)
Income	0.1085***	0.0951***	−0.8905***	−0.9029***
	(0.0081)	(0.0081)	(0.0072)	(0.0070)
Asset	0.1858***	0.1621***	0.1751***	0.1537***
	(0.0079)	(0.0079)	(0.0065)	(0.0064)
Size	−0.7938***	−0.8352***	0.2322***	0.1978***
	(0.0225)	(0.0239)	(0.0182)	(0.0180)
Busi	0.1436***	0.1568***	0.1761***	0.1975***
	(0.0233)	(0.0250)	(0.0189)	(0.0183)
Depen	−0.0099	−0.0176	−0.0029	−0.0082
	(0.0182)	(0.0195)	(0.0148)	(0.0149)
Gender	−0.1119***	−0.1107***	−0.1078***	−0.1188***
	(0.0181)	(0.0202)	(0.0155)	(0.0153)
Marri	0.0976***	0.1065***	0.0547**	0.0735***
	(0.0299)	(0.0302)	(0.0234)	(0.0224)

续表

因变量	模型(1)	模型(2)	模型(3)	模型(4)
	Consu_Per	Consu_CP	Consu_PR	Consu_CR
Age	0.2302***	0.2153***	0.2378***	0.2308***
	(0.0255)	(0.0277)	(0.0227)	(0.0225)
Age2	0.1142***	0.0898***	0.1160***	0.0824***
	(0.0184)	(0.0194)	(0.0165)	(0.0164)
Educ	0.2457***	0.2403***	0.2483***	0.2685***
	(0.0196)	(0.0209)	(0.0178)	(0.0173)
Health	−0.0176	0.1715***	−0.0221	0.1526***
	(0.0279)	(0.0289)	(0.0239)	(0.0238)
East	−0.0212	0.0030	−0.0091	0.0236
	(0.0217)	(0.0220)	(0.0178)	(0.0173)
West	−0.0506**	−0.1088***	−0.0684***	−0.1220***
	(0.0238)	(0.0247)	(0.0211)	(0.0206)
Constant	6.3907***	6.2104***	6.5339***	6.3080***
	(0.1091)	(0.1088)	(0.0877)	(0.0852)
样本量	12413	12413	12413	12413
R^2	0.3745	0.3413	0.7207	0.7365

注：***、**、*分别表示在 1%、5%、10%的水平下显著，括号内为稳健标准差。

在其他控制变量中，家庭净资产、家庭从事工商业活动、户主婚姻状态以及户主教育程度等变量对家庭消费支出有着显著促进作用。需要说明的是，第(1)和(2)列中家庭规模变量系数为负，这是由于(1)与(2)列中因变量家庭消费支出为人均值，第(3)与(4)列中家庭纯收入变量为负，是由于(3)和(4)列中因变量为居民家庭消费率，这也在某种程度上揭示了居民消费边际倾向递减规律。就具体控制变量结果，已经在相关章节进行过解读，各变量主要结果相对一致，这里不再赘述。

三、消费金融的消费平滑效应异质性分析

(一)城乡居民家庭的消费效应检验

考虑到中国典型的城乡二元经济结构和金融发展差异(张龙耀和张海宁，2013；胡金焱和张博，2014)，以及城乡居民在消费环境、支付能力和消费习惯等方面的不同(汪伟和郭新强，2011)。为了深入理解消费信贷影响居民消费的异质效应，有必要单独考察

城市和农村样本。表 18-3 汇报了分城乡样本的回归结果。

表 18-3　消费信贷与居民消费：区域异质性检验

因变量	模型(1)	模型(2)	模型(3)	模型(4)
	Consu_Per	Consu_CP	Consu_PR	Consu_CR
Panel A：城镇样本				
Card	0.3292***	0.2906***	0.3081***	0.2509***
	(0.0205)	(0.0220)	(0.0182)	(0.0172)
Constant	6.7055***	6.5984***	6.8153***	6.6573***
	(0.1229)	(0.1230)	(0.0981)	(0.0949)
控制变量	是	是	是	是
样本量	9527	9527	9527	9527
R^2	0.3431	0.2944	0.7443	0.7623
Panel B：农村样本				
Card	0.4755***	0.5282***	0.4681***	0.5128***
	(0.0729)	(0.0701)	(0.0707)	(0.0678)
Constant	5.8656***	5.5592***	6.1915***	5.8619***
	(0.2708)	(0.2662)	(0.2102)	(0.2076)
控制变量	是	是	是	是
样本量	2886	2886	2886	2886
R^2	0.2319	0.2395	0.6598	0.6739

注：***、**、*分别表示在 1%、5%、10%的水平下显著，括号内为稳健标准差。

可以发现，持有信用卡对城镇和农村居民消费支出均存在显著影响，但消费信贷对农村居民消费效应明显高于其对城镇居民消费支出影响，可能的解释在于，传统消费金融遵循"二八定律"，商业银行机构主要向城镇居民进行授信，而农村居民往往不受商业银行机构的重视。(傅联英，2018)源于中国典型的二元经济结构的不利影响和 20 世纪中期以来的工业化和城市化发展战略，长期以来农村地区金融发展受到严重管制，民间金融市场长期得不到自由发展。(余泉生、周亚虹，2014)值得注意的是，1998 年国家出台了《关于国有独资商业银行分支机构改革方案》，该方案旨在降低商业银行分支机构经营费用、提高运行效率，继而实现加快商业银行商业化转型步伐，对主要分支机构提出了具体撤并要求，致使在 1998 年至 2001 年，全国四大商业银行陆续大规模地从农村地区撤出，除了部分少数农业银行继续驻存之外，其他三大商业银行机构几乎全部从农村地区撤并。据统计，撤并的商业银行分支机构和营业网点高达 4.4 万个。(钟笑寒等，2005)

　　同时，农村居民收入主要依靠农业经营收入，受季节性、市场性等因素影响，通常呈现出较大波动趋势，加之农村居民往往缺乏有效的抵押产品，正规商业金融机构也普遍对农村居民存在"惜贷"行为，以民间借贷为代表的非正规金融是部分农村地区主要甚至是唯一的融资渠道，可以说农村地区居民面临着相对较高的信贷约束。(朱喜、李子奈，2006)相对于农村居民而言，一方面，家庭不仅有着相对稳定的收入来源，而且拥有住房公积金、住房抵押贷款等多种融资方式(徐丽鹤、袁燕，2017)，城镇居民受到的信贷约束要相对较小；另一方面，金融活动在地理空间上呈现典型的集聚特征，金融资源在城镇集聚诱致的规模效应使其服务具有"高效率、低成本"特征，城镇地区发育程度较高的金融市场，将进一步弱化消费者遭受的流动性约束(谭燕芝、彭千芮，2019)。由此可见，相较于城镇居民而言，农村居民面临的相对较高流动性约束，使其对消费信贷拥有更强的"过度敏感性"，农村居民信贷环境改善能够释放出更大的消费支出。

　　(二)不同金融知识下消费效应检验

　　鉴于金融知识是影响消费者金融活动的重要因素，本节参考以往研究(尹志超等，2014)，将受访者对经济金融信息的关注程度作为金融知识的替代变量，这是由于现阶段中国城乡居民的金融知识普及程度相对较低，除非从事相关金融行业或者受过专业性金融知识培训，大部分居民则主要通过电视、报纸和互联网等渠道来获取相关金融知识(尹志超和仇化，2019)。根据 2015 年 CHFS 调查数据，受访者对经济金融方面的信息关注程度主要分为"非常关注、很关注、一般、很少关注和从不关注"五个层次，将"非常关注"和"很关注"样本划分为高金融知识样本、而将"很少关注"与"从不关注"样本归结为低金融知识样本[①]，分别进行检验分析。表 18-4 给出了不同金融知识水平下家庭消费信贷与居民消费关系的检验结果，高金融知识和低金融知识家庭样本占比分别为11.40%和 64.92%，同时高达 23.68%的样本家庭对经济金融知识关注为"一般"，可见样本家庭中大部分居民家庭知识水平相对较低，这里没有将金融知识水平"一般"家庭纳入金融知识异质性分析框架，从而能够更好地考察不同金融知识水平下消费信贷诱致的消费差异。

---

　　①为了明显地体现金融知识的消费效应，我们将对金融知识关注"一般"的家庭，没有划入高金融知识或者低金融知识样本中。

表 18-4 消费信贷与居民消费：金融知识异质性检验

因变量	模型(1)	模型(2)	模型(3)	模型(4)
	Consu_Per	Consu_CP	Consu_PR	Consu_CR
Panel A：高金融知识样本				
Card	0.1991***	0.1561***	0.2057***	0.2009***
	(0.0454)	(0.0475)	(0.0446)	(0.0419)
Constant	5.7204***	5.6819***	5.9333***	5.9979***
	(0.3803)	(0.3842)	(0.2877)	(0.2551)
控制变量	是	是	是	是
样本量	1415	1415	1415	1415
R^2	0.4529	0.3530	0.7177	0.7661
Panel B：低金融知识样本				
Card	0.3436***	0.3261***	0.3169***	0.2750***
	(0.0287)	(0.0286)	(0.0255)	(0.0243)
Constant	6.4959***	6.2380***	6.6745***	6.3467***
	(0.1386)	(0.1389)	(0.1091)	(0.1071)
控制变量	是	是	是	是
样本量	8059	8059	8059	8059
R^2	0.2998	0.2923	0.7107	0.7194

注：***、**、*分别表示在 1%、5%、10%的水平下显著，括号内为稳健标准差。

不难发现，无论是高金融知识家庭样本还是低金融知识样本，消费信贷均对居民消费有着显著促进作用，不过相较于高金融知识样本，金融知识较低样本家庭消费信贷对其消费促进作用更加明显。这一结论与现有研究关于金融知识能够帮助家庭更好地运用金融工具参与金融市场(Cole *et al.*，2011)，提升家庭向正规金融机构申请到贷款概率(Akudugu *et al.*，2009；宋全云等，2017)，继而释放潜在消费需求的研究并不矛盾。据统计，高金融知识是低金融知识家庭纯收入的 1.52 倍，即受访者对经济金融知识的关注程度与其家庭经济地位存在正向关系，简言之，低金融知识家庭面临收入约束的可能性也更高，相应地消费信贷对这部分群体消费释放效应也更加明显。

四、消费金融的消费平滑效应稳健性检验

（一）平滑样本奇异值分析

因为该部分研究主要基于家庭微观调查数据进行分析，相关经济金融变量是基于受

访者测算得到的，在某种程度上对相关变量可能会产生低估或者高估现象，特别地，耐用品消费支出属于非经常性支出项目，其往往发生在特定年份且支出额度较大。为了避免因受访者原因造成的低估高估现象，以及由于耐用品支出导致的消费支出波动较大现象，本节采用 winsorize 方法，平滑处理了家庭总消费支出上下 5%的特异值来进行稳健性检验。

表 18–5　消费信贷与居民消费关系稳健性检验：平滑样本奇异值

因变量	模型(1)	模型(2)	模型(3)	模型(4)
	Consu_Per	*Consu_CP*	*Consu_PR*	*Consu_CR*
Card	0.3024***	0.2873***	0.2812***	0.2414***
	(0.0200)	(0.0214)	(0.0178)	(0.0170)
Constant	5.9081***	5.7160***	5.9548***	5.7014***
	(0.1157)	(0.1198)	(0.0973)	(0.0958)
控制变量	是	是	是	是
样本量	11173	11173	11173	11173
R^2	0.3575	0.3312	0.4707	0.4838

注：***、**、*分别表示在 1%、5%、10%的水平下显著，括号内为稳健标准差。

从表 18–5 中回归结果来看，通过对样本消费支出奇异值进行处理，可以发现持有信用卡对各类消费支出指标仍然呈现显著正向影响，且消费信贷对人均消费支出(含非经常性和经常性消费项目)影响，要明显高于其对人均经常性消费影响效应；相应地，人均消费支出对应的消费率影响也高于人均经常性消费支出对应的消费率。不过与表 18–2 结果相比，剔除极端值后的信贷系数明显有所降低。

(二)信用额度的消费效应

上述主要考察了是否持有信用卡对居民人均消费水平和消费率的影响，但持有信用卡只能意味着家庭有使用信用卡进行消费的可能性。特别地，居民家庭使用信用卡进行消费的行为，会受到信用卡信用额度大小的约束，潜在持卡消费用户往往会在信用限额下，在各类消费支出项目间做出信贷额度分配。同时，无论是持有信用卡增加了家庭信贷消费的可能性，还是信贷额度限定了居民家庭利用信用卡消费的范围和空间，两者都并不意味着持卡家庭实际发生了信贷行为。因此，考察居民家庭实际利用的信贷额度与居民消费支出关系，才能更好地捕捉消费信贷与居民消费的关系。遗憾的是，2015 年

CHFS 调查数据仅提供了持有信用卡家庭每月刷卡消费的额度范围[①]，本节试图选取每个家庭刷卡消费范围的中位数，作为家庭实际信贷消费的近似值，但发现调查数据给出的消费额度范围跨度较大，采用中位数的做法可能存在明显的估计偏差。有鉴于此，接下来主要考察了信用卡信用额度（*Credit*）与居民消费的关系，主要变量含义与上述一致，表 18–6 给出了相应的估计结果。

表 18–6　信用额度对居民消费影响：全样本检验

因变量	模型（1）	模型（2）	模型（3）	模型（4）
	Consu_Per	*Consu_CP*	*Consu_PR*	*Consu_CR*
Credit	0.0365***	0.0316***	0.0343***	0.0279***
	(0.0020)	(0.0022)	(0.0018)	(0.0017)
Constant	6.4332***	6.2357***	6.5693***	6.3266***
	(0.1099)	(0.1098)	(0.0881)	(0.0858)
控制变量	是	是	是	是
样本量	12413	12413	12413	12413
R^2	0.3759	0.3415	0.7212	0.7365

注：***、**、*分别表示在 1%、5%、10%的水平下显著，括号内为稳健标准差。

从回归结果可以发现，信用卡信用额度对居民家庭人均消费支出和消费率均呈现正向影响，且在 1%水平上高度显著，意味着提升信用卡额度有助于提升居民消费水平。同时，类似于表 18–2 检验结果，相较于信用额度对非经常性消费支出项目及其消费率影响而言，其对包含经常性和非经常性项目的消费支出影响更加明显，具体而言，信用卡信贷额度每提高 1%，居民人均消费支出和人均经常性消费支出将提升 0.0365%和 0.0316%，在本节选取的调查样本中，样本家庭平均信用卡信贷额度为 8294.62 元，意味着信用卡额度每提升 82.94 元，家庭人均消费支出和经常性消费支出将分别增加 7.73 元和 3.99 元。值得注意的是，表 18–6 基于本节筛选的全部样本家庭进行分析，纳入没有持卡家庭样本可能会低估消费信贷对居民消费的影响效应，故接下来我们只考察了持有信用卡家庭消费信贷与消费关系，结果如表 7–21 所示，可以发现信用卡信贷额度每提升 1%，将提升持卡家庭人均消费支出和人均经常性消费支出 0.0866%和 0.0565%，持卡家庭平均信贷额度为 41312.68 元，表明信用卡每提高 1 个百分点，即信贷额度每增加 413.12

---

① 2015 年 CHFS 调查数据中将家庭每月刷卡消费金额划分为 9 个层级，具体包括 500 以下、500—1 千、1 千—2 千、2 千—5 千、5 千—1 万、1 万—2 万、2 万—5 万、5 万—10 万、10 万及以上。

元,持卡家庭人均消费支出和人均经常性消费支出将分别提升 34.77 元和 12.63 元,考虑到只有 20.08%样本家庭持有信用卡这一典型事实的话,上述基于全样本和持有信用卡家庭的分样本检验结果并不矛盾,后续涉及信用额度的分析中,除非给予特别说明,本节将基于持有信用卡家庭样本进行分析[①]。此外,信贷额度与居民消费全样本和分样本检验中,控制变量结果与表 18–2 相对一致,限于篇幅,未予汇报。

表 18–7　信用额度对居民消费影响:分样本检验

因变量	模型(1)	模型(2)	模型(3)	模型(4)
	Consu_Per	Consu_CP	Consu_PR	Consu_CR
Credit	0.0866***	0.0565**	0.0600***	0.0339***
	(0.0268)	(0.0255)	(0.0123)	(0.0106)
Constant	6.1564***	6.8492***	6.2464***	6.8265***
	(0.2050)	(0.2047)	(0.1877)	(0.1687)
控制变量	是	是	是	是
样本量	2492	2492	2492	2492
R^2	0.3995	0.2965	0.7562	0.8049

注:***、**、*分别表示在 1%、5%、10%的水平下显著,括号内为稳健标准差。

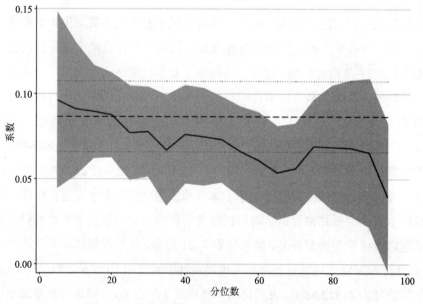

图 18–4　消费信贷与居民消费支出回归分位数图

---

①　本章筛选的全样本数据显示,人均消费支出和经常性消费支出均值分别为 21176.57 元和 12653.58 元。持有信用卡家庭样本显示,人均消费支出和经常性消费支出均值分别为 40151.91 元和 22359.17 元。

上述回归结果主要揭示的是消费信贷对居民消费的平均效应，为了进一步全面考察消费信贷对居民家庭消费影响的异质性，本节还基于分位数回归方法分析了不同分位点上消费信贷额度的消费效应，图 18-4 给出了各消费分位点上信贷额度的消费效应，可以发现，消费信贷额度对处于消费底端居民消费的促进作用更加明显，但是随着居民家庭消费水平的提升，消费信贷额度对居民家庭消费的促进作用，整体上呈现波动下降态势。

五、消费金融影响异质性消费者行为的跨期平滑机制检验

(一)收入水平差异视角下的机制分析

为了进一步解释消费信贷影响异质性消费者行为的作用机制，本节借鉴李江一和李涵(2017)的做法，通过纳入是否持有信用卡和信用卡信贷额度两个消费信贷变量与居民收入水平的交互项，进行消费信贷作用机制检验，相关结果如表 18-8 所示。从表 18-8 的第(1)和(2)列检验结果发现，随着家庭收入水平逐步提升，持有信用卡对家庭人均消费支出和经常性消费支出影响呈现下降态势。类似地，第(3)和(4)列结果表明随着家庭收入水平提升，信贷额度与收入交互项也显著为负，意味着信贷额度的消费效应也随着收

表 18-8　消费信贷影响居民消费的机制检验：考虑收入交互项

因变量	模型(1)	模型(2)	模型(3)	模型(4)
	Consu_Per	Consu_CP	Consu_Per	Consu_CP
Card	0.4599***	0.8741***		
	(0.1701)	(0.1637)		
Credit			0.0521***	0.0900***
			(0.0164)	(0.0158)
Card*Income	−0.0105**	−0.0502***		
	(0.0051)	(0.0147)		
Credit*Income			−0.0014**	−0.0051***
			(0.0006)	(0.0014)
Constant	6.3726***	6.1238***	6.4102***	6.1497***
	(0.1186)	(0.1187)	(0.1186)	(0.1189)
控制变量	是	是	是	是
样本量	12413	12413	12413	12413
R^2	0.3746	0.3418	0.3759	0.3422

注：***、**、*分别表示在1%、5%、10%的水平下显著，括号内为标准差。

入增加而逐步降低。通常而言，持有信用卡对流动性资产较少家庭、收入水平较低家庭的消费影响更加明显，经验研究表明这些家庭往往遭受更大的流动性约束，因此，在某种程度上可以认为流动性约束缓解可能是消费信贷影响居民消费的一个重要渠道。此外，进一步考察了消费信贷与居民家庭流动性资产、家庭成员健康状况等变量的交互项，各类模型设定的检验结果相对一致，限于篇幅，未予汇报。

（二）信贷依赖强度视角下的机制分析

进一步地，本节按照居民家庭年度刷卡消费额度占信贷额度比重，将居民家庭划分为"信贷依赖低"和"信贷依赖高"两类家庭，正如前述所言，CHFS2015 调查数据只提供了持卡家庭刷卡消费额度范围。我们将每个家庭刷卡消费范围的中位数作为该家庭实际信贷消费的近似值，尽管这一做法可能存在一些不足，但并不影响我们对不同信贷依赖程度家庭分类。本部分依次考察了是否持有信用卡和信用卡信贷额度对居民消费支出影响，特别地在考察信贷额度与居民消费关系中，进一步利用包含持有信用卡和未持有信用卡的全样本调查数据，以及剔除未持有信用卡的家庭子样本进行分析。

表 18–9 汇报了不同信贷依赖强度下的检验结果，无论是家庭人均消费支出还是家庭人均经常性消费支出，持有信用卡和信贷额度系数均与前述检验结果相对一致。同时，消费信贷对"低信贷依赖程度"家庭消费支出影响要明显小于"高信贷依赖程度"家庭，也就是说，随着家庭信贷依赖程度的提升，消费信贷所带来的消费效应呈现边际递增趋势。鉴于消费信贷依赖程度较高家庭往往面临更强的流动性约束，消费信贷在"高信贷依赖程度"样本中较高的影响系数，进一步揭示了消费信贷对面临较强信贷约束家庭的消费效应更加明显，表明流动性约束缓解可能是消费信贷影响异质性消费者行为的一个重要渠道。

表 18–9 **消费信贷影响居民消费的机制检验：考虑信贷依赖程度**

因变量	模型(1)	模型(2)	模型(3)	模型(4)
	低信贷依赖程度		高信贷依赖程度	
	Consu_Per	*Consu_CP*	*Consu_PR*	*Consu_CR*
Panel A：是否持有信用卡影响机制				
Card	0.4669***	0.3386***	9.1668***	8.9268***
	(0.0266)	(0.0280)	(0.1649)	(0.1440)
Constant	6.6164***	6.3722***	–2.3038***	–1.5844***
	(0.0922)	(0.0952)	(0.2627)	(0.2430)

续表

因变量	模型(1)	模型(2)	模型(3)	模型(4)
	低信贷依赖程度		高信贷依赖程度	
	Consu_Per	Consu_CP	Consu_PR	Consu_CR
Panel A：是否持有信用卡影响机制				
控制变量	是	是	是	是
样本量	10643	10643	1770	1770
R^2	0.3837	0.3425	0.8202	0.7692
Panel B：消费信贷额度影响机制(全样本)				
Credit	0.0498***	0.0344***	0.5851***	0.5559***
	(0.0028)	(0.0031)	(0.0489)	(0.0477)
Constant	6.6283***	6.3735***	2.6752***	3.2688***
	(0.0923)	(0.0955)	(0.4039)	(0.4200)
控制变量	是	是	是	是
样本量	10643	10643	1770	1770
R^2	0.3842	0.3421	0.6388	0.5726
Panel C：消费信贷额度影响机制(子样本)				
Credit	0.0692***	0.0273**	0.2594**	0.2282**
	(0.0143)	(0.0119)	(0.1145)	(0.1108)
Constant	6.0309***	6.7232***	5.3664***	6.5697***
	(0.2063)	(0.1920)	(0.7089)	(0.7250)
控制变量	是	是	是	是
样本量	1933	1933	559	559
R^2	0.4490	0.3885	0.4140	0.2261

注：***、**、*分别表示在 1%、5%、10%的水平下显著，括号内为标准差。

第二节　消费金融与异质性消费者行为的风险
保障机制检验

　　针对中国居民消费储蓄行为，学术界进行了广泛讨论。莫迪利亚尼和曹(2004)利用 1953 至 2000 年中国家庭储蓄率历史数据，发现 1978 年以前居民家庭储蓄率相对较低且稳定，然而自 1978 年以来储蓄占 GDP 的比重急剧上升。中国的总储蓄率在 20 世纪 80 年代略高于 35%，在 90 年代攀升至 41.5%，随后由 2000 年的 37.5%进一步大幅上升至

2009 年的 54%（Yang *et al.*，2011），这一数值明显远远高于国际普遍标准，与同期美国 4%的平均储蓄率形成鲜明对比，姚等（2011）进一步将造成中美两国居民储蓄率不同主要原因，归结于两国居民储蓄动机的差异。学术界将中国典型的"低消费、高储蓄"现象称为"消费储蓄之谜"（Modigliani & Cao，2004；Qi &Prime，2009）。然而，传统确定性或确定性等价模型无法对中国居民中存在的"消费储蓄之谜"进行有效解释。（Zeldes，1989）特别地，近年来许多学者开始趋向于认为，始于 20 世纪 90 年中后期的教育、住房、养老和医疗等传统社会保障体系的市场化改革，使得中国居民面临的潜在收入和支出风险激增，直接加大了居民未来收入支出不确定性，从而广大居民不得不降低当前消费来进行额外预防性储蓄。（袁志刚，1999；Meng，2003；沈坤荣，2012）

　　不同于西方经典假说中相对稳定的社会制度，中国当前处于经济社会快速转型期，各方面不确定性风险伴随着改革进程日趋显现，居民需要对其消费行为不断进行调整，以适应持续改革的体制和政策环境（李晓嘉，2014）。在中国社会保障建设相对滞后的背景下，居民为防范未来不确定事件，普遍有着强烈的"自我保障"储蓄动机，储蓄动机成为制约扩大居民消费的重要因素（Chamon & Prasad，2010；凌晨和张安全，2012）。因此，越来越多的文献开始利用预防性储蓄理论，考察不确定性对居民储蓄消费行为的影响，预防性储蓄理论认为，消费者在预期未来收入不确定性上升的情况下，会提高其未来消费的预期边际效用，从而增加当期储蓄（Leland，1968）。

　　通常认为，完善的社会保障体系有助于缓解居民未来不确定性，降低家庭预防性储蓄动机，从而影响居民当前消费水平（Hubbard *et al.*，1995）。近年来，中国政府不断加快完善社会保障体系建设，目前中国社会保障制度涵盖社会保险、社会救助、社会福利、优抚安置和保障性住房等多个领域，其中，社会保险是社会保障的最主要组成部分，目前中国政府已经建立了覆盖城乡的基本医疗、养老保险体系，但在中国城镇化进程快速发展、传统家庭支持模式弱化以及人口年龄结构趋于老龄化的现实国情背景下，政府主导社会保险体系的"低水平、广覆盖和保基本"特征，使其对广大居民的保险作用相对有限。同时，近年来随着中国经济进入"新常态"，经济增速明显放缓，政府主导的社会保障体系面临着巨大的财税压力。因此，政府主导基本社会保障存在的一些不足，客观上要求商业保险机构发展新的金融产品和工具来扮演更为重要的角色。一方面，相较于社会保险而言，商业保险承保范围更广泛、保障范围更灵活，能够满足城乡居民多样化的保险需求，同时商业保险机构作为资本市场上的长期投资者，善于进行长期融资的合理配置，商业保险发展将有助于中国资本市场和金融体系的长期健康发展；另一方面，中国正处于从生产型经济向消费型经济转型、从满足基本需求的小康社会向满足更高消费需求的发达社会转型的关键阶段，商业保险的深度发展不仅会减轻居民对未来的不确

定预期，提振消费者消费信心与需求，而且有助于中国顺利完成向消费驱动型经济转型。（杜嘉祺，2014）

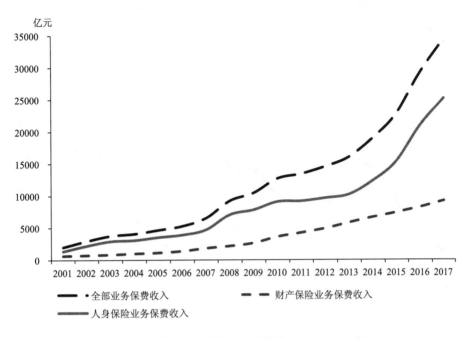

图 7–7　保险业务保费收入变化趋势（2001—2017 年）

数据来源：EPS 数据平台，图由作者绘制

　　近年来，中国商业保险市场得到了快速发展。图 18–5 显示，2001–2017 年中国全部保险、财产保险以及人身保险业务保费收入均呈现出较快上升趋势。可以发现，全部保险业务保费收入从 2001 年的 1993.83 亿元上升到 2017 年的 34435.74 亿元，相应地，财产保险保费收入和人身保险保费收入分别从 2001 年的 641.74 亿元和 1352.09 亿元增加到 2017 年的 9239.69 亿元和 25196.05 亿元。不过人身保险保费收入构成了全部保费收入的最主要构成部分（2017 年人身保费收入占总保费收入的 73.17%，而财产保费收入仅仅占 26.83%）；同时，相较于财产保险保费收入变化，人身保险保费收入呈现更大波动特征。

　　同时，就以人均保险收入表征的保险密度与以保费收入在地区生产总值中占比表征的保险深度而言，可以从图 18–5 进一步发现，整体上 2001—2017 年全部保险业务的保险密度和保险深度呈现出较快增加态势，但保险深度具有较大波动性，甚至在部分年份呈现出一定下降趋势，特别是 2004—2005 年以及 2010—2011 年保险深度下降趋势更为明显，我们认为这种情况可能与国内宏观经济波动以及相关保险政策出台存在密切关系。此外，保险密度的稳步持续上升意味着保险业务的普及程度，以及居民对保险业务的认可程度在逐步提升。本节感兴趣的是，在当前中国经济步入增速换挡的"新常态"背景下，商业保险是否有效降低了居民面临的不确定性，继而促进了居民消费。就这一问题的重新认识，对于我国构建高水平、多层次和全方位的社会保险体系和启动居民消费具有重要的理论价值和现实意义。

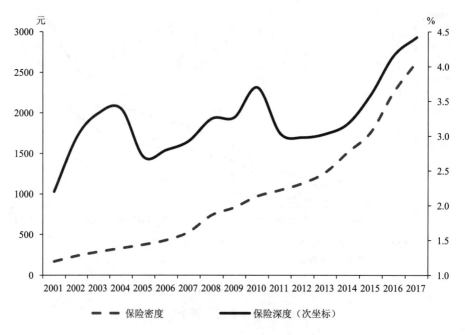

图 18-5　保险密度和保险深度变化趋势(2001—2017 年)

数据来源：EPS 数据平台，图由作者绘制

一、模型设定与变量选取

（一）静态和动态模型设定

考察异质性消费者行为的主要难点之一，在于可能会遗漏诸如风险偏好、消费习惯、收入预期等无法观测的因素，这些遗漏变量可能会引起内生性问题，造成估计结果偏差，故本节采用面板数据固定效应模型来分析商业保险对居民消费行为影响，据此构建了如下形式基准模型：

$$Consu_{it} = \alpha_0 + \alpha_1 Insur_{it} + \phi X'_{it} + u_i + \varepsilon_{it} \tag{18-3}$$

由于居民消费习惯在一定时期内相对稳定，当前消费行为会受到以往消费行为影响，也即居民消费行为有着明显的路径依赖特征。此外，基于宏观加总数据的计量模型可能遭受内生性问题，故通过在静态模型(18–3)中加入滞后一期的居民消费支出，不仅能够刻画消费习惯对居民消费行为影响，还可以运用动态面板数据 GMM 方法来消除可能存在的识别偏误。(杨继军、张二震，2013)动态面板模型设定如式(18–4)：

$$Consu_{it} = \alpha_0 + \lambda Consu_{it-1} + \alpha_1 Insur_{it} + \phi X'_{it} + u_i + \varepsilon_{it} \tag{18–4}$$

在模型(18–3)和(18–4)中，$Consu_{it}$ 表示居民消费支出，$Consu_{it-1}$ 为居民消费滞后一期值；$Insur_{it}$ 是核心解释变量商业保险发展状况；X_{it} 为对居民消费行为可能存在影响的其他控制变量；下标 i 和 t 分别表示地区和年份；u_i 为观察不到的地区效应，用于控制固定效应；ε_{it} 为随机扰动项。

对动态面板模型(18–4)进行回归，组内估计量(FE)是不一致性的，即存在明显的"动态面板偏差"(dynamic panel bias)，同时也无法处理模型中可能存在的特殊个体效应。参照前人研究(Arellano & Bond，1991)，本节采用一阶差分矩估计(差分 GMM)来处理上述问题，通过对模型(18–4)做一阶差分，消去个体效应 u_i，可以得到：

$$\Delta Consu_{it} = \beta \Delta Consu_{it-1} + \varphi \Delta Insu_{it} + \phi \Delta X' + \Delta \varepsilon_{it} \tag{18–5}$$

差分 GMM 能够通过差分方式控制个体效应加以控制，但式(18–5)中，滞后被解释变量一阶差分 $\Delta Consu_{it-1}$ 项与差分误差项 $\Delta\varepsilon_{it}$ 存在较强的相关性。由于 $Consu_{it-1}$ 与 ε_{it-1} 相关，因此 $\Delta Consu_{it-1}$ 为潜在内生变量，需要寻找合适的工具变量才能得到一致估计，按照安德森和肖(1981)的逻辑，可以使用 $Consu_{it-2}$ 作为 $\Delta Consu_{it-1}$ 的工具变量。进一步地，阿雷利亚诺和邦德(1991)采用所有可能的滞后变量作为内生变量的工具变量，当然进行差分广义矩估计的前提，是通过"过度识别检验"和"序列相关检验"找到有效的工具变量。具体而言，首先采用 Sargan 统计量判断工具变量的整体有效性，检验扰动项的差分是否存在二阶序列相关。但是采用差分 GMM 也会存在一些问题：如果差分 GMM 的滞后项工具变量与差分项内生变量的相关性很弱，则会产生弱工具变量问题，同时差分后会遗漏掉非时变参数的影响。(Blundell & Bond，1998)系统广义矩(System-GMM)估计(Arellano & Bover，1995)将水平与差分方程作为一个系统进行GMM 估计，能够较好地解决上述问题。由于差分 GMM 和系统 GMM 分为一步估计和两步估计，一般两步估计要优于一步估计，故接下来本节主要采用动态面板两步差分广义矩(Twostep- Difference-GMM)和两步系统广义矩(Twostep-System-GMM)来识别方程（18–5）。

（二）主要变量选取说明

1. 核心变量。因变量城镇居民消费采用城镇居民家庭人均消费支出($Consu\_urb$)表示。核心解释变量为商业保险发展水平，目前测量商业保险发展水平的指标主要有保费收入、保险深度和保险密度。其中，保险密度($Dens$)指的是某地区人均保险收入，反映的是该地区居民参与保险程度，或者说保险密度更倾向于反映保险的普及程度；保险深度($Depth$)指的是保费收入在某地区生产总值中的比重，反映的是相关保险品种在地区经济发展中的地位(安国勇等，2016)。尽管保费收入是保险业发展最直观常用的指标，但考虑到我国各地区人口规模、经济社会发展水平存在较大差异，采用保费收入($Reve$)考察保险发展与居民消费关系可能不太合理，故接下来主要采用保险密度和保险深度指标进行分析。同时，鉴于财产险和人身险的受众群体及其消费行为可能有所不同，本节还分别考察了财产险密度($Dens\_prop$)、财产险深度($Depth\_prop$)与人身险密度($Dens\_pers$)、人身险深度($Depth\_pers$)的差异。

2. 控制变量。根据已有文献研究，本节主要控制了以下变量，(1)居民收入水平，分别采用城镇居民家庭人均可支配收入($Inco\_urb$)和农村居民家庭人均纯收入($Inco\_rur$)表示。(2)人口结构变迁，人口结构变迁用家庭人口负担系数($Depen$)表示，即 15 岁以下和 65 岁以上人口总量与 15 至 65 岁人口规模的比例表示[①]。(南永清等，2017)(3)消费习惯，鉴于居民消费存在"棘轮效应"，故以消费支出滞后一期值来刻画消费习惯(万勇，2012)。(4)城市化水平，城市化水平采用城镇人口在总人口中的占比($Urban$)表示(林伯强、刘畅，2016)。(5)贸易开放，地区进出口总额占国内生产总值($Trade$)比重(陈太明，2015)。(6)医疗卫生水平(Med)，用每千人医疗卫生人员数表示。(7)教育发展水平(Edu)，以每千人中本专科在校学生数表示。(8)宏观经济不确定性($Infla$)，以通货膨胀水平表示。

(三)数据来源与描述性分析

文章选取的样本涵盖 2003 年至 2017 年的 31 个省(自治区、直辖市)，获得的是一个平衡面板，商业保险数据来源于 EPS(Easy Professional Superior)平台，EPS 是集丰富的数值型数据资源和强大的分析预测系统为一体的综合性信息服务平台。就人口结构变迁而言，2004—2006 年人口抚养系数数据来源于《中国人口统计年鉴》，2007—2018 年人口抚养数则取自《中国人口和就业统计年鉴》。其他控制变量主要取自历年各省(自治区、直辖市)统计年鉴。对于个别年份缺失数据，通过插值法进行补齐。考虑到数据可比性，本节还采用居民消费价格指数，对消费支出、收入水平、保险密度变量剔除通货膨胀因

[①] 人口抚养比为少儿抚养比和老年抚养比之和，其中少儿抚养比用 0—14 岁人口数与 15—64 岁人口数之比，老年抚养比为 65 岁以上人口与 15—64 岁间人口数之比表示。

素影响。同时鉴于对数形式能够有效缓解异方差，并保证数据正态性，对所有变量进行取对数处理。表 18-10 汇报了相关变量的描述性统计结果。

表 18-10 变量的描述性统计分析

变量	观测值	均值	标准差
Consu_urb	465	7.9226	0.4165
Dens	465	4.9235	0.8672
Depth	465	0.9865	0.4408
Dens_prop	465	3.7329	0.8651
Depth_prop	465	−0.1945	0.4349
Dens_pers	465	4.5029	0.9857
Depth_pers	465	0.5746	0.6070
Uncer_urb	463	3.8030	1.5167
Inco_urb	465	8.0822	0.4032
Depen	465	3.3738	0.1560
Urban	465	3.8758	0.3021
Trade	465	2.9084	0.9875
Med	465	4.1868	0.2976
Edu	465	5.0034	0.4282
Infla	465	1.6825	0.1216

从表 18-10 可以发现，在 2003—2017 年，居民消费、商业保险等指标变动较大，意味着各省份经济社会发展存在明显差异，使用省际面板数据能够很好地刻画变量的个体差异和时间变动趋势。（孟令国等，2013）为了更加直观地展示商业保险与居民消费的关系，我们进一步绘制了保险密度与城镇居民消费支出的散点图及拟合曲线（见图 18-6 至图 18-8），图 18-6 为全部业务保险密度与城镇居民消费散点图，图 18-7 和图 18-8 则分别为财产保险密度和人身保险密度与城镇居民消费支出散点图。不难发现，不管是全部业务保险密度，还是财产保险和人身保险密度，均与居民消费支出存在正向相关关系，即商业保险普及程度的提升和在国民经济中地位的上升有助于提升居民消费支出。当然有关两者之间更有意义和严谨的结论有待下文的计量分析。

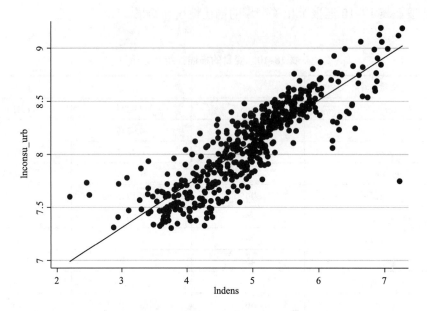

图 18-6　全部业务保险密度与城镇居民消费支出散点图

数据来源：根据 EPS 数据平台，作者绘制

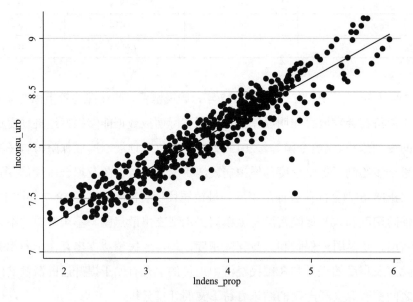

图 18-7　财产保险密度与城镇居民消费支出散点图

数据来源：EPS 数据平台，图由作者绘制

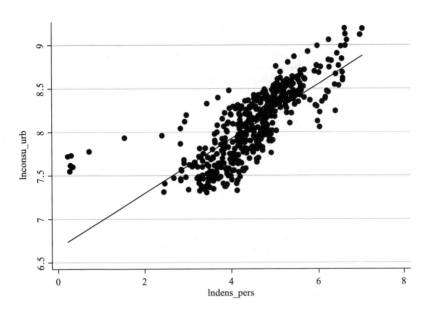

图 18-8　人身保险密度与城镇居民消费支出散点图

数据来源：EPS 数据平台，图由作者绘制

二、消费金融的消费保障效应估计：基准回归

（一）静态识别结果与分析

为更好地识别商业保险发展与居民消费的关系，本节拟采取不同模型来识别两者间的关系。这部分不考虑模型可能存在的动态结构，也就是不纳入因变量的滞后一期值。具体而言，综合采用混合 OLS、个体固定效应、双向固定效应（考虑时间效应）和随机效应模型来静态识别方程（1）。静态识别结果如表 18-11 所示。

18-11　商业保险与居民消费行为：静态识别结果

变量	混合 OLS（1）	固定效应（2）	随机效应 3）	双向随机（4）	双向固定（5）
Dens	0.0298*	0.0312**	0.0174**	0.0161***	0.0119**
	(0.0177)	(0.0150)	(0.0085)	(0.0024)	(0.0058)
Inco_urb	1.0049***	0.8390***	1.0113***	1.0615***	0.8766***
	(0.0440)	(0.1473)	(0.0922)	(0.0870)	(0.1930)
Depen	0.0087	0.0566	0.0216	0.1053	0.1238
	(0.0319)	(0.0684)	(0.0745)	(0.0788)	(0.0738)

续表

变量	混合 OLS(1)	固定效应(2)	随机效应 3)	双向随机(4)	双向固定(5)
Urban	0.1115***	0.0789***	0.0683*	0.1065**	0.0770**
	(0.0404)	(0.0211)	(0.0385)	(0.0505)	(0.0331)
Trade	0.0133*	0.0481**	0.0146	0.0262*	0.0514**
	(0.0073)	(0.0218)	(0.0130)	(0.0145)	(0.0235)
Med	0.0769***	0.0122*	0.0273	0.0932***	0.0619**
	(0.0202)	(0.0065)	(0.0260)	(0.0287)	(0.0305)
Edu	0.0269***	0.0534***	0.0190***	0.0198**	0.0642***
	(0.073)	(0.0053)	(0.0024)	(0.0083)	(0.0040)
Infla	−0.3666***	−0.3451*	−0.3787	−0.6145**	−0.3737**
	(0.1061)	(0.1990)	(0.2676)	(0.2956)	(0.1849)
Constant	−0.3394	0.5549	−0.2036	−0.8394*	−0.1232
	(0.2745)	(0.6513)	(0.4959)	(0.4988)	(0.8308)
样本量	465	465	465	465	465
R^2	0.9515	0.9492	0.9476	0.9526	0.9535
F 检验		8.17***			7.89***
LM 检验			240.42***		
时间效应				203.17***	13.32***
Hausman 检验			20.24***		22.01***

注：***、**、*分别表示系数在 1%、5%、10%水平下显著，括号中的数字表示聚类稳健标准差，"双向随机"表示在随机效应模型中还纳入了时间效应。

　　检验结果表明，F 统计量拒绝了原假设"H_0：$\forall u_i=0$"，即认为 FE 明显优于混合回归，但个体效应也可能以随机效应(RE)的形式存在，LM 统计量则拒绝了原假设"$H_0:\sigma_u^2=0$"，表明模型中存在反映个体特征的随机扰动项 u_i，不能使用混合回归。进一步地，$Hausman$ 结果表明，应该采取个体固定效应模型。鉴于可能存在的时间效应，本节在个体固定效应模型基础上还引入了时间效应，有关表征时间效应的"年度虚拟变量"联合显著性检验，强烈地拒绝"无时间效应"的原假设。同时，由于中国各省份存在导致居民消费差异的不随时间变化以及不可观测的因素(比如地理位置、文化因素等)，因此需要将个体效应纳入模型框架内。加之近年来中国一直处于深化改革阶段，尤其是商业保险正在经历从"低水平、低覆盖"到"中高水平、广覆盖"的过渡阶段，这些因素往往随时间变化而不随地区变化，故有必要在模型中纳入时间效应来刻画对各地区居民消费共同趋势有影响的因素。因此，接下来的分析将主要基于双向固定效应模型(Two-way FE)结果(5)展开。

可以发现，保险密度对居民消费具有显著正向影响，也即商业保险有效地促进了居民消费水平提升。可能的解释在于，随着人均保费收入的增加，商业保险普及程度的提升可能会通过营造社会安全网，使居民对未来产生更加乐观预期，这将在一定程度上降低居民面临的不确定性，特别是支出不确定性来缓解预防性储蓄动机，商业保险通过部分地替代居民实现跨期消费规划所需进行的储蓄，将会刺激居民增加即期消费支出，从而对释放居民消费支出起到积极作用(姜百臣等，2012)。就其他控制变量而言，城镇居民收入呈现显著正向影响，且其系数明显要高于保险密度。社会总抚养比对居民消费存在正向影响，但不够显著，这与当前中国人口结构呈现"少子化"和"老年化"密切相关，少儿抚养比和老年抚养比对居民消费产生不同方向影响，最终致使人口总抚养比对居民消费影响不够显著。对外开放有利于提升居民消费水平，这一发现与靳涛、陶新宇(2017)的研究结论类似。同时，医疗教育作为居民的主要支出项目，其发展水平提升有利于缓解居民在医疗教育等支出方面的不确定性，降低居民这方面的储蓄动机。此外，以通货膨胀表征的区域价格波动或者宏观经济不确定性则对居民消费产生严重的抑制作用。

(二)动态识别结果与分析

上述主要基于双向固定模型识别了保险密度与居民消费的静态关系，考虑到居民消费行为"棘轮效应"的存在，故采用动态面板两步差分广义矩(Twostep-Difference-GMM)、两步系统广义矩(Twostep-System-GMM)来识别方程(3)，作为对照，本节还进行了混合OLS估计，相关识别结果如表18–12所示。

表 18–12　商业保险与消费者行为：动态识别结果

变量	混合 OLS (1)	两步差分 GMM (2)	两步系统 GMM (3)
$Consu\_urb(1)$	0.6694***	0.2155**	0.4206***
	(0.0605)	(0.0985)	(0.1482)
$Dens$	0.0135***	0.0108**	0.0113***
	(0.0027)	(0.0045)	(0.0039)
$Inco\_urb$	0.3300***	0.7280***	0.6445***
	(0.0604)	(0.2566)	(0.1457)
$Depen$	0.0135	0.0149	–0.0007
	(0.0170)	(1.4070)	(1.5525)
$Urban$	0.0470*	0.0786***	0.0593**
	(0.0269)	(0.0098)	(0.0276)

续表

变量	混合 OLS（1）	两步差分 GMM（2）	两步系统 GMM（3）
Trade	0.0045*	0.0245**	0.0041**
	(0.0027)	(0.0096)	(0.0016)
Med	0.0194*	0.0822***	0.0425***
	(0.0103)	(0.0058)	(0.0084)
Edu	0.0083***	0.0548***	0.0783**
	(0.0028)	(0.165)	(0.0368)
Infla	−0.1436**	−0.1502**	−0.4417**
	(0.0667)	(0.0682)	(0.2183)
Constant	−0.0664	0.7744**	0.4639*
	(0.1803)	(0.3724)	(0.2552)
样本量	434	403	434
R^2	0.9752		
Wald 检验		7698.26***	6471.83***
AR（1）		−24.1159***	−27.3338***
AR（2）		0.0209	0.1296
Sargan 检验		25.9827	26.9517

注：***、**、*分别表示系数在 1%、5%、10%水平下显著。括号中的数字表示聚类稳健标准差。

　　虽然尽可能地控制了与消费者行为相关的其他影响因素，但是仍然不可避免地遗漏一些与家庭参与保险决策相关且影响居民消费支出的变量，如风险厌恶程度、消费偏好等变量。此外，商业保险与居民消费支出可能存在典型的双向因果关系，两者是相互影响的，对于此类因双向因果关系导致的解释变量内生性问题，工具变量法是行之有效的方法，这也是选取工具变量法的重要理由。就工具变量的设定而言，本节将保险密度以及居民消费滞后一期值作为内生变量，其余变量当做外生变量处理。这里使用系统"内部工具"，即利用因变量以及核心变量保险密度的二阶及以上滞后作为工具变量。

　　从表 18–12 检验结果可以发现，Sargan 检验在 5%显著性水平下，无法拒绝"所有工具变量均有效"的原假设；同时，残差序列相关检验 AR（1）和 AR（2）表明，扰动项的差分不存在二阶序列相关，故可以接受"扰动项无自相关"的原假设。模型整体显著性检验的 Wald 检验表明，模型整体非常显著。同时，就本节主要关注的核心变量保险密度而言，尽管在动态模型框架下社会密度系数有所降低，保险密度对居民消费仍然呈现显著正向影响，意味着商业保险有助于提升居民消费水平。以居民消费支出滞后一期值表征的居民消费习惯也显著为正，意味着消费者行为存在明显的动态效应，当前消费行为受到前期消费习惯的影响。此外，与表 18–12 中的静态识别结果相比，其余控制变量的系数及其符号方向也比较稳定，这从侧面进一步印证了模型设定的合理性以及实证结果稳健性。

三、消费金融的消费保障效应拓展性分析

（一）消费保障效应的异质性分析

上述主要采用静态和动态面板模型考察了全部业务保险密度（*Dens*）与居民消费的关系。鉴于全部保险业务中财产保险业务和人身保险业务在主要业务特点、覆盖人群与普及程度等方面存在诸多差异，故接下来将从财产保险密度（*Dens_prop*）和人身保险密度（*Dens_pers*）两个方面来分析商业保险与居民消费行为的异质性。相关结果如表 18–13 所示，其中第（1）和（2）列分别为基于两步差分 GMM 和两步系统 GMM 估计的财产保险密度与居民消费的结果，第（3）和（4）则分别为利用两步差分 GMM 和两步系统 GMM 识别的人身保险密度与居民消费结果。不难发现，财产保险密度系数要相对高于人身保险密

表 18–13　商业保险与消费者行为：财产和人身保险异质性分析

变量	两步差分 GMM（1）	两步系统 GMM（2）	两步差分 GMM（3）	两步系统 GMM（4）
Consu_urb（1）	0.1811**	0.3913***	0.2536***	0.3800***
	(0.0814)	(0.0586)	(0.0507)	(0.0262)
Dens_prop	0.0324**	0.0218**	——	——
	(0.0152)	(0.105)		
Dens_pers	——	——	0.0204**	0.0191**
			(0.0095)	(0.0088)
控制变量	是	是	是	是
Constant	1.1143	−0.2670	0.5545	0.0930
	(18.3227)	(4.1439)	(14.0816)	(4.2588)
样本量	403	434	403	434
Wald 检测	5183.53***	8284.39***	4440.04***	5615.51***
AR（1）	−1.4429	−1.6312	−0.4260	−0.9126
AR（2）	0.0209	0.1623	0.0249	0.1276
Sargan 检测	23.0147	23.4971	27.5438	24.8877

注：***、**、*分别表示系数在 1%、5%、10%水平下显著，括号中的数字表示聚类稳健标准差。

度，即财产保险的消费效应要强于人身保险的消费效应，可能的原因在于，财产保险往往具有缴费期限短、保费缴纳额度相对低以及保障时间短等特征，与之相反，人身保险具有缴费期限长、缴纳保费额度高等特点。尽管当前人身保险保费收入在全部业务保险收入中占据支配地位，但人身保险保费收入呈现更大波动趋势，加之居民消费规划往往具有"短视"特征，在这些因素综合影响下，财产保险密度对居民消费呈现出更大影响。

（二）消费保障效应的稳健性检验

上述基准回归和异质性分析中，主要采用了全部业务保险密度、财产保险密度以及人身保险密度进行分析，为了进一步验证商业保险对居民消费行为影响，本节还基于两步差分 GMM 和两步系统 GMM 方法，采用全部业务保险深度（*Depth*）、财产保险深度（*Depth_prop*）和人身保险深度（*Depth_pers*）来替代保险密度指标进行稳健性分析。表 18–14 汇报了基于保险深度的主要检验结果，其中，第（1）和（2）列为全部业务保险深度检验结果，而第（3）和（4）列为财产保险深度、第（5）和（6）列为人身保险深度识别结果。

表 18–14　保险深度与居民消费行为：稳健性检验分析

变量	两步差分 GMM（1）	两步系统 GMM（2）	两步差分 GMM（3）	两步系统 GMM（4）	两步差分 GMM（5）	两步系统 GMM（6）
Consu_urb（1）	0.3876*** (0.0292)	0.4696** (0.1989)	0.2991*** (0.0422)	0.4336*** (0.0780)	0.3481*** (0.0855)	0.3740** (0.1802)
Depth	0.0059** (0.0027)	0.0262*** (0.0024)	——	——	——	——
Depth_prop	——	——	0.0087** (0.0038)	0.0143*** (0.0035)	——	——
Depth_pers	——	——	——	——	0.0037** (0.0015)	0.0118*** (0.0036)
控制变量	是	是	是	是	是	是
Constant	−0.0026 (0.6810)	−0.3215 (0.9171)	0.3246 (1.2860)	−0.5456 (2.3416)	0.1364 (0.4350)	−0.1428 (0.4513)
样本量	403	434	403	434	403	434
Wald 检验	6053.54***	7683.78***	3720.81***	8844.65***	5086.49***	8916.93***
AR（1）	−1.1144	−1.4883	−0.1199	−1.3496	−1.6357	−0.2926
AR（2）	0.0430	0.2513	0.0422	0.1869	0.0472	0.1371
Sargan 检验	25.5942	24.9962	27.8925	22.7790	26.4645	24.5439

注：***、**、*分别表示系数在 1%、5%、10%水平下显著，括号中的数字表示聚类稳健标准差。

可以发现，在两步差分 GMM 和两步系统 GMM 模型设定中，尽管与上述结果相比，居民消费滞后一期值和保险深度系数大小存在一些差异，但居民消费滞后一期值和保险深度均正向影响，意味着通过替代核心解释变量的结果相对稳健，商业保险对居民消费的促进作用相对可靠。

四、消费金融影响异质性消费者行为的风险保障机制检验

（一）消费者面临的不确定性测度

通过上述实证研究我们发现，商业保险发展能够有效促进居民消费支出。那么商业保险发展对居民消费支出的作用是通过什么渠道发挥作用的呢？本节将据此进一步考察商业保险影响居民消费的作用机制。根据上述理论分析，我们认为商业保险影响居民消费的一个重要的原因可能在于，其能够降低居民面临的不确定性因素，进而对居民预防性储蓄产生"挤出效应"。为了验证这一可能的影响机制，本节还进一步分析了商业保险对不确定性的影响。目前普遍的观点认为，不确定性是指不能被预期到的非概率型随机事件(沈坤荣和谢勇，2012)，学术界有关不确定性的测度也尚未形成统一标准，现有文献一般采用以下三种方式来刻画居民消费不确定性：一是直接从收入和支出角度来度量不确定性，具体包括消费增长率平方(李勇辉和温娇秀，2005)、居民持久收入与实际纯收入平均值的对数值之差的绝对值(刘兆博和马树才，2007)、预期收入波动率(宋明月和臧旭恒，2018)。二是基于居民个人特征、人力资本以及居民感知等信息构建收入或支出不确定性代理指标，如朱信凯(2005)采用中国农村居民的未来生活的信心程度来反映农户的收入预期和消费心理的谨慎程度，但基于家户调查得到的不确定性感知程度，不仅受到一些技术性限制，还可能具有一定的主观性(陈冲，2014)；特别地，考虑到家庭成员个人特征、人力资本等因素和持久收入间有着稳定联系，也有研究以家庭收入为因变量回归结果中，回归结果残差值是由家庭成员人力资本等特征无法解释的，故可以作为用来测度不确定性收入(Wang，1995)。三是利用职业、失业率以及社会保险参与情况来衡量收入不确定性，斯金纳(1988)和卡罗尔等(2003)分别采用户主职业特征和失业率来表征收入不确定性，鉴于中国国家统计局只公布城镇登记失业率，这一变量可能存在严重缺陷而无法全面反映就业状况，故杭斌和郭香俊(2009)采用"城镇平均每一就业者负担人数"作为失业率近似变量来表征收入不确定性；特别地，考虑到社会保险能够帮助居民保持收入稳定、降低支出不确定性，并且为个体提供稳定的预期，国外研究早期还普遍采用医疗保险、失业保险、养老保险等社会安全保障指标来度量支出不确定性

（Engen&Gruber，2001；Zhou，2003）；类似地，沈坤荣和谢勇（2012）也将城镇居民参与医疗、养老和失业等主要社会保险情况作为测量中国城镇居民不确定性的负向指标。

基于已有研究对消费者面临的不确定性衡量研究、数据可得性以及研究主题，本节拟从居民收入支出角度刻画不确定性。特别地，不同于以往国外研究将重心集中在收入不确定性上的做法，我们主要从居民支出角度来刻画不确定性，这是由于国外主要发达经济体的预防性储蓄理论假定居民面临的教育、疾病和养老等未来支出是可以预期的，但包括中国在内的广大发展中经济体普遍缺乏健全完善的社会保障体系，支出不确定性对居民消费储蓄行为影响尤为突出，我国居民受到的不确定性与西方传统预防性储蓄理论揭示的不确定性有所差异（李燕桥和臧旭恒，2011）。本节借鉴李勇辉和温娇秀（2005）的做法，采用居民消费增长率平方来衡量不确定性。

（二）消费金融的不确定性缓解效应

借鉴周洋等（2018）考察机制分析的思路，基于静态面板模型来识别商业保险对不确定性的影响，相关检验结果如表 18–15 所示。从估计结果可以发现，无论是以保险密度还是保险深度表征的保险发展，均在不同程度上对不确定性产生显著负向影响，这说明随着商业保险普及程度的提升和在地区经济中地位的上升，居民面临的不确定性会降低。因此，不确定性的缓解可能是商业保险影响消费者行为的一个重要机制。

表 18–15　商业保险与支出不确定性：影响机制分析

变量	固定效应（1）	双向固定（2）	固定效应（3）	双向固定（4）
Dens	−0.3894***	−0.4794***	——	——
	(0.0574)	(0.0858)		
Depth	——	——	−0.3034***	−0.1353**
			(0.0817)	(0.0550)
控制变量	是	是	是	是
Constant	8.8180**	−2.5111***	5.6354***	−4.5375***
	(3.8551)	(0.3253)	(0.8097)	(1.2942)
样本量	463	463	463	463
R^2	0.5738	0.6321	0.7747	0.8290
时间效应		3.42***		3.16***
Hausman 检验	42.76**	30.68**	25.81**	29.87**

注：***、**、*分别表示系数在 1%、5%、10% 水平下显著，括号中的数字表示聚类稳健标准差。

第三节 消费金融与异质性消费者行为的财富效应机制检验

近年来随着中国居民家庭资产的持续增加，家庭资产作为影响消费者行为的一个重要因素，开始受到越来越多的关注和重视。已有研究表明消费和资产变动之间存在密切联系。(Juster *et al.*，1999)生命周期模型为本节提供了研究家庭资产与消费者行为关系的基本框架。(Ando & Modigliani，1963)该模型认为，家庭财富与人力财富是影响消费的两类最重要因素，其中，家庭财富以家庭资产及其收入来度量，而人力财富用个体预期一生收入现值来表示。家庭资产通常可以进一步划分为固定资产和金融资产，其中，固定资产包括生产性固定资产和非生产性住房资产，而金融资产则可以划分为现金、存款、股票和债券等流动性资产。(李涛、陈斌开，2014)特别地，住房作为城镇居民家庭的重要支出项目，其兼具投资性资产和消费性商品的双重属性，理论上来看，住房资产与居民消费存在着密切关系，自从 1998 年我国全面实行住房市场化改革以来，各地房价便步入持续性上涨通道。据统计，全国住宅平均价格从 1999 年的 1857 元飙升到 2017 年的 7614 元，这期间住宅平均价格上升了 310.02%，年均增长率达到 8.15%。以北京和上海为代表的一线城市平均更是分别从 1999 年的 4787 元与 3102 元，上涨到了 2017 年的 34117 元和 24866 元，年均复合增长率分别高达 11.53%和 12.26%。根据北京大学中国社会科学调查中心发布的《中国民生发展报告 2014》显示，2012 年中国家庭财富构成中，住房资产在家庭资产中的比重高达 74.7%，住房已经成为家庭财富的最重要组成部分。与住房价格形成鲜明对比的是，中国居民消费水平长期处于低迷状态，城镇居民消费率从 1999 年的 109.41%下降到 2017 年的 85.26%。在住房价格持续上涨和居民消费低迷情况下，明确住房资产与居民消费的关系及其作用机制，有着重要的理论价值和现实意义。

尽管目前学术界尚未就居民最优消费率达成一致意见，但是在现阶段中国高房价和低消费并存背景下，房价变动势必会对居民消费行为产生深远影响。近年来，围绕着中国住房价格持续上涨与居民消费率长期偏低现象，国内外学者从不同角度进行了一系列广泛研究。住房财富效应受到学界广泛关注有着深厚的现实背景，特别地，20 世纪 90 年代主要发达经济体股票市场的大幅上涨，伴随着居民消费水平的显著提升，形成了股票市场财富效应的直接经验证据。随后在 90 年代末主要股票市场经历了较大幅度下滑，

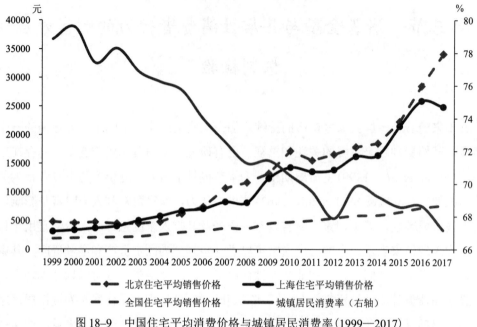

图18-9　中国住宅平均消费价格与城镇居民消费率(1999—2017)

数据来源：Wind 数据库和《2018 年中国统计年鉴》①

但居民消费水平并没有呈现出明显降低态势，于是学界从住房财富效应角度为这一现象寻求理论支撑(李涛、陈斌开，2014)，理论上出现了两种截然不同的主要观点。一部分学者使用"财富效应"来刻画居民家庭资产变化对其消费行为的影响，在持久性收入假说条件下，未能被预期到的家庭资产价格上涨或资产回报率的提升将引致家庭资产财富升值和居民消费水平提高(Campbell & Cocco，2007；李涛和陈斌开，2014)；进一步地，"财富效应"包括直接财富效应和间接财富效应，直接财富效应基于家庭生命周期持久收入假说，认为住房价格上升诱致的住房资产财富增加，会提高居民消费预算约束，提升居民消费意愿，进而促进真实消费水平的增加；而住房间接消费效应则被称为放松预算约束的"借贷抵押效应"，由于住房具有作为借贷抵押物的良好性质，住房资产增值有助于缓解家庭受到的借贷约束，从而促进居民消费。

　　同时，也有部分学者认为，一方面，伴随着住房价格的持续上涨，家庭为了购买住房和偿还住房贷款需要压缩消费，由此可能产生"抵押负债效应"(Gan，2010；颜色和朱国钟，2013)；另一方面，住房价格也不可能会永久持续性上涨，住房资产价值上升产

---

　　① 住房价格数据与 1999—2012 年收入消费数据来源于 Wind 数据库，2013—2017 年收入消费数据来源于《中国统计年鉴(2018)》。2013 年左右居民消费倾向的较大波动是由于国家统计局调整数据统计口径导致的，但这不影响居民消费倾向下降的总体判断。

生的"财富效应"可能会衰减直至消失。然而，现有文献未能就哪种效应占据主导地位达成一致结论。此外，随着近年来中国经济金融体制朝市场化方向的不断发展，我国金融市场建设取得了突破性进展，金融市场参与主体日趋广泛，市场规模不断变大，这使得居民家庭财富构成日趋多样化且财富结构得到不断调整。相应地，国内外学者也从家庭金融财富视角考察了其与居民消费行为的关系，这方面国内外有关金融资产对居民消费行为影响的结论相对一致，普遍认为家庭金融资产有利于提升居民消费水平。

不管是从住房资产还是从金融资产角度考察家庭资产对居民消费行为的研究，都主要侧重居民总体消费水平的讨论，在当前我国外部经济环境面临较多不确定性，居民消费需求持续低迷，特别是居民消费结构中生存型消费份额偏高、发展享受型消费份额不足背景下，加快消费结构转型升级，寻求扩展居民消费新空间，便成为现阶段构建居民消费需求新支撑点，应对外需不确定性和内需疲软的有效举措。2015年国务院发布的《关于积极发挥新消费引领作用加快培育形成新供给新动力的指导意见》指出，我国已进入"消费需求持续增长、消费结构加快升级、消费拉动经济作用明显增强的重要阶段"，同时该意见指出我国消费结构正发生深刻变化，以消费新热点、消费新模式为主要内容的消费升级，将引领相关产业、基础设施和公共服务投资迅速成长。特别地，该意见明确指出，未来消费升级的重点领域和方向将集中在服务消费、信息消费、绿色消费、时尚消费、品质消费和农村消费等领域。2018年中共中央、国务院发布的《关于完善促进消费体制机制，进一步激发居民消费潜力的若干意见》重申了通过促进吃穿用、住行以及信息等实物消费提档升级，推进文化旅游体育、健康养老家政和教育培训托幼等服务消费提质扩容，来加快构建更加成熟的消费细分市场，培育壮大居民消费新增长点。

基于上述理论和现实背景，接下来本节试图从家庭资产视角来考察其对消费者行为的影响。具体而言，本节试图回答中国居民家庭资产持有状况是否促进了居民消费升级，家庭资产与居民消费关系呈现怎样的异质性特征，以及家庭资产影响居民消费升级的微观作用机制。本节利用中国家庭追踪调查数据(CFPS)2014和2016年的微观面板数据进行分析。本研究的边际贡献在于：第一，在区分家庭住房与金融资产对居民消费的"资产效应"和"财富效应"基础上，进一步分离出家庭资产的"直接财富效应"和"抵押担保效应"。第二，分别从"抵押担保效应"、流动性约束强度以及家庭资产结构视角，综合考察了家庭资产影响居民消费升级的作用机制。第三，不同于以往文献大多局限于考察家庭资产与居民家庭一般消费支出，本节着重考察了家庭发展享受型消费支出，尤其单独检验了家庭资产与交通通信、文化娱乐教育培训以及医疗保健等消费支出关系。第四，采用较新的微观家庭面板数据进行分析，为理解我国居民消费长期低迷成因提供了更为微观视角，同时结合固定效应的分析在一定程度上控制了不随时间变化的不可观察因素影响，避免因遗漏变量等因素产生的内生性问题。

一、模型构建与变量选取

（一）数据来源

中国家庭追踪调查（China Family Panel Studies，CFPS）是由北京大学中国社会科学调查中心负责开展的全国大型微观入户调查。该调查旨在通过跟踪收集个体、家庭与社区三个层次的数据，反映中国社会、经济、人口、教育和健康的变迁。CFPS 问卷共有社区、家庭、成人和少儿四种主体类型。CFPS 于 2008、2009 年在北京、上海和广东三地进行了预调查后，分别在 2010、2012、2014 和 2016 年开展了 4 期全国性调查[①]。为了保证调查效率和可靠性，CFPS 数据采用了计算机辅助面访调查系统（CAPI），鉴于中国广大区域差异性，CFPS 进一步采用了内隐分层、多阶段、多层次、和人口规模成比例的概率抽样方式（PPS），样本数据能够代表 95%的中国人口，具有典型的代表性。（徐润、陈斌开，2015）鉴于 2010 年、2012 年调查和 2014 年、2016 年调查在变量设置、统计口径等方面存在较大差异，为了尽可能准确地估计家庭资产对居民消费影响，本节基于家庭 ID 将 CFPS2014 和 2016 年两期数据进行合并匹配，保留了都参加过这两期调查的样本信息；同时，由于 CFPS2014 和 2016 年调查中没有提供"家庭户主"信息，我们借鉴刘雯（2018）的做法将家庭成员中最熟悉财务问题的个体，即"财务回答人"作为户主，通过在成人调查数据中提取户主性别、年龄等信息并与家庭调查数据进行匹配。通过剔除"不适用"、家庭纯收入为负、资产水平为 0 以及本研究选取变量数据缺失样本后，经过复核整理，最终得到 3430 个两期家庭调查样本，其中城镇和农村样本分别为 1901 个和 1529 个。

（二）模型构建

通常认为，家庭会根据生命周期内资产水平平滑一生不同阶段的消费支出，实现消费支出跨期最优配置，家庭持有的资产规模越高，家庭能够平滑到各时期的消费支出也就越多，这种效应一般被称为"资产效应"。不同于从家庭资产水平角度考察家庭资产对居民消费的"资产效应"，家庭资产的"财富效应"则主要强调的是资产价值变化对居民消费的影响。为了检验"资产效应"和"财富效应"存在性，本节构建了如下计量模型来考察家庭资产水平与居民消费关系。

---

① 具体信息详见 CFPS 官方网址 http://www.isss.pku.edu.cn/cfps/。

$$Consu\_Eme_{ijt} = \beta_0 + \beta_1 Asset_{ijt} + \beta_2 X_{ijt} + \mu_{ijt} \tag{18-6}$$

式(18-6)中，t 表示时间，$Consu\_Eme_{ijt}$ 为地区 j 居民家庭 i 的消费水平；$Asset_{ijt}$ 代表家庭资产规模；X_{ijt} 表征家庭层面、个体层面和城市区域层面的控制变量，控制变量包括家庭收入、家庭规模、家庭文化程度、户主性别、户主婚姻状况、户主年龄、户主是否退休、户主是否上网以及健康状况等。

对于家庭资产对居民消费的"资产效应"，本节利用混合回归对模型(18-6)进行估计。而对于家庭资产"财富效应"，借鉴坎贝尔和科科(2007)、甘(2010)做法，构建了如下差分模型来进行识别，差分模型设定如下。

$$\Delta Consu\_Eme_{ijt} = \beta_1 \Delta Asset_{ijt} + \beta_2 \Delta X_{ijt} + \Delta \mu_{ijt} \tag{18-7}$$

式(18-7)中，$\Delta Consu\_Eme_{ijt}$ 为 t 期和 t-1 期间地区 j 居民家庭 i 的消费升级变动情况；$\Delta Asset_{ij}$ 代表家庭资产变动。对该差分模型基于普通最小二乘估计可以得到"一阶差分估计量" $\hat{\beta}_{FD}$，由于一阶差分模型中不存在代表个体异质性的截距项，只要扰动项差分项 $\Delta \mu_{ijt}$ 和解释变量差分项 $\Delta Asset_{ijt}$ 不相关，则"一阶差分估计量"便是一致估计。特别地，当考察两期数据时，"一阶差分估计量"与基于固定效应模型的"组内估计量" $\hat{\beta}_{FE}$ 等价。鉴于本节主要采用 CFPS2014 和 2016 两期数据进行分析，故本节将通过固定效应方法估计模型(18-6)来识别资产价值波动的"财富效应"，相关估计结果与基于差分模型估计结果等价。

(三)变量选取与处理

1. 被解释变量。一般而言，随着经济社会发展和居民收入水平提升，消费结构呈现出从"低级"向"高级"演变过程(文启湘、冉净斐，2005)，具体表现为用于基本衣食住行的生存类消费支出比重逐渐下降，而用于交通通信、医疗保健以及文教娱乐等发展型或享受型消费支出占比会逐步提升。目前主要有以下三种消费升级衡量指标：一是恩格尔系数，是指食品支出总额在居民总消费支出中的比重，在居民收入较低时居民家庭会将大部分收入用于基本消费支出，特别是在食品支出上面，恩格尔系数下降意味着消费结构升级。(程莉和滕祥河，2016；邢天才和张夕，2019)二是居民消费升级率，主要做法是对各类消费项目赋予不同权重，食品类等初级消费给予较小权重系数，而教育娱乐等高层次消费赋予较高权重系数，然后加权得到各地区居民消费升级率，该指标越大意味着消费升级越明显。(王平、王琴梅，2018)三是居民家庭工业品、服务品与农业品消费相对支出比例，其中农业品为食品消费支出，工业品消费为居住与家庭设备用品及服务支出，服务品为医疗保健、交通通信、教育文化娱乐等其他消费支出。(俞剑、方福前，2015)四是发展型或享受型支出在总消费支出中占比，近年来也有学者结合马斯洛需求层次理论，将各类消费支出按照居民为了满足生存、更好的发展和享受支出，分别归纳为生存型、发展型和享受型消费，大多数研究认为生存型消费主要包括食品消费、衣着消费和居住消费，发展型消费包括交通通信、医疗保健和文化教育，享受型消费则涵盖了家庭设备用品及服务消费、其他商品与服务支出等。(胡日东等，2014；张慧芳和朱雅玲，2017；汪伟和刘玉飞，2017)考虑到采用恩格尔系数衡量居民消费升级的做法相对粗糙，消费升级率权重赋值过于主观，从本质上来看，工业和服务品消费与农业品支出比例和恩格尔系数具有类似的不足，故本节借鉴大多数文献做法，采用交通通信、医疗保健、文化教育、家庭设备用品及服务等发展享受型消费绝对规模，以及这些发展享受型消费支出在总体消费中的相对比重这两种方式来衡量居民消费升级。

根据 CFPS2014 和 2016 样本变量设置情况，本节通过对食品支出、邮电通信费、水电燃料费、本地交通费、日用品费、房租支出、衣着消费、文化娱乐支出、旅游支出、取暖物业费、住房维修费、汽车购置费、交通通信工具费、家具耐用品支出、教育培训支出、医疗保健美容支出、商业性医疗保险支出以及其他支出进行加总，得到家庭总消费($Consu\_Total$)。考虑到耐用品购买具有频次低、单次支出高以及使用周期长等特点，耐用品支出不等同于耐用品消费，加之难以计算单个家庭各类耐用消费品在不同年份的实际消费流量(杭斌、余峰，2018)，本节从总消费支出中扣除了汽车购置费、交通通信工具费(如购买电动车、手机等)与家具耐用品支出得到非耐用品消费支出($Consu\_Nd$)。就包含耐用品的发展型和享受型消费支出($Consu\_Eme$)而言，其主要涵盖了邮电通信费、本地交通费、文化娱乐支出、旅游支出、汽车购置费、交通通信工具费、家具耐用品支出、教育培训支出、医疗保健美容支出以及商业性医疗保险支出等新兴消费，而不包含耐用品的发展型和享受型消费支出可以表示为 $Consu\_EmeNd$。相应地，为了考察家庭资产对不同消费升级影响的差异，还考察了家庭资产对交通通信类支出($Consu\_Tra$)、文化娱乐旅游与教育培训类支出($Consu\_Cul$)，以及医疗保健美容类支出($Consu\_Med$)影响。上述五类发展享受型消费支出是本节衡量居民消费升级的主要指标。此外，本节还计算出包含耐用品的发展享受型消费支出在总消费支出中占比 $Consu\_EmeR$，不包含耐用品的发展享受型消费在非耐用品总消费中比例 $Consu\_EmeNdR$，以及通信类支出、文化娱乐旅游教育培训类支出、医疗保健美容类支出分别在家庭非耐用品总消费支出中占比($Consu\_TraR$，$Consu\_CulR$ 和 $Consu\_MedR$)来考察家庭资产变动对不同类型发展享受型消费升级影响的排他性。

2. 解释变量。本节将家庭资产主要限定为住房资产和金融资产两大部分，CFPS 调查提供了家庭对自有住房当前的估计价值，通过从家庭自有住房估价剔除家庭住房负债可以得到住房资产净值（*Estate*），尽管部分研究采用受访者居住地区的平均房产价格来表征房产价值（Engelhardt，1996），也有研究认为采用住房自评价值可能更具代表性，且得到了广泛运用（解垩，2012；南永清等，2019）；相应地，本节根据 CFPS 样本对手持现金、存款以及其他各类金融产品（股票、基金、国债、信托产品、外汇产品、期货、期权等）进行加总得到金融资产总值，从家庭金融总资产中扣除金融负债得到家庭金融资产净值（*Finan*），进一步地，通过加总家庭房产净值和金融资产净值得到家庭总净资产（*Asset_Net*）。除了从家庭资产总量层面反映家庭财富水平外，考虑到房产和金融资产在家庭资产中占比、流动性特点等方面存在明显差异，认为家庭资产结构，也即家庭资产配置多元化水平也对居民消费行为存在影响，据此，还计算了家庭住房资产净值在家庭总资产净值中的占比（*Estate_Ratio*）来表征家庭资产结构状况。

　　3. 控制变量。在控制变量选取方面，本节控制了家庭特征变量，户主特征变量以及区域特征变量。家庭特征变量主要包括家庭纯收入（*Income*）、家庭规模（*Size*）、家庭文化程度（*Cult*）等核心变量，鉴于 CFPS2014 与 2016 没有直接给出这些指标，我们通过计算得到或用其他变量间接表征这些指标，其中，家庭纯收入从家庭年收入减去年支出得到，家庭规模用"同灶吃饭人数"近似表示；考虑到数据可得性和文化知识的渐进累积特征，我们采用"家庭藏书量"表征家庭文化程度，具体来说藏书量为 0 本时 *Cult* 赋值为 0，藏书量为 1—10 本赋值为 1，11—20 本赋值为 2，21—50 本赋值为 3，51—100 赋值为 4，101—500 赋值为 5，501—1000 赋值为 6，1001 本及以上赋值为 7。就户主特征变量来说，主要包括户主性别（*Gender*）、户主婚姻状况（*Marri*）、户主年龄及其平方项（*Age* 和 *Age_Squ*，纳入平方项的原因在于年龄水平可能与消费水平存在非线性关系）、户主是否退休（*Retire*）、户主是否上网（*Internet*）和户主健康状况等。具体而言，户主性别为男赋值为 1，性别为女赋值为 0；户主处于在婚状态赋值为 1，其他婚姻状态（未婚、同居、离婚与丧偶）赋值为 0；户主退休赋值为 1，反之赋值为 0；户主有上网行为（电脑或手机）赋值为 1，否则赋值为 0；户主健康状况用 1 至 7 的数值表示，健康状况很差为 1，健康很好为 7，健康程度与该数值呈现明显正向关系。

　　表 18-16 给出了 2014 年和 2016 年居民家庭消费状况和资产持有等主要经济社会变量，考虑到这些社会经济变量可能存在异方差等因素，本节对各类居民消费支出、资产水平以及收入等变量进行取对数处理。

表 18-16 主要变量描述性统计分析

变量	观测值	2014		2016	
		均值	标准差	均值	标准差
ln*Consu_Total*	1690	10.5274	0.8622	10.6829	0.9189
ln*Consu_Nd*	1690	10.4407	0.8357	10.5693	0.8555
ln*Consu_Eme*	1690	9.3793	1.1566	9.5750	1.2147
ln*Consu_EmeNd*	1690	9.1425	1.1079	9.3056	1.1124
ln*Consu_Tra*	1676	7.9368	1.0737	8.0670	1.0902
ln*Consu_Cul*	1182	7.9943	1.6044	8.1531	1.5460
ln*Consu_Med*	1668	7.8490	1.4317	8.0476	1.4221
Consu_EmeR	1690	0.3711	0.1831	0.3867	0.1927
Consu_EmeNdR	1690	0.3242	0.1703	0.3337	0.1698
Consu_TraR	1690	0.1072	0.0826	0.1093	0.0843
Consu_CulR	1690	0.0920	0.1264	0.0933	0.1217
Consu_MedR	1690	0.1250	0.1281	0.1310	0.1324
ln*Estate*	1690	3.0099	1.4562	3.1436	1.5706
ln*Finan*	1690	1.2436	1.7049	1.4306	1.6406
ln*Asset_Net*	1690	3.3390	1.2394	3.4949	1.3458
Estate_Ratio	1690	0.7705	0.2131	0.7620	0.2226
ln*Income*	1690	0.6472	1.0669	0.7631	1.1161
Size	1690	3.3408	1.4959	3.2870	1.545
Gender	1690	0.5639	0.4960	0.5544	0.4972
Marri	1690	0.9041	0.2945	0.9000	0.3001
Age	1690	50.1633	13.1500	51.8396	13.3721
Retire	1690	0.1083	0.7231	0.2639	0.4868
Internet	1690	0.3012	0.4589	0.4089	0.4918
Health	1690	5.8527	0.9986	5.8929	1.0510

　　可以发现，无论是家庭总消费、非耐用品消费总量支出，还是以交通通信支出、文化娱乐旅游与教育培训支出、医疗保健美容类支出为代表的发展享受型消费支出总量和在非耐用品消费支出中的占比，均呈现不同程度的增加态势。此外，家庭持有的住房净资产和金融净资产也表现出较快增长趋势，尽管近年来住房净资产在家庭总净资产中的占比稍微有所下降，但这一占比仍然接近 76%—77%，这一结果和现有大多数研究结论非常接近，表明我国居民家庭持有资产过于单一，缺乏资产多元化配置渠道或手段。此

外，家庭户主上网比例有所上升，这主要得益于农村网络普及程度提升和农村居民家庭上网人数增加，这在某种程度上有助于降低家庭信息搜寻成本，促进居民信息消费，加快消费升级步伐；户主健康程度也呈现出小幅上升态势，这得益于近年来我国覆盖城乡居民的多层次医疗保障体系的日趋健全完善。

二、消费金融的资产效应和财富效应存在性分析

（一）资产效应存在性检验

表 18-17 汇报了基于混合回归估计的家庭资产水平对居民各类发展享受型消费支出影响，表 18-17 中的第 (1) 和 (2) 列分别汇报了包括耐用品的发展享受型消费支出（*Consu_Eme*）和不包含耐用品的发展享受型消费支出（*Consu_EmeNd*）为被解释变量的估计结果。第 (3) 至 (5) 列则分别是以交通通信类支出（*Consu_Tra*）、文化娱乐旅游与教育培训类支出（*Consu_Cul*）以及医疗保健美容类支出（*Consu_Med*）为被解释变量，来考察家庭资产对不同类型消费支出"资产效应"的差异。

可以发现，家庭净资产对不同类型发展享受型消费均呈现显著正向影响，家庭资产对居民消费支出有着明显的"资产效应"，意味着家庭资产规模有助于促进消费转型升级。具体而言，其对文化娱乐旅游与教育培训类消费支出影响最大，而对医疗保健类消费支出影响次之，可能的解释在于，家庭资产水平较高家庭更看重对家庭成员的长期人力资本投资。此外，在其他控制变量回归结果中，家庭纯收入、家庭规模、户主文化程度、户主利用互联网状况以及户主健康状况均不同程度地呈现正向显著影响。一般而言，家庭收入可以分解为持久收入和暂时性收入，持久性收入占比越高，则家庭收入对居民消费影响愈加明显，在家庭满足了基本生活消费支出后，将会有更多预算可以分配到发展享受型等更高层次消费支出项目上；户主文化程度有助于提升家庭消费"层次"，特别是其对文化娱乐和教育培训类支出影响最大；利用互联网有助于家庭能够降低相关消费品搜寻成本，扩大消费品市场搜寻半径和选择范围，从而在某种程度上消除了阻碍消费升级的空间约束。除了对医疗保健消费影响外，年龄一次及其二次项分别对其他消费项呈现正向和负向影响，意味着年龄和这些消费间具有倒 U 型关系，表明中年群体是助推消费升级的中坚力量。可能的原因在于，中年户主家庭收入与支出比较稳定，这部分群体面临的不确定性也相对较低，而年龄更高户主家庭则面临退休、未来预期收入降低等问题。（周绍杰等，2009）此外，良好的健康状况意味着家庭面临的不确定性支出较低，且有望获得更多持久性收入，从而促进居民消费升级。

表 18–17　家庭资产与居民消费：基准回归

因变量	模型(1)	模型(2)	模型(3)	模型(4)	模型(5)
	Consu_Eme	Consu_EmeNd	Consu_Tra	Consu_Cul	Consu_Med
ln$Asset\_Net$	0.2740***	0.2575***	0.1875***	0.2869***	0.2518***
	(0.0158)	(0.0150)	(0.0150)	(0.0282)	(0.0226)
ln$Income$	0.1568***	0.1275***	0.1828***	0.0480***	0.1316***
	(0.0188)	(0.0175)	(0.0174)	(0.0127)	(0.0257)
Size	0.1584***	0.1520***	0.1664***	0.0872***	0.1287***
	(0.0120)	(0.0108)	(0.0114)	(0.0196)	(0.0151)
Cult	0.0509***	0.0436***	0.0226***	0.0716***	0.0292***
	(0.0073)	(0.0070)	(0.0067)	(0.0149)	(0.0103)
Gender	−0.1153***	−0.1397***	−0.0379	−0.1261**	−0.1853***
	(0.0332)	(0.0312)	(0.0302)	(0.0604)	(0.0457)
Marri	0.2866***	0.3156***	0.0221	0.2287*	0.4762***
	(0.0671)	(0.0641)	(0.0577)	(0.1279)	(0.0965)
Age	0.0135	0.0113	0.0513***	0.1016***	−0.0197
	(0.0090)	(0.0085)	(0.0083)	(0.0170)	(0.0127)
Age2	−0.0002**	−0.0002*	−0.0006***	−0.0011***	0.0003**
	(0.0001)	(0.0001)	(0.0001)	(0.0002)	(0.0001)
Retire	−0.0270	−0.0114	−0.0254	−0.0390	−0.0387
	(0.0247)	(0.0266)	(0.0212)	(0.0570)	(0.0386)
Internet	0.3648***	0.3942***	0.3396***	0.2706***	0.4449***
	(0.0417)	(0.0384)	(0.0365)	(0.0755)	(0.0593)
Health	0.0529***	0.0456***	0.0744***	0.0579*	−0.0137
	(0.0168)	(0.0162)	(0.0154)	(0.0315)	(0.0230)
Constant	6.9256***	6.8061***	5.1054***	3.6629***	6.2994***
	(0.2465)	(0.2282)	(0.2208)	(0.4602)	(0.3495)
样本量	3380	3380	3356	2412	3338
R^2	0.3730	0.3684	0.3753	0.1536	0.1862

注：***、**、*分别表示在 1%、5%、10%的水平下显著，括号内为稳健标准差。

(二)财富效应存在性检验

上述验证了家庭资产水平对居民发展享受型消费的"资产效应"，但没有检验家庭资产价值变化对居民消费影响，即没有反映家庭资产"财富效应"的存在性及其大小。

在现实生活中，在既定时期家庭资产特别是以住房为代表的固定资产存量往往是固定不变的，而资产价值(比如住房价格和股票价格)波动则相对频繁一些，由此考察资产价值波动诱致的"财富效应"可能是更为重要的现实问题。(李涛、陈斌开，2014)需要注意的是，本节考察的家庭资产对居民消费的"资产效应"可能遭受内生性问题：一方面，家庭资产和居民消费可能会同时受到家庭成员资产配置偏好、消费习惯等因素影响；另一方面，居民家庭资产和消费关系还会受到一些预期因素影响，造成回归系数不稳定，两者关系遭受"卢卡斯批判"(Lucas，1976)。由于本节获得了CFPS2014和2016年两期调查数据，通过构建两期面板数和采用固定效应方法，不仅可以考察资产价值变动对居民消费影响的"财富效应"，还可以通过纳入家庭层面固定效应来控制偏好、预期等家庭层面不可观测因素影响，从而极大地缓解潜在的内生性问题。接下来，本节基于固定效应方法来考察了家庭"财富效应"的存在性及其大小，主要变量含义与上述一致，相关结果如表18–18所示。

表18–18　资产价值变动与居民消费：财富效应检验

因变量	模型(1)	模型(2)	模型(3)	模型(4)	模型(5)
	Consu_Eme	Consu_EmeNd	Consu_Tra	Consu_Cul	Consu_Med
ln Asset_Net	0.1718***	0.1265***	0.0971***	0.0831**	0.1024**
	(0.0318)	(0.0275)	(0.0264)	(0.0360)	(0.0427)
Constant	8.7632***	8.9176***	7.3425***	7.9517***	7.4190***
	(0.4683)	(0.4048)	(0.3858)	(0.8190)	(0.6348)
控制变量	是	是	是	是	是
样本量	3380	3380	3356	2412	3338
R^2	0.0716	0.0633	0.0521	0.0281	0.0357

注：***、**、*分别表示在1%、5%、10%的水平下显著，括号内为稳健标准差。

从回归结果可以发现，家庭净资产增加对各类发展享受型消费支出均有着明显促进作用，意味着家庭净资产波动存在"财富效应"，且家庭总净资产对各类消费支出影响效果要大于家庭收入影响。需要注意的是，表18–17中家庭净资产的"资产效应"要相对高于表18–18中的"财富效应"，可能的解释是相对于家庭资产增幅，居民家庭更在乎所持有资产的绝对水平。家庭净资产增值对含有耐用品的发展享受型消费影响要高于不含耐用品的发展享受型消费，且资产增值对包含与不包含耐用品的发展享受型消费支出影响，要远远高于对交通通信类支出、文化娱乐旅游与教育培训类支出以及医疗保健美容类支出影响。可能的解释在于，一方面，尽管家庭资产财富增加有助于增加发展享受型消费支出，促进居民消费升级，但整体上我国居民家庭资产持有水平还相对较低，特别地，我国现阶段经济社会仍处于不充分、不平衡发展阶段，家庭财富增值状况尚不能有效满足居民家庭在文化娱乐、教育培训以及医疗保健等方面的较高需求；另一方面，受传统文化和消费习惯等因素影响，相较于家庭非耐用品消费支出，中国居民家庭对物质财富积累有着强烈渴求，使得其对耐用品消费支出具有更强偏好，加之在强烈"地位寻求动机"驱动下，作为一种重要的身份标识，耐用品消费的"持久可见性"特征有助于彰显居民家庭财富地位。其他控制变量结果整体上和前述检验结果一致，限于篇幅，未予汇报。

三、消费金融的消费财富效应异质性分析

（一）生命周期的财富效应检验

根据生命周期理论，资产变动对不同年龄段消费者影响可能存在差异。故有必要从生命周期视角考察不同家庭消费行为的异质性特征。本节借鉴张大永和曹红（2012）的做法，结合户主年龄分布特征，将样本家庭划分为 36 岁以下，36—50 岁，51—65 岁，以及 65 岁以上 4 组，来考察家庭资产价值变动对不同户主年龄段家庭消费行为影响，相关结果如表 18–19 所示。回归结果表明，整体而言，户主年龄介于 36—50 岁居民家庭的资产增值对各类发展享受型消费支出的影响系数最大，即户主年龄处于该阶段的居民家庭财富变动诱致的消费升级效应更加明显，可以认为该年龄段户主家庭往往具有较高支付能力和强烈的消费意愿。同时，户主年龄在 36 岁以下、36—50 岁的居民家庭资产增值对文化娱乐和教育培训类消费支出影响较高，且随着年龄上升该类消费支出呈现出逐步递减态势，本节认为该类支出变化趋势不仅仅与户主及其配偶的文化娱乐、继续教育培训相关，而且更多地和未成年子女教育培训存在密切关系。此外，就户主年龄大于 65 岁的居民家庭而言，家庭财富变动对交通通信、文化娱乐和教育培训类消费影响系数变得不够显著，且财富效应系数明显变小，但财富变动对医疗保健类消费支出产生明显促进作用，特别地，由于该年龄段户主基本已经处于退休状态，有理由相信户主退休状况可能会改变家庭消费偏好和习惯，会更多地注重个人和家庭成员身体健康状况。

表 18–19　资产价值变动与居民消费行为：生命周期异质性检验

年龄段	因变量	模型(1)	模型(2)	模型(3)	模型(4)	模型(5)
		Consu_Eme	Consu_EmeNd	Consu_Tra	Consu_Cul	Consu_Med
36 岁以下	ln$Asset\_Net$	0.2907*** (0.0407)	0.2720*** (0.0199)	0.2113*** (0.0369)	0.4167*** (0.0402)	0.2068** (0.0856)
	Constant	7.5205*** (0.5436)	7.0913*** (0.3786)	6.2706*** (0.1426)	4.8406*** (0.3780)	5.7466*** (0.1780)
	控制变量	是	是	是	是	是
	R^2	0.3419	0.3547	0.2846	0.2245	0.2011
	样本量	450	450	450	390	443
36—50 岁	ln$Asset\_Net$	0.3105*** (0.0428)	0.2841*** (0.0452)	0.2488*** (0.0191)	0.2988*** (0.0365)	0.3275*** (0.1062)
	Constant	6.7012*** (0.3249)	6.6756*** (0.2854)	5.9078*** (0.4290)	5.3143*** (0.0115)	6.1393*** (0.2401)
	控制变量	是	是	是	是	是
	R^2	0.3641	0.3782	0.3314	0.1637	0.2452
	样本量	1256	1256	1253	1013	1236
51—65 岁	ln$Asset\_Net$	0.2076*** (0.0124)	0.1906*** (0.0115)	0.1378*** (0.0206)	0.2673*** (0.0667)	0.1808*** (0.0092)
	Constant	6.9160*** (0.1124)	6.9039*** (0.1395)	6.0468*** (0.0372)	5.9595*** (0.5257)	6.2762*** (0.2803)
	控制变量	是	是	是	是	是
	R^2	0.3419	0.3366	0.3500	0.1069	0.1327
	样本量	1168	1168	1161	716	1155
65 岁以上	ln$Asset\_Net$	0.2601*** (0.0177)	0.2628*** (0.0237)	0.1130 (0.0832)	0.0333 (0.0824)	0.2970*** (0.0374)
	Constant	6.8181*** (0.0604)	6.7676*** (0.0594)	5.4225*** (0.2804)	4.4687*** (0.2682)	5.9864*** (0.2257)
	控制变量	是	是	是	是	是
	R^2	0.3529	0.3500	0.2714	0.1516	0.2091
	样本量	506	506	492	293	504

注：***、**、*分别表示在 1%、5%、10%的水平下显著，括号内为稳健标准差。控制变量中没有纳入年龄及其平方项，其他控制变量同上。

需要说明的是，本节研究与陈彦斌和邱哲圣(2011)的发现都支持了家庭资产"财富效应"在不同年龄段可能存在的差异，但陈彦斌和邱哲圣(2011)认为随着个体年龄增大，其预期的生命周期期限就会更短，相应的"财富效应"也就越大，本节则认为考虑到居民个人消费习惯、预期收入以及给子女的"遗赠动机"等因素后，随着户主年龄增加，部分消费财富效应可能有所加强，而部分消费财富效应会呈现明显衰减趋势，甚至财富效应消失。

（二）区域差异的财富效应检验

鉴于中国城乡居民在资源禀赋、支付能力以及消费习惯等方面存在明显差异，特别地，受当前政策法规限制，农村居民对其宅基地仅仅具有使用权，农户住房产权的不完整性极大地限制了农村住房交易，无法有效通过市场交易实现其市场价值，也很难作为抵押物进行抵押贷款(杭斌和闫新华，2011)。为了更深入地理解城乡居民家庭财富与消费升级的差异，本节将样本区分为城镇家庭和农村家庭，分别考察家庭资产与城镇居民消费升级和农村居民消费升级关系，相关结果如表 18–20 所示。

表 18–20　资产价值变动与居民消费行为：区域异质性检验

因变量	模型(1)	模型(2)	模型(3)	模型(4)	模型(5)
	Consu_Eme	Consu_EmeNd	Consu_Tra	Consu_Cul	Consu_Med
Panel A：城镇样本					
ln$Asset\_Net$	0.1662***	0.1078**	0.0845*	0.0785**	0.1753***
	(0.0486)	(0.0430)	(0.0486)	(0.0315)	(0.0617)
Constant	9.0207***	9.2693***	7.3562***	7.8837***	7.6936***
	(0.6566)	(0.5287)	(0.5217)	(1.0556)	(0.8860)
控制变量	是	是	是	是	是
R^2	0.0852	0.0756	0.0636	0.0290	0.0568
样本量	1876	1876	1871	1453	1853
Panel B：农村样本					
ln$Asset\_Net$	0.1752***	0.1512***	0.1233***	0.1520**	0.0265
	(0.0496)	(0.0465)	(0.0451)	(0.0760)	(0.0873)
Constant	8.6993***	8.8105***	7.7338***	8.7288***	6.8650***
	(0.7458)	(0.6515)	(0.7087)	(1.1154)	(0.9956)
控制变量	是	是	是	是	是
R^2	0.0655	0.0572	0.0441	0.0491	0.0282
样本量	1504	1504	1485	959	1485

注：***、**、*分别表示在 1%、5%、10%的水平下显著，括号内为稳健标准差。

不难发现，居民家庭资产增值对城市和农村居民各类发展享受型消费支出均具有显著影响，不过除医疗保健类消费支出外，家庭资产增值对农村居民各类消费支出影响要高于城镇居民样本。这主要是由于农村居民收入、消费层次相对偏低，每单位资产增值幅度所带来的消费边际倾向较高，不仅有助于提升其总体消费水平，还会促进发展享受型消费提升和消费结构优化升级。而资产价值变动对农村居民家庭医疗保健类消费支出影响要明显低于城镇居民家庭，这种现象不仅根植于农村居民收入水平、消费偏好特征，而且与当前农村社会医疗资源薄弱、商业医疗保险参保人数很低以及保健美容类消费甚少等密切相关。因此，在培育城乡居民新兴消费、促进消费升级过程中，需要针对城乡现实情况制定有差别的消费政策。

（三）资产类型的财富效应检验

上述研究主要考察了家庭房产与金融总净值对居民消费行为影响，鉴于不同类型家庭资产对居民消费影响可能存在差异，其作用机制也可能不一样（Carroll *et al.*，2011），故接下来有必要在统一模型框架内检验住房资产和金融资产与居民消费升级关系的差异，不同资产类型对居民消费升级影响结果如表18–21所示。可以发现，整体上家庭住房净资产和金融净资产对各类发展享受型消费支出影响相对显著，但是相较于表18–18中家庭总资产的消费效应结果，家庭住房净资产和金融净资产的分项影响系数要相对小一些，且家庭金融净资产影响系数要明显小于住房净资产。可能的原因与近年来中国住房价格快速上涨存在密切关系，尽管居民家庭金融财富也呈现较快增长趋势，但中国居民

表 18–21　资产价值变动与居民消费行为：资产异质性检验

因变量	模型（1）	模型（2）	模型（3）	模型（4）	模型（5）
	Consu_Eme	*Consu_EmeNd*	*Consu_Tra*	*Consu_Cul*	*Consu_Med*
ln*Estate*	0.1268***	0.0957***	0.0505**	0.0424**	0.0906**
	(0.0268)	(0.0238)	(0.0244)	(0.0208)	(0.0400)
ln*Finan*	0.0397**	0.0287**	0.0345**	0.0412**	0.0188
	(0.0167)	(0.0133)	(0.0144)	(0.0205)	(0.0197)
Constant	8.8817***	9.0010***	7.4370***	8.0380***	7.4679***
	(0.4732)	(0.3974)	(0.3986)	(0.7858)	(0.6481)
控制变量	是	是	是	是	是
R^2	0.0726	0.0644	0.0519	0.0311	0.0368
样本量	3380	3380	3356	2412	3338

注：***、**、*分别表示在1%、5%、10%的水平下显著，括号内为稳健标准差。

家庭在资产配置上表现出以房产为主的过于单一结构,且金融市场呈现出较大的波动性、周期性特征,这在某种程度上限制了金融资产"财富效应"的有效发挥。此外,就各类消费支出项目对住房资产和金融资产反应而言,住房资产对包含与不包含耐用品的发展享受型总消费支出影响要明显大于交通通信类、文化娱乐教育培训类以及医疗保健类消费支出影响,且对包含耐用品的发展享受型消费影响最高,而金融资产对各类消费支出影响大小相对接近。也就是说,住房资产中的财富增值部分更有可能配置在耐用品上面,而金融资产增值部分将会更多地花费到非耐用品支出项目上,这与居民家庭维持家庭"可见性"财富不变甚至持续增长的偏好密切相关。

四、消费金融的消费财富效应稳健性检验

(一)平滑样本奇异值结果

由于本节采用的是微观家庭调查数据,尤其是以住房资产为主要组成部分的家庭资产是基于受访者自评价值测算得出的,资产价值可能会被低估或者高估,进而导致样本数据出现首尾奇异值,正如卡罗尔(1998)所指出的,处于财富分配最高端个体的行为方式与大多数消费者行为不太相同。尽管采用差分模型可以在一定程度上缓解奇异值带来的影响,但是考虑到不同年份耐用品消费支出等原因,居民消费支出可能存在较大波动,本节进一步采用 winsorize 方法,平滑处理了家庭总消费支出上下 5% 的特异值。

表 18–22　资产价值变动与居民消费行为关系稳健性检验:平滑样本奇异值

因变量	模型(1)	模型(2)	模型(3)	模型(4)	模型(5)
	Consu_Eme	Consu_EmeNd	Consu_Tra	Consu_Cul	Consu_Med
ln*Asset_Net*	0.2014***	0.1994***	0.1537***	0.2255***	0.2046***
	(0.0002)	(0.0094)	(0.0109)	(0.0128)	(0.0402)
Constant	7.3125***	7.1820***	5.3675***	4.0303***	6.8354***
	(0.0281)	(0.0329)	(0.0316)	(0.6591)	(0.0846)
控制变量	是	是	是	是	是
R^2	0.2871	0.2814	0.3079	0.1192	0.1203
样本量	3042	3042	3026	2227	3011

注:***、**、*分别表示在 1%、5%、10%的水平下显著,括号内为稳健标准差。

从表 18–22 中回归结果来看,通过对样本奇异值经过平滑处理,剔除消费支出可能存在的极端值影响后,尽管家庭资产对不同消费支出影响存在一些差异,但家庭资产对

不同消费支出的"财富效应"差距明显变小，且"财富效应"依旧显著为正，意味着家庭总净资产增加有助于促进居民消费升级。

（二）模型内生性检验结果

上述基于固定效应的检验结果可能仍然遭受内生性问题：一方面，居民消费习惯、偏好以及对未来预期等一系列不可观测因素可能会同时对家庭资产持有状况和居民消费行为产生影响；另一方面，居民消费行为也可能影响家庭资产持有状况，例如会对家庭流动性资产或风险资产占比造成影响，即可能存在反向因果关系。这些因素将致使家庭资产估计系数有偏不一致。为了缓解潜在的估计偏差，有必要寻找新的工具变量来处理这一问题。已有家庭资产工具变量的相关研究为本节提供了良好启示，家庭住房资产工具变量一般包括家庭所在省份的商品房平均销售价格水平和家庭住房面积乘积（高玲玲等，2018）、房产增值水平（周洋等，2018）等，相关理由在于，地区房价和家庭住房资产密切相关，地区平均房价与家庭住房面积乘积和家庭自评房产价值作为住房资产的两种测度指标，尽管都会存在不同程度的测量偏差，但在两种偏差不相关情形下，这两种指标可以作为对方的工具变量；同时，住房增值与家庭资产财富存在很强相关性，且住房价格快速上涨往往具有不确定性，而个人消费行为并不会影响地区平均房价，这种相关性相对较弱。

特别地，上述采用地区平均房价作为家庭资产工具变量的做法，即以上层集聚数作为较低层次解释变量的工具变量，起源于社会学和经济学中有关"同侪效应"（Peer Effect）的研究（康书隆等，2017），社会学家与经济学家通过将省份（州）、城市等区域层面集聚数据作为学校、邻里和个体等层面解释变量的工具变量（陈云松，2012），这一思想在诸多领域得到了广泛应用。基于上述逻辑，根据 CFPS 调查样本中的区县代码（County ID）选取了区县层面家庭平均资产水平作为工具变量进行 2SLS 回归。表 18–23 给出了工具变量回归结果，第一阶段回归结果显著异于 0，最小 F 统计量为 735.84，远远高于经验值 10，且 F 统计量在 1% 水平高度显著，故不必担心存在弱工具变量问题。同时，尽管二阶段最小二乘法是一致估计，但仍然可能带来"显著性水平扭曲"，且这种扭曲程度会随着弱工具变量而增大，故进一步在结构方程中就内生解释变量显著性在 5% 水平开展"名义显著性水平"Wald 检验，由于最小特征根为 718.79，远高于"真实显著性水平"15% 对应的临界值 16.38，因此有理由拒绝"弱工具变量"原假设。此外，第二阶段回归系数尽管在系数大小上有所差异，但显著性和符号方向与前述研究保持一致，估计结果表明，在考虑内生性问题后家庭资产与居民消费行为关系基本稳健可靠。

表 18–23　资产价值变动与居民消费行为：工具变量回归

因变量	模型(1)	模型(2)	模型(3)	模型(4)	模型(5)
	Consu_Eme	*Consu_EmeNd*	*Consu_Tra*	*Consu_Cul*	*Consu_Med*
	Panel A：第二阶段回归结果				
ln*Asset_Net*	0.2721***	0.2855***	0.2251***	0.3324***	0.2496***
	(0.0326)	(0.0303)	(0.0289)	(0.0569)	(0.0459)
Constant	6.9270***	6.7854***	5.0760***	3.5983***	6.3011***
	(0.2461)	(0.2282)	(0.2218)	(0.4645)	(0.3511)
控制变量	是	是	是	是	是
R^2	0.3730	0.3677	0.3739	0.1526	0.1862
样本量	3380	3380	3356	2412	3338
	Panel B：第一阶段回归结果				
IV	0.7473***	0.7473***	0.7484***	0.7249***	0.7453***
	(0.0238)	(0.0238)	(0.0238)	(0.0267)	(0.0240)
Constant	−1.3923***	−1.3923***	−1.3521***	−0.5679**	−1.3491***
	(0.2429)	(0.2429)	(0.2434)	(0.2706)	(0.2463)
控制变量	是	是	是	是	是
R^2	0.4649	0.4649	0.4639	0.4648	0.4641
样本量	3380	3380	3356	2412	3338
F	988.451***	988.451***	992.541***	735.844***	961.162***
Eigenvalue	954.802	954.802	957.141	718.788	934.383

注：***、**、*分别表示在 1%、5%、10%的水平下显著，括号内为稳健标准差。

五、消费金融影响异质性消费者行为的财富效应机制检验

(一)抵押担保效应视角下的机制分析

鉴于住房资产是家庭总财富的最主要组成部分，探讨住房资产影响异质性消费者行为的作用渠道构成了理解家庭整体资产与居民消费升级关系的基础和重点，故接下来本节着重考察住房财富对居民消费行为的作用机制，借鉴赵西亮等(2013)通过交互项考察住房"财富效应"异质性的做法，将家庭住房资产对数和流动性约束指标之积(ln*Estate**liquidity)纳入模型(1)进行检验，这里采用家庭金融财富与家庭纯收入比值，作为流动性约束衡量指标(*liquidity*)。(高玲玲等，2018)基于固定效应方法的估计，ln*Estate*系数表征了住房资产的"直接财富效应"，交叉项 ln*Estate**liquidity 系数则代表的是"抵

押担保效应", 结果如表 18-24 所示。可以发现, 整体上住房资产对各类消费的直接财富效应相对显著, 但交互项系数非常低且不显著, 这意味着住房财富主要通过直接财富效应渠道发挥作用。

表 18-24 家庭资产价值与居民消费行为作用机制: 考虑抵押担保效应

因变量	模型 (1)	模型 (2)	模型 (3)	模型 (4)	模型 (5)
	Consu_Eme	Consu_EmeNd	Consu_Tra	Consu_Cul	Consu_Med
ln*Estate*	0.1963***	0.1858***	0.1444***	0.1901***	0.1780***
	(0.0048)	(0.0007)	(0.0124)	(0.0334)	(0.0131)
ln*Estate∗* *liquidity*	0.00003	0.00002	0.00002	0.0016	0.0001
	(0.0001)	(0.0001)	(0.0001)	(0.0010)	(0.0001)
Constant	6.9356**	6.7826***	5.2044***	3.6121***	6.4262***
	(0.1364)	(0.0682)	(0.0337)	(0.5995)	(0.0762)
控制变量	是	是	是	是	是
R^2	0.3622	0.3605	0.3699	0.1514	0.1751
样本量	3380	3380	3356	2412	3338

注: ***、**、*分别表示在 1%、5%、10% 的水平下显著, 括号内为稳健标准差。

(二) 流动性约束强度视角下机制分析

上述通过纳入住房资产与家庭流动性约束交互项的结果表明, 我国住房资产总体上不存在"抵押担保效应", 但鉴于不同居民家庭面临的流动性约束强度有着较大差异, 不同流动性约束强度家庭住房财富的直接财富效应和抵押担保效应可能有所不同。因此, 本节进一步通过流动性约束 (*liquidity*) 中位数, 将流动性约束 (*liquidity*) 高于和低于中位数的居民家庭分别划分为"弱流动性约束"和"强流动性约束"样本进行分析, 相关结果如表 18-25 所示。

可以发现, 面临高流动性约束和低流动性约束家庭的资产变动均存在明显财富效应, 但相较于流动性约束较弱家庭而言, 受到较强流动性约束的居民家庭住房资产的直接财富效应要相对较小。同时, 家庭住房资产与流动性约束的交互项 ln*Estate∗liquidity* 系数在流动性较低家庭, 即受到流动性约束较强家庭中相对显著, 但在高流动性家庭, 即受到流动性约束较弱家庭样本中不够显著, 且交互项系数很低。简言之, 住房资产在不同收入群体中都存在明显的"直接财富效应", 但"抵押担保效应"主要存在于遭受较强流动性约束的居民家庭, 而弱流动性约束家庭则不存在"抵押担保效应", 可以认为随着家庭资产提升，资产持有者权益会有所增加，从而缓解居民家庭特别是流动性约束较强家庭的信贷约束，进而增强这部分群体信贷能力，促进居民消费水平提升。(Gan，2010；张大永和曹红，2012；Browning *et al.*，2013)但必须承认的是，住房资产对全体居民"财富效应"的主要实现机制是通过"直接财富效应"而非"抵押担保效应"渠道发挥作用，表明我国信贷市场发展尚不够充分，今后需要进一步通过消费信贷市场发展来培育住房资产"抵押担保效应"发挥作用的基础。此外，本节还借鉴了李涛和陈斌开(2014)的做法，将家庭总负债与家庭收入比值，作为家庭流动性约束的另一衡量指标，结果表明采用不同流动性约束指标的结果相对一致。

表 18-25　家庭资产价值与居民消费行为作用机制：考虑流动性约束强度

因变量	模型(1)	模型(2)	模型(3)	模型(4)	模型(5)
	Consu_Eme	*Consu_EmeNd*	*Consu_Tra*	*Consu_Cul*	*Consu_Med*
Panel A：弱流动性约束样本					
ln*Estate*	0.1816***	0.1694***	0.1378***	0.1604***	0.1516***
	(0.0057)	(0.0094)	(0.0083)	(0.0577)	(0.0259)
ln*Estate*∗ liquidity	0.0001	0.0002**	0.0001	0.0013	0.0001
	(0.0001)	(0.0001)	(0.0001)	(0.0013)	(0.0001)
Constant	6.9848***	6.6315***	4.9384***	3.4553***	6.2064***
	(0.3468)	(0.0776)	(0.3114)	(0.1519)	(0.0722)
控制变量	是	是	是	是	是
R^2	0.3732	0.3690	0.3882	0.1656	0.1733
样本量	1690	1690	1678	1223	1671
Panel B：强流动性约束样本					
ln*Estate*	0.1547***	0.1351***	0.1015***	0.1179***	0.1604***
	(0.0195)	(0.0228)	(0.0249)	(0.0007)	(0.0003)
ln*Estate*∗ liquidity	0.0291***	0.0406***	0.0396***	0.0753***	0.0161***
	(0.0011)	(0.0067)	(0.0046)	(0.0223)	(0.0047)
Constant	7.2275***	7.2732***	5.5447***	4.4570***	6.9779***
	(0.0687)	(0.0932)	(0.2704)	(1.3784)	(0.2200)
控制变量	是	是	是	是	是
R^2	0.3661	0.3693	0.3579	0.1540	0.1856
样本量	1690	1690	1678	1189	1667

注：***、**、*分别表示在 1%、5%、10%的水平下显著，括号内为稳健标准差。

（三）家庭资产结构视角下的机制分析

上述主要考察了房产财富对居民发展享受型消费支出影响机制，鉴于住房财富和金融资产在变现成本、预期收益和"心理账户"等方面有明显不同，故本节接下来进一步从家庭资产结构视角考察不同类型资产比值对消费升级影响，本节以住房资产在家庭总资产中的比重来度量家资产结构（*Estate_ratio*），相关回归结果见表 18–26。

表 18–26　家庭资产价值与居民消费行为作用机制：考虑家庭资产结构

因变量	模型（1）	模型（2）	模型（3）	模型（4）	模型（5）
	Consu_Eme	*Consu_EmeNd*	*Consu_Tra*	*Consu_Cul*	*Consu_Med*
Estate_ratio	0.3546***	0.3456***	0.3411***	0.1941	0.2920**
	(0.0961)	(0.0677)	(0.0954)	(0.1677)	(0.1212)
Constant	6.9980***	6.8494***	5.2862***	3.7391***	6.4731***
	(0.2102)	(0.0038)	(0.0861)	(0.6099)	(0.1571)
控制变量	是	是	是	是	是
R^2	0.3187	0.3169	0.3442	0.1232	0.1494
样本量	3380	3380	3356	2412	3338

注：***、**、*分别表示在 1%、5%、10%的水平下显著，括号内为稳健标准差。

可以发现，以住房资产在家庭总资产中占比作为解释变量后，其对家庭各类发展享受型消费支出均呈现正向影响，也就是说随着住房资产在家庭总资产中占比提升，其对家庭消费升级的促进作用更加明显；相应地，家庭金融资产占比的增加则会对家庭消费升级产生阻碍作用。这一结论与前述有关家庭金融资产规模的增加有助于居民消费升级的研究并不冲突：这里考虑家庭资产结构的分析结果只是进一步确认了住房资产在家庭财富效应中的主导支配地位，也即住房资产的"直接财富效应"将在今后较长一段时期内是影响中国居民消费升级的主要作用渠道。

六、拓展性分析：消费金融财富效应的排他性检验

上述分析主要采用发展享受型总消费支出以及各类细分消费支出，从消费支出总量层面进行了分析，结果表明家庭净资产对各类消费支出影响具有相对一致性，家庭净财富增加会促进居民消费升级。作为消费升级的另外一种表现方式，在家庭禀赋预算约束条件下，家庭消费支出总量可能不变或者保持相对稳定，只是消费结构发生了相应调整，

具体表现为发展享受型消费支出占比提升，而其他消费支出占比相应有所下降。基于此，本节还采用了包含耐用品的发展享受型消费支出在总消费支出中占比（*Consu_EmeR*）、不含耐用品的发展享受型消费在非耐用品总消费中占比（*Consu_EmeNdR*），以及交通通信类支出、文化娱乐旅游与教育培训类支出、医疗保健美容类支出各自在家庭非耐用品总消费支出中占比，作为居民家庭消费升级的相对衡量指标，来考察家庭资产增值对不同类型发展享受型消费支出影响是否具有排他性。相关检验结果如表 18-27 所示。

表 18-27　资产价值变动与居民消费行为关系稳健性检验：替换消费升级变量

因变量	模型(1)	模型(2)	模型(3)	模型(4)	模型(5)
	Consu_Eme	*Consu_EmeNd*	*Consu_Tra*	*Consu_Cul*	*Consu_Med*
Panel A：核心解释变量：家庭总净资产					
ln*Asset_Net*	0.0093	0.0001	−0.0015	0.0024	−0.0009
	(0.0066)	(0.0060)	(0.0031)	(0.0034)	(0.0048)
Constant	0.4220***	0.4541***	0.1244***	0.1547***	0.1750**
	(0.0988)	(0.0888)	(0.0388)	(0.0524)	(0.0722)
控制变量	是	是	是	是	是
R^2	0.0164	0.0092	0.0037	0.0075	0.0094
样本量	3380	3380	3380	3380	3380
Panel B：核心解释变量：住房和金融净资产					
ln*Estate*	0.0003	−0.0016	−0.0043***	0.0040***	−0.0013
	(0.0013)	(0.0021)	(0.0007)	(0.0015)	(0.0013)
ln*Finan*	0.0061***	0.0050***	−0.0021**	0.0047***	0.0024***
	(0.0013)	(0.0014)	(0.0001)	(0.0008)	(0.0005)
Constant	0.3031***	0.2826***	0.0945***	0.0756***	0.2638***
	(0.0420)	(0.0036)	(0.0104)	(0.0254)	(0.0394)
控制变量	是	是	是	是	是
R^2	0.0673	0.0471	0.0647	0.0846	0.0182
样本量	3380	3380	3380	3380	3380

注：***、**、*分别表示在 1%、5%、10%的水平下显著，括号内为稳健标准差。

可以发现，家庭总净资产和分类净资产变动对不同消费支出比重影响具有明显不一致性，具体而言，家庭总净资产对不同类型的发展享受型消费影响不够显著，但当家庭总净资产分解为住房净资产和金融净资产时，随着家庭住房资产和金融资产增加，家庭在交通通信类消费的支出比例会降低，意味着家庭金融资产变动会对交通通信类支出的进一步扩张存在明显排他性，这一发现与张传勇和王丰龙（2017）的研究结论比较一致。同时，金融资产增值有助于提升文化娱乐和教育培训类支出、医疗保健类消费支出，以及包含与不含耐用品的发展享受型消费在家庭消费中的占比；此外，除住房资产增值有利于促进文化娱乐和教育培训类支出占比但对交通通信类消费支出产生挤出效应外，其对医疗保健类支出、包含与不包含耐用品的发展享受型消费支出影响不够明显。

本章小结

本章主要研究消费金融影响异质性消费者行为的三个机制：跨期平滑机制、风险保障机制和财富效应机制。

首先从跨期平滑机制来看，在当前中国居民消费领域金融支持手段尚不健全情况下，居民普遍面临较强的流动性约束现象，缓解居民流动性约束对于进一步释放消费潜力，平滑当前即期收入和未来持久收入间差异，实现居民跨期消费效用最大化发挥着重要作用。作为中国消费金融体系的重要构成部分，随着国民经济持续健康发展和居民收入不断提升，消费信贷作为实现居民消费跨期平滑的重要手段，将会扮演愈发重要的角色。主要研究结论和启示如下：

第一，以是否持有信用卡表征的消费信贷对居民消费影响而言，持有信用卡对家庭人均居民消费支出和只包含经常性消费项目的人均支出规模，以及两者消费率均呈现不同程度正向影响。不过相较于信用卡对经常性消费支出影响而言，持有信用卡对包含经常性与非经常性项目的消费支出影响更大，这是由于非经常性消费项目基本为大额支出，通常会使消费者更有可能遭受流动性约束，因此消费信贷对这类消费支出的缓解作用更加明显。

第二，就消费信贷对居民消费效应的异质性而言，消费信贷对农村居民消费效应要明显高于其对城镇居民消费支出的影响，这是由于在中国典型的二元经济背景下，商业银行主要向城镇居民进行授信，而农村居民通常很少受到商业银行机构重视。此外，相较于高金融知识家庭样本，消费信贷对金融知识较低样本家庭消费支出有着更强促进作用，这是由于金融知识与家庭经济社会地位密切相关，低金融知识家庭遭受收入约束的可能性也更高，这使得消费信贷对这部分群体的消费释放效应会更加明显。

第三，就消费信贷影响异质性消费者行为的作用机制而言，随着家庭收入水平提升，持有信用卡和信贷额度对家庭消费支出影响呈现下降态势。一般而言，持有信用卡对流动性资产较少家庭、收入水平较低家庭消费影响更加明显，且这些家庭通常遭受更大的流动性约束，故认为流动性约束缓解可能是消费信贷影响异质性消费者行为的一个重要渠道。同时将居民家庭划分为"信贷依赖低"和"信贷依赖高"两类家庭，发现消费信贷对"高信贷依赖程度"家庭消费支出影响要明显大于"低信贷依赖程度"家庭，即随着家庭信贷依赖程度的提升，消费信贷所带来的消费效应呈现边际递增，消费信贷对面临较强信贷约束家庭的影响较高。

其次是从风险保障机制来看，当前中国经济社会处于快速转型期，各方面的不确定性风险伴随着改革进程日趋凸显，由此造成的居民较强预防性储蓄动机，已经成为制约居民消费进一步扩张的重要因素。商业保险作为政府主导的基本社会保险体系的重要补充，对于促进中国顺利实现向消费驱动型经济转型，在更高层次和更广范围释放居民消费潜力发挥着重要作用。主要研究结论和启示如下：

第一，以商业保险密度和保险强度为表征的商业保险发展对居民消费有着显著正向影响，即商业保险有效地促进了居民消费水平提升。也就是说，随着社会保险普及程度提升，以及在国民经济发展中地位的上升，商业保险能够降低居民面临的不确定性来缓解预防性储蓄，从而刺激居民增加即期消费支出。

第二，就财产保险与人身保险对消费者行为的异质性效应而言，财产保险的消费效应要明显高于人身保险对居民消费的影响。可能原因在于，财产保险通常具有缴费期限短、保费缴纳额度相对低和保障时间短等特点，而人身保险往往有着缴费期限长、缴纳保费额度高等特征。财产保险与人身保险消费效应差异，还受到人身保险保费收入波动性偏高与居民消费规划"短视"等多重因素叠加影响。

第三，就商业保险促进消费的作用机制来说，本节采用居民消费支出增长率平方来刻画不确定性因素，同时相较于收入不确定性而言，由于社会保障体系相对薄弱，支出不确定性对居民消费储蓄行为影响尤为突出，我们发现以保险密度和保险深度表征的保险发展，均在不同程度上对不确定性呈现显著负向影响，验证了不确定性缓解可能是商业保险影响异质性消费者行为的一个重要机制。

最后是从财富效应机制来看，在现阶段中国居民总体消费需求持续低迷疲软，消费结构中生存型消费份额偏高、发展享受型消费份额不足背景下，加快促进居民消费结构转型升级，便成为寻求扩展居民消费需求新空间的重要举措。同时，作为家庭消费金融的重要范畴，考察以金融与住房资产为代表的家庭资产消费升级效应，有助于构建居民消费需求升级的新支撑点。主要研究结论和启示如下：

第一，家庭资产规模和变动对各类发展享受型消费存在不同程度促进作用，意味着家庭资产对居民消费支出有着明显的"资产效应"和"财富效应"，但家庭净资产"财富效应"要相对高于"资产效应"，可能的解释是相对于家庭资产增幅，居民家庭更加在意持有资产的绝对水平。同时，资产增值对包含与不包含耐用品的发展享受型消费支出影响，要远远高于对交通通信类支出、文化娱乐旅游与教育培训类支出以及医疗保健美容类支出影响。这与当前我国居民家庭资产持有整体水平不高，耐用消费品的"持久可见性"特征，以及传统文化和消费习惯等因素驱动下的"地位寻求动机"等因素密切相关。

第二，就家庭资产"财富效应"异质性而言，户主年龄介于 36—50 岁的居民家庭财富变动诱致的消费升级效应更加明显。从城乡差异来看，家庭资产增值对城镇医疗保健类消费影响相对更高，而对农村其他消费支出影响更加明显。可能的解释在于，农村居民收入与消费层次相对偏低，单位资产增值带来的消费边际倾向较高，但医疗保健消费却受到农户消费偏好、农村医疗资源薄弱等因素约束。

第三，进一步地，从不同类型资产消费效应来看，家庭金融净资产的消费效应要小于住房净资产诱致的消费效应。这一现象可能与中国住房价格快速上涨引致的家庭总财富上升，以及金融市场呈现出的较大波动性、周期性特征等因素存在密切关系。从各类消费支出对金融资产和住房资产反应来看，金融资产对各类消费支出的影响相对接近，而住房资产对包含耐用品的发展享受型消费有着更大影响。

第四，鉴于住房资产是家庭总财富的最主要组成部分，探讨住房资产影响居民消费升级的作用渠道，构成了理解家庭整体资产与居民消费升级关系的基础和重点。研究发现住房资产的"直接财富效应"是影响居民消费升级的主要作用渠道，而"抵押担保效应"渠道作用非常有限。家庭资产财富效应的"排他性"检验表明，家庭总净资产和分类净资产变动对各类消费支出比重影响存在明显不一致；特别地，家庭金融资产变动会对交通通信类支出扩张存在明显排他性，但会有助于提升文化娱乐和教育培训类，以及医疗保健类消费支出。

第十九章　消费金融最新发展与异质性消费者行为：以数字金融为例

　　近年来，随着互联网、大数据与云计算等信息创新技术的快速发展，金融活动与信息技术呈现加速融合态势，传统消费金融表现出新的时代特征和内涵，特别地，数字金融技术的蓬勃发展在金融交易成本降低，金融服务范围以及触达能力拓展等方面表现出巨大发展潜力和空间。(黄益平，2016)数字金融通常是指互联网公司与传统金融机构依托数字技术实现支付、融资、投资与其他新型金融业务模式。(黄益平和黄卓，2018)作为新的金融模式，数字金融发展对实体经济、传统金融市场以及中国P2P网络借贷市场产生了深远影响(黄益平和黄卓，2018)，同时作为传统消费金融体系的有力补充，数字金融也为居民消费活动提供了有力支撑。现阶段，尽管在消费金融与居民消费关系方面已经有一些相关研究，特别地，崔海燕(2016)、何启志和彭明生(2019)从互联网金融视角考察了互联网金融发展与居民消费的关系，但这些研究尚缺乏数字金融对居民消费影响的系统性分析。一个重要原因在于，尽管中国已经是全球范围内数字金融发展最为迅速的国家，但缺乏能够衡量一个地区数字金融发展程度的良好指标(谢绚丽等，2018)。幸运的是，北京大学数字金融研究中心和蚂蚁金服集团组成联合课题组，利用蚂蚁集团关于数字普惠金融的海量数据，编制了"数字普惠金融指数"，有效弥补了数字金融衡量方面的不足(郭峰等，2020)。同时，尽管易行健和周利(2018)采用数字金融指数分析了其对居民消费的影响，但遗憾的是，他们主要基于短期非连续面板数据进行分析。考虑到近年来中国数字金融实践的快速发展，该研究可能无法有效反映中国数字金融消费效应的动态连续性特征。此外，该研究没有充分考虑数字金融中包含信贷、信用与投资在内各类业态的消费效应。因此，本章拟采用这套数字金融指数，通过与中国地级市层面居民消费等相关数据进行匹配，从较长时期范围来考察数字金融与居民消费间关系。此外，数字金融本身是一个多维度、多业态概念，其对居民消费的影响也可能是多元的，因此希望探究这一新的金融模式对居民消费支出的影响及其背后的多维效应。

第一节 数字金融的发展演变特征

数字金融指数反映了数字金融助力金融发展的发展情况，为了全面地刻画数字金融总指数及其分类指数的变化特征，图19-1给出了基于本节所选样本城市在2011至2017年的数字金融发展演变趋势。

可以发现，2011至2017年样本地级市数字金融总指数和数字金融覆盖广度、使用深度以及数字化程度分类指数，均呈现出快速上升趋势。其中，相较于数字金融总指数和覆盖广度分指数，数字金融使用深度与数字化程度两个指标表现出相对较大的波动特征。就数字金融总指数而言，2011年该指数均值只有52.30，到2017年该指数已经上升到了223.54；同时，就不同样本城市数字金融状况比较来看，2011年数字普惠金融总指数最小值和最大值分别为17.02和86.51，到2017年数字金融总指数最小值和最大值则为187.91与285.43，不难看出，近年来不同城市数字金融发展差距明显缩小，意味着边远地区数字金融表现出更快发展趋势。

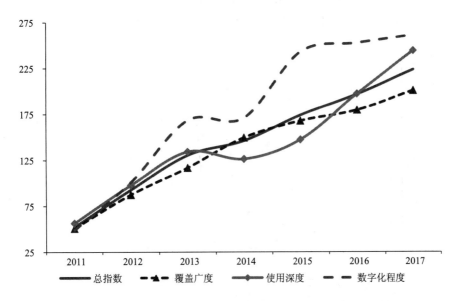

图19-1 2011—2017年地级市数字金融普惠指数及分类指数演变趋势

数据来源：北京大学数字普惠金融指数，图由作者绘制

此外，我们还采用Kernal密度估计方法绘制了数字金融总指数及其分类指数分别在2011和2017年的分布特征，以此进一步揭示数字金融的演进过程和分布特征。相关密

度图分布如图 19–2 和 19–3 所示。

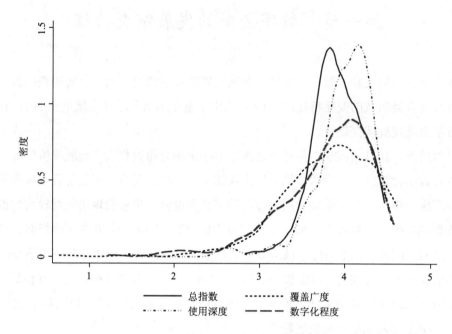

图 19–2　2011 年地级市数字金融总指数及分类指数核密度图

数据来源：北京大学数字普惠金融指数，图由作者绘制

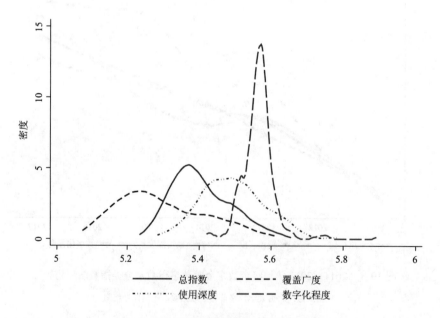

图 19–3　2017 年地级市数字金融总指数及分类指数核密度图

数据来源：北京大学数字普惠金融指数，图由作者绘制

从图 19–2 和 19–3 可以发现，中国数字金融指数的动态分布表现出以下主要特征：第一，数字金融及其分类指数在期初呈现出明显的"长尾"特征，随着数字金融的不断发展，密度曲线的波峰不断向右漂移，表明大多数城市数字金融发展水平从较低水平上升到较高层次，使得处于密度曲线波峰左侧"长尾"端的城市数量不断下降。第二，在样本期内，不同地区数字金融主体上呈现为"单峰"特征，意味着各城市数字金融发展没有表现出"两极分化"。同时，密度曲线的宽度变窄，意味着不同城市数字金融发展差距有所降低，其中数字化程度指数波峰明显变高且宽度变得最窄，表明不同城市数字金融数字化程度水平开始高度趋同。第三，从数字金融分类指数来看，期初各类数字金融分类指数分布呈现高度重叠特征，但随着时间推移，各分类指数在发展水平上表现出较明显的差异，特别地，期末数字金融的数字化程度指数发展明显领先于使用深度和覆盖广度指数。这种现象其实并不难理解，以"移动化、实惠化、信用化与便利化"为主要表征的数字化程度（郭峰等，2020），作为一种基本应用，在某种程度上可以被认为是数字金融覆盖广度与使用深度发展的先导指标。

第二节　数字金融影响异质性消费者行为的理论分析

一、数字金融数据来源

本部分采用的数字金融数据来自于北京大学数字金融研究中心和蚂蚁集团联合课题组基于蚂蚁集团数以亿计的海量交易账户编制的"中国数字金融普惠发展指数"。该指数主要分为两期，第一期时间跨度为 2011 至 2015 年，第二期跨度为 2016 至 2018 年。该套指数不仅包括数字金融总指数，而且还包括数字金融覆盖广度、使用深度和数字化程度等三个细分指标，以及支付、保险、货币基金、信用服务、投资、信贷等业务分类指数。其中，覆盖广度主要通过地区支付宝账号数量及其绑定的银行账户数编制而成，反映了数字金融的覆盖人群状况；使用深度反映的是地区实际使用互联网金融服务的频率等，主要涵盖数字金融的支付服务、货币基金服务、信贷服务、保险服务、投资服务和信用服务；数字化程度则侧重考察地区数字金融服务的便利性和效率。（郭峰等，2020）

二、模型设定与变量选取

本节将主要通过构建中国地级市面板数据模型来考察数字金融与居民消费行为的关系，以城镇居民消费支出作为被解释变量，数字金融发展指数为核心解释变量，具体模型设定如式(19–1)所示。

$$Consu_{it} = \alpha_0 + \alpha_1 Digfin_{it} + \phi X'_{it} + u_i + \varepsilon_{it} \qquad (19\text{–}1)$$

其中，$Consu_{it}$ 表示城镇居民消费支出，$Digfin_{it}$ 是核心解释变量数字金融指数；X_{it} 为对居民消费行为可能存在影响的其他控制变量；下标 i 和 t 分别表示地区和年份；u_i 为观察不到的地区效应，用于控制固定效应；ε_{it} 为随机扰动项。就模型中涉及的主要变量而言，因变量为城镇居民家庭人均消费支出($Consu_{it}$)，来源于 CEIE 中国经济数据库，样本期内城镇居民家庭人均消费支出从 2011 年的 13806.85 元上升到了 2017 年的 21387.01 元，增长了 54.90%。核心解释变量为数字金融总指数($Digfin_{it}$)及其分类指标数字金融覆盖广度($Coverage_{it}$)，数字金融使用深度($Depth_{it}$)和数字金融数字化程度($Digit_{it}$)。此外，还考虑了数字金融使用深度指数中的支付(Pay)、保险($Insur$)、信贷($Credit$)、信用($Creinvest$)、货币基金($Fund$)和投资($Invest$)六种业务形态。上文已经就数字金融的测度、来源等情况进行了详细说明。此外，考虑到可能存在对居民消费支出产生影响的其他因素 X_{it}，本节还选取了城镇居民人均可支配收入($Income_{it}$)，每万人中普通高等学校在校学生数(人/万人)($Student_{it}$)，每万人中失业保险参保人数(人/万人)($Jobsec_{it}$)，第三产业从业人员比重(%)($Service_{it}$)，作为式(19–1)的控制变量，这些控制变量来自于 EPS 全球统计数据分析平台和 Wind 经济数据库。对于部分存在缺失的数值，本节通过插值法进行补齐。

三、主要变量描述性分析

根据相关变量的数据获得性，本节最终选取了 260 个地级城市来考察数字金融与居民消费行为的关系。为了缓解主要变量可能存在的异方差影响，本节对相关变量进行取对数处理，针对部分变量的个别年份数据缺失情形，采用插值法进行补齐。表 19–1 给出了主要变量描述性统计结果。同时，为了直观地呈现数字金融与城镇居民消费支出间的关系，在图 19–4 至 19–7 绘制了数字金融总指数及其分类指数(数字金融覆盖广度、使用深度与数字化程度)与城镇居民消费支出散点图。图 19–4 至 19–7 显示数字金融指数与居民消费支出存在显著正向关系，但两者间的关系有待采用更严格的计量工具进行检验。

表 19-1　主要变量描述性统计结果

变量定义	变量	观测值	均值	标准差.
城镇居民消费	Consu	1820	9.7341	0.2730
数字金融总指数	Digfin	1820	4.8721	0.5012
数字金融覆盖广度	Coverage	1820	4.7945	0.5546
数字金融使用深度	Depth	1820	4.8569	0.5011
数字金融数字化程度	Digit	1820	5.0284	0.6430
数字金融支付业务	Pay	1820	4.8154	0.6976
数字金融保险业务	Insur	1820	5.3588	0.8676
数字金融信贷业务	Credit	1820	4.5431	0.9345
数字金融信用业务	Creinvest	780	4.9061	0.9902
数字金融货币基金业务	Fund	1300	4.9762	0.9034
数字金融投资业务	Invest	1040	4.7757	0.5487
城镇居民人均可支配收入	Income	1820	10.1372	0.2690
每万人普通高校在校学生数	Student	1820	4.6145	1.1008
每万人失业保险参保人数	Jobsec	1820	6.7326	0.8352
第三产业从业人员比重	Service	1820	3.897	0.2784
移动电话普及率	Phone	1820	4.4821	0.4915

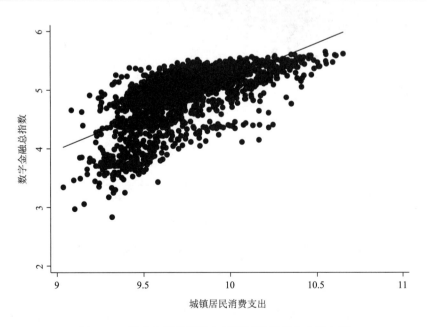

图 19-4　数字金融总指数与城镇居民消费支出散点图

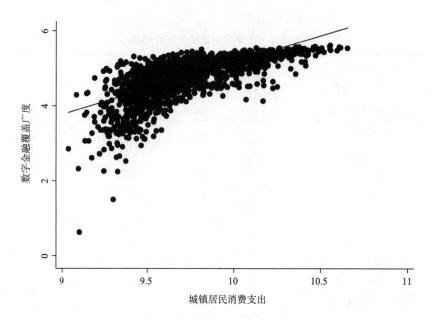

图 19–5　数字金融覆盖广度指数与城镇居民消费支出散点图

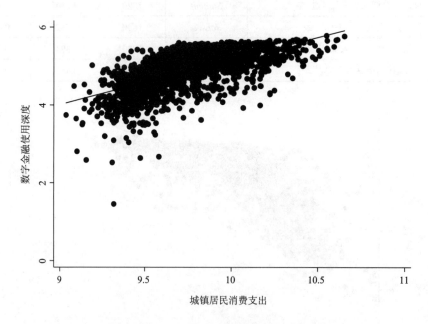

图 19–6　数字金融使用深度指数与城镇居民消费支出散点图

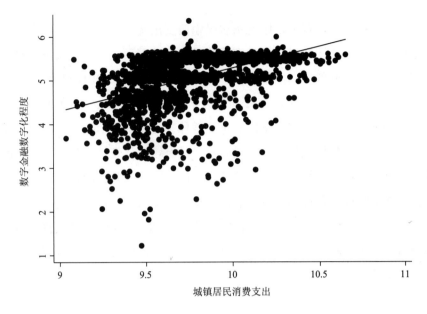

图 19-7　数字金融数字化程度指数与城镇居民消费支出散点图

数据来源：CEIE 中国经济数据库和北京大学数字普惠金融指数，图由作者绘制

第三节　数字金融影响居民消费行为总体效应分析

一、数字金融的内生性处理

值得注意的是，本节在识别数字金融发展对城镇居民消费行为影响过程中，可能会遇到以下一些问题：第一，尽管控制了影响居民消费的一些因素，但不可避免地会遗漏对居民消费可能产生影响的其他因素，而这些因素可能与数字金融发展没有直接关联。第二，除了数字金融发展会对居民消费支出产生影响外，居民消费行为也可能会反过来促进数字金融发展，特别地，在当前网络电商迅猛发展背景下，居民购物习惯会越来越多地从线下转移到线上，这可能会在一定程度上促进居民对在线移动支付等工具的接纳和运用，从而推动数字金融指数发展。针对第一个问题，本节采用了地级市层面的面板数据和纳入地区与时间的双向固定效应方法进行分析。一方面，相较于省级面板数据，地级市面板数据能够有效反映不同地区数字金融发展和居民消费行为的异质性特征；另一方面，采用包含地区和时间的固定效应方法估计，能够有效控制那些可能对数字金融和居民消费产生影响的，不随时间变化的城市层面的遗漏变量，以及不随城市变化的年

份特征。关于第二个问题，首先，因变量居民消费支出变量取自于 CEIE 中国经济数据库，自变量则基于蚂蚁集团数以亿计的海量交易账户编制而成，相关数据本身来自两个数据库，这将会有效地降低反向因果关系。(傅秋子、黄益平，2018)其次，我们从 EPS 数据平台中提取了历年各地级市年末移动电话年末用户数(*Phone*)，作为数字金融发展的工具变量。一方面，作为数字金融发展重要载体和支撑的通信技术，以移动电话用户数表征的移动通信用户规模或移动通信发展水平具有较强代表性，其与数字金融发展存在密切联系；另一方面，在纳入对居民消费行为产生影响的其他因素后，移动电话用户数可能不会直接对居民消费行为产生影响，从理论层面来看，移动电话用户数是一个比较有效的工具变量。当然工具变量的适用性和有效性，接下来将进一步进行针对性检验。基于对模型潜在内生性和可能的工具变量分析基础上，在后续检验中本节将主要采用固定效应工具变量法进行模型识别和估计。

二、数字金融总体消费效应估计

这里首先检验了数字金融对城镇居民消费支出的总体效应。检验结果如表 19–2 所示，其中，(1)至(3)列分别采用混合回归、固定效应和双向固定效应(控制个体和时间)估计方法，(4)至(5)列则分别采用固定效应工具变量法，控制个体与时间的双向固定效应工具变量法，以期实现控制可能存在的估计偏差和内生性目的。表 19–2 中第(2)与(3)列豪斯曼检验表明，应该采用固定效应方法进行分析，同时无论是第(3)列双向固定效应分析还是第(5)列双向固定效应工具变量估计，均显示数字金融消费效应模型应该考虑时间效应项。进一步地，鉴于混合回归不能有效地利用面板数据信息，还无法识别数字金融可能存在的内生性与异质性问题；同时，尽管固定效应面板估计方法能够在一定程度上可以克服不随时间变化的模型异质性问题，但是其同样忽视了模型潜在的内生性问题。因此，本节将主要基于双向固定效应工具变量法进行分析，其不仅考虑了模型潜在的内生性问题，而且还利用了固定效应的优点，第(5)列为本部分的基准模型估计结果。

表 19–2 具体结果显示，数字金融指数对居民消费的影响系数显著为正，意味着其对城镇居民消费支出起到了有效促进作用。可能的解释如下：一方面，以移动支付等手段为代表的数字金融技术，极大地降低了金融服务的交易费用，便利了广大居民生活消费行为；同时，随着数字技术和金融服务的跨界融合，使得生活在即便没有或者距离银行营业网点等硬件设施较远地区的居民，也可以通过手机、电脑等终端设备便捷地享受到所需金融服务；数字金融发展在某种程度上可以克服对传统金融物理网点的过度依赖，其拥有的更广泛的客户覆盖面和更直接的金融服务特征，使其呈现出更大的地理穿透力

和低成本优势。(焦瑾璞，2014；易行健和周利，2018)另一方面，相较于传统金融机构在审批贷款时仅能采用申请人的局部静态信息，数字金融机构则可以通过大数据技术获得消费者全面的动态行为信息(何婧、李庆海，2019)，有效缓解金融机构和消费者间的信息不对称问题，直接推动数字金融产品客户准入门槛下移，使得以前被传统金融机构所排斥的低收入群体也能够享受到基本金融服务，促进这部分群体消费潜力的有效释放。

表 19–2　数字金融对城镇居民消费支出影响结果

变量	OLS(1)	FE(2)	Two way FE(3)	IV-FE(4)	Two way IV-FE(5)
Digfin	0.0228***	0.0216***	0.0191**	0.0618**	0.2128**
	(0.0079)	(0.0079)	(0.0087)	(0.0312)	(0.0846)
Income	0.8029***	0.8707***	0.7672***	0.7125***	0.7370***
	(0.0188)	(0.0229)	(0.0310)	(0.0826)	(0.0341)
Student	0.0006	0.0092	0.0125*	0.0143	0.0209***
	(0.0032)	(0.0071)	(0.0071)	(0.0128)	(0.0080)
Jobsec	0.0562***	0.0183	0.0132	0.0145	0.0346**
	(0.0058)	(0.0131)	(0.0133)	(0.0141)	(0.0158)
Service	0.0413***	0.0342**	0.0192	0.0566***	0.0288*
	(0.0111)	(0.0151)	(0.0155)	(0.0187)	(0.0166)
Constant	0.9475***	0.6861***	1.8998***		
	(0.1537)	(0.2023)	(0.3296)		
时间效应			5.06***		32.11***
Hausman 检验		17.77***	25.46***		
Kleibergen-Paaprk LM				49.868***	82.786***
Kleibergen-Paaprk Wald F				52.896	86.809
样本量	1820	1820	1820	1820	1820
R^2	0.8479	0.8684	0.8709	0.8635	0.8581

注：***、**、*分别表示系数在1%、5%、10%水平下显著，括号中的数字表示稳健标准差。Kleibergen-Paaprk *LM* 检验的原假设为工具变量识别不足，如果拒绝原假设则意味着选取的工具变量为合理的；Kleibergen-Paaprk Wald *F* 检验原假设表示工具变量为弱势别，如果拒绝原假设则说明工具变量是合理的。Kleibergen-Paaprk Wald *F* 统计量对应的 Stock-Yogo 弱识别检验10%临界值均为16.38。下表同。

就模型涉及的其他控制变量而言，城镇居民人均可支配收入，每万人中普通高等学校在校学生数，每万人中失业保险参保人数以及第三产业从业人员比重，均不同程度地有利于居民消费水平提升。特别地，普通高校在校生比例反映了地区教育发展状况和居民文化素质水平，失业保险参保人数比例反映了地区社会保障状况，通常认为社会保障水平有利于缓解居民面临的不确定性和预防性储蓄动机。同时，以第三产业从业人员比重表征的就业结构则反映了产业结构特征和经济社会发展水平，服务业发展程度通常被认为会对居民消费升级起到引领作用。

第四节 数字金融影响异质性消费者行为的拓展性分析

一、数字金融的区域异质效应检验

鉴于中国不同地区经济社会发展水平呈现出的巨大差异，数字金融消费者行为的影响在某种程度上可能存在区域差异。因此，接下来本节将研究样本划分为东部、中部和西部三部分进行分析，按照国家统计局划分标准，东部地区包括北京、天津、河北、辽宁、上海、江苏、浙江、福建、山东、广东、海南 11 个省(市)的 99 个地级市；中部地区涵盖山西、吉林、黑龙江、安徽、江西、河南、湖北、湖南 8 个省的 93 个地级市；西部地区有内蒙古、广西、重庆、四川、贵州、云南、西藏、陕西、甘肃、青海、宁夏、新疆 12 个省(自治区、直辖市)的 68 个地级市。相关估计结果如表 19–3 所示。

表 19–3　数字金融消费效应的区域异质性

变量	东部	中部	西部
总指数	0.1031*	0.1518**	0.2477**
	(0.0604)	(0.0678)	(0.0994)
控制变量	是	是	是
时间效应	21.69**	31.61***	28.06**
Kleibergen-Paaprk *LM*	58.167***	47.808***	18.182***
Kleibergen-Paaprk Wald *F*	63.830	51.726	18.750
样本量	693	651	476
R^2	0.9162	0.7228	0.8892

注：***、**、*分别表示系数在 1%、5%、10%水平下显著，括号中的数字表示稳健标准差。

可以发现，数字金融对不同地区居民消费均呈现正向影响，不过其对东部地区居民消费影响不够显著，而对中部和西部地区居民消费有着显著正向影响。可能的原因在于，传统上东部地区以银行等正规金融机构为代表的金融发展程度较高，而中部和西部地区传统正规金融相对薄弱，尤其是部分中西部老少边穷地区，金融基础设施供给尚不够充分。尽管近年来大部分乡镇已经实现了金融服务网点全覆盖，金融基础设施服务得到了持续改善，但仍然缺乏健全的居民贷款担保机制与资产价值评估机制等（姚梅洁等，2017），传统正规金融的供给不足和相对严重的金融排斥现象，极大地抑制了中西部地区居民消费水平的有效提升。然而，随着近年来互联网科技和金融行业的加速深度融合，一方面，数字金融机构依托信息化技术和数字金融产品创新，有效地降低了中西部地区金融服务成本，数字金融覆盖范围能够突破传统空间和时间限制，很好地解决了传统金融在欠发达地区的规模不经济问题（谢平等，2015）；另一方面，以信息技术为支撑的数字金融不仅可以有效减少信息不对称，优化金融资源配置和降低金融服务成本（谢平和邹传伟，2012），而且数字金融具有的更便捷触达能力，能够提升金融资源在中西部地区的渗透率，改善以前被传统金融机构排斥的弱势群体的金融服务可得性（何婧、李庆海，2019）。简言之，数字金融在不同地区的消费效应差异，充分反映了其具有的普惠金融特征。（郭峰等，2020）

二、数字金融的不同维度影响检验

数字金融指数作为一个综合性概念，其由数字金融覆盖广度（*Breadth*）、使用深度（*Depth*）和数字化服务程度（*Digit*）三个分类指标构成，数字金融指数不同维度对居民消费行为的影响可能呈现不同特征。如果仅从数字金融总指数视角进行分析可能不够全面，有鉴于此，接下来将从数字金融的这三个维度进行分析，其中，表 19–4 的 (1) 至 (3) 列分别汇报了数字金融覆盖广度、使用深度与数字化程度对居民消费的影响效应。

表 19–4　数字金融不同分类指标对城镇居民消费影响结果

变量	*Coverage*(1)	*Depth*(2)	*Digit*(3)
数字金融分类指标	0.0820**	0.3986***	0.2233*
	(0.0417)	(0.0867)	(0.1235)
控制变量	是	是	是
时间效应	32.11***	19.02***	20.99***
Kleibergen-Paaprk *LM*	8.712***	12.788**	7.059***
Kleibergen-Paaprk Wald *F*	21.757	23.140	27.252
样本量	1820	1820	1820
R^2	0.8634	0.7740	0.7771

注：***、**、*分别表示系数在 1%、5%、10%下显著，括号中的数字表示稳健标准差。

从表 19-4 可以发现，数字金融覆盖广度、使用深度与数字化支持程度的提升，均不同程度上有助于居民消费水平增加，其中，数字金融使用深度对居民消费支出呈现出更高的影响效应。具体而言，随着地区数字金融覆盖广度提升，意味着该地区越来越多的居民持有、使用支付宝电子账户，这直接为消费者提供了良好金融环境。数字金融使用深度的提升则意味着以支付、保险、信贷等为代表的服务功能日趋改善和普及，数字金融的这些服务类型将会为居民家庭提供便捷、高效与低成本的支付、信贷等服务，从而便利或平滑了居民消费支出。同时，数字金融数字化支持程度改善，一方面有助于金融支付更加便捷、更有效率，进而实现交易成本的下降，另一方面，作为数字金融数字化支持程度的重要维度之一，以蚂蚁花呗支付、芝麻信用免押笔数(金额)表征的信用化，在某种程度上还有助于居民消费信用意识重塑和流动性约束缓解。此外，数字金融不同维度消费效应以及后续分析中，控制变量结果与表 19-2 相对一致，限于篇幅，未予汇报。

三、数字金融的不同业态影响检验

进一步地，数字金融指数不仅包括数字金融覆盖广度、使用深度与数字化程度三个分类指标，而且还涵盖了不同业务形态，特别地，使用深度分类指标包了支付(*Pay*)、保险(*Insur*)、信贷(*Credit*)、信用(*Creinvest*)、货币基金(*Fund*)和投资(*Invest*)六种业务形态。其中，信用、货币基金与投资三类业务形态数字金融指数，分别起始于 2013、2014 和 2015 年，基于数字金融不同业态的估计结果如表 19-5 所示。

可以发现，不同类型数字金融业务均在某种程度上促进了城镇居民消费水平提升，但是数字金融支付业务、信贷业务与货币基金业务的消费效应相对较高，而数字金融保险、信用和投资业务消费效应相对较低。不难理解这种现象背后蕴含的逻辑：随着支付手段日趋"电子化"，交易支付成本得到极大下降，这不仅使得数字金融服务普及程度变得更高(黄益平，2016)，而且有效促进了网络电商的快速发展。一方面，相较于传统的线下消费活动，线上同类消费产品的费用成本也普遍相对更低；另一方面，线上消费活动极大地拓展了消费者可选范围，使得居民消费范围超越了传统地理区域的限制，从而直接促进了居民消费支出。特别地，蚂蚁金服集团的支付业务不仅涵盖了阿里集团的所有电商场景，而且拓展到了线上线下的其他消费场景。据统计，截至 2017 年末，中国第三方移动支付规模约为 109 万亿元，同比增长 209%，其中，蚂蚁集团旗下支付宝份额约为 54%，尤其采用支付宝收钱码的商户就达到了 4000 万家。[1]

表 19–5　数字金融不同业态对城镇居民消费行为影响结果

变量	Pay(1)	Insur(2)	Credit(3)	Creinvest(4)	Fund(5)	Invest(6)
数字金融不同业态	0.3286** (0.1537)	0.1019 (0.0668)	2.1890** (0.9140)	0.0455 (0.0521)	0.1827** (0.0808)	0.0702* (0.0383)
控制变量	是	是	是	是	是	是
时间效应	12.71***	21.48***	7.39**	13.25**	11.68**	23.59***
Kleibergen-Paaprk LM	6.408**	13.675**	5.584**	3.948**	6.956***	25.12**
Kleibergen-Paaprk Wald F	45.815	34.436	62.14	33.12	36.382	46.21
样本量	1820	1820	1820	780	1300	1040
R^2	0.7276	0.8439	0.7516	0.7821	0.6765	0.7614

注：***、**、*分别表示系数在 1%、5%、10%水平下显著，括号中的数字表示稳健标准差。

进一步地，数字金融信贷业务反映了消费者通过支付宝发生消费贷款的用户规模、贷款笔数和贷款金额，数字金融信贷业务发展意味着数字金融对居民消费贷款的支持力度不断加大，这方面蚂蚁金服集团的个人消费贷款业务以场景支付"花呗"和可取现消费贷款"借呗"为主要载体。近年来，得益于数据、场景和技术优势，花呗和借呗业务扩张迅速，业务模式加速转型。据统计，截至 2017 年 3 月末，蚂蚁集团的支付宝平台上花呗和借呗年度活跃用户已经超过 1 亿，其中在一年内使用信用功能超过 6 次的用户占比达到了 73%。[2]此外，蚂蚁集团数字金融货币基金业务反映了消费者人均购买"余额宝"的笔数、金额，以及每万人支付宝用户中购买余额宝的人数。据统计，截至 2017 年底，"余额宝"规模已经达到了 1.58 万亿元。[3]尽管本节从数字金融各类业态出发，分别考察了其对消费者行为的不同影响，并揭示了数字金融不同业态对居民消费行为影响的差异性特征，但值得注意的是，研究结论并不完全意味着数字金融相关业务在居民消费效应中的相对重要性，作为完整的数字金融生态体系重要组成部分，数字金融的不同业务发挥着相互补充、相互支撑的作用。

---

① 相关数据来自于 Wind 研报《蚂蚁金服系列报告(二)：找到金融与科技的平衡点》。

② 同上。

③ 同上。

本章小结

近年来,以大数据、云计算、物联网和区块链等为代表的新型信息技术和金融活动加速深度融合,为传统消费金融活动赋予了新的时代特征和内涵。作为一种新的金融模式,数字金融成为传统消费金融体系的重要补充,为居民消费活动提供了有力支撑。同时,数字金融作为一个多维度、多业态概念,其对居民消费行为影响可能呈现多元特征。本章主要依托北京大学数字金融研究中心和蚂蚁集团联合课题组,利用蚂蚁集团数以亿计的海量金融数据编制的"数字普惠金融指数"来考察中国数字金融对异质性消费者行为的影响。主要研究结论和启示如下:

第一,从数字金融及其分类指数发展演变来看,数字金融在期初呈现出明显的"长尾"特征,随着时间推移数字金融密度曲线的波峰不断向右漂移,大多数城市的数字金融水平由较低水平上升到了较高层次。数字金融的"单峰"分布特征意味着不同城市数字金融发展水平开始高度趋同,表明主要城市的数字金融发展差距在不断降低。此外,数字金融总指数和分类指数在期初呈现出高度重叠特征,但随着时间推移数字金融各类指数的"波峰"呈现出"错峰"现象,但分布形态总体上均趋向相似。

第二,就数字金融对城镇居民消费行为的总体效应而言,数字金融对城镇居民消费支出起到显著促进作用,这是由于数字金融和金融服务的跨界融合,在一定程度上克服了金融活动对传统物理网点的过度依赖,从而极大地降低了金融服务的交易成本。同时,数字金融机构能够依托大数据技术获得消费者的全面动态行为信息,从而有效缓解金融机构和消费者间的信息不对称,推动数字金融产品客户服务门槛下降,促进居民消费潜力进一步释放。

第三,就数字金融在不同区域和维度的消费效应而言,数字金融对中西部地区城镇居民消费支出有着明显促进作用,而对东部地区城镇居民的消费效应非常有限。这是由于东部地区传统正规金融发展程度较高,而中西部地区传统正规金融相对薄弱,面临着严重的金融排斥现象,抑制了中西部地区居民消费水平提升,而数字金融技术能够有效突破传统时间和空间限制,提升金融服务在中西部地区的渗透率和可得性。

第二十章　异质性视角下的电子银行、金融便捷及家庭消费

　　近年来，随着城镇化和信息化的推进，我国经济增长模式由主要依赖投资需求拉动和出口需求拉动模式转变为国内消费需求拉动模式。自 2013 年至 2019 年，消费对 GDP 的贡献率由 50.3%稳步提升至 57.8%。（如图 20–1）2018 年 9 月中共中央、国务院出台的《关于完善促进消费体制机制进一步激发居民消费潜力的若干意见》明确指出，增强消费对经济发展的基础性作用对于构建符合我国长远战略利益的经济发展方式十分重要。2019 年政府工作报告也明确提出"促进形成强大国内市场，持续释放内需潜力的任务要求"。可见消费已经成为国家实现经济增长的重要动力来源，是国家实现高质量发展的必然选择。根据国家统计局官方数据，2013 年至 2019 年，从消费总量角度，居民人均消费支出由 1.32 万元逐年上升至 2.16 万元；从消费结构角度，居民恩格尔系数由 31.2%逐年下降至 28.2%，传统的食品及衣着等基础类消费需求下降，而交通通信、文教娱乐及医疗保健等服务性消费需求上升；从消费意愿角度，消费者更加追求消费对象的品质，比如对食品的消费更加注重膳食均衡，对耐用品的消费更加注重智能化和舒适度。这均显示中国居民消费不断优化升级。消费是衡量居民生活质量水平、评估家庭生活幸福程度的重要指标，探究影响我国家庭消费行为的因素，很有研究意义。

　　已有非常丰富的文献研究金融对家庭消费的促进作用。尽管我国金融市场发展迅速，但微观家庭仍然受到一定的金融约束。2017 年 CHFS 中国家庭金融调查数据显示，26.21%的家庭认为缺乏投资渠道，30.45%的负债家庭对于目前银行提供的贷款服务并不满意。不满意的主要原因包括：贷款期限及贷款方式并不合理、贷款额度无法满足其需求、银行贷款利率过高、贷款办理程序繁琐、贷款审批时间过长等。可以看出传统金融服务方式仍存在非常大的弊端。随着金融和科技的不断创新，凭借成本低、效率高和覆盖广等特点，依托大数据和云计算的电子银行发展迅速。电子银行是互联网金融的重要组成部分，它作为新型金融服务方式，一方面成为传统银行业务的有效补充，另一方面

带给金融消费者新的体验。2006 年 3 月 1 日，中国银行业监督管理委员会公布《电子银行业务管理办法》，并将电子银行业务定义为商业银行等银行业金融机构利用面向社会公众开放的通信通道或开放型公众网络，以及银行为特定自助服务设施或客户建立的专用网络，向客户提供的银行服务。电子银行业务包括利用计算机和互联网开展的银行业务（以下简称网上银行业务），利用电话等声讯设备和电信网络开展的银行业务（以下简称电话银行业务），利用移动电话和无线网络开展的银行业务（以下简称手机银行业务），以及其他利用电子服务设备和网络，由客户通过自助服务方式完成金融交易的银行业务（以下简称自助银行业务）。由于操作简单、不受时空限制等优势，电子银行广受用户接受，发展十分迅速。如图 20–1 所示，中国银行离柜交易额 2013 年仅为 1091.07 万亿元，2019年已迅速增长至 2057.71 万亿元。此外，各大商业银行同时开始"互联网+金融"的创新步伐，积极开拓新的业务增长点，强化科技人才的引进培养，增加电子银行产品种类，实施"瘦身战略"，减少高低柜工作人员数量，撤并低产网点，打造新型银行服务模式。2013 年至 2019 年，中国银行业平均离柜率由 63.23% 增长至 89.77%。与此同时，我国居民消费率自 2013 年也一直呈现上升趋势。（如图 20–1）那么，电子银行是否能够影响家庭消费呢？电子银行是否能够通过为居民带来便捷的金融服务进而促进居民消费呢？传统商业银行大力发展电子银行业务是否具有一定的战略意义呢？进一步讲，在中国实现经济高质量发展的过程中，发展不充分不平衡的矛盾凸显，这是因为我国属于城乡二元

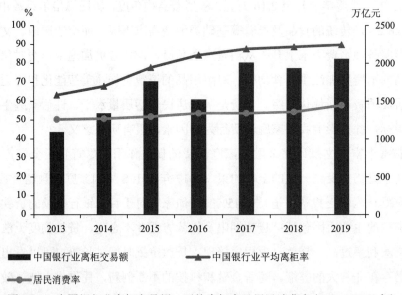

图 20–1　中国银行业离柜交易额、平均离柜率及居民消费率（2013—2019 年）

注：①离柜交易额是指银行离开柜台办理业务交易额；②离柜率是指银行离开柜台办理业务交易额与总业务交易额之比。

数据来源：离柜交易额及离柜交易率均来源于中国银行业协会官网；居民消费率来源于国家统计局官网

结构，城乡居民消费观念与消费行为偏好存在着巨大差异。相较于农村地区，城镇地区信息资源和金融资源更为丰富，居民金融知识水平更高，更能够有效利用各类金融工具合理规划自身消费。此外，由于消费者风险偏好、教育水平及收入水平存在差异，对电子银行等新兴事物的接受程度也具有差异，因此，研究中国居民消费不能一概而论，应重点关注异质性消费者行为。本章基于异质性消费者的角度，研究电子银行对家庭消费的影响，并探究其内在机制，对提高居民消费率，激发居民消费潜力，进而扩大国内内需市场，更好地发挥消费对我国经济发展的基础性作用，具有重要的理论及现实意义。

第一节　电子银行影响消费者行为的理论分析

互联网金融模式是既不同于商业银行间接融资，也不同于资本市场直接融资的第三种金融融资模式。(谢平和邹传伟，2012)互联网金融公司在迅速发展的过程中，出现由于法律法规不够完善等原因造成的监管不严、金融违约成本低等问题。而电子银行得益于商业银行强大的资本金支持和信用优势，金融风险更低，其对消费者行为的影响也更值得我们进一步研究。目前学者们从缓解流动性约束、降低交易成本、便利居民支付等不同视角出发，探究互联网金融对消费者行为的影响机制。流动性约束是制约我国居民消费行为的重要原因(万广华等，2001)，消费信贷业务不仅对居民消费行为有显著正向影响(Jappelli & Pagano，1989；Caporale & Williams，2001；臧旭恒和李燕桥，2012；宋明月，2019)，还能够推进消费结构升级(剧锦文和常耀中，2016)。但传统金融市场面临信息不对称问题和道德风险问题(Stiglitz&Weiss，1981)，投资者也经常因为抵押品少、贷款额度小等原因被传统金融拒之门外(Carter，1988；何明生和帅旭，2008)。互联网金融则能够掌握贷款者全面的信用记录，降低道德风险和逆向选择风险，提高消费者信贷可及性，激发其信贷需求，缓解家庭流动性约束，进而提升消费水平。(傅秋子和黄益平，2018；尹志超和张号栋，2018；易行健和周利，2018)从降低交易成本角度，亚当斯和尼曼(1979)指出，传统贷款方式交易成本较高，借贷者需要耗费大量的时间和精力，并需要支付交通费、手续费等各种费用。互联网金融服务应用新的信息技术，有多元化的交易平台和交易方式，不仅能降低交易成本，还能够拓展消费交易的时间和空间，进而影响居民的消费行为(张李义和涂奔，2017)。从便利居民支付角度，已有文献指出网上购物的广泛性、便捷性及低成本为居民消费提供广阔的发展空间(秦芳等，2017)，只需要一键查询，系统即可筛选出匹配消费者偏好的产品，这极大降低了消费者的搜寻成本。

"支付宝"、"微信支付"等第三方平台也为居民消费提供了便捷通道，两者的结合营造了良好的网上消费环境，加速了居民的消费决策，刺激了居民消费。（崔海燕，2016）综上所述，相比传统金融，互联网金融能够便利居民贷款、便利居民支付及降低金融交易成本，为居民提供更加便捷的金融服务，进而提高家庭消费水平。电子银行是互联网金融的重要组成部分，但目前有关电子银行对居民消费行为影响的研究仍然较少。电子银行是否会促进家庭消费呢？是否能够帮助家庭实现消费升级？电子银行影响家庭消费行为的内在机理是什么呢？其对具有不同特征家庭的消费是否有异质性影响呢？这些都是亟待解决的问题。首先，相比传统银行贷款，网上银行及手机银行推出了"装修贷款""汽车贷款""教育贷款""医疗贷款"等多样化的贷款类别，满足消费者多样化的贷款需求。此外，电子银行也为贷款需求者提供了便捷的贷款申请方式，"快贷"等"一键贷款"方式为消费者带来良好的金融服务体验，降低了消费者贷款门槛及往返银行的费用，分期付款等方式则提高了消费者当期购买力，有效缓解了消费者的流动性约束，释放了家庭日常的消费需求。其次，各大银行推出的"云支付"等新型支付方式能够满足居民随时随地的消费需求，也使居民不再需要担心现金丢失风险，降低了为防范风险而付出的成本，加速了家庭的消费决策，有效刺激了家庭的消费需求。最后，电子银行也为家庭提供了多样化的投资品种以及便捷的资产购买方式，增加了家庭金融资产配置的多样性，降低了家庭的不确定性预期，进而促进了家庭消费。本章也将从便利居民支付、降低交易成本和促进家庭资产配置多样性三个角度，在理论机制层面探究电子银行是否能够通过为居民提供更加便捷的金融服务，进而影响家庭消费行为。

第二节　电子银行、金融便捷影响家庭消费行为的机制分析

一、计量模型设定

为考察电子银行对家庭消费的影响，本节参考凯恩斯的经典消费理论模型设置基准模型，基准模型如式（20–1）及式（20–2）：

$$Consum_i = \beta_0 + \beta_1 E\text{–}bank_i + \beta_2 Z_i + u_i \tag{20–1}$$

$$Food\_r_i = \beta_0 + \beta_1 E\text{–}bank_i + \beta_2 Z_i + u_i \tag{20–2}$$

模型（20–1）中，$Consum_i$ 作为被解释变量，表示家庭 i 的年消费支出的对数形式；模型（20–2）中，$Food\_r_i$ 作为被解释变量，表示家庭 i 的恩格尔系数即食物支出占总消费支出比例；在式（20–1）及式（20–2）中，$E\text{–}bank_i$ 表示家庭 i 的电子银行参与程度，衡量指标包括 $join$（是否开通任意一类电子银行，"1"表示"是"）、d（开通电子银行种类数目）、

Internetbank（是否开通网上银行，"1"表示"是"）、*Mobilebank*（是否开通手机银行，"1"表示"是"）、*Phonebank*（是否开通电话银行，"1"表示"是"）、*Self_service bank*（是否开通自助银行，"1"表示"是"）；Z_i表示控制变量，控制变量包括*Income*（家庭总收入的对数）、*Region*（家庭所在地区，"1"表示东部，"2"表示中部，"3"表示西部）、*Male*（户主的性别，"1"表示男性）、*Age*（户主的年龄）、*Edu*（户主的教育程度）、*Health*（户主的健康状况，"1"表示健康）、*Fw*（户主的金融知识水平，答对有关金融知识的问题个数）、*Risk*（户主的风险偏好程度，"1"表示风险偏好者）、*Nohtm*（是否为非 HtM 型家庭，"1"表示"是"）、*House*（家庭的房产数量）、*Car*（家庭是否有车，"1"表示"是"）、*Relatives*（户主在本村/城市有血缘关系的亲戚个数）、*Marriage*（户主的婚姻情况，"1"表示已婚）、*Communist*（户主是否为共产党员，"1"表示"是"）。u_i表示误差项。

在异质性分析部分，本节采用加入交乘项的方法探究电子银行对具有不同特征消费者的异质性影响，分别设置模型如下：

$$Consumption_i=\beta_0+\beta_1 E\text{–}bank_i+\beta_2 E\text{–}bank_i\times Risk_i+\beta_3 Risk_i+\beta_4 Z_i+u_i \tag{20-3}$$

$$Food\_ri=\beta_0+\beta_1 E\text{–}bank_i+\beta_2 E\text{–}bank_i\times Risk_i+\beta_3 Risk_i+\beta_4 Z_i+u_i \tag{20-4}$$

$$Consum=\beta_0+\beta_1 E\text{–}bank_i+\beta_2 E\text{–}bank_i\times Fin\_level_i+\beta_3 Fin\_level_i+\beta_4 Z_i+u_i \tag{20-5}$$

$$Food\_r_i=\beta_0+\beta_1 E\text{–}bank_i+\beta_2 E\text{–}bank_i\times Fin\_level_i+\beta_3 Fin\_level_i+\beta_4 Z_i+u_i \tag{20-6}$$

$$Consum=\beta_0+\beta_1 E\text{–}bank_i+\beta_2 E\text{–}bank_i\times Rural_i+\beta_3 Rural_i+\beta_4 Z_i+u_i \tag{20-7}$$

$$Food\_r_i=\beta_0+\beta_1 E\text{–}bank_i+\beta_2 E\text{–}bank_i\times Rural_i+\beta_3 Rural_i+\beta_4 Z_i+u_i \tag{20-8}$$

模型(20–3)至(20–8)分别研究了电子银行对具有不同风险态度消费者、不同金融知识水平消费者及城乡居民的异质性影响。$Risk_i$代表消费者的风险态度，本节赋值"风险偏好者"为"1"，"风险规避者"为"0"。此外，本节选择"是否上过金融课程"作为金融知识水平的代理变量进行实证检验，若户主"上过金融课程"，Fin_level_i取值为"1"，若户主"没上过金融课程"，Fin_level_i取值为"0"。最后，本节定义若户主为"农村居民"，$Rural_i$取值为"1"，否则取值为"0"。

二、数据来源

本节数据来源于西南财经大学 2015 年中国家庭金融调查(CHFS)数据库，样本覆盖全国 29 个省(自治区、直辖市)，351 个县(区、县级市)，1396 个村(居)委会，包括 37289 户家庭的人口统计学特征、资产与负债、保险与保障、支出与收入等信息，为本节研究电子银行对家庭消费的影响提供了数据支持。本节剔除所有核心解释变量缺失值和异常值样本，即回答"不知道"或"拒绝回答"的样本，经过清理得到 25758 个样本。又由于问卷中某些家庭的消费和收入数据存在异常值，故本节对其进行 1% 的双边截尾处理，最后得到 24791 个样本。

三、变量设定

（一）被解释变量

本节的被解释变量为家庭消费，按照国家统计局分类标准，我国居民消费支出分为食品烟酒、衣着、居住、生活用品及服务、交通和通信、教育文化和娱乐、医疗保健和其他类支出八大类别。CHFS 关于家庭消费支出项目包括：食品支出、平均每月水/电/燃料支出、日用品支出(不包括食品、衣着)、家政服务支出、交通支出、通信支出、娱乐支出、衣着支出、住房/装修/维修/扩建支出、暖气费支出、购买家庭耐用品支出、购买奢侈品支出、教育培训支出、购买交通工具及零部件支出、旅游支出和医疗保健支出。本节将 CHFS 家庭消费支出项目按照统计局分类标准划分为八大类：居住类支出包括水/电/燃料支出、住房装修/维修/扩建支出、暖气费支出；生活用品及服务支出包含日用品支出(不包括食品、衣着)、家政服务支出、家庭耐用品支出；交通和通信类支出包括交通支出、通信支出、购买交通工具及零部件支出；教育文化和娱乐支出包括娱乐支出、教育培训支出、旅游支出；食品支出、衣着支出、医疗保健支出三类可直接与国家统计局分类标准一一对应。

（二）核心解释变量

本节的解释变量为家庭电子银行的参与程度。CHFS 调查问卷中有关电子银行的问题为"您家主要使用过/开通了下面哪些形式的银行服务？1.银行网点柜台 2.网上银行 3.电话银行 4."村村通"惠农金融服务点 5.手机银行 6.自助银行 7.其他"。根据此问题，如果回答中包含"网上银行"选项，则令变量 *Internetbank* 等于 1，否则等于 0；如果回答中包含"电话银行"选项，则令变量 *Phonebank* 等于 1，否则等于 0；若回答中包含"手机银行"选项，令变量 *Mobilebank* 等于 1，否则等于 0；若回答中包含"自助银行"选项，则令变量 *Self_service* 等于 1，否则等于 0。此外，本节形成综合指标 *D* 和 *Join*，分别代表家庭电子银行开通种类数目和是否开通任意一类电子银行。若家庭开通或使用上述四类电子银行中的至少一种，则 *Join* 等于 1，否则等于 0。

（三）控制变量

为了更加严格地论证电子银行与家庭消费水平之间的关系，控制不同家庭间的异质性问题，本节设置家庭层面和户主层面的控制变量。户主层面涵盖的变量能够体现家庭户主的个体特征，包括户主的性别、年龄、教育程度、健康状况、金融知识水平、风险偏好、婚姻状况、是否为共产党员；家庭层面的变量包括家庭年收入、家庭所在地区、是否为农村家庭、是否有车、房产数量、户主在本村/城市的有血缘关系的亲戚个数。各变量的定义及描述性统计如表 20-1 所示。调查样本中，农村家庭占比 24.3%，户主平均年龄 52 岁，仅有 24.9% 的家庭户主为风险偏好者，有关金融知识问题的答对个数平均为 1.14 个。网上银行、手机银行、电话银行、自助银行的开通率分别为 24.5%、14.6%、5.1%、38.4%，可以看出，自助银行的居民使用率最高，其次是网上银行、手机银行，电话银行的居民使用率最低。

表 20-1　主要变量的定义及描述性统计

变量	样本量	均值	标准差	最小值	最大值
Consum	24791	10.706	0.757	8.653	12.866
Food_r	24790	0.423	0.238	0	1
Join	24791	0.479	0.500	0	1
Internetbank	24791	0.245	0.430	0	1
Mobilebank	24791	0.146	0.353	0	1
Phonebank	24791	0.051	0.220	0	1
Self_service	24791	0.384	0.486	0	1
D	24791	0.827	1.079	0	4
Rural	24791	0.243	0.429	0	1
Income	24397	10.731	1.288	0	13.461
Region	24791	1.724	0.830	1	3
Male	24791	0.749	0.433	0	1
Age	24783	52.036	14.436	3	98
Edu	24751	10.009	3.988	0	22
Health	24675	0.615	0.487	0	1
Fw	22599	1.139	0.922	0	3
Risk	23292	0.249	0.433	0	1
Nohtm	24791	0.505	0.500	0	1
House	22613	1.500	16.373	0	999

续表

变量	样本量	均值	标准差	最小值	最大值
Car	24770	0.268	0.443	0	1
Relatives	24739	4.114	2.596	0	7
Marriage	24774	0.869	0.338	0	1
Communist	23309	0.208	0.406	0	1

注：①CHFS 问卷中涉及户主身体健康状况的问题有两个，"是否有慢性病"和"与同龄人相比，现在的身体状况如何"，本节认为第二个衡量标准较为主观，而问卷所指慢性病已涵盖大多数疾病，因此选择"是否有慢性病"作为衡量户主是否健康的标准，"无慢性病"代表身体健康，取值为 1，否则取值为 0。

②衡量户主风险偏好程度的问题为"如果现在有两张彩票供您选择，若选第一张，您有 100%的机会获得 4000 元，若选第二张，您有 50%的机会获得 10000 元，50%的机会什么也没有，您愿意选哪张？"。本节将选择"第二张"的户主视作风险偏好者，取值为 1，选择"第一张"的户主视作风险规避者，取值为 0。

③衡量户主金融知识水平的问题共有 3 个，分别考查"利率计算""通货膨胀"和"投资风险"。本节以答对问题个数定义金融知识水平，分别赋值 0、1、2 和 3，以表示金融知识水平越高得分越高。

④衡量户主教育程度的问题为"被采访者的文化程度"，本节用受教育年限衡量文化程度，"没上过学""小学""初中""高中""中专""大专""大学本科""硕士研究生""博士研究生"分别取值为 0、6、9、12、12、15、16、19、22。

⑤关于户主的婚姻状况，"已婚"取值为 1，"未婚""同居""分居""离婚""丧偶"均取值为 0。

四、内生性讨论

本节模型(20–1)中，可能会因为双向因果或遗漏变量的原因存在难以克服的内生性问题。一方面，家庭在消费的过程中，除了增加对资金量的需求还会增加对资金便利性的要求，家庭开通电子银行的意愿提高；另一方面，影响家庭消费的因素有很多，除本节的控制变量外，还可能受到家庭对未来预期等一系列不可观察因素的影响，导致电子银行的系数估计有偏误。

为解决模型(20–1)的内生性问题，参照布歇–柯恩和卢瑟迪(2011)的方法，本节选取家庭所在城市除该家庭以外的平均电子银行开通率作为工具变量，采用两阶段最小二乘法。如果家庭所在城市除该家庭以外的平均电子银行开通率较高，则该城市金融科技发展较快，每户家庭开通电子银行概率也会提高。且工具变量只能通过影响该家庭电子银行开通情况这一单一渠道来影响该家庭消费，满足排他性约束。实证检验部分将会给出相关详细的内生性检验结果。

五、实证结果与分析

(一)是否开通电子银行对家庭总消费的影响

表 20–2 第(1)列报告是否开通任意一类电子银行对家庭总消费影响的 OLS 估计结果。是否开通任意一类电子银行系数为 0.189,在 1%的水平下显著为正,表明开通或使用任意类别电子银行能够显著增加家庭总消费。此外,从其他变量来看,户主受教育程度、家庭年收入、金融知识水平、风险偏好者、已婚、家庭有车及在本村/城市有血缘关系的亲戚个数均对家庭总消费有显著正向影响;农村家庭、西部家庭、户主性别男性、年龄及身体健康均对家庭总消费有显著负向影响;家庭房产数量和户主是否是共产党员对家庭消费的影响并不显著。这与以往研究结果一致,也符合事实逻辑。

OLS 估计因为内生性问题可能导致结果有偏,因此本节选取家庭所在城市的除该家庭以外的平均电子银行开通率作为工具变量,并进行杜宾－吴－豪斯曼检验(下称 DWH检验)和弱工具变量检验,表 20–2 第(2)列报告两阶段工具变量回归结果。DWH 检验结果显示 P 值为 0.004,拒绝外生变量原假设。此外,第一阶段 F 值为 395.686,超过经验值 10,说明不存在弱工具变量问题。IV-2SLS 估计结果表明,是否开通任意类别电子银行的系数为 0.622,在 1%的水平下显著。因此,无论是 OLS 回归,还是 IV-2SLS 回归,参与任意一类电子银行对家庭总消费均有显著促进作用。

表 20–2 中(3)(4)列分别报告是否使用任何一类电子银行对家庭恩格尔系数影响的 OLS 回归结果和 IV-2SLS 回归结果。参照以往文献,并结合第(4)列 DWH 检验结果,发现在此模型中不存在内生性问题,即 OLS 回归结果是无偏的。OLS 回归结果中,在 5%的显著性水平下,边际效应为–0.013,说明使用任意一类电子银行能够显著降低恩格尔系数,改善居民消费结构。

表 20–2　是否开通任意一类电子银行与家庭消费

解释变量	被解释变量:总消费		被解释变量:恩格尔系数	
	(1)	(2)	(3)	(4)
	OLS	2SLS	OLS	2SLS
Join	0.189***	0.622***	–0.013**	0.055
	(0.013)	(0.157)	(0.005)	(0.046)
Rural	–0.198***	–0.142***	–0.091***	–0.082***
	(0.020)	(0.025)	(0.007)	(0.008)

续表

解释变量	被解释变量：总消费		被解释变量：恩格尔系数	
	(1)	(2)	(3)	(4)
	OLS	2SLS	OLS	2SLS
Income	0.136***	0.119***	−0.007**	−0.009***
	(0.006)	(0.009)	(0.003)	(0.003)
Region	−0.046***	−0.042***	−0.019***	−0.018***
	(0.017)	(0.015)	(0.005)	(0.005)
Male	−0.043***	−0.037**	−0.005	−0.004
	(0.015)	(0.016)	(0.005)	(0.005)
Age	−0.005***	−0.0003	0.002***	0.003***
	(0.001)	(0.002)	(0.000)	(0.000)
Edu	0.017***	0.012***	−0.000	−0.001
	(0.003)	(0.002)	(0.001)	(0.001)
Health	−0.043***	−0.053***	0.026***	0.024***
	(0.011)	(0.012)	(0.004)	(0.005)
Fw	0.040***	0.017***	−0.002	−0.006**
	(0.005)	(0.010)	(0.002)	(0.003)
Risk	0.041***	0.031**	−0.000	−0.002
	(0.012)	(0.012)	(0.004)	(0.004)
House	−0.0001*	−0.000	(0.000)	0.000*
	(0.000)	(0.000)	(0.000)	(0.000)
Car	0.422***	0.365***	−0.081***	−0.090***
	(0.016)	(0.022)	(0.004)	(0.008)
Relatives	0.011***	0.010***	−0.001	−0.001
	(0.002)	(0.002)	(0.001)	(0.001)
Marriage	0.135***	0.141***	0.008	0.009
	(0.018)	(0.018)	(0.007)	(0.007)
Communist	0.004	−0.006	−0.012***	−0.014
	(0.014)	(0.015)	(0.004)	(0.005)
样本量	17940	17940	17939	17939
F 值/Wald chi2	438.66***	7975.95***	56.98***	872.33***
R^2	0.365		0.072	
第一阶段 F 值		395.686***		396.106***
DWH chi2(P 值)		8.465(0.004)		2.393(0.124)

注：表格中汇报的是边际效应，括号内为聚类到城市层面的稳健标准差，***、**、*分别代表1%、5%、10%水平下显著，下同。

(二)家庭电子银行使用广度、总消费及恩格尔系数

为研究电子银行使用广度对总消费及消费结构的影响，本节分别检验家庭电子银行开通种类数目对总消费和恩格尔系数的影响，估计结果如表 20–3 所示。第(2)列为两阶段工具变量回归结果，显著通过弱工具变量检验和内生性检验。电子银行开通种类数目的系数为 0.405，表明在 1% 显著性水平下，开通电子银行种类数目越多，家庭总消费水平越高。第(3)列中，电子银行开通种类的系数为–0.014，说明在 1% 的显著性水平下，电子银行开通种类数目的上升能够降低恩格尔系数，促进家庭消费结构升级。

表 20–3　家庭电子银行开通种类、总消费及恩格尔系数

被解释变量	总消费		恩格尔系数	
	(1)	(2)	(3)	(4)
	OLS	2SLS	OLS	2SLS
电子银行开通种类	0.105***	0.405***	–0.014***	0.034
	(0.006)	(0.078)	0.002)	(0.028)
控制变量	是	是	是	是
样本量	17940	17940	17939	17939
F 值/Wald chi2	458.27***	5902.35***	58.38***	855.29***
R^2	0.369		0.074	
第一阶段 F 值		312.333***		312.267***
DWH chi2(P 值)		15.355(0.000)		3.096
				(0.080)

注："Yes"表示模型中已控制户主的性别、年龄、教育程度、健康状况、金融知识水平、风险偏好、婚姻状况、是否为共产党员；家庭层面的变量包括家庭所在地区、家庭年收入、是否为农村家庭、家庭房产数量、是否有车、户主在本村/城市的有血缘关系的亲戚个数等变量，为节省篇幅，表中没有报告，下同。

(三)不同电子银行类别与总消费

接下来，分别研究网上银行、手机银行、电话银行、自助银行对总消费的影响。为准确估计每一类电子银行对家庭总消费的影响，本节进行样本清理，剔除参与二类及以上电子银行的样本，得到样本量 6533 个。回归模型中构建三个 0—1 虚拟变量，若虚拟变量 *dummy1*、*dummy2*、*dummy3* 值为 0，表示家庭参与自助银行；若虚拟变量 *dummy1* 取值为 1，表示家庭参与网上银行，虚拟变量 *dummy2* 取值为 1，表示家庭参与手机银行，虚拟变量 *dummy3* 取值为 1，表示家庭参与电话银行。*dummy1—dummy3* 的系数分别衡量了使用自助银行的家庭与使用网上银行、手机银行、电话银行家庭的消费差距。从

表 20–4 回归结果来看，相较于自助银行，参与网上银行及手机银行能够显著促进家庭消费，但电话银行与自助银行在影响家庭消费方面并无显著差距。

表 20–4　电子银行类别及总消费

	总消费	
	(1)	(2)
Dummy1	0.298***	0.085***
	(0.024)	(0.027)
Dummy2	0.213***	0.107**
	(0.052)	(0.048)
Dummy3	0.201	0.109
	(0.096)	(0.092)
控制变量	否	是
样本量	6533	4710
F 值/Wald chi2	60.76***	125.48***
R^2	0.0304	0.2511

（四）电子银行与各分项消费支出

进一步，为了探究四类电子银行对八项消费支出比例的影响，本节分别将四类电子银行对八项消费支出比例进行回归分析。表 20–5 的回归结果表明，开通或使用四类电子银行对居民衣着类支出、日用品类支出、文教娱乐类支出及其他类消费支出比例均有显著促进作用。但对于家庭居住类支出、交通通信类支出及医疗保健类支出分项，开通或使用电子银行对这三类消费支出比例的影响并不显著。这说明家庭居住类、交通通信类及医疗保健类等发展型消费需求已经基本得到满足，电子银行的使用更能够增加家庭文教娱乐等享受型消费支出比例，有助于居民实现消费升级。进一步分析，在居民衣着、日用品及文教娱乐等支出分项上，网上银行和手机银行的回归系数均大于电话银行和自助银行，可能的解释为网上银行和手机银行的使用，更加便利居民网络购物和网络支付，刺激居民增加这三类消费分项的支出。

表 20–5　电子银行与各分项消费支出

	网上银行	手机银行	电话银行	自助银行
Food	−0.035***	−0.039***	−0.042***	−0.003***
	(−0.005)	(−0.005)	(−0.006)	(−0.005)
Cloth	0.004***	0.003***	0.002	0.003***
	(−0.001)	(−0.001)	(−0.002)	(−0.001)

续表

	网上银行	手机银行	电话银行	自助银行
Living	−0.004	−0.004	0.001	−0.005**
	(0.003)	(−0.003)	(−0.005)	(−0.003)
Daily	0.012***	0.012***	0.009***	0.002*
	(−0.001)	(−0.002)	(−0.003)	(−0.001)
Tran/Com	−0.003	0.003	0.002	0.004**
	(−0.003)	(−0.003)	(−0.006)	(−0.002)
Edu/Amu	0.024***	0.018***	0.016***	0.011***
	(−0.003)	(−0.003)	(−0.005)	(−0.003)
Med	−0.004	−0.002	0.003	−0.014***
	(−0.004)	(−0.004)	(−0.005)	(−0.004)
Other	0.002***	0.005***	0.006***	0.000
	(0.000)	(−0.001)	(−0.001)	(0.000)

注：探究电子银行对各项消费支出比例的影响问题，若使用 IV-2SLS 回归，DWH 检验结果表明不存在内生性问题，因此上述结果均为 OLS 回归结果。

六、机制分析

由于数据可得性问题，本节将从电子银行能够便利居民支付、降低交易成本和促进家庭资产配置多样性三个角度，探究电子银行通过为居民提供更加便捷的金融服务，进而刺激家庭消费的理论机制。调查问卷中有关电子银行使用用途的问题分别为"您家使用网上银行的主要用途是？"和"您家使用手机银行的主要用途是？"。统计结果表明家庭使用网上银行的主要用途前三名依次是网上购物电子支付、账户间转账、向支付宝等第三方支付平台转账；家庭使用手机银行的主要用途前三名依次是账户间转账、缴纳各类生活用费、向支付宝等第三方支付平台转账。可以看出，网上银行和手机银行能够改变居民现金交易习惯，便利支付是居民选择使用电子银行的主要原因。为进一步验证电子银行的便利居民支付机制，我们首先探讨电子银行是否能够刺激居民网络购物。前文研究结果表明，相比电话银行和自助银行，网上银行和手机银行更能显著促进家庭消费，并且这两类电子银行业务类型覆盖面最广、居民使用频率最高。因此，下文将从电子银行使用广度(电子银行开通种类)、网上银行及手机银行三个角度分别进行考察。表 20–6 为实证结果，可见电子银行开通种类的提升、网上银行及手机银行的使用均能够显著增加消费者网购支出，进而提升家庭总消费水平。家庭因为网络支付便利性和网上商品多样性选择网购，而支付便利是通过手机银行、网上银行等形式实现的。因此我位得出结论，电子银行能够通过便利支付机制促进居民消费，这也与已有文献（易行健和周利，2018）的研究结论一致。

表 20–6　电子银行与家庭消费：机制分析一

被解释变量	网购支出（2SLS）		
	(1)	(2)	(3)
电子银行开通种类	0.331*** (0.109)		
网上银行		1.526** (0.694)	
手机银行			1.039*** (0.404)
控制变量	是	是	是
样本量	4994	4994	4994
Wald chi2	948.79***	577.21***	902.61***
一阶段 F 值	76.025***	16.239***	17.849***
DWH chi2（P 值）	1.632 (0.203)	2.747 (0.099)	2.018 (0.157)

调查问卷中有关消费者享受金融服务成本的问题为"您估计多少分钟可以到达最近的银行服务机构？"。到达最近银行服务机构所需时间越长，则消费者享受金融服务需要付出的交通成本和时间成本越高。共有 5884 个家庭回答此问题，消费者到达最近银行服务机构的平均路程时间为 23.81 分钟。本节按照消费者到达银行服务机构所需时间将样本平均分为 2 组，即高交易成本组及低交易成本组，实证结果如表 20–7 所示，电子银行开通种类、网上银行及手机银行对低交易成本家庭消费的边际影响依次是 0.135、0.251 及 0.251，而对高交易成本家庭消费的边际影响依次是 0.139、0.337 及 0.335，可以看出电子银行对承受高交易成本家庭的消费促进作用更加显著。因此可以得出结论，相对于成本较高的传统金融服务方式，电子银行通过拓展居民消费交易的时间和空间，降低居民往返银行的交通成本及时间成本，提高居民的金融可及性，促进了居民消费。

表 20–7　电子银行与家庭消费：机制分析二

家庭收入分组	因变量	电子银行开通种类系数	样本量	家庭是否开通网上银行系数	样本量	家庭是否开通手机银行系数	样本量
低交易成本群体	总消费	0.135*** (0.021)	2288	0.251*** (0.048)	2288	0.251*** (0.060)	2288
高交易成本群体	总消费	0.139*** (0.030)	2272	0.337*** (0.087)	2272	0.335*** (0.102)	2272

多样化的资产配置能够降低资产组合的风险(Fama,1976),因此持有多样化资产配置的家庭能够分散风险,降低风险预期,进而提高消费支出水平。罗兰(1999)指出交易费用的提高会降低家庭投资组合的多样性,而范尼沃堡和维尔德坎普(2009)发现投资者持有较少种类资产的原因是高昂的信息成本。网上银行和手机银行能够为居民提供更加便捷的金融资产购买渠道,并提供与居民盈利需求、安全需求、流动需求相匹配的金融产品,提高家庭各类金融资产的可及性,为家庭带来更多能够选择的资产类型,增加家庭金融资产配置的多样性,降低家庭财产性收入的不确定性,进而促进家庭消费。为验证此作用机制,本节参照阿布雷乌(2010)的方法,通过家庭持有金融资产种类数目考察家庭金融资产配置的多样性。问卷中金融资产类型包括活期存款、定期存款、股票、基金、金融理财产品、金融衍生品、非人民币金融资产及贵金属。表 20–8 给出了参与电子银行对家庭配置金融资产种类的影响。可以看出,电子银行能够显著提高家庭金融资产配置多样性,降低家庭收入的不确定性,进而促进家庭消费支出。

表 20–8 电子银行与家庭消费:机制分析三

被解释变量	家庭配置金融资产种类		
	(1)	(2)	(3)
电子银行开通种类	0.357^{***} (0.072)		
网上银行		1.608^{***} 0.429)	
手机银行			1.460^{***} (0.452)
控制变量	是	是	是
样本量	17940	17940	17940
Wald chi2	1412.36^{***}	1212.86^{***}	1115.65^{***}
一阶段 F 值	312.333^{***}	90.1741^{***}	149.682^{***}
DWH chi2(P 值)	9.837(0.002)	11.759(0.001)	7.402(0.007)

第三节 电子银行、金融便捷影响居民消费的异质性分析及稳健性检验

一、消费者风险偏好的异质性分析

为探究电子银行对不同风险偏好消费者的异质性作用,本节赋值"风险偏好者"为

"1"，"风险规避者"为"0"，并分别加入电子银行开通种类、网上银行及手机银行与"风险偏好者"的交乘项。回归结果如表 20–9 所示，（1）（2）（3）列分别报告了电子银行开通种类、网上银行及手机银行对不同风险偏好消费者总消费的异质性影响，交叉项系数分别为–0.304、–1.813、–2.319，均在 1%水平下显著为负，表明电子银行对风险规避者总消费的促进作用更加明显。可能的解释是，风险规避者对未来不确定因素关注较多，受到黏性效应、习惯效应及耐久效应的影响更大，为应对未来不确定性，风险规避者消费支出较少。因此，相较于风险偏好者，开通或使用电子银行更能够缓解风险规避者的预算约束，提升其总消费水平。第（4）（5）（6）列分别报告了电子银行开通种类、网上银行及手机银行对不同风险偏好消费者恩格尔系数的异质性影响，交乘项系数均不显著，表明电子银行在促进消费者消费升级方面，风险偏好者与风险规避者并无显著性区别。

表 20–9　电子银行与家庭消费：风险偏好的异质性

被解释变量	总消费（2SLS）			恩格尔系数（OLS）		
	(1)	(2)	(3)	(4)	(5)	(6)
电子银行开通种类	0.505***			–0.014***		
	(0.110)			(0.002)		
电子银行开通种类*风险偏好者	–0.304***			–0.001		
	(0.084)			(0.004)		
网上银行		2.526***			–0.036***	
		(0.592)			(0.006)	
网上银行*风险偏好者		–1.813***			0.003	
		(0.461)			(0.009)	
手机银行			2.874***			–0.039***
			(0.634)			(0.005)
手机银行*风险偏好者			–2.319***			0.0002
			(0.549)			(0.010)
控制变量	是	是	是	是	是	是
样本量	17940	17940	17940	17939	17939	17939
F 值/Wald chi2	6881.05***	3737.05***	3746.56***	55.28***	54.24***	59.47***
R^2				0.074	0.074	0.074
一阶段 F 值	231.042***	84.900***	86.207***			
DWH chi2（P 值）	15.351	16.675	26.427			
	(0.0001)	(0.0001)	(0.000)			

　　注：研究电子银行对家庭恩格尔系数的影响，均无法通过 DWH 内生性检验，故不存在内生性问题，因此仅报告 OLS 回归结果；研究电子银行对家庭总消费的影响，DWH 内生性检验结果显示 P 值均为 0.000，故内生性问题严重，限于篇幅，仅报告 IV–2SLS 回归结果，下同。

二、消费者金融知识水平的异质性分析

米勒等(2009)指出金融知识水平会显著影响家庭对金融业务的使用。因此，金融知识水平不同的消费者对电子银行业务的掌握情况也不尽相同。为验证电子银行对不同金融知识水平消费者的异质性影响，本节选择"是否上过金融课程"作为金融知识水平的代理变量进行实证检验，回归结果如表20–10所示。(4)(5)(6)列结果显示，相较于没有上过金融课程的家庭，电子银行开通种类、网上银行及手机银行对上过金融课程家庭的恩格尔系数影响更大，也证实电子银行更能够帮助高金融知识水平群体实现消费升级的结论。可能的解释为，对于高金融知识水平群体，其对电子银行产品及内容的接受程度更高，使用电子银行频率更高、使用范围更广，进而刺激家庭发展型消费和享受型消费。

表 20–10　电子银行与家庭消费：金融知识水平(是否上过金融课程)异质性

被解释变量	总消费(2SLS)			恩格尔系数(OLS)		
	(1)	(2)	(3)	(4)	(5)	(6)
电子银行开通种类	0.461*** (0.089)			−0.012*** (0.002)		
电子银行开通种类* 上过金融课程	−0.291*** (0.070)			−0.009* (0.005)		
网上银行		2.126*** (0.444)			−0.031*** (0.005)	
网上银行*上过金融课程		−1.551*** (0.347)			−0.022** (0.010)	
手机银行			2.359*** (0.473)			−0.033*** (0.005)
手机银行*上过金融课程			−1.948*** (0.423)			−0.017* (0.009)
控制变量	是	是	是	是	是	是
样本量	19449	19449	19449	19448	19448	19448
F 值/Wald chi2	6552.28***	3072.95***	4200.06***	77.14***	64.85***	79.20***
一阶段 F 值	277.775***	95.459***	117.499***			
DWH chi2 (P 值)	17.813 (0.000)	19.729 (0.000)	29.239 (0.000)			

因此，电子银行更能够帮助高金融知识水平群体实现消费升级。(1)至(3)列显示，对于没有上过金融课程的家庭，电子银行开通种类、网上银行及手机银行对其总消费影响更大。可能的原因是，低金融知识水平群体对传统金融产品及业务了解不足，风险偏好较低，金融产品投资期限较长，面临更大的流动性约束和信贷约束，使用电子银行能够缓解其流动性约束，进而促进消费。

三、城乡异质性分析

我国属于城乡二元结构，城市与农村拥有的要素禀赋极为不同，经济发展水平也具有显著差异(张宗斌等，2019)。相较于农村地区，城镇地区基础设施和社会保障更加完善，城镇居民可支配收入更高，对电子银行等新兴事物的接受能力更强，能够更有效率地利用各类互联网金融工具规划自身消费，而农村地区的消费习惯和消费意识可能会更加固化，因此，电子银行对城乡家庭消费具有异质性影响。如表 20–11 所示，家庭总消费，电子银行开通种类、网上银行及手机银行分别与农村居民产生交乘项的系数依次为 –0.203、–1.242 和–1.540，均在 1% 的水平下显著为负；家庭恩格尔系数在 1% 的显著性水平下，与前述变量的交乘项系数依次是 0.026、0.058 和 0.077。这说明电子银行更能够显著促进城镇家庭消费和帮助城镇家庭实现消费升级。

表 20–11　电子银行与家庭消费：城市农村异质性

被解释变量	总消费(2SLS)			恩格尔系数(OLS)		
	(1)	(2)	(3)	(4)	(5)	(6)
电子银行开通种类	0.426***			–0.017***		
	(0.084)			(0.002)		
电子银行开通种类*农村居民	–0.203***			0.026***		
	(0.066)			(0.005)		
网上银行		1.804***			–0.042***	
		(0.371)			(0.005)	
网上银行*农村居民		–1.242***			0.058***	
		(0.312)			(0.014)	
手机银行			2.055***			–0.046***
			(0.388)			(0.005)

续表

被解释变量	总消费(2SLS)			恩格尔系数(OLS)		
	(1)	(2)	(3)	(4)	(5)	(6)
手机银行* 农村居民			−1.540*** (0.349)			0.077*** (0.015)
控制变量	是	是	是	是	是	是
样本量	17940	17940	17940	17939	17939	17939
F 值/Wald chi2	5337.54***	2820.12***	2771.91***	62.85***	60.88***	62.81***
一阶段 F 值	212.886***	88.910***	128.323***			
DWH chi2 (P 值)	15.337 (0.000)	16.933 (0.000)	26.356 (0.000)			

四、消费者收入水平的异质性分析

接下来我们探讨电子银行对不同收入水平的消费者是否有异质性影响。为解决这一问题，本节将样本家庭按照收入由低到高排序，分为低收入水平组及高收入水平组。表20-12 的回归结果表明，对于两组家庭样本，使用电子银行均能够显著增加家庭总消费。进一步分析，T 检验结果显示回归系数在高低收入组之间存在显著差别，且低收入组的三项回归系数均高于高收入组，这说明随着家庭收入的提升，电子银行对总消费的边际影响逐渐下降。这与已有研究结论一致，高收入阶层受到的流动性约束较弱，数字普惠金融对其消费的促进作用较为有限。我国经济迅速增长的同时，很大一部分家庭进入高

表 20-12　电子银行与家庭消费：收入水平异质性

	低收入组	高收入组
电子银行开通种类的系数	0.119***(−0.009)	0.081***(−0.006)
样本量	8848	9092
T检验	12.91(−0.0003)	
家庭是否开通网上银行系数	0.232***(−0.022)	0.158***(−0.015)
样本量	8848	9092
T检验	8.56(−0.003)	
家庭是否开通手机银行系数	0.274***(−0.026)	0.158***(−0.016)
样本量	8848	9092
T检验	14.79(0.000)	

收入阶层，但我国的收入分配结构中，中低收入家庭仍占据很大比例，收入分配十分不均衡。（臧旭恒等，2020）相较于高收入家庭，低收入家庭受到更大的流动性约束，电子银行不仅能够提供"快贷"等一键贷款业务，也提供装修贷款、汽车贷款、医疗贷款及教育贷款等多种贷款品种，满足家庭多样化的贷款需求，降低贷款人贷款门槛，简化其贷款办理手续，缓解低收入家庭流动性约束，进而促进家庭消费。

五、稳健性检验

稳健性检验1：以发展型消费占比及享受型消费占比衡量家庭消费结构

马克思和恩格斯将消费资料划分为生存资料、发展资料及享受资料。已有较多文献也以此为根据将消费行为划分为生存型消费、发展型消费及享受型消费。上文仅使用恩格尔系数衡量家庭消费结构有一定的局限性。接下来，我们将分别使用发展型消费占总消费比例及享受型消费占总消费比例衡量家庭消费结构，进而探究电子银行对家庭消费升级的影响。发展型消费是指消费者以自身发展为目的而进行的消费，本节发展型消费包括交通支出、通信支出、购买交通工具及零部件支出和教育培训支出；享受型消费是指消费者以自身享乐为目的而进行的消费，本节享受型消费包括娱乐支出、购买奢侈品支出、旅游支出及医疗保健支出。实证结果如表 20–13 所示，在 1%的显著性水平下，电子银行开通种类、网上银行及手机银行均能够增加家庭享受型消费占比，但网上银行及手机银行对家庭发展型消费占比影响并不显著，这与前文研究结论一致。

表 20–13　稳健性检验 1：以发展型消费占比及享受型消费占比衡量家庭消费升级

被解释变量	发展型消费占比			享受型消费占比		
	(1)	(2)	(3)	(4)	(5)	(6)
电子银行开通种类	0.003**			0.005***		
	(0.001)			(0.002)		
网上银行		0.002			0.018***	
		(0.004)			(0.004)	
手机银行			0.004			0.019***
			(0.004)			(0.004)
控制变量	是	是	是	是	是	是
样本量	17940	17940	17940	17918	17918	17918
F 值/Wald chi2	175.06***	174.15***	174.05***	97.42***	94.79***	101.99***

稳健性检验 2：更换风险偏好变量

本节更换风险偏好代理变量，以验证结果的稳健性。CHFS 调查问卷中另一关于风险偏好的问题是，"如果您有一笔资金用于投资，您最愿意选择哪种投资项目？"。我们将选择"高风险、高回报的项目"和"略高风险、略高回报的项目"的样本视为风险偏好者；将选择"平均风险、平均回报的项目"的样本视为风险中性者；将选择"低风险、低回报的项目"和"略低风险、略低回报的项目"的样本视为风险规避者。表 20-14 是关于消费者风险偏好的描述性统计，可以看出，消费者风险偏好越大，开通电子银行的意愿越大。进一步，如表 20-15 所示，电子银行开通种类、手机银行及网上银行的系数由高到低排列，依次为风险规避者、风险中性者和风险偏好者，证实前文结论，电子银行对风险规避者总消费的促进作用更加显著。

表 20-14　关于消费者风险偏好的描述性统计

	开通网上银行	开通手机银行	开通电话银行	开通自助银行
风险偏好消费者	49.266%	33.307%	13.78%	52.124%
风险中性消费者	43.925%	25.442%	8.700%	51.933%
风险规避消费者	16.738%	9.292%	3.231%	33.597%

表 20-15　稳健性检验 2：更换风险偏好变量

	总消费(2SLS)								
	风险偏好者			风险中性者			风险规避者		
	(1)	(2)	(3)	(1)	(2)	(3)	(1)	(2)	(3)
电子银行开通种类	0.264*** (0.068)			0.422*** (0.146)			0.458*** (0.092)		
网上银行		0.710*** (0.269)			1.890*** (0.715)			2.467*** (0.573)	
手机银行			0.824*** (0.307)			1.807*** (0.614)			2.969*** (0.598)
控制变量	是	是	是	是	是	是	是	是	是
样本量	1914	1914	1914	3700	3700	3700	12060	12060	12060
F 值/Wald chi2	810.04***	819.89***	680.78***	1556.00***	866.20***	1081.58***	3169.23***	1415.95***	1579.05***
一阶段 F 值	101.235***	53.031***	63.436***	66.947***	22.153***	32.168***	207.703***	49.143***	71.363***
DWH chi2 (P 值)	5.840 (0.017)	3.040 (0.083)	4.373 (0.038)	7.779 (0.006)	8.930 (0.003)	16.657 (0.000)	15.427 (0.000)	18.487 (0.000)	28.670 (0.000)

稳健性检验 3：以答对金融问题的个数衡量金融知识水平

衡量户主金融知识水平的问题共有 3 个，分别考查"利率计算""通货膨胀"和"投资风险"。本节以答对问题个数定义金融知识水平，答对 0、1、2、3 道题的消费者被分别定义为低金融知识消费者、较低金融知识消费者、较高金融知识消费者和高金融知识消费者。表 20-16 描述了不同金融知识水平消费者开通电子银行的比例，我们可以看到，随着消费者金融知识水平的提升，开通各类电子银行的消费者比例也逐渐上升。这与已有研究结果相符，如肖作平等(2012)发现，人力资本是影响家庭是否参与金融市场的潜在因素。

表 20-16　金融知识的描述性统计

	开通网上银行	开通手机银行	开通电话银行	开通自助银行
低金融知识消费者	7.406%	4.453%	1.405%	22.675%
较低金融知识消费者	25.603%	15.043%	5.298%	42.151%
较高金融知识消费者	36.557%	21.750%	7.705%	46.776%
高金融知识消费者	53.597%	32.951%	11.679%	54.745%

虽然已明确金融知识水平的提升显著提高了家庭开通电子银行的比例，但对于不同金融知识水平的家庭，开通或使用电子银行对家庭消费的促进效果是一样的吗？对这一问题的研究结果如表 20-17 所示。对于任何一组样本，电子银行均显著促进家庭总消费，并显著降低家庭恩格尔系数。随着金融知识水平的提高，电子银行开通种类、网上银行和手机银行对恩格尔系数的边际影响逐渐增加，表明电子银行更有助于高金融知识水平群体实现消费升级。

表 20-17　稳健性检验 3：更换金融知识水平变量

金融知识水平分组	因变量	电子银行开通种类系数	家庭是否开通网上银行系数	家庭是否开通手机银行系数	样本量
低金融知识消费者	总消费	0.299** (0.137)	1.536* (0.794)	2.796** (1.207)	4817
	恩格尔系数	−0.005 (0.006)	−0.022* (0.013)	−0.022 (0.017)	4817

续表

金融知识 水平分组	因变量	电子银行开通 种类系数	家庭是否开通网上 银行系数	家庭是否开通手机 银行系数	样本量
较低金融 知识消费者	总消费	0.419*** (0.077)	1.694*** (0.409)	1.752*** (0.341)	6968
	恩格尔 系数	−0.014*** (0.003)	−0.028*** (0.007)	−0.035*** (0.008)	6968
较高金融 知识消费者	总消费	0.474*** (0.107)	2.201*** (0.538)	2.296*** (0.739)	4593
	恩格尔 系数	−0.015*** (0.003)	−0.038*** (0.009)	−0.043*** (0.006)	4592
高金融知识 消费者	总消费	0.443*** (0.083)	2.157*** (0.627)	1.767*** (0.373)	1562
	恩格尔 系数	−0.015*** (0.005)	−0.041*** (0.012)	−0.029*** (0.010)	1562

稳健性检验 4：PSM 倾向匹配得分法

本节以是否使用任意一类电子银行作为分组标识变量，利用基于反事实框架的倾向匹配得分法(Propensity Score Matching, PSM)进行稳健性检验，倾向得分匹配法的核心是尽量用相似特征的实验组和对照组进行比较，以减少估计偏误。本节以未参与电子银行的家庭作为控制组，参与电子银行的家庭作为实验组，选取基准回归中所有的控制变量作为协变量，平均处理效应(the Average Effect of the Treatment on the Treated，ATT)则是参与任意一类电子银行家庭的消费差异。估计结果如表 20-18 所示，可以看出，是否参与任意一类电子银行的系数均为正值，且在 5%水平下显著，说明电子银行能够促进家庭总消费。

表 20-18　稳健性检验 4：PSM 倾向匹配得分法

匹配方法	处理组	控制组	ATT	标准差	t 值
最小近邻匹配(1：1)	11.005	10.832	0.174**	0.022	7.93
最小近邻匹配(1：2)	11.005	10.830	0.175**	0.020	8.94
最小近邻匹配(1：4)	11.005	10.830	0.176***	0.019	9.44

本章小结

近年来，电子银行凭借效率高、操作简单、不受时空限制等独特优势迅速发展。本章基于中国家庭金融调查数据，选择工具变量，就电子银行对我国异质性消费者行为的影响进行了理论分析和实证检验。研究发现，电子银行能够显著增加家庭消费，并降低家庭恩格尔系数。进一步，基于异质性消费者角度，电子银行对风险规避者、低金融知识水平和低收入水平家庭的消费促进作用更加显著。

本节研究结果表明，推广电子银行，特别是在低收入、低金融知识群体间推广电子银行，使他们可以获得更加便捷的金融服务，进而促进居民消费和实现消费结构升级。相关政策建议如下：第一，加大电子银行宣传力度，提升居民电子银行使用率。金融监管总局、银行业协会、各大商业银行应加强向消费者宣传有关电子银行的基础知识，减少居民对电子银行业务的安全忧虑。第二，特别需要关注低收入群体、低金融知识群体和风险规避群体，开通其电子银行的同时，教会其使用方法，提高消费者电子银行的使用频率。第三，鼓励金融机构进行业务创新，关注消费者的金融消费体验，适当简化电子银行操作流程，完善金融服务，提高消费者满意度。

尾　篇

第二十一章 促进经济增长内生动力的结论及政策建议

第一节 结论

党的十九届五中全会提出："形成强大国内市场，构建新发展格局。坚持扩大内需这个战略基点，加快培育完整内需体系，把实施扩大内需战略同深化供给侧结构性改革有机结合起来，以创新驱动、高质量供给引领和创造新需求。要畅通国内大循环，促进国内国际双循环，全面促进消费，拓展投资空间。"本书基于我国经济重大结构性失衡的事实，以扩大内需作为战略基点，以对更符合现实的异质性消费者的行为分析为切入点，以深化公共制度改革、产业政策改革等供给侧结构性改革为主攻方向，以努力提升经济增长内生动力为主要目标，形成了一系列研究成果，得出了较为丰富的结论。

一、关于经济增长和异质性消费者现状的梳理结论

本书梳理总结了我国经济增长格局、居民消费及消费环境、家庭资产及财富的现状。我国居民消费率总体仍处于较低水平，消费总量有待扩大，消费倾向有待提高，消费结构也不尽合理。家庭资产呈现规模增长和结构多元化趋势，但住房仍是我国家庭资产最重要的组成部分，住房价格提高、购房贷款增加也是影响我国居民消费的重要因素。而面对新时代、新矛盾、新形势，应加强消费对经济发展的基础性作用，释放消费拉动经济增长的潜力，优化需求侧结构，促进供给侧结构性改革。随着居民收入预期不断下降，加之养老、教育、医疗等花费日益昂贵，居民消费欲望受到压抑，消费潜力难以有效释放。虽然近些年社会保障政策不断完善，但是来自教育与医疗体制改革的不确定性仍然是居民进行预防性储蓄的重要动机。

二、关于异质性消费者行为界定的相关研究结论

本书从异质性禀赋、异质性偏好两方面探讨了异质性家庭的消费行为。其中异质性禀赋方面，我们从家庭收入水平及结构、家庭资产规模及结构、信息获取、人口结构的视角下探讨了异质性消费者行为。家庭在不同方向收入冲击下消费的反应是非对称的，且程度会因家庭资产流动性不同而存在差异。资产对家庭消费的影响更为复杂，我们将其总结为四个方面。其一，从资产流动性角度看，资产流动性对消费平滑能力以及流动性约束具有显著影响，且住房资产会扩大不同家庭所面临的流动性约束程度差异，这一现象来源于有房与无房消费者面临的不确定性差异及其引致的预防性储蓄比例差异。其二，从住房资产财富效应角度看，相比于无房消费者而言，有房消费者财富效应显著增加，有助于消费水平的提高，其中多套房消费者的财富效应显著高于一套房消费者。其三，从中介效应角度看，房价上涨会通过增加可支配收入和降低储蓄率对有房家庭消费产生促进作用，但房价上涨速度的加快则会通过增加储蓄率和降低可支配收入抑制住房财富效应。其四，从其他效应的角度看，家庭资产对居民消费有明显的"资产效应"和"财富效应"，住房资产的"直接财富效应"是影响居民消费升级的主要作用渠道，而"抵押担保效应"渠道作用有限。其五，人口结构方面，养老负担和扶幼负担越重，对子女质量期望越高的家庭，消费被挤出得越多。与养老负担相比，扶幼负担对家庭消费的影响更大。同时，养老与扶幼行为存在交互作用，且扶幼消费会挤出养老消费。

异质性偏好方面，我们主要从习惯形成、不确定性、代际交互与社会网络等方面展开分析。习惯形成方面，我国城镇居民消费具有显著的习惯形成特征，且习惯形成参数具有明显的动态性和地域异质性，其影响机制具体表现为当外生不确定冲击发生时，习惯形成参数随之增大，促使居民减小边际消费倾向，而在不确定影响弱化后，增大的习惯形成参数又会抑制边际消费倾向的回升，在两者的相互制约下，边际消费倾向最终降低。对社会网络的研究表明，社会网络整体上对农村居民消费存在正向影响，同时，与亲戚交往联络和邻里关系消费效应相比，依托邮电通信形成的关系网络，呈现出更高的消费效应。

三、异质性消费者导向下的企业行为及产业优化路径相关研究结论

异质性消费者会给企业行为带来不同的导向性影响。我们首先在混合双头垄断模型下研究内生的水平产品差异化，在模型中，以福利最大化为目标的公有企业与以利润最

大化为目标的私有企业竞争。研究结果表明，只要产品差异化方面的投资足够有效，产品差异化就会出现。在古诺竞争模型下，以最大化社会福利为目标的公有企业始终具有更大的产品差异化动机，并且产品间的差异在混合双头垄断中比在私人双头垄断中更大；在伯川德竞争模型下亦然。因此，与私有双头垄断模型相比，该模型中公有企业的加入产生了截然不同的结果。考虑寡头垄断的市场情形时，我们发现在非对称斯塔克尔伯格寡头垄断模型中，单位税下，低效率追随者数量的增加会伤害消费者，但对消费者福利的损害不如古诺竞争下的严重；从价税下，除了低效率追随者的进入外，有效领导者数量的增加也可能对消费者造成伤害。也就是说，单位税下的消费者福利要比从价税下更高。这一结果为制定有效的竞争政策、维护正常的市场环境提供了重要的理论参考。

其次，在微观企业产品策略层面，我们的研究表明为了减少需求的不确定性，从而提高预期利润总额，零售企业会在考虑异质性消费者的决策过程后，决定是否采用预售。零售企业实施预售并不总是最优的。边际成本存在一个阈值，超过该阈值，零售商将不接受预订。数值实验表明，模型的一些重要参数对零售商的预售决策有一定的影响。

当企业以二维异质性（产品吸引力和生产率）为基础，在产品市场中进行竞争时，产品吸引力和生产率都对企业的出口市场份额有重要影响。总体而言，需求指数越高或者生产率越高的企业越容易出口。在出口零利润的条件下，需求指数和生产率之间存在一定权衡。在一般情况下，需求指数和生产率在企业出口决策中的相对重要性依赖于市场的产品差别化程度和提高需求指数的边际成本。市场的产品差别化程度越高或者增加产品吸引力的边际成本越小，需求指数在出口决策中的作用越大。

整体上看，产业结构优化升级能显著促进家庭消费结构升级。但异质性研究发现，这一效应对处在低层次消费水平上的家庭而言并不显著，只有家庭的消费水平达到中高层次，产业结构升级才会对消费结构升级具有显著促进作用。随着分位数水平提高，产业结构升级对家庭消费结构升级的影响逐渐增加，即产业结构升级对拥有更高层次消费结构家庭的影响更强。

四、公共制度供给优化与异质性消费者行为的相关研究结论

在税制改革方面，以 2011 年的个人所得税改革为节点的研究显示，有效的税制改革能够使居民实际税收负担整体降低，税负结构得到优化，可支配收入增加，从而对家庭消费的提高产生显著的影响。同时，虽然直接税占比较高的税制结构相对而言更优，但直接税也是居民比较容易直观感受到的税种，如果贸然通过提高个税税负来增加直接税占比，反而会对居民消费产生挤出效应。并且跟税制结构调整对消费带来的促进效应相

比，居民整体税负增加而对消费产生的负向影响要更为显著。因此政府在逐渐调节税制结构的过程中，首先要保证居民整体税负水平逐步下降或者至少保持稳定，其次要充分发挥直接税的调节收入分配作用，通过改革使中低收入特别是低收入人群承担的直接税税负水平下降，这样既能调节我国的税制结构，使其向更良性的方向发展，也能同时兼顾居民消费的增长，达到进一步释放居民消费潜力的目的。

在居民杠杆率增长快、资产流动性不足、信贷渠道发挥的作用相对有限的背景下，以 LPR 为基础的贷款定价方式的转换不仅有助于优化居民的跨期消费决策，缓解其偿债压力，从而强化直接利率效应，还可以通过提升企业经营效率来增加居民收入，加强间接收入效应。这不仅刺激了居民的消费需求，还兼顾了金融稳定的货币政策目标。

基于代际扶持及医疗保险的研究表明，父辈参加医疗保险的子代家庭消费显著高于父辈没有参加医疗保险的子代家庭消费，处理组比控制组家庭消费显著提高 18%左右。通过对样本进一步的细分研究发现，医疗保险对消费的影响存在显著的城乡差异，城市家庭中父辈有保险的子代家庭消费比父辈没有保险的子代家庭消费平均提高近 30%，农村家庭中这一效应则并不显著。通过按照性别和城乡细分样本我们还发现，父辈医疗保险情况对成年子女家庭消费的影响也表现出了明显的城乡间性别差异和区域差异。首先，女儿与儿子所承担的养老负担在城乡间表现出显著差异，城市中父代有保险的女儿家庭消费比没有保险的家庭消费平均提高 53%，儿子的家庭消费则只相应提高 40%，也就是说，父辈医疗保险的情况对女儿的影响大于对儿子的影响，或者说女儿在家庭养老中承担的责任高于儿子。其次，东部地区家庭中父辈有保险的子代家庭消费比没有保险的子代家庭消费平均提高近 27%，中西部家庭中，这一差异则并不显著。最后，按年龄段分组回归的结果显示，父辈有医疗保险的成年子女中， 45—55 岁的子女家庭消费所受的影响最为显著。整体而言，医疗保险可以在一定程度上替代"家庭养老"，减轻子代家庭的养老负担，对子代家庭消费具有溢出效应。除此之外，老人健康状况同样显著影响家庭总消费与家庭净消费。老人健康状况越差且数量越多，家庭对老人的赡养负担越重，进行预防性储蓄的动机越强，家庭消费被挤出得越多。这一效应并未表现出明显的城乡差异，但在不同收入等级的家庭存在异质性，与低收入家庭相比，老人健康状况对高收入家庭的消费影响更大。

在养老保险发展、多轨制和制度并轨改革对居民消费的影响方面，我们主要得到以下结论：提高城职保的养老金替代率和覆盖率可显著促进城镇居民消费，提高城乡居保的覆盖率则可显著促进农村居民消费。由于养老保障水平的差距，城职保的消费效应强于城乡居保，我国养老保险"多轨制"显著引起了不同参保家庭间的消费差距，特别是城乡居民的消费差距。与新农保相比，城居保、企职保及机关事业单位养老保险模式分别显著增加了家庭人均消费支出的 6.2%、13.3%和 17.5%，影响机制为收入效应和预期效应。异质性分析结果表明，在消费支出水平较低、食品消费、低收入阶层、不确定性大、农村和中西部地区等分样本中，"多轨制"引起的不同参保家庭消费差距更大。此外，机关事业单位养老保险制度改革对城镇居民消费的影响不显著，而城乡居保制度并轨加强了提高养老保险覆盖率对农村居民消费的促进作用。我国社会养老保险制度并轨改革的政策效应尚未充分显现，改革任重道远。

通过构建简化的人口老龄化对居民消费倾向非线性影响的理论模型，我们从不同角度证明了中国人口老龄化对居民消费倾向存在显著的非线性影响，且影响方向与影响程度依赖于养老保险发展的门槛值。这在一定程度上解答了目前学界关于人口老龄化对居民消费影响的争论。同时，养老保险发展阈值并不稳定，这种门槛效应存在显著的区域与消费结构异质性。养老保险发展门槛值由东向西逐渐递减，与经济发展程度和人口老龄化程度的区域分布一致。这意味着，提升同样程度的养老保险支出水平与养老保险覆盖率更能够促进经济发展落后与人口老龄化严重地区的居民消费，且更能够促进发展型与享受型消费倾向的提升。

在经济政策不确定性方面，我们利用时变参数向量自回归(TVP-VAR)模型考察了经济政策不确定性对城镇居民消费支出的动态冲击影响，以及经济政策不确定性情形下消费者信心的潜在消费效应。研究发现，经济政策不确定性对消费支出冲击呈现出明显时变特征，但总体上产生的是正向冲击效应。在期初，经济政策不确定性会诱致消费者信心持续减低，但随着经济主体对经济政策冲击的充分感知和适应，经济政策不确定性变动对消费者信心的不利冲击会有所缓解。此外，不同事件时点上经济政策不确定性对城镇居民消费的冲击呈现分异趋势。

五、消费金融环境优化与异质性消费者行为的相关研究结论

消费金融环境的优化会通过提高居民金融素养、缓解居民流动性约束、提供风险保障、财富效应等渠道影响居民消费，具体如下：

在金融素养对居民消费的影响方面，消费者金融素养的提升整体上有助于促进居民消费支出的提升，可能的原因在于金融素养的提升有利于提高消费者履约能力和信用水平，从而使其更有可能申请到贷款，同时也有助于个体制定理性的投资计划，加快家庭财富积累过程。异质性分析显示，低收入家庭金融素养的消费效应整体上要高于高收入家庭，即提升低收入群体金融素养水平能够释放更大消费潜力。此外，相较于其他消费支出，金融素养对通信支出、医疗保健支出影响更大，特别是在消费高分位点上，金融

素养对通信、医疗保健、文化娱乐等消费支出的影响更为明显。

在消费信贷通过缓解流动性约束进而促进消费方面，消费信贷对农村居民消费支出的影响要明显高于其对城镇居民消费支出的影响。农村居民不仅收入波动相对较大，而且缺乏有效抵押产品，加之农村金融市场发育程度较低，金融资源在农村地区集聚诱致的规模效应具有典型的"高成本、低效率"特征。在多重因素的叠加影响下，农村居民对消费信贷呈现更强的过度敏感性，农户信贷环境改善能够有效释放更大消费潜力。此外，相较于高金融知识家庭样本，消费信贷对金融知识较低的家庭消费支出有着更强的促进作用。信用卡的持有对家庭人均居民消费支出和只包含经常性消费项目的人均支出规模及消费率均呈现不同程度的正向影响。

在商业保险通过提供风险保障促进消费方面，以商业保险密度和保险强度为表征的商业保险发展程度能够降低居民面临的不确定性，缓解预防性储蓄，从而刺激居民增加即期消费支出。其中财产保险的消费效应要明显高于人身保险的消费效应，同时，财产保险与人身保险消费效应的差异，还受到人身保险保费收入波动性偏高与居民消费规划"短视"等多重因素的叠加影响。

在家庭资产对消费的影响方面，家庭资产对居民消费支出有着明显的"资产效应"和"财富效应"，但家庭净资产的"财富效应"要相对高于"资产效应"。同时，资产增值对发展享受型消费支出的影响，要远远高于对交通通信类支出、文化娱乐旅游与教育培训类支出以及医疗保健美容类支出的影响。此外，户主年龄介于36—50岁的居民家庭财富变动诱致的消费升级效应更加明显，这是由于该年龄段家庭通常具有较高支付能力和强烈消费意愿。进一步地，家庭金融净资产的消费效应要小于住房净资产的消费效应，金融资产对各类消费支出的影响相对接近，而住房资产对包含耐用品的发展享受型消费支出有着更大影响。

在传统消费金融的重要补充——数字金融方面，随着时间推移，大多数城市的数字金融水平都已由较低水平上升到了较高层次，主要城市间的数字金融发展差距在不断降低。数字金融对城镇居民，尤其是中西部地区城镇居民的消费支出起到了显著促进作用，而对东部地区城镇居民消费效应非常有限。更细致的分析表明，就数字金融覆盖广度、使用深度以及数字化支持程度维度而言，数字金融使用深度表现出更高的消费效应；就数字金融支付、保险、信贷、信用、货币基金以及投资等不同业务形态的消费效应而言，数字金融支付、信贷与货币基金业务有着更高的消费效应，而数字金融保险、信用和投资业务的消费效应要相对较低。从机构应用来看，电子银行能够显著增加家庭消费，并降低家庭恩格尔系数，这种效应在风险规避、低金融知识水平和低收入水平家庭中更加显著。

第二节　政策建议

　　当前我国发展正处于重大战略机遇期，提升经济发展质量，满足人民群众日益增长的美好生活需要将是未来一段时间经济工作的主攻方向。适应于经济运行新的主要矛盾，须将重点任务锁定于改善供给结构，提升供给质量，解决重大结构性失衡。具体而言，须以供给侧结构性改革为主线，在致力于供给侧产业结构升级的同时，兼顾需求侧潜力的释放，通过培育完整的内需体系推进经济向内生增长转型提升。完善促进消费的体制机制，避免内需出现大起大落，增强消费对经济发展的基础性作用，要求对经济新常态下我国居民的消费需求有着准确的把握，本书对异质性消费者的研究或可为此提供一些参考。由于这些异质性消费者的存在，我国可"相机抉择"地运用收入补贴等政策工具调控以居民消费为主体的国内需求，从而保证既定宏观经济目标的顺利实现。

　　政府在制定提升经济增长内生动力的政策时，应充分考虑异质性消费者的分布特征和相应政策对不同群体的福利影响。消费异质性广泛存在于不同阶层的居民中，各收入阶层均在一定程度上体现出异质性的特征，无法完全实现跨期最优决策或效用最大化，进而抑制了消费需求的释放。为解决这一问题，一方面应"脱虚向实"，促进产业结构的升级和供给体系质量的提高；另一方面则应完善促进消费的体制机制，充分发挥消费对经济发展的基础性作用。通过紧密协调以需求调节为主的总量政策和促进经济结构优化升级的结构政策，畅通经济大循环，实现供求关系新层次上的动态均衡，提高经济增长内生动力，助推实现人民对美好生活的向往和中华民族伟大复兴的中国梦。

一、宏观政策的制定方面充分考虑异质性消费者的影响

　　一是鉴于家庭收入正负向冲击对消费支出的影响是非对称的，在制定财政货币政策时应考虑其对家庭收入变化方向与程度的影响，同时对居民家庭提供补贴以刺激消费的政策能否真正弥补其前期收入下降引起的消费下降的问题也值得关注。

　　二是应注重加强金融机构转型，促进资产供给结构的优化，在鼓励家庭提高高收益资产份额，扩大财产性收入的同时，引导其兼顾资产流动性与收益性。一方面，要满足居民的多元化资产需求，拓宽居民财产性收入渠道，另一方面，要降低资产变现成本，且保证家庭高流动性资产的配置比例合理。

　　三是应控制房价上涨速度过快。有关部门应该进一步落实"限购""房产税"等

相关政策，控制住房投资，可考虑综合采用提升二套房首付比例、贷款利率以及扩大限购范围等一系列措施，切实保障住房价格平稳运行，在较长时期内保证住房财富效应发挥。此外，还应进一步制定和修订完善住房资产抵押政策法规，通过培育成熟的住房抵押市场，构建以住房资产为载体的消费金融创新机制，从而有效发挥住房财富效应对居民消费升级的刺激作用。

四是经济转型时期，应关注供给侧的不确定性冲击导致城镇居民消费的习惯强度加大进而引起消费倾向持续降低的现象。同时，在人口老龄化的背景下，深入推进居民养老、教育、医疗层面的改革，缓解支出的不确定性也是释放居民消费潜力的重要途径之一。此外，在充分发挥社会网络通过非正规金融融资、劳动力流动渠道对农户消费的正向作用的同时，还应通过普惠金融等改革，强化乡村振兴金融服务，使农户能通过正规渠道缓解自身流动性约束。

五是宏观经济政策调控的有效制定或消费经济政策的充分发挥，须充分考虑消费者有限理性、调整成本等因素，同时要尽可能地保持经济政策的稳定性和连贯性，通过有效增强经济政策的可预期性来发挥其对良好消费者信心的塑造和对居民消费的促进作用。

六是政府在逐渐调节税制结构的过程中，首先要保证居民整体税负水平逐步下降或至少保持稳定，其次要充分发挥直接税的调节收入分配作用，通过改革使中低收入特别是低收入人群承担的直接税税负水平下降，这样既能调节我国的税制结构，使其向更良性发展，也能同时兼顾居民消费的增长，达到进一步释放居民消费潜力的目的。

七是 LPR 形成机制的改革和贷款利率定价基准的转换有助于贷款利率与政策利率紧密联系，从而实现与政策利率的协同，并以市场化改革的方式降低实体经济融资成本。实践中，还需结合市场利率定价自律机制和宏观审慎评估考核，对报价质量、应用情况以及贷款利率竞争行为等进行监督管理，同时应合理引导市场预期，增强货币政策的传导效果，促进金融与实体经济的良性循环。此外，应关注企业、居民、政府各部门之间的联系，疏通货币政策向实体经济的传导渠道，增强微观市场主体活力，实现居民收入的持续稳定增长，并适当引导居民部门渐进去杠杆，保持合理的杠杆水平与结构，防范化解房地产市场风险。

二、从微观企业及中观产业入手，提升供给质量

一是积极推进供给侧结构性改革，加大产业结构优化调整力度，积极发展第三产业，促进信息服务业、现代金融业等新兴产业和中高端产业发展，完善产业结构升级路径，

同时注重相关产业之间的协同配合，加强企业之间要素流动和信息交流，提高资源配置效率。

二是在当前传统制造业产能普遍过剩、经济存在重大结构性失衡的背景下，把握住与制造业供给有着千丝万缕关系的现代生产性服务业，以及与制造业产品需求有着紧密联系的现代生活性服务业的发展方向尤为重要。因此应牢牢抓住供给侧结构性改革的契机，提升现代服务业自身的专业化程度与服务品质化水平，加强基础设施和配套设施的建设，提升服务产品供给的效率。同时，推动现代服务业与制造业相融相长、良性互动鼓励制造业企业与服务业企业双向融合转型，以生产性服务业为制造业赋能增效，促进制造业的高端化与柔性化。此外，规范现代服务业市场的准入制度，保证市场持续健康的良性竞争秩序。服务业既容易出现产品高度同质化，也容易出现产品高度异质化，要利用市场机制实现各细分市场的充分竞争，消除政策歧视、规模歧视和所有制歧视，避免损害市场效率的情况出现。最后，政府应充分发挥中介作用，加强各类专业性公共服务平台建设，一方面促进制造业与生产性服务业之间的精准对接和融合发展，逐渐形成区域性质的产业集聚，以整合优势资源，实现降本增效，另一方面促进服务业的规模增长与结构优化。在当前背景下，尤其应顺势引导和发挥现代服务业在促进资源优化合理配置中的良好作用，建设以制造业为中心的网络化协同制造服务体系，进一步促进与带动产业结构优化升级。

三是发挥"一带一路"引擎作用，实现我国产业向全球价值链中高端过渡。长期来看，"一带一路"倡议不仅仅要实现对外投资和产能输出，更要着力提升中国在全球产业价值链中的位置，更进一步地，要由遵守、适应国际经贸规则，向主动参与和维护国际经贸规则的制定和执行转变，构建起包容性的全球价值链，从而带动我国产业结构的升级。这是我国制造业转型升级的必然要求，也是我国从制造大国向制造强国迈进的重要基础。首先，政府应充分分析自身的要素优势，引导具有核心竞争力的产业或企业对口精准投资，如针对具有销售网络竞争优势的产业，可引导其参与构建需求驱动型价值链，而针对具有生产技术竞争优势的产业，可引导其在生产驱动型价值链中发挥主导权。在扬长避短的同时，应秉持互利共赢的原则，在分析与了解对口投资国的资源禀赋、市场潜力等投资环境的基础上，探寻深度合作空间，助力企业融入当地市场，实现产业转移，为当地经济发展做出实实在在的贡献。其次，应找准当前制约我国产业进一步高质量发展的短板，优化资源布局，争取在弥补短板的过程中形成新的优势。当前我国在航空航天、多轴精密重型机床、高铁、核电等方面均具备了全球竞争力，然而在自动化设备、汽车关键零部件、新材料、智能技术的应用等有助于在全球价值链中占据头部的方面，与国际先进水平仍有差距。因此应加大关键领域科研投入，时刻关注核心技术装备的前沿进展，立足全球市场谋划产业发展，充分利用科研院所的研发能力，加强企业与科研机构的合作，实现高层次上的产研结合，为高质量发展积蓄动能。同时注重保护知识产权，增强企业品牌价值的含金量，更好激发企业创新活力。毋庸置疑，我国产业升级应该抓住供给侧结构性改革及"一带一路"倡议带来的战略机遇，一方面充分发挥和利用自身的当前优势，另一方面深度挖掘潜在优势，双管齐下以提升中国在全球价值链中的位置，实现我国产业向全球价值链中高端过渡。

三、社会保障政策方面完善促进消费的体制机制

一是政府应该进一步完善包括医疗保险在内的社会保障体系建设，发挥医疗保险等社会保障对"家庭养老"的替代作用，减轻子代家庭赡养老人的医疗和养老负担，释放居民消费潜力；同时鉴于城镇居民医疗保险和职工医疗保险的缴费额比"新农合"高，城市居民的医疗保障比农村居民高的现实，政府应进一步朝社会保障服务均等化的方向努力，进一步提高农村居民医疗保障水平，降低农村居民和中西部地区广大居民支出的不确定性，并加大对社会医疗保险的宣传力度，特别是在农村及中西部地区积极开展医疗保障宣传工作，改变落后地区的落后观念，提高当地群众对社会保险的接受度与信任度，以平抑其支出的波动，促进居民消费的长期增长，进而扩大内需，促进经济健康持续增长。

二是要完善我国养老保险制度并轨改革，降低不同制度参保家庭间的养老保障差距。为形成双循环新发展格局，应缩小职工与居民养老保障的差距，减小养老保险发展非均衡性对城乡居民消费的不利影响，具体可从以下两方面展开：

其一，建立预防和消除老年贫困的普惠制公共养老金。与企事业和机关单位职工相比，居民尤其是农村居民的消费意愿更高，对养老保险的需求也更高，提高农村居民的养老保障水平，是扩大内需、畅通国内大循环的重要举措。因此，可以考虑建立预防和消除老年贫困的普惠制公共养老金。目前的城乡居民养老保险分为居民个人缴纳和国家补贴两部分，政府可将由财政支持的基础养老金分离出来，转化为覆盖全体非职工居民的普惠制公共养老金。全国统一的公共养老金给付水平，可以参照最低生活保障(低保)标准确定，并由地方政府根据当地的物价水平加以调整。普惠制的公共养老金不仅能够缩小城乡居民养老保障差别，减少不公平，进而缩小城乡居民消费差距，而且满足了参保居民的基本生存需求，尤其会显著提高农村居民的养老保障水平和老年生活质量，具有凝聚和稳定社会的功能。同时，在个人缴纳部分，应增强城乡居保缴费补贴与缴费档次的关联度，促使居民多缴、长缴。此外，还应完善养老基金投资制度，实现个人账户

养老金保值增值，最终提高城乡居民的养老保障水平。

其二，加大城职保制度并轨改革力度，降低企职保与机关事业单位养老保险间的养老保障差异，完善不同养老保险制度间的衔接转换机制。一方面，无论从保险规模还是养老金待遇合理性来看，都应使机关事业单位养老保险与企业职工养老保险实行统一的管理办法与政策，这不仅能够缩小公共部门与非公共部门的社会保障水平差距，而且有利于劳动力在不同部门间流动。另一方面，应通过"减税降费"、提高财政补贴等措施鼓励企业实施"企业年金"制度，建立企业职工多层次养老保险体系，提高企业职工养老保障水平。

四、消费金融环境优化方面完善促进消费的体制机制

在当前我国经济转向高质量发展的背景下，大力鼓励、支持"普惠金融"的发展，将金融资源向重点领域和薄弱环节配置，让全民共享金融业发展成果，为居民依靠资产积累分享经济增长红利提供丰富的渠道，是促进共同富裕的重要手段。通过大力推进普惠金融，能够构建出适应不同收入水平群体的多层次投资市场，缓解特殊群体的流动性约束，提高居民资产的整体流动性，进而提升居民的边际消费倾向，同时激发生产要素活力，提高居民收入水平，从根源上释放消费潜力。

一是构筑常态化的消费金融知识普及体系，切实提升全民金融素养水平。首先，针对我国居民金融素养水平偏低的现象，应该鼓励通过多种渠道灵活普及金融知识，将提升全民金融素养作为一项基础性、长期性工作来落实，可以加快推进金融知识纳入国民教育体系，构筑金融知识普及常态化教育阵地。其次，可以借助移动互联网技术加大金融知识宣传力度，使得不同群体消费者均能低成本学习相关金融知识，从而有效提升居民金融素养。特别地，鉴于我国不同居民间金融素养水平差距较大这一事实，相关部门要针对性地开展消费者金融教育专项活动，重点关注低收入人群、偏远地区人群、老年人群及残疾人群等弱势群体的金融知识水平和需求，通过金融知识教育缩小不同群体金融素养差距，塑造弱势群体独立"金融人格"，缓解信息不对称和交易成本带来的结构性金融排斥。最后，在有效防范控制金融风险的前提下，金融机构需要进一步降低服务门槛，满足更多居民家庭的金融需求，构建机会均等、普惠公平的金融市场秩序，提升金融市场的包容性，延伸金融服务半径，促使家庭理解金融产品，选对金融产品，能够利用金融产品缓解自身短期流动性的不足或实现资产的增值，进一步释放居民消费潜力。

二是健全消费者信用信息共享机制，有效完善消费金融征信体系。真实完备的信用信息不仅是金融机构向消费者授信的重要参考依据，也是提升经济金融市场运行效率的

重要基础。目前中国征信体系存在征信信息不充分、行业部门信息共享壁垒突出等现象，因此亟待构建完善的消费者信用信息搜集、评价和共享体系。一方面，应由相关政府部门牵头联合商业银行、互联网企业(如阿里、百度、腾讯、京东等)，制定消费者信用体系建设总体规划，在此基础上，制定完善的数据采集、加工录入和综合评价标准与口径，促进不同平台多维数据的有效整合，逐步打造形成信息来源多元、覆盖人群广泛的综合征信数据库，进而实现不同平台数据的有效对接和共享；另一方面，主要部门或行业需要不断更新健全信用数据档案，提高信用信息质量，研发基于自身行业优势的独特信用评价体系，作为全社会统一信用评价体系的有益补充，同时，在遵循保护商业机密和个人隐私原则的基础上，应按照相关部门制定的信息公开共享准则，以不同形式在相应范围内通过有偿或无偿方式共享其拥有的数据。通过消费者信用信息共享，金融机构对消费者授信时便有据可依，从而有效实现风险识别，降低消费者违约风险，进而对消费者潜在的信用道德风险构成有效制约，最终打造一个良性、可持续的消费信贷生态体系，形成充分释放消费潜力的长效机制。

三是提升消费者保险意识，创新保险体系，构筑金融保险对家庭消费的有效保障网络。首先，可利用电视广播和互联网媒体广泛宣传商业保险的正面作用，通过舆论引导，在全社会形成"学保险、懂保险、用保险"的良好氛围，尤其要将保险知识作为金融知识的重点内容纳入国民教育体系，从而构建保险文化建设的长效机制，促进居民商业保险意识有效提升。当前中国商业保险参保率还相对较低，加大政策宣传力度可以使消费者对商业保险有更深认识，使消费者对商业保险产生更强信任感，从而激发更多家庭参与商业保险计划。其次，当前世情国情发生深刻变化，经济社会发展日趋呈现出新的阶段性特征，在社会选择日益多元的背景下，需要进一步开发多层次、个性化的保险产品和服务。例如，在当前中国老年人口快速增长、老龄化压力日益凸显的情形下，拓展多层次商业养老保险产品和服务可以对基本养老、医疗保险起到有益的补充作用，这方面可以探索老年群体住房反向抵押养老保险、独生子女与无子女家庭养老保险等新模式；同时就商业财产保险而言，可以探索采用云计算、大数据等新型技术促进科技和保险深度融合，提高财产保险服务精准化水平和风险保障功能。通过提升居民商业保险意识，提高商业保险普及程度及其在经济社会中的地位，构筑商业保险对居民消费的保障网络，缓解居民遭受的不确定性，减少其预防性储蓄，从而刺激居民增加即期消费支出。

四是优化家庭资产结构，促进住房市场平稳发展，充分发挥消费金融的消费刺激作用。首先，应进一步深化金融体制改革，优化金融市场环境，创新金融服务产品，为广大居民提供更加多元化的理财产品和服务，满足其日趋增长的财富管理需求。目前消费者从金融市场得到的收益相对较低且投资回报波动较大，这在某种程度上造成了居民资产配置结构中住房财富占比过高和金融资产比重较低的格局，进而抑制了居民非耐用发展享受型消费支出。因此，需要通过进一步拓宽居民财产投资渠道，适当增加居民金融资产在家庭总资产中占比，有效拓展居民财产性收入来源渠道，为消费需求增长创造新空间。其次，居民消费结构优化升级需要以健康平稳的市场环境为保障，特别是平稳的住房交易市场，这方面可综合采用提升二套房首付比例、贷款利率以及扩大限购范围等一系列措施，通过住房价格宏观调控政策保证住房价格平稳运行。平稳的住房价格不仅有助于消费者合理安排购房计划，缓解无房者因住房价格上升预期导致的购房准备时间延长和对自身其他消费支出的挤出，而且可以避免有房者因住房价格或房产财富缩水导致的家庭资产负债状况恶化与家庭消费支出的下降，从而有利于在较长时期内保证住房财富效应的发挥。最后，逐步制定和修订完善住房资产抵押政策法规，为居民家庭通过住房资产抵押改善流动性约束创造制度基础，进而通过培育成熟的住房抵押市场，构建起以住房资产为载体的消费金融创新机制，有效发挥住房资产财富效应对居民消费升级的刺激作用。

五是创新数字金融产品服务体系，促进包容性数字金融对居民消费的普惠效应。首先，加强与数字金融服务发展、获取相关联的基础设施建设，这方面可以主要通过网络装置建设和移动电话、电脑等服务终端推广，使得无法获得正规金融服务或者获取成本较高的居民，尤其是边远地区的低收入群体，能够触及享受到数字金融技术带来的便捷、高效红利。其次，政策制定者、监管机构和数字金融技术服务商需要采取协调行动，根据数字金融产品服务的优势、风险等特征，加强数字金融技术基础知识的推广普及，充分确保消费者能够认识理解特定数字金融工具或应用，提升数字金融技术的可得性和利用性。最后，根据消费者偏好变化和数字技术演变特征，持续加强数字金融产品和服务模式创新，在此过程中数字金融账户、数据和基础设施等方面的关联性和复杂度将会不断上升，潜在的技术和合规风险可能会不断累积，因此需要不断加强数字金融风险管控，确保数字金融技术健康持续发展，进而推动包容性数字金融体系建设和居民消费潜力有效释放。

五、努力实现供求关系新的动态均衡，提升经济增长内生动力

当前我国社会主要矛盾已经转化为人民日益增长的美好生活需要和不平衡不充分的发展之间的矛盾，供需结构的矛盾已经成为制约我国经济持续稳定增长的深层矛盾，因此提高供给结构对需求结构的适应性和灵活性尤为重要。在持续推进供给侧结构性改革的过程中，同时挖掘处在抑制状态的需求侧消费潜力，两侧共同发力推进供需双侧结

构性改革，是新常态下实现经济增长内生动力提升的必由之路，也是保证中国经济平稳、健康、可持续发展的必然选择。挖掘经济增长新的动力源泉，不仅要优化要素供给配置及以产业创新驱动增长，同时也要扩大居民的消费需求，需要从人口、消费、要素投入、收入分配等各方面进行全面多元化的调整，供需匹配共同发力才能带来经济增长内生动力的提升。

　　具体而言，应进行消费需求偏好基础上的供给侧产业结构适应性升级调整。目前我国经济增速放缓的根源在于重大结构性失衡。多年的投资高速增长使得各行业产能过剩，生产能力大于消费需求导致经济循环不畅。同时，供给体系满足多样化、个性化消费需求的能力较差，消费市场上不同收入层次的消费者在寻求与其需求相对应的商品时存在困难，甚至不能很好地找到自己消费的平衡点，供需出现错位，居民消费潜力难以彻底释放。市场需求是产业结构变动的主要原因，早在 1940 年克拉克（Clark）就指出了产业演进中的需求不可分性。按照这个思路，产业结构升级必须考虑其与区域需求的关系。一般而言，区域需求较高的地方，产业结构更容易升级，而产业结构升级会带来更高的生产率，反过来会创造更高的需求，这便是产业结构"适应性升级"的概念。而要想调整和扩大区域需求，必须从对消费需求偏好的研究出发。众所周知，经济整体的动态是由微观层次决策的叠加所决定的。与西方国家消费者相比，我国消费者更容易受到流动性约束、不完全信息及资产组合调整成本等因素影响，使其在消费储蓄行为方面出现异质性特征的同时，也会表现出当期或跨期消费品需求偏好的异质性。因此应建立多层面的消费需求偏好衡量指标体系，把微观个体消费需求偏好的异质性考虑进去，从而针对有限理性消费者的存在，以及消费者各自的消费结构、消费层次、对新型消费方式的需求等，确定产业领域的行业产品容量、创新方向等，使得供给侧产业端的调整能及时适应需求结构的变化。同时，还应加强居民对我国当前消费品供给结构及未来演变趋势的了解，使消费者对于供给质量的提升形成良好预期，助推中高端消费国内化进程，从而最终实现供给效率的提升和消费的升级，使供求关系在更高层次上达到均衡，从根本上提升经济增长内生动力。

参考文献

安国勇, 周怡媛, 谭伟嘉. 我国货物运输保险发展影响因素分析——基于分省面板数据的实证研究[J]. 保险研究, 2016(04): 27-37.

白让让. 供给侧结构性改革下国有中小企业退出与"去产能"问题研究[J]. 经济学动态, 2016(07): 65-74.

白重恩, 吴斌珍, 金烨. 中国养老保险缴费对消费和储蓄的影响[J]. 中国社会科学, 2012(08): 48-71.

白重恩, 赵静, 毛捷. 制度并轨预期与遵从度: 事业单位养老保险改革的经验证据[J]. 世界经济, 2014, (9): 119-144.

薄赢. 代际支持对农村老年人医疗消费的影响——基于 2011 年 CHARLS 数据的分析[J]. 消费经济, 2016, 32(05): 16-22.

蔡昉. 认识中国经济减速的供给侧视角[J]. 经济学动态, 2016(04): 14-22.

蔡昉. 中国经济增长如何转向全要素生产率驱动型[J]. 中国社会科学, 2013(01): 56-71.

蔡兴, 刘淑兰. 人口结构变化对我国农村居民消费结构的影响—基于 LA/AIDS 拓展模型的实证分析[J]. 消费经济, 2017(06): 56-61.

蔡兴. 预期寿命、养老保险发展与中国居民消费[J]. 经济评论, 2015(06): 81-91.

曾志耕, 何青, 吴雨等. 金融知识与家庭投资组合多样性[J]. 经济学家, 2015(06): 86-94.

柴国俊, 尹志超. 住房增值对异质性家庭的消费影响[J]. 中国经济问题, 2013(06): 67-76.

常芳, 杨矗, 王爱琴, 王欢, 罗仁福, 史耀疆. 新农保实施现状及参保行为影响因素——基于 5 省 101 村调查数据的分析[J]. 管理世界, 2014(03): 92-101.

陈斌开, 陆铭, 钟宁桦. 户籍制约下的居民消费[J]. 经济研究, 2010(S1): 62-71.

陈斌开. 收入分配与中国居民消费——理论和基于中国的实证研究[J]. 南开经济研究, 2012(01): 33-49.

陈斌开. 供给侧结构性改革与中国居民消费[J]. 学术月刊, 2017(09): 13-17.

陈冲. 收入不确定性的度量及其对农村居民消费行为的影响研究[J]. 经济科学, 2014(03): 46-60.

陈浩, 宋明月. 习惯形成对我国城镇居民消费结构的影响研究[J]. 山东大学学报(哲学社会科学版), 2019(01): 25-33.

陈浩, 臧旭恒. 习惯形成与我国城镇居民消费结构升级——基于收入阶层异质性的分析[J]. 湘潭大学学报(哲学社会科学版), 2019(02): 69-74.

陈健, 陈杰, 高波. 信贷约束、房价与居民消费率——基于面板门槛模型的研究[J]. 金融研究, 2012(04): 45-57.

陈杰, 农汇福. 保障房挤出效应的存在性及其时空异质性: 基于省级面板门限模型的证据[J]. 统计研究,

2016(04)：27-35.

陈强编著. 高级计量经济学及 stata 应用(第二版)[M]. 北京：高等教育出版社, 2013.

陈太明. 贸易开放对居民消费过度敏感性的影响机制分析[J]. 财贸经济, 2015(09)：97-107.

陈晓宇, 阂维方. 成本补偿对高等教育机会均等的影响[J]. 教育与经济, 1993(03)：3-9.

陈彦斌, 郭豫媚, 姚一旻. 人口老龄化对中国高储蓄的影响[J]. 金融研究, 2014(01)：75-88.

陈彦斌, 邱哲圣. 高房价如何影响居民储蓄率和财产不平等[J]. 经济研究, 2011(10)：25-38.

陈云松. 逻辑、想象和诠释：工具变量在社会科学因果推断中的应用[J]. 社会学研究, 2012(06)：
192-216.

程莉, 滕祥河. 人口城镇化质量、消费扩大升级与中国经济增长[J]. 财经论丛, 2016(07)：11-18.

崔海燕, 杭斌. 收入差距、习惯形成与城镇居民消费行为[J]. 管理工程学报, 2014(03)：135-140.

崔海燕. 互联网金融对中国居民消费的影响研究[J]. 经济问题探索, 2016(01)：162-166.

丁任重, 李标. 供给侧结构性改革的马克思主义政治经济学分析[J]. 中国经济问题, 2017(01)：3-10.

丁志宏. 城市子女对老年父母经济支持的具体研究[J]. 人口学刊, 2014(04)：74-82.

董丽霞, 赵文哲. 人口结构与储蓄率：基于内生人口结构的研究[J]. 金融研究, 2011(03)：5-18.

杜嘉祺. 商业保险的社会保障作用[J]. 中国金融, 2014(15)：59-60.

段忠东. 房价变动对居民消费影响的门限测度——基于中国 35 个大中城市的实证研究[J]. 经济科学,
2014(04)：27-38.

樊向前, 戴国海. 影响居民消费行为的信贷条件分析——基于 2002—2009 年我国城镇居民消费的实证
研究[J]. 财经理论与实践, 2010(06)：15-21.

范超, 王雪琪. 我国 35 个大中城市房价——持久收入比研究[J]. 统计研究, 2016(08)：95-100.

方福前. 中国居民消费需求不足原因研究[J]. 中国社会科学, 2009(02)：68-82.

方福前. 寻找供给侧结构性改革的理论源头[J]. 中国社会科学, 2017(07)：49-69.

傅秋子, 黄益平. 数字金融对农村金融需求的异质性影响——来自中国家庭金融调查与北京大学数字普
惠金融指数的证据[J]. 金融研究, 2018(11)：68-84.

甘犁. 中国家庭金融调查报告[R]. 西南财经大学出版社, 2012.

干春晖, 郑若谷, 余典范. 中国产业结构变迁对经济增长和波动的影响[J]. 经济研究, 2011(05)：4-16.

高玲玲, 周华东, 周亚虹. "直接财富效应"抑或"抵押担保效应"——对中国自有住房家庭"财富效应"传
导途径的实证检验[J]. 经济科学, 2018(06)：81-92.

高梦滔. 子女教育与农户消费：基于 8 省微观面板数据的经验研究[J]. 南方经济, 2011(12)：16-25.

宫汝凯, 徐悦星, 王大中. 经济政策不确定性与企业杠杆率[J]. 金融研究, 2019(10)：59-78.

郭承先. 供给学派与中国供给侧结构性改革[J]. 理论研究, 2016(03)：9-14.

郭峰, 王靖一, 王芳等. 测度中国数字普惠金融发展：指数编制与空间特征[J]. 经济学(季刊),
2020(04)：1401-1418.

郭庆旺. 消费函数的收入阶层假说[J]. 经济理论与经济管理, 2013(01)：5-9.

郭文敏等. 作为异质性偏好的禀赋效应：来自神经经济学的证据[J]. 南方经济, 2017(04)：109-122.

韩克勇. 互联网金融发展的长尾驱动与风险生成机理[J]. 亚太经济, 2018(01)：62-66.

韩立岩, 杜春越. 收入差距、借贷水平与居民消费的地区及城乡差异[J]. 经济研究, 2012(S1)：15-27.

韩亚欣, 吴非, 李志漫. 互联网金融：理论解构与中国实践[J]. 金融经济学研究, 2016(02)：97-105.

杭斌. 城镇居民的平均消费倾向为何持续下降——基于消费习惯形成的实证分析[J]. 数量经济技术经济研究, 2010(06): 126-138.

杭斌, 郭香俊. 基于习惯形成的预防性储蓄——中国城镇居民消费行为的实证分析[J]. 统计研究, 2009(03): 38-43.

杭斌, 闫新华. 经济快速增长时期的居民消费行为——基于习惯形成的实证分析[J]. 经济学(季刊), 2013(04): 1191-1208.

杭斌, 闫新华. 住房交易约束与农户习惯形成[J]. 数量经济技术经济研究, 2011, (08): 65-76.

杭斌, 余峰. 潜在流动性约束与城镇家庭消费[J]. 统计研究, 2018, (07): 102-114.

郝云飞, 臧旭恒. 中国家庭"尊老"与"爱幼"消费差异性分析[J]. 经济与管理研究, 2017(05): 14-23.

何德旭, 苗文龙. 金融排斥、金融包容与中国普惠金融制度的构建[J]. 财贸经济, 2015(03): 5-16.

何富美, 欧阳志刚, 豆振江. 经济政策不确定性是否抑制了中国银行信贷[J]. 当代财经, 2019(12): 61-72.

何婧, 李庆海. 数字金融使用与农户创业行为[J]. 中国农村经济, 2019(01): 112-126.

何立新, 封进, 佐藤宏. 养老保险改革对家庭储蓄率的影响: 中国的经验证据[J]. 经济研究, 2008(10): 117-130.

何明生, 帅旭. 融资约束下的农户信贷需求及其缺口研究[J]. 金融研究, 2008(07): 66-79.

何启志, 彭明生. 互联网金融对居民消费的影响机理与实证检验[J]. 学海, 2019 (03): 146-153.

何兴强, 杨锐锋. 房价收入比与家庭消费——基于房产财富效应的视角[J]. 经济研究, 2019(12): 102-117.

何志雄, 曲如晓. 农业政策性金融供给与农村金融抑制[J]. 金融研究, 2015(02): 148-159.

贺洋, 臧旭恒. 家庭财富, 消费异质性与消费潜力释放[J]. 经济学动态, 2016(03): 56-66.

洪银兴. 准确认识供给侧结构性改革的目标和任务[J]. 中国工业经济, 2016(06): 14-21.

胡宏兵, 高娜娜. 城乡二元结构养老保险与农村居民消费不足[J]. 宏观经济研究, 2017(07): 104-113.

胡金焱, 张博. 社会网络、民间融资与家庭创业——基于中国城乡差异的实证分析[J]. 金融研究, 2014(10): 148-163.

胡日东, 钱明辉, 郑永冰. 中国城乡收入差距对城乡居民消费结构的影响——基于LA/AIDS拓展模型的实证分析[J]. 财经研究, 2014(05): 75-87.

胡永刚, 郭长林. 股票财富、信号传递与中国城镇居民消费[J]. 经济研究, 2012(03): 115-126.

黄静, 屠梅曾. 房地产财富与消费: 来自家庭微观调查数据的证据[J]. 管理世界, 2009(07): 35-45.

黄群慧, 余泳泽, 张松林. 互联网发展与制造业生产率提升: 内在机制与中国经验[J]. 中国工业经济, 2019(08): 5-23.

黄群慧. 论中国工业的供给侧结构性改革[J]. 中国工业经济, 2016(09): 5-23.

黄威, 陆懋祖. 我国财政支出政策冲击效应的动态变化——基于包含随机波动的时变参数模型的考察[J]. 数量经济技术经济研究, 2011(10): 50-63.

黄娅娜, 宗庆庆. 中国城镇居民的消费习惯形成效应[J]. 经济研究, 2014(S1): 17-28.

黄益平, 黄卓. 中国的数字金融发展: 现在与未来[J]. 经济学(季刊), 2018(04): 1489-1502.

黄益平. 互联网金融解决了普惠金融的痛点[J]. 企业观察家, 2016(5): 49-51.

黄志钢, 刘霞辉. "新常态"下中国经济增长的路径选择[J]. 经济学动态, 2015(09): 51-62.

黄祖辉, 刘西川, 程恩江. 中国农户的信贷需求: 生产性抑或消费性——方法比较与实证分析[J]. 管理世界, 2007(3): 73-80.

贾康, 苏京春. 论供给侧改革[J]. 管理世界, 2016(03): 1-24.

贾男, 张亮亮, 甘犁. 不确定性下农村家庭食品消费的"习惯形成"检验[J]. 经济学(季刊), 2012(01): 327-348.

姜百臣, 马少华, 孙明华. 社会保障对农村居民消费行为的影响机制分析[J]. 中国农村经济, 2010(11): 32-39.

焦瑾璞. 移动支付推动普惠金融发展的应用分析与政策建议[J]. 中国流通经济, 2014(07): 7-10.

解垩. 房产和金融资产对家庭消费的影响: 中国的微观证据[J]. 财贸研究, 2012(04): 73-82.

金晓彤, 黄蕊. 技术进步与消费需求的互动机制研究——基于供给侧改革视域下的要素配置分析[J]. 经济学家, 2017(02): 50-57.

金烨, 李宏彬, 吴斌珍. 收入差距与社会地位寻求: 一个高储蓄率的原因[J]. 经济学(季刊), 2011(03): 887-912.

靳涛, 陶新宇. 政府支出和对外开放如何影响中国居民消费?——基于中国转型式增长模式对消费影响的探究[J]. 经济学(季刊), 2017(01): 121-146.

靳卫东, 王鹏帆, 毛中根. 城镇居民医疗保险制度改革的文化消费效应研究[J]. 南开经济研究, 2017(02): 23-40.

剧锦文, 常耀中. 消费信贷与中国经济转型的实证研究[J]. 经济与管理研究, 2016(07): 29-36.

康书隆, 余海跃, 刘越飞. 住房公积金、购房信贷与家庭消费——基于中国家庭追踪调查数据的实证研究[J]. 金融研究, 2017(08): 67-82.

康书隆, 余海跃, 王志强. 基本养老保险与城镇家庭消费: 基于借贷约束视角的分析[J]. 世界经济, 2017(12): 165-188.

孔东民. 前景理论、流动性约束与消费行为的不对称——以我国城镇居民为例[J]. 数量经济技术经济研究, 2005(04): 134-142.

李斌, 吴书胜. 人口年龄结构, 预期寿命与居民消费率——基于省际动态面板系统 GMM 的检验[J]. 中南大学学报(社会科学版), 2015(2): 109-117.

李成. 消费者信心能预测产出波动吗——来自中国的经验证据[J]. 经济学动态, 2016(12): 88-97.

李春风, 陈乐一, 李玉双. 消费习惯下我国城镇居民持久收入的边际消费倾向——基于缓冲储备模型的理论与实证分析[J]. 现代财经(天津财经大学学报), 2012(11): 61-70.

李春琦, 张杰平. 中国人口结构变动对农村居民消费的影响研究[J]. 中国人口科学, 2009(04): 14-22.

李凤, 罗建东, 路晓蒙, 邓博夫, 甘犁. 中国家庭资产状况、变动趋势及其影响因素[J]. 管理世界, 2016(02): 45-56.

李凤羽, 史永东. 经济政策不确定性与企业现金持有策略——基于中国经济政策不确定指数的实证研究[J]. 管理科学学报, 2016(06): 157-170.

李建伟. 居民收入分布与经济增长周期的内生机制[J]. 经济研究, 2015(01): 111-123.

李剑. 住房资产、价格波动与我国城镇居民消费行为——基于传导渠道的分析[J]. 财经研究, 2015(08): 90-104.

李江一, 李涵. 城乡收入差距与居民消费结构: 基于相对收入理论的视角[J]. 数量经济技术经济研究,

2016(08): 97-112.

李江一, 李涵. 消费信贷如何影响家庭消费?[J]. 经济评论, 2017(02): 113-126.

李江一. "房奴效应"导致居民消费低迷了吗?[J]. 经济学(季刊), 2018(01): 405-430.

李静, 楠玉, 江永红. 中国经济增长减缓与稳定增长动力[J]. 中国人口科学, 2015(03): 32-43.

李力行, 周广肃. 家庭借贷约束、公共教育支出与社会流动性[J]. 经济学(季刊), 2015(01): 65-82.

李涛, 陈斌开. 家庭固定资产、财富效应与居民消费: 来自中国城镇家庭的经验证据[J]. 经济研究, 2014(03): 62-75.

李文利. 高等教育私人支出、家庭贡献与资助需求分析[J]. 教育与经济, 2006(01): 14-32.

李文星, 徐长生, 艾春荣. 中国人口年龄结构和居民消费: 1989—2004[J]. 经济研究, 2008(07): 118-129.

李晓嘉, 蒋承. 我国农村家庭消费倾向的实证研究——基于人口年龄结构的视角[J]. 金融研究, 2014(09): 115-127.

李晓嘉. 城镇医疗保险改革对家庭消费的政策效应——基于 CFPS 微观调查数据的实证研究[J]. 北京师范大学学报(社会科学版), 2014(06): 123-134.

李燕桥, 刘明伟. 消费信贷降低中国居民储蓄率的效果验证[J]. 财经科学, 2014(08): 39-48.

李燕桥, 臧旭恒. 消费信贷影响我国城镇居民消费行为的作用渠道及检验——基于 2004—2009 年省际面板数据的经验分析[J]. 经济学动态, 2013(01): 20-31.

李燕桥, 臧旭恒. 中国城镇居民预防性储蓄动机强度检验[J]. 经济学动态, 2011(05): 31-36.

李燕桥. 消费信贷与中国城镇居民消费行为分析[D]. 山东大学, 2012.

厉以宁. 持续推进供给侧结构性改革[J]. 中国流通经济, 2017(01): 3-8.

李勇辉, 温娇秀. 我国城镇居民预防性储蓄行为与支出的不确定性关系[J]. 管理世界, 2005(05): 14-18.

连玉君, 廖俊平. 如何检验分组回归后的组间系数差异?[J]. 郑州航空工业管理学院学报, 2017(06): 97-109.

廖理, 沈红波, 苏治. 如何推动中国居民的信用卡消费信贷——基于住房的研究视角[J]. 中国工业经济, 2013(12): 117-129.

林伯强, 刘畅. 收入和城市化对城镇居民家电消费的影响[J]. 经济研究, 2016(10): 69-81.

凌晨, 张安全. 中国城乡居民预防性储蓄研究: 理论与实证[J]. 管理世界, 2012(11): 20-27.

刘保中. "鸿沟"与"鄙视链": 家庭教育投入的阶层差异——基于北上广特大城市的实证的分析[J]. 北京工业大学学报(社会科学版), 2018(02): 8-16.

刘保中. 我国城乡家庭教育投入状况的比较研究——基于 CFPS(2014)数据的实证分析[J]. 中国青年研究, 2017(12): 45-52. DOI: 10. 19633/j. cnki. 11-2579/d. 2017. 0041.

刘建平, 张翠. 预期收支不确定性对居民消费行为的影响研究——基于经济转型中我国城镇居民消费数据的分析[J]. 消费经济, 2015(05): 10-16.

刘精明. 中国基础教育领域中的机会不平等及其变化[J]. 中国社会科学, 2008(05): 101-116.

刘铠豪, 刘渝琳. 中国居民消费增长的理论机理与实证检验——来自人口结构变化的解释[J]. 劳动经济研究, 2014(02): 83-111.

刘谦, 裴小革. 供给学派经济学与供给侧结构性改革辨析[J]. 学习与探索, 2017(02): 93-97.

刘瑞翔, 安同良. 中国经济增长的动力来源于转换展望[J]. 经济研究, 2011(07): 30-41.

刘生龙. 预期寿命与中国家庭储蓄[J]. 经济研究, 2012(08): 108-118.

刘伟, 蔡志洲. 完善国民收入分配结构与深化供给侧结构性改革[J]. 经济研究, 2017(08): 4-16.

刘伟. 经济新常态与供给侧结构性改革[J]. 管理世界, 2016(07): 1-9.

刘伟. 中国经济改革对社会主义政治经济学根本性难题的突破[J]. 中国社会科学, 2017(05): 23-43.

刘雯. 个体信贷与可视性消费行为——基于借出方视角[J]. 经济学(季刊), 2018, (01): 103-128.

刘永平, 陆铭. 从家庭养老角度看老龄化的中国经济能否持续增长[J]. 世界经济, 2008(01): 65-77.

刘长庚, 张磊. 中国经济增长的动力: 研究新进展和转换路径[J]. 财经科学, 2017(01): 123-132.

刘兆博, 马树才. 基于微观面板数据的中国农民预防性储蓄研究[J]. 世界经济, 2007(02): 40-49.

刘志彪. 政府的制度供给和创新: 供给侧结构性改革的关键[J]. 学习与探索, 2017(02): 83-87.

刘子兰, 姚健. 基于 ELES 模型的大中城市消费升级研究[J]. 郑州大学学报(哲学社会科学版), 2018(5): 55-59.

龙志和, 周浩明. 中国城镇居民预防性储蓄实证研究[J]. 经济研究, 2000(11): 33-38.

卢洪友, 王云霄, 杜亦譞. 城乡居民基本养老保险、家庭异质性决策和收入差距——基于风险分担的视角[J]. 财政研究, 2019(09): 96-107.

吕朝凤, 黄梅波. 习惯形成、借贷约束与中国经济周期特征——基于 RBC 模型的实证分析[J]. 金融研究, 2011(09): 1-13.

马晓河, 郭丽岩, 付保宗, 李大伟, 刘现伟, 卞靖, 关博. 推进供给侧结构性改革的基本理论与政策框架[J]. 宏观经济研究, 2017(03): 3-15.

毛中根, 孙武福, 洪涛. 中国人口年龄结构与居民消费关系的比较分析[J]. 人口研究, 2013(03): 82-92.

孟令国, 王清, 胡广. 二次人口红利视角下国民储蓄率影响因素分析[J]. 经济科学, 2013(05): 9-18.

南永清, 宋明月, 肖浩然. 数字普惠金融与城镇居民消费潜力释放[J]. 当代经济研究, 2020(05): 102-112.

南永清, 孙煜. 消费信贷影响了居民消费行为吗[J]. 现代经济探讨, 2020(07): 10-19.

南永清, 肖浩然, 单文涛. 家庭资产、财富效应与居民消费升级——来自中国家庭追踪调查的微观证据[J]. 山西财经大学学报, 2020(08): 1-15.

南永清, 臧旭恒, 蔡海亚. 社会网络影响了农村居民消费吗[J]. 山西财经大学学报, 2019(03): 1-15.

南永清, 臧旭恒, 王立平. 非正规金融、过度敏感性与中国农村居民消费——基于 2003 至 2014 年省际面板数据的经验分析[J]. 山东大学学报(哲学社会科学版), 2017(05): 101-108.

聂海峰, 刘怡. 城镇居民的间接税负担: 基于投入产出表的估算[J]. 经济研究, 2010(07): 31-42.

聂海峰, 岳希明. 间接税归宿对城乡居民收入分配影响研究[J]. 经济学(季刊), 2013(01): 287-312.

宁光杰, 范义航. 我国养老保险并轨制改革的收入和消费效应分析[J]. 山东大学学报(哲学社会科学版), 2020(03): 136-148.

欧阳峣, 傅元海, 王松. 居民消费的规模效应及其演变机制[J]. 经济研究, 2016(02): 56-68.

蒲成毅, 潘小军. 保险消费促进经济增长的行为金融机理研究[J]. 经济研究, 2012(S1): 139-147.

秦芳, 王文春, 何金财. 金融知识对商业保险参与的影响——来自中国家庭金融调查(CHFS)数据的实证分析[J]. 金融研究, 2016(10): 143-158.

秦芳, 吴雨, 魏昭. 网络购物促进了我国家庭的消费吗——来自中国家庭金融调查(CHFS)数据的经验证据[J]. 当代经济科学, 2017(06): 104-114.

阮小莉, 彭嫦燕, 郭艳蕊. 不同消费信贷形式影响城镇家庭消费的比较分析[J]. 财经科学, 2017(10):

30-40.

沈坤荣, 谢勇. 不确定性与中国城镇居民储蓄率的实证研究[J]. 金融研究, 2012(03): 1-13.

石明明. 消费者异质性、搜寻与零售业态均衡——后福特时代流通过程如何响应消费者异质性[J]. 财贸经济, 2013(11): 107-116.

石永珍, 王子成. 住房资产、财富效应与城镇居民消费——基于家户追踪调查数据的实证分析[J]. 经济社会体制比较, 2017(06): 74-86.

石自忠, 王明利, 胡向东. 经济政策不确定性与中国畜产品价格波动[J]. 中国农村经济, 2016(08): 42-55.

宋建. 不同收入阶层消费之间相互影响的实证分析[J]. 经济问题探索, 2017(03): 46-55.

宋明月, 臧旭恒. 不确定性、黏性信息的叠加效应与我国农村消费潜力释放[J]. 经济评论, 2018(03): 129-141.

宋明月, 臧旭恒. 消费黏性视角下我国城镇居民财富效应检验[J]. 经济评论, 2016(02): 48-57.

宋明月, 臧旭恒. 异质性消费者、家庭债务与消费支出[J]. 经济学动态, 2020(06): 74-90.

宋明月. 中国居民预防性储蓄与消费行为研究[M]. 北京: 中国社会科学出版社, 2019.

宋全云, 李晓, 钱龙. 经济政策不确定性与企业贷款成本[J]. 金融研究, 2019(07): 57-75.

宋全云, 吴雨, 尹志超. 金融知识视角下的家庭信贷行为研究[J]. 金融研究, 2017(06): 95-110.

宋全云, 肖静娜, 尹志超. 金融知识视角下中国居民消费问题研究[J]. 经济评论, 2019(01): 133-147.

苏春红, 李晓颖. 养老保险对我国城镇居民消费的影响——以山东省为例[J]. 山东大学学报(哲学社会科学版), 2012(06): 81-86.

睢党臣, 董莉, 张朔婷. 对城乡居民养老保险并轨问题的思考[J]. 北京社会科学, 2014(07): 38-43.

孙国峰, 张砚春. 消费信贷部门的扩张是否提升了货币政策的效力?[J]. 金融研究, 2011(11): 62-73.

孙国峰, 段志明. 中期政策利率传导机制研究——基于商业银行两部门决策模型的分析[J]. 经济学(季刊), 2017(1): 349-370.

孙慧钧. 我国居民消费的实证分析——运用协整理论对 1978—2002 年实际数据的分析[J]. 财经问题研究, 2004(11): 79-82.

孙涛, 黄少安. 非正规制度影响下中国居民储蓄、消费和代际支持的实证研究——兼论儒家文化背景下养老制度安排的选择[J]. 经济研究, 2010(S1): 51-61.

孙武军, 林惠敏. 金融排斥、社会互动和家庭资产配置[J]. 中央财经大学学报, 2018(03): 21-38.

孙早, 许薛璐. 产业创新与消费升级: 基于供给侧结构性改革视角的经验研究[J]. 中国工业经济, 2018(07): 98-116.

谭燕芝, 彭千芮. 金融集聚与城镇居民消费: 空间溢出与门槛特征[J]. 上海经济研究, 2019(02): 85-98.

唐红涛, 郭凯歌, 朱晴晴. 中国网络消费的空间差异及影响因素[J]. 消费经济, 2017(03): 17-23.

唐俊超. 输在起跑线——再议中国社会的教育不平等(1978—2008)[J]. 社会学研究, 2015(03): 123-145.

田青, 高铁梅. 转轨时期我国城镇不同收入群体消费行为影响因素分析——兼谈居民消费过度敏感性和不确定性[J]. 南开经济研究, 2009(05): 124-134.

万广华, 张茵, 牛建高. 流动性约束、不确定性与中国居民消费[J]. 经济研究, 2001(11): 35-44.

万晓莉, 严予若, 方芳. 房价变化、房屋资产与中国居民消费——基于总体和调研数据的证据[J]. 经济学(季刊), 2017(02): 525-544.

万勇. 城市化驱动居民消费需求的机制与实证——基于效应分解视角的中国省级区域数据研究[J]. 财经研究, 2012(06): 124-133.

汪昊, 娄峰. 中国间接税归宿: 作用机制与税负测算[J]. 世界经济, 2017(09): 123-146.

汪浩瀚. 微观基础、不确定性与西方宏观消费理论的拓展[J]. 经济评论, 2006(02): 57-63.

汪连杰. 供给侧改革背景下社会保障制度调整再审视[J]. 税务与经济, 2017(04): 1-6.

汪伟, 艾春荣, 曹晖. 税费改革对农村居民消费的影响研究[J]. 管理世界, 2013(01): 89-100.

汪伟, 郭新强. 收入不平等与中国高储蓄率: 基于目标性消费视角的理论与实证研究[J]. 管理世界, 2011(09): 7-25.

汪伟, 刘玉飞. 人口老龄化与居民家庭消费结构升级——基于 CFPS2012 数据的实证研究[J]. 山东大学学报(哲学社会科学版), 2017(05): 84-92.

汪伟. 计划生育政策的储蓄与增长效应: 理论与中国的经验分析[J]. 经济研究, 2010(10): 63-77.

汪伟. 人口老龄化、生育政策调整与中国经济增长[J]. 经济学(季刊), 2017(01): 67-96.

王春超, 王聪. 市场化、社会网络与城市农民工地缘集聚[J]. 经济社会体制比较, 2016(01): 44-56.

王东明, 鲁春义. 经济政策不确定性、金融发展与国际资本流动[J]. 经济学动态, 2019(12): 75-93.

王红建, 李青原, 邢斐. 经济政策不确定性、现金持有水平及其市场价值[J]. 金融研究, 2014(09): 53-68.

王健宇, 徐会奇. 收入不确定性对农民消费的影响研究[J]. 当代经济科学, 2010(02): 54-60.

王平, 王琴梅. 消费金融驱动城镇居民消费升级研究——基于结构与质的多重响应[J]. 南京审计大学学报, 2018(02): 69-77.

王曦, 陆荣. 中国居民消费/储蓄行为的一个理论模型[J]. 经济学(季刊), 2011(02): 415-434.

王小龙, 唐龙. 养老双轨制、家庭异质性与城镇居民消费不足[J]. 金融研究, 2013(08): 109-122.

王小鲁, 樊纲. 中国地区差距的变动趋势和影响因素[J]经济研究, 2004(01): 33-44.

王亚柯, 王宾, 韩冰洁, 高云. 我国养老保障水平差异研究——基于替代率与相对水平的比较分析[J]. 管理世界, 2013(08): 109-117.

王跃生. 中国家庭代际关系的理论分析[J]. 人口研究, 2008(04): 13-21.

文启湘, 冉净斐. 消费结构与产业结构的和谐: 和谐性及其测度[J]. 中国工业经济, 2005(08): 14-19.

吴斌珍, 李宏彬, 孟岭生, 施新政. 大学生贫困及奖助学金的政策效果[J]. 金融研究, 2011(12): 49-50.

吴超鹏, 唐菂. 知识产权保护执法力度、技术创新与企业绩效——来自中国上市公司的证据[J]. 经济研究, 2016(11): 125-139.

吴锟, 吴卫星. 理财建议可以作为金融素养的替代吗?[J]. 金融研究, 2017(08): 161-176.

吴书雅. 高额婚姻消费对家庭关系的影响探析——基于豫西南地区X村的实地调查[J]. 新西部, 2018(07): 11-12.

吴卫星, 吕学梁. 中国城镇家庭资产配置及国际比较——基于微观数据的分析[J]. 国际金融研究, 2013(10): 45-57.

吴卫星, 吴锟, 王琳. 金融素养与家庭负债——基于中国居民家庭微观调查数据的分析[J]. 经济研究, 2018(01): 97-109.

吴卫星, 吴锟, 张旭阳. 金融素养与家庭资产组合有效性[J]. 国际金融研究, 2018(05): 66-75.

吴永求, 赵静. 转移支付结构与地方财政效率——基于面板数据的分位数回归分析[J]. 财贸经济, 2016(02): 28-40.

吴雨, 杨超, 尹志超. 金融知识、养老计划与家庭保险决策[J]. 经济学动态, 2017(12): 86-98.

肖作平, 张欣哲. 制度和人力资本对家庭金融市场参与的影响研究——来自中国民营企业家的调查数据[J]. 经济研究, 2012(S1): 91-104.

谢富胜, 高岭, 谢佩瑜. 全球生产网络视角的供给侧结构性改革——基于政治经济学的理论逻辑和经验证据[J]. 管理世界, 2019(11): 89-101.

谢平, 邹传伟, 刘海二. 互联网金融的基础理论[J]. 金融研究, 2015(08): 1-12.

谢平, 邹传伟. 互联网金融模式研究[J]. 金融研究, 2012(12): 11-22.

邢天才, 张夕. 互联网消费金融对城镇居民消费升级与消费倾向变动的影响[J]. 当代经济研究, 2019(05): 89-97.

徐丽鹤, 袁燕. 财富分层、社会资本与农户民间借贷的可得性[J]. 金融研究, 2017(02): 131-146.

徐敏, 姜勇. 中国产业结构升级能缩小城乡消费差距吗[J]. 数量经济技术经济研究, 2015(03): 3-21.

徐润, 陈斌开. 个人所得税改革可以刺激居民消费吗?——来自 2011 年所得税改革的证据[J]. 金融研究, 2015(11): 80-97.

徐润, 陈斌开. 个人所得税改革可以刺激居民消费吗[J]. 金融研究, 2015(11): 80-97.

徐舒, 赵绍阳. 养老金"双轨制"对城镇居民生命周期消费差距的影响[J]. 经济研究, 2013(01): 83-98.

徐阳, 屈广玉. 保险消费、区域金融差异与经济增长的动态关系研究——基于非线性面板模型的实证分析[J]. 保险研究, 2017(03): 39-55.

薛惠元, 曾飘. 公平性视角下城乡基本养老保险制度比较研究[J]. 河北大学学报(哲学社会科学版), 2019(06): 138-146.

薛惠元, 仙蜜花. 灵活就业人员参加养老保险的制度选择——基于职保与城乡居保制度比较的视角[J]. 保险研究, 2015(02): 96-104.

薛晓玲, 臧旭恒. 房价变动影响我国居民消费的中介效应分析——基于家庭财富配置的视角[J]. 山东大学学报(哲学社会科学版), 2020(06): 102-112.

严金海, 丰雷. 中国住房价格变化对居民消费的影响研究[J]. 厦门大学学报(哲学社会科学版), 2012(02): 71-78.

颜色, 朱国钟. "房奴效应"还是"财富效应"?——房价上涨对国民消费影响的一个理论分析[J]. 管理世界, 2013(03): 34-47.

杨波, 杨扬, 王益迪. 人口年龄结构、社会养老保险与通货膨胀——基于动态面板 GMM 模型的实证分析[J]. 东南大学学报(哲学社会科学版), 2017(03): 121-129.

杨继军, 张二震. 人口年龄结构、养老保险制度转轨对居民储蓄率的影响[J]. 中国社会科学, 2013(08): 47-66.

杨汝岱, 陈斌开, 朱诗娥. 基于社会网络视角的农户民间借贷需求行为研究[J]. 经济研究, 2011(11): 116-129.

杨汝岱, 陈斌开. 高等教育改革、预防性储蓄与居民消费行为[J]. 经济研究, 2009(08): 113-124.

杨宜勇, 关博. 老龄化背景下推进养老保障供给侧结构性改革的思路[J]. 经济学家, 2017(03): 97-104.

姚健, 臧旭恒. 普惠金融、流动性约束与家庭消费[J]. 财经理论与实践, 2021(04): 2-9.

姚梅洁, 康继军, 华莹. 金融排斥对中国县域经济影响研究: 实现路径与动态特征[J]. 财经研究, 2017(08): 96-108.

叶德珠, 连玉君, 黄有光, 李东辉. 消费文化、认知偏差与消费行为偏差[J]. 经济研究, 2012(02): 80-92.

易行健, 刘鑫, 杨碧云. 城市化对居民消费的影响: 基于跨国面板数据的实证检验[J]. 经济问题探索, 2016(07): 85-91.

易行健, 莫宁, 周聪, 杨碧云. 消费信贷对居民消费影响研究: 基于家庭微观数据的实证估计[J]. 山东大学学报(哲学社会科学版), 2017(05): 93-100.

易行健, 王俊海, 易君健. 预防性储蓄动机强度的时序变化与地区差异——基于中国农村居民的实证研究[J]. 经济研究, 2008(02): 119-131.

易行健, 杨碧云. 世界各国(地区)居民消费率决定因素的经验检验[J]. 世界经济, 2015(01): 3-24.

易行健, 周利. 数字普惠金融发展是否显著影响了居民消费——来自中国家庭的微观证据[J]. 金融研究, 2018(11): 47-67.

尹志超, 仇化. 金融知识对互联网金融参与重要吗[J]. 财贸经济, 2019(06): 70-84.

尹志超, 宋全云, 吴雨, 彭嫦燕. 金融知识、创业决策和创业动机[J]. 管理世界, 2015(01): 87-98.

尹志超, 宋全云, 吴雨. 金融知识、投资经验与家庭资产选择[J]. 经济研究, 2014(04): 62-75.

尹志超, 张号栋. 金融可及性、互联网金融和家庭信贷约束——基于 CHFS 数据的实证研究[J]. 金融研究, 2018(11): 188-206.

余泉生, 周亚虹. 信贷约束强度与农户福祉损失——基于中国农村金融调查截面数据的实证分析[J]. 中国农村经济, 2014(03): 36-47.

余泳泽. 改革开放以来中国经济增长动力转换的时空特征[J]. 数量经济技术经济研究, 2015(02): 19-34.

俞剑, 方福前. 中国城乡居民消费结构升级对经济增长的影响[J]. 中国人民大学学报, 2015(05): 68-78.

袁冬梅, 李春风, 刘建江. 城镇居民预防性储蓄动机的异质性及强度研究[J]. 管理科学学报, 2014(07): 50-62.

袁志刚, 宋铮. 城镇居民消费行为变异与我国经济增长[J]. 经济研究, 1999(11): 20-28.

岳爱, 杨矗, 常芳等. 新型农村社会养老保险对家庭日常费用支出的影响[J]. 管理世界, 2013(08): 101-108.

臧旭恒, 陈浩, 宋明月. 习惯形成对我国城镇居民消费的动态影响机制研究[J]. 南方经济, 2020(01): 60-75.

臧旭恒, 陈浩. 不确定性下我国城镇居民消费的习惯形成特征研究[J]. 湘潭大学学报(哲学社会科学版), 2018(05): 64-70.

臧旭恒, 陈浩. 习惯形成、收入阶层异质性与我国城镇居民消费行为研究[J]. 经济理论与经济管理, 2019(05): 20-32.

臧旭恒, 李晓飞. 人口老龄化对居民消费的非线性影响——基于养老保险发展的动态面板异质性门槛效应[J]. 经济与管理研究, 2020(03): 21-36.

臧旭恒, 李晓飞. 养老保险"多轨制"与家庭消费差距[J]. 现代经济探讨, 2021(03): 21-32.

臧旭恒, 李晓飞. 养老保险发展、制度并轨改革与城乡居民消费——基于职工和居民养老保险的差异性分析[J]. 当代经济研究, 2020(12): 73-83.

臧旭恒, 李燕桥. 消费信贷、流动性约束与中国城镇居民消费行为——基于 2004—2009 年省际面板数据的经验分析[J]. 经济学动态, 2012(02): 61-66.

臧旭恒, 裴春霞. 转轨时期中国城乡居民消费行为比较研究[J]. 数量经济技术经济研究, 2007(01):

65-72.

臧旭恒, 姚健. 收入变化、家庭资产与异质性消费——消费对正负向收入变化的非对称反应[J]. 湘潭大学学报(哲学社会科学版), 2020(03): 89-95.

臧旭恒, 张倩. 代际扶持视角下的医疗保险与居民消费——基于世代交叠模型的分析[J]. 山东大学学报(哲学社会科学版), 2019(01): 15-24.

臧旭恒, 张欣. 中国家庭资产配置与异质性消费者行为分析[J]. 经济研究, 2018(03): 21-34.

臧旭恒, 朱春燕. 预防性储蓄理论——储蓄(消费)函数理论的新进展[J]. 经济学动态, 2000(08): 61-65.

臧旭恒, 陈斌开, 尹志超, 汪伟, 易行健. "新冠肺炎疫情与消费"专家笔谈[J]. 消费经济, 2020(05): 01-17.

臧旭恒, 李燕桥. 消费信贷、流动性约束与中国城镇居民消费行为——基于2004—2009年省际面板数据的经验分析[J]. 经济学动态, 2012(02): 61-66.

臧旭恒. 居民跨时预算约束与消费函数假定及验证[J]. 经济研究, 1994(09): 51-59.

臧旭恒编著. 中国消费函数分析[M]. 上海: 上海三联书店, 2014.

臧旭恒. 如何看待中国目前的消费形势和今后走势[J]. 学术月刊, 2017(09): 5-9.

翟天昶, 胡冰川. 农村居民食品消费习惯形成效应的演进研究[J]. 中国农村经济, 2017(08): 61-74.

湛军, 王照杰. 供给侧结构性改革背景下高端服务业创新能力与绩效——基于整合视角的实证研究[J], 经济管理, 2017(06): 53-68.

张安全, 凌晨. 习惯形成下中国城乡居民预防性储蓄研究[J]. 统计研究, 2015(02): 23-30.

张安全. 中国居民预防性储蓄研究[D]. 西南财经大学, 2014.

张邦科, 邓胜梁. 中国城乡居民消费的过度敏感性变异[J]. 世界经济文汇, 2012(05): 82-94.

张川川, 陈斌开. "社会养老"能否替代"家庭养老"?——来自中国新型农村社会养老保险的证据[J]. 经济研究, 2014(11): 102-115.

张传勇, 王丰龙. 住房财富与旅游消费——兼论高房价背景下提升新兴消费可行吗[J]. 财贸经济, 2017(03): 83-98.

张传勇, 张永岳, 武霁. 房价波动存在收入分配效应吗——一个家庭资产结构的视角[J]. 金融研究, 2014(12): 86-101.

张大永, 曹红. 家庭财富与消费: 基于微观调查数据的分析[J]. 经济研究, 2012(S1): 53-65.

张栋浩, 王栋, 杜在超. 金融普惠、收入阶层与中国家庭消费[J]. 财经科学, 2020(06): 1-15.

张栋浩, 尹志超. 金融普惠、风险应对与农村家庭贫困脆弱性[J]. 中国农村经济, 2018(04): 54-73.

张浩, 易行健, 周聪. 房产价值变动、城镇居民消费与财富效应异质性——来自微观家庭调查数据的分析[J]. 金融研究, 2017(08): 50-66.

张慧芳, 朱雅玲. 居民收入结构与消费结构关系演化的差异研究——基于 AIDS 扩展模型[J]. 经济理论与经济管理, 2017(12): 23-35.

张建华, 程文. 服务业供给侧结构性改革与跨越中等收入陷阱[J]. 中国社会科学, 2019(03): 39-61.

张李义, 涂奔. 互联网金融对中国城乡居民消费的差异化影响——从消费金融的功能性视角出发[J]. 财贸研究, 2017(08): 70-83.

张龙耀, 张海宁. 金融约束与家庭创业——中国的城乡差异[J]. 金融研究, 2013(09): 123-135.

张倩, 杨真. 中国能否迎来第二次人口红利?——基于内生视角的老龄化对储蓄率的影响研究[J]. 山东社会科学, 2019(08): 158-164.

张文宏, 阮丹青, 潘允康. 天津农村居民的社会网[J]. 社会学研究, 1999(2): 110-120.

张文娟, 李树茁. 农村老年人家庭代际支持研究——运用指数混合模型验证合作群体理论[J]. 统计研究, 2004(05): 33-37.

张欣, 臧旭恒. 不同方向收入变化下边际消费倾向的非对称反应[J]. 学术月刊, 2018(02): 70-84.

张彦, 李春根. 企事业机关单位养老保险制度并轨后的公平性研究[J]. 财政研究, 2016(12): 50-63.

张智勇. 社会资本与农民工职业搜寻[J]. 财经科学, 2005(01): 118-123.

张宗斌, 汤子玉, 辛大楞. 城市化与城市规模对中美对外直接投资区位选择的影响研究[J]. 中国人口资源与环境, 2019(12): 158-167.

章元, 陆铭. 社会网络是否有助于提高农民工的工资水平?[J]. 管理世界, 2009(03): 45-54.

赵昌文, 许召元, 朱鸿鸣. 工业化后期的中国经济增长新动力[J]. 中国工业经济, 2015(06): 44-54.

赵剑治, 陆铭. 关系对农村收入差距的贡献及其地区差异——一项基于回归的分解分析[J]. 经济学(季刊), 2010(01): 363-390.

赵西亮, 梁文泉, 李实. 房价上涨能够解释中国城镇居民高储蓄率吗?——基于 CHIP 微观数据的实证分析[J]. 经济学(季刊), 2014(01): 81-102.

赵昕东, 王昊, 刘婷. 人口老龄化、养老保险与居民储蓄率[J]. 中国软科学, 2017(08): 156-165.

赵昕东, 王勇. 住房价格波动对异质性自有住房家庭消费率影响研究[J]. 经济评论, 2016(04): 102-117.

郑妍妍, 李磊, 刘斌. 少子化老龄化对我国城镇家庭消费与产出的影响[J]. 人口与经济, 2013(06): 19-29.

钟笑寒, 汤荔. 农村金融机构收缩的经济影响: 对中国的实证研究[J]. 经济评论, 2005 (01): 109-115.

钟宇平, 陆根书. 高等教育成本回收对公平的影响[J]. 北京大学教育评论, 2003(02): 52-64.

周广肃, 樊纲, 申广军. 收入差距、社会资本与健康水平——基于中国家庭追踪调查(CFPS)的实证分析[J]. 管理世界, 2014(7): 2-21.

周广肃, 马光荣. 人情支出挤出了正常消费吗?——来自中国家户数据的证据[J]. 浙江社会科学, 2015(3): 15-26.

周开国, 闫润宇, 杨海生. 供给侧结构性改革背景下企业的退出与进入: 政府和市场的作用[J]. 经济研究, 2018(11): 81-98.

周克清. 税制结构与居民消费关系的实证研究[J]. 消费经济, 2012(5): 3-8.

周龙飞, 张军. 中国城镇家庭消费不平等的演变趋势及地区差异[J]. 财贸经济, 2019(05): 143-160.

周密, 刘秉镰. 供给侧结构性改革为什么是必由之路?——中国式产能过剩的经济学解释[J]. 经济研究, 2017(02): 67-81.

周密, 朱俊丰, 郭佳宏. 供给侧结构性改革的实施条件与动力机制研究[J]. 管理世界, 2018(03): 11-26.

周绍杰, 张俊森, 李宏彬. 中国城市居民的家庭收入、消费和储蓄行为: 一个基于组群的实证研究[J]. 经济学(季刊), 2009(04): 1197-1220.

周绍杰. 中国城市居民的家庭收入、消费和储蓄行为: 一个基于组群的实证研究[J]. 经济学(季刊), 2009(04): 6-29.

周洋, 任柯蓁, 刘雪瑾. 家庭财富水平与金融排斥——基于 CFPS 数据的实证分析[J]. 金融经济学研究, 2018(02): 106-116.

周洋, 王维昊, 刘雪瑾. 认知能力和中国家庭的金融排斥——基于 CFPS 数据的实证研究[J]. 经济科学, 2018(01): 96-112.

周晔馨. 社会资本是穷人的资本吗?——基于中国农户收入的经验证据[J]. 管理世界, 2012(7): 83-95.

朱玲. 多轨制社会养老保障体系的转型路径[J]. 经济研究, 2013(12): 4-16.

朱勤, 魏涛远. 中国人口老龄化与城镇化对未来居民消费的影响分析[J]. 人口研究, 2016(06): 62-75.

朱诗娥, 杨汝岱, 吴比. 新型农村养老保险对居民消费的影响评估[J]. 学术月刊, 2019(11): 60-69.

朱喜, 李子奈. 改革以来我国农村信贷的效率分析[J]. 管理世界, 2006(07): 68-76.

朱信凯. 流动性约束、不确定性与中国农户消费行为分析[J]. 统计研究, 2005(02): 38-42.

宗庆庆, 刘冲, 周亚虹. 社会养老保险与我国居民家庭风险金融资产投资——来自中国家庭金融调查(CHFS)的证据[J]. 金融研究, 2015(10): 99-114.

李志宏. 国家应对人口老龄化战略研究总报告[J]. 老龄科学研究, 2015(03): 6-38.

邹红, 喻开志, 李奥蕾. 养老保险和医疗保险对城镇家庭消费的影响研究[J]. 统计研究, 2013(11): 60-67.

Abreu M, Mendes V. Financial literacy and portfolio diversification[J]. Quantitative finance, 2010, 10(5): 515-528.

Adams D W, Nehman G I. Borrowing costs and the demand for rural credit[J]. The Journal of Development Studies, 1979, 15(2): 165-176.

Agarwal S, Qian W. Consumption and Debt Response to Unanticipated Income Shocks: Evidence from a Natural Experiment in Singapore[J]. American Economic Review, 2014, 104(12): 4205-4230.

Aghion P, Howitt P. Growth and unemployment[J]. Review of Economic Studies, 1994, 61(03): 477-494.

Agnew J R, Szykman L R. Asset allocation and information overload: The influence of information display, asset choice, and investor experience[J]. The Journal of Behavioral Finance, 2005, 6(2): 57-70.

Aguiar M, Hurst E. Deconstructing life cycle expenditure [J]. Journal of Political Economy, 2013, 121(3): 437-492.

Aiyagari S R. Uninsured Idiosyncratic Risk and Aggregate Saving[J]. Quarterly Journal of Economics, 1994, 109(3): 659-684.

Akudugu M A, Egyir I S, Mensah-Bonsu A. Women farmers' access to credit from rural banks in Ghana[J]. Agricultural Finance Review, 2009, 69(3): 284-299.

Albuquerque B. Household Heterogeneity and Consumption Dynamics in the Presence of Borrowing and Liquidity Constraints[J]. Applied Economics Letters, 2019, 26(6): 454-459.

Altonji J G, Siow A. Testing the response of consumption to income changes with (noisy) panel data[J]. The Quarterly Journal of Economics, 1987, 102(2): 293-328.

Amromin G, De Nardi M, Schulze K. Household Inequality and the Consumption Response to Aggregate Real Shocks[R]. National Bureau of Economic Research, 2017.

Anderson A, Baker F, Robinson D T. Precautionary savings, retirement planning and misperceptions of financial literacy[J]. Journal of Financial Economics, 2017, 126(2): 383-398.

Anderson T W, Hsiao C. Estimation of dynamic models with error components[J]. Journal of the American statistical Association, 1981, 76(375): 598-606.

Anderson, G., Blundell, R. Testing Restrictions in a Flexible Dynamic Demand System: An Application to Consumers' Expenditure in Canada[J]. Review of Economic Studies, 1983, 50 (3): 397-410.

Ando A, Modigliani F. The "life cycle" hypothesis of saving: Aggregate implications and tests[J]. The American Economic Review, 1963, 53 (1): 55-84.

Ando A, Moro A, Cordoba J P, et al. Dynamics of demographic development and its impact on personal saving: case of Japan[J]. Ricerche Economiche, 1995, 49 (3): 179-205.

Angeletos G. M., Laibson D., Repetto A., Tobacman J., and Weinberg S. The Hyperbolic Consumption Model: Calibration, Simulation, and Empirical Evaluation[J]. Journal of Economic Perspectives, 2001, 15 (3): 47-68.

Angrist J D, Pischke J S. Mostly harmless econometrics: An empiricist's companion[M]. Princeton University Press, 2008.

Arellano M, Bond S. Some tests of specification for panel data: Monte Carlo evidence and an application to employment equations[J]. The Review of Economic Studies, 1991, 58 (2): 277-297.

Arellano M, Bover O. Another look at the instrumental variable estimation of error-components models[J]. Journal of Econometrics, 1995, 68 (1): 29-51.

Aron J, Duca J V, Muellbauer J, et al. Credit, housing collateral, and consumption: evidence from Japan, the UK, and the US[J]. Review of Income and Wealth, 2012, 58 (3): 397-423.

Athreya K B. Welfare Implications of the Bankruptcy Reform Act of 1999[J]. Journal of Monetary Economics, 2002, 49 (8): 1567-1595.

Attanasio O P, Agar B. Social Security and Households' Saving[J]. Quarterly Journal of Economics, 2003, 118 (3): 1075-1119.

Attanasio O P, Pistaferri L. Consumption Inequality[J]. Journal of Economic Perspectives, 2016, 30 (2): 3-28.

Attanasio O, Low H, Sánchez-Marcos V. Female Labor Supply as Insurance Against Idiosyncratic Risk[J]. Journal of the European Economic Association, 2005, 3 (2-3): 755-764.

Azman-Saini W N W, Smith P. Finance and growth: new evidence on the role of insurance[J]. South African Journal of Economics, 2011, 79 (2): 111-127.

Bahmani-Oskooee M, Nayeri M M. Policy uncertainty and the demand for money in the United Kingdom: Are the effects asymmetric? [J]. Economic Analysis and Policy, 2020, 66: 76-84.

Baker S R, Bloom N, Davis S J. Measuring economic policy uncertainty[J]. The quarterly journal of economics, 2016, 131 (4): 1593-1636.

Bakshi G S, Chen Z. The spirit of capitalism and stock-market prices[J]. The American Economic Review, 1996: 133-157.

Barberis N, Huang M, Santos T. Prospect theory and asset prices[J]. The Quarterly Journal of Economics, 2001, 116 (1): 1-53.

Bartlett M S. The statistical connection of mental factors[J]. British Journal of Psychology, 1937, 28 (1): 97-104.

Baugh B, Ben-David I, Park H, Parker J A. Asymmetric Consumption Response of Households to Positive and Negative Anticipated Cash Flows[R]. NBER Working Paper No. 25086, 2018.

Behrman J R, Mitchell O S, Soo C K, *et al*. How financial literacy affects household wealth accumulation[J]. American Economic Review, 2012, 102(3): 300-304.

Besley T J, Rosen H S. Sales taxes and prices: an empirical analysis[R]. NBER Working Paper. 1998.

Bitler M, Hilary H. Heterogeneity in the Impact of Economic Cycles and the Great Recession: Effects within and across the Income Distribution[J]. American Economic Review, 2015, 105(5): 154-160.

Blanchard O J. Debt, Deficits, and Finite Horizons[J]. Journal of Political Economy, 1985, 93(2): 223-247.

Blieszner R, Mancini J A. Enduring Ties: Older Adults' Parental Role and Responsibilities[J]. Family Relations, 1987, 36(2): 176-180.

Blundell R, Bond S. Initial conditions and moment restrictions in dynamic panel data models[J]. Journal of Econometrics, 1998, 87(1): 115-143.

Blundell R, Pistaferri L, Preston I. Consumption Inequality and Partial Insurance[J]. American Economic Review, 2008, 98(5): 1887-1921.

Blundell R, Powell J L. Censored regression quantiles with endogenous regressors[J]. Journal of Econometrics, 2007, 141(1): 65-83.

Bracha A, Cooper D. Asymmetric Responses to Income Changes: The Payroll Tax Increase versus Tax Refund in 2013[J]. Economics Letters, 2014, 124(3): 534-538.

Brander, J. A., & Spencer, B. J. Endogenous horizontal product differentiation under Bertrand and Cournot competition: Revisiting the bertrand paradox. NBER working paper No. 20966, 2015.

Brander, J. A., & Spencer, B. J. Intra-industry trade with Bertrand and Cournot oligopoly: The role of endogenous horizontal product differentiation[J]. Research in Economics, 2015, 69, 157-165.

Brody E M. The Informal Support System and Health of the Future Aged[M]. Aging 2000: Our Health Care Destiny. 1985.

Browning M, Gørtz M, Leth‑Petersen S. Housing wealth and consumption: a micro panel study[J]. The Economic Journal, 2013, 123(568): 401-428.

Browning M, Lusardi A. Household saving: Micro theories and micro facts[J]. Journal of Economic literature, 1996, 34(4): 1797-1855.

Bucher-Koenen T, Lusardi A. Financial literacy and retirement planning in Germany[J]. Journal of Pension Economics & Finance, 2011, 10(4): 565-584.

Buiter W H. Housing wealth isn't wealth[R]. National Bureau of Economic Research, 2008.

Bujosa B A. Substitution Patterns across Alternatives as a Source of Preference Heterogeneity in Recreation Demand Models[J]. Journal of Environmental Management, 2014, (144): 212-217.

Bunn P, Roux J L, Reinold K, Surico P. The Consumption Response to Positive and Negative Income Shocks[J]. Journal of Monetary Economics, 2018(96): 1-15. .

Burr J A, Mutchler J E. Race and Ethnic Variation in Norms of Filial Responsibility among Older Persons[J]. Journal of Marriage & Family, 1999, 61(3): 67687.

Cagan P. The effect of pension plans on aggregate saving: Evidence from a sample survey[R]. National Bureau of Economic Research, Inc, 1965.

Calcagno R, Monticone C. Financial literacy and the demand for financial advice[J]. Journal of Banking &

Finance, 2015, 50: 363-380.

Calvet L E, Campbell J Y, Sodini P. Measuring the financial sophistication of households[J]. American Economic Review, 2009, 99(2): 393-98.

Campbell J Y, Cocco J F. How do house prices affect consumption? Evidence from micro data[J]. Journal of Monetary Economics, 2007, 54(3): 591-621.

Campbell J Y, Mankiw N G. Consumption, Income, and Interest Rates: Reinterpreting the Time Series Evidence[J]. NBER Macroeconomics Annual, 1989, 4: 185-216.

Campbell J Y. Household finance[J]. The Journal of Finance, 2006, 61(4): 1553-1604.

Caner M, Hansen B E. Instrumental Variable Estimation of a Threshold Model[J]. Econometric Theory, 2004, 20(5): 813-843.

Caporale G M, Williams G. Monetary policy and financialliberalization: The case of United Kingdom consumption[J]. Journal of Macroeconomics, 2001, 23(2): 177-197.

Carroll C D, Dynan K E, Krane S D. Unemployment risk and precautionary wealth: Evidence from households' balance sheets[J]. Review of Economics and Statistics, 2003, 85(3): 586-604.

Carroll C D, Otsuka M, Slacalek J. How large are housing and financial wealth effects? A new approach[J]. Journal of Money, Credit and Banking, 2011, 43(1): 55-79.

Carroll C D, Overland J, Weil D N. Saving and growth with habit formation[J]. American Economic Review, 2000, 90(3): 341-355.

Carroll C D, Samwick A A. How important is precautionary saving? [J]. Review of Economics and Statistics, 1998, 80(3): 410-419.

Carroll C D, Slacalek J, Tokuoka K. The Distribution of Wealth and the Marginal Propensity to Consume. ECB Working Paper Series, 2014, No. 1655.

Carroll C D, Slacalek J, Tokuoka K. The Distribution of Wealth and the MPC: Implications of New European Data. ECB Working Paper Series, 2014, No. 1648.

Carroll C D. Precautionary saving and the marginal propensity to consume out of permanent income[J]. Journal of monetary Economics, 2009, 56(6): 780-790.

Carroll C D. Why do the rich save so much? [R]. National Bureau of Economic Research, 1998.

Carroll, C., Overland, G., and Weil D. Saving and Growth with Habit Formation[J]. American Economic Review, 2000, 90(3): 341-355.

Carroll C. D. The Epidemiology of Macroeconomic Expectations. Oxford: Oxford University Press, 2005.

Carter M R. Equilibrium credit rationing of small farm agriculture[J]. Journal of Development Economics, 1988, 28(1): 83-103.

Castaneda A, Diaz-Gimenez J, Rios-Rull J V. Accounting for the US Earnings and Wealth Inequality[J]. Journal of Political Economy, 2003, 111(4): 818-857.

Chakraborty S. Endogenous Lifetime and Economic Growth[J]. Journal of Economic Theory, 2004, 116(2): 119-137.

Chamon M D, Prasad E S. Why Are Saving Rates of Urban Households in China Rising?[J]. American Economic Journal Macroeconomics, 2010, 2(1): 93-130.

Chatterjee S, Corbae D, Nakajima M, *et al.* A Quantitative Theory of Unsecured Consumer Credit with Risk of Default[J]. Econometrica, 2007, 75(6): 1525-1589.

Chatterjee S. Borrowing decisions of credit constrained consumers and the role of financial literacy[J]. Economics Bulletin, 2013, 33(1): 179-191.

Chen H, Volpe R P. An analysis of personal financial literacy among college students[J]. Financial Services Review, 1998, 7(2): 107-128.

Chen X, Zhang H, Dong Y. The Fusion Process with Heterogeneous Preference Structures in Group Decision Making: A Survey[J]. Information Fusion, 2015, (24): 72-83.

Chernozhukov V, Hansen C. An IV model of quantile treatment effects[J]. Econometrica, 2005, 73(1): 245-261.

Chernozhukov V, Hansen C. Instrumental variable quantile regression: A robust inference approach[J]. Journal of Econometrics, 2008, 142(1): 379-398.

Chien Y L, Cole H, Lustig H. A Multiplier Approach to Understanding the Macro Implications of Household Finance[J]. The Review of Economic Studies, 2011, 78(1): 199-234.

Choukhmane T, Coeurdacier N, Jin K. The One-Child Policy and Household Savings[R]. Centre for Economic Policy Research, 2013.

Christelis, D., Georgarakos, D., Jappelli, T., Pistaferri, L., & Van Rooij, M. Asymmetric consumption effects of transitory income shocks[J]. The Economic Journal, 2019, 199(622): 2322-2341.

Ciarlone A. Housing wealth effect in emerging economies[J]. Emerging Markets Review, 2011, 12(4): 399-417.

Cicirelli V G. A Measure of Filial Anxiety Regarding Anticipated Care of Elderly Parents[J]. The Gerontologist, 1988, 28(4): 478-482.

Cole S, Sampson T, Zia B. Prices or knowledge? What drives demand for financial services in emerging markets? [J]. The Journal of Finance, 2011, 66(6): 1933-1967.

Cox D, Jappelli T. The effect of borrowing constraints on consumer liabilities[J]. Journal of Money, Credit and Banking, 1993, 25(2): 197-213.

Cremer H, Marchand M, Thisse J. Mixed oligopoly with differentiated products[J]. International Journal of Industrial Organization, 1991, 9, 43-53.

Curtis C C, Lugauer S, Mark N C. Demographic Patterns and Household Saving in China[J]. American Economic Journal: Macroeconomics, 2015, 7(2): 58-94.

d'Aspremont, C., Gabszewicz, J. J., & Thisse, J. On hotelling's stability in competition[J]. Econometrica, 1979, 47, 1145-1150.

Das S, Gupta R, Kanda P. International articles: Bubbles in south African house prices and their impact on consumption[J]. Journal of Real Estate Literature, 2011, 19(1): 69-91.

Davis M A, Heathcote J. The Price and Quantity of Residential Land in the United States[J]. Journal of Monetary Economics, 2007, 54(8): 2595-2620.

Deaton A, Muellbauer J. An Almost Ideal Demand System[J]. The American Economic Review, 1980, 70(3): 312-326.

Deaton A. Understanding consumption[M]. Oxford University Press, 1992.

Del Negro M, Primiceri G E. Time varying structural vector autoregressions and monetary policy: a corrigendum[J]. The review of economic studies, 2015, 82(4): 1342-1345.

Delavande A, Rohwedder S, Willis R. Preparation for Retirement, Financial Literacy and Cognitive Resources[R]. University of Michigan, Michigan Retirement Research Center, 2008.

Dong Z, Hui E C M, Jia S H. How does housing price affect consumption in China: Wealth effect or substitution effect? [J]. Cities, 2017, 64: 1-8.

Drakos K. Myopia, liquidity constraints, and aggregate consumption: The case of Greece[J]. Journal of Economic Development, 2002, 27(1): 97-106.

Dynan K E, Skinner J, Zeldes S P. Do the rich save more? [J]. Journal of Political Economy, 2004, 112(2): 397-444.

Dynan K E. How prudent are consumers? [J]. Journal of Political Economy, 1993, 101(6): 1104-1113.

Dynan K E. Habit Formation in Consumer Preferences: Evidence From Panel Data[J]. American Economic Review, 2000, 90(6): 391-406.

Elhadj, N. B., K. Jebsi, and R. Lahmandi-Ayed. Quality and capacity choices in a vertical differentiation model with congestion[J]. International Journal of Economic Theory, 2012, 8(3): 259-275.

Engelhardt G V. House prices and home owner saving behavior[J]. Regional Science and Urban Economics, 1996, 3(26): 313-336.

Engen E M, Gruber J. Unemployment insurance and precautionary saving[J]. Journal of monetary Economics, 2001, 47(3): 545-579.

Fan Y, Yavas A. How Does Mortgage Debt Affect Household Consumption? Micro Evidence from China[J]. Real Estate Economics, 2018, Early View.

Flavin M A. The Adjustment of Consumption to Changing Expectations about Future Income[J]. Journal of Political Economy, 1981, 89(5): 974-1009.

French E, Jones J B. On the Distribution and Dynamics of Health Care Costs[J]. Journal of Applied Econometrics, 2004, 19(6): 705-721.

Friedman, M. A theory of the consumption function: A study by the National Bureau of Economic Research[M]. Princeton University Press, 1957.

Fuster A, Kaplan G, Zafar B. What would You do with $500? Spending Responses to Gains, Losses, News and Loans[R]. NBER Working paper No. 24386, 2018.

Gallego, G. Production management[R]. lecture notes, Columbia University, New York, 1995, http: //www. columbia. edu/ gmg2/4000/pdf/lect 07. pdf.

Gan J. Housing wealth and consumption growth: Evidence from a large panel of households[J]. The Review of Financial Studies, 2010, 23(6): 2229-2267.

Gathergood J, Disney R F. Financial literacy and indebtedness: New evidence for UK consumers[R]. University of Nottingham, Centre for Finance, Credit and Macroeconomics (CFCM), 2011.

Gathergood J, Weber J. Financial literacy, present bias and alternative mortgage products[J]. Journal of Banking & Finance, 2017, 78: 58-83.

Gourinchas P O, Parker J A. Consumption over the life cycle[J]. Econometrica, 2002, 70(1): 47-89.

Grinblatt M, Keloharju M, Linnainmaa J. IQ and stock market participation[J]. The Journal of Finance, 2011, 66(6): 2121-2164.

Grootaert C. Does social capital help the poor? a synthesis of findings from the local level institutions studies in Bolivia, Burkina Faso, and Indonesia [M]. The World Bank, 2001.

Gulen H, Ion M. Policy uncertainty and corporate investment[J]. The Review of Financial Studies, 2016, 29(3): 523-564.

Guvenen F. An Empirical Investigation of Labor Income Processes[J]. Review of Economic Dynamics, 2009, 12(1): 58-79.

Guvenen F, Smith A A. Inferring Labor Income Risk and Partial Insurance from Economic Choices[J]. Econometrica, 2014, 82(6): 2085-2129.

Hall R E, Mishkin F S. The Sensitivity of Consumption to Transitory Income: Estimates from Panel Data on Households[J]. Econometrica, 1982, 50(2): 461-481.

Hall R E. Stochastic implications of the life cycle-permanent income hypothesis: theory and evidence[J]. Journal of Political Economy, 1978, 86(6): 971-987.

Hansen L P, Singleton K J. Stochastic consumption, risk aversion, and the temporal behavior of asset returns[J]. Journal of Political Economy, 1983, 91(2): 249-265.

Hayashi F. The effect of liquidity constraints on consumption: a cross-sectional analysis[J]. The Quarterly Journal of Economics, 1985, 100(1): 183-206.

Hayashi F. The Permanent Income Hypothesis and Consumption Durability: Analysis Based on Japanese Panel Data[J]. The Quarterly Journal of Economics, 1985, 100 (4): 1083-1113.

He H, Huang F, Liu Z, *et al*. Breaking the "Iron Rice Bowl" and precautionary swings: Evidence from Chinese State-Owned Enterprises Reform[C]. Federal Reserve Bank of San Francisco, 2017.

Heathcote J, Storesletten K, Violante G L. Consumption and labor supply with partial insurance: An Analytical Framework[J]. American Economic Review, 2014, 104(7): 2075-2126.

Heathcote J, Storesletten K, Violante G L. Quantitative Macroeconomics with Heterogeneous Households[J]. Annual Review of Economics., 2009, 1(1): 319-354.

Heathcote J, Storesletten K, Violante G L. The Macroeconomic Implications of Rising Wage Inequality in the United States[J]. Journal of Political Economy, 2010, 118(4): 681-722.

Hiwatari M. Social networks and migration decisions: The influence of peer effects in rural households in Central Asia [J]. Journal of Comparative Economics. 2016. 44(4): 1115-1131.

Honoré B E, Hu L. On the performance of some robust instrumental variables estimators[J]. Journal of Business & Economic Statistics, 2004, 22(1): 30-39.

Hosseini R. Adverse Selection in the Annuity Market and the Role for Social Security[J]. Journal of Political Economy, 2015, 123(4): 941-984.

Huang Y, Luk P. Measuring economic policy uncertainty in China[J]. China Economic Review, 2020, 59: 101367.

Hubbard R G, Skinner J, Zeldes S P. Precautionary saving and social insurance[J]. Journal of Political

Economy, 1995, 103（2）: 360-399.

Huggett M, Ventura G, Yaron A. Sources of Lifetime Inequality[J]. American Economic Review, 2011, 101（7）: 2923-2954.

Huggett M. Wealth Distribution in Life-Cycle Economies[J]. Journal of Monetary Economics, 1996, 38（3）: 469-494.

Hui E C M, Dong Z, Jia S H. How do housing price and sentiment affect consumption distribution in China? [J]. Habitat International, 2018, 77: 99-109.

Huntley J., Michelangeli V. Can Tax Rebates Stimulate Consumption Spending in a Life-Cycle Model[J]. American Economic Journal: Macroeconomics, 2014, 1（06）: 162-189.

Imbens G W, Newey W K. Identification and estimation of triangular simultaneous equations models without additivity[J]. Econometrica, 2009, 77（5）: 1481-1512.

Ino H, Matsumura T. What role should public enterprises play in free-entry markets?[J]. Journal of Economics, 2010, 101, 213-230.

Jappelli T, Padula M. Investment in financial literacy and saving decisions[J]. Journal of Banking & Finance, 2013, 37（8）: 2779-2792.

Jappelli T, Padula M. The Consumption and Wealth Effects of an Unanticipated Change in Lifetime Resources[J]. Management Science, 2016, 62（5）: 1458-1471.

Jappelli T, Pagano M. Consumption and capital market imperfections: An international comparison[J]. The American Economic Review, 1989: 1088-1105.

Jappelli T, Pistaferri L. Fiscal Policy and MPC Heterogeneity[J]. Ameracan Economic Journal: Macroeconomics, 2014, 4（06）: 107-136.

Jappelli T, Pistaferri L. The Consumption Response to Income Changes[J]. Annual Review of Economics, 2010（2）: 479-506.

Jawadi F, Soparnot R, Sousa R M. Assessing financial and housing wealth effects through the lens of a nonlinear framework[J]. Research in International Business and Finance, 2017, 39: 840-850.

Jebabli I, Arouri M, Teulon F. On the effects of world stock market and oil price shocks on food prices: An empirical investigation based on TVP-VAR models with stochastic volatility[J]. Energy Economics, 2014, 45: 66-98.

Jiang S, Sun W, Webb A. The Impact of House Price Movements on Nondurable Goods Consumption of Older Households[J]. Annals of Economics & Finance, 2013, 14（2）: 493-512.

Juster T, Smith J P, Stafford F. The measurement and structure of household wealth[J]. Labor Economics, 1999, 6: 253-275.

Kahneman D, Tversky A. Prospect Theory: An Analysis of Decision under Risk[J]. Econometrica, 1979, 47（2）: 263-292.

Kambourov G, Manovskii I. Occupational Mobility and Wage Inequality[J]. The Review of Economic Studies, 2009, 76（2）: 731-759.

Kaplan G, Moll B, Violante G L. Monetary policy according to HANK[J]. American Economic Review, 2018, 108（3）: 697-743.

Kaplan G. Moving Back Home: Insurance Against Labor Market Risk[J]. Journal of Political Economy, 2012, 120(3): 446-512.

Kaplan, G., and Violante, G. L. A model of the consumption response to fiscal stimulus payments[J]. Econometrica, 2014, 82(4): 1199-1239.

Kaplan G, Violante G L, Weidner J. The wealthy hand-to-mouth[J]. Brookings Papers on Economic Activity, 2014(1): 77-138.

Karlan D S. Social connections and group banking [J]. The Economic Journal, 2007, 117(517): 52-84.

Karlan D, Morduch J. Access to Finance. Chapter 2 in Dani Rodrik and Mark Rosenzweig, eds [J]. Handbook of Development Economics, 2010(4): 4703-4784

Keane M P, Wolpin K I. The Career Decisions of Young Men[J]. Journal of Political Economy, 1997, 105(3): 473-522.

Khalifa S, Seck O, Tobing E. Housing wealth effect: Evidence from threshold estimation[J]. Journal of Housing Economics, 2013, 22(1): 25-35.

Kidwell B, Turrisi R. An examination of college student money management tendencies [J]. Journal of Economic Psychology, 2004, 25(5): 601-616.

Kimball M S. Precautionary saving in the small and in the large[J]. Econometrica: Journal of the Econometric Society, 1990: 53-73.

King M A, Robson M H. A dynamic model of investment and endogenous growth[J]. The Scandinavian Journal of Economics, 1993: 445-466.

Klapper L, Lusardi A, Panos G A. Financial literacy and its consequences: Evidence from Russia during the financial crisis[J]. Journal of Banking & Finance, 2013, 37(10): 3904-3923.

Koenker R, Bassett Jr G. Regression Quantiles[J]. Econometrica, 1978, 46(1): 33-50.

Kremer S, Bick A, Nautz D. Inflation and growth: new evidence from a dynamic panel threshold analysis[J]. Empirical Economics, 2013, 44(2): 861-878.

Krueger D, Mitman K, Perri F. Macroeconomics and Household Heterogeneity[R]. National Bureau of Economic Research, 2016.

Kruger J, Dunning D. Unskilled and unaware of it: how difficulties in recognizing one's own incompetence lead to inflated self-assessments[J]. Journal of personality and social psychology, 1999, 77(6): 1121.

Krusell P, Smith, Jr A A. Income and Wealth Heterogeneity in the Macroeconomy[J]. Journal of Political Economy, 1998, 106(5): 867-896.

Lachowska M, Myck M. The Effect of Public Pension Wealth on Saving and Expenditure[J]. American Economic Journal: Economic Policy, 2018, 10(3): 284-308.

Lee Y J , Xiao Z . Children's support for elderly parents in urban and rural China: Results from a national survey[J]. Journal of Cross-Cultural Gerontology, 1998, 13(1): 39-62.

Leland H E. Saving and Uncertainty: The Precautionary Demand for Saving[J]. The Quarterly Journal of Economics, 1968, 82(3): 465-473.

Li C, Lin L, Gan C E C. China credit constraints and rural households' consumption expenditure[J]. Finance Research Letters, 2016, 19: 158-164.

Li H, Shi X, Wu B. The Retirement Consumption Puzzle in China. American Economic Review[J]. 2015, 105(5): 437-441.

Li H, Zhang J, Zhu Y. The Quantity-Quality Trade-Off of Children in a Developing Country: Identification Using Chinese Twins[J]. Demography, 2008, 45, (1): 223-243.

Li R, Li Q, Huang S, et al. The credit rationing of Chinese rural households and its welfare loss: An investigation based on panel data[J]. China Economic Review, 2013, 26: 17-27.

Li X, Gan C, Hu B. The welfare impact of microcredit on rural households in China[J]. The Journal of Socio-Economics, 2011, 40(4): 404-411.

Liang C C, Troy C, Rouyer E. US uncertainty and Asian stock prices: Evidence from the asymmetric NARDL model[J]. The North American Journal of Economics and Finance, 2020, 51: 101-146.

Liao L, Xiao J J, Zhang W, et al. Financial literacy and risky asset holdings: Evidence from China[J]. Accounting & Finance, 2017, 57(5): 1383-1415.

Lillard L A, Willis R J. Motives for interqenerational transfers: Evidence from Loundes J, Scutella R. Consumer Sentiment and Australian Consumer Spending[R]. Melbourne Institute of Applied Economic and Social Research, The University of Melbourne, 1997.

Limbu Y B. Credit card knowledge, social motivation, and credit card misuse among college students: Examining the information-motivation-behavioral skills model[J]. International Journal of Bank Marketing, 2017, 35(5): 842-856.

Lin N. Social Capital: A Theory of Social Structure and Action [M]. Cambridge University Press, 2002.

Lise J. On-the-Job Search and Precautionary Savings: Theory and Empirics of Earnings and Wealth Inequality[R]. IFS Working Papers, 2011.

Livshits I, MacGee J, Tertilt M. Consumer Bankruptcy: A Fresh Start[J]. American Economic Review, 2007, 97(1): 402-418.

Loginova, O., X. H. Wang, and C. Zeng. Advance selling in the presence of experienced consumers[J]. Managerial and Decision Economics, 2017, 38, 765-83.

Low H, Meghir C, Pistaferri L. Wage Risk and Employment Risk over the Life Cycle[J]. American Economic Review, 2010, 100(4): 1432-1467.

Lucas R E. Econometric policy evaluation: A critique[C]//Carnegie-Rochester conference series on public policy. North-Holland, 1976, 1: 19-46.

Ludwig A, Sløk T. The impact of changes in stock prices and house prices on consumption in OECD countries[M]. International Monetary Fund, 2002.

Lusardi A, Mitchell O S. Financial literacy around the world: an overview[J]. Journal of Pension Economics & Finance, 2011, 10(4): 497-508.

Lusardi A, Scheresberg C B. Financial literacy and high-cost borrowing in the United States[R]. National Bureau of Economic Research, 2013.

Lustig H, Van Nieuwerburgh S. How much does household collateral constrain regional risk sharing? [J]. Review of Economic Dynamics, 2010, 13(2): 265-294.

Ma L, Koenker R. Quantile regression methods for recursive structural equation models[J]. Journal of

Econometrics, 2006, 134(2): 471-506.

Mankiw N G, Barsky R, Zeldes S. Ricardian Consumers with Keynesian Propensities[J]. American Economic Review, 1986, 76: 676-691.

Mankiw N G, Zeldes S P. The consumption of stockholders and nonstockholders[J]. Journal of Financial Economics, 1991, 29(1): 97-112.

Mankiw N. G. The Savers–Spenders Theory of Fiscal Policy[J]. American Economic Review, 2000, 90(2): 120–125.

Márquez E, Martínez-Cañete A R, Pérez-Soba I. Wealth shocks, credit conditions and asymmetric consumption response: empirical evidence for the UK[J]. Economic Modelling, 2013, 33: 357-366.

McCardle, K., K. Rajaram, and C. S. Tang. Advance booking discount programs under retail competition[J]. Management Science, 2004, 50(5): 701-8.

McKenzie D, Rapoport H. Network effects and the dynamics of migration and inequality: theory and evidence from Mexico[J]. Journal of development Economics, 2007, 84(1): 1-24.

Meng X. Unemployment, consumption smoothing, and precautionary saving in urban China[J]. Journal of Comparative Economics, 2003, 31(3): 465-485.

Miller M, Godfrey N, Levesque B, et al. The case for financial literacy in developing countries: Promoting access to finance by empowering consumers[R]. World Bank, DFID, OECD, and CGAP joint note, Washington, DC: World Bank (accessible at http: //www. oecd. org/dataoecd/35/32/43245359. pdf), 2009.

Misra K, Surico P. Consumption, Income Changes, and Heterogeneity: Evidence from Two Fiscal Stimulus Programs[J]. American Economic Journal: Macroeconomics, 2014, 6(04): 84-106.

Modigliani F, Brumberg R. Utility analysis and the consumption function: An interpretation of cross-section data[J]. Post-Keynesian economics, 1954(1): 388-436.

Modigliani F, Cao S L. The Chinese Saving Puzzle and the Life-Cycle Hypothesis[J]. Journal of Economic Literature, 2004, 42(1): 145-170.

Modigliani F, Tarantelli E. The consumption function in a developing economy and the Italian experience[J]. The American Economic Review, 1975, 65(5): 825-842.

Morita H. State-Dependent Effects of Fiscal Policy in Japan: Do Rule-Of-Thumb Households Increase the Effects of Fiscal Policy?[J]. Journal of Macroeconomics, 2015, 43: 49-61.

Mouna A, Jarboui A. Financial literacy and portfolio diversification: An observation from the Tunisian stock market[J]. International Journal of Bank Marketing, 2015, 33(6): 808-822.

Muellbauer J. Housing, Credit and Consumer Expenditure[R]. CEPR Discussion Papers, 2008.

Naik N Y, Moore M J. Habit Formation and Intertemporal Substitution in Individual Food Consumption[J]. The Review of Economics and Statistics, 1996, 78(2): 321-328.

Nakajima J. The role of household debt heterogeneity on consumption: Evidence from Japanese household data[R]. BIS, Working Papers, No 736, 2018.

Nakajima J. Time-Varying Parameter VAR Model with Stochastic Volatility: An Overview of Methodology and Empirical Applications[J]. Monetary and Economic Studies, 2011, 29: 107-142.

Nan Y, Gao Y, Zhou Q. Rural credit cooperatives' contribution to agricultural growth: evidence from China[J]. Agricultural Finance Review, 2019, 79(1): 119-135.

Neher P A. Peasants, Procreation, and Pensions[J]. The American Economic Review, 1971, 61, (3): 380-389.

Nunn N, Qian N. US Food Aid and Civil Conflict[J]. The American Economic Review, 2014, 104(6): 1630-1666.

Panigyrakis G G, Theodoridis P K, Veloutsou C A. All customers are not treated equally: Financial exclusion in isolated Greek islands[J]. Journal of Financial Services Marketing, 2002, 7(1): 54-66.

Phang S Y. House prices and aggregate consumption: do they move together? Evidence from Singapore[J]. Journal of Housing Economics, 2004, 13(2): 101-119.

Poterba J M. Tax subsidies to owner-occupied housing: an asset-market approach[J]. The Quarterly Journal of Economics, 1984, 99(4): 729-752.

Prasad A, Stecke K E, Zhao X. Advance selling by a newsvendor retailer[J]. Production and Operations Management, 2011, 20(1): 129-42.

Primiceri G E, Van Rens T. Heterogeneous Life-Cycle Profiles, Income Risk and Consumption Inequality[J]. Journal of Monetary Economics, 2009, 56(1): 20-39.

Qi L, Prime P B. Market reforms and consumption puzzles in China[J]. China Economic Review, 2009, 20(3): 388-401.

Rodrigues L F, Oliveira A, Rodrigues H, et al. Assessing consumer literacy on financial complex products[J]. Journal of Behavioral and Experimental Finance, 2019, 22: 93-104.

Rossi A S, Rossi P H. Of human bonding: Parent-child relations across the life course. [J]. Journal of the American Academy of Child & Adolescent Psychiatry, 1992, 31(2): 521.

Rowland P F. Transaction costs and international portfolio diversification[J]. Journal of International Economics, 1999, 49(1): 145-170.

Samuelson P A. An Exact Consumption-Loan Model of Interest with or without the Social Contrivance of Money[J]. The journal of political economy, 1958, 66(6): 467-482.

Saunders M N K, Flowerdew R. Spatial aspects of the provision of job information [J]. Regional Labour Markets, 1987: 205-228.

Segal G, Shaliastovich I, Yaron A. Good and bad uncertainty: Macroeconomic and financial market implications[J]. Journal of Financial Economics, 2015, 117(2): 369-397.

Shea J. Myopia, liquidity constraints, and aggregate consumption: a simple test[J]. Journal of money, credit and banking, 1995, 27(3): 798-805.

Shi X, Tsuji H, Zhang S. Introducing Heterogeneity of Managers' Attitude into Behavioral Risk Scoring for Software Offshoring[J]. Systems Research & Behavioral Science, 2012, 29(03): 299-316.

Shiller R J, Akerlof G A. Animal Spirits: How Human Psychology Drives the Economy, and Why It Matters for Global Capitalism[M]. Princeton: Princeton University Press, 2009.

Simon H A. Theories of bounded rationality[J]. Decision and organization, 1972, (1): 161-176.

Skinner J. Risky income, life cycle consumption, and precautionary savings[J]. Journal of Monetary Economics, 1988, 22(2): 237-255.

Sloan F A, Zhang H H, Wang J. Upstream Intergenerational Transfers[J]. Gsia Working Papers, 2002, 69(2): 363-380.

Stein C H, Wemmerus V A, Ward M, *et al.* Because They're My Parents: An Intergenerational Study of Felt Obligation and Parental Caregiving[J]. Journal of Marriage and the Family, 1998, 60: 611-622.

Stiglitz J E, Weiss A. Credit rationing in markets with imperfect information[J]. The American economic review, 1981, 71(3): 393-410.

Stiglitz, J. E. New Theoretical Perspectives On the Distribution of Income and Wealth Among Individuals_ Part III_ Life Cycle Savings Vs. Inherited Savings[R]. NBER Working Paper, 2015, No. 21191.

Stone R, Cafferata G L, Sangl J. Caregivers of the frail elderly: a national profile[J]. Gerontologist, 1987, 27(5): 616-626.

Storesletten K, Telmer C I, Yaron A. Consumption and Risk Sharing over the Life Cycle[J]. Journal of Monetary Economics, 2004, 51(3): 609-633.

Summers L, Carroll C, Blinder A S. Why is U. S. National Saving so Low?[J]. Brookings Papers on Economic Activity, 1987(2): 607-642.

Sun W, Wang X. Do relative income and income inequality affect consumption? Evidence from the villages of rural China[J]. The Journal of Development Studies, 2013, 49(4): 533-546.

Tanzi V, Zee H H. Fiscal policy and long-run growth[J]. Staff Papers, 1997, 44(2): 179-209.

Tian Q. Intergeneration Social Support Affects the Subjective Well-being of the Elderly: Mediator Roles of Self-esteem and Loneliness[J]. Journal of Health Psychology, 2016(6): 1137-1144.

Troll L. Family issues in current gerontology[M]. New York: Springer, 1986.

Van den Heuvel M, Vandermarliere B, Schoors K. The Asymmetric Response of Consumption to Income Changes and the Effect of Liquid Wealth[R]. Ghent University Working paper, 2019/958, 2019.

Van Nieuwerburgh S, Veldkamp L. Information immobility and the home bias puzzle[J]. The Journal of Finance, 2009, 64(3): 1187-1215.

Van Rooij M, Lusardi A, Alessie R. Financial literacy and retirement planning in the Netherlands[J]. Journal of Economic Psychology, 2011, 32(4): 593-608.

Van Rooij M, Lusardi A, Alessie R. Financial literacy and stock market participation[J]. Journal of Financial Economics, 2011, 101(2): 449-472.

Von Gaudecker H M. How does household portfolio diversification vary with financial literacy and financial advice? [J]. The Journal of Finance, 2015: 489-507.

Wang Y. Permanent income and wealth accumulation: A cross-sectional study of Chinese urban and rural households[J]. Economic Development and Cultural Change, 1995, 43(3): 523-550.

Wang, X. H., and C. Zeng. A model of advance selling with consumer heterogeneity and limited capacity[J]. Journal of Economics, 2016, 117: 137-165.

Wei S J, Zhang X. The Competitive Saving Motive: Evidence from Rising Sex Ratios and Savings Rates in China[J]. Journal of Political Economy, 2011, 119(3): 511-564.

Weng, Z. K., and M. Parlar. Integrating early sales with production decisions: Analysis and insights[J]. IIE Transactions, 1999, 31(11): 1051-1060.

Wilkinson N. An Introduction to Behavioral Economics[M]. London: Palgrave Macmilla, 2012.

Woolcock M, Narayan D. Social capital: Implications for development theory, research, and policy[J]. The world bank research observer, 2000, 15(2): 225-249.

Xia T, Wang Z, Li K. Financial literacy overconfidence and stock market participation[J]. Social Indicators Research, 2014, 119(3): 1233-1245.

Ye X, Lin R, Ma Y, Lin F, Lu H. The Influence of Consumer Subjective Perception on the Satisfaction of Online Shopping: Based on Empirical Reseach of Students at Zhejiang University of Technology[C]. International Conference on E-Business and E-Government. IEEE Computer Society, 2012, (01): 1227-1231.

Yang D T, Zhang J, Zhou S. Why Are Saving Rates so High in China? [R]. National Bureau of Economic Research, 2011.

Yao R, Wang F, Weagley R O, et al. Household saving motives: Comparing American and Chinese consumers[J]. Family and Consumer Sciences Research Journal, 2011, 40(1): 28-44.

Young A. Learning by doing and the dynamic effects of international trade[J]. The Quarterly Journal of Economics, 1991, 106(02): 369-405.

Zeldes S P. Consumption and liquidity constraints: An empirical investigation[J]. Journal of Political Economy, 1989, 97(2): 305-346.

Zeldes S P. Optimal consumption with stochastic income: Deviations from certainty equivalence[J]. The Quarterly Journal of Economics, 1989, 104(2): 275-298.

Zhao, X., and K. E. Stecke. Pre-orders for new to-be-released products considering consumer risk aversion[J]. Production and Operations Management, 2010, 19(2): 198-215.

Zhou Y. Precautionary saving and earnings uncertainty in Japan: A household-level analysis[J]. Journal of the Japanese and International Economies, 2003, 17(2): 192-212.

后 记

　　本书是国家社科基金重大项目"供给侧结构性改革、异质性消费者行为与经济增长内生动力研究"(17ZDA038)的最终研究成果修改稿。该项目于 2017 年底获得批准立项，题目是 2017 年初全国哲学社会科学工作办公室征求重大项目选题时，笔者根据自己 40 年来关于消费经济理论与实践的研究及对我国经济社会发展、宏观经济运行的重大问题的看法而设计的，提交全国哲学社会科学工作办公室建议立项的原题。此项目于 2021 年 8 月顺利结项。近四年的时间里，我们研究团队主办国际国内学术会议 9 次，发表中英文学术论文 43 篇，出版专著 1 部，获得省部级社会科学优秀成果一等奖 1 项。

　　改革开放以来，中国经济保持了 40 多年的高速增长，创造了经济增长的"中国奇迹"。伴随中国经济的崛起，传统发展模式的弊端益发显露，长久积累的体制性、结构性矛盾日益突出，多年主要依靠投资拉动增长带来的多数行业产能过剩，以及对需求结构变化的适应性滞后导致经济循环不畅，潜在购买力难以彻底释放，供需出现错位。无论与发达国家还是与发展中国家相比，中国居民消费率均处于较低水平，从 2000 年 46.9% 波动下降至 2019 年的 39.4%，居民消费难以适应经济增长格局的演变，消费总量有待扩大、消费倾向有待提高、消费行为愈加谨慎的现象逐渐显现。居民消费贡献率的长期偏低，严重制约了国民经济的可持续发展。深入探究影响居民消费的原因及应对机制，对构筑我国经济增长的内需动力，让广大居民更为广泛地分享经济增长红利具有重大意义，是我国经济高质量发展的应有之意。

　　本项目从更符合现实的异质性消费者行为分析切入，以满足异质性消费需求为主要目标，以深化公共制度、产业政策等供给侧结构性改革为主攻方向，探寻实现供求关系新的动态均衡与经济增长的新动能，提升经济增长的内生动力。研究成果与相关结论有助于完善消费经济理论，更好地反映以中国为代表的转型经济体所呈现出的经济变动特征以及经济发展经验。此外，本项目的社会意义与价值表现在，有助于全面深入地认识整个社会的消费行为，形成新常态下经济增长态势的良好预期。

　　现在，我们把国家社科基金重大项目"供给侧结构性改革、异质性消费者行为与经济增长内生动力研究"的最终研究成果修改出版，著作题为《新时代经济增长内生动力研究——供给侧结构性改革与异质性消费者行为》，以期引起学术界对相关重大现实与理论问题的重视和讨论。

该书融合了我们团队研究期间的重要阶段性成果，全书共6篇21章。开篇主要讲述了问题的提出过程，交代了撰写思路及篇章结构，以及文献综述和现状分析；第一篇围绕家庭收入、资产、习惯、人口特征、信息与不确定性剖析了异质性消费者的行为特征；第二篇从供给侧入手，基于企业行为、产业结构优化，探讨了供给侧结构性改革与异质性消费者行为相结合的路径；第三篇则围绕财政政策、货币政策、社会保障政策等，讨论了异质性消费者视角下公共制度供给优化的路径；第四篇在异质性消费者视角下专注于消费金融环境的优化研究；尾篇是对上述研究的归纳总结，提出了促进经济增长内生动力提升的政策建议。

该书涉及我和我的研究团队课题研究期间的重要成果，参与研究撰写的人员主要有：王立平、曾辰航、宋明月、贺洋、郝云飞、南永清、陈浩、张欣、张倩、曲一申、李晓飞、薛晓玲、姚健、董婧璇、邢洁等。在这部书稿设计整理、修改、校对中参与并做出贡献的有：宋明月、贺洋、南永清、张欣、张倩、曲一申、李晓飞、薛晓玲、姚健、刘瀚璐、董婧璇、李清杨、韩琳琳、项泽兵、冯健康、周博文、韩笑、刘政、吕重阳等。

最后，我要感谢国家社科基金的资助，感谢团队成员尤其是刘国亮、王哲伟、曾辰航、唐明哲、宋明月等子课题负责人的付出，感谢山东大学、山东师范大学给予的相关资助和为我们研究工作提供的种种便利。还要感谢商务印书馆经管编辑室主任宋伟先生、本书责任编辑葛萦晗女士为该著作出版付出的努力和辛苦劳作。

期待学术界同仁的关注和评价。研究成果中的不足以及缺陷，有待于读者朋友们批评指正。

臧旭恒

2023 年 5 月 28 日于泉城